MIT BESTEN EMPFEHLUNGEN

medianet

HOW TO USE THIS GUIDE

MANY INTERNATIONAL READERS have asked us to give some advice on the basics of the Good Beer Guide to Austria. It is basically an address book to the best places to enjoy beer in our country. Starting with a section on breweries and museums ("Brauen & Schauen"), bottle shops ("Biergeschäfte") and of course bars, pubs and restaurants. All entries are sorted alphabethically in the order of state (Burgenland to Wien), then by city (in Vienna by district) and by the name of the place.
So if you happen to be in the city of Salzburg, which is located in the state of the same name, go to the Salzburg chapter and look for the town Salzburg to find your specific watering hole. A typical entry would look like this:

SAMPLE BAR

5020 Salzburg, Sample Straße xx, +43/662/000000
www.sample-bar.at
ÖFFNUNGSZEITEN Mo-So: 11:00 bis 00:00 Uhr
FASSBIER tap beer 1, tap beer 2, tap beer 3 etc.
FLASCHENBIER bottled beer 1, bottled beer 2, bottled beer 3 etc.
LOKAL Short description of what to expect there – unfortunately all in German, but users have told us that Google Translate does a great job on our text. At the end of the description you often find the number of seats at tables, at the bar and in the garden or on the patio.

PLEASE NOTE, that this guide has a rating system that will help you to find a place that suits your appetite.

stands for bars with good standards – expect a fairly basic choice of beers in good quality. We believe that this place is worth a visit even if it is not entirely focused on beer.

denotes pubs and bars that deliver top quality beer-wise. These are the places that we consider to be more beer-oriented than their local competitors. And in general they are good places to meet local people.

means that the place sets a local standard – it is similar to the Hofbräuhaus in Munich: As a beer drinker you have not been to Munich if you have not given the beer at the Hofbräuhaus a try. Likewise Mc Sorley's Old Ale House may not be the best place to have a beer in NYC – but every beer drinker should have sampled his two beers there at least once in his lifetime. Compare these places to "Mort Subite" in Brussels or "U Zlateho Tygra" in Prague.

set national standards: These are iconic examples of Austria's beer culture, some with remarkably beautiful interior, some with beautiful beer gardens or exceptionally great selections of beer. These are as important for Austria as Zurich's "Brasserie Federal" is for Switzerland or Bamberg's "Schlenkerla" is for Germany.

is reserved for places that are not necessarily typical for Austria, but represent an international approach – with their atmosphere as well as with their beer selection. Austria has a remarkably broad selection of these world class establishments – we like to compare them to the "Tap House Munich" or the "Toronado" in San Francisco.

Underberg®
seit 1846
HANDCRAFTED
Original
EST. 1999
ZUM
KÜHLEN BIER
EIN DOPPELTER
GENUSS
UNDERBERG REINHEITSGEBOT
Kräuter, Wasser, Alkohol, sonst nichts
Erfahren Sie mehr über das Underberg
Treueprogramm Tops & More unter:
TREUE
TOPS & MORE®
PROGRAMM
www.underberg.com
VERANTWORTUNGSVOLL.AT

VORWORT

8 Bierpapst Conrad Seidl über die einmalige Bierkultur Österreichs und über die erfreuliche Entwicklung auch in Ländern, die man früher nicht mit Bierqualität in Verbindung gebracht hätte.

10 Sigi Menz, Obmann des Verbandes der Brauereien Österreichs, über den Biergusto der Österreicher und die Nachhaltigkeit der heimischen Brauereien und ihrer Biere.

12 **HOPFEN: DIE GESCHICHTE VOM GRÜNEN GOLD**
Warum sprechen eigentlich manche vom „Grünen Gold", wenn es um Hopfen geht? Wie weit reichen die Wurzeln des Hopfengeschäftes in Österreich zurück? Und warum ist beim Hopfenanbau ein so hoher Arbeitsaufwand nötig? Alles, was man schon immer über Hopfen wissen wollte.

22 **BIER-INNOVATIONEN**
Es lebe die Freude der Brauer an Neuem: Die interessantesten Biere des vergangenen Jahres.

BRAUEREIEN

36 **BIERE ZUM SCHAUEN UND ZUM KOSTEN**
Brauereien und Biermuseen als lohnenswertes Ausflugsziel:
Die österreichischen Brauereien und Biermuseen im Überblick.

DIE BESTEN DER BESTEN

97 Österreichs beste Bierlokale
98 Biergarten des Jahres
99 Brewpub des Jahres
100 Bierinitiative des Jahres
102 Biergeschäft des Jahres

WERTUNG NACH BUNDESLÄNDERN

105 **BURGENLAND**
Die besten Bierlokale von Draßmarkt bis Weppersdorf.

117 **KÄRNTEN**
Die besten Bierlokale von Althofen bis Zell-Pfarre.

141 **NIEDERÖSTERREICH**
Die besten Bierlokale von Amstetten bis Zwettl.

191 **OBERÖSTERREICH**
Die besten Bierlokale von Afiesl bis Zipf.

245 **SALZBURG**
Die besten Bierlokale von Abtenau bis Zell am See.

277 **STEIERMARK**
Die besten Bierlokale von Admont bis Zeutschach.

309 **TIROL**
Die besten Bierlokale von Absam bis Zell am Ziller.

339 **VORARLBERG**
Die besten Bierlokale von Au bis Warth.

353 **WIEN**
Die besten Bierlokale von Alsergrund bis Wieden.

SERVICE

96 Zeichenerklärung
428 Index
434 Impressum

SEIT 1040
BAYERISCHE STAATSBRAUEREI
Weihenstephan
ÄLTESTE BRAUEREI DER WELT
AUSTRALIAN INTERNATIONAL BEER AWARDS
AIBA
SILVER 2019
WORLD BEER AWARDS
19
GERMANY
SILVER
Weihenstephaner
HEFE WEISSBIER
ÄLTESTE BRAUEREI DER WELT
Weihenstephaner
HEFE WEISSBIER
PREMIUM BAVARICUM
URSPRUNG DES BIERES

VON CONRAD SEIDL

LIEBE BIERFREUNDIN, LIEBER BIERFREUND

DIE ÖSTERREICHISCHE BIERKULTUR ist schon etwas Einmaliges! Das merkt man gerade im Ausland: Im vergangenen Dezember war ich in der peruanischen Hauptstadt Lima, in der mir ein Wirt nicht nur seine wohlsortierte Bierkarte gezeigt hat, sondern auch einen Bierdeckel, auf dessen einer Seite „Bierland Österreich" gestanden ist. Das hat mich stolz gemacht – auch weil auf der anderen Seite des Bierdeckels der Bierguide 2019 mit meinem Konterfei abgebildet war. Vor allem aber, weil offenbar ein österreichischer Bierfan den Bierdeckel ins ferne Südamerika mitgenommen und dem Wirt geschenkt hatte. Bierdeckel sind enorm gute Werbe- und Imageträger. Und sie reisen weit, sie werden gern gesammelt und in hohen Ehren gehalten.

Das hängt natürlich damit zusammen, dass Bier an sich ein hohes Kulturgut ist – auch das merkt man bei Auslandsreisen: Viele Länder, die man noch vor zehn, 20 oder gar 30 Jahren nicht mit Bierqualität in Verbindung gebracht hätte, glänzen heute mit Innovationen, Biervielfalt und Lokalen von ungeahnter Kompetenz. Wer durch Estlands Hauptstadt Tallin spaziert, findet Dutzende Craftbierbars mit regionalen Bieren; wer durch Italien reist, sieht einige der schönsten und bestsortierten Bierlokale der Welt. Und wer das Bild von geschmacklosem Massenbier im Kopf hat, wenn er an die USA denkt, wird vor Ort von der größten Brauereivielfalt empfangen, die es je gegeben hat.
Und Österreich? Das schlägt sich wacker. Jedes Jahr nimmt die Zahl der Brauereien zu, jedes Jahr kommen mehrere Dutzend neue Biere hinzu. Wobei natürlich auch immer wieder einige Abgänge zu verzeichnen sind. Allein in den vergangenen zwölf Monaten mussten wir uns vom Brickmakers und vom Fassldippler in Wien verabschieden, das Charlie P's ist glücklicherweise rasch wieder aufgesperrt worden, das Delirium Cafe in eine neue, nicht ganz passende Location übersiedelt worden. Das Sternbräu in Rankweil, für Generationen nicht nur von Vorarlbergern eine bierige Pilgerstätte, wird uns abgehen, ebenso der Steinlechner in Salzburg – bei beiden darf man auf irgendeine Form der Auferstehung hoffen. Um das Gasthaus Zwink in Aspach ist es dagegen ewig schade. Und als Trost bleibt, dass stets Neues kommt – vielleicht wächst sich ja das eine oder andere Lokal zu einer vergleichbaren Institution aus?

Dieser Guide versucht, diese Änderungen Jahr für Jahr zu dokumentieren. Und die Besten der Besten auszuzeichnen. Wenn das Schweizerhaus dabei nicht Biergarten des Jahres wird, wenn das Biergasthaus Schiffner nicht Oberösterreichs Lokal des Jahres ist und Bevog nicht Brauerei des Jahres, dann liegt das nicht daran, dass sie diese Auszeichnungen nicht verdient hätten. Sondern einfach daran, dass sie diese schon einmal bekommen haben – und keiner zweimal dieselbe Ehrung bekommt. Was auch auf der Bierguide-Website dokumentiert ist.

GERADE IM ZEICHEN DER CORONA-KRISE GILT: Damit das Neue eine Chance hat, braucht es aber auch die Bereitschaft der Gäste, das Neue zu probieren. Schreiben Sie mir, wo es Ihnen geschmeckt hat, egal, ob in neuen oder alteingesessenen Lokalen – und wo Sie vielleicht enttäuscht waren. Und jetzt: Herzliches Prost!

Conrad Seidl
Bierguide2021@gmx.at

VON SIGI MENZ

Sigi Menz, Obmann des Verbandes der Brauereien Österreichs.

Bierland ÖSTERREICH

LIEBE FREUNDINNEN UND FREUNDE DES BIERIGEN GENUSSES!

DIE ÖSTERREICHERINNEN UND ÖSTERREICHER lieben Bier, ihr Biergusto hält unvermindert an, und folgende gute Nachricht haben Sie sich selbst zu verdanken: Aufgrund Ihres Interesses brauen im Bierland Österreich vom Neusiedler- bis zum Bodensee aktuell 312 Brauereien mannigfachen Biergenuss. In Summe ergibt das einen Gesamtausstoß von rund 9,9 Millionen Hektoliter. Bier ist und bleibt das Lieblingsgetränk der Nation!
Der Wirtschaftsmotor Braubranche läuft in Österreich stabil. Auf uns ist Verlass. Unser Erfolgsrezept? Aufbauend auf lange Tradition und unserem kompromisslosen Bekenntnis zu Qualität und Natürlichkeit basiert dieser Erfolg wesentlich auf einer spezifisch österreichischen Gastlichkeit, einer Atmosphäre des kultivierten Genusses getragen von wohlverstandener Bierpflege, die Österreichs Brauer gemeinsam mit der Gastronomie insbesondere in den letzten Jahren geschaffen haben.

DIE HEIMISCHEN BRAUEREIEN investieren seit Jahren konsequent in die Förderung von Qualität, Bierkultur, Ausbildung und in Kommunikation des verantwortungsvollen Konsums. Auch beim Thema Nr. 1, dem Klimaschutz, verfolgt die Braubranche schon immer den Weg der ressourcenschonenden und nachhaltigen Produktion. Nachhaltigkeit ist Teil unserer DNA und steht im Bierland Österreich hoch im Kurs.
Die letzten Umfragen haben bestätigt: Knapp dreißig Prozent der Befragten konsumieren nach eigenen Angaben wöchentlich Bier (zum Vergleich: bei Wein sind es 19 %). Entscheidend für die Österreicherinnen und Österreicher ist dabei ganz klar der Geschmack: 81,2 % der Befragten bewerten diesen mit sehr wichtig. Auf dem zweiten Platz rangiert die Natürlichkeit des Biers bzgl. der Inhalts- und Rohstoffe. Platz drei der wichtigsten Aspekte belegt das Herkunftsland, gefolgt von der nachhaltigen Gebindeform, der Regionalität und dem Preis.

HINSICHTLICH NACHHALTIGKEIT werden österreichische Brauereien und ihre Biere insgesamt sehr gut bewertet: Knapp ein Drittel (32,5 %) beurteilen heimisches Bier als sehr nachhaltig, weitere 59,4 % als eher nachhaltig – ähnlich fällt die Beurteilung der Brauereien aus. Auch in der Detailbewertung des nachhaltigen Handelns österreichischer Brauereien setzt sich dieses positive Bild fort. 89,7 % der österreichischen BiertrinkerInnen sind der Ansicht, dass hierzulande natürliche Inhaltsstoffe Verwendung finden, 88,5 % sehen dies auch hinsichtlich nachwachsender Rohstoffe aus der heimischen Landwirtschaft. 84,7 % stimmen zu, dass diese Roh- und Inhaltsstoffe nachhaltig beschafft werden und beinahe ebenso viele sehen einen verantwortungsvollen Umgang mit der Ressource Wasser. Das konkrete Engagement der österreichischen Brauereien im Bereich Nachhaltigkeit und Umweltschutz wird von 81 % der Befragten sehr gut bzw. eher gut bewertet.

Liebe Leserinnen und Leser des Bier Guides! Namens aller österreichischen Brauer darf ich mich bei Ihnen für Ihre Treue sehr herzlich bedanken und Sie als Bierkenner und verantwortungsvolle Biergenießer herzlich einladen, auch weiterhin als Botschafter unseres Kulturgutes Bier und des Bierlandes Österreich aufzutreten!
Wir wünschen Ihnen eine vergnügliche, spannende sowie natürlich biergenussvolle Zeit!

Sigi Menz

Round, square or completely individual – our beer mats are...
always in good shape!
made in BLACK FOREST since 1903
we love coasters
www.bierdeckel.de

DIE GESCHICHTE VOM GRÜNEN GOLD

ROMANTISCH VERANLAGTE BRAUER sprechen vom „Grünen Gold", wenn sie vom Hopfen reden – der große Rest reduziert die Bierzutat einfach auf ihre Bitterstoff gebende Komponente Alphasäure und den daraus errechneten Bitterwert. Schade, denn neben der Bittere bringen die Hopfendolden mehr als 250 andere Geruchs- und Geschmackskomponenten ins Bier. Wenn man sie lässt.

Aber darüber wird noch gar nicht so lange nachgedacht. Zwar kannte man seit dem Mittelalter den Wert guten Hopfens, was sich in den unterschiedlichen Preisen für unterschiedliche Herkünfte von Hopfen niedergeschlagen hat. Zu dieser Zeit wusste man jedoch allenfalls, dass es sich beim Hopfen um eine zweihäusige Schlingpflanze handelt – es gibt also männliche und weibliche Pflanzen. Nur die weiblichen sind für die Bierbrauerei interessant. Mehr noch: Für gute Erträge an Bitter- und Aromastoffen braucht man unbefruchtete weibliche Blüten. Man sagt, dass es in einem Hopfengarten keusch zugehen muss wie in einem Nonnenkloster. Das heißt allerdings, dass kein männlicher Blütenstaub in die Hopfenkultur geraten darf – daher wird aller wilder Hopfen, der sich in umliegenden Wäldern und Auen finden könnte, radikal vernichtet. Es könnten ja dort männliche Pflanzen aufkommen, der Wind könnte ihren Blütenstaub in die Hopfenkultur bringen, weibliche Dolden bestäuben und damit wertlos machen.

Klöster, Schlossherrn und Bauern, die Hopfen kultiviert haben, mussten garantieren, dass eben das bei ihrem Erntegut nicht passiert war. Und das haben sie gemeinschaftlich getan: Früh schon hat einer dem anderen auf die Finger geschaut, früh schon ist man gemeinsam dafür geradegestanden, dass der Hopfen eine gewisse Qualität hat und nicht etwa mit minderwertigem wildem Hopfen vermischt worden ist.

FRÜH AUCH IST HOPFEN ZUM HANDELSGUT GEWORDEN – auch wenn viele kleine Brauer ihren Hopfen einfach aus dem nächsten Wald geholt haben und nur hoffen konnten, dass er für das einfache Bier wohl ausreichend gut sein würde. Aber wer etwas auf sich gehalten hat, wer edles Bier brauen und vermarkten wollte, hat schon im Mittelalter darauf geachtet, was für ein Hopfen in das Bier hineinkommt.

So ist die Bedeutung der noch heute wichtigen Hopfenhandelshäuser zu erklären. In Nürnberg, dem wichtigsten Hopfenmarkt auf dem Kontinent, gab es zur Blütezeit des Hopfenhandels im Jahr 1885 364 Hopfenhandelshäuser, deren 30 größte 95 Prozent des Welthandels mit dem grünen Gold abgewickelt haben – in den einschlägigen Publikationen (es gab jahrzehntelang sogar eine Tageszeitung für Brauerei) wurden Hopfenqualitäten und die dafür gebotenen Preise lebhaft diskutiert. Einige der größten Hopfenhändler der Welt sind noch heute in Bayern beheimatet: Hopsteiner in Mainburg mitten im Hopfenanbaugebiet in der Hallertau, BarthHaas einige Kilometer nördlich in Nürnberg, zudem spielen die regionalen Hopfenverwertungsgenossenschaften in den bayerischen und österreichischen Anbaugebieten eine große Rolle.

Die Wurzeln des Hopfengeschäfts reichen auch ins alte Österreich zurück. Aus dem Mühlviertel kam bereits im 13. Jahrhundert Hopfen auf den Markt. Aber Saazer Stadthopfen – er kam in Hopfensäcken, die amtlich mit dem Siegel der Stadt plombiert waren, auf ziemlich entfernte Märkte – galt als der wertvollste Hopfen überhaupt. Andere Städte machten Saaz (dem heute in der tschechischen Republik gelegenen Zatec) Konkurrenz: Das Städtchen Spalt südlich von Nürnberg lieferte seinerseits seit 1538 Hopfen in versiegelten Säcken, Hersbruck siegelte seit 1731 die dortigen Hopfen und bis ins 20. Jahrhundert wurden Hopfenanbaugebiet und Hopfensorte meist synonym verwendet: Aus Saaz kam eben der Saazer, aus Spalt der Spalter, aus Hersbruck der Hersbrucker und aus Tettnang der Tettnanger – obwohl das Pflanzmaterial für das Tettnanger Anbaugebiet eigentlich 1844 aus Saaz eingeführt worden

Ährenwort,
noch mehr
Wien im Bier.
WIENER BRAUGERSTE
MEHR WIEN IM BIER
Das Ottakringer
Wiener Original.
Mit Braugerste aus Wien.
Vermälzt in Wien.
Gebraut in Wien.
www.mehrwienimbier.at
1837
Ottakringer
Wiener Original
MARKANT · TYPISCH
Ottakringer
1837
Ottakringer
BRAUEREI · WIEN

war. Der Hopfen entwickelte sich in den folgenden Jahrzehnten am Bodensee aber anders als seine Vorfahren in Böhmen. Und die Tettnanger waren auch nicht die ersten, die sich des genetischen Materials aus Saaz bedienten: Im Elsass hatte Carl-Friederich Ehrenpfort 1805 begonnen, Saazer Hopfenfechser anzubauen – daraus entstand durch Anpassung an das Klima die bis heute berühmte Sorte Strisselspalter.

IM SPÄTEN 19. JAHRHUNDERT WURDE IN DEUTSCHLAND BEGONNEN, die unterschiedlichen Hopfensorten zu differenzieren. In England war das schon etwas früher passiert, da erwähnte die zwölfbändige Landwirtschafts-Studie von William Humphrey Marshall im Jahr 1798 das hohe Ansehen eines Hopfens, den „ein noch lebender Mann, Mr. Golding aus der Gegend von Mallings, kultiviert; er hat auf einem Hügel auf seinem Grund Hopfen von außerordentlicher Qualität und Produktivität entdeckt, abgesondert und vermehrt und seine Nachbarn mit Ablegern davon versorgt." Die Hopfensorte Golding ist – in verschiedenen Varianten, die sich in unterschiedlichen Anbaugebieten unterschiedlich entwickelt haben – heute noch gängig. Kleiner Schönheitsfehler: Bierhistorikern ist bisher nicht gelungen, herauszufinden, wer dieser Herr Golding wirklich war und wo er seinen Hopfengarten gehabt hat. Ziemlich sicher ist nur, dass Hopfen mit dem Namen Goldings bereits seit etwa 1755 angebaut wurden. Und der Name Malling ist zwar als Doppel-Ortschaft in Kent (East Malling und West Malling) bekannt – als Hopfensorte kennt man Malling aber nur im oberösterreichischen Mühlviertel, von wo aus Malling-Hopfen im 19. Jahrhundert nach England exportiert wurde.

TATSÄCHLICH GAB ES DAZUMALS WELTWEIT EINE STARK GESTIEGENE NACHFRAGE NACH HOPFEN – die Brauwirtschaft hatte sich von einem lokalen Gewerbe zu einer Großindustrie entwickelt. Industrielle (Lager-) Bierproduktion bedeutete eine Standardisierung des Produkts: Wer ein Markenbier bestellt hat, wollte, dass es verlässlich so wie gewohnt schmeckt. Hier hatte der Hopfen große Bedeutung, denn die Bitterstoffe des Hopfens sind nicht nur für den herben Biergeschmack verantwortlich, in entsprechend hoher Konzentration wirken sie auch als Konservierungsmittel – was jeder Liebhaber von India Pale Ale weiß: Dieses extrem stark gehopfte Bier wurde bekanntlich entwickelt, um unbeschadet eine Segelschiffreise von England nach Indien zu überstehen.

Ohne moderne Analysemethoden zur Bestimmung der Inhaltsstoffe mussten sich die Braumeister aber auf ihre Erfahrungen verlassen und sich bemühen, die von Jahr zu Jahr und Region zu Region unterschiedlichen Hopfenqualitäten richtig einzuschätzen, um ein halbwegs konstantes Bier brauen zu können. Das wird schon in einem der ersten Brauereilehrbücher deutscher Sprache, in Benno Scharls „Beschreibung der Braunbier-Brauerey im Königreiche Baiern" von 1814 deutlich. Scharl schreibt über die Bereitung von Märzenbier, das man damals tatsächlich im späten Winter gebraut hat, um es im Sommer auszuschenken: *„Es lässt sich keine bestimmte Zahl für das Hopfenmaß angeben. ... Einige nehmen zwar gar zu viel Hopfen; solches Bier ist daher bitter und nicht angenehm zu trinken; indeß nehmen doch die meisten zu wenig, und deßhalb gibt es alle Jahre saure, abgestandene Biere."*

Im 19. und auch noch bis zur Mitte des 20. Jahrhunderts war also das Bestreben der Brauer, so viel Hopfen wie möglich ins Bier zu tun, um es haltbar zu machen (und eben nicht sauer und abgestanden schmecken zu lassen) – gleichzeitig sollte das Bier aber nicht zu kratzig bitter schmecken.

NACH UND NACH IST MAN DEN HOPFENINHALTSSTOFFEN auf die Spur gekommen. Aber das hat dem Bier nicht unbedingt gutgetan. Denn je genauer man erforscht hat, welche Hopfenbestandteile weniger geschmacksstabil sind, desto stärker wurde das Bestreben der Brauereimanager, genau diese Bestandteile eben nicht ins Bier kommen zu lassen. Leider hat sich gezeigt: Den frischen Biergeschmack vermitteln genau jene Hopfenaromen, die ein blumiges, fruchtiges, kräuterartiges oder auch harziges Aroma ins Bier bringen – wenn Biere einen solchen Duft verströmen, ist das sehr attraktiv. Aber nach einer gewissen Zeit können diese Aromen sich völlig verändern: Wer will schon ein Bier trinken, das nach alten Socken, Käse oder auch nach nassem Papier riecht? Eben.

Also lautete die Devise: Raus mit den „frischen" Aromen aus dem Bier – dann kann das Bier länger als (halbwegs) frisch durchgehen. So sind zwischen 1970 und 2000 die Brauverfahren für sehr viele Biere umgestellt worden. Man hat die Sude so gekocht, so dass die flüchtigen Aromastoffe des Hopfens gleich im

The icon from Munich.
PAULANER MÜNCHEN
GERMANY'S No1 WEISSBIER*
PAULANER MÜNCHEN
Seit 1634
PAULANER
Weißbier
www.paulaner.com
Source: Nielsen, LEH+GAM without ALN, Alcoholic wheat beer, market share (value), 2019
GUT, BESSER, PAULANER.

Sudhaus verdampft sind – das wurde erreicht, indem man den Hopfen sehr früh der kochenden Bierwürze zugegeben hat. Der beste Duft blieb damit in der Brauerei.

AUCH DIE LANDWIRTE HABEN SICH DARAUF EINGESTELLT: Warum sollte man aromareiche Hopfensorten anbauen, wenn die meisten Brauereien doch ohnehin jenen Hopfen bevorzugt haben, der wenig Aroma ins Bier gebracht hat? Also wurde die Hopfenproduktion mehr und mehr auf Hochalphasorten umgestellt – auf Sorten, die besonders viel vom Bitterstoff Alphasäure enthalten. Auf die Aromen wurde bei solchen Zuchtsorten weniger geachtet, da ja der Großteil der Hopfenaromen ohnehin im Sudhaus ausgekocht worden ist.
Für die großen Brauereien wurde Effizienz immer wichtiger – für die Bauern natürlich ebenso. Man kann das daran ersehen, dass die Hopfenanbaufläche in Deutschland 1885 mit 47.000 Hektar ihre größte Ausdehnung hatte – aktuell sind es nur mehr 20.417 Hektar. Der Ertrag war aber 2019 mit 48.400 Tonnen wesentlich höher als vor 135 Jahren. Vor allem aber war der Ertrag des Bittestoffs Alphasäure mit 5.200 Tonnen rekordverdächtig hoch – und auch höher als in den USA, die zwar mit 24.163 Hektar die weltgrößte Hopfenfläche haben, aber nur 4728 Tonnen des Bitterstoffs ernten konnten.
Die Zahlen zeigen schon: Für die gesamte Weltbierproduktion von 1,904.602 Hektolitern (ins Halblitermaß umgerechnet sind das rund 381 Millionen Krügel, die irgendwo auf der Welt getrunken werden) braucht man nur rund 12.000 Tonnen der wertvollen Alphasäure. Und von diesen 12.000 Tonnen kommen gerade einmal 38 Tonnen aus dem Anbau in den drei österreichischen Anbaugebieten Mühlviertel, Südsteiermark und Waldviertel. Die Zahlen zeigen auch: Heute enthält Hopfen viel mehr Alphasäure als vor 100 oder 150 Jahren – ein schöner Züchtungserfolg, ohne den die Hopfenbauern nicht überleben können.
Denn natürlich ist auch der Hopfenanbau zunächst einmal ein Geschäft – und zwar eines, das für die Pflanzer mit erheblichen Risiken behaftet ist, denn die Hopfenpflanze, botanisch dem Hanf verwandt, ist äußerst empfindlich gegenüber Schädlingen, aber auch gegen Wind. Ein Sturm- oder Hagelunwetter kann den Ertrag eines Hopfenfeldes binnen Minuten kaputt machen.

DER HOPFEN WILL JEDEN TAG SEINEN HERRN SEHEN – dieser alte Spruch hat bis heute seine Bedeutung behalten. Denn es gibt in der Landwirtschaft kaum eine andere Sonderkultur, die so viel manuellen Arbeitsaufwand erfordert. Man muss sich das vorstellen: Hopfengärten werden mit enormem Aufwand errichtet, auf einem Feld werden die rund sieben Meter hohen Gerüste aufgestellt, dicke Stahlseile halten die Stangen und die sie verbindende Struktur für viele Jahre zusammen. An dünnen, jedes Jahr neu aufzuhängenden Drähten werden die über den Winter im Boden schlummernden weiblichen Hopfenpflanzen neu hochgezogen, zwei bis drei Triebe pro Draht.
Im August zeigen sich dann die Hopfenzapfen, in denen die weiblichen Lupulindrüsen heranreifen. Unbefruchtet müssen sie bleiben, sonst verlieren sie an Brauwert. Wie schon beschrieben: Eine bestäubte weibliche Hopfenblüte würde keine Alphasäure mehr bilden und damit kaum Bittere – also wäre sie für die Brauerei unbrauchbar. Zwar sind die Zeiten vorbei, als große Gruppen von Wanderarbeitern Ende August zur Hopfenernte in die Anbaugebiete gezogen sind, um die einzelnen Dolden von den Reben zu zupfen. Diese Arbeit erledigen heute große Pflückmaschinen, in die die Reben eingehängt werden – sanft werden sie in die Maschine hineingezogen, drinnen werden die Dolden abgerupft und der Rest von Rebe und Blättern wird gehäckselt und kompostiert. Kaum eine Stunde nach der Ernte sind die Dolden bereits in der Hopfendarre – einem riesigen Heißlufttrockner, der die Feuchtigkeit entzieht, bevor der Hopfen in große Säcke kommt und gekühlt wird; sowohl Feuchtigkeit als auch warme Lagerung würden den Alphasäuregehalt wieder massiv sinken lassen und dem Hopfen einen käsigen Geruch verpassen.
Während der Hopfen im Herbst getrocknet, gepresst und gekühlt wird, hat der Hopfengarten einige Zeit Pause. Aber schon im zeitigen Frühjahr werden die weiblichen Hopfenreben, die zu diesem Zeitpunkt noch unter der Erde sind, mit speziellen Geräten angeschnitten. Daraufhin bilden sich Sprossen ähnlich denen des Spargels – ein Teil davon kann auch wie Spargel geerntet und als ziemlich teure Delikatesse verspeist werden. Im April erfolgt das „Auskreiseln" des Hopfenstockes. Dabei wird der Boden gelockert und unnötige Triebe entfernt. Der nächste Schritt,

1516

BREWING COMPANY
VIENNA / EARTH

Ales & Lagers
Filterless

Established in 1999 in downtown Vienna, 1516 Brewing Company is famous for being as authentic as an American-style brewpub can be.

It won several awards, including "Best Brewpub in Austria" in 2001 and is constantly on the shortlist for the most innovative beers featured in every single edition of Conrad Seidl's BIERGUIDE.

Some of these beers are on tap regularly, including our version of the Hop Devil, Americas award winning Imperial India Pale Ale. In our large bar, the (non smoking) restaurant upstairs and in our spacious beer garden on the patio, you can sample an unparalleled variety of beer styles plus fine examples of American, Asian and – of course – Viennese food.

Enjoy the international atmosphere, relax, and have a beer. Cheers!

1010-Vienna – Schwarzenbergstraße 2 / Krugerstraße 18
Daily 11 am to 2 am – Phone: 01-961 15 16

das Hopfen-Ausputzen ist sehr arbeitsintensiv. Hier werden weitere überflüssige Triebe entfernt und nur drei gleichstarke Triebe im Uhrzeigersinn um die Drähte gewickelt, die zu den sieben Meter hohen Gerüsten hochgeleitet werden. Und dann muss tatsächlich jeden Tag darauf geschaut werden, dass diese Triebe auch schön hinaufranken. Das tun sie mit hohem Tempo – in warmen, feuchten Frühsommernächten kann eine Hopfenrebe bis zu 30 Zentimeter wachsen. Und immer wieder muss darauf geachtet werden, dass sie sich eben schön dem Draht entlangrankt, dass unerwünschte Nebentriebe entfernt werden und dass allfällige Schädlingsinvasionen rasch erkannt und bekämpft werden. Tatsächlich sind im Hopfenanbau nur ganz wenige Pflanzenschutzmittel zugelassen, umso verantwortungsvoller ist der Umgang der Bauern damit – bei Bio-Hopfen ist die Auswahl an Spritzmitteln noch weiter eingeschränkt, was ein noch höheres Risiko von Schädlingsbefall und einen noch höheren Preis des Hopfens für Öko-Biere erklärt.
Ach ja, der Preis! Die Pfennigfuchser in den Brauereiverwaltungen haben seit den 1970er-Jahren darauf gedrängt, den Preis für Hopfen möglichst niedrig zu halten – und das hat sich auf die gesamte Hopfen- und Brauwirtschaft ausgewirkt.
Erstens geht die Mär, dass die Biertrinker ohnehin kein bitteres Bier mögen – was umgehend als Aufforderung an die Braumeister gedeutet wurde, doch bitte beim Hopfeneinsatz zu sparen. Zweitens arbeiten die Brauereien heute so sauber, dass der im 19. Jahrhundert von Benno Scharl erwähnte Konservierungsaspekt kaum noch von Bedeutung ist – der technische Erfolg der Braumeister wurde zum zweiten Argument, beim Hopfen zu sparen. Und drittens hat die Fokussierung auf den Bitterstoff Alphasäure bewirkt, dass die Hopfenbauern vielfach auf den Anbau von jenen Hopfensorten gesetzt haben, in denen Alphasäure konzentriert ist. Da der Alphasäuregehalt sehr bedeutsam für den Preis des Hopfens ist, war das für die Bauern ein gutes Geschäft – und die Braumeister haben gelernt, dass man mit sehr geringen Hopfenmengen gerade noch ausreichende Bitterstoffmengen ins Bier bringen kann. In vielen der weltweit erfolgreichen Biere kann man die Hopfenbittere kaum noch schmecken – und ein Hopfenaroma findet man dort auch kaum.
Eine in Deutschland gängige Faustregel lautet: Der Hopfen kommt für die meisten Brauer in der Kostenrechnung etwa an 18. Stelle. Die Menge Hopfen in einer Maß Bier kostet etwa einen halben Cent. Da kostet der Leim, mit dem das Etikett auf die Flasche geklebt wird, mehr.

ABER WO ES EINE TENDENZ ZUR VEREINHEITLICHUNG GIBT, gibt es auch eine Gegenbewegung – eine auf der Seite der Konsumenten und eine auf der Seite der Produzenten. In den USA, wo die Zahl der Brauereien im Jahr 1978 mit 89 (also etwa gleich vielen wie damals in Österreich) den tiefsten Stand seit der Prohibition erreicht hatte, ist mit der Craftbier-Bewegung ein Gegentrend entstanden, den niemand in diesem Umfang erwartet hatte: Derzeit gibt es rund 8.000 Brauereien in den Vereinigten Staaten – auch wenn während der Corona-Krise gut ein Viertel der Brauereien (vor allem sehr kleine Brauereien und Brewpubs) die Produktion zeitweilig einstellen musste, bleibt die Zahl beeindruckend. Der Erfolg der Craftbierbewegung hängt in hohem Maße damit zusammen, dass die kleinen amerikanischen Brauereien ihre Kunden zu bewussterem Konsum angehalten haben.
Riechen, Kosten, Vergleichen. Das hatten sich viele Biertrinker, die ganz im Interesse der Brand-Manager nur auf ihre bevorzugte Biermarke geachtet haben, schon abgewöhnt. Nun aber haben viele Brauer auf die Bieretiketten und die Getränkekarten geschrieben, was man sich von einem Bier erwarten kann. Das war schon revolutionär genug. Aber dann ist aufgekommen, dass man die Konsumenten auch noch über den Hopfen aufgeklärt hat. Waren die „International Bitterness Units“ (IBUs) noch um 1990 allenfalls den Qualitätskontrolloren in den Brauereilabors geläufig, so hat sich inzwischen unter Bierkennern die Faustregel herumgesprochen, dass die Zahl der IBUs in etwa den Alphasäuregehalt des Bieres in Parts per Million (ppm) entspricht. Hat ein gängiges österreichisches Märzenbier also 22 IBU, so sind darin 22 Millionstel Teile des Bitterstoffs Alphasäure enthalten. In einem Pils wären rund 30 IBU üblich, in einem regulären Weizen aber nur 16. Bei Pale Ales kommt man oft auf 40, bei India Pale Ales auf 60 und mehr Bittereinheiten.
Und dann die Aromen. Schon mal von Ethylisobutyrat gehört? Nein? Macht nichts. Die Substanz kommt im Chemieunterricht allenfalls am Rande vor – dafür ab und zu in der Lebensmittelindustrie als Aroma-

Lotus
ORANGE, VANILLE, BEEREN, TROPISCHE FRÜCHTE
Akoya
TEE, HOPFENWÜRZIG, GRÜNE FRÜCHTE, PFEFFER
HOPSTEINER® ZUCHTPROGRAMM
SULTANA
EXPERIMENTAL HOP #06277
ANANAS, KIEFER, ZITRUS
Solero
TROPISCHE FRÜCHTE, MANGO, MARACUJA
HOP SALES
EUROPE
WWW.HOPSTEINER.COM
„WE ARE COMMITTED
TO OUR CUSTOMERS.
ALL AROUND THE WORLD.“
Hopsteiner
COMMITTED TO THE BREWER.

stoff. Wikipedia informiert uns auch darüber, dass die Dämpfe des Isobuttersäureethylesters, wie Ethylisobutyrat auch bezeichnet wird, in der Luft bei einer Zündtemperatur von 440 Grad explodieren können. Wikipedia nennt auch 26 mehr oder weniger natürliche Vorkommen der Substanz, darunter Ananas und Rum, Erdbeeren – und Bier.
Wie kommt das Zeug ins Bier? Explodiert das am Ende gar? Nein, da sind keine üblen Bierpantscher oder Bombenbauer dahinter, die (von Wikipedia nicht genannte) Quelle ist Hopfen. Eine relativ neue französische Züchtung, die Hopfensorte Barbe Rouge, bringt besonders viel von diesem natürlichen Aromastoff hervor. Im Elsass, wo Barbe Rouge aus der dort seit mehr als 200 Jahren etablierten Sorte Strisselspalter weiterentwickelt wurde, ist man stolz darauf, dass dieser Hopfen einem Pale Ale einen Hauch von Erdbeer-, Kirsch- und Ribiselaroma verpassen kann.

DAS HÄTTE NOCH VOR 50 JAHREN NIEMANDEN INTERESSIERT. Um 1970 galt Hopfen den meisten Brauern als notwendige, wenn auch relativ teure Bierzutat. In Europa gab es kaum relevante Zuchtprogramme – was einen jungen österreichischen Agrarwissenschafter dazu zwang, zu emigrieren. Alfred Haunold, geboren 1929 in Hollabrunn, studierte Pflanzengenetik in Wien und emigrierte 1953 in die USA. An der Oregon State University, Corvallis, arbeitete er an einem Hopfenzüchtungsprogramm – eine ziemlich aufwendige Sache, wenn man bedenkt, dass man weibliche Kulturpflanzen mit (weit hergeholtem) männlichen Blütenstaub befruchten muss, die Pflanzen durch Stecklinge vermehren und sowohl auf Ertrag als auch auf Schädlingsresistenz testen muss. Haunolds erste Entwicklung – eine Züchtung auf Basis des englischen Fuggles-Hopfens und des russischen Serebrianker – trug die wenig spektakuläre Bezeichnung USDA 56013. Wenig sprach dafür, dass dieser Hopfen die Bierwirtschaft verändern würde, jahrelang hat sich keine Brauerei dafür interessiert. Es war die Brauerei Coors in Colorado, die als erste zugegriffen hat: 1972 wurde USDA 56013 unter der bis heute bekannten Bezeichnung „Cascade" registriert, die erste neue US-Hopfensorte seit Aufhebung der Prohibition 1933.
Cascade – benannt nach der westamerikanischen Vulkanbergkette, die das Yakima-Tal von der Pazifikküste trennt – kam gerade recht, als die ersten Craftbier-Brauer ihre ersten Brauversuche machten: Cascade bringt ein Grapefruit-Aroma ins Bier und schmeckt auch in hoher Dosierung nicht unangenehm. In den folgenden Jahrzehnten setzten sich kleine Brauereien mit den wiederentdeckten und wiederbelebten alten Bierstilen Pale Ale, IPA, Porter, Stout, Saison und Weißbier vom Massengeschmack ab – und der Hopfen, der im Wüstenklima des Yakima-Tals mit Tröpfchenbewässerung wächst, half bei der Differenzierung. Die Biere wurden wieder bitterer und aromatischer. Immer neue Hopfenzüchtungen wurden populär: Aus Haunolds Zuchtversuchen kamen unter anderem Centennial, Mount Hood und Willamette auf den Markt, Hopsteiner züchtete den Cascade zum an Mango und Maracuja erinnernden Solero weiter, der Japaner Yoshitada Mori steuerte den gewürzhaften Sorachi Ace bei, aus dem Elsass gesellte sich der erwähnte Barbe Rouge mit einem Aroma von roten Beeren dazu, aus Nelson in Neuseeland der Nelson Sauvin, der an Sauvignon Blanc erinnert, und aus der Hallertau der Mandarina Bavaria (der, erraten, ein Mandarinen-Aroma aufweist).
Anton Lutz vom Hopfenforschungsinstitut in Hüll hat die Beobachtung gemacht, dass die Brauer nun immer aktiver nach neuen Hopfen fragen: 2005 waren die ersten deutschen Braumeister beim Cascade auf den Geschmack gekommen, und als zwei Jahre später der heute Mandarina Bavaria genannte Stamm erstmals im Großversuch angebaut worden ist, „da sind schon die Ersten gekommen und haben gefragt: Habt ihr nicht auch etwas Neues in der Trickkiste?" Daher ging es mit der Sortenzulassung in diesem Fall sehr schnell – und ähnlich war die Erfolgsgeschichte des Hüller Melon, der 2009 gezüchtet wurde und wie der Mandarina Bavaria 2012 die Zulassung erhalten hat.

UND NEUE ZÜCHTUNGEN – UND DAMIT NEUE AROMEN FÜR NEUE BIERE – stehen schon bereit: Hopsteiner hat in seinem proprietären Züchtungsprogramm etwa den Akoya (aus dem Zenith mit einem eigenen Hopsteiner-Stamm gekreuzt) auf den Markt gebracht – eine Sorte, die mit neun bis zehn Prozent Alphasäure durchaus als Bitterhopfen eingesetzt werden kann, sich aber wegen ihrer an Tee, grüne Früchte und Pfeffer erinnernden Aromen auch zur Kalthopfung, dem „Hopfenstopfen", eignet.

... MIT MANUEL STARLINGER, MÜHLVIERTLER HOPFENBAUGENOSSENSCHAFT

Mühlviertler Hopfen

Manuel Starlinger,
GF Mühlviertler Hopfenbaugenossenschaft

„MEHR AUF AROMEN, HOPFENSORTEN, HERKUNFT SCHAUEN"

Conrad Seidl: *Um Hopfen anzubauen, muss man offenbar einen besonderen Charakter haben – was macht einen Hopfenbauern aus?*
Manuel Starlinger: Die Begeisterung, würde ich sagen. Wir sind 42 Betriebe in unserer Genossenschaft und jeder macht das sehr gern. Andererseits gibt es Leute, die sagen, dass sie das überhaupt nicht machen könnten – denn Hopfenanbau bedeutet viel Arbeit und immer die Unsicherheit über den Ertrag. Der schwankt von Jahr zu Jahr beträchtlich.

Seidl: E*s brauchen nur ein Hagel oder ein paar Tage extremer Hitze zu kommen – und man kann die Ernte vergessen.*
Starlinger: Im schlimmsten Fall ja. Doch man sagt: Wen der Hopfen einmal gekratzt hat, den lässt er nicht mehr los. Uns hilft, dass wir etwa im Vergleich zur Hallertau etwas günstiger liegen, nämlich 100 bis 200 Höhenmeter höher. Da gibt es nicht so viele extrem heiße Tage über 30 Grad Celsius. Der Grund für die lange Anbautradition des Mühlviertler Hopfens, historisch belegt seit dem Jahr 1206, ist in den optimalen Klimabedingungen in der Region zu finden – langer, rauer Winter, kurzer Frühling, nicht zu heißer Sommer und ein schöner Herbst.

Seidl: *Und die Lage prägt, wie beim Wein, auch die Eigenschaften der hier angebauten Hopfensorten…*
Starlinger: Definitiv. Wir haben vom Charakter der Hopfenbauern gesprochen – aber die Hopfenäcker prägen auch die Landschaft hier. Umgekehrt haben dann auch die Hopfen einen besonderen, lagespezifischen Charakter.

Seidl: *Früher hat man einfach vom „Mühlviertler Hopfen" gesprochen, heute ist das differenzierter?*
Starlinger: Ich habe natürlich nichts dagegen, wenn man den Mühlviertler Hopfen als solchen lobt. Aber da hat sich tatsächlich viel verändert: Früher wurde bei uns vor allem die alte englische Sorte Malling angepflanzt. Den Malling gibt es immer noch, und nur bei uns – aber heute werden bei uns 14 verschiedene Sorten angebaut.

Seidl: *Auch Neuzüchtungen wie Cascade?*
Starlinger: Seit einigen Jahren gibt es bei uns auch Comet, Sorachi Ace und den Cascade, den es – wie auch fünf andere Sorten – auch als Bio-Hopfen gibt. Mit der Craftbier-Bewegung haben Brauer begonnen, mehr auf Aromen, mehr auf Hopfensorten, mehr auf die Herkunft zu schauen – und es wird auch insgesamt mehr Hopfen eingesetzt. Craftbier-Brauer kaufen den oft in unserem Online-Shop. Bei uns in Österreich ist Regionalität sehr gefragt, daher ist auch die Hopfenfläche, speziell in Bio-Qualität zuletzt ausgeweitet worden, mehr als die Hälfte des Hopfens im österreichischen Bier kommt aus heimischem Anbau.

DIE INTERESSANTESTEN BIERE DES VERGANGENEN JAHRES

BOURBON BERLINER

BRAUEREI Bierol, Schwoich
BRAUMEISTER Christoph Bichler
ALKOHOL 7,8 % ABV
BIERSTIL Sauerbier, holzfassgereift

Die Berliner Weisse ist ein ziemlich klar definierter Bierstil – noch dazu mit ebenso klarer regionaler Herkunft. Während er in Berlin jahrzehntelang vernachlässigt wurde, haben ihn Craftbier-Brauer weltweit wiederbelebt (und zurück in die deutsche Hauptstadt gebracht). Aber die Unbeschwertheit, mit der die Craftbier-Szene an Stile herangeht, hat von der ursprünglichen Definition eines mit Milchsäurekulturen vergorenen, kaum gehopften, sehr hellen und sehr leichten Bieres viele Varianten entstehen lassen. In Schwoich bei Kufstein haben die jungen Brauer von Bierol eine besonders starke Version einer „Imperial Berliner Weisse" – mit 6,5 Prozent Alkohol rund doppelt so stark wie ein traditionelles Produkt aus Berlin – eingebraut. Sie wurde dann nicht mit Milchsäure vergoren (die kam schon in der Sudpfanne zur Würze), dafür aber in der Folge in einem Bourbonfass nachgereift. Aus der Vorbelegung des Fasses kamen dann noch einmal 1,3 Prozent Alkoholgehalt dazu. Das resultierende Bier ist dunkel-goldgelb, duftet nach Whisky und Vanille. CO_2 ist kaum zu spüren, der Trunk ist insgesamt sehr weich und kaum sauer, dafür meint man eine leicht Süße zu spüren.

BRAUDIAMANT GENUSS.BIER.PUR EDITION 2019

BRAUEREI Baumgartner, Schärding
BRAUMEISTER Michael Moritz
ALKOHOL 7 % ABV
BIERSTIL Starkbier, mit Zitrusschalen gewürzt

Gelblich-orangefarben mit viel reinweißem Schaum und einer kräftigen Trübung liegt diese elfte Ausgabe der Genuss.bier.pur-Biere im Glas. Es verströmt einen fruchtigen, an Zitronenmelisse erinnernden Duft. Der Antrunk bringt sofort ein erfrischend herbes Hopfenaroma in den Mundraum, leichtes Prickeln, leichte Süße – und dann eine durchaus robuste Bittere im Hintergrund, die zu einem trockenen Nachtrunk überleitet. Die gut eingebundene Kohlensäure und das weiche Mundgefühl lassen das Bier trotz seiner relativen Stärke sehr trinkbar wirken – ähnlich einem belgischen Saison. Die Brauerei rät dazu, Flaschen dieses Bieres mehrere Jahre lagern zu lassen: Dabei sollte die Hopfenbittere zurückgehen und eine leichte Honigsüße hinzukommen.

CALIFORNIA MOONSHINE

BRAUEREI Tom & Harry, gebraut bei Gratzer, Tiefenbach bei Kaindorf
BRAUER Thomas Winkler und Harald Kristen
ALKOHOL 5,8 % ABV
BIERSTIL Kreativbier mit Hanfblüten

Das erste Cannabidiol-Bier Österreichs kommt von zwei Kapfenbergern, die ihr Hobby Bierbrauen zum Zweitberuf gemacht haben. Harry Kristen hat 2013 bei einem Auslandssemester in Calgary die lokale Hobbybrauerszene kennengelernt, sechs Jahre später hat er mit seinem Brauerfreund Tom Winkler bei der Brauerei Gratzer mit der Produktion eines Hanfbieres begonnen. Dazwischen lag 2018 ein Staatsmeistertitel bei der Austrian Beer Challenge für das IPA der beiden Freunde. Ihre ersten kommerziellen Schritte setzten sie allerdings mit einem Hanfbier: Anders als jene Brauer, die Hanfsamen verwenden – dies führt zu einem nussartigen Geschmack im Bier – werden im California Moonshine die Blüten von Hanfpflanzen verwendet. Dadurch erhält das hellbernsteinfarbene Bier einen eher kräuterartigen Duft. Der Antrunk ist spritzig und vom allerersten Eindruck an auch herb und fruchtig, was etwas an Mostbirnen erinnert. Der Name „Moonshine" deutet auf eine illegale Produktion, während der Prohibition in den USA als „Moonshine" bezeichnete, illegal destillierte oder importierte Spirituosen. Aber hier ist alles legal, aufgrund

des niedrigen Anteils an psychoaktivem THC (Gehalt < 0,3 %) darf CBD Hanf in Österreich legal angebaut, verarbeitet und vertrieben werden.

CONFRONTATION WITH A DARK STAR

BRAUEREI Two in a Rocket, gebraut bei Grohe, Darmstadt
BRAUMEISTER Felix Prandstätter und Christoph Gausch
ALKOHOL 7,5 % ABV
BIERSTIL Russian Imperial Stout

Um ein erfolgreiches Brauunternehmen zu betreiben, braucht man nicht unbedingt eine eigene Braustätte – sogar der amerikanische Craftbierbrauer Boston Beer Company hat seine Samuel Adams Marke (von der jährlich rund 1,9 Millionen Barrels bzw. 2,23 Millionen Hektoliter gebraut werden) zunächst ohne eigene Brauerei aufgebaut. Schließlich gibt es viele Brauereien, die ungenutzte Überkapazitäten haben, daher ist es attraktiv für Start-ups, ihre Bierrezepte in kleinem Maßstab zu entwickeln, aber dann in großen Brauereien als Gastbrauer herzustellen und abzufüllen. Dieses Konzept haben die Wiener Neustädter Felix Prandstätter und Christoph Gausch aufgegriffen, nachdem sie bei der österreichischen Staatsmeisterschaft für Klein- und Hobbybrauer mehrere Kategoriesiege (unter anderem für Stout) eingefahren hatten: Ihr Imperial Stout lassen sie in der 1838 gegründeten Grohe-Brauerei herstellen, die im deutschen Darmstadt und Umgebung Kultstatus genießt. Und dann wird es in einem Rumfass nachgereift. Das Ergebnis ist tiefschwarz, hat einen nicht sehr stabilen hellbraunen Schaum und duftet bei der richtigen Trinktemperatur (etwa 14 Grad) intensiv nach Karamell, Melasse und Schokolade. Der Antrunk ist sehr vollmundig, es gibt kaum ein Prickeln, dafür ein ziemlich cremiges Mundgefühl. Der hohe Alkoholgehalt ist sehr deutlich spürbar, gegen den Nachtrunk hin macht die Malzsüße einer satten Hopfenbittere Platz.

DON MARILLO – LIMITED EDITION NO 1

BRAUEREI Brew Age, Wien
BRAUMEISTER Johannes Kugler
ALKOHOL 5,4 % ABV
BIERSTIL Kveik Ale, holzfassgereift

Basis für dieses Bier ist ein mit norwegischer Kveik-Hefe sehr warm vergorenes Farmhouse-Ale – in der Maische werden neben Gerstenmalz auch Haferflocken eingesetzt. Zur Nachgärung kommen Lactobacillae und Brettanomyces-Hefen mitsamt dem Jungbier in ein Holzfass. Die Folge ist, dass die Restsüße völlig verschwindet und statt CO2 (unscharf als „Kohlensäure" bezeichnet) Milchsäure im Bier angereichert wird – somit wirkt es spritzig, auch wenn kaum Gasbläschen im Bier sind. Vom Holzfass wird ein leichter Gerbsäure-Charakter mitgenommen. Erst nach mehreren Monaten wurden dem Bier Wachauer Marillen zugesetzt – ganze 45 Kilo auf 100 Liter unfertiges Ale. Im Tank erfolgt nun eine dritte Gärung – die Hefen (sowohl die Kveik-Hefe, die ja nie herausfiltriert wurde, als auch die Brett-Stämme) erhalten durch den Fruchtzucker neue Nahrung und vergären munter weiter, was sie finden. Damit werden Aromen, Säuren und Geschmäcker der Marille gut ins Bier eingebunden – am Ende bekommt man ein marillengelbes, sehr trübes, kaum schäumendes und erfrischend nach Marille und Säure duftendes und schmeckendes Ale. Bittere ist nur ganz leicht im Nachtrunk zu schmecken, sonst geht es vor allem um Frucht, Frucht, Frucht.

EMMERBIER

BRAUEREI BrauSchneider, Schiltern
BRAUMEISTER Michael und Felix Schneider
ALKOHOL 4,9 % ABV
BIERSTIL Lager mit 50 % Emmer in der Schüttung

Goldgelb mit ganz feiner Trübung liegt dieses ungewöhnlich gebraute Lagerbier im Glas. Michael Schneider erzählt dazu, dass Emmer (auch Zweikorn genannt) schwer zu verarbeiten sei – und das Ergebnis liegt tatsächlich irgendwo zwischen einem hellen Lager und einem Weizenbier. Der Emmer bringt, ähnlich dem Weizen, ein weiches Mundgefühl, gleichzeitig ist das Bier sehr fruchtig, es erinnert mit einer leichten Säure an Zwetschken und gelbe Äpfel. Die Bittere ist sehr mild (15 Bittereinheiten sind deklariert, was einem American Lager entspricht), der Nachtrunk trocken mit einer feinen Säure.

EXTREMRADLER

BRAUEREI Nibelungengold, Fürstenfeld
BRAUMEISTER Markus Gruber
ALKOHOL 6,8 % ABV
BIERSTIL Bockbier mit Kräutern

Die Nibelungengold-Brauerei ist für ihre Experimentierfreude bekannt, unter den Innovationen wurde etwa ein Rosenbier ausgezeichnet. Nun also ein Radler. Wirklich? 6,8 Prozent Alkoholgehalt sind auf dem Etikett angegeben, die Stammwürze mit 16,8 Grad – Bockbier also. Aber ein kreatives. Orangefarben mit starkem Rotstich liegt es im Glas. Kaum Schaum, aber dafür eine Fülle von Düften, von

Curacao über frisches Heu bis Kampfer. Der Antrunk ist erfrischend mit einem Hauch von Säure, wenig Perlage, viel herber, kräuterartiger Geschmack. Der begleitet uns dann bis in den Nachtrunk, erinnert mal an Schlehdorn, dann wieder an Hagebutte. Lässt einen durstig weitertrinken, denn die Bittere wirkt fast adstringierend. Jetzt bitte nicht aufs Fahrrad setzen – dafür ist dieser „Radler" einfach zu extrem.

GESELLENSTÜCK

BRAUEREI Bierschmiede, Steinbach am Attersee
BRAUMEISTER Christian Harringer
ALKOHOL 5,5 % ABV
BIERSTIL Altbier

Christian Harringer begann seine Karriere als Hobbybrauer, Mario Scheckenberger ebenso. Mario war einmal Manager bei der Brau Union – aber sein Traum war, eine eigene Brauerei zu gründen. Hat er gemacht. Seine Bierschmiede in Steinbach am Attersee ist innerhalb weniger Jahre zu einer der höchstausgezeichneten Brauereien Österreichs geworden. Vor vier Jahren kam der Hobbybrauer-Kollege Christian vorbei und fragte, ob er nicht beim Bierschmied in die Lehre gehen könnte. Das war möglich, obwohl Mario eigentlich kein Meister ist. Also hängte der gelernte Tischler Christian seinen ursprünglichen Beruf an den Nagel, ging noch einmal in die Berufsschule – und braute zum Abschluss der Lehre ein wahrhaft meisterliches Gesellenstück. Es handelt sich um ein Altbier, also ein nach der „alten" Brauweise gebrautes obergäriges Bier, wie es seinerzeit in Düsseldorf und Umgebung gängig war. Es ist kastanienbraun, leicht trüb und hat einen satten malzigen Duft. Der Trick beim Altbier ist, dass der Malzkörper dicht sein muss – und gleichzeitig ein kräftig-hopfenbitteres Gegengewicht aufweist. Genau das ist mit dem Gesellenstück gelungen.

GRANAT

BRAUEREI Zillertal Bier, Zell am Ziller
BRAUMEISTER Peter Kaufmann
ALKOHOL 8,6 % ABV
BIERSTIL Barley Wine

Die Farbe dieses trüben und äußerst gering karbonisierten Bieres erinnert an Kastanien, der Schaum verschwindet schnell und macht den Duft nach Dörrzwetschken, Karamell und Schokolade sehr rasch zugänglich. Der Antrunk ist voll und leicht süß, auch retronasal kommen Früchte – überreife Bananen, Pfirsiche und Kirschen – noch einmal zum Tragen. Dahinter steckt die von Peter Krammer eingesetze Abteibier-Hefe, wie sie auch in einem belgischen Dubbel eingesetzt würde. Sie verträgt sich offenbar sehr gut mit der vermälzten Fisser-Gerste aus dem Inntal. Die Bittere ist nicht stark ausgeprägt – entgegen der Ankündigung auf dem Etikett dienen die vier verschiedenen Hopfen (Tradition, Perle, Spalter Select und Cascade) weniger der Bittere als vor allem der Balance gegenüber der Süße. Dieses Bier aus dem Zillertal hat erhebliches Reifungspotenzial, das „Best before"-Date vom November 2020 kann man wohl um einige Jahre überdehnen.

HAZY BAR

BRAUEREI Bevog, Bad Radkersburg
BRAUMEISTER Vasja Golar
ALKOHOL 6,8 % ABV
BIERSTIL NEIPA mit Passionsfruchtsaft

Die Grafik auf dem Flaschen-Etikett signalisiert Lässigkeit, vielleicht auch Harmlosigkeit: Wenn ein Bier so hellgelb aussieht, wenn es so deutlich nach Frucht riecht, wenn es auch noch so erfrischend spritzig schmeckt – dann meint man, einen Radler vor sich zu haben. Technisch stimmt das sogar, denn in der Dose ist ein Bier-Fruchtsaft-Gemisch. Und man würde keine Sekunde lang annehmen, dass es mehr als vielleicht drei Prozent Alkohol hätte. Hat es aber – gut doppelt so viel, nämlich 6,8 Prozent, womit wir in der Bockbier-Kategorie wären. Es handelt sich um eine Extremform des New England IPA, gebraut mit Gersten- und Weizenmalz sowie Hafer, gemischt mit etwas Passionsfruchtsaft. Der Antrunk bringt säuerliche Fruchtigkeit, die viel Zitrusaroma in den Rachenraum katapultiert, der Trunk ist weich und süß, erst im Nachtrunk schmeckt man die Balance von Säure und Bitterem, die Süße ist am schnellsten weg. Das „Hazy Bar" genannte Ale entstammt einer Serie von „Who Cares For Beer" genannten Suden, die der steirisch-slowenische Brauer Vasja Golar in seiner Bevog-Brauerei in Bad Radkersburg braut und auf den Craftbier-Markt bringt – lichtgeschützt in der Dose und jeweils nur in kleiner Auflage.

HELL BERRY

BRAUEREI Brauwerk Wien
BRAUMEISTER Silvan Leeb
ALKOHOL 5,9 % ABV
BIERSTIL Red IPA

Pale heißt „hell" – aber das hat amerikanische Brauer nicht davon abgehalten, schwarze „Black India Pale Ales" zu brauen (die eigentlich „Cascadian Dark" heißen sollten). Und auch der Stil „Red IPA" ist nun nach Österreich übergeschwappt – mit einem rotbraunen Beispiel, das von einem hellbraunen Schaum gekrönt wird. In der Nase zeigt sich ein leicht schwefelig-harziger Eindruck, die Bittere ist intensiv, sie dürfte nicht nur vom Hopfen stammen, sondern auch durch die verwendeten Röstmalze unterstützt werden. Im Nachtrunk bekommt diese Bittere etwas Mandelartiges – begleitet von einem Eindruck, der an rote Beeren erinnert. Aber vielleicht liegt das nur am Namen.

HONEY BABE

BRAUEREI 3 Prinzen Bräu, Bad Ischl
BRAUMEISTER Thomas Sams
ALKOHOL 6,5 % ABV
BIERSTIL Gewürzbier mit Honig und Zirbe

Dieses rötlich-bernsteinfarbene Bier aus dem Keller der Brasserie 3 Prinzen zeichnet sich durch einen blumig-fruchtigen Duft aus, der Geschmack bietet aber noch deutlich mehr Sensationen: Ja, von einem Honigbier erwartet man sich eine gewisse Vollmundigkeit – aber da ist noch etwas. Denn die Vollmundigkeit macht rasch einer pfefferigen Note Platz, die zu einem sehr trockenen Nachtrunk überleitet. Was da genau passiert, lässt sich in einem Gespräch mit dem erfahrenen Hobbybrauer Thomas Sams erkunden, der nach Jahrzehnten des Experimentierens ins Profi-Fach gewechselt ist und dieses Bier kreiert hat. Zunächst einmal ist zu bedenken, dass Honig im Honigbier kaum für Süße und Vollmundigkeit sorgen kann, weil der Zucker im Honig ziemlich vollständig zu Alkohol vergärt – der Körper des Bieres kommt also nicht vom Honig (im Rezept ist bloß ein Kilo auf 400 Liter), sondern vom dunklen Karamellmalz, das Sams dem Pilsner Malz beimischt. Aber der Pfeffer? Ist auch nicht drin. Vielmehr hat Sams dem Bier gegengärenden Zirbenschnaps zugesetzt – auch hier ist die Menge erstaunlich gering: Auf 400 Liter waren es gerade einmal 0,7 Liter Schnaps. Das reicht nicht aus, um die Alkoholmenge signifikant zu beeinflussen, wohl aber kommt eben jener Hauch von Gewürz ins Bier, der die Pfefferigkeit und damit die Drinkability ausmacht.

IMPERATOR

BRAUEREI Freistädter Braucommune, Freistadt
BRAUMEISTER Johannes Leitner
ALKOHOL 8,2 % ABV
BIERSTIL Doppelbock hell

Die Braucommune in Freistadt ist weder kommunistisch, noch allzu kaiserlich: Gegründet wurde sie im Dezember 1770 von den brauberechtigten Bürgern der Stadt. Es handelt sich also um ein zutiefst bürgerliches Unternehmen, mit der Besonderheit, dass die Anteile an Grundeigentum innerhalb der Stadtmauern gebunden sind. Heuer also jährt sich die Gründung zum 250. Mal – und weil das Unternehmen zur Kaiserzeit entstanden ist, heißt das Jubiläumsbier „Imperator". Die Endung des Namens deutet darauf hin, dass es sich um ein Starkbier handelt – 18,5 Grad Stammwürze legen in Bayern die Grundlage für einen Doppelbock, nur entsprechend stark eingebraute Biere dürfen dort das Suffix „-ator" tragen. In Bayern werden solche Biere in großer Menge in der Fastenzeit getrunken; diese Starkbierzeit nennen die Münchner auch „fünfte Jahreszeit". Der Freistädter Doppelbock ist von sattem Goldgelb, hat sehr wenig Schaum, dafür aber umso mehr Aroma (Melone, Birne, Karamell, Vanille) und einen weichen, honigsüßen Körper. Auffallend ist, wie unterschiedlich dieses Bier aus dem Kostglas und aus dem Tonkrug schmeckt: Im Keferloher fällt erstmal nicht auf, dass da wenig Schaum ist, zweitens wird die geringe Karbonisierung noch harmonischer und die Süße während des Trunks deutlicher. Erst danach meldet sich die nussige Bittere, die das Bier leicht trinkbar macht: Flüssiges (Kletzen-)Brot für die Fastenzeit.

KIESBYES WALDBIER 2019 – ELSBEERE

BRAUEREI Kiesbye Naturbrauerei, Obertrum
BRAUMEISTER Axel Kiesbye
ALKOHOL 6 % ABV
BIERSTIL Rotbier mit Elsbeeren

Jede Präsentation eines neuen Jahrgangs von Axel Kiesbyes Kooperation mit den Österreichischen Bundesforsten ist eine Nachhilfestunde in Botanik: Die Elsbeere – auch Oschitzn oder auch Adletzbeere genannt – ist eigentlich ein Rosengewächs; und zwar eines, das in ziemlich luftigen Höhen wächst. Um die 30 Kilo Früchte für 300 Hektoliter Waldbier zu ernten, musste Kiesbye mit einem Hubsteiger in bis zu 15 Meter Höhe die Früchte von einem Elsbeerenbaum im Wienerwald schneiden. Dann wurde ein Elsbeerenmus bereitet, dieses mit wilden Hefen vergoren und dem Sud zugegeben. Das Ergebnis ist ein rötlich-orangefarbenes Bier mit wenig Schaum und säuerlich-fruchtigem Duft, der etwas an Hagebutten erinnert. Der Antrunk ist gerade schon vollmundig, das Bier wirkt robust, ohne Süße und mit einer verhaltenen, erst gegen den Nachtrunk hin nach vorne tretenden Bittere, die durch eine feine Säure unterstützt wird.

BEVOG
BRAUHAUS • BREWERY

KIMCHI SPICED SOUR PORTER

BRAUEREI 1516 Brewing Company, Wien
BRAUER Andreas Hartl
ALKOHOL 7 % ABV
BIERSTIL Porter, gesäuert

Es gibt Biere, die sind so ungewöhnlich, dass selbst der Hersteller vor ihrem Genuss warnt. „Please ask for a taster 1st, if you are not into sours", stand auf der Karte der 1516 Brewing Company, als sie 2019 ein „Kimchi Spiced Sour Porter" angeboten hat. Dass Porterbiere in ihren Anfängen im 18. Jahrhundert wohl saurer waren als heute, lässt sich daraus schließen, dass ihre Vorläufer aus saurem „Stale Ale" und frischem dunklen Ale gemischt waren. Aber man kann ziemlich sicher sein, dass sie nicht jene Säure hatten, die in diesem Bier steckt. Braumeister Andreas Hartl hat dem Sud Kimchi von Ulrich Wolfger zugegeben. Der fermentierte Chinakohl bringt neben dem typischen Aroma nicht nur Säure, sondern auch Schärfe ins Getränk – bei der Nachgärung zugesetztes Himbeermark balanciert das etwas. Der dunkelbraune Schaum ist schneller verschwunden, als man ihn fotografieren kann. Dafür sind Frucht- und Kimchi-Aromen sowie ein Röstgeruch sofort zu riechen. Der Antrunk ist erfrischend sauer, die dunklen Malze sorgen für den nötigen Körper, erst im Nachtrunk ist die Schärfe zu schmecken.

LAGERFEUER

BRAUEREI Stiegl Brauerei Wildshut
BRAUMEISTER Markus Trinker
ALKOHOL 6,6 % ABV
BIERSTIL Baltic Porter mit Chili

„Is des schoaf!", ist wohl der treffendste Ausruf, wenn man dieses Bier erstmals kostet. Es handelt sich um ein fast schwarzes, starkes und vollmundiges Porterbier, das nach geröstetem Malz, Kaffee und Schokolade duftet. Riecht man noch einmal daran, kommen auch Ideen von Dörrpflaumen in die Nase – den Charapita-Chili kann man aber kaum riechen. Diesen spürt allerdings vom allerersten Schluck als Begleiter der karamelligen Süße und der Röstmalzbittere und wird dann immer intensiver. Während des Trunks gibt es immer wieder einen Wechsel zwischen dem cremig-vollen Körper und der feurigen Schärfe. Diese stammt von einer Chili-Sorte, die schon die Inkas kannten – in diesem Fall kommen die Beeren von den bekannten burgenländischen Biobauern Priska und Erich Stekovics. Diese sind die heimischen Experten für Sortenraritäten und kultivieren seit 2016 Charapitas in Österreich.

LAMBERTINI BIER

BRAUEREI Brauerei Murau
BRAUMEISTER Michael Göpfart
ALKOHOL 5,3 % ABV
BIERSTIL Wiener Lager

Großveranstaltungen sind gut dazu geeignet, ein Thema ins öffentliche Bewusstsein zu rücken – aber wenn sie zu Ende gehen, wird dieses Thema leicht von anderen Themen verdrängt. Nun steht nicht zu befürchten, dass das Thema Bier, zu dem das Festival „Global Beer" im Sommer 2019 einen Ausstellungs- und Veranstaltungsreigen in Murau geboten hat, in absehbarer Zeit in Vergessenheit geraten wird – aber in der Stadt wird man sich nach dem Festivalende eben wieder auf die Marke der bekannten ortsansässigen Brauerei konzentrieren. Aber etwas bleibt doch: Anlässlich des Festivals haben die Murauer ein Bier für das nahe Benediktinerstift St. Lambrecht gebraut, das Lambertini-Bier. Es handelt sich um ein bernsteinfarbenes Wiener Lager, dieses zeichnet sich schon auf den ersten Blick durch einen leuchtenden Orangeton in der Bernsteinfarbe aus. Der Schaum ist reinweiß, das Bier blank filtriert. Der erste Eindruck in der Nase zeigt bereits, dass es sich um ein sehr malzbetontes Bier handelt – man riecht die Malzaromen und nur wenig grasiges Hopfenaroma. Der Antrunk bestätigt: Milde Kohlensäure, aber eine satte Vollmundigkeit – wobei es dem Braumeister gelungen ist, die Vollmundigkeit nie süß wirken zu lassen. Erst im Nachtrunk kommt ein Hauch von Hopfenbittere, die zu einem runden, relativ trockenen Finish passt.

MATCHA BIER

BRAUEREI Laurenz 4, Wien
BRAUER Oleg Strelnikov
ALKOHOL 5,5 % ABV
BIERSTIL Kreativbier

Tee im Bier zu verbrauen, ist ein naheliegender Gedanke – schließlich wird Ice Tea ja auch in Brauereien hergestellt, weil die Sudhausausrüstung dafür sehr geeignet ist. Allerdings sieht es durchaus anders aus, wenn man den Tee eben nicht einfach mit heißem Wasser kocht (und dann kontrolliert andere Aromen zusetzt, wie das bei Ice Tea der Fall ist), sondern die intensiven Geschmäcker von Malz und Hopfen dabeihat. Da geht der Tee mit seinen Aromen leicht unter. Daher gibt es nicht viele Brauereien, die sich bisher an Tee-Biere gewagt haben. Oleg Strelnikov hat das auch erst im kleinen Maßstab getan, er hat die ersten Versuche für sein Matcha Bier zunächst in der

Pilsner Urquell
Prazdroj
MĚŠŤANSKÝ PIVOVAR
PLZEŇ

kleinen Küche des Lokals Karma Ramen gebraut – daher auch die Verwendung von asiatischem Grüntee. Das Ergebnis dieser Versuche wurde dann auf die größere Anlage im Laurenz 4 übertragen. Das Bier duftet zunächst sehr deutlich nach Matcha, im Trunk ist der Grüntee aber nicht wahrzunehmen, dafür ist im Nachtrunk die Bittere recht deutlich dem japanischen Tee zuzuordnen, „der Matcha im Nachtrunk ist die Musik", sagt der Brauer.

MELON BLANC

BRAUEREI Noom, Riegersburg
BRAUER Jakob und Johannes Marn
ALKOHOL 5,8 % ABV
BIERSTIL Brut IPA

Diese neue steirische Brauerei hat mit ihrem Melon Blanc ein besonders gutes Beispiel für die staubtrockenen „Brut" IPAs vorgelegt: Es ist von hellem Strohgelb, gleichmäßig trüb und hat einen reinweißen Schaum. Der Duft erinnert an Zitronenschale, Holunderblüte, Honigmelone und frische Hefe, der Trunk ist erwartungsgemäß schlank und fruchtig geprägt – die verwendeten Hopfen „Hüller Melon" und „Hallertauer Blanc", die auch namensgebend waren, ergeben den fruchtigen und etwas an Wein erinnernden Geschmack – gegen den Nachtrunk hin wird die Bittere deutlicher und im Nachtrunk kommen noch nussige Aromen retronasal dazu.

OMES PALE ALE

BRAUEREI Omes 2557, Lech am Arlberg
BRAUER Clemens Walch
ALKOHOL 7 % ABV
BIERSTIL (Double) Pale Ale

Wir hätten aus dieser Brauerei gerne auch das Heubier unter die Innovationen des Jahres aufgenommen – da hat uns (und vor allem der Brauerei) der Lebensmittelinspektor einen Strich durch die Rechnung gemacht. Heu ist als Bierzutat verboten, denn mit dem Heu werden allerhand Kräuter mitgemäht; diese bringen zwar tolle Aromen, aber eventuell auch Gift ins Bier. Gut, also: keine giftigen Kräuter in diesem Bier, das für ein Pale Ale ziemlich kräftig ist, sowohl im Hopfenaroma (ja, dieses ist heu- und kräuterartig, auch wenn keine Wiesenkräuter im Bier sind) als auch im Körper und dem Alkoholgehalt. Die Farbe ist Bernstein mit einem leichten Orange-Ton, der Schaum kräftig und reinweiß, der Körper mit leichter Süße unterlegt, das Finish trocken und herb mit einem leichten Röstton.

ROTE SYMPHONIE

BRAUEREI Egger, Unterradlberg
BRAUER Wolfgang Reither
ALKOHOL 5,5 % ABV
BIERSTIL Rotbier

Die Egger Brauerei hat sich still und leise an die Spitze der österreichischen Privatbrauereien vorgearbeitet – und feierte das im Jahr 2019 mit „richtig gutem Bier in neuem Gewand", wie der Werbeslogan gelautet hat. In der Serie „Egger Braumeisterschaft" verwirklichte Braumeister Wolfgang Reither seine Vorstellungen von einem Nürnberger Rotbier, einem fast vergessenen Bierstil. Es ist ein sehr malzbetontes, vollmundiges Bier aus Reithers Heimat. Die Hopfung ist zurückhaltend, der Gesamteindruck sehr rund.

SCHWARZE TINTE – RUM-EDITION

BRAUEREI Dietrachtinger Privatbrauerei in Kooperation mit Hopfenkopf, Feichten
BRAUER Martin Seidl
ALKOHOL 7,1 % ABV
BIERSTIL Stout, holzfassgereift

Martin Seidl hat von seinem Stout mehrere Versionen gebraut – die „Schwarze Tinte" gibt es auch als ausgesprochen saure Version „Saure Tinte". Und hier quasi als Bestes aus zwei Welten: Das aus Gersten- und Roggenmalz gebraute Bier darf sich sechs Monate in einem vorher mit Barbados-Rum belegten Fass ausruhen, ehe es in Flaschen gefüllt wird. Das ergibt ein satt dunkelrot leuchtendes Bier, man könnte es farblich fast für einen sehr dunklen Rotwein halten. Schaum gibt es keinen, dafür viel Aroma: In der Nase mischen sich Töne von Kakao, Karamell, Vanille und Fassholz. Der Antrunk ist voll und süß, anstatt einer perlenden Kohlensäure-Rezenz begegnet uns aber sofort ein leicht säuerlicher Ton, der dieses Bier ausgesprochen trinkbar macht. Auf der Zunge schmeckt man Trockenfrüchte, Ananassaft und Kaffee sowie eine zuckrige Malznote, die aber wiederum von der erwähnten Säure balanciert wird. Die Hopfenbittere ist durch die Holzfasslagerung komplex eingebaut worden.

SHAKE IT, BABY!

BRAUEREI Next Level, Wien
BRAUER Johannes Grohs und Alex Beinhauer
ALKOHOL 5,1 % ABV
BIERSTIL IPA mit Milchzucker

Zur Erinnerung: Der Zwicklhahn am Lagertank oder Lagerfass dient dazu, das Bier nicht nur geschmacklich,

sondern auch optisch zu prüfen. Möglichst klar sollte es sein, als man im 19. Jahrhundert die Zwicklprobe eingeführt hat; damals gab es noch keine Bierfiltration, man wartete einfach ab, bis sich Hefe- und Eiweißtrubstoffe abgesetzt hatten. Erst in den letzten 35 Jahren hat sich bei Lagerbieren der Begriff „Zwickl" für unfiltrierte, oft auch willkürlich trüb gemachte Biere eingebürgert. Und von der US-Ostküste kam der Begriff des „New England IPA" für extrem trübe IPAs. Bei dem Milkshake IPA von Next Level fragt man sich: Geht es noch trüber? Wahrscheinlich nicht. Das Bier wirkt sehr hellgelb mit feinsten weißen Partikeln – den Namen „Shake it, Baby" darf man vor dem Öffnen ruhig ernst nehmen, sonst bleibt ein Depot in der Flasche. Der Schaum ist reinweiß und duftet nach Grapefruit und Orangenschale, der Trunk ist aufgrund der Fruchtigkeit erfrischend, das Mundgefühl aber cremig mit leichter Süße (tatsächlich ist unvergärbarer Milchzucker im Rezept). Die Hopfen (Amarillo, Vic Secret und Mosaic) geben viel Fruchtigkeit, aber nur wenig Bittere (22 IBU).

THALHEIM PILS

BRAUEREI	Thalheimer, Pöls
BRAUMEISTER	Koloman Strohmeier
ALKOHOL	5,2 % ABV
BIERSTIL	Pils

Thalheimer Mineralwasser war in den 1960er-Jahren eine durchaus gut eingeführte Marke – aber nachdem die Abfüllung eingestellt worden war, haben nurmehr die Anrainer dieses Heilwasser gekannt. Und Dietrich Mateschitz, der das renovierungsbedürftige Schloss Sauerbrunn mitsamt Heilquelle in der Murtaler Gemeinde Pöls gekauft und das gesunde Wasser wieder breiter zugänglich gemacht hat. Und weil Mateschitz keine halben Sachen macht, hat er mit seinem Sohn Mark neben der Wasserabfüllung auch eine hochmoderne Brauerei eingerichtet. Dort braut Koloman Strohmeier mit dem ungewöhnlichen Wasser – mit 70 Härtegraden ist dieses als „Calcium-Natrium-Hydrogencarbonat-Sulfat-Chlorid-Säuerling" analysierte Heilwasser nach konventionellem Brauerwissen eigentlich gar nicht zum Brauen geeignet, erst recht nicht für das Brauen von Pilsbier, das ja seine feinherben Eigenschaften ursprünglich dem weichen Wasser in Pilsen verdankte. Aber natürlich sollte es ein Pils werden – und Strohmeier schafft es, ein goldgelbes, nach grünem Hopfen duftendes und erfrischend herb schmeckendes Beispiel für diesen Stil zu brauen. Heilkraft nicht ausgeschlossen.

TIROLER KRAFT

BRAUEREI	Schloss Starkenberg, Tarrenz
BRAUMEISTER	Alexander Zeischka
ALKOHOL	4,8 % ABV
BIERSTIL	Helles, unfiltriert

Die Supermarktkette M-Preis hat ein Bier mit dem Namen „Tiroler Kraft" in ihr Sortiment „Bio vom Berg" aufgenommen – mit starkem regionalen Bezug. Die Gersten der Sorten Salome und Monroe werden von Biobauern in Aldrans, Rotholz, Silz und Sistrans angebaut, separat vermälzt und dann zum Brauen herangezogen. Gebraut wird auf Schloss Starkenberg. Das Bier ist hellgelb und zeigt eine sehr starke Trübung. Viel weißer, nicht sehr stabiler Schaum. Duft von Hefe und hellem Malz, voller, leicht süßer Antrunk – dabei aber immer genügend CO2, damit der Eindruck nicht zu süß wird. Die Bittere ist sehr zurückhaltend.

TRAPPISTEN WEISSE HELL

BRAUEREI	Stift Engelszell, Engelhartszell
BRAUMEISTER	Michael Hehenberger
ALKOHOL	4,9 % ABV
BIERSTIL	Hefeweizen

Die Trappistenbrauerei von Engelszell bietet eine ungewöhnliche Interpretation des Stils an: Das Bier zeigt im Glas einen leuchtenden Orange-Ton, duftet stark gewürzhaft (Nelken, Lebkuchengewürz) und lässt sich extrem mild trinken. Braumeister Michael Hehenberger erklärt das so: „Der Kohlensäuregehalt liegt mit zirka fünf Gramm pro Liter bei dem eines handelsüblichen Märzenbieres. Diese Änderung habe ich deshalb einfließen lassen, weil ich schon oft von den Konsumentinnen und Konsumenten von Weißbieren gehört habe, dass ihnen zwar dieses Bier schmeckt, aber die Kohlensäure für sie zu aggressiv ist. Dass der Schaum dadurch jedoch seine Kompaktheit ein wenig einbüßt, ist die Kehrseite der Medaille. Dafür ist aber die Drinkability gestiegen und das war mir wichtiger." Auffallend ist auch eine etwas höhere Hopfung als bei den meisten Weizenbieren – aber mit rund 22 Bittereinheiten wieder eher bei einem österreichischen Märzen als bei einem bayerischen Weizen und noch lange nicht bei einem „White IPA".

UNION PALE ALE

BRAUEREI	Bräuhaus Ten Fifty
BRAUER	Simon Latzer und Martin White
ALKOHOL	5,3 % ABV
BIERSTIL	Pale Ale

„Born in the 5th, Brewed in the 10th", steht auf der mit

... MIT FRANZ KRASSER, PAULANER BRAUEREI GRUPPE

Franz Krasser ist bei der Paulaner Brauerei Gruppe Verkaufsleiter für Österreich.

„URIGE, UNVERFÄLSCHTE BIERE TRINKEN"

Conrad Seidl: *Schön, dass wir uns auf ein Paulaner treffen – ein ziemlich unverwechselbares Weißbier?*
Franz Krasser: Schon allein die Farbe, gell? Und der Duft: Die fruchtig feinen Hefearomen machen unser Paulaner Hefeweißbier zur unverwechselbaren Spezialität, aber ohne dass das aufdringlich wird. Die Trübung, der Geschmack – aber Ihnen brauch ich das nicht zu erzählen. Unser Hefe-Weißbier ist der Türöffner auf internationalen Märkten, es ist unser meistverkauftes Produkt in Österreich.

Seidl: *Und auf dem bayerischen Heimatmarkt?*
Krasser: Da gilt es als der Weißbier-Klassiker aus München. Und auch dort ist es das meistverkaufte Bier aus unserem Haus und laut Nielsen-Zahlen das meistverkaufte Weißbier in Deutschland.

Seidl: *Dabei denkt man bei bayerischem Bier doch vor allem an das typische Helle.*
Krasser: Das brauen wir natürlich auch, dieser Bierstil hat ja in den letzten Jahren wieder sehr an Popularität gewonnen. Die Leute wollen gerne urige, unverfälschte Biere trinken. Schauen Sie: Das Chiemseer Hell, schlichtes Etikett und abgefüllt in die alte Euro-Flasche.
Seidl: *Ja, nach 30 Jahren steht die Euro-Flasche für die alte Tradition. Aber der Chiemsee liegt ja nicht gerade mitten in München, wo Paulaner gebraut wird.*
Krasser: (lacht) Stimmt natürlich, das Chiemseer Bier wird ja auch nicht in unserer Münchner Braustätte gebraut, sondern bei Auer in Rosenheim. In der Paulaner Brauerei Gruppe sind ja viele kleinere Brauereien, das hat den Vorteil, dass wir sehr eigenständige Biere mit regionaler Ausrichtung in kleineren Mengen brauen können. So haben wir ein Münchner Hell und ein Chiemsee Hell – so können wir den Gästen eine breite Biervielfalt anbieten. Der Gast weiß ja nicht unbedingt, dass das Chiemseer Bier aus unserer Brauerei in Rosenheim kommt, der Gast erlebt einfach die Vielfalt. Aber der Wirt hat es gut, weil er diese Vielfalt aus einer Hand geliefert bekommt.

Seidl: *Auf der Karte hier in der Luftburg finde ich auch ein Hacker-Pschorr Bio-Bier.*
Krasser: Die Frau Kolarik hat ihren Betrieb weitgehend auf Bio umgestellt – und da haben wir ihr ein unfiltriertes Helles anbieten können. Das ist ja das Schöne am Bier: Es gibt doch eine Menge Spezialitäten, von ganz leicht bis ganz stark. Ich trinke heute beispielsweise ein alkoholfreies Hefeweizen, davon bieten wir sogar mehrere Varianten an.

Seidl: *Historiker denken bei Paulaner eher an Starkbier.*
Krasser: Ehrlich gesagt: Wir auch. Bei uns ist ja die Starkbierzeit, die auf dem Nockherberg mit dem Salvator-Anstich gefeiert wird, die fünfte Jahreszeit. Und der Salvator, der Doppelbock für die Fastenzeit im Frühjahr, war ja historisch – vor über 380 Jahren – tatsächlich der Anfang der Paulaner Brauerei.

einem an braunes Packpapier erinnernden Etikett auf den Dosen der Ten Fifty Brauerei, deren Bräuhaus sich im alten Maschinenhaus der Brotfabrik Wien befindet. Damit hat das Kulturareal auf dem ehemaligen Betriebsgelände der Ankerbrotfabrik eine eigene Brauerei – gegründet wurde sie von den beiden Bierenthusiasten Simon Latzer und Martin White aber im fünften Bezirk, dessen Postleitzahl Namensgeber der Brauerei ist. Die Brauerei hat ihr Biersortiment seit der Eröffnung am Standort in Wiens zehntem Bezirk im Jahr 2018 vorsichtig erweitert. Mit dem Union Pale ist ein leichtes amerikanisches Ale entstanden, das vor allem durch seine Fruchtigkeit auffällt: Schon wenn man die Dose öffnet, entströmt ihr ein Duft nach tropischen Früchten, im Glas ist ein orangefarbenes, trübes Ale mit weißem Schaum, nun findet man einzelne Fruchtaromen heraus – Ananas, Mango, vielleicht auch Datteln. Der Antrunk ist schlank und mild in der Kohlensäure, das Mundgefühl wird von einem herben, aber nicht übermäßig bitterem Grundton bestimmt, gegen den Nachtrunk hin trägt die Bittere zu einem trockenen Eindruck bei.

ZWEIGELTHAFT 2017

BRAUEREI Brauküche 35, Schalladorf
BRAUMEISTER Jörg Gartler
ALKOHOL 9,4 % ABV
BIERSTIL Belgian Ale mit Rotwein

Bei einigen Bieren aus der Weinviertler Brauküche fragt man sich schon, wie weit das noch mit Bier zu tun hat – in Erinnerung ist etwa jenes Bier, für das ein Sauschädel in den Sudkessel geworfen wurde. Und mit diesem Bier ist es ähnlich: Basis ist ein helles belgisches Ale aus Gersten- Weizen- und Dinkelmalz, dem der Most von Zweigelttrauben zugesetzt wurde – das Ganze durfte dann mit Bierhefe, Brettanomyces-Hefe, Lactobazillus- und Pediococcus-Bakterien für 15 Monate in einem Rotweinfass reifen, ehe es nochmal mit Hefe in die Flasche gekommen ist. Dieser Hybrid aus Bier und Wein hat ein sattes Rot, wenig Schaum und einen von Leder, Holunder und reifen Pfirsichen geprägten Duft. Der Körper ist robust und die Bittere reicht gerade aus, um den Nachtrunk trocken erscheinen zu lassen.

BRAUE REIEN

BIERE ZUM SCHAUEN UND ZUM KOSTEN

BURGENLAND

GOLS

PRIVATBRAUEREI GOLS

7122 Gols, Brauhausplatz 1, +43/2173/2719
www.golserbier.at

Privatbrauerei Gols

In Gols am Neusiedler See begann die Familie Sautner nach der Errichtung eines importierten Kupfer-Sudwerks 2007 ihre Braugeschichte. Erst kürzlich hat sich die Brauerei rundum erneuert. Die Privatbrauerei mit Markus Sautner als Braumeister, Diplom-Biersommelier und Master of Beer Candidate bietet neben traditionellen Bierstilen saisonal auch regional verwurzelte Kreationen. So braut man als Partner der Genuss-Regionen Österreich Kästen-, Dinkel- und Kräuter-Bier. Wer ein individuelles Bieretikett will, kann dies hier gestalten lassen – und wer eine größere Menge (15.000 Flaschen) abnehmen kann, kann sogar Bier nach seinen eigenen individuellen Vorstellungen brauen lassen. Ausschank von Kostproben im Rampenverkauf erleichtert den Bier-Einkauf. Besichtigung mit Verkostung: Fixtermin immer freitags um 13:30 Uhr gegen Voranmeldung. Für Gruppen ab 5 Personen werden gerne individuelle Termine innerhalb der Öffnungszeiten vereinbart. Anmeldung und Anfragen auf www.golserbier.at Ganztägige Brauworkshops: Anmeldung zu Fixterminen auf www.golserbier.at Öffnungszeiten Rampenverkauf: Sommer: April bis September Mo-Fr von 8:00 bis 12:00 und 13:00 bis 16:30 Uhr, Sa von 9:00 Uhr bis 12:00 (nur April bis August), So & Feiertage geschlossen. Winter: Oktober bis März Mo-Fr von 8:00 bis 12:00 und 13:00 bis 16:00 Uhr; Sa, So & Feiertage geschlossen.

HEUGRABEN

ZICKENTALER BIER – BIERQUELLE HEUGRABEN

7551 Heugraben, Heugraben 19, +43/676/88041402
zickentaler-bier.at

Patrick Krammers Zickentaler Brauerei wurde 2016 in einem liebevoll und aufwendig renovierten ehemaligen Wirtschaftsgebäude des großelterlichen Bauernhofes eingerichtet. Im November 2019 hat Patrick auch die Marke „Freibrauerei Maurer" mit weiteren Craftbieren übernommen. Der Verkostungsraum „Bierquelle" ist Fr 16.00 bis 21.00 und Samstag 10.00 bis 21.00 und nach Vereinbarung geöffnet – Brauereiführungen sind ebenfalls möglich.

Zickentaler Bier

KOBERSDORF

BRAUEREI KOBERSDORF

7332 Kobersdorf, Hauptstraße 43, +43/2618/20173
www.kobersdorfer.at
Rund 850 Hektoliter produziert die Brauerei Kobersdorf pro Jahr, zusätzlich noch 150 hl Whiskymaische. Der Bio-Hopfen stammt aus dem Mühlviertel. Braumeister Peter Döllinger braut ein Märzen, ein an friesisches Pils erinnerndes stark gehopftes Pils, ein Spezial hell, ein Spezial dunkel, das Honigbier und verschiedene Festbiere (etwa ein belgisches Starkbier, das Dorffestbier sowie das Honigbier des Schwarzenbacher Keltenfestes). Verkauf: Fr.: 14:00 bis 18:00, Sa.: 10:00 bis 13:00 Uhr. Während dieser Zeit sind nach Voranmeldung auch Besichtigungen möglich.

NECKENMARKT

HOPFENSCHWINGER

7311 Neckenmarkt, Lange Zeile 14, +43/650/7170684
www.hopfenschwinger.at
Unfiltriertes Bier aus Neckenmarkt.

NEUSIEDL AM SEE

LAKESEIDEL E.U.

7100 Neusiedl am See, Oberer Kirchberg 76
+43/676/6062477
www.lakeseidel.at
Der Name dieser burgenländischen Brauerei deutet die Lage am Neusiedler See schon an: Lakeseidel – der Storch bringt das Bier: Seamile Wiener Lager, Zitronenstelze Citrus India Pale Ale, Rohrkolben Amber Ale, Weissstorch und Adebar, Helles Lager, Schwarzstorch Dunkles Lager, Schreiadler IPA. Biere beziehbar über den Onlineshop www.lakeseidel.at/shop oder u.a. im Laden „Der Burgenländer" in der Wiener Leopoldstadt erhältlich.

NEUSTIFT/LAFNITZ

RABENBRÄU

7423 Neustift/Lafnitz, Nr. 64, +43/3338/2330
www.oldraven.at
Gasthausbrauerei mit eigenem, 98 Meter tiefen Brunnen. In der angeschlossenen Brennerei „Old Raven" wird die (natürlich ungehopfte) Bierwürze destilliert und in ausgewählten Fässern zu Whisky gereift. Siehe auch unter Lokale Burgenland – Neustift.

OBERWART

BIERARIUM 1. BURGENLÄNDISCHES BRAUEREISOUVENIR-MUSEUM

7400 Oberwart, Keplergasse 14, +43/664/1620699
www.bierarium.at
Von Ö3 wurde die Sammlung von Kurt Balazs als „zweitskurrilstes" Museum Österreichs bezeichnet – für Bierfans ist es jedenfalls eine Sehenswüdigkeit eigener Art. Besuchen kann man dieses kleine Privatmuseum ausschließlich gegen telefonische Voranmeldung. Gruppen bis maximal 15 Personen. Gezeigt werden unter anderem 10.000 Bierdosen aus 166 Ländern und 5.500 Bieröffner – und wer einen Bieröffner einer bisher noch nicht vertretenen Brauerei in die Sammlung von Herrn Balasz einbringt, macht sich natürlich besonders beliebt.

Bierarium

KÄRNTEN

ARNOLDSTEIN

PREWSTONE BREWING GESBR

9601 Arnoldstein, Kärntner Straße 12, +43/676/7963637
http:/prewstone.com
2010 wurden Martin Printschler und Uwe Wedam nach eigener Erinnerung „mit dem Craftbier-Virus infiziert". So wurden die ersten Pale Ales, Stouts etc. nacheinander probiert und die ersten Ordner angelegt, wie Bier überhaupt produziert wird. Geendet hat die Probier- und Studierphase mit der Bestellung eines 30-Liter Startpakets aus dem Internet in 2015. Braustätte war zunächst noch der Pausenraum der Tischlerei Mikula, der aber durch die stetige Weiterentwicklung und die erweiterten Platzanforderungen bald aus allen Nähten platzte. Folglich wurde eine etwas professionellere Drei-Hektoliter-Anlage angeschafft, die im Sommer 2018 den Betrieb aufnahm.

BLEIBURG

BRAUHAUS BREZNIK

9150 Bleiburg, Hauptplatz 9, +43/4235/2026
www.brauhaus.breznik.at
Stefan Breznik führt mit dieser 2007 eingerichteten Gasthausbrauerei die Tradition einer lokalen Steinbier-Brauerei und der viel größeren Stich-Brauerei in Bleiburg-Sorgendorf weiter, die 1991 von der Steirerbrau geschlossen wurde. In dem kleinen Brauhaus werden von Gerhard Primozic-Breznik zu besonderen Anlässen auch Spezialbiere gebraut (z.B. Osterbier). Brauereiführung nach vorheriger Anmeldung möglich. Siehe auch unter Lokale Kärnten – Bleiburg.

DIEX

BRAUEREI BRAUMANN

9103 Diex, Grossenegg 13, +43/699/12996024
www.braumannufaktur.at
In 1.160 Meter Höhe und einem atemberaubenden Aus-

blick über die Berge Südkärntens braut Manfred Baumann das Braumann. Die Brauerei besitzt eine eigene Quelle, die nachweislich 190 unterschiedliche Mineralien enthält – kein kalkhaltiges Wasser also und somit die beste Grundlage für das Bier. Die Druckgärtanks umfassen insgesamt 300 Liter.

FINKENSTEIN AM FAAKER SEE

FEIN BREWERY

9583 Finkenstein am Faaker See, Inselweg 7
+43/660/4990582
www.feinbrewing.com
Nur fünf Gehminuten vom Faaker See entfernt werden seit 2018 Blonde Ale, Pale Ale und Black IPA gebraut. Überraschenderweise tauchen diese Biere dann in einem kleinen Lokal am Wiener Praterstern auf.

GLANEGG

HALLE BRÄU

9555 Glanegg, Friedlach 84, +43/676/7487028
de-de.facebook.com/hallebraeu
Mit der Zwei-Hektoliter-Brauanlage des Halle Bräu hat Harald Huber seit hundert Jahren die erste Brauerei (nach Schließung des Antonius Bräu in Feldkirchen) des Bezirks gegründet. Zu kaufen gibt es das Bier im Hofladen Wakonig in Klagenfurt sowie bei der „Zechnerin“ in Liebenfels.

KLAGENFURT

MAHLER ARTISAN BREWERY

9020 Klagenfurt, Dr. Wutte Straße 14, +43/650/5545165
mahlerbeer.com
Peter Mahler, ein Verwandter des Komponisten Gustav Mahler (1860–1911), ist ebenfalls Künstler, allerdings ist er Maler und Grafiker. Und Bierbrauer – weil er im Bier ähnlich viele Gestaltungsmöglichkeiten wie in der Kunst sieht, gründete er 2015 eine kleine Brauerei, in der er rund ein Dutzend verschiedener Rezepte ausprobiert, vom Ruby Ale bis zu einem Bio-Bier mit Citra-Hopfen aus ökologischem Anbau.

KLAGENFURT

SCHLEPPE BRAUEREI

9020 Klagenfurt, Schleppe-Platz 1, +43/463/42700
www.schleppe.at
Seit 1607 wird in der Schleppe Brauerei in Klagenfurt das Brauhandwerk gepflegt. Zu den beliebtesten Biersorten zählen, neben dem traditionellen Schleppe Märzen, das naturtrübe Hausbier, das Schleppe Zwickl sowie der Schleppe Bock. Seit 2014 gibt es mit dem Schleppe No 1 auch ein Pale Ale – ein kraftvoller und international viel beachteter Einstieg in die Craftbier Szene – jüngst bereits ausgezeichnet als bestes Pale Ale Europas. Die Schleppe Brauerei gilt heute als Kärntens Zentrum der Brau- und Brennkultur, seitdem sich die Pfau-Brennerei in dessen Gewölbe angesiedelt hat. Führungen Schleppe Brau- und Brennwelt: Hausführungen von Mai bis September Mo bis Fr um 10:30 Uhr, an Feiertagen finden keine Hausführungen statt. Führungen für Gruppen ab 20 Personen ganzjährig nach Vereinbarung. Für Veranstaltungen aller Art, von Produktpräsentationen über Seminare ab 20 Personen bis hin zu exklusiven Gala-Veranstaltungen mit 800 bis 1.000 Personen bietet die Schleppe Brauerei mit der Schleppe Eventhalle auf drei Ebenen und den kupfernen Sudkesseln im Zentrum eine besondere Veranstaltungslocation. Schleppe Shop: Mo-Fr 9:00 bis 12:00 Uhr & 13:00 bis 16:00 Uhr. Getränkemarkt: Mo-Fr 8:00 bis 18:00 Uhr, Sa von 8:00 bis 12:00 Uhr.

Schleppe Brauerei

KÖTSCHACH-MAUTHEN

BIERMANUFAKTUR LONCIUM

9640 Kötschach-Mauthen, Nr. 60, +43/699/12136894
www.loncium.at
Die Brauerei Loncium wurde 2008 von Alois Planner und Klaus Feistritzer gegründet. Als begeisterte Biersommeliers liegt ihnen die Biervielfalt sehr am Herzen, was sich in der Produktpalette niederschlägt: Das Austrian Amber Lager und der dunkle Bock „Schwarze Gams“ haben auch internationale Auszeichnungen eingeheimst. Der Brauerei angeschlossen befindet sich ein sehr schöner Verkostungsraum, in dem hausgebrautes Bier zelebriert werden kann. Besuche in der Brauerei müssen im Vorfeld angemeldet werden, auch Brauseminare erfolgen nach vorheriger Terminvereinbarung. Bestelllungen des Bieres unter www.mybier.at Details zum Brauereiausschank unter Lokale Kärnten – Kötschach-Mauthen.

KRAIG

WIMITZBRÄU

9311 Kraig, Wimitz 7, +43/4212/30930
www.wimitzbraeu.com
Das Wimitzbräu ist die einzige reine Bio-Brauerei am Marktplatz Mittelkärnten. Hinter dieser Initiative steckt die Philosophie der Regionalität – das Bier aus der 2011 gegründeten Kleinbrauerei gibt es auch nur im Umkreis von rund 50 Kilometern (und bei vielen Partnern des Marktplatz Mittelkärnten). Die Braugerste stammt fast vollständig aus eigenem Anbau, Brauereichef Josef Habich ist besonders auf die Qualität des Wimitzer Brauwassers stolz, dem nach langem Weg durch Glimmerschiefer-Gestein eine spezielle Heilwirkung und Weichheit nachgesagt wird. In den vergangenen Jahren hat das Wimitzbräu sein Angebot deutlich verbreitert – inzwischen gibt es neben Hellem und Märzen auch Stout und Pale Ale in Flaschen und im Fass.

MICHELDORF

PRIVATBRAUEREI HIRT GMBH

9322 Micheldorf, Hirt 1, +43/4268/2050-28
www.hirterbier.at
Die Hirter Brauerei kann sich auf eine Geschichte berufen, die bis 1270 zurückreicht. Es gab hier damals eine von nur sieben öffentlichen „Tabernas" in Kärnten und Oberkrain – hier wurde Bier ausgeschenkt und wohl auch gebraut. Das Jubiläum 2020 markierte daher einen wichtigen Punkt in der österreichischen Braugeschichte. Bekannt ist die Hirter als jene Brauerei, die den Pils-Begriff in der Zweiten Republik richtig populär gemacht hat – schon zu einer Zeit, als das Bier außerhalb von Kärnten noch eine echte Rarität war. Brauereiführungen gibt es ganzjährig Montag bis Sonntag nach Vereinbarung. Gruppen: mindestens 10 Personen bis max. 50 Personen (größere Gruppen werden aufgeteilt). Dauer: 1 Stunde 15 min – ab 10,20 Euro pro Person inkl. Verkostung eines Hirter Produktes (Bier oder Limonade) im Hirter Braukeller und einen Gutschein zum Einkauf in der Hirter Bierathek. Reservierungen: fuehrung@hirterbier.at Das Ausbildungsangebot zum Biersommelier macht aus jedem Bier-Liebhaber einen echten Profi. Infos: www.beercademy.eu Für Festivitäten kann die Hirter Malztenne, welche Platz für bis zu 140 Personen bietet, angemietet werden.

Privatbrauerei Hirt

RENNWEG

STAMPERL AM KATSCHBERG

9863 Rennweg, Katschberghöhe 19, +43/4734/612
www.stamperl-katschberg.at
Im Dezember 2015 hat die Hinteregger-Hotelgruppe in ihrer Pizzeria auf dem Katschberg in 1.670 m Seehöhe eine moderne 10-Hektoliter-Brauanlage installiert – sie ist die höchstgelegene Brauerei Österreichs. Gebraut wird das Katsch-Beer, ein helles Lager und Werwolf Dunkel. Brauereiführungen montags von 16:00 bis 17:00 Uhr inklusive Bierverkostung und Snack. Anmeldung unter +43/4734/612. Mehr zum angeschlossenen Bier unter Lokale Kärnten.

SANKT VEIT AN DER GLAN

GELTER BRÄU

9300 Sankt Veit an der Glan, Goggerwenig 8, +43/4212/36878
www.wirtshaus-gelter.at/gelter-braeu
2015 eingerichtete Kleinbrauerei im 500 Jahre alten Guts- (und deutlich neueren) Gasthaus der Familie Gelter. Auf der Labu-Brauanlage wird hauptsächlich das Märzenbier Simale gebraut. Zum Wirtshaus mehr unter Lokale Goggerwenig. Angeboten werden Brauereiführungen mit Verkostung und Biersensorik-Kurse mit Christan Gelter, der ausgebildeter Biersommelier ist. Siehe auch unter Lokale – Wirtshaus Gelter.

SPITTAL AN DER DRAU

GÄRAGE / THE SATISFACTORY

9800 Spittal an der Drau, Hauptplatz 12, +43/4762/2113
the-satisfactory.at/gaerage
ÖFFNUNGSZEITEN Di-Do: 17:00 bis 00:00 Uhr; Fr-Sa: 17:00 bis 2:00 Uhr
Die in den letzten Jahren mehrfach ausgezeichnete Staatsmeisterin Lily Schneider braut hier seit 2016 zwei Sorten Fass-Lagerbiere und mittlerweile zwölf ausschließlich in 0,33lt.-Flaschen gereifte Spezialbiere, welche nach Öffnung exklusiv in langstieligen Weingläsern serviert werden. Siehe auch unter Lokale Kärnten – Spittal an der Drau.

LIESERBRÄU

9800 Spittal an der Drau, Bogengasse 16
+43/676/848267667
www.lieserbrau.at
Gernot Linder (ehemals Braumeister bei Villacher) und Christoph Ertl haben diese Mikrobrauerei mittels Crowdfunding eingerichtet. Ausgeschenkt wird es im benachbarten Rabl Keller.

Lieserbräu

LIESER BRÄU
SPEZIALITÄTENBRAUEREI

UNTERTWENG BEI RADENTHEIN

PRIVATBRAUEREI SHILLING

9545 Untertweng bei Radenthein, Gartenraststraße 12
+43/4246/2017
www.shilling.at

Der Name von Ulli Bachers Brauerei bezieht sich auf die (inzwischen nicht mehr übliche) schottische Kategorisierung der Biere, für die je nach Alkoholgehalt ein gewisser Preis gezahlt werden musste. Ein Shilling entsprach 12 Pence, 20 Shilling ergaben ein Pfund. Für ein 60 Shilling (geschrieben 60/-) Ale mussten um 1900 also drei Pfund je Hogshead (54 Imperial Gallons bzw. 245,5 Liter) gezahlt werden. Geplante Sondersude in der Brauerei Shilling für 2020: Fastenbier, Wiener Lager, IPA, Weizen, Hirbest. In der Shilling-Brauerei kann das Bier an Freitagen und Samstagen direkt verkostet werden, ansonsten 100 Meter weiter in der Gartenrast.

Privatbrauerei Shilling

VILLACH

VEREINIGTE KÄRNTNER BRAUEREIEN – VILLACHER BRAUEREI

9500 Villach, Brauhausgasse 6, +43/4242/27777
www.villacher.com

Die Villacher Brauerei ist ein Traditionsbetrieb in Kärnten, der seit 1858 Braugeschichte schreibt. Die Villacher Brauerei ist mit einem Jahresausstoß von 280.000 Hektolitern Bier Marktführer in Kärnten – elf Prozent der Produktion gehen in den Export. Angeschlossen an die Brauerei sind der ebenso traditionsreiche wie bekannte Villacher Brauhof und das Kunsthaus mit dem Musikkeller im Sudhaus, eine besondere Veranstaltungslocation in den altehrwürdigen Kellergewölben des ehemaligen Sudhauses. Hier finden auch Biersommelier-Schulungen statt. Führungen durch die Villacher Brauerei sind in Gruppen ab 25 Personen nach Vereinbarung möglich.

VILLACH-MARIA GAIL

TURMBRÄU MELCHER

9500 Villach-Maria Gail, Anton-Tuder-Straße 2
+43/4242/37875
www.gaestehaus-melcher.at

In Villachs erster Hausbrauerei braut Stefan Melcher seit 2008 das eigene Turmbräu Bier – seit 2018 auf einer neuen Labu-Anlage, die auch als Schaubrauerei dient. Angeboten werden 30/50l Partyfässer. Die Schaubrauerei ist von Montag – Samstag ab 16:00 Uhr ganzjährig geöffnet. Auf Anfrage auch gerne außerhalb der Öffnungszeiten. Führungen auf Anfrage, ab 16 Jahre.

VILLACH-OBERWOLLANIG

MALLE BIERMANUFAKTUR

9500 Villach-Oberwollanig, Hochpirkachweg 3
+43/660/7624040
www.mallebier.at

Malle Biermanufaktur

Rudolf Malles Nanobrauerei – die Malle Biermanufaktur positioniert sich als „kleinste Brauerei Kärntens" mit einer Grundfläche von nur 9 Quadratmetern – beliefert vor allem Leos Turmstüberl in Villach sowie sechs weitere Gasthäuser. Ein sehr anständiges mildes Pale Ale ist üblicherweise im Ausschank, es gibt aber noch weitere Sorten: India Pale Ale, Strong Ale, Light Ale, Xmas Ginger Ale, Heller Rudolph, Smart Rosy, Bockige Rosy, Dampfbier und Wollaniger Helles werden saisonal gebraut und händisch in Literflaschen abgefüllt. Wer Bier kaufen will, kann das Montag bis Freitag von 9:00 bis 12:00 und 14:00 bis 17:00 Uhr tun, aber nur nach vorheriger Anmeldung. Und ebenfalls nach vorheriger Anmeldung gibt es eineinhalbtägige Brauseminare für angehende Hobbybrauer.

VÖLKERMARKT

MÜHLENBRÄU OSCHENITZEN

9100 Völkermarkt, Oschenitzen 10, +43/664/9797108
de-de.facebook.com/Mühlenbräu-Oschenitzen-1573350732940081

Franz Posod hat 2015 die von ihm gepachtete alte Mühle in Oschenitzen bei Völkermarkt reaktiviert – sie liefert nun den Strom, mit dem er sein Bier braut. Dazu mussten Wasserzuleitungen neu verlegt und das Mühlrad wieder zum Laufen gebracht werden, das nun einen Generator antreibt. Das Bier wird vor allem in 25-Liter-Kegs für Feste und Gastrokunden angeboten. Im August gibt es in der Brauerei einen Kirchtag.

NIEDERÖSTERREICH

ALLAND

ALLANDER STIERKOGL BRÄU

2534 Alland, Wagenhofstraße 538, +43/2258/6891
Hausbrauerei, die in den USA wohl in die Kategorie „Nanobrewery" fallen würde: Ulrike und Christian Kurz haben ihr Hobby Homebrewing zum Nebenberuf gemacht und brauen seit 2008 gewerblich. Immer wieder experimentelle Spezialsude – einige davon bei den Staatsmeisterschaften der Haus- und Kleinbrauer ausgezeichnet. Für Sammler gibt es Gläser und Bierdeckel.

ALLENTSTEIG

BRAUVIERTEL

3804 Allentsteig, Hauptstraße 21, +43/680/2205951
www.brauviertel.at
Mikrobrauerei eines Engländers und einer Österreicherin, die in einem denkmalgeschützten Gebäude im Zentrum von Allentsteig ausschließlich obergärige, britische Biere brauen. Vom süffigen Pale Ale bis zum bodenständigen Stout – „British real ales brewed in the Waldviertel". Die Biere sind derzeit nur im an der selben Adresse befindlichen Brauviertel-Braushop (mit Verkostung) erhältlich, zudem tritt das Paar immer wieder auf regionalen Märkten auf, etwa jenem in Arbesbach und beim Weitraer Bierkirtag.

Brauviertel

PRIVATBRAUEREI ME

3804 Allentsteig, Hauptstraße 32/2, +43/650/8506781
Die Privatbrauerei des Zahntechnikers Michael Endl versteht sich als Allentsteigs Bio-Brauerei – seine Sudgrößen sind so klein, dass es keine regelmäßigen Ausschank- und Verkaufszeiten gibt.

AMSTETTEN

S'EDLA CRAFT BIER

3300 Amstetten, Schloßgasse 2, +43/650/9227372
www.edla-craft.at
Biersommelier Joachim Schnabel hat seine kleine Mostviertler Brauerei eingerichtet, um bei seinen Bierverkostungen auch eigenes Bier anbieten zu können. Mit Stand 2020 gibt es vier Sorten – vom Wiener Lager bis zum Porter. Zu kaufen gibt es s'Edla momentan direkt in der Brauerei, bei der Fa. Dunkl – wohnen und schlafen, in der Sunshine Gallery in Amstetten sowie in der Kunststation Kollmitzberg.

s'Edla Craft Bier

BREITENFURT BEI WIEN

6BEERS BREWING COMPANY

2384 Breitenfurt bei Wien, Margaritenweg 23
+43/677/62416866
www.6beers.at
Kleine, bei Wettbewerben aber ziemlich erfolgreiche Craftbierbrauerei aus dem Wienerwald. Das High'n'Dry Brut IPA gewann die Kategorie IPA bei der Austrian Beer Challenge 2019. Die Biere gibt es unter anderem im Beer Store Vienna und im Ausschank im Känguruh.

BRUCK AN DER LEITHA

BEERSTARTER / BRAUHAUS PRUGG

2460 Bruck an der Leitha, Alter Hainburgerweg 2a
+43/699/11809124
beerstarter.abhofladen.at
Die „Hopfenartisten" dieser ursprünglich in Maria Enzersdorf gegründeten „Brew On Demand"-Brauerei sind nach Bruck übersiedelt. Rainer Mraz bietet Biere „ab Hof" und Braukurse für interessierte Hobbybrauer an. Zu seinen Kreationen gehört unter anderem ein Beeresso aus Kaffee und Lagerbier. Onlineshop.

ENZENREITH

ZECHERBRÄU

2640 Enzenreith, Siedlaustraße 129, +43/676/4235432
www.zecherbraeu.at
Luis Lechner ist ein erfahrener Hobbybrauer, der sich zum Biersommelier weitergebildet hat und inzwischen eine professionelle Hausbrauerei betreibt – allerdings vor allem zu Demonstrationszwecken: In der kleinen Brauerei gibt es auf Voranmeldung Verkostungen für sechs bis zwölf Personen.

ENZERSDORF BEI STAATZ

KURV'N BRÄU NESTLER

2134 Enzersdorf bei Staatz, Bahnhof Staatz 1
+43/676/4060080
www.kurvnbraeu.at

Die Brauerei mit angeschlossenem Bierheurigen wurde im Jahr 2014 von Roland Nestler zwei Kilometer ausserhalb von Staatz direkt gegenüber der Bahnstation eingerichtet. Angeboten werden drei Hauptsorten sowie ein wechselndes Saisonbier (New England IPA, Pale Ale, Schwarzbier, Bock u.a.). Geöffnet ist freitags ab 16:00 Uhr und sonntags von 9:00 bis 12:00 Uhr sowie zu den Bierheurigen Terminen – wobei zum Bier so genannte „Bierfleck“ (Bierteigflammkuchen) angeboten werden. Brauereibesichtigungen nur nach Voranmeldung.

ESCHENAU

BRAU.HAND.WERK.KNALLER

3153 Eschenau, Hauptstraße 47, +43/680/2372317
www.brauhandwerk.at

Brau.Hand.Werk.Knaller

Der Maschinenbauer Gerhard Knaller hat 2010 mit dem Homebrewing begonnen, die Ausbildung zum Diplombiersommelier gemacht und 2016 seinen Betrieb eröffnet. Und weil er als ausgebildeter landwirtschaftlicher Facharbeiter auch Bienen züchtet, gibt es bei ihm unter anderem ein Honigbier, weiters ein Blonde, Weizen, Stout, Kupfergold und Rotblond und jedes Jahr einen Weihnachtsbock. Es werden nur obergärige Biere gebraut. Ab „Brauhof“-Verkauf nach vorheriger Anmeldung, die Biere sind in Flaschen (0,5l, 1l, 2l und 3l) oder im 18l Container inkl. Zapfgerät erhältlich. Ebenfalls gegen Voranmeldung ist auch eine Brauereibesichtigung möglich (natürlich mit Bierverkostung).

FELS AM WAGRAM

WAGRAM BRÄU

3481 Fels am Wagram, Feldstraße 6, +43/664/1278117
www.wagrambraeu.at
Andrea und Stefan Riedinger haben sich mit ihrer kleinen Brauerei rasch eine große Fangemeinde geschaffen: Im Falstaff-Voting im Februar 2019 bekamen die Newcomer 3,82 Prozent der Stimmen und wurden dadurch die neuntbeliebteste Kleinbrauerei Niederösterreichs.

GABLITZ

GABLITZER PRIVATBRAUEREI

3003 Gablitz, Hauptstraße 14, +43/664/8520352
www.gablitzer.at
Markus Führer hat mit seiner 2009 gegründeten Kleinbrauerei schon etliche Auszeichnungen bei der Staatsmeisterschaft der Haus- und Kleinbrauereien erzielt, zu seinen Spezialitäten gehört ein Whiskey-Stout und ein Rosenbier. 2016 belebte er die Marke des Hütteldorfer Bieres für zwei Gastronomiebetriebe im 14. Wiener Gemeindebezirk neu. Das „Hütteldorfer Bräu“ gibt es aber auch in der 0,33l-Flasche im Retrodesign. Zusätzlich zu kleinen Verkostungen im Brauereishop (geöffnet Donnerstag und Freitag, im Sommer auch Samstagvormittag) werden auch Brauereiführungen (in Gruppen ab 5 – 6 Personen) mit Verkostung angeboten.

GAMING

ERZBRÄU – BRUCKNERS BIERWELT

3292 Gaming, Grubberg 4a, +43/7485/98599
www.erzbräu.at
Peter Bruckners Brauerei wurde im Frühjahr 2012 eröffnet und war inzwischen auch Braustätte für Gastbrauer – so wurde die Marke BrauSchneider seinerzeit hier am Grubberg entwickelt und aufgebaut. Der Standort ist Produktionsstätte, Platz für Veranstaltungen und natürlich Biererlebnis. Er braut auf einer 10 Hektoliter Sudanlage das Erzbräu – und zwar mit erneuerbarer Energie, der Dampferzeuger funktioniert mit Biomasse, der Strom kommt aus Fotovoltaik. Gebraut werden Bergquell, Schwarzer Graf, Schwarzer Peter, Dinkel Weisse sowie einige Ales (India Pale Ale, Imperial Ale). Auf einer Brennanlage wird auch ein Single Malt Whisky hergestellt. Peter Bruckner veranstaltet öffentliche Brautage zu gewissen Terminen, mit geführter internationaler Bierverkostung und Theorie „Wissenswertes rund ums Bier“. Es werden belgische Biere, Porters, Stouts, Samichlaus, Trappistenbiere, usf. bei den Verkostungen den Gästen nähergebracht. Führungen: Mi bis So jeweils um 11:00 und 15:00 Uhr. Dauer ca. 1 Stunde. Direktverkauf von Erzbräu und regionalen Produkten, viele Geschenkideen: Di-So 10:00 bis 18:00 Uhr, geschlossen: 25./26. Dezember. Online-Shop. Auch der GeBIERgsweg Gaming führt hier vorbei.

GAMINGER KARTAUSENBRÄU

3292 Gaming, Kartause 1, +43/7485/98466
www.kartause-gaming.at
2018 wurde diese Bauerei technisch mit einer Brauanlage

des Bamberger Herstellers Kaspar Schulz aufgerüstet, was der Bierqualität sehr gut getan hat und auch eine umfangreichere Abfüllung ermöglicht. Bierführungen ab 20 Pers. sind ganzjährig gegen Voranmeldung möglich, Preis pro Person: € 7,30 (Kostproben inklusive). Für Bierinteressierte gibt es auch: „Brauseminar für Einsteiger" sowie „Brau- und Malzmeistertag". Das „Kartausenbräu" gibt es zum Mitnehmen in der 0,33 Liter Flasche und in der 0,75 Liter Flasche. Ebenfalls werden Partyfässer, Geschenkkartons u.v.m. angeboten. GeBIERgsweg Gaming: Am neu angelegten Themenweg rund um Gaming werden ein bieriges Wandererlebnis mit Bier-Attraktionen und 18 Wissens- und Mitmachstationen rund ums Bier geboten.

Gaminger Kartausenbräu

GEROLDING

GEROLDINGER BRAUHAUS

3392 Gerolding, Graf Geroldstraße 43, +43/664/3408592
www.geroldinger-brauhaus.at
Nadine Willach stammt aus Bayern – gemeinsam mit ihrem Mann Friedrich hat sie im Dunkelsteiner Wald (bei Aggsbach unmittelbar südlich an die Wachau grenzend) 2012 eine Brauerei errichtet, die nach einem Brandanschlag erst 2013 eröffnet werden konnte. Die Biere haben es inzwischen zu gewissem Ruhm gebracht – Hanfbier und Kaffeeweizen bekamen 2014 Goldmedaillen bei der Staatsmeisterschaft der Kleinbrauereien. Bei der Brauerei (deren Sudwerk putzigerweise nach der Lokomotive aus der Serie Jim Knopf „Emma" genannt wird) gibt es auch einen Hofladen, wo man Dienstag und Freitag von 14:00 bis 19:00 Uhr Bier sowie Whisky, Edelbrände, Liköre und Honig aus der Region kaufen kann.

GLOGGNITZ

BRAUGASTHOF DIEWALD

2640 Gloggnitz, Raach am Hochgebirge 38, +43/2662/43905
www.gasthof-diewald.at
Seit 1998 werden beim Diewald im Braukeller Spezialitäten aus Braugerste, Hopfen, Wasser, Hefe, Hanf, Kräutern und Gewürzpflanzen hergestellt. 1-Tages Bierseminar mit Schaubrauen, 3-gängigem Biermenü und 3 Gläsern Bier € 27,00 sowie 2-Tages-Bierseminar mit 5-gängigem Biermenü, Blindverkostung und Brauerjause, Bierfrühstück und Diplomverleihung € 132,00. Siehe auch unter Lokale Niederösterreich – Gloggnitz.

HAINFELD

BRAUEREI HAINFELD

3170 Hainfeld, Wienerstraße 10, +43/2764/2350
www.brauerei-hainfeld.at

Brauerei Hainfeld

SEIT 1757
HAINFELDER BIER

1757 gegründete Mittelstandsbrauerei, die 1808 von Karolus Riedmüller, dem Sohn eines „Chyrurgen" aus Weyr, gekauft wurde. Karl Riedmüller, Sohn des Karolus Riedmüller, übernahm dann die Brauerei in Hainfeld, sein Bruder Josef die Brauerei in Waidhofen an der Ybbs. Dessen Sohn kaufte dann die Brauerei in Wieselburg. In Hainfeld ist nun Peter Riedmüller in sechster Generation Braumeister – und auf Anfrage zeigt er den Betrieb gerne her, Besuchergruppen von 8 bis 15 Personen sind nach Terminvereinbarung willkommen. Zu den Besonderheiten der Hainfelder Brauerei gehört auch, dass ihre Energieversorgung auf Kleinwasserkraft und Biomassefeuerung beruht.

MUSEUM HISTORISCHER BIERKRÜGE

3170 Hainfeld, Wiener Straße 16, +43/2764/224682 oder +43/676/9754186
www.bierkrugmuseum.at
In unmittelbarer Nachbarschaft der Brauerei Hainfeld ist dieses Museum von großteils künstlerisch gestalteten Krügen eingerichtet. Rund 350 Biergefäße aus der Zeit von 1500–1950 können besichtigt werden. Sie sind kulturhistorisch nach berühmten Manufakturen und Künstlern

aufbereitet und erzählen interessante Details über ihren Nutzer- und Verwendungszweck. Diese Bierkrugsammlung ist samstags von 13:00 bis 17:00 Uhr geöffnet. Für Gruppen ab 10 Personen auf Anfrage unter Tel. +43/2764/224682 oder +43/676/9754186. Eintritt Erwachsene: 5,00 €, Ermäßigte: 3,00 €, Gruppen ab 10 Personen: 3,00 € pro Person + Führungsgebühr 15,00 €.

HASSBACH

HASSBACHER BRAUECK

2831 Haßbach, Berggasse 6, +43/2629/7326
+43/664/4515416
www.braueck.at

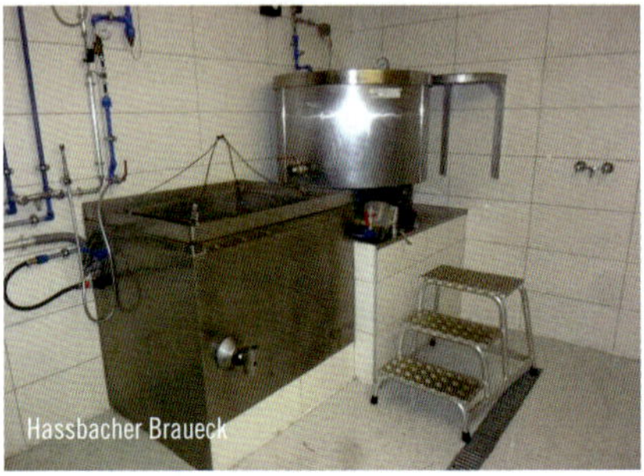
Hassbacher Braueck

Martin Gruber hat sich 1999 eine kleine, gewerblich betriebene Brauerei in seinem Privathaus eingerichtet. Er braut – wie schon vorher als Hobbybrauer – neben seiner Hausmarke „Grader Michl" immer wieder saisonale Spezialitäten.

JAPONS

DANGL HAUSBRAUEREI

3763 Japons, Zettenreith 7, +43/2914/70206 oder +43/664/73059199
www.danglbier.at
Zettenreith ist eine winzige Ortschaft im Bezirk Horn – und dort braut Günther Dangl seit 1991 sein Waldviertler Hausbier. Die Biere sind in 0,33l und 0,5l Flaschen sowie im 5l Fass erhältlich. Partyfässer werden ausschließlich nach telefonischer Vereinbarung abgefüllt. Derzeit erfolgt der Verkauf ab Hof nach telefonischer Voranmeldung.

KARLSTETTEN

DUNKELSTEINER BRÄU

3121 Karlstetten, Schaubing 2, +43/2782/86961
www.schaubing.at
Fünf Kilometer nördlich von St. Pölten (mit dem Auto orientiert man sich in der Stadt am Krankenhaus und biegt gegenüber Richtung Weitern ab) betreiben Erich und Martina Diesmayr diesen gastlichen Bauernhof. Gebraut werden Schaubinger Helles, Schaubinger Spezial (halbdunkel), Schaubinger Kürbisbier, Schaubinger Weizenbier erhältlich während der Sommermonate, auch in der 1l Flasche zum Mitnehmen sowie Saufbock, ein dunkler Bock und das helle Bier-Landpomeranze in der 0,33l Flasche. Die Biere können auch online über myProduct bestellt werden. Bierverkauf: Mo – Do 9:00 bis 18:00 Uhr und Fr – Sa 9:00 bis 20:00 Uhr. Kürbisfest an den letzten beiden Augustwochenden. Als Bierheuriger geöffnet 29.5. bis 14.6.2020 und 13.11. bis 24.11.2020 jeweils ab 11:00 Uhr.

Dunkelsteiner Bräu

KASTEN

KASTNER BIER

3072 Kasten, Steinabruck 35, +43/660/7004016
www.kastnerbier.at
Kleinstbrauerei, die seit Herbst 2017 für den Ausschank im kleinen Cosmic-Stüberl braut – ausgeschenkt wird an jedem Mittwoch von 16:00 bis 22:00 Uhr.

KIRCHBERG AM WALDE

KIRCHBERGER BIER

3932 Kirchberg am Walde, Marktplatz 12, +43/664/9200000
www.kirchberger-bier.at
Das ehemalige Brauhaus in Kirchberg am Marktplatz wurde erstmals 1561 urkundlich erwäht, aber schon im Jahre 1884 geschlossen. Im Juli 2015 setzte Herbert Steinmetz die alte Tradition wieder fort mit dem Kirchberger Bier. Erhältlich im Carrousel in Kirchberg.

KORNEUBURG

DRUNKEN UNICORN BEER FACTORY

2100 Korneuburg, Hauptplatz 33, +43/664/1327760
www.bugelmueller.com
Die Biermacherei Bugelmüller fusionierte Ende 2019 mit Drunken Unicorn Brewery in 1190 Wien zu Drunken Unicorn Beer Factory. Braukurse an zwei bis drei Samstagen im Monat von 11:30 Uhr bis 17:30 Uhr (sofern die Teilnehmeranzahl von 8 bis max. 15 Pers. erreicht wird) – verbindliche Anmeldung erforderlich! Kosten: Euro 98,-/Person, Gruppenermäßigung auf Anfrage. Jeden letzten Samstag im Monat findet ein Sensorikseminar (nationale, englische & belgische Biersorten) von 11:30 bis 15:30 Uhr statt (Euro 69,-).

P3
2018
Burgwächter
PERCHTOLDSDORFER PRIVATBRÄU
www.perchtoldsdorf.beer
unfiltered
LAGER
P3
Turmsteiger
PERCHTOLDSDORFER PRIVATBRÄU
www.perchtoldsdorf.beer
#dryhopped
PILS
STANDFEST, WIE ES SICH GEHÖRT.
DER NEUE P3 Turmsteiger
www.perchtoldsdorf.beer

KOTTINGBRUNN

MEI DURSCHT LANG E.U.

2542 Kottingbrunn, Nelkenstraße 52, +43/699/11734017
meidurscht.at
Die vorerst drei verschiedenen Ales dieser 2017 von Otto Lang gegründeten Kleinbrauerei kann man jeweils an Freitagen in der Brauerei kaufen – oder an jedem zweiten Samstag auf dem Wochenmarkt in Bad Vöslau.

Mei Durscht Lang e. U.

KRUMBACH

PRIVATBRAUEREI GERALD SCHWARZ – SCHWARZBRÄU

2851 Krumbach, Bundesstraße 100, +43/660/8712288
www.schwarzbraeu.at
Diplombiersommelier Gerald Schwarz braut auf seiner handwerklichen Brauanlage Bierspezialitäten aus Rohstoffen, die nach Möglichkeit von örtlichen Landwirten bezogen werden. Daraus entstehen nach aktueller Zählung inzwischen 32 verschiedene Biere – vom Altbier über ein helles Lagerbier bis zu diversen Ales. Nach Vereinbarung gibt es einstündige Brauereiführungen. Für Gruppen bis zu 16 Personen bietet Gerald Schwarz zu Fixterminen (und nach Vereinbarung etwa für Betriebsausflüge) auch Bierseminare im historischen Ambiente des Krumbacher Museumsdorfs, bei denen man acht Stunden lang die Entstehung des Bieres mitverfolgen kann – so ein Seminar endet üblicherweise in gemütlicher Runde im Krumbacherhof. Es gibt aber auch einen Ausschank im Verkostungsraum. Dieser hat wechselnde Öffnungszeiten, die jeweils auf der Website bekanntgegeben werden.

Privatbrauerei Gerald Schwarz– Schwarzbräu

LAA A.D.THAYA

HUBERTUSBRÄU

2136 Laa a.d.Thaya, Hubertusgasse 1, +43/2522/2246
www.hubertus.at
Das Braurecht von Laa reicht bis ins Jahr 1454 zurück – das sieht man der modernen und sehr innovationsfreudigen Hubertus-Brauerei aber nicht an. Nach Voranmeldung (02522/2246-30, Fr. Hummel) sind Gruppenführungen für bis zu 55 Personen möglich, Bierverkostung inbegriffen – „durstig darf mir da keiner raus", sagt Brauereichef Hermann Kühtreiber.

LANGENLOIS

FIAKER BRÄU

3550 Langenlois, Holzplatz 7, +43/2734/2150
www.fiakerwirt.at/brauerei
Seit Juni 2008 wird im Stadtzentrum von Langenlois das Fiakerbräu gebraut – Pils, Märzen, Dunkles und Weizen (2012 Vizestaatsmeister bei den Klein- und Privatbrauereien) und saisonale Spezialitäten wie Bock zu Ostern und zu Weihnachten (2011 Staatsmeister bei den Klein- und Privatbrauerei-

... MIT LILI LEHTOVUORI, VISIT FINLAND

Lili Lehtovuori von Visit Finland erklärt, warum Finnland eine (Bier)reise wert ist.

„UNVERWECHSELBARER GESCHMACK"

Conrad Seidl: *Finnland stellen sich Viele als ein weites, dunkles und kaltes Land im Norden vor – was macht es als Urlaubsziel für Bierfreunde interessant?*
Lili Lehtovuori: Dass wir dunkle, kalte Winter haben, bedeutet umgekehrt auch, dass wir im Sommer viel längere warme Sonnentage haben als die südlichen Länder. Es stimmt natürlich auch, dass wir ein weites Land mit viel unberührter Natur haben. Das heißt auch: Wir haben die reinste Luft, das reinste Wasser, die reinsten Böden – ideale Voraussetzungen für das Bierbrauen. Das passiert ja in Finnland auch in allen Größenordnungen. Ich bin überzeugt, dass die 24-Stunden-Tage, die wir im Sommer haben, sich positiv auf die Bierzutaten auswirken. Die hellen Nächte kann man im Bier schmecken.

Seidl: *Das sagen auch die Brauer, die Sahti brauen – sie sagen, dass in Amerika botanisch identische Wacholdersträucher wachsen wie in Finnland. Aber nur in Finnland bringt der Wacholder den unverwechselbaren Geschmack ins Bier.*
Lehtovuori: Sahti ist auch wirklich ein ganz einzigartiges Bier, das es nur in Finnland gibt. Die Amerikaner sind ganz verrückt nach dem Bier, das schon die Wikinger kannten: Sahti ist ein recht starkes Bier, das aus einer mit frischen Wacholderzweigen bereiteten Bierwürze hergestellt wird. Sich zusammenzusetzen und Sahti zu trinken, das ist ein Ritual wie in Wien zum Heurigen zu gehen. Internationale Studien zeigen ja, dass Finnland das glücklichste Land der Welt ist – wir wurden schon zum zweiten Mal dafür ausgezeichnet.

Seidl: *Obwohl es eben ein halbes Jahr lang Tage gibt, die kürzer sind als bei uns...*
Lehtovuori: Ein halbes Jahr im Dunkeln zu leben – da wird man kreativ, da wird man innovativ und findet ungewöhnliche Lösungen. Alle fünf großen Parteien haben Frauen als Vorsitzende, unsere Premierministerin ist die jüngste Frau an einer Regierungsspitze in der Welt. Und kreative Lösungen gibt es auch beim Bier: Craftbier-Brauereien verwenden nicht nur Wacholder, sondern setzen etwa auch Beeren, Birkenzweige, Brennesseln oder sogar Weintrauben ein – in einem Fall kommen die sogar aus Österreich.

Seidl: *Und wo kann man diese Biere kosten?*
Lehtovuori: Auf dem Craftbierfest in Wien waren mehr als ein Dutzend finnische Brauer vertreten, im Herbst kommen einige wieder. So langsam läuft ein finnischer Craftbierexport an, auch nach Österreich. Aber Sie wissen ja: Am besten schmeckt es in der Brauerei – auf der Seite www.visitfinland.com/de/artikel/finnlands-beste-mikrobrauereien-und-brennereien/ findet man alle Unterlagen, um eine Bierreise zu einigen interessanten Brauereien zu organisieren. Und einfacher ist es auch geworden: Seit März gibt es nicht nur direkte Flüge von Wien nach Helsinki, sondern auch nach Lappeenranta im Osten unseres Landes.

en), Langenloiser Herbstbier im Oktober. Die Biere werden auch auf Ein- und Zweiliterflaschen abgefüllt. Siehe auch unter Lokale Niederösterreich – Langenlois.

LANGENROHR

LEBE & GENIESSE – ROHRER BRÄU

3442 Langenrohr, Josef Reither Straße 18, +43/650/9796197
www.lebe-geniesse.com
Kombination aus Destillerie und Brauerei. Seit 2008 werden verschiedene Verkostungsmöglichkeiten der Produkte sowie Brau- und Destillationskurse angeboten. Die Kurse werden von Dipl.-Braumeister Gerd Majan und dem Spezialisten für Destillation und Whisky, Franz Brenner, abgehalten. Termine auf Anfrage. Gebraut werden alle gängigen untergärigen Biere, Hefeweizen, Spezialbiere auf Bestellung. Das Lokal, ein gemütlicher Schalander, ist eingebettet zwischen Sudhaus und Whiskydestille, für ca. 25 Gäste.

LAXENBURG

LAXENBURGER BRAUHANDWERK

2361 Laxenburg, Schlossplatz, +43/677/61270777
laxenburger.at

Laxeburger Brauhandwerk

Seit 2016 etablierte Wanderbrauerei, die aus einem Hobby im Keller zu einem auf Craftbierfesten wohlbeliebten Betrieb gewachsen ist und in der alten Wagengarage der kaiserlichen Schlossbewohner (im Schlüsseltrakt, rechts neben dem Haupteingang zum Schlosspark) angesiedelt ist. Gebraut werden das helle Lager „Laxenburger Hopfenkeller", „Pale Alex Amarillo" und ein mit der deutschen Hopfensorte Callista gebrautes „Laxenburger Sommer"-Pils, das belgische Dubbel „Monk's Delight" sowie die „Laxenburger Weisse". Die Biere gibt es in mehreren Lokalen und Geschäften in Laxenburg und Wien, eine jeweils aktuelle Liste ist auf der Website.

LEOBERSDORF

ANTONIUS BRÄU

2544 Leobersdorf, Hauptstraße 29, +43/2256/21223
www.antoniusbräu.at
Gasthausbrauerei, die im Jahr 2018 erste Schritte in Richtung moderner Craftbiere gesetzt hat.

MARIA ENZERSDORF

TSCHÖAMS BIERE

2344 Maria Enzersdorf, Dobrastraße 106, +43/650/2944101
tschoeams-biere.at
Im Herbst 2017 absolvierte Stefan Germany (Rufname „Tschöam") seine Ausbildung zum Biersommelier in der Ottakringer Brauerei und schloss im September 2018 jene zum Diplombiersommelier in Kisbye's Bierkulturhaus in Obertrum ab. Gebraut wird bei der 100 Blumen Brauerei.

Tschöams Biere

TSCHÖAMS BIERE

MATZEN

BÄRENBRÄU

2243 Matzen, Hauptstraße 21, +43/676/6969141
www.baerenstubn.at
Wirtshausbrauerei, Brauseminare nach Voranmeldung. Siehe unter Lokale Niederösterreich – Matzen – Bärenstubn.

MÜNICHREITH AM OSTRONG

HASEL-BRÄU – WIRTSHAUSBRAUEREI HASELBÖCK

3662 Münichreith am Ostrong, Hausbrauerstraße 3
+43/7413/6119
www.wirtshausbrauerei.at
Landgasthaus aus dem frühen 19. Jahrhundert, in dem Paul Haselböck 1999 eine 3 hl-Brauerei eingebaut hat: Hopfen aus Neufelden, Malz aus Bamberg. Paul Haselböck ist nach 2006/2009 auch 2012 Staatsmeister der Kleinbrauer in der

Kategorie der untergärigen Bockbiere. Mit seinem Braumeister Sebastian Dorrer braut er ober- und untergärige Biere. Hauptsorten: klassisch Helles, Böhmisches, Caramel, Wiener Lager, Pils, Bruder (ein kräftiges Stout) und Schwester (IPA). Das Bier gibt es zum Mitnehmen in 0,5l, 1l- oder 2l Bügelverschlußflaschen sowie im Fass. Auch online erhältlich unter myproduct.at Siehe auch unter Lokale Niederösterreich – Münichreith.

OBER-GRAFENDORF

BAHNHOFSBRÄU

3200 Ober-Grafendorf, Bahnhofsplatz 1, +43/2747/3250
www.bahnhofsbräu.com
Wolfgang Stix, der in Obergrafendorf die World of Styx mit Schokolademanufaktur und Naturkosmetik etabliert hat, ist im Herbst 2014 unter die Brauer gegangen und hat im ehemaligen Bahnhof eine Kleinbrauerei eröffnet. Brauseminare werden mehrfach im Jahr für fünf bis zehn Personen durchgeführt: Dauer zwischen vier und sechs Stunden, inkludiert sind Jause, Bierverkostung, abschließend Stelzen Essen. Kosten: 69 Euro pro Person. Zum Brauereiausschank mehr unter Niederösterreich – Obergrafendorf.

Bahnhofsbräu

BAHNHOFSBRÄU

PAYERBACH

RAX BRÄU

2650 Payerbach, Hauptstraße 40, +43/676/9212621
www.raxbräu.at
Am Fuße der Rax, direkt beim Viadukt der Semmeringbahn, braut Alexander Hauser, der das Raxbräu von Franz Gerhofer 2019 übernommen hat. Erhältlich ist sein Bier im Looshaus am Kreuzberg. Die Biere kann man im Raxbräu freitags von 15:00 bis 18:30 Uhr und samstags von 9:00 bis 12:30 Uhr oder nach Vereinbarung für zu Hause kaufen.

PERCHTOLDSDORF

P3 – PERCHTOLDSDORFER PRIVATBRÄU

2380 Perchtoldsdorf, Hochstraße 7, +43/720/115440
www.perchtoldsdorf.beer
Die Hochstraße 7 fungiert seit dem Frühjahr 2019 als Concept Store und stellt eine Symbiose aus Büro und „Verkosterei" mit Naturwein, Likören und unfiltriertem Bier (der „Burgwächter"), das man in Flaschen und Krügen mitnehmen kann, dar. Der Brauer heißt Philipp Prochaska – und er ist sehr experimentierfreudig, etwa wenn es um Weihnachtsbiere geht.

SANKT ANDRÄ-WÖRDERN

HAGENTHALER BIER – BRAUHAUS MARCHART

3423 Sankt. Andrä-Wördern, Greifensteinerstraße 92
+43/2242/33156, +43/676/9112512
www.hagenthaler-bier.at, www.brauhaus-marchart.at
Die Gasthausbrauerei wurde 2014 als Familienbetrieb neu gegründet. Es werden mit einer 5-Hektoliter-Anlage des steirischen Herstellers Fleck 4 Sorten Bier gebraut: Hagenthaler Hell (Märzenzwickl), Hagenthaler Gold (Red Ale) und Hagenthaler Dunkel (Stout) sowie ein wechselndes Bier (z.B. Weizen, Rauchbier und verschiedene Bockbiere). Führungen durch die Brauerei (Sudhaus, Gär- und Lagerkeller) sind jederzeit während der Öffnungszeiten des Lokals möglich. Zum Mitnehmen werden 1-Liter und 2-Liter Bügelverschluss-Glasflaschen mit dem Hagenthaler-Bier-Emblem angeboten und mit dem gewünschten Bier frisch vom Zapfhahn befüllt. Für private Feiern gibt es 5l Partyfässer, für größere Feste auch Holzfässer zu 30l und 50l auf Bestellung. Siehe auch unter Lokale Niederösterreich – Brauhaus Marchart.

SANKT PÖLTEN

SPITZENBIER

3100 Sankt Pölten, Rennbahnstraße 43, +43/660/4990047
www.spitzenbier.at
Contract-Brewer, der als Genossenschaft organisiert ist. Hervorgegangen ist das Unternehmen aus dem Hobbybrauverein „Flüssiges Gold", gebraut wird nur eine Sorte Helles, das sich in der Verkostung aber eher als eine Variante eines belgischen Saison darstellt.

SCHALLADORF

BRAUKÜCHE 35

2022 Schalladorf, Schalladorf 35, +43/680/2122242
www.braukueche35.at
Die Brauküche 35 ist eine kleine Handwerksbrauerei in Schalladorf nahe Hollabrunn. Jörg Gartler braut neben klassischen Bierstilen wie dem Hausbier (Helles) oder dem

Weizentanz auch immer wieder wechselnde Biersorten wie z.B. verschiedene Versionen eines Saisons oder eines Stouts. Sehr oft wird das Weinviertel in den Bieren verewigt. So werden Biere in Weinfässern regionaler Winzer gereift und Fruchtsauerbiere mit Früchten aus der Region hergestellt. Auf der Liste der Bierinnovationen im Bier Guide 2019 fand sich das Golden Bay Barrel Aged, eine Saison gereift in einem mit Grauburgunder vorbelegten Fass vom Winzer Georg Toifl. Die Biere kann man direkt im Ab-Hof-Shop (Samstag 10:00 – 12:00 Uhr oder gegen telefonische Voranmeldung) verkosten und erstehen. Es werden auch Brauereiführungen und Braukurse angeboten.

SCHILTERN

BRAUSCHNEIDER

3553 Schiltern, Laabergstraße 5, +43/2734/32917
www.brauschneider.at

Begonnen hatte Michael Schneider als Gastbrauer beim Erzbräu in Gaming. Sohn Felix Schneider entwickelte nicht nur die Rezepte, er entwickelte auch gemeinsam mit dem ehemaligen Puntigamer-Braumeister Gilbert Moser die Technik des Sudhauses in Schiltern und firmiert nun als Head Brewer — oder, wie er es nennt, „der BrauSchneiderMeister für den guten Stoff". Nach langer Standortsuche und der Entwicklung des Flexi-Brew Sudsystems, das hier erstmals in größerem Maßstab eingesetzt wird, konnte im Frühjahr 2017 in Schiltern ein sehr modern gestalteter Brauereineubau eröffnet werden. Er bietet nicht nur dem eigentlichen Braubetrieb Platz, sondern empfängt die Besucher auch mit einem Braushop. Gebraut wird ein Helles, Pilsner, Hanfbier, Session Pale Ale, India Pale Ale, Weißbier, Brown Ale, Emmerbier und saisonale Sondereditionen. Führungen 2020: 14. März bis 23. Dezember, jeden Samstag um 14:00 Uhr UND zu den Öffnungszeiten der BrauSchank gegen Voranmeldung ab 8 Personen. Geführte Verkostung: 14. März bis 23 Dezember zu den Öffnungszeiten der BrauSchank gegen Voranmeldung ab 8 Personen. Diverse Veranstaltungen wie einen Markttag am 1. Mai, 3. Geburtstag (voraussichtlich am 19. Mai), Brau-Silvester, Ganslessen, BierYoga, Adventmarkt etc. Die Veranstaltungen sind auf der Homepage unter Events (http://www.brauschneider.at/events) angegeben.

SCHÖNBACH

PFARRHOFBRAUEREI SCHÖNBACH

3633 Schönbach, Nr. 1, +43/664/6563712
www.schoenbacherpils.at
Seit 2006 betreibt die Familie Pichler in einem im stilvoll adaptierten Kellergewölbe des ehemaligen Klosters ihr „Braugewölbe". Gebraut wird auf einer 3 hl Anlage der Firma Buchrucker (Labu Bräu – Ottensheim) ein sehr mild gehopftes Pils, für Weihnachten gibt es jedes Jahr auch etwa 400 Liter Bockbier. Führungen für Gruppen und Bierverkostungen können jederzeit vereinbart werden.

SCHREMS

BRAUEREI SCHREMS

3943 Schrems, Niederschremser Straße 1, +43/2853/77275
www.schremser.at
Seit über 600 Jahren wird in Schrems Bier gebraut, seit 1838 von der Familie Trojan, mittlerweile in 5. Generation. „Bier und Bierbrauen ist pure Emotion", meint Brauereibesitzer und Braumeister DI Karl Th. Trojan, „und auch die Grundlage für Weiterentwicklung und Erfolg. Bier ist nicht einfach ein Produkt, das man herstellt, Bier ist unser Lebensinhalt und soll es in unserer Familie auch bleiben." So setzt man in der Schremser Brauerei auf eine handwerkliche und traditionelle Brauweise. Es ist selbstverständlich, dass im Sudhaus noch ein klassischer „Biersieder" das Steuer führt und nicht eine zentrale Computersteuerung. Im klassischen Gärkeller wird kalt und langsam vergoren, das garantiert bekömmliche und ausbalancierte Biere. „Der Mix machts aus", ist DI Karl Trojan überzeugt, „Traditionelle handwerkliche Brauweise, die Verwendung bester heimischer Rohstoffe, kombiniert mit moderner Technologie." Führungen durch diese familiär geführte Brauerei gibt es Mo-Sa für Gruppen von 5 bis 50 Personen gegen Voranmeldung. Verkostet werden dabei auch Spezialitäten wie Roggenbier und Hochlandhonigbier. Der Spaß dauert etwa 90 Minuten und kostet € 6,-. Souvenirshop: Mo-Fr 7:00 bis 12:00 und 13:00 bis 16:00 Uhr, Sa 8:00 bis 11:00 Uhr. Im Frühjahr wird von der Brauerei aus eine 4-tägige Bierreise veranstaltet.

SCHWECHAT

BRAUEREI SCHWECHAT

2320 Schwechat, Mautner-Markhof-Straße 11
+43/1/70140-4290
www.schwechater.at, www.facebook.at/BrauhausSchwechat
Die im 19. Jahrhundert von Anton Dreher zu internationaler Berühmtheit geführte Brauerei Schwechat gehört heute zur BrauUnion und damit zum Heineken-Konzern. Schwechat ist die Geburtsstätte des Wiener Lagerbiers durch Anton Dreher. Ein Biertyp, der hierzulande erst vor wenigen Jahren wiederbelebt und in Schwechat hoch in Ehren gehalten wird. Auf dem Brauereigelände können die Besuchergruppen (10 bis 50 Personen) verschiedene Bereiche der Produktion und Abfüllung besichtigen. Eindrucksvoll ist das 2006 auf dem neuesten Stand der Technik erbaute Sudhaus sowie das Dosenkompetenzzentrum mit seiner Hochleistungsfüll-

anlage von 60.000 Dosen pro Stunde. Nach der Exkursion zapfen sich die Gäste „Schwechater Zwickl" selbst aus einem 8.000-Liter-Holzfass im Museum des Brauhauses Schwechat, das auch als Start- und Endpunkt der Braureiführungen dient. Besuchsmöglichkeiten bzw. Brauereiführungen für Gruppen ab 10 Personen: ganzjährig Mo, Di, Do und Freitag von 10:00 bis 18:00 Uhr. Kosten pro Person ab € 10,- für die Führung und anschließender Bierverkostung inkl. einer Bierbrezn.

Brauerei Schwechat

SENNING

SENNINGER BIER-MANUFAKTUR

2011 Senning, Kirchengasse 5, +43/681/10888875
www.facebook.com/pg/senningerbier
Brauerei am Eselhof Halbwirt, geöffnet an Freitagnachmittagen von 16:00 bis 19:00 Uhr und an Samstagen von 8:30 bis 11:30 Uhr oder nach Vereinbarung. Alle Biere tragen den Donkey im Namen. Die beim Brauprozess anfallenden Biertreber werden an die eigenen Esel verfüttert. Die Zutaten kommen vorwiegend aus der Region, der Honig fürs Honigbier aus der Hof-Imkerei. Das Bier gibt es in Pfandflaschen mit Bügelverschluss. Gebraut werden 4 Standardsorten und saisonale Spezialbiere. Bierverkostungen nach Vereinbarung. Für Sammler gibt es Gläser, Bierdeckel und Etiketten.

SIEGERSDORF

BRAUWERKSTATT THOMAS FRITSCHE

2486 Siegersdorf, Pottendorfer Straße 106, +43/680/2042899
www.siegersdorfer.at
Thomas Fritsche braut seit 2011 in seiner Brauwerkstatt kleine Chargen, die in Flasche und Fass vermarktet werden. Gebraut wird vom traditionellen „Hellen" bis zum „Jakobi-Bier". Alle paar Wochen gibt es einen Ausschank in der Brauerei, dies wird oft kurzfristig per Newsletter angekündigt. Auf Anfrage gibt es auch Bierverkostungen.

UNTERRADLBERG

PRIVATBRAUEREI FRITZ EGGER GMBH & CO KG

3105 Unterradlberg, Tiroler Straße 18, +43/2742/392-0
www.egger-bier.at
Die Wurzeln der Privatbrauerei Egger liegen im 17. Jahrhundert: Bereits 1675 wurde die Vorstadtbrauerei Gwercher in Kufstein gegründet, die 1868 von der Familie Egger übernommen wurde. 1978 übersiedelte die Privatbrauerei von Kufstein nach St. Pölten-Unterradlberg. Egger Märzen wurde bereits vielfach ausgezeichnet. Als österreichische, familiengeführte Privatbrauerei ist Nachhaltigkeit ein wesentliches Handlungsprinzip und ein fixer Unternehmenswert. Seit Februar 2017 produziert die Privatbrauerei Egger daher zur Gänze klimaneutral: Bis dato wurde dank des hauseigenen Biomassekraftwerkes und eines externen Stromanbieters, der ausschließlich mit erneuerbaren Energieträgern arbeitet, bereits zu 99 % klimaneutral produziert, der verbleibende CO2 Ausstoß wird durch Klimazertifikate kompensiert. Dabei wird das Wasseraufbereitungsprojekt „ LIFESTRAW®" in Kenia und das Projekt zur Brunnen-Instandsetzung in Malawi unterstützt. Brauereibesichtigungen sind für Einzelpersonen oder Gruppen bis zu 25 Personen an folgenden Tagen (ausgenommen Feiertagen) möglich: Dienstag, 9:00-11:00 Uhr, Mittwoch, 14:00-16:00 Uhr, jeden 1. Mittwoch im Monat auch von 17:00-19:00 Uhr, Donnerstag: 9:00-11:00 Uhr. Shop mit bierigen Souvenirs. Mehr unter: https://egger-bier.at/privatbrauerei/brauereifuehrung

Privatbrauerei Fritz Egger

ST. VEIT/GÖLSEN

PETRI-BRÄU – BIERFISCH

3161 St. Veit/Gölsen, Brillergraben 8, +43/680/2077380
www.bierfisch.at
Das Petribräu ist eine in den nur zu sehr beschränkten Zeiten geöffneten Gasthof „Bierfisch" integrierte Hausbrauerei. Es werden immer vier selbstgebraute Biersorten angeboten, Landbier und Dunkles das ganze Jahr, dazu kommen abwechselnd zwei Spezialbiersorten z.B Lüstling (Haferbier), Amber, Porter, Honigbier, Weizenbier, Roggenbier, Rauchbier, Bockbiere etc. Es lohnt, sich vor einem Ausflug hierher zu informieren, ob offen ist – und wenn offen ist, dann lohnt der Lokalbesuch. Aus eigener Aufzucht Treberschweine sowie Forellen, Saiblinge, Karpfen. Geöffnet: 8.1. bis 2.2. / 4.3. bis 29.3. / 1.4. bis 2.8. / 19.8. bis 1.11. / 4.11. bis 29.11.2020; Sommer: Mi-Fr 17:00 bis 23:00 Uhr, Sa 11:00 bis 23:00 Uhr, So 11:00 bis 21:00 Uhr. Winter: Mi-Fr 17:00 bis 23:00 Uhr, Sa 17:00 bis 23:00 Uhr, So 11:00 bis 18:00 Uhr.

THERNBERG

WOLFSBRÄU – PRIVATBRAUEREI FAMILIE WAGNER

2831 Thernberg, Blumengasse 7, +43/664/1925560
www.wolfsbrau.at
Das Wolfsbräu ist als das Bucklige Welt Bier relativ neu, es hat aber eine lange Geschichte, die im Kärntner Wolfsberg beginnt. Die Familie Moser hat dort bis 1977 die bereits 1607 gegründete Brauerei geführt, dann wurde das Unternehmen von Schleppe in Klagenfurt übernommen. 20 Jahre später, 1997, hat Hubert Moser die 7-Hektoliter-Brauanlage vom Lendbräu in Graz gekauft und im Wolfsberger Brauhof Franz Josef mit dem Ausschank begonnen. Karin und Markus Wagner haben den Familienbetrieb aus der 8. Generation vom Braumeister Hubert Moser übernommen und brauen nun seit 2012 in der 9. Generation „Gutes Bier für liebe Leut'" in Thernberg / NÖ in der „Buckligen Welt". Folgende Biere werden gebraut: „Wolfsbräu Kristall": Märzenbier, durch natürliche Filtration von Hefe befreit. „Wolfsbräu Zwickl": naturtrübes Kellerbier, saisonale Bierspezialitäten, wie z.B. „Wolfsbräu Bock". Das Bier wird bis Wien geliefert. Brauereiführung: Mag. Markus Wagner führt persönlich durch die Brauerei (ca. 60 min), auf Wunsch mit anschließender Bierverkostung in der Verkostungsstube oder im Sommer im Hof.

Wolfsbräu – Privatbrauerei Familie Wagner

TRAISEN

LINKO BRÄU – GASTHOF LINKO

3160 Traisen, Gartengasse 9, +43/2762/62802
www.linko.at
Gasthausbrauerei, die auch die Craftbierschiene mit einem IPA bedient. Details unter Lokale Niederösterreich – Traisen.

TRAISKIRCHEN

2514 BIER PRIVATBRÄU LEIMER

2514 Traiskirchen, Alfons Petzoldstraße 30
+43/660/8148881
www.2514-bier.at
Roland Leimer braut eine breite Palette von untergärigen „a'Bier" bis zum obergärigen IPA, auch ein „Birra del Cafe" und ein mit Zitronenverben gebrautes Pils sind als Sonderedition erhältlich. Ab Hof Verkauf Dienstag und Donnerstag von 12:00 bis 18:00 Uhr, Bierverkostungen und Brautage nach Vereinbarung. Zapfanlagenvermietung, Eventgastro und „BierCatering".

2514 Bier Privatbräu Leimer

TRAUTMANNSDORF AN DER LEITHA

EHRENTRAUTMANNSDORFER BIERMANUFAKTUR

2454 Trautmannsdorf an der Leitha, Siedlung 11
+43/664/73487857
www.ehrentrautmannsdorfer-biermanufaktur.at
2016 gründete Wolfgang Ehrentraut in Trautmannsdorf seine Biermanufaktur. Sein Sortiment reicht vom Pils (Blanc) bis zum Baltic Porter. Ab Hof-Verkauf, Brauereibesichtigung und Verkostungen auf Anfrage.

TÜRNITZ

STEINBACHBRÄU

3184 Türnitz, Mariazellerstraße 56, +43/2769/8291
www.türnitzer-bier.at
Seit dem Jahr 2000 aktive Kleinstbrauerei von Karl Karner, der das Türnitzer Natur- und das Geburtstagsbier braut.

TULLN

ADLERBRÄU

3430 Tulln, Rathausplatz 7, +43/2272/62676
www.adlerbraeu.at
Mo-Sa: 10:00 bis 23:00 Uhr; So: 10:30 bis 15:00 Uhr.
Gasthausbrauerei in einem Haus aus dem Jahre 1621.

UNTERSIEBENBRUNN

MARCHFELDER STORCHENBRÄU

2284 Untersiebenbrunn, Erste Straße 7, +43/2286/27422
www.bauersbier.at
Manfred Bauer startete seine Brauer-Karriere in einem ehemaligen Presshaus in Untersiebenbrunn: Das erste Bier braute er 2004 – nebenbei zu seiner Karriere als Brenner mit einem Sortiment an Edelbränden, Wodka sowie Likören. 2015 wurde die Brauerei mit einem 10hl Sudhaus neu errichtet und übersiedelt. 2018 hat er rund 45 Tonnen Braugerste – hauptsächlich die lokale Sorte „Elektra", die Bruder Reinhard

Bauer anbaut – zu 1300 Liter Bier verbraut. Sorten: Adebar Bio Märzen, Ariana (kalt gehopftes Pils), Braunes (halbdunkles Starkbier), saisonal Bock, Märzen, Pils, Störchle, Weizen, Boku Bier, Zwickl. Eigene Flaschenfüllung mit Flaschenwaschmaschine und vollautomatischem Bügelverschließer. Während der Shop-Öffnungszeiten Di und Fr von 13:00 bis 19:00 Uhr sowie Sa von 9:00 bis 14:00 Uhr können alle Produkte nicht nur erworben, sondern selbstverständlich auch verkostet werden. So kann man gleichzeitig auch einen Blick in die Brauerei werfen und mitunter auch dem Braumeister beim Bierbrauen über die Schulter gucken. Exkursionen werden gegen Voranmeldung durchgeführt. Erhältlich sind die Biere auch an mehreren Verkaufsstellen in Wien.

WAIDHOFEN AN DER YBBS

YBBSTAL BRÄU

3340 Waidhofen an der Ybbs, Wiener Straße 28
+43/7442/52243
www.ybbstal-braeu.at
Diese seit 1997 etablierte Gasthausbrauerei, deren Bier auch auf Bauernmärkten zu finden ist, setzt die alte Brautradition der Stadt Ybbs fort: In der Nähe lag der Märzenbierkeller der Brauerei Michael Ertl. Details unter Lokale Niederösterreich – Waidhofen / Ybbs.

WALPERSDORF

HOPFENSPINNEREI

3131 Walpersdorf, Schlossstraße 2, +43/660/2009869
www.hopfenspinnerei.at
Evelyn Bäck braut ein Camillo (Hopfiges Blond Ale), Eleonora (Wit mit rosa Pfeffer, Vizestaatsmeister belgische Ales 2018) und Georg Ludwig (Lavendel-Limetten-Ale, Staaatsmeister Kreativbiere Gewürz 2018) sowie das St. Pöltner Wundermilde, ein bernsteinfarbenes Ale, das mit seinen leichten Röstnoten vom Düsseldorfer Altbier inspiriert ist. Zusätzlich gibt es mehrmals jährlich Sondersude, die zumeist aus der Kreativbier-Ecke stammen. Regelmäßig werden Heimbrau-Workshops veranstaltet – Termine und Anmeldung unter www.hopfenspinnerei.at Brauereibesichtigungen sind nach vorheriger Terminvereinbarung für Gruppen ab 6 Personen möglich. Das Standardsortiment ist im Lederleitner Home Store erhältlich, der ebenfalls im Schloss Walpersdorf ein Stockwerk über der Brauerei liegt. In der eigens eingerichteten Hopfenspinnerei-Bierothek in der St. Pöltner Innenstadt gibt es das Hopfenspinnerei-Sortiment zur Verkostung vor Ort (1-2 Sorten vom Fass) sowie zum Mitnehmen.

WARTH

HOLZB(R)AUER HANDWERKSBRAUEREI

2831 Warth, Wiesengasse 9, +43/650/8703422 oder +43/2629/3280
www.holzbrauer.at
Gebraut wird hier schon seit 1996, 2011 wurde dann das Gewerbe angemeldet. Bei der Anlage handelt es sich um eine 150-Liter Sudpfanne, in der alle Biere im Infusionsverfahren hergestellt werden. An das Sudhaus ist ein kleiner Verkostungsraum, der etwa 15 Personen gemütlich Platz bietet, angeschlossen. Die Brauerei kann gegen telefonische Voranmeldung besucht werden. Hergestellt wird Lagerbier, Rotbier, Pils, Vollmondbier, Spezialbier, Weizenbier, Stoakbier (mit ca. 15% Alk.) und Bockbier. Das Lagerbier wird auch im Heurigen Böhm in 2801 Katzelsdorf, Hauptstraße 86 ausgeschenkt.

WARTMANNSTETTEN

PRIVATBRAUEREI MICHAEL ZEISEL

2620 Wartmannstetten, Steinfeldgasse 12
+43/664/3133640
www.zeiserl.at

Privatbrauerei Michael Zeisel

Die Biere von Michael Zeisel gibt es nach vorheriger Vereinbarung ab Hof oder jeden zweiten Samstag auf dem Wochenmarkt in Bad Vöslau. Zeiserl Bier kann man aber auch auf www.myproduct.at bestellen. Und wer einen Sondersud für sein Fest haben will, kann das auch mit dem Brauereichef ausmachen.

WEITRA

BIERWERKSTATT WEITRA

3970 Weitra, Sparkasseplatz 160, +43/2856/2387
www.bierwerkstatt.at
Die kleine Waldviertler Stadt Weitra hat Österreichs ältestes städtisches Braurecht: Es wurde 1321 verliehen und diese Tradition wird von der Bierwerkstatt Weitra im Verbund mit der Privatbrauerei Zwettl weiter gepflegt – insbesondere durch die Produktion des nach dem Stadtgründer Hadmar von Kuenring benannten Biobieres. Schönes kupfernes Sudhaus aus den 1960er-Jahren, technisch wurde aber im Hinblick auf das Jubiläum 2021 in den vergangenen Jahren stark nachgerüstet, insgesamt wurden 3,5 Millionen Euro investiert. Seit der Übernahme durch die Privatbrauerei Zwettl hat sich der Ausstoß der Brauerei Weitra auf rund 16.000 Hektoliter mehr als vervierfacht – und nun wurde die Kapazität nochmals verdoppelt. Vor allem das Hadmar Bio-Bier hat der Bierwerkstatt bundesweite Bekanntheit gebracht, das Hadmar hat national zwölf Prozent Marktanteil unter den Bio-Bieren. Jährlich Mitte Juli wird in der Braustadt Weitra der traditionelle Bierkirtag gefeiert.

BRAUEREI-MUSEUM SCHLOSS WEITRA

3970 Weitra, Schloss Weitra, +43/2856/3311
www.schloss-weitra.at
Im Jahre 1645 gab es in Weitra 33 bürgerliche Brauhäuser, weiters das Städtische Brauhaus und das Herrschaftliche Brauhaus. Das Brauerei-Museum im Keller des Schlosses Weitra bietet seit einem Vierteljahrhundert mit zahlreichen historischen Gegenständen und Werkzeugen des Brauhandwerks, aber auch gehüteten Sammlerschätzen aus Privatbesitz und jahrelang zusammengetragenen „Bierreliquien", einen Überblick über die Entwicklung des Brauwesens in Weitra seit 1321 und über Brauereien, die mit den Fürstenbergern verbunden waren. Daher gibt es hier auch Dokumente zur Fürstenbergischen Brauerei in Donaueschingen und zur Brauerei Krusovice, die heute zu Heineken gehört. Geöffnet: 1. Mai bis 31. Oktober täglich von 10:00 bis 17:00 Uhr, Dienstag geschlossen. Eintritt: Erwachsene 8,50 €, Senioren, Studenten & Präsenzdiener 7,00 €. Gruppenführungen nach Voranmeldung.

Brauerei-Museum Schloss Weitra

BRAUHOTEL WEITRA

3970 Weitra, Rathausplatz 6, +43/2856/2936-0
www.brauhotel.at
Das Brauhotel Weitra ist quasi das erste Haus am Platz, wenn man genau hinschaut, sieht man, dass es sich tatsächlich um ein ehemaliges Hofbräuhaus handelt – architektonisch fällt der Trum auf, der ehemals eine Malzdarre war und heute als Stiegenhaus dient. Oben drauf ein Storchennest. Die Tradition reicht hier am Stadtplatz der alten Braustadt Weitra weit zurück, denn die Stadt erhielt ihr Braurecht im Jahre 1321 gemeinsam mit dem Stadtrecht. Und: Seit mehr als drei Jahrzehnten wird in den Kellergewölben des Hauses in der eigenen Gasthausbrauerei wieder Bier gebraut. Neben dem ganzjährig verfügbaren Weitraer Brauhaus Bio-Bier und einem Weizenbier werden auch saisonale Spezialbiere angeboten. 2020 sind das ein heller Weizenbock im Frühjahr, ein Sommer-Pils im Sommer und ein Schwarzer Bock ab Oktober. Bei einer Führung wird über die Tradition des Bierbrauens und die Kunst des Bierstachelns informiert und anschließend das naturtrübe Brauhaus Bio-Bier verkostet. Eine (Film)Führung durch die Gasthausbrauerei im Brauhotel, je nach inkludierter Verköstigung um € 3,50 bis € 14,60. Für Gruppen wird um Terminvereinbarung gebeten. Wer zum echten Bierspezialisten werden möchte, kann ein 1- oder 3-tägiges-Bierseminar besuchen.

Brauhotel Weitra

WIENER NEUDORF

WIENEUBRÄU

2351 Wiener Neudorf, Parkstraße 35, +43/677/61733835
wieneubraeu.dobritzhofer.at
Helmut Dobritzhofer knüpft an die 1769 von Johann Conrad in Wiener Neudorf gegründete Brauerei, die spätere Austria-Brauerei, an. Für Dobritzhofers eigene Brauerei war es dann 2015 so weit, dass aus dem Hobby der Beruf wurde, mehrmals im Monat geht die 500-Liter-Anlage in Betrieb. Die Biere werden in Flaschen und Fässern gefüllt, man kann sich auch Bierkühler für den Ausschank bei einem privaten Fest ausborgen. Es gibt auch ein Bräustüberl, das in der Art eines Heurigenbetriebs geöffnet wird – siehe unter Lokale – Wiener Neudorf.

WIESELBURG

BRAUEREI WIESELBURG

3250 Wieselburg, Dr.-Beurle-Straße 1, +43/7416/5010
www.wieselburger.at
„Brauen aus Leidenschaft", ist das Motto der 1770 gegründeten Brauerei Wieselburg. Neben Kaiser Bier und der traditionsreichen Wieselburger-Marke wird auch Heineken für den österreichischen Markt in Wieselburg gebraut. Neben der ständigen Entwicklung neuer Biersorten – wie zuletzt das Heineken 0.0, wird auch die Produktion stets weiterentwickelt. So wurde eine neue Flaschenabfüllanlage für Einweg- und Mehrwegflaschen in Betrieb genommen. Die Brauerei und das kleine, mit vielen Exponaten ausgestattete Museum können nach Anmeldung bei Frau Martina Scheibel unter m.scheibel(at)brauunion.com oder telefonisch unter +43/664/8381718 (7:00 bis 15:00 Uhr) besichtigt werden. Weitere Infos auf www.wieselburger.at Führungen sind ausschließlich gegen Voranmeldung und ab einer Gruppengröße von 10 Personen möglich. Für Einzelpersonen besteht die Möglichkeit, sich nach Abstimmung mit Frau Scheibel einer Gruppe anzuschließen. Besuchszeiten sind Mo-Do 9:30 bzw. 13:30 Uhr, Fr 10:00 Uhr. Im Führungspreis von € 9,50 sind eine Bierkostprobe und ein Bierweckerl inkludiert. Es gibt einen Getränke- und einen Souvenirshop. Das Museum kann auch separat besucht und für Veranstaltungen gebucht werden. Weitere Informationen unter www.wieselburger.at

... MIT LIESBET VANDEBROEK, TOURISMUSWERBUNG FLANDERN-BRÜSSEL

Liesbet Vandebroek, Direktorin bei Tourismuswerbung Flandern-Brüssel

„BIER IST TEIL DER FLANDRISCHEN IDENTITÄT“

Conrad Seidl: *Ich muss zugeben, dass ich selbst vor allem wegen des Bieres nach Flandern fahre – und mit dieser Vorliebe bin ich wohl nicht allein?*
Liesbet Vandebroek: Nein, das tun viele Besucher. Obwohl es ja durchaus andere touristische Schwerpunkte gibt: Denken Sie an die Kunst, an unser kulturelles Erbe. Van Eyck in Gent, Breughel in Brüssel, Rubens in Antwerpen zum Beispiel...

Seidl: Ich kenne einen Bierbrauer des Namens Van Eyck, der sich seit Jahren bemüht, eine Verbindung seiner Familie zu der des Künstlers zu finden. Da liegen Kunst und Bier nahe beisammen?
Vandebroek: Und ob! Bier ist Teil der flandrischen Identität, Bier liegt in unserer DNA. Und der Bezug zur Kunst ebenso. Sie kennen doch die Onze-Lieve-Vrouwekathedraal von Antwerpen: Drinnen hängen einige der bedeutendsten Gemälde von Rubens. Und rund um die Kathedrale herum befinden sich Dutzende Bierlokale, die zum Besten gehören, was die belgische Bierkultur zu bieten hat. Oder denken Sie an Gent, wo der berühmte Altar des Jan van Eyck in der Sint-Bavo-Kathedrale kunstsinnige Menschen aus aller Welt anzieht – und wiederum rund um die Kirche Bierlokale, von denen eines mehr als 500 verschiedene Biere auf der Karte hat.

Seidl: *Da kann man sich schwer entscheiden.*
Vandebroek: Eines nach dem anderen, würde ich empfehlen. Also den Kirchenbesuch und dann ein, zwei Biere. Nicht gleich alle auf einmal! Da hätte man auch lang zu tun – und Bier wird in Flandern zelebriert, für jedes Bier gibt es ein passendes Glas, einen passenden Bierdeckel sowieso. Da wird viel Wert darauf gelegt. Dazu kommt: Viele Restaurants kochen ja auch mit Bier – Muscheln in Gueuze-Bier sind eine Delikatesse, die jeder einmal probiert haben sollte.

Seidl: *Wobei Gueuze ein Bierstil ist, an den sich der österreichische Bierfreund erst einmal gewöhnen muss?*
Vandebroek: Sicher – es gibt flandrische Biere, die es so nur bei uns gibt. Aber diese Biere haben auch ihre ganz besonderen Fans. Es gibt ein kleines Lokal, die „Verzekering tegen de Grote Dorst“, das nur wenige Stunden an jedem Sonntag offen hat – da kommen Fans aus der ganzen Welt. Wir legen auch spezielle Programme für Beerfanatics auf, um diese mit Brauern aus Flandern zusammenzubringen, da wird es dann schon sehr speziell. Aber Belgien würde nicht als „Beer Paradise“ bezeichnet, wenn es nicht für jeglichen Geschmack ein Bier gäbe – und natürlich gibt es auch viele Brauereien und Museen, wo man auch ohne besondere Vorkenntnisse behutsam an die Spezialitäten herangeführt wird. Im Zentrum von Brüssel, auf dem Grote Markt, findet immer im September ein Bierfestival statt. Und das ist nur eines von vielen Festivals, wo man sich durch die Besonderheiten flandrischer Biere durchkosten kann – die wichtigsten sind auch auf unserer Website www.visitflanders.com aufgelistet.

ERLAUFTALER BRÄU

3250 Wieselburg, Teichweg 6, +43/664/4136260
Manfred Hölzl betreibt seine kleine, selbst designte und professionell aufgebaute Brauerei seit 2006 nur einen Kilometer von der Großbrauerei der BrauUnion in Wieselburg entfernt. Das Bier gibt es nur vom Fass.

WINKLARN

BIERKANTER

3300 Winklarn, Haag 2, +43/664/1831717
www.bierkanter.at

Bierkanter

Vier junge Leute aus dem Mostviertel haben auf einen Vierkanthof nahe Amstetten eine Zwei-Hektoliter-Craftbierbrauerei eingerichtet – und diese funktioniert nach Bekunden der Brauer „besser als gedacht": Daher brauen sie Craftbiere entsprechend den traditionellen Rezepturen, vom Session IPA über das Amber Ale bis zu einem Saison.

WINZENDORF

EMMERBERG-BRÄU – ERSTE ÖSTERREICHISCHE ÖKOBRAUEREI

2722 Winzendorf, Hauptstraße 137, +43/2638/22993
Kleine Brauerei des Öko-Bier-Pioniers Walter Sparber, der seit 1986 professioneller Hausbrauer ist, derzeit aber wenig aktiv zu sein scheint.

WÖSENDORF IN DER WACHAU

BRAUHAUS WÖSENDORF

3610 Wösendorf in der Wachau, Kellergasse 101 +43/677/61958342
www.brauhaus-woesendorf.at
Umringt von Weingärten inmitten der Ur-Wachau im Gemeindegebiet von Weißenkirchen in der Wachau, brauen Daniela und Stefan Friesenbichler von Hand auf einer 5 HL-Anlage unter- und obergärige Biere. Dafür verwenden sie Malz aus Grieskirchen und Spezial-Malze aus Bamberg. Der Hopfen stammt aus dem Mühlviertel und Bayern sowie aus USA für „exotische" Biere. Der Ausschank erfolgt zu vorher auf der Homepage und Facebook bekanntgegebenen Terminen.

WÜRFLACH

PRIVATBRAUEREI SCHNEEBERGBRÄU

2732 Würflach, Felsweg 15, +43/676/4288738
www.schneebergbrau.at
Auf Weißbier spezialisierte Kleinbrauerei am Eingang zur Johannesbachklamm, das Brauwasser kommt aus dem nur wenige Meter entfernten Johannesbrunnen. Aufgrund der kleinen Produktionsmengen und der ständig steigenden Nachfrage ist das Schneebergbräu leider sehr oft ausverkauft. Der Gassenverkauf ist daher nur außerhalb der Sommersaison von November bis April möglich. Verkauf ausnahmslos nur bei telefonischer Voranmeldung möglich! In der Gastronomie gibt es das Bier im Damböckhaus am Hochschneeberg.

ZELLERNDORF

ZEBEDÄUS BRÄU

2051 Zellerndorf, Zellerndorf 334, +43/664/8453118
www.zebedaeus-braeu.at
Stefan Kahrer und Florian Andre haben 2016 in Zellerndorf zu brauen begonnen und sich nun bei befreundeten Brauereien eingemietet. Im Abholmarkt in Zellerndorf (jeden Samstag 9:00-13:00 Uhr) gibt es neben den aktuellen Bieren in der Flasche auch immer wieder Spezialsorten zu verkosten und auch mit Zapfanlage zum mieten. Regelmäßig werden auch Verkostungen veranstaltet.

ZWETTL

PRIVATBRAUEREI ZWETTL KARL-SCHWARZ GMBH

3910 Zwettl, Syrnauerstraße 22–25, +43/2822/500-10
www.zwettler.at, www.schwarzalm.at
Die im Jahr 1708 gegründete Zwettler Brauerei wird als Familienunternehmen in der fünften Generation von der Brauerfamilie Karl Schwarz geführt und widmet sich seit einigen Jahren auch engagiert dem Thema Kreativbiere. Der Jahresausstoß am Standort Zwettl lag im Jahr 2019 bei etwa 194.400 Hektolitern. Dank der langjährigen, intensiven Kooperation mit der Erzeugergemeinschaft Edelkorn, die Landwirte der Region vereint, kann Zwettler den Großteil seines Bedarfs an Braugerste „vor der Haustüre decken". Mehr als hundert Landwirte aus der Region bauen auf rund 500 Hektar Sommergerste der auf dem Edelhof bei Zwettl gezüchteten Sorte Esma an und liefern im vergangenen Jahr 1600 Tonnen Waldviertler Braugerste. Auch der Hopfenbedarf wird zu einem beachtlichen Teil gedeckt: Sechs Bauernfamilien ernten auf 14 Hektar Hopfen, teilen sich insgesamt vier Darren und bringen Jahr für Jahr rund 20.000 Kilogramm Hopfen ein. 2019 wurde ein neuer, zusätzlicher Hopfengarten ausgesetzt. Das Zwettler Brauerlebnis ist Montag bis Freitag 8:00 – 17:00 Uhr geöffnet, samstags 9:00 – 14:00 Uhr. Führungen finden, nach rechtzeitiger Voranmeldung, unter der Woche von 8:00 – 15:00 Uhr statt, samstags um 9:00 und 11:00 Uhr. Im Juni, Juli und August findet mittwochs ein Fixtermin um 13:30 Uhr statt.

OBERÖSTERREICH

AIGEN-SCHLÄGL

STIFTSBRAUEREI SCHLÄGL

4160 Aigen-Schlägl, Schlägl 1, +43/7281/8801-810
www.stiftsbrauerei-schlaegl.at

Stiftsbrauerei Schlägl

Das Prämonstratenser Chorherrenstift Schlägl gilt als geistiges und kulturelles Zentrum des oberen Mühlviertels. Seit 1580 wird die Kunst des Bierbrauens in Schlägl gelebt, gepflegt und weitergeführt. Jahrgangsbiere wie Roggenbock, Tripel und Baltic Porter oder der im Holzfass gereifte Doppelbock gehören schon längst zu der Vielfalt der Bierspezialitäten der Stiftsbrauerei Schlägl. Aber auch mit uralten überlieferten Rezepten – wie zum Beispiel das des Abtei Bieres – wird in Schlägl Bierkultur gelebt. In den letzten Jahren wurde das Besucherzentrum der Stiftsbrauerei neu gestaltet. Den Gästen eröffnet sich ein modernes, barrierefreies sowie vielfältiges Erlebnis der Braukunst und des Biergenusses. Bei den Führungen zum „Mythos Stiftsbrauerei" begleiten Sie Experten in die Welt der Braukunst – ein Erlebnis für alle Sinne. Eine Führung kostet € 9,50 (inkl. Verkostung) und dauert ca 1,5 Stunden. Bei einer Gruppengröße von 8 bis 30 Personen können ganzjährig gesonderte Führungen unter 07281/8801-810 bzw fuehrungen@stift-schlaegl.at vereinbart werden. Der Brauereishop ist Montag – Freitag 9:00 – 18:00 Uhr, Samstag 9:00 – 13:00 Uhr geöffnet.

ALTHEIM

BRAUEREI RASCHHOFER

4950 Altheim, Braunauer Straße 12, +43/7723/42205-0
www.raschhoferbier.at
1645 gegründete Brauerei, seit 1777 in Familienbesitz. Bewährte klassische Brautechnologie (direkt befeuerte Sudpfanne; offene Gärung; kleine, liegende Lagertanks) werden mit innovativen Rezepten zusammengeführt. Unter der Leitung von Christoph Scheriau und Doris Scheriau-Raschhofer wurde ein Schwerpunkt des Sortiments auch auf Craftbier gelegt.In Salzburg waren die Raschhofer Rossbräus von Heiner Raschhofer die Vorreiter der Raschhofer Biergastronomie, seit der Erweiterung der Gruppe werden auch in Innsbruck (Soul Kitchen) und Linz (Glorious Bastards) regelmäßig bis zu 10 Raschhofer Biere vom Fass ausgeschenkt. Raschhofer hat nicht nur mit Zwicklbier – es war seinerzeit das erste unfiltrierte Bier unter dieser Bezeichnung in der Flasche –, sondern auch mit internationalen Rezepten wie Lebenskünstler Witbier, Silberpfeil Pale Ale oder Musenkind Porter Innovationen auf den Markt gebracht. Aber auch im klassischen Bereich punktet die Brauerei: Insgesamt sieben Mal erhielt sie den European Beer Star Award. Seit 2018 ist der „Innviertler Brauturm" in der Brauerei für Bierliebhaber und Kunden geöffnet: die neue Raschhofer Biererlebniswelt mit einem Besucheraufzug zur Aussichtsplattform, einem Spiegelkabinett mit einem nicht alltäglichen Film, mit einer Führung durch die Brauerei und einem bierigen Abschluß im benachbarten Bierhaus.

WURMHÖRINGER PRIVATBRAUEREI

4950 Altheim, Stadtplatz 10/11, +43/7723/42204
www.wurmhoeringer.at
Wurmhöringer Bier wird in einer traditionellen Landbrauerei in Altheim, in der Thermenregion Innviertel mitten im Zentrum der Oberösterreichischen Braulandschaft gebraut. Das Brauwasser stammt aus dem eigenen Brunnen, Hopfen & Malz aus der heimischen Landwirtschaft. Details siehe Lokale Oberösterreich – Altheim.

AMPFLWANG

PFEIFFI'S BRÄU

4843 Ampflwang, Vorderschlagen 19, +43/664/5340771
www.pfeiffis-braeu.at
Robert Pachinger ist im Hauptberuf Bierbrauer bei der Zipfer Brauerei – aber das macht ihm so viel Spaß, dass er in seiner Freizeit einen eigenen kommerziellen Braubetrieb eingerichtet hat. Damit beliefert er seit 2003 einige private Stammkunden sowie Feste im Hausruckviertel. Gebraut wird Pfeiffi's Bräu, Märzen und Weisse – diese Biere werden in 10 und 20 Liter Fässer abgefüllt, den passenden Bierkühler und Biergläser kann man sich ausborgen. Führungen gibt es auf Anfrage.

ASPACH

BRAUEREI ASPACH

5252 Aspach, Mettmacher Straße 5, +43/7755/6901
www.starzinger.at
In der 1990 von August Starzinger übernommenen Brauerei ist man stolz, „seit 200 Jahren nach dem Reinheitsgebot" zu brauen. Aspach war ursprünglich eine Herrschaftsbrauerei, die zum Schloss gehört hat, 1795 betrug der Bierausstoß 4656 Eimer.

ATTERSEE

BRAUEREI KALTENBÖCK

4864 Attersee, Palmsdorf 17, +43/699/12644109 oder +43/676/3755051
www.hoangarten.at
Im 300 Jahre alten Bauernhof von Mag. Herwig Kaltenböck brauen er und sein Bruder Dipl. Ing. Volkher Kaltenböck, der in Weihenstephan TU-München Brauwesen und Getränketechnologie studiert hat. Stammbräu ist das Hoangartenbier, rein aus oberösterreichischen Rohstoffen und Eigenanbau, sowie das Attersee-Honigbier. Je nach Saison werden im Fünf-Hektoliter-Sudhaus Spezialbiere wie Citra-Weißbier, Pfahlbaubier® (extra als Einstimmung auf die Landesausstellung 2027 in der 0,33 Liter Flasche), Kramperlbock, Palmsdorfer Ernte oder auch Aurum Purum, ein IPA, eingebraut. Mittlerweile wird seit beinahe 10 Jahren auf dem Hof der Familie Kaltenböck Bier gebraut, und 2020 das 10-jährige Jubiläum gefeiert. Der genaue Termin wird noch auf der Homepage bekannt gegeben. Brauereiführungen werden ab einer Gruppengröße von 10 Personen angeboten; Preis 7,- € pro Person, Dauer ca. 1 Stunde. Erhältlich ist das Bier im Fass und zum Teil in Flaschen ab Hof und in der Schenke „Zum Hoangarten" sowie auf www.myproduct.at Details zum Ausschank unter Oberösterreich – Attersee. Für die Landesausstellung wurde in enger Zusammenarbeit mit den Kuratorium für Pfahlbau nicht nur das Pfahlbaubier® entwickelt, mit der Lebenshilfe Salzburg als umsetzende Institution wurde auch eine Kopie des sogenannten Mondseekruges – der Pfahbaukrug – entwickelt, der am 24.03.2019 mit einem Bieranstich der Öffentlichkeit vorgestellt wurde.

BAD ISCHL

3 PRINZEN BRÄU – ISCHLER BIER

4820 Bad Ischl, Kaiser-Franz-Josef-Straße 14
+43/664/8300800
www.3prinzen.at
Der Name dieser zur Ischler Institution gewordenen Brauerei leitet sich von den drei „Salzprinzen" ab – dem kaiserlichen Nachwuchs, der dem Erzherzog Franz Karl und seiner Frau Sophie beschert war, nachdem das bis dahin unfruchtbare Paar Bad Ischl zur Mineralsolebad-Kur besucht hatte: Der älteste dieser Prinzen war Kaiser Franz Joseph (1830-1916), die beiden anderen waren Ferdinand Maximilian (1832-1867), der nachmalige unglückliche Kaiser von Mexiko, und Karl Ludwig (1833-1896). In deren Namen nimmt Diplom-Biersommelier Markus Brandl gemeinsam mit dem vom Hobbybrauer zum Brauereiguru avancierten Thomas Sams seine Fünf-Hektoliter-Brauerei einmal pro Woche (meistens Montag) in Betrieb, um einfache Landbiere zu brauen: Das „Franzl" orientiert sich am Märzen-Stil, das „Sommerfrische" ist ein leichtes Pils, das „Rudolph" empfiehlt sich als Ischler Version eines Altbiers und die „Ischler Weisse" spricht für sich. Auf Bestellung kann man sich die Biere auch zur Abholung in Literflaschen füllen lassen. Brauereiführung jeden Mittwoch von 18:00 bis 19:30 Uhr. Man erfahrt Interessantes über die Geschichte der Ischler Braukultur seit 1886, die Entstehung des Kellerbiers „Franzl" und Verkostung der unterschiedlichen Reifephasen. Siehe auch unter Lokale Oberösterreich – Bad Ischl.

BAD LEONFELDEN

LEONFELDNER BIER – CRAFTBIER AUS DEM MÜHLVIERTEL

4190 Bad Leonfelden, Hauptplatz 24, +43/650/4177417
www.leonfeldnerbier.at
Gerald Weixlbaumer braut seit 2015 handgemachtes Craft Bier in kleinen Chargen nach mutigen Rezepten. Der gelernte Drogist experimentiert gerne (etwa mit dem Kräuterbier Wermutströpferl oder dem Chili Billy). Nur 200 Liter gibt es pro Sud, das Ganze unfiltriert und nicht pasteurisiert, in der Flasche vergoren. Das Wichtigste ist ihm die Qualität, deshalb setzt er regionale Rohstoffe ein, das Wasser kommt direkt vom Sternstein. Seit Juni 2018 ist der Betrieb auch Bio-zertifiziert. Brauereibesichtigungen, Verkostungen (auch mit Bewirtung) und Rampenverkauf auf Anfrage. Eigener Onlineshop.

LEONFELDNER FREIBRAUER LOGE

4190 Bad Leonfelden, Eisenhandstraße 23
+43/660/6620118
www.facebook.com/leonfeldner.freibrauer.loge

Quartalssäufer mögen andere sein – die Freibrauer-Loge im Mühlviertler Bad Leonfelden macht Quartalsverkostungen – es wird pro Quartal einmal gebraut und eine Verkostung durchgeführt und für spezielle Anlässe wie z.B Weihnachtsmarkt ausgeschenkt. Und geht dabei so weit, den Hopfen für die eigenen Biere auch selbst anzubauen. Die Freibrauer-Loge war auch der Nukleus für das professionell gebraute Leonfeldner Bier.

BRAUNAU

BRAUHAUS BOGNER BRAUNAU/HASELBACH

5280 Braunau, Haselbach 22, +43/7722/22358 und +43/664/4400333
www.hausbrauerei-bogner.at

Herr Bogner, der seine Lehre noch in der Mattighofner Brauerei gemacht hat, nennt seine in einem alten Gasthof eingebaute Braustätte die kleinste Weißbierbrauerei der Welt. Sie wurde im ehemaligen denkmalgeschützten Gasthaus der Stechl Brauerei eingerichtet, wobei die alten Gasträumlichkeiten und Stüberln behutsam revitalisiert und die Brauanlage im landwirtschaftlichen Anbau aufgestellt wurde. Das 15 hl Sudwerk hat Helmut Bogner bereits vor Jahren vom Salzburger Amadeus Bräu erworben und nun zur „modernsten Brauerei des Innviertels" aufgerüstet. Die mit Gas befeuerte Anlage läuft vollautomatisch, Lagertanks sind ausreichend vorhanden. Besuchszeiten täglich außer Montag, Brauereibesichtigung ab 8 Personen inkl. einer kleinen Jause als Abschluss. Details zur Gastronomie unter Lokale Oberösterreich – Braunau.

EGGELSBERG

BRAUEREI SCHNAITL GMBH & CO KG

5142 Eggelsberg, Gundertshausen 9, +43/7748/6682-0
www.schnaitl.at

Schon von Weitem erkennt man die Brauerei an dem Sudkessel, der in der Mitte eines Kreisverkehrs aufgestellt ist. Auch das Kirchlein gegenüber der Brauerei kann als Wegweiser dienen. Die Brauerei ist ein typischer Innviertler Mittelstandsbetrieb. Gruppen ab acht Personen können sich bei Braumeister Alexander Pöllner (Tel.: 07748/6682-16) voranmelden. Zu sehen ist eine handwerkliche, noch nicht vollautomatisierte Brauerei. Führungen inklusive Zwicklprobe im Lagerkeller. Auch online erhältlich bei www.mybier.at

ENGELHARTSZELL

TRAPPISTENBRAUEREI ENGELSZELL

4090 Engelhartszell, Stiftstraße 6, +43/7717/8010
www.stift-engelszell.at
Die einzige Trappistenbrauerei des deutschen Sprachraums wurde 2012 nach mehr als 80 Jahren Braupause wieder eröffnet. Damit reiht sich das Stift Engelszell als achte Brauerei in die Riege der Trappistenbrauereien ein. Mittlerweile ist die Zahl der Brauereien, die von den Zisterziensern der Strengen Observanz geführt werden, auf 12 weltweit gewachsen (Stand 2019). Die drei Biere der Engelszeller, Nivard, Benno und Gregorius werden nach dem Vorbild der Belgischen Trappistenbrauereien gebraut. Mit der seit 2019 im Sortiment befindlichen Trappisten Weiße wird nun auch eine regional typische Biersorte angeboten, wobei sich dieses Weißbier von den bekannten aus dem bayrischen Raum geschmacklich unterscheidet. Eine fünfte Biersorte wird um Ostern 2020 auf den Markt kommen, dabei handelt es sich um ein Zwickl/Kellerbier. Führungen sind gegen Voranmeldung über das Onlineformular auf der Homepage (mindestens eine Woche im Voraus) von Montag bis Freitag möglich. Der Verkauf von Bieren und Likören an der Klosterpforte hat folgende Öffnungszeiten: 1. April bis 31. Oktober: täglich von 9:00 bis 17:00 Uhr; 1. November bis 31. März: Mo – Do: 10:00 bis 11:30 Uhr, Fr, Sa, So und Feiertage von 10:00 bis 16:00 Uhr. Am 8. und 25. Dezember und 1. Jänner ganztägig geschlossen.

FRANKENMARKT

BRÄU AM BERG

4890 Frankenmarkt, Bahnhofstraße 1, +43/7684/6444-0
www.starzinger.at
Frankenmarkt hat eine lange Brautradition, die ersten Belege dafür finden sich 1626, also mitten in der Zeit des 30-jährigen Krieges. Das heutige Bräu am Berg (das ist jene Steigung, die zum Hauptplatz hinaufführt) ist 1985 von der Familie Starzinger gerettet worden. Im heurigen Jahr hat Victor Starzinger, gelernter Brau- und Getränketechnologe und Betriebsbraumeister, die Traditionsbrauerei von seinem Großvater August Starzinger übernommen. In Handarbeit werden die Rohstoffe lokaler Bauern zum mehrfach preisgekrönten Märzenbier verarbeitet.

FREISTADT

BRAUCOMMUNE IN FREISTADT

4240 Freistadt, Brauhausstraße 2, +43/7942/75777
www.freistaedter-bier.at
Wie in einer alten Freistädter Urkunde nachzulesen ist, verlieh bereits im Jahre 1363 Herzog Rudolf IV den Bürgern von Freistadt das Privileg, in ihren eigenen Häusern Bier zu brauen und es dort auch auszuschenken. Ein Bürger war damals nur jemand, der ein Haus innerhalb der Stadtmauern von Freistadt besaß. Im Jahre 1770 beschlossen die brauberechtigten Bürger, außerhalb der Stadtmauern gemeinsam eine Brauerei zu errichten. Die 149 brauberechtigen Bürger schlossen sich zur Braucommune in Freistadt zusammen, deren Rechte und Pflichten bis heute unangetastet blieben. Die „Commune" als Rechtsform einer Gesellschaft ist mittlerweile einzigartig in ganz Europa. Im Jahr 2014 wurde die Freistädter „BierAkademie" ins Leben gerufen. Für Bierinteressierte werden 7 verschiedene Module rund um Bierwissen und Biergenuss angeboten. Nähere Informationen dazu finden Sie unter www.freistaedter-bier.at/bierakademie Öffnungszeiten Biershop (Souvenirs): Montag bis Freitag 8:00 – 17:00 Uhr, Samstag 9:00 – 12:00 Uhr, Rampenverkauf: Montag bis Freitag 7:00 – 16:30 Uhr.

Braucommune in Freistadt

GAMPERN

BRAUHAUS ZUM GUGG

4851 Gampern, Braugasse 5, +43/7682/8016
www.zumgugg.at
Geöffnet Mi-Do: 10:30 bis 14:00 Uhr, 17:00 bis 00:00 Uhr; Fr-Sa: 10:30 bis 00:00 Uhr; So: 11:00 bis 00:00 Uhr
Gasthausbrauerei von respektabler Größe. Näheres unter Lokale Oberösterreich – Gampern.

GARSTEN

POLDI BIER

4400 Garsten, Schmiedingerweg 9, +43/664/4251871
www.poldibier.at
Leopold Schmidthaler ist gelernter Installateur und hat nach jahrelangem Hobbybrauen die Bierbrauerei in einer selbst umgebauten Molkereianlage zu seinem Zweitberuf gemacht. Er braut mit Plohberger Malzen und Mühlviertler Hopfen ausschließlich Lagerbiere: Poldi Bier Märzen (bereits mit einem

zweiten Platz bei der Staatsmeisterschaft ausgezeichnet), Bernstein und Kohlmeise Dunkel. Die Biere sind ab Brauerei und in wenigen Betrieben der Region (etwa beim Knapp am Eck in Steyr) erhältlich.

GRIESKIRCHEN

BRAUEREI GRIESKIRCHEN & PILSNEREI

4710 Grieskirchen, Stadtplatz 14, +43/7248/607
www.grieskirchner.at
Die 1708 gegründete Brauerei im Stadtzentrum von Grieskirchen wurde 2013 von Marcus Mautner Markhof, einem Spross der alten Wiener Brauerdynastie, übernommen. Die Brauerei setzt mit rund 60 Mitarbeitern knapp zehn Millionen Euro um und produziert 40.000 Hektoliter Bier. In der regionalen Brauerei gilt das Grieskirchner Pils als Hauptsorte. Es wird mit einem hauseigenen Hefestamm gebraut und vergoren. Neben 10 Standardsorten wird das Sortiment jährlich durch drei saisonale Craftbier Sorten unter dem Namen „4710" erweitert. Offene Führungen für Kleingruppen und Einzelpersonen finden jeden Donnerstag um 17:00 Uhr statt. Gruppen ab 10 Personen können nach Anfrage und Anmeldung unter +43/7248/607-0 einen Termin vereinbaren. Es kann gewählt werden zwischen einer Führung mit Bierverkostung (€ 9,00) oder eine Führung mit Bierverkostung und Wurstjause (€13,00). Rampenverkauf: Mo-Fr von 8:00 bis 12:00 Uhr und 13:00 bis 15:30 Uhr. Die 2017 in der Grieskirchner Brauerei eröffnete „Pilsnerei" ist das Bierkompetenzzentrum für Verkostungsabende, Schulungen und Beerkeeper-Kurse. Die Räumlichkeiten können auch für private oder geschäftliche Anlässe genutzt werden. Anfragen unter +43/7248/607-0 oder per E-Mail an events@grieskirchner.at

Brauerei Grieskirchen & Pilsnerei

GROSSRAMING

CRAFTWERK

4463 Großraming, Mitterweg 19, +43/7254/70600
+43/664/5116099
www.craftwerk-brauerei.pub
Seit Mai 2016 ist das Konzept eines Braupubs vollends umgesetzt und der gesamte Bierbedarf wird in der zugebauten Brauerei hergestellt. Daher erfolgte auch die Namensänderung von „Braupub Rubinica" auf „Craftwerk". Gebraut wird auf einer 3 Hektoliter LABU-Brauanlage. Das Grundsortiment besteht derzeit aus einem hellen Lagerbier (Saphirbier), einem Roten Zwickl und einem traditionellen Hefeweißbier (Kupferweißbier). Zusätzlich gibt es ein „Bier aus Leitung 4", ein in unregelmäßigen Abständen wechselndes Spezialbier – zu passenden Anlässen beispielsweise Bockbiere, das Großraminger Porter, oder auch Stouts und zur Jahreszeit passende Biere. Alle Biere sind naturtrüb und ohne jegliche Zusätze eingebraut. Eine Flaschenabfüllung ist meist während der Öffnungszeit des Braupubs möglich oder aber auf Vorbestellung für den nächsten Tag.

Craftwerk

KEFERMARKT

EDER-BRÄU

4292 Kefermarkt, Netzberg 32, +43/7236/20940
+43/699/12150697
www.ederbraeu.at
Hausbrauerei mitten in den Hopfengärten des Mühlviertels, die Biere werden nach Hopfensorten benannt: Gebraut wird „Eder-Bräu Golding" – ein helles Märzenbier, „Eder-Bräu Hersbrucker" – ein halbdunkles, süffiges, malzbetontes Bier und das „Malling", ein helles Weizenbier sowie saisonale Spezialitäten. Siehe auch unter Lokale Oberösterreich – Kefermarkt.

SCHLOSSBRAUEREI WEINBERG, ERSTE O.Ö. GASTHAUSBRAUEREI

4292 Kefermarkt, Weinberg 2, +43/7947/7111
www.schlossbrauerei.at
Die im Jahr 1989 eröffnete Erste o.Ö. Gasthausbrauerei befindet sich im 1595 errichteten Maierhof des Schlosses Weinberg in den historischen Stallgebäuden. Auf Wunsch werden für Gruppen Biervorträge gehalten. Zudem gibt es einen drei Kilometer langen „Bierlehrpfad", eine leichte, lehrreiche Wanderung, die den Blick auf das Mühlviertler Bier öffnet. Details unter Lokale Oberösterreich – Kefermarkt.

KLAM

SYNDICATE BREWERS

4352 Klam, Sperken 4, +43/660/2214597
www.syndicatebrewers.at
Das Brauhaus am Fuße der Burg Clam ist mehrere Jahre still gestanden, bevor es 2018 von den Syndicate Brewers übernommen wurde. Es hat am Wochenende ab 12:00 Uhr

mittags für den allgemeinen Ausschank geöffnet. Gerhard Jax braut derzeit Hacklermedizin (Wiener Lager), Klamer Stoff (Helles), Afoch Guat (ein mit Amarillo gehopftes Pils), Hopfenmäderl (Pale Ale), Full Scottish Breakfast (Whiskeybier), Herbert (Hanfbier-Zwickl). Es ist zudem möglich, die Räumlichkeiten für Geburtstage, kleine Firmenfeiern oder Hochzeiten zu mieten – zusammengearbeitet wird dabei auch mit einem regionalen Caterer. Auch Brauereiführungen ab 8 Personen sind auf Anfrage möglich, Preis auf Anfrage.

KREMSMÜNSTER

SANDBERG BRÄU

4550 Kremsmünster, Sandberg 1, +43/664/4259812
members.aon.at/sandbergbraeu
Bauernhofbrauerei, die sich der Kreislaufwirtschaft verpflichtet hat: Martin Bergmair baut selbst die Braugerste an, lässt sie bei Plohberger in Grieskirchen vermälzen, verbraut sie in einer selbst aus ehemaligen Milchkühlwannen konstruierten Brauerei und verfüttert die Biertrebern an das eigene Vieh. Das alles zeigt er auch gern nach Voranmeldung her. Die Biere werden von April bis Oktober jeweils an Freitagen auf dem Bauernmarkt in Kremsmünster verkauft. Im Winter gibt es das „Sandberg Gold" auch in der Stiftsschänke Kremsmünster.

KRENGLBACH

HAIDINGER BRAUHAUS

4631 Krenglbach, Bahnhofplatz 2, +43/699/10487992
www.haidinger-brauhaus.at

Haidinger Brauhaus

Seit der Gründung im Jahr 2017 werden im Haidinger Brauhaus verschiedene Pale Ales, Baltic Porter, irisches Rotbier, American Lager, Weizenbier und das Haidinger Lager gebraut. Brauereiführung inkl. Verkostungen und Brauseminare sind nach Terminvereinbarung möglich.

LENZING

LEIMER BRÄU

4860 Lenzing, Atterseestraße 34, +43/7672/92920
www.leimer-braeu.com
Gasthausbrauerei – Details unter Lokale Oberösterreich – Lenzing.

Leimer Bräu

LEONDING

MICHAELI-BRÄU – FREUNDE DER LEONDINGER BRAUKUNST

4060 Leonding, Lugwiesstraße 40, +43/664/5068924
www.braukunst.at
Die erste und einzige Brauerei in Leonding feiert 2020 ihr 25-Jahr-Jubiläum. Es wird ausschließlich für die 200 Mitglieder des Vereins „Freunde der Leondinger Braukunst" gebraut, die das Bier jeden ersten Freitag im Monat in der Brauerei abholen können. Beim Leondinger Stadtfest und dem Leondinger Advent sind die beiden fixen öffentlichen Auftritte des Vereins, da sind die Raritäten für jeden Bierfan zugänglich.

NEUFELDEN

NEUFELDNER BIOBRAUEREI

4120 Neufelden, Bräuhausgasse 3, +43/7282/86927
www.biobrauerei.at
2011 haben Alois und Martin Meir die 1997 wiedergegründete Neufeldner Brauerei mit einer Kapazität von rund 4000 Hektolitern übernommen. So wurde eine bis ins Jahr 1523 zurückverfolgbare Brautradition im Zentrum des österreichischen Hopfenanbaus wiederbelebt. Die beiden Brüder aus Wels sahen ihre Chance darin, dass zu diesem Zeitpunkt unter den rund 40 in Oberösterreich existierenden Brauereien keine einzige reine Bio-Brauerei war. Bei der Prämierung des besten Bieres des Kalea Bier-Adventkalender 2017 erreichte Braumeister Matthias Mezera mit „Dry hopped" Organic Lager Platz 1.

NEUMARKT IM HAUSRUCKKREIS

MAX & MALZ

4720 Neumarkt im Hausruckkreis, Kallham 24
+43/699/12822405
www.maxundmalz.at

Seit 2018 braut Maximilian Meindl in Kallham biozertifizierte Biere: ein naturtrübes Zwickl, ein Hefeweizen, ein Red Ale und das Oatmeal Stout mit Haferflocken, saisonal einen Maibock, das sommerliche Lime Light mit Limette, im Winter das Lebkuchenbier und den Powidl Bock. Max & Malz Biere sind naturbelassen, werden weder filtriert noch pasteurisiert, enthalten ausschließlich biozertifizierte Rohstoffe.

RITTERBRÄU

4720 Neumarkt im Hausruckkreis, Bräuhausgasse 1
+43/7733/7555-0
www.ritterbraeu.at
Seit 1609 bestehende Mittelstandsbrauerei, eigentlich als „Mitterbräu“ (weil damals zwischen zwei anderen, längst nicht mehr bestehenden Brauereien gelegen) gegründet, übernahm die Ritterfigur aus dem Neumarkter Wappen. Die Brauerei kann nach Anmeldung besichtigt werden, man sieht einen modernen Braubetrieb mit traditioneller offener Gärung. Und wer mal ein Bier mit individuell gestaltetem Etikett haben will, kann das hier auch bekommen.

NEUMARKT IM MÜHLKREIS

BIO-HOFBRAUEREI FÜRST

4212 Neumarkt im Mühlkreis, Möhringdorf 8
+43/7941/8518
www.biofuerst.at
Seit 1990 wird der 300 Jahre alte Bauernhof von Siegfried Fürst biologisch bewirtschaftet. Er liefert außer Bier auch Brot, Nudeln, Müsli, Knabbereien und Kekse an Bioläden in Linz und Umgebung. Seit 2005 existiert die kleine, aber feine Hofbrauerei.

OBERHOFEN AM IRRSEE

RÖMERBRÄU

4894 Oberhofen am Irrsee, Römerhof 100
+43/664/8929540
römerbräu.at
Das Römerbräu wurde 2014 von Josef Schweigerer im Anbau des landwirtschaftlichen Gebäudes des Jedingerhofes gegründet. Fünf verschiedene Sorten, darunter ein bemerkenswerter Grenzbock (so benannt, weil die Brauerei an der oberösterreichischen Grenze liegt). Brauereibesichtigung nur gegen Voranmeldung bis maximal 16 Personen. Der Rampenverkauf findet wöchentlich jeweils samstags von 10:00 bis 16:00 Uhr statt.

OSTERMIETHING

ERNSTINGER WIRTS-BRÄU

5121 Ostermiething, Ernsting 6, +43/6278/6325
www.hausbrauereien.at/wirtsbraeu_ernsting
Gasthausbrauerei – Details unter Lokale Oberösterreich – Ostermiething, Wirt z'Ernsting.

OTTENSHEIM

DIE MARKTBRAUEREI

4100 Ottensheim, Aschacher Straße 1, +43/664/3276964
www.marktbrauerei.at
Die Craftbier-Brauerei ist vom kleinen Marktstand auf dem Südbahnhofmarkt ausgezogen und ist auf der Suche nach einer größeren Location in Linz. Derzeit wird exklusiv im Schauraum der Firma Labu Brauanlagen in Ottensheim gebraut, die Brauseminare finden auch dort statt. Geführte Bierverkostungen mit der Diplom-Biersommelière Sandra Buchrucker. Terminvereinbarung per Email. Brauseminare ab 8-10 Personen, Bei der Austrian Beer Challenge wurde das Helle mit der Goldmedaille prämiert. Darüber hinaus erhielt die Marktbrauerei 6 BierIG Qualitätssiegel. Siehe auch unter Lokale Oberösterreich – Linz.

THOR-BRÄU

4100 Ottensheim, Hostauerstraße 2, +43/7234/823710
+43/676/4609534
www.thor-braeu.at
Herzeigebetrieb für Labu-Brauereianlagen. Siehe auch unter Lokale Oberösterreich – Ottensheim.

RAAB

RAABER BIER

4760 Raab, Dr. Pflugerstraße 94, +43/7762/2242
www.raaber-bier.at

Die Innviertler Gemeinde Raab hatte früher drei Brauereien. Die Lindingerbrauerei (1588 – 1912), die Schatzlbrauerei (1589 – 1932) und die Neumeyerbrauerei (1609 – 1899). Schatzl kaufte das Braurecht der beiden anderen Brauereien und wurde somit bis in die Wirtschaftskrise der 1930er-Jahre einer der größten Arbeitgeber in der Gemeinde. 2012 haben Reinhard und Wolfgang Schraml die Tradition wieder aufleben lassen. Sie knüpfen an die alte Tradition unter anderem mit Bierfesten in der Kellergöppe (einer Kellergasse mit historischen Bierkellern ähnlich den Weinkellern im Weinviertel) an.

RIED IM INNKREIS

BRAUEREI RIED GETRÄNKE GMBH

4910 Ried im Innkreis, Brauhausgasse 24, +43/7752/82017
www.rieder-bier.at

Brauerei Ried

Die Brauerei Ried steht für Tradition, Innovation und Regionalität. Ihre Ursprünge reichen zurück bis ins Jahr 1536, weit in die Zeit, als das Innviertel noch ein Teil Bayerns war. Die bayerischen Wurzeln sind bis heute zu spüren, nicht zuletzt in der Weißbierkompetenz: Schon 1932 wurde in Ried das erste Weißbier gebraut. Besonders deutlich zeigt sich die Bierkompetenz der Rieder in der Braugalerie: Hier werden nicht nur Besucher von den vier Biersommeliers des Unternehmens in die Geheimnisse des Brauvorgangs eingeweiht, sie ist auch eine vollständige Brauerei in kleinerem Maßstab. Die gebrauten Spezialitäten zeigen, welches Potenzial Bier entfalten kann, wenn Mut und Kreativität verschmelzen. Es entstehen außergewöhnliche Bierkreationen wie das India Pale Ale, das inzwischen österreichweit vertrieben wird. Auch ein Honig- und ein Kürbiskern-Bier haben die Rieder im Programm, wobei sowohl der Honig als auch die Kürbiskerne aus dem Innviertel stammen. Im Zuge eines Brauseminars gibt es auch die Möglichkeit, sein eigenes Bier mit individueller Note ab einer Menge von 300 Litern selbst zu brauen. Infos über Führungen und Brauseminare auf www.rieder-bier.at bzw. office@rieder-bier.at Brau-Shop: Mo-Do 7:00 bis 17:00 Uhr, Fr 7:00 bis 16:00 Uhr.

RUTZENHAM BEI SCHWANENSTADT

Zum Alfons

ZUM ALFONS

4690 Rutzenham bei Schwanenstadt, Bergern 2
+43/7673/2442
www.zum-alfons.at

In dieser abgelegenen, aber gut besuchten Gasthausbrauerei wird zweimal in der Woche direkt im Lokal gebraut, und zwar ein helles untergäriges Bier und ein Weizenbier. Zur Oster- und Weihnachtszeit wird Bockbier gebraut. Das Bier wird ausschließlich in der Gasthausbrauerei ausgeschenkt, Gassenverkauf gibt es keinen – dafür aber viele lustige Souvenirs, etwa einen Polster in Form eines Bierkrugs. Siehe auch unter Lokale Oberösterreich – Rutzenham.

SANKT GEORGEN AM WALDE

BRATL-BRÄU

4372 Sankt Georgen am Walde, Markt 13, +43/7954/2203
www.bratl.at

In dieser Gasthausbrauerei werden seit 2005 bis zu 15 hl pro Woche gebraut. Der Chef des Hauses stellt bis zu 30 Biersorten her, wobei immer drei verschiedene zur Ausschank gelangen. Im „Braustüberl" des Bratl-Bräu werden Brauereiführungen, Schulungen und Bierverkostungen durchgeführt. Sonderbestellungen ab 150 Liter Bier sind möglich. Siehe auch unter Lokale Oberösterreich – St. Georgen.

SANKT MARTIN IM MÜHLKREIS

LANDBRAUHAUS HOFSTETTEN

4113 Sankt Martin im Mühlkreis, Adsdorf 5, +43/7232/2204
www.hofstetten.at

Landbrauhaus Hofstetten

Durch Exporte in die USA ist das seit 1229 bestehende Hofstetten weltbekannt geworden – ein neues Sudhaus ermöglicht seit 2016 eine flexiblere Produktion. Und Brauereichef Peter Krammer hat in seinem Programm eine breite Palette von Spezialitäten, die unter anderem mit heißen Steinen, mit längst vergessen geglaubten Gerstensorten (Heines Haisa) oder auch mit wilden Brettanomyces-Hefen hergestellt werden. Die sehr schön auf einen Hügel gelegene Brauerei kann sich auf die bis ins Jahr 1229 zurückreichende Tradition berufen.

SANKT PANTALEON

STIEGL-GUT WILDSHUT

5120 Sankt Pantaleon, Wildshut 8, +43/6277/64141
www.biergut.at

Die seit 2015 für das Publikum geöffnete oberösterreichische Adresse der Stiegl-Brauerei, „das erste Biergut Österreichs", bezieht sich auf ein im Jahr 930 erstmals erwähntes Landgut im heutigen Dreiländereck von Oberösterreich, Bayern und Salzburg. Erst ab 1779 wurde das Schloss österreichisch (das ist immerhin ein Menschenalter bevor Salzburg an Österreich gefallen ist). Aus dem Bräuer-Verzeichnis von 1795/97 ist unter dem Eintrag Nummer 327 ersichtlich, dass damals ein gewisser Philipp Poschinger 1368 Eimer (wenn man den bayerischen Visireimer für Bier umrechnet, waren das 935,7 Hektoliter) pro Jahr gebraut hat und dafür 513 Gulden und 9 Kreuzer Bieraufschlag an Steuern gezahlt hat. Wann die Brautradition in Wildshut abgerissen ist, kann man heute nicht mehr genau feststellen – wohl aber ist festzuhalten, dass Heinrich Dieter Kiener, der Chef der Stiegl-Brauerei, die alte Landwirtschaft auf „Bio" umgestellt hat und dort in Vergessenheit geratene Urgetreidesorten anbauen lässt. Und wer mehr über Malzbereitung lernen will: Hier ist der Platz, wo man das anschaulich demonstriert bekommt – wenn man sich entsprechend vorher angemeldet hat. Eine kleine Gastronomie, der bierige Kråmerladen, rundet das Angebot ab.

SANKT STEFAN AM WALDE

BRAU-BOUTIQUE

4170 Sankt Stefan am Walde, Höhenweg 1, +43/7216/37600
www.brau-boutique.at

Am 29. Mai 2016 eröffnete die Kleinbrauerei und Brau-Lounge „Brau-Boutique" beim Hotel Aviva und der Aviva-Alm. Der Sudkessel mit 2,5 Hektoliter-Ausschlagmenge kommt vom ehemaligen Voralpenbräu. Es werden zwei Sorten gebraut – Almbräu hellblond & Almbräu dunkelblond (500 l pro Woche, abwechselnd). Öffnungszeiten: Do-Sa 14:00 bis 22:00 Uhr, So & Feiertage 10:00 Uhr bis 21:00 Uhr. Bier brauen live: jeden Mittwoch 9:00 bis 15:00 Uhr; € 50,- pro Person inkl. Bierjause und 2 Alm-Bräu.

BRAUEREI BACHNER

4170 Sankt Stefan am Walde, Unterriedl 4, +43/7216/6143
Dreieinhalb-Hektoliter-Brauerei auf dem Bachner-Hof.

SANKT ULRICH

HOPFENERLEBNISHOF – GASTHAUS & MUSEUM

4120 Sankt Ulrich, Pehersdorf 7, +43/7282/82228 oder +43/664/2342641
www.hopfenerlebnis.at

Mitten in den Hopfengärten bei St. Ulrich hat die Familie Allerstorfer auf ihrem Hopfenbauernhof ein sehr anschauliches Museum zum Hopfenanbau eingerichtet und damit große Aufmerksamkeit auf die Hopfentradition Oberösterreichs gelenkt. Auf 150 Hektar wird im Mühlviertel der Hopfen kultiviert, rund ein Drittel der gesamten österreichischen Hopfenproduktion, der Rest kommt aus der Steiermark. Das ist nur mehr ein Bruchteil der ursprünglichen Anbaufläche, denn die betrug im 18. Jahrhundert allein im Mühlviertel noch mehr als 2000 Hektar – allerdings von deutlich weniger ertragreichen Sorten. Gleichzeitig musste man unter den damaligen hygienischen Bedingungen die Biere wesentlich bitterer als heute brauen, um sie haltbar zu machen, also brauchte der Hopfen mehr Fläche. Geführte Rundgänge nach Vereinbarung. Mit der Hopfenstubn gibt es auch eine sehr bierkundige Gastronomie. Was das Projekt aber besonders macht, ist die Kooperation mit den Mühlviertler Brauereien.

SANKT STEFAN AM WALDE

STEFFINGER LEPUS BRÄU

4170 Sankt Stefan am Walde, Raiden 24, +43/7289/71094
www.lepus-braeu.at
Im Keller seines Hauses braut Hermann Eckerstorfer vier Sorten Bier, die im Rampenverkauf beim Brauer und in Flaschen abgefüllt bei Nah & Frisch Gierlinger in Haslach und im Gasthaus Mayr erworben werden können, dort wird es auch vom Fass gezapft.

SCHÄRDING

Brauerei Jos. Baumgartner

BRAUEREI JOS. BAUMGARTNER GMBH

4780 Schärding, Franz-Xaver-Brunner Straße 1
+43/7712/3119-21
www.brauerei-baumgartner.at
Wer Baumgartner Bier trinkt, dient damit einem guten Zweck – denn die Brauerei gehört einer wohltätigen Stiftung, der die Gewinne zufließen. Die Biere sind mehrfach prämiert worden, etwa das Pils beim World Beer Cup. Seit 2015 gibt es aus Schärding auch ein Weizenbier, womit nach 400 Jahren ein Plan aufgeht, den der damalige bayerische Herzog für Schärding hatte: Schärding sollte nämlich eine Weizenbier-Stadt werden. Dem steht nun nichts mehr im Wege. Und es gibt hier auch allerhand zu sehen – schließlich baut die Baumgartner Brauerei seit einigen Jahren auch ihren eigenen Hopfen an. Ebenso werden Führungen in einem der technisch modernsten Braubetriebe mit anschließendem Besuch der Bierapotheke mit direktem Blick in die Flaschenabfüllhalle sowie einem Imbiss nach individueller Vereinbarung angeboten. Hübsche „Apothekerinnen" servieren die Brotzeit (vom Weißwurstfrühstück bis hin zum Bauernbuffet) und Bier so viel man trinken mag. Wer auch den Daheimgebliebenen ein Souvenir aus Schärding mitbringen möchte, dem steht eine reiche Auswahl an Geschenkideen rund ums Bier in einem der beiden Baumgartner-Shops zur Verfügung. Anmeldung bei Julia Selker, Tel. 07712/3119-21.

KANONENBRÄU

4780 Schärding, Leonhard-Kaiser-Weg 1, +43/7712/7350
www.kanonenbraeu.at
Nanobrauerei von Innschifffahrtskapitän Manfred Schauerecker, die sich stolz in die Innviertler Biertradition einreiht. Es entstand eine kupferne Hausbrauanlage, wie sie zu Beginn des 17. Jahrhunderts in Schärdinger Gasthäusern verwendet wurde. Da die Stadt Schärding im Jahre 1809 – von der bayerischen Seite aus – von den Franzosen beschossen wurde und es im „Stiegler-Haus" in der Wieningerstraße 5 bis zum Jahre 1942 das Gasthaus „Zur Kanone" gab, war es naheliegend, sich auf den Namen „Kanonenbräu" zu einigen.

SCHALCHEN

WOIGARTL-BRÄU

5231 Schalchen, Oberharlochen 6, +43/660/3473494
www.wollgartl.at
Carmen Schober und Alexander Schiemer haben die elterliche Kleinlandwirtschaft, das sogenannte „Woigartl", übernommen und 2018 im ehemaligen Kuhstall eine Kleinbrauerei eingerichtet, die an den Aktivitäten der Bierregion Innviertel teilnimmt. Gebraut werden Weizenbiere und ein naturtrübes Kellerbier, die täglich von 11:00 bis 22:00 Uhr verkostet werden können. Auf dem Hof gibt es auch Schafe. Natürlich kann man Hof und Brauerei auch besichtigen.

SCHIEDLBERG

BRAUHOF GOLDBERG

4521 Schiedlberg, Weichstettenstraße 119, +43/7251/592 oder +43/660/1304000
www.brauhof-goldberg.at
Nach dem Konzept einer wirklichen Schaubrauerei ist die 2003 gegründete Bauernhof-Brauerei zur Gänze einsehbar. Gebraut wird im Eingangsbereich auf einem 200 Liter LABU-Braublock, bestehend aus Sudpfanne, Läuterbottich und Whirlpool. Details unter Lokale Oberösterreich – Schiedlberg.

SCHWERTBERG

SCHWERTBERGER BRÄU

4311 Schwertberg, Aisttalstraße 17, +43/660/3763644
www.schwertberger-braeu.at

Schwertberger Bräu

Im Zentrum der Marktgemeinde Schwertberg hat der Informatiker und Diplom-Biersommelier Dipl.-Ing. Karl Kiesenhofer im Sommer 2012 in einer ehemaligen Fleischerei eine Fünf-Hektoliter-Mikrobrauerei eingerichtet. Im November 2019 hat Richard Zwirner, ein gebürtiger Schwertberger und seit dem Frühjahr 2014 als Mitarbeiter und Juniorpartner bei Schwertberger Bräu tätig, das Schwertberger Bräu als Alleininhaber übernommen. Für die Brauerei gestaltet sich die Standortsuche ein bisschen schwieriger und daher wird das Schwertberger Bräu Bier vorübergehend in der Brauerei der Syndicate Brewers in Klam gebraut. Gegen telefonische Voranmeldung sind (auch an Wochenenden und Feiertagen) Bierseminare inkl. Bierverkostung möglich. Siehe auch unter Lokale Oberösterreich – Schwertberg.

STEINBACH AM ATTERSEE

BIERSCHMIEDE

4853 Steinbach am Attersee, Seefeld 56, +43/664/5486321
www.bierschmiede.at, www.facebook.com/bierschmiede.at
Der „Bierschmied" Mario Scheckenberger hat sich mit der Bierschmiede seinen Lebenstraum erfüllt: Er hat mit seinem „Meisterstück" genannten Pils im Jahr 2018 den European Beer Star in Gold gewonnen. Die Bierschmiede ist damit eine der kleinsten Brauereien, die jemals einen European Beer Star in Gold gewonnen haben. Inspiration für den Markennamen war sein Großvater, einst Schmied in Steinbach – und der Slogan: „Wir hämmern den Geschmack ins Bier", ist auch nicht von schlechten Eltern. Marios Philosophie von eigenständigen und charaktervollen Bieren zieht sich durch bis zu den Biernamen wie „Werkstück", „Zunder" oder „Amboss". Brauereiführungen macht der Bierschmied persönlich ab 6 Personen ganzjährig nach Vereinbarung, 12,- Euro/P. inklusive Bierverkostung von 3 Bieren und Bierbrezn. Bierige Souvenirs sowie alle Biere sind im angeschlossenen „Gschäft'l" erhältlich. Siehe auch Oberösterreich – Steinbach am Attersee.

STEYR

Steyrer Bräu

STEYRER BRÄU

4407 Steyr, Gleinker Hauptstraße 3d, +43/650/5606263
www.steyrerbraeu.at
Klaus Kremsmayr begann 2011 mit der Produktion von Frucht- und Honigweinen, im Februar 2015 setzte er erste Schritte zur Errichtung einer Kleinbrauerei im südlichen Steyrer Ortsteil Gleink. Geöffnet nach telefonischer Terminvereinbarung.

STRASS IM ATTERGAU

BRAUEREI ATTERSEE

4881 Straß im Attergau, Straß 8, +43/676/5955892
www.brauerei-attersee.at
Sehr kleine Brauerei, die ursprünglich im nahen Palmsdorf betrieben wurde und im Jahr 2010 nach Straß (in die unmittelbare Nachbarschaft des Gemeindeamts) übersiedelt ist. Die Brauerei Attersee sieht sich als Träger und Förderer des Kulturgutes Attergau und Salzkammergut, ihre Marke ist „A Bier" – das kann man so schön bestellen! Ein sehr bemühtes und freundliches Team kümmert sich um den Brauvorgang – wenn jemand Zeit hat, zeigt er auch ein bisschen etwas her – geöffnet Mi. und Fr. ab 18:00 Uhr sowie Sa. ab 15:00 Uhr.

TRAGWEIN

The Beer Buddies

THE BEER BUDDIES

4284 Tragwein, Zeller Straße 44, +43/676/847265200
www.thebeerbuddies.at
Das Wasser von Tragwein galt schon im 18. und 19. Jahrhundert als besonders gut für das Bierbrauen geeignet – jedenfalls ist urkundlich belegt, dass 1795 Josef Jachs hier 858 Eimer Bier braute, das waren rund 480 Hektoliter. Am Ufer des Kettenbachs an der Gemeindegrenze zu Bad Zell haben die beiden Biologen Christian Semper und Andreas Weilhartner im sogenannten „Russenhaus" – einem 400 Jahre alten, ehemaligen Gutshof mit angeschlossener Schmiede – im Frühjahr 2015 ihre eigene Brauerei eingerichtet. Ins ehemalige Waschhaus des Anwesens wurde das Sudwerk der ehemaligen Weizerl-Brauerei eingebaut. Hier werden vier Sorten „Tragweiner Bier" gebraut: zwei untergärige Biere (Urgestein-Märzen und Bernsteinbier) sowie zwei obergärige (Porter und IPA). Die Biersommeliers vertrauen dabei auf Rezepte, die sie in drei Jahren als Homenbrewer entwickelt haben. Jeden 1. Freitag im Monat gibt es nach dem Rampenverkauf in der Brauerei von 14:00 bis 18:00 Uhr ein LIVE-Musik Event von 18:00 bis 23:00 Uhr. Für die Kulinarik in Form von Speis und Trank wird gesorgt.

TRAUN

BRAUHAUS TRAUN

4050 Traun, Madlschenterweg 7, +43/7229/21109
www.traunerbier.at
2011 als erste Brauereigründung in Traun seit mehr als 200 Jahren eröffnet – heute werden etwa 1250 Hektoliter pro Jahr

erzeugt. Familie Koll braut in dieser Gasthausbrauerei fünf Sorten Bier, von denen zwei auch in Flaschen mitgenommen werden können. Um die Qualität seiner Produkte den Endkonsumenten nahezubringen, veranstaltet Karl-Heinz Knoll auch regelmäßig Bierseminare. Bei diesen stehen Biergeschichte, Erzeugung und eine Verkostung am Programm. Details unter Lokale Oberösterreich – Traun.

TREUBACH

PFESCH OG PRIVATBRAUEREI

5272 Treubach, Pfendhub 3, +43/676/7787090
www.pfesch.at
2014 gegründete Kleinbrauerei, die auch anbietet, bei einem Brautag eigenes Bier zu brauen – Teilnahmegebühr 75 Euro. Ein zusätzliches Angebot ist, in Zusammenarbeit mit einer nahe gelegenen Töpferei einmal einen eigenen Bierkrug zu töpfern. Das Bier wird am Bauernhof Erlinger-Pfendhuber Mo – Fr: 16:00 – 18:00 Uhr und Sa 09:00 bis 12:00 Uhr verkauft.

UTTENDORF

BRAUEREI VITZTHUM GMBH & CO

5261 Uttendorf, Uttendorf 25, +43/7724/2508
www.uttendorf-bier.com
Die Uttendorfer Brauerei befindet sich in einem eindrucksvollen Gebäude im Zentrum von Uttendorf. Sie ist bekannt für besonders intensiv gehopfte Biere mit einem dennoch milden Charakter. Das Bräustüberl befindet sich im selben Haus, Details unter Lokale Oberösterreich – Uttendorf.

Brauerei Vitzthum

VORCHDORF

BRAUEREI SCHLOSS EGGENBERG

4655 Vorchdorf, Eggenberg 1, +43/7614/6345-0
www.schloss-eggenberg.at
Seit 1681 gebraut, steht das „Bier zum Salzkammergut“ für Qualität, Bierkultur und Biervielfalt. Im Besucherzentrum „Alter Eiskeller“ trifft die Tradition auf Moderne und lädt nach einer Brauereiführung dazu ein, neben den Klassikern wie „Hopfenkönig“, „Bio Naturtrüb“ oder „Classic Märzen“ auch außergewöhnliche Spezialitäten wie „Urbock“ oder „Samichlaus“ zu probieren. Der geführte Rundgang (für Gruppen ab 10 Personen, Termine nach Vereinbarung) lässt dabei die Besucher in die Kunst des Bierbrauens eintauchen. Das Paket um € 11,- pro Person beinhaltet auch die Verkostung und eine frische Brezn. Vertiefende Bierschwerpunkte und alle Informationen zu den Besuchsprogrammen und zur Anmeldung unter www.schloss-eggenberg.at bzw. telefonisch unter +43/7614/6345-71. Der Brauereishop ist Montag-Freitag von 8:00 bis 17:00 Uhr geöffnet.

Brauerei Schloss Eggenberg

WERNSTEIN

WENZL PRIVATBRÄU

4783 Wernstein, Wimberg 1, +43/664/73909828
www.wenzl-bier.at
Johann Kieslinger-Furtner, der 39 Jahre lang bei der Kapsreiter Brauerei gearbeitet hatte, eröffnete 2015 seine Drei-Hektoliter-Brauerei in der Garage seines Wohnhauses. Dieses hat den Hausnamen Wenzl, woraus sich der Brauereiname ableitet.

WILHERING

DÖRNBACHER FLORIANIBRÄU

4061 Wilhering, Dörnbacherstraße 132, +43/699/10190820
www.florianibraeu.at
Diese 1998 von Familie Kölbl in einem ehemaligen Feuerwehrhaus eingerichtete Familienbrauerei hat einmal im Monat – am ersten Samstag von 9:00 bis 20:00 Uhr – geöffnet, sonst auf Voranmeldung für Gruppen von 12 bis 30 Personen. Man kann die Biere (vier Sorten) in Flaschen und Fässern mitnehmen.

WINDISCHGARSTEN

KEMMET-BRÄU

4580 Windischgarsten, Hauptstraße 22, +43/7562/20066
www.kemmet.at
Gasthausbrauerei. Seit Dezember 2001 werden neben den Sorten Kemmet Bräu Hell und Dunkel auch themen- und jahreszeiten-bezogene Biere gebraut (z.B. Festbock). Siehe auch unter Lokale Oberösterreich – Windischgarsten.

ZIPF

BRAUEREI ZIPF

4871 Zipf, Zipf 22, +43/7682/3600-0, +43/810/20697 (Hotline)
www.zipfer.at
Zipf ist nicht nur Heimat des gleichnamigen Bieres, hier wird auch das Edelweiss Weizenbier gebraut und gereift – unter Leitung des international erfahrenen Braumeisters Harald

Raidl. Bei einer Brauereiführung durch die 1858 gegründete und zum 150-jährigen Jubiläum rundum renovierte Zipfer Brauerei kann man den ganzen Entstehungsvorgang des Zipfer Bieres vom Rohstoff bis zum fertigen Bier live mitverfolgen: So wird in der Brauerei Zipf beispielsweise eine spezielle Hopfung mit Naturhopfen betrieben. Eindrucksvoll ist das kupferblitzende Sudhaus, der große Läuterbottich und der Hopfenkeller, der zum Schauraum für Hopfen umgebaut worden ist. Brauereiführungen sind ausschließlich gegen Voranmeldung auf www.zipfer.at möglich. Führungen werden ab einer Gruppengröße von 15 Personen durchgeführt. Weitere Infos zur Führung finden Sie online. Getränkeshop: geöffnet Mo-Do 9:00 bis 17:00 Uhr, Freitag bis 18:00 Uhr (12:00 bis 13:00 Uhr Mittagspause).

Brauerei Zipf

SALZBURG

ANTHERING

RAGGEI-BRÄU – HAUSBRAUEREI RAGGINGER

5102 Anthering, Acharting 32, +43/6223/20396
+43/664/2001795
www.raggei.at
Die in einer ehemaligen Käserei eingerichtete Gasthausbrauerei Raggei-Bräu braut obergärige, hefetrübe Weizen- und Dinkelbiere, ein untergäriges Kellerbier, saisonale Spezialbiere, Bockbiere sowie innovative Kreativbiere, welche im offenen Gärverfahren nach eigenem Rezept hergestellt werden – insgesamt über 20 verschiedene Bierspezialitäten. Sämtliche Biere gibt es in 3 l, 2 l, 1 l, 0,5 l Bügelflaschen oder im 25 l und 50 l Fass zum Mitnehmen. Bei größeren Mengen wird um Vorbestellung gebeten. Siehe auch unter Lokale Salzburg – Anthering.

BAD HOFGASTEIN

SCHMARANZBRÄU

5630 Bad Hofgastein, Wieden 52, +43/6432/671940
www.schmaranz.at
Erste österreichische Bioweißbier-Brauerei. Das Bier wird im 480 Jahre alten Kehrerhaus gebraut, Brauereiführungen nach telefonischer Anmeldung. Siehe auch unter Lokale Salzburg – Bad Hofgastein.

BAD VIGAUN

RBB ROLBRETTBRÄU

5424 Bad Vigaun, Langgasse 62, +43/650/4611783
www.facebook.com/Rolbrett
Nanobrauerei. Gebraut wird zu Hause, bis ein Rezept steht, danach mieten sich Georg Hagn und Roland Hallinger in größere Brauereien ein und brauen dort ihr Rezept ein. Derzeitige Kapazität: ca. 300hl/Jahr, dabei werden ca. 20 Gasthäuser beliefert sowie der regionale Einzelhandel. Derzeit gibt es 3 Sorten, darunter auch ein Zwickl. Einen Lagerverkauf mit Bierverkostungen gibt es jeden zweiten Freitag (jeweils in einer geraden Kalenderwoche) von 17:00 bis 21:00 Uhr.

BERGHEIM

FRANZ.DER BRAUER

5101 Bergheim, Dorfstraße 35, +43/662/452124
www.gmachl.at/de/essen-trinken/franz-der-brauer
Franz Gmachl jun. hat Anfang 2019 erfolgreich seine Ausbildung zum Dipl. Biersommelier bei Axel Kiesbye abgeschlossen. Das Bierangebot wurde um ein Weizen erweitert, somit werden 3 Sorten hausgebraut. Mittwochs werden viele nationale und internationale Biere (Craftbiere) ausgeschenkt, an diesen Tagen werden den Gästen auch Bierschmankerl wie Bierstacheln, Glühbier oder ein Sommerbierpunch je nach Saison geboten.

ISI-BRÄU

5101 Bergheim, Bäckerstraße 3, +43/699/17220531
www.isi-braeu.at
Gebraut wird das kellertrübe Isi-Bräu Zwicklbier sowie Spezialitäten wie Bockbier, Stout, Fastenbier usw. Siehe auch unter Lokale Salzburg – Bergheim.

BRUCK AN DER GLOCKNERSTRASSE

KOHLSCHNAIT BRÄU

5662 Bruck an der Glocknerstraße, Niederhof 3
+43/6545/6112
www.kohlschnait.at
Seit Mai 2007 wird am Kohlschnait-Hof Bier gebraut, das im Oktober 2007 bei der Staatsmeisterschaft für Gasthaus- und Kleinbrauereien mit der Silbermedaille ausgezeichnet wurde. 2014 wurde die Kleinbrauerei neu gebaut. Gebraut wird das Kellerbier, ein süffiges, helles Märzenbier aus Gerstenmalz mit leichter Hopfennote, Stammwürze 12°, das Dinkel-Weißbier Hell (Vize Staatsmeister) – ein obergäriges, leicht hopfiges Bier aus Dinkel mit leichtem Bananenaroma mit Stammwürze 11,8° und Weizen Dunkel – ein obergäriges, dunkles Bier, karamell-malzig, vollmundig und leicht hopfig. Siehe auch unter Lokale Salzburg – Bruck.

PINZGAU BRÄU

5671 Bruck an der Großglocknerstraße, Glocknerstraße 60 A
+43/6545/93080
www.pinzgau-braeu.at
Hans-Peter Hochstaffl hat im Sommer 2015 seine eigene

Brauerei eröffnet, um mit dem Pinzga' Bier vor allem den Pinzgau (dort ist das Bier etwa in den Raiffeisen-Lagerhäusern gelistet), aber auch die Stadt Salzburg, wo er 13 Jahre lang in der Weissen gebraut hat, zu erobern. Gebraut wird auf einem 10-Hektoliter-Sudwerk mit Plohberger Malz und Hallertauer Aromahopfen. Brauerei-Shop: Mo-Fr: 8:00 bis 12:00 Uhr, Sa 9:00 bis 12:00 Uhr. Für Gruppen gibt es nach Voranmeldung Führungen durch die kleine Brauerei – und natürlich eine Verkostung der Biere.

FAISTENAU

BRAMSAU BRÄU

5324 Faistenau, Bramsaustraße 36, +43/6228/2566
www.bramsau-braeu.at
Gasthausbrauerei auf einem Hof mit Blick über das Salzburger Land. Gebraut wird auf einer LABU-Brauanlage: Faistenauer Gerstl, helles und dunkles Weizenbier, diverse Festbiere, z.B. zum „Faistenauer Jedermann" und zum „Bauernherbst", in der Adventzeit Bockbier. Für besondere Anlässe wie Geburtstage und Hochzeiten wird auch gerne ein spezielles Bier gebraut. Vorbestellung für solche Sondersude mindestens fünf Wochen im Vorhinein. Brauereibesichtigung: Jeden Mittwoch um 17:00 Uhr sowie auf Anfrage. Siehe auch unter Lokale Salzburg – Faistenau.

GROSSARL

GROSSARLTALER WOCHTABIER

5611 Großarl, Achengasse 14, +43/664/4210225
www.wochtabier.at

Großarltaler Wochtabier

2018 wurde diese Brauerei im Namen der „Alten Wacht", die den Zugang zum Tal bewacht hat, eröffnet. Gebraut werden mittlerweile 5 verschiedene Biere, darunter ein Wiener Lager namens Kupfergeist und eine Almweisse. Die Biere sind fast ausschließlich im Großarltal zu finden.

HALLEIN

SPEZIALITÄTENMANUFAKTUR HOFBRÄU KALTENHAUSEN & BINDEREIMUSEUM

5400 Hallein, Salzburgerstraße 67, +43/6245/7955267
www.kaltenhausen.at

Bindereimuseum Hofbräu Kaltenhausen

Das Hofbräu Kaltenhausen ist die älteste Brauerei Salzburgs (gegründet 1475). Seit 2011 widmet man sich hier mit einer feinen Spezialitäten-Manufaktur, in der die Traditionen gepflegt und spannende Innovationen entwickelt werden, und einem Schulungszentrum, in dem alle Facetten des Brauens und Genießens anschaulich vermittelt werden, ganz der Bierkultur. Im Sommer 2018 übernahm Martin Simion als neuer Braumeister die Geschicke von Kaltenhausen. Aus der Spezialitäten-Manufaktur kommen neben den ganzjährig verfügbaren Sorten „Original", „Kellerbier", „1475 Pale Ale" und einem India Pale Ale namens „Gandolf" auch saisonale Biere wie die Editionen Zirbe oder Maroni. Zusätzlich gibt es regelmäßig streng limitierte Sondereditionen aus dem Hofbräu. Neben den bierigen Spezialitäten lockt auch das Entdecken des historischen Handwerks nach Kaltenhausen: Ein hoch spezialisiertes Museum in den originalen Werkstätten der ehemaligen brauereieigenen Fassbinderei befindet sich am Standort des Hofbräu Kaltenhausen. Es zeigt unter anderem Bierfässer, Reifenbiegemaschine, Binderwerkzeug, Bodenzirkel, Schnitzwerkzeuge und Zunftteller und kann im Rahmen einer Brauereiführung besichtigt werden. Bierverkostungen, Braukurse sowie die Ausbildung zum Biersommelier ergänzen das Angebot rund ums Thema Bierkultur. Führungen und Verkostungen mit rechtzeitiger Voranmeldung täglich möglich.

HOF BEI SALZBURG

BRAUEREI GUSSWERK GMBH

5322 Hof bei Salzburg, Römerstraße 3, +43/6229/39777
www.brauhaus-gusswerk.at
Österreichs erste bio-dynamische Brauerei braute seit 2007 im ehemaligen Gusswerk am Stadtrand von Salzburg nach

dem Demeter-Prinzip. Im Jahr 2013 ist die Brauerei nach Hof bei Salzburg übersiedelt. Führungen nach Rücksprache mit Braumeister Reini Barta, der das Cerevinum-Bier kreiert hat. Zahlreiche in- und ausländische Bierprämierungen, darunter 29-facher österr. Staatsmeister, 4 „European Beer Star" (Gold 2018 für „Die Schwarze Kuh"), etc. Die Brauerei Gusswerk ist auch Partner mehrerer Collaboration-Breweries – so werden etwa einige Biere von Brew Age hier gebraut und abgefüllt. Siehe auch unter Lokale Salzburg – Hof bei Salzburg. Die Biere sind auch online erhältlich bei www.mybier.at

KRIMML

ANTON WALLNER BRÄU

5743 Krimml, Oberkrimml 118, +43/664/5036184
www.krimml.com
Gasthausbrauerei, deren Biere (darunter etwa ein Apfelbier) auch in Flaschen erhältlich ist unter https://antonwallner-biershop.at/ oder über mybier.at. Mehr zum Bräustüberl unter Lokale Salzburg – Krimml.

MAUTERNDORF

MÜHLTALER BRAUEREI

5570 Mauterndorf, Markt 86, +43/664/4523817
www.mühltaler.at
Die Mühltaler Brauerei, deren Geschichte bis weit in das 19. Jahrhundert zurückreicht, war bis 1916 ein fixer Bestandteil des Salzburger Lungaus. Im Jahre 1916 musste die Mühltaler Brauerei aber den Betrieb einstellen. Christian Mauser, Urenkel des letzten Brauereibesitzers und Braumeisters der Mühltaler Brauerei, nahm 2016 – genau nach 100 Jahren – den Brauereibetrieb wieder auf.

MITTERSILL

BRÄURUP

5730 Mittersill, Kirchgasse 9, +43/6562/6216-0 oder +43/676/7293594
www.braurup.at
Im Salzburger Mittersill gab es seit 1681 mindestens eine Brauerei – ab 1823 wurde sie von Rupert Schwaiger geführt und erst im Ersten Weltkrieg eingestellt. Das Brauwirtshaus von damals steht heute noch als Hotel „Bräurup", benannt eben nach jenem Bräu Rupert. Der Ururenkel des ehemaligen Brauereibesitzers hat vor einigen Jahren wieder eine Brauanlage in sein Hotel gebaut. Gebraut wird unfiltriertes kellertrübes Märzen Bier und ein unfiltriertes, hefetrübes Weizen Bier. Bei der Biersommelier-WM 2011 in Anif bei Salzburg erlangte der Chef-Bierbrauer Matthias Gassner den 6. Platz. Brauereiführung mit optionaler Verkostung gegen Voranmeldung. Siehe auch unter Lokale Salzburg – Mittersill.

OBERTRUM

BIERKULTURHAUS BY AXEL KIESBYE

5162 Obertrum, Dorfplatz 1, +43/676/4777168 oder +43/664/2534162
www.bierkulturhaus.at
Kiesbye's Bierkulturhaus wurde 1999 unter Verwendung alter Braugerätschaften von Axel Kiesbye, Weihenstephaner Brauingenieur und Braumeister, persönlich geplant und eingerichtet. Damals noch unter dem Namen „Creativbrauerei", war zunächst das Ziel, dort kreative Versuchssude für die Trumer Privatbrauerei durchzuführen. Das handwerkliche und offene Brauen lockte immer wieder Passanten an, sodass bereits im Jahr 2000 Creativbrauen für Jedermann angeboten wurde. Von 2003 bis 2004 entwickelte Kiesbye zusammen mit Herrn Pessl, damals Leiter der Praxis-Betriebe der Tourismusschule Klessheim/Salzburg, die Ausbildung zum Diplom Biersommelier. Der Fokus lag entsprechend der Kompetenzen auf Fachkräfte aus der Gastronomie. Seit 2006 wird die vom Verband der Brauereien Österreichs initiierte Grundausbildung an Schulen zum Bier-Jungsommelier, seit 2012 auch die exklusiv nur in Österreich angebotene Ausbildung zum Biersommelier unterstützt. 2012 hat das Team von Kiesbye's Bierkulturhaus den Bier-Gastrocheck erarbeitet. Ein Mystery Shopping-Konzept mit ServiceCRAFT-Ausbildung. Seit 2013 werden zudem High-End-Seminare für Spitzenkräfte aus der Braubranche, der Biergastronomie und dem Bierhandel angeboten. Unter dem Label „Grand Cru" Spezialseminare gehen Sie mit den Besten auf Kurs und erfahren in Kleingruppen Bierkultur, die bewegt.

Trumer Privatbrauerei

TRUMER PRIVATBRAUEREI

5162 Obertrum, Brauhausgasse 2, +43/6219/7411-0
www.trumer.at
Die Trumer Welt ist ein touristischer Anziehungspunkt im Salzburger Seenland: Die Besonderheiten der Privatbrauerei – etwa offene Gärbottiche – werden ebenso erlebbar wie die Besonderheiten des Trumer Pils, das mehrfach international ausgezeichnet wurde. Persönlich geführt durch ausgebildete Biersommeliers oder Brauer können Besucher jeden Tag die Trumer Welt entdecken, einen Blick in die Gärbottiche werfen und Trumer Pilsspezialitäten in der eindrucksvollen Gärlounge verkosten. Trumer Brauerei-Shop: Mo – Fr 9:00 bis 18:00 Uhr, Sa 8:30 bis 12:00 Uhr. Führungen Mai – Sept. Di um 16:30 Uhr, Juli-August zusätzlich Do um 18:00 Uhr. Für Gruppen ab 10 Pers. auf Anfrage jederzeit 7 Tage/Woche zu flexiblen Zeiten.

RAURIS

LANDGASTHAUS WEIXEN

5661 Rauris, Seidlwinkelstraße 114, +43/6544/6437
www.weixen.at
Die Gasthausbrauerei im hintersten Teil des Rauristales besteht seit Sommer 2003. Das Brauwasser ist ein stilles Mineralwasser aus der eigenen Quelle, die nur 200 Meter oberhalb der Brauerei aus einem Quarzfelsen entspringt. Siehe auch unter Lokale Salzburg – Rauris.

SAALFELDEN

PALFEN – GASTHOF HUBERTUS

5760 Saalfelden, Bachwinkl 23, +43/664/2118198
gh-hubertus.at
Hausbrauerei im Keller des Gasthofes. Gebraut werden verschiedene Sorten Palfen Craftbier. „Palfen"ist einerseits der umgangssprachliche Name für die nahegelegene Einsiedelei, andererseits ein Pinzgauer Ausdruck für Felsen. Das Wasser für das Bier kommt aus den Felsen des Steinernen Meers und so wurde dem Bier der Name „Palfen" gegeben. Für Gruppen wird auch gerne eine Einführung in die Welt des Bierbrauens angeboten. Siehe auch unter Lokale Salzburg – Saalfelden.

SALZBURG

AUGUSTINER BRÄU KLOSTER MÜLLN

5020 Salzburg, Lindhofstraße 7, +43/662/431246
www.augustinerbier.at
Die 1621 gegründete Brauerei des Augustinerklosters (der Haupteigentümer ist das Kloster Michaelbeuren) ist 2012 stilgerecht erneuert worden. Trotz der installierten modernen Brautechnik (Sudhaus von Kaspar Schulz in Bamberg) wird immer noch handwerklich gebraut – mit Kühlschiff, offenem Gärkeller, Wasserspundapparat und einer Fasswichs, wo noch mit Holzfässern hantiert wird. Miterleben kann man den Entstehungsweg des Bieres von Montag bis Freitag nach telefonischer Terminvereinbarung. Ein Onlineformular steht ebenfalls zur Verwendung. Willkommen sind Gruppen ab 10 bis max. 30 Personen, Preis auf Anfrage.

BIERSIEDEREI

5020 Salzburg, Valkenauerstraße 71, +43/650/73241116
www.biersiederei.at
Hat sich unter lokalen Bierfreunden Sympathien für die „Hackler-Halbe" erbraut.

BRAUTON

5020 Salzburg, Arnogasse 5, +43/699/12275003
brauton.at
Mit Crowdfunding im Frühjahr 2019 realisiertes Kleinbraurei-Projekt: Peter Kreyci und Phil Zezula glauben fest daran, dass die Beschallung des reifenden Bieres – „Back from Space" – mit zu dessen Wohlgeschmack beiträgt. Das Bier ist in der Stadt Salzburg inzwischen zu einem Kult-Produkt geworden und etwa beim Biershop des Alchimiste Belge Guggenthal vom Fass, in der academy Bar und im Musikladen in der Linzergasse erhältlich.

DIE WEISSE BRAUEREI

5020 Salzburg, Bayerhamerstraße 10, +43/662/876376
www.salzburgerweissbier.at
Österreichs mit Abstand älteste Weissbierbrauerei wurde im Jahr 1901 gegründet und hat sich von Beginn an auf das Brauen von Weizenbieren konzentriert. Bis heute ist eine beachtliche Vielfalt an Weizenbieren entstanden und die Weisse darf sich zurecht als Spezialist für Weissbier bezeichnen. Das Ur-Rezept für Die Weisse stammt noch vom Gründer Adalbert Behr. Die Weiße ist mittlerweile international bei über 100 Betrieben in der gehobenen Gastronomie vertreten. Der junge Bräu und Geschäftsführer Felix Gmachl legt mit dem Fokus auf regionale Zutaten und die nachhaltige Ausrichtung seiner Weissbierbrauerei gerade den Grundstein für die Zukunft von Österreichs ältester Weissbierbrauerei.

Die Weisse Brauerei

DIE WEISSE
SEIT 1901
GEBRAUT IN ÖSTERREICHS ÄLTESTER WEISSBIERBRAUEREI

'S KLOANE BRAUHAUS

5020 Salzburg, Schallmooser Hauptstraße 27
+43/662/871154
www.kastnersschenke.at
Das 1998 eingerichtete Kloane Brauhaus ist als kleinste (Gasthaus)Brauerei in Salzburg bekannt. Gebraut wird das Gerstlbier – ein obergäriges, helles und süffiges Gerstenbier mit ca. 4,9 % Alkohol und ein Weizenbier, ein obergäriges, vollmundiges und dunkleres Weizenbier mit ca. 5,5 % Alko-

Zum Staunen!

Innviertler Brauturm

raschhoferbier.at

Die Bier-Erlebniswelt.

Unsere kleine Brauerei mit den europameisterlichen Bieren gewährt allen Interessierten einen Einblick in die Kunst des Bierbrauens, die Welt der Rohstoffe und in die kleinen und großen Geheimnisse des besonderen Geschmacks.
Wir freuen uns auf Sie!

Kleiner Vorgeschmack gefällig:

www.raschhoferbier.at

www.brauturm.at

hol. Das „Weisse" besteht aus ca. 55 % Weizen und 45 % Gerstenmalz. Alle Sorten kommen unfiltriert aus den Zapfhähnen. Details unter Lokale Salzburg.

STIEGL-BRAUWELT – STIEGLBRAUEREI ZU SALZBURG

5020 Salzburg, Bräuhausstraße 9, +43/50/1492-1492
www.brauwelt.at

Stiegl-Brauwelt / Stieglbrauerei zu Salzburg

Stiegl-Brauwelt
SALZBURG

Die Brauwelt in Maxglan präsentiert nicht nur die Markenwelt der eindrucksvoll das Stadtviertel prägenden Stieglbrauerei, sondern die gesamte Kultur- und Technikgeschichte des Brauwesens vom Acker bis zum fertigen Bier und von den bescheidenen Anfängen der modernen Brauerei bis hin zur Leistungsfähigkeit sehr großer und sehr kleiner Brauanlagen. Ganzjährig geöffnet, findet sich neben einer eigenen Gastronomie, einem Shop auch ein Museum mit über 5.000 m². Im ehemaligen Mälzereigebäude gibt es ein 270° Braukino, eine Hausbrauerei und einen sehenswerten Fassreifekeller – außerdem einen Verkostungskeller, in dem 8.000 Flaschen auf kundige Verkoster warten. Das Museum ist täglich von 10:00 bis 17:30 Uhr geöffnet (Mai bis September 10:00 bis 19:00 Uhr). Tickets für Führungen gibt's auch online auf www.stiegl-shop.at (es wird empfohlen, ein Ticket im Vorhinein zu kaufen). Die Stiegl-Brauwelt bietet mit ihren drei kulinarischen Bereichen – dem Bräustüberl, dem Stieglitz, der Paracelsusstube) und einer eigenen Veranstaltungslocation, dem Braugewölbe, nicht nur gastronomische Vielfalt an einem Ort, sondern auch die Möglichkeit, seine eigene Veranstaltung dort durchzuführen. Weitere Informationen unter: brauwelt.at

SANKT JOHANN IM PONGAU

BREW TOWN

5600 Sankt Johann im Pongau, Hauptstraße 20
+43/664/3030571
www.brewtown.at
Stefan Adelsberger begann seine Brauer-Laufbahn 2014 als Hobbybrauer – und holte sich rasch die Bestätigung seines Könnens durch Preise bei der Staatsmeisterschaft der Klein- und Hobbybrauer. Gemeinsam mit Julian Bergmüller und Stefan Höller hat er seine Brautätigkeit professionalisiert. Die Biere gibt es unter anderem gleich nebenan in der Ondas Cafe-Bar (Hauptstraße 20).

SANKT MICHAEL / LUNGAU

MANDLBRÄU

5582 Sankt Michael / Lungau, Marktstraße 10
+43/650/6511288
Nano-Brauerei von Florian Mandl, der für das gleichnamige Café seit 2014 in sehr kleinen Chargen ein eher hopfenbetontes Mandl- und ein mild-malziges Weibl-Bier braut.

SEEKIRCHEN AM WALLERSEE

WOIF

5201 Seekirchen am Wallersee, Mühlbachstraße 30d
+43/664/1426779
www.woif.at
Gypsy-Brauer, Mostpresser und Schnapsbrenner.

Woif

WOIF
BIERSIEDER

STROBL

ERSTE WOLFGANGSEER BRAUGESELLSCHAFT

5350 Strobl, Ischlerstraße 17, +43/664/88199488
www.facebook.com/StroblerHelles
Kleinbrauerei, die beim Falstaff-Voting 2019 zur zweitbeliebtesten ihrer Art im Land Salzburg gewählt worden ist.

WALS-SIEZENHEIM

ALLERBERGER BRÄU

5071 Wals-Siezenheim, Doktorstraße 49, +43/662/850270
www.allerberger.com
Gasthausbrauerei im Ortsteil Siezenheim unmittelbar vor den Toren Salzburgs. Insgesamt werden drei Biersorten angeboten: Helles Märzen, Weizenbier und verschiedene Saisonbiere. Das Helle Märzen ist ein naturtrübes vollmundiges Bier. Das Weizenbier ist ein sehr fruchtiges, nach bayerischem Rezept gebrautes Weizen. Saisonbiere gibt es unter anderem als Fastenbier, Weihnachtsbock, Bauernherbstbier, Schwarzbier und Dunkles Weizen. Siehe Lokale Salzburg – Wals-Siezenheim.

Allerberger Bräu

STEIERMARK

BAD MITTERNDORF

PETERWIRTSBRÄU

8983 Bad Mitterndorf, Nr. 68, +43/3623/2597
www.peterwirt.com
Das Peterwirtsbräu erzeugt seit 2008 unfiltriertes, naturbelassenes Bier. Im Bräustüberl, das täglich ab 15:00 Uhr geöffnet ist, werden eine Jause und auch Edelbrände aus der eigenen Erzeugung angeboten.

BAD RADKERSBURG

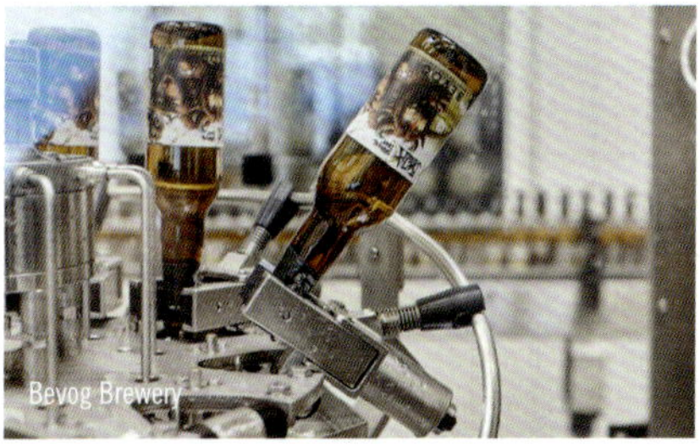
Bevog Brewery

BEVOG BREWERY

8490 Bad Radkersburg, Gewerbepark B Nr. 9
+43/3476/41543
www.bevog.at
Vasja Golar, ein junger slowenischer Hobbybrauer, hat im Herbst 2012 im Dreiländereck Österreich/Slowenien/Ungarn eine professionelle Microbrewery eingerichtet, die keinen Vergleich mit ihren amerikanischen Vorbildern zu scheuen braucht. Das reicht bis dahin, dass die Kommunikation nach außen auf Englisch erfolgt. Lager, Pils, Märzen – das gibt es dort nicht. Dafür ein Smoked Porter namens Ond, das es auf Anhieb unter die Biere des Jahres in Conrad Seidls Bierguide geschafft hat. Als zweites Bier wurde das Baja eingebraut – ein mit 5,8 Prozent nur unwesentich leichteres Oatmeal Stout, das sich mit Kaffee- und Schokoladenaromen zum Dessert empfiehlt. Danach sind noch ein Pale Ale und ein IPA dazugekommen. Brauereibesuche nur auf Anfrage – am besten in englischer Sprache.

BIRKFELD

JOGLLAND HOAMATBRÄU

8190 Birkfeld, Waisenegg 78, +43/3174/4410
www.gallbrunner.at/hoamatbraeu
2016 wurde von Robert und Andrea die Kleinbierbrauerei „Joglland Hoamatbräu" gegründet. Gebraut wird ein helles und dunkles Naturbier, nicht filtriert und nicht pasteurisiert. Die Biere sind erhältlich im Gasthaus Gallbrunner, Birkfeld.

BRODINGBERG BEI GLEISDORF

STEIRISCH URSPRUNG

8200 Brodingberg bei Gleisdorf, Brodersdorfstraße 85
+43/3117/5171
www.steirischursprung.at
Walter Neuwirth kam 1997 zum Bierbrauen, weil er zu viel Honig produziert hatte: Anfangs war es lediglich Honigbier, ein mildes, leicht süßliches, vollmundiges Bier, das in der Region unter dem Namen „Sauschneider" bekannt wurde und von Anfang an seine Freunde fand. Der leer stehende Stall am Hof wurde zur Brauerei im Heustadl, in der mittlerweile neben dem

Honigbier noch weitere Sorten gebraut werden. Es gibt nach Voranmeldung Sonnenbierführungen. „Sonnenbier" nennt Neuwirth sein Bier, weil er den Strom selbst mit Sonnenkollektoren erzeugt. Die einzelnen Schritte des Bierbrauens werden vorgezeigt und erklärt. Es geht dann rauf in die hauseigene Kapelle. Dort wird über die Philosophie des Hauses (Regionalität, Energieautarkie, Gemeinwohl-Ökonomie) kurz erzählt.

EBERSDORF

TONI BRÄU I MARTIN JOSEF HOFER

8273 Ebersdorf, Wagenbach 61, +43/699/10616161
www.tonibraeu.at
In der mit dem Green Brand und Greenfood-Energy Preis ausgezeichneten Brauerei werden naturtrübe, biozertifizierte Biere sowie ein Bierlikör und der Styrian Whisky „Toni Woka" hergestellt. Die Biobraugerste sowie der Biohopfen werden direkt aus der angrenzenden Ökoregion Kaindorf bezogen. Bei den Brauereiführungen (Gruppen bitte mit Voranmeldung), die Mo und Do um 16:00 Uhr und Sa um 10:30 Uhr stattfinden, kann man das BioGold, helles und dunkles Vollbier oder die Saisonbiere: Fasten-, Bock-, Weizen- und verschiedene Kräuterbiere verkosten.

EISENERZ

PRIVATBRAUEREI ERZBERGBRÄU

8790 Eisenerz, Trofengbachgasse 2, +43/664/3202340
www.erzbergbraeu.at
Seit Mai 2012 wird am Rande der Eisenerzer Altstadt von Reini Schenkermaier wieder Bier gebraut – 100 Jahre nachdem die letzte Brauerei im Ort ihre Pforten geschlossen hat. In der 3-Hektoliter Schaubrauerei werden auch Brauseminare (www.mountironbruery.com/brauerei/brauseminar) sowie Verkostungen, Degustationen und Führungen mit dem Brauer, Diplom-Biersommelier und Österreichs erstem Mitglied im „Institute of Masters of Beer", angeboten. Die Biere werden im angeschlossenen Bedarfswirtshaus (geöffnet: freitags ab 11:00 Uhr, samstags ab 17:00 Uhr) ausgeschenkt und in Flaschen vor Ort sowie in Regional- bzw. Bierläden im Bezirk Leoben und in Graz verkauft sowie online auf www.mybier.at und im eigenen Shop auf www.mountironbruery.com/shop-1 Über www.abenteuer-erzberg.at ist auch ein Package mit Schaubergwerks-Besuch am „Steirischen Brotlaib", Brauereiführung, Eisenerzer Kesselheisser und Bier buchbar. Die Brauerei ist auch Sitz von „Steiermarkbier", einer Marktgemeinschaft von derzeit zehn handwerklichen steirischen Brauereien. Regelmäßig gebraut werden das Kellerbier „Gruamhunt", das Porter „Noar" (2. Platz Staatsmeisterschaft 2013), ein hopfengestopftes Pale Ale „DreiHops" (3. Platz Staatsmeisterschaft 2015), „Stayrisch Dunkel", „Schneewit", „lailpi:läil" sowie verschiedene Sondersude wie z.B. das barrel aged Austr(al)ia, das 2019 die Staatsmeisterschaft gewann.

FEHRING

WALHALLA GENUSSKULISSE

8350 Fehring, Pertlstein 30, +43/664/4292056
www.walhalla-genusskulisse.at
Sleipnir heißt das achtbeinige Pferd des Göttervaters Wotan (oder Odin, je nach Lesart) und Sleipnir heißt auch die Bierserie aus der Genusskulisse Walhalla: Tamara und Erik sind nach Eigendefinition „zwei Querköpfe mit vier fleißigen Händen", die zeigen, dass die Südoststeiermark mehr bietet als Wein, Mais und Kürbis. Nämlich die damit gebrauten Biere. Etwa ein mit produzierter Polenta gebrautes und kaltgehopftes Sterz-Ale oder ein mit Isabella-Trauben verfeinertes IPA. Der Betrieb mitsamt kleinem Hopfengarten kann nach Voranmeldung auch besichtigt werden.

Walhalla Genusskulisse

FELDBACH

LAVA BRÄU

8330 Feldbach, Auersbach 130, +43/3152/8575-201
www.lavabraeu.at
Im Herzen des Steirischen Vulkanlandes brauen Roman und Günter Schmidt seit 2002 Lava Bräu aus zertifizierten Bio-Rohstoffen – die Ausschlagmenge jedes Suds beträgt nur fünf Hektoliter. Neben dem Bier widmet man sich auch der Kunst der Whiskyherstellung – der im Barrique-Fass ausgebaute Bierbrand hat ebenfalls höchstes Lob vom STANDARD bekommen. Eine Exkursion zur Lava Bräu-Brauwerkstatt umfasst die Besichtigung der Mikrobrauanlage und ist zugleich eine gedankliche Reise durch eine einzigartige Region – dem Steirischen Vulkanland. Verkostet werden Biersorten wie das Lava West (Pilsner), Lava Pale Ale bzw. diverse Spezialsorten je nach Saison. Führungen können nach telefonischer Voranmeldung zu den Öffnungszeiten oder jederzeit per Mail gebucht werden. Der Preis beträgt ab 14 Personen 8,90 € (inkl. Verkostung von 2 Sorten Bier) und darunter 10,90 € pro Person.

FLOING

BAUERNHOFBRAUEREI HARINGER GOLD

8183 Floing, Haring 17/2, +43/3177/25619
+43/664/73318671
Herr Schmallegger erzählt auf seinem Bauernhof gerne über die Geschichte des Bierbrauens. Hier kann man den Brauvorgang des Haringer Gold von den Grundprodukten bis zum fertigen Bier selbst mitverfolgen und am Ende natürlich das Bier auch verkosten. Führungen durch die Brauerei (nach Voranmeldung) für Gruppen ab 5 Personen (Dauer ca. 15-20 Min.) und ein Glas Bier € 5,- pro Person.

FROHNLEITEN

FLECKS STEIRERBIER

8130 Frohnleiten, Laufnitzdorf 200a, +43/3126/20611
+43/664/8588199
www.brauhaus-austria.com

Flecks Steirerbier

Vinzenz Fleck hat als Student mit dem Bierbrauen als Hobby begonnen. Dann hat er die Konstruktion von Brauereianlagen zum Beruf gemacht – und im Lauf von zwei Jahrzehnten in 37 Ländern 160 Brauanlagen von Flecks Brauhaus Technik Austria installiert, die alle nach Flecks Rezepten brauen. Seit 2014 haben Vinzenz und Michael Fleck in ihrem Heimatort Laufnitzdorf/Frohnleiten eine eigene Brauerei mit großzügigem Besucherbereich eingerichtet – sie heißen dort sowohl Laien als auch Fachpublikum willkommen. Man kann die Biere verkosten und die Brauhaustechnik inspizieren und das Brauerei-Flair genießen, über das die Hopfengöttin (in Form der Venus von Willendorf) wacht – sie ist auch auf dem Etikett des IPA abgebildet. Brauerei-Rundgänge mit kabarettistischem Hörspiel gibt es an jedem letzten Freitag im Monat (außer Juli & August) um jeweils 17:00 Uhr. Termine: 29.5.; 26.6.; 25.9.; 30.10.; 27.11. und 18.12.2020. Brauerei-Shop: Mi & Fr: 8:00 bis 14:00 Uhr, Do: 8:00-17:00 Uhr und jeden letzten Freitag von 16:00 bis 20:00 Uhr (siehe Termine). Die Biere gibt es auch im Online-Shop www.flecksbier.at sowie in der Beef Bar (https://www.beef-bar.at) und im Restaurant Volkshauspark (http://www.restaurant-volkshauspark.at).

FÜRSTENFELD

Eder Bio Bier

EDER BIO BIER

8280 Fürstenfeld, Rennmühlstraße 18, +43/664/9604170
www.edersbiobier.at
Eders Hofbrauerei befindet sich am rund 120 Jahre alten Bauernhof der Familie Eder. Helmut Eder hat sich auf die Produktion von hochwertigem, rein biologischen Bier spezialisiert, das in kleinen Mengen von rund 80 bis 180 Litern pro Brauvorgang hergestellt wird. Eders Bio Kellerbier, Weizenbier naturtrüb, Haferbier naturtrüb.

FÜRSTENBRÄU

8280 Fürstenfeld, Hauptstraße 31, +43/3382/55255-0
www.fuerstenbraeu.at
Gasthausbrauerei, die an eine 1913 begonnene Brautradition in Fürstenfeld anknüpft. Das heutige Fürstenbräu wurde 1998 im ehemaligen „Pferschyhaus" eingerichtet. Direkt hinter der Bar beginnt schon die Brauerei: In den großen Kupferkesseln von Salm startet der etwa 9-stündige Brauvorgang für einen 1000 Liter-Sud Bier. An Brautagen kann man dem Braumeister Hans Seidl über die Schulter blicken. Sofern es ihm während des Brauvorgangs zeitlich möglich ist, beantwortet er gerne die eine oder andere Frage rund ums Bier. Siehe auch unter Lokale Steiermark – Fürstenfeld.

NIBELUNGENGOLD BRAUEREI & DESTILLERIE

8280 Fürstenfeld, Franz-Bauer-Weg 4, +43/664/8636564
www.nibelungengold.at
Brauereineugründung aus dem Jahr 2011, die sich als sehr experimentierfreudig erweist. Zudem wird eine Brennanlage betrieben, für Hobbybrauer gibt es eine Versorgung mit

Braumaterial. Gebraut werden im von Braumeister Markus Gruber selbst gebauten 500l Sudhaus Nibelungengold Bio-Ursprung-Zwickl, Dunkles Märzen, Bernsteinbier, Walküre. Es werden auch Betriebsführungen sowie Brauseminare, Schnapsbrennkurse und Verkostungen im rustikalen Braustüberl angeboten, ebenso werden ein Schankwagen und Festausstattung zur Miete angeboten.

GABERSDORF

SAJACHER SCHLÖSSL BRÄU

8424 Gabersdorf, Sajach 23, +43/3452/74879
+43/664/2610377
www.bierbrauerei.info
Der Braumeister Siegfried Neuhold absolvierte seine Lehre im Jahr 1955 bei Peter Reininghaus und hat sich 1999 den Lebenstraum einer eigenen Kleinbrauanlage erfüllt. Seine Tochter Annemarie hat nun das Brauen übernommen und braut das Schlößlbräu Lager/Märzenbier nach den alten Rezepten ihres Vaters. Geöffnet Mo-Fr 10:00 bis 22:00 Uhr.

GLEISDORF

Laurenzibräu

LAURENZIBRÄU

8200 Gleisdorf, Hauptplatz 3, +43/3112/36795
www.laurenzibraeu.at
2013 gegründete Gasthausbrauerei neben der dem Heiligen Laurentius – dem Schutzpatron der Mälzer – geweihten Stadtpfarrkirche von Gleisdorf. Kleine Schaubrauerei im Lokal, kurze Führungen und Verkostungen jeweils am Mittwochnachmittag und Samstagnachmittag nach telefonischer Voranmeldung. Für Unternehmen, Firmenfeiern oder Großveranstaltungen können auch Sonderbiere gebraut werden – auf Wunsch mit exklusivem Etikett. Zusätzlich zu den beiden regulären Bieren wird ein Bierlikör und ein „Mahoko"-Likör (aus Malz, Hopfen und Kornbrand) angeboten. Siehe auch unter Lokale Steiermark – Gleisdorf.

GRAZ

ALEFRIED

8010 Graz, Rechbauerstraße 24, +43/680/1114407
www.alefried.com
Seit Anfang 2015 gibt es von Alefried handgebraute Ales, die sich nicht nur durch durchwegs gute Qualität, sondern auch durch bemerkenswertes Etikettendesign auszeichnen: Schlawiner (American Pale Ale), Schlendrian (Belgian Blond Ale), Klabauter (India Pale Ale), Fladerant (Farmhouse Ale). Alfried Borkenstein hat sich immer mehr der Produktion von holzfassgereifen Bieren zugewendet, seine stark limitierte Mikrozirkus-Serie ist vielen, die sich für belgisch inspirierte (und natürlich auch moderne amerikanische) Sauerbiere begeistern können, ein Begriff. Viele dieser Biere sind spontan vergoren, erklärt der Brauer: „Die Einbindung und Unterstützung lokaler Mikroflora ist mir ein besonderes Anliegen, ich sehe mich da sehr stark in der Tradition der ‚Farmhouse Ales', in denen besonders die Umgebung einen sehr starken Einfluss auf das finale Produkt hat. Falls Obst in diesen Bieren zum Einsatz kommt, ist es von großer Bedeutung immer ganze, frische Früchte direkt vom Produzenten zu beziehen, um die Mikroorganismen möglichst unbeschadet in den Gärprozess einbinden zu können. Den Produzenten persönlich zu treffen und von seiner Leidenschaft über seine Produkte zu hören bringt immer eine ganz besondere Energie in diese Biere. In unserem Gärkeller befinden sich seit letztem Jahr neben Barriques aus Frankreich, Italien und Österreich nun auch große 1600-Liter-Fässer aus Venetien, die mit Amarone Wein gefüllt waren." Die Biere sind unfiltriert, nicht pasteurisiert und in der Flasche nachvergoren.

ANTON PAAR SUDHAUS

8054 Graz, Weblinger Straße 10, +43/316/2695700
www.sudhaus.at

Anton Paar Sudhaus

Diese Brauerei ist ein Schmuckstück unter den Kleinbrauereien Österreichs – einerseits gibt es eine moderne Flexibrew-Anlage, die alle Stückerl spielt, andererseits wurde hier nicht nur die Brautechnik, sondern auch die Messtechnik perfektioniert. An jedem denkbaren Punkt des Produktionsprozesses sind Sensoren angebracht, die die Sude des Sudhauses zu den bestvermessenen Produkten machen, die man in einer Gasthausbrauerei finden kann. Dahinter steckt, dass das Sudhaus gleichzeitig als Vorzeigeobjekt des Messgeräteherstellers Anton Paar dient, der die Leistungsfähigkeit seiner Analysegeräte hier im kleinen Maßstab beweist. Genießen kann man die Produkte natürlich auch: Zum Sudhaus gehört eine großzügig angelegte, von den Mitarbeitern von Anton Paar auch als Kantine genutzte Gastronomie. Brauereiführungen werden nach Voranmeldung für Gruppen von 10 bis 20 Personen veranstaltet. Preis: € 8,50 pro Person. Braukurse ab 10 Pers., Dauer: 8 Stunden – Preis: € 88,00 pro Person.

BRAUEREI PUNTIGAM

8055 Graz, Triester Straße 357-359, +43/316/502-0
www.puntigamer.at
Diese Großbrauerei im Süden von Graz ist Heimstätte der Puntigamer- und (seit dem Zweiten Weltkrieg) auch der Reininghaus-Biere. Vorläufer der heutigen Brauerei war ein großer Gutshof. Historische Quellen verweisen darauf, dass sich der Name Puntigam vom Familiennamen der Besitzer des Gutes ableitet. 1838 wird als offizielles Gründungsdatum des heutigen gewerblichen Brauereibetriebs genannt, Franz Knabl als Besitzer, der es allerdings nur zwei Jahre lang blieb. Für alle in der Braustätte Puntigam hergestellten Biere wird 15.000 Jahre altes Thermalwasser aus zwei Tiefbrunnen (260 und 210 Meter tief), der sogenannten „Herrgottswiesquelle", gewonnen. Puntigamer Erlebnistour – ein Teil der „Erlebniswelt Wirtschaft – made in Styria": Bei dieser Tour stehen die Verkostung der Würze ebenso wie das „Mittendrin" in einer Flaschenkontrollstation auf dem Programm. Im Zuge der Führung können auch bierige Boutique-Artikel gekauft werden. Die Brauerei kann von Gruppen ab 10 Personen nach Voranmeldung besucht werden. Der Eintritt kostet für Erwachsene € 9,00, für Studenten € 7,00. Führungen finden nach vorhergehender Anmeldung bei Dagmar Köhler von Montag bis Donnerstag zwischen 9:00 Uhr bis 17:00 Uhr statt. „Bier & mehr"-Shop: Di-Fr 9:00 bis 12:00 Uhr und 12:30 bis 16:30 Uhr, Sa 8:30 bis 12:00 Uhr.

GROSS SANKT FLORIAN

NASSAUER CITY BIER

8522 Groß Sankt Florian, Nassau 48, +43/664/5972032
www.nassauercitybier.at
Bereits seit 2006 braut Richard Achleitner sein Bier, das Nassauer City Bier. Das „Hausbier" ist ein malziges, obergäriges Bier, das „Helle" ein hopfenbetontes, frisches Kellerbier und das „Schwarze" ein dunkles, leicht herbes Malzbier mit kaffee-schokoladiger Note. Verkostungen für Gruppen sind auf Vorbestellung möglich.

GROSSSTÜBING

LEIT'N BRÄU

8114 Großstübing, Großstübing 34, +43/3125/27343
www.leitnbierfanclub.at
Gerhard Hurdax hat seine Brauerei 1998 „Leit'n Bier" genannt, weil die Hänge („Leitn") rund um seinen Bauernhof am Silberberg so steil sind – er bezeichnet sein Bier auch das das steilste Bier der Steiermark. Biologisch angebauter Hopfen wächst direkt vor dem Brauhaus auf 1000 Metern Seehöhe. Der Leitnbierfanclub macht jedes Jahr etliche Veranstaltungen.

HENGSBERG

HENGIST KULTURBRAUEREI

8411 Hengsberg, Schönberg 24, +43/664/88658141
www.hengistbier.at
Die Walter Klement GmbH ist ein Unternehmen für Sondermaschinen – und da auch Brauanlagen im weitesten Sinn dazu gehören, hat man hier gleich eine eigene Referenzanlage eingerichtet. Malz- und hefebetonte Biere findet man in Mikrobrauereien der Steiermark sehr selten – besonders das Schwarzbier und der Maibock verdienen daher Aufmerksamkeit. Näheres unter Lokale Steiermark – Hengsberg.

ILZ

Bierwerkstatt

BIERWERKSTATT

8262 Ilz, Nestelberg 8, +43/664/4575911
www.grafenbier.at/services/museum
Richard Graf ist Mitglied des Brauvereins „Ursprüngliche Braukultur 1875", der statutengemäß die Braukultur und die regionale Biervielfalt sowie das Qualitätsbewusstsein zum Getränk Bier fördert. Im August findet das „Woazbrot'n" Fest mit Brauereiführungen und Bierverkostung statt. Und: Richard Graf braut nicht nur selber kreative Biere (unter anderem mit Feigen aus dem eigenen Garten), er lässt auch interessierte Gruppen an sein Braugerät, das 2014 vom Königsdorfer Bergbräu erworben wurde. Anfang August 2015 eröffnete er am selben Standort das Brauereimuseum – vom Liesinger Braumuseum (Liesinger Brauerei 1838–1973) konnte ein Teil der Exponate nach Nestelberg gebracht werden. Zu sehen sind u.a. Brauutensilien, Zapfhähne, Schriftstücke, Fotografien und Pläne aus dem 19. und 20. Jhdt. Neben den Ausstellungsstücken aus Liesing sind auch andere zahlreiche Exponate zum Thema „ursprüngliche Braukultur" ausgestellt. Anmeldung erforderlich.

KAINDORF

BRAUEREI GRATZER

8224 Kaindorf, Obertiefenbach 26, +43/664/3023344
www.brauereigratzer.at
Alois Gratzer betreibt hier eine kleine, interessanterweise aber bundesweit gut etablierte Brauerei, die sich durch klimaneutrale Produktion auszeichnet und ihre Biere mit Vornamen benennt. Auch online erhältlich bei www.mybier.at

KALSDORF BEI GRAZ

HANDBRAUEREI FORSTNER

8401 Kalsdorf bei Graz, Dorfstraße 52, +43/699/11992682
www.forstner-biere.at
Die Brauerei wurde im Jahr 2000 von Gerhard Forstner als

„Hof-Bräu Kalsdorf" gegründet und in weiterer Folge in „Handbrauerei Forstner" umbenannt. Seit 2014 braut Elfriede Forstner-Schroll in der Tradition ihres verstorbenen Gatten in Kalsdorf innovative Biere, die ihre eigene Handschrift tragen. Das Sortiment umfasst: Das Blonde, Das Rote, Chili Hotbeer, Lucky Ginger, Dry Stout, Styrian Ale, Slow 2, Gammon Ale, Doppelbock, Triple 22, Brew-Secco, Bonifatius-Barrique, 5 vor 12. Die Brauerei hat Donnerstag und Freitag jeweils von 17:00 bis 23:00 Uhr geöffnet. Gegen Voranmeldung gibt es weiteren Flaschenverkauf ab Hof sowie Betriebsführungen und Verkostungen.

KAPFENBERG

TOM & HARRY BREWING

8605 Kapfenberg, Werk-VI-Straße 35, +43/664/9132672
tomandharry.beer

Zwei Gastbrauer brauen bei Gratzer das Californian Moonshine – das erste Craftbier aus Österreich, das mit CBD Hanfblüten gebraut wird.

KÖFLACH

SCHWANNLBRÄU

8580 Köflach, Werkstraße 27, +43/650/6264015
schwannlbraeu.jimdo.com
Ein Ein-Frau-Unternehmen gegründet von Julia Schwinge, die Sude von nur 40 Litern braute. Alles sehr kreativ und bunt, aber immer nur in Kleinstmengen. Bierverkauf daher nur nach Vereinbarung.

LEITRING

RICHARDS BIERATELIER

8435 Leitring, Ahornweg 2, +43/664/3412060
richardsbieratelier.at
Richard Lipp ist ein kreativer Brauer. Ein wesentlicher Teil der Idee von Richards Bieratelier ist nicht nur das Kreieren von neuen Naturbier-Spezialitäten, sondern auch den damit verbundenen Genuss in den Mittelpunkt zu stellen. Bierverkauf nach Vereinbarung.

LEOBEN

BRAUEREI GÖSS

8700 Leoben, Brauhausgasse 1, +43/3842/2090-5802
www.goesser.at/braumuseum.html
Braumeister Andreas Werner leitet in Göß die größte Brauerei Österreichs – bemerkenswert nicht nur für das weit über die Landesgrenzen bekannte Bier, sondern auch für die innovative Umwelttechnik. So wird das Wasser für den Maischprozess durch 1.500 Quadratmeter thermische Solarkollektoren erhitzt. Ausgezeichnet wurde die Umwelttechnik unter anderem mit dem Energy Globe 2016, dem Green Brands Austria Siegel und dem Trigos 2015. Führungen durch die Brauerei mit ihrem besonders schönen Sudhaus und das Brauereimuseum (je eine Stunde) nach Voranmeldung ganzjährig Montag bis Freitag für Gruppen (6 bis 100 Personen) und Einzelpersonen. Gemeinsam mit Technik- und Kreativ-Experten der Linzer Ars Electronica wurde das Braumuseum um neue Attraktionen erweitert und interaktiv aufbereitet. Museumsbesichtigung gegen Voranmeldung, April-Oktober: Samstag, Sonntag, Feiertag 11:00 und 15:00 Uhr ohne Voranmeldung. Brauerei- und Gösseumsführung: Gruppe ab 6 Personen ganzjährig von Montag bis Freitag, Anmeldung erforderlich. Preis: € 12,00 für Erwachsene, € 8,50 für Schüler, Studenten und Senioren. Im Preis inbegriffen ist eine Bierverkostung mit Brezen und einem Erinnerungsgeschenk. Dauer: 2,5 Stunden (Führung und Verkostung). Gösseumsführung: Gruppe ab 6 Personen ganzjährig Montag bis Sonntag, Anmeldung erfoderlich. Preis: € 9,50 Für Erwachsene, € 7,00 für Schüler, Studenten und Senioren. Im Preis inbegriffen ist eine Bierverkostung mit Brezen und Erinnerungsgeschenk. Dauer ca. 2 Stunden (Führung und Verkostung).

LEUTSCHACH

DIE BRAUEREI LEUTSCHACH

8463 Leutschach, Schillerplatz 3, +43/699/10438749
www.diebrauerei.com
Kleine Erlebnisbrauerei im Steirischen Hopfenland, geöffnet Do-So ab 10:00 Uhr bzw. nach Vereinbarung. Entsprechend hopfig ist das Angebot: Bierverkostung inkl. Brauereiführung (Verkostung von 2 Biersorten, Dauer ca. 30 Min.) um € 8.- p-P., Gruppe ab 10 Personen à € 7.- . Längere Bierseminare, bei denen man selber mitbrauen kann, dauern 5,5 Stunden und kosten € 69.- p.P. Angeschlossen ist das „erste Steirische Hopfenmuseum".

MARIAZELL

BRAUHAUS MARIAZELL / GIRRER BRÄU

8630 Mariazell, Wiener Straße 5, +43/3882/25230
www.bierundbett.at
Die älteste Hausbrauerei der Steiermark feierte 2016 das 20-jährige Jubiläum und führt seit 2017 erstmals die Mariazeller Interpretation eines Altbiers, das Mariazeller Alt: Das ist eine Erinnerung an die alte Brauerei, die von Mitte des 16. Jhdts. bis 1888 bestanden hat: stockdunkel, obergärig, herb, serviert im klassischen Brauerstutzen – einer alten Glasform, die etwas an alte Teegläser erinnert. Gebraut wird

im Schnitt 2 Mal pro Woche. Hannes Girrer fachsimpelt dabei freimütig mit den Gästen darüber, wie er braut, wo er die Hefe her hat und wie man sein Bier daheim nachbrauen könnte. Hobbybrauer sind willkommen. Und „gewöhnliche" Biertrinker natürlich genauso. Zu Ostern 2019 wurde erstmals der Mariazeller Bock angeboten: bernsteinfarbig – obergärig und „nur" 6,1 Vol. % – also ein „leichter" Bock. Nach der „Testphase" 2019 wird der Mariazeller Bock nunmehr ganzjährig angeboten. Siehe auch unter Lokale Steiermark – Mariazell.

Brauhaus Mariazell / Girrer Bräu

MARKT HARTMANNSDORF

HERMAX BRÄU

8311 Markt Hartmannsdorf, Reith 72, +43/699/11876216
Idyllisch abgelegener Bauernhof, auf dem Hermann Nothdurfter seit 1999 „mit der natürlichen Kraft des Drachens" spezielle Biere braut. Aus seiner Brauerei kommt auch das Eule Koffeinbier.

MURAU

BRAUEREI MURAU / BRAUEREI DER SINNE

8850 Murau, Raffaltplatz 19-23, +43/3532/3266-0
www.murauerbier.at
Nach zwölf Jahren, die von technologischen Umwälzungen geprägt waren, hat die Murauer Brauerei mit ihrer neuen Krones-Flaschenfüllanlage ihre Runderneuerung abgeschlossen – und damit eine weitere Umweltentlastung geschafft: Der Wasserverbrauch pro gebrautem Hektoliter wurde auf 4,33 Hektoliter gesenkt, die Produktion läuft schon seit 2014 mit Fernwärme aus Bioenergie und damit ohne fossile Brennstoffe. So modern die Produktion ist, so sehr wird auf Tradition geachtet: Die geschichtlichen Aufzeichnungen der Murauer Brauerei lassen sich bis ins Jahr 1495 zurückverfolgen. 1910 wurde die vormals in Privatbesitz befindende Brauerei eine Genossenschaft. In der sogenannten „Brauerei der Sinne", einer modernen Erlebnistour, erfährt der Besucher viel Wissenswertes über das Bierbrauen, erhält einen kleinen „Ausflug" in die Geschichte im alten Gewölbekeller, kann die Murauer Wasserquelle in einem Schaubrunnen bewundern und erhält rund um die Tour sinnhafte Eindrücke. Besichtigungswünsche nimmt das Team der Brauerei gerne entgegen. Menschen mit Gehbehinderung ist es möglich, 95 Prozent der Tour erleben zu können. Einzelführung: 16,50,- Euro/Person, Gruppe ab 10 Personen: 13,50,- Euro/Person, Busgruppen: 12,- Euro/Person. Jugendliche, Studenten, Schüler, Pensionisten: 9,- Euro/Person, Schülergruppen: 6, – Euro/Person, 0-6 Jahre: Eintritt frei.

NEUMARKT

DER SEIDL – IHR BRAUWIRT

8820 Neumarkt, Zeutschach 7, +43/3584/2440
www.brauwirtseidl.at
Gasthausbrauerei – siehe unter Lokale Steiermark – Zeutschach.

PINGGAU

PUTZ'N BRÄU

8243 Pinggau, Wiesenhöf 17, +43/3339/22373,
+43/664/4100074
www.riebenbauer.st
1998 von Anton Riebenbauer gegründete Gasthausbrauerei mit zwei Biersorten, die zum Mitnehmen in 2l-Blutzer oder auf Vorbestellung auch ins 10, 25, oder 50 Liter Fass gefüllt werden. Das Bier wird im benachbarten Mostheurigen der Familie Riebenbauer ausgeschenkt, wenn dieser saisonal offen ist.

RIEGERSBURG

Noom Kreativbrauerei

NOOM KREATIVBRAUEREI

8333 Riegersburg, Breitenfeld 30, +43/660/5752891
www.noom.at
Im April 2019 haben die Brüder Johannes und Jakob Marn in einem ehemaligen Gasthaus ein Zwei-Liter-Sudwerk eingerichtet und begonnen, obergärige Kreativbiere zu brauen. Wöchentliche Brauereiführungen mit drei Kostproben zum Preis von € 9,00. Details dazu auf der Website www.noom.at/brauereifuehrung

ROTTENMANN

KOFLER BRÄU

8786 Rottenmann, Hauptstraße 4, +43/3614/2225
www.hotelkofler.at
2012 gegründete Gasthausbrauerei im Hotel Kofler. Harald Kofler hat sein Sudwerk bereits einmal vergrößern müssen und braut nun auf einer 200 Liter Speidels Braumeister Anlage für die eigene Gastronomie sowie für den Gassenverkauf. 2014 wurde das Kofler-Bräu „Starkbier" mit der

Goldmedaille und das Kofler-Bräu „Kellergold" mit der Silbermedaille von der französischen „Concours 1001 Degustations" ausgezeichnet. Besichtigungen sind unter telefonischer Absprache möglich. Details unter Lokale Steiermark – Rottenmann.

SANKT JAKOB IM WALDE

BERGER BRÄU

8255 St. Jakob im Walde, Kirchenviertel 34, +43/3336/8259
www.landhotel-berger.at
Seit 2002 wird das „Berger Bräu" gebraut – ein halbdunkles Bier mit 5,3 Volumsprozent Alkohol. Gebraut wird mit Bergquellwasser aus eigener Quelle, das mit Wiener und Pilsner Malz angereichert wird. Das Bier wird nach der Gärung sofort ins Fass zur Lagerung abgefüllt und hauptsächlich im Hotel ausgeschenkt. Bei Interesse ist eine Besichtigung der Brauerei im Keller möglich.

SANKT MAREIN

TRIEB-BRÄU – KLEINBRAUEREI

8641 Sankt Marein, Ferdinand Raimundweg 7
+43/664/806011616
www.trieb-braeu.com
Mit dem Gründungsjahr 2002 schuf Reni Trieb einen Klassiker unter den steirischen Kleinstbrauereien, mehrfache Auszeichnungen bei der Staatsmeisterschaft der Haus- und Kleinbrauer. Bier kaufen kann man Montag bis Mittwoch am Nachmittag, Freitag am Vormittag.

SANKT NIKOLAI IM SAUSAL

FLAMBERGER

8505 Sankt Nikolai im Sausal, Flamberg 101, +43/3185/3266
www.flamberger.at

Flamberger

Michael Löscher gilt als einer der Pioniere der steirischen Kleinbrauer-Szene, er hat schon über 50 Sorten Bier gebraut – und er destilliert Whisky. Die Schaubrauerei, der Brauereishop und die Whiskydestillerie können besichtigt werden. Führungen ab 6 Personen nach Vereinbarung, außer Sonn- & Feiertage. Dauer 1 Std., 6 bis 12 Pers. Euro 10,-/P., 13 bis 19 Pers. Euro 8,-/P., ab 20 Pers. Euro 6,-/P. inkl. Bierverkostung aller lagernden Biersorten und Bierstangerl.

SCHLADMING

SCHLADMINGER BRAU GMBH

8970 Schladming, Hammerfeldweg 163, +43/3687/22591-0
www.schladmingerbier.at
Die 1909 als Erste Alpenländische Volksbrauerei gegründete Brauerei Schladming ist eine regionale Spezialitätenbrauerei im Verbund der Brau Union Österreich, spezialisiert auf Bio-Zwickl und Bio-Weizenbier (Schnee-Weiße). Seit Juni 2019 ist die Brauerei Schladming eine „Grüne Brauerei". Der Anschluss zur Fernwärme und ein hauseigenes Pellet-Heizwerk sorgen für 100 % nachhaltige Energiegewinnung. Führungen vom 15. Mai bis 17. Oktober 2020 jeden Freitag um 14:00 Uhr, für 10 bis 50 Personen nach Vereinbarung, um € 8,00 pro Person, inkl. Verkostung und Souvenir. Eine Anmeldung mittels Online-Formular ist unbedingt erforderlich! Individuelle Führungen für Gruppen ab 10 Personen von Mai bis Oktober. Brauereishop geöffnet Mo – Fr 7:00 bis 16:45 Uhr.

THALHEIM

THALHEIM BRAUEREI

8754 Thalheim bei Wels, Sauerbrunnstraße 7
+43/662/65828788
www.thalheimerheilwasser.at

Thalheim Brauerei

Dietrich Mateschitz und sein Sohn Mark haben in Thalheim bei Pöls das alte Schloss und die dazugehörige Heilquelle gekauft und dann eine hochmoderne Brauerei hingestellt. Seit 2018 kommen von dort mit Heilwasser gebraute, sonst aber eher konventionelle Biere in exklusiver Aufmachung. Erhältlich in wenigen Gastro-Betrieben und ab Rampe.

WEINBURG

POCKBIER / LANDWERKSTATT UND GENUSSLABOR

8481 Weinburg, Pichla bei Mureck 31, +43/664/1915963
www.pockbier.com
Georg Pock bespielt mit seiner Familie eine kleine Landwerkstatt in der Südsteiermark. Seit 2011 wird dort das Pockbier im Genusslabor gebraut. Die verschiedenen Sorten können vor

Ort verkostet und gekauft werden. Bei Anmeldung kann man auch Führungen buchen.Das Bier wird unter anderem im Wein Maitz in Ratsch, im Sattlerhof in Gamlitz, in der Saziani Stube in Straden und bei „der süßen Luise" in Graz angeboten.

WUNDSCHUH

HERZOG HOFBRÄU

8142 Wundschuh, Ponigler Straße 52, +43/676/3530560
www.bierbotschaft.at
Im Jahr 2008 hat sich Diplom-Biersommelière Anita Herzog ihre Leidenschaft zum Beruf gemacht und ihre eigene Brauerei eröffnet, die 2014 von diesem Bierguide als Kleinbrauerei des Jahres ausgezeichnet wurde. Der zunächst in bescheidener Größe gestartete Betrieb zeichnete sich von Anfang an durch seine Sortenvielfalt (bisher mehrere Dutzend verschiedene Biersorten, z. B. Pils, Stout, IPA, Kastanienbier, Sauvignon Ale usw.) und die Möglichkeit, Biere mit individuellen Etiketten zu versehen, aus. Herzog Hofbräu Biere haben bereits mehrmals Gold- und Silberprämierungen erhalten. Für die Damen wurde ein eigenes „Damenbier – Die Herzogin" gebraut. Bierführungen mit Verkostung sind nach telefonischer Voranmeldung möglich. Der Bierverkauf erfolgt in der Bierbotschaft in Wundschuh, wo seit 2014 ein Teil der Herzog-Biere auf einer größeren Anlage gebraut wird. Näheres unter Lokale Steiermark – Wundschuh – Bierbotschaft.

TIROL

ABSAM

BRAUEREI & BRENNEREI EBNER

6067 Absam, Karl-Zanger-Straße 17, +43/664/4502524
www.brauereiebner.at
Gasthausbrauerei – Details siehe unter Lokale Tirol – Absam. Für das Ebner Gold und für das Ebner Pils gab es 2014 Medaillen bei der Staatsmeisterschaft für Kleinbrauereien.

ALPBACH

KRISTALL BRAUEREI

6236 Alpbach, Inneralpbach 431, +43/5336/5929
www.kristallbrauerei.com
Josef „Jos" Moser hat seine 2006 gegründete Brauerei nach dem kristallklaren Wasser des Alpbachtals benannt. Die Hausbrauerei verfügt über ein 10 hl Sudhaus, in dem jährlich 1500 hl Zwicklbier, Bock und Weizenbier gebraut werden. Die Abfüllung der Biere erfolgt in Fässern zu je 15 l, 30 l, und 50 Liter sowie in wieder befüllbare Bügelflaschen zu je 2 l, 3 l und 5 Liter. Brauereibesichtigungen auf Anfrage.

BERWANG

STADL BRÄU

6622 Berwang, Rinnen 38, +43/5674/8150
www.hotelthaneller.at
Seit 1995 gibt es die kleine Hausbrauerei. Aus frischem Gebirgsquellwasser werden 3 Biersorten gebraut. Brauereibesichtigung nach Vereinbarung. Siehe auch unter Lokale Tirol – Berwang.

HALL IN TIROL

S' 4ER BRÄU

6060 Hall in Tirol, Kiechlanger 9b, +43/676/88088708
viererbier.at
Lokale Biermarke mit der legendären Straßenbahnlinie 4 (die seinerzeit als „Vierer-Liesl" zwischen Innsbruck und Hall verkehrt hat) im Logo. Gebraut wird unter anderem ein Altbier.

HOLZGAU

Strickers Dorf-Alm

STRICKERS DORF-ALM

6654 Holzgau, Nr. 71, +43/5633/5586
www.dorfalm.com
Seit 2008 verwöhnen die Wirtsleute Inge und Hubert Hosp die Gäste dieser Gasthausbrauerei mit selbstgebrautem Stricker Bier. Die Brauanlage wurde inzwischen in einen eigenen Braustadel ausgelagert, dort gibt es Brauereibesichtigung mit Führung und einer Bierprobe (ca. 20 Min., Reservierung telefonisch erforderlich). Siehe auch unter Lokale Tirol – Holzgau.

IMST

PRIVATBRAUEREI KUGLER

6460 Imst, Josef-Koch-Straße 1, +43/676/4616535
www.privatbrauerei-kugler.at
Das „Kugler-Bier" von Clemens Kugler kommt aus der ehemaligen „Oldy-Bier" Brauerei, die in der jüngeren Vergangenheit deutlich verjüngt wurde und jetzt Privatbrauerei Kugler heißt.

INNSBRUCK

TIROLER BIER – BRAUEREI HARALD FRANZ BAUMGARTNER

6020 Innsbruck, Feldstraße 11a, +43/664/2346839
www.tirolerbier.at
Braumeister Harald Baumgartner hat sich 1999 seinen Traum verwirklicht und die Brauerei „Baumgartner Harald Ti-

roler Bier" gegründet. Das naturtrübe Vollbier gibt es als Weizen- und Märzenbier in Fässern und Bügelverschlussflaschen zu kaufen. Neben dem Bier und Bieressig werden auch andere Spirituosen gebrannt, wie Tiroler Single Malt Whisky, -likör und Bierbrand. Für Interessierte kann man Montag, Mittwoch und Freitag von 14:00 bis 18:00 Uhr die Brauerei besuchen und die Produkte erwerben oder (nach vorheriger Anmeldung) persönliche Brauereiführungen mit Verkostungen machen.

Tiroler Bier – Brauerei Harald Franz Baumgartner

LANERSBACH, TUX I. ZILLERTAL

TUX 1280

6293 Lanersbach, Tux i. Zillertal, Lanersbach 391
+43/664/4126235
www.tux1280.at
Auf 1280 Meter Höhe – daher der Name – brauen zwei Engländer seit 2016 verschiedene Ales. Untergebracht ist die Brauerei im Wohnhaus von Neil Vousden, sein Landsmann Tim Jones kümmert sich um das Marketing.

LIENZ

BRAUEREI FALKENSTEIN

9900 Lienz, Pustertaler Straße 40, +43/4852/62062-6211
Als Johann Baptist Steiner 1900 seine „Erste Osttiroler Dampfbrauerei" einrichtete, da gab es in der Gegend um Lienz nur ein paar Hausbrauereien: Lienz, Matrei und Prägraten. Die Brauerei Falkenstein ist heute eine regionale Spezialitätenbrauerei für Osttirol und Oberkärnten. Gebraut wird hier seit Jahrzehnten Gösser Bier, vermarktet teilweise unter der lokalen Marke Falkenbräu. Die Spezialität ist das Zwickl-Bier. Für die Biererzeugung werden ausschließlich heimische Rohstoffe verwendet.

WILDAUERS BRÄU – ANSITZ HAIDENHOF

9900 Lienz, Grafendorferstraße 2, +43/4852/62440
www.haidenhof.at
Michael Wildauer hat auf dem Haidenhof eine kleine Brauerei eingerichtet, auf der er interessante Experimente macht – teilweise mit ungewöhnlichen Zutaten mit noch ungewöhnlicheren Geschmackssensationen. Details siehe Lokale Tirol – Lienz – Ansitz Haidenhof.

PERTISAU

ACHENSEE BIER

6213 Pertisau, Naturparkstraße 81, +43/5243/5206
www.achenseebier.at
Im Langlaufstüberl am Eingang zu den Karwendeltälern wird seit Dezember 2010 naturtrübes Bier produziert. Die Stammsorten sind das Achensee Bier Hell und Achensee Weizen sowie Saisonbiere (Achensee-Bock). Auf Anfrage sind Brauereiführungen und Käse- oder Käse-Bier-Verkostungen mit Achenseebier und Käse aus der Genussregion Alpbachtaler Heumilchkäse möglich. Brausilvester und Anstiche der Saisonbiere werden entsprechend gefeiert. Ausgeschenkt wird das Bier vom Achensee nur im Ausflugsgasthaus Langlaufstüberl und im Hotel Karlwirt, Pertisau. Siehe auch unter Lokale Tirol – Pertisau.

SANKT JOHANN IN TIROL

FAMILIENBRAUEREI HUBER

6380 Sankt Johann in Tirol, Brauweg 2, +43/5352/62221
www.huberbraeu.at
Diese weithin an ihrem Turm (in dem Sudhaus und Bräustüberl untergebracht sind) erkennbare Brauerei gibt es an diesem Standort seit 1727 – und sie beruft sich mit ihrem „Augustinus-Bräu" auf eine Tradition von 1770. Das Rezept für dieses Bier soll aus der Zeit des berühmten Schützenmajors Andreas Augustinus Feller, wenn nicht gar von diesem selbst stammen. Das Huberbräu selbst kann nur in Ausnahmefällen nach Voranmeldung (bei Braumeister Ludwig Stranzky) von Kleingruppen besichtigt werden, weil es extrem beengte Platzverhältnisse hat. Ein kleines Souvenirgeschäft gibt es beim Rampenverkauf (Mo – Fr 7:00 bis 12:00 und 13:00 bis 17:00 Uhr). Siehe auch unter Lokale Tirol – Sankt Johann – HuberBräu Turmstüberl.

SCHLITTERS

PRITZ BRÄU

6262 Schlitters, Schlitters 134, +43/680/3044434
Seit 2008 braut Peter Pritz ein mild gehopftes Schlitterer Märzen Bier mit 12,2% STW. Das Bier wird ausschließlich vor Ort ausgeschenkt, die sind jeweils freitags ab 19:00 Uhr und werden am Garagentor ausgehängt.

SCHWAZ

FREUNDSBERG 66

6130 Schwaz, Freundsberg 66, +43/664/2334915
www.hurrycurry.at
Robert Holzleitner hat seine Brauerei 2014 gegründet, um sein Hurry Curry in Vomp (auf der anderen Seite des Inn) mit eigenem Bier beliefern zu können. Seine kleine Brauerei befindet sich nur ein paar Meter unterhalb des Schlosses. „1. Schwazer Privatbrauerei" steht auf den Bierdeckeln. Etwa 30 verschiedene Biersorten braute der Gastronom der schnellen, scharfen Küche bevor sich das untergärige Fiechter Spitz und das obergärige Kellerjoch (ein Weizenbier mit Cascade Hopfen) bei seinen Kunden als Lieblingsbiere herauskristalli-

sierten. Immer wieder gibt's zusätzlich einmal eine Spezialität wie das Whisky-Bier oder das Bio-Dinkel-Bier. Der Bayer, verheiratet mit einer Tirolerin, braut ausschließlich nach bayerischem Reinheitsgebot – und nennt seine Biere stets nach den Bergen der Umgebung.

SCHWENDT

MAIRWIRT

6385 Schwendt, Dorfstraße 17, +43/5375/2777
www.mairwirt.at
Gasthausbrauerei seit 2011. Gebraut wird das natürtrübe „Moa-Bier" und die „Moa-Weisse". Angeboten wird die „Braugaudi" – in gemütlicher Runde werden die Grundzüge der Brauerei vermittelt sowie ein „kleines Brauseminar" mit Bierverkostung und einer deftigen Jause. Individuelle Buchungen jederzeit. Siehe auch unter Lokale Tirol – Schwendt.

SCHWOICH

BIEROL

6334 Schwoich, Sonnendorf 27, +43/5372/58207
www.bierol.at
Ursprünglich eine Gasthausbrauerei (nämlich das Stöfflbräu), aus der sich eine Microbrewery herausgeschält hat. Stöffl-Bauer Peter Bichler jun. hat auf seinem Hof 2004 die erste private Hausbrauerei des Bezirkes Kufstein eröffnet. Aus dem ehemaligen Kuhstall am Hof wurde ein gemütliches Gastlokal, in einem Zubau die Brauerei installiert und in einem Nebengebäude Gär- und Lagertanks untergebracht. Diese Anlage wird seit 2014 von Christoph Bichler, Maximilian Karner und Marko Nikolic für ihre Bierol-Brauerei genutzt, die die Craftbier-Schiene produzieren und gleichzeitig mit anderen Brauern kooperieren. Sie experimentieren mit lokalem Getreide, haben ein Barrel-Projekt ins Leben gerufen, interpretieren klassische Stile neu und wurden 2018 für ihr Bomboclaat mit dem Gault &Millau Bier des Jahres ausgezeichnet.

Bierol

SEEFELD

KLOSTERBRÄU

6100 Seefeld, Klosterstraße 30, +43/5212/26210
www.klosterbraeu.com
Nach über 80 Jahren wurde das Klosterbräu 2014 wieder aktiviert. Gebraut werden Helles und Weizenbier. Zusätzlich gibt es Einzelsude mit besonderem Brauwasser (z. B. vom Isarursprung, Gletscherwasser) mit Hopfen aus dem eigenen Garten und der hauseigenen Braugerste. Wilder Hopfen aus der Umgebung von Seefeld wurde in einem Winter-Doppelbock eingesetzt, der mit Lebkuchengewürz verfeinert wurde. Immer wieder Bierseminare und Verkostungen. Die Biere gibt es in den fünf unterschiedlichen Restaurant- und Barbereichen des Klosterbräu Seefeld. Eigene Gerstenfelder und ein Hopfengarten sind angelegt, man darf sich also auf künftige Brauexperimente freuen. Siehe auch unter Lokale Tirol – Seefeld – Bräukeller.

TANNHEIM

S'HÖFBRÄU

6675 Tannheim, Höf 19, +43/676/9122643
www.hoef-braeuhaus.at
2004 errichtete Privatbrauerei. Im modernen Sudkessel wird Helles, Dunkles und Weizenbier gebraut. Führungen einzeln oder in Gruppen, auf Wunsch mit Verkostung. Siehe auch unter Lokale Tirol – Tannheim.

TARRENZ/IMST

Starkenberg Biermythos – Brauerei Schloss Starkenberg

STARKENBERG BIERMYTHOS – BRAUEREI SCHLOSS STARKENBERG

6464 Tarrenz/Imst, Griesegg 1, +43/5412/66201
www.starkenberger.at
Die Brauerei nördlich von Imst hat mit dem Biermythos ein Besucherzentrum eröffnet, das die bisherigen Vorstellungen von Brauereimuseum und Brauereiführung weit hinter sich lässt. Geöffnet Mai bis Oktober täglich von 10:00 bis 17:00 Uhr. Vom 1. November bis 30. April Mo – Fr, Führungen von 10:00 bis 12:00 Uhr und 13:00 bis 16:00 Uhr. Eintrittspreis Erwachsene € 7,- und mit Führung € 8,- (Voranmeldung bei Andrea Stigger: +43/5412/66201). Auf einer Schaufläche von über 4.000 m^2 ist in einer Bauzeit von drei Jahren auf Schloss Starkenberg ein Rundgang entstanden, der sich von oberhalb der hochmodernen Brauerei hinauf in den Schlossturm mit Panoramablick über das Tal und bis in die tiefsten Gewölbe, Keller und Gänge des mittelalterlichen Schloss Starkenberg erstreckt. Das Biererlebnis geht bis zum Bierbad, das in ehemaligen Gärbottichen eingerichtet wurde. Das weltweit einzigartige Bierschwimmbad ist abendweise mietbar, je-

weils Di–Fr von 16:30 bis 19:00 Uhr (nur auf Vorbestellung unter +43/5412/66201). Die Becken sind mit Geläger, also den Rückständen des Gärprozesses, gefüllt. Die Beckentemperatur ist individuell wählbar.

UMHAUSEN

ÖTZTALER BIERMANUFAKTUR

6441 Umhausen, Dorf 30, +43/676/4087727
www.oetztalerbiermanufaktur.at
Yannick Allombert, ein Koch aus dem Elsass, hat im Keller des Gasthaus Krone mit seiner selbst konstruierten Nanobrauerei gestartet – und ist 2017 mit seiner Braumanufaktur in das Brauhaus nach Niederthai, hoch über Umhausen, übersiedelt. Dabei experimentiert Allombert gerne mit lokalen Rohstoffen, selbst angebauter Gerste und mit Wildhopfen, der an den Waldrändern des Ötztals vorkommt und die er in der Zwischenzeit selbst anbaut. Die Biere gibt es auch als Flaschenabfüllung (etwa in der BierWelt.Tirol) und natürlich im Brauhaus.

UNTERPERFUß BEI INNSBRUCK

BRANGER BRÄU

6175 Unterperfuß bei Innsbruck, Unterperfuß
+43/5232/2209
www.brangeralm.at
1. Tiroler Wirtshausbrauerei. Siehe auch unter Lokale Tirol – Unterperfuß.

VILS

VILSER BERGBRÄU

6682 Vils, Stadtgasse 2, +43/5677/53176
www.vilserprivatbrauerei.at
Die 2013 gegründete Vilser Privatbrauerei braut Bierspezialitäten „aus der Region – für die Region", die sie unter der Marke Vilser Bergbräu vermarktet – darunter das „Helle", das „Hefeweizen" und das naturbelassene, unfiltrierte Lechweg Bier. Saisonale Spezialitäten erweitern das Angebot, wie im Winter der 8,5 Prozent starke Doppelbock mit dem Namen „Schwarzer Krampalar", benannt nach einer Vilser Sagengestalt oder im Sommer das helle Bockbier – die Blonde Gams. Bierverkauf werktags 8.00 bis 12.00 Uhr und 13.00 bis 16.00 Uhr oder über www.mybier.at

WALCHSEE/KAISERWINKL

LODER BRÄU PRIVATBRAUEREI

6344 Walchsee/Kaiserwinkl, Kalvarienweg 5, +43/5374/5247
www.walchsee-tirol.at www.bieressig.at
Alois Loder sen. und jun. haben 2009 die Familientradition des Brauens (bis 1863 Loder Bräu/München und bis 1835 Marthabräu/Fürstenfeldbruck) wieder aufleben lassen. Im Gästehaus Seerose/Loder Bräu in Walchsee können Bierfreunde die bereits bei Staatsmeisterschaften der Klein- und Heimbrauer prämierten Kaiserwinkler-Bierspezialitäten (Märzen, Aloisius-Dunkles Lager, Kaiserwinkler Weiße und Weißbier-Dunkel – allesamt Staatsmeister) in Gruppen bis max. 8 Personen an Samstagen und nach Vorreservierung verkosten. Hergestellt werden die durchwegs sehr stark eingebrauten Spezialbiere handwerklich auf zwei Gruber-Brauanlagen aus Salzburg, ein drittes Sudwerk dieses Typs wird in der 2016 eingerichteten Bieressig-Manufaktur eingesetzt. Pensionschefin Petra Loder veredelt die Kaiserwinkler Bierspezialitäten sowie Spitzenbiere ausgewählter österreichischer Brauereien zu feinsten Bieressigen (www.bieressig.at).

ZELL AM ZILLER

ZILLERTAL BIER

6280 Zell am Ziller, Bräuweg 1, +43/5282/2366
www.zillertal-bier.at
Diese Brauerei besteht bereits seit dem Jahr 1500 und hat sich nicht zuletzt für ihr Pils einen Namen gemacht – 2012 ist sie an den südlichen Rand von Zell am Ziller übersiedelt in ein Gebäude, das architektonisch alle Stückerln spielt. In einem eigenen Holzfasskeller werden Spezialbiere aus der hauseigenen Kleinbrauerei in neuen und gebrauchten Barriquefässern ausgebaut. Zu überregionaler Berühmtheit hat es auch der Gauder-Bock gebracht, der jeweils für das erste Maiwochenende gebraut wird. Da findet das Gauder Fest statt, das größte Frühlings- und Trachtenfest Österreichs. Neu ist ab Sommer 2020 das Braukunsthaus. Bei einem multimedialen Rundgang erhalten Gäste auf unterhaltsame Art und Weise interessante Einblicke in die Vergangenheit, Gegenwart und Zukunft von Tirols ältester Privatbrauerei. Bei der abschließenden Bierverkostung

kann sich jeder Besucher dann selbst vom einzigartigen Trinkerlebnis der vielschichtigen Zillertal Bierspezialitäten überzeugen. Nähere Infos unter: www.braukunsthaus.at

VORARLBERG

BLUDENZ

BRAUEREI FOHRENBURG

6700 Bludenz, Fohrenburgstraße 5, +43/5552/606-0
www.fohrenburger.com
Die Geschichte des Brauunternehmens reicht ins Jahr 1880 zurück, da wurde diese Brauerei zunächst zur Versorgung der Arbeiter, die die Arlbergbahn errichteten, gegründet. Ferdinand Gassner, ein damals 38 Jahre alter Unternehmer, hatte diese Zielgruppe im Auge – und baute (in Nachbarschaft einer Badeanstalt und Gastwirtschaft namens „Fohrenburg") seine Bludenzer Braustätte. Zu dieser Zeit hatte er noch erhebliche Konkurrenz – es gab in Vorarlberg 72 Brauereien – heute sind es nur noch vier gewerbliche Betriebe. Das älteste Gebäude der Brauerei Fohrenburg ist die alte Schreinerei. Diese wurde im Jahr 2014 renoviert und bietet seither Platz für Brauereiführungen, Bierverkostungen in der „Brauerei Stuba", das hauseigene Brauerei Museum und den neuen „Fohrenburger Lada" (Mo–Fr 9:00 bis 13:00 Uhr und 14:30 bis 18:00 Uhr, Sa 9:00 bis 12:00 Uhr). Individuelle Führungen inklusive Bierverkostung für Gruppen von 10 bis 30 Personen sind nach Voranmeldung das ganze Jahr von Montag bis Freitag zwischen 8:00 und 16:00 Uhr möglich. Jeden Donnerstag findet um 10:30 Uhr eine Brauereiführung statt, bei der sich auch Einzelpersonen anmelden können.

Brauerei Fohrenburg

BREGENZ

GRABHERS SUDWERK

6900 Bregenz, Fluh 24d
www.grabhers.com
Kleine, von zwei Hobbybrauern inzwischen professionell betriebene Brauerei, die in ebenso kleinem Maßstab sogar eigenen Hopfen anbaut.

DORNBIRN

MOHRENBRAUEREI – ERLEBNISWELT

6850 Dornbirn, Dr.-Waibel-Straße 2, +43/5572/3777-0

Mohrenbrauerei – Erlebniswelt

In der ältesten Brauerei Vorarlbergs befindet sich die Mohren Biererlebniswelt. Hier gibt es im Lädele alles rund um das Thema Bierkultur. Hier findet man neben verschiedensten Biersorten auch bittersüße Bierpralinen, bierige Chutneys bis hin zu Weihnachtspullovern alles, was des Bierfreundes Herz begehrt. Lädele geöffnet Mo-Fr von 9:00 bis 12:00 Uhr und 13:30 bis 17:00 Uhr, Sa 9:00 bis 12:00 Uhr. Im historischen Braukeller werden Feierlichkeiten einzigartig veranstaltet und in den modernen Seminarräumen wird Bierwissen bis auf ins Detail vermittelt. Die Biererlebniswelt bietet das ganze Jahr über Veranstaltungen und Seminare rund um das Thema Bier und Brauen an. Neben der Bier-Sommelier Ausbildung kann in der hauseigenen Creativ-Brauerei das eigene Bier kreiert werden. Im neuen interaktiven und multimedialen Museum wird die Entwicklung des Brauhandwerks und die Biergeschichte lebendig, rund um die historische Brauanlage aus dem 19. Jahrhundert und zahlreichen Sammlerobjekten wird Wissen zum Thema Bier vermittelt – Gruppenbuchungen inkl. Erlebnispaket auf Voranmeldung. Museum: Do 10.00 bis 20.00 Uhr, Fr und Sa 10.00 bis 18.00 Uhr und So 10.00 bis 17.00 Uhr.

EGG

BRAUEREI EGG SIMMA, KOHLER GMBH & CO. KG

6863 Egg, Gerbe 500, +43/5512/2201
www.brauerei-egg.at
Die Brauerei Egg – nicht zu verwechseln mit der Egger Brauerei in Unterradlberg – ist die kleinste Privatbrauerei in Vorarlberg. Ihr Sitz ist in Egg im Bregenzerwald und ihr Vertriebsgebiet beschränkt sich fast nur auf diesen Landes-

teil. Internationale Aufmerksamkeit erregte die Brauerei im Jahr 2010, als sie ihr mit Molke gebrautes Leichtbier „Wälder Senn" auf den Markt brachte – es wurde in britischen Medien als potenzfördernd bezeichnet. Brauereiführungen gibt es gegen Voranmeldung, Pauschalpreis inkl. Verkostung € 80,00 für eine Teilnehmeranzahl von max. 15 Personen, jede weitere Person € 6,00.

FRASTANZ

BRAUEREI FRASTANZ E.GEN.

6820 Frastanz, Bahnhofstraße 22, +43/5522/51701-0
www.frastanzer.at

Brauerei Frastanz

1902 gegründete regionale Brauerei, mit denkmalgeschütztem Sudhaus und offener Gärung. Bekannt für die „3 Schwestern". Aushängeschild ist die Braugaststätte Rösslepark in Feldkirch. Dort sind auch einige Einrichtungsgegenstände des alten Brauhauses zu bewundern. Bei einer vereinbarten Brauereibesichtigung in Frastanz kann man nicht nur das denkmalgeschützte Sudhaus besichtigen, sondern auch einige der zwölf unterschiedlichen Bierspezialitäten verkosten. Anmeldungen für Gruppen ab 15 Personen telefonisch (+43/5522/51701-13) oder per e-mail bei Mario Rothmund: erlebnis@frastanzer.at Es gibt mehrere unterschiedlich umfangreiche Besichtigungsmöglichkeiten ab € 7,00 pro Person. Alle Infos unter www.frastanzer.at

LECH AM ARLBERG

OMES-BRÄU

6764 Lech am Arlberg, Omesberg 119, +43/5583/3560-0
www.gotthard.at/bierbrauerei-omes.html
Siehe auch unter Lokale Tirol – Lech am Arlberg.

NENZING

PANÜLERBRÄU

6710 Nenzing, Bahnhofstraße 45, +43/664/8145449
www.panueler.at
Die Brauanlage BREWIKS 200 hat ein Volumen von 2,6 hl, der Läuterbottich 3,8 hl und der Gärtank 3,3 hl.

WIEN

1. BEZIRK

1516 BREWING COMPANY

1010 Wien, Krugerstraße 18, +43/1/9611516
www.1516brewingcompany.com
Im Jahr 1999 gegründetes American Style Brewpub, das einige seiner Biere auch an Fassbierkunden verkauft. Die Brauanlage steht dekorativ hinter der Bar, der Gärkeller befindet sich tatsächlich im Keller dieses Gründerzeit-Hauses. Stets einige Bierinnovationen – ein bis zwei Mal im Jahr auch holzfassgereifte Spezialitäten. Siehe auch unter Lokale – Wien – 1. Bezirk.

BÜRGERLICHE BRAUEREI

1010 Wien, Schellinggasse 14, +43/676/7306494
burgerlichebrauerei.at
2019 wurde die ehemalige Stadtbrauerei Schwarzenberg als Bürgerliche Brauerei reaktiviert – und gleich mit einem dem Namen gemäßen bürgerlichen Lokal umgeben.
Siehe auch unter Lokale – Wien, 1. Bezirk.

3. BEZIRK

SALM BRÄU

1030 Wien, Rennweg 8, +43/1/7995992
www.salmbraeu.com
Eine international viel beachtete Vorzeigebrauerei unter den Gasthausbrauereien: Die Brauanlage stammt aus eigener Produktion, denn Salm & Co ist einer der ältesten Hersteller von Brauereianlagen. Gebraut werden das Salm Bräu Pils, das nach dem Originalrezept der Brauerei Pilsen in der Tschechischen Republik gebraut wird, Salm Bräu Helles (typischer Wiener Biertyp), Salm Bräu Märzen, Salm Bräu Böhmisch G´mischt und das Salm Bräu Weizen. Siehe auch unter Lokale – Wien, 3. Bezirk.

Stöckl im Park – Restaurantbrauerei zu Belvedere

STÖCKL IM PARK – RESTAURANTBRAUEREI ZU BELVEDERE

1030 Wien, Prinz Eugen-Straße 25, +43/1/7965050
www.stoecklimpark.at

Das ehemalige Restaurant Belvederestöckl wurde von den Betreibern des Salm Bräu entkernt und mit einer modernen Brauanlage modernster Generation ausgestattet: Das 22-Hektoliter-Sudwerk ist auf eine Produktion von 5000 Hektoliter ausgelegt. Gegenüber herkömmlichen Anlagen ist der CO2-Ausstoß um 60 Prozent geringer, rechnet Hersteller Walter Welledits vor. Eine Besonderheit der Anlage besteht darin, dass eine alte Steuerungsanlage für eine Mittelstandsbrauerei demontiert, wieder auf Schuss gebracht und im benachbarten Brauereiausschank aufgestellt wurde. Mit dieser blitzenden Gerätschaft kann die Brauanlage tatsächlich gesteuert werden. Siehe auch Lokale – Wien, 3. Bezirk

4. BEZIRK

WIEDEN BRÄU

1040 Wien, Waaggasse 5, +43/1/5860300
www.wieden-braeu.at
Diese Gasthausbrauerei hat in den vergangenen Jahren neuen Schwung gewonnen und einige auffallende Sonderbiere gebraut – darunter das bei der Staatsmeisterschaft der Kleinbrauereien 2015 mit Bronze ausgezeichnete Marillen Witbier, ein kalt gehopftes belgisches Xarifa und das fast schon traditionelle Hanfbier, auch von Falstaff gibt es regelmäßig Auszeichnungen (90 Punkte für Helles, Märzen und Dunkles). Brauereichef Wolfgang Stark betreibt auch eine Destillerie, „Starker Whisky" verdiente sich eine Goldmedaille bei der Destillata 2019, der Bockbierbrand bekam eine Silbermedaille. Dienstag und Mittwoch sind die Brautage. Im Wiedenbräu wird seit mehr als 20 Jahren monatlich ein Brauseminar abgehalten, bei dem die Gäste verköstigt werden und lernen, wie das Bier im Wiedenbräu gebraut wird bzw. wie die Biererzeugung abläuft. Sonderfüllungen mit individuell gestalteten Bieretiketten für Geburtstage, Jahresfeiern, Firmeneröffnungen usw. sind in der 0,5 l Einwegflasche erhältlich. Siehe auch unter Lokale – Wien, 4. Bezirk.

5. BEZIRK

LAURENZ 4

1050 Wien, Wiedner Hauptstraße 111, +43/681/20448505
laurenz4.at
Nicht verwirren lassen: Die Jahreszahl 1850 auf dem Bierdeckel verweist nicht auf das Gründungsdatum der Brauerei, sondern auf das Jahr, in dem die damalige Ortschaft Laurenzergrund in den damaligen 4. Wiener Gemeindebezirk aufgenommen wurde (die verwaltungstechnische Zugehörigkeit wurde sechs Jahre später in den heutigen 5. Bezirk verlegt). Auch wenn es in der Gegend früher Brauereien gegeben hat, ist diese Brauereigründung aus dem Jahr 2018 doch völlig eigenständig; sie integriert sich eben in die Bezirksgeschichte. Gebraut werden hier ein halbes Dutzend Biere, darunter auch ein sehr gutes (India) Pale Ale und ein Red Ale. Ausgeschenkt werden die Biere nicht nur vor Ort, sondern auch im Flatschers und im Stadtkind. Siehe auch unter Lokale – Wien, 5. Bezirk – Laurenz auf der Wieden.

6. BEZIRK

BREW AGE

1060 Wien, Mittelgasse 4, +43/680/1155120
www.BrewAge.at
Ein Zusammenschluss von vier Freunden, die zwar gute Braurezepte haben, aber keine eigene Brauerei. Noch sind sie Gypsy-Brewer, die etwa beim Gusswerk in Hof bei Salzburg ihre Biere brauen und abfüllen lassen. Da gibt es unter anderem ein Wiener Lager mit dem Namen „Malzstraße", ein „Hopfenauflauf" genanntes Pale Ale und die „Dunkle Materie", ein Cascadian Dark Ale oder „Nussknacker" (Barley Wine), „Affen König" (Imperial I.P.A.), „Garten Eden" (Holunderblüten Bier) und „Chicxulub" (Oatmeal Stout).

Muttermilch Brewery

MUTTERMILCH VIENNA BREWERY

1060 Wien, Gumpendorfer Straße 35, +43/1/5810513
muttermilchbrewery.at
Die 2017 eröffnete Mikrobrauerei MUTTERMILCH Vienna Brewery befindet sich im Souterrain des BeerLovers Craftbeer Store. Gebraut werden neben den ganzjährig verfügbaren Core Range Bieren auch Special Editions und limitierte Collaboration Brews mit namhaften nationalen und internationalen Craftbrauern, wie O'Haras, Gutmann oder De Molen. Mit Augenzwinkern verkörpern die Muttermilch-Biere ihren Stil – einzigartig, mutig mit viel Kreativität. Auch hinter dem Design und der Namensgebung steckt die Liebe zum Detail. So findet man neben saisonal wechselnden Limited Editions den „Wiener Bubi", ein Wiener Lager, sowie das Pils „Bitta von Tresen" in der ständigen Bierfamilie. Beide wurden bei der Austrian Beer Challenge 2019 zu den Staatsmeistern in ihrer Kategorie gewählt.

7. BEZIRK

SIEBENSTERN BRÄU

1070 Wien, Siebensterngasse 19, +43/1/5238697
www.7stern.at
Klassische Wiener Gasthausbrauerei, in der Bierkultur zelebriert wird. Die im 7Stern-Bräu gebrauten Biere sind naturbelassen und unfiltriert. Gebraut werden Wiener Helles, Prager Dunkles, Märzen, Hanf-, Chili- und Rauchbier sowie das India Pale Ale und verschiedene Bockbier-Spezialitäten. Zum Mitnehmen gibt es alle Sorten in nostalgischen 1L-Pfandflaschen mit Tragbügelverschluss oder im pfandfreien 5 L-Partyfass. Weitere Details unter Lokale – Wien, 7. Bezirk.

9. BEZIRK

BEAVER BREWING COMPANY

1090 Wien, Liechtensteinstraße 69, +43/677/61012253
www.beaverbrewing.at
Brewpub amerikanischen Stils mit einer geradezu winzigen Anlage für den großen Andrang – Zwickl, Pale Ale, American Style Oatmeal Stout, Amber Ale, Pils, Honey Ale. Die Flaschenbiere Blue Sky Lager, Great Lakes American Pale Ale, Holiday American IPA sind in folgenden Shops erhältlich: Beer Store Vienna, Biergreissler, Bierschäft Güssing und in ausgewählten Bars.

HIGHLANDER BREWPUB

1090 Wien, Sobieskiplatz 4, +43/1/3152794
www.the-highlander.at
Dieses klassische Brewpub, in dem seit 2000 Bier gebraut wird, unterteilt sich in drei Bereiche: Sudhaus, Gärkeller und Lager- und Ausschankkeller. Gebraut werden Märzen, Lager, Weizen und Stout. Siehe unter Lokale – Wien, 9. Bezirk.

STIEGL AMBULANZ

1090, Uni-Campus Altes AKH, Alser Straße 4
+43/1/4021150-0
www.stiegl-ambulanz.com
Die Gasthausbrauerei von Stiegl: Hier werkt Markus Trinker, einer der besten Vertreter der jungen Brauergeneration und engagierter Biersommelier am Braukessel. Das Hausbier gibt es nur hier im Haus. Siehe unter Lokale – Wien, 9. Bezirk.

THRASHER BREWERY

1090 Wien, Fechtergasse 16/21, +43/677/62427599
thrasher.beer
Die Thrasher Brewery hat jene Geschichte, aus der in Amerika Craftbier-Legenden gewoben werden: Jakob und Alex haben mit dem Einkochtopf begonnen, Homebrews zu brauen, dann kam eine richtige Hobbybrauanlage dazu – und der Geschäftssinn, mehr daraus zu machen. Also beschlossen die beiden Brauer, als Wanderbrauer ihre eigenen Bierkreationen (klassische Stile mit einem modernen „Twist“) herzustellen und zu vermarkten. Ihre Biere findet man unter anderem im Beer Store Vienna und im Club Gru.

10. BEZIRK

BRÄUHAUS TEN.FIFTY

1100 Wien, Absberggasse 27, +43/650/2158959
www.tenfifty.at
Ursprünglich in der Bräuhausgasse in 1050 Wien gegründet (daher der Name), ist diese Brauerei in das ehemalige Maschinenhaus der Ankerbrotfabrik nach Favoriten gezogen. In der Brotfabrik werden derzeit vier Biere regulär gebraut (The White One, The Pale One, The Red One, The Other One). Es lohnt aber, öfter vorbeizuschauen, denn es gibt immer wieder Sondersude. Ausschank, Brauereiführung und ab Hof Verkauf immer Donnerstag und Freitag von 18:00 bis 23:00 Uhr bzw. nach Vereinbarung. Die Brauerei kann auch nach Vereinbarung als Eventlocation gemietet werden.

Bräuhaus Ten.Fifty

GEGENBAUER

1100 Wien Waldgasse 3, +43/1/6041088
www.gegenbauer.at
Brauer war Erwin Gegenbauer schon immer – allerdings nicht Bierbrauer, sondern Essigbrauer. 2014 ließ er sich ein Sudwerk für Biere kommen und stellte die Chemikerin Andrea Fleischer an den Kessel. Sie braut nun in reiner Handarbeit ein naturbelassenes, exklusives Bier für das noble Park Hyatt Hotel Am Hof und ein nicht viel weniger exklusives Bier, das ab Brauerei oder beim Gegenbauer-Stand am Naschmarkt bezogen werden kann. Stilistisch ist dieses Bier einem belgischen Dubbel ähnlich, wenn auch leichter im Alkohol. Dass jeder Sud ein wenig anders schmeckt, interpretiert Gegenbauer als wünschenswerten Ausdruck der Individualität. Ergänzt wurde das Sortiment jüngst durch ein süffiges Märzen, das nur vor Ort in der Waldgasse erhältlich ist und ein edelsaures Bier, das mit 25° Stammwürze eingebraut wurde und später im Balsamessigfass gereift ist – ein Bier für echte Kenner und Liebhaber von Sauerbieren. Neben der Bier- und Essigproduktion gibt es auch die Wiener Gästezimmer inmitten der Produktion – für jene, die das Verkostungserlebnis im Haus komplett erleben wollen.

11. BEZIRK

TREIBHAUS PRIVATBRAUEREI

1110 Wien, Mautner Markhof-Gasse 58/4/31
treibhausbier.at
2017 gegründete Gypsy-Brewery.

12. BEZIRK

NEXT LEVEL BREWING

1120 Wien, Wilhelmstraße 23, +43/1/9744627
www.nextlevelbrewing.at
Johannes Grohs und Alexander Beinhauer, die auch den Beer Store Vienna betreiben, haben 2015 Next Level Brewing gegründet, um die Craftbierkultur auf ein neues Niveau zu heben. Sie sind Gypsy-Brewer und können eine Vielzahl unter-

schiedlicher Sorten, oftmals einmalige Specials, anbieten. Etliche ihrer Biere konnten dabei bereits nach wenigen Monaten mit mehreren nationalen und internationalen Prämierungen punkten, 2016 galten sie bei RateBeer als „Austria's Best New Brewer“ und 2019 wurden sie zur „Brauerei des Jahres“ bei der Austrian Beer Challenge ausgezeichnet. Jedes Jahr konnten mehrere Staatsmeister- und Vizestaatsmeistertitel nach Meidling geholt werden, beispielsweise wurde das enorm hopfenfruchtige „Jail Break - New England IPA“ 2018 und 2019 Staatsmeister in der populär gewordenen Kategorie NEIPA. Neben einigen kreativen Sorten, wie beispielsweise mit Frucht und Kräutern vergorene Biere, ist Next Level Brewing hauptsächlich für hopfige Bierstile wie Pale Ale und IPA bekannt. Abgerundet wird das Portfolio durch spezielle Bierbrände, Next Level-mäßig natürlich gebrannt aus IPA's.

14. BEZIRK

MEDL-BRÄU

1140 Wien, Linzer Straße 275, +43/1/9144340
www.medl-braeu.at

Medl-Bräu

Die Erste Penzinger Gasthausbrauerei ist mit ihrem Gründungsjahr 1989 eine der ältesten ihrer Art in Österreich. Der Braumeister braut vor allem drei Biersorten – das Medl-Bräu (Märzen, Helles und Dunkles), das ganzjährig angeboten wird, und das Bockbier (Weihnachten und Ostern). Im Sommer wird Weißbier angeboten.

15. BEZIRK

BRAUHOF WIEN

1150 Wien, Mariahilfer Straße 156-158, +43/1/8924000
www.brauhof-wien.at/brauerei
Die Brauerei zur Kaltenhauser Botschaft – eine Wiederbelebung der alten Brautradition, die in den Straßennamen der Umgebung aufzuspüren ist: Die Zwölfergasse (nach Heinrich Zwölfer 1776-1836) und die Denglergasse (nach Johann Franz Dengler 1781-1862) tragen die Namen sonst vergessener Bierbrauer. 2019 wurde jedenfalls wieder eine Brauerei an der Mariahilferstraße eingerichtet – wie es sich gehört mit großer Bierhalle dazu. Und zeitgemäß mit der Produktion sowohl von Wiener Lager als auch von India Pale Ale. Siehe auch Lokale – Wien, 15. Bezirk.

COLLABS BREWERY

1150 Wien, Ullmannstraße 31/1-3, +43/664/88230343
www.collabs.beer
Die 2014 gegründete Collabs Brewery ist eine sogenannte Nomadenbrauerei, deren Braulady Dipl. Biersommelière Dominique Schilk von Brauerei zu Brauerei zieht, um vor Ort gemeinsam mit den dortigen Braumeistern exklusive Sude einzubrauen. Das Brauerei-Flaggschiff ist das „Domrep Pils“ (wird bei der Brauerei Schrems gebraut) und wurde bereits mehrfach ausgezeichnet: Staatsmeister 2016, Gold bei der Brussels Beer Challenge 2016 und bei den World Beer Awards 2015. Der Sauerlump, 2016 erstmals gebraut, eine innovative Berliner Weisse wird mit Sauerampfer gebraut. Gemeinsam mit Naparbier aus Barcelona braute man 2017 erstmals „Tote Tante“, ein Milk Stout mit Stroh 80 Inländer Rum. Zur Core Range gehört ebenfalls „Walzer & Molen“, ein Wiener Lager mit Dörrzwetschken, das man gemeinsam mit und bei De Molen braute. Die Innovation des Jahres 2019 ist die „Schwarze Isabella“, ein Uhudler Trauben Stout, das gemeinsam mit der Bierquelle Heugraben gebraut wird. Zwei weitere Kollaborationsbiere sind für 2020 noch in Vorbereitung. Die Biere der Collabs Brewery gibt es im Headquarter der Brauerei, dem Hawidere in 1150 Wien, wo auch regelmäßig geführte Verkostungen stattfinden.

16. BEZIRK

BLACK RAVEN – RABENBRÄU

1160 Wien, Ottakringer Straße 180, +43/1/4861177
www.rabenbraeu.at
Kleine, nur selten in Betrieb genommene Brauanlage im Lokal Schwarzer Rabe® – mehr unter Lokale Wien, 16. Bezirk.

Black Raven – Rabenbräu

BRAUMANUFAKTUR SCHALKEN

1160 Wien, Neulerchenfelder Straße 57, +43/699/19288682
www.braumanufakturschalken.at
Die kleine Brauerei aus Ottakring zählt zu den Stars der neuen Wiener Craftbierszene: Beim Falstaff-Voting 2019 belegte sie den zweiten Platz (hinter Beaver Brewing und knapp vor Brew Age). Für ihre Biere nimmt sie alle erdenklichen Mühen auf sich: So fuhren die Brauer in die Wachau, um eigenhändig die Marillen zu pflücken, die dann im Apricot Sour gelandet sind. Trinken kann man die Biere ziemlich regelmäßig im Cafe Lassa und im Känguruh.

BRAUWERK WIEN

1160 Wien, Ottakringer Platz 1, +43/1/49100-5480
www.brauwerk.wien
In der Kreativbrauerei am Areal der Ottakringer Brauerei werden seit 2014 Craftbiere hergestellt. Bei Brauwerkführungen erhält man einen Einblick in die Produktionsstätte, bei geführten Verkostungen kann man die Biere unter professioneller Anleitung probieren. Bei einem gemeinsamen Brautag mit dem Braumeister oder mit den Brauwerkern erlebt man das handwerkliche Bierbrauen hautnah bzw. braut selbst. Do-Fr von 17:00 bis 22:00 Uhr.

OTTAKRINGER BRAUEREI

1160 Wien, Ottakringer Platz 1, +43/1/49100-0
www.ottakringerbrauerei.at
Als Wiens einzige Großbrauerei stellt die 1837 gegründete Ottakringer Brauerei ein Wahrzeichen des 16. Bezirks dar. Bei einer Führung durch das Brauerei-Gelände wird Einblick in die traditionsreiche Geschichte der Brauerei sowie in die einzelnen Schritte des Brauprozesses gegeben. Darüber hinaus wird viel Wissenswertes und auch Kurioses rund um das Bierbrauen und den Genuss von Bier erzählt. Der Rundgang dauert etwa eine Stunde, anschließend werden gemeinsam die verschiedenen Biersorten verkostet. Führungen können nach Voranmeldung ab zehn Personen für Gruppen mit Erwachsenen, ab 15 Personen für Gruppen mit Schülern/Studenten/Lehrlingen von Montag bis Freitag zwischen 9:00 und 17:30 Uhr gebucht werden (Preis: Schüler & Studenten € 8,00; Erwachsene € 12,00. Abend- und Wochenendführungen nach Vereinbarung). Sollte die Personenanzahl nicht erreicht werden, besteht die Möglichkeit, sich für einen offenen Termin gemeinsam mit anderen Bier-Interessierten anzumelden (http://www.ottakringerbrauerei.at/de/die-brauerei/fuehrungen/fuehrungstermine). Mehr unter https://www.ottakringerbrauerei.at/ottakringer-erlebniswelt/fuehrungen. Im Ottakringer Shop können bierige Souvenirs, das vielfältige Ottakringer Sortiment sowie mehr als 150 verschiedene Craftbier-Sorten mitgenommen werden.

19. BEZIRK

FISCHER BRÄU

1190 Wien, Billrothstraße 17, +43/1/3695949
www.fischerbraeu.at
Die erste Wiener Gasthof-Brauerei wurde im Jahr 1985 von Sepp Fischer (der vorher schon das Krah Krah im Bermudadreieck eingerichtet hatte) gegründet. Gebraut wird: Fischer Helles – 12,5 Grad Stammwürze (ganzjährig), Fischer Schwarzes – 13 Grad Stammwürze (Jänner), Pale Ale – 12,5 Grad Stammwürze (Februar), Fastenbier –14,7 Grad Stammwürze (März), Osterbock –16,5 Grad Stammwürze (April), Sommerbier – 9 Grad Stammwürze (Sommer), Fischer Weisses – 13 Grad Stammwürze (Sommer), Jubiläumsbräu – 14 Grad Stammwürze (Oktober), Dinkelbier – 12,9 Grad Stammwürze (November), Weihnachtsbock – 16,5 Grad Stammwürze (Dezember). Siehe auch unter Lokale – Wien, 19. Bezirk.

22. BEZIRK

HIASLBRÄU - ZUM ROTEN HIASL

1220 Wien, Biberhaufenweg 228, +43/1/2807122
www.roterhiasl.at
2012 gegründete Gasthausbrauerei von Roland Reisinger – Details unter Lokale – Wien, 22. Bezirk.

23. BEZIRK

100 BLUMEN BRAUEREI

1230 Wien, Endreßstraße 18, +43/677/61945188
www.100blumen.at
Alexander Forstinger meint, dass in der neuen österreichischen Bierszene nicht eine, sondern (wie man es in China angehen würde) gleich 100 Blumen blühen sollten. 2017 hat er in den Gemäuern der alten Klavierfabrik Luner & Pattart in Atzgersdorf seine eigene Brauanlage installiert. Somit wird in Liesing, erstmals nach 1973, wieder Bier gebraut. Freitagnachmittag ist meist volles Haus mit Menschen aus dem wachsenden Grätzel. Sie bringen ihr Essen selber mit: selbstgemachte Aufstriche, Brot vom Stefan Szihn oder holen sich Kebab beim Leiwanden Derwish! Wie beim Heurigen in den 1970ern.

Der Belgier

DER BELGIER

1230 Wien, Endreßstraße 18, +43/660/8230703
www.derbelgier.at
Raf Toté ist „Der Belgier", den die Liebe nach Wien gezogen hat – und der 2016 in Wien sein Brau-Hobby zum Beruf gemacht hat. Er braut seit 2019 in der 100 Blumen Brauerei Biere im belgischen Stil und bietet Workshops und Verkostungen an.

RODAUNER BIERMANUFAKTUR

1230 Wien, Manowardagasse 5a, +43/664/9648123
www.rodauner-biermanufaktur.at
Kurt Tojner ist im Hauptberuf Bankmanager, in seiner Leidenschaft aber ein Hausbrauer, der die Biersommelier-Ausbildung gemacht hat, um nach Jahren des Hobbybrauens 2016 in die gewerbliche Craftbier-Szene einzusteigen. Nach dem Start mit einem Wiener Lager, dem Rodauner Strizzi, hat er mittlerweile fünf Biere in seinem Standardsortiment: Rodauner Gigerl – Wiener Spezial untergärig, Rodauner Gselchter – Smoked Ale obergärig, Klaner Schwoarza – Stout obergärig, Calafati – Helles Lager mit Naturreis untergärig.

Bier-Radtouren Mühlviertel

Natur-, Kultur- und Biererlebnis - vom Grünen Band Europas an der Grenze zu Tschechien bis zur mittelalterlichen Brau-Erlebnisstadt Freistadt: Auf insgesamt 220 km verbinden die Bierradtouren unsere besondere Natur und Kulturlandschaft mit dem einzigartigen „Biererlebnis Mühlviertel".

www.muehlviertel.at/bierradtouren

BIER·WELT·REGION
MÜHLVIERTEL

Mühlviertler Bierherbst

2020 findet wieder der Mühlviertler Bierherbst statt: ein Festival rund um Bier, Hopfen und Kulinarik. Von September bis November lädt die BierWeltRegion Mühlviertel zu vielfältigen Bier-Erlebnissen in über 40 Mitgliedsbetrieben ein. Verbinden Sie damit einen heimischen Verwöhn-Urlaub und genießen Sie den bier-goldenen Herbst im Mühlviertel!

www.muehlviertel.at/themen/bierweltregion

ıformation: Tourismusverband
ıühlviertler Alm Freistadt
üro: Freistadt, 4240 Freistadt
Vaaggasse 6, Tel. +43 5/07263 21
-Mail: freistadt@muehlviertel.at
'ww.muehlviertel.at

ober österreich

MÜHLVIERTEL

Fünf Haberer
aus gutem Hause
Gselchter
SMOKED ALE
RODAUNer
BIERMANUFAKTUR
Strizzi
WIENER LAGER
RODAUNer
BIERMANUFAKTUR
klaner
schwoarza
STOUT
RODAUNer
BIERMANUFAKTUR
Gigerl
WIENER SPEZIAL
RODAUNer
BIERMANUFAKTUR
Calafati
HELLES MIT NATURREIS
RODAUNer
BIERMANUFAKTUR
RODAUNer
RODAUNER-BIERMANUFAKTUR.AT

DIE BESTEN DER BESTEN

WAS MACHT EIGENTLICH EIN TOP-LOKAL AUS?

Schon seit 20 Jahren zeichnet Conrad Seidls Bierguide in jedem Bundesland ein Lokal wegen seiner besonderen Leistungen in Sachen Bier aus, zudem gibt es Preise, etwa für besonders schöne Gastgärten oder besonders gepflegte Käsekultur. Dabei handelt es sich immer um Lokale, die bei den Tests besonders positiv aufgefallen sind, und wir haben die Regel aufgestellt, dass jedes Lokal nur einmal mit dieser Top-Position ausgezeichnet werden kann.
Das heißt: Wir haben inzwischen mehr als 240 Lokale besonders hervorgehoben – sie alle an dieser Stelle aufzulisten, würde den Rahmen sprengen. Daher gibt es die Liste zum Nachlesen auf der Bierguide-Website: www.bier-guide.net/bier-lokale/ehrentafel.html

FÜR DIESEN GUIDE HAT UNSER TEAM jene Lokale zusammengefasst, in denen eine besondere Bierauswahl, besondere Bierkompetenz oder eine besonders bierige Stimmung zu erwarten ist.
Jeder Tester hat seine eigenen Kriterien, was ihm gut und auszeichnungswürdig erscheint – und wir diskutieren, ändern, versuchen nochmal nachzuschauen. Alle Idealvorstellungen kann ohnehin nicht jeder erfüllen, schon weil nicht jeder einen Biergarten haben kann. Oder drei Dutzend Biere. Oder zu all dem auch noch eine Gourmetküche.
Normalerweise können Lokale, die nur ein oder zwei Biere, noch dazu von derselben Brauerei, ausschenken, nur mit zwei bis drei Krügeln rechnen. Doch dann gibt es Lokale, die sich selber und die Kategorie übertreffen – durch besonderen Service, besondere Bierkompetenz und vor allem besonders bierige Stimmung: So kann denn auch der „fidele Affe" in Salzburg, der aufgrund seiner Bierauswahl normalerweise in derselben Klasse wie das „Münchner Hofbräuhaus" mit drei Krügerln liegen würde, ein viertes Krügerl auf seine Eingangstür kleben. Die Krügel, über deren Vergabe wir in mancher Redaktionssitzung stritten, heben jene Lokale heraus, die nach Beobachtung unseres Testerteams in ihrer Klasse Besonderes leisten:

International vorbildliche Top-Lokale mit ausgezeichneter Vielfalt an Bierstilen, einer „bierigen" Stimmung und einer rundum spürbaren Liebe zum Bier. Hier muss man als Biertrinker gewesen sein. Internationale Spezialitätenkompetenz wie im „White Horse on Parson's Green" (London), „Beer Revolution" (Oakland) oder das deutsche Maßstäbe setzende „Tap House Munich".

Hervorragende Bierlokale, die durch ihre außergewöhnliche Leistung einen nationalen Standard setzen, vergleichbar mit „Proeflokaal Brouwerij t'IJ" (Amsterdam), „Brasserie Federal" (Zürich) oder „Schlenkerla" (Bamberg).

Sehr gute Bierlokale, die den regionalen Standard setzen, vergleichbar „Hofbräuhaus" (München), „Mort Subite" (Brüssel) oder „U Zlateho Tygra" (Prag).

Überdurchschnittliche Bierlokale, die sich von der Masse absetzen.

Wirtshäuser, Bars und Beiseln mit einer Bierkultur, die sich von anderen Lokalen des gleichen Typs abhebt.

Natürlich sind die Voraussetzungen unterschiedlich: In unserem Listing finden sich Cafés mit netter Bierauswahl ebenso wie reine Bierlokale, Spezialisten mit einer Riesenauswahl stehen neben Brewpubs. Einfache Wirtshäuser neben den bedeutendsten Biergärten, Restaurants, Bars, Beiseln. Es ist immer wieder erstaunlich, wenn man sieht, wie vielfältig die Bierszene ist – und wie sie sich innerhalb eines Jahres verändert. Zur Vielfalt gehören Haubenlokale ebenso wie Sportsbars – alles zu seiner Zeit und zu allem ein gutes Bier!

DIE BESTEN DER BESTEN

BURGENLAND

107 **Hopfen & Söhne**, Eisenstadt

KÄRNTEN

132 **Die Gartenrast**, Radenthein
124 **Gasthaus Wulz**, Greifenburg
130 **Loncium Brew Pub**, Kötschach-Mauthen

NIEDERÖSTERREICH

146 **Genusswerkstatt sieben:schläfer**, Falkenstein
160 **Schmid's Burger & Craft Beer**, Krems
178 **Zündwerk – Fine Steaks, Burger & Beer**, Strasshof an der Nordbahn

OBERÖSTERREICH

193 **Bergergut**, Afiesl
225 **Biergasthof Riedberg**, Ried im Innkreis
193 **Biergasthaus Schiffner**, Aigen/Schlägl
224 **Bierhotel Ranklleiten**, Pettenbach im Almtal
235 **Bierschmiede**, Steinbach am Attersee
201 **Foxi's Schlosstaverne**, Freistadt
201 **Freistädter Brauhaus**, Freistadt
216 **Pöstlingberg Schlössl**, Linz
235 **Schwechaterhof**, Steyr
217 **The Old Dubliner**, Linz

SALZBURG

260 **Alchimiste Belge**, Salzburg
254 **Brauhaus Gusswerk**, Hof bei Salzburg
262 **Die Weisse / Sudwerk Bar**, Salzburg
248 **Friesacher Einkehr**, Anif

STEIERMARK

307 **Bierbotschaft Herzog**, Wundschuh
286 **Brot & Spiele**, Graz
288 **Flann O'Brien**, Graz
293 **The Thirsty Heart**, Graz

TIROL

314 **11er Haus**, Innsbruck
320 **Tribaun**, Innsbruck

VORARLBERG

346 **Gasthof-Pension Wulfenia**, Gargellen

WIEN

1. BEZIRK

355 **1516 Brewing Company**
360 **Flanagans Irish Pub Vienna**
364 **Mel's Craft Beer Diner**
368 **Zattl**

2. BEZIRK

374 **Schweizerhaus**

4. BEZIRK

381 **Craftmühle Pub & Kitchen**

6. BEZIRK

385 **Ammutsøn**
387 **Känguruh**

7. BEZIRK

392 **Shamrock & The Dogstar**
393 **Siebenstern-Bräu**

15. BEZIRK

414 **Brauhof Wien Fünfhaus – Kaltenhauser Botschaft**
414 **Hawidere**

19. BEZIRK

422 **Fischer Bräu**

BIER GARTEN DES JAHRES 2020

STÖCKL IM PARK

1030 Wien, Prinz Eugen-Straße 25, +43/1/7965050
www.stoecklimpark.at

ÖFFNUNGSZEITEN Mo-So: 11:00 bis 00:00 Uhr

FASSBIER Stöckl Böhmisch Gemischtes, Stöckl Märzen, Stöckl Pils, Stöckl Weizen, Stöckl Wiener Helles

FLASCHENBIER Gösser Naturgold

LOKAL Kaum ein Lokal hat in den vergangenen Jahren in Wien für so viele Kontroversen gesorgt wie dieses: Es ist die Wiederbelebung des lange Jahre leer stehenden Belvedere-Stöckls, in das eine moderne Brauanlage eingebaut wurde – zudem wurde ein modernes Bierlokal eingerichtet und der schöne Garten revitalisiert, was wohl für die größte Aufregung gesorgt hat. Denn im gegenüberliegenden Nobelbezirk Wieden haben sich Bürgerinitiativen gegen die befürchtete Störung durch den Gartenbetrieb gebildet – und überhaupt passe ein Bierlokal nicht in die Umgebung. Stimmt aber nicht: Die Familie Welledits zeigt hier, wie man einen Biergarten jenseits der Humpftata-Atmosphäre betreiben kann. Und Indoors wurde eine geschickte Mischung aus moderner Bararchitektur und Versatzstücken aus alter Braugeschichte (inklusive eines historischen Steuerpults) gefunden. Als Bierenthusiast würde man sich zwar über eine größere Vielfalt an Spezialitäten freuen, doch Walter Welledits winkt ab: Als Brauanlagen-Hersteller sind ihm viele Experimentalsude untergekommen, die zwar gut gelungen sind, aber beim Publikum nicht angekommen sind. Biergarten und Bierlokal wenden sich daher explizit an Biertrinker, die gängige Biere dem Experiment vorziehen. Von Montag bis Freitag zwischen 14:00 und 16:00 Uhr gibt's Weisswurst mit Original Händlmaier Senf, eine Laugenbreze und eine 1/2 Stöckl Bier. 250 Sitzplätze im Lokal, 400 im Garten.

BREW PUB DES JAHRES 2020

BRAUHOF WIEN FÜNFHAUS – KALTENHAUSER BOTSCHAFT

1150 Wien, Mariahilferstraße 156-158, +43/1/8924000
www.brauhof-hotel.at

ÖFFNUNGSZEITEN Mo-So: 11:00 bis 23:30 Uhr

FASSBIER Kaiser Doppelmalz, Kaltenhauser 1475 Pale Ale, Starobrno, Kaltenhauser Botschaft India Pale Ale, Kaltenhauser Botschaft Wiener Lager, Kaltenhauser Botschaft Zwickl, Reininghaus Jahrgangs Pils, Schwechater Hopfenperle

FLASCHENBIER wenige Biere aus dem Reich der BrauUnion (Kaltenhauser Gandolf IPA, Gösser Naturgold), mehrere Dutzend von Mittelstands- und Craftbierbrauereien, etwa: Next Level Local Hero, O'Hara's Leann Follain, Orval, Birra del Borgo Equilibrista, Aecht Schlenkerla Rauchbier, Anchor Steam Beer, Aventinus Eisbock, Bayreuther Hell, Pöhjala Brenzlauer Berg, Raschhofer Musenkind oder auch Oskar Blues Dale's Pale Ale

LOKAL Der Brauhof Wien ist ein Großprojekt, um dem 15. Bezirk wieder seinen Status als Brauereizentrum zurückzugeben. Zur Erinnerung: Im 19. Jahrhundert lag diese Gegend noch vor dem Linienwall, Bier war also billiger als innerhalb der Stadt. Das nutzen viele Brauer, um in Fünfhaus ihre Produktion und auch große Bierhallen anzulegen. Mit deren Dimensionen kann es die 2019 eröffnete Kaltenhauser Botschaft durchaus aufnehmen, es wird hier wieder gebraut und ausgeschenkt. Dass dies mit der Kaltenhauser Marke der BrauUnion verbunden ist, leuchtet ein, Martin Simion ist in beiden Betrieben Braumeister. Und er sorgt auch dafür, dass hier eine besonders breite Bierkultur gelebt wird: Anders als in den meisten Brewpubs gibt es hier ein breites Angebot an Bieren, die weder im Haus noch in Kaltenhausen gebraut worden sind, sondern bei Brew Age, Bevog der auch bei Huyghe in Belgien oder Pöhjala in Estland. Im selben Komplex gibt es auch ein Zentrum für Bierseminare und ein Seminarhotel. 200 Sitzplätze, Biergarten: 200.

BIERINITIATIVE DES JAHRES

GAMING

GEBIERGSWEG GAMING

Marktgemeinde Gaming, Bürgermeisterin Renate Gruber
3292 Gaming, Im Markt 1–3, +43/7485/97308-0
www.bierweg-gaming.at

Gleich bei der Kartause Gaming beginnt dieser instruktive Rundweg – und von der Bezeichnung, in der „Gebirge" durchklingt, sollte man sich nicht abschrecken lassen. Die Wanderung ist kinderleicht. Und kindgerecht sind auch die Erklärungen, mit denen man am Wegrand auf die Bierbrauerei hingewiesen wird. In Zusammenarbeit mit den beiden örtlichen Brauereien – Kartausenbräu und Erzbräu – wurde hier ein wenig Getreide angebaut, dort ein wenig auf das Wasser eingegangen. Der erste Teil des zu Pfingsten 2019 eröffneten Weges führt (mit mäßiger Steigung) auf den Hang hinter der Kartause – an dieser Stelle hat man nicht nur einen ungewöhnlichen Blick auf die schöne ehemalige Klosteranlage, es wird auch die Beziehung zwischen Mönchstum und Brauwesen erläutert. Die kleine Runde – die „Seidel-Runde" – fokussiert auf die Rohstoffe der Bierbrauerei; das hat man in einer Stunde hinter sich und kann auf ein Bier gehen. Danach wartet die größere „Krügel-Runde" mit weiteren elf Stationen, auf denen man etwas über die Bierproduktion und die Bedeutung des Bieres in Österreich erfahren kann. Klarerweise gibt es auch hier eine Station am Bierbrunnen beim Weigelteich.

www.schleppe.at
KREATIVBIER
SEIT 1607
Schleppe
Handcrafted
KOLLEKTION
SCHLEPPE-BRAUEREI
EDERVILLACH
96/100 Punkte falstaff
Schleppe
EUROPEAN BEER STAR
THE BEER TASTING BRONZE AWARD
ENGLISH-STYLE PALE ALE
BRONZE AWARD 2015
Schleppe No.1 PALE ALE
Schleppe 2 WEIZENBOCK
Schleppe IMPERIAL IPA
Schleppe BELLE SAISON
Schleppe 5 PORTER
BIERSPEZIALITÄTEN
SEIT 1607

BIERGESCHÄFT DES JAHRES

SALZBURG

STIEGL GETRÄNKESHOP

5020 Salzburg, Kendlerstraße 2, +43/50/14922900
www.stiegl.at/de/getraenkeshop-salzburg

ÖFFNUNGSZEITEN , Geschäft: Mo-Fr: 8:30 bis 18:30 Uhr; Sa: 8:00 bis 13:00 Uhr

SHOP Wenn ein Getränkeladen direkt gegenüber einer Brauerei liegt und noch dazu deren Logo im Namen führt, würde man sich erwarten, dass hier einfach das Angebot des Hauses in aller Ausführlichkeit ausgebreitet wird. Nun ja: Das wird es im Stiegl Getränkeshop ja auch. Wer Fassbier für sein privates Fest braucht, findet das Stiegl Goldbräu (und andere Biere aus der benachbarten Brauerei) fassweise und gut gekühlt im „begehbaren Kühlschrank". Außerdem kann man sich dort alles ausleihen, was man für eine richtige Party benötigt. Aber das ist eben nicht alles. Stiegl hat ja im nahen Wildshut noch eine zweite Brauerei, in der laufend neue Biere kreiert werden – und die gibt es hier natürlich auch. Was das Geschäft aber so besonders macht, ist die Offenheit, mit der auch Biere von Wettbewerbern ins Regal geräumt werden – sei es vom Oberbräu in Holzkirchen oder von der Klosterbrauerei Aldersbach; sei es das mexikanische Corona Extra oder das bayerische Paulaner, das griechische Mythos oder das englische Samuel Smith. Schaut man noch genauer hin, findet man eine wohlsortierte Bierboutique mit rund 80 verschiedenen Craftbieren, wobei die Belgier (die Trappisten von Chimay bis Westmalle) ebenso Platz finden wie die Schotten und Iren. Und natürlich die Österreicher. Dazu viele verschiedene Gläser und Werbematerial. Wer sich nicht entscheiden kann, kann sich einen Geschenkkorb zusammenstellen lassen.

KÄRNTEN

SHOP 013

9761 Greifenburg, Bruggen 8, +43/4712/82354
www.gasthaus-wulz.stadtausstellung.at
ÖFFNUNGSZEITEN Mo-So: 8:00 bis 00:00 Uhr

Shop 013

SHOP Mehr als 1.000 Sorten aus aller Herren Länder – ein besonderes Augenmerk lässt die Familie Petit den belgischen Starkbieren und (weil die Familie aus den Niederlanden stammt) den Eigenimporten aus Benelux zukommen. Alle Biere gibt es auch gekühlt für die Konsumation im Gasthaus Wulz.

NIEDERÖSTERREICH

HOPFENSPINNEREI BIEROTHEK

3100 St. Pölten, Linzerstraße 16, +43/2742/36549
www.hopfenspinnerei.at
ÖFFNUNGSZEITEN Mi: 12:00 bis 19:00 Uhr; Do-Fr: 12:00 bis 20:00 Uhr; Sa: 10:00 bis 17:00 Uhr
SHOP Kleines Craftbiergeschäft mit Verkostungsecke. Zwei Fassbiere und rund 25 Flaschenbiere gekühlt zum Mitnehmen oder Verkosten vor Ort. Erhältlich ist selbstverständlich das komplette Hopfenspinnerei-Sortiment. Zusätzlich rund 80-100 Craftbiere aus befreundeten Brauereien – in den Regalen findet sich eine handverlesene Auswahl an Bieren, die nicht im Supermarkt erhältlich sind. Schwerpunkt ist Österreich und hier naheliegenderweise Wien und NÖ, aber auch einige internationale Besonderheiten sind zu finden. So gibt es hier beispielsweise österreichweit das größte Sortiment an Bieren aus der Budapester Kreativbierschmiede (Mad Scientist), die von der Hopfenspinnerei exklusiv nach Österreich importiert werden. Erhältlich sind unter anderen Biere von Alefried, Bierkanter, Brauküche 35, Next Level, Rodauner, Bierol, 100 Blumen, Mad Scientist, 6 beers brewing oder Erzbräu. Das Sortiment wechselt laufend, neben etlichen Standards gibt es häufig limited editions und Sondersude. Ab Mitte 2020 sind regelmäßige Verkostungen und open bottle nights geplant. In den Shop integriert ist übrigens auch ein „Fachl Eck", in dem verschiedenste Kleinproduzenten mit ihren Produkten vertreten sind, von Kulinarik über Design und Mode bis hin zu Naturkosmetik.

Hopfenspinnerei Bierothek

SALZBURG

STIEGL GETRÄNKESHOP

5020 Salzburg, Kendlerstraße 2, +43/50/14922900
www.stiegl.at/de/getraenkeshop-salzburg
ÖFFNUNGSZEITEN Mo-Fr: 8:30 bis 18:30 Uhr; Sa: 8:00 bis 13:00 Uhr
SHOP Biergeschäft des Jahres, siehe Seite 102.

VORARLBERG

RAMPENVERKAUF DER BRAUEREI FRASTANZ

6820 Frastanz, Bahnhofstraße 22, +43/5522/51701-33
frastanzer.at/rampenverkauf
ÖFFNUNGSZEITEN Mo-Fr: 8:30 bis 12:00 Uhr, 14:00 bis 18:00 Uhr; Sa: 8:30 bis 12:00 Uhr

SHOP Seit Herbst des Jahres 2016 hat die Brauerei Frastanz ein neues Liebkind: den Rampenverkauf im neuen und modernen Design. Dieser einladende Holzbau bietet ein großzügiges Sortiment an Bieren, Weinen und anderen Erfrischungsgetränken, auch österreichische Weine und Bio-Limonaden findet man an der Rampe. Der Rampenverkauf der Frastanzer Brauerei ist nicht einfach die Auslieferung der im Haus gebrauten Biere, sondern ein wohlsortiertes (und schön gestaltetes) Einzelhandelsgeschäft für rund 160 Bierspezialitäten. Darunter rare Jahrgangsbiere wie das Old Foghorn von Anchor in San Francisco. Regelmäßig kann man hier auch Biere direkt verkosten: Beim regelmäßigen Craftbeer-Stammtisch mit Biersommelier Stephan Summer werden jeweils ausgewählte Biere aus aller Welt probiert.

Frastanzer Rampenverkauf

WIEN

BEERLOVERS & MUTTERMILCH VIENNA BREWERY

1060 Wien, Gumpendorfer Straße 35, +43/1/5810513
www.beerlovers.at

ÖFFNUNGSZEITEN Mo-Fr: 11:00 bis 20:00 Uhr; Sa: 10:00 bis 17:00 Uhr

SHOP Der Getränkehändler Ammersin hat mit dem BeerLovers eines der bestsortierten Biergeschäfte des Kontinents geschaffen, es wurde im Jahr 2016 als Biergeschäft des Jahres ausgezeichnet. Mit fachkundiger Beratung werden im größten Craftbier-Store des Landes über 1.000 verschiedene Craftbier Sorten in rund 100 Bierstilen von über 120 Brauereien angeboten. Neben dem Onlinestore (zu finden unter www.BeerLovers.at) und dem Shop in Wien bieten BeerLovers außerdem Verkostungen und Beratungen an – die Bierschulungen sind meist rasch ausgebucht. Das erklärte Ziel ist es, die Welt der Craftbiere den Österreicherinnen und Österreichern näherzubringen und so heimische Brauereien zu unterstützen und zu vernetzen. Neben einem begehbaren Kühlhaus und einer – in Österreich einzigartigen – Growler Abfüllung ist eine eigene Kleinbrauerei, die Muttermilch Vienna Brewery, entstanden. Den Reigen der Muttermilch-Biere eröffnete die Ammersin-Brautechnikerin Marina Ebner mit einem Pils (Bitta von Tresen) und einem Wiener Lager (Wiener Bubi).

DIWOKY

1210 Wien, Leopoldauer Platz 39, +43/1/4792104
diwoky.at

ÖFFNUNGSZEITEN Mo-Do: 7:30 bis 16:30 Uhr; Fr: 7:30 bis 12:30 Uhr

SHOP Auf den ersten Blick ein Gartencenter, hinter dem sich aber ein gut sortierter Bierladen mit mehreren 100 Bieren verbirgt. Das Angebot reicht von alteingesessenen Brauereien wie Schlenkerla oder Rothaus bis zu den Craftbieren von amerikanischen Mikrobrauereien wie Anchor oder Sierra Nevada. Dazu kommt ein breites österreichisches Sortiment.

Diwoky

Viele weitere Biergeschäfte in ganz Österreich finden Sie auf www.bier-guide.net

VON **D** WIE DRASSMARKT BIS **W** WIE WEPPERSDORF

BURGEN LAND

OBERWART

BURGENLAND BIER LOKAL DES JAHRES

CHILLI LOUNGE

7400 Oberwart, Wienerstraße 27, +43/664/5008737
www.facebook.com/pages/category/Lounge/Chilli-Lounge-533587060090887

ÖFFNUNGSZEITEN Di-Fr: 8:00 bis 20:00 Uhr; Sa: 15:00 bis 22:00 Uhr

FASSBIER Starobrno, Edelweiss Weizenbier, Gösser Zwickl, Heineken, Puntigamer

FLASCHENBIER Heineken, 10 weitere wechselnde Biere im Sommer, Affligem Blonde, Edelweiss Hefetrüb, Gösser Radler, Guinness Surger, Heineken 0,0, Kaltenhauser Pale Ale, Puntigamer, Reininghaus Pils, Stiegl Columbus, Stiegl Goldbräu, Zipfer Hops

LOKAL Diese Lounge präsentiert sich als gelungene Paarung von Amerikanischem Diner und burgenländischem Beisl. Als solches ist es auch 2013 eröffnet worden, vier Jahre später wurde es mit der derzeitigen Ausstattung versehen. Der Wirt ist ein Gastgeber, der jeden seiner Stammgäste gut kennt – er bietet eine breite Palette an Unterhaltungen an, die drei Dart-Plätze erweisen sich als besonders beliebt, es gibt hier sogar Wettbewerbe. Zudem gibt es einen Wuzzler und einen Flipper – all das, was ein After-Work-Bier in Gesellschaft so viel besser macht und was man daheim eben nicht bekommen kann. Ein großer Bildschirm ermöglicht die Übertragung von Sportevents – und die verlängerte Bar ist einladend, es sich bei solchen Übertragungen gemütlich zu machen. Dass viele Sportfans gerne rauchen würden, hat zwar die Luft, nicht aber die Frequenz der Lounge verbessert – wettgemacht wird das durch gute Bierpflege. Und ja: Das im Lokalnamen vertretene Chili gibt es (neben anderen kleinen Speisen) natürlich auch. 15 Sitzplätze im Lokal, 12 Sitzplätze an der langen Bar und außerdem 10 Sitzplätze im Schanigarten.

DRASSMARKT

BERNIE „DAS WIRTSHAUS“

7372 Draßmarkt, Hauptstraße 66, +43/2617/2238 oder +43/676/9655327
www.bernie.at
ÖFFNUNGSZEITEN Di: 8:00 bis 1:00 Uhr; Mi: 8:00 bis 13:30 Uhr; Do-So: 8:00 bis 1:00 Uhr

Bernie „Das Wirtshaus“

FASSBIER Hirter, Murauer
FLASCHENBIER Gösser Märzen, Hirter Bio Hanfbier, Murauer Märzen, Paulaner Hefeweizen Naturtrüb, Puntigamer Märzen, Schremser Hanfbier, Veltins Alkoholfrei
LOKAL Bernhard und Sylvia Köllerer betreiben sehr mehr als einem Vierteljahrhundert dieses schon seit dem 17. Jahrhundert in der Dorfmitte von Draßmarkt bestehende Wirtshaus. Bernie hat eine Zapfkaiserauszeichnung der BrauUnion und ist Vorstandsmitglied des Vereins der Pannonischen Schmankerlwirte. Da der Bernie gleichzeitig der Kirchenwirt ist, haben bei ihm viele Vereine ihren Stammtisch – vom Fußballklub über den Sparverein bis zur Vereinigung der Peacekeeper, dem der Wirt als Milizsoldat angehört. Er ist ein begeisterter Lokalpatriot. Den Gästen bietet er eine kleine heimatkundliche Bibliothek im Gastzimmer und er weiß auch zu erzählen, dass sein Haus früher als Schenke „Zum Grünen Baum" bekannt war. Dazumals soll hier der Räuberhauptmann Schuwara Joschi seinen Durst gestillt haben. Kegelbahn, Hopfengastgarten mit Kräuteroase und Naschecken. 110 Sitzplätze im Lokal, 9 Plätze an der Bar, 40 Sitzplätze draußen im Kiwi-Schatten.

EISENSTADT

CEBU

7000 Eisenstadt, St.-Rochus-Straße 48, +43/699/18828258
de-de.facebook.com/pages/CEBU-Cocktail-Bar-Eisenstadt/366794535789
ÖFFNUNGSZEITEN Mo: 17:00 bis 2:00 Uhr; Mi-Sa: 17:00 bis 2:00 Uhr; So: 17:00 bis 00:00 Uhr
FASSBIER Paulaner Märzen
FLASCHENBIER Clausthaler, Heineken, Corona, Desperados, Paulaner Hefeweizen, Puntigamer Märzen
LOKAL Lokal im Kolonialstil mit täglich wechselndem Partyprogramm. Jeden Monat gibt es eine neue Cocktailkarte, dazu werden Burger und Fingerfood serviert. 150 Sitzplätze, Garten: 40 Sitzplätze.

HAYDNBRÄU

7000 Eisenstadt, Pfarrgasse 22, +43/2682/63945
www.haydnbraeu.at
ÖFFNUNGSZEITEN Mo-Sa: 9:30 bis 23:00 Uhr; So: 9:30 bis 21:00 Uhr
FASSBIER Haydnbräu Hell, Haydnbräu Weisse, Haydnbräu Zwickl, Ottakringer Dunkles
FLASCHENBIER Haydnbräu Hell, Null Komma Josef
LOKAL Ehemalige Gasthausbrauerei, die ihr Bier nun aus Ottakring bezieht. Es werden extra Biergerichte angeboten, Bierbrezn sind im Gebäckskörberl eine Selbstverständlichkeit. Idyllischer Garten unmittelbar an der historischen Stadtmauer. 250 Plätze im Lokal, 20 Plätze an der Bar, 250 Plätze im Garten.

Hopfen & Söhne

HOPFEN & SÖHNE

7000 Eisenstadt, Hauptstraße 9, +43/660/9294809
www.hopfenundsoehne.at
ÖFFNUNGSZEITEN Mo-Fr: 16:00 bis 22:00 Uhr; Sa: 9:00 bis 22:00 Uhr
FASSBIER Bierol Schwoicher Helles, drei wechselnde Fassbiere aus dem Bierfracht-Sortiment

FLASCHENBIER Hanscraft Bayrisch Nizza, Kiesbye's Waldbier (mehrere Jahrgänge), Bierol Bomboclaat, Bierol El Patron, Bierol The Padawan Pale Ale, Brauküche 35 Mangalitza Milk Stout, Edge Hoptimista IPA, Great Divide Hercules, Jopen Koyt, Jopen NON IPA Alkoholfrei, Nogne Imperial Brown Ale, Porterhouse Oyster Stout, rund 50 weitere wechselnde Biere aus dem Bierfracht-Sortiment, Sakiskiu Gose Raspberry, Schwarzbräu Alt
LOKAL Start 2017 als Pop-up, Vollbetrieb seit Oktober 2018 nach Vergrößerung und Umbau. Gemütliche Fachhandlung und Verkostungsbar mit gut durchdachter Auswahl an Fassbieren, Flaschenbieren, Gins, Tonics und Kaffee. Auch Soundsystem und Musikauswahl sind dem Konzept entsprechend. Lange Bar in der Mitte, verschiedene, unregelmäßig stattfindende Veranstaltungsformate wie die Hopfen & Toene Open Stage, Bierverkostungsseminare und Baristakurse. Zum Bier gibt es frisch fertig gebackene Sauerteigwecken mit verschiedenen Aufstrichen. 15 Sitzplätze im Lokal, 10 an der Bar, 25 im Schanigarten.

HOTEL-RESTAURANT OHR

7000 Eisenstadt, Ruster Straße 51, +43/2682/62460
www.hotelohr.at
ÖFFNUNGSZEITEN Di-Sa: 8:00 bis 22:30 Uhr, So: 9:00 bis 15:00 Uhr
FASSBIER Gösser Naturradler, Gösser Zwickl, Zipfer Urtyp
FLASCHENBIER Edelweiss, Gösser Märzen, Heineken, Kaiser Doppelmalz, Schlossgold, Zipfer Sparkling
LOKAL Hat einen schönen, ruhigen Gastgarten und ein gediegenes Restaurant mit kreativer und gutbürgerlicher Küche und einer bierigen Bar, an der sich die Gesellschaft von Eisenstadt trifft. Täglich wechselnde, teilweise mit Bier zubereitete Speisen. In der Küche ist Johannes Ohr in dritter Generation verantwortlich und setzt seine Philosophie mit Herbert Furtner und Team um. Alte Klassiker, die schon die Ohr-Oma in erster, und Ohr-Papa in zweiter Generation gekocht haben, sind auch heute nicht wegzudenken. Ausgezeichnet mit der „Bierkrone 2006" und dem „Goldenen Teeblatt 2009" von Gault Millau für das Burgenland. 150 Sitzplätze im Lokal, 10 an der Bar, 120 im Gastgarten.

Ruckendorfer

RUCKENDORFER

7000 Eisenstadt, Haydngasse 43, +43/2682/64688
www.ruckendorfer.com
ÖFFNUNGSZEITEN Di-Sa: 10:00 bis 14:00 Uhr, 17:30 bis 23:00 Uhr; So: 10:00 bis 15:00 Uhr
FASSBIER Reininghaus Jahrgangspils, Schwechater Hopfenperle, Schwechater Orig. Wiener Lager, Schwechater Saisonbiere, Schwechater Zwickl
FLASCHENBIER Craftbier nach Saison, Heineken 0,0, Kaltenhausener 1470 Pale Ale, Puntigamer Panther, Schleppe Imperial IPA, Trumer Pils, Weihenstephaner Hefetrüb, Zwettler Dunkel
LOKAL Das Ruckendorfer ist die Neuerfindung von Erich's Bierstüberl, das seit 1985 ein Klassiker der burgenländischen Bierkultur war und 2002 auch Bierlokal des Jahres war. Wenig später wurde uns beim ersten Besuch im neu gestalteten Ambiente bedauernd mitgeteilt, dass das Bier jetzt eben nicht mehr im Zentrum stünde. Aber das war glücklicherweise übertrieben: In Wirklichkeit wurde hier eine zeitgemäße Bierbar und Lounge eingerichtet – ergänzt um regionale und mediterrane Küche. In den vergangenen Jahren ist dann die Bierkompetenz auf ganz neuem Niveau neuerlich ausgebaut worden. Jeden Mittwoch gibt es Burger und Craftbiere – und zwar mit sinnvollen Pairing-Empfehlungen. Und auch in der Küche findet das Bier nun Verwendung. 50 Sitzplätze im Lokal, 15 Plätze an der Bar, 15 im Wintergarten.

FRAUENKIRCHEN

Altes Brauhaus

ALTES BRAUHAUS

7132 Frauenkirchen, Kirchenplatz 27, +43/2172/2217
www.altesbrauhaus.at
ÖFFNUNGSZEITEN Mi-So: 9:00 bis 23:00 Uhr
FASSBIER Altes Brauhaus Helles, Edelweiss (im Sommer), Gösser Naturradler, Starobrno
FLASCHENBIER Edelweiss Alkoholfrei, Erdinger Hefeweizen, Franziskaner Hefeweizen, Gösser Märzen, Gösser Naturgold, Wieselburger Schwarzbier, Wieselburger Stammbräu
LOKAL Der älteste Landgasthof des Seewinkels, das ehemalige „Virts- und Brayhaus" des Fürsten Esterhazy, liegt gegenüber der barocken Wallfahrts-Basilika (Brauhauskeller und Klosterkeller verbindet heute noch ein unterirdischer Gang). Die Paprikawirtin Ilona Püspök verwöhnt ihre Gäste mit regionalen Speisen wie Podersdorfer Seespargel oder G'sottener Topfenstrudel mit Paradeissoße und der besonders geschätzten „Paprikaküche" (z.B.: Halaszle Fischsuppe oder Hortobagyer Fleischpalatschinke). Das mit viel Liebe gepflegte Haus bietet neben 3 gemütlichen Stüberln einen schattigen Arkadeninnenhof und einen wunderschönen Saal für Hochzeiten

und Familienfeiern. Der Gasthof ist auch ein beliebter Anziehungspunkt für Radfahrer. 30 Sitzplätze je Stüberl (Bauern, Jagd und Paulus), 15 Plätze an der Bar. Garten im Arkadenhof: 90 Sitzplätze plus Veranstaltungsraum für 100 Gäste.

GASTHAUS SITTINGER
7132 Frauenkirchen, Hauptstraße 39, +43/2172/2307
www.landgasthaus-sittinger.at
ÖFFNUNGSZEITEN Mo-Di: 10:00 bis 22:00 Uhr; Fr-Sa: 10:00 bis 22:00 Uhr; So: 10:00 bis 17:00 Uhr
FASSBIER Golser Bier
FLASCHENBIER Golser Bullig
LOKAL Die neue Wirtin Manuela Frischauf hat das Landgasthaus im Sommer 2016 übernommen und sich bereits 85 Falstaff-Punkte erkocht. Sie kredenzt ihren Gästen eine traditionelle burgenländische Küche mit „tiroler Einschlag" im modernen, mit viel hellem Holz gestalteten Restaurantbereich. Im Sommer gibt es ein Biermenü im Rahmen des monatlichen Weinschmeckermenüs – die Speisen dazu werden im Smoker zubereitet. 200 Sitzplätze im Lokal, Garten: ca. 80 Sitzplätze.

GROSSPETERSDORF

WURGLITS – GASTHOF ZUR POST
7503 Großpetersdorf, Hauptstraße 27, +43/3362/2303
www.lucky-town.at
ÖFFNUNGSZEITEN Di-So: 7:00 bis 00:00 Uhr

Wurglits – Gasthof zur Post

FASSBIER Gösser Naturradler im Sommer, Gösser Zwickl Naturtrüb, Puntigamer Panther, saisonal: Puntigamer Winterbier
FLASCHENBIER Edelweiss Alkoholfrei, Edelweiss Hefetrüb, Puntigamer Dunkel, Puntigamer Märzen, Schlossgold
LOKAL Dieser seit 1927 bestehende Gasthof wird vor allem wegen seiner Bierpflege gerühmt (der Wirt ist Zapfkaiser) – und wegen der pannonischen Küche (Mitglied der pannonischen Schmankerlwirte!). In den Sommermonaten Juni/Juli/August betreibt Hr. Wurglits auch die Westernstadt Lucky Town in Großpetersdorf (nähere Infos unter www.lucky-town.at). 70 Sitzplätze im Gasthof, 15 Plätze an der Bar, 160 Sitzplätze im großen Saal, 20 Sitzplätze im Garten.

HEILIGENKREUZ

GASTHOF GERLINDE GIBISER
7561 Heiligenkreuz, Obere Hauptstraße 10, +43/3325/4216
www.g-gibiser.at
ÖFFNUNGSZEITEN Di-Mi: 9:00 bis 23:00 Uhr; Fr-Sa: 9:00 bis 23:00 Uhr; So: 9:00 bis 18:00 Uhr
FASSBIER Gösser Gold, Gösser Radler, Gösser Zwickl, Murauer Weißbier, Murauer Zwickl Dunkel
FLASCHENBIER Gösser Naturgold, Schlossgold
LOKAL Ein Speiselokal, das seit über 50 Jahren seinen guten Ruf pflegt und seit fast drei Jahrzehnten von der Hoferbin Gerlinde Gibiser geführt wird. Vier sehr stimmungsvolle, strohgedeckte Kellerstöckel, wo man sich nicht nur um den burgenländischen Wein, sondern auch um die Bierkultur bemüht. 80 Sitzplätze, 20 an der Bar, Garten: 80 Sitzplätze.

GASTHOF RUDOLF PUMMER
7561 Heiligenkreuz, Obere Hauptstraße 11, +43/3325/4225
www.pummer.at
ÖFFNUNGSZEITEN Mo-So: 7:00 bis 00:00 Uhr
FASSBIER Puntigamer Panther, Schlossgold
FLASCHENBIER Franziskaner
LOKAL Einfaches Dorfwirtshaus, das seiner Funktion als Treffpunkt der Gemeinde gerecht wird – vor allem, wenn es um Fußball geht (viele Clubs nutzen die Trainingsmöglichkeiten in Heiligenkreuz). Dazu kommt die gute und preiswerte Küche. 90 Sitzplätze, 11 an der Bar, Garten: 80 Sitzplätze.

HORNSTEIN

S' SCHMANKERLWELT
7053 Hornstein, Rechte Hauptzeile 5, +43/2689/2084 oder +43/650/9581152
www.saftweinundmehr.at
ÖFFNUNGSZEITEN Mi-Sa: 9:00 bis 1:00 Uhr; So: 9:00 bis 15:00 Uhr

s' Schmankerlwelt

FASSBIER Schladminger Schnee Weisse, Starobrno, Brew Age Alphatier New England IPA, Brew Age Bienenstich Honigbock, Einstök White Ale, Golser Märzen, Hubertus Keltenbier, Reininghaus Jahrgangspils, Saisonbiere, Schladminger Bio-Zwickl, Wieselburger

FLASCHENBIER 150 Flaschenbiere, z.B., Bevog, Brauhaus Gusswerk, Brew Age, Brew Age Holzknacker, Kiesbye's Waldbier, Steamwork Jasmin IPA
LOKAL Die Schmankerlwelt ist bei Familien beliebt, weil hier gut und frisch und preiswert gekocht wird – aber der Bierkenner wird vor allem deshalb hierherkommen, weil es hier vierzehn Biere vom Fass gibt, und das in einer stilistischen Breite, die jeder Großstadt alle Ehre machen würde. Der 2018 als burgenländisches Bierlokal des Jahres ausgezeichnete Betrieb selbst befindet sich in einem für burgenländische Straßendörfer typischen lang gestreckten Bau, es gibt zwei Bars und einen klug gegliederten Restaurantbereich. In den Kühlschränken ist das umfangreiche Bierangebot zu sehen und der Kellner hilft bei der Auswahl. In der Greißlerei kann das gesamte Biersortiment auch zu Ab Hof-Preisen erworben werden. Rund um's Jahr bierige Veranstaltungen, etwa zum St. Patrick's Day, Bier-Tasting, Bayrische Thementage/Oktoberfest. 150 Sitzplätze im Lokal, 200 im Gastgarten.

JENNERSDORF

GERNOT

8330 Jennersdorf, Kirchenstraße 7, +43/664/1267449
www.gernots.at
ÖFFNUNGSZEITEN Mo-Do: 8:45 bis 1:00 Uhr; Fr-Sa: 8:45 bis 4:00 Uhr; So: 10:00 bis 1:00 Uhr
FASSBIER Puntigamer
FLASCHENBIER Corona extra, Heineken, Schlossgold
LOKAL Gernot Schmidt hat in Jennersdorf eine höchst zeitgemäße Bar geschaffen, die durchaus auch größeren Städten zur Ehre gereichen würde. Die Musikauswahl ist gewöhnungsbedürftig, die Bierauswahl ausbaufähig – aber das trifft leider auch auf andere Bars zu. Sehr freundliches Service. 60 Plätze in der Lounge, 20 an der Bar.

Gernot

KITTSEE

GASTHAUS LEBAN

2421 Kittsee, Untere Hauptstraße 41, +43/2143/2234
www.gasthaus-leban.at
ÖFFNUNGSZEITEN Mi-So: 9:00 bis 23:00 Uhr
FASSBIER Heineken, Kaiser Doppelmalz, Schwechater Hopfenperle
FLASCHENBIER Edelweiss Weizen, Gösser Märzen, Gösser Naturgold, Zwickl
LOKAL Das in den 30er-Jahren erbaute Gasthaus wird mittlerweile in dritter Generation geführt. 2004 erfolgte ein Umbau und es war den Wirtsleuten Leban wichtig, möglichst keine optischen Veränderungen vorzunehmen, es jedoch technisch auf den heutigen Stand zu bringen. So ist die Einrichtung aus den 60er-Jahren, der Fußboden noch original aus den 30er-Jahren. Der herrliche Gastgarten ist komplett von alten Weinstöcken überwachsen. Ca. 80 Sitzplätze im Restaurant, ca. 50 in der Gaststube und ca. 100 im Gastgarten.

LEITHAPRODERSDORF

Schneiderei

SCHNEIDEREI

2443 Leithaprodersdorf, Hauptplatz 14, +43/2255/737620
www.schneiderei-te.at
ÖFFNUNGSZEITEN Do-Sa: 9:00 bis 23:00 Uhr, So: 9:00 bis 17:00 Uhr
FASSBIER Rieder Urecht, Rieder Zwickl Naturtrüb
FLASCHENBIER Rieder Pale Ale, Rieder Weisse Dunkel, Rieder Weisse Hell
LOKAL Tamara und Egon Blümel haben im Sommer 2014 das ehemalige Gasthaus Fieber erworben und ihm ein Jahr später mit einem mutigen Umbau neues Leben eingehaucht: Köchin und Friseur haben einen neuen Lokaltypus geschaffen. Die rohen Holztische geben ihm einen rustikalen Touch, die Küche ist kreativ (eine Gabel vom Falstaff Magazin) und alles wirkt leicht, hell und mediterran. Ach ja: Man kann auch zum Friseur kommen. Und natürlich auch einfach auf ein Bier. Das kommt aus Ried. 70 Sitzplätze inkl. Bar, ca. 50 im Gastgarten.

LOCKENHAUS

TAVERNE BURG LOCKENHAUS

7442 Lockenhaus, Günserstraße 5, +43/2616/2321
www.burgtaverne-lockenhaus.at
ÖFFNUNGSZEITEN Mo-So: 10:00 bis 00:00 Uhr
FASSBIER Ottakringer Helles
FLASCHENBIER Ottakringer Goldfassl, Ottakringer Helles, Ottakringer Null Komma Josef, Paulaner Weizenbier, Puntigamer Panther
LOKAL Das frische Bier aus dem Krug macht das Ritterleben so richtig nachvollziehbar – und diese Labung ist auch notwendig, wenn man den staubigen Weg zur Burg hinaufgestiegen ist. Abends kann man auf der Hochburg speisen wie die alten Rittersleut – deftig und schwer. Den Minnesänger, den man bei (vorbestelltem) Ritter- oder Landsknechtessen mit buchen

kann, nicht zu vergessen! Man ist hier auch auf Hochzeitsgesellschaften eingerichtet und versucht, das kulinarische Angebot auf demselben Niveau zu halten wie das kulturelle, namentlich das der Veranstaltungen auf der in den mittelalterlichen Gemäuern der letzten Ritterburg des Burgenlandes. 50 Sitzplätze auf original Ritterstühlen, zwei Gärten zu je 50 Sitzplätzen, einer davon im Burghof.

MATTERSBURG

DJ'S AMERICAN DINER

7210 Mattersburg, Felixstraße 1, +43/2626/22301
de-de.facebook.com/pg/djsdiner
ÖFFNUNGSZEITEN Di-Do: 10:00 bis 21:00 Uhr; Fr-Sa: 10:00 bis 22:00 Uhr; So: 10:00 bis 21:00 Uhr
FASSBIER Hacker Pschorr Münchner Gold, Stiegl-Goldbräu
FLASCHENBIER Corona, American Bud, Beck's Blue Alkoholfrei, Miller Genuine Draft, Paulaner Weißbier, Stiegl Radler, Wieselburger
LOKAL Man reibt sich die Augen, wenn man an dieser ehemaligen Tankstelle vorbeifährt: Diese ist perfekt zu einem Diner im Stile der 1950er-Jahre zurückgebaut worden. Das coolste Retro-Design weit und breit: lange, geschwungene Bar. Einige Tische, an denen typisch amerikanisches Essen serviert wird – für American Breakfast wird an manchen Sonntagen auch früher geöffnet. Und an manchen Abenden gibt es Live-Musik. Bemerkenswert: Weil es in den 1950er-Jahren in den USA noch kein Craftbier gegeben hat, gibt es hier auch keines. Dafür Budweiser nach amerikanischem Rezept und das MGD aus Milwaukee. 80 Sitzplätze im Lokal, 20 Plätze an der Bar.

DJ's American Diner

PEACOCK-PUB

7210 Mattersburg, Gustav-Degen-Gasse 8, +43/2626/62843 oder +43 664 4255136
www.facebook.com/pages/Peacock
ÖFFNUNGSZEITEN Di-Do: 16:00 bis 22:00 Uhr; Fr: 9:00 bis 13:00 Uhr, 16:00 bis 2:00 Uhr; Sa: 16:00 bis 2:00 Uhr; So: 16:00 bis 22:00 Uhr
FASSBIER Guinness, Kilkenny, Paulaner, Puntigamer, Starobrno
FLASCHENBIER Budweiser, Clausthaler, Corona, Gösser Radler, Heineken, Paulaner Weizen, Puntigamer, Stiegl
LOKAL Dieses seit zwei Jahrzehnten etablierte, britisch gestylte Pub hat seit 2018 mit Holger Stefanitsch einen neuen Besitzer, der das Interieur ein wenig aufgefrischt und den Garten neu gestaltet hat. Die Zapfsäulen wirken weiterhin originalgetreu. Mindestens einmal im Monat gibt es hier Live-Konzerte, und dann ist die Bude gerammelt voll. Relativ junges Publikum vor allem an den Wochenenden, aber speziell an der Bar fühlen sich auch ältere Gäste wohl. Und Holger erweist sich als hervorragender Gastgeber, der alle willkommen heißt. Die Biere wechselt er öfter, zeitweise ist Budweiser Budvar vom Fass der Renner, dann wieder gibt es ein Craftbier-Angebot, das allerdings von der eher traditionsorientierten Gästeschar weniger geschätzt wird. Regelmäßig Bierverkostungen. 100 Sitzplätze, Garten: 30 Sitzplätze.

Peacock-Pub

MÜHLGRABEN

THE IRISH ROVER – TRADITIONAL IRISH PUB

8385 Mühlgraben, Nr. 65, +43/3329/20085
www.irish-rover.at
ÖFFNUNGSZEITEN Di-Do: 18:00 bis 00:00 Uhr; Fr-Sa: 18:00 bis 2:00 Uhr
FASSBIER Leffe Blonde, Guinness Stout, Kilkenny Red Ale, Murphy's Red Ale, Tegernseer Hell
FLASCHENBIER Kwak, Barbar, Duvel, Fentimans Alkoholfrei, Fentimans Ginger Beer, Fuller's London Pride, Hoegaarden, Kasteel Triple, La Chouffe, Leffe Brune, Lindemans Framboise, Mc Chouffe, Rochefort, Westmalle
LOKAL In einem ehemaligen Feuerwehrhaus gibt es seit 2004 diese typisch irische Lounge-Bar, wo man am Kamin oder im Cigar Room im Obergeschoß eine beachtliche Bierauswahl, perfekt gezapftes Guinness und eine selbst in Großstädten kaum zu findende Vielfalt an Single-Malts genießen kann. Projektionswand/Sportübertragungen, Musik, DVD – und eine kleine fachspezifische Bibliothek – obwohl das Lokal eigentlich zu dunkel zum Lesen ist. 2007 wurde es beim Guinness Arthur Award unter die drei besten Irish Pubs in Österreich gereiht. Feste: Livemusik, St. Patrick's Day, Halloween, Oktoberfest. 90 Sitzplätze, 20 an der Bar, 20 Sitzplätze im Garten.

NECKENMARKT

GASTHOF ZUR TRAUBE

7311 Neckenmarkt, Herrengasse 25, +43/2610/42256
www.zurtraube.at
ÖFFNUNGSZEITEN Mo: 8:00 bis 14:00 Uhr; Di-Sa: 8:00 bis 22:00 Uhr; So: 8:00 bis 17:00 Uhr

FASSBIER Ottakringer Zwickl, Paulaner Weißbier, Stiegl-Goldbräu
FLASCHENBIER Edelweiss Alkoholfrei, Gösser Märzen, Null Komma Josef, Ottakringer Dunkles, Stiegl Braukunst
LOKAL Der Gasthof liegt im Herzen des Blaufränkischlandes, und trotzdem kann man hier neben einem guten Glas Wein auch ein gepflegtes Glas Bier genießen. Seit 1988 ist der Gasthof im Besitz der Familie Glatz, die für die Erhaltung des Grundkonzepts eines traditionellen Gasthofes eintritt. In den gemütlichen Stüberln werden pannonische Schmankerl, wie Krautsuppe, Bohnensterz und gesalzener Topfenstrudel und Spezialitäten aus der Region, wie Zickentaler Moorochse oder Neckenmarkter Wild serviert. 250 Plätze im Lokal, Bar: 10, Terrasse: 50.

NEUDÖRFL

BIERKISTL NEUDÖRFL

7201 Neudörfl, Hauptstraße 19, +43/676/9325108
www.facebook.com/bierkistl7201
ÖFFNUNGSZEITEN Mo-Do: 15:00 bis 1:00 Uhr; Fr: 15:00 bis 2:00 Uhr; Sa: 16:00 bis 2:00 Uhr
FASSBIER ein wechselndes Monatsbier, Gösser Zwickl, Puntigamer ‚das Bierige', Schladminger Schnee Weisse, Stiegl-Goldbräu
FLASCHENBIER Corona, Desperados Tequilabeer, Edelweiss Weizen Alkoholfrei, Eggenberg Naturtrüb, Forster's, Gösser Märzen, Gösser Naturgold und immer ca. 25 wechselnde Flaschenbiere von A – Z, Gösser Naturradler, Guinness Stout, Heineken, Kilkenny, Murauer Märzen, Villacher Märzen, Wieselburger Stammbräu, Zipfer Limettenradler, Zwettler Dunkel
LOKAL Thomas Tschurlovich ist ein Gastgeber, wie man ihn sich nur wünschen kann – schon 1997 wurde er zum „Lieblingswirt des Burgenlandes"gewählt. Im Bierkistl ist er meist selbst präsent, er scheint alle Gäste persönlich zu kennen und schaut jedenfalls darauf, dass alle zufrieden sind. Das Lokal ist rustikal eingerichtet, Holz und Ziegel sorgen für eine gemütliche Atmosphäre mit einer grossen Theke – rechts davon ein Kühlschrank mit Bierspezialitäten. Immer wechselnde Speisen sorgen für Abwechslung – Chili con Carne, Sandwich, Pizza, Salate u.v.m. 35 Sitzplätze + 15 Sitzplätze an der Bar, Biergarten mit 40 Plätzen.

NEUSIEDL AM SEE

JOE'S PUB

7100 Neusiedl am See, Untere Hauptstraße 15
+43/660/6500042
www.facebook.com/JoesPubNeusiedl
ÖFFNUNGSZEITEN Mo-Do: 16:00 bis 00:00 Uhr, Fr: 16:00 bis 2:00 Uhr, Sa: 16:00 bis 2:00 Uhr, So: 15:00 bis 23:00 Uhr
FASSBIER Starobrno, Guinness, Kaiser Premium, Kilkenny, Gösser Stiftszwickl Hell, Schwechater Wiener Lager
FLASCHENBIER Corona, Heineken, Gutmann Hefeweizen Dunkel, Gutmann Hefeweizen Hell, Haselbräu Craftbiere
LOKAL Unscheinbares Lokal, dessen Schanigarten größer als der gesamte Sitzbereich innen wirkt. Drinnen dominiert eine lange Bar, hinter der bemüht gezapft wird. Eigentlich ist es mehr ein Stehlokal, weil vor der Bar eine relativ große Kommunikationsfläche frei geblieben ist. Oliver Ruiner führt das ehemalige „Paulis Pub" seit dem Frühjahr 2016 – er hat das Bier vom Haselbräu am Ostrong und Waldviertler Whisky auf die Karte gesetzt, um dem irischen Element des Pubs auch etwas österreichisches entgegenzusetzen. 40 Plätze, Bar: 20, Garten: 25.

Joe's Pub

NEUSTIFT AN DER LAFNITZ

BRAUGASTHOF SCHMIDT – RABENBRÄU

7423 Neustift an der Lafnitz, Nr. 64, +43/3338/2330
www.rabenbraeu.com
ÖFFNUNGSZEITEN Di-Do: 6:00 bis 22:00 Uhr; Fr-Sa: 6:00 bis 00:00 Uhr; So: 6:00 bis 22:00 Uhr
FASSBIER Rabenbräu aus der eigenen Brauerei – Rabenbräu Hell, Bernstein, Sommerbier
FLASCHENBIER 2 l-Blutzer Rabenbräu Hell und Bernstein, Raben Original, Clausthaler
LOKAL Der Nukleus dieses eindrucksvollen Gasthofs ist ein ehemaliges ungarisches Zollhaus aus der Zeit, zu der das Burgenland noch zu Ungarn gehört hat. Im Dezember 1999 wurde eine Gasthausbrauerei installiert und gleich im nächsten Jahr wurde das Lokal zum beliebtesten Bierlokal des Burgenlands gewählt. Seither ist auch eine Destillerie für Malt-Whisky entstanden, im Keller gibt es eine der interessantesten Whisky-Sammlungen zu verkosten. Die Küche ist ganz Malz-orientiert: Viele Speisen werden mit Bier und Malt-Whisky zubereitet, es gibt Weißbiersuppe, Brauhauspfandl und sogar ein Whiskyparfait. Bier- oder Whisky-Verkostungen mit speziell abgestimmten Menüs. Und: Wer sich mehr Bier schmecken hat lassen als mit dem 0,5-Promille-Limit vereinbar ist, der kann auch ein Gästezimmer mieten. Selbstverständlich kann man auch den im Haus gebrannten „Old Raven"-Whisky als Schlaftrunk nehmen – und aus diesem Whisky wird auch eine wunderbare Schokolade gemacht. Insgesamt 400 Plätze, Garten: 50.

NEUSTIFT BEI GÜSSING

GENUSSZEIT

7540 Neustift bei Güssing, Neustift 52, +43/664/5120914 oder +43/664/5120915
www.genusszeit-brauner.at
ÖFFNUNGSZEITEN Di-Do: 10:00 bis 20:00 Uhr, Fr-Sa: 10:00 bis 00:00 Uhr, So: 9:00 bis 18:00 Uhr

FASSBIER Puntigamer
FLASCHENBIER Gösser Naturradler, Puntigamer, Southern Red Ale (Freibrauerei Maurer), Weihenstephaner Hefeweißbier Hell, Zipfer Hell Alkoholfrei
LOKAL Christian Brauner hat im Gemeindezentrum der kleinen südburgenländischen Gemeinde Neustift das einzige Wirtshaus weit und breit in Betrieb genommen. Hier gibt es Platz für Veranstaltungen und Feste – und die Möglichkeit Darts zu spielen. Da Christian ein großer Craftbier-Fan ist, gibt es neben dem ständigen Angebot oft auch andere Biere der Freibrauerei Maurer und Biere aus anderen österreichischen Mikrobrauereien. 60 Plätze im Lokal, 5 an der Bar.

OBERPULLENDORF

HABE D'ERE

7350 Oberpullendorf, Hauptstraße 61, +43/2612/43330
www.habedere.at
ÖFFNUNGSZEITEN Mo-Sa: 7:00 bis 00:00 Uhr; So: 8:00 bis 23:00 Uhr

Habe d'Ere

FASSBIER Paulaner Hell, Paulaner Weißbier, Radler
FLASCHENBIER Beck's Alkoholfrei, Puntigamer, Stiegl Braukunst
LOKAL Wer einen Paulaner-Wirt im Burgenland sucht, ist hier richtig: Dem Selbstverständnis nach ein „Heurigen-Restaurant“, erweist sich das Habe d'Ere bei näherem Hinsehen als durchaus stilgerechtes Bierlokal – dekoriert mit alten Bierdeckeln, Bierwerbung und einer Zapfanlage, die in einen alten Motorblock eingebaut ist. Die Kellner sind außergewöhnlich freundlich und die Speisen nicht nur wohlschmeckend, sondern auch sehr großzügig angerichtet. Angeschlossen ist das Dreisterne-Hotel Schlof Guat. 120 Plätze, Bar: 15, Garten: 50.

OBERWART

CHILLI LOUNGE

7400 Oberwart, Wienerstraße 27, +43/664/5008737
www.facebook.com/pages/category/Lounge/Chilli-Lounge-533587060090887
ÖFFNUNGSZEITEN Di-Fr: 8:00 bis 20:00 Uhr; Sa: 15:00 bis 22:00 Uhr
FASSBIER Starobrno, Edelweiss Weizenbier, Gösser Zwickl, Heineken, Puntigamer
FLASCHENBIER Heineken, 10 weitere wechselnde Biere im Sommer, Affligem Blonde, Edelweiss Hefetrüb, Gösser Radler, Guinness Surger, Heineken 0,0, Kaltenhauser Pale Ale, Puntigamer, Reininghaus Pils, Stiegl Columbus, Stiegl Goldbräu, Zipfer Hops
LOKAL Bierlokal des Jahres, siehe Seite 106.

DER STADTWIRT

7400 Oberwart, Steinamangererstraße 6, +43/3352/31520
www.der-stadtwirt.at
ÖFFNUNGSZEITEN Di-Sa: 10:00 bis 23:00 Uhr; So: 10:00 bis 16:00 Uhr
FASSBIER Stiegl-Bio Zwickl, Stiegl Naturadler Zitrone, Stiegl-Columbus Pale Ale, Stiegl-Goldbräu
FLASCHENBIER König Ludwig Weizenbier Hell/Dunkel, diverse Craftbiere, Puntigamer Dreh & Drink, Clausthaler oder Stiegl Freibier
LOKAL Raimund Schmidinger hat das seit 1906 bestehende Stadtbeisl vor mehr als zehn Jahren, im Oktober 2009, als Stadtwirt herausgeputzt und zu einem kulinarischen und gesellschaftlichen Treffpunkt im Burgenland entwickelt. Der Innenhof ist als Gastgarten ausgestaltet und gilt in Oberwart als einzigartig. Dieser typische Südburgenland-Charakter spiegelt sich auch auf der Speisekarte wider: Neben pannonischen und internationalen Schmankerln (Wirtshausschmankerl) werden die Gäste mit urigen Pfandlgerichten und immer frischem Fisch verwöhnt. Der Stadtwirt lockt außerdem mit Storchennest und Uhudlerlaube sowie einer gemütlichen Wirtshausatmosphäre. 140 Plätze im Lokal, 100 im Garten.

Der Stadtwirt

DIE BANK

7400 Oberwart, Hauptplatz 5, +43/3352/38677
www.gotthardt.at
ÖFFNUNGSZEITEN Mo-Do: 8:00 bis 23:00 Uhr; Fr-Sa: 8:00 bis 1:00 Uhr; So: 9:00 bis 23:00 Uhr
FASSBIER Hirter Bio Weizen, Hirter Pils
FLASCHENBIER Beck's, Beck's Alkoholfrei, Corona, Erdinger, Heineken, Puntigamer Panther
LOKAL Dieses 2004 gegründete Lokal hat sich zum wichtigsten Treffpunkt und kulinarischen Zentrum von Oberwart entwickelt. Heimische und italienische Küche. Kurt Balazs vom nahen Bierarium (www.bierarium.at) lobt die moderne und doch gemütliche Einrichtung, die freundliche Bedienung und die moderaten Preise. 150 Sitzplätze im Lokal, 25 Plätze an der Bar, 50 auf der Terrasse.

TAMDHU IRISH PUB

7400 Oberwart, Wienerstraße 51, +43/664/5261938
www.tamdhu.at
ÖFFNUNGSZEITEN Mo-So: 17:00 bis 2:00 Uhr

Tamdhu Irish Pub

TAMDHU
OBERWART

FASSBIER Guinness, Murphys Irish Red, Trumer Pils, Augustiner, Kaltenhauser Bernstein, Kozel, Magners Original Irish Cider, Hopfenschwinger Kellerbier und die LEITUNG 5 (wechselndes Monatsbier).
FLASCHENBIER Anheuser Busch, Beck's Alkoholfrei, Corona, Duvel, Fuller's IPA, Heineken, Kwaak, Lindemans Cassis, Lindemans Kriek, Newcastle Brown Ale, Salzburger Weisse, Veltins
LOKAL Kommt man ins Tamdhu, dann fühlt man sich nach Irland (oder eventuell Schottland) versetzt: Es ist ein dunkles, gemütliches Pub, eine Welt aus geselligem Flair, gemütlicher Kneipenstimmung und originellen Details, wie man sie eben im keltisch beeinflussten Kulturkreis kennt. „Am Tamdhu kommt man nicht vorbei“, schreibt Kurt Balazs, der in der Nähe sein Privatmuseum Bierarium betreibt. Zum einen liegt das an seiner hervorragenden Lage direkt an der Hauptstraße in der Oberwarter Innenstadt. Zum anderen weiß Carmen Schmidbauer mit ihrem Team, wie man Feste feiert und Gäste bewirtet, sodass sie als Freunde gerne wiederkommen. Und sie setzt auch immer wieder regionale Craftbiere auf die Karte. Rund 40 Live-Bands spielen pro Jahr entweder im Pub oder im Gastgarten mit 100-jährigem Nussbaum unter freiem Himmel. Blues, Rock, Austropop, Irish Music oder Jazz – hier treten die besten Bands der Region auf. 25 Plätze im Lokal, 20 an der Bar, 70 Sitzplätze im Gastgarten.

OSLIP

CSELLEY-MÜHLE

7064 Oslip, Sachsenweg 63, +43/2684/2209
www.cselley-muehle.at
ÖFFNUNGSZEITEN Fr-Sa: 17:00 bis 1:00 Uhr, So: 14:00 bis 1:00 Uhr
FASSBIER Murauer
FLASCHENBIER Heineken, Null Komma Josef, Schneider Weisse
LOKAL Aktions- und Musikzentrum. Die Räumlichkeiten des Gasthauses, wie Ursumpf, Galeriebeisl, Jazzgwölb, Stehbar, Mühlenhof, Atrium, blicken auf 650 Jahre Mühlengeschichte zurück. Die vorhandene Bausubstanz aus dieser Zeit wurde bewahrt und ursprünglicher Mühlenflair und Charakter erhalten. Insgesamt 150 Sitzplätze in verschiedenen Bereichen des Lokals.

PODERSDORF

GASTHAUS DANKBARKEIT

7141 Podersdorf, Hauptstraße 39, +43/2177/2223
www.dankbarkeit.at
ÖFFNUNGSZEITEN Do-Fr: 11:30 bis 14:00 Uhr, 18:00 bis 21:00 Uhr; Sa-So: 11:30 bis 21:00 Uhr

Gasthaus Dankbarkeit

FASSBIER Golser Bier
FLASCHENBIER Golser Griazeich (Pale Ale), Golser Lager Pils, Golserl (alkoholfrei), Golser Weißbier
LOKAL In alten Urkunden wird das von den Zisterzienser-Mönchen errichtete Gebäude als „Ebenerdiges Schloss bezeichnet, worunter man sich nichts Pompöses, aber immerhin ein solide gemauertes, für damalige Verhältnisse großes Bauwerk vorstellen darf. Als Gasthaus besteht es nun seit vier Generationen unter beständiger Führung von Wirten namens Josef Lentsch, seit 2012 wird das Familienteam durch Markus Josef ergänzt.

JUPP'S BIERSTÜBERL

7141 Podersdorf, Hauptstraße 14, +43/2177/2274 oder +43/676/7042058
www.jupps-bierstüberl.at
ÖFFNUNGSZEITEN Di-Sa: 9:00 bis 22:00 Uhr; So: 9:00 bis 14:00 Uhr
FASSBIER Hirter, Puntigamer, Stiegl, Zwettler
FLASCHENBIER Stiegl Freibier
LOKAL Hausgemachte Fleisch- und Selchwaren im Lokal erhältlich, ebenso Produkte aus der eigenen Mangalitzazucht. 100 Sitzplätze.

PÖTTSCHING

Gasthof zur Grenze

GASTHOF ZUR GRENZE

7033 Pöttsching, Zipfwald 1, +43/2631/2265
www.gasthof-zur-grenze.at
ÖFFNUNGSZEITEN Mi-Sa: 11:00 bis 21:30 Uhr; So: 11:00 bis 15:30 Uhr
FASSBIER Gösser Spezial, Kilkenny, Zipfer Urtyp
FLASCHENBIER Corona, Edelweiss Weizen Hefetrüb, Heineken, Schlossgold, Schwechater Lager
LOKAL An Zipfer Bierwerbung geht es hinein in den „Zipfwald" am Rand von Pöttsching. Hier war einmal die „Erste Österreichische Bierzunft" daheim – ein elitärer Verein, der versucht hatte, dem Bier seinen Platz in der Society zu sichern. Auch wenn nun dieser Verein vor einigen Jahren sanft entschlafen ist, kümmern sich die bierengagierten Wirtsleute weiterhin rührig um die Bierkultur. Mitglied der Chaîne des Rôtisseurs. 250 Sitzplätze im Lokal sowie 180 Sitzplätze im Garten.

PURBACH

Gut Purbach

GUT PURBACH

7083 Purbach, Hauptgasse 64, +43/2683/56086
www.gutpurbach.at
ÖFFNUNGSZEITEN Mo: 18:00 bis 21:00 Uhr; Do-Sa: 12:00 bis 14:00 Uhr, 18:00 bis 21:00 Uhr; So: 12:00 bis 18:00 Uhr
FLASCHENBIER Bevog Kramah IPA, Birra Antoniana Altinate, Gusswerk Austrian Amber Ale, Gusswerk Horny Betty, Liefmans Cuvée Brut, Schneider Weisse Aventinus Eisbock
LOKAL Gourmetlokale finden ihren Weg schwer in diesen Bierguide, Weinlokale erst recht nicht. Das Gut Purbach ist beides. Und doch wieder nicht: Der Spitzengastronom Max Stiegl hat in einem ehemaligen Lesehof in der Weinbaugemeinde Purbach ein „Gasthaus" eingerichtet, das alle Stückln spielt (es bezieht von den Bundesforsten Fische aus Wildfang!) und seit einiger Zeit auch ein herzeigbares, für die Verhältnisse des Burgenlands sogar als herausragend zu bezeichnendes Craftbier-Angebot bereithält. Schön eingerichtet ist es sowieso, der Innenhof-Garten macht das Erlebnis komplett.

RIEDLINGSDORF

ZUM BURGENLÄNDER

7422 Riedlingsdorf, Untere Hauptstraße 14, +43/3357/42385
www.burgenlaender.at
ÖFFNUNGSZEITEN Mo-Do: 9:00 bis 23:00 Uhr; Fr-Sa: 9:00 bis 00:00 Uhr; So: 10:00 bis 21:00 Uhr
FASSBIER Puntigamer
FLASCHENBIER Edelweiss, Gösser Naturgold, König Ludwig Dunkel, König Ludwig Hefeweißbier
LOKAL Das Gasthaus zum Burgenländer ist seit über 100 Jahren im Familienbesitz und verbindet Tradition mit modernen Einflüssen. Bierwirt des Jahres 2011. Spezialität des Hauses ist die Original Charbonnade „zan sölwa grüll'n – gmüatli(ch) am Tisch", dünne Fleischscheiben vom Holzkohlengrill, und Pfandlgerichte. 200 Sitzplätze im Lokal, 20 Plätze an der Bar, 30 Sitzplätze im Garten.

RUST

SIGI'S PUB

7071 Rust, Oggauerstraße 1, +43/681/81573113
www.facebook.com/Sigispub
ÖFFNUNGSZEITEN Mi-Do: 17:00 bis 4:00 Uhr; Fr-Sa: 19:00 bis 4:00 Uhr
FASSBIER Maisel's Weisse, Murauer Steirergold
FLASCHENBIER Budweiser Pils, Corona, Desperados, Gösser Märzen, HB, Maisel's Zwickl, Mohrenbräu, Stiegl
LOKAL Im Februar 2014 hat Sigi Hodosi das ehemalige Rusty Stork neu eröffnet und damit dem kultigen Feuerwehrgebäude neues Leben eingehaucht. Immer wieder Parties und gelegentlich Live-Musik. Insgesamt 40 Sitzplätze im Lokal.

SANKT MARGARETHEN

WEINSTUBE SONNENHOF

7062 Sankt Margarethen, Hauptstraße 28, +43/2680/2266
ÖFFNUNGSZEITEN 11:00 bis 2:00 Uhr, Mo & Do: Ruhetag
FASSBIER Egger, Zwettler Zwickl
FLASCHENBIER Zwettler
LOKAL Uriges Lokal, entgegen dem Namen nicht nur dem Wein verschrieben. 50 Sitzplätze.

WEIDEN AM SEE

Das Fritz

DAS FRITZ

7121 Weiden am See, Seebad 1, +43/2167/40222
dasfritz.at
ÖFFNUNGSZEITEN Mo-So: 9:00 bis 00:00 Uhr
FASSBIER Golser Premium, Golser Radler, Golser Saisonbier
FLASCHENBIER Brauwerk Session IPA, Brew Age Affenkönig, Brooklyn East India Pale Ale, Corona extra, Golser Hefebier, Gusswerk AAA, La Chouffe Soleil, Sierra Nevada Pale Ale, Stiegl Columbus 1492 Pale Ale, Stiegl Paracelsus Zwickl, Tegernseer Hell, Weihenstephander Hefeweizen
LOKAL Neben dem Seebad und damit unmittelbar am Neusiedlersee wurde 2017 dieses Prunkstück der burgenländischen Gastronomie errichtet. An den drei Bars – Indoor, auf der Terrasse und auf dem Oberdeck – kann man zu den „Pannonischen Koststücken" wie regionalen Antipasti, Gemüse-Tapas oder Tatar von Fisch und Fleisch aus dem Vollen schöpfen: Die Bierkarte ist (wie die wesentlich umfangreichere Weinkarte) lokal basiert und mit internationalen Produkten abgerundet. Exzellentes Service. 35 Plätze an der Bar, 130 Sitzplätze im Restaurantbereich, 130 Sitzplätze auf der Terrasse.

Restaurant Schütz

RESTAURANT SCHÜTZ

7121 Weiden am See, Pointgasse 2, +43/2167/7317
www.restaurant-schuetz.at
ÖFFNUNGSZEITEN Mo-Di: 9:00 bis 23:00 Uhr; Do-So: 9:00 bis 23:00 Uhr
FASSBIER Franziskaner Hefeweizen, Golser Lager, Stiegl
FLASCHENBIER Schwechater Lager, Null Komma Josef
LOKAL Im Familienbetrieb geht es um gepflegtes Genießen in einer unkomplizierten, gemütlichen Atmosphäre in den heimeligen Stuben. 230 Sitzplätze im Lokal, Garten: 100 Sitzplätze.

WEPPERSDORF

GASTHAUS FUCHS

7331 Weppersdorf, Hauptstraße 33, +43/2618/2250
www.gasthaus-fuchs.at
ÖFFNUNGSZEITEN Mi-Sa: 9:00 bis 22:00 Uhr; So: 9:00 bis 20:00 Uhr

Gasthaus Fuchs

FASSBIER Gösser Naturradler, Gösser Zwickl, Puntigamer Panther
FLASCHENBIER Edelweiss Hefeweizen, Gösser Naturgold, Puntigamer Panther
LOKAL Einfaches Landgasthaus mit guter Bierpflege. Jeden Mittwoch gibt es hausgemachte Blunz'n (auch zum Mitnehmen) oder auch gebackene Blunz'n mit Knoblauchrahm. Insgesamt 150 Sitzplätze im Lokal, 20 Sitzplätze auf der Terrasse.

VON **A** WIE ALTHOFEN BIS **Z** WIE ZELL-PFARRE

KÄRNTEN

MCMULLENS

9500 Villach, Dietrichsteingasse 5, +43/676/5302353
www.mcmullens.at

ÖFFNUNGSZEITEN Mo-So: 17:00 bis 1:00 Uhr

FASSBIER Guinness, Guinness Hop House 13, Kilkenny, Heineken, Puntigamer, Schladminger Zwickl, Radler

FLASCHENBIER Coopers Pale Ale, Gösser Naturgold, Heineken, American Bud, Guinness Hop House 13, Budweiser, Desperados, Edelweiss, Edelweiss Alkoholfrei, Heineken 0,0, O'Hara's Irish Pale Ale, O'Hara's Irish Red, O'Haras Irish Stout, Weihenstephaner Alkoholfrei, Weihenstephaner, Wieselburger

LOKAL Ein neuer Stern am Himmel der irischen Pubkultur in Österreich – eine Irland-Reise ohne die Kosten eines Fluges dorthin. Die Betreiber des Claddagh in Klagenfurt, Linda Valentin-Mullen und ihr Mann Julian – vom Bierguide bereits im Jahr 2018 als Kärntner Bierlokal des Jahres ausgezeichnet – haben hier 2019 eine Villacher Location entdeckt und ihr irisches Leben eingehaucht. Natürlich auch mit irischem Pub-Food und einer Reihe irischer Biere. Das von Guinness entwickelte Hop House 13 Lager ist damit auch in Villach angekommen. Die Bierkarte ist lesenswert, sie erzählt nicht nur viel über Guinness, sondern zählt auch 18 irische Slang-Ausdrücke für Trunkenheit auf, darunter „rat-arsed" und „bollixed", was man hierzulande weder hören noch sein will. Und wer sonst noch Fragen zu Irland hat: Das Personal kommt von dort und gibt gerne Auskunft – in verständlichem, wenn auch irisch gefärbtem Englisch. 90 Plätze im Lokal.

ALTHOFEN

KULTURWIRTSHAUS BACHLER

9330 Althofen, Silberegger Straße 1, +43/4262/3835
www.bachler.co.at
ÖFFNUNGSZEITEN Di-Sa: 10:00 bis 14:30 Uhr, 17:00 bis 00:00 Uhr; So: 10:00 bis 16:00 Uhr

Kulturwirtshaus Bachler

FASSBIER Gelter Bräu, Hirter Märzen, Wimitz Lemisch
FLASCHENBIER Beeresso, Loncium Royal Dark Stout, Mahler Craft Beer 2020, Wimitz Sonnenwend Bock
LOKAL Wäre dieses Wirtshaus nicht schon 2008 als Kärntner Bierlokal des Jahres ausgezeichnet worden – es bekäme diese Auszeichnung immer wieder. Es gehört aber zu den Prinzipien des Bierguide, Lokale nur bei radikalem Konzeptwechsel ein zweites Mal so hervorzuheben. Und einen radikalen Konzeptwechsel wünscht man sich gerade hier nicht. Natürlich steht hier die Küche im Mittelpunkt – und ein g'scheites Bier dazu. Aber in den vergangenen Jahren ist noch viel mehr dazugekommen. Gleich wenn man hereinkommt, findet man sich am „Marktplatz Mittelkärnten", der einer Initiative der Hausherrin Ingrid Bachler entsprungen ist und rund vierzig regionale Anbieter vom Eier-Bauernhof über Brauereien bis hin zum Goldschmied mit Gastronomen und Vertriebspartnern vernetzt. Die Produkte also gibt es hier zu kaufen. Und zu kosten: Denn Gottfried Bachler hat Spaß daran, mit regionalen Produkten zu kochen, wenn er „a bissal an Kas" anbietet, dann liegen meist Käse aus Kärntner Molkereien auf dem Teller – und zwar die feinsten. Dazu Bierempfehlungen, die man nicht ausschlagen kann. Etwa 20 Kulturveranstaltungen im Jahr. 60 Sitzplätze im Lokal, 12 an der Bar, 50 Sitzplätze im Garten.

PRECHTLHOF

9330 Althofen, Schobitzstraße 1, +43/4262/26140
www.prechtlhof.com
ÖFFNUNGSZEITEN Mo: 6:00 bis 00:00 Uhr, Mi: 16:00 bis 00:00 Uhr, Do-So: 6:00 bis 00:00 Uhr
FASSBIER Hirter 1270er, Hirter Märzen, Zwickl Bier
FLASCHENBIER Clausthaler, Gusswerk Schwarze Kuh, Engelszell Gregorius, Erdinger Weizen Alkoholfrei, Granitbock, Gusswerk ‚Zum Wohl' (glutenfrei), Gusswerk Jakobsgold, Hirter Copper IPA, Hofstettner Sündenbock, Horny Betty, Rieder IPA, Samichlaus Classic, YaoYao Bio-Ingwer-Bier
LOKAL Erlebnishotel mit mehrfach ausgezeichnetem Küchenpersonal, das ab und zu auch Bier als Küchenzutat verwendet, und da Bierkultur hier großgeschrieben wird, hat Wirt Leopold Kraßnitzer im Herbst 2015 die Ausbildung zum Biersommelier absolviert. Gemeinsam mit der Hirter Brauerei wurde sogar ein Bierkulinarium und ein Besuchsprogramm für die Brauerei entwickelt. Hier wird Bier auf Wunsch „gestachelt". 130 Sitzplätze im Lokal, 60 Plätze im Garten, 30 Plätze auf der Terrasse.

Prechtlhof

BAD KLEINKIRCHHEIM

BAR IM HOTEL RONACHER

9546 Bad Kleinkirchheim, Thermenstraße 3, +43/4240/282
www.ronacher.com
ÖFFNUNGSZEITEN Mo-So: 11:00 bis 23:00 Uhr

Bar im Hotel Ronacher

FASSBIER Stiegl Pils, Stiegl Goldbräu
FLASCHENBIER Stiegl Freibier, Bierschmiede Werk No. 5 Zirbe, Brew Age Chicxulub Oatmeal Stout, BRLO Rosinenbomber, Erdinger Weißbier, Erdinger Weißbier Alkoholfrei, Gusswerk Schwarze Kuh, Loncium Imperial Dark Ale, Mikkeller XMAS

– Santas Little Helper, Ottakringer Schnittenfahrt, Rochefort 10° Trappistenbier, Schleppe No. 1, Stiegl Max Glaner's IPA, Stiegl Weißbier, Tallin Jöulöö, Wildshuter Männerschokolade, Wychwood Black Wych
LOKAL Das Ronacher gilt als eines der führenden Thermenhotels in Kärnten. Seine Bar steht nicht nur Hotelgästen, sondern jedem, der gutes Bier in exklusiver Umgebung zu schätzen weiß, offen. Bequeme Sitzgarnituren und ebenso einladende Hocker an der runden Theke laden zum Verweilen ein. Das Angebot wird in einer ansprechend gemachten Karte (sie soll „eine Quelle der Inspiration darstellen, noch unbekannte Genüsse zu entdecken") von Barchef Heimo erklärt. Im Restaurant, wo externe Gäste nur nach vorheriger Reservierung speisen können, sorgt Sommelier Gerald für die passende Bierbegleitung zu den Speisen und arrangiert auch Bier-Dinner.

HOTEL PRÄGANT

9546 Bad Kleinkirchheim, Kirchheimer Weg 6
+43/4240/452
www.hotel-praegant.at
ÖFFNUNGSZEITEN Mo-So: 7:30 bis 00:00 Uhr

Hotel Prägant

Hotel
PRÄGANT
★★★★

FASSBIER König Ludwig Weißbier Hell, Loncium Rauchbier (zur Fastenzeit), Shilling Granatbier, Stiegl-Goldbräu
FLASCHENBIER Stiegl Freibier, Eggenberg Samichlaus Classic, Insel Kreide, König Ludwig Dunkel, Loncium Austrian Amber Lager, Loncium Carinthipa, Loncium Freepa Pale Ale Alkoholfrei, Loncium Helles Zwickl, Loncium Royal Dark, Loncium Schwarze Gams, Stiegl Columbus 1492 Pale Ale, Stiegl Sport-Weisse
LOKAL Eine Hotelbar, wie man sie sich wünscht: Ein kleiner, intim wirkender Thekenbereich, von Barchef Anton mit einem unvergleichlichen Charme und großer Leidenschaft für die angebotenen Biere geführt. Und daran anschließend ein größerer, bequem möblierter Sitzbereich – dazu ein offener Kamin, in dem im Winter das Feuer prasselt. Rund um das Haus gibt es einen „Elementegarten", die Gästezimmer sind sehr individuell gestaltet – etwa auch als „Elementezimmer" (Feuer, Wasser, Erde, Luft und Liebe) oder als Künstlerzimmer. Die Küche wird geprägt vom kulinarischen Angebot des Alpe-Adria-Raums – und die kleine, aber gut durchdachte Bierkarte tut das ebenfalls. Gelegentlich gibt es auch kulinarische Events rund um das Thema Bier. 80 Plätze im Lokal, 12 an der Bar.

BERG IM DRAUTAL

GASTHOF ZUR SCHMIEDE

9771 Berg im Drautal, Berg 4, +43/4712/562
www.gasthofzurschmiede-berg.at
ÖFFNUNGSZEITEN Di-So: 10:00 bis 00:00 Uhr

Gasthof zur Schmiede

FASSBIER Villacher Märzen, Villacher Hausbier, Franziskaner Weißbier, Gösser Stiftzwickl Hell
FLASCHENBIER Franziskaner Alkoholfrei, Gösser Naturgold
LOKAL Leider hat dieser geschichtsträchtige Gasthof, dessen Grundmauern aus dem 13. Jahrhundert stammen, seine Bierkarte reduziert. Die Chefin Michaela Weiss, die Biersommelière ist und auch die Auszeichnung als Kärntner Bierwirtshaus des Jahres ins Haus geholt hat, bedauert das sehr, „aber die Gäste haben halt das Traditionelle bevorzugt". Und Tradition gibt es hier viel: Die Holzdecke mit einer Malerei eines italienischen Künstlers und ein Fresko oberhalb des Einganges zeugen von Geschichte, Gastlichkeit und Tradition als Wirtshaus. Geboten wird bodenständige kärntner-österreichische Wirtshausküche mit saisonalen Speisen (Wildwochen!) und Schmankerln. 150 Sitzplätze im Lokal, 20 an der Bar und 60 im Garten.

BLEIBURG

BRAUHAUS BREZNIK

9150 Bleiburg, Hauptplatz 9, +43/4235/2026-0
www.brauhaus.breznik.at
ÖFFNUNGSZEITEN Mo-Sa: 17:00 bis 24:00 Uhr, So Ruhetag

Brauhaus Breznik

FASSBIER Selbst gebrautes Breznik-Bier (Helles Fassbier), Puntigamer Märzen, saisonale Spezialbiere
FLASCHENBIER Murauer Hefeweizen, Forstner Styrian Ale, Chimay Bleu, Reininghaus Jahrgangspils, Lindemans Kriek, Propeller Nachtflug, Gösser Naturgold, Edelweiss Alkoholfrei, Bevog Tak Pale Ale, Herzog Sauvignon Hell
LOKAL Der erste Eindruck in diesem Brauereiausschank wird von der großen Biertafelsammlung vermittelt. Das Brauhaus Breznik entstammt einer uralten Steinbierbrauerei, an deren Tradition die 2007 eingerichtete Gasthausbrauerei anknüpft – allerdings mit Bieren, die mehr dem heutigen Geschmack entsprechen. Gerhard Primozic Breznik ist ein selbstbewusster Brauer, der nicht nur die eigenen Biere präsentiert, sondern auch ein paar Raritäten aus kleinen Brauereien des In- und Auslandes anbietet. Sehr bierige Atmosphäre. Zum Essen gibt es eine breite Auswahl an traditionellen heimischen Gerichten sowie an Pizzen. Und wenn man hier übernachtet, dann findet man sich in einem kleinen Stadthotel, in dem man in nach heimischen Künstlern benannten Themenzimmern nächtigt. Kärntens Bierlokal des Jahres 2009 – diese Auszeichnung hat die Besitzer animiert, weitere Bieraktivitäten zu setzen und Kärnten-würdige Bierfeste zu veranstalten. 150 Plätze im Lokal, 15 an der Bar, 50 im Garten.

I FRATELLI

9150 Bleiburg, 10. Oktober-Platz 32, +43/650/4349509
de-de.facebook.com/CaféBar-i-fratelli- 764953093630110
ÖFFNUNGSZEITEN , Geschäft: Mo-Do: 8:30 bis 00:00 Uhr; Fr-Sa: 8:30 bis 2:00 Uhr
FASSBIER Augustiner Edelstoff, ein wechselndes Monatsbier, Hacker-Pschorr, Kaltenhauser Bernstein, Paulaner Dunkel, Paulaner Hefeweizen, Paulaner Märzen, Starobrno
FLASCHENBIER Clausthaler, Corona, Gösser Märzen, Guinness, Heineken, Puntigamer Märzen, Stiegl Märzen
LOKAL Erich Bernik hat dieses modern gestylte Lokal vor einem Jahrzehnt mit klarem Bierschwerpunkt geschaffen und es zu einem Treffpunkt in Bleiberg ausgebaut, wo auch die Künstler der Umgebung gern verkehren. Jährlich Bier-Events zum Oktoberfest mit dem original Wiesenbier von Paulaner, Kneipenfestival und St. Patrick`s Day. 42 Plätze im Lokal, 12 an der Bar, 37 im Schanigarten.

BODENSDORF

HOTEL MOUNTAIN RESORT FEUERBERG

9551 Bodensdorf, Gerlitzenstraße 87, +43/4248/2880
www.hotel-feuerberg.at
FASSBIER Villacher
FLASCHENBIER Mehr als 20 verschiedene Biere aus Klein- und Mittelstandsbrauereien von A wie Amarcord bis Z wie Zeux, der Schwerpunkt liegt auf Österreichern (Brauwerk, Gusswerk, Hofstettner und Schleppe), dazu ein paar internationale Spezialitäten
LOKAL Das Familien- und Wellnesshotel auf 1760 m Höhe bietet im Jänner eine Bierwoche mit begleitenden Biermenüs – in Kooperation mit dem „Biersepp" Sepp Wejwar.

Hotel Mountain Resort Feuerberg

EISENKAPPEL

MARKTSTUBE BEI ALEX

9135 Eisenkappel, Bad Eisenkappel 24, +43/4238/750
+43/699/11286840
www.marktstubealex.at
ÖFFNUNGSZEITEN Mo: 9:00 bis 00:00 Uhr, Mi-So: 9:00 bis 00:00 Uhr
FASSBIER Murauer Dunkel, Murauer Märzen

FLASCHENBIER Murauer Märzen, Puntigamer Märzen, Stiegl Freibier, Stiegl Märzen
LOKAL Alexander Piskernik hat die Marktstube zunehmend auf Regionalität getrimmt und serviert zum Bier regionale Küche – es gibt Bio-Fische vom Fischereibetrieb Karawankenfisch, die Nudelkreationen werden im Familienbetrieb Klancnik am Arlitscherhof mit viel Sorgfalt hergestellt. Jeden Donnerstag Ripperlessen. 110 Plätze im Lokal, 60 auf der Veranda.

FELDKIRCHEN

GASTHOF SEITNER
9560 Feldkirchen, Villacher Straße 11, +43/4276/2158
www.gasthof-seitner.at
ÖFFNUNGSZEITEN Mo-Sa: 8:00 bis 23:30 Uhr
FASSBIER Franziskaner Hefeweizen, Radler, Villacher Dunkel, Villacher Märzen
FLASCHENBIER Erdinger Alkoholfrei, Schlossgold
LOKAL Traditionsgasthaus und Mitglied der Kärntner Wirtshauskultur. Schöne Bar aus hellem Holz gleich hinter dem Eingang. 12 Plätze an der Bar, 200 Sitzplätze im Lokal, 50 auf der Sonnenterrasse (kann überdacht werden!).

Rockcafe Filiale

ROCKCAFE FILIALE
9560 Feldkirchen, Hauptplatz 8, +43/664/3335500
ÖFFNUNGSZEITEN Mo-Fr: 16:00 bis 2:00 Uhr; Sa: 18:00 bis 2:00 Uhr; So: 17:00 bis 2:00 Uhr
FASSBIER Stiegl Goldbräu, Stiegl-Weisse
FLASCHENBIER Corona, Heineken, Schlossgold, Schwechater Lager, Velkopopovický Kozel Hell, Wieselburger Gold, Wimitz Lemisch
LOKAL Gerry Sobians „Filiale" gibt die Öffnungszeiten als „Besuchszeiten des Freistaats" an. Ganz genau dürfte es mit dem Schankschluss um 2:00 Uhr auch nicht sein, denn es steht „wia da Filialleita Lust hat" als Einschränkung dabei. Und Sonntag sei offen „wenn ma durschtig sind". Ist man mal in dem langgestreckten Raum, der der Länge nach durch die Bar getrennt wird, drinnen, dann wird man freundlich empfangen und bekommt gut gezapftes Bier – oder Dosenbier aus Wieselburg und Schwechat. 30 Plätze im Lokal, 10 im Schanigarten.

FERLACH

GASTHOF PLASCH „AUF DER HUABN"
9170 Ferlach, Ressnigg 17, +43/4227/2370
www.gasthof-plasch.at
ÖFFNUNGSZEITEN Mo-So: 7:00 bis 23:00 Uhr
FASSBIER Franziskaner Weizen, Schleppe Dunkel, Schleppe Märzen, Schleppe Radler
FLASCHENBIER Franziskaner Alkoholfrei, Franziskaner Hefeweißbier Alkoholfrei, Franziskaner Weizen, Schleppe Märzen, Villacher Freilich Alkoholfrei
LOKAL Alteingesessener Familienbetrieb im Ortsteil Ressnigg, zwei Kilometer nördlich vom Ferlacher Zentrum und ganz in der Nähe von Drauradweg und Strandbad Ferlach. Eigene Landwirtschaft (inklusive Wildgehege und Fischteich). Spezielle Aktionen wie Biergartenzeit mit Stelzen am Donnerstag und Maßbier (nur am Abend). Kunsteis- und Kegelbahn in einem eigenen Pub-Bereich mit eigener Bar. Sehr bemüht um Bierpflege und Reinigung der Bierleitungen! 220 Sitzplätze, 20 an der Bar, 130 im Garten.

KIRCHENWIRT
9163 Ferlach, Windisch-Bleiberg 39, +43/4227/6352
www.kirchenwirt-lausegger.at
ÖFFNUNGSZEITEN Mo-So: 11:00 bis 00:00 Uhr
FASSBIER Schleppe
FLASCHENBIER Erdinger Weizenbier, Schleppe Pils/Dunkel
LOKAL Gemütliche Stuben mit einem alten Kachelofen. Urige Theke mit „Liebesbankerl". Hat vielleicht die beste Speckjause zum Bier, der Speck ist rein weiß und sehr aromatisch gewürzt. Lammspezialitäten, ofenfrischer Schweinsbraten, Hadnspezialitäten, Maischerl mit sauren Rüben, Kasnudeln. 80 Plätze, 15 an der Bar, 70 im Gastgarten.

FRIESACH

Landhotel Metnitztalerhof

LANDHOTEL METNITZTALERHOF
9360 Friesach, Hauptplatz 11, +43/4268/2510-0
www.metnitztalerhof.at
ÖFFNUNGSZEITEN Mo-Mi: 12:00 bis 14:00 Uhr, 18:00 bis 21:00 Uhr, Fr-Sa: 12:00 bis 14:00 Uhr, 18:00 bis 21:00 Uhr, So: 12:00 bis 15:00 Uhr
FASSBIER Hirter Märzen, Hirter Pils, Hirter Zwickl, Wimitz Märzen

FLASCHENBIER Hirter 1270, Hirter Morchl, Wimitz Weizen
LOKAL Dieses den Hauptplatz von Friesach überblickende Landhotel hat eine schöne Terrasse, eine nette Bierbar und ein freundliches Service – typische Kärntner Wirtshauskultur. Bierkäsesuppe, Biernockerln. Innenstüberl: ca. 220 Sitzplätze, 30 an der Bar. im Garten 40 Plätze.

GMÜND

Alte Post

ALTE POST
9853 Gmünd, Hauptplatz 17, +43/4732/2212
ÖFFNUNGSZEITEN Mo-Mi: 8:00 bis 23:00 Uhr; Fr-So: 8:00 bis 23:00 Uhr
FASSBIER Radler, ein Weizenbier vom Fass, Gösser Märzen
FLASCHENBIER Edelweiss Alkoholfrei, Gösser Dunkel, Gösser Naturgold
LOKAL Typisches Kärntner Gasthaus mit einfachem Gastzimmer und guter Stube in einem altehrwürdigen Gebäude am Hauptplatz der Künstlerstadt. 125 Sitzplätze im Lokal, 50 im Gastgarten.

GASTHOF KOHLMAYR
9853 Gmünd, Hauptplatz 7, +43/4732/2149
www.gasthof-kohlmayr.at
ÖFFNUNGSZEITEN Di-So: 11:30 bis 21:30 Uhr
FASSBIER Gösser Märzen, Starobrno Altbrünner Gold, Weihenstephaner
FLASCHENBIER Gösser Märzen, Schlossgold, Stiftsbräu
LOKAL Schöner Kleinstadtgasthof mit bis zu 400 Jahre alten Gebäudeteilen, seit 200 Jahren in der Familie. Gutbürgerliche Küche und rustikale Gasträume. Zudem eine kleine Bar, an der sich die Einheimischen auf ein Bier treffen. 100 Sitzplätze im Lokal, 20 an der Bar, 30 Sitzplätze im Garten.

GASTHOF PRUNNER
9853 Gmünd, Hauptplatz 15, +43/4732/2187
prunner-gmuend.at
ÖFFNUNGSZEITEN Mo-So: 9:00 bis 00:00 Uhr
FASSBIER Gösser Märzen, Gösser Stiftsbräu, Puntigamer, Weihenstephaner, saisonal: Oktoberbier, Osterbock, Weihnachtsbock
FLASCHENBIER Schlossgold, Weihenstephaner
LOKAL Schöner großer Gasthof unmittelbar am Unteren Stadttor. Der Hl. Florian am Hauseck erinnert noch heute daran, dass das Haus einst ein Brauereibetrieb war. Einladender Schanigarten, noch einladendere Theke, toller Arkadenhof – und vor allem freundliche Wirtsleute. 150 Sitzplätze, 20 Sitzplätze im Schanigarten.

GÖDERSDORF BEI VILLACH

HOTEL RESTAURANT ZOLLNER
9585 Gödersdorf bei Villach, Finkensteiner Straße 14
+43/4257/2856
www.hotel-zollner.at
ÖFFNUNGSZEITEN Mo-So: 7:00 bis 00:00 Uhr
FASSBIER eine wechselne Bierspezialität, Hirter Pils (nur Juli u. August), Villacher Doppelmalz, Villacher Märzen
FLASCHENBIER Clausthaler, Erdinger Alkoholfrei, Erdinger Dunkel, Erdinger Hefetrüb, Erdinger Kristallklar
LOKAL „Wir sind Wirtsleut' mit Leib und Seel", versichert Wirtin Gudrun Zollner. Sie führt einen 300 Jahre alten Betrieb, der im 19. Jahrhundert auch eine eigene Brauerei hatte. Kulinarische Schwerpunktsetzung auf regionale Produkte. Die Saiblinge stammen aus dem hoteleigenen Teich, aus dem sie auf Wunsch auch selbst gefangen werden können. Das Fleisch kommt zum Teil aus der eigenen Landwirtschaft und wird in der hauseigenen Selch geräuchert. 280 Plätze, Bar: 20, Garten: 80.

Hotel Restaurant Zollner

MARKT CAFÉ IN DER NUDELFABRIK
9585 Gödersdorf bei Villach, Warmbaderstraße 34
+43/4257/22116
www.finkensteiner.at/markt-cafe.html
ÖFFNUNGSZEITEN Sept. bis Mai: Di-Sa: 9:00 bis 21:00 Uhr; Juli bis August: Mo-Sa 9:00 bis 21:00 Uhr
FASSBIER Villacher
FLASCHENBIER Franziskaner Alkoholfreies Weißbier, Franziskaner Hefeweißbier, Loncium Carinthipa, Loncium Classic, Loncium Gailtaler Weiße, Loncium, Freepa, Villacher Freilich Alkoholfrei
LOKAL Die Nudelfabrik ist tatsächlich eine Manufaktur, in der alle möglichen Nudeln hergestellt werden – und im angeschlossenen Lokal gibt es diese in verschiedenen Zubereitungsformen. Dazu Villacher und Loncium Biere – letztere können genauso wie viele regionale Lebensmittel im angeschlossenen Feinkostladen erworben werden. 100 Sitzplätze im Lokal, 120 im Gastgarten.

GREIFENBURG

GASTHAUS WULZ

9761 Greifenburg, Bruggen 8, +43/4712/82354
www.wulz-greifenburg.at
ÖFFNUNGSZEITEN Mo-So: 8:00 bis 00:00 Uhr
FASSBIER Gösser, Stiegl, Villacher
FLASCHENBIER Chimay, Dolle Brouwers Oerbier, Orval
LOKAL Dieses unscheinbare Gasthaus an der Straße zum Weißensee wird von einer sehr bierbegeisterten niederländischen Familie geführt, die es zu einem Paradies für Freunde ausgefallener Biere gemacht hat. Sehr gemütlicher Gastraum, kleine Bar und schöner Kastaniengarten. Moderne und preiswerte Gästezimmer. 60 Plätze im Lokal, 12 an der Bar und 100 im Garten mit überdachter Terrasse.

Gasthaus Wulz

GROSSKIRCHHEIM

DÖLLACHER DORFWIRTSHAUS

9843 Großkirchheim, Döllach 79, +43/4825/210
www.doellach.at
ÖFFNUNGSZEITEN Mo: 9:00 bis 00:00 Uhr; Mi-So: 9:00 bis 00:00 Uhr
FASSBIER Loncium Amber Naturtrüb, Loncium Classic
FLASCHENBIER Clausthaler, Loncium Gailtaler Weiße, Loncium Hell, Maisel's Weiße Alkoholfrei
LOKAL Es ist eines der Aushängeschilder der Craftbrauerei Loncium: Katja und Hubert Ziervogel betreiben dieses gemütliche Dorfwirtshaus mit guter Küche, in der auf Regionalität und Saisonalität großer Wert gelegt wird, und schönem Garten, in dem im Sommer zum Bier gegrillt wird. 60 Plätze, Garten: 60.

GURK

KRONENWIRT

9342 Gurk, Domplatz 8, +43/4266/8237
www.kronenwirt.at
ÖFFNUNGSZEITEN Mo-Di: 10:00 bis 21:00 Uhr; Do-So: 10:00 bis 21:00 Uhr
FASSBIER alle Biere der Hirter Brauerei
FLASCHENBIER alle Biere der Hirter Brauerei
LOKAL Bodenständiges Gasthaus gegenüber vom Dom von Gurk. Regionale Kärntner Küche, freundlich serviert. Gut gezapftes Hirter – und viele lokale Sportfreunde, die hier auch ihre Pokale stehen haben. 25 Plätze im Gastzimmer, 170 im Speiseaal, 120 im Gastgarten.

GUTTARING

GASTHAUS MOSER

9334 Guttaring, Unterer Markt 17, +43/4262/8112
www.mosergasthof.at
ÖFFNUNGSZEITEN Mo, Mi-So: 9:00 bis 00:00 Uhr
FASSBIER Hirter Pils, Hirter Zwickl
FLASCHENBIER Clausthaler, Erdinger Alkoholfrei, Hirter 1270er, Hirter Märzen, Hirter Morchl, Maisel's Weiße
LOKAL Bis vor hundert Jahren wurde beim Moser in Guttaring selbst Bier gebraut. Heute ist es ein „Genusswirt in der norischen Region", gelegen an der ehemaligen Eisenstraße. 120 Sitzplätze, 15 an der Bar, Garten: 60 Sitzplätze.

HEILIGENBLUT

LATERNDL

9844 Heiligenblut, Hof 4, +43/650/5031287
www.laterndl.com
ÖFFNUNGSZEITEN Mo-So: 9:00 bis 4:00 Uhr
FASSBIER Budweiser Premium Lager, Franziskaner Weißbier, Hirter 1270
FLASCHENBIER Beck's Alkoholfrei, Brewdog Punk IPA, Budweiser Budvar, Corona extra, Duvel, Gösser Naturgold, Guinness
LOKAL Nette Bierbar im Zentrum von Heiligenblut – sehr angenehm, um am Spätnachmittag draußen zu sitzen und bei einem Budweiser die Dämmerung in den Bergen zu genießen. Und in der holzverkleideten Stube kann man lange weiterfeiern – gelegentlich mit Livemusik.

Laterndl

HERMAGOR

ALPENHOTEL PLATTNER

9620 Hermagor, Sonnenalpe Nassfeld 99, +43/4285/8285
www.plattner.at
ÖFFNUNGSZEITEN Mo-So: 10:00 bis 22:00 Uhr
FASSBIER Puntigamer Panther, Weihenstephaner Hefeweizen
FLASCHENBIER Gösser Märzen, Gösser Naturgold, Gösser Stiftsbräu, Weihenstephaner Weizenbier Alkoholfrei, Weihenstephaner Weizenbier Dunkel
LOKAL Gemütliche Gaststube mit Sonnenterrasse, im Winter Après-Ski-Bar. Trotz großer Frequenz gibt es im Alpenhof Plattner immer ein gepflegtes Bier mit dazugehöriger Kärntner Schmankerlküche vom Kärntner Genusswirt. Im Sommer finden zahlreiche kulinarische Feste mit Bierspezialitäten statt: Wulfeniafest am 14. Juni 2020 / Frigga ohne Grenzen am 19. Juli 2020 / Nassfeldkirtag am 2. August 2020 / Bergfest am 13. September 2020. 80 Sitzplätze im Lokal, 10 Plätze an der Bar, 150-200 Sitzplätze im Garten.

HIRT

Hirter Braukeller

HIRTER BRAUKELLER

9322 Hirt, Hirt 1, +43/4268/205045
www.hirterbraukeller.at
ÖFFNUNGSZEITEN Mo-So: 9:00 bis 00:00 Uhr
FASSBIER Hirter 1270, Märzen, Morchl, Privat Pils, Weizen, Zwickl, saisonal Festbock
FLASCHENBIER Clausthaler, Hirter Biobier, Hirter Biohanfbier, Hirter Twist Off
LOKAL Der Hirter Braukeller, wenige Kilometer südlich von Friesach gelegen, wurde 1270 das erste Mal urkundlich erwähnt – die Taverne war wahrscheinlich derselbe Betrieb, aus dem die Hirter Brauerei hervorgegangen ist. Hervorragende Bierkultur: Alle Sorten sind ausführlich beschrieben, neben den Werten und Fakten finden die Gäste eine von Biersommeliers verfasste sensorische Beschreibung und Vorschläge zur Kombination mit Speisen. Denn dass es zu jeder Mahlzeit einen passenden Wein gibt, ist bekannt. Dass es aber auch zu jeder Mahlzeit das passende Bier geben kann, davon kann man sich bei einem Hirter Bierkulinarium überzeugen (bereits ab 2 Personen). Bodenständige Brauhausküche bis hin zu raffiniert zubereiteten Spezialitäten aus vorwiegend regionalen Produkten und saisonalen Themenschwerpunkten. 180 Plätze, weitere 140 in der Malztenne, 25 an der Bar, 250 im Kastaniengarten.

HOCHRINDL

GASTHAUS ZUR BAUERNSTUBN

9571 Hochrindl, Steingartenweg 1, +43/664/5128914 oder +43/664/3958339
www.bauernstubn.at
ÖFFNUNGSZEITEN Mo-So: 9:00 bis 20:00 Uhr

Gasthaus zur Bauernstubn

FASSBIER Radler, Franziskaner Weizen, Villacher Hell
FLASCHENBIER Franziskaner Weizen Alkoholfrei, Franziskaner Weizenbier, Schlossgold, Villacher Dunkel
LOKAL Auf der Hochrindl, im Herzen von Kärnten, liegt auf rund 1600 Meter dieser gastliche Betrieb, der von Günter und Renate Schwarz geführt wird. Neben den traditionellen Gaumenfreuden (Auszeichnung als Genusswirt) genießt man hier die beeindruckende Kärntner Landschaft von oben. Die Fernsicht verspricht im Süden einen Blick bis nach Klagenfurt und auf die Karawanken. 100 Sitzplätze, auf der Terrasse und Wintergarten: 45 Sitzplätze.

INNERKREMS

ALPENHOTEL HUTMANNSHAUS

9862 Innerkrems, Innerkrems 9, +43/4736/216, +43/664/6376174
www.ski-heil.at
ÖFFNUNGSZEITEN Juni bis September Mo-So: 9:00 bis 20:00 Uhr, Dezember bis März 8:00 bis 22:00 Uhr
FASSBIER Villacher Märzen
FLASCHENBIER Clausthaler, Corona, Franziskaner Weisse, Franziskaner Dunkel, Franziskaner Alkoholfrei, Villacher
LOKAL Über 150 Jahre altes, schönes, renoviertes Haus im rustikalem Stil mit alten Traditionen, beliebt als Ausgangs- oder Erholungspunkt bei Bergwanderungen in den Nockbergen und durch die Nähe zum Lift auf 1550 Meter (auch im Sommer in Betrieb). Einzigartiges Panorama, traumhafte Bergkulisse zum Wandern, Biken, Reiten und Relaxen. Die Chefin ist sehr freundlich, und sie serviert Kärntner Küche, unter anderem eine Schweinshaxe, die in Bier geschmort wird. Ca. 100 Sitzplätze, 50 im Biergarten.

KIRCHBERG

NORISCHER FORELLENWIRT GASTHOF BACHER

9374 Kirchberg, Kirchberg 14, +43/4264/2434
www.forellenwirt.at
ÖFFNUNGSZEITEN Mo-Di: 8:00 bis 00:00 Uhr, Do-Sa: 8:00 bis 00:00 Uhr, So: 8:00 bis 16:00 Uhr
FASSBIER Hirter Märzen
FLASCHENBIER Schneider Weisse, Schneider Weisse Alkoholfrei, Hirter 1270, Hirter Kellermeister, Hirter Morchl, Hirter Radler
LOKAL Der Forellenspezialist auf dem Kirchberg (vier Kilometer außerhalb von Wieting) wurde 1970 gegründet und bietet Bio-Produkte, Forellen und Damwild aus der eigenen Landwirtschaft. 120 Sitzplätze, Terrasse: 30 Sitzplätze.

KLAGENFURT

2GETHER

9020 Klagenfurt, Bahnhofstraße 22, +43/699/17177678
www.cafe2gether.at
ÖFFNUNGSZEITEN Mo-Fr: 7:00 bis 20:00 Uhr

2gether

FASSBIER Schladminger Schnee Weiße, Gösser Zwickl Dunkel, Heineken, Stiegl Goldbräu
FLASCHENBIER Bosteels Kwak, Delirium Tremens, Affligem Blonde, Affligem Double, Affligem Tripel, Amstel 1870, Amstel Gold, Bosteels Karmeliet Tripel, Chimay Blanche Triple, Chimay Bleu, Chimay Brune, Duvel Tripel Hop, Gouverneur Speciale 140, Gouverneur Blonde/Brune, Gouverneur Triple, Grolsch Kanon, Grolsch Schwingtop Bügelflasche, Hertog Jan, Hertog Jan Grand Prestige, Hertog Jan Karakter, Hoegaarden De Verboden Vrucht, Hoegaarden Grand Cru, La Chouffe Blonde, La Chouffe Brune, La Trappe Blonde, La Trappe Double, La Trappe Triple, Leffe 9, Leffe Blonde, Leffe Brune, Leffe Radieuse, Maredsous Blonde, Maredsous Brune, Mongozo Coconut, Rochefort 6, Westmalle Dubbel
LOKAL Natürlich gibt es an der Ecke Bahnhofstraße/Lidmanskygasse auch eiskaltes Heineken und Tramezzini für den kleinen Appetit – die Wirtsleute van Els stammen ja aus den Niederlanden. Verlockender ist aber der Kühlschrank hinter der Bar, in dem es belgische und holländische Biere gibt – teilweise exklusiv importiert und von den Wirtsleuten ebenso kundig wie enthusiastisch kommentiert. Die Spezialiäten werden auch über die Gasse verkauft. 40 Sitzplätze im Lokal, 12 an der Bar, ca. 30 im Garten.

BIERHAUS ZUM AUGUSTIN

9020 Klagenfurt, Pfarrhofgasse 2, +43/463/513992
www.gut-essen-trinken.at
ÖFFNUNGSZEITEN Mo-Sa: 11:00 bis 00:00 Uhr

Bierhaus zum Augustin

FASSBIER Augustin Wirtshausbier, Gösser Märzen, Gösser Zwickl, Gösser Stiftsbräu Dunkel, Puntigamer Panther, Augustiner Münchner Hell
FLASCHENBIER Schladminger Weizenbier, Gösser Naturradler
LOKAL Ein modern und doch urig gestaltetes Bierlokal mit zentraler Bar und mehreren Nebenräumen – in einem der ältesten Häuser in Klagenfurt situiert. Oft gedrängt voll, aber durch die räumliche Aufteilung ist auch das erträglich. Sehr schön bierig dekoriert (kupferne Sudpfannen-Haube), jedoch keine Gasthausbrauerei – aber das tut der Stimmung keinen Abbruch. Das Wirtshausbier ist eine garantierte Brau-Union-Qualität, gebraut von Braumeister Andreas Werner in Puntigam. Das bodenständige Angebot reicht von deftiger Kernöleierspeis über Kalbsrahmbeuscherl und Saiblingsfilets mit Knoblauchbutter und Paprikapolenta bis zu ofenfrischen Schweinsbraten, die am Dienstag und Donnerstag auf der Karte stehen. 130 Plätze, Garten: 90 Plätze.

FELSENKELLER

9020 Klagenfurt, Feldkirchner Straße 141, +43/463/420130
www.schleppe-felsenkeller.at
ÖFFNUNGSZEITEN Mo-Fr: 11:00 bis 23:30 Uhr; Sa: 12:00 bis 23:30 Uhr
FASSBIER Radler, Franziskaner Weizen, Mischbier, Schleppe Doppelmalz, Schleppe India Pale Ale, Schleppe Kurvenbier, Schleppe Märzen, Schleppe No. 1 Pale Ale, Schleppe Premium Bernstein, saisonal Bockbier, Doppelbockbier, Oktoberbier
FLASCHENBIER Franziskaner Weizen Alkoholfrei, Freilich Alkoholfrei, Schleppe Belle Saison, Schleppe Porter No. 5, Schleppe Session IPA, Schleppe Weizenbock
LOKAL 1998 völlig neu gestaltetes (im Kern 400 Jahre altes) Traditionslokal der Schleppe-Brauerei, wo auch immer wieder die Sondersude (etwa Altbier) ausgeschenkt werden. Nicht nur schön, modern und vor allem stimmungsvoll

ausgeleuchtet, sondern auch durch eine überdurchschnittlich gute Küche ausgezeichnet. Bockbier-Sauerkraut beim Wirtshausbrat'l. 150 Sitzplätze und 30 Stehplätze im Lokal, im Gastgarten stehen 150 Plätze zur Verfügung.

GASTHAUS PIRKER

9020 Klagenfurt, Adlergasse 16, +43/463/57135
www.gasthauspirker.at
ÖFFNUNGSZEITEN Mo-Fr: 10:00 bis 22:00 Uhr; Sa-So: 11:00 bis 15:00 Uhr
FASSBIER Stiegl Märzen, Velkopopovicky Kozel Dunkel, Velkopopovicky Kozel Hell, Wimitz Lemisch
FLASCHENBIER Stiegl Freibier, Erdinger Alkoholfrei, Erdinger Hefeweisse
LOKAL Der Treffpunkt der Budweiser-Fans in Kärnten – und gleichzeitig das „Wohnzimmer der Klagenfurter", seit 40 Jahren unter Führung der Familie Erian. Bodenständige Österreichische/Kärntner Küche. 70 Plätze im Lokal.

GASTHOF KRALL

9020 Klagenfurt, Ehrentalerstraße 57, +43/463/41444
www.gasthof-krall.at
ÖFFNUNGSZEITEN Mo-So: 10:00 bis 22:00 Uhr
FASSBIER Radler, Villacher Bernstein (Hausbier), Villacher Märzen
FLASCHENBIER Franziskaner Alkoholfrei, Franziskaner Weißbier, Villacher Doppelmalz, Villacher Freilich Alkoholfrei, Villacher Märzen Hell
LOKAL Kärntner Traditionslokal im nördlichen Klagenfurter Stadtteil Annabichl – unweit vom Flughafen. Sehr angenehm ruhig gelegen, aber meist gut besucht, schließlich ist die Bedienung familiär und freundlich, die Bierpflege gut. 290 Plätze in verschiedenen Stuben und Sälen, 75 auf der Terrasse, wo es wöchentlich einen Grillabend gibt.

Hofbräu zum Lindwurm

HOFBRÄU ZUM LINDWURM

9020 Klagenfurt, Neuer Platz 10, +43/463/503280
www.hofbraeu-zum-lindwurm.at
ÖFFNUNGSZEITEN Mo-So: 10:00 bis 22:00 Uhr
FASSBIER Hofbräu Original Helles, Hofbräu Dunkel, Maibock, Münchner Weiße, Oktoberfestbier, Winterzwickl
FLASCHENBIER Hofbräu Münchner Schwarze Weiße, Münchner Weiße Alkoholfrei, Sommer Bier
LOKAL Dieses Lokal versucht, seinem Ruf als urigstes Beisel der Stadt gerecht zu werden: Schon beim Gang durch das Eingangstor am Neuen Platz sieht man die bayrischen Farben, dann kommt man in einen Innenhof-Garten und an eine Bar, die mit Jagdtrophäen und Herzerln dekoriert ist. Flotte Sprüche an den Wänden („Hopfen und Malz erleichtern die Balz"). Ab und zu stehen besondere Biere auf der Karte – dies war eines der wenigen Lokale, in denen man das Collaboration-Bier von Hofbräu München mit Leinenkugel, den Hallodri, kosten konnte. Das Bier ist gepflegt, die Küche preiswert, die ofenfrischen Rippen, Stelzen und der Schweinsbraten werden allesamt im Biersud gegart. Besonders Angebot: Bierverkostung (ab 5 Personen buchbar) 30,- €/ Person mit Verkostung von mind. 7 Bieren, Weißwurst und Obazta mit Brezen. Für Stammgäste gibt es im Eingangsbereich einen handgeschmiedeten Maßkrugtresor. Hier können Stammgäste die heiß begehrten Plätze für ein Jahr mieten. Jeder bekommt einen Maß-Steinkrug, persönlich graviert mit seinem selbst gewählten Namen oder Spitznamen. An jedem Feiertag bekommt dieser Gast eine Maß gratis, vorausgesetzt er kommt persönlich ins Lokal. Die Miete wird für einen guten Zweck gespendet. Tresorbesitzer haben das Vorrecht auf Verlängerung. 35 Plätze an der Bar, 75 in zwei Stüberln. 100 im Garten.

McMullens Klagenfurt

MCMULLENS

9020 Klagenfurt, St. Veiter Ring 16, +43/676/5302353
www.facebook.com/McMullens-Klagenfurt-113281393548624
ÖFFNUNGSZEITEN Mo-So: 17:00 bis 1:00 Uhr
FASSBIER Radler, Guinness, Guinness Hop House 13, Heineken, Kilkenny, Puntigamer, Schladminger Bio Zwickl
FLASCHENBIER Coopers Pale Ale, Gösser Naturgold, Heineken, American Bud, Budweiser, Desperados, Edelweiss, Edelweiss Alkoholfrei, Guinness Hop House 13, Heineken 0,0, O'Hara's Irish Pale Ale, O'Hara's Irish Red Ale, O'Haras Irish Stout, Weihenstephaner Alkoholfrei, Weihenstephaner
LOKAL Julian Mullen – der auch das McMullens in Villach und das Claddagh in Klagenfurt gegründet hat – machte im Februar 2020 dieses Pub als dritte Location auf. Das „Mc"

im Lokalnamen stammt von Julians Mutter, die aus der Familie McDonnell stammt. Das Familienwappen der Mullens zeigt drei Mondsicheln (die Erleuchtung durch den Herrscher symbolisieren) und ein Schwert als Zeichen von Macht und Gerechtigkeit.

MOLLY MALONE

9020 Klagenfurt, Theatergasse 7, +43/463/57200
www.facebook.com/mollymalone.klagenfurt
ÖFFNUNGSZEITEN Mo-Sa: 17:00 bis 2:00 Uhr; So: 18:00 bis 2:00 Uhr
FASSBIER Guinness, Hirter 1270, Hirter Märzen, Kilkenny
FLASCHENBIER Clausthaler, Edelweiss Weizen, saisonale Bierspezialitäten
LOKAL Großes, klug in mehrere Bereiche geteiltes und gemütlich dekoriertes Irish Pub. Mit seinem Dining Room und dem Sports Room (Dartboard, Sportübertragungen) spielt es durchaus in der Oberliga der „Irish Watering Holes" in den deutschsprachigen Ländern mit – auch weil durchgehende Dienstsprache Englisch ist. Sehr dunkel eingerichtet, gemütliche Sofas, alte Bilder, altes Holz, alte Guinness-Werbung. Die Bierauswahl bleibt aber leider weit hinter der Whiskey-Auswahl zurück – mehr Craft Beer wäre durchaus wünschenswert. 100 Plätze im Lokal, 40 an der Bar, 50 im Garten.

PANIMA

9020 Klagenfurt, Osterwitzgasse 6, +43/463/501386
www.panima.at
ÖFFNUNGSZEITEN Di-Sa: 10:30 bis 23:00 Uhr

Panima

FASSBIER Wimitz Black Jack (Bio-Stout), Wimitz Lemisch, Wimitz Märzen, Wimitz Weizen, Saisonbiere wie z.B. Wimitz Fastenbier
FLASCHENBIER Stiegl Freibier, Erdinger Alhoholfrei, Wimitz Biere (take away und in 2L Geschenkflaschen)
LOKAL Das PA NI MA, das im Frühjahr 2018 eröffnet hat, liegt mitten im Zentrum von Klagenfurt, nur ein paar Schritte vom „Alten Platz" und den „City Arkaden" entfernt. Es ist das Klagenfurter Aushängeschild der Wimitzbrauerei: Ein Kärntner, ein Ire und ein Steirer setzen ihr Konzept „Essen. Bier. Wir" um. Das Wimitz-Bräu unterstützt das mit einem eigens für dieses Lokal gebrauten Bio-Stout „Black Jack" – während die Mannschaft hinter der Bar ein paar Mixgetränke mit Bier erfunden hat; unter anderem einen Weizen-Mojito. Dazu gibt es an Samstagen ein Irish Breakfast. Sonst ist die Küche, die irische und Kärntner Spezialitäten bietet, von 11:30 bis 21:30 Uhr offen – Bierschmankerl gibt es aber rund um die Uhr. 60 Plätze im Lokal, 8 an der Bar.

PAVLVS

9020 Klagenfurt, 10. Oktoberstraße 19, +43/664/1716922
www.pavlvs.at
ÖFFNUNGSZEITEN Mo-Fr: 7:00 bis 1:00 Uhr

Pavlvs

FASSBIER Lasko Pivo, Puntigamer, Villacher Märzen
FLASCHENBIER Corona Extra, Franziskaner Alkoholfrei, Lasko Dark, Lasko zlatorog svetlo, Loncium Austrian Amber Lager, Puntigamer, Schneider Weisse TAP 6, Schneider Weisse Tap 7, Villacher Bernstein Premium, Villacher Freilich Alkoholfrei, Wimitz Lemisch
LOKAL Ein Bierkühlschrank mit deutlich ausgeweitetem Angebot (Schwerpunkt: die Biere aus Kärntner Kleinbrauereien) zeichnet diese sehr wandlungsfähige Café-Bar aus. Sie hat einen zentralen Barbereich, hinter dem oft der Chef selber ausschenkt, einen kleinen Café-Bereich und ein paar Stehtischchen – abends ist aber alles, was an ein Café erinnert, weg und es ist eine schöne Bierbar. Geboten werden kleine Snacks wie Toast, italienische Fladenbrote und diverse Pizzen. Der Lokalname Pavlvs steht für die römische Schreibweise des vom Saulus zu Paulus gewandelten Apostels. Treffpunkt für Medienmenschen (persönliche Empfehlung von Markus Vouk von den Regionalmedien), Künstler und Intellektuelle, vor allem solche mit slowenischer Muttersprache. Immer wieder Aktionen, etwa ein Oktoberfest mit großer

Bierauswahl Mitte Oktober, mehrmals im Monat gibt's Live Musik vom anspruchsvollen Jazz bis zur Oberkrainer Session. Und wer als Stammgast einen Bierpass hat, bekommt jedes 16. Bier umsonst. 25 Plätze im Lokal, 25 an der Bar.

Pumpe – Gasthaus zum Großglockner

PUMPE – GASTHAUS ZUM GROSSGLOCKNER

9020 Klagenfurt, Lidmanskygasse 2, +43/463/57196
www.beim-pumpe.at
ÖFFNUNGSZEITEN Mo-Fr: 8:30 bis 23:00 Uhr; Sa: 8:30 bis 14:30 Uhr
FASSBIER Radler, Gösser Stiftsbräu Dunkel, Puntigamer Panther, saisonal: Puntigamer Winterbier, Oktoberbier
FLASCHENBIER Gösser Naturgold, Edelweiss Naturtrüb, Edelweiss Weißbier Alkoholfrei
LOKAL Familie Fischer hat diese Klagenfurter Institution 2018 nach 52 Jahren im Familienbesitz an Mickey Schöndorfer und seinen Geschäftsführer Jürgen Singer übergeben – für die Gäste hat sich aber nicht viel geändert, außer dass das Ehepaar Fischer eben nicht mehr hinter der eindrucksvollen Schank steht. Das 1882 gegründete Lokal trägt seit 1906 den Beinamen „Zum Pumpe", weil vor allem studentische Stammgäste früher hier das Puntigamer Bier „auf Pump" trinken konnten, wenn sie kein Geld dabei hatten. Die Schulden wurden mit Kreide auf einer Tafel, welche an der Innenseite der Kellertüre angebracht war, notiert. Ultimo wurde bezahlt – und die Tafel hinausgehängt, damit alle sehen konnten, wer noch etwas schuldig geblieben war. Aus der Küche gibt es – neben dem legendären Gulasch, für das täglich 25 Kilo Fleisch und ebensoviel Zwiebel verarbeitet werden – unter anderem Puntigamer Bierfleisch, Krustenbraten im Biersaftl und Krautwickler im Dunkelbiersaftl. 200 Sitzplätze, 15 an der Theke, Innenhof-Garten: 50 bis 70 Sitzplätze.

SCHLOSSWIRT

9020 Klagenfurt, St. Veiter Straße 247, +43/463/41621
www.schlosswirt-klagenfurt.at
ÖFFNUNGSZEITEN Mo-Fr: 7:30 bis 22:00 Uhr; Sa: 7:30 bis 15:30 Uhr
FASSBIER Kaiser Doppelmalz, Franziskaner Hefeweizen, Schleppe Märzen
FLASCHENBIER Gösser Naturgold, Franziskaner naturtrüb und klar, Hirter, Murauer, Puntigamer, Schlossgold, Villacher
LOKAL Uriger alter Gasthof am Stadtrand von Klagenfurt, kann mit dem Bus der Linie 40 (Station Annabichl) erreicht werden. Das Anfang der 50er-Jahre zuletzt umgebaute Lokal wird seit ca. 80 Jahren von der Familie Egger nunmehr in der dritten Generation betrieben. Viele Stammgäste, die schätzen, dass man an der Theke Ö1 hören kann – und dass der Speisesaal gar nicht beschallt wird. Originale Kärntner Kasnudel, Klachelsuppe, Ritschert, Kletzennudel, Hascheeknödel ... (der Koch liebt ein gutes frisch gezapftes Schleppe). Bis zu 100 Sitzplätze im Lokal, bis zu 60 Plätze im Garten.

The Claddagh

THE CLADDAGH

9020 Klagenfurt, Pernhartgasse 4, +43/680/3188995
www.claddagh.at
ÖFFNUNGSZEITEN Mi-Sa: 18:00 bis 2:00 Uhr
FASSBIER Guinness, Heineken, Kilkenny, Puntigamer, Schladminger Bio Zwickl
FLASCHENBIER Gösser Naturgold, American Bud, Budweiser, Coopers Pale Ale, Corona, Desperados, Edelweiss, Edelweiss Alkoholfrei, Edelweiss Hefetrüb, Guinness Hop House 13, Heineken, Heineken 0,0, O'Hara's Irish Red, O'Hara's Pale Ale, O'Hara's Stout, Weihenstephan, Weihenstephan Alkoholfrei, Wieselburger
LOKAL The Claddagh steht für einen im gleichnamigen Stadtteil von Galway im 17. Jahrhundert hergestellten Ring, der zwei Hände, die ein Herz mit einer Krone halten, darstellt. Das Herz symbolisiert Liebe, die Hände Freundschaft (Vertrauen) und die Krone Treue (Loyalität). In diesem sympathischen, zentral gelegenen Pub ist der Ring groß an die Wand hinter der Bar gemalt. Das Lokal erweist sich als ein guter Treffpunkt für Freunde englischsprachiger Literatur: Rechts vom Eingang befindet sich ein Bücherregal, in dem Bookcrosser Bücher gratis entnehmen können – wenn sie selber auch welche hinbringen. Außerdem gibt es an jedem Mittwoch Livemusik, da kann es laut und eng werden, was der Stimmung aber keinen Abbruch tut. Treffpunkt des lokalen Kilt-Stammtisches „The Shamrocks – Klagenfurts Highlandclub". Motto des Lokals: „We´re not original, but we´re real!" Neben gut gezapftem Bier und einer beachtlichen Craftbier-Karte gibt es auch ein umfangreiches Malzwhisky-Sotiment. 35 Plätze im Lokal, 25 an der Bar, 20 im Schanigarten.

KLAGENFURT · KÖTSCHACH-MAUTHEN · MARIA SAAL · OBERDRAUBURG

UNI.WIRT.

9020 Klagenfurt, Nautilusweg 11, +43/463/218905
www.uniwirt.at
ÖFFNUNGSZEITEN Mo-Fr: 8:00 bis 00:00 Uhr; Sa: 9:00 bis 00:00 Uhr
FASSBIER Stiegl Weisse, Benediktiner Mischbier (halb Kozel Dunkel / halb Goldbräu), Loncium, Stiegl Grapefruit Radler/Kräuter/Cola, Stiegl Paracelsus Bio-Zwickl, Stiegl-Goldbräu, Velkopopovicky Kozel Dunkel
FLASCHENBIER Loncium Carinthipa, Stiegl Sport-Weisse, Stiegl-Freibier, saisonale Bierspezialitäten
LOKAL Die Wirte Patrick Leitgeb und Alexander Präsent sind beide Bierfreaks und achten auf Bierkultur – was ihnen die Auszeichnung „Bierwirt 2015" der Stiegl-Brauerei eingebracht hat. Ihr Studentenlokal gegenüber der Mensa wurde 1998 eröffnet und dient als akademischer Treffpunkt. 2017 wurde unter den Gästen abgestimmt, wie ein Jubiläumsbier schmecken sollte – als Anregung für die Loncium-Brauerei, das dann auch zu brauen. Frühstück von 8:00 bis 10:30 Uhr. 90 Plätze, 12 an der Bar, im Biergarten mit BBQ Smoker 110 Plätze. Erweiterung um 60 Plätze in einem extra Raum passend für Sponsionen, Weihnachts- oder Geburtstagsfeiern.

KÖTSCHACH-MAUTHEN

Loncium Brew Pub

LONCIUM BREW PUB

9640 Kötschach-Mauthen, Mauthen 60, +43/4715/284
www.hotel.loncium.at
ÖFFNUNGSZEITEN Mo-So: 15:00 bis 00:00 Uhr
FASSBIER 6 ständige Loncium Biere vom Fass – im Winter: Glühbier & Bierpunsch
FLASCHENBIER Sämtliche Loncium Flaschenbiere und ein Repertoire an Gastbieren aus dem In- und Ausland
LOKAL Aus dem alteingesessenen Familiengasthof Edelweiss im Zentrum von Mauthen im Gailtal hat sich nach und nach ein Zentrum der Bierkultur entwickelt. Zunächst gab es vorne traditionelle Gastronomie und im Hinterhaus, einem ehemaligen Stallgebäude mit Schlachtung, die kleine Brauerei. Diese ist längst über die anfänglich bescheidenen Dimensionen hinausgewachsen und in einen anschließenden modernen Neubau übersiedelt. Nun gibt es das Hotel und dazu einen eigenen, ganz modern gestalteten Verkostungsraum für bierorientierte Veranstaltungen. 95 Sitzplätze im Lokal, 20 an der Bar, 50 im Garten.

S' WIRTSHAUS MÜLLMANN

9640 Kötschach-Mauthen, Wetzmann 199, +43/4715/21417
www.swirtshaus.net
ÖFFNUNGSZEITEN Mo: 9:00 bis 2:00 Uhr; Mi-So: 9:00 bis 2:00 Uhr
FASSBIER Hirter
FLASCHENBIER Gösser, Hirter, Murauer
LOKAL Im Frühjahr 2016 haben Robert und Anico Dosa das mit viel hellem Holz ausgestaltete „s'Wirtshaus Müllmann" an der Lesachtal-Bundesstraße als neue Pächter übernommen. Dienstag Rippelan-Abend. 60 Plätze im Lokal, 15 an der Bar, 75 im Garten.

s' Wirtshaus Müllmann

MARIA SAAL

GASTHOF FLEISSNER

9063 Maria Saal, Zollfeld 3, +43/4223/2218
www.gasthof-fleissner.at
ÖFFNUNGSZEITEN Di-So: 11:30 bis 22:00 Uhr
FASSBIER Villacher
FLASCHENBIER Clausthaler, Franziskaner, Schlossgold, Villacher Märzen
LOKAL Ein traditionelles Einkehrgasthaus, archäologisch angehaucht. Das „Virunumstüberl" ist mit Funden aus der Römerzeit ausgeschmückt. Gekocht wird bodenständig. Die Produkte für die Jausen und Fleischspeisen liefern der eigene Garten und die Landwirtschaft. Veranstaltungssaal mit Kegelbahn – viele Ausflügler, weil direkt am Radweg gelegen. 150 Sitzplätze, 30 im Garten.

OBERDRAUBURG

GASTHOF PONTILLER

9781 Oberdrauburg, Marktstraße 17, +43/4710/2244
www.pontiller.at
ÖFFNUNGSZEITEN Mo-So: 11:00 bis 23:00 Uhr
FASSBIER Falkenstein Märzen
FLASCHENBIER Gösser Naturgold, Gösser Stiftsbräu, Edelweiss Hofbräu, Gösser Märzen, Maisel's Weisse, Zipfer Märzen
LOKAL Historischer Einkehrgasthof (und daher traditionell radlerfreundlich) mit einer gemütlichen, holzgetäfelten Gaststube, wo die Einheimischen einkehren, und einem gehobenem Speisesaal. Das Haus ist bekannt für seine Fischgerichte, die Grundprodukte dafür kommen aus dem eigenen Fischwasser in der Drau. Natürlich gibt's auch die traditionellen Kärntner Nudeln. 150 Sitzplätze, kleiner Schanigarten.

GASTHOF POST

9781 Oberdrauburg, Marktplatz 4, +43/4710/22570
www.gasthofpost.at
ÖFFNUNGSZEITEN Mo: 10:00 bis 00:00 Uhr; Mi-So: 10:00 bis 00:00 Uhr
FASSBIER Wieselburger
FLASCHENBIER Edelweiss, Gösser, Wieselburger
LOKAL Karl Brandstätters Gasthof liegt im Zentrum von Oberdrauburg direkt am mittelalterlichen Marktplatz. Er wurde in den letzten Jahren fein herausgeputzt. Kärntner Schmankerln mit Fleisch aus der eigenen Landwirtschaft und Fisch aus eigener Fischzucht. Grill im Gastgarten. Besondere Angebote für Radfahrer (Gepäckstransport am Drautal-Radweg). 100 Plätze, Terrasse: 50 Plätze.

PÖRTSCHACH AM WÖRTHERSEE

KOCHWIRT JOAINIG

9210 Pörtschach am Wörthersee, Kochwirtplatz 4
+43/4272/2319-0
www.joainig.com
ÖFFNUNGSZEITEN Mo-So: 7:00 bis 00:00 Uhr
FASSBIER Radler, im Sommer Edelweiss Hefetrüb, Schleppe Hausbier (Kellertrüb), Schleppe Märzen
FLASCHENBIER Clausthaler, Franziskaner Weißbier Alkoholfrei, Franziskaner Weißbier Dunkel, Franziskaner Weißbier Hefetrüb
LOKAL Bierorientiertes Kärntner Kulturwirtshaus, verwöhnt schon seit dem Jahr 1911 seine Gäste mit deftigen Bierschmankerln wie z.B. dem Schweinsbraten mit Biersauce für 4 Personen. Es gibt eine gemütliche kleine Bar, an der mit großem Bemühen schön gezapft wird. 240 Sitzplätze inkl. Lounge, im Gastgarten 140 Sitzplätze.

'S WIRTSHAUS

9210 Pörtschach am Wörthersee, Hauptstraße 211
+43/4272/24161
www.swirtshaus.eu
ÖFFNUNGSZEITEN Mo-Sa: 12:00 bis 21:00 Uhr; So: 12:00 bis 15:00 Uhr
FASSBIER Gösser Naturradler, Hausbier, Puntigamer Panther
FLASCHENBIER Gösser Naturgold, Gösser Stiftsbräu, Heineken, Edelweiss Alkoholfrei, Edelweiss Hofbräu, Guinness (Dose), Salitos
LOKAL Natürlich kann man einfach auf ein Bier in 's Wirtshaus kommen, sich in den Garten zu den Zwergerln setzen und den Tag genießen. Da entgeht einem aber das Angebot an regionaler Küche (unter anderem Kasnudeln, Beuschl, Gulasch, Ritschert, Kalbskopf, Saures Rindfleisch), jeden Samstag

und Sonntag gibt's Schweinsbraten vom Schwartlkarree in Stiftsbräusauce. Jährlich Bierdegustationsmenü – in den Wintermonaten ist die Flaschenbierkarte länger, dafür wird das Fassbierangebot eingeschränkt. 100 Plätze im Lokal, bis zu 50 in der Wirsthausstub'n, die als Extrazimmer genutzt werden kann, 15 an der Bar, 60 im Garten.

RADENTHEIN

DIE GARTENRAST

9545 Radenthein, Gartenraststraße 9, +43/4246/2017
www.gartenrast.at
ÖFFNUNGSZEITEN Mi-So: 11:00 bis 22:00 Uhr

Die Gartenrast

gartenrast

FASSBIER Shilling Granatbier, Shilling Hell, Shilling Nock Ale, saisonale Bierspezialitäten wie z. B. Fastenbier
FLASCHENBIER Aecht Schlenkerla Rauchbier, Augustiner Edelstoff, Aventinus Weizenbock 2013/2014/2018, Blanche de Namur, Hofstetten Granitbock, Hofstetten/Shilling Austrian Collaboration Brew No1, Schneider Hopfenweisse, Schneider Weisse Original, Zillertal Gauder Steinbock
LOKAL Uli Bacher ist einer der Pioniere der Kärntner Bierkultur. Er hat seine oberhalb von Radenthein gelegene Gartenrast in den letzten Jahren behutsam modernisiert. Wer hereinkommt, stößt zunächst an eine kleine Bar, an der es offenes Bier aus der eigenen Shilling-Brauerei gibt (sie liegt keine 100 Meter weiter auf der Gartenrast-Straße und kann an Wochenenden besucht werden). Von der Bar geht es in weitere im Landhaus-Stil eingerichtete Gastzimmer und auf eine Terrasse, auf der es in unregelmäßigen Abständen Bierfestivals gibt, zu denen selbst englische Brauer mit ihrem cask conditioned Ale anreisen. 150 Sitzplätze im Lokal, 8 Plätze an der Bar, 50 im Garten.

METZGERWIRT

9545 Radenthein, Hauptstraße 22, +43/4246/2052
www.metzgerwirt.co.at
ÖFFNUNGSZEITEN Mo-Di: 11:00 bis 21:00 Uhr; Fr-So: 11:00 bis 21:00 Uhr
FASSBIER Guinness, Shilling-Bier, Villacher
FLASCHENBIER Franziskaner Hefeweizen Alkoholfrei, Franziskaner Weißbier, Franziskaner Weißbier Dunkel, Gösser Naturgold
LOKAL Seit 1909 das erste Haus am Platz mit einer 2012 auch von der Stiegl-Brauerei ausgezeichneten regionalen Küche (Spezialitäten: Schinken und Spargel). Zu den Stammgästen zählt auch Ex-Bundeskanzler Christian Kern. Der Metzgerwirt wird von Angelika und Emanuel Stadler bereits in vierter Generation geführt – sie verstehen ihr Haus als im besten Sinn „gutbürgerlich". Die holzgetäfelten Räume und der Garten sind ein einladender Platz für ein Bier nach dem Besuch des Granatium-Museums nebenan. Zudem gibt's für Genießer auch feine Bierschnäpse von Schleppe und auch das Bier von der lokalen Shilling Brewery ist ein Fixstarter geworden. 75 Sitzplätze im Lokal, 8 Plätze an der Bar, 45 Sitzplätze im Garten.

RENNWEG

STAMPERL KATSCHBERG

9863 Rennweg, Katschberghöhe 19, +43/4734/612
www.stamperl-katschberg.at
ÖFFNUNGSZEITEN Mo-So: 10:30 bis 00:00 Uhr
FASSBIER Stiegl-Weisse, Katsch Beer HEDU Hell/Dunkel, Katsch Beer Mountainstoff Hell, Katsch Beer Werwolf (dunkel), Stiegl-Goldbräu, Radler
FLASCHENBIER Stiegl Freibier, Stiegl Sport Weisse, Trumer Pils
LOKAL Auf der Katschberghöhe, unmittelbar an der Grenze zwischen Kärnten und dem Salzburger Lungau, hat die Hinteregger-Hotelgruppe die Pizzeria Stamperl eingerichtet. Im Spätherbst 2015 wurde das Lokal um eine Bierbar mit eigener Brauanlage – der höchstgelegenen von Österreich und eine der höchstgelegenen in Europa – erweitert. Die Biere gibt es auch in den anderen Hinteregger-Betrieben auf dem Katschberg. Brauereiführungen gibt es an jedem Montag von 16.00 – 17.00 Uhr; Inklusive Bierverkostung und Snack. 130 Plätze im Lokal, 20 an der Bar, 90 auf der Sonnenterrasse.

SACHSENBURG

GASTHOF „ZUM GOLDENEN RÖSSL"

9751 Sachsenburg, Marktplatz 18, +43/4769/2556 oder +43/664/4616750
www.goldenes-roessl-sachsenburg.at
ÖFFNUNGSZEITEN Mo-Sa: 7:00 bis 00:00 Uhr; So: 7:30 bis 00:00 Uhr
FASSBIER Villacher Hausbier, Villacher Märzen
FLASCHENBIER Beck's Alkoholfrei, Beck's Pils, Clausthaler,

Franziskaner Weißbier Alkoholfrei, König Ludwig Dunkel, Luitpold Hefe Dunkel, Luitpold Hefe Hell, Villacher Märzen, Villacher Radler

LOKAL Kärntner Gasthof mit guter Bierpflege – bei der Renovierung hat Ferdinand Penker darauf geachtet, dass es kurze Bierleitungen und eine durchgehende Kühlung des Bieres gibt. Der Wirt veranstaltet gelegentlich Spezialitätenwochen rund ums Bier. 70 Plätze im Lokal, 25 an der Bar, 40 im Garten.

SANKT DANIEL / DELLACH IM GAILTAL

GASTHOF GRÜNWALD

9635 Sankt Daniel / Dellach im Gailtal, St. Daniel
+43/4718/677
www.gruenwald.dellach.at

ÖFFNUNGSZEITEN Mo: 8:00 bis 00:00 Uhr; Mi-So: 8:00 bis 00:00 Uhr

Gasthof Grünwald

FASSBIER Loncium Helles, Loncium Spezial

FLASCHENBIER Gösser Märzen, Loncium Gailtaler Weisse, Schlossgold

LOKAL Traditionsreiche, in der vierten Generation als Familienbetrieb geführte Gastwirtschaft aus dem Jahr 1786 neben der Kirche von St. Daniel, zwei Kilometer westlich von Dellach. In dem stattlichen Haus gibt es eine schöne Bierbar und mehrere Gasträume – die Küche mit ihrem Nudl-Kudl-Mudl ist weit über das Gailtal hinaus bekannt. 120 Plätze, 15 Plätze an der Bar.

SANKT PAUL

GASTHAUS TRAUBE – POPPMEIER

9470 Sankt Paul, Hauptstraße 4, +43/4357/2087
www.poppmeier.co.at

ÖFFNUNGSZEITEN Di-Sa: 8:00 bis 00:00 Uhr; So: 8:00 bis 14:00 Uhr

FASSBIER Gösser Naturgold, Gösser Radler, Gösser Stiftsbräu, Puntigamer Braufrisch, Weihenstephaner Hefeweizen, eine saisonale Bierspezialität

FLASCHENBIER Reininghaus Jahrgangspils

LOKAL Das Wirtshaus am Stiftshügel, auf dem sich das Benediktinerstift St. Paul erhebt, wird seit fünf Generationen von derselben Familie geführt. Hohe Räume mit prachtvollen Gewölben zeichnen dieses alte Gasthaus aus. Und der Wirt Richard Poppmeier verspricht „Spaß vom Fass" – schließlich ist er Bierzapf-Kaiser von Kärnten. 150 Plätze im Lokal, 20 Plätze an der Bar, 80 Plätze im Garten.

SANKT VEIT AN DER GLAN

BIERADIES

9300 Sankt Veit an der Glan, Hauptplatz 2, +43/664/5662609
de-de.facebook.com/pages/Bieradies/135489593187052

ÖFFNUNGSZEITEN Mo-Do: 16:00 bis 23:00 Uhr; Fr: 16:00 bis 2:00 Uhr; Sa: 18:00 bis 2:00 Uhr

FASSBIER Guinness, Hausbier (Mischbier-Villacher Brauerei), Murauer, Radler (Villacher Brauerei), Trumer Pils, Villacher, Wimitz Bräu

FLASCHENBIER Corona, Desperados, Duvel Blond, Erdinger Weizen, Erdinger Weizen Alkoholfrei, Gösser Alkoholfrei, Gösser Natur Radler, Heineken, Leffe Blond, Murauer, Schlossgold, Villacher Hugo, Villacher Märzen, Villacher Weizen Dunkel

LOKAL Dieses freundliche Lokal am Hauptplatz von St. Veit zieht sich entlang einer langen Bar in die Tiefe des Hauses. Davor ein schöner kleiner Schanigarten. Freundliche Bedienung und junges Publikum, das manchmal recht laut wird. Die Guinness Anlage wurde getauscht und das Guinness wird, nach Einschulung der Mitarbeiter, präzise und genau gezapft. Die Marke „Bieradies" ist das Franchisekonzept für eine Systemgastronomie der Villacher Brauerei. In St. Veit gibt es immer wieder verschiedene Programmpunkte wie etwa Livebands einmal pro Monat (Reggae, Blues, Cover Bands, Austro Pop usw.), live-DJ einmal im Monat, im November Bockbier-Anstich, Halloween-, Christmas- (24. Dezember) und Silvesterpartys, Laydies Night ... 60 Sitzplätze in Lokal und 15 im Garten.

HIRTER BIERSTÜBERL

9300 Sankt Veit an der Glan, Postgasse 10, +43/4212/2551
www.hirterstube.at

ÖFFNUNGSZEITEN Mo-Do: 9:00 bis 00:00 Uhr; Fr-Sa: 9:00 bis 2:00 Uhr

Hirter Bierstüberl

FASSBIER Hirter 1270, Hirter Kellermeister, Hirter Märzen, Hirter Morchl, Hirter Pils, Hirter Radler, Hirter Weizen, saisonal Hirter Festbock

FLASCHENBIER Null Komma Josef, Schneider Weisse Alkoholfrei, Hirter Märzen

LOKAL Traditionell eines der wenigen Lokale, in denen das Hirter Märzen ausgeschenkt wird, jetzt in recht moderner Form: In die alte Stadtmauer und deren Gewölbe wurde eine moderne Bar und ein Restaurantbereich eingerichtet, wo traditionelle Kärntner und Internationale Küche serviert wird. Jeweils im März wird ein Guinness vom Fass ausgeschenkt. Im Sommer von Juni bis August jeden Dienstag Ripperlabend mit Livemusik. Alle 2 Jahre WM und EM Live Fußballübertragung im Gastgarten auf Riesenleinwad. 40 Plätze im Lokal, 40 im Stüberl und 20 an der Bar. Im Sommer 100 Sitzplätze im Garten, 20 an der Bar und 14 in der Lounge.

Wirtshaus Gelter

WIRTSHAUS GELTER

9300 Sankt Veit an der Glan, Goggerwenig 8, +43/4212/36878
www.wirtshaus-gelter.at
ÖFFNUNGSZEITEN Mo, Do-So: 11:00 bis 00:00 Uhr
FASSBIER Gelter Bräu Motl (helles Märzen), Gelter Bräu Simale (dunkles Märzen),
FLASCHENBIER Franziskaner Weißbier, Franziskaner Weißbier Alkoholfrei, Villacher Freilich Alkoholfrei
LOKAL Der Familienbetrieb von Christian und Gabi Gelter entwickelte sich seit der Wiedereröffnung nach fünf Jahren Renovierungsarbeiten 2009 zu einem Treffpunkt für alle Liebhaber der Dorfwirtshauskultur – mehrfache Auszeichnungen als Genusswirt. Die Gelters bewirtschaften ein auf moderne Ansprüche ausgerichtetes Wirtshaus in einem rund 500 Jahre alten Gebäude östlich von St.Veit an der Glan – zwischen der Burg Hochosterwitz und Ruine Taggenbrunn. Seit 2015 gibt's ein eigenes Bier, das der Wirt selbst braut. 90 Plätze im Lokal, 80 im Gastgarten.

WIRTSHAUS STEIRERHOF

9300 Sankt Veit an der Glan, Klagenfurter Straße 38
+43/660/4836423
www.wirtshaus-steirerhof.at
ÖFFNUNGSZEITEN Mo-Do: 10:00 bis 23:00 Uhr; Fr-Sa: 10:00 bis 00:00 Uhr
FASSBIER Wimitz Black Jack, Wimitz Lemisch (Dunkel), Wimitz Märzen, Wimitz Pils, Wimitz Weizen, saisonale Spezialbiere
FLASCHENBIER Wimitz Biere (take away und in 2L Geschenkflaschen), Wimitz Pale Ale
LOKAL Der Steyrer Hof (oder Steirerhof, wie er manchmal geschrieben wird) ist ein bodenständiges Wirtshaus knapp außerhalb vom St. Veiter Stadtzentrum. 2012 wurde es nach zehnjähriger Schließzeit als Brauereiausschank vom Wimitzbräu adaptiert. Da gibt es mehrere kleine Stuben, eine kleine Bar, der gegenüber ein alter Ofen einen imposanten Schürhaken zum Glühen bringt. Dann wird auch fleißig Bier „gestachelt". Regionale und saisonale Küche. Schöner kleiner Garten mit Lauben. 100 Plätze innen, 100 im Gastgarten.

SEEBODEN

BIERWIRT

9871 Seeboden, Liesereggerstraße 8, +43/4762/81156
www.gasthof-bierwirt.at
ÖFFNUNGSZEITEN Di-Fr: 16:30 bis 23:00 Uhr; Sa-So: 10:30 bis 14:30 Uhr, 16:30 bis 23:00 Uhr

Bierwirt

FASSBIER Hausbier, Trumer Märzen, Velkopopovicky Kozel Dunkel, eine saisonale Bierspezialität
FLASCHENBIER Stiegl Freibier, Stiegl Sport-Weisse, Stiegl Weisse, Trumer Pils, Wimitzer Märzen, div. saisonale Bierspezialitäten
LOKAL Mitglied der Kärntner Wirtshauskultur. Alteingesessenes Kärntner Wirtshaus – einer der ältesten Gasthöfe Seebodens, etwas außerhalb des Zentrums (300 Meter westlich vom Hauptplatz). Der Betrieb ist bereits in dritter Generation in Familienbesitz. Aus früheren Zeiten stammt auch der Name des Wirtshauses: Es wurde nämlich auch als Bierdepot verwendet, wo die Kühlung mittels Eis aus dem See erfolgte. Reichhaltige Speisekarte wie hausgemachte Kärntner Kasnudeln, Hirschbraten, Biersuppe. Gaststube: 25 Sitzplätze, Saal: 64 Sitzplätze, Bar: 6, Terrasse: 60 Sitzplätze.

SPITTAL AN DER DRAU

CHRISTOF'S VESPA CAFE BERNSTEIN

9800 Spittal an der Drau, Ebnergasse 14, +43/676/6338012
www.facebook.com/pages/category/Wine-Bar/Christofs-Vespa-Café-Bernstein-676145832563548

ÖFFNUNGSZEITEN Mo-Fr: 7:30 bis 00:00 Uhr; Sa: 9:00 bis 14:00 Uhr, 19:00 bis 00:00 Uhr

FASSBIER Radler, Villacher Hausbier

FLASCHENBIER Heineken, Franziskaner Hefe-Weizen, Gösser Märzen, Gösser Stifts-Zwickl Dunkel, Gösser Stifts-Zwickl Hell, Villacher Märzen

LOKAL Der Treffpunkt für alle Vespa-Fahrer. Angenehme Atmosphäre, im Sommer auf der Terrasse oder im Winter im Bernstein Zimmer mit Kachelofen. Ein bisschen sehr weinlastig, aber das Bernstein-Bier wird gepflegt. 25 Sitzplätze, Garten: 25 Sitzplätze.

FINNEGAN'S

9800 Spittal an der Drau, Brückenstraße 10
+43/699/11890216

ÖFFNUNGSZEITEN Mi-So: 20:00 bis 2:00 Uhr

FASSBIER Guinness, Kilkenny, Villacher Märzen

FLASCHENBIER Corona, Franziskaner Weizen, Thorbräu Fucking Rock'n'Roll Pale Ale, Thorbräu Mac Mallow Bockbierradler, Thorbräu Schwarzbier

LOKAL Kleines, aber gerade deshalb besonders typisch wirkendes Irish Pub mit viel Steh- und wenig Sitzbereich – ein paar breite Stufen führen hinauf zur Bar. Sport-Übertragung auf Sky auf Großbildleinwand. Gute Stimmung und irische Stimmungsmusik – strikte Altersbeschränkung auf Gäste über 18. Verschiedenste Sorten Cider (Magners, Strongbow, Kopparberg). 40 Plätze, 8 an der Bar.

THE SATISFACTORY / RESTAURANT ZELLOT

9800 Spittal an der Drau, Hauptplatz 12, +43/4762/2217
www.the-satisfactory.at

ÖFFNUNGSZEITEN Di-Sa: 17:00 bis 00:00 Uhr

FASSBIER Gärage Dunkel (Kellerbier), Gärage Hell, Gösser Märzen

FLASCHENBIER Biercocktails ‚Thai-Bier-Inha' vom IPA, Bierlikör ‚Sbiritus' vom Stout, Franziskaner Weißbier Alkoholfrei, Gärage 101er (Weizen), Gärage Blackbird (dunkler Bock), Gärage Bockspring (heller Bock), Gärage Das Dunkle, Gärage Das Helle, Gärage Fliedlich (Blütenbier), Gärage Kräuterle, Gärage Kräuterzwickl, Gärage Lil's Pale Ale (IPA), Gärage Pepberry (Gewürz&Fruchtbier), Gärage Stout & Barley Wine, Gärage Wheatwe Bolte (Weizenbock), Gärage Witbier, Gösser Naturgold, Gösser Naturradler, Villacher Märzen

LOKAL Beim Torbogen, der zur Alten Post gehört, ist 2016 eine Fleck-Brauanlage eingezogen – der Komplex, zu dem auch das für seine Weinkompetenz bekannte Restaurant Zellot gehört, hat damit weiter an Bierkompetenz gewonnen – gebraut wird das eigene „Gärage" Bier der Braumeisterin Liliane Schneider. Dahinter gibt es noch die Garage, die am Wochenende Disco, unter der Woche aber Veranstaltungsraum ist. Diese ‚Satisfactory' kann als eines der originellsten modernen Bierlokale Österreichs gelten, sie bietet mit „Thai-Bier-Inha" und „Stout Sauga" auch zwei Cocktails, die wir so noch nicht gekannt haben. Die Möblierung besteht aus Kino-, Flugzeug- und Reisebussitzen, dazu Pflanzen, die an den Weltladen nebenan erinnern. Die Speisen kommen aus den drei Schauküchen: Smoker & Grill, Thai Küche und Holzofenpizza. Im angeschlossenen Hotel Post, in dem einige Zimmer mit Bier-Thema eingerichtet sind, kann man auch nächtigen – mit dem Codewort „Feierabend" gibt es dort eine Ermäßigung. 100 Plätze im Lokal, 30 an zwei Bars, 20 auf der Sonnenterrasse über dem Hauptplatz.

The Satisfactory / Restaurant Zellot

WEISSES RÖSSL – BLACHA GAUL

9800 Spittal an der Drau, Hauptplatz 23/Ortenburgerstr. 1
+43/4762/36549
www.facebook.com/BlacherGaul

ÖFFNUNGSZEITEN Mo-Sa: 9:00 bis 23:00 Uhr

FASSBIER Villacher Hausbier, Villacher Märzen, Villacher Zwickl, eine saisonale Spezialität

FLASCHENBIER Schlossgold, Anchor Go West IPA, Bevog Rudeen Black, Duvel, Franziskaner Alkoholfrei, La Trappe Triple, Loncium Carinth IPA, Raschhofer Lebenskünstler Witbier, Samuel Smith, Sierra Nevada Pale Ale, Sierra Nevada Torpedo, Thornbridge Jaipur, Villacher Freilich Alkoholfrei

LOKAL Mit Lokalnamen muss man sich auskennen – denn was ein Szenebierlokal ist, das heißt unter den Gästen aus der Region oft ganz anders als es an der Türe angeschrieben ist. Das gilt auch für den „Blachen Gaul" – im Dialekt die Beschreibung eines bleichen Pferdes, eines Schimmels, also: eines weißen Rössls. Richtig, so steht es an der Tür. Auch muss man wissen, dass dieser Gaul sich genau genommen nicht am Hauptplatz, sondern um die Ecke in der Ortenburger Straße gegenüber dem Schloss Porcia befindet. Die lokalen Gäste finden jedenfalls in großer Zahl hin, zu den Essenszeiten ist es ratsam, zu reservieren. Dabei ist besonders erfreulich, dass die Chefin ausgebildete Bier-Sommelière ist und aus einem wachsenden Angebot an Craftbieren das richtige Beer&Food-Pairing empfehlen kann. 40 Sitzplätze, 40 Plätze Bar: 40, Garten: 2.

TREFFEN

GEGENDTALERHOF – FAMILIE KRAMER

9521 Treffen, Millstätterstraße 39, +43/4248/2268
www.gegendtalerhof.com
ÖFFNUNGSZEITEN Mo-So: 9:00 bis 22:00 Uhr
FASSBIER Villacher Dunkel, Villacher Hausbier, Villacher Hell, Villacher Zwickl
FLASCHENBIER Villacher Dunkel, Villacher Freilich Alkoholfrei, Villacher Märzen, Weizenbier
LOKAL Das kleine Familienunternehmen liegt im Herzen der Marktgemeinde Treffen am Ossiacher See. Die Wirtsleute Gabi und Peter Kramer legen großen Wert auf Produktwahrheit und -qualität, Fisch und Wild beziehen sie nur von Bauern und Jägern aus dem Gegendtal. So ist es nicht verwunderlich, dass sie vom Land Kärnten als GenussWirt 2011 ausgezeichnet wurden. Gäste kommen offenbar auch aus Italien, um hier zu speisen. Und die Bierpflege ist sehr gut, die Bedienung sehr freundlich, auch wenn man nicht zu speisen wünscht.

ZUM TREFFNER

9521 Treffen, Eichrainweg 7-9, +43/4248/29777
www.zumtreffner.at
ÖFFNUNGSZEITEN Mo-So: 6:30 bis 22:00 Uhr

Zum Treffner

FASSBIER Loncium, Loncium Carinthipa, Loncium Gaitaler Weisse, Loncium Royal Dark, Loncium Schwarze Gams, Schleppe Hausbier, Villacher Märzen
FLASCHENBIER Austrian Amber Lager, Franziskaner Hefetrüb, Loncium Carinthipa, Loncium IPA, Loncium Schwarze Gams, Loncium Vintage Imperial Stout, Schleppe Belle Saison, Schleppe Imperial IPA, Schleppe No. 1 Pale Ale, Schleppe Weizenbock, Schloss Eggenberg Samichlaus, Schlossgold, Villacher Dunkel
LOKAL An das Hotel educare angeschlossenes Restaurant mit dem Schwerpunkt auf Süßwasserfischen. Beachtliche Bierauswahl – und eine Bierkarte, die schon allein wegen der Beschreibung der Biere (inklusive der Nennung der Braumeister!) aus der Masse heraussticht.

VILLACH

BIERKLINIK VILLACH

9500 Villach, Lederergasse 17, +43/699/17009500
de-de.facebook.com/pg/Bierklinik.Villach
ÖFFNUNGSZEITEN Mi-Sa: 18:00 bis 4:00 Uhr
FASSBIER Shilling Hell / Shilling Granat im Wechsel, wechselnde Spezialität einer Brauerei aus Deutschland
FLASCHENBIER ca. 60 Biere aus aller Welt
LOKAL Sehr lebendiges Lokal an der Villacher Ausgeh-Meile: Man kommt hinein und wird von den Gästen an der Bar gleich als Freund begrüßt. Flaschenbier sucht man sich am Besten beim Bierkühlschrank aus und mischt sich unter die Gäste. Diese spielen Darts oder unterhalten sich miteinander, wenn es der Musikpegel zulässt. Sehr entspannte Stimmung und freundliches Personal. 20 Plätze an Tischen, aber die meisten Gäste ziehen es vor, zu stehen.

DER STADTWIRT

9500 Villach, Italienerstraße 14, +43/4242/24619
www.stadtwirt-villach.at
ÖFFNUNGSZEITEN Mo-Sa: 10:00 bis 00:00 Uhr, So: 10:00 bis 22:00 Uhr
FASSBIER Altbrünner, Edelweiss Hefetrüb, Gösser Märzen, Gösser Naturgold, Gösser Naturradler, Gösser Stiftsbräu Dunkel
FLASCHENBIER Edelweiss Alkoholfrei, Franziskaner
LOKAL In einer Seitengasse der Italienstraße gelegenes Restaurant mit Wintergarten. Ist irgendwie der Gösser-Wirt von Villach, aber auch das Altbrünner Bier wird hier schön aus der Computerschankanlage gezapt. Empfehlenswertes aus der Küche: Tafelspitz, Gulasch und Kärntner Seesaibling. 180 Sitzplätze, Garten: ca. 110 Sitzplätze, an der Bar nur Stehplätze.

HOFWIRT

9500 Villach, Hauptplatz 10, +43/4242/24994
de-de.facebook.com/HOFWIRT-236689926522
ÖFFNUNGSZEITEN Mo-Sa: 10:30 bis 22:00 Uhr; So: 11:00 bis 16:00 Uhr
FASSBIER Hirter 1270, Hirter Morchl, Hirter Pils, saisonal Hirter Festbock
FLASCHENBIER Franziskaner Hefeweizen, Franziskaner Hefeweizen Alkoholfrei, Villacher Freilich Alkoholfrei

LOKAL Einer der ältesten Gasthöfe Villachs. Früher eine K.u.K. Kutschenstation mit Gastwirtschaft. Auch heute wird noch großer Wert auf traditionelle Kärntner und österreichische Küche gelegt. Gaststube: 76 Plätze, Garten im Innenhof: 120.

JOSEF & NICOLETTA

9500 Villach, Treffner Straße 100, +43/4242/27833, +43/4242/22717
www.josef-villach.at, www.nicoletta.at
ÖFFNUNGSZEITEN Mo-Do: 7:00 bis 23:00 Uhr; Fr-Sa: 7:00 bis 00:00 Uhr; So: 7:00 bis 22:00 Uhr
FASSBIER Edelweiss Weizenbier, Gösser Naturgold, Gösser Naturradler, Josef Dunkel Doppelmalz, Josef Naturtrüb Zwicklbier (Hausbier von der BrauUnion), Villacher Märzen
FLASCHENBIER Edelweiss Hofbräu, Wieselburger Märzen
LOKAL Sehr gemütlich gemachtes Bierlokal mit viel Ziegeloptik. Das Konzept des gleichnamigen Linzer Braugasthauses wurde hier erstmals in Lizenz angewendet, auch wenn weder da noch dort aktuell gebraut wird. Auch wurde die Linzer Idee inzwischen von Gudrun und Guido Rheintaler weiterentwickelt – im selben Haus gibt es auch die Pizzeria Nicoletta. Monatlich gibt es eine Wahl eines Bieres des Monats. Gute Bierpflege, freundliche Bedienung und auch mittags eine typisch bierige Stimmung. Besonders gut zum Bier passt hier das Gulasch vom Jungstier. Ca. 300 Sitzplätze im Lokal, Garten: 150 Sitzplätze.

LEO'S TURMSTÜBERL

9500 Villach, Widmanngasse 44, +43/664/5655028
ÖFFNUNGSZEITEN Mo-Sa: 18:00 bis 2:00 Uhr
FASSBIER Budweiser, Hirter Privatpils, Malle Bier aus Villach, Schneider Weisse, Villacher Hausbier
FLASCHENBIER Zwei Dutzend Flaschen und Dosen, darunter etliche von Bevog, das weitgehend komplette Angebot der Schneider Weisse, aber auch Spezialitäten von Stiegl, Schleppe und Hirter sowie Guinness
LOKAL Leo Schuster betreibt seit drei Jahrzehnten sein Turmstüberl als Geheimtipp und „Zweites Wohnzimmer" in Villach. Trotz zentraler Lage verirren sich kaum Touristen her – um das Lokal an der Stadtmauer und dem namensgebenden ehemaligen Turm zu finden, muss man neben dem Stadtmuseum in einen kleinen Durchgang schlüpfen und durch eine auch nicht sehr große Tür in das eigentliche Lokal vordringen. Dann steht man vor der raumfüllenden Bar (rechts geht es allerdings weiter in einen weiteren Raum mit Sitzbereich) – jedenfalls fühlt man sich gleich willkommen. Das selbst gebraute Bier (Marke Mallebier) wird mit einer Bescheidenheit angeboten, die den Hersteller ehrt, es schmeckt jedenfalls vorzüglich. 2-4 Mal im Jahr gibt es auch ein Bierseminar, zu dem ein Braumeister und Biersommelier eingeladen wird, der mit den Gästen zwischen 8 und 15 Biere verkostet. Dazu wird auch zu manchen Bieren passende Schokolade oder Käse serviert und jeder Teilnehmer mit einer zum Bier passenden Jause verköstigt. Neu ist die Bierkarte in Buchform, die „Turmstüberl Bier Bibel". 24 Sitzplätze im Lokal, 14 Plätze an der Bar.

LÜCKE

9500 Villach, Freihausgasse 5, +43/670/2022640
de-de.facebook.com/pg/LueckeVillach
ÖFFNUNGSZEITEN Di-Sa: 18:00 bis 4:00 Uhr

Lücke

FASSBIER Guinness, Starobrno, Wimitz Märzen
FLASCHENBIER Gösser Naturgold, Weihenstephaner, Wimitz Bayerisches Weißbier, Wimitz IPA, Wimitz Landpils, Wimitz Lemisch, Wimitz Weizenbock
LOKAL Dieses Souterrainlokal in Villach ist ein angenehm bieriger Treffpunkt – ausnahmsweise ohne die Biere der örtlichen Großbrauerei. Aber mit viel lokalem und überraschend wenig lautem Publikum sowie einer sehr freundlichen Bedienung, die sich sehr um das Bier bemüht. Einmal im Monat Pubquiz. Ca. 30 Sitzplätze im Lokal, 15 Plätze an der Bar.

MCMULLENS

9500 Villach, Dietrichsteingasse 5, +43/676/5302353
www.mcmullens.at
ÖFFNUNGSZEITEN Mo-So: 17:00 bis 1:00 Uhr
FASSBIER Radler, Guinness, Guinness Hop House 13, Heineken, Kilkenny, Puntigamer, Schladminger Zwickl
FLASCHENBIER Coopers Pale Ale, Gösser Naturgold, Heineken, American Bud, Budweiser, Desperados, Edelweiss, Edelweiss Alkoholfrei, Guinness Hop House 13, Heineken 0,0, O'Hara's Irish Pale Ale, O'Hara's Irish Red, O'Haras Irish Stout, Weihenstephan Alkoholfrei, Weihenstephaner, Wieselburger
LOKAL Bierlokal des Jahres, siehe Seite 118.

OXEREI

9500 Villach, Widmanngasse 30, +43/4242/215665
www.oxerei.at
ÖFFNUNGSZEITEN Di-Fr: 17:00 bis 00:00 Uhr; Sa: 12:00 bis 00:00 Uhr
FASSBIER Villacher Märzen, Villacher Radler
FLASCHENBIER Bosteels Kwak, Delirium Tremens, Bevog Deetz Golden Ale, Bevog Kramah IPA, Bevog Tak Pale Ale, Birra del Borgo – My Antonia, Birra del Borgo – ReAle, Brewdog Dead Pony Club, Brewdog Punk IPA, Bura Brew – Optimist Golding Ale, Bura Brew – Red Sand Amber Ale, Bura Brew – Tornado IPA, Bura Brew – Veritas!, Chimay Bleu, Crew Republic – Hop Junkie Session IPA, Crew Republic – In Your Face, Flying Dog – Snake Dog IPA, Flying Dog Pale Ale, Franziskaner Hefeweiß-

bier, Franziskaner Hefeweißbier Alkoholfrei, Gulden Draak, Insel Brauerei Rügen ‚Überseehopfen', La Chouffe Golden Ale, Lindemans Kriek, Loncium Brexit IPA, Loncium Carinthipa, Loncium Freepa Pale Ale Alkoholfrei, Loncium Juicy Neipa, Riegele – Bayerisch Ale 2, Rochefort 10, Schleppe Belle Saison, Schleppe Imperial IPA, Schleppe No. 1, Schleppe Session IPA, Schleppe Weizenbock, Sierra Nevada, Thornbridge Jaipur IPA, Villacher Freilich Alkoholfrei

LOKAL Zweierlei darf einen bei diesem Innenstadtlokal nicht in die Irre führen: Erstens darf man es nicht für ein gewöhnliches Grilllokal halten. Und zweitens darf man sich vom bescheidenen Fassbierangebot der örtlichen Brauerei nicht täuschen lassen – es gibt hier mehr Vielfalt an Bier als man auf den ersten Blick erwarten würde. Und man kann durchaus auch nur auf eines der feinen Flaschenbiere vorbeikommen (und sich das vorzügliche Essen entgehen lassen) – aber der Blick auf die überschbare Speisekarte macht dann doch wohl Appetit. Die Craftbierkarte fordert nahezu nach einem Food-Pairing – und auf der Karte finden sich immer wieder rare Biere, etwa vom kroatischen Burabrew. 60 Plätze im Lokal, 45 im Innenhofgarten.

Oxerei

RACER'S

9500 Villach, Gewerbezeile 2a, +43/4242/37333
www.racerscafe.at

ÖFFNUNGSZEITEN Mo-Do: 8:00 bis 00:00 Uhr; Fr-Sa: 8:00 bis 2:00 Uhr; So: 9:00 bis 00:00 Uhr

FASSBIER Radler, Franziskaner Hefeweizen, Villacher Hausbier, Villacher Märzen

FLASCHENBIER Corona, Carinthipa, Franziskaner Weizen Alkoholfrei, Loncium Austrian Amber Lager, Loncium Royal Dark, Stiegl-Freibier, Villacher Freilich Alkoholfrei

LOKAL Seit mehr als einem Dutzend Jahren ein Fixpunkt in der Villacher Bierszene, beliebt nicht nur bei Bierfreunden, sondern auch bei Zweiradfans: Die Bar ist wie ein amerikanisches Diner eingerichtet – thematisch stark an Motorräder angelehnt. Großer zentraler Ausschank – und eine Küche, die einem wirklich das Gefühl gibt, in den USA zu sein: Burger, Pizza, Pasta, Ribs und Steaks. Es gibt hier die größte Indoor-Videowall Kärntens – und immer wieder auch Rockkonzerte. Sehr freundliches, unkompliziertes Personal. Zu finden ist das Lokal am besten, wenn man den Hinweisen zum ÖAMTC-Stützpunkt folgt, der ist gleich gegenüber. 150 Plätze im Lokal, 45 an der Bar, 50 im Garten.

VILLACHER BRAUHOF & BIERECK

9500 Villach, Bahnhofstraße 8, +43/4242/24222
www.villacherbrauhof.at

ÖFFNUNGSZEITEN Mo-Sa: 11:00 bis 24:00 Uhr, So: 10:00 bis 23:00 Uhr

Villacher Brauhof & Biereck

FASSBIER Villacher Märzen, Villacher Zwickl, Villacher Pils, Villacher Dunkel, Franziskaner Franzi, Franziskaner Weizenbier, Villacher Zitronenradler

FLASCHENBIER Villacher Radler Naturtrüb, Villacher Hugo, Villacher Freilich Alkoholfrei, Edelweiss Weizenbier Alkoholfrei, Schleppe No 1

LOKAL Nur ein paar Schritte vom Hauptbahnhof entfernt, empfängt den Bierfreund dieser gepflegte Brauereiausschank, der sich als traditionsreiche Gaststätte präsentiert und als „Genusswirt Kärnten" ausgezeichnet ist. Die Karte wird von wohl überlegten Biermenüs und extra bierigen Speisen geprägt. Perfekt gezapftes Bier gibt es von den Biersommeliers. Eine Besonderheit des Brauhofs ist seine unmittelbare Nachbarschaft zu Kärntens größter Brauerei, deren Kunsthaus-Sudhaus an den Brauhof grenzt. Direkt angrenzend befindet sich das Villacher Biereck. Die außergewöhnlich gut kommentierte Bierkarte umfasst hier mehr als 80 verschiedene nationale und internationale Biere sowie einige Biercocktails. Jeden 1. Freitag im Monat gibt es eine Bierverkostung mit den dazu passenden kleinen Happen aus der Küche und Biersommeliers informieren über die verschiedenen Biersorten und -stile sowie das Zusammenspiel zwischen Bier und Speisen. Weiters gibt es im Villacher Eck monatlich mindestens 1 neue Biersorte. 250 Sitzplätze, 60 an der Bar, im Garten mit großen Kastanienbäumen: 200 Plätze.

VILLACH-MARIA GAIL

MELCHER

9500 Villach-Maria Gail, Anton Tuder Straße 2, +43/4242/37875
www.gaestehaus-melcher.at

ÖFFNUNGSZEITEN Mo-Sa: 16:00 bis 00:00 Uhr

FASSBIER Turmbräu Nr. 45, Leichtbier, Honigbier, Weihnachtsbier, Turmbräu Helles Märzen, Turmbräu Urmärzen, saisonal Bockbier

LOKAL Brauereiausschank von Stefan Melchers Turmbräubier mit angeschlossener neuer Schaubrauerei. Die Karte bietet besondere Schmankalan der Kärntner Küche. Das Haus liegt südlich von der Radroute „Drauradweg" (für die Räder steht eine versperrte Garage zur Verfügung). Für Feiern wird auch gerne früher oder sonntags geöffnet. Das Gästehaus verfügt über 6 Doppel- und Mehrbettzimmern und 3 Familien Appartements. 60 Sitzplätze im Lokal, bis 25 Plätze in zwei kleineren Räumen, 60 auf der Terrasse mit Blick auf die Karawanken.

VÖLKERMARKT

ALTES BRAUHAUS

9100 Völkermarkt, Bürgerlustgasse 2, +43/664/2428395
www.facebook.com/AltesBrauhausVoelkermarktRieplGeorg
ÖFFNUNGSZEITEN Mi-Sa: 11:00 bis 22:00 Uhr; So: 11:00 bis 15:00 Uhr
FASSBIER Hirter 1270, Hirter Kellermeister, Hirter Morchl, Hirter Zwickl
FLASCHENBIER Schlossgold, Gösser Naturgold 0,3l, Paulaner Weizen, Puntigamer Märzen, Schleppe No. 4 Belle Saison, Schleppe No. 1, Schleppe No. 5 Porter
LOKAL Georg Riepl ist „Kärntner Genusswirt" und Schleppe Bierspezialitäten-Wirt. Gute Bierkarte mit Beer&Food-Pairing-Vorschlägen, etwa Carpaccio vom Kärntner Saibling mit dem Schleppe No 4 Belle Saison. Oder Warmer Schokoladenkuchen mit Porterbier. Im Winter jeden Mittwoch Fondueabend, im Sommer statt dessen Stelzenabend mit Hirter Zwickl aus dem Holzfass, täglich 2 Mittagmemüs. 80 Sitzplätze im Lokal, 15 an der Bar, 70 im Gastgarten.

BIERBARON

9100 Völkermarkt, Herzog-Bernhard-Platz 6
+43/664/3903983
ÖFFNUNGSZEITEN Mo-Mi: 8:00 bis 00:30 Uhr; Do-Sa: 8:00 bis 2:00 Uhr; So: 8:00 bis 00:30 Uhr

Bierbaron

FASSBIER Guinness Draught, Hirter Märzen, Murauer Märzen, Murauer Pale Ale, Paulaner Hefetrüb, Puntigamer Panther, Stiegl-Goldbräu
FLASCHENBIER Beck's, Heineken, Affligem, Anchor Steam Beer, Astra Urtyp, Brooklyn Brewery, Corona, Gusswerk Bio Steinbier, Gusswerk Green Betty, Hirter IPA, Hirter Kellermeister, Hofbräu Kaltenhausen, Kilkenny, Kilkenny Red Ale, O'Hara's Irish Red Ale, O'Hara's Irish Stout, Schleppe No. 1 Pale Ale, Stiegl Columbus 1492 Pale Ale, US-Bud, Zipfer Pale Ale
LOKAL Schon ein Vierteljahrhundert dient dieses Bierlokal quasi als Wohnzimmer der Stadt. Eines der gepflegtesten Bierlokale in Kärnten mit imposanter Schankanlage. Im Jahr 2014 war der Bierbaron auch Kärntner Bierlokal des Jahres. Jeden Donnerstag gibt es Live Musik sowie einen Karaoke Abend. 60 Sitzplätze, Terrasse: 30 Plätze.

WOLFSBERG

BRAUHOF FRANZ JOSEF

9400 Wolfsberg, Herrengasse 14, +43/4352/2453
www.brauhof.at
ÖFFNUNGSZEITEN Mo-Sa: 6:00 bis 00:00 Uhr
FASSBIER Wolfsbräu-Bier (Familie Moser): Naturtrüb, Dunkel, Kristall
FLASCHENBIER Puntigamer Panther
LOKAL Backen und Brauen gehören zusammen – wir wissen das aus dem Märchen vom Rumpelstilzchen. Gebacken wird hier von der Familie Kraschowitz, die Bierbrezen (mit 20 Prozent Roggenanteil) rechtfertigen alleine schon, dass man einen kleinen Umweg macht, um hier einzukehren. Der Brauhof hat seinen Namen daher, da er als Brauereiausschank der Familie Moser dient, die im selben Haus 1999 eine Brauerei gegründet hat. Diese wurde die bis Anfang 2012 hier betrieben. Danach ist die Brauanlage ins niederösterreichische Ternberg übersiedelt worden. Jetzt kommt das „Bucklige Welt Bier" also aus Niederösterreich in sein Stammhaus. Die Küche ist traditionell kärntnerisch, das Publikum eher jung, aber auch Familien fühlen sich hier wohl. Happy Hour von 14.00 bis 17.00 Uhr, jeden Samstag Live-Musik. 400 Sitzplätze, Bar: 60, Terrasse: 80.

ZELL-FREIBACH

TERKLBAUER

9170 Zell-Freibach, Freibach 1, +43/4227/7101
www.terklbauer.at
ÖFFNUNGSZEITEN Mo-So: 9:00 bis 00:00 Uhr
FASSBIER Schleppe Hell
FLASCHENBIER Villacher Dunkles
LOKAL Maximilian Rakuscheks Gasthaus ist bereits 400 Jahre im Familienbesitz. Es ist ein gastronomischer Stützpunkt auf der bei Bikern, Mountainbikern und Wanderern beliebten, sonst aber wenig befahrenen Strecke zwischen Zell-Pfarre und Eisenkappel. Weitgehend unverdorbener Gastraum mit kleiner Schank. Große Linde als Schattenspender im kleinen, aber feinen Biergarten. 30 Sitzplätze im Gastraum, 120 im Saal, Biergarten: 45 Sitzplätze.

ZELL-PFARRE

ALPENGASTHOF MALLE

9170 Zell-Pfarre, Zell-Pfarre 16, +43/4227/7201 oder +43/664/5120412
ÖFFNUNGSZEITEN Mo: 9:00 bis 00:00 Uhr; Do-So: 9:00 bis 00:00 Uhr
FASSBIER Schleppe Hell, Villacher
FLASCHENBIER Schleppe, Villacher
LOKAL Elisabeth Malle führt dieses bereits im Jahre 1900 gegründete Gasthaus in Zell-Pfarre, 60 Sitzplätze im Lokal, 30 Sitzplätze auf der überdachten Veranda.

VON **A** WIE AMSTETTEN BIS **Z** WIE ZWETTL

NIEDER ÖSTER REICH

NIEDERÖSTERREICHS BIERLOKAL DES JAHRES

HERZOGENBURG

MAHLZIG

3130 Herzogenburg, Hotelstraße 2, +43/2782/20701
www.mahlzig.at

ÖFFNUNGSZEITEN Mo-Fr: 8:00 bis 22:00 Uhr

FASSBIER Mahlzig Hausbier (selbst gebraut), Augustiner Edelstoff, Egger Premium, Vienna Imperial Lager

FLASCHENBIER große Auswahl aus dem Kühlschrank, etwa: 100 Blumen Pils, Augustiner Edelstoff, Augustiner Weißbier, Brauküche 35 RotAlechen, Hopfenspinnerei Camillo Light Golden Ale, Inselbrauerei Baltic Ale, Spitzenbier von der St. Pöltner Biergenossenschaft, Stift Engelszell Gregorius, Tegernseer Hell, Warsteiner

LOKAL Das Mahlzig ist kein Lokal, bei dem man eben mal vorbeispaziert – die nächste Bahnstation Herzogenburg ist mehr als 20 Minuten Fußmarsch entfernt, das Stadtzentrum von Herzogenburg noch viel weiter. Die Abfahrt der S33 dagegen liegt in unmittelbarer Nachbarschaft. Man muss also gezielt hierherkommen; und das nur unter der Woche, denn am Wochenende ist hier wirklich nichts los. An Wochentagen aber wird man in einem freundlich-hellen Lokal mit einer sehr langen Bar und einer kleinen Terrasse empfangen, wo auch preiswerte Mittagsmenüs angeboten werden. Auf einem Bildschirm kann man sehen, welche Bierspezialitäten gerade im Angebot sind. Zudem gibt es einen großen verglasten Kühlschrank, in dem man das Flaschenbierangebot überblicken kann – aber es lohnt auch, die Getränkekarte zu studieren, in dieser sind die Biere sehr ausführlich beschrieben. Es gibt auch ein eigenes Mahlzig-Hausbier, entwickelt vom hauseigenen Diplom-Biersommelier. Wenn man mit dem Auto gekommen ist (was die logische Anreise hierher ist) und vielleicht etwas mehr gekostet hat als fahrtüchtigkeits-kompatibel wäre, bietet es sich an, ein preiswertes Zimmer im angeschlossenen Cleverhotel zu nehmen. 85 Plätze im Lokal, 16 an der Bar.

AMSTETTEN

STADTBRAUHOF

3300 Amstetten, Hauptplatz 14, +43/7472/62800
www.stadtbrauhof.at
ÖFFNUNGSZEITEN Mo-So: 10:00 bis 23:00 Uhr

Stadtbrauhof

FASSBIER Kaiser Premium, Zipfer Urtyp
FLASCHENBIER Clausthaler
LOKAL Für Bierfans quasi das erste Haus am Platz – und vor allem wegen des großzügigen Schanigartens im Sommer sehr beliebt. Aber auch bei Schlechtwetter kann man es sich an der gemütlichen Bar – die Wirtsleute Houska bedienen persönlich – oder an einem der Tische bequem machen. 30 Plätze an der Bar, 60 an Tischen, 40 im Schanigarten.

ZUR RENNBAHN

3300 Amstetten, Ybbsstraße 15, +43/7472/23794
www.gasthof-sandhofer.com
ÖFFNUNGSZEITEN Mo: 8:00 bis 1:00 Uhr; Mi-So: 8:00 bis 1:00 Uhr
FASSBIER Kaiser Märzen, Puntigamer Panther
FLASCHENBIER Edelweiss Hefetrüb, Hofbräu Weizenbier Hefetrüb, Kaiser Doppelmalz, Schlossgold
LOKAL Erwin Sandhofer hat das ehemalige Gasthaus Schillhuber im November 2006 übernommen und unter dem alten Namen „Zur Rennbahn" revitalisiert. Auf der Karte findet man typische Mostviertler Schmankerln, die Spezialität ist die gefüllte Kalbsbrust. Unter der Woche immer volles Haus beim Mittagsmenü. Jeden ersten Samstag im Monat Queer-Party „Mostviertel andersrum". 80 Sitzplätze in der Gaststube und im Stüberl, 300 im Saal, 65 Plätze an der Bar, 60 Sitzplätze im Garten.

ARBESBACH

MARKTBEISL

3925 Arbesbach, Neustifter Straße 119, +43/2813/7257
de-de.facebook.com/marktbeisl.arbesbach
ÖFFNUNGSZEITEN Di-Mi: 17:00 bis 00:00 Uhr; Do: 16:00 bis 00:00 Uhr; Fr: 16:00 bis 2:00 Uhr; Sa: 17:00 bis 2:00 Uhr; So: 17:00 bis 00:00 Uhr
FASSBIER Zwettler Pils
FLASCHENBIER Corona, Desperados, Schneider Weisse, Zwettler Dunkel
LOKAL Nette, bei den Einheimischen recht beliebte Bierbar im Zentrum von Arbesbach. 52 Sitzplätze, Terrasse mit Blick auf die Burgruine, den „Waldviertler Stockzahn": 40 Sitzplätze.

ARDAGGER MARKT

SCHIFFSMEISTERHAUS

3321 Ardagger Markt, Markt 16, +43/7479/6318
www.schiffsmeisterhaus.at
ÖFFNUNGSZEITEN Mo-So: 11:00 bis 21:30 Uhr
FASSBIER Ottakringer Naturradler, Zwickl, Dunkles Weizenbier je nach Saison, „Unser Bürgerbräu" Gustl
FLASCHENBIER Bürgerbräu „Unser Bürgerbräu", Bürgerbräu Weizen (Flaschengärung), Null Komma Josef
LOKAL Das Schiffsmeisterhaus diente tatsächlich früher der Schifferzunft, die Schiffe und Flosse durch den gefährlichen Studengau und gelegentlich weiter bis Budapest geleitet hat. Der heutige Bau stammt aus der Zeit der Renaissance, die schöne Holzdecke ungefähr aus der Zeit um 1596. Top Wirt bei NÖ Wirtshauskultur. Ca. 100 Sitzplätze, 10 Plätze an der Bar, Garten: ca. 100 Sitzplätze.

BAD FISCHAU-BRUNN

HUBERTUSHOF FROMWALD

2721 Bad Fischau-Brunn, Wr. Neustädterstraße 20
+43/2639/2209
www.hubertushof-fromwald.at
ÖFFNUNGSZEITEN Mo-Fr: 8:00 bis 22:00 Uhr; Sa-So: 8:00 bis 15:00 Uhr

Hubertushof Fromwald

FASSBIER Ottakringer Wiener Original, Stiegl-Goldbräu, Zwettler Zwickl, Zwettler Original, Radler
FLASCHENBIER Stiegl Freibier, Stiegl Goldbräu, Zwettler Dunkel, Zwettler Luftikus
LOKAL 1866 erstmalig urkundlich erwähnt, wird der 1982 eröffnete Hubertushof seit 1999 von Hans Fromwald jun. geführt. Ein traditioneller Familienbetrieb mit besonderem Augenmerk auf Wildspezialitäten. 120 Sitzplätze in den Gaststuben, 18 Plätze an der Bar, 40 Sitzplätze im Garten. Der Festsaal mit Bühne, in dem u.a. Paul Löwinger und Magic Christian aufgetreten sind, bietet 250 Plätze für Hochzeiten, diverse Feierlichkeiten und Theaterstücke.

BAD VÖSLAU

BIERHOF – BIERPUB-RESTAURANT

2540 Bad Vöslau, Wr. Neustädter Straße 20
+43/2252/251680
www.b-h.at

ÖFFNUNGSZEITEN Mo-Do: 10:30 bis 23:00 Uhr; Fr-Sa: 10:30 bis 00:00 Uhr; So: 10:30 bis 23:00 Uhr

FASSBIER Budweiser, Murauer, Ottakringer Helles, Ottakringer Zwickl Naturtrüb, Schneider Weisse

FLASCHENBIER Augustiner Edelstoff, Corona, Heineken, Null Komma Josef, Ottakringer Dunkles, Ottakringer: Radler

LOKAL Das Lokal entstand aus einem alten Werkstatt-, Wohnhaus- und Innenhof-Komplex einer Tischlerei. Die abgestimmten Materialien und Farben sowie das Glasdach über der Bar sorgen für Wohlfühlatmosphäre – wobei der Wirt sich bemüht, auch den rauchenden Gästen entgegenzukommen. Er hat dem Vernehmen nach sogar eine Trafik-Lizenz beantragt, um die Raucherbeschränkungen zu umgehen. Regelmäßige Tanzveranstaltungen mit DJ, Themenwochenenden (Weißwurscht-Wochenende, teuflisch scharfe Tage, etc.) 155 Sitzplätze im Lokal, ca. 20 an der Bar, 60 Sitzplätze auf der Dachterrasse und 60 Sitzplätze im Schanigarten.

BADEN BEI WIEN

AMTERL

2500 Baden bei Wien, Hauptplatz 2, +43/2252/45953
www.amterl.at

ÖFFNUNGSZEITEN Mo-Sa: 10:00 bis 00:00 Uhr; So: 11:00 bis 16:00 Uhr

Amterl

FASSBIER Gösser Braufrisch, Gösser helles Zwickl, jeweils eine saisonale Spezialität

FLASCHENBIER Schlossgold, Edelweiss Alkoholfrei, Edelweiss Dunkel, Edelweiss Hefetrüb, Gösser Naturgold, Gösser Naturradler Zitrone, Gösser Stiftsbräu, Heineken, Reininghaus Jahrgangspils

LOKAL Dieses zentral in der Fußgängerzone gelegene Lokal wurde 2014 gründlich modernisiert und ist seither noch einladender geworden – die Dekoration verwebt Postmoderne mit augenzwinkernder Rustikalität, der aus Abwurfstangen konstruierte Luster ist eine Sehenswürdigkeit. Nach wie vor ist das Amterl Treffpunkt für alle, die in der Stadt wichtig sind und gesehen werden wollen, vor und nach Events. Die Speisekarte bietet gehobene Hausmannskost, teilweise mit italienischem Einschlag – viele halten das Amterl überhaupt eher für ein Restaurant als für eine Bar. Nun: Es ist beides. Und das Gösser wird „braufrisch" vom Tank gezapft. 120 Plätze im Lokal, 25 im Schanigarten.

Edelsberger Wirtin

EDELSBERGER WIRTIN

2500 Baden bei Wien, Marchetstraße 30, +43/2252/209454
www.edelsberger.at

ÖFFNUNGSZEITEN Di-Sa: 18:00 bis 00:00 Uhr

FASSBIER Radler, Schnitt (Helles u. Dunkles gemischt), Stiegl Zwickl, Stiegl-Goldbräu

FLASCHENBIER Beck's Alkoholfrei, Ottakringer Dunkles, Stiegl Weizengold Hefefein

LOKAL Die Edelsberger Wirtin heißt Ute Reimers, eine studierte Betriebswirtin und herzliche Gastgeberin. Das schon 1881 erstmals als Gasthaus erwähnte Gebäude hat sie 2003 entdeckt, nach 30 Jahren Leerstand renoviert und als Edel-Gasthaus herausgeputzt. Durch das Fehlen der sonst unvermeidbaren Bausünden mehrerer Jahrzehnte und der behutsam angepassten und geschmackvollen Einrichtung ist das Ambiente einmalig gemütlich. Auch das für heutige Verhältnisse geradezu winzige, alte Bier-Gassenausschankfenster kann man bewundern, wenngleich es nicht in Betrieb ist. Die Speisekarte bietet das Beste aus der Wiener Küche wie Tafelspitz oder Wiener Schnitzel in der Butterschmalzpfanne bis hin zu veganen und vegetarischen Gerichten. 50 Plätze im Lokal, 4 an der Bar, 50 im Garten.

ZUM REICHSAPFEL

2500 Baden bei Wien, Antonsgasse 5 / Ecke Spiegelgasse
+43/664/7824968
www.reichsapfel.com

ÖFFNUNGSZEITEN Mi-So: 17:00 bis 23:30 Uhr

FASSBIER Guinness Stout, Hirter Bio Bier, Piestinger Gambrinus, saisonale Biere, Wirtsbräu, Zwickl Jungbier naturtrüb

FLASCHENBIER Clausthaler, Orange Pale Ale (Saisonbier)

LOKAL Dieses Gasthaus sieht aus, als hätte schon Beethoven hier gezecht – stimmt aber nicht und wird auch nicht behauptet. Wohl aber lässt sich belegen, dass Teile des Gebäudes über 600 Jahre alt sind und daher Beethoven hier wohl vorbeispaziert ist. Da handelte es sich aber noch um einen

Hafnerbetrieb, ein Gasthaus wurde erst 1862 eingerichtet – und einige Versatzstücke (wie die ledernen Löscheimer) könnten wohl auch aus der Beethoven-Zeit stammen. Bis heute ist dem Haus eine eigene Landwirtschaft angeschlossen – so kann man hier auch Eier, Fruchtsäfte, Marmeladen und Chutneys „ab Hof" kaufen. Chef Augustinus Haslwanter kocht selbst (z.B.: Lammkeulenbraten, Lammbeuschel, Rehmedaillons) – und er zeigt Mut, gelegentlich auch ausgefallene Biere wie das exquisite Orange Pale Ale auf die Karte zu setzen. 50 Plätze im Lokal, 4 an der Bar, 12 im Garten.

Zum Reichsapfel

BISAMBERG

PALETTE

2102 Bisamberg, Hauptstraße 11, +43/664/4187913
www.palette.co.at
ÖFFNUNGSZEITEN Mo-Sa: 17:00 bis 1:00 Uhr; So: 17:00 bis 00:00 Uhr
FASSBIER Stiegl Pils, Budweiser Original, Guinness, Murauer Märzen, Ottakringer Goldfassl Spezial, Ottakringer Zwickl, Schremser Märzen
FLASCHENBIER Corona Extra, Null Komma Josef, Schneider Weisse, Schremser Doppelmalz, Wieselburger Stammbräu
LOKAL Diese klassische Bierbar verdiente sich bereits 2009 die Auszeichnung als Bierlokal des Jahres: Es bietet gemütliche Atmosphäre in urigem Ambiente und die für Bierlokale der 1990er-Jahre typischen Schwarzbrot-Toasts sowie Fladenbrote – dazu eine konventionelle, eher am Mainstream ausgerichtete Bierauswahl. Die Einrichtung stammt in wesentlichen Teilen (sehr schöne alte Schank!) aus dem Jahr 1960 – und irgendwie hat man den Eindruck, dass hier ein sehr begabter Innenarchitekt daraus eine Bühne gemacht hat. Der legendäre Karikaturist Manfred Deix hat dem Lokal im Jahr 2006 sogar eine Karikatur gewidmet. Immer wieder künstlerische Auftritte. 106 Sitzplätze, 15 Plätze an der Bar, Garten: ca. 250 Sitzplätze.

BOCKFLIESS

ARCHIV

2213 Bockfließ, Hauptstraße 70, +43/676/5779778
de-de.facebook.com/CafeArchiv
ÖFFNUNGSZEITEN Mo-Sa: 9:00 bis 23:00 Uhr
FASSBIER Zwettler, Saisonbiere
FLASCHENBIER Franziskaner Alkoholfrei, Franziskaner Weißbier, Schremser Premium Hell, Schremser Radler Naturtrüb
LOKAL Eine der nettesten kleinen Bierbars des Weinviertels. An der Auslage kann man noch sehen, dass es sich hier wohl einmal um eine Gemischtwarenhandlung gehandelt hat, eines der Fenster ist mit bierigen Ausstellungsstücken dekoriert. Innen herrscht angenehm gedämpftes Licht und eine freundschaftliche Atmosphäre. Gelegentlich Live-Auftritte. 50 Sitzplätze im Lokal, 19 Plätze an der Bar, 20 Sitzplätze im Schanigarten.

BROMBERG

GASTHOF WINDBICHLER – „KARNERWIRT"

2833 Bromberg, Hauptstraße 16, +43/676/9082288
www.gasthof-windbichler.at
ÖFFNUNGSZEITEN Mi-Sa: 11:00 bis 14:00 Uhr, 17:00 bis 00:00 Uhr; So: 9:00 bis 15:00 Uhr
FASSBIER Piestinger Lager, Piestinger Radler, Schwarz Bräu Helles, Clausthaler Herbfrisch
FLASCHENBIER Franziskaner Hefe-Weisse, Schwarz Bräu Altbier, Schwarz Bräu Bockbier, Schwarz Bräu Pale Ale
LOKAL Der Karnerwirt (wie er an der Eingangstür genannt wird) ist ein regionaler Top-Wirt der NÖ Wirtshauskultur, bisher wurde er 15 Mal als solcher ausgezeichnet. Der legendäre Gastro-Kritiker Christoph Wagner lobte schon die Kuttelflecksuppe, das Luftgetrocknete vom Schneeberglandbeef und die Erdäpfel-Grammel Roulade. Und für die klimafreundliche Beschaffung gab es 2008 eine Auszeichnung von der Hagelversicherung. Zwischen Wirtshaus und Kirche beginnt auch der Hexenweg, ein Lehrpfad über die Hintergründe der Hexenverfolgung in der frühen Neuzeit. 80 Sitzplätze im Lokal, 10 Sitzplätze an der Bar und 25 im Garten.

BRUNN AM GEBIRGE

CLOCKTOWER

2345 Brunn am Gebirge, Ziegelofengasse 6
+43/2236/377070
ÖFFNUNGSZEITEN Mo-So: 11:00 bis 00:00 Uhr

Clocktower

FASSBIER Starobrno, Gösser Märzen, Gösser Stiftsbräu (Dunkel), Weihenstephan Hefetrüb
FLASCHENBIER Corona, Gösser Naturgold, Heineken, Ameri-

can Bud, Gösser Stifts-Zwickl Hell, Guinness, Weihenstephan Weizen Alkoholfrei, Wieselburger Stammbräu
LOKAL Das nach eigenen Angaben größte amerikanische Lokal in Europa und möglicherweise das aufwendigst gestaltete Restaurant des Landes – jedenfalls stehen in dieser 2014 eröffneten Bar reihenweise Harleys herum, es wurden hunderte Deko-Stücke (davon viele mit Bezug zu Harley Davidson) zusammengetragen. Alles sehr amerikanisch, auch die Karte mit einem umfangreichen Steak-, Smoker- und Grill-Angebot zu wirklich vertretbaren Preisen. Leider nicht so amerikanisch ist die Bierkarte, auf der offenbar kein Craftbier Platz finden konnte. 400 Plätze, 40 an der Bar.

DÜRNKRUT

CAFE PUB GIULIA

2263 Dürnkrut, Hauptstraße 18A, +43/699/11639033
ÖFFNUNGSZEITEN Mo-Do: 7:30 bis 22:00 Uhr; Fr-Sa 7:30 bis 23:00 Uhr, So 8:30 bis 20:00 Uhr
FASSBIER Starobrno, Heineken, Gösser, Wieselburger
FLASCHENBIER Desperados, Gösser Märzen, Kaiser Doppelmalz, Edelweiss, Gösser Naturradler, Gösser Naturgold
LOKAL Nettes, kleines Café Pub mit täglichen Mittagsmenüs. 80 Sitzplätze, 14 an der Bar, 25 im Garten.

EGGENBURG

Die Kramerey

DIE KRAMEREY

3730 Eggenburg, Grätzl 2, +43/2984/20810
www.diekramerey.at
ÖFFNUNGSZEITEN Mo-Do: 8:00 bis 23:00 Uhr; Fr-Sa: 8:00 bis 1:00 Uhr; So: 9:00 bis 23:00 Uhr
FASSBIER Gösser Zwickl, Hacker Pschorr, Wieselburger Gold
FLASCHENBIER Corona, Gösser Naturgold, Augustiner Edelstoff, Desperados, Kaiser Doppelmalz, Kilkenny, Schremser Hanfbier, Clausthaler
LOKAL Die Kramerey befindet sich in einem alten Grätzel, das den Stadtplatz von Eggenburg teilt. Das Haus stammt in seiner heutigen Form aus dem frühen 16. Jahrhundert. Hier war seinerzeit das Kaufgewölbe des Krämers Wolf Marholt – Kramerey war die Bezeichnung sowohl für die Ware wie auch für das Verkaufslokal. Die Bar wurde aber von Familie Stift, den heutigen Besitzern der Kramerey, durchaus zeitgeistig gestaltet. 50 Plätze im Lokal, 10 an der Bar, 20 im Keller für kleine Feiern, 50 im Schanigarten auf dem Stadtplatz.

FALKENSTEIN

GENUSSWERKSTATT SIEBEN:SCHLÄFER

2162 Falkenstein, Kellergasse 8, +43/2554/88086 oder +43/664/1502323
www.7schlaefer.at
ÖFFNUNGSZEITEN Do: 9:00 bis 00:00 Uhr; Fr-Sa: 9:00 bis 1:00 Uhr; So: 9:00 bis 20:00 Uhr
FASSBIER Grieskirchner Tradition, Gusswerk Edelguss, Ottakringer helles und rotes Zwickl, Rieder Weisse, saisonal Ottakringer Zwickl Bock, Sieben:schläfer Bürgerbräu (eigener Tonkrug)
FLASCHENBIER Blanche de Namur, Brew Age Chicxulub Oatmeal Stout, Brew Age Hopfenauflauf, Brewdog Punk IPA, Grieskirchner Tradition, Gusswerk ‚Zum Wohl' glutenfrei, Gusswerk Schwarze Kuh, Hofstettner Bio Hochland Honigbier, Lupulus „Just Fabulous", Starobrno, Weihenstephaner Weißbier hefetrüb, weitere Bierspezialitäten
LOKAL Severin Weber hat im Lauf von zehn Jahren dieses Lokal zu einer Institution im Weinviertel gemacht: Als gelernter Koch ist er ein hervorragender Gastgeber, der seinen Gästen gepflegt aufkocht. Zudem hat er sich ein Netzwerk von Lieferanten aufgebaut, die ihm ermöglichen, mitten im Weinland des nördlichen Weinviertels eine sensationelle Bierauswahl anzubieten – was auch in einer eigenen Sendung von Bierpapst.TV gewürdigt wurde. Die genusswerkstatt sieben:schläfer veranstaltet gemeinsam mit Brew Age vom Braumeister kommentierte 5-gängige Biermenüs (Termine unter www.7schlaefer.at). Neuerdings gibt es auch einen Abhofverkauf der Biere zu Abhofpreisen. 45 Sitzplätze im Lokal, 80 im Saal, 15 Stehplätze an der Bar, 50 Sitzplätze im Garten.

Genusswerkstatt Sieben:Schläfer

GALLBRUNN

Landgasthof & Hotel Muhr

LANDGASTHOF & HOTEL MUHR

2463 Gallbrunn, Hauptstraße 87, +43/2230/2858
www.muhr.co.at
ÖFFNUNGSZEITEN Mo-Di: 9:00 bis 23:00 Uhr; Fr-So: 9:00 bis 23:00 Uhr
FASSBIER Andechser Klosterbräu Märzen, Ottakringer helles Zwickl, Ottakringer Pils, Paulaner, saisonale Angebote wie z.B. Oktoberbier, Osterbock
FLASCHENBIER Andechser hefetrüb, Ehrentrautmannsdorfer Craftbiere, Erdinger Alkoholfrei, Null Komma Josef, Ottakringer Helles, Schneider Weisse, Zwettler Dunkel
LOKAL Jakob & Gertraud Muhr führen diesen Betrieb, der seit 1950 im Zentrum von Carnuntum von der Familie Muhr betrieben wird. Eigene Hausschlachtung und eigene Speisenkreationen mit Bier – etwa ein Bier-Sorbet. Küchenchef Jakob Muhr bemüht sich auch um die richtige Präsentation von Käse: Es gibt nicht nur einen Weinsommelier, sondern auch einen Zapfkaiser und Käsesommelier. Sitzplätze im Lokal 200, 25 an der Bar, 50 im Garten.

GAMING

BRUCKNERS BIERWELT

3292 Gaming, Grubberg 4a, +43/7485/98599
www.erzbräu.at
ÖFFNUNGSZEITEN Mo-So: 10:00 bis 18:00 Uhr

Bruckners Bierwelt

FASSBIER Bergquell (helles Märzen), das Eisenstraße Bier „Schwarzer Graf" (wird gestachelt), Dinkel Weisse (obergärig), Spezial- und Fruchtbiere nach Saison, „Schwarzer Peter"
LOKAL Der Ausschank der kleinen Brauerei des Biersommeliers Peter Bruckner. Einfache Bar, einfache Biergartengarnituren und freundliche Bedienung. Stets mindestens drei Biere im Ausschank und, soweit Vorräte davon vorhanden sind, auch ein im Haus gebrannter Whisky. Bei seinen Seminaren – Voranmeldung nötig – gibt es auch Biere anderer Brauereien zu verkosten.

KARTAUSE GAMING

3292 Gaming, Kartause 1, +43/7485/98466
www.kartause-gaming.at
ÖFFNUNGSZEITEN Mo-So: 7:00 bis 23:00 Uhr

Kartause Gaming

FASSBIER Kartausenbräu Dunkel, Kartausenbräu Hell
FLASCHENBIER Edelweiss Alkoholfrei, Edelweiss Weizenbier, Gösser Naturgold
LOKAL Das Kartäuser-Kloster von Gaming war zeitweise eines der Bedeutendsten seiner Art in Europa. Nachdem es unter Joseph II. aufgehoben wurde, ist es verfallen. Nach der Einrichtung einer Gasthausbrauerei 2008 ist das alte Gemäuer wieder ein gastliches Haus – in dem gelegentlich auch Sondersude (2017 etwa ein Imperial Stout) gebraut werden. Einige der in der Kartause gebrauten Biere gibt es auch zum Mitnehmen in Flaschen – und wenn man besonderes Glück hat, sogar gratis: Bei unserem Besuch am Vatertag gab es für jeden Mann eine kleine Flasche Kartausenbräu als Draufgabe. Ca. 200 Sitzplätze im Lokal, 20 Plätze an der Bar, 80 Sitzplätze im Garten.

GARS AM KAMP

SAPPALOT

3571 Gars am Kamp, Hauptplatz 6, +43/664/3680609
www.sappalot.at
ÖFFNUNGSZEITEN Mo-Do: 7:30 bis 00:00 Uhr; Fr-Sa: 7:30 bis 2:00 Uhr; So: 9:00 bis 23:00 Uhr
FASSBIER Hadmar Bio Bier, Hubertus Kelten, Hubertus Pils, Jörger Weisse, Puntigamer
FLASCHENBIER Beck's, Corona, Festbock, Garser Bier, Hubertus Dunkel, Hubertus Märzen, Wieselburger Stammbräu
LOKAL Nettes, helles Lokal mit langer Bar. Das Opernensemble der OpernAir Gars ist hier während der Saison Stammgast. 120 Sitzplätze im Lokal, 10 vor dem Lokal.

GLOGGNITZ

BRAUGASTHOF-BRAUEREI-GREISSLEREI DIEWALD

2640 Gloggnitz, Raach am Hochgebirge 38, +43/2662/43905
www.gasthof-diewald.at
ÖFFNUNGSZEITEN Mo: 8:00 bis 23:00 Uhr; Di: 8:00 bis 14:00 Uhr, 17:00 bis 23:00 Uhr; Mi-So: 8:00 bis 23:00 Uhr

Braugasthof-Brauerei-Greisslerei Diewald

FASSBIER selbst gebrautes „Franzl-Bier", „Josef's Bier" (5-Korn Bier), Murauer Märzen, Puntigamer Panther, Stiegl-Goldbräu, Zwettler Original, Gösser Naturradler, Saisonbiere: Nessi Brennesselbier (Mai), Himmelblau mit Eichen und Himmelschlüssel (Juni), helles Bio Bier (Juli), Federweiße Weißbier (August), Jagabluat Honig & Ingwer (Oktober), Ganslbier Zwickl mit Rosmarin & Thymian (November), Festbock (Weihnachten & Ostern)
FLASCHENBIER Edelweiss Hefetrüb, Gösser Helles, Gösser Naturgold, Gösser Stiftsbräu, Puntigamer Märzen, Weihenstephan Hefetrüb, Bierspezialitäten
LOKAL Das regionale Gasthaus liegt in Raach am Hochgebirge, in wunderschöner Lage am Berg inmitten zweier Täler (Schwarzatal und Feistritztal) in 813 m Seehöhe. Im Jahr 1998 errichtete Franz Diewald, der gern experimentiert (etwa mit Brennnesselbier und Gewürzbier) eine kleine Hausbrauerei, die auch besichtigt werden kann. Die Küche bietet bodenständige Schmankerl aus der Region und legt zudem großes Augenmerk auf die Verarbeitung der Produkte. Top Wirt 2010/2011/2012/2013/2014 – Tut-Gut-Wirt und Genusswirt. Anstich der Saisonbiere jeweils am 1. Samstag des Monats und so lange der Vorrat reicht! Platz für große und kleine Gruppen bis zu 200 Personen, in der Brauerei 60 Plätze, im Garten 250 Sitzplätze, Terrasse: 50 Sitzplätze.

S' PLATZL

2640 Gloggnitz, Haupstraße 24a, +43/2662/44028
s-platzl.at
ÖFFNUNGSZEITEN Mo-Sa: 10.30:00 bis 00:00 Uhr
FASSBIER Villacher Märzen
FLASCHENBIER Budweiser, Heineken, Corona, Clausthaler, Edelweiss
LOKAL Modern gestaltetes Wirtshaus in historischem Gebäude (die Fundamente stammen aus dem 12., das Haus selbst aus dem 16. Jahrhundert): Wenn man eintritt, stößt man auf eine lange Theke, in zwei weiteren Räumen hat Jürgen Seehofer im Jahr 2018 eine Gaststätte mit zeitgemäß präsentierter österreichischer Küche eingerichtet, Mittagsmenüs gibt es von 11:30 bis 14 Uhr, abends kann man von 17 bis 21 Uhr essen. 60 Plätze in zwei Räumen, 15 Plätze an der Bar, je 10 im Schanigarten und im hinteren Garten.

GMÜND

CELLO

3950 Gmünd, Kirchengasse 23, +43/2852/54834 und +43/664/3771356
www.gasthaus-cello.at
ÖFFNUNGSZEITEN Di-Sa: 17:00 bis 1:00 Uhr

Cello

FASSBIER Budweiser, Guinness, Kilkenny, Schremser Märzen
FLASCHENBIER Corona, Franziskaner, Kilkenny, Stiegl, Pilsner Urquell
LOKAL Historisches Gemäuer, das zu einer einfachen, aber sehr stimmungsvollen Bierbar umgebaut worden ist. Guinness wird schön gezapft, man hat fast den Eindruck, in einem ländlichen Pub in Irland zu sein. Mehrmals im Jahr finden Bierverkostungen statt sowie Veranstaltungen rund ums Bier, wie z.B. St. Patricks Day mit grünem Bier und Dudelsackmusik. Die Küche bietet saisonale und regionale Produkte. Im Innenhofgarten werden im Sommer Surstelzen und tschechisches Bier serviert. 70 Plätze im Lokal, 60 im Garten und 40 im Stadl (für Gruppenfeiern).

PIPELINE

3950 Gmünd, Prof.-Krejci-Graf-Straße 2
+43/2852/51400-15
www.aviagmuend.at
ÖFFNUNGSZEITEN Mo-Sa: 6:30 bis 23:00 Uhr; So: 8:00 bis 22:00 Uhr

Pipeline

FASSBIER Aviane Hausbier Hell (gebraut von der Zwettler Brauerei), Kozel, Zwettler Radler, ein saisonales Bier wie z. B. AVIANE Ice
FLASCHENBIER Pipeline Bleifrei (= Zwettler Luftikus Alkoholfrei), Schneider Weisse, Schremser Märzen, Zwettler Dunkles
LOKAL Tankstellen-Bars kommen im Bierguide sonst nicht vor – dieses an die Avia-Tankstelle am Gmünder Stadtrand angeschlossene Lokal ist aber eine verdiente Ausnahme: Es ist ein wirklich netter Biertreff, ausgesprochen witzig als eine Art Rennstall dekoriert und offenbar auch Treffpunkt für jene, die keineswegs zum Auffüllen des Benzintanks hier Halt machen. Die Pipeline – definiert als „Rohrleitungs- und Pumpensystem zum Transport von flüssigen oder gasförmigen Betriebsstoffen“ – dient hier als „Transportmittel für gute Laune, nette Menschen, Gedanken und Freundlichkeit“. Es gibt eine alte Benzinzapfsäule mit eingebautem Durchlaufkühler – für saisonale Biere oder auch bei Events im Freien. Alle Servicemitarbeiter haben eine Barista Ausbildung. Regelmäßige Mitarbeiterschulungen bzw. firmeninterne Trainings gibt es seit 1998. 75 Plätze im Lokal, 10 an der Bar, 66 in der Genusswerkstatt, die im Sommer zur Terrasse geöffnet wird.

STADTWIRTSHAUS HOPFERL

3950 Gmünd, Stadtplatz 24, +43/2852/51980
www.hopferl-gmuend.at
ÖFFNUNGSZEITEN Mo: 9:00 bis 00:00 Uhr; Mi-Sa: 9:00 bis 00:00 Uhr; So: 10:00 bis 15:00 Uhr
FASSBIER Gmünder Stadtbier Pils, Schremser Premium, Zwettler Original, monatlich wechselnde Saisonbiere, z.B.: zur Weihnachtszeit den Schremser Weihnachtsbock
FLASCHENBIER Saisonal wechselnde Bierkarte, mehr als zwei Dutzend Spezialitäten vom Aecht Schlenkerla Rauchbier über den Brew Age Nussknacker, das Brew Dog Punk IPA, das Kilkenny Red Ale und das La Trappe Double bis zum Zillertal Gauder Steinbock und dem Zwettler Saphir
LOKAL Familie Hag, die in der Waldviertler Bierszene seit vielen Jahren aktiv ist, hat sich einen Traum erfüllt und ein traditionelles Wirtshaus eingerichtet, in dem gelegentlich auch selbst gebraut wird. 2014 hat Josef Hag seine Ausbildung als Dipl. Biersommelier an der Doemens-Akademie in Gräfelfing absolviert und bei Axel Kiesbye sein Wissen über Bier weiter vertieft. Einmal im Monat im Rahmen von „Musik bei'm Wirten” an einem Freitag wird ein spannendes „Monatsbier vom Fass” persönlich von dem jeweiligem Braumeister vorgestellt. Am 23. März wird zum traditionellen „Sepp'n Fest“ geladen, um das Bierwissen der Gäste zu verbessern. Da gelangt ein auf der hauseigenen Brauanlage hergestelltes „Jahrgangs Hopferl Pale Ale” zur Verkostung, ebenso weitere Craft Biere und dazu werden passende regionale bierige Speisen angeboten. Schließlich ist das Stadtwirtshaus Hopferl als einer der Top Wirte der N.Ö. Wirtshauskultur sehr um das gastronomische und kulinarische Wohl der Gäste bemüht. Zur „Bier Gemeinschaft“ ist bereits ein junger Braumeister gestoßen und die Brauerei Schrems unterstützt die Initiative mit dem einen oder anderen Versuchssud. Das „Gmünder Stadtbier“ wird exklusiv für das Hopferl gebraut. 114 Sitzplätze im Lokal, 25 Plätze an der Bar, 50 Sitzplätze im Garten.

Stadtwirtshaus Hopferl

GÖSTLING

ZIRBENSTUBE

3345 Göstling, Pfarrer-Schauer-Platz 169, +43/7484/2330
www.zirbenstube-goestling.at
ÖFFNUNGSZEITEN Mi-So: 9:00 bis 00:00 Uhr
FASSBIER Gösser Märzen, Gösser Zwickl, Heineken, Heineken oder Gösser Märzen., Kaiser Premium, Starobrno, Weihenstephaner Hefetrüb
FLASCHENBIER Birra Moretti, Kaiser Märzen, Edelweiss Alkoholfrei, Gösser Naturgold, Gösser Radler, Zipfer Drei
LOKAL Als die BrauUnion im Jahr 2008 Tester ausschickte, um die Bierqualität in ihren Ausschankstätten zu kontrollieren, kam die Zirbenstube österreichweit auf den fünften Platz unter 180 Betrieben. Die Zapfkultur stimmt weiterhin, es gibt sogar eigens für das Lokal gebrandete Biergläser! Klar, dass Wirtin Maria Maierhofer will, dass alles so bleibt, wie es ist: Wer in diesem ländlich-gemütlichen Lokal Stammgast ist, kann einen eigenen Stammkrug einstellen – und unter den

namhaften Gästen befinden sich Wladimir Putin, Thomas Sykora und Katrin Zettl. Küchenzutaten von Biobauern aus der Umgebung. 80 Plätze im Lokal, 60 auf der Terrasse, 20 an der Bar.

GRAFENEGG/ETSDORF

ANNO 1920 – LANDGASTHAUS SCHEUGL

3492 Grafenegg/Etsdorf, Untere Marktstraße 14
+43/2735/3003 und +43/660/1920000
www.scheugl.at

ÖFFNUNGSZEITEN Mo-Di: 9:00 bis 14:00 Uhr, 17:00 bis 00:00 Uhr; Fr-Sa: 9:00 bis 00:00 Uhr; So: 9:00 bis 17:00 Uhr

FASSBIER Guinness Draught, Zwettler Original, Zwettler Saphir, Zwettler Zwickl

FLASCHENBIER Clausthaler, Edelweiss Hefetrüb, Gösser Märzen, Grieskirchner Pils, Rieder Weisse, Schlossgold, Schremser Roggenbier, Wieselburger Stammbräu, Zwettler Dunkel

LOKAL Im alten Landgasthausstil geführter Betrieb an der Kampbrücke in Etsdorf. Auf der Karte steht unter anderem Dunkelbierbraten, gebacken wird mit einem Bierteig mit Kräutern (Arche Noah Kräutergarten mit mehr als 500 Kräutern und essbaren Blumen, die auch für daheim gekauft werden können). Auszeichnungen für den Gastgarten und als Bier- und Käselokal des Jahres 2006 – das lokale Käseangebot wächst weiter. Waldviertler Schafkäse wird auch gebacken im Mandel-Kürbiskern-Mantel angeboten. 28 Sitzplätze im Lokal (Wirtsstube), 20 Sitzplätze im Stüberl, 250 Sitzplätze im Landhaussaal, 75 Sitzplätze im Garten und auf der Terrasse, 14 Plätze an der Bar.

Anno 1920 Landgasthof Scheugl

GROSS GERUNGS

VIANKO

3920 Groß Gerungs, Unterer Marktplatz 34, +43/2812/8373
www.vianko.at

ÖFFNUNGSZEITEN Di: 17:00 bis 00:00 Uhr; Do-Fr: 17:00 bis 00:00 Uhr; Sa-So: 10:00 bis 00:00 Uhr

FASSBIER Guinness, Tiger Bräu, Wieselburger Spezial, Zwettler Pils, Radler Lemon

FLASCHENBIER Kaiser Doppelmalz, Gösser Naturgold, Zipfer Limetten Radler, Edelweiss Alkoholfrei, Edelweiss Hefetrüb, Schlossgold

LOKAL Nettes, in den Gasthof Krammer integriertes Bierpub im Zentrum von Germs (wie die Bewohner von Groß Gerungs ihren Heimatort nennen) mit freundlicher Bedienung und gepflegtem Bier. Der Name leitet sich von den ersten Buchstaben der Betreiber Viktoria, Anton und Konstantin ab. Das Tiger Bräu erinnert an eine alte Marke der Brauerei Oskar Scholz von Groß Gerungs, die bis 1955 bestanden hat und in der Zwischenkriegszeit (1928) mit einem Ausstoß von 2973 Hektolitern etwas größer als die Brauerei Trojan in Schrems (1928: 2506 hl) und etwas kleiner als die Brauerei Karl Schwarz in Zwettl (1928: 5381 hl) war. 40 Plätze an der Bar – es gibt aber auch eine Kegelbahn, eine Terrasse und ein Stüberl.

Vianko

GROSSMUGL

LANDGASTHAUS RIEFENTHALER

2002 Großmugl, Nr. 112, +43/2268/6627
www.mugl.at

ÖFFNUNGSZEITEN Mo: 9:00 bis 23:00 Uhr; Do-So: 9:00 bis 23:00 Uhr

FASSBIER Hubertus Herrnpils

FLASCHENBIER Corona extra, Hirter Morchl, Hubertus Herrnpils, Paulaner Weizenbier, Wieselburger Stammbräu, Clausthaler, Null Komma Josef

LOKAL Am Marktplatz von Großmugl gelegener Einkehrgasthof, 130 Jahre alt und seit vier Generationen in derselben Familie. Berühmt für Biergulaschsuppe. Ca. 190 Plätze in verschiedenen Stüberln, 20 im Wintergarten und 50 auf der Terrasse.

GROSSWEIKERSDORF

ZUM GOLDENEN ADLER

3701 Großweikersdorf, Hauptplatz 15, +43/2955/70248
www.gasthof-maurer.at

ÖFFNUNGSZEITEN Di-Mi: 7:00 bis 22:00 Uhr; Do: 7:00 bis 13:00 Uhr; Fr-Sa: 7:00 bis 22:00 Uhr; So: 8:00 bis 22:00 Uhr

FASSBIER Edelweiss Hofbräu, Schladminger Märzen, Schwechater Zwickl, Starobrno, Guinness, Kaiser Premium, Kaltenhauser Bernstein, Puntigamer Winterbier, Gösser Naturgold, Gösser Naturradler, saisonal Oktoberbräu

FLASCHENBIER Gösser Märzen, Gösser Naturradler, Kaiser Doppelmalz, Schwechater Wiener Lager

LOKAL Schon am Eingang merkt man, dass hier die Liebe zum Bier auf originelle Weise gepflegt wird: Als Handgriff der Eingangstüre dient nämlich ein Zapfhahn. Andreas Maurer bemüht sich im Goldenen Adler, die Bierkultur im Weinviertel hochzuhalten – beachtliche Fassbierauswahl und bemühte Bierpflege. Reservierung vor allem an Wochenenden ratsam. Das Haus ist das Geburtshaus der Schauspielerin Erni Mangold, ihr ist ein eigenes Stüberl gewidmet. 25 Plätze in der Gaststube, im kleinen Saal 120 Plätze, 400 im großen Saal, 10 Stehplätze an der Schank, 32 im Gastgarten.

HAINFELD

BRAUSTÜBERL HAINFELD

3170 Hainfeld, Wienerstraße 8, +43/664/4166680
www.facebook.com/Braustueberl.HF
ÖFFNUNGSZEITEN Mo: 9:00 bis 22:00 Uhr; Di: 9:00 bis 15:00 Uhr; Do-So: 9:00 bis 22:00 Uhr

Braustüberl Hainfeld

FASSBIER Hainfelder Lager, Spezial, Zwickl Kellertrüb, Dunkles, Edelpils, Bock (Weihnachten + Ostern)
FLASCHENBIER in Flaschenabfüllung zum Mitnehmen.
LOKAL Allein schon die historische Anlage des Gastraums ist einen Abstecher wert: Der 1687 gegründete Braugasthof ist ein einfacher und gemütlicher Landgasthof. Bodenständige Kost zu fairen Preisen. Jeden ersten Donnerstag im Monat gibt's eine Kesseldürre. An Veranstaltungen werden sonntags ein Frühschoppen sowie im September eine Weißwurstparty geboten. 100 Plätze, 6 an der Bar, 30 im Garten.

HAGINVELT

3170 Hainfeld, Hauptplatz 1, +43/2764/2465
www.haginvelt.at
ÖFFNUNGSZEITEN Di-Sa: 9:00 bis 00:00 Uhr
FASSBIER Edelweiss Weizenbier, Hainfelder Pils, Hausbier, Wieselburger Spezial
FLASCHENBIER Affligem Blonde und Double, Guinness, Hofbräu Kaltenhausen 1475 Pale Ale, Hölzl Weisse, Schwendl Schalchner Weisse Hell und Dunkel, Gösser Kracherl, Gösser Naturgold, Bierspezialitäten
LOKAL Dieses von Ilse und Mario von Haginvelt Streimetweger geführte Lokal hat sich zum „ersten Haus am Platz" in Hainfeld (dessen historischer Name Haginvelt lautet) gemausert. Jährlich Bockbieranstich der nahen Hainfelder Brauerei.

Haginvelt

HARMANNSDORF

BUCHINGER – DAS WIRTSHAUS

3713 Harmannsdorf, Harmannsdorf 18, +43/2984/8241
www.gasthofbuchinger.at
ÖFFNUNGSZEITEN Mi-Sa: 10:00 bis 14:00 Uhr, 18:00 bis 23:00 Uhr; So: 10:00 bis 15:00 Uhr
FASSBIER Ottakringer Goldfassl Spezial, Ottakringer Radler, Ottakringer Rotes Zwickl, Bierspezialität
FLASCHENBIER Ottakringer Wiener Mischung, Ottakringer Zitrusradler, Schneider Weisse Tap 7, Null Komma Josef
LOKAL Innovatives Landgasthaus, zwischen Maissauer Berg und Maria Dreieichen gelegen, mit regionalem sowie nationalem Speisenangebot, das auch die Bierkultur hochhält. Brunch gibt es hier am Mittwoch, Donnerstag und Freitag. 275 Plätze, 75 im Garten, 10 an der Bar.

HEIDENREICHSTEIN

Burgstüberl

BURGSTÜBERL

3860 Heidenreichstein, Waidhofener Straße 1
+43/2862/58993
www.burgstueberl.at
ÖFFNUNGSZEITEN Di-So: 10:00 bis 22:00 Uhr
FASSBIER Starobrno, Schremser Naturparkbier, Zwettler Pils, Zwettler Zwickl, Saisonbiere
FLASCHENBIER Franziskaner Hefeweißbier, Franziskaner Hefeweißbier Alkoholfrei, Gösser Naturgold, Zwettler Dunkles, Zwettler Export, Zwettler Luftikus

LOKAL Vom Schanigarten Blick auf die mächtige Wasserburg, auf deren Dach ein Storch zu beobachten ist. Breite, immer gute Speisenauswahl (Fleisch, Fisch, Vegetarisches und Pizzen nach eigener Zusammenstellung) saisonale Speisenangebote, Karpfenwirt der Genussregion „Waldviertler Karpfen“, delikate Vollwert- und traditionelle Mehlspeisen z.B. Dinkelkuchen und Mohn-Hanf-Knödel mit Waldbeerspiegel. Jährlich im September wird ein Bierkulinarium mit mehrgängigem Menü mit Bierbegleitung angeboten. Im Winterhalbjahr werden Themenbuffets veranstaltet. „Kulinarische Reise um die Welt“ mit Bierbegleitung, siehe Homepage. 35 Sitzplätze in der Gaststube, 25 im Extrazimmer, 48 im Gewölberaum, 60 Sitzplätze im neu gestalteten, barrierefreien Gewölbe-Eventkeller, 28 Plätze im Schanigarten – erweiterbar im Innenhof auf 150 Plätze.

MOORSTEIN

3860 Heidenreichstein, Stadtplatz 12, +43/676/5339466
www.moorstein.at
ÖFFNUNGSZEITEN Mo: 10:00 bis 14:40 Uhr; Mi-Sa: 10:30 bis 15:00 Uhr, 17:00 bis 21:30 Uhr; So: 10:30 bis 15:00 Uhr
FASSBIER Schremser Premium, Schremser Radler, Schremser Zwickl, Velkopopovický Kozel
FLASCHENBIER Franziskaner Weißbier, Franziskaner Weißbier Alkoholfrei
LOKAL Kultur-Bistro am Hauptplatz von Heidenreichstein. Zu essen gibt es gehobene regionale Küche (was durchaus auch Eintopfgerichte bedeuten kann) und Burger in ungewöhnlichen Variationen, etwa mit Waldviertler Karpfen. 35 Plätze im Lokal, 30 im Extrazimmer.

HEILIGENKREUZ

Klostergasthof Heiligenkreuz

KLOSTERGASTHOF HEILIGENKREUZ

2532 Heiligenkreuz, Stift Heiligenkreuz, +43/2258/8703-138
www.klostergasthof-heiligenkreuz.at
ÖFFNUNGSZEITEN Mo-So: 9:00 bis 22:00 Uhr
FASSBIER Schlägl Abtei Pils, Zipfer Urtyp
FLASCHENBIER Heiligenkreuzer Klosterbier zum Mitnehmen im 8er-Träger, Schlägl „Malz König“ Gerstenmalzbier, Andechser Weizen, Zipfer Hell Alkoholfrei, monatlich wechselnde Spezialbiere aus der Stiftsbrauerei Schlägl wie Bio-Roggenbier, Kristall leicht, Fastenbier, Bio Zwickl, Doppelbock
LOKAL Gut geführter Klostergasthof im Stift Heiligenkreuz mit freundlicher Bedienung im großen Biergarten. Der Ausschank dürfte eine gut 800-jährige Baugeschichte aufweisen, errichtet wurde er als Hospital außerhalb der eigentlichen Klostermauern – und die Verwendung als Taverne ist seit 1554 nachgewiesen. Mehrere Säle (für bis zu 180 Personen), Wintergarten für 12 Personen und ein Garten für 200 Gäste.

HERZOGENBURG

MAHLZIG

3130 Herzogenburg, Hotelstraße 2, +43/2782/20701
www.mahlzig.at
ÖFFNUNGSZEITEN Mo-Fr: 8:00 bis 22:00 Uhr
FASSBIER Hausbier (selbst gebraut), Augustiner Edelstoff, Egger Premium, Mahlzig Vienna Imperial Lager
FLASCHENBIER große Auswahl aus dem Kühlschrank, etwa: 100 Blumen Pils, Augustiner Edelstoff, Augustiner Weißbier, Brauküche 35 RotAlechen, Hopfenspinnerei Camillo Light Golden Ale, Inselbrauerei Baltic Ale, Spitzenbier von der St. Pöltner Biergenossenschaft, Stift Engelszell Gregorius, Tegernseer Hell, Warsteiner
LOKAL Bierlokal des Jahres, siehe Seite 142.

Mahlzig

Mahlzig

HINTERBRÜHL

PFIFF

2371 Hinterbrühl, Hauptstraße 53, +43/676/7093748
www.pfiffhinterbruehl.at
ÖFFNUNGSZEITEN Mo-So: 17:00 bis 1:00 Uhr
FASSBIER Goldfassl Spezial, Innstadt Passauer Weisse, Mu-

rauer Märzen, Ottakringer Zwickl, Stiegl-Goldbräu, Stiegl-Radler Grapefruit, Velkopopovický Kozel
FLASCHENBIER Ottakringer Dunkles, Stiegl Goldbräu, Clausthaler
LOKAL Großzügiges Fassbierangebot in gemütlich-ländlicher Atmosphäre, Einrichtung und Bar sind aus alten Ziegeln gemauert, für die Möbel wurden alte Holzbalken verwendet. Die Küche reicht von traditionellen österreichischen Speisen (Rindsgulasch nach Bauernart oder Fiakergulasch, Cordon Bleu mit Salat, Grammelschmarrn, Tiroler Gröstl) bis zum Bierradi mit Schnittlauchbrot. Jährliches Oktoberfest. 50 Sitzplätze im Lokal, 50 Sitzplätze im Garten.

HOLLABRUNN

Hollabrunner Bierbeisl

HOLLABRUNNER BIERBEISL

2020 Hollabrunn, Lothringerplatz 8, +43/680/2039059
www.bierbeisl.net
ÖFFNUNGSZEITEN Di-Do: 17:00 bis 00:00 Uhr; Fr-Sa: 18:00 bis 2:00 Uhr
FASSBIER Guinness, Hausbier, Heineken, Schladminger Märzen, Schwechater Zwickl, Starobrno, Weitra Helles, Zebedäus Bräu Classic, Gösser Naturradler
FLASCHENBIER Gösser Naturgold, Corona, Craftbiere, Desperados, Edelweiss Hofbräu, Hacker Pschorr Helles, Hirter Privat Pils, Hubertus Märzen, Kaiser Doppelmalz, Stiegl Goldbräu, Stiegl Sport Weisse, Weihenstephaner Weizen, Wieselburger Gold, Wieselburger Schwarzbier, Wieselburger Stammbräu
LOKAL Urgemütliches Bierlokal der alten Schule, viel dunkles Holz, Schmankerl aus der Beisl-Küche. Von klassisch bis originell und von fleischig bis vegan ist für jeden was dabei. Auffallend gut gemachte Bierkarte mit kleiner, aber breit angelegter Auswahl von Heineken bis zum Zebedäus Bräu in Zellerndorf, alle Biere gut beschrieben. Und auch gut gezapft. Monatliches Pubquiz, Whisky-Stammtisch, mind. einmal im Monat Live-Musik, gelegentlich Musik-Pubquiz, Whisky- und Bierverkostungen, Themenabende (Irish-Fest, St. Patrick's u. ä.), Extraraum, der besonders geeignet für Geburtstags-, Hochzeits- und Weihnachtsfeiern ist. 50 Sitzplätze im Lokal, 12 an der Bar. Gastgarten im Innenhof.

HOLLENBURG

LUMPAZIBRÄU – DAS BIERLOKAL

3506 Hollenburg, Obere Hollenburger Hauptstraße 44
+43/2739/77027
www.lumpazi.at
ÖFFNUNGSZEITEN Di-So: 11:00 bis 22:00 Uhr
FASSBIER Lumpazibräu Dunkel, Lumpazibräu Premium, Lumpazibräu Zwickl, Radler, saisonal Weizenbier
FLASCHENBIER Edelweiss Weißbier, Gösser Naturgold
LOKAL Der Name dieses am südlichen Donauufer gelegenen Lokals erinnert an „Lumpazivagabundus", den bösen Geist aus Nestroys gleichnamigem Theaterstück. Das in viel hellem Holz gehaltene, recht rustikal wirkende Lokal (kein wirkliches Bräu, sondern gut versorgt von der Brau Union) bietet deftige Küche – etwa Braumeisterpfandl, Bierfleisch, Putenrahmgeschnetzeltes. 200 Sitzplätze, 20 an der Bar, Garten: 250 Plätze. Von Oktober – April Montag und Dienstag Ruhetag, alle anderen Monate nur Montag (außer feiertags).

HORN

ACHTERBAR

3580 Horn, Florianigasse 8, +43/2982/35088
www.achterbar.at
ÖFFNUNGSZEITEN Mo-Do: 17:00 bis 1:00 Uhr; Fr-Sa: 18:00 bis 2:00 Uhr

Achterbar

FASSBIER Guinness Hop House 13, Schladminger Bio Zwickl, Schladminger Märzen, Starobrno Altbrünner Gold, Gösser Naturradler, Saisonbier
FLASCHENBIER Corona Extra, Gösser Stiftsbräu, Heineken, Desperados, Guinness (Dose), Gusswerk ‚Zum Wohl' Bio-Glutenfrei-Bier, Kaltenhausen Pale Ale, Liefmans Fruitesse „on the rocks", Wieselburger Stammbräu (Bügelflasche), Gösser Naturgold
LOKAL Sieht sich als „InLokal für Jung und Alt" und die erste Adresse in Horn. Viele Feste und beachtliche Bierauswahl. 150 Sitzplätze, 50 Plätze an der Bar, 50 Sitzplätze im Garten.

CARAMBOL – HAVANNA CLUB

3580 Horn, Thurnhofgasse 14, +43/2982/2310-3
www.billardsalon.at
ÖFFNUNGSZEITEN Mo-So: 17:00 bis 1:00 Uhr
FASSBIER Zwettler Original

FLASCHENBIER Paulaner Weißbier, Stiegl, Wieselburger Stammbräu, Zwettler Dunkles, Zwettler Luftikus
LOKAL Seit mehr als 30 Jahren gibt es an dieser Location gepflegtes Bier bei einem Billardspiel (neun Tische). Schwarzbrot-Toasts, Standard-Toasts, Bratwurst, Käsekrainer, Carambol-Pizza und Carambol-Burger. Jeden Dienstag trifft sich hier der Union Billard-Club Horn. 80 Sitzplätze im Lokal, 15 an der Bar, Schanigarten: 15 Sitzplätze.

CORNER BAR

3580 Horn, Rathausplatz 7, +43/2982/30733
www.cornerbar.at
ÖFFNUNGSZEITEN Mo-Do: 17:00 bis 1:00 Uhr; Fr: 17:00 bis 4:00 Uhr; Sa: 18:00 bis 4:00 Uhr
FASSBIER Schneider Weisse, Goldfassl Spezial, Murauer, Bierspezialität
FLASCHENBIER Beck's Alkoholfrei, Corona, Heineken, Kilkenny, König Ludwig Dunkel
LOKAL Seit bald drei Jahrzehnten gibt es an der Ecke der Florianigasse diese immer noch trendig wirkende Cafe-Bar, seit einigen Jahren heißt sie Corner-Bar und zeichnet sich durch gute Bierpflege und freundliche Bedienung aus. 60 Plätze, Bar: 15.

GASTHOF ZUR STADT HORN – HOTEL BLIE

3580 Horn, Hamerlingstraße 17, +43/2982/2257
www.blie.at
ÖFFNUNGSZEITEN Mo-Sa: 7:00 bis 14:00 Uhr und 17:00 bis 22:00 Uhr; So: für Feiern/Veranstaltungen geöffnet.

Gasthof zur Stadt Horn – Hotel Blie

FASSBIER Franziskaner Hefeweisse, Hadmar Bio Bier, Schremser Premium, Stiegl-Goldbräu, Zwettler Original, Schremser Bio Zwickl
FLASCHENBIER Schremser Dunkel, Clausthaler
LOKAL Eine schöne Lamperie aus dunklem Holz, nett gedeckte Tische und eine wohlbestückte Schank mit freundlicher Bedienung empfangen einen in diesem Eckhaus. Alte Fotografien belegen, dass dieser gemütliche Stadtgasthof bereits seit 1866 (nunmehr in siebenter Generation) in der Familie Blie ist. 300 Sitzplätze in verschiedenen Stuben, 15 an der Bar, weitere 30 im Garten.

KASTEN

Gwörthwirt

GWÖRTHWIRT

3072 Kasten, Gwörth 3, +43/2744/5224
www.gwoerthwirt.at
ÖFFNUNGSZEITEN Mo: 9:00 bis 23:00 Uhr; Do-So: 9:00 bis 23:00 Uhr
FASSBIER Gösser, Schladminger Bio Zwickl, Schremser Premium, saisonal Winterbock
FLASCHENBIER Edelweiss Hofbräu, Gösser Naturgold, Gösser Naturradler, Schwechater Lager
LOKAL Typischer Landgasthof mit vielen Biergeniessern unter den Stammgästen, seit 1927 Familienbetrieb, Wirt und Wirtin sind selbst am Werk. Wirt Franz Kübel ist Bierkönig und veranstaltet jeden Freitag Spezialitäten zum/mit Bier, z. B. mit Backhuhn, Surschnitzel, Rossleberkäs oder Blunzengröstl etc. In unregelmäßigen Abständen: Bestes aus Österreichs Wirtshauskuch'l mit Bier zum Selberzapfen, Motorradler Stammtische, Frühschoppen mit Spanferkel, Oktoberfest und Ganslessen sind nur einige der Fixpunkte. 190 Sitzplätze im Lokal, 8 an der Bar, 60 Sitzplätze im Garten sowie 4 teilrenovierte, ruhige Gästezimmer, Motorradunterstellplatz, Reisemobilstellplätze.

KEMMELBACH

OUTBACK ROADHOUSE

3373 Kemmelbach, A1 Exit 100, +43/7412/56818
www.outback-roadhouse.at
ÖFFNUNGSZEITEN Do-Sa: 18:00 bis 00:00 Uhr
FASSBIER Kaiser Märzen
FLASCHENBIER Beck's, Bud, Budweiser, Corona, Desperados, Edelweiss Hefetrüb, Gösser Naturgold, Gösser Naturradler,

Heineken, Kaiser Fasstyp, Kilkenny, Wieselburger Spezial, Wieselburger Stammbräu
LOKAL Das wahrscheinlich ansprechendste Bierlokal an der Westautobahn: Schon von außen sieht man, dass hier ein Abenteuer-Flair herrscht – alte Autos zieren Fassade und Gasträume – ein verlässliches Zeichen, dass hier Aussie-Kultur gelebt wird. Drinnen eine 25 Meter lange Bar mit breiter Bierauswahl. Ca. 250 Sitzplätze, Garten: ca. 100 Sitzplätze.

KILB

DENKENHOF

3233 Kilb, Rametzberg 4, +43/2748/7269
www.pitterle.at
ÖFFNUNGSZEITEN Do-Sa: 10:00 bis 22:00 Uhr; So: 9:00 bis 16:00 Uhr

Denkenhof

FASSBIER Zwettler Original, Gross Gerungs Tigerbräu; Budweiser Pils, HB Traunsteiner Weizen, Krumbacher „light" Bier und jeweils ein Saisonbier
FLASCHENBIER Bis zu 101 Biere, z. B. Bierzauberer Aleysium 1852, Erzbräu Springbock, Geroldinger Brauhaus – Smoky Oak- Rauchdoppelbock eichenfassgereift, Gusswerk Nicobar, IPA G'froren's aus der Hofstetter Brauerei, Nivard Trappistenbier, Samichlaus, Schiffner Aurora Champion Bitter, Schneider Aventinus Eisbock, wechselnde Monatsbiere
LOKAL Was in Österreich unter dem Namen „Backhendlstation" läuft, entpuppt sich oft als sehr kompetentes Bierlokal (man kennt das von der Gartenrast in Radenthein). Am Rametzberg, südlich vom Zentrum der sich weit ins Land erstreckenden Gemeinde Kilb, hat die Familie Pitterle einen schönen Gastbetrieb mit einem in die Wiese hineinreichenden Naturgastgarten eingerichtet, der repräsentativ für die Niederösterreichische Wirtshauskultur ist und auch als Top-Wirt des Jahres 2019 ausgezeichnet wurde. Hervorzuheben ist besonders das Engagement für Craftbiere. Breites Küchenangebot (im Winter Damwild, zu Ostern Lamm, im Herbst Ente und Gans – alles aus der Region), die Spezialität des Hauses sind aber Henderln in allen Variationen. Das Bierangebot wird quartalsmäßig erneuert, es finden auch Bierdegustationsmenüs begleitet von einem Biersommelier statt. Als besonderes Angebot gibt es Hubschrauberflüge – denn gleich gegenüber vom Gastgarten liegt ein Heliport. 100 Plätze im Lokal, 100 im Festsaal, 80 Plätze im Gastgarten.

GASTHOF FISCHL

3233 Kilb, Kirchenplatz 1, +43/2148/7378
www.fischl.at/ga.htm
ÖFFNUNGSZEITEN Mo: 9:00 bis 22:00 Uhr; Mi-So: 9:00 bis 22:00 Uhr

Gasthof Fischl

FASSBIER Zipfer Urtyp
FLASCHENBIER Schwechater Lager, Wieselburger Lager, Wieselburger Stammbräu, Schlossgold
LOKAL Kilb war einst eine der bedeutenderen Marktgemeinden in Niederösterreich, davon zeugt noch die prächtige, den Heiligen Simon und Judas geweihte Pfarrkirche. Der Gasthof Fischl gleich nebenan fungiert quasi als „Kirchenwirt" – im Sommer sitzt man mit Blick auf die „Königin der Landpfarrkirchen" unter der Hofratseiche. Die Gaststube ziert der schöne Spruch: „Gott segne Deinen Eingang, wenn Du Durst hast, Deinen Ausgang, wenn Du bezahlt hast". Dieses Lokal ist in Thomas Bernhards „Holzfällen" als „Gasthaus zur Eisernen Hand" verewigt. Die Lamperie der Gaststube stammt aus dem Jahr 1947, die Schank wurde nach einem Hochwasser (Fotos davon im Eingangsbereich) in den späten 1950er-Jahren ergänzt und ist ihrerseits schon wieder eine innenarchitektonische Besonderheit. Auf der Schank steht meist ein Brotkörberl mit frischem Gebäck, denn das Wirtschaus ist gleichzeitig auch Bäckerei. Der Wirt lädt jeden Mittwoch ab 16.00 Uhr zum „Wochenteiler". Zur ständig wechselnden Biersorte wird jeweils typische Hausmannskost serviert. 280 Sitzplätze im Lokal, ca. 80 Sitzplätze im Gastgarten, 10 Plätze an der Bar.

TONI'S BIER- UND WEINSTUBE

3233 Kilb, Kettenreith 9, +43/2748/7538
www.toni-kettenreith.at
ÖFFNUNGSZEITEN Mo: 9:00 bis 00:00 Uhr; Do-So: 9:00 bis 00:00 Uhr
FASSBIER Murauer, Wieselburger Spezial, Schwarzbräu Helles (Krumbacher Bier), Gösser Naturradler
FLASCHENBIER Edelweiss Weizen Alkoholfrei, Gösser Naturgold, Kaiser Doppelmalz, Weihenstephaner Weizen Naturtrüb, Zipfer Drei
LOKAL Ein etwas abgelegenes Wirtshaus in der zu Kilb gehörenden Ortschaft Kettenreith – aber hier lebt die Dorfseele! Schon um 1907 befand sich hier eine Branntweinstube, eine Landkrämerei und eine Tabak-Trafik. Das Gastzimmer versteht sich als „öffentliches Wohnzimmer" mit Kachelofen. Im „Wöchentlichen Localblatt" kann der Gast die „unabhängigen Küchenneuigkeiten" nachlesen – und zwei, drei Witze. Die Wirtsleut' verstehen sich als Partner der Landwirte und werden von mehr als einem Dutzend Betrieben beliefert – unter anderem mit lokal produziertem Käse. Wirtsstube: 45 Plätze, 15 Plätze an der Bar, im Stüberl: 25 Plätze, Gastgarten: 50 Plätze.

Toni's Bier- und Weinstube

KIRCHBERG A.D. PIELACH

GASTHOF KALTEIS

3204 Kirchberg a.d. Pielach, Melkerstraße 10, +43/2722/7223
www.kalteis.at
ÖFFNUNGSZEITEN Do-So: 8:30 bis 00:00 Uhr
FASSBIER Schremser Märzen, Schremser Roggenbier
FLASCHENBIER Erzbräu Bergquell, Erzbräu Pale Ale, Franziskaner Weißbier, Schremser Doppelmalz, Clausthaler
LOKAL Hubert Kalteis führt einen seit zumindest 1693 bestehenden Gastbetrieb unmittelbar an der Brücke über die Pielach. Wenn man durch den kleinen Gastgarten eintritt, hat man den Eindruck, in einem stark modernisierten Betrieb zu kommen – aber wenn man in die Gastsstube kommt, dann merkt man rasch, dass hier alles genau so ist, wie man es sich wünscht: Bodenständige Einrichtung, freundliche Bedienung und ein Kachelofen sorgen für die richtige Stimmung. Dass die Küche mehrfach (unter anderem mit zwei Gault Millau Hauben) ausgezeichnet wurde, hat die Wirtsleute glücklicherweise nicht abheben lassen. 40 Plätze in der Gaststube, 60 im Hirschenstüberl, 30 im Föhrenstüberl.

KIRCHBERG AM WALDE

CARROUSEL

3932 Kirchberg am Walde, Marktplatz 12, +43/2854/7070
www.carrousel.at
ÖFFNUNGSZEITEN Mi: 11:00 bis 14:00 Uhr, 18:30 bis 1:00 Uhr; Fr-Sa: 11:00 bis 13:30 Uhr, 18:30 bis 1:00 Uhr; So: 11:00 bis 13:30 Uhr, 17:00 bis 00:00 Uhr

Carrousel

FASSBIER Kirchberger Hausbier
FLASCHENBIER Corona, Desperados, Heineken, Hirter, Schremser, Wieselburger, Zwettler, Clausthaler
LOKAL Nach einer Neuübernahme dieses etablierten Landgasthauses wurde hier im Jahr 2015 eine kleine Brauanlage installiert. Mehrfach im Jahr Bierkulinarien, immer wieder auf der Karte: Bierkraut, Biersuppe, Biersaucen. Schwerpunkt mit Waldviertler Karpfen und Roggenbier. Gaststube: 80 Sitzplätze, Speisesaal: 70 Plätze, Disco: 50 Plätze und 100 Plätze an der Bar.

KIRCHBERG AM WECHSEL

FALLY

2880 Kirchberg am Wechsel, Ödenkirchenstraße 7
+43/2629/7205
www.landgasthof-fally.at
ÖFFNUNGSZEITEN Mo: 8:00 bis 23:00 Uhr; Do-So: 8:00 bis 23:00 Uhr
FASSBIER Gösser Zwickl, Puntigamer Panther, Hassbacher Michl, Piestinger Frühlingsbier, Piestinger Märzen, Piestinger Weihnachtsbock
FLASCHENBIER Piestinger Dunkles Bier, Reininghaus Jahrgangspils, Schlossgold, Wieselburger, Edelweiss
LOKAL Dieser etwas abgelegene Landgasthof (zwischen Hochegg, Kranichberg und Rams) macht einen Spagat zwischen anspruchsvoller Gastronomie (zum Speisen sollte man an Wochenenden reservieren) und grundg'scheitem Wirtshaus. Mit einer Wirtsstube mit dicken Ahorn-Tischplatten einerseits (Musikantentreffen mit Zwickelbieranstich vom Holzfass) und einem eleganten Stüberl andererseits. Ausgezeichnet unter anderem als Niederösterreichischer Bierkönig. Käseverkostungen, Mitglied des Käseclubs. Gastzimmer für ca. 30 Personen und im Stüberl ca. 35 Personen, Saal ca. 100 Personen, ca. 20 Plätze an der Bar, ca. 50 im Garten und 30 im Terrassencafé.

GASTHOF GRÜNER BAUM

2880 Kirchberg am Wechsel, Markt 55, +43/2641/2254
www.wirtshaus-gruenerbaum.at

ÖFFNUNGSZEITEN Mi-Fr: 9:00 bis 14:00 Uhr, 17:00 bis 22:00 Uhr; Sa: 9:00 bis 22:00 Uhr; So: 9:00 bis 15:00 Uhr

FASSBIER Hirter 1270, Hofbräu Kaltenhausen Bernstein, Oktoberfestbier, Puntigamer Panther, Puntigamer Panther (Tank oder Fass), Puntigamer Panther Premium, Wieselburger Spezial, ab Ostern: Schwarz Bräu Pale Ale, saisonal: Schwarz Bräu Zwickl Bock

FLASCHENBIER Schneider Weisse, Zipfer Urtyp, Edelweiss Weizen Alkoholfrei, Gösser Naturgold

LOKAL Christian Donhauser führt dieses regionaltypische Wirtshaus in 9. Generation – aber die Wurzeln des Hauses reichen bis ins Jahr 1650 zurück. Bei einem Haus dieser Tradition spürt man das, wenn man durch die mit Butzenscheiben verzierte Tür in die Gaststube tritt. 2019 wurde der Grüne Baum als Top-Wirt der NÖ Wirtshauskultur ausgezeichnet. Viel Spaß und gutes Bier (mit Spezialitäten „Schwein und Bier – das rat ich dir") gibt es bei den Festen, wie z.B. bei den Kirchberger Frühlings-Biertagen, schwerpunktmäßige bierige Angebote, zum Oktoberfest und zum Tag des Bieres ein spezielles Angebot aus Küche und Keller. Auf der Karte stehen unter anderem Bierkäsebrötchen, Bierfleisch mit Speck, Bierbrezel.130 Sitzplätze, 20 an der Bar, Garten: 40 Sitzplätze.

KLOSTERNEUBURG

Eulenspiegel

EULENSPIEGEL

3400 Klosterneuburg, Markgasse 6, +43/2243/36254
www.eulenspiegel.at

ÖFFNUNGSZEITEN Di-Do: 18:00 bis 23:00 Uhr; Fr-Sa: 18:00 bis 00:00 Uhr; So: 18:00 bis 22:00 Uhr

FASSBIER Budweiser Budvar, Schladminger Bio Zwickl, Wieselburger Gold

FLASCHENBIER Beck's Blue Alkoholfrei, Franziskaner Dunkel, Grieskirchner Export Dunkel, Guinness Draught, Hirter 1270, Hirter Kräuter Radler, Murauer Märzen, Paulaner Hefeweizen Alkoholfrei, Paulaner Weißbier Alkoholfrei, Paulaner Weißbier Hefetrüb, Paulaner Weißbier Kristallklar, Stiegl Grapefruitradler, Stiegl Zitronenradler, Trumer Pils

LOKAL Alteingesessenes Eckwirtshaus, behutsam zu einem Gastronomiebetrieb mit Bierschwerpunkt modernisiert – zum Beispiel Oktoberfest oder St. Patrick's Day. Das Guinness kommt aus der Dose und wird mit dem Surger aufbereitet, es ist also stets frisch. Mehrmals im Jahr treten Bands live auf. Die Speisekarte ist kurz und biertypisch mit Sandwiches, Ribs und den getoasteten Schwarzbroten, die in Österreich immer noch als Klassiker der Bierlokal-Küche gelten. Viele Portionen sind so groß, dass sie für zwei Leute reichen, dann wird für ein zweites Gedeck ein kleiner Centbetrag eingehoben. 110 Sitzplätze im Lokal, 12 Plätze an der Bar, 20 im Gastgarten gegenüber.

MARKGRAFWIRTSHAUS

3400 Klosterneuburg, Kollersteig 6, +43/2243/93080
www.zummarkgraf.at

ÖFFNUNGSZEITEN Mo-Fr: 11:30 bis 15:00 Uhr, 17:30 bis 22:00 Uhr

Markgrafwirtshaus

FASSBIER Schwechater Zwickl, Starkenberger

FLASCHENBIER Beck's Blue Alkoholfrei, Die Weisse, Hirter Morchl Dunkel, Kaltenhausen Ignatius, Kaltenhausen Maroni Style , Leffe Blonde, Pilsner Urquell, Schremser Vienna India Pale Ale, Trumer, Trumer alkoholfrei

LOKAL Florian Ortner und Thomas Schmidt haben sich am Rand des Wienerwalds einen Wirtshaustraum erfüllt – ein heruntergekommenes Restaurant wurde 2012 von Grund auf renoviert, eine Vorarlberger Architektin verordnete Eichendielen und Raulederbestuhlung. Und weil Schmidt gastronomische Erfahrungen vom Arlberg eingebracht hat, gibt es hier auch ein Bier aus dem Westen, nämlich aus Starkenberg bei Imst. Standard-Kollege Gianlucca Wallisch lobt die gehobene Wiener Küche: „Überzeugende Karte mit guter Balance aus Fleisch, Fisch und Vegetarisch. Sensationelles Altwiener Backfleisch."

KORNEUBURG

GWÖLB

2100 Korneuburg, Hauptplatz 20, +43/2262/71047
www.gwoelb.com

ÖFFNUNGSZEITEN Mo-Sa: 17:00 bis 00:00 Uhr

FASSBIER König Ludwig Dunkel, Korneuburger, saisonal Original Stieglbock, Stiegl Paracelsus, Stiegl-Goldbräu, Stiegl-Weisse

FLASCHENBIER Budweiser, Clausthaler Extraherb, Corona extra, Guinness, Murauer Märzen, Null Komma Josef, Schremser Doppelmalz, Stiegl Gaudi Radler, Stiegl Sport Weisse, Stiegl Weisse Holunder Radler, Stiegl-Pils

LOKAL Eigentlich sind es ja mehrere Gewölbe, die man durch den unscheinbaren Durchgang gegenüber vom Rathaus erreichen kann: Im Sommer kommt man zunächst durch den lauschigen, überdachten Gastgarten im Innenhof. Dann kommt man ins Lokal, das zwei Ebenen besitzt. Eine ebenerdige Bar, die zweite Ebene bilden die Katakomben des Hauses, also das namensgebende Gwölb. Oft findet im Kellergwölb eine Veranstaltung (Lokalchef Alexander Sofer ist Mitglied der Wirte der Niederösterreichischen Bühnenwirtshäuser) statt, Jazz, Kabarett. Sehr bierige Einrichtung mit alten Emailletafeln. Und im Eingangsbereich macht es sich manchmal eine getigerte Katze gemütlich, die sich von den Gästen streicheln lässt. 100 Plätze im Lokal, 40 an der Bar, 100 im Innenhofgarten.

ZUM ALTEN ZOLLHAUS

2100 Korneuburg, Bahnhofplatz 2, +43/2262/72600
www.zumaltenzollhaus.at
ÖFFNUNGSZEITEN Mo-Fr: 9:00 bis 22:00 Uhr; Sa-So: 9:30 bis 15:00 Uhr
FASSBIER Budweiser, Grieskirchner Pils, Hirter Märzen, Ottakringer Rotes Zwickl
FLASCHENBIER Die Weisse, Grieskirchner Dunkel, Hirter 1270, Liefmans Fruitesse, Trumer Pils, Wieselburger, Beck's Alkoholfrei, Clausthaler
LOKAL Schöner Biergarten gegenüber vom Korneuburger Bahnhof – im Jahr 2004 österreichweit als „Biergarten des Jahres“prämiert und seit 2017 Mitglied der Niederösterreichischen Wirtshauskultur. Im Garten leben einige kleine Hühner, es ist lustig, diese zu beobachten, während man sein Bier genießt. Das Gasthausgebäude ist tatsächlich ein ehemaliges Zollhaus mit kleinem Zollmuseum. Die Küche bietet regionale Schmankerln und ist vor allem wegen der Vielfalt an Gulaschvariationen bekannt. 140 Sitzplätze in der Stube, 130 Sitzplätze im Biergarten.

KOTTES

GASTHOF ZUR KIRCHE

3623 Kottes, Nr. 21, +43/2873/7254
www.waldviertler-bierbad.at
ÖFFNUNGSZEITEN Di-Sa: 8:00 bis 1:00 Uhr; So: 8:00 bis 14:00 Uhr
FASSBIER Zwettler Pils, Zwettler Zwickl
FLASCHENBIER Kaiser Dunkles, Zwettler Export, Edelweiss Naturtrüb, Gösser Naturgold, saisonale Biere
LOKAL Familie Schrammel hat in ihrem Landgasthof einen bierorientierten Wellnessbereich eingerichtet. Die Inhaltsstoffe des Biertrubes, der Hefe und des Hopfens wirken im „Biertrub-Gesundheitsbad“ von außen auf den Körper ein. Das Bierbad hat positive Auswirkungen nicht nur auf den Organismus, sondern auch auf die Haut. Natürlich kann man hier das Bier auch bloß trinken wie überall sonst. Essen kann man dazu Waldviertler Hausmannskost, wenn gewünscht im Extrazimmer. Weiters auf der Karte: Bierschaumsuppe, Schweinslungenbraten in Biersauce. Neuer Festsaal für Feiern und Gruppen geeignet. 130 Plätze im Lokal, Gastgarten: 20 Plätze, 8 Plätze an der Bar.

KREMS

HOFBRÄU AM STEINERTOR

3500 Krems, Südtiroler Platz 2, +43/2732/72897
www.hofbraeu-am-steinertor.at
ÖFFNUNGSZEITEN Mo-Do: 11:00 bis 23:00 Uhr; Fr: 11:00 bis 00:00 Uhr; Sa: 10:00 bis 00:00 Uhr; So: 10:00 bis 22:00 Uhr
FASSBIER Hofbräu Dunkel, Hofbräu Original, Hofbräu Schwarze Weisse, Hofbräu Sommerbier naturtrüb, Hofbräu Weisse, Hofbräu Winterzwickl naturtrüb, Hofbräu Maibock, Hofbräu Oktoberfestbier

Hofbräu am Steinertor

HB
HOFBRÄU
AM STEINERTOR
— KREMS —

FLASCHENBIER Hofbräu Leichte Weisse, Hofbräu Original, Hofbräu Schwarze Weisse, Hofbräu Maibock (saisonal), Hofbräu Oktoberfestbier (saisonal), Hofbräu alkoholfrei, Hofbräu Weisse alkoholfrei, Craftbiere
LOKAL Seit zwei Jahrhunderten gibt es hier einen Brauhof mit Biergarten – auch wenn die 1788 bis 1916 bestehende Brauerei längst nur noch Geschichte ist. 1931 wurde der Brauhof nach Plänen des bekannten Architekten Hans Steineder aus Linz im Stil der damaligen Zeit umgebaut. Der nördliche Trakt, der unter Denkmalschutz steht, sowie der einzigartige Biergarten wurden in den 1993 errichteten Bau des Einkaufszentrums „Am Steinertor“ integriert und blieben seit damals unverändert. 2016/17 wurde der Gastronomiebetrieb neu eingerichtet und seither gibt es hier auch das Bier aus dem Hofbräuhaus München. Was besonders auffällt: Die Mannschaft hier kümmert sich besonders um die Bierpflege (also auch um die Reinigung der Bierleitungen) und um die Zapfkultur. 300 Plätze im Lokal, 300 Plätze im Garten.

SCHMID'S BURGER & CRAFT BEER

3500 Krems an der Donau, Schmidgasse 8, +43/2732/21164
schmids.at
ÖFFNUNGSZEITEN Mo-Mi: 11:00 bis 23:00 Uhr; Do-Sa: 11:00 bis 00:00 Uhr

Schmid's Burger & Craft Beer

FASSBIER Bevog Tak Pale Ale, BrauSchneider (wechselt zwischen Hanfbier, Session Pale Ale und IPA), Brew Age Alphatier New England IPA, Loncium Gaitaler Weisse, Ottakringer Rotes Zwickl, Schmid's Hausbier (Märzen d. Bierwerkstatt Weitra), Zwettler Saphir Premium Pils
FLASCHENBIER mehr als drei Dutzend internationale Spezialitäten, etwa: Fuller's London Pride, Aecht Schlenkerla Rauchbier, Anchor Porter, Bevog Baja Oatmeal Stout, Birra del Borgo Equilibrista, Boon Kriek, BrauSchneider Hanfbier, Brew Age Affenkönig, Chimay Bleu, Gutmann Hefeweizen, Karmeliet Triple, Kiesbye Waldbier
LOKAL Schon in seinem ersten Jahr hat sich das Schmid's in der Kremser Schmidgasse die Auszeichnung als Bierlokal des Jahres verdient – und es hat seine hohen Qualitätsansprüche treffsicher gehalten. Es handelt sich um ein historisches Gewölbe, das mit pfiffiger Dekoration zu einem Hotspot der Burger & Craftbier-Kultur ausgebaut worden ist. Man betritt zuerst einen kleinen Barraum, in dem es nicht nur eine Theke mit einer klug gewählten Auswahl an Fassbieren gibt, sondern auch einige Stehtische, an denen verkostet werden kann. Daran anschließend zwei Räume, die zum Sitzen einladen – das lokale Publikum hat die Möglichkeit, moderne amerikanische Küche gemeinsam mit modernen Bieren zu genießen, erfreut angenommen. Es gibt Burger in einer Vielzahl von Variationen, von Black Angus Premium Beef über vegetarische bis hin zu veganen Burger- Kreationen. Auch die Super-Food-Bowls und die Salate spielen alle Stückerln. Einmal im Monat findet die „Bierwisserei" statt – ein Abend, an dem Bierkultur von Diplombiersommeliers präsentiert wird. Aber auch an den anderen Abenden ist die Beratung zum Beer- and Food-Pairing von hohem Bierwissen geprägt. Hervorzuheben ist auch die gut gestaltete Bierkarte – die Flaschenbiere finden sich auch in der hauseigenen Biergreisslerei, einem historischen Keller, in dem die Biere zum Mitnehmen „über die Gasse" angeboten werden. Auch 4 Biere vom Fass können je nach Kundenwunsch in 2 Liter Gebinden abgefüllt werden. Im Lokal ca. 60 Plätze, im Gastgarten 50 Plätze.

KREMS-STEIN

PIANO BIERLOKAL

3504 Krems-Stein, Steiner Landstraße 21, +43/2732/20330
www.piano-krems.at
ÖFFNUNGSZEITEN Mo-Sa: 17:00 bis 2:00 Uhr; So: 17:00 bis 00:00 Uhr
FASSBIER Hausbier Schladminger Märzen, Schladminger Bio Zwickl, Schneider Weisse Tap 7 ‚Mein Original', Trumer Pils, ein Monatsbier
FLASCHENBIER Corona, Heineken, Augustiner Edelstoff, Augustiner Lager, Ayinger Urweisse Dunkel, BrauSchneider IPA, Guinness, Hirter Privat Pils, Kilkenny, Mohren Spezial, Murauer Märzen, Paulaner Hefeweizen, Schremser Bio Roggen, Stiegl-Pils, Tegernseer Hell, Weitra Hadmar, Wieselburger Stammbräu, Zwettler Dunkles, Zwettler Original, Gösser Naturgold, Edelweiss Alkoholfrei und andere
LOKAL Das Piano hat in mehr als drei Jahrzehnten eine sympathische Patina angesetzt, jede Modernisierung wurde mit außerordentlicher Behutsamkeit durchgeführt. Im Piano trifft sich, begünstigt durch die Nähe zur Donau-Universität, internationales – zumeist junges, intellektuelles – Publikum, das durch die ständig wechselnde Bilderausstellung und die Themenveranstaltungen mit Livemusik angelockt wird und wegen des Bieres bleibt. Immer wieder neue Aktionen, neue Biere – und eine große Fangemeinde. Ca. 70 Sitzplätze im Lokal, 25 an der Bar, 30 Sitzplätze im Schanigarten.

SALZSTADL

3504 Krems-Stein, Donaulände 32, +43/2732/70312
www.salzstadl.at
ÖFFNUNGSZEITEN Mo-Di: 11:00 bis 15:00 Uhr, 18:00 bis 23:00 Uhr; Do-Sa: 11:00 bis 15:00 Uhr, 18:00 bis 23:00 Uhr
FASSBIER Bio-Roggen, Schremser Märzen, Schremser Zwickl
FLASCHENBIER Clausthaler, Franziskaner, Schremser Dunkel
LOKAL Margit Werner-Pietsch führt dieses sehr stimmungsvolle Edelbeisl mit Kleinkunstbühne – besonders musikantenfreundlich. „ …und wenn es um Beschwerden geht, die Sie loswerden möchten: Beim Salzamt sind Sie genau richtig!", versichern die Betreiber augenzwinkernd. 60 Sitzplätze in der Gaststube, Historischer Saal für 60-80 Personen, 50 Sitzplätze im sonnigen Schanigarten, 10 Plätze an der Bar.

KRUMBACH

KRUMBACHERHOF

2851 Krumbach, Bundesstraße 19, +43/2647/42250
www.krumbacherhof.at
ÖFFNUNGSZEITEN Mo, Do-Sa: 11:00 bis 14:00 Uhr, 18:00 bis 21:00 Uhr; So: 11:00 bis 17:00 Uhr

Krumbacherhof

FASSBIER Schwarzbräu Altbier, Schwarzbräu Helles (Krumbacher Bier), Pale Ale, Schwarzbräu Saisonbiere, Weizen, Bockbier, Frühlingsbier
FLASCHENBIER Schwarzbräu Helles, Schwarzbräu Saisonbiere, Schwarzbräu Spezial- und Starkbiere, Schwarzbräu Starkbierbrand, Clausthaler, Puntigamer
LOKAL Die Bucklige Welt ist bekannt für ihre zahlreichen Mostheurigen – entsprechend ist der Apfelmost auch der Schwerpunkt der Genussregion. Im Herzen der Buckligen Welt liegt aber mit dem Krumbacherhof ein Wirtshaus, das sich auch dem Bier verschrieben hat. Vom Diplom-Biersommelier Gerald Schwarz bezieht der Krumbacherhof das lokale Bier. Und neuerdings stehen auch internationale Bierspezialitäten auf der Karte. Regelmäßige Feste: Bier-Schnidahahn im Herbst, Bucklige Welt Bier-Roas. Gratis WLAN. 160 Sitzplätze im Lokal (100 Plätze in der Nichtraucherzone), 15 Plätze an der Bar, 40 Sitzplätze im Garten.

LAA AN DER THAYA

GASTHAUS MARTIN WEILER

2136 Laa an der Thaya, Staatsbahnstraße 60
+43/2522/2379
www.weilerlaa.at
ÖFFNUNGSZEITEN Di: 10:00 bis 15:00 Uhr; Mi-Fr: 10:00 bis 15:00 Uhr, 17:30 bis 22:00 Uhr; Sa-So: 10:00 bis 16:00 Uhr
FASSBIER Hubertus Pils, Hubertus Zwickl, Ottakringer Zwickl
FLASCHENBIER Hubertus Dunkel, Hubertus Lager, Hubertus Märzen, Hubertus Pils, Clausthaler
LOKAL Herr Weiler bietet in seinem auf halbem Weg zwischen dem Laaer Ostbahnhof und dem historischen Stadtzentrum gelegenenen Gasthaus moderne Weinviertler Schmankerlküche zum frischen Bier aus der ums Eck liegenden Hubertus-Brauerei. Die Gaststube ist seit den 60er-Jahren mit dekorativen Ansichtskarten aus der Zeit um 1900 geschmückt – hier herrscht klassische Gasthausatmosphäre. Daneben gibt es auch einen vornehm gestalteten Restaurantbereich – mit Ganslwochen „Gans, Ente & Co." im November, die beweisen, wie gut der Hubertus Bock zur Martinigans passt! Männerkochkurs nur für männliche Teilnehmer. Ca. 180 Sitzplätze, im Garten 40 Sitzplätze.

SCHWARZER PETER

2136 Laa an der Thaya, Hubertusgasse 4, +43/2522/8016 oder +43/664/2349143
www.schwarzerpeter.at
ÖFFNUNGSZEITEN Do: 17:30 bis 23:00 Uhr; Fr-Sa: 17:30 bis 00:00 Uhr; So: 17:00 bis 22:00 Uhr
FASSBIER Hubertus Pils, Hubertus Radler, Hubertus Zwickl (saisonal), Schwarzer Peter Bräu Hell, Schwarzer Peter Bräu Schnitt
FLASCHENBIER Budweiser, Edelweiss Weizenbier, Guinness Extra Stout, Hirter Pils Dunkel, Hubertus Kraftradler, Hubertus Lager, Ottakringer Rotes Zwickl, Ottakringer XVIer
LOKAL Seit 1987 ist dieses sehr bierig eingerichtete Lokal in unmittelbarer Nähe der Hubertus Brauerei ein Klassiker der Weinviertler Lokalszene. Sehr gute, zum Bier passende Küche – vor allem die Flecken, die regionale Variante des Flammkuchen. 130 Sitzplätze, Saal: 120 Sitzplätze, 100 Stehplätze an der Bar, Terrasse: 140 Sitzplätze, 30 Stehplätze.

LANGENLEBARN

GASTWIRTSCHAFT FLOH

3425 Langenlebarn, Tullnerstraße 1, +43/2272/62809
www.derfloh.at
ÖFFNUNGSZEITEN Mo: 9:00 bis 14:00 Uhr, 18:00 bis 21:00 Uhr; Do: 17:00 bis 22:00 Uhr; Fr: 9:00 bis 14:00 Uhr, 18:00 bis 22:00 Uhr; Sa: 9:00 bis 15:00 Uhr, 18:00 bis 22:00 Uhr; So: 9:00 bis 15:00 Uhr, 18:00 bis 21:00 Uhr

Gastwirtschaft Floh

FASSBIER Schremser Premium, Schremser Roggenbier
FLASCHENBIER Brauküche Golden Bay, Gablitzer, Jörg Ganter, RotALEchen, Schremser Doppelmalz, Sepperlbier – hauseigene Spezialabfüllung von Schremser mit eigenem Label, Stiegl Weisse und nach Saison Wildshuter Sortenbiere, Stiegl-Freibier, variabel – Meinklang Urgetreide Bier
LOKAL Der Floh war eine der ersten gelungenen Versuche, ein österreichisches Gasthaus behutsam zu erneuern und zu kulinarischen Höhen zu führen – für die jahrelangen Bemühungen darum gab es 2019 vom Falstaff-Magazin den „Preis

für Nachhaltigkeit & Innovation". Exklusiv gibt es Fische aus Wildfang aus den Gewässern der Bundesforste. Speziell das Mangalitza-Schwein wird hier gern mit Bier zubereitet – etwa als geschmorte Schweinsbackerl in Kümmel-Roggenbiersaftl oder Dry Aged Beef. Neu – das „Radius 66 Menü'" eine Bio-Six-Pack Begleitung oder das Gemüse-Hauptgericht mit glasweiser Bio-Bierbegleitung. So gibt es hier die teilweise sehr speziellen Biere der Brauküche 35, die auch ein Mangalitza Stout entwickelt hat. Die Bierkultur ist hoch entwickelt, es gibt auch Gäste, die nur zum Biertrinken und Kartenspielen kommen. 80 Plätze, Garten: 26 Plätze, 10 Plätze an der Bar. Im Sommer gibt es noch zusätzlich eine Außenstelle – eine Art Biergarten mit 80 Sitzplätzen, gleichen Öffnungszeiten, Fr – Mo auch nachmittags für eine Jause geöffnet und Biersorten wie im Haupthaus, Naturgarten mit Hochbeeten, Bocciabahn und Spielkiste für Kinder.

LANGENLOIS

BRAUGASTHOF ZUM FIAKERWIRT

3550 Langenlois, Holzplatz 7, +43/2734/2150
www.fiakerwirt.at
ÖFFNUNGSZEITEN Mo: 7:00 bis 14:00 Uhr; Mi-Sa: 7:00 bis 22:00 Uhr; So: 8:00 bis 15:00 Uhr

Braugasthof zum Fiakerwirt

FASSBIER Fiakerbräu Pils, Dunkles, Märzen, Weizen, Radler, saisonale Spezialitäten, Gösser Naturgold
FLASCHENBIER Fiakerbräu Pils, Märzen, Weizen, Dunkles
LOKAL 1957 gegründetes Gasthaus, das sich der traditionellen Gaststättenkultur verbunden fühlt. Man kommt zunächst an eine kleine Bar, wo an den großen Tischen die Stammgäste sitzen, dahinter ein größerer Saal. Vorzeigebetrieb für die Braustar-Brauanlage, auf welcher seit Juni 2008 eigenes Bier gebraut wird. Und das sehr erfolgreich: Die Fiakerbräu-Brauer haben bereits mehrere Auszeichnungen erbraut, und seit Dezember 2018 gibt es auch den „Fiaker Whisky". Ca. 120 Plätze im Lokal, 6 an der Bar, auf der Terrasse – im Schanigarten: 50 Plätze.

COLOURS CAFÉ BAR

3550 Langenlois, Holzplatz 13, +43/680/3172500
www.facebook.com/pg/colourscafebar
ÖFFNUNGSZEITEN Mo: 17:00 bis 1:00 Uhr; Do-So: 17:00 bis 1:00 Uhr

Colors Café Ba

FASSBIER Bürgerbräu Hefeweizen , Hubertus Keltenbier halbdunkel, Hubertus Pils
FLASCHENBIER Heineken, Bürgerbräu Alpenstoff, Bürgerbräu Radler, Bürgerbräu Weißbier Alkoholfrei, Hubertus Märzen, Murauer Märzen, Stiegl Goldbräu, Stiegl Pils
LOKAL Das ehemalige Loch Ness wurde im Februar 2018 mit neuem Namen und neuem Konzept – als „Lokal mit Flair" – relaunched: Wenn man hineinkommt, sieht man zuerst etliche asiatische Dekorationen, im Hauptraum dominieren die Bar und die Stehtische, auch hier wurde üppig dekoriert. 40 Plätze im Lokal, 40 auf dem historischen Holzplatz mit Blick auf den Marienbrunnen.

LIUBISA

3550 Langenlois, Kaserngasse 1, +43/676/4438439
www.facebook.com/LiubisaLangenlois
ÖFFNUNGSZEITEN Di-Sa: 16:30 bis 23:45 Uhr
FASSBIER Trumer Pils, Weitra Hell, Zwettler Zwickl, ein Monatsbier
FLASCHENBIER Augustiner Edelstoff, Budweiser, Corona, Guinness (Dose), Hacker Pschorr, Hadmar Bio Bier, Heineken, Paulaner Weisse, Rieder Weisse, Schladminger Bio Zwickl, Stiegl, Wieselburger Stammbräu, Zwettler Dunkles, Zwettler Luftikus, Zwettler Zitrus Radler
LOKAL Man könnte meinen, dass man im Wohnzimmer von Langenlois ist. Simone Fragner hat in einem historischen Gewölbe eine witzige Mischung aus modernen und alten Möbeln zusammengestellt, ein großer Tisch wurde aus einer

alten Hobelbank gezimmert, die Bar ist mit alten Schubladen dekoriert. Historisch ist der Name: Liubisa ist ein alter Name für Langenlois und bedeutet „die Liebliche". Viele verschiedene Salate und Burger, unter anderem auch vegetarisch mit Ziegenkäse zu sehr günstigen Preisen. Immer wieder Veranstaltungen (Oktoberfest, Schlagerabend, Grillfeste). Schöner kleiner Garten mit Natursteinmauer und Springbrunnen.46 Plätze in zwei Räumen, 12 an der Bar, 40 im Garten.

LAXENBURG

FLIEGER & FLIEGER

2361 Laxenburg, Münchendorfer Straße 7, +43/2236/71334
www.wwo.at
ÖFFNUNGSZEITEN Mo-Do: 10:00 bis 1:00 Uhr; Fr-Sa: 10:00 bis 2:00 Uhr; So: 10:00 bis 1:00 Uhr
FASSBIER Edelweiss Weizen, Gösser, Schwechater Zwickl, Radler, Oktoberbräu, Weihnachtsbock
FLASCHENBIER Corona, Schlossgold, Wieselburger Stammbräu, Zipfer Drei
LOKAL Flieger-Ambiente, eine sehr umfangreiche Speisekarte und die Bierauswahl machen das Lokal am Stadtrand von Laxenburg unweit von Wien seit mehr als zwei Jahrzehnten zu einem lohnenden Ausflugsziel. Ca. 350 Sitzplätze im Lokal, 160 Sitzplätze im Garten.

LEOBERSDORF

ANTONIUS BRÄU

2544 Leobersdorf, Hauptstraße 29, +43/2256/21223
www.antoniusbräu.at
ÖFFNUNGSZEITEN Mo-Sa: 11:30 bis 22:00 Uhr
FASSBIER Antonius Bräu Märzen, Das Dunkle Antonius Bräu, saisonal Antonius Bräu Weizen
FLASCHENBIER Stiegl Alkoholfrei, Stiegl Sport-Weisse
LOKAL Sehr stimmig angelegte Gasthausbrauerei am Standort des früheren Gasthauses „Zum goldenen Kreuz" und des Gasthaus Winkler, einem Schwechater-Ausschank am selben Standort in den späten 1950er-Jahren. Auch wenn das Lokal selbst modern gestaltet ist, finden sich viele historische Bezüge, darunter die Drucke alter Braugerätschaften an den Wänden, die Bierkrugsammlung und ein Kachelofen von 1910. 90 Plätze im Lokal, 30 im Stüberl.

LEOPOLDSDORF IM MARCHFELD

RELISH PEAK COTTAGE

2285 Leopoldsdorf im Marchfeld, Rathausplatz 2
+43/2216/20811
www.facebook.com/eva.ungar.18
ÖFFNUNGSZEITEN Mo-Fr: 16:00 bis 00:00 Uhr; Sa-So: 10:30 bis 00:00 Uhr
FASSBIER Guinness, Hirter Pils, Murauer Steirer Gold, Weitra Bräu, ein Saisonbier
FLASCHENBIER Corona Extra, Brew Age Hopfenauflauf, Gusswerk Black Sheep, Kilkenny, Liefmans Fruitesse „on the rocks", Murauer Weißbier, Zwettler Dunkel, Zwettler Luftikus (alkoholfrei), Zwettler Saphir Pils, Zwettler Zitronenradler
LOKAL Mit dem „Relish Peak Cottage" ist im Frühjahr 2020 ein neues Konzept in das ehemalige „Shamrock" eingezogen. Gastgeberin Eva Ungar fungiert gleichzeitig als eine Art Dorfwirtin – wie so ein Pub eben auch in Irland ausgerichtet wäre. Mehrmals im Jahr gibt es Live Musik aus allen Richtungen. 80 Plätze im Lokal, 30 an der Bar, 60 im Garten.

LITSCHAU

Gasthof Kaufmann

GASTHOF KAUFMANN

3874 Litschau, Stadtplatz 88, +43/2865/50560 und +43/664/2345363
www.gasthof-kaufmann.at
ÖFFNUNGSZEITEN Mo: 10:00 bis 23:00 Uhr; Mi-So: 10:00 bis 23:00 Uhr
FASSBIER Gösser Naturradler, Starobrno, Zwettler Original, Zwettler Zwickl
FLASCHENBIER Schremser Märzen, Weihenstephaner Weizenbier, Zwettler Dunkles, Edelweiss Alkoholfrei, Gösser Naturgold
LOKAL Ein Landgasthaus, wie man es heute nur noch selten findet – und das daher nicht nur die lokale Bevölkerung anzieht, sondern auch Gäste von weither den Weg ins nördliche Waldviertel antreten lässt. Die Betreiberfamilie Hofbauer wurde mehrfach für ihre Bemühungen ausgezeichnet, unter anderem als Top-Wirt der Niederösterreichischen Wirtshauskultur 2020 und im Falstaff Restaurantguide. Das aus der Mitte des 19. Jahrhunderts stammende Gasthaus war einmal der Ausschank der längst geschlossenen Litschauer Brauerei. Aus der unverfälschten heimischen Küche gibt es Waldviertler Schmankerl mit Zutaten, die die Bauern aus der Region anliefern. Hausgemachte Pizzen. Ca. 50 Sitzplätze im Lokal, im Schanigarten ca. 30 Sitzplätze, im Garten im Innenhof ca. 90 Sitzplätze, im Veranstaltungs-Stadl ca. 60 Sitzplätze.

MANNERSDORF

ARBACHMÜHLE

2452 Mannersdorf, Arbachmühle 275, +43/2168/62300
www.arbachmuehle.at
ÖFFNUNGSZEITEN Di-Fr: 7:00 bis 22:00 Uhr; Sa: 8:00 bis 22:00 Uhr; So: 8:00 bis 20:00 Uhr
FASSBIER Edelweiss trübes Weizenbier, Schladminger, Schwechater Zwickl, Wieselburger Spezial
FLASCHENBIER Gösser Märzen, Kaiser Doppelmalz, Schlossgold

LOKAL Ausflugslokal mit großem Biergarten. Service mit Liebe zum Bier. Küche mit regionalem Bezug. Angeschlossen ist ein nettes Landhotel. 230 Sitzplätze im Lokal, 60-80 Sitzplätze im Garten.

MARBACH A. D. DONAU

ZUR SCHÖNEN WIENERIN

3671 Marbach a. d. Donau, Marktstraße 1, +43/7413/7077
www.wienerin.co.at

ÖFFNUNGSZEITEN Mo: 9:00 bis 23:00 Uhr; Mi-So: 9:00 bis 23:00 Uhr

FASSBIER Erzbräu Dinkel-Weisse, Haselbräu Böhmisches (im Winter), Haselbräu Das Helle (im Sommer), Haselbräu Herbstbier (im Herbst), Haselbräu Weihnachtsbier, Zwettler Original, Zwettler Zitronenradler Naturtrüb

FLASCHENBIER ein Craftbier der Saison von kleinen Privatbrauereien aus der nahen Umgebung, Spaten Alkoholfrei, TaBeer Porter, Zwettler Saphir, Schneider Weisse Alkoholfrei

LOKAL Schon seit über 400 Jahren ein Flößergasthaus, 1644 und 1697 waren die hier Ansässigen Marktrichter auch Ufermeister. Um die Wende vom 19. zum 20. Jahrhundert ist der Name „Zur schönen Wienerin" etabliert worden. Bier wird hier mit viel Liebe gezapft, dazu werden herzhafte Speisen angeboten. Die Regionalität spiegelt sich auch auf der Bierkarte, es werden immer wieder Craftbiere aus den nahen Kleinbrauereien angeboten. Familie Engel hat etliche Auszeichnungen eingeheimst, unter anderem als Top-Wirt der Niederösterreichischen Wirtshauskultur. Terrasse mit Donaublick und neu gestaltete Gasträume – ideal für Radausflüge. 90 Plätze im Lokal, 26 im Garten.

MARIA ANZBACH

FIRLEFANZ

3034 Maria Anzbach, Unter-Oberndorf 41, +43/2772/51758
www.firle.at

ÖFFNUNGSZEITEN Mo-Do: 18:00 bis 2:00 Uhr; Fr-Sa: 18:00 bis 4:00 Uhr; So: 18:00 bis 2:00 Uhr

FASSBIER Weitra Hell, Zwettler Dunkles, Zwettler Original, Zwettler Zwickl

FLASCHENBIER Budweiser, Corona, Hadmar Bio Bier, Hirter, Null Komma Josef, Schneider Weisse

LOKAL Gemütliches Pub mit bodenständiger Kost (Schweinsripperl gelöscht mit Bierschaum und Bratkartoffel) in einem schönen Jahrhundertwendehaus. Regelmäßig Livemusik, einmal jährlich großes Open-Air. 55 Sitzplätze im Lokal, 30 Plätze an der Bar, 35 Sitzplätze im Garten.

MARIA TAFERL

ZUM GOLDENEN LÖWEN

3672 Maria Taferl, Hauptstraße 6, +43/7413/340
www.freyswirtshaus.at

ÖFFNUNGSZEITEN Mi-Sa: 8:00 bis 21:00 Uhr; So: 8:00 bis 15:00 Uhr

FASSBIER Gösser Dunkles Zwickl, Schwechater Zwickl, Starobrno, Wieselburger, Oktoberbier, Oktoberbräu, Oktoberguss, eine wechselnde Bierspezialität

FLASCHENBIER Brauhaus Gusswerk, Jahrgangsbiere, Stiegl-Hausbiere

LOKAL Maria Taferl ist ein prominenter Wallfahrtsort für Katholiken, aber seit Andreas Frey die Ausbildung zum Biersommelier absolviert hat, hat er das Wirtshaus neben der weithin sichtbaren Kirche aus dem Jahr 1660 zu einer Stätte gemacht, an die auch weniger religiöse Bierliebhaber pilgern. Es gibt hier etwa mehrere (vorab zu reservierende) Varianten eines Biermenüs – viergängig, zweigängig (Bierbraten und Graumohnparfait) oder nur Brötchen – jeweils mit sechs Bierproben. 2014 gab es die Auszeichnung als Bierlokal des Jahres durch den Bierguide, im Jahr 2017 folgte die Verleihung der Bierkrone an dieses mit schöner alter Lamperie und alten Thonetsesseln ausgestattete Wirtshaus. Seit 2013 wird im Advent jeweils ein eigens für Andreas gebrautes Weihnachtsbier angeboten, und die immer wieder ergänzte Bierkarte ist umfangreicher, als sie hier wiedergegeben werden kann. Mehrmals im Jahr gibt es bierorientierte Veranstaltungen wie Historische Dinner Lesung und Dinner & Comedy. Zu den Sehenswürdigkeiten gehört ein historisches Alpenpanorama und der Nachbau eines Salettls, wie es hier von 1870 bis 1957 bestanden hat. 150 Sitzplätze im Lokal, 40 Sitzplätze auf der Veranda vorm Haus, 10 Plätze im kleinen Biergarten mit Blick auf die Wallfahrtskirche.

Zum goldenen Löwen

MATZEN

BÄRENSTUBN

2243 Matzen, Hauptstraße 21, +43/676/6969141
www.baerenstubn.at

ÖFFNUNGSZEITEN Mo: 10:30 bis 22:00 Uhr; Do: 16:00 bis 00:00 Uhr; Fr-Sa: 10:30 bis 00:00 Uhr; So: 10:30 bis 22:00 Uhr

FASSBIER Bärenbräu Zwickl, G'mischtes Bärenbräu Zwickl / Storchenbräu Braunes, Bärenbräu Zwickl
FLASCHENBIER Storchenbräu Braunes, Storchenbräu Pils, Storchenbräu Weizen, Gösser Naturgold
LOKAL Petra Bruckmayr stammt aus einer alteingesessenen Wirtsleutefamilie und hat die Bärenstub'n 2017 übernommen. Nachdem sie einen Biersommelier-Kurs besucht hatte, wagte sie sich daran, im Hinterhaus eine kleine Brauanlage mit zwei Hektoliter Ausschlagmenge einzurichten und dort vorwiegend ein ausgewogen malziges Helles zu brauen. In der Gaststätte hat sie – „auch wenn viele Gäste Craftbier ablehnen", wie sie erfahren musste – stets eine kleine Auswahl besonderer Biere aus Kleinbrauereien (etwa Brew Age oder Brauwerk) zur Auswahl. Die Restaurantküche bietet klassische österreichische Angebote, was angesichts des rundum grassierenden Wirtshaussterbens tröstlich ist. 220 Plätze in verschiedenen Stuben, 20 Plätze an der Bar, 30 Plätze im Garten.

Bärenstubn

MELK

KALMUCK
3390 Melk, Hauptstraße 10, +43/660/5377388
www.kalmuck.net
ÖFFNUNGSZEITEN Mo-So: 11:00 bis 00:00 Uhr
FASSBIER Zwettler Original
FLASCHENBIER Corona, Schneider Weisse, Zwettler Luftikus, Zwettler Saphir
LOKAL Bar in Nachbarschaft zum Rathauskeller von Melk und mit diesem auch organisatorisch verbunden. Abends eine Cocktailbar, tagsüber mehr Bier-Schwerpunkt. Obacht: Wer die Schiffsglocke hinter der Bar läutet, muss eine Lokalrunde zahlen! Winteröffnungszeiten von Okt. bis Ende April täglich von 17:00 bis 00.00 geöffnet, von Mai bis Ende September täglich ab 11:00 Uhr. 40 Sitzplätze im Lokal, ca. 40 im Gastgarten.

KOLOMAN
3390 Melk, Linzer Straße 25, +43/2752/52265
www.koloman-melk.at
ÖFFNUNGSZEITEN Di-Do: 17:00 bis 00:00 Uhr; Fr-Sa: 17:00 bis 1:00 Uhr; So: 11:00 bis 14:30 Uhr, 17:00 bis 23:00 Uhr
FASSBIER Budweiser, Gold Fassl Zwickl, Melker Bier, Mischbier, Zitrusradler
FLASCHENBIER Null Komma Josef, Paulaner Alkoholfrei, Paulaner Weizenbier
LOKAL Unterhalb vom Stift, gleich an der Donau, stand seinerzeit die Melker Brauerei. Eine in Stein gemeißelte Inschrift erzählt davon, wie „durch die grausame Feuersbrunst, die in der Fastenwoche 1548 in des Bräuers Leonhard Halbing Hause seiner bösen Feuerstelle wegen entstanden" die Bürgerschaft zu merklichem Schaden gekommen sei. Das Koloman wird seit August 2015 von Heinz Laubert geführt, der am historischen Standort des Melker Brauhauses eine sanft modernisierte Gaststätte eingerichtet hat – dabei wurde gleich auch die Speisekarte an moderne Ansprüche angeglichen. Kompetente, freundliche Bedienung. Das nebenan gelegene Café Piccolo wurde zum Kolomanikirtag 2016 als „Koloman – Die Bar" in den Betrieb integriert – wobei die Speisekarte dort ein wenig schlanker ist, dafür ist in der Bar der Schwerpunkt mehr auf Stimmung gelegt.

MISTELBACH

ALTES DEPOT
2130 Mistelbach, Oserstraße 9, +43/2572/3955
www.altesdepot.at
ÖFFNUNGSZEITEN Mo-Do: 16:00 bis 1:00 Uhr; Fr-Sa: 16:00 bis 3:00 Uhr; So: 16:00 bis 1:00 Uhr

Altes Depot

FASSBIER Guinness, Kilkenny, Oktoberbräu, Starobrno, Zipfer Urtyp, Edelweiss Hefetrüb, Gösser Dunkles Zwickl
FLASCHENBIER Corona, Desperados, Edelweiss Hefetrüb Dunkel, Heineken, Kaiser Doppelmalz, Kaltenhauser 1475 Pale Ale, Schwechater Zwickl, Wieselburger Stammbräu, Gösser Naturgold, Gösser Naturradler
LOKAL Das Alte Depot im Zentrum von Mistelbach hat seinen Namen von einem Auslieferungslager für Bier, das sich bis 1989 auf dem Gelände befunden hat und 1991 als Lokal eröffnet wurde. Liebhaber einer regionalen Beislküche kommen hier auf ihre Rechnung. Als Mitglied der NÖ Bühnenwirtshäuser wird hier Live-Music geboten – Jazz, Rock, Blues, Folk , World-Music oder Latin. Nachwuchskünstler aus der Region und bekannte Weinviertler präsentieren ihre Projekte und Programme. Dazu gibt es Sportübertragungen auf Großbild-Leinwand und kostenloses WLAN. Einmal im Monat findet das 1. Mistelbacher Pubquiz im Alten Depot statt. 120 Sitzplätze im Lokal, 30 Plätze an der Bar, 70 Sitzplätze auf der überdachten Terrasse.

HARLEKIN

2130 Mistelbach, Bahnstraße 5, +43/2572/2712
www.cafe-harlekin.at

ÖFFNUNGSZEITEN Mo-Do: 8:00 bis 23:00 Uhr; Fr-Sa: 8:00 bis 00:00 Uhr; So: 8:00 bis 23:00 Uhr

FASSBIER Murauer

FLASCHENBIER Brew Age Affenkönig, Brew Age Dunkle Materie, Brew Age Hopfenauflauf, Budweiser, König Ludwig Dunkel, Schwechater Zwickl, Stiegl Goldbräu, Stiegl Weisse Naturtrüb, Erdinger Alkoholfrei, Gösser Naturradler

LOKAL Für seine Stammgäste ist das „Harlekin" kein normales Lokal, vielmehr eine Philosophie – der Werbeguru Manfred Pretting schätzte es besonders, aber in der Gästeliste finden sich auch Peter Turrini, Heinz Marecek und Michael Köhlmeier. 120 Plätze, Garten: 85 Plätze, Bar: 12 Plätze.

Harlekin

MÖDLING

MAUTWIRTSHAUS

2340 Mödling, Kaiserin-Elisabeth-Straße 22
+43/2236/24481
www.mauts.at

ÖFFNUNGSZEITEN Mo-So: 10:00 bis 00:00 Uhr

FASSBIER Augustiner Edelstoff, Original Budweiser, Weitra Bräu, Zwettler Zwickl, saisonal: Paulaner Oktoberfestbier, Zwettler Zwickl-Weihnachtsbock

FLASCHENBIER Erdinger Hefeweisse, Erdinger Kristallklar, Hirter Morchl Dunkel, Hirter Pils, Stiegl Citro-Radler, Beck's Alkoholfrei

LOKAL Das Mautwirtshaus ist heute das älteste Mödlinger Gasthaus in Familienbesitz – 1968 entstand unter Franz Josef Mayer mithilfe einiger Gleichgesinnter im Speisesaal die „Bühne Mayer". Das „Schaufenster Kultur.Region" feierte die Kulturwirtin Edda Mayer-Welley als „kulturelle Nahversorgerin in Mödling" – und tatsächlich hat die Kleinkunstbühne schon als Karrieresprungbrett für etliche junge Künstler gedient. Hier geht es nicht nur um Bierkultur, sondern auch um Film, Theater und Jazzabende. In den Restauranträumen wird altösterreichische Küche und gepflegtes Bier serviert – das hier gezapfte Augustiner schmeckt so gut wie in München und ist allein schon den Besuch wert. 130 Sitzplätze, 15 Plätze an der langen Bar. Garten und Schanigarten in der Fußgängerzone: 130 Sitzplätze.

RATZHAUS – HAUS DER BIERE

2340 Mödling, Babenbergergasse 2, +43/2236/866327
www.hausderbiere.com

Ratzhaus – Haus der Biere

ÖFFNUNGSZEITEN Mo-So: 11:00 bis 1:00 Uhr

FASSBIER Franziskaner Hefeweizen, Murauer Steirergold, Pilsner Urquell, Puntigamer Panther, Schnaitl Dunkel, Velkopopvický Kozel, Villacher Märzen, Villacher Zwickl

FLASCHENBIER Corona, Desperados, Grieskirchner Dunkel, Guinness, Gutmann Hefeweizen Hell, Heineken, Hirter Privat Pils, Schladminger Vollbier, Schneider Weisse, Stiegl Goldbräu, Trumer Pils, Wieselburger Stammbräu, Beck's 0,0

LOKAL Auf der Eingangstüre steht nach wie vor Ratzhhaus, bis 1997 hieß das Lokal „Haus der 100 Biere", aber die Auswahl ist auch nach der Reduzierung auf 32 beeindruckend. Gediegene, dunkle Einrichtung – und in der Vertäfelung findet sich hinter Glas auch der Hinweis auf die Familie Ratz, die namensgebend war: Im März 1919 hat der Mödlinger Männergesangsverein Herrn Julius Ratz, den damaligen Wirt, zum Ehrenmitglied ernannt. Als besonderes Angebot gibt es täglich bis 19 Uhr Spareribs zum Sonderpreis. 115 Sitzplätze im Lokal, 7 an der Bar, Vorgarten: 100 Sitzplätze.

SCHLOSSEREI

2340 Mödling, Wehrgasse 4, +43/2236/26025
www.schlosserei.at

ÖFFNUNGSZEITEN Mo-Do: 18:00 bis 00:00 Uhr; Fr-Sa: 18:00 bis 1:00 Uhr; So: 18:00 bis 00:00 Uhr

FASSBIER Kaltenhauser Bernstein, Reininghaus Pils, Schwechater Zwickl, Starbrno, Wiener Lager, ein Monatsbier

FLASCHENBIER Gösser Stifts-Zwickl Dunkel, Schladminger Bio Schneeweiße, Weihenstephaner Alkoholfrei, Weihenstephaner Weizen Alkoholfrei, Zipfer Hell Alkoholfrei, Gösser Naturgold

LOKAL Dieses Traditionslokal wurde im August 2017 neu übernommen, behutsam renoviert und wird im traditionellen Sinn weitergeführt. Dabei kam auch ein neuer Bierlieferant zum Zug, seither werden Biere der BrauUnion gezapft – und dies sehr kundig und freundlich. Das Hausbier kommt ohne CO2-Druck aus dem Tank. Auf der Speisekarte findet sich immer ein Gericht, das mit Bier zubereitet wird, typische Pfannenklassiker sowie urige Burger. Für den Sommer sind Grillfeste und Bier-Brunch geplant. Ca. 120 Sitzplätze, 100 Stehplätze, 70 Plätze im Garten mit neu errichteter Pergola.

WALDGASTHAUS BOCKERL

2340 Mödling, An der Goldenen Stiege 22, +43/2236/46868
www.bockerl.at
ÖFFNUNGSZEITEN Mo-Sa: 11:00 bis 23:00 Uhr; So: 10:00 bis 22:00 Uhr

Waldgasthaus Bockerl

FASSBIER Starobrno, Gösser Märzen, Gösser Radler, Gösser Zwickl
FLASCHENBIER Edelweiss Weißbier, Gösser Naturgold (alkoholfrei)
LOKAL Dieses Waldgasthaus liegt nur wenige Gehminuten vom Mödlinger Stadtzentrum entfernt – und lädt zu Wanderungen auf den Anninger ein. In seiner heutigen Form wurde das Bockerl im Jahr 1988 errichtet und heimelig mit viel Holz und etwas Kitsch (darunter die §11-Tafel, die zum Weitertrinken anregen soll) eingerichtet. Die gemütlichen Stuben stehen auch für Feiern zur Verfügung. Außerdem gibt es im Bockerl auch anlassbezogene Speisekarten, wie die Gansl-Karte, Weihnachtskarte oder Osterkarte und Themenabende wie den Steak- oder Gulasch-Abend. Gastgarten mit romatischem Felsengarten – und freilaufenden Kaninchen. 120 Plätze im Lokal, 130 im Garten.

MÜNCHENDORF

BRUNNER'S BRÄU

2482 Münchendorf, Hauptstraße 46, +43/699/11602622
www.brunnersbraeu.at
ÖFFNUNGSZEITEN Mo-Mi: 15:00 bis 00:00 Uhr; Fr: 15:00 bis 00:00 Uhr; So: 9:00 bis 15:00 Uhr
FASSBIER Goldfassl rotes Zwickl, Goldfassl Zwickl, Ottakringer Wiener Original
FLASCHENBIER Augustiner Edelstoff, Paulaner Hefeweißbier Naturtrüb, Puntigamer, Wieselburger Gold, Null Komma Josef, Ottakringer Citrus Radler
LOKAL Gutbürgerliche Küche und saisonale Schmankerl. Sport Live-Übertragungen auf Videoleinwand. In der Gaststube 30 Sitzplätze, im Festsaal 70 Sitzplätze, Biergarten.

MÜNICHREITH

WIRTSHAUSBRAUEREI HASELBÖCK

3662 Münichreith, Münichreith 3, +43/7413/6119
www.wirtshausbrauerei.at
ÖFFNUNGSZEITEN Mo: 8:00 bis 21:00 Uhr; Do-Sa: 8:00 bis 21:00 Uhr; So: 8:00 bis 20:00 Uhr
FASSBIER Hasel's klassisches Helles, Spezial, typisch Böhmisches, ein Saisonbier (Bock)
FLASCHENBIER Haselbräu Spezial, Haselbräu Waldviertel IPA Schwester 0,75l, Pale Ale No. 1, Pils, Herbstbier, Oktoberhaserl, Saisonbiere, Schoko-Bock, Bockbier, Festbock,
LOKAL Landgasthaus aus dem frühen 19. Jahrhundert mit Waldviertler Küche und angeschlossener Brauerei. Hier braut Paul Haselböck mit seinem Braumeister Sebastian Dorrer ober- und untergärige Biere. Seine Hauptsorten sind: klassisch Helles, Böhmisches, Caramel, Wiener Lager, Pils, Bruder (ein kräftiges Stout) und Schwester (IPA). Experimentierfreudig! Hopfen aus Neufelden, Malz aus Bamberg. Bier auch in Flaschen zum Mitnehmen oder auf myproduct.at Wer nach Maria Taferl wallfahrtet, sollte den Weg nach Münichreith (zu Fuß, da steigt die Vorfreude auf frisches Bier!) auf sich nehmen! 160 Sitzplätze im Lokal, im Garten 30 Plätze.

Wirtshausbrauerei Haselböck

NASSWALD

WIRTSHAUS „ZUM RAXKÖNIG“

2661 Nasswald, Graben 96, +43/2667/35111
www.raxkoenig.at
ÖFFNUNGSZEITEN Mi-So: 10:00 bis 22:00 Uhr
FASSBIER Mühlviertler Bier, Stiftsbrauerei Schlägl
FLASCHENBIER Raxkönig, Schlägler, Andechs Weizentrüb, Puntigamer, Clausthaler
LOKAL Stefan Haiszan hat diesen alten Landgasthof von 1848 wachgeküsst und um eine Bierspezialität für das Rax-Schneeberg-Gebiet bereichert: Das Raxkönig-Bier ist den Bergsteigern gewidmet, man bekommt es in „Limited Editions“, die bekannten Bergfexen gewidmet sind. Auch der „Raxkönig“ selber ist eine legendäre Figur – als Holzknecht stieg er auf zum Pionier des regionalen Holzhandels zur Zeit Kaiser Franz I. Die Speisekarte: Wildspezialitäten im Malzbiersaftl stehen ebenso auf der Karte wie Käsevariationen zum Bier. 150 Sitzplätze im Lokal, 15 Plätze an der Bar, 150 Plätze im Garten.

NEUNKIRCHEN

ZUM ALTEN BRÄUHAUS

2620 Neunkirchen, Hauptplatz 14, +43/2635/62225
www.altes-brauhaus-neunkirchen.at
ÖFFNUNGSZEITEN Mi-Sa: 9:00 bis 22:00 Uhr; So: 9:00 bis 20:00 Uhr

FASSBIER Altes Brauhaus Helles, Starobrno, Gösser Naturradler, saisonale Biere
FLASCHENBIER Erdinger Hefeweizen Hell, Franziskaner Hefe-Weisse, Gösser Märzen, Wieselburger Schwarzbier, Wieselburger Stammbräu, Gösser Naturgold, Edelweiss Alkoholfrei
LOKAL Das „Alte Brauhaus", das von 1694 bis ins 19. Jahrhundert als Brauerei mit Bierausschank geführt wurde, gehörte zeitweise dem Wiener Braupionier Anton Dreher. Von 1920 bis 1961 war es im Besitz der Brauerei Schwechat und wurde als Bierdepot genutzt. Das Wiener Lager wurde 2016 ins Programm genommen, Drehers besonderes Wiener Bier kam auf diese Weise wieder „nach Hause". Weiters wurde mit 2016 der Brausilvester ins Programm genommen und wird ab jetzt immer am 30. September feierlich im Brauhaus begangen. Der Wirt Hans Bauer ist ein treuer Schwechater-Botschafter im südlichen Niederösterreich – und seine Qualitätsphilosophie verdient, hier zitiert zu werden: „Ich weiß natürlich, dass drei Fassbiere nicht die ‚große Bierauswahl' darstellt, uns ist es allerdings wichtiger, wenige Biere, dafür im Angebot variierend anzubieten, als zehn verschiedene Biere zu haben, von denen einzelne vielleicht aufgrund mangelnder Nachfrage nach einiger Zeit einen eher schalen Beigeschmack im Glas hinterlassen." Ca. 90 Sitzplätze.

NÖHAGEN

GASTHAUS SCHWARZ
3521 Nöhagen, Nr. 13, +43/2717/8209
www.gasthaus-schwarz.at

Gasthaus Schwarz

ÖFFNUNGSZEITEN Mi-So: 10:00 bis 00:00 Uhr
FASSBIER Kaiser Premium, Weitra Hell, Zwettler Zwickl
FLASCHENBIER Erdinger, Kaiser Doppelmalz, Schlossgold, Clausthaler
LOKAL Stammtischkultur trifft in diesem 1917 in Familienbesitz befindlichen Gasthaus auf erlesene österreichische Küche. Erwin Schwarz war schon 1999 „Wirt des Jahres", sein Bier-Engagement in der Küche zeigt sich etwa dann, wenn er Schweinsfilet in Kümmelbiersauce auf die Speisekarte setzt. Eine Haube von Gault Millau und zwei Sterne von A la Carte. 50 Sitzplätze im Lokal, 10 Plätze an der Bar. Sommer- bzw. Wintergarten: ca. 12 Sitzplätze.

OBER-GRAFENDORF

BAHNHOFSBRÄU
3200 Ober-Grafendorf, Bahnhofstraße 1, +43/2747/3250605
www.bahnhofsbräu.com
ÖFFNUNGSZEITEN Mi-Sa: 16:00 bis 20:00 Uhr; So: 12:00 bis 17:00 Uhr
FASSBIER Bio-Bier, Bockbier, wechselnde Sondersude
FLASCHENBIER mit Dirndl gebrautes Bier, Zwickl
LOKAL Wolfgang Stix hat den – immer noch in Betrieb befindlichen – Bahnhof der Mariazellerbahn themengerecht zu einem sehenswerten Brauereiausschank seiner Kleinbrauerei eingerichtet: So wurden alte Schienen zu Fußstützen bei Stehtischen umfunktioniert und neben der Bar gibt es noch die Hebel für die Weichen zu bewundern. Gebraut werden stets mindestens drei Spezialitäten, etwa Rosenbier, Dirndlbier oder Wiener Lager. In den Sommermonaten April bis Oktober ist der Ausschank regelmäßig geöffnet, zwischen November und März kann die Brauerei für kleine Events gemietet werden. 40 Plätze im Lokal, 5 an der Theke. Ca. 40 Plätze im überdachten Schanigarten.

Bahnhofsbräu

PAYERBACH

LOOSHAUS AM KREUZBERG
2650 Payerbach, Kreuzberg 60, +43/2666/52911
www.looshaus.at
ÖFFNUNGSZEITEN Mo-So: 11:30 bis 20:30 Uhr
FASSBIER Mohren Bräu
FLASCHENBIER Franziskaner Weizenbier, Mohren Dunkel, Mohren Gambrinus, Rax Bier
LOKAL Architektonisches Kleinod unter den Ausflugslokalen: Dieses Haus geht tatsächlich auf einen Entwurf von Adolf Loos zurück. Man kommt aber vor allem wegen des Ausblicks in die Bergwelt, bleibt dann gern wegen Essen und Bier – gern auch über Nacht. 60 Sitzplätze im Lokal, 70 im Garten.

PERNITZ

LINDENHOF
2763 Pernitz, Muggendorfer Straße 16, +43/2632/72277
ÖFFNUNGSZEITEN Mi-So: 10:00 bis 23:00 Uhr
FASSBIER Piestinger Lager, Weitra Bräu Lager, Zwettler Saphir
FLASCHENBIER Villacher Dunkles, Villacher Märzen, Wieselburger Schwarzbier, Wieselburger Stammbräu, Hefeweizen, Clausthaler

LOKAL Typisches Landgasthaus an der Straße zu den Mirafällen und zur Steinwandklamm. Schöner, kleiner Gastgarten. Am Wochendende ist Reservierung ratsam. 70 Plätze im Lokal, 35 im Gastgarten.

PETZENKIRCHEN

ALTES PRESSHAUS „KÜCHE-BAR-CAFE"

3252 Petzenkirchen, Manker Straße 3, +43/7416/52163
www.altespresshaus.at
ÖFFNUNGSZEITEN Di-Fr: 17:00 bis 23:30 Uhr; Sa-So: 10:00 bis 23:00 Uhr
FASSBIER Hölzl Weißbier, Schladminger Bio-Zwickl, Wieselburger Gold
FLASCHENBIER Die Weisse, Die Weisse Alkoholfrei, Gösser Naturradler, Hölzl Pale Ale, Obertrumer Original Zwickl, Trumer Pils
LOKAL Altes Presshaus „Wonderland", gemütlich mit Kachelofen, bodenständig, trendig und zeitgemäß, nettem Lounge-Bereich, Wintergarten und schattigem Gastgarten mit altem Baumbestand. Veranstaltet periodisch bierige Events wie „House Kitchen", „Gin trifft Bier", „Taco Thursday", „Ripperl Wednesday", „Funky Chicken", „Special Burger". Ausgezeichnet als Top-Wirt der Niederösterreichischen Wirtshauskultur. 55 Lokalplätze plus 35 im Wintergarten und 25 im Chillroom, Café/Bar mit 20 Plätzen. Gastgarten: 100 Plätze.

BÄRENWIRT

3252 Petzenkirchen, Ybbser Straße 3, +43/7416/52153-0
bärenwirt.at
ÖFFNUNGSZEITEN Mo-Sa: 9:00 bis 23:00 Uhr; So: 9:00 bis 15:00 Uhr

Bärenwirt

FASSBIER Kaiser Premium, Wieselburger Spezial, Gösser Naturgold, Hölzl Weißbier, Schwechater Zwickl
FLASCHENBIER Edelweiss Alkoholfrei, Wieselburger Schwarzbier
LOKAL Erich Mayrhofer kümmert sich von früh bis spät um seine Gäste – im Landgasthof Bärenwirt gibt es „Zur kleinen Vormittagsjause" das (also solches prämierte) beste Gulasch der Niederösterreichischen Wirtshauskultur, Moser Würstel mit Saft oder hausgemachtes Kalbsrahmbeuschel. Da passt das gepflegte Bier, das es hier in guter Auswahl gibt, perfekt dazu. Die Küche wurde von Gault Millau 11 Jahre in Folge mit einer Haube ausgezeichnet, Falstaff verlieh zuletzt zwei Gabeln – und Conrad Seidls Bierguide zeichnete das Haus schon im Jahr 2000 als bestes Bierlokal Niederösterreichs aus. 120 Sitzplätze, 15 an der Bar, im Garten 60 Sitzplätze.

KREUZERALM

3252 Petzenkirchen, Kaiserstraße 5, +43/7416/52152-33
www.kreuzeralm.at
ÖFFNUNGSZEITEN Mo: 17:00 bis 1:00 Uhr; Mi-So: 17:00 bis 1:00 Uhr

Kreuzeralm

Kreuzer Alm

FASSBIER Edelweiss Hefetrüb, Kaiser Doppelmalz, Schladminger, Schwechater Zwickl, Wieselburger, Gösser Kräuterradler
FLASCHENBIER Edelweiss Alkoholfrei, Gösser Naturgold, Gösser Naturradler, Schlossgold
LOKAL Urgemütliches Tiroler Bauernhaus, in dem ein dreifacher niederösterreichischer Bierzapfkaiser auf die Zapfkultur achtet. Aus der Küche kommen unter anderem die mit Bierrahmsauce verfeinerte Kreuzeralm-Pfanne, Reindl-Rostbraten, hausgemachte Blunzen und Tiroler Schmankerl wie Käsespätzle, Kaspressknödelsuppe und original Tiroler Graukäse. Der ursprüngliche Standort dieses Gebäudes war in Thiersee-Mitterland (nahe Kufstein). Das dem Abbruch preisgegebene Bauernhaus wurde 2002 vom jetzigen Besitzer – Heinz Mayerhofer – fachgerecht abgebaut, 300 km nach Osten in das Mostviertel transportiert und original wieder aufgebaut, selbst die alte Windmühle kam mit. Und wo es nicht original ist, ist es originell, bis hin zu den Toiletten. 200 Sitzplätze im Lokal, 25 an der Bar, 150 auf der Terrasse, bis 300 im Garten.

PÖCHLARN

JOHNY'S BURGER

3380 Pöchlarn, Regensburger Straße 35, +43/2757/2336
www.johnys.at
ÖFFNUNGSZEITEN Di: 16:30 bis 21:30 Uhr; Fr-So: 15:30 bis 21:30 Uhr

Johny's Burger

FASSBIER Schneider Weisse, Budweiser, Kaltenhauser Bernstein, Ottakringer PUR, Ottakringer Rotes Zwickl, Puntigamer Winterbier, Reininghaus Pils, Schwechater Zwickl, Starobrno, Weihenstephaner
FLASCHENBIER Corona, Edelweiss, Foster's, Guinness, Hirter, Schlossgold, Stiegl Goldbräu, Weihenstephaner, Beck's, Clausthaler
LOKAL Das Johny's hat sich in den vergangenen Jahren als Burger-Spezialist etabliert – seine Küche liefert Burger in allen Variationen (etwa auch einen Brezenburger) aus eigener Fleischerei, Flammkuchen, Bagels und Wraps. An einem Wall of Fame kann man diejenigen bewundern, die die größte Burger-Portion aufgegessen haben – viel mehr sind an der Herausforderung gescheitert. Dem Garten merkt man noch an, dass dies einmal ein Landgasthaus wie viele andere war – mit kleiner Gaststube, kleinem Biergarten und einer Fleischerei nebenan. 2001 wurde das Lokal sehr sensibel umgebaut: Die Bar ist modern, ein Treffpunkt der Jugend. Der Wirt macht beinahe jede Woche ein anderes Themen-Event. 80 Plätze, Bar: 20, Garten: 160.

PRESSBAUM

ZEITLOS

3021 Preßbaum, Hauptstraße 30, +43/2233/20285
www.zeitlos-pressbaum.at
ÖFFNUNGSZEITEN Mo-Fr: 7:30 bis 22:00 Uhr; So: 9:00 bis 18:00 Uhr
FASSBIER Gösser Gold, Starobrno, Stiegl, Gösser Zitronen Radler
FLASCHENBIER Edelweiss, Gösser Dunkel, Gösser Naturgold
LOKAL Gertrud und Richard Stern führen dieses einfache, aber sehr auf Bierpflege bedachte Lokal. Man kann hier Darts spielen. Täglich wechselnde Speisekarte. 40 Plätze im Lokal, 10 an der Bar, 60 im Extrazimmer, 35 Plätze im Garten.

PURGSTALL AN DER ERLAUF

GUINNESS ISLAND

3251 Purgstall an der Erlauf, Ötscherlandstraße 14 +43/7489/30080
www.guinness-island.at
ÖFFNUNGSZEITEN Mo-Do: 7:00 bis 2:00 Uhr; Fr-Sa: 7:00 bis 4:00 Uhr; So: 14:00 bis 00:00 Uhr
FASSBIER Guinness Stout, Kilkenny, Puntigamer Panther, Gösser Naturradler
FLASCHENBIER Corona, Heineken, Schlossgold, Desperados, Edelweiss Weizen Hefetrüb, Wieselburger Stammbräu, Gösser Naturgold
LOKAL Ein klassisches Irish Pub: Mit seiner Lage im Einkaufszentrum ist es ein guter Treffpunkt für die Community, die sich hier auch zusammensetzt, um Sportereignisse auf dem Großbildschirm zu verfolgen. Insgesamt sehr stimmig dekoriert und die Bedienung ist auch nett. Die Speisekarte ist von österreichischen und italienischen Speisen dominiert, Irisches findet man leider nicht. Dafür gibt es sensationell lange Öffnungszeiten, wenn es jemanden um sieben Uhr nach einem Guinness oder Kilkenny gelüsten sollte (für die anderen gibt es Kaffee). 50 Plätze im Lokal, 20 an der Bar, im Garten 55 Plätze.

Guinness Island

SZENARIO

3251 Purgstall an der Erlauf, Busatisstraße 1
+43/664/1017637
www.steig4.at
ÖFFNUNGSZEITEN Mo-So: 9:00 bis 1:00 Uhr; Fr-Sa: 17:00 bis 5:00 Uhr; So: 9:00 bis 2:00 Uhr
FASSBIER Starobrno, Schwechater Zwickl, Wieselburger Gold, Bierspezialität, Oktoberbräu
FLASCHENBIER Desperados, Heineken, König Ludwig Weißbier Hell, Wieselburger Märzen, Wieselburger Stammbräu, Bierspezialitäten, Gösser Naturgold, Gösser Naturradler
LOKAL Im Ortszentrum von Purgstall befindet sich diese Bar auf zwei Geschossen direkt an der Erlauf. Rasch hat sie sich unter dem neuen Namen und unter neuer Führung (der vom Clappos in Scheibbs bekannte Werner Hajek hat das Lokal im Herbst 2016 übernommen) zu einem beliebten Treffpunkt in der mit hoher Lokaldichte gesegneten Gemeinde entwickelt. Die Bar im Untergeschoß mit der Terrasse am Wasser firmiert als „Steig4 – La Terassa" und ist vor allem im Sommer gut besucht. Oft Live-Musik und für den kleinen Hunger zwi-

schendurch gibt es Pizzen und warme Speckbrote. 90 Sitzplätze im Lokal, 15 an der Bar. Bar La Terassa mit Flaschenbierspezialitäten im Untergeschoss mit Blick auf die Erlauf.

PURKERSDORF

NIKODEMUS

3002 Purkersdorf, Hauptplatz 10, +43/2231/65454
www.nikodemus.at
ÖFFNUNGSZEITEN Di-Sa: 17:00 bis 00:00 Uhr
FASSBIER Gösser Gold, Gösser Zwickl
FLASCHENBIER Gösser Naturgold, Edelweiss Alkoholfrei
LOKAL Dass hier Kultur gepflegt wird, hat schon Wolfgang Amadeus Mozart gewusst, der sich in diesem Haus von seinem Vater Leopold verabschiedet hat. Heute präsentiert sich das Lokal mit dem Charme einer Studentenkneipe – die vielen Sammlerstücke an den Wänden lassen einen stets staunend herumschauen. Immer wieder Veranstaltungen mit Musik. 150 Plätze in Gaststube, Hinterzimmer und Keller, 30 Plätze im Garten.

SHAKESPEARE PUB

3002 Purkersdorf, Kaiser-Josef-Straße 31, +43/2231/63486
www.facebook.com/shakespearepub.purkersdorf
ÖFFNUNGSZEITEN Mo-Do: 16:00 bis 00:00 Uhr; Fr: 16:00 bis 2:00 Uhr; Sa: 16:00 bis 1:00 Uhr
FASSBIER Budweiser, Franziskaner Weizen Hell, Hirter Privat Pils, Murauer, Ottakringer Rotes Zwickl, Stiegl-Goldbräu, Zwettler Saphir Premium Pils
FLASCHENBIER Guinness, Gösser Naturgold, Gösser Naturradler Zitrone
LOKAL Gut besuchtes Landhaus-Pub mit passender Patina. Stimmungsvolle Stichreproduktionen von Brautätigkeiten und beleuchtete Landschaftsmalereien an den Wänden sowie Werbeplakate für lokale Art-Events. Einige Polstersitzgarnituren wie zu Hause im gemütlichen Wohnzimmer (mit Großbild-TV). Zum vielsortigen Bierkosten gibt es große Portionen ordentlicher Brotzeit (Riesen-Bierlaugenbrezn). Auch für einen erfrischenden Biergenuss zwischendurch an der Schank sehr gut geeignet. Ca. 60 Sitzplätze, Garten: ca. 60 Plätze.

ROSSATZ-RÜHRSDORF

WINZERSTÜBERL ESSL

3602 Rossatz-Rührsdorf, Nr. 17, +43/2714/6384
www.winzerstueberl.at
ÖFFNUNGSZEITEN Mi-Fr: 11:30 bis 14:30 Uhr, 17:30 bis 21:00 Uhr; Sa: 11:30 bis 15:30 Uhr, 17:30 bis 22:30 Uhr; So: 11:30 bis 16:00 Uhr
FASSBIER Schneider Weisse, Hadmar Bio Bier, Zwettler Dunkles, Zwettler Original, Zwettler Zwickl, saisonal: Zwettler Zwicklbock
FLASCHENBIER Zwettler Dunkles, Clausthaler
LOKAL In dieses Gasthaus gehen die Wachauer Winzer, wenn sie Abwechslung vom Wein brauchen. Das Lokal liegt direkt neben der Donau – und ist damit zentral gelegen in der Wachau für Radfahrer, Wanderer, und alle Naturliebhaber. Die helle Einrichtung verbreitet eine angenehme Atmosphäre. Der Chef des Hauses ist auch der Küchenchef. Die Chefin ist für den Service zuständig. Bei der Speisenauswahl wird besonderer Wert auf saisonale und regionale Produkte gelegt. Reservierung empfohlen. 90 Plätze, 10 an der Bar, 80 im Garten.

SANKT ANDRÄ-WÖRDERN

BRAUHAUS MARCHART

3423 Sankt Andrä-Wördern, Greifensteinerstraße 92
+43/2242/33156, +43/676/9112512
www.brauhaus-marchart.at, www.hagenthaler-bier.at
ÖFFNUNGSZEITEN Di-Sa: 16:00 bis 23:00 Uhr

Brauhaus Marchart

FASSBIER Hagenthaler Dunkel (Stout), Hagenthaler Gold (Red Ale), Hagenthaler Hell (Märzenzwickl), wechselnde Spezialbiere (z.B. div. Bockbiere, Weizen, Rauchbier)
FLASCHENBIER Weihenstephaner Hefeweißbier, Liefmans Fruchtbier (Kirsche), wechselnde Spezialitäten, Gösser Naturgold
LOKAL Die Gasthausbrauerei wurde 2014 als Familienbetrieb neu gegründet. Viel Holz, ein wenig Kupfer vermitteln Gemütlichkeit und ein familiäres Gefühl. Die Brauhaus-Küche ist bodenständig und passt gut zu den hausgebrauten Bieren. Alle Speisen werden frisch im Haus zubereitet. Zu den Spezialitäten des Hauses zählen der Original-Brauhaus-Burger, das selbst gemachte Gulasch und der warme Topfenstrudel-Auflauf. Es gibt auch vegetarische Angebote und immer frische Salate. Auf Wunsch persönliche Information und Beratung durch die Biersommeliers. Führungen durch die Brauerei (Sudhaus, Gär- und Lagerkeller) sind jederzeit während der Öffnungszeiten des Lokals möglich. 60 Plätze, 39 im Gastgarten.

SANKT GEORGEN AN DER LEYS

GASTHOF HUEBER

3282 Sankt Georgen an der Leys, Nr. 18, +43/7482/46206
www.gasthof-hueber.at
ÖFFNUNGSZEITEN Mi-Sa: 9:00 bis 00:00 Uhr; So: 9:00 bis 14:00 Uhr

Gasthof Hueber

FASSBIER Gösser Zwickl Dunkel, Hölzl Weißbier, Kaiser Märzen, Gösser Naturgold
FLASCHENBIER Erzbräu Schwarzer Graf, Gusswerk ‚Zum Wohl' glutenfrei, Gusswerk Schwarze Kuh, Gusswerk Steinbier, Zwettler Black Magic, Einstök White Ale
LOKAL Landgasthof, der sich in letzter Zeit vermehrt der Biervielfalt verschrieben hat. Das Herz des Betriebes ist die Wirtsstube mit besonderem Augenmerk auf regionsbezogene Küche, in der Juniorchef Stefan Hueber werkt. Ca. 100 Sitzplätze im Lokal und 100 im Gastgarten.

SANKT OSWALD

GASTHOF ZUR ROTEN SÄGE

3684 Sankt Oswald, Urthaleramt 2, +43/7415/7328
www.rotesaege.at
ÖFFNUNGSZEITEN Mo: 11:00 bis 15:00 Uhr, 17:00 bis 20:00 Uhr; Do-Sa: 11:00 bis 15:00 Uhr, 17:00 bis 20:00 Uhr; So: 11:00 bis 17:00 Uhr
FASSBIER Gösser Zwickl, Kaiser Märzen, Zwettler Original
FLASCHENBIER Kaiser Doppelmalz, Schwechater Wiener Lager, Weihenstephaner Hefeweißbier Alkoholfrei, Weihenstephaner mit und ohne Alkohol, Wieselburger Schwarzbier, Zwettler Saphir, Gösser Naturgold, Gösser Naturradler
LOKAL Abgelegenes, im Jahr 2005 behutsam renoviertes Wirtshaus an einem der schönsten Flecken des Yspertals, dort wo die Straße aus dem Tal nach links hinauf nach St. Oswald abzweigt. Kulinarisch hat es sich zu einem Treffpunkt für Liebhaber gut zubereiteten Rindfleischs entwickelt. Hier wurde der Verein der Freunde des Yspertales gegründet, der das hiesige Kraftwerksprojekt verhindert hat. Gut so. Noch besser: Der Verein wurde zum Nukleus der Anti-Hainburg-Bewegung und des Kuratoriums Rettet den Wald. Top-Wirt der Niederösterreichischen Wirtshauskultur. Im Sommer jeden Donnerstag und Freitag Grillabend im Gastgarten mit einer Bierspezialität vom Holzfass. Ca. 80 Sitzplätze, 20 Plätze an der Schank und 60 im Garten.

SANKT PÖLTEN

FLIEGER-BRÄU

3100 Sankt Pölten, Ferstlergasse 9, +43/2742/26060
www.fliegerbraeu.at
ÖFFNUNGSZEITEN Mo-Fr: 11:00 bis 24:00 Uhr; Sa: 16:00 bis 24:00 Uhr
FASSBIER Flieger Bräu Zwickl (Zwettler), Hadmar Bio Bier, Schneider Weisse, Weitra ‚das Helle', Zwettler Dunkles, Zwettler Original, Zwettler Radler Naturtrüb, Zwettler Saphir Premium Pils, gelegentlich Craftbiere, z.B. Zwettler Young Symphony Witbier, Black Magic
FLASCHENBIER Zwettler Black Magic Porter, Budweiser, Corona, Franziskaner Hefeweißbier, Paulaner Hefeweißbier, Schneider Weisse Alkoholfrei, Beck's Alkoholfrei, Black Magic, Franziskaner, Craftbiere nach Jahreszeit wechselnd
LOKAL Nördlich vom Regierungsviertel der Landeshauptstadt liegt seit mehr als einem Vierteljahrhundert dieser Biertreff – nur einen Steinwurf von der Traisen entfernt. Im Frühjahr 2020 hat er ein Face-Lifting erfahren. Aus der Küche kommen saftige Burger (100 Prozent Rindfleisch mit hausgemachten Saucen dazu), Salate, Flammkuchen, saisonale Klassiker und wöchentlich wechselnde Mittagsmenüs. Jeden Dienstag stehen Stelzen auf der Karte – bemerkenswert ist das zuletzt gewachsene Angebot an vegetarischen Gerichten. „Schmecken muss es und das tut es auch – am besten in guter Gesellschaft und in Begleitung von kühlen Drinks oder unseren Biervariationen", sagt Chef Gerhard Groiss. Lokal auch für große Gruppen geeignet (mit Bierverkostung). 80 Sitzplätze, Bar: 25, Garten: 60.

Flieger-Bräu

FLIEGER-BRÄU

Egger
Meine
PRIVATBRAUEREI
Was machen zwei
bayrische Braumeister
in einer
österreichischen
Brauerei?
RICHTIG
GUTES
BIER.
Egger
Märzen
PRIVATBRAUEREI
Egger
Märzen
FEIN GEHOPFT
egger-bier.at

SCHAU.SPIEL

3100 Sankt Pölten, Rathausgasse 1, +43/2742/43742
www.schauspiel.at
ÖFFNUNGSZEITEN Mo-Mi: 7:30 bis 00:00 Uhr; Do-Sa: 7:30 bis 1:00 Uhr; So: 9:00 bis 16:00 Uhr

Schau.Spiel

FASSBIER Egger Premium, Egger Zwickl, Hofbräuhaus Traunstein Weißbier
FLASCHENBIER Hofbräuhaus Traunstein Dunkel, Hofbräuhaus Traunstein Weißbier Alkoholfrei, Egger Grapefruit-Radler, Egger Zisch (alkoholfrei-isotonisch)
LOKAL Otto Raimitz hat weltstädtisches Flair an dieses prominente Eck der Landeshauptstadt gebracht: Er hat die neuesten internationalen Trends studiert und mit Wohnzimmer-Atmosphäre kombiniert. Die Uhr des Rathauses findet sich über der langgestreckten Bar wieder, das Fliesenmuster des Rathausplatzes zieht sich im Inneren des Lokals weiter.

VINZENZ PAULI

3100 Sankt Pölten, Alte Reichsstraße 11, +43/650/6202077
www.vinzenzpauli.at
ÖFFNUNGSZEITEN Di-Sa: 17:00 bis 00:00 Uhr; So: 11:30 bis 16:00 Uhr
FASSBIER Schladminger Bio Zwickl, Starobrno, Wieselburger Gold, eine Bierspezialität
FLASCHENBIER Brew Age Hopfenauflauf, Gösser Dunkel, Kaltenhausner Pale Ale, Weihenstephaner, Weihenstephaner Alkoholfrei, Gösser Naturgold
LOKAL Diese Gastwirtschaft hat eine bewegte Vergangenheit, war dann einige Zeit geschlossen und im Jahr 2017 sorgsam frisch herausgeputzt. Benannt ist das Vinzenz Pauli nach dem Wirten, der das Lokal zu dem gemacht hat, was es heute ist: eine Gastwirtschaft, in der Gemütlichkeit schon eine lange Tradition hat. Diese besondere Atmosphäre prägen nicht nur die geschichtsträchtigen und liebevoll sanierten Mauern, sondern auch das eingeschworene Team rund um Maurice Harant und Ernst Koch. 160 Sitzplätze, 120 im Garten plus Terrasse.

WIRZHAUS ZUM GWERCHER

3100 Sankt Pölten, Schiffmannstraße 98, +43/2742/23110 oder +43/676/4251675
www.gwercher.at
ÖFFNUNGSZEITEN Mo-Mi: 10:00 bis 23:00 Uhr; Fr-Sa: 10:00 bis 23:00 Uhr; So: 10:00 bis 15:00 Uhr
FASSBIER Gwercher-Bräu (von Egger), Egger Premium, Egger Zwickl
FLASCHENBIER Erdinger Weißbier, Franziskaner Dunkel, Hirter Dunkles, Hirter Privat Pils, Egger Zisch (alkoholfrei-isotonisch), Erdinger Weißbier Alkoholfrei
LOKAL Dieser im südlichen Stadtteil Stattersdorf gelegene Vierkanthof beherbergt seit dem Jahr 1999 den „inoffiziellen Bräugasthof" von Egger Bier – sehr große Stuben, viel helles Holz und Kupfer vermitteln eine ländliche Brauhaus-Atmosphäre. Das Gwercher bezieht seinen Namen offensichtlich von Hans Gwercher, der im 17. Jahrhundert in Kufstein die spätere Privatbrauerei Egger gegründet hat. 1976 wurde der Braubetrieb in Kufstein eingestellt und 1978 von Fritz Egger in Radlberg (nördlich von St. Pölten) neu errichtet. 200 Sitzplätze im Lokal, Innenhof (beheizbar): ca. 100 Sitzplätze.

Wirzhaus zum Gwercher

SANKT VALENTIN

GASTHOF PILLGRAB „ZUR LINDE"

4300 Sankt Valentin, Westbahnstraße 32, +43/7435/52319
www.pillgrab.at
ÖFFNUNGSZEITEN Mo-Fr: 9:00 bis 14:00 Uhr; So: 9:00 bis 14:00 Uhr
FASSBIER Edelweiss Hofbräu Weizen, Zipfer Urtyp, Gösser Jubiläums Zwickl, Oktoberbier, Zipfer Stefanibock
FLASCHENBIER Zipfer Medium, Zipfer Urtyp, Schlossgold
LOKAL Ursprünglich ein altes Bräuhaus, heute ein Hotel-Restaurant gegenüber dem Bahnhof. Im Jahre 1908 von der Familie Pillgrab erworben, ist der Gasthof „zur Linde" heute bereits in dritter Generation ein traditioneller gutbürgerlicher Familienbetrieb, bei dem Bier auch in der Küche nicht fehlen darf. Im Herbst wird zur Gans und Wild auch das Kaltenhausener Spezialbier „Maroni Style" serviert und im Frühjahr zu Fisch, Kalb und Geflügel das Reininghaus Jahrgangspils empfohlen. Seit über 50 Jahren auch Treffpunkt des rührigen Biervereins der Gambrianer. Auf Wunsch gibt es Klavierschmankerl vom Chef des Hauses. Kochkurse, Live-Kochen vor den Augen der Gäste. 120 Sitzplätze im Lokal, 3 Plätze an der Bar, 70 Sitzplätze im Garten.

WIRT AM TEICH

4300 Sankt Valentin, Am Teich 1, +43/676/9009144
www.am-teich.at
ÖFFNUNGSZEITEN Mi-Fr: 17:00 bis 23:00 Uhr; Sa: 11:00 bis 23:00 Uhr; So: 9:00 bis 16:00 Uhr
FASSBIER Edelweiss Hofbräu, Gösser Zwickl, Kaiser Premium, Zipfer Limettenradler
FLASCHENBIER Kaltenhausner Maronibier, Wieselburger Stammbräu, Zipfer Urtyp Medium, Edelweiss Alkoholfrei, Gösser Naturgold, Schlossgold
LOKAL Dieses 2012 an den Teich übersiedelte Lokal hat seine Ursprünge wohl in einer mittelalterlichen Burgtaverne – urkundlich belegt ist es erstmals durch eine Zehentkarte aus dem Jahr 1751. Idyllische Aussicht auf den Teich – und vor allem: sehr gute Bierpflege. Sitzplätze: 90 im Lokal, 80 auf der Terrasse, 20 an der Bar.

SCHEIBBS

CLAPPO'S

3270 Scheibbs, Gamingerstraße 23, +43/7482/43848
www.facebook.com/pages/Clappos-Pub-Bar/185998598105813
ÖFFNUNGSZEITEN Mo-So: 16:30 bis 1:00 Uhr

Clappo's

FASSBIER Murauer, Schwechater Zwickl, Stiegl-Goldbräu
FLASCHENBIER Corona, Franziskaner, Stiegl Weisse, Schlossgold
LOKAL Ein Biergewölbe mit enorm langer, mehrfach verwinkelter Bar. Offenbar der Treffpunkt für den gesamten Bezirk, und auch an „schwächeren" Tagen wie dem Montag sehr gut gefüllt. Umsichtiges Service. 90 Plätze, im Garten 30.

ZUM SCHWARZEN ELEFANTEN

3270 Scheibbs, Schulstraße 13/3, +43/7482/43130
www.zumschwarzenelefanten.at
ÖFFNUNGSZEITEN Mi-Sa: 10:00 bis 00:00 Uhr; So: 10:00 bis 16:00 Uhr
FASSBIER Gösser Zwickl, Wieselburger Spezial
FLASCHENBIER Edelweiss Hefetrüb, Kaiser Doppelmalz
LOKAL Namentlich wurde das damalige Einkehrgasthaus „Zum schwarzen Elephanten" erstmalig im Jahre 1541 erwähnt. Ab 1974 stand es leer und war ohne Pächter bis ins Jahr 2002. Erst dann renovierte man das komplette Gebäude, welches mittlerweile unter Denkmalschutz steht, und holte es somit wieder zurück in die Öffentlichkeit. 70 Sitzplätze, Salettl im Garten: 40 Plätze.

SCHÖNBACH

SCHÖNBACHER BIERGWÖLB

3633 Schönbach, Schönbach 1a, +43/664/6563712
www.schoenbacherpils.at
ÖFFNUNGSZEITEN Fr-Sa: 20:00 bis 1:00 Uhr; So: 16:00 bis 1:00 Uhr
FASSBIER Schönbacher Pils
FLASCHENBIER Schönbacher Pils, Bockbier
LOKAL Das Lokal befindet sich in einem über 300 Jahre alten Kellergewölbe des Pfarrhofes (ein ehemaliges Kloster) in Schönbach. Seit Juni 2006 betreibt die Familie Pichler hier eine kleine Brauerei mit Gastronomiebetrieb. Die Öffnungszeiten sind an die eines „Heurigen" angelehnt, die Räumlichkeiten werden aber auch für diverse Feiern vermietet, außerdem gibt es Jazzseminare und Gospelseminare (näheres unter www.fredwork.at). 45 Sitzplätze im Lokal, 5 Plätze an der Bar.

SCHÖNBERG AM KAMP

PAPPERL À PUB

3562 Schönberg am Kamp, Hauptstraße 18, +43/2733/61352
www.papperl-a-pub.at
ÖFFNUNGSZEITEN Mo: 16:00 bis 00:00 Uhr; Do-Fr: 16:00 bis 00:00 Uhr; Sa: 16:00 bis 00:00 Uhr; So: 10:00 bis 16:00 Uhr

Papperl à Pub

FASSBIER Schneider Weisse, Weitra ‚das Helle', Zwettler Pils, Zwettler Zwickl
FLASCHENBIER Corona, Guinness, Hacker Pschorr ‚Münchner Gold', Heineken, Zwettler Dunkles, Clausthaler, Erdinger Weizen Alkoholfrei
LOKAL Nicole Diewald hat diese moderne Bierbar in einem Bürgerhaus von 1896 eingerichtet – die erneuerte Architektur stammt von Christian Vollkrann, die Innenausstattung von Christian Lintschinger. Ausgezeichnet mit der Goldenen Kelle 2013. Weil die Familie Diewald vom Radfahren begeistert ist und das Kamptal eine beliebte Radtour darstellt, ist das Papperl à Pub rasch zu einem Radfahrertreff geworden. Wer Billard spielen will, ist ebenso willkommen. Events wie Oktoberfest und St. Patrick's Day.

SCHÖNBÜHEL AN DER DONAU

GASTHOF STUMPFER

3392 Schönbühel an der Donau, Schönbühel an der Donau 7
+43/2752/8510
www.stumpfer.com
ÖFFNUNGSZEITEN Mo-So: 8:00 bis 22:00 Uhr
FASSBIER Schremser Bio Roggen, Schremser Premium, Zwettler Zwickl
FLASCHENBIER breites Spezialitätenangebot, unter anderem: Alefried Fladerant, Black Magic Porter, BrauSchneider Emmerbier, Brew Age Affenkönig IPA, Brew Age Alpha Brett, Collabs Dom Rep Pils, Duchesse de Bourgogne, Geroldinger IPA N°2, Geroldinger Roggenbock, Geroldinger Stout, Glazen Toren – Cuvée Angélique, Saison d'Erpe Mere, Gusswerk Dies Irae, Gusswerk Krinnawible, Gusswerk Schwarze Kuh, Hadmar Bio Bier
LOKAL Harald Stumpfer ist ein Biersommlier, der sich laufend weiterbildet – etwa mit Studienreisen nach Flandern zu Jeff van Steen in der Brasserie De Glazen Toren. Etwa fünf Kilometer donauabwärts von Melk betreibt er den seit 1929 in Familienbesitz befindlichen Gasthof und einen Campingplatz. Sein auch von der Niederösterreichischen Wirtshauskultur als Top-Wirt ausgezeichneter Betrieb befindet sich nur 100 Meter vom historischen Jakobsweg entfernt – und bietet vom Gastgarten traumhafte Blicke zur Donau. In den rustikal-gemütlichen Stuben, im hellen Wintergarten und auf der Terrasse werden von der klassischen niederösterreichischen Wirtshausküche inspirierte, regional-kreativ-moderne Gerichte serviert, wobei der Schwerpunkt auf Fischen liegt. 90 Sitzplätze im Lokal, fünf Plätze an der Bar, 90 Sitzplätze im Garten.

SCHRANAWAND

Zur Mina Tant

ZUR MINA TANT

2442 Schranawand, Obere Ortsstraße 2, +43/2254/73478
www.minatant.at
ÖFFNUNGSZEITEN Mi-Fr: 10:30 bis 14:30 Uhr, 17:30 bis 23:00 Uhr; Sa: 10:00 bis 23:00 Uhr; So: 10:00 bis 22:00 Uhr
FASSBIER 1516 Helles, Kaiser Premium, Starobrno
FLASCHENBIER Edelweiss Hell, Schlossgold, Wieselburger Gold, Wieselburger Stammbräu
LOKAL Karin Huber führt hier ein Lokal im gehobenen Landhausstil – offener Kamin, weithin bekannte Küche. 60 Plätze im Lokal, 80 im Extrazimmer, 40 im Garten.

SCHREMS

GASTHOF SCHÖNAUER

3943 Schrems, Schulgasse 12, +43/2853/77291
www.gasthofschoenauer.at
ÖFFNUNGSZEITEN Mo-Mi: 7:00 bis 23:00 Uhr; Fr-Sa: 7:00 bis 23:00 Uhr; So: 7:00 bis 14:00 Uhr
FASSBIER Schremser Premium, Schremser Roggenbier
FLASCHENBIER Franziskaner Dunkel, Clausthaler
LOKAL Ein Familienlokal mit hervorragender, bodenständiger Küche. Die Wirtsleute sind geprüfte Küchenmeister, bereiten zum Beispiel den Karpfen mit Bockbier zu – und geben ihr Können sehr gern an ihre Gäste weiter. Für Ausflüge sind die sehr schönen Zimmer zu empfehlen. Bierzapfen ist hier wie Liebeskunst. 130 Sitzplätze im Lokal.

ZUM WALDVIERTLER SEPP – GASTHAUS TRINKL

3943 Schrems, Schulgasse 5, +43/2853/77254
waldviertlersepp.at
ÖFFNUNGSZEITEN Di: 8:00 bis 00:00 Uhr; Mi: 8:00 bis 14:00 Uhr; Do-Sa: 8:00 bis 00:00 Uhr; So: 9:00 bis 00:00 Uhr

Zum Waldviertler Sepp

FASSBIER Schremser Premium
FLASCHENBIER Edelweiss Hefetrüb, Schremser Märzen, Clausthaler
LOKAL Geburtshaus des Heimatdichters Josef Allram, genannt Waldviertler Sepp. Sehr nette Wirtsleute und eine regionale Küche (Bruckfleisch, Zweibelrostbraten vom Karpfen, Donnerstag Mittag Grammelknödel) zeichnen dieses Haus ebenso aus wie die bemühte Bierpflege. Der Garten besitzt gemauerte Lauben, die vor der sommerlichen Hitze genauso schützen wie vor dem herbstlichen Regen. Ca. 170 Sitzplätze, Garten: ca. 170 Sitzplätze.

SCHWECHAT

BRAUHAUS SCHWECHAT

2320 Schwechat, Mautner Markhof-Straße 13
+43/1/7068606
www.brauhaus-schwechat.at
ÖFFNUNGSZEITEN Mo-Sa: 11:00 bis 23:00 Uhr; So: 11:00 bis 16:00 Uhr

FASSBIER Schwechater Hopfenperle, Schwechater Wiener Lager, Schwechater Zwickl, Schwechater „Schnitt“ (Schwechater Hopfenperle und Kaiser Doppelmalz), Gösser Naturradler, saisonale Fassbierspezialitäten
FLASCHENBIER Edelweiss Hefetrüb und Alkoholfrei, Gösser Brauschätze, Gösser Kracherl, Gösser Naturgold, Kaltenhauser Kellerbier, Kaltenhauser Original, Kaltenhauser Pale Ale, Reininghaus Jahrgangspils, Zipfer Pale Ale
LOKAL Biergartenstimmung und Brauhausatmosphäre in unmittelbarer Nachbarschaft der Schwechater Brauerei, an deren Tradition auch ein alter Bierwagen vor der Tür und eine Skulptur der Braureibüffel erinnert: Sehr schön gestaltetes modernes Bierlokalkonzept, schöner Rahmen für Treffen von Bierfreunden der Kampagne für Gutes Bier. Zur Erstpräsentation des Wiener Lagers kamen Gäste sogar aus Japan und England. Die Küche bietet bodenständige, bierige Brauhausküche. 270 Sitzplätze, 400 im Garten.

FELMAYER'S GASTWIRTSCHAFT

2320 Schwechat, Neukettenhoferstraße 2 – 8/1
+43/1/8904352
www.felmayer.at
ÖFFNUNGSZEITEN Di-Sa: 9:00 bis 00:00 Uhr; So: 9:00 bis 22:00 Uhr
FASSBIER Birra Moretti ‚Blade', Kaltenhauser Bernstein, Schwechater Hopfenperle, Stiegl Paracelsus Bio-Zwickl
FLASCHENBIER American Bud, Edelweiss Alkoholfrei, Gösser Naturgold, Gösser Naturradler, Schwechater Zwickl, Weihenstephaner Weizenbier, Wiener Lager, Wieselburger Stammbräu, Zipfer Limettenradler
LOKAL Von Thomas Aschenbrenner im Namen des Textilindustriellen Franz Felmayer (1829-1898) geführtes Gasthaus in einem denkmalgeschützten Backsteingebäude aus dem Jahr 1886. Großer, mit schattenspendenden Linden bepflanzter, buntmöblierter Garten, der an einen Park und einen Kinderspielplatz grenzt. Herzeigebetrieb der nahen Schwechater Brauerei – an Donnerstagabenden gibt es meist Jazz.Sessions im „Himmel“, wie hier das Obergeschoß genannt wird.

TYROLER STUB'N „ZUM MICHL“

2320 Schwechat, Kellerbergstraße 7, +43/1/7073841
www.tyrolerstubn.com
ÖFFNUNGSZEITEN Mi-Sa: 11:00 bis 22:00 Uhr; So: 11:00 bis 16:00 Uhr
FASSBIER Stiegl-Goldbräu
FLASCHENBIER Grieskirchner Dunkel, Stiegl Paracelsus Zwickl, Stiegl-Radler Zitrone und Grapefruit, Stiegl-Freibier
LOKAL Traditionelles Lokal mit neu adaptierten Gasträumen auf zwei Ebenen, Erdgeschoß im gediegenen Stil mit offenem Kamin, großer Gewölbekeller. Serviert werden traditionelle Wiener Speisen, regionale und saisonale Spezialitäten sowie hausgemachte Mehlspeisen. Schöner Gastgarten mit eigenem Fahrradparkplatz, großer Laube und ausreichend Schatten, ein großer Kinderspielplatz mit viel Natur für Verdauungsspaziergänge liegt in unmittelbarer Nähe. 50 Sitzplätze im Stüberl, 70 im Kellergewölbe, 140 Sitzplätze im Garten, 15 Plätze an der Bar.

SCHWEIGGERS

DORFWIRTSHAUS SALLINGSTADT

3931 Schweiggers, Sallingstadt 46, +43/2829/8347
www.sallingstadt.net/wirtshaus
ÖFFNUNGSZEITEN Mo: 16:00 bis 23:00 Uhr; Mi-Sa: 16:00 bis 23:00 Uhr; So: 9:00 bis 23:00 Uhr
FASSBIER Zwettler Pils Classic, Zwettler Radler, Zwettler Zwickl
FLASCHENBIER Zwettler Export, Zwettler Luftikus
LOKAL Großes Dorfwirtshaus zwischen Zwettl und Gmünd gelegen. Ein Schwerpunkt der Küche liegt in der Zubereitung von Waldviertler Erdäpfel-Gerichten, von den berühmten Erdäpfelknödeln über Erdäpfel Cordon Bleu, Erdäpfel-Gröstl usw. – die „tolle Knolle steht bei uns im Rampenlicht“, sagt Geschäftsführerin Roswitha Schaden. Einmal im Monat gibt es einen Musikantenstammtisch, bei dem groß aufgespielt wird – jeweils an einem Mittwoch gegen Ende des Monats zum „Wochenteilen“. In der Gaststube 45 Sitzplätze, 30 im Erpfikölla, 45 im Dorfstüberl, bis 150 im großen Saal und 30 Sitzplätze im Gastgarten.

SENFTENBERG

Schlapf'n Wirt

SCHLAPF'N WIRT

3541 Senftenberg, Unterer Markt 44, +43/2719/2449 oder +43/664/4205350
www.schlapfnwirt.at
ÖFFNUNGSZEITEN Mi-Sa: 18:00 bis 1:00 Uhr; So: 10:00 bis 12:30 Uhr
FASSBIER Hacker Pschorr, Hadmar Bio Bier, Haselbräu, Murauer Märzen
FLASCHENBIER Gösser Stiftsbräu, Stiegl Paracelsus Zwickl, Stiegl Weisse, Clausthaler
LOKAL Es ist eine Freude hier hereinzukommen und ein Bier an der historisch wirkenden, aber gut gepflegten Schank zu bestellen: In einer Zeit, da viele kleine Dorfwirtshäuser zusperren, ist der Schlapf'n Wirt ein außergewöhnliches Beispiel für Kontinuität der alten Wirtshaustradition. Gegründet wurde das Haus 1578 als „Pachhaus“ (Bäckerei), seit 1887 war es das Gasthaus Weinkopf. 1981 wurde es von der Familie Braun übernommen und sehr behutsam renoviert. Hier ist immer wieder etwas los, es gibt Sautanz, Schmankerl-Donnerstag, einen Musikantenstammtisch und immer wieder kleine Feiern der Stammgäste. 45 Sitzplätze, davon 15 im Extrazimmer und 10 an der Bar.

SITZENBERG-REIDLING

HOTSPOT TEUFNER

3453 Sitzenberg-Reidling, Leopold-Figl-Platz 5
+43/2276/21206
www.hotspot-teufner.at
ÖFFNUNGSZEITEN Di-Do: 16:00 bis 23:00 Uhr; Fr: 16:00 bis 00:00 Uhr; Sa: 11:00 bis 00:00 Uhr; So: 11:00 bis 15:00 Uhr
FASSBIER Egger Privatbrauerei „Frisch Gezapft“
FLASCHENBIER Egger Grapefruit-Radler
LOKAL Aufgrund seiner Lage mit der leicht erhöhten Terrasse dominiert dieses Lokal den Hauptplatz von Sitzenberg. Kleine Bar, hinter der freundliche junge Damen das Egger Bier perfekt zapfen. Leider endet damit die Bierauswahl. 14 Plätze an der Bar, 35 im Lokal.

SOLLENAU – MARIA THERESIENSIEDLUNG

BIER17

2601 Sollenau – Maria Theresiensiedlung, Ecke Engerthstraße und B17, +43/2628/65778
www.bier17.com
ÖFFNUNGSZEITEN Mo-Sa: 7:30 bis 23:00 Uhr; So: 7:30 bis 16:00 Uhr
FASSBIER Gösser, Puntigamer, Schladminger Bio Zwickl Naturtrüb, Starobrno, ein saisonales Bier
FLASCHENBIER Corona, Edelweiss Hefetrüb, Gösser Stiftsbräu Dunkel, Gösser Zwickl, Heineken, Kaiser Doppelmalz, Kilkenny, Puntigamer, Schlossgold, Wieselburger Stammbräu, Gösser Naturgold, Edelweiss Hefetrüb Alkoholfrei, Gösser Naturradler
LOKAL Mit viel hellem Holz und alter Bierwerbung stimmig eingerichtetes Lokal. „Schnörkellose, ehrliche Hausmannskost zu vernünftigen Preisen“, lautet das Credo. Freundliches Service in gebrandeter Kleidung, dazu eine große Bier-Auswahl von der BrauUnion. 90 Sitzplätze im Lokal, 10 Plätze an der Bar, 100 auf der Terrasse.

Bier17

STADT HAAG

GASTHOF MITTER

3350 Stadt Haag, Linzerstraße 11, +43/7434/42426
www.mitter-haag.at
ÖFFNUNGSZEITEN Mo-Di: 7:00 bis 23:00 Uhr; Mi: 7:00 bis 14:00 Uhr; Fr-So: 7:00 bis 23:00 Uhr
FASSBIER Stiegl-Goldbräu, Stiegl-Paracelsus Zwickl
FLASCHENBIER Die Weisse, König Ludwig Dunkel
LOKAL Großer Gasthof mit feinem Restaurant und einem sehr privat wirkenden Garten, in dem ein eigener Bier- und Weinausschank-Pavillon für rasches Service sorgt. Das Service ist uns als sehr freundlich aufgefallen. Besitzer Albin Hawel bietet auch typisch mostviertlerische Gerichte wie Schwarzbrotsuppe mit Speck, Mostschaumsuppe, Blutwurstgröstel, Mostrostbraten mit Dörrzwetschken und gebackene Apfelknödel. Samstag gibt es ofenfrischen Schweinsbraten. 58 Plätze im Restaurant, 52 in der Gaststube und im Stüberl, ca.100 im Garten.

STOCKERAU

Veggie Bräu

VEGGIE BRÄU

2000 Stockerau, Schulgasse 8, +43/2266/72604
www.veggie-bräu.at
ÖFFNUNGSZEITEN Mo-Do: 18:00 bis 00:00 Uhr; Fr-Sa: 18:00 bis 2:00 Uhr
FASSBIER Hadmar Bio Bier, Stiegl Paracelsus, Stiegl Radler Naturtrüb, Stiegl-Goldbräu, Zwettler Original
FLASCHENBIER Hirter Bio Hanfbier, Murauer, Schremser Doppelmalz, Stiegl Weisse, Stiegl-Freibier, Bockbier
LOKAL Das ehemalige „Studentenbräu“ ist ein vegetarisches Bio-Bierpub und bietet vegane und vegetarische Speisen und Getränke vom Bio-Bauernhof an. So stammen z.B. Rohprodukte wie Getreide, Öle, Sojabohnen, Linsen, Obst, Gemüse usw. vom eigenen Biobauernhof in Leitzersdorf. 50 Sitzplätze, 20 an der Theke, 50 im Garten.

STRASSHOF AN DER NORDBAHN

ZÜNDWERK – FINE STEAKS, BURGER & BEER

2231 Strasshof an der Nordbahn, Hauptstraße 1a
+43/2287/4095590
www.zuendwerk.at
ÖFFNUNGSZEITEN Di-Sa: 11:30 bis 23:00 Uhr; So: 8:30 bis 17:00 Uhr
FASSBIER Augustiner Edelstoff, Budweiser Original, Gold Fassl Rotes Zwickl, Zündwerk Hausbier, Zwettler Zwickl
FLASCHENBIER Augustiner Weizen, Austrian Lager, Aventinus Eisbock, Blanche de Namur, Brauwerk Hausmarke 2 Session IPA, Brew Age Alphatier, Der Belgier, Dunkle Materie, Gratzer

Hermann (Dunkles), Gratzer Naturbier Johann, Gratzer Trude, Gusswerk Weizenguss, Nussknacker, Rodauner Geselchter, Rodauner Gselchter, Trumer Hopfenspiel, Wiener G'mischtes, Zwettler Saphir

LOKAL Unmittelbar neben dem Harley Davidson-Standort eröffneten Erich Windisch und sein Zündwerk-Team im Herbst 2015 ein Restaurant im Industrie-Stil des 50er-Jahre-Amerikas. Es wurde unmittelbar darauf zum Bierlokal des Jahres in Conrad Seidls Bierguide 2016 erkoren. Auffallend ist die große Liebe zum Detail – unterschiedlich gestalteten Sitzbereiche und großformatige Bilder als Dekoration. Ein großer Bierkühlschrank und eine der ausführlichst kommentierten Bierkarten des Landes ermöglichen eine perfekte Bierauswahl – auch zur sehr amerikanisch anmutenden, aber doch mit lokalen Zutaten versorgten Küche (Vier Falstaff-Gabeln). Bierkarte und Ausbildung des Personals stammen von Sepp Wejwars Institut für Bierkultur – und man wird nicht enttäuscht: Die Kellner wissen wirklich, was sie servieren und wo die guten Biere herkommen. In jedem Monat gibt es einen saisonal abgestimmten Burger, zudem Steaks in allen erdenklichen Variationen. Einmal monatlich wird eine „Bier&Genuss"-Reise angeboten, für die man das Lokal gar nicht verlassen muss: Ein Biersommelier führt als „Reiseführer" durch ein mehrgängiges Menü mit Bierbegleitung. 165 Sitzplätze im Lokal, 20 zusätzlich an der Bar, 10 in der Kamin-Lounge, im Sommer gibt es ca. 100 weitere Gastgartenplätze.

Zündwerk – Fine Steaks, Burger & Beer

TATTENDORF

RAHOFER BRÄU

2523 Tattendorf, Dumba Park 1, +43/2253/80870
www.rahoferbraeu.at

ÖFFNUNGSZEITEN Mi-Fr: 17:00 bis 22:00 Uhr; Sa: 11:00 bis 23:00 Uhr; So: 11:00 bis 20:00 Uhr

FASSBIER Budweiser, Hainfelder Dunkles, Ottakringer Citrus Radler, Rahofer Hausbier Hell, Rahofer Rotes Zwickl, Rahofer Zwickl, Schneider Weisse, Bockbier (saisonal)

FLASCHENBIER Corona, Erdinger, Null Komma Josef

LOKAL Der ehemalige Parkheurige im Dumba Park wurde von Susanne und Christoph Rahofer 2012 mit viel Liebe zum Detail in einen modernen Braugasthof mit tollem Ambiente verwandelt und viel Innovation in das Wohlbefinden der Gäste investiert. Man ist dem Wein insofern treu geblieben, dass die Weinauswahl – rund 100 Sorten – die Bierauswahl noch übertrifft. Mehrere Bierbikes stehen zur Anmietung für bis zu 14 Personen bereit. Sie können sich aus allen Fassbieren eines aussuchen und dieses an Bord des Bierbike selbst zapfen. Termine für Fahrten in Tattendorf oder auch andernorts fixiert man über die Homepage des Rahofer Bräu. Seit 2018 bietet das Rahofer Bräu auch Bier brauen für Gäste an. Anmeldungen erfolgen über die Homepage des Rahofer Bräu (www.rahoferbraeu.at). Für Gäste, die lieber nicht mehr nach Hause fahren, stehen seit 2017 die Schlaffässer direkt im Dumba Park zur Verfügung (www.schlaffass.at). Im Rahofer Bräu finden regelmäßig Veranstaltungen und Konzerte statt, und der Klettergarten mit verschiedenen Parcours und Kletterstationen und dem „Tandem Flying Fox" als besonderes Highlight bietet Spaß für Jung und Alt (www.kletterpark-tattendorf.at).

THERNBERG

ZUM THALER

2832 Thernberg, Markt 4, +43/2629/3611
www.landgasthausthaler.at

ÖFFNUNGSZEITEN Mo-Di: 11:00 bis 23:00 Uhr; Fr-So: 11:00 bis 23:00 Uhr

FASSBIER Puntigamer, Wolfsbräu

FLASCHENBIER Edelweiss, Schlossgold

LOKAL Stolz wird in der Gaststube dieses Wirtshauses der Tisch gezeigt, an dem der später für sein Engagement in der Steiermark bekannte Erzherzog Johann im ersten Viertel des 19. Jahrhunderts immer wieder zu Gast war. In unmittelbarer Nachbarschaft befindet sich seit 2012 das Wolfsbräu, das hier auch ausgeschenkt wird. 120 Plätze in drei Stuben.

Zum Thaler

TRAISEN

LINKO BRÄU – GASTHOF LINKO

3160 Traisen, Gartengasse 9, +43/2762/62802
www.linko.at

ÖFFNUNGSZEITEN Mo-Mi: 9:00 bis 14:00 Uhr, 17:00 bis 21:00 Uhr; Do: 9:00 bis 14:00 Uhr; So: 9:00 bis 14:00 Uhr

FASSBIER Pilsner, Schwarzbier, Traisner Weisse, Wiener Gerstl, Bockbier

LOKAL Landgasthof in Traisen, der in den Jahren um 2000 ein wenig aufgestylt wurde und nun mit selbst gebrautem Bier ein Fixpunkt im Traisental geworden ist. Walter Heimerl von der Kampagne für Gutes Bier lobt die Bierqualität. Die Biere sind in folgenden Gebinden erhältlich: Flaschen 0,33l, Fässer: 10l, 20l, 30l, 50l. 90 Sitzplätze im Lokal, 12 Sitzplätze an der Bar.

TULLN

PFIFF BIERPUB

3430 Tulln, Hauptplatz 25, +43/2272/67939 oder +43/660/2211085
www.facebook.com/PfiffTulln/?rf=371394683053260
ÖFFNUNGSZEITEN Mo: 18:00 bis 1:00 Uhr; Di: 18:00 bis 2:00 Uhr; Mi: 18:00 bis 5:00 Uhr; Do: 18:00 bis 3:00 Uhr; Fr-Sa: 18:00 bis 5:00 Uhr

Pfiff Bierpub

FASSBIER Diesel (Fohrenburger mit Cola), Edelweiss Hefeweizen, Fohrenburger Jubiläum, Gösser Naturradler, Heineken Premium Lager, Saurer Radler, Schwechater Zwickl, Trumer Pils, Radler, ein saisonales Bier
FLASCHENBIER Corona, Heineken, Affligem Blonde, Astra, Beck's Green Lemon, Beer Buddies Bernstein, Beer Buddies Hopfn Foppa, Beer Buddies Mojo Ale (Dark IPA), Beer Buddies Pale Ale, Beer Buddies Schwarzbier, Beer Buddies Urgesteinsmärzen, Birra Moretti, Desperados, Früh Kölsch, Gösser Naturgold Alkoholfrei, Guinness, Heineken 0,0, Hofbräu Münchner Schwarze Weisse, Hofbräu Münchner Weisse, Liefmans Cuvée Brut, Paulaner Hefeweißbier Naturtrüb, Schremser Dunkel, Stiegl, Wieselburger Stammbräu
LOKAL Ein Bierlokal klassischen Stils, das man über einen schmalen Durchgang vom Tullner Hauptplatz aus erreichen kann. Ein paar Stehtische mit Hockern, eine lange Bar, dahinter eine freundliche Kellnerin. – breite Auswahl an heimischen Bieren vom Fass, darunter das in der Region selten zu findende Fohrenburger. Und eine in letzter Zeit erfreulich gewachsene Craftbier-Karte. Gelegentlich Live-Auftritte. 45 Plätze an der Bar.

S'PFANDL AM HAUPTPLATZ

3430 Tulln, Hauptplatz 25, +43/2272/66670
www.s-pfandl.at
ÖFFNUNGSZEITEN Mo: 11:00 bis 22:00 Uhr; Do-Fr: 11:00 bis 22:00 Uhr; Sa: 9:00 bis 22:00 Uhr; So: 11:00 bis 22:00 Uhr
FASSBIER Stiegl Spezial, Weitra Bräu, Zwettler Zwickl
FLASCHENBIER Stiegl Columbus Pale Ale, Stiegl Hugo, Stiegl Sport Weisse, Stiegl Weisse, Stiegl-Freibier, Stiegl-Pils, Zwettler Dunkles, Zwettler Radler
LOKAL Das im 15. Jahrhundert erbaute Haus steht unter Denkmalschutz und strahlt doch eine gewisse Modernität aus. Geteilt ist es in drei Bereiche – mit dem gemütlichen Beisl im Erdgeschoß, wo man auf ein Bier kommt, Stammtischrunden hat, Karten spielt und schon mal abends zu tanzen beginnt und mit der Bar, die über einen separaten Seiteneingang zu erreichen ist. Als Kontrast dazu im Obergeschoß die renovierten mittelalterlichen Räumlichkeiten (Donaustüberl, Rosenstüberl und Nibelungenstüberl). s'Pfandl wurde zum NÖ Genusswirt 2014/2015 ausgezeichnet und ist Teilnehmer der BÖG Challenge 2015 (Beste Österreichische Gastlichkeit). 120 Sitzplätze im Lokal, 40 in der Bar, 90 Sitzplätze im Garten.

ZUM GOLDENEN SCHIFF

3430 Tulln, Wiener Straße 10, +43/2272/62671
www.zumgoldenenschiff.at
ÖFFNUNGSZEITEN Mo-Fr: 11:00 bis 14:00 Uhr, 18:00 bis 22:00 Uhr; So: 11:00 bis 14:00 Uhr
FASSBIER Eggenberg Hopfenkönig, Ottakringer Rotes Zwickl, Ottakringer Wiener Original, Stiegl Spezial, Stiegl-Weisse
FLASCHENBIER alle Stiegl Hausbiere, König Ludwig Dunkel, Stiegl Grapefruitradler, Stiegl-Freibier
LOKAL Seit 1862 im Familienbesitz, gemütliche alte Wirtsstube – Wirtshauskulturbetrieb, Top-Wirt durchgehend seit 2004 und Bierwirt 2014. 80 Sitzplätze im Lokal, 40 im Garten.

UNTERRETZBACH

POLLAK'S WIRTSHAUS

2074 Unterretzbach, Bahnstraße 1, +43/2942/20171
www.retzbacherhof.at
ÖFFNUNGSZEITEN Do-Sa: 10:00 bis 23:00 Uhr; So: 9:00 bis 16:00 Uhr
FASSBIER Pollak's Hausbräu (Weitra Bräu), Zwettler Zwickl Naturtrüb, saisonal Zwettler Zwicklbock
FLASCHENBIER Kaltenhauser Pale Ale, Weihenstephaner Weizenbier, Winzer-Bräu Kellerbier, Zwettler Black Magic, Zwettler Saphir Pils, Gösser Naturgold
LOKAL Sonja und Harald Pollak haben 2004 ein brachliegendes Gasthaus wieder in seine ursprüngliche Pracht versetzt und bieten im vom Retzbacherhof zu Pollak's Wirtshaus mutierten Lokal auch Craftbiere an – vor allem für das Zebedäus-Bier aus Zellerndorf ist der Retzbacherhof ein prestigeträchtiger Ausschankort. Gekocht wird regionale Küche mit regionalen Produkten. Im Sommer lockt ein schöner Kastaniengarten, 100 Plätze im Lokal, 20 an der Bar, 90 im Garten.

VELM

VELMER BIERPUB

2325 Velm, Velmer Straße 48, +43/2234/79353
www.facebook.com/velmerbier
ÖFFNUNGSZEITEN Mo-Di: 10:00 bis 00:00 Uhr; Mi-Sa: 10:00 bis 2:00 Uhr; So: 10:00 bis 23:00 Uhr

FASSBIER Budweiser, Stiegl-Pils
FLASCHENBIER Beck's, Beck's Alkoholfrei, Corona, Gösser Naturradler, Guinness (Dose), Heineken, Hirter, Stiegl Goldbräu, Stiegl-Freibier, wechselnde Monatsbiere, Wieselburger
LOKAL Urige Velmer Bierkneipe mit heimeliger Atmosphäre, Ziegelwände aus dem 19. Jahrhundert. Die Speisen sind täglich frisch zubereitet und werden auch mit Bier abgeschmeckt. Beach-Party, Après-Ski, Oktoberfest mit Blaskapelle, Jahresfeier mit Spanferkel und Gratisbier und nicht zu vergessen St. Patrick's Day. Im Lokal ca. 40 Sitz- und ebenso viele Stehplätze, im Garten 80, Extraraum: 25 Sitzplätze und 20 Stehplätze. Dieser Raum kann auch für Selbstausschank gemietet werden.

VÖSENDORF

FABRIK BRAUGASTHOF

2331 Vösendorf, Ortsstraße 8–10, +43/1/6982127
www.braugasthof-fabrik.at
ÖFFNUNGSZEITEN Mo-Sa: 8:00 bis 23:00 Uhr; So: 8:00 bis 22:00 Uhr
FASSBIER Goldfassl Helles, Goldfassl Pils, Gösser Zitronenradler, Hausbier Leicht, Ottakringer Rotes Zwickl, Ottakringer Zwickl, Wochinger Urtrunk
FLASCHENBIER Corona, Gösser Naturradler Zitrone, Hirter Pils, Schneider Weisse, Stiegl Goldbräu, Weitra Bräu
LOKAL Modern gestalteter Gasthof in einem prächtig renovierten Backsteinbau einer ehemaligen Schnapsfabrik – hier wird an die Tradition der ehemaligen Austria-Brauerei (1769-1938) angeknüpft. Saal für Festivitäten (bis zu 60 Personen), mediterraner Gastgarten mit eigener Bar. 250 Plätze im Lokal, 250 Plätze im Garten.

Fabrik Braugasthof

WAIDHOFEN AN DER THAYA

FOGGY MIX

3830 Waidhofen an der Thaya, Heidenreichsteinerstraße 28
+43/720/62007222
www.foggy-mix.at
ÖFFNUNGSZEITEN Mo: 10:00 bis 14:00 Uhr, 17:30 bis 00:00 Uhr; Mi-Do: 10:00 bis 14:00 Uhr, 17:30 bis 00:00 Uhr; Fr-Sa: 10:00 bis 2:00 Uhr; So: 10:00 bis 00:00 Uhr
FASSBIER ein wechselndes Foggy Mix Spezial Bier, Gösser, Guinness, Zwettler Zwickl
FLASCHENBIER American Bud, Corona, Edelweiss Weizen Hell, Franziskaner Alkoholfrei, Franziskaner Royal, Gösser Naturgold, Kilkenny, Salitos
LOKAL Bernhard Zimmerl hat im Jahr 2012 dieses große Lokal in Waidhofen a.d. Thaya mit irischer Bar, amerikanischer Lounge und einem Billardraum eingerichtet. Das Lokal ist mit viel dunklem Holz, Lustern – und einem Motorrad hinter der Bar eingerichtet. Für ein Irish Pub hat es lange Öffnungszeiten und vor allem eine auffallend umfangreiche Karte, die vier mal im Jahr wechselt. Apropos Karte: Es gibt nicht nur preiswerte Snacks, sondern auch gehobene Küche – die von Gault Millau 2020 mit einer Haube ausgezeichnet wurde. Der Falstaff-Restaurant-Guide legte 2020 die erste Gabel dazu – großer Lob für das Service inklusive. Als Koch hat Zimmerl übrigens auch schon bei der Oscar-Verleihung für Hollywood-Prominenz gekocht – dennoch verspricht er, dass das Foggy-Mix durch die Haube nicht etwa zum Nobel-Lokal mit gehobenen Preisen wird: „Es bleibt alles, wie es ist, wir werden nicht teuer." 100 Plätze im Lokal, 15 an der Bar.

Foggy Mix

LORBAER

3830 Waidhofen an der Thaya, Wiener Straße 5
+43/2842/52911
www.lorbaer.info
ÖFFNUNGSZEITEN Mo-Sa: 18:00 bis 2:00 Uhr
FASSBIER Schremser Bio Roggen, Schremser Premium, Trumer Pils
FLASCHENBIER Erdinger Urweisse, Schremser Doppelmalz, Beck's Alkoholfrei
LOKAL Haus aus dem 17. Jahrhundert, innen mit viel Holz dekoriert – trotz hoher Weinkompetenz dem Bier treu. In der Küche wird viel Gemüse aus dem eigenen Bio-Garten verarbeitet, der Käse kommt von den Käsemachern in Waidhofen. 40 Sitzplätze, 10 an der Bar, Garten: 20 Sitzplätze.

TELL

3830 Waidhofen an der Thaya, Böhmgasse 32
+43/2842/51544
www.tells.at
ÖFFNUNGSZEITEN Mo-Sa: 16:00 bis 00:00 Uhr; So: 16:00 bis 23:00 Uhr

FASSBIER Edelweiss Weißbier, Gösser Märzen, Trumer Pils, Zwettler Pils
FLASCHENBIER Corona, Edelweiss Guinness, Heineken, Kaiser Doppelmalz, Waidhofner Bier, Weizenbier Alkoholfrei, Gösser Naturgold
LOKAL Schöne, in gedeckten Farben gehaltene Bar mit langer Theke, wo es jede Woche einen appetitlich wechselnden Menüplan gibt, der auf die kurze Mittagspause des stressigen Berufslebens ebenso Rücksicht nimmt, wie auf die Brieftasche. Gute Bierpflege. 60 Plätze im Lokal, 12 an der Bar, 30 im Garten.

WAIDHOFEN AN DER YBBS

GASTHAUS HEHENBERGER – YBBSTAL BRÄU

3340 Waidhofen an der Ybbs, Wiener Straße 28
+43/7442/52243
www.ybbstal-braeu.at
ÖFFNUNGSZEITEN Di-So: 8:00 bis 2:00 Uhr

Gasthaus Hehenberger – Ybbstal Bräu

FASSBIER Rosenauer Dunkel, Schwarzbier, Ybbstaler Edelsud
FLASCHENBIER Waidhofner Bier
LOKAL Das nahe dem Bahnhof (und damit etwas außerhalb des Stadtzentrums gelegene) Gasthaus Hehenberger ist seit 1883 in Familienbesitz. An den Betrieb ist neben der hauseigenen Fleischerei seit 1997 auch eine Brauerei angeschlossen. Franz Hehenberger braut dort mit viel Engagement sein eigenes Bier. Für Interessierte werden auch Bierseminare abgehalten (10 bis 15 Teilnehmer). Der Schankraum ist sehr bierig dekoriert, man findet nicht nur altes Zapfzeug, sondern auch Belege für die Braugeschichte von Waidhofen, wo etwa die Familie Riedmüller (sie übernahm später die Brauerei in Wieselburg) eine Braustätte hatte. Auch eine Werbung des Bierbrauers Michael Ertl hängt hier – dessen Brauerei bestand 1875 bis 1904 in der Wasservorstadt, Ertl hatte auch ein eigenes Kraftwerk errichtet. Das Gasthaus Hehenberger bietet auch etliche bierige Speisen wie hausgemachtes Bierbrot, Bierlaugenbrezen, gefüllten Bierbraten und sogar eine Bierschokolade. 100 Sitzplätze im Lokal, 6 an der Bar.

SCHLOSSWIRT

3340 Waidhofen an der Ybbs, Schlossgasse 1
+43/7442/53657
www.schlosswirt-rothschild.at
ÖFFNUNGSZEITEN Mo-Fr: 16:00 bis 00:00 Uhr; Sa-So: 10:00 bis 00:00 Uhr

Schlosswirt

FASSBIER Bruckners Erzbräu Bergquell, Reininghaus Pils, Wieselburger Spezial
FLASCHENBIER Imperial Ale von Bruckner, saisonale Biere, Weihenstephaner Weizen, Edelweiss alkoholfreies Weizenbier, Gösser Naturgold
LOKAL Stilvolles Wirtshaus in den historischen Gemäuern des Schlosses von Waidhofen. Feine, aber leistbare Küche – und gelegentliche Bierverkostungen, bei denen Food&Beer-Pairings angeboten werden. Mit dem Erzbräu Versuche, auch Craftbier zu etablieren. Top-Wirt Niederösterreich 2019. 60 Plätze im Lokal, 30 auf der Terrasse.

WAIDHOFNER BIERPLATZL

3340 Waidhofen an der Ybbs, Hoher Markt 12
+43/676/3393339
ÖFFNUNGSZEITEN Mo: 9:00 bis 23:00 Uhr; Di: 8:30 bis 23:00 Uhr; Mi-Do: 9:00 bis 23:00 Uhr; Fr: 8:30 bis 23:00 Uhr; Sa-So: 9:00 bis 13:00 Uhr
FASSBIER Erzbräu Bruckner Bier, Gösser Märzen, Hausbier (Kaiser Märzen)
FLASCHENBIER Desperados, Edelweiss Weizen, Kaiser Fasstyp, Murauer Märzen, Puntigamer, Schneider Weisse, Weihenstephaner, Wieselburger Stammbräu
LOKAL Dieses von Agnieszka Minhard mit viel Charme geführte Bierlokal zeichnet sich durch seinen großen, an die steinernen Säulen des Hauses angelehnten Barbereich und die ausgesprochen kompetente Bierberatung aus. 2011 war es niederösterreichisches Bierlokal des Jahres. Gäste aus allen Altersschichten und Berufen, aber alle humorvoll. Dekoriert ist das Lokal mit alten Bierkrügen und alter Bierwerbung. Jährlich Oktoberfest und Bockbieranstich. 30 Sitzplätze im Lokal, 35 Plätze an der Bar, 20–25 Sitzplätze im Garten.

WEIGELSDORF

MASON'S PUB

2484 Weigelsdorf, Eisenstädter Straße 6, +43/650/2244438
www.facebook.com/MasonsAUT
ÖFFNUNGSZEITEN Mo-Do: 18:00 bis 00:00 Uhr; Fr-Sa: 18:00 bis 2:00 Uhr
FASSBIER Guinness, Stiegl-Goldbräu, Velkopopovický Kozel
FLASCHENBIER Heineken, Corona, Gösser Märzen, Gösser Radler, Kaiser Doppelmalz, Kilkenny, Stiegl Weisse, Wieselburger Stammbräu (Bügelverschluss), Gösser Naturgold
LOKAL Weigelsdorf wurde das erste Mal urkundlich im Jahr 1180 unter dem Namen Wiglinsdorf erwähnt. Seit Jänner 2012 erfreuen sich viele „Wiglinger" in der kleinen, aber gemütlichen Stube der vielen alten Fotos von früher. Diverse Veranstaltungen, St. Patricks Day. 40 Plätze im Lokal, 60 auf der Terrasse.

WEITERSFELD

AUBERG PUB

2084 Weitersfeld, Auberg 156, +43/2948/8632
www.aubergpub.at
ÖFFNUNGSZEITEN Mi-Sa: 17:00 bis 2:00 Uhr; So: 9:00 bis 15:00 Uhr
FASSBIER Hubertus Märzen, Ottakringer Rotes Zwickl
FLASCHENBIER Corona, Clausthaler, Desperados, Gösser Märzen, Guinness (Dose), Hubertus Dunkel, Hubertus Märzen, Murauer Märzen, Paulaner Hefeweizen, Weitra Hell, Wieselbuger Gold, Zwettler Export
LOKAL Außen modern gestaltetes, innen recht urig gestaltetes Pub an der Grenze zwischen Wald- und Weinviertel – an der Decke über der Bar ist eine Tischplatte mit Bieren, Spielkarten und Aschenbecher verkehrt herum angebracht, man darf rätseln, wie diese Deko wohl dorthin gekommen ist. Treffpunkt für die Leute aus dem Ort und weit darüber hinaus. Das Hausbier kommt von Hubertus. Spezialität des Hauses sind die hausgemachten Steinofen-Pizzen und im Sommer Spareribs vom Grill. Sonntag 9:00 bis 15:00 Frühschoppen. Ca. 100 Plätze im Lokal und ca. 100 Plätze im Biergarten.

WEITRA

BRAUHOTEL WEITRA

3970 Weitra, Rathausplatz 6, +43/2856/2936-0
www.brauhotel.at
ÖFFNUNGSZEITEN Mo-Sa: 7:00 bis 00:00 Uhr; So: 7:00 bis 22:00 Uhr
FASSBIER Hefetrübes Weitraer Brauhaus Weizenbier, naturtrü-

bes Weitraer Brauhaus Bio-Bier, Schremser Premium, Heller Weizenbock (März-Mai), Sommer-Pils (Juni-Sept.), Schwarzer Bock (Okt.-Dez.)
FLASCHENBIER, Schremser Hanfbier, Schremser Roggenbier, Weitraer Brauhaus Bio-Bier (als Souvenir), Edelweiss Weizenbier Alkoholfrei, Gösser Naturgold
LOKAL Ehemaliges Hofbräuhaus aus dem 16. Jahrhundert – bis in die Sechzigerjahre ein gewerblicher Braubetrieb. Später wurde das Haus zu einem Hotel umgebaut und mit einer der kleinsten Brauanlagen Österreichs ausgestattet – sie dient der Schremser Brauerei als Pilotbrauerei und bietet seit Jahren besondere Biervielfalt. In den Kellergewölben des Hauses werden in der eigenen Gasthausbrauerei neben dem ganzjährig verfügbaren Weitraer Brauhaus Bio-Bier und dem Weizenbier auch saisonale Spezialbiere angeboten.Eine (Film)Führung durch die Gasthausbrauerei im Brauhotel – je nach inkludierter Verköstigung um € 3,50 bis € 14,60 kann telefonisch oder per E-Mail arrangiert werden. Aus der Küche kommen saisonale und regionale Spezialitäten sowie mit Bier verfeinerte Speisen, wie zum Beispiel das Brauhaus Biermenü oder Biergenussmenü. Freundliche und aufmerksame Bedienung. Verschiedene gemütliche Räumlichkeiten bilden den idealen Rahmen für Familien-, Firmen- und Gruppenfeiern. Fürstenbergsaal: 58 Sitzplätze, Brau- und Gärkeller: 60 Sitzplätze, Bar/Schank (Braukeller): 10 Stehplätze, Bierstube: 32 Sitzplätze, Bar/Schank (Bierstube): 3 Sitzplätze und 5 Stehplätze, Hopfenstube: 45 Sitzplätze, Hopfenstüberl: 28 Sitzplätze, Terrasse: 40 Sitzplätze. InsBIERierte Hotelpackages sowie 1-Tages- und 3-Tages-Bierseminare.

Brauhotel Weitra

GASTHOF HENTSCH

3970 Weitra, Rathausplatz 8, +43/2856/2296 oder +43/699/10524745
www.gasthof-hentsch.at
ÖFFNUNGSZEITEN Mo: 8:00 bis 00:00 Uhr; Mi-So: 8:00 bis 00:00 Uhr
FASSBIER Libellenbräu, Weitra Bräu, saisonal Weitraer Vision
FLASCHENBIER Stiegl, Stiegl Weisse, Null Komma Josef
LOKAL Dieses Landgasthaus mit Blick über den Hauptplatz von Weitra wurde im Jahr 2016 von Walter Waschka an die Familie Hentsch übergeben – aber glücklicherweise hat sich sonst nicht viel geändert. Man sieht weiterhin hinüber zum Storchennest auf dem Brauhaus und genießt in der ältesten Braustadt Österreichs, mitten am Hauptplatz von Weitra, das bernsteinfarbene Hausbier „Libellenbräu" (Waschka heißt auf deutsch Libelle) – dazu passt hervorragend ein ofenfrischer Schweinsbraten. Ca. 140 Sitzplätze im Lokal, 15 Plätze an der Bar, ca. 70 Sitzplätze auf der Terrasse.

Gasthof Hentsch – ehem. Waschka

GASTHOF
hentsch

WIENER NEUDORF

OASE SEERESTAURANT

2351 Wiener Neudorf, IZ NÖ-Süd Straße 3 / Ecke Triestertraße
+43/2236/63304
www.oase-restaurant.at
ÖFFNUNGSZEITEN Mo-So: 10:00 bis 22:00 Uhr
FASSBIER Hausbier, Ottakringer Rotes Zwickl, Ottakringer Zwickl, Wochinger Bräu Hell, Zitronenradler
FLASCHENBIER Hirter Morchl, Hirter Pils, Schneider Weisse Hell, Weitra Bräu, Corona, Gösser Naturgold
LOKAL Viel mehr als das Buffet zum Freibad, als das sich dieses Lokal auf den ersten Blick präsentiert: Hier findet man einen schönen Biergarten am Teich, in dem flink ein gut gezapftes Bier serviert wird. Und zwar vom Wochinger in Traunstein – definitiv einen Ausflug wert. 80 Sitzplätze im Lokal, 30 Sitzplätze im zugebauten Wintergarten mit Blick auf den Kahrteich.

WIENEUBRÄU

2351 Wiener Neudorf, Parkstraße 35, +43/677/61733835 oder +43/664/4757699
wieneubraeu.dobritzhofer.at
ÖFFNUNGSZEITEN Mo-Do: 16:00 bis 00:00 Uhr; Fr-So: 14:00 bis 00:00 Uhr
FASSBIER Haus- und Hofbier, Black Duck, eine Bierspezialität
FLASCHENBIER Black Duck, Haus- und Hofbier, Hopfenstrudl ‚Session IPA', Rogg'nRoll Roggenbier, White Rabbit Weizenbier, Festbock
LOKAL Ausschank der Wiener Neudorfer Hausbrauerei – mit ähnlichen Öffnungszeiten, wie sie von den Heurigenbetrieben der Umgebung gewohnt sind – die angegebenen Öffnungszeiten gelten jeweils vom 1. Freitag bis zum drittfolgenden Sonntag jedes Monats. Jeden Monat wird eine Bierspezialität eingebraut – solange der Vorrat reicht! Im Stüberl gibt es neben den im Haus gebrauten Bieren auch eine Craftbier-Karte mit wechselndem Angebot von Suden anderer Micro-Brauer. Das Speiseangebot ist auf Toasts, belegte Brote sowie Würstel beschränkt. 23 Plätze im Stüberl, 15 im Gastgarten.

WieNeuBräu

WieNeuBräu
DIE MICROBRAUEREI IN WIENER NEUDORF

WIENER NEUSTADT

MARY'S SCOTTISH COFFEEPUB

2700 Wiener Neustadt, Bahngasse 7, +43/650/3841011
de-de.facebook.com/MarysCoffeepub
ÖFFNUNGSZEITEN Di-Do: 16:00 bis 00:00 Uhr; Fr-Sa: 16:00 bis 1:00 Uhr; So: 10:00 bis 17:00 Uhr
FASSBIER Guinness Stout, Starobrno, Weihenstephan Hefetrüb
FLASCHENBIER Zipfer Meisterwerke Pale Ale, Affligem Blond, Desperados Mojito, Gösser Stifts-Zwickl Dunkel, Heineken, Kaltenhausen 1475 Pale Ale, Puntigamer ‚das bierige' Bier, Schleppe No. 1 Pale Ale, Schleppe No. 3 Imperial IPA, Wieselburger Schwarzbier, Wieselburger Stammbräu, Zipfer Meisterwerke Weizen
LOKAL Mary und Andy sind mit ihrem schottischen Pub im Frühjahr 2016 aus der Lange Gasse an diese neue Adresse gezogen – auch hier ist ein gemütliches Lokal entstanden: Es gibt neben Kaffee und Tee immer noch gut gezapftes Guinness (und mehrere Ales aus der Flasche). Und dazu sogar gelegentlich die schottische Nationalspeise Haggis (mit Innereien gefüllter Schafsmagen), Fish & Chips, Pulled Porc, Salmon Pie. Jeden Sonntag gibt es Brunch von 10:00 bis 14:00 Uhr. Auch der Bier-Whisky „Claravallis' vom ansässigen Whisky-Club (Zwettler Brand Nr. 1) wird hier neben vier Dutzend anderen Whiskies ausgeschenkt. Dazu auch eine kleine, feine Auswahl an Zigarren. Jeden Freitag Livekonzerte mit Musikern aus Österreich, aber auch aus den Nachbarländern. 100 Plätze im Lokal.

Mary's Scottish Coffeepub

SIEGL'S PUB

2700 Wiener Neustadt, Hauptplatz 11, +43/2622/22132
www.sieglspub.co.at
ÖFFNUNGSZEITEN Mo-Do: 15:00 bis 00:00 Uhr; Fr: 15:00 bis 2:00 Uhr; Sa: 9:00 bis 2:00 Uhr; So: 16:00 bis 22:00 Uhr
FASSBIER Guinness Draught, Hubertus Keltenbier, Monatlich wechselndes (Fass)bier aus dem In- und Ausland – unterschiedlichste Biertypen auch von Microbrauereien, Paulaner Ur-Dunkel, Sigl's Pub Hausbier (Paulaner Märzen), Stiegl-Goldbräu, Stiegl-Paracelsus Zwickl
FLASCHENBIER mehr als zwei Dutzend Spezialitäten, etwa: wechselnde Biere von Loncium, Stiegl Columbus 1492 Pale Ale, Stiegl Hausbiere (Monatsbiere), Der Belgier Saison, Astra Rotlicht, Augustiner Weißbier, Hacker Pschorr Kellerbier, Paulaner Hefe-Weißbier Dunkel, Trumer Hopfenspiel, Trumer Pils, Velkopopovický Kozel, Wieselburger Stammbräu, Zwettler Saphir
LOKAL Typisches Bierlokal in einem 2008 adaptierten Gewölbe, das in früheren Jahrhunderten zum Haus des „Magister Civium", also des Bürgermeisters, gehört hat. Ab 1834 gehörte es der Familie des Schokolademachers Siegl, daher auch der Name. Ein- bis zweimal im Jahr gibt es eine geführte Bierverkostung und jeden ersten Dienstag im Monat ein Pub-Quiz. Von Zeit zu Zeit werden hier Musikabende und vor allem in den Sommermonaten Themenabende, vom Heurigen bis zur Burger-Night, veranstaltet. Die sehr gut kommentier-

te und mit Erklärungen zu den Fachbegriffen ausgestattete Bierkarte ist in den letzten Jahren deutlich erweitert worden – und die freundlichen jungen Damen hinter der Bar erweisen sich als sehr kenntnisreich in Sachen Biervielfalt. So bieten sie auch Biere der Wiener Neustädter Collaboration-Brauerei „Two in a Rocket" an, die bei der deutschen Grohe Brauerei ihre Biere herstellen lassen. 40 Sitzplätze im Lokal, 84 im Schanigarten direkt am Hauptplatz.

Siegl's Pub

ZUM EINHORN

2700 Wiener Neustadt, Singerstraße 15, +43/2622/25567
www.einhorn.at
ÖFFNUNGSZEITEN Mo-Sa: 11:00 bis 1:00 Uhr
FASSBIER Schladminger Bio-Zwickl, Schwechater Zwickl, Starobrno, Wieselburger Spezial, Zipfer Urtyp, Gösser Radler
FLASCHENBIER Budweiser Budvar, Edelweiss, Edelweiss Hofbräu, Erdinger Hefeweizen, Guinness Stout, Heineken, Hirter Privat Pils, Murauer Märzen, Stiegl, Zwettler Dunkel
LOKAL Gehobenes Beisl mit guter Bierkultur, einem Kellergewölbe aus dem 15. Jahrhundert und einer Terrasse an der historischen Stadtmauer. Die Betreiber kooperieren mit der Anstalt für Getränke in Wiener Neustadt für Verkostungen.

WIESELBURG

BRAUHAUS / Z'WIESL

3250 Wieselburg, Hauptplatz 2, +43/7416/52700
www.brauhauswieselburg.at
ÖFFNUNGSZEITEN Di-Sa: 9:00 bis 22:00 Uhr; So: bis 15:00 Uhr; Z'wiesl: Di-Sa: 16:00 bis 00:00 Uhr
FASSBIER Wieselburger Gold (aus dem Tank), Brauerei Hölzl Handcrafted Beer, Kaiser Märzen, Kilkenny, Reininghaus Pils, Schladminger Bio Weisse, Schwechater Zwickl, Starobrno, Radler, Gösser Naturgold
FLASCHENBIER Wieselburger Schwarzbier, Wieselburger Stammbräu, Gösser Radler
LOKAL Johannes Heindl hat den früheren Brauhof von Wieselburg im Herbst 2015 zu einem Schmuckstück der österreichischen Braugaststätten umgebaut – vorne ein gutbürgerliches Restaurant mit Kachelofen und Schützenscheiben, dahinter eine moderne Tagesbar, an der das Bier sehr aufmerksam gezapft wird. Und ganz hinten, wo früher das Lokal „Sudhaus" urige Stimmung verbreitet hat, ist jetzt mit der Abendbar Z'wiesl ein zeitgemäßer Relaunch gelungen. An der Bar vom Z'wiesel gibt es übrigens auch das Bier aus der lokalen Kleinbrauerei Hölzl. 350 Sitzplätze, 50 im Z'wiesl.

Brauhaus / Z'wiesl

FRITZ

3250 Wieselburg, Josef-Riedmüller-Straße 1
+43/664/4434447
de-de.facebook.com/gasthaus.fritzwieslburg
ÖFFNUNGSZEITEN Mo-So: 16:30 bis 1:00 Uhr
FASSBIER Budweiser, Ottakringer Zwickl, Schneider Weisse, Wieselburger Gold, Wieselburger Stammbräu
FLASCHENBIER Guinness, Wieselburger Schwarzbier, Wieselburger Stammbräu, Edelweiss Weißbier Alkoholfrei, Gösser Zwickl Alkoholfrei
LOKAL Das im Stil eines viktorianischen Pub gehaltene Lokal ist urbaner Treffpunkt für die Region Scheibbs-Melk-Ybbs-Wieselburg. Die Atmosphäre ist angenehm – Chef de service Anna sorgt mit dezenter Hintergrundmusik für den guten, nicht zu lauten Ton. Und mit einer häufigen Pflege der Bierleitungen für perfekte Bierpflege. Ca. 60 Sitzplätze im Lokal, 40 Plätze auf der Terrasse.

WOLKERSDORF IM WEINVIERTEL

SCHLOSSTAVERNE WOLKERSDORF

2120 Wolkersdorf im Weinviertel, Schloßplatz 2
+43/2245/4212
www.schlosstaverne-wolkersdorf.at
ÖFFNUNGSZEITEN Mi-So: 17:00 bis 00:00 Uhr

FASSBIER Piestinger Schneeberglandbier, Schnaitl Naturtrüb, Villacher Märzen, ein Monatsbier
FLASCHENBIER Villacher Dunkel, Edelweiss Hefeweizen, Franziskaner Alkoholfrei, Beck's Alkoholfrei
LOKAL Wo Wein wächst, ist oft auch gut Bier trinken: Die mitten im Weinviertel gelegene Schloßtaverne setzt nach einem leichten Facelifting im Frühjahr 2020 immer mehr auf Biervielfalt. Ihre Gewölbe liegen hinter meterdicken Mauern im mittelalterlichen Schloss der Gemeinde Wolkersdorf. Geboten werden Schmankerl aus der österreichischen / regionalen Küche – und bemüht gezapftes Bier an einer langen Bar aus dunklem Holz. Zu den regulären Bieren aus dem Villacher Angebot gibt es jeweils ein Gastbier, etwa das Hadmar Biobier. 90 Plätze im Lokal, 10 an der Bar.

YBBSITZ

KIRCHENWIRT – KIWI

3341 Ybbsitz, Markt 29, +43/7443/88143
www.kiwi-ybbsitz.at
ÖFFNUNGSZEITEN Mi-Fr: 17:00 bis 00:00 Uhr; Sa-So: 10:00 bis 14:00 Uhr, 18:00 bis 00:00 Uhr
FASSBIER Gösser Märzen
FLASCHENBIER Desperados, Weihenstephan, Weihenstephan Weizen Alkoholfrei, Wieselburger Stammbräu, Gösser Naturgold, saisonale Biere
LOKAL In einer Seitengasse abseits des Marktplatzes findet sich der Eingang in dieses offenbar alteingesessene, aber schön herausgeputzte Wirtshaus, in dem es lokale Spezialitäten und gepflegtes Bier gibt. Großer Loungebereich, der Freitag und Samstag ab 20 Uhr geöffnet ist. 60 Plätze in der Gaststube, 60 im Garten.

LANDGASTHOF STEINMÜHL HOFBAUER

3341 Ybbsitz, Maisberg 42, +43/7443/86383
www.landgasthof-steinmuehl.at
ÖFFNUNGSZEITEN Mo-Fr: 17:00 bis 23:00 Uhr; Sa: 11:00 bis 15:00 Uhr, 17:00 bis 23:00 Uhr; So: 11:00 bis 20:00 Uhr

Landgasthof Steinmühl Hofbauer

FASSBIER Gösser Zwickl, Kaiser, Wieselburger Spezial, Gösser Naturradler
FLASCHENBIER Corona, Hadmar Bio Bier, Heineken, Schladminger Schnee Weisse, Wieselburger Schwarzbier, Wieselburger Stammbräu, Gösser Naturgold
LOKAL Direkt am Ybbstalradweg von Ybbsitz nach Waidhofen befindet sich das seit 2016 von Philip Hofbauer geführte Restaurant Landgasthof Steinmühl, wo sich die Küche auf Steak Spezialitäten und die österreichische Hausmannskost spezialisiert hat. Im Restaurant, wo der traditionelle mit dem modernen Stil kombiniert wurde, findet man 50 Plätze im Saal, 30 Plätze im Restaurant, 20 Plätze im Stüberl, 16 Plätze im Gastzimmer und 40 Plätze im Gastgarten.

ZEILLERN

DORFSCHMIEDE

3311 Zeillern, Ludwigsdorf 71, +43/7472/64787
www.dorfschmiede.at
ÖFFNUNGSZEITEN Mi-Fr: 16:00 bis 1:00 Uhr; Sa: 10:00 bis 1:00 Uhr; So: 10:00 bis 15:00 Uhr
FASSBIER Kaiser Premium, Gösser Stiftsbräu, Weihenstephaner, Gösser Naturradler
FLASCHENBIER Edelweiss Alkoholfrei, Gösser Naturgold
LOKAL Wolfgang Bruckners 1992 in der familieneigenen Schmiede eingerichtetes Lokal hat sich als Weinlokal einen Namen gemacht, ist aber wegen seiner Urigkeit auch bei Bierfreunden beliebt. Ca. 65 Sitzplätze, Garten: ca. 40 Sitzplätze, 15 an der Bar.

ZWETTL

KUBA – DIE BAR

3910 Zwettl, Syrnauer Straße 1, +43/2822/20166
www.kuba-diebar.at
ÖFFNUNGSZEITEN Mo-Do: 16:00 bis 1:00 Uhr; Fr-Sa: 16:00 bis 4:00 Uhr; So: 16:00 bis 1:00 Uhr

Kuba – Die Bar

FASSBIER Schneider Weisse Weizenbier, Zwettler Citrusradler, Zwettler Dunkles, Zwettler Pils, Zwettler Zwickl
FLASCHENBIER Weitra Hadmar Biobier, Corona, Desperados, Heineken, Zwettler Luftikus Alkoholfrei, Gösser Naturgold, Clausthaler
LOKAL Diese große, in warmen Orange-Tönen dekorierte Cocktailbar ist in den vergangenen zwei Jahrzehnten zu einer Institution in Zwettl geworden. Und weil sie in unmittelbarer Nachbarschaft der Zwettler Brauerei liegt, wird hier auch das Bier gepflegt serviert, schließlich schaut Brauerei-Chef Karl Schwarz hier gelegentlich persönlich vorbei. Zum Oktoberfest (in den letzten beiden Septemberwochen) gibt es Paulaner Oktoberfestbräu vom Fass. Insgesamt 40 Sitzplätze und 60 Plätze an der Bar.

'S BEISL

3910 Zwettl, Landstraße 15, +43/2822/52410
www.sbeisl.at
ÖFFNUNGSZEITEN Mo-Sa: 10:00 bis 00:00 Uhr; So: 10:00 bis 13:00 Uhr

´s Beisl

FASSBIER Trumer Pils, Zwettler Pils, Zwettler Zwickl
FLASCHENBIER Franziskaner Hefe-Weizen, Porters, Zwettler Dunkles, Ales, Bierspezialitäten, Craftbiere, Zwettler Luftikus
LOKAL Seit 1988 betreibt der Biersommelier Reinhard Todt diese kleine Bar am Rande des Hauptplatzes – einer der wichtigsten Treffpunkte im ganzen Bezirk und stets bemüht, die Zwettler Bierkultur hochzuhalten. Reinhard berät gerne bei der Auswahl der Spezialitäten – und hat immer mindestens ein Craftbier im Angebot. Der Loungebereich wurde 2018 neu gestaltet und bietet jetzt 4 Hochtische. Man hat den Eindruck, dass man hier im Wohnzimmer der Stadt ist, es liegen nicht nur Zeitungen auf, sondern auch Spiele – und diskutiert wird sowieso, wie es sich für ein Bierlokal gehört. 32 Sitzplätze im Lokal, 30 Plätze an der Bar. Gastgarten mit ca. 35 Sitzplätzen.

SCHWARZ ALM

3910 Zwettl, Almweg 1, +43/2822/53173
www.schwarzalm.at
ÖFFNUNGSZEITEN Mo-So: 11:30 bis 22:30 Uhr
FASSBIER Zwettler Original, Zwettler Pils, Zwettler Radler, Zwettler Saphir, Zwettler Zwickl, Hadmar Bio Bier
FLASCHENBIER Zwettler Bock, Zwettler Dunkles, Stiegl Weisse, Zwettler Luftikus
LOKAL Der idyllisch mitten auf einer Waldlichtung gelegene Brauereiausschank der Zwettler Brauerei ist für die Bierkulinarien berühmt – das hat der Schwarz Alm schon im Jahr 2000 die Auszeichnung als bestes Bierrestaurant Österreichs eingebracht. Die Schwarz Alm war tatsächlich einmal eine vom Brauereibesitzer Georg Schwarz eingerichtete Alm. Für den Almbetrieb wurde eine Hütte gebaut, die von den Naturfreunden genutzt wurde und später von der Familie Schwarz zu einem der schönsten Hotels des Waldviertels umgebaut wurde. In der Küchenphilosophie wird das Thema Bier aufgegriffen und so werden die Gäste nicht nur zu, sondern auch mit Bier kulinarisch verwöhnt. Restaurant: 170 Sitzplätze, Zwickl-Bar mit 25 Plätzen, 80 auf der Panoramaterrasse.

STADT-PUB BLEMENSCHÜTZ

3910 Zwettl, Kremser Straße 1, +43/2822/51773
www.stadtpub.at
ÖFFNUNGSZEITEN Mo-Mi: 9:00 bis 00:00 Uhr; Fr-Sa: 9:00 bis 2:00 Uhr; So: 9:00 bis 00:00 Uhr
FASSBIER Zwettler Pils, Zwettler Radler
FLASCHENBIER Zwettler Export, Edelweiss, Guinness, Hadmar Bio Bier, Schlossgold, Wieselburger Stammbräu
LOKAL Das Lokal sieht von außen wie viele andere alteingesessene Landgasthäuser aus – und das ist kein Wunder: Eine Tafel am Eingang erinnert daran, dass das Haus bereits 1607 als Schickenhofische Taverne urkundlich erwähnt wurde und vor der Umgestaltung zum Pub als Schildwirtshaus „Zum Goldenen Rössl" bekannt war. Seit vielen Jahren ist es aber innen ein modernes, vielfach gegliedertes, sehr bierig wirkendes Lokal. Lange Bar, freundliche Bedienung – und preiswerte Zimmer, wenn man hier gleich übernachten will. 50 Sitzplätze, Bar: 20 Plätze, Extrastube (Café Classic): 30 Sitzplätze, Garten: ca. 70 Sitzplätze.

Wirtshaus im Demutsgraben

WIRTSHAUS IM DEMUTSGRABEN

3910 Zwettl, Niederstrahlbach 36, +43/2822/52364
www.demutsgraben.at
ÖFFNUNGSZEITEN Mi-Do: 15:00 bis 00:00 Uhr; Fr-So: 11:00 bis 00:00 Uhr
FASSBIER Zwettler Pils, Zwettler Zwickl, Hadmar Bio Bier
FLASCHENBIER Schremser Roggen, Schremser Roggenbier, Zwettler Dunkles, Zwettler Luftikus, Zwettler Luftikus Alkoholfrei
LOKAL Monika und Martin Huber betreiben etwas abseits der kleinen Ortschaft Niederstrahlbach ein Schmuckstück von einem Wirtshaus, das von Zwettl auf dem Wanderweg ins Zwettltal (und auch per Auto) erreicht werden kann. Wenn man hinkommt, steht schon vor dem Haus ein „Begrüßungskomittee" von mehreren, leider recht scheuen Katzen bereit. Dann tritt man in die liebevoll restaurierte Gaststube, in der der Stil der Fünfzigerjahre gut konserviert wurde – mit originaler Lamperie, Einrichtung und Schank. Kritiker-Papst Florian Holzer nennt das Lokal den „besten Platz, wenn im Waldviertel die Nebel einfallen". Dabei gibt es, wenn gerade mal kein Nebel ist, einen schönen Gastgarten im Innenhof. Bier kommt auch in der Küche zu seinem Recht – etwa beim Zwettler Bierknödel. Es kommen aber auch andere gefüllte Knödeln auf den Teller. 95 Plätze im Lokal, 35 im Garten.

Vom Produzenten direkt zu Dir
Bauernladen
Das Beste aus Österreichs Regionen
Damit Gutes verschenkt werden kann, gibt's jetzt den
BAUERNLADEN GUT-SCHEIN
WIR WOLLEN WISSEN, WO ES HERKOMMT
Bauernladen
GUT-SCHEIN
50.-
EURO
Das nachhaltige Geschenk für jeden Anlass!
www.bauernladen.at/shop

VON **A** WIE AFIESL BIS **Z** WIE ZIPF

OBER ÖSTER REICH

OBERÖSTERREICHS BIERLOKAL DES JAHRES

PETTENBACH IM ALMTAL

OBERÖSTERREICH BIER LOKAL DES JAHRES

BIERHOTEL RANKLLEITEN

4643 Pettenbach im Almtal, Ranklleiten 8
+43/699/14133140
www.ranklleiten.com

ÖFFNUNGSZEITEN Mo-Fr: 16:00 bis 22:00 Uhr; Sa-So: 11:00 bis 22:00 Uhr

FASSBIER Schloss Eggenberg Bio Naturtrüb, Schloss Eggenberg Hopfenkönig, ein Gastbier

FLASCHENBIER Spezialitäten von Ried, Hofstetten, Gusswerk, Stift Schlägl, Engelszell

LOKAL Die Ranklleiten ist ein beschaulich gelegenes Einkehrgasthaus auf dem Weg von Pettenbach hinein ins Almtal. Nach Generalsanierung wurde das Traditionsgasthaus Ranklleiten Mitte 2015 mit Hotelbetrieb wieder eröffnet. Jetzt dreht sich alles um's Bier – und Karl Stöhr aus der Brauereibesitzerfamilie von Schloss Eggenberg schaut persönlich darauf! Bierspezialitäten aus der Region werden im Bierheurigen angeboten, Küche mit und rund um's Bier. Weiters werden auch geführte Bierverkostungen mit Speisebegleitung angeboten. Nur auf Voranmeldung kann man den gut bestückten Verkostungskeller besuchen, in dem Karl Stöhr etliche rare Starkbiere für besondere Gäste vorrätig hält – darunter Beispiele des auf Schloss Eggenberg gebrauten Samichlaus-Starkbieres aus vielen verschiedenen Jahrgängen (und einige Flaschen aus der früheren Produktion in Zürich, aber die hütet Karl Stöhr wie seinen Augapfel). An das Lokal angeschlossen ist auch ein umfangreiches Bierflaschenmuseum, in dem mehr als 6.500 mehr oder weniger rare Flaschen hübsch arrangiert ausgestellt sind. 70 Sitzplätze im Lokal, 5 Plätze an der Bar, 70 Plätze im Gastgarten.

AFIESL

BERGERGUT

4170 Afiesl, Oberafiesl 7, +43/7216/4451
www.romantik.at/wellnesshotel
ÖFFNUNGSZEITEN Mo-So: 8:00 bis 22:00 Uhr

Bergergut

FASSBIER Alm Bräu Dunkelblond, Andechser Weißbier, Schlägl Kristall, ein Monatsbier
FLASCHENBIER Drei Dutzend verschiedene, u.a.: Freistädter Bio Zwickl, Andechser Weizen, Aviva Glüxx, Beer Buddies Pale Ale, Birra del Borgo – Cortigiana, BrauSchneider IPA, Chimay Rouge, CulturBrauer Austrian Lager, Eggenberg Nakourený Šviták Rauchbier, Freistädter Junghopfenpils, Hofstettner G'froren's Iced IPA, La Chouffe Golden Ale, Samichlaus
LOKAL Familie Pürmayer hat dieses exklusive Romantikhotel als erstes Loveness-Hotel & Genussatelier in den vergangenen Jahren erfolgreich ausgebaut und einen besonderen Schwerpunkt auf Bierkulinarik gelegt. Im Jänner 2017 ist das 2-Hauben-Restaurant Culinariat ins Bergergut eingezogen – tagsüber lockt die Privatissimum-Bar zu gepflegtem Bier. Tamas Zsoldos ist Biersommelier, wie er im Buche steht. Der jungen Ungar liefert perfekte Empfehlungen zum Bierpairing im Restaurant des Hotel Bergergut in Afiesl, einer kleinen Gemeinde im Mühlviertel, westlich von Bad Leonfelden. Als Chef de Rang ist Tamas der Regent über den Bierkeller und die Bierkarte des Hotels – es gibt täglich wechselnde Bier-Begleitung zum Dinner. Im Jahr 2002 hat das Haus bereits die Auszeichnung als Bierrestaurant des Jahres erhalten. Liebes-Urlaubstipp für Bierliebhaber: vom Live-Brauen über Bierbegleitung, vom Bier-Sommelier bis zur Hopfenöl-Massage. Bierverkostung mit Häppchen, Stachelbier in der Winterzeit. 25 Plätze in der Bergergut-Stube, 72 im Kulinarischen Wohnzimmer/Genussatelier.

AIGEN-SCHLÄGL

BIERGASTHAUS SCHIFFNER

4160 Aigen-Schlägl, Linzer Straße 9, +43/7281/8888
www.biergasthaus.at
ÖFFNUNGSZEITEN Mo: 9:00 bis 23:00 Uhr; Mi-Do: 18:00 bis 23:00 Uhr; Fr-Sa: 9:00 bis 23:00 Uhr; So: 9:00 bis 21:00 Uhr
FASSBIER Schiffner Silentium Eisbock, Brew Dog Punk IPA, Schiffner Aurora Champion Bitter, Schiffner Bio-Dinkelbier, Schiffner Bio-Leinsamenbier, Westmalle Dubbel
FLASCHENBIER 150 verschiedene Bierspezialitäten mit Schwerpunkt auf Österreich, Deutschland, Großbritannien, Belgien im laufenden Wechsel
LOKAL Diplom-Biersommelier Karl Schiffner ist einer der engagiertesten Bierwirte Österreichs: Im Jahr 2009 hat er die erste Weltmeisterschaft der Biersommeliers gewonnen. Mittlerweile ist auch Sohn Felix, selbst amtierender Vize-Weltmeister der Biersommeliers, im Betrieb tätig. Das Aushängeschild sind die von Braumeister Felix Schiffner selbst gebrauten Schiffner Bierspezialitäten. Weiters finden sich noch 150 verschiedene Biere im Sortiment. Im Hause Schiffner wird die Kombination aus Bier und Speisen perfektioniert. Highlight ist hierbei das Bierkulinarium, ein fünfgängiges Menü mit kommentierter Bierbegleitung. Auf der Speisekarte finden sich das „Mühlviertler Bierschnitzel" und ein „Bieramisu". Das Biersortiment ändert sich alle 3 Monate. Bierverkosterschulungen, Themenverkostungen wie Bier & Käse, Bier & Schokolade werden gesondert angeboten. Das Biergasthaus bietet auch 12 Zimmer, die neu gestaltet wurden – unterm Hopfenbild schläft sich's besonders gut – und eine Suite mit Kombisauna. Und wer es nicht schafft, selber nach Aigen-Schlägl zu kommen: Die Biere gibt es auch per Versand! Restaurant: 100 Sitzplätze, 20 an der Bar, 45 Sitzplätze auf der windgeschützten Sonnenterrasse.

Biergasthaus Schiffner

STIFTSKELLER STIFT SCHLÄGL

4160 Aigen-Schlägl, Schlägl 1, +43/7281/8801-280
www.stift-schlaegl.at
ÖFFNUNGSZEITEN Di-Sa: 11:00 bis 00:00 Uhr; So: 9:00 bis 00:00 Uhr
FASSBIER Andechser Weißbier, Bio Trio – Kostproben der Bio Biere 3 x 0,1 L , eingebraut in der kleinen Versuchsbrauerei „Schlägler Spielwiese", Schlägl Bio Roggen, Schlägl Bio Zwickl, Schlägl Heimat Bio Bier, Schlägl Kristall, Schlägl Malz König, Schlägl Stifter Bier, Schlägl Urquell, Schlägl Zwickl Doppel Bock, Spezialbiere der Stiftsbrauerei Schlägl
FLASCHENBIER Abtei Bier 2018, Andechser Weißbier Alkoholfrei, Andechser Weißbier Dunkel, Clausthaler extra herb alkoholfrei, Schlägl Kristall Leicht, Schlägl Pils, Trappistenbier Benno, Trappistenbier Gregorius

LOKAL Seit 1580 wird die Kunst des Bierbrauens in der Stiftsbrauerei gepflegt – früher sogar in den heutigen Gebäuden des Prämonstratenser Chorherrenstifts. Und genau dieser ehemalige Brauereibereich ist heute der gastronomische Bereich des Stiftskellers. Die alten Bierlagerfässer sind zu Sitzplätzen für kleine Gruppen umgebaut worden, unter den steinernen Gewölben gibt es einen Restaurant- und Barbetrieb. Diesem hat der Schriftsteller Jaroslav Rudis ein literarisches Denkmal gesetzt: „Wir sitzen in der Stiftsbrauerei Schlägl, essen Speckknödel und trinken Bier. Eine Sorte wurde nach Stifter benannt. Das Bier ist ein wenig schwer, aber auch schön rund und sehr süffig. Es hat die Farbe der Wildbäche, die im Böhmerwald ausquellen und an denen wir mit dem Zug vorbeigefahren sind: hell und doch ein wenig modrig und dunkel." Die hier im Ausschank befindlichen Biere können auch für daheim gekauft werden. 180 Sitzplätze, über 90 im Garten.

Stiftskeller Stift Schlägl

ALKOVEN

LEHNERWIRT

4072 Alkoven, Alte Hauptstraße 9, +43/7274/6338
www.lehnerwirt.at
ÖFFNUNGSZEITEN Mo: 10:00 bis 00:00 Uhr; Do-Sa: 10:00 bis 00:00 Uhr; So: 10:00 bis 14:30 Uhr
FASSBIER Gösser Dunkles Zwickl, Gösser Märzen, Saisonbier
FLASCHENBIER Guinness, Hoffstettner Granitbier, Weihenstephaner Hefeweizen, Zipfer Drei, Edelweiss Alkoholfrei, Gösser Naturgold
LOKAL Sehr familiär geführtes, klassisches Wirtshaus, das der KultiWirt Gernot Sames in einem Bauernhof aus den 1890er-Jahren eingerichtet hat. Traditionelle oberösterreichische Küche, die Leberknödel gelten als sensationell, ebenso das Rindfleisch mit Semmelkren. Einige Rezepte wurden mit modernem Twist versehen – etwa Wildfleischtascherl oder Mostkrautfleckerl und Erdäpfel in verschiedenen Farben. Die Zutaten für die Speisen werden großteils regional beschafft – das Eferdinger Becken ist ja Österreichs Gemüsegarten – und manches kommt sogar aus dem Hausgarten. An Freitagen im Sommer gibt es Steckerlfisch. Schöner Gastgarten mit Linden und Nussbäumen. 45 Plätze im Gastzimmer, 60 im Kaminzimmer, 35 im Café und ca. 200 Sitzplätze im Gastgarten und Innenhof.

Lehnerwirt

ALTENFELDEN

WILDPARKWIRT

4121 Altenfelden, Atzesberg 7, +43/7282/5586
www.wildparkwirt.at
ÖFFNUNGSZEITEN Mi-Do: 9:00 bis 00:00 Uhr; Fr-Sa: 9:00 bis 2:00 Uhr; So: 9:00 bis 00:00 Uhr
FASSBIER Gösser Zwickl, Zipfer Drei, Zipfer Urtyp
FLASCHENBIER Edelweiss Hofbräu, Erdinger Dunkel, Erdinger Hefetrüb, Neufeldner Bio Hopferl, Zipfer Hell Alkoholfrei, Edelweiss Alkoholfrei
LOKAL Viele Gäste kommen wohl vor allem wegen des Tierparks nach Altenfelden, wo man immerhin 213 verschiedene Tierarten beobachten und auch etwas ausgedehntere Wanderungen machen kann. Aber viele kommen auch nur wegen der schönen Location, der Küche (nein, nicht nur Burger: sonntags ist in den Wintermonaten Bradltag, und natürlich gibt es im Herbst Wildwochen) und natürlich wegen dem Bier. Je 40 Plätze in Gaststube und im Stüberl, bis zu 300 im Saal.

ALTHEIM

BRAUGASTHOF WURMHÖRINGER

4950 Altheim, Stadtplatz 10–11, +43/7723/42204
www.wurmhoeringer.at/gasthof
ÖFFNUNGSZEITEN Mo: 10:00 bis 14:00 Uhr; Di-Do: 10:00 bis 00:00 Uhr; Fr-So: 10:00 bis 14:00 Uhr
FASSBIER Wurmhöringer Kellertrübes, Wurmhöringer Märzen, Wurmhöringer Römerweg-Radler, Wurmhöringer Zwickl
FLASCHENBIER Goldkrone, Premium-Märzen, Thermenbräu, Wurm-

höringer Festbock (saisonal), Wurmhöringer Leichtes-Landbräu, Wurmhöringer Privat-Pils, Zitronen-/Grapefruitradler
LOKAL Die prächtige Fassade verspricht außen, was die renovierten Gastlokale im Inneren halten. Man kommt in das sehr gepflegte traditionelle Braugasthaus der auf demselben Grundstück befindlichen Brauerei Wurmhöringer (gegründet im Jahr 1652). Gelungene Mischung aus traditionellem Stadtwirtshaus und modern angehauchter Küche – hier werden zum Beispiel Bier-Zwiebelsuppe, Szegedinergulasch mit Bier und Bierkrapferl serviert. Der ehemalige Schalander (Aufenthaltsraum der Brauer) ist nun eine Stube für die besonderen Tage, hier ist Platz für 25 Personen. Weiteres Stüberl: Gambrinus (ein Platz für jeden Anlass, gemütlich feiern mit bis zu 40 Freunden), Gaststube: ca. 120 Sitzplätze, Gastgarten im Arkadenhof: ca. 60 Sitzplätze.

ENGLWIRT

4950 Altheim, St. Laurenz 37, +43/7723/42336
www.englwirt.at
ÖFFNUNGSZEITEN Mo: 9:00 bis 2:00 Uhr; Di: 9:00 bis 14:00 Uhr; Fr-So: 9:00 bis 2:00 Uhr

Englwirt

FASSBIER Raschhofer Classic, Raschhofer Zwickl, saisonal: Raschhofer Herbstbier
FLASCHENBIER Raschhofer Hefe Dunkel, Raschhofer Hefe Hell, Raschhofer Pils
LOKAL Bevor man dieses weitläufige, helle Landgasthaus betritt, kommt man durch einen sehr schönen Biergarten. Drinnen warten eine Bar und ein großer Restaurantbereich. Gekocht wird hier mit Bier – etwa rustikal gefüllter Rostbraten mit Zwicklbiersauce und Bratkartoffeln. Jährlich „Innviertler Starkbieranstich" mit einem Jahresrückblick auf die prägnantesten politischen und gesellschaftlichen Ereignisse des Vorjahres – so ähnlich wie am Nockherberg in München. Leider hat man in letzter Zeit den Eindruck, dass der Englwirt sich lieber der Weinkultur zuwendet. 160 Sitzplätze im Lokal, Saal mit 220 Plätzen, 15 Plätze an der Bar, 200 Sitzplätze im Garten.

ALTMÜNSTER

DIE STUBE IM MAXIMILIANHOF

4813 Altmünster, Maximilianstraße 1, +43/664/1821188
www.maximilianstube.at
ÖFFNUNGSZEITEN Di-Sa: 17:00 bis 00:00 Uhr
FASSBIER Eggenberg Classic Märzen, Eggenberger Zwickl, ein wechselndes saisonales Bier
FLASCHENBIER Erdinger Urweisse, Eggenberger Freibier (alkoholfrei), Erdinger Alkoholfrei
LOKAL Die 200 Jahre alte Maximilianstube in unmittelbarer Nachbarschaft zum Schlosspark wurde 2018 neu übernommen und auf neuestem Stand gebracht. Kernstück des Lokals ist die historische Gaststube – aber die dazu im Kontrast stehende moderne Bar ist mindestens so einladend, die freundlichen Schankkräfte sowieso. Allerdings: Das frühere Craftbier-Konzept ist einem Wein-Schwerpunkt gewichen, denn das Haus ist auch eine der ältesten Weinstuben Österreichs. Die Karte bietet neben Klassikern wie Wiener Schnitzel im Butterschmalz gebacken auch verrückte Kreationen von Koch Florian Eckmair wie Beuschl von Hühnerherzen mit Briocheknöderl und scharfem Miesmuschelragout. 100 Plätze im Lokal, 15 an der Bar.

Die Stube im Maximilianhof

ASPACH

HOTEL GASTHOF DANZER

5252 Aspach, Höhnharter Straße 19, +43/7755/7066
www.hotel-danzer.at
ÖFFNUNGSZEITEN Mo-So: 7:00 bis 3:00 Uhr
FASSBIER Arcobräu Weizen, Aspacher Urbräu, Gösser Märzen, Gösser Natur Radler, Oktoberbier, Rieder Urecht, Rieder Weisse Hell, Stiegl-Goldbräu, Weihenstephan Weizen Hell, Wurmhöringer Märzen, Zipfer Märzen
FLASCHENBIER Corona, Desperados, Edelweiss Weizen Dunkel, Gösser Märzen, Gösser Naturgold, Gösser Naturradler, Heineken Pils, Schladminger Bio Zwickl, Uttendorfer Pils, Weihenstephan Weizen, Wieselburger Stammbräu, Zipfer Pils, saisonal Reininghaus Pils (Frühjahr), Edelweiss Gamsbock (Winter)
LOKAL Große Hotelbar eines netten und sehr preiswerten Seminarhotels – einer der größten Veranstaltungsorte im Innviertel – mit bodenständigem Restaurant und einem großen Wellnessbereich. Bemerkenswert ist, dass sich an der Bar nicht nur Hotelgäste, sondern sehr viele Menschen aus der Nachbarschaft treffen, etwa, um gemeinsam Sportübertragungen anzuschauen. Auf den drei Kegelbahnen wurde auch schon das eine oder andere Krügerl Bier ausgespielt. Bis zu 1.600 Plätze, im Garten 50, an der Bar 250.

ATTERSEE

ZUM HOANGARTEN

4864 Attersee, Palmsdorf 17, +43/7666/7003 oder +43/699/12644109, +43/676/3755051
www.hoangarten.at

ÖFFNUNGSZEITEN Fr-So: 16:00 bis 00:00 Uhr

FASSBIER Attersee-Honigbier, Bockbier, Citra-Weißbier, Hoangartenbier der Brauerei Kaltenböck, Kramperlbock, Palmsdorfer Ernte aus 100 % eigenen Rohstoffen, Summer Pils

FLASCHENBIER Attersee-Honigbier, Aurum Purum Imperial IPA, Hoangartenbier, Imperial Pils, saisonal: Citra Weißbier, Rauchbock, Pf ahlbaubier, Kramperlbock, Attersee Honigbier, Imperial Pilsner, Summa Pils, Aurum Purum IPA, Hoangartenbier, Barrel Aged, Saisonbier

LOKAL Bäuerliche Idylle pur: Eine kleine, heimelige Braugaststätte, wo Braumeister Volkher Kaltenböck und sein Bruder Herwig ihre im 300 Jahre alten Bauernhaus gebrauten Bierspezialitäten ausschenken. Gastgarten, der übrigens Biergarten des Jahres 2013 war, mit Blick zum Attersee und ins Höllengebirge sowie literarische und musikalische Veranstaltungen. Zum Essen gibt es herzhafte Bauernjausen. Mit dabei ist eine Landwirtschaft, die im Nebenerwerb mit Mutterkuhhaltung, Ackerflächen, Wald in Plenterwirtschaft und Streuobstwiesen genutzt wird. Seit Sommer 2009 wird auf den eigenen Ackerflächen Gerste für das selbst gebraute Bier angebaut. 40 Sitzplätze in der Stube, 70 Plätze im Garten.

Zum Hoangarten

ATTNANG-PUCHHEIM

GASTHOF WEISSL

4800 Attnang-Puchheim, Gmundnerstraße 31
+43/7674/66500
www.gasthof-weissl.at

ÖFFNUNGSZEITEN Mo: 8:00 bis 00:00 Uhr; Di-Do: 6:00 bis 00:00 Uhr; Fr: 6:00 bis 14:00 Uhr

FASSBIER Zipfer Doppelgold, Zipfer Drei, Zipfer Märzen

FLASCHENBIER Affligem Blonde, Edelweiss Hofbräu, Edelweiss Weißbier Alkoholfrei, Gösser Naturgold, Wieselburger Stammbräu (Bügelflasche), Zipfer Hell Alkoholfrei

LOKAL Gleich am Eingang begrüßt ein Hinterglas-Bild des „Bierherzogs" Gambrinus in diesem gestandenen Land-gasthaus, das seit 1932 im Familienbesitz ist. Hausherr Klaus Kofler gehört zu den wenigen Wirten, die noch das in der Region beheimatete Zipfer Doppelgold in perfekter Weise zapfen – aber auf der groß im Garten ausgehängten Bierkarte findet man noch mehr Angebote aus dem BrauUnion-Angebot. Als langjähriger Kunde der früheren Gmundner und anschließend der Zipfer Brauerei gibt es als Rarität auch das Zipfer Kellerbier. Insgesamt gute Bierpflege und netter Biergarten. Zu den Wildwochen wird das Kaltenhauser Maronibier serviert. Die Nachbarschaft zur Wallfahrtskirche Maria Puchheim und die Nähe zum Salzkammergut sowie zum Seengebiet machen das Haus zum idealen Stützpunkt für Geschäftsreisende und Urlauber – motorradfreundlich mit Unterstellplätzen für Bikes. 100 Plätze im Lokal, 50 im Biergarten.

Gasthof Weissl

AU/DONAU

BIERTREFF HAUSBOOT

4332 Au/Donau, Marktstraße 40, +43/7262/58898

ÖFFNUNGSZEITEN Mi-Sa: 16:00 bis 2:00 Uhr; So: 9:30 bis 12:00 Uhr, 16:00 bis 00:00 Uhr

FASSBIER Freistädter Bio Zwickl, Freistädter Junghopfen Pils, Freistädter Ratsherrntrunk, Guinness, Hirter Pils, Kaiser Premium, saisonal Oktoberbier

FLASCHENBIER Freistädter Bio Zwickl, Franziskaner Weizenbier, Freistädter Märzen, Freistädter Ratsherrntrunk, Freistädter Rotschopf, Gösser Naturgold, Kaiser Märzen Fasstyp, Null Komma Josef

LOKAL Großes Bierlokal mit hundertjähriger Tradition. Unterschiedliche Bereiche (zum Beispiel für Dart und Billard). 38 Plätze im Lokal, 25 im Saal, 20 an der Bar, 50 im Garten.

BAD GOISERN

STEEGWIRT

4822 Bad Goisern, Au 12, +43/6135/8302
www.steegwirt.at

ÖFFNUNGSZEITEN Mo-So: 10:00 bis 22:00 Uhr

FASSBIER Gösser Märzen, Gösser Naturgold, Gösser Stiftsbräu Dunkel, Hallstatt Bier (extra für den Steegwirt gebraut), Kaltenhausner Maronibier, Spezialbiere nach Saison, Weihenstephaner Hefetrüb

FLASCHENBIER Affligem Blonde, Edelweiss Dunkel, Reininghaus Jahrgangspils, Weihenstephaner Alkoholfrei

LOKAL Es gibt Dinge, die sich glücklicherweise nicht verändern. Beim Steegwirt wird der Gast immer noch mit Brot und Salz willkommen geheißen. Und das Hallstatt-Bier wird gut gezapft. Aber sonst hat sich viel bei diesem traditionsreichen Wirtshaus (Schankgerechtigkeit seit 1571) an jener Klause, wo die Traun den Hallstätter See verlässt, geändert. Seit der Renovierung 2018 präsentiert es sich heller, frischer und großzügiger. Gault Millau hat das Haus umgehend zum Wirtshaus des Jahres 2019 geadelt. Und das verstehen die Besitzer Fritz und Tamino Grampelhuber als Auftrag: „Wirtshaus sein und Wirtshaus bleiben." Die Gäste danken es ihnen – einige Stammgäste haben sogar einen eigenen Krug im Biertresor. Sitzplätze: Gaststube 80, Durigong 20, Traunstube 40 und Veranda 40, im Gastgarten mit Terrasse an der Traun: 260 Sitzplätze.

BAD ISCHL

BRASSERIE 3 PRINZEN

4820 Bad Ischl, Kaiser-Franz-Joseph-Straße 14
+43/664/88963240
www.3prinzen.at
ÖFFNUNGSZEITEN Di-Sa: 11:00 bis 23:00 Uhr

Brasserie 3 Prinzen

FASSBIER 3 Prinzen Franzl Märzen Naturtrüb, 3 Prinzen Ischler Weisse, 3 Prinzen Kaisers Helles Märzen, 3 Prinzen Rudolph, Ischler Altbier, 3 Prinzen Sommerfrische, leichtes Session, Bierschmiede Weissglut
FLASCHENBIER viele Gastbiere, etwa: Bevog Baja Oatmeal Stout, Bevog Kramah IPA, Bierschmiede Funkenflug, Bierschmiede Meisterstück Pils, Gusswerk Austrian Amber Ale, Gusswerk Edelguss, Gusswerk Nicobar IPA, Kaltenhausen Maroni Bier, Kaltenhausen Zirbenbier, Maisel's Weisse Alkoholfrei, Woif-Biere
LOKAL 2017 eingerichtetes, elegant und verspielt gestaltetes Tagesrestaurant und Abendlokal mit eigener Brauerei. Diese Brauerei ist im Keller des Hauses, man kann auf dem Weg zu den Nassräumen schön sehen, wie das Bier reift. Auch die Küche bietet Bieriges, wie Braugulasch, überbackene Blunzn auf Biersenf, Bieramisu, Bierbratl mit Stöcklkraut etc. Zudem gibt es auch einen Bierlikör aus der St. Wolfganger Gin- und Whiskey Schmiede sowie einen Bierbrand (in Kooperation mit der Schnapsbrennerei Primushäusl). Beeindruckende Vielfalt an Bieren aus anderen Kleinbrauereien. Tipp: Mittwochabend vorbeischauen, da wird der Brauprozess erklärt.

K.U.K. HOFWIRT

4820 Bad Ischl, Wirerstraße 2, +43/664/1528684
www.kukhofwirt.com
ÖFFNUNGSZEITEN Mo-So: 8:00 bis 2:00 Uhr

K.u.K. Hofwirt

FASSBIER Augustiner München Lagerbier Hell, Trumer Pils, Zwickl
FLASCHENBIER knapp 20 verschiedene Spezialitäten, etwa Augustiner Dunkel, Augustiner Edelstoff, Augustiner Maximator, Erste Wolfgangseer Braugesellschaft ‚Strobler Weizen', Kiesbye's Waldbier, Maisel & Friends Pale Ale, Maisel's Weisse Dunkel, saisonal: Augustiner Heller Bock, Trumer Hopfenspiel, Trumer Imperial Pils
LOKAL Im Jahr 2012 wurde direkt neben dem Hofbeisl, und mit einem Durchgang verbunden, der k.u.k Hofwirt eröffnet, ein bürgerliches Wirtshaus, in dem das Bier nicht zu kurz kommt. Gleich an der Tür findet sich der Hinweis: „Sie betreten gerade ein Wirtshaus! Hier wird laut und deutlich miteinander kommuniziert! Der entstehende ‚Wirtshauslärm' ist Musik in unseren Ohren – und so gewünscht! Wir sind kein Flüster-Restaurant." Drinnen ist es aber keineswegs lärmig, der helle Boden und die dunkle Lamperie passen gut zusammen und man ist geneigt, gleich mehrere der gut gezapften Augustiner Biere nacheinander zu bestellen. Da würde einem aber etwas entgehen, denn die Bierkarte umfasst mehrere Raritäten, die ebenfalls wert sind, gekostet zu werden. 120 Sitzplätze im Lokal, ca. 250 im Gastgarten.

K&K HOFBEISL

4820 Bad Ischl, Wirerstraße 4, +43/6132/27271
www.kukhofbeisl.com
ÖFFNUNGSZEITEN Mo-Sa: 8:00 bis 2:00 Uhr; So: 17:00 bis 2:00 Uhr
FASSBIER Trumer Pils
FLASCHENBIER Maisel's Weisse, Maisel's Weisse Alkoholfrei
LOKAL Seit bald 35 Jahren eine Institution, die weit über Bad Ischl hinaus strahlt – ein Spruch über der Bar besagt, dass der Kunde König ist, solange er sich wie ein solcher benimmt. Passt. Ein weiterer lautet: „Hopfen und Malz erleichtern die Balz". Auch gut. Dabei ist das Bierangebot (vor allem im Vergleich zur Cocktailkarte) sehr überschaubar – doch das aufmerksame und freundliche Serviceteam zapft das Pils höchst sorgfältig und in angemessener Zeit, auch wenn der Andrang einmal größer ist. 200 Plätze an drei Bars.

BAD LEONFELDEN

Leonfeldner-Hof

LEONFELDNER-HOF

4190 Bad Leonfelden, Hauptplatz 8, +43/7213/6301
www.leonfeldner-hof.at
ÖFFNUNGSZEITEN Mo-So: 7:00 bis 22:00 Uhr
FASSBIER Gösser Braufrisch (Tank), Gösser Zwickl Dunkel
FLASCHENBIER Edelweiss Hefetrüb, Gösser Naturgold, Edelweiss Alkoholfrei, Gösser Naturradler
LOKAL Berühmt geworden ist dieses Lokal im Winter 2016: Gediegene Gastlichkeit und ein von hellem Holz geprägtes Ambiente sind die auffälligsten Merkmale des am Hauptplatz gelegenen Leonfeldner Hofes – aber anlässlich der ÖVP-Klubklausur in Bad Leonfelden erteilte Wirt Wolfgang Schwarz der ÖVP-Spitze (und allen Politikern, die Registrierkasse, Barrierefreiheit, Allergengesetze, Lohn- und Sozialdumping, Rauchverbot auf ihre Fahnen geschrieben haben) Lokalverbot. Er wurde in den Social Media damit zum Star. Aber nun zum Bier: Der besondere Stolz des Wirts ist die Schankanlage: Als einziger Wirt in der Region zapft er das Gösser „braufrisch" aus dem Tank. Und er ist auch Gastgeber für die Leonfeldner Freibrauer Loge, die hier die Publikation „eana bier" vorgestellt hat. 300 Sitzplätze im Lokal, 10 Plätze an der Bar, 50 Sitzplätze im Garten.

BAD SCHALLERBACH

GRÜNES TÜRL

4701 Bad Schallerbach, Gebersdorf 1, +43/7249/48163-0
www.gruenes-tuerl.at
ÖFFNUNGSZEITEN Mo-So: 9:00 bis 22:00 Uhr
FASSBIER Grieskirchner Pils, Grieskirchner Zwickl
FLASCHENBIER Clausthaler extra herb, Grieskirchner dunkles Vollbier, Grieskirchner Edelsud, Grieskirchner Jörger Weisse Dunkel, Grieskirchner Jörger Weisse Hell, Grieskirchner Leichtes, Grieskirchner Saisonbiere, Paulaner Weizen Alkoholfrei
LOKAL Alter Vierkanthof mit schönem Gewölberestaurant und – wenn man übers Wochenende bleiben möchte – Komfortzimmern im Herzen von Bad Schallerbach. 135 Plätze, Garten: 100 Plätze.

HOTEL „STADT WIEN"

4701 Bad Schallerbach, Badstraße 8, +43/7249/48109
www.hotelstadtwien.at
ÖFFNUNGSZEITEN Mo-So: 7:00 bis 22:00 Uhr
FASSBIER Grieskirchener Pils
FLASCHENBIER Budweiser, Franziskaner Weissbier Hell, Grieskirchner Export Dunkel, Grieskirchner Festbock (saisonal), Grieskirchner Jörger Weisse, Grieskirchner Pils, Clausthaler
LOKAL Neubau in zentraler Lage in Bad Schallerbach – im Foyer führt Familie Aschauer eine Hotelbar, die einem modern gestalteten Café-Restaurant gleicht. Mediterranes Flair durch viele Pflanzen im Café und im Schanigarten, der von Oleandern und Palmen eingegrenzt ist. Verfeinerte Wiener Küche. 120 Plätze im Lokal, 15 an der Bar, 60 im Garten.

PARZER WIRT

4701 Bad Schallerbach, Schönauerstraße 43
+43/7249/4804601
www.parzerwirt.at
ÖFFNUNGSZEITEN Mi: 10:00 bis 14:00 Uhr, 17:00 bis 00:00 Uhr; Do-Sa: 10:00 bis 00:00 Uhr; So: 10:00 bis 17:00 Uhr
FASSBIER Grieskirchner Edelsud, Grieskirchner Jörger Weisse, Grieskirchner Zwickl, Oktoberbräu und Festbock je nach Saison
FLASCHENBIER Grieskirchner ‚Das Leichte', Grieskirchner Jörger Weisse Dunkel
LOKAL Gutbürgerliches Traditionsgasthaus – seit 100 Jahren in Familienbesitz und 2004 vorsichtig renoviert. Der Wirt Ernst Roithmeir hat für jeden Gast ein Späßchen über. 140 Sitzplätze, 15 Plätze an der Bar, 70 im Garten.

BRAUNAU

Brauhaus Bogner Braunau/Haselbach

BRAUHAUS BOGNER BRAUNAU/HASELBACH

5280 Braunau, Haselbach 22, +43/7722/22358 und +43/664/4400333
www.hausbrauerei-bogner.at
ÖFFNUNGSZEITEN Mi-So: 11:00 bis 21:30 Uhr
FASSBIER Augustiner Bräu Mülln, Bockbier, Bogner Leichte Weisse Hell und Dunkel, Bogner Zwicklbier, Bogner-Weisse, Haselbacher Urbock, Haselbacher Zwickl, Irish AMBER im Degustationsglas, Johann Dunkel
FLASCHENBIER Baumgartner Pils, Engelszell Trappistenbier, Rieder Bügerl, Rieder Honigbier, Rieder Porter, Uttendorfer Pils

LOKAL 150 Jahre altes Brauwirtshaus der längst geschlossenen Stechl-Brauerei, das mehr als 18 Jahre leer gestanden ist. Helmut Bogner hat hier die 15-hl-Brauanlage des ehemaligen Salzburger Amadeus Bräu installiert und eine sehr bierige Einrichtung geschaffen, vergleichbar vielleicht am ehesten mit dem Wochinger Bräu in Traunstein. Speisen nach Innviertler und bayerischer Tradition, zum Bier passend und mit Bier gekocht. Meterbierverkostung. 190 Sitzplätze im Lokal, 250 Plätze im Saal, 250 Sitzplätze im Garten mit alten Kastanienbäumen.

EFERDING

ZUM GOLDENEN KREUZ – GASTHOF KREUZMAYR

4070 Eferding, Schmiedgasse 29, +43/7272/4142
www.gasthof-kreuzmayr.at
ÖFFNUNGSZEITEN Mo-Fr: 7:30 bis 23:00 Uhr; So: 8:00 bis 16:00 Uhr

Zum goldenen Kreuz – Gasthof Kreuzmayr

FASSBIER Stiegl Columbus 1492, Goldenes Kreuz Bräu, König Ludwig Hefeweizen Dunkel, Stiegl, Stiegl Bock, Stiegl Herbst-Gold
FLASCHENBIER Stiegl, Stiegl Sport-Weisse Alkoholfrei, Stiegl-Freibier, saisonale Spezialbiere
LOKAL Mit seinem Bier-Angebot – Pale Ale vom Fass, immer wieder auch Bier aus Wildshut – hebt sich dieses Lokal im Zentrum von Eferding vom üblichen Angebot ab. Die Küche ist regional, Pächter Max Koll steht hinter dem Herd. Für das Jahr 2020 holte er sich in der Genussspecht-Wertung der Kulti-Wirte die Note 1,12. 140 Sitzplätze im Lokal, 70 Sitzplätze auf der Terrasse.

EGGELSBERG

GÖSSNITZER

5142 Eggelsberg, Salzburgerstraße 15, +43/7748/2346
www.amphicles.net
ÖFFNUNGSZEITEN Mo: 11:00 bis 14:00 Uhr, 17:00 bis 23:00 Uhr; Do-So: 11:00 bis 14:00 Uhr, 17:00 bis 23:00 Uhr
FASSBIER Raschhofer Pils, Schnaitl Original
FLASCHENBIER Augustiner Weißbier, Grünbacher Weißbiere, Gusswerk Craft Beer, Schnaitl, Stiegl
LOKAL Das Gasthaus „Gössnitzer" in Eggelsberg besteht seit dem Spätmittelalter und liegt an einer Hauptstraße durchs obere Innviertel. Es war immer Mittelpunkt des öffentlichen Lebens im Dorf und immer auch ein Bierwirtshaus. Die Verbindung zur Privatbrauerei Matthias Schnaitl in Gundertshausen ist immer präsent und in der Getränkekultur des Hauses spürbar. Dem Brauhaus Raschhofer in Altheim ist man durch frühere Verwandschaftsverhältnisse zum Gasthaus Stöger immer noch verbunden. Die Küche bietet traditionelle Speisen, jahreszeitlich trifft man dort das Mangalitza Schwein, die Maiböcke, die Innviertler Weidegans und die Milchkälber der Region, die noch kleinbäuerliche Viehmastbetriebe besitzen. 60 Sitzplätze im Lokal, 10 Plätze an der Bar, 60 Sitzplätze im Garten.

Schnaitl Braugasthof Hotel

SCHNAITL BRAUGASTHOF HOTEL

5142 Eggelsberg, Gundertshausen 37, +43/7748/20701
www.braugasthof-schnaitl.at
ÖFFNUNGSZEITEN Mo-Do: 18:00 bis 22:00 Uhr
FASSBIER Schnaitl Original
FLASCHENBIER Bayern Weisse Hell/Dunkel, Flaschenbiere diverser Kleinbrauereien: Brauerei Gusswerk, Schwarzbräu, Loncium, Gratzer, Bierzauberei u.v.m. sowie Biere der Bierregion Innviertel, speziell von Schnaitl
LOKAL Dort, wo die Bierstraße die Salzstraße an einem Kreisverkehr mit Kapelle kreuzt, befindet sich direkt neben der Privatbrauerei Schnaitl der brauereieigene Braugasthof, der als Hotel geführt wird. Elisabeth Schnaitl ist eine tolle Gastgeberin, zapft perfekt und hat das Haus zu einem vorbildlichen Bräuwirt gemacht. Auf der kleinen, aber feinen Speisekarte finden sich saisonale, hausgemachte und österreichische Schmankerl wie z. B. Schnaitl Biergulasch, Schweinsbraten in Dunkelbiersauce und die Schnaitl Jaus'n. Der Schnaitl Braugasthof lockt auch mit Brauereibesichtigungen mit anschließender Bierverkostung – und wer zu ausgiebig verkostet hat, kann auch gleich in einem der zeitgemäß gestalteten Fremdenzimmer (6 Einzel- und 10 Doppelzimmer) übernachten. 100 Sitzplätze im Saal, 30 unter dem historischen Brauerei-Bild in der Florian Stub'n, 20 im Wirzinger Stüberl, 30 im Gastgarten.

EIDENBERG

EIDENBERGER ALM

4201 Eidenberg, Eidenberg, +43/7239/5050
www.eidenberger-alm.at
ÖFFNUNGSZEITEN Do-Sa: 7:00 bis 00:00 Uhr; So: 7:00 bis 20:00 Uhr

FASSBIER Edelweiss Hofbräu, Eidenberger Herzblut naturtrübes Zwickl, Freistädter Junghopfenpils, Gösser Märzen, Gösser Naturradler
FLASCHENBIER Freistädter Rotschopf, Hofbräu Kaltenhausen Original, Reininghaus Pils, Zipfer Hops, Edelweiss Alkoholfrei, Gösser Naturgold
LOKAL Ausflugsgasthof wenige Kilometer nördlich von Linz-Urfahr und doch in fast unberührter Natur. An das bestehende Gasthaus haben Monika und Johann Schütz im Jahr 2000 ein Stück für Stück in Angerberg bei Wörgl abgebautes, 250 Jahre altes Bauernhaus wieder aufgebaut und mit einer sehr stimmigen Bar eingerichtet. Sitzplätze: Eidenberger Alm: 200, Tiroler Alm: 120, Gastgarten: 150, Lounge-Bereich im Gastgarten: 40, Bar: Bar in der Eidenberger Alm: 10, Bar Tiroler Alm Erdgeschoß: 10, Bar Tiroler Alm Galerie: 10.

ENNS

GASTHAUS LICHTL – BACKHENDLSTATION

4470 Enns, Mauthausener Straße 37, +43/660/7729441
www.gh-backhendlstation.at
ÖFFNUNGSZEITEN Mo-Do: 15:00 bis 22:00 Uhr; Fr-So: 10:00 bis 22:00 Uhr
FASSBIER Freistädter Bio Zwickl, Kaiser Pils, Weihenstephan Weißbier, Gösser Naturradler
FLASCHENBIER Bürgerbräu Hefeweizen Dunkel, Zipfer Urtyp, Edelweiss Weizen Alkoholfrei, Schlossgold
LOKAL Jochen Lichtls Gasthaus hat einen der schönsten Gastgärten von Oberösterreich (er selbst nennt ihn bescheiden den schönsten Biergarten von Enns) – wo gut gezapftes Bier und Backhendl serviert werden. 50 Plätze in der Gaststube, 80 im Speisesaal im 1. Stock, 130 Plätze im Gastgarten.

Gasthaus Lichtl – Backhendlstation

FRANKENMARKT

GASTHAUS WEISSL-OBER

4890 Frankenmarkt, Hauptstraße 71, +43/676/7535105
www.barcuba.at
ÖFFNUNGSZEITEN Di-Sa: 9:00 bis 00:00 Uhr; So: 9:00 bis 13:00 Uhr
FASSBIER Bräu am Berg Märzen, Zipfer Märzen
FLASCHENBIER Bräu am Berg Hefeweizen, Edelweiss Hefetrüb Weißbier, Edelweiss Weißbier Dunkel, Zipfer Märzen, Gösser Naturradler, Pils und Festbock, Schlossgold Alkoholfrei, Zipfer Limettenradler, Zipfer Zitronenradler, Clausthaler
LOKAL Uriger und unverfälschter Dorfgasthof (alter Kachelofen neben der Schank!) mit gutbürgerlicher Küche in zentraler Lage. Sehr freundliche Wirtsleute und eine Stammtischrunde, bei der auch Fremde Anschluss finden. Gemütlicher Gastgarten im Hof.

Gasthaus Weissl-Ober

FRANKING

MOORHOF

5131 Franking, Dorfibm 2, +43/6277/8188 oder 8201
www.moorhof.com
ÖFFNUNGSZEITEN Mo-So: 7:00 bis 22:00 Uhr
FASSBIER Schnaitl Original, Schnaitl Pils de luxe und Schnaitl Dunkel
FLASCHENBIER Schnaitl, Wieninger Hefeweißbier Alkoholfrei, Wieninger Hell (Bügelflasche), Wieninger Lagerbier Dunkel (Bügelflasche)
LOKAL Dieses Viersternehotel hat sich der Gesundheit verschrieben. Das zeigt auch die mit vegetarischen und Vollwertgerichten garnierte Speisekarte. Die Spezialität ist aber der im Keller eingerichtete Badebereich. Hier kann man im Bier der Schnaitl-Brauerei baden, was auf die Haut und den Stoffwechsel anregend wirkt – einen Bierbad-Erholungstag gibt es Preis von 139 Euro p.P., Biermenü und Nutzung des Wellnessbereiches inklusive. Auch sonst wird Bier in der Küche fleißig eingesetzt: Hefesuppe, Broccoli in Bierbackteig, Innviertler Bierschnitzel (gefüllte Hendlbrust) mit Kroketten und Gemüsevariation, Bierpalatschinken mit Preiselbeeren. 120 Plätze, Bar: 15 Plätze, Garten: 90 Plätze.

FREINBERG

WEINBEISSER

4785 Freinberg, Freinberg 2, +43/7713/8104
www.freinberg.at/weinbeisser
ÖFFNUNGSZEITEN Mo-Do: 16:00 bis 00:00 Uhr; Fr-So: 11:00 bis 00:00 Uhr
FASSBIER Baumgartner Garten Radler, Baumgartner Märzen, Baumgartner Urbier, Baumgartner Zwickl
FLASCHENBIER Baumgartner Doppelmalz, Erdinger Urweisse, Erdinger Weisse Dunkel, Erdinger Weisse Hell, Erdinger Alkoholfrei, Schlossgold
LOKAL Ein ehemaliges Stallgebäude lockt mit bodenständiger, deftiger Küche (hausgemachte Blut- und Leberwürste, vielerlei

gefüllte Knödel, begleitet von saftigem Kraut und knackigen Salaten) und einer reichen bayerisch-österreichischen Bierauswahl Gäste aus Passau nach Oberösterreich. Sehr familienfreundlich. Jährliches Maibaumkraxeln mit rund 3000 Besuchern, Humorator-Doppelbockanstich der Brauerei Hacklberg. 200 Sitzplätze, 600 Sitzplätze im Biergarten, 15 an der Bar.

WIRTH Z'HARETH

4785 Freinberg, Hareth 15, +43/7713/8115-0
www.hareth.com
ÖFFNUNGSZEITEN Mi-So: 11:00 bis 00:00 Uhr
FASSBIER Baumgartner Märzen, Freinberger Herbstbier, Grieskirchner Dunkles, Paracelsus Zwickl Bio, Radler, Rieder Hefe Weißbier, Stiegl-Goldbräu
FLASCHENBIER Andorfer Weißbier, Baumgartner Pils, Baumgartner Zwickl Hell & Dunkel, Edelweiss Weißbier Dunkel, Erdinger Weißbier Alkoholfrei, Franziskaner, Grieskirchner Pils, Innstadt Weißbier Dunkel, Stiegl, Stiegl-Freibier, Stift Engelszell Gregorius, Uttendorfer Pils, Zipfer Drei, Zipfer Urtyp
LOKAL Dieser Innviertler Gasthof besteht seit ca. 1870 und ist seit 1931 im Besitz der Familie Wirth, mehrfach ausgezeichnet als „Oberösterreichischer Biergarten des Jahres". Jährlich wird hier eine Hopfenprinzessin gewählt. Als Besonderheit vorgesehen hat Hubert Wirth einen Bierkochkurs für Männer. Und er ist überzeugt: „Die perfekte Bierpflege hängt nicht allein von der Kunst des Zapfens ab. Auch die Lagerung, die richtige Kühlung und die richtige Gläserwahl und Vorbereitung sind entscheidend!" 70 + 70 Sitzplätze im Lokal, 10 Plätze an der Bar, 150 Sitzplätze im Garten.

FREISTADT

FOXI'S SCHLOSSTAVERNE

4240 Freistadt, Hauptplatz 11, +43/7942/73930
www.foxis.at
ÖFFNUNGSZEITEN Mo: 9:00 bis 00:00 Uhr; Do-So: 9:00 bis 00:00 Uhr
FASSBIER Bevog Tak Pale Ale, Erdinger Urweisse, Freistädter Bio-Zwickl, Freistädter Ratsherrntrunk oder Junghopfenpils, Guinness, im Sommer Belgisches Fruitbeer, Köstritzer Schwarzbier, Syndicate Brewers Hackler Medizin , Syndicate Brewers Hanf-Zwickl Bier, ein wechselndes Monatsbier
FLASCHENBIER Beer Buddies Mojo Ale (Dark IPA), Beer Buddies Pale Ale, Brew Age Affenkönig, Freistädter Black Bock, Freistädter Pegasus, Freistädter Rotschopf, Hofstetter Kübelbier, Neufeldner Bio Weizen, Schlägl Bio-Roggen, Thorbräu Weisse
LOKAL In dieser Schlosstaverne gehen weder Rittersleut' noch der Hochadel aus und ein – stattdessen tun das die selbstbewussten Bürger von Freistadt. Diese trinken aber nicht nur das in der Stadt omnipräsente Bier der Braucommune, sondern auch die Biere der Syndicate Brewers, die es hier teilweise exklusiv gibt – etwa das Hanf-Zwicklbier, das nur in Foxi's Schlosstaverne erhältlich ist. Das hintere Zimmer scheint irgendwie das Wohnzimmer der Stadt zu sein. Im Barraum ist die Stimmung etwas laut. Diverse Veranstaltungen wie Bierfest, Bierverkostungen, Hills of Eden im August (Musik-Genuss Festival), Foxi's Summer Beer Festival im September am Hauptplatz, St Patrick Day mit irischen Bieren, Bockbierstachel, DUB INNA FOX'S DEN, Gastgartenmusi, Stubenmusi u.s.w. Neu gestaltet wurde der Gastgarten vor dem Haus am Hauptplatz. Der Gastgarten im Schlosshof ist überdacht und mit Heizstrahlern ausgestattet, sodass auch an kühleren Tagen ein Sitzen mit Blick auf die Altstadt möglich ist. 90 Plätze im Lokal, 15 an der Bar, 40 im Garten.

Foxi's

FOXI'S

FREISTÄDTER BRAUHAUS

4240 Freistadt, Brauhausstraße 2, +43/7942/72772
www.freistaedter-bier.at/brauhaus
ÖFFNUNGSZEITEN Mo-So: 9:00 bis 00:00 Uhr
FASSBIER Andechser Weizen, Bio Zwickl, Black Bock, Freistäd-

ter Bier: Ratsherrn Premium, Junghopfenpils, Kellerbier vom Holzfass, Midium, Pegasus, Rotschopf, Zwickl Radler
FLASCHENBIER Freistädter Elixier (Jahrgangsbier), Freistädter März'n, Hofstettner Granit, Schlägl Kristall, wechselnde Monatsbiere
LOKAL Die Braucommune, die im Jahr 2020 ihr 250-jähriges Bestehen feiert, hat in ihrem historischen Gebäude eine Braugaststätte eingerichtet, die der großen Tradition würdig ist: Sehr kompetentes Personal, ideenreiche Küche und zusätzlich zu den Freistädter Bieren immer wieder auch Gastbiere anderer Mühlviertler Brauer. Das Brauhaus bietet Platz für bis zu 300 Gäste (Bierstube, Braumeisterstube, Bürgerstube, Bar/Lounge-Bereich, der Braukeller, Brauhaus-Galerie, Seminarräume) und weitere 200 Sitzplätze im Biergarten im Innenhof, Spielplatz und Spielzimmer für Kinder.

Freistädter Brauhaus

GOLDENER ADLER

4240 Freistadt, Salzgasse 1, +43/7942/72112
www.hotels-freistadt.at
ÖFFNUNGSZEITEN Mo-So: 7:00 bis 00:00 Uhr
FASSBIER Freistädter Midium, Freistädter Ratsherrn Premium
FLASCHENBIER Black Bock, Böck'l (saisonal), Dunk'l, Edelweiss Hefeweizen Dunkel, Edelweiss Hefeweizen Hell, Junghopfenpils, Rotschopf, Clausthaler
LOKAL Die ehemalige Weißbierbrauerei (erbaut ca. 1350, als Brauerei in Betrieb bis 1777) ist schon seit 1806 und nunmehr in der 6. Generation in Familienbesitz. Das Hotel Goldener Adler ist Mitglied der Mühlviertler Bierwirte und bietet Bierseminare, Bierkulinarien und verschiedene Arrangements wie zum Beispiel ein dreigängiges bzw. fünfgängiges Menü mit entsprechenden Bieren zur Verkostung, und als Einführung ein Kurzreferat über die Brautradition in Freistadt. A la carte gibt es Mühlviertler Bierschnitzel, Böhmisches Bierfleisch, Böhmisches Biergulasch, Bierrostbraten „Mälzerin", Scholle in Bierteig und Biertiramisu. Gaststube mit viel Holz rustikal eingerichtet, im Stüberl schöne alte Gewölbe. Die Liebe zum Bier geht hier so weit, dass im Wellnessbereich zwischen den Sauna-Aufgüssen Bier serviert wird. 160 Sitzplätze im Lokal, Garten: 120 Plätze.

LATINO

4240 Freistadt, Eisengasse 10, +43/7942/73854
www.latino.co.at
ÖFFNUNGSZEITEN Di-Do: 18:00 bis 23:00 Uhr; Fr-Sa: 18:00 bis 2:00 Uhr
FASSBIER Beer Buddies Urgesteinsmärzen, Freistädter Bio Zwickl, Freistädter Black Bock, Freistädter Junghopfenpils, Freistädter Ratsherrntrunk, Hofstetter Granit, Stiegl-Paracelsus Zwickl, wechselnde Biere aus der Region
FLASCHENBIER zwei Dutzend verschiedene, etwa: Corona, Andechser Weizen, Beer Buddies Urgesteinsmärzen, Bierviertel – Bier Cuvée, Budweiser Budvar, Desperados, Freistädter Black Bock, Hirter Privat Pils, Hofstetter Kübelbier, Kaltenhauser Original, Leonfeldner Chili Billy, Schleppe No. 1, Schneider Aventinus, Sierra Nevada Pale Ale, Syndicate Brewers Hackler Medizin, Trumer Pils, Wieselburger Schwarzbier
LOKAL Das Latino schreibt seit mehr als 30 Jahren Freistädter Lokal-Geschichte, die Bar wurde mehrfach umgebaut und dem Zeitgeist angepasst. Den Gast empfängt eine freundliche Bar im ersten Stock eines direkt an der Freistädter Stadtmauer gelegenen Hauses. Viele Cocktails, darunter Bier Cocktails, vor allem aber gute Bierauswahl, eine gut kommentierte Bierkarte und eine freundliche Bedienung, die über die Drinks Bescheid weiß. Ist auch notwendig, weil etwa alle zwei Wochen ein neues „Bier der Woche" angeboten wird. Ebenso werden Bierverkostungen (teilweise mit Snackbegleitung) angeboten! 120 Plätze im Lokal, 15 an der Bar, 40 auf der Dachterrasse.

VIS À VIS – GASTHAUS & MEHR

4240 Freistadt, Salzgasse 13, +43/7942/74293
www.gasthaus-visavis.at
ÖFFNUNGSZEITEN Di-Fr: 11:00 bis 14:00 Uhr, 17:30 bis 00:00 Uhr; Sa: 17:00 bis 00:00 Uhr

Vis à Vis – Gasthaus & Mehr

FASSBIER Freistädter Bio Zwickl, Freistädter Ratsherrn Premium, König Ludwig Weißbier
FLASCHENBIER Franziskaner, wechselnde Spezialitäten
LOKAL Ein wirklich netter Treffpunkt beim Kulturzentrum Salzhof – hinter der Bar servieren die Wirtsleute selber. Erlebnisbierbrunnen zum Selberzapfen. Bierkochkurs. 40 Sitzplätze im Wintergarten, 40 im Barbereich, 15 direkt an der Bar, 45 im Garten.

GALLNEUKIRCHEN

LANDERL

4210 Gallneukirchen, Hauptstraße 21, +43/7235/62349
www.land-erl.at

ÖFFNUNGSZEITEN Di-Sa: 9:00 bis 00:00 Uhr; So: 9:00 bis 15:00 Uhr

FASSBIER Budweiser Budvar, Grieskirchner Pils, Hirter Privat Pils, Paulaner Weißbier, Radler

FLASCHENBIER Grieskirchner Dunkel, Null Komma Josef, Paulaner Weißbier Alkoholfrei, Clausthaler Classic

LOKAL Durchgestyltes Gasthaus mit etlichen auf die 1960er-Jahre verweisenden Stilelementen. Gute, unkomplizierte Küche. 90 Plätze im Lokal.

GAMPERN

Brauhaus zum Gugg

BRAUHAUS ZUM GUGG

4851 Gampern, Braugasse 5, +43/7682/8016
www.zumgugg.at

ÖFFNUNGSZEITEN Mi-Do: 10:30 bis 14:00 Uhr, 17:00 bis 00:00 Uhr; Fr-Sa: 10:30 bis 00:00 Uhr; So: 11:00 bis 00:00 Uhr

FASSBIER Gugg hell und dunkel

LOKAL Thomas Gugg führt hier im Zentrum von Gampern eine Gasthausbrauerei einfachen Zuschnitts – es gibt ein Helles, gelegentlich ein Dunkles, mehr muss nicht sein. Er hat sich damit eine große Fangemeinde geschaffen und auch der deutsche Bierkritiker Volker Quante schreibt: „Wenn es sie je gegeben haben sollte, die ‚gute, alte Zeit', dann ist sie hier recht gut konserviert worden... Es ist alles richtig, so wie es ist." Der riesige Gasthof besteht seit über 200 Jahren – so lang ist er jedenfalls schon in Familienbesitz. 500 Plätze in verschiedenen Räumen (der größte ist rund um das Sudhaus), aber die Gäste scheinen es an der kleinen Bar am gemütlichsten zu finden.

GMUNDEN

BRAUHAUS GMUNDEN

4810 Gmunden, Druckereistraße 3, +43/7612/65204
www.brauhaus-gmunden.at

ÖFFNUNGSZEITEN Mo-Sa: 9:00 bis 22:00 Uhr

FASSBIER Stiegl-Goldbräu, Stiegl-Paracelsus Zwickl, Stiegl-Weisse

FLASCHENBIER Clausthaler, Franziskaner Dunkel/Alkoholfrei

LOKAL Auch wenn es den Anschein erweckt, ist das Brauhaus keine Brauerei, sondern ein hübsch gemachtes Bierwirtshaus mit Indoor-Biergarten – besonderes Bemühen um die Bierpflege. Jeden Donnerstag Live-Musik. 200 Plätze im Lokal, 30 an der Bar, 50 im Indoor-Biergarten.

Brauhaus Gmunden

GASTHOF ENGELHOF

4810 Gmunden, Engelhofstraße 1, +43/7612/64892
www.engelhof.at

ÖFFNUNGSZEITEN Di-Sa: 8:00 bis 15:00 Uhr, 18:00 bis 23:00 Uhr; So: 8:00 bis 15:00 Uhr

FASSBIER Eggenberg Dunkel, Eggenberg Hopfenkönig, Eggenberg Weißbier Hell & Dunkel, ein Saisonbier, Wildschütz (Herbst)

FLASCHENBIER König Ludwig Weißbier Dunkel, Erdinger Weißbier, Eggenberg Freibier Alkoholfrei, Erdinger Weißbier Alkoholfrei

LOKAL Familie Bergthaler gehört mit dem Engelhof – an der Romantikstraße etwas außerhalb des Gmundner Zentrums gelegen – zu den oberösterreichischen Kulti-Wirten; und von diesen wiederum erhielten sie 2020 die Auszeichnung als Regionalsieger im Seengebiet. Schon auf dem Parkplatz und auch im Lokal selbst findet man vielfältige Hinweise auf die Pferdeeisenbahn, die im 19. Jahrhundert hier vorbei geführt worden ist. „Wir legen großen Wert auf regionale Produkte, daher beziehen wir den Großteil unseres Biersortiments aus der nicht weit entfernten Privatbrauerei Schloss Eggenberg in Vorchdorf. So erhalten Sie bei uns ganzjährig den Eggenberger Hopfenkönig vom Fass und je nach Jahreszeit angepasste Bierspezialitäten. Auch in der Küche verwenden wir bevorzugt Produkte aus der Traunseeregion", sagt Wirtin Christine Bergthaler, die auch für das freundliche Aussehen des Biergartens verantwortlich zeichnet. Sie pflegt die zahlreichen Pflanzen im Gastgarten mit viel Liebe und sorgt für ein angenehmes Ambiente, wo es sich entspannt im Grünen genießen lässt. 70 Plätze in mehreren Stuben, 8 an der Bar.

LANDHOTEL GRÜNBERG AM SEE

4810 Gmunden, Traunsteinstraße 109, +43/7612/77700
www.gruenberg.at

ÖFFNUNGSZEITEN Mo-So: 7:00 bis 00:00 Uhr

FASSBIER Eggenberg Hopfenkönig, Stiegl-Paracelsus Zwickl, Stiegl-Weisse

FLASCHENBIER Bierschmiede Rotglut Altbayrisch Dunkel, Bierschmiede Zunder Rauchbier, Eggenberg Medium, Eggenberger Freibier, Clausthaler, Stiegl Sport-Weisse Alkoholfrei
LOKAL Franz Pernkopf ist Bierzapfmeister und führt ein sehr bierorientiertes Hotel-Restaurant – viele Gäste kommen einfach auf ein Bier, das sie auf der Seeterrasse mit Blick auf Schloß Orth genießen. Andere nützen es aus, dass auf der Karte stets zwei oder drei Biergerichte stehen – und dass auch am späteren Abend noch freundliches Personal ein perfekt gezapftes Bier serviert. 220 Sitzplätze, 12 an der Bar, Garten: 150 Sitzplätze.

GRIESKIRCHEN

PILSNEREI

4710 Grieskirchen, Stadtplatz 14, +43/7248/607-0
www.grieskirchner.at/unsere-pilsnerei/a
ÖFFNUNGSZEITEN Do 18.00 bis 22.00 Uhr
FASSBIER Grieskirchner Pils, Grieskirchner Jörger Weisse hefetrüb, Grieskirchner Zwickl, 4710 Spezialität
FLASCHENBIER Grieskirchner Märzen, Grieskirchner Edelsud, Grieskirchner Jörger Weisse dunkel, Grieskirchner Dunkel, Grieskirchner Das Leichte, Grieskirchner Bock, Grieskirchner Zitronen Radler, Grieskirchner saurer Radler
LOKAL Schönes altes Gewölbe am Eingang zur Grieskirchner Brauerei. 2017 nach zwei Jahren Umbauarbeiten eröffnet, präsentiert es sich jetzt jeden Donnerstag zur „Happy Hour" als Treffpunkt für alle, die sich für Bier interessieren. Für besondere Gäste (etwa Teilnehmer an Brauereiführungen, aber auch für Gruppen, die sich hier für ein paar Stunden einmieten wollen) wird auch zu anderen Zeiten aufgesperrt. 65 Plätze, 8 an der Bar.

Pilsnerei

TUBA

4710 Grieskirchen, Manglburg 13, +43/7248/64200
www.manglburg.at/tuba
ÖFFNUNGSZEITEN Mo-Sa: 11:00 bis 14:00 Uhr, 17:00 bis 2:00 Uhr; So: 11:00 bis 14:00 Uhr
FASSBIER Grieskirchner Pils, Tuba Bier, Radler
FLASCHENBIER Grieskirchner Dunkel, Clausthaler
LOKAL Gemütliches Lokal in Zentrumsnähe, in dem man häufig Mitglieder der rührigen Gambrinus Bruderschaft von Grieskirchen antreffen kann – sie hält hier auch einmal im Monat ihr Stammtischtreffen ab. Jeden Donnerstag Schnitzeltag. 80 Sitzplätze, 40 an der Bar, 80 im Garten.

ZWEIMÜLLER

4710 Grieskirchen, Stadtplatz 4, +43/7248/62226
www.hotel-zweimueller.at
ÖFFNUNGSZEITEN Mo-Do: 9:00 bis 14:00 Uhr, 17:00 bis 23:00 Uhr; So: 9:00 bis 14:00 Uhr

Zweimüller

FASSBIER Grieskirchner Pils, Jörger Weisse, saisonal: Festbock, Zwickl
FLASCHENBIER Grieskirchner Weisse Dunkel, Clausthaler Classic, Paulaner Alkoholfrei
LOKAL Gutbürgerliches Gasthaus am Stadtplatz, errichtet 1604 von Gundacker von Pollheim – und 1605 eines von vier Brauhäusern von Grieskirchen. Gute Bierpflege, speziell zur Bockbierzeit gibt es ein entsprechendes Speisenangebot. Man trifft sich am Sonntag nach der Heiligen Messe zum Frühschoppen. Sehr freundliche und bemühte Bedienung. Ca. 100 Sitzplätze im Lokal, 6 Sitzplätze an der Bar, im teilweise überdachten Gastgarten: 40 Plätze.

GROSSRAMING

CRAFTWERK PUB & BRAUEREI

4463 Großraming, Mitterweg 19, +43/7254/70600 oder +43/664/5116099
www.craftwerk-brauerei.pub
ÖFFNUNGSZEITEN Di-So: 16:00 bis 4:00 Uhr
FASSBIER Kupferweißbier (Hefeweißbier), Rotes Zwickl, Saphir Bier (Helles Lager), Leitung 4: wechselnde Spezialitäten
FLASCHENBIER Gösser Naturgold, Weihenstephaner Hefeweißbier Alkoholfrei
LOKAL Seit Mai 2016 ist das Konzept eines Braupubs vollends umgesetzt und der gesamte Bierbedarf wird in der zugebauten Brauerei hergestellt. Daher erfolgte auch die Namensänderung von „Braupub Rubinica" auf „Craftwerk". Gebraut wird auf einer 3 Hektoliter LABU-Brauanlage. Das Grundsortiment besteht derzeit aus einem hellen Lagerbier (Saphirbier), einem Roten Zwickl und einem traditionellen Hefeweißbier (Kupferweißbier). Zusätzlich gibt es ein „Bier aus Leitung 4", ein in unregelmäßigen Abständen wechselndes Spezialbier – zu passenden Anlässen beispielsweise Bockbiere, bei einem unserer Besuche ein Grosraminger Porter, oder auch Stouts und zur Jahreszeit passende Biere. Alle Biere sind naturtrüb und ohne jegliche Zusätze eingebraut. Größter Wert wird auf höchste Qualität und die Verwendung bester Rohstoffe gelegt. Eine Flaschenabfüllung ist meist

während der Öffnungszeiten des Braupubs möglich oder aber auf Vorbestellung für den nächsten Tag. Diverse Veranstaltungen wie Live-Musik, Oktoberfest, Weißwurstparty, zusätzlich Billard, Darts, Tischfußball. 60 Sitzplätze, 25 Plätze im neu gestalteten Biergarten.

GUNSKIRCHEN

D'SCHMÖLLER'N

4623 Gunskirchen, Kirchengasse 3, +43/7246/6246
www.schmoeller.at
ÖFFNUNGSZEITEN Mo-Fr: 16:00 bis 00:00 Uhr; Sa: 19:00 bis 00:00 Uhr
FASSBIER Radler, Gösser Gold, Gösser Zwickl, Maisel's Weisse, Zipfer Urtyp
FLASCHENBIER Desperados, Gösser Naturradler, Maisel's Weisse Alkoholfrei, Zipfer Drei, Gösser Naturgold
LOKAL Ein Lokal, das Modernität und Gastfreundschaft sehr eindrucksvoll verbindet – so viel Freundlichkeit des Personals findet man selten. Pepi Schmöller hat in den ehemaligen Postwirt seines Vaters ein modernes Lokal eingebaut, in dem die Bereiche Bar, Wirtshaus und Café einander treffen, ohne dass ein Stil-Mischmasch entsteht. 80 Plätze, 20 an der Bar, 30 im Extrastüberl, bis zu 100 Sitzplätze im Saal für Veranstaltungen.

D'Schmöller'n

HAAG AM HAUSRUCK

STEINER'S GASTHOF

4680 Haag am Hausruck, Lambacher Straße 1
+43/7732/2235
www.steinersgasthof.com
ÖFFNUNGSZEITEN Mo: 17:00 bis 2:00 Uhr; Do: 17:00 bis 2:00 Uhr; Fr-Sa: 17:00 bis 4:00 Uhr; So: 17:00 bis 00:00 Uhr
FASSBIER Grieskirchner Loser Bier, Grieskirchner Edelsud, Grieskirchner Pils, Jörger Weisse
FLASCHENBIER Corona, Desperados, Grieskirchner Oak 1, Guinness, Schneider Weisse Dunkel, Paulaner Weisse Alkoholfrei, Clausthaler
LOKAL Am unteren Ende des Marktplatzes liegt ein gemütlicher Gastbetrieb, der in der dritten Generation in der Familie ist, aber bemüht erneuert wurde. Kulinarischer Schwerpunkt auf leichte österreichische Küche. Sehr schöne Bar. In den Sommermonaten schöner Gastgarten zur Marktplatzseite hin. 70 Plätze im Lokal, 20 im Garten.

HAGENBERG IM MÜHLKREIS

BURGEREI

4232 Hagenberg im Mühlkreis, Softwarepark 30
+43/7236/31551
www.burgerei.at
ÖFFNUNGSZEITEN Mo-Sa: 11:00 bis 22:00 Uhr
FASSBIER Gösser Märzen, Gösser Naturradler, Schladminger Bio Zwickl, Weihenstephan Hefeweizen
FLASCHENBIER Weihenstephan Weißbier, Gösser Naturgold
LOKAL Pfiffig gestaltetes Burgerlokal beim Softwarepark in Hagenberg. Wöchentlich wechselnde Burger-Kreationen. Freundliche Bedienung.

HAIBACH

GASTHOF SCHLÖGEN

4083 Haibach, Mitterberg 3, +43/7279/8241
www.freizeitanlage-schloegen.at
ÖFFNUNGSZEITEN Mo-So: 7:30 bis 00:00 Uhr
FASSBIER Eggenberg Classic Märzen, König Ludwig Weißbier Hell
FLASCHENBIER Eggenberg Dunkel, Eggenberg Pils, König Ludwig Dunkel, Eggenberg Birell Alkoholfrei
LOKAL Der Gasthof Schlögen mit Ausblick auf die spektakuläre Schlögener Donauschlinge ist ein idealer Halt bei Radwanderungen durch das obere Donautal. Direkt am Yachthafen und nahe der Schiffstation. 100 Sitzplätze im Lokal, 80 Sitzplätze im Garten.

Gasthof Schlögen

HOAMAT

4083 Haibach, Hinterberg 9, +43/7279/85485
www.hoamat.net
ÖFFNUNGSZEITEN Do: 10:00 bis 23:00 Uhr; Fr-Sa: 10:00 bis 00:00 Uhr; So: 9:30 bis 22:00 Uhr
FASSBIER Gösser Gold, Gösser Radler, Hofstettner Kübelbier, Weihenstephaner Weizenbier
FLASCHENBIER Hofstettner Granitbier, Weihenstephaner Weizenbier Alkoholfrei, Gösser Naturgold
LOKAL Regionale Küche, im Winter ein Teich zum Eisstockschiessen. 170 Sitzplätze im Lokal, 200 im Gastgarten.

HASLACH

MAYRWIRT

4170 Haslach, St. Stefan am Walde 36, +43/7216/4407
www.mayrwirt.at

ÖFFNUNGSZEITEN Mi-Do: 9:00 bis 14:00 Uhr; Fr: 9:00 bis 14:00 Uhr, 18:00 bis 00:00 Uhr; Sa: 9:00 bis 14:00 Uhr; So: 8:00 bis 22:00 Uhr

FASSBIER Edelweiss Hofbräu, Kaiser Märzen

FLASCHENBIER Lepus Alt Wiener (Rezept von der Ottakringer Brauerei), Lepus Bernstoa (obergärig), Lepus Freispiel (immer wieder ein neues Rezept), Lepus Original (Märzenart), Lepus Saphir (Pils mit Saphirhopfen)

LOKAL Der Mayrwirt liegt am nördlichen Rand der kleinen Ortschaft St. Stefan (auf halbem Weg zwischen Haslach und Afiesl) mit einer Terrasse mit sensationellem Fernblick vom Großen Priel bis zum Watzmann. Und wenn das Wetter nicht danach ist, ist es innen schön heimelig – in der Gaststube brennt ein nach zwei Seiten offener Kamin. Weil das nahe Haslach Standort einer Ölmühle ist, sind die Leinöl-Erdäpfel die angesagte kulinarische Rarität – eine Spezialität der Mühlviertler Küche. Auch die Bratl in der Rein (jeden Sonntag auf der Karte) wird empfohlen. Das alles in einem gepflegten Ambiente, das für die Kultiwirte Oberösterreichs typisch ist, und, als Mitglied Bierweltregion, ist der Sohn des Hauses, Stefan Mayr, Diplom-Biersommelier. Der örtliche Installateur Herman Eckerstorfer hat sich seinen Traum vom Bierbrauen erfüllt. In seinem Haus in St. Stefan am Walde braut er in seiner Hausbrauerei mit „großer Leidenschaft" seine 5 Biersorten in einem Sud von jeweils 150 Liter händisch über einem Holzfeuer. Seine Biere gibt's beim Mayrwirt offen und in der Flasche. 90 plus 25 Sitzplätze im Lokal, Terrasse (mit Kinderspielplatz): 40 Plätze, 120 im Gastgarten.

Vonwiller

VONWILLER

4170 Haslach, Stelzen 15, +43/7289/71316
www.gasthaus-vonwiller.at

ÖFFNUNGSZEITEN Mo-Sa: 11:00 bis 00:00 Uhr; So: 10:00 bis 21:30 Uhr

FASSBIER Gösser Zwickl, Kaiser Märzen, Weihenstephaner Hefetrüb

FLASCHENBIER Schiffner Aurora Champion Bitter, Schiffner Bio-Dinkelbier, Schlägl Kristall, Schlossgold, Weihenstephaner Hefeweizen Dunkel, Zipfer Lemon

LOKAL Die Gemeinde Haslach hat die zentral im alten Webermarkt gelegenen Gebäude der ehemaligen „Leinen- & Baumwollfabrik Vonwiller & Comp." (1819–1998) zu einem Kulturzentrum entwickelt – und die kulinarische Kultur sollte hier nicht zu kurz kommen. Im Jahr 2002 wurde dieses moderne Restaurant mit seiner außergewöhnlich schönen Bar eingerichtet – und neuerdings gibt es auch die Schiffner-Biere, die das lokale Craftbier-Segment vertreten. 140 Plätze im Lokal, 20 an der Bar, 60 im Garten.

HIRSCHBACH

KULTURWIRTSHAUS PAMMER

4242 Hirschbach, Guttenbrunn 3, +43/7948/230
www.kulturwirtshaus.at

ÖFFNUNGSZEITEN Di-So: 10:00 bis 00:00 Uhr

Kulturwirtshaus Pammer

FASSBIER Freistädter Bio-Zwickl, Freistädter Midium, Freistädter Ratsherrn, Oktoberbier, Bockbier

FLASCHENBIER Freistädter Rotschopf, Neufeldner, Schlägler, Thor Bräu Ottensheimer Spezial

LOKAL Der typische Mühlviertler Bauernhof mit schönem Innenhof besteht seit 1714 als Wirtshaus und befindet sich seit Generationen im Besitz der Familie Pammer. Die Gaststube, holzgetäfelt und vom Kachelofen gewärmt, ist ein Ort zum Sitzenbleiben und zum Reden. Das Lamm sowie die Eier kommen aus der eigenen biologischen Landwirtschaft. Das Schweinsbratl mit Semmel- und Mehlknödel ist das Aushängeschild vom Wirtshaus Pammer. Mitglied der Bierweltregion (Mühlviertler Wirtshauskultur). Sitzplätze: Gaststube 30, Gewölbestüberl 45, Zechstube 80, Innenhof und Gastgarten 250.

KEFERMARKT

EDER-BRÄU

4292 Kefermarkt, Netzberg 32, +43/7236/20940 oder +43/699/12150697
www.ederbraeu.at

ÖFFNUNGSZEITEN Do-So: 15:00 bis 00:00 Uhr

FASSBIER Eder Bräu Golding, Eder Bräu Hersbrucker (halbdunkel), Malling, Saisonbiere: Fastenbier, Leichtbier, Erntebier, Weihnachtsbock

LOKAL Margit Ehrensperger führt auf dem eigenen Hopfenbauernhof eine Buschenschank, in der sich alles um das Bier dreht. Von November bis März jeden Donnerstag ab 15.00 Uhr

Schaubrauen. Gebraut wird in einem 300 Liter Braublock mit Gärkeller, gelagert wird in sechs eigenen Lagertanks und gezapft wird direkt von drei Ausschanktanks. Brauereibesichtigungen. 100 Sitzplätze im Lokal, 100 im Hopfengarten.

SCHLOSSBRAUEREI WEINBERG

4292 Kefermarkt, Weinberg 2, +43/7947/7111
www.schlossbrauerei.at
ÖFFNUNGSZEITEN Di-Fr: 11:00 bis 00:00 Uhr; So: 10:00 bis 00:00 Uhr

Schlossbrauerei Weinberg

FASSBIER Weinberger Schlossbräu naturtrüb Hell und Dunkel, Weinberger Herbstbock naturtrüb (saisonal), Weinberger Roggenbier naturtrüb (saisonal)
FLASCHENBIER Weinberger Schlossbräu naturtrüb Hell und Dunkel, Franziskaner Weißbier, Schlägl Stifter Bier, Weinberger Herbstbock naturtrüb (saisonal), Weinberger Roggenbier naturtrüb (saisonal)
LOKAL Die älteste Gasthausbrauerei von Oberösterreich wurde bereits vor 30 Jahren gegenüber von Schloss Weinberg eingerichtet. Im Sommer genießt man vom Gastgarten den Blick auf das Schloss und die Mühlviertler Landschaft. Zudem gibt es einen drei Kilometer langen „Bierlehrpfad", eine leichte, lehrreiche Wanderung, die den Blick auf das Mühlviertler Bier öffnet. Reichhaltige Speisekarte, von Bierspezialitäten bis Mühlviertler Schmankerln zur Jause gibt's das Biertrebernbrot. Die Käsekompetenz hat der Schlossbrauerei im Jahr 2011 die Auszeichungen als „Bier&Käse-Lokal des Jahres" eingebracht. Im ersten Stock des Gutshofes befinden sich Ferienwohnungen. Ca. 200 Sitzplätze im Lokal, 80 Sitzplätze im Gastgarten mit Blick auf das Schloss Weinberg.

KIRCHDORF

TARTUFFEL

4560 Kirchdorf, Redtenbacherplatz 3, +43/7582/60562
www.tartuffel.at
ÖFFNUNGSZEITEN Mo-Fr: 10:00 bis 14:00 Uhr, 17:00 bis 2:00 Uhr; Sa: 17:00 bis 2:00 Uhr
FASSBIER Budweiser Budvar, Ottakringer Zitrus Radler, Ottakringer Zwickl Rot, Saisonbier, Trumer Pils, Maisel's Weisse
FLASCHENBIER Bierol Funky Wheat, Bierol Mountain Pale Ale, Corona, Kiesbye Waldbier, La Trappe Blonde, Maisel's Weisse Alkoholfrei, Maisel's Weisse Dunkel, Rieder Honigbier, Null Komma Josef
LOKAL Ein originelles, zeitgeistiges Lokal mit dem kulinarischen Schwerpunkt auf der Tartuffel, also der Kartoffel. Schafft es, über Jahre hinweg immer noch aktuell zu wirken – war bereits 2006 Bierlokal des Jahres in Oberösterreich. Angenehm gegliedert in ein Restaurant, einen Barbereich sowie ein Café – Letztere sind die Raucherbereiche. Gelegentlich Live-Konzerte. 70 Sitzplätze, 20 an der Bar, Garten: 100 Sitzplätze.

KIRCHSCHLAG BEI LINZ

MAURERWIRT

4202 Kirchschlag bei Linz, Nr. 46, +43/7215/2663
www.maurerwirt.at
ÖFFNUNGSZEITEN Mi-Sa: 10:00 bis 00:00 Uhr; So: 9:00 bis 17:00 Uhr

Maurerwirt

FASSBIER Freistädter Midium, Freistädter Ratsherrn Premium, Freistädter Zitronenradler, Hofstetter Mühlviertler Biobier, Neufeldener Bio Weizenbier, Ottensheimer Weizenbier Thorbräu, saisonal Hofstetter Granit Dunkel
FLASCHENBIER Freistädter Zwicklbier, Gösser Alkoholfrei, Leonfeldner Craftbiersortiment Chili Billy, Stout, Wermutströpferl, Thorbräu „Zaubertaler Altbier", Weihenstephaner Alkoholfreies Weizen, Zipfer Medium, zusätzlich werden jede Woche regionale Bierspezialitäten angeboten.
LOKAL Echt gmiatlich' ist das Attribut, das sich der Maurerwirt nun in seinem offiziellen Auftritt gibt – lange war das von Günter Maurer geführte Lokal als „der g'sunde Maurer-

wirt“ bekannt. Aber gesunde Küche ist in diesem gastlichen Haus mit familiärer Atmosphäre ohnehin selbstverständlich, die gesunde Höhenluft (trotz Nähe zur Landeshauptstadt) auch. Bereits legendär: das Wikinger-Mahl in einem großen Wikingerschiff. Produkte von Kirchschlager Biobauern, im September gibt's den „bierigen Herbst“. 250 Sitzplätze im Lokal, 10 Plätze an der Bar.

KÖNIGSWIESEN

DAS WIRTSHAUS AM PLATZ

4280 Königswiesen, Markt 38, +43/7955/6217
www.alm1.at
ÖFFNUNGSZEITEN Mi-Sa: 9:00 bis 22:00 Uhr; So: 8:00 bis 22:00 Uhr
FASSBIER Kaiser Premium, saisonal Oktoberbräu
FLASCHENBIER Edelweiss, Schlossgold
LOKAL Das Wirtshaus der Familie Aglas liegt direkt am Marktplatz in Königswiesen, dem Ort, der sich als „Blumeninsel des Mühlviertels“ einen Namen gemacht hat. 1664 kaufte der Braumeister Paul Wagner das stattliche Gebäude um 104 Gulden vom Hammerschmied Matthis Hinterreither und erhielt von der Herrschaft Ruttenstein den „Braukonsens“. Von 1664 an hatte das Haus damit eine eigene Braugerechtigkeit, die bis 1911 auch ausgeübt wurde. 1848 wurde ein Bierausstoß von 1040 Eimer, das entspricht beachtlichen 587 Hektolitern, verzeichnet – die gesamte Geschichte lässt sich an einem eindrucksvollen Wandgemälde in einer der Gaststuben nachlesen. Die Liebe zum Bier und zur regionalen Brauhausküche (Bratl in der Rein!) hat sich jedenfalls erhalten. Sehr gemütliche Wirtsstube, in der im Winter ein prasselndes Feuer im Kaminofen für Wärme sorgt. 75 Plätze im Lokal, 4 an der Bar, 50 im Garten.

Das Wirtshaus am Platz

WIRT AUF DA HOAD – GASTHAUS GUSENLEITNER

4280 Königswiesen, Haid 8, mobil +43/664/1335838 oder +43/7955/6263
www.wirtaufdahoad.at
ÖFFNUNGSZEITEN Mi-So: 8:00 bis 2:00 Uhr
FASSBIER Gösser Zwickl, Kaiser Märzen, Stiegl-Paracelsus Zwickl, Weizenbier
FLASCHENBIER Gösser Naturgold, Edelweiss Hofbräu, Kaiser Märzen, Stiegl Sport-Weisse, Wieselburger Stammbräu
LOKAL „Lieber Gast, hier finds't Du Rast und einen Stall für's Ross wenn Du ein's hast“, lautet der Spruch, der einen hier empfängt – und anzeigt, dass dieses Gasthaus sehr Pferde- und natürlich auch Reiter-freundlich ist. Es handelt sich um eine von der Familie Gusenleitner seit 1874 geführte Mühlviertler Bierstube, deren Wurzeln in der 1799 erstmals belegten „Schmiedtafern der Herrschaft Baumgartenberg“ liegt. Zum Bier gibt's Mühlviertler Schmankerln (weiterer Spruch: „Hier kommt das Essen nicht vom Band – hier schafft man noch mit Herz und Hand“) wie g'riebene Fleischknödel, Hoada-Knödeltrio und an zünftigen Schweinsbraten mit g'riebene Knödl und warmem Krautsalat. Ausgangspunkt für Wanderungen und Ritte rund um Königswiesen. 30 Sitzplätze im Lokal, 60 Plätze im Wintergarten, 300 im urigen Feststadl, 25 Plätze im Garten.

Wirt auf da Hoad – Gasthaus Gusenleitner

KREMSMÜNSTER

GASTHOF KÖNIG

4550 Kremsmünster, Bahnhofstraße 48, +43/7583/5217
www.gasthof-koenig.at
ÖFFNUNGSZEITEN Mo-Fr: 15:00 bis 00:00 Uhr
FASSBIER Eggenberg Hopfenkönig, Kaiser Premium, Weihenstephaner Weizen, Zipfer Urtyp Medium
FLASCHENBIER König Ludwig Dunkel, König Ludwig Hefe Dunkel, König Ludwig Hefe Hell, Schlossgold
LOKAL Sehr gepflegter ländlicher Gasthof in dritter Generation in derselben Familie – viel Holz, geräumiger Schankraum und ein gediegener Restaurantbereich. Die Gastleute heißen Gabi und Helge, aber nicht König, sondern Pachner: Weil bei ihnen der Gast König sein soll, wie sie versichern: „Insbesondere auf Zapfkultur bei den Bieren legen wir großen Wert.“ Oktoberfest mit Oktoberbräu. Gastzimmer und Extrazimmer: 200 Sitzplätze, 20 an der Bar, Gastgarten: 130 Sitzplätze.

LAMBACH

KINSKI

4650 Lambach, Bahnhofstraße 8, +43/7245/31261
www.kinski.at
ÖFFNUNGSZEITEN Di-Do: 11:00 bis 00:00 Uhr; Fr: 16:00 bis 00:00 Uhr; Sa-So: 11:00 bis 00:00 Uhr
FASSBIER Grieskirchner Jörger Weisse, Grieskirchner Pils, Grieskirchner Zwickl

FLASCHENBIER Clausthaler Extra Herb, Corona, Paulaner Weißbier Alkoholfrei
LOKAL Eine optisch gelungene Stilmischung mit der alten Industriearchitektur: In der ehemaligen Stiftsbrauerei wurde eine Bar im Kolonialstil eingerichtet – Klaus Kinski und Werner Herzogs „Fitzcarraldo" lassen grüßen. Zentrales Möbel ist die Bar, darüber ein Kristallluster, rundum Tische und eine Galerie. Nettes, flinkes Personal und eine Speisekarte, die kaum Wünsche offen lässt. Und um die Bierpflege will sich die Grieskirchner Brauerei künftig mehr kümmern. 170 Sitzplätze im Lokal, 100 Plätze an der Bar, 120 Plätze im Garten.

Kinski

ZUM GRÜNEN BAUM

4650 Lambach, Marktplatz 13, +43/7245/28963
www.gasthof-eitzinger.at
ÖFFNUNGSZEITEN Mo-Di: 10:00 bis 14:00 Uhr, 17:00 bis 22:00 Uhr; Mi: 10:00 bis 14:00 Uhr; Fr: 10:00 bis 14:00 Uhr, 17:00 bis 22:00 Uhr; Sa: 17:00 bis 22:00 Uhr; So: 9:00 bis 14:00 Uhr
FASSBIER Stiegl Weisse Naturtrüb, Stiegl-Goldbräu, Stiegl-Pils
FLASCHENBIER Corona, Sigls, Stiegl Paracelsus Zwickl
LOKAL Das ursprünglich als „Dirrnhauß" bezeichnete Gebäude im Stadtzentrum besteht seit dem 15. Jahrhundert und ist das älteste Wirtshaus am Markt. Es trägt seit 1820 den Hausnamen „Weinwirth zum grünen Baum". Nette Gaststube und kleiner Innenhofgarten. Die Familie Eitzinger hat das seit den Zeiten Maria Theresias mit einem Ausschankrecht ausgestattete Lokal 1914 übernommen und führt es mit Herzlichkeit. 70 Plätze im Lokal, 20 im Garten.

LENZING

LEIMER BRÄU

4860 Lenzing, Atterseestraße 34, +43/7672/92920
www.leimer-braeu.com
ÖFFNUNGSZEITEN Mo-Fr: 10:00 bis 00:00 Uhr; Sa: 17:00 bis 00:00 Uhr; So: 10:00 bis 22:00 Uhr
FASSBIER Leimer Bräu Pils, Bernstein (je nach Saison), Bock, Dunkel, Fastenbier, Hell, Kellerbier, Budweiser, Heineken
FLASCHENBIER Heineken, Birrone, Corona, Desperados, Edelweiss Weizen Alkoholfrei, Gösser Naturgold, Moretti, Weihenstephaner Dunkel, Weihenstephaner Weizenbier, Zipfer Limetten Radler, Zipfer Märzen
LOKAL Im ältesten Haus von Lenzing (1734 errichtet) befindet sich die Brauanlage, die in eine moderne Lounge integriert ist. Die große zentrale Bar ist ein Treffpunkt für die ganze Region – und an der Bar wird man auch spätnachts noch freundlich bedient. Es gibt die Biere der Hausbrauerei, aber auch Budweiser, wenn man einmal bloß zur Erfrischung ein Bier trinken will und Abwechslung von den deftigen Hausbieren sucht. Auch die Flaschenbierauswahl ist für ein selbst brauendes Lokal beachtlich. Hier hängt auch eine Ahnengalerie der Leimers, die darauf verweist, dass Gastronomie und Bierbrauerei in der Familie Tradition hat. Netter kleiner, teilweise überdachter Biergarten. Bierfeste, Kellerbiertage im Sommer, Show rund ums Bierstacheln. Viele mit Bier zubereitete Speisen. Und eine tolle Gelegenheit, in der Region zu übernachten. 200 Sitzplätze, 280 in der Lounge-Bar, Garten: 200 Sitzplätze.

Leimer Bräu

LICHTENBERG BEI LINZ

BERGGASTHAUS ZUR GIS

4040 Lichtenberg bei Linz, Auf der Gis 1, +43/7239/6230
www.gisaustria.com
ÖFFNUNGSZEITEN Mo-Di: 10:00 bis 00:00 Uhr; Fr: 14:00 bis 00:00 Uhr; Sa-So: 10:00 bis 00:00 Uhr
FASSBIER Freistädter Midium, Freistädter Ratsherrntrunk, im Oktober saisonaler Bieranstich, Stiegl-Paracelsus Zwickl, Stiegl-Pils, Stiegl-Radler Grapefruit, Stiegl-Weisse
FLASCHENBIER Clausthaler, Stiegl Hugo, Stiegl Sport-Weisse
LOKAL Die Gis hat nichts mit den Gebühreneintreibern des ORF zu tun. Gis war zuerst der Rufname des hier um 1900 tätigen Wirts Johann Hengstschläger, den alle den „Gis-Hans" nannten. Jetzt ist Gis auch die Adresse, an der dieses Gasthaus in 900 Meter Seehöhe im Winter wie im Sommer als Ausflugsziel dient. Wobei es im Sommer einen wunderbaren Ausblick zur Landeshauptstadt gibt. Das Gasthaus wurde 1702 von Zäzilia Hengstschläger als Jausenstation gegründet, Martina Hengstschläger führt die Familientradition charmant fort. Kaminstube mit 60 Sitzplätzen, Gaststube mit 40 Sitzplätzen, 300 Plätze im Garten.

HOLZPOLDL

4040 Lichtenberg bei Linz, Am Holzpoldlgut 2, +43/7239/6225
www.holzpoldl.at
ÖFFNUNGSZEITEN Mi: 18:00 bis 23:00 Uhr; Do-So: 11:30 bis 15:00 Uhr, 18:00 bis 23:00 Uhr

Holzpoldl

FASSBIER Reininghaus Jahrgangspils, Schloss Eggenberg Hopfenkönig, Schloss Eggenberg Wildschütz
FLASCHENBIER Die Salzburger Weisse, Die Salzburger Weisse Alkoholfrei, Schloss Eggenberg Alkoholfrei, Schloss Eggenberg Radler
LOKAL Manuel Grabner hat das Landgasthaus Holzpoldl 2017 übernommen und führt es als Wirtshaus der gehobenen Klasse mit ebenso gehobener Küche, aber zu bürgerlichen Preisen weiter. Der Name Holzpoldl kommt vom Holzhändler Leopold Hemelmayr, der der erste Bürgermeister von Lichtenberg war. Gaststube mit Kachelofen und kommunikative Wirtshausbar. 100 Sitzplätze im Lokal, 10 an der Bar, 40 Plätze im Garten.

LINZ

ALTE WELT

4020 Linz, Hauptplatz 4, +43/732/770053
www.altewelt.at
ÖFFNUNGSZEITEN Mo-Fr: 17:30 bis 00:00 Uhr; Sa: 12:00 bis 14:30 Uhr; So: 17:30 bis 00:00 Uhr
FASSBIER Hofstettner Kübelbier, Puntigamer Panther
FLASCHENBIER Edelweiss Alkoholfrei, Edelweiss Dunkel, Edelweiss Hell, Schlossgold
LOKAL Das Ehrentletzbergerhaus ist ein altes Handelshaus, im dreiseitigen Arkadenhof sieht man einen spätmittelalterlichen Brunnen, gleich rechts davon geht es in die Gewölbe der Alten Welt. Im Sommer gibt es zwischen Brunnen und Eingang einen kleinen Biergarten, im Winter findet man sich an der winzigen Bar zusammen – oder in den historischen Gasträumen. Es gibt auch einen großen Keller und eine kleine, nur nach Voranmeldung zu besichtigende Hauskapelle. Ca 180 Sitzplätze in verschiedenen Räumlichkeiten, Schanigarten. Das Gewölbe kann für Feiern und Veranstaltungen gemietet werden.

BAR SOLARIS

4020 Linz, Dametzstraße 30, +43/732/907606
www.solarisbar.at, www.krokodil.at
ÖFFNUNGSZEITEN Mo-Do: 17:00 bis 1:00 Uhr; Fr: 17:00 bis 4:00 Uhr; Sa: 16:00 bis 4:00 Uhr; So: 16:00 bis 1:00 Uhr
FASSBIER Freistädter Bio Zwickl, Freistädter Ratsherrn Premium, Krusovice Premium Hell
FLASCHENBIER Schneider Weisse Alkoholfrei, Freistädter Junghopfen Pils, Hofstetter Granit, Krusovice Cerne, Schneider Weisse, saisonal Freistädter Weihnachtsbock
LOKAL Das Solaris, das Schwesterlokal des Gelben Krokodils an derselben Adresse, lädt die Besucher von OK und Moviemento ein, vor und nach dem Ausstellungs- oder Filmbesuch auf einen Kaffee oder ein Getränk aus der umfangreichen Bier-, Wein- und Cocktailkarte zu wählen. Alle Mitarbeiter wurden von der Freistädter Brauerei in Bierpflege geschult. Am Wochenende verändert das Solaris sein Gesicht ein wenig und DJs gestalten die Freitag- und Samstagabende mit Musikprogramm. An Schwerpunktabenden mit House, Electro oder Hip Hop präsentiert das Solaris einige der besten Underground DJs Österreichs. 60 Sitzplätze im Lokal, 15 Plätze an der Bar.

BAROK BELGIË

4020 Linz, Hofgasse 14, +43/732/282324
www.barokbelgie.at
ÖFFNUNGSZEITEN Mo-Do: 18:00 bis 2:00 Uhr; Fr-Sa: 18:00 bis 4:00 Uhr
FASSBIER Hoegaarden, Leffe Blonde (Sommer), Leffe Brune (Winter), Stella Artois
FLASCHENBIER einige der beste Belgier, etwa: Affligem Blond, Blanche de Namur, Brigand, Chimay Blanche Triple, Chimay Bleu, Corsendonk Agnus, Delirium Nocturnum, Deus Brut des Flandres, Duchesse de Bourgogne, Duvel, Geuze Cuvée René, Gouden Carolus Classic, Gulden Draak, Kasteel Triple, Kwak, Orval, Oude Geuze Boon, Rodenbach Grand Cru, Westmalle Tripel
LOKAL Die erste belgische Bierbar in Linz wurde 2013 im ehemaligen Cafe Central eingerichtet – zu den rund 40 verschiedenen Bieren, die aus einem goldenen (tatsächlich recht barock wirkenden) Rahmen über die Bar gereicht werden, gibt es Flammkuchen und Waffeln. Extrem freundliche Bedienung: Kellner Marco hat sich den Job auch durch die Zwischenfälle in der Linzer Altstadt nicht verdrießen lassen – das schlechte Publikum der umliegenden Lokale ist weg, Barok België bleibt – und das ist sehr gut so!

BIERGARTL AN DER DONAU

4040 Linz, Fischergasse 17, +43/664/6417619
www.biergartl-linz.at
ÖFFNUNGSZEITEN Mo: 11:30 bis 22:30 Uhr; Mi-So: 11:30 bis 22:30 Uhr
FASSBIER Schladminger Schnee Weisse, Gösser Naturradler, Hofstettner Granitbier, Kaltenhauser Original Zwickl, Puntigamer Panther, Trumer Pils, mit dem Fass No. 7 werden laufend regionale Bierspezialitäten angeboten, mit dem Fass N°8 werden laufend wechselnde Bierspezialitäten frisch gezapft angeboten
FLASCHENBIER Auswahl an Spezialitäten aus der Region und darüber hinaus: Freistädter Bio Zwickl, Beer Buddies Bernstein, Chimay Triple, Edelweiss Gamsbock, Gusswerk Steinbier, Hofstettner Granitbock, Hofstettner Kübelbier, Kaltenhausen Balthasar Chocolat Stout, La Trappe Blonde,

Ottensheimer Zaubertaler Alt, Rochefort 10° Trappistenbier, Rodenbach Vintage, Samichlaus, Schlägl Kristall, Schleppe No. 1, Schleppe No. 3, Stift Engelszell Gregorius Sonderedition 2012 – 1. Sud, Thor Bräu Ottensheimer Spezial, Trumer

LOKAL Urkundlich erwähnt wurde das heutige Biergartl erstmals 1640 – es ist heute die letzte erhaltene ehemalige Fischerbehausung in Alturfahr, wenige Meter flussaufwärts vom Neuen Rathaus. Das Gebäude steht unter Denkmalschutz – im reinen Gastgartenbetrieb genießt man den schönen Ausblick auf den Schlossberg und die Donau, und die beachtliche internationale Auswahl von mindestens 45 Bieren (8 davon vom Fass), welche von den vier in Kaltenhausen ausgebildeten Biersommeliers zusammengestellt werden. Jedes Bierkrügerl bzw. Bierglas kommt gut gekühlt aus dem Kühlschrank, und das Bierangebot wird laufend durch regionale und internationale Bierschmankerl ergänzt. Auf der Karte findet man kalte und warme Speisenangebote, überwiegend in Bio-Qualität. 180 Plätze im Gastgarten, davon 100 Plätze im Bedarfsfall überdacht. Weitere 150 Plätze befinden sich direkt an der Donau auf der sogenannten Hochwasserwand, die über das Selbstbedienungsbuffet serviciert werden.Tägliche Informationen – auch über das Bier des Tages – auf Facebook oder www.biergartl-linz.at

Biergartl an der Donau

BIGOLI

4020 Linz, Dametzstraße 38 / OK-Platz 1A, +43/732/770711
www.facebook.com/bigolilinz

ÖFFNUNGSZEITEN Di-Sa: 11:00 bis 00:00 Uhr

FASSBIER Freistädter Ratsherrn, ein weiteres Fassbier saisonal wechselnd: Freistädter BlackBock (Weihnachszeit), Freistädter Pegasus, Freistädter Rotschopf (Frühling), Bio-Zwick'l (Sommer), Oktoberbier...

FLASCHENBIER Austrian Lager, Eggenberger Freibier (alkoholfrei), Rieder Weisse, Theresianer Pale Ale, Theresianer Premium Pils, Theresianer Strong Ale, Theresianer Vienna Lager, saisonal Theresianer Winterbier

LOKAL Mit dem Bigoli am Arenaplatz kehrte Szenewirt und Koch Gerhard Hinterleitner (früher Stern, gelbes Krokodil) zu seinen Anfängen zurück und hat ein feines stylisches Restaurant mit venezianisch-friulanisch orientierter Küche eröffnet. Die Karte bietet ein ansprechendes Angebot an exquisiten Antipasti, hausgemachter Pasta und traditionellen norditalienischen Gerichten vom offenen Grill. Passend dazu das Theresianer Bier aus Triest, das auch in der Küche, z.B. bei gedünsteten Artischocken oder Wildschweinragout in Bier geschmort, seine Verwendung findet. Hervorzuheben ist, dass Hinterleitner mit dem Pale Ale und Strong Ale zwei exponierte Vertreter der „neuen, wilden" italienischen Biere anbietet. 35 Plätze im Lokal, 50 im Gastgarten.

Bigoli

BIGOLI
BAR RESTAURANT

BUG'S BAR

4020 Linz, Hauptplatz 3, +43/732/785688
www.bugs-bar.at

ÖFFNUNGSZEITEN Di-Do: 16:00 bis 2:00 Uhr; Fr-Sa: 18:00 bis 4:00 Uhr

FASSBIER Gösser Märzen, Gösser Naturradler, Weihenstephaner Weizenbier

FLASCHENBIER Corona, Desperados, Gösser Naturgold, Gösser Zwickl, Heineken, Weihenstephan Helles Weizenbier Alkoholfrei, Weihenstephaner Dunkel, Wieselburger Stammbräu

LOKAL Kultbar mit Gastgarten direkt am Hauptplatz. Die „Bugs", die dort serviert werden, sind verschiedenste Sorten von Baguettegerichten. Abends öfters auch Livemusik. Wer laute Betriebsamkeit mag, ist hier richtig. 100 Sitzplätze im Lokal, 20 Plätze an der Bar, 40 Sitzplätze außen vor dem Lokal.

CHELSEA PUB

4020 Linz, Domgasse 5, +43/732/779409
www.facebook.com/chelseapub

ÖFFNUNGSZEITEN Mo-So: 18:00 bis 2:00 Uhr

FASSBIER Freistädter Ratsherrn Premium, Guinness, Hofstettner Granit, Hofstettner Kübelbier, Kilkenny, Schlägl Kristall

FLASCHENBIER Internationale Spezialitäten, etwa Augustiner Edelstoff, Austrian Amber Ale, Austrian Lager, Awesomeness Pale Ale, Baja Oatmeal Stout, Barbar, Beer Buddies Bernstein, Beer Buddies Schwarzbier, Bierschmiede Meisterstück Pils, Bierschmiede Zunder Rauchbier, Boustaa IPA, Boustaa Macchiato Stout, Brewdog Dead Pony Club, Brewdog Punk IPA, Chimay Blau, Corona, darunter Die Weisse, Das Schwarze Schaf Stout, Dumpa Stout, Duvel, Franziskaner, Freistädter Bio Zwickl, Freistädter Junghopfen Pils, Freistädter Pegasus, Freistädter Rotschopf, Full Scottish Breakfast, Gusswerk Zum Wohl (glutenfrei), Hackler Medizin Lager, Hoegaarden Blanche, Hofstettner Honig, Hopfen Maderl Pale Ale, Hopf'n Foppa IPA, Kozel, Kwak, Leffe Blond, Lindemans Kriek, Mehrere Dutzend, Mojo Black IPA, Mountain Pale Ale, Mühlviertler Bio Bier, Mühlviertler Bio Pale Ale, Mühlviertler Vierkorn, Mühlviertler Weisse, Neufeldner Hopferl, Nicobar IPA, Ond Smoked Porter, Orval, Ottensheimer Spezial, O'Haras Irish Pale Ale, O'Haras Irish Red Ale, O'Haras Stout, Padawan Pale Ale,
LOKAL Gemütliches, mit viel Holz eingerichtetes irisches Lokal – nur wenige Meter von Hauptplatz und Taubenmarkt entfernt, fühlt man sich mitten ins ländliche Irland versetzt. Kieran Bates ist derselbe Chef, der schon für die Bierkultur im Old Dubliner sorgte. Gleich geblieben sind das authentische Pub-Flair (sogar mit einem oberösterreichischen Stoutbier), Kierans Charme und der Besucherandrang. Montag Abend gibt es immer ein lustiges Pub-Quiz. 120 Plätze im Lokal, 12 Plätze an der Bar.

DIE MARKTBRAUEREI

4020 Linz, Marktplatz 4b, +43/664/3276964
ÖFFNUNGSZEITEN Di-Do: 10:30 bis 14:00 Uhr, 16:00 bis 20:00 Uhr; Fr: 9:30 bis 17:00 Uhr; Sa: 9:00 bis 13:00 Uhr

Die Marktbrauerei

FASSBIER American Amber Ale, Dunkles Marktbier, ein Gastbier von einer österr. Kleinbrauerei, Funky Saturday – IPA, Hafenkaffee (coffee-infused porter), Helles Marktbier, Hoppy Friday – Session IPA, Roter Bock, Steel Town Porter, Südbahnhofmarkt Festbier
LOKAL Bierausschank der kleinen Marktbrauerei. Winzige Bar, ein paar Stehplätze, bei Schönwetter mehrere Stehtische vor dem Lokal, Gastgarten im Sommer. Stilistisch breites Angebot an Craftbieren. Die Öffnungszeiten sind an die des Marktes angepasst, Abendgeschäft gibt es (noch nicht). Dafür kann man die angebotenen Biere auch für den Bedarf daheim kaufen, zudem Grillsauce, Biersenf und Bieressig auf der Basis des Roten Bocks – man ist ja auf einem Markt. Am Freitag und vor allem Samstag ist während der Bauernmarktzeiten jede Woche Frühschoppen, im Jahresverlauf organisiert die Marktbrauerei zahlreiche bierbezogene Veranstaltungen.

EXXTRABLATT

4020 Linz, Spittelwiese 8, +43/732/779319
www.facebook.com/pages/Exxtrablatt/111661132247995
ÖFFNUNGSZEITEN Mo-Sa: 17:00 bis 2:00 Uhr; So: 18:00 bis 00:00 Uhr

Exxtrablatt

FASSBIER Gösser Gold, Hofstettner Kübelbier, Murauer Märzen, Wieselburger Spezial
FLASCHENBIER Budweiser, Clausthaler extra herb, Franziskaner Weißbier Alkoholfrei, Freistädter Bio-Zwickl, Freistädter Rotschopf, Hirter Privat Pils, Thorbräu Kellerbier, Trumer Pils, Uttendorfer Pils
LOKAL Gemütliches Souterrain-Bierlokal mit netter Bedienung und heimeliger Atmosphäre. Spezialität im Exxtrablatt sind die hausgemachten Hamburger. In der warmen Jahreszeit gibt's einen Gastgarten auf der Spittelwiese. Ca. 80 Sitzplätze im Lokal, 80 im Gastgarten.

GELBES KROKODIL

4020 Linz, Dametzstraße 30, +43/732/784182
www.krokodil.at
ÖFFNUNGSZEITEN Mo: 12:00 bis 15:00 Uhr, 17:00 bis 23:30 Uhr; Di: 12:00 bis 15:00 Uhr, 18:00 bis 23:30 Uhr; Mi-Fr: 12:00 bis 15:00 Uhr, 17:00 bis 23:30 Uhr; Sa-So: 16:00 bis 23:30 Uhr
FASSBIER Freistädter Bio Zwickl, Freistädter Zwicklbock), Trumer Hopfenspiel, ein Saisonbier
FLASCHENBIER Krusovice Cerne (dunkel), Schneider Weisse, Schneider Weisse Alkoholfrei, Clausthaler
LOKAL Das Gelbe Krokodil befindet sich im „O.K.-Centrum für Gegenwartskunst“ und ist dem Programmkino Moviemento angeschlossen. Der FilmBrunch bietet jeden Sonntag die Gelegenheit, Filmbesuch und Brunchbuffet zu einem Pauschalpreis (man spart drei Euro) zu kombinieren. In zeitlos-urbanem Ambiente gibt sich die nationale und internationale Kunstszene ein Stelldichein. Werner Beutelmeyer vom mar-

ket-Institut in Linz ist voll des Lobes für die Bierqualität. Man merkt: Die gesamte Mannschaft bekam eine Bierschulung durch die Freistädter Brauerei. 80 Plätze im Lokal, 10 an der Bar, Garten: 80.

GLORIOUS BASTARDS LINZ

4020 Linz, Promenade 25, +43/732/299800
glorious-bastards.at/linz
ÖFFNUNGSZEITEN Mo-Sa: 11:30 bis 1:00 Uhr
FASSBIER 14 Raschhofer Spezialitäten
FLASCHENBIER 40 verschiedene Flaschenbiere (wechselndes Sortiment je nach Saison)
LOKAL Großlokal mit rund 1200 m² in den Promenaden Galerien (das ist das Haus der Oberösterreichischen Nachrichten), unmittelbar gegenüber vom Landhaus. Heiner Raschhofers Konzept, die Raschhofer Biervielfalt mit Gastbieren und moderner Küche in einem postmodernen Lokal zu vereinen, hat sich bereits in Innsbruck und Salzburg bewährt – in Linz wirkt das Ganze besonders opulent, weil hier Baker (Pizza-Guru Guido Medeot), Butcher (Kasper Stuart) und Brewer (Hans Eder von der Raschhofer Brauerei) in kreativer Weise zusammengeführt wurden. Ideal ist die italienisch-amerikanische Kombination von Pizza und Craftbier – und tolle Steaks gibt es auch. Jeden ersten Donnerstag im Monat After Work Party von 17:00 -24:00 Uhr. 450 Sitzplätze inklusive Barefoot Coffee & Bar.

Glorious Bastards Linz

GOLDEN PUB

4040 Linz, Jahnstraße 9, +43/732/732097
www.goldenpub.at
ÖFFNUNGSZEITEN Mo-Sa: 11:00 bis 00:00 Uhr; So: 10:00 bis 23:00 Uhr
FASSBIER Edelweiss Hofbräu, Gösser Naturradler, Gösser Spezial, Gösser Zwickl, Puntigamer Panther, Wieselburger Spezial
FLASCHENBIER Schlossgold, Gösser Stiftsbräu, Zipfer Doppelgold, Zipfer Medium
LOKAL Dieses Lokal war ein Vorreiter der Linzer Pubkultur: Im Mai 1976 wurde es im englischen Stil eingerichtet (oder dem, was man damals dafür gehalten hat) . Allerdings ohne englisches oder irisches Bier vom Fass – dafür Holzhackertoast und Mühlviertler Bauernsalat. Peter Schöppl belegte den zweiten Platz bei den Kaiser-Bierzapfmeisterschaften. 100 Sitzplätze im Lokal.

GRANIT BIERSTUBE

4020 Linz, Pfarrgasse 12, +43/732/772578
de-de.facebook.com/granitpublinz
ÖFFNUNGSZEITEN Di-Do: 17:00 bis 00:00 Uhr; Fr-Sa: 17:00 bis 2:00 Uhr

Granit Bierstube

FASSBIER Hofstettner Granitbier, Hofstettner Kübelbier, Schloss Eggenberg Classic, Schloss Eggenberg Märzen, Eggenberg Zwickl, ein Monatsbier, saisonal Schlägl Kristall
FLASCHENBIER Schneider Weisse Alkoholfrei, König Ludwig Weizen Hell und Dunkel
LOKAL Das Granit gab es sieben Jahre lang in der Steingasse, im Sommer 2012 ist es in die Pfarrgasse übersiedelt. Dort bietet sich für den Liebhaber enger Verhältnisse eine gemütliche Wohnzimmeratmosphäre. Nettes Lokal, gut und freundlich geführt. Geboten werden kleine Snacks. Ca. 40 Plätze an kommunikationsfördernden Hochtischen.

JOSEF – DAS STADTBRÄU

4020 Linz, Landstraße 49, +43/732/773165
www.josef.eu
ÖFFNUNGSZEITEN Mo-Sa: 10:00 bis 1:00 Uhr; So: 8:00 bis 13:00 Uhr
FASSBIER Josef Gold-Braun (für Josef abgefüllt von der Brau-Union), Josef Hell (speziell für das Josef gebraut), Edelweiss Weizenbier, Zipfer Limetten Radler, Zipfer Urtyp
FLASCHENBIER Desperados, Heineken, Schlossgold, Wieselburger Stammbräu
LOKAL Der Josef-Wirt heißt eigentlich Günther Hager – und ist einer der engagierten Kämpfer für Qualität in der österreichischen Gastronomie, sein Buch „Fucking Gastro" wurde zum Bestseller. Günther hat Erfahrung als Haubenkoch gesammelt, ist aber mit dem Josef seit zweieinhalb Jahrzehnten konsequent auf der Bier-Schiene unterwegs. Das ehemalige Stadtbräu (einige Zeit lang wurde im Josef sogar eine Brauerei betrieben) serviert österreichische „Wirtshaus-Tapas", kleine Schmankerln, gerade recht als Damenportionen. Und für Zigarrenfans gibt es sogar eine eigene Josef-Zigarre. Sonntagsfrühstück vom 40 Meter Buffet. 280 Sitzplätze im Lokal, 190 im Garten.

LOS MAYAS

4020 Linz, Adlergasse 6, +43/660/2772625
www.losmayas.at, tacobuddies.at
ÖFFNUNGSZEITEN Di-Sa: 11:00 bis 14:00 Uhr, 18:00 bis 23:00 Uhr

Los Mayas

FASSBIER Beer Buddies Biere, Tragweiner Biere
FLASCHENBIER Beer Buddies Biere, Tragweiner Biere
LOKAL Im Erdgeschoß wurde im Juni 2018 eine mit reichlich Altholz und Schmiedeelementen ausgestattete Bar eingerichtet, die Mezcaleria, welche sich mit dem Thema Mezcal und Tequila auseinandersetzt und eine exklusive Auswahl dieser Spirituosen (über 20 verschiedene Mezcals und Tequilas) für die Besucher bereit hält. Jeder Gast, der einen Tisch im Restaurant im 1. Stock reserviert, bekommt zum Empfang einen Mezcal zum Ausprobieren aufs Haus (Di-Sa). Küchen-Specials: authentische Yukatekische Küche, Ceviche (Meeresfrüchtesalat), original zubereitete Tacos mit Schweine- oder Hühnerfleisch nach regionalen Rezepten aus Mexiko.

LUI – LINZER UNI INN

4040 Linz, Altenbergerstraße 69, +43/732/2468-5988
www.oeh.jku.at/abschnitte/lui
ÖFFNUNGSZEITEN Mo-Do: 13:00 bis 2:00 Uhr; Fr: 19:00 bis 2:00 Uhr
FASSBIER Franziskaner Weißbier, Freistädter Bio-Zwickl, Freistädter Ratsherrn Premium, Schlägl Kristall
FLASCHENBIER Corona, Zipfer Urtyp, Augustiner Edelstoff, Augustiner Weißbier, Budweiser, Desperados, Erdinger Weißbier, Freistädter Zwickl Radler, Guinness, Hirter, Hofstettner Bio Hochland Honigbier, Hofstettner Granit, Hofstettner Kübelbier, Kaiser Fasstyp, Kaiser Goldquell, Kilkenny, Murauer, Stiegl, Weihenstephaner, Wieselburger Gold, Wieselburger Stammbräu
LOKAL Das Studierendenlokal dient als Kommunikationszentrum der ÖH – es wird nur der Selbstkostenpreis verrechnet. Die ÖH behauptet, die beste Auswahl Oberösterreichs mit den besten Preisen zu bieten. Und: Nicht nur Studierende sind willkommen. Kleine Snacks wie Pizza, Baguettes und Schinken-Käse-Toast.

MEZZANIN

4020 Linz, Johann-Konrad-Vogel Straße 11
mezzanin.bar
ÖFFNUNGSZEITEN Di-Do: 17:00 bis 1:00 Uhr; Fr-Sa: 17:00 bis 3:00 Uhr
FASSBIER Radler, Freistädter Bio Zwickl, Freistädter Ratsherrentrunk, Hofstettner Granitbier
FLASCHENBIER Fentimans Ginger Beer, Kilkenny, La Chouffe Golden Ale, Schneider Weisse, Tegernsee Hell
LOKAL An der Stelle der 2018 geschlossenen Kulturbar Konrad ist dieses nette Lokal entstanden, das Mühlviertler Bierkultur mit ein paar Importbieren ergänzt. 50 Plätze im Lokal.

PAUL'S

4020 Linz, Herrenstraße 36, +43/732/783338
www.pauls-linz.at
ÖFFNUNGSZEITEN Mo-Fr: 11:00 bis 1:00 Uhr; Sa: 14:00 bis 1:00 Uhr

Paul's

FASSBIER Andechser Weizen, Hofbräu Kaltenhausen Bernstein, Paul's Pale Ale (Hofbräu Kaltenhausen), Schladminger Bio Zwickl, Schlägl Kristall, Zipfer Pils
FLASCHENBIER Zipfer Limetten Radler, Andechser Weißbier Alkoholfrei, Brew Age Affenkönig IPA, Brew Age Hopfenauflauf, Edelguss Radler, Freistädter Rotschopf, Gösser Naturgold, Gusswerk Horny Betty, Gusswerk Krinnawible, Gusswerk Zum Wohl (glutenfrei), Hofstetter Granit, Hofstettner Bio Hochland Honigbier, Lindemans Kriek, Mongozo Banana, Mühlviertler Weisse, Rieder IPA, Rieder Schwarzmann, Schlägl Bio Roggen, Schlägl Jahrgangs Abtei Bier, Schloss Eggenberg Samichlaus, Weihenstephan Dunkel
LOKAL Dieses in Nachbarschaft des Mariendomes gelegene Lokal versucht sich als „Küche.Bar.Greisslerei" – und bemüht sich, die oberösterreichische Craftbier Szene zu repräsentieren: Hier findet man die Sondersude aus Hofstetten, die Trappistenbiere aus Engelszell und natürlich den Samichlaus. Dazu viele nationale und internationale Bierangebote. Beim Lokal handelt es sich um das ehemalige Domviertel, das geschmackvoll umgebaut wurde und vor allem abends oft ausgebucht ist. Reservierung ist vor allem dann geboten, wenn man essen will. An der Bar findet sich aber fast immer Platz – und dort gibt es auch eine sehr kundige Bedienung sowie Cocktails mit Bier! Ein besonderes Plus ist die Glaskultur an der Bierbar. 130 Sitzplätze im Restaurantbereich, 120 auf der Galerie, 24 an der Bar und 100 auf der Terrasse.

PÖSTLINGBERG SCHLÖSSL

4040 Linz, Am Pöstlingberg 14, +43/732/716633
www.poestlingbergschloessl.at
ÖFFNUNGSZEITEN Mo-So: 10:00 bis 00:00 Uhr
FASSBIER Paulaner Hefe Weißbier, Schlägl Urquell, Schlössl-Bräu (aus der Brauerei Stift Schlägl), Trumer Pils
FLASCHENBIER Drei Dutzend Spezialitäten, etwa: Kwak, Affligem Blonde, Amarcord Riserva Speciale, Anchor Porter, Beck's, Brew Dog Punk IPA, Crooked Stave Vieille Artinasal, Del Ducato La Prima Luna, Eggenberg Urbock 23°, Forstner 5 vor 12, Freistädter Elixier, Gouden Carolus Classic, Gregorius Trappistenbier, Schlägl In Primus, Schlössl-Bräu 1l-Henkelkrug, Wieselburger Stammbräu, Zipfer Pils
LOKAL Aus dem 1898 erbauten ehemaligen Bergbahn-Hotel wurde ein Restaurant mit gemütlicher Bar, Terrasse und großem Eventgarten: Von hier hat man den schönsten Blick über die Landeshauptstadt Linz. Sehr bemühte Küche und ein einwandfreier Service – wobei schon zum Aperitif ein Bier angeboten wird. Was aber besonders begeistert, ist die stetige Verbesserung des Bierangebots (kommentierte Bierkarte!) und der Bierpflege. Das hat dem Pöstlingberg Schlössl im Jahr 2010 die Auszeichnung als Oberösterreichs Bierlokal des Jahres eingebracht – woraufhin gleich weitere bierige Aktivitäten (Verkostungen, Anlegen eines Raritätenkellers) gefolgt sind. Restaurant: 180 Plätze, Terrasse: 200 Plätze, Eventgarten: 300 Plätze und – wahrscheinlich das kleinste Restaurant der Welt – Turm für zwei Personen.

Pöstlingberg Schlössl

STADTLIEBE

4020 Linz, Landstraße 31, +43/732/770605
www.stadtliebe.at
ÖFFNUNGSZEITEN Mo-Do: 10:30 bis 00:00 Uhr; Fr-Sa: 10:30 bis 2:00 Uhr; So: 10:00 bis 14:00 Uhr
FASSBIER Brew Age Eierbär, Freistädter Bio Zwickl, Gösser

Stadtliebe

Naturgold, Gösser Naturradler, Kaltenhauser 1475 Pale Ale, Orig. Linzer Bier (Brauerei Wieselburg), Rieder IPA, Schladminger Bio Schnee-Weisse, Schlägl – Bio Heimat Bier, Schlägl Zwickl Doppel Bock, Stadtliebe Kellerbier (Brauerei Zipf)
FLASCHENBIER Gösser Naturgold, Bierschmiede Meisterstück Pils, Boon Geuze Mariage Parfait, Boustaa IPA, Boustaa Macchiato Stout, Brew Age Affenkönig IPA, Brew Age Eisknacker, Brew Age Hopfenauflauf, Brew Dog Punk IPA, Brewdog Dead Pony Club, Edelguss Radler, Eggenberger Samichlaus, Freistädter Rotschopf, Gusswerk ‚Zum Wohl' glutenfrei, Gusswerk Dies Irae, Gusswerk Horny Betty, Gusswerk Krinnawible, Gusswerk Rhabarber Radler, Gusswerk Schwarzes Schaf Stout, Hackler Medizin Lager, Hofstettner Bio Hochland Honigbier, Neufeldner Mühlviertler Weisse, Rieder Dunkle Weisse, Rieder Weisse Alkoholfrei
LOKAL Der Ursulinenhof, von 1679 bis 1968 Kloster des Schulkonvents der Ursulinen, ist seit 1977 ein Kulturzentrum des Landes – und seit 2016 im Erdgeschoß die Stadtliebe eingezogen ist, ist er auch ein Zentrum der Bierkultur: Die Stadtliebe ist nach eigener Definition „kein Lokal, sondern eine Lebenseinstellung". Das schon im Pauls bewährte Team hat auf der Landstraße ein ebenfalls an Craftbier orientiertes Konzept umgesetzt. Zentrale Bar, viele Kühlschränke mit mehr oder weniger ausgefallenem Craftbierangebot. Dazu passendes Essen und freundliches Service. Jeden Sonntag Bierbrunch. 300 Plätze im Lokal.

STEFAN STUBM

4020 Linz, Garnisonstraße 30, +43/732/604080
www.stubm.at
ÖFFNUNGSZEITEN Mo-Fr: 11:00 bis 23:00 Uhr
FASSBIER Freistädter Bio Zwickl, Freistädter Ratsherrn Premium, Gösser Naturradler, Linzer Bier, Weihenstephaner Weißbier, Wieselburger Spezial
FLASCHENBIER Gösser Naturgold, Edelweiss alkoholfreies Weizenbier
LOKAL Ein Linzer Bierwirt, wie man ihn sich vorstellt – und

der seit einigen Jahren wieder Linzer Bier ausschenkt: Philipp Berndl, der schon lange Zeit hier im Service tätig war, hat 2019 gemeinsam mit Andrea Mair diese auf einfach und gemütlich getrimmte Stube mit kleiner Bar und einem Herd als Blickfang übernommen. Ein Großteil des früheren Teams ist weiterhin hier tätig, das garantiert Kontinuität, Das Bier wird teilweise in Tonkrügen ausgeschenkt und auch in der Küche eingesetzt. Zu den Essenszeiten ist es ratsam, früh zu kommen, die Stubm sind dann immer gut besucht. 80 Plätze, Kastaniengarten: 80 Plätze.

Stefans Stubm

STERN – CAFÉ-BAR

4020 Linz, Graben 30, +43/732/784182
www.krokodil.at/s_cafebar.php
ÖFFNUNGSZEITEN Mo-Do: 11:00 bis 00:00 Uhr; Fr: 11:00 bis 1:00 Uhr; Sa: 14:00 bis 1:00 Uhr; So: 14:00 bis 00:00 Uhr
FASSBIER Freistädter Bio Zwickl, Freistädter Ratsherrn Premium, Trumer Herbstbier, Trumer Pils, ein Saisonbier
FLASCHENBIER Gusswerk Austrian Amber Ale, Die Weisse Alkoholfrei, Die Weisse Hell & Dunkel, Green Betty, Gusswerk Black Sheep, Gusswerk Edelguss, Gusswerk Nicobar IPA, Gusswerk Jakobsgold Alkoholfrei, Urbankeller's Steinbier
LOKAL Der gemütlichste Stern in Linz bietet seinen Besuchern urbanen Flair mit außergewöhnlicher Beleuchtung, lässige Musik und bis Abends immer einen Happen zum Essen. Tagsüber bekannt für seine Barespressi und die Tagesgerichte aus dem Gelben Krokodil, verwandelt sich am Abend das Café in eine Bar. Ca. 60 Plätze, 12 an der Bar.

STIEGL-KLOSTERHOF

4020 Linz, Landstraße 30, +43/732/773373
www.klosterhof.at
ÖFFNUNGSZEITEN Derzeit geschlossen, öffnet wieder Mitte 2020
FASSBIER Stiegl Biere
LOKAL Dieser Linzer Traditionsbetrieb geht auf ein urkundlich 1595 erstmals erwähntes Renaissance-Haus zurück, das im Jahr 1626 von Abt Kaspar von Baumgartenberg erworben wurde. Bis 1928 beherbergte es die Studienbibliothek des Klosters Kremsmünster. Dann wurde der Klosterhof eingerichtet. Der Stiegl-Klosterhof verfügt über den größten Biergarten Oberösterreichs. Für jüngeres Publikum ist das Stieglitz, direkt an der Linzer Landstraße, das passendere Lokal. Der Stiegl-Klosterhof in Linz hat bis zur Jahresmitte 2020 geschlossen. Der neue Pächter Josef Gassner, welcher auch den Stiegl-Keller in Salzburg betreibt, freut sich, seine Gäste ab Mai/Juni 2020 im renovierten Klosterhof begrüßen zu dürfen.

Stiegl-Klosterhof

THE OLD DUBLINER

4020 Linz, Hauptplatz 15-16, +43/732/917050
www.theolddubliner.at
ÖFFNUNGSZEITEN Mo-Do: 17:00 bis 3:00 Uhr; Fr-Sa: 17:00 bis 4:00 Uhr; So: 17:00 bis 2:00 Uhr
FASSBIER Edelweiss, Gösser Lager & Lime, Guinness, Kilkenny
FLASCHENBIER Beck's, Budweiser, Chimay Bleue, Corona extra, Desperados, Duff, Edelweiss Alkoholfrei, Efes, Eggenberg Samichlaus, Eggenberg Urbock, Foster's, Freistädter Bio Zwickl, Gösser Naturradler, Grolsch, Heineken, Hofstetter Bio-Honigbier, Hofstetter Granit Bier, Hofstetter Kübelbier, Kwak, Lapin Kulta, Leffe Blonde, London Pride, Mythos (Griechenland), Newcastle Brown Ale, San Miguel, Schremser Hanfbier, Stiegl, Weihenstephan Weißbier, Wieselburger Stammbräu
LOKAL Ein „Hidden Gem" der oberösterreichischen Landeshauptstadt – nur ein kleines Guinness-Schild am Hauptplatz weist den Weg in einen langen Gang, der in ein verstecktes Pub im Hinterhaus führt. Es handelt sich um das erste (und in einer früheren Ausgabe des Bierguides ausgezeichnete) Irish Pub in Oberösterreich, das einige Jahre gesperrt war, aber 2011 neu übernommen wurde. Es wird seitdem mit viel Leidenschaft geführt – jedes Guinness wird mit einem Kleeblatt serviert und der Original Irish Coffee kommt flambiert

an den Tisch. Auch die Anzahl an internationalen Whiskys (45 Sorten) ist bemerkenswert. Die Öffnungszeiten sind schlichtweg sensationell, das Service bis in die frühen Morgenstunden freundlich. Ca. 60 Plätze.

The Old Dubliner

TRAMWAY IM STOCKHOF

4020 Linz, Stockhofstraße 27, +43/732/781564
gasthaus-tramway.jimdo.com
ÖFFNUNGSZEITEN Mo-Fr: 10:00 bis 22:00 Uhr
FASSBIER Freistädter, Freistädter Bio-Zwickl, Freistädter Ratsherrntrunk, Zipfer Urtyp
FLASCHENBIER Edelweiss Weizenbier, Edelweiss Weizenbier Alkoholfrei, Gösser Naturgold
LOKAL Helmut Mayrleb führt eines der originellsten Bierlokale Österreichs – die gesamte Einrichtung wurde an das Interieur historischer Linzer Straßenbahnzüge angeglichen. Beliebt für den Mittagstisch. Auf der Karte findet sich ein passendes Zitat von Charles Dickens: „Eine Gaststätte, in welcher man sich wohlfühlen kann, muss gerade groß genug um bequem, und klein genug, um behaglich zu sein." Trifft es sehr gut. 35 Sitzplätze im Stüberl, 16 an der Bar, 50 im Garten.

WIA Z'HAUS LEHNER

4040 Linz, Harbacher Straße 38, +43/732/730510 oder +43/699/12764964
www.wiazhaus-lehner.at
ÖFFNUNGSZEITEN Di-So: 11:00 bis 00:00 Uhr
FASSBIER Lehner's, Linzer Bier, Gösser Spezial, Gösser Stiftsbräu, Gösser Naturradler
FLASCHENBIER Edelweiss Hofbräu, Edelweiss Hofbräu Alkoholfrei, Gösser Naturgold, Weihenstephan Hefetrüb, Zipfer Drei
LOKAL Noch mitten in Urfahr – in einer Seitenstraße der Leonfelder Bundesstraße – aber doch schon fast am Land, liegt am Fuße des Bachlberges dieses 1847 gegründete Mühlviertler Wirtshaus. Es ist einer von knapp einem Dutzend Betrieben, die das von der BrauUnion wiederbelebte Linzer Bier anbieten. Linzer Bier – beziehungsweise „Linzer Goldquell", ein 5,8 Prozent starkes Spezialbier, war bis in die 1980er-Jahre die Spezialität der Poschacher Brauerei, die zur Brau AG gehört hat. „Linzer Bier Wirte" zeichnen sich dadurch aus, dass sie nicht nur dieses 2017 wiederbelebte Bier, sondern auch regionaltypische Speisen anbieten. Es gibt aber auch so feine saisonale Spezialitäten wie Spargelmousse mit Rhabarber – wobei Familie Koll stets darauf verweist, von welchen regionalen Produzenten die Rohstoffe kommen. Viele Feste im großen Garten, Fischen und Eisstockschießen am hauseigenen Fischteich. 60 Plätze in der traditionellen Gaststube, 45 im G'wölb (den ehemaligen Stallungen), 70 in der Lehner-Alm, bis zu 300 im SB-Garten und ca. 80 Plätze im Gastgarten mit Bedienung.

ZUM SCHIEFEN APFELBAUM

4020 Linz, Hanuschstraße 26, +43/732/660380
www.schieferapfelbaum.at
ÖFFNUNGSZEITEN Mo-Sa: 10:00 bis 00:00 Uhr; So: 10:00 bis 21:00 Uhr
FASSBIER Gösser Original, Gösser Zwickl Hell, Kaiser Premium, Linzer Bier, Weihenstephan Weizen, Gösser Naturradler
FLASCHENBIER Gösser Naturgold, Weihenstephan Weizen Alkoholfrei
LOKAL Eine der ältesten Gaststätten von Linz mit einem großen Biergarten gegenüber vom Kepler Universitätsklinikum. Sehr bodenständige oberösterreichische Küche. Wenn man im Gastraum ein Pochen von nebenan hört, kann man davon ausgehen, dass dort die Schnitzel zu einer unvergleichlichen Zartheit geklopft werden. Das Lokal gehört zu jener kleinen Gruppe von Gastronomiebetrieben, die das Linzer Bier wieder aufleben haben lassen. 90 Plätze im Lokal, 100 im Garten.

LOSENSTEIN

Gasthof Bräuhaus Marxrieser

GASTHOF BRÄUHAUS MARXRIESER

4460 Losenstein, Burgstraße 74, +43/7255/6214
ÖFFNUNGSZEITEN Mo: 10:00 bis 22:00 Uhr; Mi-So: 10:00 bis 22:00 Uhr
FASSBIER Zipfer Urtyp
FLASCHENBIER Edelweiss Hefetrüb, Edelweiss Weizen Alkoholfrei, Franziskaner Weizen Dunkel, Gösser Naturgold, Kaiser Doppelmalz
LOKAL Stattliches Gasthaus am Fuß der Burgruine Losenstein. Im Gastzimmer scheint die Zeit stehen geblieben zu sein – und allein das rechtfertigt einen Besuch. (Das gut gezapfte Zipfer aber ebenso). Eine Tafel im Lokal führt vor Augen, wie traditionsreich das Haus ist: Ursprünglich war es Meierhof (also Sitz der Wirtschaftsverwaltung) und Brauhaus der

Herrschaft Losenstein, erstmals 1339 erwähnt und 1670 bei der Erweiterung der Brauerei erstmals als solche beurkundet. Gebraut wurde hier bis 1913, seit 1924 ist das ehemalige Brauwirtshaus in Familienbesitz. 30 Plätze im Lokal, 20 im Gastgarten.

MATTIGHOFEN

BADHAUS & JAM ROCK CAFÉ

5230 Mattighofen, Moosstraße 28, +43/7742/2372
www.badhaus.at, www.jamrockcafe.at
ÖFFNUNGSZEITEN Di: 17:00 bis 00:00 Uhr; Mi-Sa: 10:00 bis 00:00 Uhr; So: 9:00 bis 15:00 Uhr

Badhaus & Jam Rock Café

FASSBIER Franziskaner Weißbier Hell, Guinness, braufrisches Zipfer Märzen vom Tank, Gösser Naturradler, ein wechselndes Saisonbier
FLASCHENBIER Desperados, Franziskaner Weizenbier Dunkel, Schnaitl Dunkel, Heineken, Uttendorfer Pils, Franziskaner Weizenbier Alkoholfrei, Zipfer Drei, Zipfer Hell Alkoholfrei
LOKAL Ursprünglich war das Badhaus ein Beherbergungs- und Gastronomiebetrieb für Kurgäste, die in der Mattig frische Lebensenergie tankten. Das Kurwesen gibt es längst nicht mehr, das Badhaus mit seiner gepflegt, traditionellen Gastronomie und der ungezwungenen Atmosphäre eines gemütlichen Landgasthofs blieb jedoch bestehen. Zudem wurde das Jam Rock Café eingerichtet. 200 Plätze im Badhaus, 70 Plätze im Jam Rock Café, 120 im Gastgarten.

MATTIGTALERHOF

5230 Mattighofen, Postgasse 18, +43/7742/2562
mattigtalerhof.at
ÖFFNUNGSZEITEN Mi-Fr: 14:00 bis 00:00 Uhr; Sa: 10:00 bis 00:00 Uhr; So: 10:00 bis 14:00 Uhr, 17:00 bis 23:00 Uhr
FASSBIER Uttendorf Export, Uttendorf Kellerbier
FLASCHENBIER Gusswerk Bio Austrian Amber Ale, Brauwerk Black & Proud Porter, Brew Age Dunkle Materie, Dietraching „Schwarze Tinte" Stout, Liefmans Fruitesse „on the rocks", Mohren Pfeffersack, Pinzga' Pale Ale, Rieder Honigbier, Rieder India Pale Ale, Schnaitl Dunkel, Schnaitl Frei, Schwendl Schalchner Weisse, Stift Engelszell Benno, Stift Engelszell Gregorius, Uttendorfer Pils, etc.
LOKAL Der Mattigtalerhof mit 2017 erneuerter Fassade ist ein gutbürgerlicher Gasthof, der sich besonders der Kultur der Bier-Region Innviertel annimmt: Gelegentlich gibt es Bierdinner, die der Obmann des Bierkonsumentenvereins BierIG kommentiert, aber auch die Standardkarte verrät, dass das Haus an keinen bestimmten Lieferanten gebunden ist, sondern sich schwerpunktmäßig mit Bieren aus dem Innviertel, Salzburg und Bayern eindeckt. Die Küche bietet innovative Speisen, die Zutaten hierfür stammen von regionalen Lieferanten. Eines der Highlights sind die „Home-created Currys" mit Innviertler Einkornreis und 12 Variationsmöglichkeiten. Auf der neu überdachten und beheizten Gartenterrasse wurde ein gemütlicher Platz geschaffen. Zwei kanadische Ahornbäume runden das stimmige Gefühl des Gastgartens ab.

MAUTHAUSEN

DONAUHOF – ESSEN.TRINKEN.SCHLAFEN

4310 Mauthausen, Promenade 30, +43/7238/2183
www.donau-hof.at
ÖFFNUNGSZEITEN Mo-Fr: 16:00 bis 00:00 Uhr; Sa-So: 10:00 bis 00:00 Uhr
FASSBIER Freistädter Bio Zwickl, Freistädter Rotschopf, Gösser Gold, Gösser Zwickl, Hofbräu Kaltenhausen Bernstein, Trumer Linzer Original, Trumer Pils, Trumer Zwickl
FLASCHENBIER Gösser Naturgold und Naturradler, Edelweiss Alkoholfrei, Edelweiss Hefe, Kaiser Doppelmalz, Kaiser Fasstyp
LOKAL Im August 2016 hat auf die Initiative eines Mitglieds der KGB (Kampagne für Gutes Bier) der Wirt Heimo Schöllbauer die dortig erste Bierverkostung mit Flaschenbieren der Freistädter Braucommune durchgeführt. Sie scheint gut angekommen zu sein. Seither führt das Haus, das direkt an der Donau und am Donauradweg unweit des Zentrums Mauthausen gelegen ist, deutlich mehr Biersorten. Neu erbaute Gästezimmer mit Blick auf die Donau. Gelegentliche Veranstaltungen wie Bierverkostungen, Sommerkonzert... 60 Sitzplätze im Wirtshaus, 10 an der Wirtshaus-Bar, 20 im Stüberl, 80 im Restaurant/Saal, 15 an der Restaurant-Bar, 20 im Innenhof beim Restaurant, 60 im Donau Gastgarten.

ED. KAISER'S GASTHAUS

4310 Mauthausen, Vormarktstraße 67, +43/7238/2294
www.edkaisers-gasthaus.at
ÖFFNUNGSZEITEN Mi-So: 10:00 bis 15:00 Uhr
FASSBIER Freistädter Bio Zwickl, Gösser Gold

FLASCHENBIER Andechser Weißbier Alkoholfrei, Andechser Weißbier Dunkel, Andechser Weißbier Hell, Edelweiss Alkoholfrei, Gösser Naturgold, Weihenstephaner Weizen Hell
LOKAL Andreas und Gabi Windner haben das Konzept ihres KultiWirts-Hauses geändert – jetzt gibt es nur noch mittags Wirtshaus, dafür kann man sich die Wirtshauskost für abends mit heimnehmen: Weinbeuschel, Gulasch vom Mühlviertler Rind oder Hühnersuppe gibt es im Glas, ebenso lokales Rapsöl oder Nudlen, Gewürze und Honig. Gekocht und Bier ausgeschenkt wird in dem seit 1929 „Ed Kaiser's Gasthaus" genannten Betrieb leider nur noch mittags. Das Ambiente mit alten Emailleschildern ist immer noch okay – und wenn sich Gruppen voranmelden, können sie hier durchaus auch am Abend feiern. 28 Plätze im Lokal, 2 Veranstaltungsräume mit 30 und 35 Plätzen, 50 Sitzplätze im Garten.

Ed. Kaiser's Gasthaus

MICHELDORF

TAVERNE IN DER SCHÖN

4563 Micheldorf, Schön 38, +43/7582/62438
www.taverne-schoen.at
ÖFFNUNGSZEITEN Mi: 10:00 bis 16:00 Uhr; Do-So: 10:00 bis 22:00 Uhr
FASSBIER Hirter Pils, Murauer
FLASCHENBIER Hirter, Hirter Morchl, Stiegl Goldbräu
LOKAL Einkehrgasthaus, das mit einem Getränkehandel kooperiert. 70 Sitzplätze.

ZUM SCHWARZEN GRAFEN

4563 Micheldorf, Gradnstraße 9, +43/7582/61160
www.schwarzergraf.at
ÖFFNUNGSZEITEN Di-Sa: 9:00 bis 00:00 Uhr; So: 9:00 bis 16:00 Uhr
FASSBIER Edelweiss, Gösser Gold, Gösser Stiftsbräu, saisonal: Oktoberbier
FLASCHENBIER Edelweiss, Heineken, Saisonbier, Schlossgold, Zipfer Medium
LOKAL Dieses uriges Gasthaus mit großer Stehbar befindet sich in einem 1828 errichteten Gebäude, das zu einem großen Sensenschmiedekomplex gehörte. Die Hammerschmiede galten als die „Schwarzen Grafen" der Region – und so fanden Angela Pfarrsbacher und Stephan Sarms 1997 den Namen für ihr Lokal. Im Sinne der Schwarzen Grafen wird natürlich auch das traditionelle Bier-Stacheln praktiziert. Das kulinarische Angebot – viele Wildgerichte! – wurde 2012 vom Landesjagdverband gewürdigt. 100 Sitzplätze im Lokal, 30 Plätze an der Bar, 40 Sitzplätze im Garten.

MÖRSCHWANG

DORFHAUS

4982 Mörschwang, Mörschwang 1, +43/7758/26714
www.dorfhaus.at
ÖFFNUNGSZEITEN Mo: 10:00 bis 00:00 Uhr; Do-So: 10:00 bis 00:00 Uhr
FASSBIER Rieder Bayerisch Märzen, Rieder helles Weißbier, Rieder Naturtrüb, Rieder Urecht
FLASCHENBIER Rieder alkoholfreies Weißbier, Rieder dunkle Weisse mit Hefe, Rieder Honigbier, saisonal: Rieder Kürbisbier
LOKAL Irmi und Günther Brand haben dieses ländliche Wirtshaus an der Stelle eines baufälligen Holzhauses über einem alten Keller errichtet und der kleinen innviertler Gemeinde damit wieder einen Kirchenwirt verschafft. Kleines feines Lokal mit lokaltypischem Essen (von Günther Brand teilweise mit Bier zubereitet) und gepflegte Bierkultur. Die Nebenräume der Gaststube wie der neugestaltete Seminarraum und der Veranstaltungssaal können mit oder ohne Ausschank genützt werden und dienen auch für Bälle, Feste, Stammtische, Chorproben, Sitzungen sowie als Wahllokal. 70 Sitzplätze im Lokal, 70 im Garten.

Dorfhaus

MONDSEE

SCHLOSSBRÄU MONDSEE

5310 Mondsee, Wredeplatz 1, +43/6232/5001-245
www.schlossmondsee.at/schlossbraeu
ÖFFNUNGSZEITEN Mo: 10:00 bis 14:00 Uhr, 17:00 bis 00:00 Uhr; Do: 10:00 bis 14:00 Uhr, 17:00 bis 00:00 Uhr; Fr: 10:00 bis 00:00 Uhr; Sa-So: 9:00 bis 00:00 Uhr
FASSBIER Stiegl
FLASCHENBIER Stiegl
LOKAL Das Schlossbräu in Mondsee ist ein Treffpunkt sowohl für Einheimische als auch für Hotelgäste des Schlosshotel Mondsee. Sehr schön „bierig" gestaltete Bar, nette Bedie-

nung. Die Karte bietet österreichische Küche mit internationalem Einschlag. 80 Sitzplätze im Lokal, 15 an der Bar, 45 im Garten.

Schlossbräu Mondsee

MOOSDORF

WIRT Z'FURKERN

5141 Moosdorf, Furkern 5, +43/7748/6195
ÖFFNUNGSZEITEN Mi-So: 10:00 bis 00:00 Uhr
FASSBIER Bayern Weisse Hell, Schnaitl Dunkel, Schnaitl Original
FLASCHENBIER Bayern Weisse Dunkel, Clausthaler, Franziskaner Weißbier Alkoholfrei, Schnaitl Pils, Schnaitl Radler Naturtrüb
LOKAL Hier stand schon um das Jahr 1300 ein Gasthof, im Jahr 2002 wurde er von Familie Hochradl auf den neuesten Stand gebracht und zu einem der schönsten Landwirtshäuser Oberösterreichs herausgeputzt – die alte Jukebox ist schon eine Rarität. Die Küche ist traditionell. 100 Sitzplätze in den Stüberln, bis zu 250 Sitzplätze im Saal, 100 Plätze im Garten.

MÜNZKIRCHEN

WÖSNER TENNE, GASTHOF WÖSNER

4792 Münzkirchen, Hofmark 12, +43/7716/7240
www.woesner.at
ÖFFNUNGSZEITEN Mi-Fr: 17:30 bis 00:00 Uhr; Sa: 9:00 bis 00:00 Uhr; So: 9:00 bis 15:00 Uhr
FASSBIER Stiegl-Goldbräu, Stiegl-Paracelsus Zwickl, Stiegl-Weisse, ein Saisonbier
FLASCHENBIER Desperados, Franziskaner Hefe-Weizen, König Ludwig Weizen, Stiegl Paracelsus Zwickl, Stiegl Weisse, Stiegl-Pils, Clausthaler
LOKAL Gäste können unter verschiedenen Lokaltypen in einem Haus wählen, die nach und nach in das seit 1900 im Familienbesitz stehende Gasthaus eingebaut wurden. Saisonale Schmankerln. Gaststube: 68 Plätze, Restaurant: 90-130, Ratsherrnkeller: 35, Wösner Tenne: 450, Bar Vincenzo: 70, Hopfengarten: 120 Sitzplätze, teilweise überdacht, Schanigarten: 30.

NEUKIRCHEN AN DER ENKNACH

GASTHAUS HOFER

5145 Neukirchen an der Enknach, Untere Hofmark 11
+43/7729/2282
www.gasthaus-hofer.com
ÖFFNUNGSZEITEN Mi-Do: 10:30 bis 14:00 Uhr, 17:00 bis 23:00 Uhr; Fr-So: 10:30 bis 23:00 Uhr
FASSBIER Franziskaner Hefeweizen, saisonal Stiegl Hausbier, Stiegl Zitronenradler
FLASCHENBIER Franziskaner Leichte Weisse, Stiegl Columbus 1492 Pale Ale, Stiegl Paracelsus Glutenfrei, Stiegl Sport-Weisse, Stiegl-Pils, Uttendorfer Pils
LOKAL Typisches Landgasthaus mit regionalen und saisonalen Angeboten. Ausgezeichnet als KultiWirt Innviertel 2020 mit der Note 1,1 in der Genussspechte-Wertung. Gudrun im Service und Franz in der Küche sorgen dafür, dass Gaumen und Gemüt mit regionalen und saisonalen Schmankerln verwöhnt werden. 90 Sitzplätze im Lokal, 55 im Gastgarten.

NEUKIRCHEN AN DER VÖCKLA

Beim Böckhiasl

BEIM BÖCKHIASL – BÖCKSBAR

4872 Neukirchen an der Vöckla, Hauptstraße 14
+43/7682/7106
www.boeckhiasl.at
ÖFFNUNGSZEITEN Di-Sa: 8:00 bis 00:00 Uhr; So: 8:00 bis 17:00 Uhr
FASSBIER Gösser Naturradler, Kilkenny, Weihenstephaner Hefetrüb, Zipfer Märzen
FLASCHENBIER Heineken, Zipfer Meisterwerke Pale Ale, Desperados, Edelweiss Hofbräu Alkoholfrei, Guinness (Dose), Veltins, Wieselburger Stammbräu (Bügelflasche), Zipfer Limetten Radler
LOKAL Andrea und Wolfgang Streibl betreiben diesen großen Einkehrgasthof in der Nähe der Zipfer Brauerei mit zentraler Bar, mehreren Gaststuben und einem Saal für Veranstaltungen sowie 2 Kegelbahnen. Besonders der Bereich rund um die moderne „Böcksbar" ist heimelig eingerichtet und bildet einen interessanten Kontrast dazu – von der altertümlich wirkenden Wandbemalung über den Kachelofen und den Herrgottswinkel bis hin zur Pendeluhr, die auch im nahen Museum Stehrerhof einen würdigen Platz finden könnte. 200 Plätze im Lokal, 220 im Saal.

NEUKIRCHEN BEI ALTMÜNSTER

ALMGASTHOF WINDLEGERN

4814 Neukirchen bei Altmünster, Kollmannsberg 122
+43/7617/2844
www.windlegern.at

ÖFFNUNGSZEITEN Mo: 10:00 bis 22:00 Uhr; Do-So: 10:00 bis 22:00 Uhr

FASSBIER Bierschmiede Meisterstück Pils, Stiegl-Goldbräu, Stiegl-Paracelsus Zwickl, Stiegl-Weisse, saisonal wechselnde Spezialbiere

FLASCHENBIER Bierschmiede Rotglut Altbayrisch Dunkel, Bierschmiede Werkstück Märzen, Stiegl Sport Weisse, Stiegl-Freibier, wechselnde belgische Bierspezialitäten

LOKAL Ein Ausflugslokal mit besonderem Flair: Hoch über dem Traunsee ist man ein wenig der Welt entrückt, die lange Anfahrt über eine gewundene Straße wird mit frisch gezapftem Stiegl belohnt. Die Stuben sind hell, viele Gäste scheinen aus der Region zu sein. Schöne Gästezimmer mit Himmelbetten. 130 Sitzplätze im Lokal, 120 Sitzplätze auf der Terrasse mit tollem Blick auf den Traunstein.

Almgasthof Windlegern

NEUMARKT IM HAUSRUCKKREIS

BRAUWIRTSHAUS NEUMARKT

4720 Neumarkt im Hausruckkreis, Marktplatz 23
+43/7733/20777
brauwirtshaus.com

ÖFFNUNGSZEITEN Mo: 9:00 bis 14:00 Uhr, 17:00 bis 00:00 Uhr; Mi-So: 9:00 bis 14:00 Uhr, 17:00 bis 00:00 Uhr

FASSBIER Ritterbräu Hefeweizen Hell, Ritterbräu Pils, Radler

FLASCHENBIER Clausthaler

LOKAL Stattliches Brauereiwirtshaus im Ortskern. Die Küche bietet ein 4-gängiges Biermenu mit den dazu passenden Bieren der Brauerei Ritterbräu (auf Vorbestellung). Gaststube für ca. 50 Personen, im neu eingerichteten Stüberl ca. 100 Sitzplätze, 70 im Brauwirtkeller.

NEUSTIFT IM MÜHLKREIS

FAMILIENGASTHOF WEISS

4143 Neustift im Mühlkreis, Pühret 5, +43/7284/8104
www.hotel-weiss.com

ÖFFNUNGSZEITEN Di-So: 8:00 bis 2:00 Uhr

FASSBIER Baumgartner Märzen, Paulaner Weizen, Schlägl Bio Roggen Naturtrüb, Schlägl Stifter Bier

FLASCHENBIER Baumgartner Pils, Cantillon Kriek, Clausthaler, Engelszell Benno + Gregorius, Hofstettner Granitbier, Hofstettner Honigbier, Hofstettner Kübelbier, Hofstettner Sündenbock, Neuzeller-Klosterbräu Schwarzer Abt, Schlägl Doppelbock, Schlägl Kristall, Schlägl Kristall Leicht, Schneider Weisse, Wolferstetter Dunkelweizen, Wolferstetter Weizen Alkoholfrei, Young's Double Chocolate Stout

LOKAL Familiär geführter Mühlviertler Landgasthof. Martina und Gerhard Weiss (er ist Bier-Sommelier und auch bei der BierIG engagiert) bieten eine umfangreiche Bier-Speisekarte mit Bierkulinarium, Pilsner Geschnetzeltes und Bier-Schmankerlmenü, Bierbuffet, Bierverkostungen, Mühlviertler Bierschnitzel, Bierfleischkas, Schweinsrücken in Bier-Kräutersaft'l, Kalbsmedaillons in Honig-Bier-Senfsauce, Salzburger Bierfleisch und Malzkartoffeln an. 150 Sitzplätze, Garten: 80 Sitzplätze.

OBERHOFEN AM IRRSEE

ZUR WESTBAHN

4894 Oberhofen am Irrsee, Römerhof 1, +43/6213/8219
www.hitzl.at

ÖFFNUNGSZEITEN Mo: 9:00 bis 00:00 Uhr; Do-Sa: 16:00 bis 00:00 Uhr; So: 9:00 bis 00:00 Uhr

Zur Westbahn

FASSBIER „s'Gscheite Bier", Hopfiges Helles Zwickl, Salomos Weisheit, Schönramer Altbayrisch Dunkel, Schönramer Helles, ein Saisonbier

FLASCHENBIER Bevog Ond Smoked Porter, Bevog Tak Pale Ale, Bierol Mountain Pale Ale, Bierschmiede Meisterstück Pils, Muttermilch – Wiener Bubi, Schönramer Grünhopfenpils, Schönramer Imperial Stout, Schönramer Saphir-Bock, Stift Engelszell Benno, Stift Engelszell Gregorius, Uttendorfer Pils

LOKAL Dieses gemütliche Lokal hat seinen Namen von der Lage unmittelbar an der Haltestelle Oberhofen/Zell am Moos. Der Trip lohnt: Die Chefin Anneliese Hitzl kocht selber – unter anderem „Zoamglegte Knödel in Butter mit geröstetem Selchfleisch". Und wenn der Sohn des Hauses selbst gebraut hat, gibt es auch dessen Biere zu verkosten. Von Zeit zu Zeit werden Bierverkostungen mit Speisenbegleitung und Anwesenheit einiger Brauer durchgeführt. 55 Sitzplätze in zwei Stuben, 70 unter den Kastanien im Garten.

OBERKAPPEL

GASTHOF SÜSS

4144 Oberkappel, Marktplatz 7, +43/7284/215
www.gasthofsuess.com
ÖFFNUNGSZEITEN Di: 17:00 bis 20:00 Uhr; Mi-Sa: 11:00 bis 14:00 Uhr, 17:30 bis 21:00 Uhr; So: 11:00 bis 14:00 Uhr, 17:00 bis 20:00 Uhr

Gasthof Süss

FASSBIER Edelweiss Weizen Hefetrüb, Gösser, Hofstetter Granit, Hofstetter Kübelbier, Kaiser Märzen, Kaiser Sport Radler, Schlägler Bio Roggenbier, Schlägler Zwickl
FLASCHENBIER Hofbräu Kaltenhausen – Cervinia Edition, dunkles Bier Brauerei Hofstetten, Edelweiss Weizen Dunkel, Freistädter Rotschopf, Gusswerk Das schwarze Schaf, Honigbier der Brauerei Hofstetten, Neufeldner Mühlviertler Weisse, Schiffner – Bio Leinsamen Bier, Schlossgold, Stiegl Columbus 1492 Pale Ale, Weihenstephaner Hefeweizen, Wieselburger Schwarzbier, Zipfer Medium
LOKAL Johannes Süss hat seinem alteingesessenen Gastbetrieb – seit 1885 im Familienbesitz und stets behutsam erneuert, die rustikale Stimmung in der Bar blieb erhalten – in den letzten Jahren besondere Bierkompetenz verliehen: Beim Fassbier-Angebot dominiert das Mühlviertel, zudem viele Biere der BrauUnion. 250 Sitzplätze im Lokal, 35 Plätze an der Bar, Gastgarten: 25 Sitzplätze.

OBERNBERG AM INN

ALTE SCHMIEDE

4982 Obernberg am Inn, Vormarkt Gurten 21
+43/7758/3688, +43/664/4012122
www.alteschmiede-obernberg.info
ÖFFNUNGSZEITEN Di-Sa: 17:00 bis 1:00 Uhr
FASSBIER Eggenberg Hopfenkönig, Radler, Schneider Weisse Dunkel
FLASCHENBIER Die Weisse, Birell Alkoholfrei, Raschhofer Zwickl, Schnaitl Dunkel, Schneider Weisse Hell
LOKAL In dem urigen Gewölbe mit viel Ziegeloptik, wo bereits vor über 250 Jahren das Schmiedefeuer loderte, werden jetzt ganz besondere Gaumenfreuden zubereitet. Vor einem Vierteljahrhundert wurde die alte Bausubstanz in einen Gastronomiebetrieb umgebaut. 70 Plätze im Lokal, 100 im Garten.

GASTHOF ZUR POST

4982 Obernberg am Inn, Marktplatz 8, +43/7758/40154
www.gh-zurpost.at
ÖFFNUNGSZEITEN Mo: 10:00 bis 22:00 Uhr; Do-So: 10:00 bis 22:00 Uhr
FASSBIER Rieder Naturtrüb, Rieder Urecht, Rieder Weisse Dunkel, Rieder Weisse Hell
FLASCHENBIER Schnaitl Dunkel, Uttendorfer Pils
LOKAL 2017 neu übernommer und renovierter Gasthof. Viele mit Bier zubereitete Gerichte (Chicorée Cremesuppe mit Weißbier und Weichkäse, Besoffene Wildsau, Zanderfilet auf Gemüse-Bierschaumsauce). 100 Sitzplätze in diversen Stüberln, 70 im Gastgarten.

OSTERMIETHING

WIRT Z' ERNSTING

5121 Ostermiething, Ernsting 6, +43/6278/6325
www.hausbrauereien.at/wirtsbraeu_ernsting
ÖFFNUNGSZEITEN Mo: 10:00 bis 22:00 Uhr; Mi: 17:00 bis 22:00 Uhr; Do-Fr: 10:00 bis 22:00 Uhr; Sa: 10:00 bis 17:00 Uhr; So: 10:00 bis 22:00 Uhr
FASSBIER Ernstinger Wirts-Bräu (aus der eigenen Hausbrauerei), Schnaitl Original
FLASCHENBIER Baumburger Kloster Weisse, Bayern Weisse Dunkel, Schnaitl Alkoholfrei, Schnaitl Dunkel, Schnaitl Pils de Luxe, Unertl Bio Dinkel Weisse Alkoholfrei
LOKAL Stefan Borer hat in einem 1875 gegründeten und immer noch sehr einfach und bodenständig wirkenden Gasthaus eine Gasthausbrauerei eingerichtet: laufend wechselnde Angebote mit typisch bierigen Speisen, in denen Bier verkocht wird. 70 Sitzplätze im Lokal, bis zu 100 Sitplätze im Garten.

OTTENSHEIM

THOR-BRÄU DAS BRAUHAUS IN OTTENSHEIM

4100 Ottensheim, Hostauerstraße 2, +43/676/4609534
www.thor-braeu.at
ÖFFNUNGSZEITEN Mo: 11:00 bis 13:30 Uhr; Fr: 14:00 bis 22:00 Uhr
FASSBIER Mühlviertler Landbier, Mühlviertler Vierkorn, Ottensheimer Spezial, Zaubertaler Altbier

FLASCHENBIER Chilibier, India Pale Ale, Mühlviertler Weisse, Schlotfeger Rauchbier, Whisky Ale
LOKAL Modern gestaltete Bierbar mit Blick auf die Brauanlage, die in einem ehemaligen Fleischerbetrieb eingebaut wurde. Auch wenn der Name des Thor-Bräu auf altnordische Verbindungen hindeutet, ist es nach offizieller Lesart von Ingo Laska einfach eine Abkürzung für „Tradition, Handwerk, Originalität und Reinheit", wofür auch der Ottensheimer Brauanlagenbauer Labu steht. Die ganze Familie ist dem Bier verbunden, es gibt Bierlikör, Biermarmelade, Bierbrand, Schwarz- und Pilsbier-Essig sowie einen Hopfengeist von Ingos Schwester. 30 Sitzplätze und 8 Stehplätze in dem kleinen Lokal, 38 im Garten.

Thor-Bräu – Das Brauhaus in Ottensheim

PASCHING

ROBKINS OLD IRISH PUB

4061 Pasching, Tennispointstraße 1, +43/676/848811220
www.irish-pub.at
ÖFFNUNGSZEITEN Mo-Do: 18:00 bis 00:00 Uhr; Fr-Sa: 18:00 bis 2:00 Uhr; So: 18:00 bis 00:00 Uhr
FASSBIER Edelweiss Weizen, Gösser Zwickl, Gösser Zwicklbier, Guinness, Kilkenny, Wieselburger
FLASCHENBIER Heineken, American Bud, Desperados, Edelweiss Alkoholfrei, Hofstettner Granit Bier, Zipfer Hell Alkoholfrei, ein wechselndes Monatsbier
LOKAL Gemütliches Pub mit viel Holz- und Ziegeloptik. Am St. Patricks Day wird besonders gefeiert, da gibt es zu jedem irischen Getränk einen Jameson Whisky gratis dazu. Es lohnt, jeweils nach dem Monatsbier zu fragen, da waren vom Bayreuther Hell über das Hop House 13 bis zum Alphatier schon sehr unterschiedliche Brauereien mit ihren Bieren zu Gast. Wie es sich für ein Irish Pub gehört, gibt es natürlich auch Cider – und zwar gleich 7 verschiedene. Neben den Bieren gibt es auch Cocktails sowie 12 Eisteespezialitäten, 8 Milchshakes und 10 diverse Kakao. Zu Essen gibt es Kleinigkeiten zum Bier. 85 Sitzplätze im Lokal, 50 Sitzplätze im Garten.

PERG

WIRTSHAUS HOFER

4320 Perg, Herrenstraße 9, +43/7262/52588
www.hoferwirt.com
ÖFFNUNGSZEITEN Mo: 10:00 bis 23:00 Uhr; Di: 10:00 bis 14:30 Uhr; Mi-Fr: 10:00 bis 23:00 Uhr; So: 9:00 bis 12:00 Uhr
FASSBIER Gösser Zwickl, Puntigamer ‚das Bierige', Schlägl Kristall
FLASCHENBIER Andechser Weißbier, Edelweiss Hofbräu, Freistädter Ratsherrntrunk, Freistädter Rotschopf, Gösser Naturgold,Edelweiss Alkoholfrei
LOKAL Edith Aistleitner führt den Hoferwirt, ein gepflegtes Wirtshaus im Zentrum von Perg. Dunkles und helles Holz der Einrichtung sorgen für einen gepflegten, urigen Charakter. Ca. 45, acht an der Bar. 45 im Gastgarten.

PETTENBACH IM ALMTAL

BIERHOTEL RANKLLEITEN

4643 Pettenbach im Almtal, Ranklleiten 8
+43/699/14133140
www.ranklleiten.com
ÖFFNUNGSZEITEN Mo-Fr: 16:00 bis 22:00 Uhr; Sa-So: 11:00 bis 22:00 Uhr
FASSBIER Schloss Eggenberg Bio Naturtrüb, Schloss Eggenberg Hopfenkönig, ein Gastbier
FLASCHENBIER Spezialitäten von Ried, Hofstetten, Gusswerk, Stift Schlägl, Engelszell
LOKAL Bierlokal des Jahres, siehe Seite 192.

PREGARTEN

BRUCKMÜHLE

4230 Pregarten, Bahnhofstraße 12, +43/650/3054233
www.bruckmuehle.at
ÖFFNUNGSZEITEN Mo: 17:00 bis 00:00 Uhr; Mi-Sa: 11:00 bis 14:00 Uhr, 17:00 bis 00:00 Uhr; So: 10:00 bis 18:00 Uhr
FASSBIER Freistädter Bio Zwickl, Freistädter Ratsherrn Premium, Hofstetter Granit, Radler (Freistädter mit Almdudler)
FLASCHENBIER Franziskaner Weizen, Freistädter Pegasus, Freistädter Zwickl Radler, Franziskaner Alkoholfrei, Zwettler Luftikus Alkoholfrei
LOKAL Ein Zugang im Erdgeschoß des alten Traktes der Steingutfabrik führt direkt in das Gasthaus. Eine schlichte Inneneinrichtung aus Metall, Holz und Glas, Transmissionsstangen und Riemenscheiben an der Holzdecke oder alte Gussformen aus Gips zur ehemaligen Herstellung von Tafelgeschirr schaffen eine außergewöhnliche Atmosphäre und Erinnerungen an eine glanzvolle Produktionszeit werden dadurch geweckt. Die original belassenen Industriefenster fassen ein historisches Ambiente mit Ausblick in die Natur und zum Fluss.

PUCKING

GASTHAUS STEINDL

4055 Pucking, Hasenufer 12, +43/7229/87544
www.gasthaus-steindl.at
ÖFFNUNGSZEITEN Mo-Sa: 8:00 bis 00:00 Uhr
FASSBIER Grieskirchner Pils, Grieskirchner Tradition, Paulaner Hefeweizen, Saisonbiere
FLASCHENBIER Clausthaler, Paulaner Hefeweizen Alkoholfrei
LOKAL Günther und Karoline Steindl haben den Traditionsbetrieb (er wurde im Jahr 1883 gegründet) nett herausgeputzt und servieren zum gepflegten Bier ein Bratl in der Rein, Ripperl und im Herbst Wild oder Gansl. Fünf große Kastanienbäu-

me spenden viel Schatten im Gastgarten rund um einen schönen Brunnen aus Granit, unmittelbar am Traun-Radweg. 120 Sitzplätze im Lokal, im Garten 70 Sitzplätze, 10 an der Bar.

REICHERSBERG AM INN

FRANZL'S STIFTSBRÄUSTÜBERL REICHERSBERG

4981 Reichersberg am Inn, Nr. 1, +43/7758/2324
www.franzls.at
ÖFFNUNGSZEITEN Mo-So: 8:00 bis 00:00 Uhr

Franzl's Stiftsbräustüberl Reichersberg

Franzl's Hof- und Landküche

FASSBIER Gösser Stift Dunkel, Raschhofer Klassik Hell, Raschhofer Weißbier, Zipfer Märzen, Gösser Naturradler
FLASCHENBIER Raschhofer dunkles Weißbier, Raschhofer Pils, Gösser Naturgold, Hofbräu Weizen Alkoholfrei,
LOKAL Dieses Lokal hat früher einer von 1350 bis zum Zweiten Weltkrieg bestehenden kleinen Stiftsbrauerei als Ausschank gedient. Vom kleinen, schattigen Gastgarten hat man einen schönen Blick über den Inn weit hinein nach Bayern. Geboten wird Innviertler- und Österreichische Wirtshausküche. 250 Sitzplätze im Lokal, 10 Plätze an der Bar, 220 Sitzplätze im Garten.

RIED IM INNKREIS

BIERGASTHOF RIEDBERG

4910 Ried im Innkreis, Südtiroler Straße 11
+43/7752/826100
www.riedberg.at
ÖFFNUNGSZEITEN Mo-Fr: 16:00 bis 00:00 Uhr

FASSBIER Rieder Märzen, Rieder Naturtrüb, Rieder Weißbier Hell, Zuser's Bürgerbräu (Sondersud der Rieder Brauerei), ein Monatsbier
FLASCHENBIER Brew Age (Affenkönig Imperial IPA), Brew Dog Hardcore IPA, Brewdog Sink the Bismark, Chimay Grande Réserve, Delirium Tremens, Forstner 5 vor 12 Barley Wine 2011, Frank Boon Kriek, Geuze Mariage Parfait, Guinness, Nussknacker (Barley Wine), Rieder Weißbierbock, Samichlaus, sämtliches Trappistenbier, Samuel Adams Utopias, Schneider Aventinus Eisbock, Schorschbock 57 %, Tre Fontane Trappistenbier, etc.
LOKAL Karl Zuser ist einer der Stars der modernen Bierkultur in Österreich – sein Bierkeller, der auch mit einer großen Auswahl an gereiften Bieren bestückt ist, ist eine Sehenswürdigkeit für sich. Dort und auf der Bierkarte im Lokal findet man nicht nur die Biere der Innviertler Bierszene, für die er monatlich einen Stammtisch ausrichtet. Dazu gibt es auch monatlich wechselnde Biermenüs – und wer es lieber alkoholfrei möchte, kann auch unter mehreren alkoholfreien Bieren wählen. Alle Biere werden sachgerecht kommentiert, dafür gab es (neben der Auszeichnung als Bierlokal des Jahres im Bier Guide 2014) beim Bierkultur-Mystery-Check die höchste Punktezahl und auch Auszeichnungen für die Mitarbeiterinnen. 145 Sitzplätze gesamt in drei abgetrennten Räumlichkeiten (Bürgerstube, Konventstube und Claudi Saal), gemütlicher, schattiger Biergarten.

Biergasthof Riedberg

Riedberg BIERGASTHOF HOTEL
DIPLOM BIERSOMMELIER KARL ZUSER JUN.

BRAUGASTHOF TRÄGER

4910 Ried im Innkreis, Rossmarkt 27, +43/7752/82160
www.hotel-traeger.at
ÖFFNUNGSZEITEN Mo-Di: 8:00 bis 00:00 Uhr; Mi-Fr: 16:30 bis 1:00 Uhr; Sa: 8:00 bis 00:00 Uhr
FASSBIER Rieder dunkles Zwickl, Rieder Märzen, Rieder Naturtrüb, Rieder Weißbier Dunkel, Rieder Weißbierbock, Rieder Zwickl Naturtrüb, ein Saisonbier
FLASCHENBIER Arco Weissbier Alkoholfrei, Honigbier, Kürbiskernbier, Rieder IPA, Rieder Leichte Weisse, Rieder Pils, Rieder Stelzhamer, Rieder UrEcht, Rieder Weisse Alkoholfrei, Clausthaler
LOKAL Familienbetrieb, der bereits in 4. Generation geführt wird – hier war von 1931 bis 1981 die 1. Oberösterreichische Weißbierbrauerei untergebracht. Die Brauerei wurde schließlich in ein Museum umgewandelt, das auch heute noch während der Öffnungszeiten des Gasthofes besichtigt werden kann. Die Gaststube wurde behutsam renoviert. Biersuppe, Braumeister-Steak mit Bier-Cognacsauce und verschiedenen Beilagen auf Vorbestellung! 140 Sitzplätze im Lokal, 10 Plätze an der Bar, Garten: 30 Sitzplätze.

Braugasthof Träger

TRÄGER BRAUGASTHOF

BRAUWIRTSHAUS Z'RIED

4910 Ried im Innkreis, Am Kellerbräuberg 1, +43/7752/70330
ÖFFNUNGSZEITEN Mo-Fr: 11:00 bis 14:00 Uhr, 17:00 bis 00:00 Uhr
FASSBIER Rieder Kellerbräu Naturtrüb, Rieder Märzen, Rieder Weißbier, Stiegl-Pils
FLASCHENBIER Rieder Weißbier Dunkel, Saisonbier
LOKAL Diese Gaststätte ist über 550 Jahre alt – zumindest deuten Teile der Holzdecke auf dieses hohe Alter. Das Lokal war früher Ausschank des benachbarten Kellerbräu – einer der ältesten Brauereien Österreichs, die 2013 ihren Betrieb eingestellt hat. Die Gaststätte wechselte den Besitzer und das Bier – es kommt von der nahen Brauereigenossenschaft. Jährlich gestaltet Walter Egger seinen humoristischen Jahresrückblick, das „Derblecken" in diesem Haus. Traditionelle Österreichische Küche. Ca. 120 Sitzplätze im Lokal, 17 Plätze an der Bar und 170 Sitzplätze im Gastgarten.

Brauwirtshaus Z'Ried

BRAU WIRTSHAUS Z'RIED

THE IRISH VIKING PUB

4923 Ried im Innkreis, Rainerstraße 23, +43/676/5099421
www.irish-viking-pub.at
ÖFFNUNGSZEITEN Di-Sa: 18:00 bis 2:00 Uhr
FASSBIER Guinness, Heineken, Kilkenny, Starobrno, Zipfer Märzen, Radler, Edelweiss Hell
FLASCHENBIER Corona, Desperados, Edelweiss Alkoholfrei, Edelweiss Dunkel, Edelweiss Hofbräu, Gösser Naturradler, Heineken, London Pride, New Castle Brown Ale, Schlossgold
LOKAL Heinz Schauberger hat das seit 1998 bestehende „Old Irish Pub" behutsam renoviert – es ist nun Treffpunkt junger Fans der irischen Trinkkultur (mehr als 100 verschiedene Whiskys stehen zur Auswahl), aber auch ältere Gäste haben hier offensichtlich Spaß. Wer dazu gehören will, kleidet sich schwarz – entsprechende Merchandise ist ebenfalls erhältlich. Jeden dritten Mittwoch im Monat „open stage", jeden Freitag ist „Burgertime". 30 Plätze im Lokal, 20 Plätze an der Bar, 20 im Schanigarten.

TIROLER BUA

4910 Ried im Innkreis, Linzer Gasse 2, +43/7752/82363
+43/664/3463974
www.tiroler-bua.at

ÖFFNUNGSZEITEN Mo: 10:00 bis 14:30 Uhr, 17:00 bis 00:00 Uhr; Do-Sa: 10:00 bis 14:30 Uhr, 17:00 bis 00:00 Uhr; So: 10:00 bis 00:00 Uhr

FASSBIER Rieder Dunkel naturtrüb, Rieder Urecht, Rieder Weißbier, Rieder Zwickl Dunkel

FLASCHENBIER Rieder Bayrisch Märzen, Rieder IPA, Rieder Weisse Alkoholfrei, Rieder Weisse Dunkel, Clausthaler

LOKAL Schon im Jahr 1595 wurde an dieser Stelle ein Bäcker „In der Höll" erwähnt, der Name leitet sich wahrscheinlich von der Enge des damaligen Linzer Tores ab. Jahrzehntelang war dann der Platzlwirt in den alten Gewölben – seit 2018 ist dann ein echter Tiroler Bua, der aus Wörgl stammende Johannes Gogl, hier eingezogen und hat die bisher auf Oberösterreich bezogene Dekoration seiner Herkunft angepasst. Und ebenso die Speisekarte: Zwar sind Innviertler und Tiroler Küche einander ähnlich, aber eine Tiroler Speckknödelsuppe oder den als Wildschönauer Hausmittel geschätzten Rübenschnaps Krautinger findet man eben nur hier. Passt alles gut zum Rieder Bier. Jeweils im März gibt es an den Samstagen einen Bier-Brunch, bei dem man unter anderem Hopfenbrot, Bier-Weißkraut und Biermousse mit Rieder Schwarzmann-Bier kosten kann. 110 Sitzplätze im Lokal, 10 Plätze an der Bar plus 90 Sitzplätze im Gastgarten.

Tiroler Bua

WEBER BRÄU

4910 Ried im Innkreis, Weberzeile 1, +43/7752/80296
www.weberbraeu.at

ÖFFNUNGSZEITEN Mo-Mi: 10:00 bis 23:00 Uhr; Do-Fr: 10:00 bis 00:00 Uhr; Sa: 10:00 bis 23:00 Uhr

FASSBIER Rieder Naturtrüb, Rieder Urecht, Rieder Weisse Hell, Rieder Zwickl Dunkel, Weberbräu, Radler, ein Bier des Monats

FLASCHENBIER Rieder Dunkle Weisse, Rieder India Pale Ale, Rieder Leichte Weisse, Rieder Lemon Radler, Rieder Weisse Alkoholfrei, Rieder Alkoholfrei

LOKAL Große Bierkarte mit nationalen und internationalen Bieren. Modern gestaltete Gaststätte im Shopping Center Weberzeile, in gewisser Weise das Aushängeschild der Brauereigenossenschaft Ried. Im unteren Bereich, der mit Biertanks dekoriert ist, überwiegt der Bar-Charakter (und ein großer Kühlraum ist auch für Craftbiere eingerichtet), im Obergeschoß befindet sich der Restaurantbereich (90 Personen) mit modern interpretierter Hausmannskost, ein extra Claudi-Stüberl für bis zu 45 Personen, im Erdgeschoß eine gemütliche Bar mit Biercocktail-Angebot, die Mo-Sa von 10:00 bis 00:00 Uhr geöffnet ist.

Weber Bräu

Weber BRÄU
GMIATLICH UND GUAT

ROHR IM KREMSTAL

SCHUPF'N

4532 Rohr im Kremstal, Oberrohr 10, +43/7258/7073
www.schupfn.at

ÖFFNUNGSZEITEN Di-So: 11:00 bis 22:00 Uhr

FASSBIER Ennstaler Weisse (Brauerei Schladming), Gösser Gold, Gösser Naturgold, Saisonbiere, Schupf'n Naturtrüb (Zwicklspezialität aus dem Hause Zipfer), saisonal Oktoberbier, Weihnachtsbock

FLASCHENBIER Wieselburger Dunkel, Wieselburger Stammbräu Affligem Blond, Craftbiere, Edelweiss Hoamatradler, Edelweiss Weißbier Alkoholfrei, Gösser Kracherl

LOKAL Die Kulti- und Genusswirte Silke und Reinhard Guttner haben einen ehemaligen Schupfn (der Scheune des gegenüber liegenden Bauernhauses) 1998 zu einer rustikal wirkenden Gaststätte eingerichtet. Hier wird in letzter Zeit auch immer mehr Craftbier ausgeschenkt – ein eigener Kühlschrank mit Glasfront macht das wechselnde Angebot transparent. Zentral angelegt die Bierbar und das Buffet. Auf der Speisekarte mit Produkten ausschließlich aus der Region findet sich auch ein Braumeistergulasch (Rindsgulasch im Schupfnbräusaft „angesetzt"), dazu gibt es im Jänner die Bierwochen: Zwicklbiersuppe, Rostbraten im Zwiebel-Malzbierrahm, Pils-Käsespätzle und Karpfen im

Bierteig – anschließend dazu Bierpunsch und Bierbowle. Und das ganze Jahr über gibt es das bierige Käseangebot aus der nahen Stiftskäserei Schlierbach. Dazu gehörige „Schupf'n Alm" für Feiern bis 20 Personen (Selbstversorger). 80 Sitzplätze im Lokal, 30 Plätze an der Bar, 80 Sitzplätze im Garten.

ROHRBACH

B34 – ESSEN I TRINKEN I FEIERN

4150 Rohrbach, Stadtplatz 34a, +43/7289/21301
www.b34.at
ÖFFNUNGSZEITEN Di-Do: 10:00 bis 00:00 Uhr; Fr-Sa: 10:00 bis 2:00 Uhr
FASSBIER b34 Bräu (Eigenmarke), Gösser Zwickl, Hofstetter Granit, Schlägl Urquell
FLASCHENBIER Heineken, Andechser Weißbier, Bevog Baja, Bevog Deetz Golden Ale, Bevog Rudeen Black, Boon Geuze Mariage Parfait, Boon Kriek Mariage Parfait – Porter, Brew Age Affenkönig, Brewdog Jack Hammer, Samichlaus u.v.m.
LOKAL Aufgrund eines Brandes im Frühjahr 2019, bei welchem das Restaurant Bertlwieser's zerstört wurde, startete Michael Bertlwieser im Jänner 2020 mit einem neuen Namen und einem neuen Design-Konzept neu durch – seine Bierkompetenz ist geblieben.

LANDGASTHOF DORFNER

4150 Rohrbach, Stadtplatz 25, +43/7289/4332
www.gasthof-dorfner.at
ÖFFNUNGSZEITEN Mo-Fr: 8:00 bis 14:00 Uhr, 18:00 bis 00:00 Uhr; So: 8:00 bis 15:00 Uhr
FASSBIER Schlägler Bio Roggenbier, Schlägler Kristall, Schlägler Stifter-Bier, Schlägler Urquell
FLASCHENBIER Andechser Weizen, Schlägler Malz, Schlägler Pils
LOKAL Bierorientiertes Wirtshaus im Mühlviertler Hopfenanbaugebiet – direkt gegenüber vom Rathaus in Rohrbach. Auf den Tischen finden sich Aufsteller mit einem Tischgebet, das Kruzifix hängt an der Wand, alles sehr authentisch. Die Wirtin Ernestine Zippusch ist nicht nur in der katholischen Frauenbewegung engagiert, sie organisiert auch Verkostungen, zeigt Brauereivideos und serviert Trebernbrot und Mühlviertler Bierschnitzel. 70 Sitzplätze im Lokal, 150 im Garten.

RUTZENHAM BEI SCHWANENSTADT

ZUM ALFONS

4690 Rutzenham bei Schwanenstadt, Bergern 2
+43/7673/2442
www.zum-alfons.at
ÖFFNUNGSZEITEN Mi-So: 16:00 bis 00:00 Uhr

FASSBIER Alfons Bräu Hell, Bockbier (saisonal), Weizen
FLASCHENBIER Franziskaner Weizen Alkoholfrei, Gösser Naturgold, Zipfer Märzen
LOKAL Auf den ersten Blick ein Bauernhof wie viele andere, auf den zweiten ein gut besuchtes Ausflugslokal. Wenn man aber eintritt, eröffnet sich eine völlig neue Welt des Biergenusses. Die Wirtsleute Alfons und Dorothe, die den Betrieb – der 2001 oberösterreichisches Bierlokal des Jahres war – seit mehr als 20 Jahren immer mit guter Laune führen, haben sich darauf spezialisiert, die Gäste mit lustigen Aktionen zu unterhalten: Und weil es so viel Spaß macht, hat Alfons ein ganzes Souvenirshop aufgebaut, in dem es unter anderem den hauseigenen Bier-Honig gibt – aber er hat auch schon 36.000 Teddybären an seine Gäste verkauft. Sehenswert auch der zum Gastgarten ausgebaute Innenhof mit teils überdachten Lauben, die im Herbst und Winter sogar beheizt werden können – übrigens gibt es hier auch eine Fotovoltaikanlage mit 150 Quadratmetern Fläche. Im Winter befindet sich im Innenhof eine Kunsteisstockbahn. Ca. 200 Sitzplätze im Lokal, 20 an der Bar, Garten: 200 Sitzplätze und 15 Stehplätze.

SANKT GEORGEN AM WALDE

BRATL-BRÄU

4372 Sankt Georgen am Walde, Markt 13, +43/7954/2203
www.bratl.at
ÖFFNUNGSZEITEN Mo: 7:30 bis 13:30 Uhr, 16:00 bis 00:00 Uhr; Mi-Sa: 7:30 bis 13:30 Uhr, 16:00 bis 00:00 Uhr; So: 8:30 bis 22:00 Uhr

Bratl-Bräu

FASSBIER 4sam Bräu (Märzen), Bratl Weizenbier, Friedis Eselbräu
FLASCHENBIER Bratlbräu Waldreich, Corona, Heineken, Wieselburger Stammbräu
LOKAL Dieses Haus schafft es, bodenständige Mühlviertler Gastlichkeit mit gediegener Bierlokalatmosphäre zu verbinden. Der Braugasthof Sengstbratl verfügt nicht nur über eine kleine Brauerei, die gerne vorgeführt wird, sondern auch über eine angeschlossene Fleischerei, die auch die Zutaten für die bierigen Speiseangebote liefert. Einmal im Monat Brauerstammtisch mit Verkostung rarer Biere. 150 Plätze im Lokal, 30 an der Bar, 70 im Garten.

SANKT GEORGEN AN DER GUSEN

LONGHORN SALOON

4222 Sankt Georgen an der Gusen, Mauthausener Straße 76, +43/7237/5354
www.longhorn-saloon-texas.at

Longhorn Saloon

ÖFFNUNGSZEITEN Di-So: 10:00 bis 00:00 Uhr
FASSBIER Puntigamer Panther, Zipfer Urtyp
FLASCHENBIER Corona, Desperados, Edelweiss, Erdinger Weißbier, Gösser Naturgold, Guinness (Dose), Kaiser Fasstyp, Kilkenny, Zipfer Urtyp Medium
LOKAL Dieses Country-Lokal in texanischem Stil könnte so wie es ist tatsächlich auch in den USA ist funktionieren. Vorwiegend männliche Gäste (Biker und Reiter sind willkommen), Livemusik an Freitagen im Sommer – und immer wieder neue Ideen für Feste, etwa ein Western-Halloween. 34 Plätze im Lokal, 16 an der Bar, 62 im Garten.

SANKT GEORGEN IM ATTERGAU

ATTERGAUHOF

4880 Sankt Georgen im Attergau, Attergaustraße 41 +43/7667/6406
www.attergauhof.at
ÖFFNUNGSZEITEN Mo-So: 10:00 bis 23:00 Uhr
FASSBIER Gösser, Hirter, Zipfer
FLASCHENBIER Gösser Naturgold, Edelweiss Weißbier, saisonale Craftbiere
LOKAL Dass es sich hier um ein gestandenes Bierlokal han-

delt, sieht man gleich: An den Wänden hängen Bilder mit Wirtshausszenen, an die hölzerne Decke hat ein Künstler wohl schon vor sehr langer Zeit Bierkrüge, Hopfenranken und Getreideähren gemalt. Die unkomplizierte SAS-Bar hat Kultstatus in der Region, es gibt sie seit bald 50 Jahren und sie ist an den Abenden von Freitag und Samstag geöffnet. Zu anderen Zeiten empfiehlt sich das Restaurant mit guter Bierpflege und freundlicher Bedienung. 28, Sitzplätze in der Gaststube, 40 im Stüberl, 22 in der Lounge, bis zu 200 Plätze im Blauen Saal und 50 Sitzplätze auf der Garten-Terrasse.

SANKT MARTIN IM INNKREIS

HOFWIRTSHAUS

4973 Sankt Martin im Innkreis, Diesseits 10
+43/650/9869138
www.hofwirtshaus.at
ÖFFNUNGSZEITEN Mo: 10:30 bis 14:00 Uhr; Di-Fr: 10:30 bis 14:00 Uhr, 17:00 bis 00:00 Uhr; Sa: 16:00 bis 00:00 Uhr; So: 10:00 bis 14:30 Uhr
FASSBIER Arcobräu Urfass, Arcobräu Weißbier Hell, Arcobräu Zwickl
FLASCHENBIER Arcobräu Hefeweißbier Alkoholfrei, Arcobräu Hefeweißbier Dunkel, Arcobräu Mooser Liesl, Arcobräu Urfass Alkoholfrei
LOKAL Sehr eindrucksvolles altes Wirtshaus mit modernem Interieur und einer sehr einladenden, zentralen Bar. Im Sommer jeden Donnerstag ab 18.00 Uhr Grillabend. Von Oktober bis Weihnachten jeden Sonntag großes Wildbuffet, im September gibt es Bier-Schnaps-Bratl mit kommentierter Bierverkostung. 140 Plätze, 30 an der Bar, Garten: 80 Sitzplätze.

SANKT PANTALEON

STIEGL-GUT WILDSHUT – ÖSTERREICHS ERSTES BIERGUT

5120 Sankt Pantaleon, Wildshut 8, +43/6277/64141
www.biergut.at
ÖFFNUNGSZEITEN Mi-So: 10:00 bis 22:00 Uhr
FASSBIER Wildshuter Biere
FLASCHENBIER Stiegl-Goldbräu, Stiegl-Paracelsus Glutenfrei, Stiegl-Paracelsus Zwickl, Wildshuter Biere
LOKAL Öffentliche Anreise wird ausdrücklich empfohlen: Wildshut ist eine eigene Station der Salzburger Lokalbahn – von hier sind es nur wenige Minuten zum Biergut. Der bierige Krämerladen ist der zum „ersten Biergut Österreichs" gehörige Bierausschank. Mit viel Aufwand wurde hier eine Brauanlage (sie stand ehemals in der Stiegl-Brauwelt) und eine moderne Holzarchitektur mit den alten Gebäuden verbunden. Stiegl-Chef Heinrich Dieter Kiener hat hier landwirtschaftliche, ökologische und brautechnische Kompetenz zusammengeführt – und natürlich erweist sich Stiegl auch als guter Gastgeber. So werden in einer Bio-Landwirtschaft alte, vom Aussterben bedrohte Tierrassen gehalten und in Vergessenheit geratene Urgetreidesorten kultiviert, die Stiegl als einzige Brauerei Österreichs selbst vermälzt. Verarbeitet werden diese raren Braumalze in der ersten Vollholzbrauerei des Landes jeweils an Donnerstagen, da kann man dem Braumeister über die Schulter schauen.

SCHÄRDING

STADTWIRT SCHÄRDING

4780 Schärding, Knörleinweg 1, +43/7712/2828
www.baumgartner-stadtwirt.at
ÖFFNUNGSZEITEN Mo-Di: 10:00 bis 00:00 Uhr; Do-So: 10:00 bis 00:00 Uhr

Stadtwirt Schärding

FASSBIER Baumgartner dunkles Zwickl, Baumgartner Gartenradler, Baumgartner Märzen, Baumgartner Zwickl, Paulaner Weizenbier
FLASCHENBIER Baumgartner Alkoholfrei, Baumgartner Dunkel, Baumgartner leichte Weisse, Baumgartner Pils, Schlossgold
LOKAL „Traunstein und Erding, Vilshofen und Schärding – im Bayernland der Städte vier, wo man braut das beste Bier", steht an der Wand des ehemaligen Brauereiwirtshauses der Kapsreiter Brauerei, das seit März 2013 von der benachbarten Baumgartner Brauerei beliefert wird. Schon 1868 wurden im Kellergebäude an dieser Stelle Bier und Branntwein ausgeschenkt, der heutige Bau geht auf das Jahr 1912 zurück. Helles, freundliches Lokal mit kleiner Schank gegenüber dem Eingang. Im März 2017 kam der Baumgartner Stadtwirt in neue Hände. Die Küche bietet Wirtshausklassiker, regionale Spezialitäten und legt den Fokus auf Steaks, z.B. mit Salaten mit Bierdressing verfeinert. 345 Sitzplätze in zwei Räumen, 15 an der Bar, 120 im Garten.

WIRTSHAUS ZUR BUMS'N

4780 Schärding, Denisgasse 8, +43/7712/3061
www.bumsn.at
ÖFFNUNGSZEITEN Mo-Sa: 8:00 bis 00:00 Uhr

Wirtshaus zur Bums'n

FASSBIER Baumgartner Märzen, Baumgartner Zwickl, Radler, saisonal Bockbier, Urbier Dunkel
FLASCHENBIER Baumgartner Pils, Baunti Lager, Baunti Lemon, Leicht und Alkoholfrei, Schlossgold, Wolferstetter Dunkelweizen, Wolferstetter Weizenbier Hell
LOKAL Dem Namen „Bums'n" haftet nichts Unanständiges an. Er ist jahrhundertealt und erklärt ein kleines Detail früherer Bierführerarbeiten: Die Bierfässer wurden vom Rossgespann abgeladen und über den leicht abschüssigen Boden in die Gaststube gerollt. Am mächtigen Schanktresen „bumsten" die Fässer an und kamen so zum Stillstand. Das heutige Lokal stammt aus dem Jahr 1930, wurde 1996 sorgfältig renoviert und der Garten erweitert: Mehr denn je ist es Aushängeschild der 1609 gegründeten Baumgartner Brauerei. Mit dabei die „Bierapotheke" in der eigentlichen Brauerei, zusammengestellt aus dem Inventar der 1938 von Baumgartner übernommenen Niklas-Brauerei in Wesenufer (sie stellte den Braubetrieb 1976 ein) – gegen Voranmeldung kann dieses Museum besucht werden. Braumeisterstüberl (20 Plätze), Gambrinuskeller (100 Plätze), Gaststube (80 Plätze), Bürgerstüberl (50 Plätze), Gartenstüberl (40 Plätze), Hopfengarten (150 Plätze), Schanigarten (85 Plätze).

SCHALCHEN

GASTHAUS BRÄU

5231 Schalchen, Hauptstraße 25, +43/7742/3006
+43/664/5364501
www.gasthausbraeu.at
ÖFFNUNGSZEITEN Di: 9:00 bis 14:00 Uhr; Mi: 9:00 bis 00:00 Uhr; Fr-So: 9:00 bis 00:00 Uhr

Gasthaus Bräu

FASSBIER König Ludwig Weizen Hell und Dunkel, Stiegl-Goldbräu, Stiegl-Weisse
FLASCHENBIER Stiegl-Pils, Stiegl-Zwickl, Clausthaler, Stiegl Sport Weisse, Stiegl-Freibier
LOKAL Schön renoviertes Gasthaus der Familie Weinbrenner mit kleinem Biergarten und gepflegtem Stiegl Bier. Der Ofentisch stellt hier den Stammtisch dar – und es gibt eine große Zahl von Stammtischgesellschaften, die sich hier daheim fühlen. Außerdem trifft man sich am Samstag vormittags zur „11-Uhr Konferenz" und sonntags zum traditionellen Frühschoppen. 120 Plätze im Lokal, 100 im Biergarten.

SCHENKENFELDEN

STEINSCHILDWIRT

4192 Schenkenfelden, Steinschild 7, +43/7214/4408
ÖFFNUNGSZEITEN Mo-Di: 9:00 bis 23:00 Uhr; Do-So: 9:00 bis 23:00 Uhr
FASSBIER Kaiser Goldquell, Kaltenhauser Bernstein, Oktoberbräu, Zipfer Märzen, Zipfer Stefanibock
FLASCHENBIER Zipfer Urtyp, Edelweiss Hoamat Radler, Edelweiss Weizen Alkoholfrei, Edelweiss Weizen Hefetrüb, Gösser Naturtrüb, Zipfer Limetten Radler, Zipfer Limettenradler
LOKAL Wirtshaus am Märchenteich südlich von Schenkenfelden: Die Petrijünger aus Schenkenfelden und Umgebung, die sich im Fischerbund Steinschild zusammengeschlossen haben, kümmern sich nicht nur um die Bewirtschaftung des Märchenteiches (Tageskarten hier erhältlich), sondern haben auch den Steinschildwirt zum Vereinslokal erkoren. Zahlreiche Wege für Wanderer laden zu einem Ausflug ins hügelige Mühlviertel ein, im Winter führt die präparierte Loipe direkt am Haus vorbei. Die Küche bietet Hausmannskost, die man im Sommer im gemütlichen Gastgarten genießen kann, und im Oktober werden Wildspezialitäten angeboten. Ein Extrazimmer steht für Veranstaltungen und Feiern zur Verfügung.

SCHIEDLBERG

BRAUHOF GOLDBERG

4521 Schiedlberg, Weichstettenstraße 119, +43/7251/592 oder +43/699/17251592
www.brauhof-goldberg.at
ÖFFNUNGSZEITEN Di-Sa: 16:00 bis 00:00 Uhr; So: 14:00 bis 22:00 Uhr
FASSBIER Goldberger Alt, Goldberger Dunkles, Goldberger Weisse, hausgebrautes Goldberger Helles
FLASCHENBIER Clausthaler
LOKAL Im Juni 2004 errichtete Gasthausbrauerei in ehemaligen Stallungen eines Bauernhofs – gleich beim Hereinkommen stößt man auf die Brauanlage. An dieser braut Claus Mayr, ein sehr um die Bierkultur bemühter Diplombiersommelier. Eindrucksvolle Gewölbearchitektur, großer Gastgarten und Kinderspielplatz. Und nebenan ist ein Wald Hochseilgarten sowie ein Segway-Verleih. 70 Sitzplätze im Lokal, 150 Sitzplätze im Garten, 10 Plätze an der Bar.

SCHILDORN

WIRT Z'EBERSAU

4920 Schildorn, Ebersau 40, +43/7754/8334
www.wirtzebersau.at
ÖFFNUNGSZEITEN Mo-So: 8:00 bis 00:00 Uhr

Wirt z'Ebersau

FASSBIER Zipfer Märzen, Zipfer Radler, saisonal Oktoberbräu
FLASCHENBIER bei Feiern gibt es bis zu 20 verschiedene Flaschenbiere, Gösser Stifts-Zwickl Dunkel (saisonal), Gösser Stifts-Zwickl Hell, Gösser Zwickl, Kaiser 2,9 %, Weihenstephaner, Weihenstephaner Weißbier Alkoholfrei, Weihenstephaner Weißbier hefetrüb, Zipfer Drei, Zipfer Hell
LOKAL Manfred und Annemarie Lindbauer führen dieses 1901 erbaute rustikale Landgasthaus seit 1987. Wirtin Annemarie steht selbst am Herd (berühmt sind ihre Brat- und Surspeckknödel) und Manfred kümmert sich um das Wohl der Gäste. So wurde der „Wirt z'Ebersau" zu einem „Speiselokal mit Wirtshauskultur" entwickelt – seine urige Gaststube diente schon oft als Kulisse für Fernsehbeiträge. Täglich Mittagsmenü, jeden Mittwoch gibt es ein Frühstücksbuffet je nach Saison. Sonntagsangebote (Wild- und Entensonntage ab Oktober) und auf Vorbestellung „Bradl in der Rein". Im gesamten Lokal 120 Sitzplätze, auf der Terrasse / im Garten ca. 50 Sitzplätze.

SCHÖRFLING AM ATTERSEE

ZENZ'N STUBN

4861 Schörfling am Attersee, Marktwaldstraße 19
+43/7662/3494
www.zenznstubn.com
ÖFFNUNGSZEITEN Mi-Sa: 11:00 bis 23:00 Uhr; So: 10:00 bis 21:00 Uhr

Zenz'n Stubn

FASSBIER Eggenberger Hopfenkönig Pils, Eggenberger Naturtrüb
FLASCHENBIER Die Weisse Alkoholfrei, Die Weisse Hell/Dunkel/Bock, Eggenberg Medium, Eggenberger Freibier, Eggenberger Urbock, Erdiger Weißbier Alkoholfrei, König Ludwig Dunkel, König Ludwig Weißbier Hell/Dunkel
LOKAL Im Tiroler Stil mit Kachelofen eingerichtetes gemütliches Bierlokal mit zwei Wintergärten und Sommerterrasse, jeweils mit herrlichem Blick über den Attersee. Die Chefin Frau Helga kocht gutbürgerliche Schmankerln. Lokal: ca. 50 Plätze, Wintergarten: ca. 40 Plätze, Panorama-Veranda: ca. 50 Plätze & Sonnenterrasse: ca. 70 Plätze.

SCHWANENSTADT

ZIGEUNERWIRT SCHWANENSTADT

4690 Schwanenstadt, Einwarting 8, +43/7674/62845
ÖFFNUNGSZEITEN Mo-Mi: 17:00 bis 00:00 Uhr; Do: 10:00 bis 14:00 Uhr, 17:00 bis 00:00 Uhr; So: 17:00 bis 00:00 Uhr
FASSBIER Zipfer Doppelgold, Zipfer Medium
FLASCHENBIER Edelweiss Alkoholfrei, Schlossgold, Weihenstephan
LOKAL Sehr beliebtes Ausflugslokal. Der Betrieb wurde 1962 von Franz und Ernestine Wolfsteiner gegründet und im Jänner 2000 von ihrer Tochter Karin Schatzl übernommen. Das Bier lagert hier in einem natürlichen, in den Berg gegrabenen Keller. Ca 70 Sitzplätze im Lokal, im Garten ca. 120 Sitzplätze und im neu renovierten Salettl ca. 50 Sitzplätze.

SCHWERTBERG

MÜHLVIERTLER HOF – GASTHOF GEIRHOFER

4311 Schwertberg, Hauptstraße 10, +43/7262/61262
www.gasthof-geirhofer.at
ÖFFNUNGSZEITEN Mi-So: 9:00 bis 00:00 Uhr
FASSBIER Gwölb Zwickl, Schlägl Bio Roggen, Schlägl Kristall,

Weihenstephaner Weizen, Zipfer Urtyp, ein Saisonbier
FLASCHENBIER Guinness, Edelweiss Alkoholfrei, Gösser Naturgold
LOKAL In der Mühlviertler Stube dieses 1965 gegründeten Gasthofs bildet ein alter Eichenstammtisch den Kern der urigen Wirtshausstube, und im angeschlossenen Restaurant „Gwölb" kann man saisonale Speisen aus der traditionellen österreichischen Küche sowie internationale Schmankerl genießen und jeden Donnerstag Abed findet ein „Dinner for Two"statt. 120 Sitzplätze im Restaurant, 80 im Garten.

Schwertberger Bräu

SCHWERTBERGER BRÄU

4311 Schwertberg, Aisttalstraße 17, +43/660/3763644
www.schwertberger-braeu.at
ÖFFNUNGSZEITEN Di-Fr ab 15:00 Uhr
FASSBIER Schwertberger Bräu Helles und Dunkles, Spezialbiere, saisonale Biere
FLASCHENBIER Schwertberger Bräu Helles und Dunkles, Spezialbiere, saisonale Biere
LOKAL Gemütliches Braustüberl im Zentrum von Schwertberg, in dem man bei einem gepflegten Glas Bier über die Vorzüge des Gerstensaftes und vieles andere mehr philosophieren und die Produkte der Brauerei Schwertberger Bräu käuflich erwerben kann. Zu den Bieren werden auch Speisen und Snacks angeboten (z.B. Maurerforelle, div. Würste, deftige Weckerl etc.). Gerne kann das Braustüberl (auch außerhalb der normalen Öffnungszeiten) für Gruppenveranstaltungen wie z.B. Geburtstagsfeiern, Weihnachtsfeiern, Bierseminare, etc. gebucht werden. Bei den Speisewünschen ist man sehr flexibel und bemüht, die Wünsche der Gäste zu erfüllen. 30 Sitzplätze und zahlreiche Stehplätze an der großen Theke, 30 Sitzplätze im Gastgarten. Geöffnet ganzjährig Dienstag – Freitag ab15:00 Uhr.

ST. STEFAN-AFIESL

AVIVA ALM / BRAU-BOUTIQUE

4170 St. Stefan-Afiesl, Höhenweg 1, +43/7216/37600
www.aviva-alm.at, www.brau-boutique.at
ÖFFNUNGSZEITEN Di: 21:00 bis 1:00 Uhr; Do-Sa: 14:00 bis 2:00 Uhr; So: 10:00 bis 21:00 Uhr
FASSBIER Alm Bräu Dunkelblond, Alm Bräu Hellblond, Aviva Alm Bock (saisonal zur Weihnachtszeit)
FLASCHENBIER Freistädter Bio Zwickl, Aviva Glüxx, Beer Buddies Hopfn Foppa, Brew Dog Punk IPA, Budweiser Budvar, Chimay Rouge, Samichlaus, Einstök White Ale, Engelszell Gregorius, Franziskaner Weizen, Guinness Draught, Gusswerk Nicobar, hauseigene Alm Bräu Biere u.v.m.
LOKAL Am 29. Mai 2016 eröffnete das Hotel AVIVA seine eigene Kleinbrauerei, die „Brau-Boutique", am Standort der AVIVA Alm, direkt neben dem Hotel. Die Brauerei wurde um 3 Lagertanks (mit je 500 l) und einen Gärbottich (500 l) sowie einer eigenen Flaschenabfüllung erweitert. Mittlerweile werden 750 l pro Woche gebraut. Die Brau-Boutique ist zugleich Biertreff für Führungen, Degustationen und Bierempfänge und Biershop mit einem Angebot aller 40 Biere und Accessoires rund ums Thema Bier, mit Gläsern, Bierdeckeln, Bierschokolade, Bierbränden, Bier-Massageölen … Bier brauen live: jeden Mittwoch 9:30 – 14:00 Uhr, € 50,00 pro Person inkl. Bierverkostung und bieriger Schmankerljause; Bierverkostungen ab 6 Pers. 100 Plätze im Lokal.

Aviva Alm / Brau-Boutique

HOTEL AVIVA

4170 St. Stefan-Afiesl, Höhenweg 1, +43/7216/37600
www.hotel-aviva.at, www.aviva-alm.at
ÖFFNUNGSZEITEN Mo-So: 7:00 bis 21:00 Uhr
FASSBIER Alm Bräu Dunkelblond, Alm Bräu Hellblond, Aviva Alm Bock (saisonal zur Weihnachtszeit)
FLASCHENBIER Freistädter Bio Zwickl, Stiegl Freibier, Aviva Glüxx, Beer Buddies Hey Porter, Beer Buddies Hopfn Foppa, Brewdog Punk IPA, Budweiser Budvar, Chimay Rouge, Eggenberg Samichlaus, Einstök White Ale, Franziskaner Weizen Dunkel, Freistädter Black Bock, Freistädter Junghopfenpils, Freistädter Pegasus, Freistädter Zwickl Radler, Guinness Draught, Gusswerk Glutenfrei, Gusswerk Nicobar, Hofstetter Granit Bier, Hofstetter Granitbock, Kozel Dunkel, La Chouffe Golden Ale, Leonfeldner Chili Billy, Lindemans Framboise, Pilsner Urquell, Rieder Honigbier, Rieder Kürbiskernbier, Schlägler Bio Roggen, Schlägler Stifter Bier, Schleppe No. 3, Sierra Nevada Pale Ale, Stiegl Sport-Weisse Alkoholfrei, Stift Engelszell Gregorius, Syndicate Brewers Full Scottish Breakfast, Trumer Pils
LOKAL Seminar- und Single-Hotel in unmittelbarer Nachbarschaft der Aviva Alm mit der eigenen Brauerei, aus der es auch Spezialitäten wie das Bockbier auf der Karte gibt. Die wechselnde Karte ist überhaupt sehr aufwendig gestaltet, beschreibt die angebotenen Biere (mit einem deutlichen Mühlviertel-Schwerpunkt) und listet auch einige Bier-Cocktails auf. Vor dem Hotel lockt eine große Sonnenterrasse,

die einen schönen Ausblick über das Mühlviertel bietet. Beeindruckend ist sowohl die lange, ovale Bar als auch das Restaurant, in dem ein kompetent zusammengestelltes Beer&Food-Pairing angeboten wird. 100 Plätze, 20 an der Bar, 40 auf der Terrasse.

STEINBACH AM ATTERSEE

BIERSCHMIEDE

4853 Steinbach am Attersee, Seefeld 56, +43/664/5486321
www.bierschmiede.at, www.facebook.com/bierschmiede.at
ÖFFNUNGSZEITEN Do-Sa: 17:00 bis 23:00 Uhr
FASSBIER ‚Meisterstück' Pils, ‚Rotglut' Altbayrisch Dunkel, ‚Weißglut' Weißbier, Bierschmiede ‚Werkstück' Märzen
FLASCHENBIER wechselndes Angebot aus der Bierschmiede
LOKAL 16 verschiedene Biere hat Mario Scheckenberger allein im Jahr 2018 hergestellt – darunter ein Dörrzwetschkenbier (mit Dörrzwetschken aus einer traditionellen Dörrhütte). Und natürlich sein „Meisterstück", jenes Pils, mit dem er die höchste Auszeichnung beim European Beer Star erbraut hat. Scheckenberger ist langjähriger Profi im Biergeschäft, er war für das Marketing einiger der bekanntesten österreichischen Biere zuständig. Im Juli 2015 eröffnete er dann auch den eigenen Ausschank, der umgehend als „Bier & Käse"-Lokal vom Bierguide ausgezeichnet worden ist. Scheckenberger braut seine mehrfach ausgezeichneten Biere direkt in der Braustub'n mit offenem Kamin. Neben dem Sudkessel kann man durch Glas auch direkt in den Gärkeller blicken – feinstes Biererlebnis mit allen Sinnen. Die Zutaten für die Jausenkarte kommen ausschließlich vom Bauern, Käsern oder Fleischhauereien in der Region. 50 Sitzplätze im Lokal, 70 im Gastgarten.

STEYR

KNAPP AM ECK

4400 Steyr, Wehrgrabengasse 15, +43/7252/76269
www.knappameck.at
ÖFFNUNGSZEITEN Di-Sa: 11:00 bis 14:00 Uhr, 18:00 bis 23:00 Uhr
FASSBIER Poldi Bier (Kleinbrauerei von Leopold Schmidthaler in Erlenbrunn), Schladminger Bio Zwickl, Schladminger Schneeweisse, Zipfer Urtyp
FLASCHENBIER Edelweiss Alkoholfrei, König Ludwig Dunkel
LOKAL Schon seit rund drei Jahrzehnten betreibt Familie Klement dieses Schmuckstück von einem Wirtshaus im Wehrgrabenviertel von Steyr, das nun von Jürgen Klement geführt wird. Es sieht heute historischer und gleichzeitig schmucker aus als je zuvor, der angenehm strukturierte Garten wirkt fast wie ein privater Rückzugsbereich für die Gäste. Mehrfache Auszeichnungen als „Kultiwirt des Jahres". 80 Sitzplätze im Lokal, 5 bis unendlich Plätze an der Bar, 120 Sitzplätze im Garten.

SCHWECHATERHOF

4400 Steyr, Leopold Werndlstraße 1, +43/7252/53067
www.schwechaterhof.at
ÖFFNUNGSZEITEN Di-Sa: 9:30 bis 00:00 Uhr; So: 9:30 bis 14:00 Uhr
FASSBIER Budweiser Budvar, Schlägl Stifterbier, Schwechater Hopfenperle, Schwechater Wiener Lager, Schwechater Zwickl, Weihenstephaner Hefetrüb, Gösser Naturradler, jeweils ein Bier des Monats
FLASCHENBIER alle Stiegl Hausbiere, Biere folgender Brauereien:, Bierol, Bierschmiede, Brauerei Hofstetten, BrauSchneider, Brew Age, Brew Dog, BRLO, Collabs Brewery, Edge, Einstök, Engelszell, Freigeist, Früli, Fuller's, Hofbräu Kaltenhausen, Hopfenspinnerei, Jopen, KGB (Kellergassenbier Großraming), Kiesbye etc.
LOKAL Der Schwechaterhof führt den Namen der Schwechater Brauerei im eigenen Logo, das 1805 gegründete Wirtshaus war nämlich von 1889 bis 1961 im Besitz der Brauerei Schwechat – dass man hier perfekt gezapftes Schwechater Zwickl bekommt, überrascht also nicht. Aber Wolfgang Pötzl – er führt den Familienbetrieb in dritter Generation – macht mehr daraus. Er ist Biersommelier und hat sich auf heimische Craftbiere (die kleinen Flaschen durchaus zu zivilen Preisen) spezialisiert. Gemütliche Stuben, uriger Biergarten mit Kastanienbäumen und Bierbar zeigen: Hier steht das Bier im Mittelpunkt. Und wenn man genau schaut, findet man auch eine Sammlung historischer Bierkrüge und eine Kollektion von Modellen von Bier-Lkws. Es gibt auf Vorbestellung eigene Bierzapf-Programme und Bierverkostungen mit Biersommelier für Gäste. Jeden Monat Aktionen rund ums Bier. Mit dem Barbarabieranstich – inklusive Schwerttanz und Knappenumzug – am Hauptplatz wird traditionell der Weihnachtsmarkt eröffnet. Und zur Adventzeit stehen auch bis zu einem Dutzend Bockbiere auf der Karte. 250 Sitzplätze im Lokal, 20 an der Bar, 150 im Garten.

Schwechaterhof

Schwechaterhof

THE IRISH

4400 Steyr, Gleinker Gasse 14, +43/7252/7119612
www.theirish.eu

ÖFFNUNGSZEITEN Mi-Sa: 18:00 bis 2:00 Uhr; So: 16:00 bis 00:00 Uhr

FASSBIER Kaltenhausen 1475 Pale Ale, 3 Sorten Next Level Brewing (wechselnd), Birra Moretti, Guinness, Kaltenhausen Bernstein, Kilkenny, Zipfer Urtyp

FLASCHENBIER Heineken, Anchor 3 Sorten (wechselnd), Brewdog 4 Sorten (wechselnd), Gösser Dunkles Zwickl, Kaiser Goldquell, O'Hara's Irish Pale Ale, O'Hara's Irish Red Ale, O'Hara's Irish Stout, Porterhouse, Rieder Schwarzmann, Rieder Weisse, Schwechater Zwickl, Velkopopovický Kozel Dunkel, Velkopopovický Kozel Hell, Vollsortiment von Next Level Brewing, Weihenstefan Hefetrüb, Wieselburger Stammbräu

LOKAL Im September 2016 ist Dino Karger ins „The Irish" eingezogen – und hat es auch durch finanziell schwierige Zeiten gesteuert. Denn seine Gäste fühlen sich wie uralte Freunde (einige sind es auch) und nach Nachrichten über eine Zahlungsunfähigkeit im Frühjahr 2020 war das Lokal besonders gut gefüllt. Freunden empfiehlt man schon mal ein Bier, das sie noch nicht kennen – etwa ein Craftbier von Next Level. Innerhalb kürzester Zeit erwarb sich nicht nur das Bierangebot, sondern auch die Burger-Karte einen legendären Ruf. Die Burger kann man sich in einer großen Auswahl an Optionen und Beilagen, auch mit der eigens kreierten Bier-Maroni BBQ Sauce, individuell zusammenstellen. „Burger-Wildwochen" im Herbst. Auch wurde das Sortiment an hausgemachten, mit Bier zubereiteten Saucen erweitert. Regelmäßig Feste und Aktionen rund ums Bier. Für den gesellschaftlichen Teil stehen ein Pool Tisch, ein Dartautomat, eine Steeldart Scheibe und eine große Sammlung an Brett-, Karten- und Würfelspielen zur Verfügung. 100 Sitzplätze im Lokal, 14 an der Bar.

The Irish

THE RED ROOSTER

4400 Steyr, Blumauergasse 2, +43/699/12334095
theredrooster.stadtausstellung.at

ÖFFNUNGSZEITEN Di-Do: 19:00 bis 1:00 Uhr; Fr-Sa: 19:00 bis 2:00 Uhr

FASSBIER Starobrno, Freistädter Ratsherrentrunk, Gösser dunkles Zwickl (saisonal)

FLASCHENBIER Freistädter Bio Zwickl, Andechser Hefeweizen, Bierol Mountain Pale Ale, Freistädter Pegasus, Freistädter Radler, Freistädter Rotschopf, Freistädter Zwickl Radler, Gösser Radler, Green Betty, Gusswerk Nicobar IPA, Gusswerk Schwarzes Schaf Stout, Hofstetten Granit, Maisel & Friends Pale Ale, Weihenstephan Alkoholfrei, Zipfer Hell

LOKAL Das Motto der Wirtsleute Monika und Eugen Slapak lautet: „Music & Beers": Dementsprechend spielt neben Blues, Funk, Jazz, Americana und Rock'n'Roll in diesem Lokal Bier die Hauptrolle. Regelmäßig Live-Auftritte und Pub Quiz.

The Red Rooster

The Red Rooster
BLUES · JAZZ · AMERICANA · FUNK · ROCK 'N' ROLL

TIMELKAM

BART

4850 Timelkam, Linzer Straße 18, +43/676/9502312
www.bart.co.at

ÖFFNUNGSZEITEN Do: 19:00 bis 00:00 Uhr; Fr-Sa: 19:00 bis 4:00 Uhr

FASSBIER Guinness, wechselndes Spezialbier, Zipfer Märzen

FLASCHENBIER Bosteels Kwak, Corona, Heineken, Brew Dog Elvis Juice, Brewdog Dead Pony, Desperados, Franziskaner Kellerbier, Hoegaarden, Kilkenny, La Chouffe, Lindemans Framboise, Samuel Smith Chocolate Stout, Samuel Smith Organic Pale Ale, Schneider Weisse, Tegernseer Hell, Velkopopovický Kozel Dunkel, Velkopopovický Kozel Hell

LOKAL Neben der üblichen Gesichtsbehaarung steht Bart für eine alternative Bar im Herzen von Timelkam mit alternativer Musik, Konzerten von lokalen bis internationalen Independent Bands. Überraschend, dass es hier eine kleine Karte mit belgischen Bieren gibt – und Barpersonal, das sich damit auskennt. Kleine, feine, saisonal abgestimmte Speisekarte. 15 Plätze an der Bar, 50 im Lokal.

TRAUN

BRAUHAUS TRAUN

4050 Traun, Madlschenterweg 7, +43/7229/21109
www.traunerbier.at
ÖFFNUNGSZEITEN Mo-Do: 17:00 bis 00:00 Uhr; Fr: 14:00 bis 00:00 Uhr; Sa: 17:00 bis 00:00 Uhr
FASSBIER Dunkles, Dunkles Naturtrüb, Spezial Naturtrüb, Trauner Spezial, Weißbier, Bockbier
FLASCHENBIER Trauner Dunkles, Trauner Spezial
LOKAL Im Brauhaus von Traun spiegeln sich Tradition und Moderne nicht nur im Gebäude, sondern auch im Verkostungsraum wider. Alte Ziegelwände, schwere, handgearbeitete Tische und Bänke, dazu eine moderne Schank und das Sudhaus, welches nur durch eine Glasscheibe vom Verkostungsraum getrennt ist. Seit März 2017 wird das Lokal von Robert Mader geführt – auch ihm ist es ein Anliegen, Bierliebhaber zu erreichen, welche auf der einen Seite regionales Bier unterstützen und das Bier naturbelassen und als Naturprodukt zu schätzen wissen. 60 Sitzplätze im Lokal, 200 Plätze im Garten.

SCHLOSS TRAUN

4050 Traun, Schlossstraße 8, +43/7229/668822
www.schlosstraun.at
ÖFFNUNGSZEITEN Mo-So: 11:00 bis 00:00 Uhr
FASSBIER Stiegl Pils, Stiegl Weisse, Trauner Schlossbier (Stiegl Paracelsus)
FLASCHENBIER Stiegl Freibier, Stiegl Weisse Alkoholfrei
LOKAL Ambitionierter Kulturbetrieb und angenehme Gastronomie (netter Garten im Schlosshof), regelmäßige Frühschoppen, Oster-, Weihnachtsmarkt, Konzerte, Ausstellungen. Im Lokal hängt ein Lobgedicht auf das Trauner Bier – „Des Bier dort is bei Gott a Traum, / Goldgelb mit am weissen Schaum". 80 Plätze im Lokal, 90 im Saal, 5 an der Bar, 100 im Garten.

TUMELTSHAM

Gasthof Strasser – Wirt in Eschlried

GASTHOF STRASSER – WIRT IN ESCHLRIED

4910 Tumeltsham, Eschlried 3, +43/7750/3410
www.gasthof-strasser.com
ÖFFNUNGSZEITEN Mo-Di: 8:00 bis 00:00 Uhr; Do-So: 8:00 bis 00:00 Uhr
FASSBIER Weihenstephaner Weizen, Zipfer
FLASCHENBIER Gösser Naturgold, Heineken, Schloßgold, Weihenstephaner Alkoholfrei, Weihenstephaner Dunkel, Zipfer Limetten Radler
LOKAL Gemütliches Wirtshaus mit nettem Schankraum und einem sehr schönen Biergarten. Restaurant: 60 Sitzplätze, großer Festsaal: 240, kleiner Saal: 60, Gastgarten: 180 Sitzplätze.

SCHACHINGER

4910 Tumeltsham, Walchshausen 5, +43/7750/3223
www.gh-schachinger.at
ÖFFNUNGSZEITEN Mi-Do: 10:00 bis 00:00 Uhr; Fr-Sa: 10:00 bis 1:00 Uhr; So: 10:00 bis 00:00 Uhr
FASSBIER Kellerbräu Märzen, Kellerbräu Zwickl, Rieder Weizen
FLASCHENBIER Aldersbacher Weizen Hell/Dunkel, Clausthaler
LOKAL Musikantenwirtshaus (Senior- und Juniorchef sind selber Musikanten) in der kleinen Ortschaft Walchshausen vier Kilometer nördlich von Ried im Innkreis. Sehr bodenständig, mit freundlichen Wirtsleuten und schönem Gastgarten. Hausgemachte Innviertler Spezialitäten und Bierschmankerln. 100 Sitzplätze, 20 an der Bar, Garten: 60 Sitzplätze.

UTTENDORF

Braugasthof Vitzthum

BRAUGASTHOF VITZTHUM

5251 Uttendorf, Nr. 25, +43/7724/2508-24
www.uttendorf-bier.com
ÖFFNUNGSZEITEN Mo-So: 8:00 bis 00:00 Uhr
FASSBIER Uttendorf Export, saisonal Uttendorfer Zwickl Bock
FLASCHENBIER Dunkler Bock, Export, Falstaff, Leichtbier Hell, Pils, Premium, Uttendorf Märzen, Weißbier Hell u. Dunkel
LOKAL Dieses stattliche Bräuhaus mit seiner urigen Gaststätte ist ein geschätztes und nunmehr auch geschütztes Kulturgut: Im Jahr 2018 wurde der Familie Vitzthum, die den Betrieb seit 1906 führt, die Plakette „Bleibende Werte für's Innviertel" verliehen. Der Betrieb der Brauerei ist noch wesentlich älter: Jedenfalls ist er seit 1600 als Brauerei urkundlich belegt, das Gasthaus mit dem Gründungsjahr 1721 erhielt 1835 sein heutiges Aussehen – und den schönen Arkadenhof. Die ausgetretene steinerne Schwelle am Eingang belegt, dass schon Generationen von Bierliebhabern darüber gegangen sein müssen. Mathias und Regina Vitzthum haben die einfache Einrichtung belassen, wie man sie seit Jahrzehnten kennt – die Gasthausküche ist bodenständig, in der jeweiligen Saison gibt es Wildgerichte. Ca. 150 Plätze im Lokal und 50 im Innenhof.

VÖCKLABRUCK

FRUHSTORFER „DAS WIRTSHAUS AM RANDE DER STADT“

4850 Vöcklabruck, Oberthalheim 6, +43/7672/72834
www.fruhstorfer.at
ÖFFNUNGSZEITEN Mo: 9:00 bis 14:00 Uhr, 16:30 bis 23:00 Uhr; Di: 9:00 bis 14:00 Uhr; Mi-Fr: 9:00 bis 14:00 Uhr, 16:30 bis 23:00 Uhr; So: 9:00 bis 14:00 Uhr, 16:30 bis 23:00 Uhr

Fruhstorfer „Das Wirtshaus am Rande der Stadt“

FASSBIER Hausbier – Fruhstorfers Hopfentropfen, Eggenberger Radler, Zipfer Märzen, saisonal abwechselnd: Kellerbier, Bräu am Berg Bock, Augustiner Edelstoff, Obertrumer Original
FLASCHENBIER Drei Dutzend verschiedene, etwa Aecht Schlenkerla Rauchbier, Brew Dog Elvis Juice, Samichlaus Barrique, Geuze Boon, Het Anker „Lucifer“, Hirter Morchl, Hoegaarden, Kisbye's Waldbier, La Trappe Quadrupel, Rieder Honigbier, Rieder IPA, Stift Engelszell Benno, Troubadour Magma, Trumer Pils
LOKAL Alteingesessener, stattlicher Gasthof mit mehrfach prämiertem windgeschütztem Gastgarten. Diplom-Biersommelier Karl Fruhstorfer – er stammt aus einer früheren Brauerfamilie – macht Craft Bier auch jenen Gästen schmackhaft, die bisher nur das Zipfer aus der nahen Großbrauerei getrunken haben. Die Familie Fruhstorfer ist erblich vorbelastet: sie hat früher selber eine Brauerei betrieben. Im Herbst 2016 wurde der Bierkeller „Die Hopfengrotte“ eröffnet, wo bis zu verschiedene 100 Biere lagernd sind. Bierverkostung ab 8 bis 12 Personen, 6 Biere mit Speisenbegleitung, Bierstacheln und viel Information rund um's Bier, Dauer ca. 3 Std., Preis € 35.- pro Person. Ein „Männerfrühstück“ in der Hopfengrotte (beeinhaltet ein Fass Bier zum Selberzapfen, ½ Liter Schnaps sowie ein Bratl) wird ebenso geboten. 50 Plätze in der Gaststube, 110 im Speisesaal, 200 im Gastgarten.

GASTHAUS SIX

4840 Vöcklabruck, Dörflstraße 20, +43/660/3485713
+43/699/10051397
www.gasthaus-six.at
ÖFFNUNGSZEITEN Mi-Fr: 16:00 bis 00:00 Uhr; Sa-So: 11:00 bis 00:00 Uhr
FASSBIER Kaltenhausener Bernstein, Schlossgold, Weihenstephan Hefetrüb, Zipfer Kellerbier, Zipfer Limetten Radler, Zipfer Märzen
FLASCHENBIER Affligem Double, Bierschmiede „Rotglut“, Desperados, Edelweiss Alkoholfrei, Gusswerk Black Sheep und Nicobar IPA, Jörger Weisse Dunkel, Jörger Weisse Hell, Oktoberbier, Reinighaus Jahrgangspils, Schlosss Eggenberg Nessie, Waldbier (Trumer/Bundesforste), Weihenstephan Weizen Alkoholfrei, Zipfer Doppelgold, saisonal Bockbier
LOKAL Dieses auch mit dem Navi nicht ganz leicht zu findende Gasthaus nördlich der Stadt erreicht man am Besten, wenn man den Weg nach dem Altmannsberg nimmt. Belohnt wird man mit großer Bierkompetenz – die Bierkarte ist gut kommentiert, Nachfragen beantwortet ein ausgebildeter Biersommelier. Schöner Biergarten (Kastanien und Nussbäume), der einen tollen Blick über Vöcklabruck und bis hin zum Traunstein bietet. Bodenständige Kost (Bratl in der Rein, Erdäpfelkas, Kürbiskernlaibchen mit Kohlrabisauce) zu fairen Preisen. Hinter dem Haus befindet sich der Schießstand der Bogenschützen. 100 Sitzplätze im Lokal, 120 Plätze im Garten.

Village Hill Irish Pub

VILLAGE HILL IRISH PUB

4840 Vöcklabruck, Bahnhofstraße 12, +43/676/9132008
www.villagehill.at
ÖFFNUNGSZEITEN Di-Sa: 17:00 bis 1:00 Uhr
FASSBIER Guinness, Kilkenny, Zipfer Märzen, Radler
FLASCHENBIER Corona, Desperados, Edelweiss Alkoholfrei, Gösser Zwickl, Hofbräu Kaltenhausen 1475 Pale Ale, Hofbräu Kaltenhausen Kellerbier, O'Hara's Irish Pale Ale, O'Hara's Irish Red Ale, Weihenstephaner Hefeweizen, Wieselburger Schwarzbier, Zipfer Hell Alkoholfrei
LOKAL Auf dem Dörflberg, halbwegs zwischen Bahnhof und Altstadt von Vöcklabruck, hat im Herbst 2018 dieses erste Irish Pub der Bezirkshauptstadt aufgesperrt: In einem ehe-

maligen Gasthaus wurden drei rustikale Räume im irischen Stil eingerichtet. Sportübertragungen und gelegentliche Live-Musik gehörten zum Pflichtprogramm, die Küche bietet irisches Pub-Food, auf Bestellung aber auch die Hausmannskost des Hausruckviertels. 80 Plätze im Lokal, 8 an der Bar.

VORCHDORF

GASTHAUS HINTERREITNER

4655 Vorchdorf, Eggenberg 4, +43/7614/6254
www.ghhinterreitner.at
ÖFFNUNGSZEITEN Di-Sa: 10:00 bis 14:00 Uhr, 17:00 bis 00:00 Uhr
FASSBIER Bierschmiede Rotglut, Schloss Eggenberg Bio Naturtrüb, Schloss Eggenberg Märzen, Saisonbiere (Weinachtsbock)
FLASCHENBIER Eggenberg Samichlaus, Eggenberg Urbock, Die Weisse Salzburg, Bierschmiede Dörrzwetschke, Lindemans Kriek, Maisel's Alkoholfrei, Eggenberg Freibier Alkoholfrei, Saisonbiere
LOKAL Sehr bemühte Küche, die sich am Bier orientiert, wobei die Bodenhaftung nie verloren geht. Herr Hinterreitner erzählt stolz, dass die meistverkauften Speisen in seinem Haus jene sind, die tatsächlich Bier enthalten: „Zu den wichtigsten Bierrezepten gehören unser Eggenberger Bierfleisch, der Schweinslungenbraten nach Brauherrenart (mit Grammelkräuterfülle) und auch unsere überbackene Bierpalatschinke." Unter der Bierpalatschinke muss man sich übrigens eine Fleischpalatschinke (das Haus war einmal die zum Schloss gehörende Fleischerei) vorstellen – und zum Nachtisch gibt es Birnen mit Samichlaus-Sabayon. Zwei Räume mit je 30 Sitzplätzen, Gastgarten: ca. 30 Plätze.

HOFTAVERNE ZIEGELBÖCK

4655 Vorchdorf, Lambacher Straße 8, +43/7614/6335
www.facebook.com/HoftaverneZiegelboeck
www.hoftaverne.at
ÖFFNUNGSZEITEN Mo-Fr: 7:00 bis 00:00 Uhr; So: 8:00 bis 16:00 Uhr
FASSBIER, Eggenberger Hopfenkönig, Eggenberger Naturtrüb, Sommerfrisch (Sommer), Wildschütz (Herbst), Dunkel (Winter), Eggenberger Festbock trüb (saisonal), Weißbier saisonal wechselnd
FLASCHENBIER Bierschmiede Meisterstück, Birra Moretti, CulturBrauer Austrian Lager, Eggenberg Samichlaus, Eggenberger Urbock, Eggenberger Freibier (alkoholfrei), Eggenberger Märzen, Eggenberger Spezial Dunkel, Engelszell Benno Trappistenbier, Erdinger Urweisse, Franziskaner Weißbier Alkoholfrei, Gusswerk Lager glutenfrei, Kiesbye's Waldbier 2018, König Ludwig Weißbier Dunkel, Rieder IPA
LOKAL Bereits seit Ende des 16. Jahrhunderts gilt diese historische Hoftaverne als Hort ländlicher Gastlichkeit – die Hoftaverne ist ein gelungenes Beispiel für die zeitgemäße Adaptierung eines ländlichen Großgasthofs. Hier findet sogar jeden Freitag ein Bauernmarkt statt! Und wenn man einmal zu viel getrunken hat – in den oberen Stockwerken ist ein für die gebotene Qualität ausgesprochen günstiger Hotelbetrieb. Gastraum: 70 Plätze, Eckstüberl: 40, oberes Stüberl: 50, Versammlungs- und Hochzeitssaal: 200, 10 Plätze an der Bar, 40 im Garten.

Hoftaverne Ziegelböck

WALDING

WIRT Z'WALDING

4111 Walding, Raiffeisenplatz 9, +43/7234/82308
ÖFFNUNGSZEITEN Di-So: 8:00 bis 00:00 Uhr
FASSBIER Baumgartner Zwickl, Gösser Zwickl, Kaiser Premium
FLASCHENBIER Baumgartner Weizen, Baumgartner Weizen Alkoholfrei, Gösser Naturgold, Zipfer Drei
LOKAL Ländlich-rustikales Gasthaus mit barock-klassizistischer Fassade aus dem späten 18. Jahrhundert – im Kern geht das Haus auf das Eschelbergsche Pflegamt aus dem 16. Jahrhundert zurück. Im Vorhaus steht ein Modell des Anwesens, das im vorigen Jahrzehnt auch eine eigene kleine Brauerei hatte, die aber inzwischen wieder stillgelegt wurde. Die Fleischspeisen auf der Karte kommen aus eigener Schlachtung. Weißwurst mit Bierweckerl, Schweinsschnitzel in Bierkruste. Mehrere Stüberln mit insgesamt 275 Plätzen, Biergartl: 60.

WALDNEUKIRCHEN

ZUR HOHEN LINDE

4594 Waldneukirchen, Hohe Linde Straße 13, +43/7257/7034
www.hohelinde.at
ÖFFNUNGSZEITEN Do-Sa: 10:00 bis 00:00 Uhr; So: 9:00 bis 00:00 Uhr
FASSBIER Zipfer Urtyp, Edelweiss Hefetrüb, Gösser Naturradler, ein Monatsbier

FLASCHENBIER Affligem, Edelweiss Hofbräu, Hofbräu 1475, Schladminger Schnee Weisse, Weihenstephan, Zipfer Limettenradler, Gösser Naturgold
LOKAL Schon 1880 wurde die „Seidlhuberlinde" erstmals erwähnt, später wurde das Gebäude mit den zwei hochaufragenden Linden zu einer Jausenstation umgebaut. Heute ist dieser „Kulti-Wirt" ein gutbürgerliches Ausflugsgasthaus, im März und April gibt es jeweils donnerstags „Bratl in der Rein". Herrlicher Ausblick vom Gastgarten auf das Steyrtal – und bei gutem Wetter sogar weit über das Donautal und das Mühlviertel hinaus nach Tschechien. Ein Baumstamm mit Bohrungen in die entsprechenden Richtungen dient als Orientierungshilfe, damit man die Gipfel des Pyhrngebirges identifizieren kann. 120 Plätze, 10 an der Bar, 120 im Garten.

Zur hohen Linde

WARTBERG AN DER AIST

DA DINGHOFER – MEI WIAZ'HAUS

4224 Wartberg an der Aist, Hauptstraße 35, +43/7236/2362
www.dinghofer.at
ÖFFNUNGSZEITEN Mo-Di: 8:00 bis 00:00 Uhr; Do-Sa: 8:00 bis 00:00 Uhr; So: 8:00 bis 15:00 Uhr
FASSBIER Zipfer Urtyp (Tank), Gösser Dunkles Zwickl, Gösser Naturradler, Kaltenhauser Bernstein, Weihenstephaner Hefeweizen
FLASCHENBIER Kaiser Doppelmalz, Kaiser Märzen, Gösser Naturgold, Spezialitätenwochen (Speisekarte), Weihenstephaner Alkoholfrei
LOKAL Der Rüstbaum im Wirtshaus von Hermine und Gerhard Dinghofer trägt die Jahreszahl 1672 – eine Erinnerung an die ursprüngliche „kleine Taverne zu Hagenberg". Das Zipfer Urtyp wird aus einem 1000 Liter Tank gezapft. Räumlichkeiten: Gaststub'n 60 Personen, Panoramastub'n 90 Personen, Aiststub'n 50 Personen, Wenzelsstub'n 80 Personen, Himmelstiag'n 150 Personen, Gastgarten 130 Personen. Eigene „Dingi-Bar", die nur zu speziellen Events geöffnet wird.

WAXENBERG

HOFTAVERNE ATZMÜLLER

4182 Waxenberg, Nr. 9, +43/7217/6080
www.hoftaverne-atzmueller.at
ÖFFNUNGSZEITEN Di-Sa: 11:00 bis 00:00 Uhr; So: 9:30 bis 16:00 Uhr
FASSBIER Arcobräu Weißbier Hell, Hofstettner Mühlviertler Bio Bier, Granitbier, Kübelbier, Kübelradler
FLASCHENBIER Arcobräu Weißbier Alkoholfrei, Eggenberg Medium, Clausthaler
LOKAL Dieser bodenständige Landgasthof mit Mühlviertler Bierspezialitäten aus der Brauerei Hofstetten wurde 2005 völlig renoviert – ohne seinen Charme zu verlieren. Über 350 Jahre Tradition als Gastwirtschaft. Das vorwiegend aus Familienmitgliedern bestehende Küchen- und Servierpersonal ist stets bemüht, seinen Gästen im Sinne von Adalbert Stifters Mahnung „Pflicht des Wirtes ist, den Gast zu pflegen" kulinarische Leckerbissen, zubereitet aus Produkten der heimischen Landwirtschaft, zu bieten. Bierkulinarium – 5-gängiges Menü, alles mit Bier oder zum Thema Bier gekocht, dazu 5 verschiedene Biersorten zum Verkosten. 250 Sitzplätze im Lokal, 10 an der Bar, 50 Sitzplätze im Garten.

WEISSENKIRCHEN

WIRTSHAUS IN FREUDENTHAL

4890 Weißenkirchen, Freudenthal 7, +43/7684/60638
www.freudenthal.cc
ÖFFNUNGSZEITEN Mo: 11:00 bis 00:00 Uhr; Mi-So: 11:00 bis 00:00 Uhr
FASSBIER Märzenbier von Bräu am Berg, Römerbräu Märzen
FLASCHENBIER Weißbier von Bräu am Berg, saisonal Römerbräu Grenzbock
LOKAL Das Freudenthal war einmal ein Zentrum der lokalen Glasindustrie – und das heutige Wirtshaus begann seine Existenz 1848 als Postamt, schon zwei Jahre später war es aber auch schon eine Gaststätte. Heute ist es als Ausflugsziel beliebt, weil es im selben Gebäude ein Glasmachermuseum gibt. Speisen: Bradl in der Rein, deftige Jausen, Wildgerichte. Diverse Musikveranstaltungen (Klassik, Volksmusik …). 80 Sitzplätze im Lokal, 200 im Garten.

WELS

Augustin's

AUGUSTIN'S

4600 Wels, Stadtplatz 17, +43/699/11491799 oder +43/7242/207903
www.facebook.com/Augustinscafe
ÖFFNUNGSZEITEN Mo-Sa: 9:00 bis 23:00 Uhr
FASSBIER Egger Premium, Franziskaner Weizen Naturtrüb

FLASCHENBIER Kwak, Stiegl Freibier, Chimay Grande Réserve, Du Bocq – Blanche de Namur, Duvel, ein Bier des Monats, Hirter Privat Pils, Köstritzer Schwarzbier, La Chouffe Golden Ale, Lindemans Framboise, Orval
LOKAL Kleine Bierbar mit internationalem Anspruch im Zentrum von Wels: Die Auswahl an belgischen Bieren ist beeindruckend, Franziskaner und Egger werden liebevoll gezapft und der Besitzer Elmar Augustin erweist sich als ebenso freundlicher wie bierkundiger Gastgeber. Dekoriert ist die Bar mit alten Filmprogrammen – Nostalgie pur! 30 Plätze im Lokal, 8 an der Bar.

BAUER'S BIERQUELLE

4600 Wels, Salzburger Straße 145, +43/7242/67251-0
www.bauer-wels.at
ÖFFNUNGSZEITEN Mo-Fr: 10:00 bis 14:00 Uhr, 16:30 bis 23:00 Uhr
FASSBIER Bad Reichenhaller Bürgerbräu Braumeister/Hefeweizen, Gösser Spezial, Zipfer Medium, Bockbier
FLASCHENBIER Gösser Stiftsbräu, Wieselburger Spezial, Gösser Naturgold
LOKAL Die Bierquelle ist der „ländliche" Gösser-Wirt von Wels – seinem Gastgarten hat Josef Bauer den „Pepi Stadl" als Ausweichquartier hinzugefügt. Der „Pepi-Stadl" wurde aus teils 100 Jahre altem Stadlholz neu errichtet. Die Wirtsfamilie Bauer führt den traditionellen Gastbetrieb bereits seit dem Jahr 1965. Zu essen gibt es im Ganzen gebratenes Spanferkel oder im Ganzen gebratenen Riesentruthahn, der vor den Augen der hungrigen Gäste tranchiert wird. Einmal im Jahr gibt es eine Bierwoche, in der ausschließlich mit Bier gekocht wird, ebenso werden dabei auch zusätzliche Biersorten angeboten. Die rustikal eingerichtete Gaststube (140 Sitzpätze) und der Bierzapftisch zum Selberzapfen laden zu einem gemütlichen Aufenthalt ein. Besonders für urige Feiern bietet sich der dem Gastgarten (216 Sitzplätze) angeschlossene – im Sommer und Winter benützbare – „Pepi-Stadl". Für Feiern im Pepi-Stadl wird Reservierung empfohlen (70 Sitzplätze).

BLACK HORSE INN

4600 Wels, Salzburger Straße 53, +43/676/4531351
blackhorsewels.wordpress.com
ÖFFNUNGSZEITEN Mo-So: 18:00 bis 4:00 Uhr
FASSBIER Freistädter Ratsherrntrunk, Guinness, Hirter, Rieder India Pale Ale, Velkopopovický Kozel, ein Monatsbier
FLASCHENBIER Hofstettner Granit und Honigbier, Beck's Alkoholfrei, Beck's Ice, Beck's Lemon, Franziskaner, Franziskaner Alkoholfrei, Freistädter Bio Zwickl, Freistädter Rotschopf, Hacklberg Alkoholfrei, Hacklberg Weizenbier, Kilkenny, Kozel Dunkel, Newcastle Brown Ale, Rieder Dunkel, Rieder helle und dunkle Weisse, Rieder IPA
LOKAL Familiäres Pub, sehr freundliche, zweisprachige Bedienung durch irisches Personal, das auch die Craftbiere kundig empfiehlt. Täglich ein frisch gekochtes Menü. Uriger Gastgarten mit Kastanien, der noch daran erinnert, dass das Black Horse früher das Gasthaus zum Schwarzen Rössl war. 70 Plätze, 15 an der Bar, 120 Plätze im Garten.

FRANCIS BETRIEBS GMBH

4600 Wels, Maria-Theresia-Straße 51, +43/7242/93965720
www.francis-wels.at, Insta: francis_wels, Facebook: francis / Café Bar Bistro Restaurant
ÖFFNUNGSZEITEN Mo-Do: 10:00 bis 23:00 Uhr; Fr: 10:00 bis 00:00 Uhr, Samstag auf Anfrage & für geschlossene Gruppen, Sonn- und Feiertage geschlossen
FASSBIER Trumer Pils, Trumer Zwickl, Saisonbier je nach Verfügbarkeit
FLASCHENBIER Die Weisse, Die Weisse Alkoholfrei, Stiegl Freibier
LOKAL Dieses Lokal kombiniert geschickt eine Bar, in der man ungezwungen ein After-Work-Bier genießen kann, mit einem Spitzenrestaurant (das allerdings preiswerte Mittagsmenüs bietet). Jeden Frühling öffnet das Francis seine großzügige Terrasse mit Holzboden und großen Sonnenschirmen.

Francis

francis
cafe • bar • bistro

GASTHAUS HOFWIMMER

4600 Wels, Vogelweiderstraße 166, +43/7242/46697
www.gasthaus-hofwimmer.at
ÖFFNUNGSZEITEN Mo-Di: 10:00 bis 00:00 Uhr; Fr-Sa: 10:00 bis 00:00 Uhr; So: 10:00 bis 15:00 Uhr
FASSBIER Schladminger Bio Zwickl, Schladminger Schneeweiße, Wieselburger Spezial, Zipfer Limettenradler, Zipfer Pils
FLASCHENBIER Welser Bier, Edelweiss Alkoholfrei, Gösser Naturgold
LOKAL Aus einem ehemaligen Bauernhaus (seit 1463) entwickelte sich ein gestandenes Landgasthaus, das Mitglied der Kultiwirte, des Genussland Österreich und mit dem AMA-Gastrosiegel ausgezeichnet ist. Hausgemachte Blunzen und Surbraten, Backhendl, Gerstlrisotto oder einfach a guate Palatschink'n mit selbagmachta Marmelad sind die Leibspeisen vieler Stammgäste. Besonders viel Wert wird

nicht nur auf Regionalität, sondern auch auf das Bier gelegt – sowohl vom Fass als auch in Form von saisonalen Spezialbieren. Ebenso findet das Bier immer wieder Einzug in Tagesgerichten. Besonders erwähnenswert ist die Schmankerlroas durch's Joar – 2 Wochen jeden Monat mit kulinarischen Themenschwerpunkten. 250 Sitzplätze, 100 im Garten.

OBERMAIRS' WIRTSHAUS

4600 Wels, Wimpassinger Straße 100, +43/7242/45689
www.gasthaus-obermair.at
ÖFFNUNGSZEITEN Mi-Sa: 10:00 bis 00:00 Uhr; So: 10:00 bis 16:00 Uhr

Obermairs' Wirtshaus

FASSBIER Gösser Spezial, Linzer Bier, Gösser dunkles Zwickl, Starobrno Altbrünner Brau (Saisonbier), Weihenstephaner Weizen (Saisonbier), HEDU helles und dunkles Mischbier, Radler selbstgemacht mit Schartner Bombe Zitrone oder Almdudler
FLASCHENBIER Edelweiss Weizenbier Alkoholfrei, Weihenstephaner Weizenbier (Saisonbier), Zipfer Hops, Gösser Naurradler Alkoholfrei
LOKAL Das Haus stammt aus dem späten 19. Jahrhundert, und der Hausname „Unterbäck z' Wimpassing" erinnert daran, dass es früher eine Backstube war. 2006 renoviert und neu eröffnet. Die Speisenangebote sind saisonal ausgerichtet und die Zutaten werden von den regionalen bäuerlichen Erzeugern geliefert. Ebenso wird die Bierkarte saisonal abgestimmt, Craftbiere wechseln immer je nach Jahreszeit und werden mit der Küche nach deren Schwerpunkten abgestimmt (Oktoberfest-Schmankerlwochen, Wildwochen, Fischwochen, Spargel- und Frühlingsgemüse, Salate und Jausen im Sommer...). Schöner Gastgarten mit Kastanienbäumen am Grünbach – und im Advent gibt es originale Stubenmusik. 200 Plätze im Lokal, 12 an der Bar, 140 im Garten.

S' GERSTL

4600 Wels, Freiung 9-11, +43/7242/351500
www.sgerstl.at
ÖFFNUNGSZEITEN Di-Fr: 11:30 bis 00:00 Uhr; Sa: 17:00 bis 00:00 Uhr
FASSBIER s'Gerst hell, s'Gerstl Weizenbier, Welser Original
FLASCHENBIER Clausthaler, 4710 GPA, Brew Dog Punk IPA, Grieskirchner Pils, Gusswerk Black Sheep, Hoegaarden Blanche, Insel Saison, La Chouffe Golden Ale, La Trappe Quadrupel, Paulaner Weizenbier Alkoholfrei
LOKAL Das ehemalige Gerstl-Bräu heißt nunmehr „s'Gerstl", hat eine komplette (und gut kommentierte) Bierkarte bekommen und sich wieder im Welser Nachtleben etabliert. Die Wiederaufnahme des Braubetriebs erfolgte im September 2016 – das im Haus gebraute Bierangebot wird durch klug gewählte Craftbiere anderer Brauereien ergänzt – manche stehen nicht auf der Karte, Nachfragen kann lohnen. 160 Sitzplätze, Garten: 80 Sitzplätze.

s'Gerstl

WANIKS GÖSSERBRÄU

4600 Wels, Kaiser-Josef-Platz 27, +43/7242/47009
www.goesserbraeu.at
ÖFFNUNGSZEITEN Mo-So: 10:00 bis 00:00 Uhr
FASSBIER Gösser dunkles Zwickl, Gösser Naturgold, Gösser Spezial, Radler, Stiftsbräu Dunkel, Weihenstephan Weizenbier
FLASCHENBIER Edelweiss Weizen Alkoholfrei
LOKAL Bier kann man hier „genießen wie ein Braumeister" – so verspricht es die Inschrift über der Schank, hinter der das Gösser aus dem im Keller gekühlten Tank gezapft wird. Das Gösserbräu ist schlechthin das Traditionsgasthaus in Wels, sehr stilgerecht mit alter Gösser-Werbung und alten Fotos von der Brauerei und von der Stadt Wels dekoriert. Die Geschichte des Hauses geht auf das 16. Jahrhundert zurück, im Eingangsbereich dokumentierte Ausgrabungen verweisen aber auch auf römerzeitliche Funde auf demselben Grundstück. Im 19. Jahrhundert gab es hier auch eine Brauerei (Würzburger Brauerei) – an ihrer Stelle entstand einer der schönsten Biergärten des Landes. Im Dezember „Gösser Advent". Hier wird auf Wunsch eine „langsame Halbe" gezapft, und der Wirt Hans-Jörg Wanik

verspricht: „In diesem traditionell gastlichen Haus findet man alles, was Körper und Seele einfach gut tut.“ Da das Haus auch ein Hotel ist, kann man komfortabel übernachten, neuerdings auch in Appartments im Erdgeschoß. Ca. 300 Sitzplätze in den Gaststuben, im Garten ca. 600 Sitzplätze.

Waniks Gösserbräu

WEYREGG AM ATTERSEE

KAISERGASTHOF & GELI'S

4852 Weyregg am Attersee, Weyregger Straße 75, +43/7664/2202-0
www.kaisergasthof.at
ÖFFNUNGSZEITEN Mo-So: 9:00 bis 00:00 Uhr
FASSBIER Gösser Radler, Trumer Pils, Weihenstephaner, Zipfer Märzen
FLASCHENBIER Salzburger Weisse, Edelweiss Dunkel, Edelweiss Alkoholfrei, Gösser Naturgold, Zipfer Drei
LOKAL Liebevoll dekoriert mit k.u.k. Exponaten (etwa eine Wetterstation von 1890) ist der Kaisergasthof ein nostalgisches Schmuckstück, das sogar Aufnahme in den Oberösterreichischen Museumsführer fand und von Alfred Komarek literarisch gewürdigt wurde. Jeden Sonntag klassischer Frühschoppen. 117 Sitzplätze, Meierei (Stadl): 350 Sitzplätze für spezielle Feste, Schanigarten: ca. 35 bis 50 Sitzplätze, Strandgarten: 60 Sitzplätze. Angeschlossen ist auch das Geli's – ein Szene-Lokal mit mediterranem Flair und Panoramablick zum See, ca. 65 Plätze (inkl. Plätze an der Bar).

WINDISCHGARSTEN

BRAUGASTHOF MISTELBERGER

4580 Windischgarsten, Hauptstraße 6, +43/7562/5251
www.braugasthof-windischgarsten.at
ÖFFNUNGSZEITEN Di-Sa: 9:00 bis 22:00 Uhr; So: 9:00 bis 14:00 Uhr
FASSBIER Starobrno, Freistädter Pils, Gösser Dunkles Zwickl, Gösser Märzen, HeDu-Bier, Murauer Steirergold, Velkopopovický Kozel
FLASCHENBIER Freistädter Bio Zwickl, Freistädter Black Bock, Freistädter Pegasus, Gösser helles Zwickl, Rieder Honigbier, Rieder Kürbiskernbier (saisonal), Rieder Naturtrüb, Rieder Pale Ale, Rieder Weisse, Rieder Weisse Alkoholfrei, Stiegl Paracelsus glutenfrei
LOKAL Die ehemalige „Fruwirttaverne“ aus dem Jahr 1500 ist ein uriges, traditionell eingerichtetes Gasthaus mit vielen Gewölben, wo ab 1662 Bier gebraut wurde. Die ehemalige Brauerei gehörte ab 1904 der Familie Mayr in Kirchdorf, die schließlich auch den Kirchdorfer Braubetrieb einstellen musste. Gepflegt wird hier die sonntägliche Stammtischkultur, ab 14 Uhr ist damit allerdings Schluss. Die Speisekarte enthält nun viele mit Bier zubereitete Spezialitäten – wobei die Zutaten aus ökologsichem Anbau kommen. Neu auf der Karte sind das Backhendl, die original Innviertler Knödeln in der Kanone serviert sowie verschiedene herzhaft zubereitete Salatvariationen. 100 Sitzplätze, 10 Plätze an der Bar, Garten: 50 Sitzplätze.

KEMMET-BRÄU & GASTHOF GOLDENE SONNE

4580 Windischgarsten, Hauptstraße 22, +43/7562/20066
www.kemmet.at
ÖFFNUNGSZEITEN Mo-So: 9:00 bis 00:00 Uhr
FASSBIER Eggenberg Classic Märzen, Kemmet Bräu Hell/Dunkel und Weizen
FLASCHENBIER Eggenberg Freibier Alkoholfrei
LOKAL Dieser prächtig gestaltete Gasthof geht in seinen ältesten Teilen auf das Jahr 1530 zurück – und hat immer wieder neue Trends aufgegriffen: So gab es hier erst Pferdehandel, dann eine (auch nicht mehr bestehende) Tankstelle, während des Zweiten Weltkriegs wurde die Lamperie mit neuen Schnitzereien verziert. Im Jahr 2001 wurde eine Brauanlage installiert und die einzelnen Gästezimmer gewinnen dadurch an Charme, dass jedes einem eigenen Thema gewidmet ist. Leider wirkten bei unserem letzten Besuch die Biere etwas unfrisch. 97 Plätze im Lokal, 20 an der Bar, 80 im Garten.

ZIPF

ZIPFER BRAUHAUS

4871 Zipf, Nr. 4, +43/7682/20380
www.brauhaus-zipf.at
ÖFFNUNGSZEITEN Di-Fr: 10:00 bis 22:00 Uhr; Sa: 15:00 bis 00:00 Uhr; So: 10:00 bis 00:00 Uhr
FASSBIER Zipfer Märzen (frisch ohne Kohlensäure), Edelweiss Gamsbock, Zipfer Doppelgold, Zipfer Urtyp, Zipfer Drei, Zipfer Kellerbier, Zipfer Limettenradler, saisonal Stefanibock, Oktoberbräu
FLASCHENBIER Zipfer Meisterwerke Pale Ale, Desperados, Edelweiss Dunkel, Zipfer Hell, Zipfer Hops, Zipfer Meisterwerke Weizen, Zipfer Pils, Edelweiss Alkoholfrei
LOKAL Anlässlich des 150-Jahr-Jubiläums der Zipfer Brauerei wurde 2008 ein ganz moderner Brauhaustyp errichtet, der durch seine Gliederung besonders elegant wirkt. Gegenüber vom früheren Braugasthof wurde eine sehr schöne, mit modernster Zapftechnik ausgestattete Bar mit freundlichem, flinken Service eingerichtet. Da gibt es etwa auch Churchill (einen Drink aus Campari und Pils) sowie Weißbiertestarossa (Weißbier mit Himbeermark). Zwischen dem neuen Brauhaus und der altehrwürdigen Brauerei befindet sich ein Biergarten, wie er sein soll – dort gibt es jeweils an Donnerstagen Kellerbier. 180 Sitzplätze im Lokal, 20 an der Bar. Im historischen Gastgarten finden 1200 Personen Platz, auf der Terrasse des neuen Brauhauses 110.

VON **A** WIE ABTENAU BIS **Z** WIE ZELL AM SEE

SALZ BURG

SANKT MICHAEL/LUNGAU

STOFFLERWIRT

5582 Sankt Michael/Lungau, Hutterstraße 11
+43/6477/8293
www.stofflerwirt.at

ÖFFNUNGSZEITEN Mo-So: 7:00 bis 22:00 Uhr

FASSBIER Murauer Hefeweizen, Murauer Märzen

FLASCHENBIER Clausthaler, Aventinus Eisbock, Aventinus Weizendoppelbock, Brewdog Jack Hammer, BRLO Berliner Weisse, Freistädter Austrian Lager, Gaffel Kölsch, Lindemans Geuze, Lindemans Kriek, Murauer 11/11 hopfengestopft, Murauer Bockbier, Murauer Hoamat Weisse, Murauer Kräuterradler, Murauer Pale Ale, Murauer Pils, Murauer Preisel&Bier, Murauer Radler Holunder-Marille, Murauer Rauchweizen, Murauer Stout, Murauer Zitro&Bier, Nice Chouffe, Paulaner Weizen Alkoholfrei, Rieder IPA, Rochefort 10° Trappistenbier, Rodenbach Flanders, saisonal Murauer Weizenbock, Schlenkerla Rauchbier, Silly Saison, Val-Dieu Tripel, Zwettler Saphir Pils

LOKAL Der Stofflerwirt hat sich in den vergangenen Jahren durch ein breites Angebot an Bieren und durch den Besuch von Schulungen eine beachtliche Bierkompetenz aufgebaut. Das Lokal ist mit hellem Holz gestaltet, an den Wänden hängen Fotos von St. Michael in der ersten Hälfte des 20. Jahrhunderts – man sieht einen der ersten Pkw und einen Lastwagen, den „Katschberg-Schlepper“. An den Wänden stehen flotte Bauernweisheiten: „Der eine acht's, der andere belacht's – was macht's?“ oder „Eine Weile Nichtstun braucht keine vertane Zeit zu sein“. Also setzen wir uns hin und tun eine Weile nichts – außer ein Bier aus der auf dem Tisch stehenden Karte zu bestellen und es zu genießen. Keine vertane Zeit! Und natürlich kann man hier auch gut essen und eine passende Bierempfehlung dazu bekommen – oder man bestellt sich eine Verkostung mehrerer Spezialitäten. 120 Sitzplätze im Lokal, 30 im Gastgarten.

ABTENAU

STRUWELPETER

5441 Abtenau, Markt 286, +43/676/4109071
de-de.facebook.com/Cafe-Pub-Struwelpeter-666160143405248/
ÖFFNUNGSZEITEN Di-Fr: 16:00 bis 1:00 Uhr; Sa-So: 14:00 bis 1:00 Uhr

Struwelpeter

FASSBIER Paulaner Hefe-Weißbier Naturtrüb, Trumer Herbstbier im September, Trumer Pils
FLASCHENBIER Craftbier-Wochen im Oktober, Maisel's Weisse Dunkel, Paulaner Hefe-Weißier Alkoholfrei
LOKAL Kleines Pub mit langer Bar, an der Pils schön gezapft wird. Jeweils ab der 2. Septemberwoche wird das Trumer Herbstbier ausgeschenkt, ab der 2. Oktoberwoche gibt es 3 Wochen internationale Craftbiere. 10 Sitzplätze, 15 Stehplätze, 30 Plätze im Schanigarten.

ADNET

PRIESTERWIRT GASTHAUS ZUM STEINBRUCH

5421 Adnet, Adnet 46, +43/6245/80923
www.priesterwirt.at
ÖFFNUNGSZEITEN Mo: 8:00 bis 14:00 Uhr, 17:00 bis 23:00 Uhr; Di: 8:00 bis 14:00 Uhr; Do-Fr: 8:00 bis 14:00 Uhr, 17:00 bis 23:00 Uhr; Sa: 8:00 bis 23:00 Uhr; So: 8:00 bis 14:00 Uhr
FASSBIER Radler, Edelweiss Hefetrüb, Kaiser Märzen, Kaltenhauser Kellerbier
FLASCHENBIER Edelweiss Dunkel, Edelweiss Hefeweizen Alkoholfrei, Gösser Naturgold
LOKAL Wolfgang Felder hat dieses schmucke Gasthaus aus dem Jahr 1880 dem Namen „Zum Steinbruch" entsprechend mit viel Adneter Marmor ausgestattet. Dass das Haus seit 1919 ein Familienbetrieb ist, sorgt ebenso für hohe Kontinuität wie die Stammtischrunden, die sich hier treffen – auch Kutschenfahrten zu den Adneter Steinbrüchen werden angeboten. 140 Plätze im Lokal.

ALTENMARKT IM PONGAU

MARKTERWIRT – DER ALPENBIERWIRT

5541 Altenmarkt im Pongau, Marktplatz 2, +43/6452/5420
www.markterwirt.at
ÖFFNUNGSZEITEN Mo-So: 8:00 bis 00:00 Uhr
FASSBIER Stiegl-Goldbräu, Stiegl-Paracelsus Zwickl, Stiegl-Weisse
FLASCHENBIER Barney Flats Oatmeal Stout, Brew Dog Punk IPA, Crew Republic Drunken Sailor, Crew Republic Roundhouse Kick Imperial Stout, Franziskaner Hefeweizen Dunkel, Franziskaner Hefeweizen Hell, Guinness, Hacker Pschorr Kellerbier, König Ludwig Dunkel, Murauer Black Hill, Pinzga' Bock, Pinzga' Pale Ale, Pinzgau Bräu Zwickl und Weizen, Sierra Nevada Pale Ale, Stiegl Bock, Stiegl Columbus 1492 Pale Ale, Stiegl Freibier Alkoholfrei, Stiegl Hausbiere 0,7 l, Stiegl Sport-Weisse Alkoholfrei, wechselnde Monatsbiere, Wochta Bier
LOKAL Dieses Lokal ist schon seit neun Jahrhunderten das „erste Haus am Platz", seit dem Jahr 1528 ist die „Taffern zu Altenmarghkt" belegt, jedenfalls seit September 1529 wird hier ausgeschenkt. Bis ins 19. Jahrhundert war der Markterwirt die einzige konzessionierte Gastwirtschaft in Altenmarkt, auf der Gästeliste findet sich auch Kaiser Franz Joseph. Sehr schöne alte Wirtsstube – sie ist die älteste Gaststube der Region – mit einer beachtlichen Sammlung alter Biergläser und Krügeln – dazu eine kleine, aber feine Auswahl an Craftbieren. Kleine Bierverkostungen mit jeweils drei Bieren, große Bierverkostung mit Speisenbegleitung nach Absprache. Gruppen können sich ein Fünfliterfass auf dem Holzbock an den Tisch bringen lassen. Insgesamt ca. 250 Sitzplätze in mehreren Stuben, 100 Sitzplätze im Gastgarten.

Markterwirt – Der Alpenbierwirt

... wo Ihnen Tradition die Hand gibt
MARKTERWIRT

ANIF

FRIESACHER EINKEHR

5081 Anif, Brunngasse 6, +43/6246/89770
www.friesacher.com
ÖFFNUNGSZEITEN Mo-So: 17:00 bis 1:00 Uhr

Friesacher Einkehr

Friesacher
Hotel ★★★★ superior
Restaurant - Heuriger - Einkehr - Stadl

FASSBIER Augustiner Märzen (Holzfass), Augustiner Märzen (KEG), Budweiser, Gösser Naturradler, Stiegl Paracelsus Zwickl, Trumer Pils, Weihenstephaner Weißbier
FLASCHENBIER Aventinus Weizen-Eisbock, Aventinus Weizendoppelbock, Ayinger Celebrator, Bavaria's Best Imperial Stout, Blanche de Namur, Bonifatius Barrique, Brew Dog Punk IPA, Chimay Bleue, Die Weisse Hell & Dunkel, Die Weisse Jubilator, Duvel Blond, Eggenberg Doppelbock, Eggenberg Samichlaus Classic, Eggenberg Urbock 23°, Forstner 5 vor 12, Forstner Triple 22, Franziskaner Hefeweißbier Alkoholfrei, Guinness, Gulden Draak, Gusswerk Horny Betty, Hoegaarden Wit Blanche, Hofbräu Kaltenhausen 1475 Pale Ale, König Ludwig Weißbier Hell, La Chouffe Blonde, Libertine Black Ale, Stiegl Columbus 1492 Pale Ale, Stiegl Hausbiere 0,7 l
LOKAL Sehr gepflegtes historisches Wirtshaus, das ganz auf das Bierthema ausgerichtet ist. Jeden Abend wird ein Holzfass angeschlagen, dazu kommt ein wohlausgewogenes (und wechselndes) Angebot regionaler und internationaler Spitzenbiere vom Fass. Wirklich einzigartig ist aber der Bockbier-Keller, in dem die Familie Friesacher eine Auswahl an Jahrgangs-Bockbieren gesammelt hat. Küchenchef Bernhard Hauser kocht dazu traditionelle Wirtshausgerichte – wer aber lieber auf 180 °C heißen Lavasteinen am Tisch grillen will, findet ein Angebot an Lammkotelettes, Garnelen, Schweinsfilet oder Ochsenlende. 120 Sitzplätze, 15 an der Bar, 150 im Garten.

HUSARENWIRT

5081 Anif, Anifer Straße 14, +43/6246/72354
ÖFFNUNGSZEITEN Mo: 11:30 bis 14:30 Uhr, 17:30 bis 23:00 Uhr; Di: 11:30 bis 14:30 Uhr; Do-So: 11:30 bis 14:30 Uhr, 17:30 bis 23:00 Uhr
FASSBIER Gösser Zwickl, Kaiser Weißbierbock, Kaltenhauser Bock, Kaltenhauser Kellerbier, Kaltenhauser Maronibier, Puntigamer ‚das Bierige', Puntigamer Panther, Schönramer Dunkel, Schönramer Gold, Stiegl Zwickl
FLASCHENBIER Franziskaner dunkles Weißbier, Gösser Naturgold, Murauer Märzen, Schönramer Weißbier, Stiegl Sport Weisse Alkoholfrei, saisonal: Schönramer Weihnachtsbier, Schönramer Saphir-Bock, Stiegl Bock
LOKAL Sehr traditionelles Wirtshaus mit einer Gaststube aus dem 18. Jahrhundert – vom Salzburger Hauptbahnhof mit der Buslinie 25 gut erreichbar. Stammtischrunden und Kartenrunden, Hausmusik, Ballveranstaltungen und Hochzeiten, wie sie früher waren. Weil Klaus Bankhammer ein Bierliebhaber ist, sorgt er nicht nur für Zapfkultur, sondern auch dafür, dass bierige Speisen auf die Karte kommen. Zum Beispiel Flachgauer Bierfleisch, Biersuppe und Apfelspalten in Bierteig. 48 Plätze, 180 bis 200 Plätze im Saal, 80 im Schanigarten.

Husarenwirt

KAISERBAR

5081 Anif-Niederalm, Salzachtal Bundesstraße 135, +43/6246/8920
www.kaiserhof-anif.at/de/kaiserbar
ÖFFNUNGSZEITEN Mo-Do: 16:00 bis 00:00 Uhr; Fr-So: 16:00 bis 1:00 Uhr
FASSBIER Kaiser Märzen, Schladminger Bio Zwickl, Kaltenhauser 1475 Pale Ale
FLASCHENBIER ca. 40 verschiedene Flaschenbiere, z.B. Affligem, Crew Republic Drunken Sailor, Einstök, Gulden Draak, Gusswerk Nicobar, Hoegaarden
LOKAL Im Kaiserhof wurde eine Bierbar eingerichtet, die sich durchaus an internationalen Maßstäben messen lassen kann. Hinter der Bar steht ein Biersommelier, der die angebotenen

Flaschenbiere genau kennt und beschreiben kann, genau das richtige Ambiente für den Einstieg in die Craftbier-Szene und eine Gelegenheit zum Fachsimpeln für die Fortgeschrittenen. Für Liebhaber von Craft & Creativbieren bietet die Kaiserbar nach Voranmeldung Bierverkostungen, über 40 verschiedene Kreativbiere, Highland Burger & Flammkuchen. Übernachtungsmöglichkeit im Hotel Kaiserhof.

Kaiserbar

ANTHERING

RAGGEI-BRÄU – HAUSBRAUEREI RAGGINGER

5102 Anthering, Acharting 32, +43/6223/20396
+43/664/2001795
www.raggei.at
ÖFFNUNGSZEITEN Di-Do: 17:00 bis 1:00 Uhr; Fr-Sa: 12:00 bis 1:00 Uhr; So: 11:00 bis 1:00 Uhr
FASSBIER Augustiner im Steinkrug, Dinkelbier, Jubiläumsmärzen, Zwickl, Kreativbiere: Heublumenbier, Hanfbier, Kukuruzbier, Roggengold, Rupertigold, Schwarzbier, Untergärige: Kellerbier, Vollmond Moorbier, Bockbiere: Fastenbock, Doppelbock, Haunsbergbock, Weihnachtsbock, Weizenbock, Maibock, Maunzteuflbock
FLASCHENBIER Clausthaler, Erdinger Alkoholfrei, Trumer Pils
LOKAL Die 1999 gegründete Hausbrauerei Ragginger (300-Liter-Sudwerk) wurde im Jahr 2010 als Brewpub des Jahres ausgezeichnet. Man erreicht sie von Salzburg aus mit der Lokalbahn, von der Station Acharting muss man sieben Minuten Gehweg rechnen. Es erwartet einen ein gemütliches Altbausalettl, ein Hausbergstüberl, Wintergarten und ein uriges Bräustüberl sowie ein schattiger Gastgarten. An der Karte merkt man, dass hier Bauern mit Gespür für Besonderes am Werk sind: Kistensauspezialitäten wie Bierbratl, Ripperl in da Rein mit Erdäpfel, Knödel und Speckkrautsalat. In den Weißbierweckerln wird Malz und Hopfen verbacken. Das junge und engagierte Küchenteam verwöhnt die Gäste immer wieder mit besonderen Schmankerl und speziellen Biergerichten. Jeden Monat ein Musikantenstammtisch, Bierkabarett, zweimal jährlich die Bratlgeiger mit ihren Wienerliedern, dazu Bratl a da Rein sowie verschiedene Veranstaltungen mit Livemusik. Bar mit Biercocktails und guten irischen und schottischen Single Malt Whiskies. 70 Plätze im Salettl, 30 im Haunsbergstüberl, 10 im Bräustüberl und 15 an der Bar, 80 Sitzplätze im Garten.

BAD GASTEIN

EDEN'S PUB

5645 Bad Gastein, Karl-Heinrich-Waggerl-Straße 16
+43/6434/20760
www.salzburgerhof.com/urlaub-oesterreich/hotel-eden/edens-pub.html
ÖFFNUNGSZEITEN Mo-So: 16:30 bis 00:00 Uhr
FASSBIER Fosters, Fuller's London Pride, Guinness, Heineken, Kilkenny, Trumer Pils
FLASCHENBIER Corona, Paulaner Hefeweißbier
LOKAL Eden's Irish Pub ist die Bar des Hotel Eden – das seinerseits wieder zum benachbarten Salzburger Hof gehört. Sehr internationales Publikum, sehr weltgewandtes Personal, das diese Gäste bedient, als ob alle Stammgäste wären. 50 Plätze im Lokal, 15 an der Bar.

Eden's Pub

BAD HOFGASTEIN

SCHMARANZBRÄU

5630 Bad Hofgastein, Wieden 52, +43/6432/671940
www.schmaranz.at
ÖFFNUNGSZEITEN Mo-Sa: 15:00 bis 00:00 Uhr
FASSBIER Eigenbräu Helles und Dunkles Weizenbier, Dinkelbier, saisonal Fastenbier, Saisonbiere
FLASCHENBIER
LOKAL Ein unscheinbares altes Bauerngehöft entpuppt sich beim näheren Hinsehen als gastliche Rauchkuchl. „Gerscht'n g'schnittn" wurde am Schmaranzgut schon vor Jahrhunderten, und vom selbst gebrauten Bier zu besonderen Anlässen spricht man heute noch. Damals wurde das Bier im 480 Jahre alten Kehrerhaus gebraut – und 1996 hat es Markus Viehauser als erste Bio-Weißbierbrauerei Salzburgs wiederbelebt. Natürlichkeit ist ein Leitmotiv von Brauerei und Küche, vieles kommt vom eigenen Hof, speziell die Butter und der Käse. 40 Sitzplätze, Garten: 60 Sitzplätze.

BAD VIGAUN

HOTEL GASTHOF LANGWIES

5424 Bad Vigaun, Langwies 22, +43/6245/8956
www.langwies.at
ÖFFNUNGSZEITEN Mo: 8:00 bis 00:00 Uhr; Mi-So: 8:00 bis 00:00 Uhr

FASSBIER Gösser Naturradler, Hofbräu Hefeweißbier, Kaiser Märzen, Kaltenhauser Bernstein, Kaltenhauser Kellerbier, Kaltenhauser Original, Trumer Pils, saisonal Bockbier
FLASCHENBIER Kaiser Doppelmalz, Schlossgold
LOKAL Dieses komfortable und familiär geführte Hotel (gegründet 1903) hat eine schöne, moderne Bar, die in ansprechendem Kontrast zum ländlichen Charakter des Hauses steht. Eigene Landwirtschaft. Jeden letzten Montag im Monat Musikantenstammtisch, Salzburger Wirtshauskultur, Bauernherbst-Wirt des Jahres 2004. Bierfleisch, ofenfrischer Schweinsbraten in Malzbiersaft, Zwetschken in Bierteig gebacken mit Zimtschaumsauce. 120 Sitzplätze, 50 Plätze an der Bar, Garten: 100 Sitzplätze.

BERGHEIM

FRANZ DER WIRT

5101 Bergheim, Dorfstraße 35, +43/662/452124-70
www.franz-bergheim.at
ÖFFNUNGSZEITEN Mo-Fr: 11:00 bis 00:00 Uhr; Sa: 17:00 bis 00:00 Uhr, Geschäft: Mo-Fr: 11:00 bis 00:00 Uhr; Sa: 17:00 bis 00:00 Uhr

Franz der Wirt

DER WIRT
FRANZ
· SEIT 1858 ·

FASSBIER Franz Weizenbier, Franz Zwickl Hell/Dunkel (Hausbier), Stiegl-Goldbräu, Stiegl-Radler Grapefruit, Trumer Pils
FLASCHENBIER Die Weisse Alkoholfrei, Die Weisse Dunkel, Die Weisse Original, Stiegl Columbus Pale Ale, Stiegl-Freibier
LOKAL Dieses Dorfwirtshaus der weit verzweigten Familie Gmachl hat sich im Lauf der letzten Jahre zu einem Kultbetrieb rund ums Bier entwickelt. Weil seit fünf Generationen stets ein Gmachl-Familienmitglied mit dem Vornamen Franz die Gastronomie hier führt, bekam die Gmachl Dorfstube 2013 den neuen Namen ‚Franz – Der Wirt'. 2015 wurde das Lokal von der Stiegl-Brauerei zum Salzburger Bierwirt des Jahres erkoren, 2016 kam dann noch eine eigene Brauerei (5 Hektoliter Caspary-Sudwerk) dazu. Spektakulär ist die von Architekt Franz Kirchmayr mit heimischen Hölzern gestaltete zentrale Bar, an der flink und freundlich gezapft wird. Im Frühjahr 2018 schloss Franz Gmachl seine Ausbildung zum Dipl. Biersommelier bei Axel Kiesbye ab. Und das Essen zum Bier passt auch, schließlich ist eine Metzgerei angeschlossen: Bergheimer Bratwurst, Maishendl, Leberkäs. Preiswerte Mittagsmenüs. 90 Plätze im Lokal, 25 an der Bar.

ISI-BRÄU

5101 Bergheim, Bäckerstraße 3, +43/699/17220531
www.isi-braeu.at
ÖFFNUNGSZEITEN Mo-Fr: 11:00 bis 00:00 Uhr; So: 9:00 bis 21:00 Uhr
FASSBIER diverse Bockbiere, Kellertrübes Zwickl (Hausbier), Saisonbiere
LOKAL Wenn Bockbier ausgeschenkt wird – ab 11. November – können sich vor diesem kleinen, von außen an ein Einfamilienhaus erinnernden Lokal Schlangen von Fans bilden. Den Ausschank gibt es seit 1958. Er wurde 1987 von Helmut Brunner übernommen, der seit 2001 eigenes Bier braut – 2013 hat sein Bruder das Lokal übernommen und führt es in gleicher Qualität weiter. Einfache Einrichtung, einfaches Buffet. 40 Plätze im Lokal, 40 im überdachten Garten.

BISCHOFSHOFEN

Ortners

ORTNERS

5500 Bischofshofen, Alte Bundesstraße 4, +43/6462/32978
www.ortners.at
ÖFFNUNGSZEITEN Di-Sa: 11:30 bis 14:00 Uhr, 17:30 bis 22:30 Uhr; So: 17:30 bis 22:30 Uhr
FASSBIER Guinness, Trumer Pils
FLASCHENBIER Clausthaler
LOKAL Seit 2001 bewährt sich dieses sehr schön gestaltete Restaurant (Fisch- und Grillgerichte sind die Spezialitäten) mit großer Bar und sehr guter Bierpflege als Treffpunkt von Bischofshofen. 75 Sitzplätze.

BRUCK AN DER GLOCKNERSTRASSE

KOHLSCHNAIT

5662 Bruck an der Glocknerstraße, Niederhof 3
+43/6545/6112
www.kohlschnait.at
ÖFFNUNGSZEITEN Mi-So: 11:00 bis 22:00 Uhr
FASSBIER Dunkles Weizen, Helles Weizen, Kohlschnait Kellerbier, saisonale Bockbiere
FLASCHENBIER Clausthaler
LOKAL Familie Eder betreibt auf ihrem Bergbauernhof einen rustikalen Biergasthof, in dem eigene Produkte (neben Bier auch Brot und Speck) angeboten werden. Der Hof ist nicht ganz leicht zu finden, hilfreich ist es, sich an der Beschilderung zur Rodelbahn zu orientieren, die im Winter auch von der Familie Eder betrieben wird (beschneit, 3 km lang). Seit 2013 ist Robert Eder diplomierter Biersommelier. Direkt vor der Hütte befindet sich eine Snowtubingbahn (im Winter), im Sommer ein Kinder-Spielplatz mit Abenteuer-Spielgeräten. Zu den Attraktionen gehört eine Bogensportanlage mit naturgetreu nachgebildeten 3D Tieren und ein Motorsäge-Museum. Spektakulär ist die Show, die die Hunde liefern, wenn sie die Schafe von der Weide in den Stall treiben. 100 Plätze im Lokal, 30 im Garten.

Kohlschnait

ZACHERL BRÄU – „BAUER & WIRT“

5671 Bruck an der Glocknerstraße, Glocknerstraße 14
+43/6545/7242
www.zacherlbraeu.at
ÖFFNUNGSZEITEN Di-Mi: 16:00 bis 00:00 Uhr; Do-So: 10:00 bis 13:30 Uhr, 16:00 bis 00:00 Uhr
FASSBIER Kaiser Märzen
FLASCHENBIER Kaiser Doppelmalz, naturtrübes Zacherlbräu, Schlossgold, Weizengold
LOKAL In den ehemaligen Brauereikellern sind heute traditionell eingerichtete Wirtshausstuben und eine Schnapsbrennerei untergebracht. Die frischen Zutaten aus der eigenen Landwirtschaft und dem Küchenkräutergarten beflügeln die Küche. Übrigens gibt es hier auch Jungpferdefleisch wie z.B. Zacherls Rosswurst und Pferdelandjäger. Auch ein Salzburger Bierfleisch mit Kaiser Doppelmalz steht auf der Karte, das ganz besonders gut zum Bier passt – das wurde schon mit einer Gault-Millau-Haube ausgezeichnet. 80 Plätze, Garten: 120 Plätze.

Zacherl Bräu

ELIXHAUSEN

DIE SOLIDE ALM

5161 Elixhausen, Weichenbergstraße 1, +43/662/230215
www.solide-alm.at
ÖFFNUNGSZEITEN Mo-Sa: 11:00 bis 00:00 Uhr
FASSBIER Stiegl Spezial
FLASCHENBIER Stiegl Freibier Alkoholfrei, Stiegl Radler Grapefruit naturtrüb, Stiegl Sport-Weisse, Stiegl-Pils
LOKAL Der Klassiker von Hubert von Goisern hat diesem, auf Hüttengaudi und einfaches, doch wohlschmeckendes Essen und ordentliche Bierpflege spezialisierten Lokal an der Straße von Salzburg nach Obertrum den Namen gegeben. Familie Zipperer sorgt auch dafür, dass immer wieder Live-Bands auftreten.

EUGENDORF

AM HOCHFUCHS

5301 Eugendorf, Schwaighofen-Bergweg 2, +43/6225/8289
www.hochfuchs.at
ÖFFNUNGSZEITEN Mi-Do: 15:00 bis 23:00 Uhr; Fr-So: 9:00 bis 23:00 Uhr
FASSBIER Stiegl Goldbräu
FLASCHENBIER Eugendorfer Genussbier (Hofbräu Kaltenhausen), Stiegl Freibier, Franziskaner Alkoholfreies Weizen, Franziskaner Hefeweizen Dunkel, Franziskaner Hefeweizen Hell, König Ludwig Dunkel, Stiegl Radler, Trumer Hopfenspiel, Trumer Pils, Trumer Zwickl

LOKAL Neu eingerichtetes Lokal mit schönem Blick auf das Salzkammergut. Ca. 110 Sitzplätze in verschiedenen Bereichen.

HOLZNERWIRT

5301 Eugendorf, Dorf 4, +43/6225/8205
www.holznerwirt.at
ÖFFNUNGSZEITEN Di-Sa: 7:00 bis 00:00 Uhr; So: 7:00 bis 16:00 Uhr

FASSBIER Gösser Naturradler, Zipfer Märzen
FLASCHENBIER Gösser Naturgold, ‚Die Weisse' aus Salzburg Naturtrüb und Alkoholfrei, Bitburger Pils, Erdinger Hefeweizen Alkoholfrei, Erdinger Hefeweizen Dunkel, Erdinger Hefeweizen Hell, Gösser Kracherl, Kaiser Doppelmalz
LOKAL Stattlicher Gasthof im Zentrum von Eugendorf, dessen Wurzeln auf das Jahr 1389 zurückgehen und der seit 1590 als Gastwirtschaft (damals „Obertaverne") belegt ist. Holznerwirt heißt das Haus, seit es 1698 von Michael Holzner gekauft wurde. Seit 2014 heißt der Holznerwirt Gerhard Martin Schönbauer – und er pflegt nicht nur die Tradition, sondern auch das Bier liebevoll. Sehr schöner Biergarten. 120 Plätze im Lokal, 130 im Gastgarten.

FAISTENAU

BRAMSAU-BRÄU

5324 Faistenau, Bramsaustraße 36, +43/6228/2566
www.bramsau-braeu.at
ÖFFNUNGSZEITEN Mi-Sa: 15:00 bis 00:00 Uhr; So: 11:30 bis 22:00 Uhr
FASSBIER Bramsau-Bräu Kellerbier, Jedermannbier, Bockbier im Advent, Herbstbier, saisonale Spezialbiere, Schwarzbier
FLASCHENBIER Maisel's Weisse Alkoholfrei, Schlossgold
LOKAL Mehrere Bereiche in einem großen, schön gegliederten Gastraum, der auch Gruppen separat Platz bietet. Bei der Einrichtung wurden altes Holz und alte Ziegel aus der k.u.k. Monarchie verwendet und neu aufpoliert. Ab 15:00 Uhr gibt es warme Küche (Spezialität Bierbrauerpfandl, dazu selbst gebackenes Holzofenbrot, Biergulasch, Schweinsbraten im Biersaftl, Ripperl auf Bestellung) – die im Jahr 2002 eingerichtete moderne Brauanlage ist in einem Nebenraum und kann mittwochs um 17.00 Uhr oder auf Anfrage besichtigt werden. Der über drei Ebenen verteilte Biergarten ist von Natur umgeben, der Ausblick einmalig und das Klima auch: Ein Lindenbaum spendet wohltuenden Schatten, für die Kinder gibt es einen Abenteuerspielplatz, da können die Eltern in Ruhe ihr Bier genießen. Ca. 90 Sitzplätze im Lokal, 150 Plätze im Garten.

FLACHAU

FLACHAUER GUTSHOF

5542 Flachau, Pichlgasse 15, +43/6457/31980
www.flachauer-gutshof.at
ÖFFNUNGSZEITEN Mo-So: 11:00 bis 4:00 Uhr
FASSBIER Ottakringer Helles, Ottakringer Zwickl, saisonale Spezialitäten
FLASCHENBIER Null Komma Josef
LOKAL Ein Touristenmagnet in Flachau mit großem Parkplatz und einer Terrasse, die ganze Busladungen aufnehmen kann. Dennoch sehr flinkes und kompetentes Service in dieser 440 Jahre alten Scheune, die in Kärnten abgetragen und im Jahr 2000 in Flachau wieder original aufgebaut wurde. Oft Livemusik – besonders eindrucksvoll die Sonntags-Frühschoppen. Oktoberfest mit Oktoberbräubier und Frühshoppen mit dem traditionellem Bieranstich. Besonders gepflegte Zapfkultur – und mehrere Mitarbeiterinnen, die sich der Käsekultur verschrieben haben. 35 Sitzplätze beim Bauernschmied, 350 im Musistadl, 120 im Atelier, 200 an der Bar, 500 im Gastgarten.

PAULAREI

5542 Flachau, Flachauer Straße 353, +43/6457/2205804
www.paularei.at

ÖFFNUNGSZEITEN Di-So: 11:00 bis 2:00 Uhr
FASSBIER Radler, Erdinger Urweisse, Trumer Pils
FLASCHENBIER Erdinger Alkoholfrei, Trumer Sigl's
LOKAL Die Paularei gehört zum Hotel Matteo und könnte in jedem amerikanischen Tourismusort Furore machen – aber mit seiner spezifisch österreichischen Ausprägung (inklusive einer Bibliothek voll mit Büchern zur Geschichte der Fotografie) und dem charmanten Service ist es doch wieder sehr heimelig. Die Küche ist offen und einsehbar, die Räume hoch und das Mobiliar im Retrostyle, was sich wohltuend von der allgegenwärtigen „Alpenidylle" abhebt. 120 Plätze, 15 an zwei Bars.

GOLLING

GOLDENE TRAUBE

5400 Golling, Markt 3–4, +43/6244/4320-0
www.goldene-traube.at
ÖFFNUNGSZEITEN
FASSBIER Edelweiss, Kaiser Märzen
FLASCHENBIER Edelweiss Dunkel, Schlossgold
LOKAL Der Gasthof „Goldene Traube" ist ein mittelalterliches Gebäude und in der 4. Generation in Familienbesitz. „Jeder ist bei uns willkommen. Wir schaffen mit unserer Gaststube eine Atmosphäre, in der sich jeder wohlfühlen kann", verspricht der Wirt – und serviert unter anderem Salzburger Bierfleisch. 120 Sitzplätze, Schanigarten: 20 Sitzplätze.

HALLEIN

BRÜCKENWIRT HALLEIN

5400 Hallein, Brückenwirtweg 3, +43/6245/76194
www.brueckenwirt-hallein.at
ÖFFNUNGSZEITEN Mo: 10:00 bis 00:00 Uhr; Do-So: 10:00 bis 00:00 Uhr

Brückenwirt Hallein

FASSBIER Gösser Naturradler, Kaiser Märzen, Kaltenhauser Bernstein, Stiegl-Paracelsus Zwickl, Weihenstephaner Hefeweizen, saisonal: Edelweiss Gamsbock, Oktoberbier
FLASCHENBIER Gösser Naturgold, Edelweiss Dunkel, Kaiser Doppelmalz, Kaiser Märzen, Schlossgold, Weihenstephan Alkoholfrei
LOKAL Einfaches Landgasthaus an der Salzachtalbundesstraße auf halbem Weg zwischen der Stadt Salzburg und Hallein, eigene Busstation der Salzburger Buslinie 170. Die vielen Stammgäste schätzen das gute Preis-Leistungs-Verhältnis. Salzburger Bierfleisch, Rindszunge in Schwarzbiersauce. 180 Sitzplätze, Gastgarten mit Kastanienbäumen: 120 Sitzplätze.

GASTHAUS HAGER

5400 Hallein, Salzachtalstraße 10, +43/6245/70592
www.gasthaus-hager.at
ÖFFNUNGSZEITEN Mo-Fr: 10:00 bis 22:00 Uhr; So: 9:30 bis 14:00 Uhr
FASSBIER Kaiser Märzen, Kaltenhauser Bernstein, Kaltenhauser Kellerbier
FLASCHENBIER Edelweiss Weißbier, Edelweiss Weißbier Dunkel, Gösser Naturgold, saisonal Bockbier
LOKAL Gemütliches Gasthaus mit uriger alter Gaststube und schönem Kachelofen, auf dem – je nach Bedarf – Lesebrillen oder Scheuklappen bereitliegen. Freundliches Service, die gutbürgerliche Küche bietet unter anderem mit Bier zubereitete Speisen wie Schweinsbraten mit Bier aufgegossen oder Bierfleisch, aber auch internationale Highlights, die in den hinteren Stuben bei gedecktem Tisch genossen werden können. 120 Sitzplätze im Lokal, 120 Sitzplätze im Garten.

Hofbräu Kaltenhausen Braugasthof

HOFBRÄU KALTENHAUSEN BRAUGASTHOF

5400 Hallein, Salzburgerstraße 67, +43/6245/80233
www.kaltenhausen.at
ÖFFNUNGSZEITEN Mo-So: 9:00 bis 00:00 Uhr
FASSBIER Edelweiss Hofbräu Hefetrüb, Kaiser Märzen, Kaltenhauser 1475 Pale Ale, Kaltenhauser Bernstein, Kaltenhauser Kellerbier, Kaltenhauser Original, Gösser Naturradler, saisonal Edelweiss Gamsbock, Oktoberbräu, Kaltenhauser Bock
FLASCHENBIER Edelweiss Alkoholfrei, Edelweiss Dunkel, Gösser Kracherl, Gösser Naturgold, Kaiser Doppelmalz
LOKAL Sehr typischer Braugasthof, in dem nunmehr seit über 500 Jahren Bier ausgeschenkt wird. Anfang 2014 wurde er von Hans Kreuzer übernommen, der ihn im typischen Brauhausstil weiterführt. Am Eingang zum Bräustüberl werden verschiedenste Bierspezialitäten gezapft, die Küche liefert dazu eine zünftige Jause, Stelze, Schweinsbratl und vieles andere mehr. Mitten im Lokal befinden sich die Sudpfannen der heutigen Biermanufaktur, die die Brautradition des 1475 gegründeten Hofbräu Kaltenhausen mit Bierspezialitäten fortführt. Für größere Veranstaltungen steht das historische Ruperti Gwölb zur Verfügung (ca. 200 Sitzplätze). Ganz im Zeichen der Bierkultur werden in Kaltenhausen auch Brauereiführungen Bierverkostungen, Braukurse und Biersommelier-Ausbildungen angeboten – näheres dazu online unter www.kaltenhausen.at/bierkultur. Insgesamt 500 Sitzplätze in diversen Stüberln, ca. 300 Sitzplätze im schattigen Gastgarten im Innenhof.

Hohlwegwirt

HOHLWEGWIRT

5400 Hallein, Salzburgerstraße 84, +43/6245/824150
www.hohlwegwirt.at

ÖFFNUNGSZEITEN Di: 18:00 bis 00:00 Uhr; Mi-Sa: 9:00 bis 00:00 Uhr; So: 9:00 bis 16:00 Uhr

FASSBIER Brauerei Sigl: Trumer Pils, Brauerei Stiegl: Zwickl naturtrüb, Original Stieglbock, Radler – Zwickl mit Orangeade, Stiegl Herbst-Gold

FLASCHENBIER Brauerei Wieninger: Weißbier naturtrüb Premium, Hefe Weißbier Dunkel; Erdinger Weißbier Alkoholfrei, Null Komma Josef

LOKAL Bierlokal und Restaurant in traditionellem Stil. Johannes Kronreif, Moar der Brauerei Kaltenhausen, hat den jetzigen Gasthof Hohlwegwirt am 23. September 1874 gekauft – und seither ist das Lokal, bei dem seinerzeit noch ein Kramerladen und eine k.u.k. Poststelle dabei waren, in Familienbesitz. Ernst Kronreif fuhr als Kind noch Telegramme aus – heute ist er „Wirt aus Überzeugung" und bemüht sich um die traditionelle Küche. Empfehlenswert ist unter anderem das Salzburger Bierfleisch in Dunkelbiersauce sowie die Fischspezialitäten, die mit passendem Bier angeboten werden. Außerdem werden im Gasthof Hohlwegwirt Bierverkostungen abgehalten. 100 Sitzplätze im Lokal, Terrasse: 24 Sitzplätze, Garten: 30 Sitzplätze.

HALLWANG

SANTA FÉ

5300 Hallwang, Wiener-Bundesstraße 7, +43/662/665824
www.santafe.at

ÖFFNUNGSZEITEN Di-Do: 17:00 bis 1:00 Uhr; Fr-Sa: 17:00 bis 2:00 Uhr

FLASCHENBIER Corona, Die Weisse, Gösser Naturradler, Puntigamer Panther, Schwechater Zwickl, Weihenstephan Alkoholfrei, Wieninger Hell (Bügelflasche), Wieselburger Stammbräu

LOKAL Seit Jahren gut etablierte „Show"-Bar mit mexikanischer Küche (Santa-Fé-Steak vom Austria BIO-Weidebeef), auch die Ensaladas und Fajitas erfreuen sich hoher Beliebtheit. Monatliche Specials und typische Bar-Snacks runden das Angebot ab. Öfters Veranstaltungen. 150 Sitzplätze, 40 an der Bar, Garten: 100 Sitzplätze.

HOF BEI SALZBURG

BRAUHAUS GUSSWERK – WIRTSHAUS

5322 Hof bei Salzburg, Römerstraße 3, +43/6229/39777
www.brauhaus-gusswerk.at

ÖFFNUNGSZEITEN Di-Do: 16:30 bis 00:00 Uhr; Fr: 13:00 bis 00:00 Uhr; Sa: 16:30 bis 00:00 Uhr

Brauhaus Gusswerk – Wirtshaus

FASSBIER Stone & Iron– Steinbier, Austrian Amber Ale/Nicobar IPA, Edelguss, ein zusätzliches saisonales Bier (z.B. Winter-Steinbier oder CITRA-Beach), Gusswerk Jakobsgold, Weizenguss

FLASCHENBIER Alefried Klabauter India Pale Ale, Alefried Schlawiner Pale Ale, Austrian Amber Ale, Brew Age Affenkönig, Brew Age Alphatier, Brew Age Bienenstich (saisonal), Brew Age Chicxulub Stout, Brew Age Dunkle Materie, Brew Age EIS-Nussknacker, Brew Age HOLZ-Nussknacker, Brew Age Hopfenauflauf, Brew Age Malzstraße, Brew Age Nussknacker, Brew Age Steckenpferd, Brew Town Dunkel, Brew Town Hell, Das Schwarze Schaf Stout, Die ALTE (Schwarze) Kuh (fassgereift), Die schwarze Kuh, Dies Irae, Eisbergbock, Glutenfrei Lager, Green Betty, Horny Betty, Jakobsgold AF, Krinnawible, Nicobar IPA, Rhabarber-Radler Glutenfrei, Rodauner Strizzi, saisonal: Citra Beach, Winter-Steinbier, Festguss, Red Ale, Pils, Steiner Bio-Weißbier alkoholfrei, Wiener Lager

LOKAL Seit 2007 der Trendsetter im Craftbier-Markt. Mehrfach im Bier Guide als Lokal und für die Bierkreationen ausgezeichnet. Auch Kurier-Kolumnist Florian Holzer nennt das Brauhaus Gusswerk an der Spitze seiner „Top 5 Craft Beer Lokale auf dem Land". Die Küche bietet österreichische, regionale Speisen, großteils Bio – denn genau wie beim Bier stehen auch in der Küche die Nachhaltigkeit und das Bewusstsein für die Umwelt im Vordergrund. Gruppen ab sechs Personen können ein Bratl in der Rein buchen. Das Lokal dient auch als Biershop für die beim Gusswerk gebrauten Biere. 40 Plätze im Lokal, 12 an der Bar.

KAPRUN

HILBERGER'S BEISL

5710 Kaprun, Wilhelm-Fazokas-Straße 12, +43/6547/7246
www.hilberger.at

ÖFFNUNGSZEITEN Mo: 11:30 bis 1:00 Uhr; Mi-So: 11:30 bis 1:00 Uhr

FASSBIER Hofbräu Traunstein Weisse, Trumer Naturradler, Trumer Pils, Trumer Zwickl
FLASCHENBIER Clausthaler, Die Bio Weisse Hell (glutenfrei), Die Weisse Salzburg Hell/Dunkel, Hofbräu Traunstein Alkoholfrei, Pinzga' Pale Ale, Pinzga' Phönix, Pinzga' Weizen Hell, Pinzga' Zwickl , saisonal Die Weisse Bock
LOKAL Das war auch dem Falstaff-Magazin eine Auszeichnung wert: Wolfgang Hilberger hat zusammen mit seiner Frau Andrea mitten in Kaprun ein Stück Steiermark zum Leben erweckt. Die Einrichtung ist heimelig-rustikal, auf der Karte stehen herzhafte steirische Schmankerl, die nach alten Rezepten zubereitet werden und aus eigener Produktion stammen, sowie lokale und internationale Spezialitäten. Prominent vertreten ist das Bier aus der nahen Pinzgau-Brauerei. 60 Plätze im Lokal, 12 an der Bar, 30 im Garten.

Hilberger's Beisl

KITSCH & BITTER

5710 Kaprun, Wilhelm-Fazokas-Straße 7b, +43/6547/8663
www.kitschundbitter.at
ÖFFNUNGSZEITEN Mo-So: 17:00 bis 2:00 Uhr
FASSBIER Maisel´s Weisse, Trumer Pils
FLASCHENBIER Clausthaler, Corona, Desperados, Heineken, Maisel's Alkoholfrei, Maisel's Dunkel
LOKAL Eckpunkt des Kapruner Bermudadreiecks. Gemütliches Stimmungslokal mit zentraler Bar und freundlicher Bedienung. Große Auswahl an Pizzen und Pastagerichten – und wer mag, kann auch aus einer großen Weinkarte wählen. 120 Sitzplätze, 50 Stehplätze, im Garten 100 Plätze.

KOPPL BEI SALZBURG

GASTHOF AM RIEDL

5321 Koppl bei Salzburg, Eisenstraße 38, +43/6221/7206
www.riedlwirt.at
ÖFFNUNGSZEITEN Mo: 15:00 bis 21:00 Uhr; Do: 15:00 bis 21:00 Uhr; Fr-So: 11:30 bis 21:00 Uhr
FASSBIER Franziskaner Weizenbier, Gösser Naturradler, Nocksteiner (Hausbier), Schönramer Hell, Zipfer Märzen
FLASCHENBIER Edelweiss Alkoholfrei, Gösser Naturgold, Hofbräu Traunstein Dunkel, Hofbräu Traunstein Weißbier Dunkel, Nocksteiner Pils, Nocksteiner Triple, Schönramer Festweisse
LOKAL Der Riedlwirt ist ein vom Touristenstrom der B 158 abgelegener Gasthof am Fuß des Nocksteins auf halbem Weg zwischen der Stadt Salzburg und den Salzkammergutseen, dessen Geschichte als Landwirtschaft bis ins Jahr 1610 und als Gastwirtschaft immerhin bis 1860 zurückreicht. Nette Gaststube mit kleiner, den ganzen Tag über von einer netten Kellnerin betreuten Bar, gemütlicher Hotelbetrieb und eine Terrasse mit schönem Ausblick. Im Winter ist davor ein kleiner Schilift in Betrieb, im Sommer gibt es einen Mountainbikeparcours und einen Tennisplatz. 120 Sitzplätze, 30 im Extrastüberl, 80 im Garten.

KRIMML

ANTON WALLNER BRÄUSTÜBERL

5743 Krimml, Oberkrimml 118, +43/664/5036184
www.krimml.com
ÖFFNUNGSZEITEN Mo-Mi: 16:00 bis 00:00 Uhr; Fr-So: 16:00 bis 00:00 Uhr

Anton Wallner Bräustüberl

FASSBIER Apfelbier, Helles u. Dunkles Krimmler Märzen, Helles u. Dunkles Krimmler Weizen, Hollerbier, saisonal Fest- und Weizenbock, Zirbenbier
FLASCHENBIER
LOKAL Das Anton Wallner Bräu wurde 2008 gegründet, nachdem Manfred Opresnik die Ausbildung zum Diplom-Biersommelier gemacht hat. Den Namen für seine Brauerei nahm er vom Gastwirt Anton Wallner, der am Hinterlehen-Gut in Krimml geboren wurde und sich als Kampfgefährte von Andreas Hofer im Befreiungskrieg von 1809 gegen Bayern und Franzosen hervorgetan hat. Er zeichnete sich mit seinen Schützen in den Kämpfen um den Pass Lueg besonders aus. Von ihm ist auch das Motto der kleinen Brauerei übernom-

men: Man will frei und unabhängig brauen. Dabei wagt sich Opresnik auch an ungewöhnliche Bierkreationen wie ein Apfelbier. Spezialität der Küche: knusprige Backhendl! Bierkulinarium und Brauereiführung mit Jause nach Voranmeldung. 45 Sitzplätze im Lokal, 16 Plätze an der Bar.

LEOGANG

ASITZ BRÄU

5771 Leogang, Rain 6, +43/6583/8246-0
www.asitzbraeu.com
ÖFFNUNGSZEITEN Mo-So: 9:00 bis 16:30 Uhr
FASSBIER AsitzBräu (aus der Brauerei Falkenstein), Franziskaner Hefeweisse, Gösser Naturradler
FLASCHENBIER AsitzBräu (aus der Brauerei Falkenstein), Franziskaner Hefeweizen Alkoholfrei, Franziskaner Hefeweizen Dunkel, Gösser Naturgold, Kaiser Märzen
LOKAL Brauhausatmosphäre für eine gemütliche Einkehr oder für ganz besondere Veranstaltungen: Das Asitz Bräu, eine ehemalige Schihütte, wurde auf drei Ebenen mit historischem Brauhaus-Equipment eingerichtet und versteht sich als Europas höchstgelegenes Braumuseum. Die unzähligen Brauhausgeräte sind liebevoll restauriert, inmitten befindet sich der Mälzereiturm. Geboten wird eine original Brauhausküche und Bier aus der ältesten Brauerei Osttirols, der Gösser-Braustätte Falkenstein bei Lienz. 2018 wurde ein neuer Balkon errichtet. 500 Sitzplätze in den Stuben, 500 Plätze auf der Sonnenterrasse.

MARIA PLAIN BEI SALZBURG

Gasthof Maria Plain

GASTHOF MARIA PLAIN

5101 Maria Plain bei Salzburg, Plainbergweg 41
+43/662/450701
www.mariaplain.com
ÖFFNUNGSZEITEN Mo: 14:00 bis 21:00 Uhr; Mi-So: 9:00 bis 21:00 Uhr
FASSBIER Stiegl-Goldbräu, Stiegl-Radler Grapefruit
FLASCHENBIER Stiegl Freibier, Die Weisse Alkoholfrei, Die Weisse Hell und Dunkel
LOKAL Ein stattlicher Gasthof in unmittelbarer Nachbarschaft der Wallfahrtskirche von Maria Plain. Das ursprüngliche Haus war ein Meierhof aus dem frühen 16. Jahrhundert und gehörte dem Begründer der Plainer Wallfahrt, dem Baron Rudolf v. Grimming. Schon im Jahre 1654 wird die Familie Moßhammer als „Bestand-Wirt“ genannt und es wird bis heute in der 15. Generation als Traditionshaus geführt. Zur Tradition gehört auch seit 1830 die patentierte Original Moßhammer´s Plainer Bratwurst. Am besten zu einem Bier auf der sehr schönen Terrasse zu genießen. Ca. 150 Sitzplätze im Restaurant, 180 in zwei Sälen, ca. 300 im Kastaniengarten/windgeschützte Terrasse.

MATTSEE

LANDGASTHOF FÜRST

5163 Mattsee, Aug 1, +43/6217/5400
www.landgasthof-fuerst.at
ÖFFNUNGSZEITEN Mo-Di: 10:00 bis 23:00 Uhr; Fr-So: 10:00 bis 23:00 Uhr

Landgasthof Fürst

FASSBIER Eggenberger Bio Zwickl, Mundenhamer (Hausbier), Trumer Märzen, saisonal Schönramer Weihnachtsfestbier
FLASCHENBIER Ottakringer Null Komma Josef, Brauton „Back from Space“, Erdinger Weißbier Alkoholfrei, Mohrenbräu Pale Ale, Schneider Weisse Original, Schönramer Bayrisch Ale, Schönramer Dunkles, Störtebeker Atlantik Ale, Störtebeker Nordik Porter, Trumer Herbstbier, Trumer Imperial Bock, Trumer Pils
LOKAL Gestartet hat dieser gemütliche Landgasthof im Jahr 1850 – da war er zuerst eine Gemischtwarenhandlung samt eigener Landwirtschaft. Später erhielten die Fürsts die Lizenz zum Flaschenbierverkauf. Und dann für den Bierausschank in einer eigenen Wirtshausstube, aus der sich schließlich das „richtige“ Gasthaus entwickelte. Der Gasthof Fürst wurde bis 1978 von der jetzt aufgelassenen Brauerei Mundenham in der Gemeinde Palting mit Bier versorgt. Es sind noch original Gläser und diverses Werbematerial aus der damaligen Zeit vorhanden, dadurch ist die Bemühung groß, die Mundenhamer Biermarke (die jetzt in Oberösterreich exklusiv für Hermann Fürst abgefüllt wird) wieder aufleben zu lassen. Gelegentlich Gastbiere. Einer der schönsten Biergärten Salzburgs mit traumhaftem Blick ins Moor. Ca. 110 Sitzplätze im Lokal, 5 an der Bar, ca. 80 im Garten.

MAUTERNDORF

GASTHOF WEITGASSER

5570 Mauterndorf, Markt 106, +43/6472/7366
www.gasthof-weitgasser.at
ÖFFNUNGSZEITEN Mo-So: 11:30 bis 20:30 Uhr

Gasthof Weitgasser

FASSBIER Murauer Hefeweizen, Murauer Steirergold, Stiegl-Goldbräu
FLASCHENBIER Ananasweizen, Clausthaler Classic, Corona, Erdinger Hefeweizen Alkoholfrei, Franziskaner Leicht, Gösser Naturgold, Hefeweizen Erdinger Dunkel, Mühltaler (lokales Bier aus Mauterndorf), Murauer alkoholfreier Radler, Murauer Doppelmalz, Murauer Pils, Stiegl Hollerweisse
LOKAL Hinter dem Salettl, auf dem seltsamerweise manchmal eine Sowjetflagge weht, entdeckt man einen ehemaligen Braugasthof, 1651 unter dem adelig klingenden Namen „Hofstatt an der Eden bei der Docken" erbaut. 1745 begann die Brautradition und damit verbunden auch die Wirtshaustradition, die bis heute mit Begeisterung gelebt wird. Gaststube mit Gewölbe und Kachelofen. Der Wirt kocht selbst: Lungauer Schöpsenbratl, Martiniganslim November. Ca. 130 Sitzplätze im Lokal, 60 im Garten.

MICHAELBEUERN

STIFTSKELLNEREI

5152 Michaelbeuern, Michaelbeuern 2, +43/650/5206010
www.kellnerei-michaelbeuern.at
ÖFFNUNGSZEITEN Mi-Sa: 10:30 bis 23:00 Uhr; So: 10:30 bis 21:30 Uhr
FASSBIER Augustiner Bräu, Augustiner Fastenbier, Augustiner Märzen, Augustiner Weihnachtsbock
FLASCHENBIER Franziskaner Weißbier Hell, Franziskaner Weissbier Dunkel, Stiegl-Freibier
LOKAL Die Stiftskellnerei Michaelbeuern hat seit 2015 einen neuen Pächter: Martin Gröbner versucht, mit regionaler Küche und dem Bier von Augustiner Salzburg einen bodenständigen Betrieb zu führen. Es hat einen sehr eindrucksvollen Kastaniengarten mit Blick auf die in unmittelbarer Nähe befindliche Benediktinerabtei. Das Salzburger Augustiner Bräu wird hier traditionsgerecht in Steinkrügen serviert – an sonnigen Sonntagen kann es im Garten eng werden. 100 Sitzplätze, 6 an der Bar, Gastgarten: 80 Sitzplätze.

MITTERSILL

BRÄURUP

5730 Mittersill, Kirchgasse 9, +43/6562/6216-0 oder +43/676/7293594
www.braurup.at
ÖFFNUNGSZEITEN Mo-So: 8:30 bis 00:00 Uhr
FASSBIER Stadtbräu, Urbräu, Ale und Choco Ale, Bräurup Märzen, Bräurup Weizen, Lager Dunkel, Mehrkorn Dunkel, saisonal: Bräurup Bauernherbstbier, Bockbier, Weizenbock
FLASCHENBIER Stiegl Freibier, König Ludwig Dunkel, Maisel´s alkoholfreies Weizen, saisonale Gastbiere, Trumer Pils
LOKAL Dieses gemütliche Hotel am Tor zum Nationalpark Hohe Tauern geht auf das 14. Jahrhundert zurück, 1681 bis 1917 wurde es schon einmal als Brauerei betrieben. In den seit 1823 im Besitz der Familie Gassner befindlichen Lokalitäten mit altem Gewölbe und 200 Jahre alter Zirbenstube herrscht Pinzgauer Tradition und Gastlichkeit in Viersternequalität. Und es wird auch mit Bier gekocht – zum Beispiel Salzburger Bierfleisch oder Bräurup Bierschnitzel. Fischliebhaber schätzen die Gerichte aus eigenen Fischgewässern. Im September 2006 wurde die neue Brauanlage installiert. Während die Gaststuben eher dem Restaurantbetrieb dienen, ist das „Pub Brezel" ein Treffpunkt für alle Schichten und alle Menschen, die Bier lieben. 110 Plätze im Hotelrestaurant, 80 Plätze im Gasthaus, 100 im Biergarten, 15 an der Bar des Hotels.

Bräurup

MEILINGER TAVERNE

5730 Mittersill, Am Stadtplatz 10, +43/6562/4226
ÖFFNUNGSZEITEN Mo-Di: 10:00 bis 00:00 Uhr; Do-So: 10:00 bis 00:00 Uhr
FASSBIER Trumer Pils
FLASCHENBIER Brew Age Malzstraße, Gusswerk Schwarzes Schaf Stout, Hofbräu Traunstein, Hofbräu Traunstein Alkoholfrei, Hofbräu Traunstein Dunkel, Hofbräu Traunstein Weißbier Alkoholfrei, Hoppebräu Vogelwuid, Hoppebräu Wuidsau, Pinzga' Bock, Thalheim Märzen, Uttendorfer Pils, Zötler rotes Bockbier
LOKAL Wegen seiner roten Fassade markantes Wirtshaus mit einer der ältesten „Tavernengerechtigkeiten" (also Ausschankrechten) im Oberpinzgau. Im Service sorgt Robert Klackl mit seiner jungen Mannschaft dafür, dass sich die Gäste rundum wohl und zufrieden fühlen, in der Küche sichert sich Anneliese Klackl seit hervorragenden 25 Jahren

eine Gault Millau-Haube. Ihre Küche ist spezialisiert auf Rindfleisch vom Pinzgauer Rind. Jeden Freitag ist Weißbiertag: Zu jeder Salzburger Weissen gibt's an diesem Tag einen Obstler auf Kosten des Hauses. Ca. 65 Sitzplätze, 6 an der Bar, im Garten ca. 12 Sitzplätze.

NIEDERNSILL

GASTHOF KRÖLL
5722 Niedernsill, Steindorf 50, +43/6548/8230
www.gasthof-kroell.at
ÖFFNUNGSZEITEN Mo-Do: 15:00 bis 00:00 Uhr; Fr-So: 9:00 bis 00:00 Uhr
FASSBIER Edelweiss, Oktoberbräu, Zipfer Märzen, Zipfer Pils
FLASCHENBIER Edelweiss, Schlossgold, Zipfer Märzen, Zipfer Urtyp
LOKAL „Wirtshaus mit Herz" für Einheimische und Gäste. Als „Gastwirt Nationalpark Hohe Tauern" hat sich Ralf Kröll ganz traditionellen und saisonellen Gustostückerln und vielen beliebten „Pinzgauer Schmankerln" verschrieben. Die Zutaten für diese Gaumenfreuden stammen aus der heimischen Landwirtschaft. Ausgezeichnet mit der Schaumkrone der BrauUnion-Bierakademie. Im Herbst Bierfleisch auf der Karte. 150 Plätze, Garten: 70 Plätze.

OBERTRUM

Braugasthof Sigl

BRAUGASTHOF SIGL
5162 Obertrum, Dorfplatz 1, +43/6219/7700
www.braugasthof-sigl.at
ÖFFNUNGSZEITEN Mo: 11:00 bis 00:00 Uhr; Do-Sa: 11:00 bis 00:00 Uhr; So: 9:00 bis 22:00 Uhr
FASSBIER Erdinger Urweisse, Trumer Herbstbier, Trumer Hopfenspiel, Trumer Märzen, Trumer Pils, Zwickl
FLASCHENBIER Ayinger Celebrator, CulturBrauer Austrian Lager, Erdinger Alkoholfrei, Erdinger Dunkel, Insel Baltic Stout, Insel Kreide, Kiesbye's Tau & Waldbier, Obertrumer Original, Schönramer Bayrisch Pale Ale, Theresianer Vienna Lager, Trumer Hopfenernte, Trumer Imperial
LOKAL Vielleicht der Inbegriff eines ländlichen Brauereigasthofs, geführt von Walter Maislinger, der früher in Obertrum das legendäre Bierlokal Hendrix hatte. Jetzt konzentriert er sich gegenüber der Brauerei in seinem prächtigen alten Gemäuer auf die Trumer Biere und auf den schönen Kastaniengastgarten. Wunderbar gestalteter Gastraum, in dem heimische Schmankerl serviert werden. Gastgarten: ca. 300 Personen, Gaststube: 80 Personen, Kirschstube: 40 Personen, Knechtstube: 30 Personen, Saal: 300 Personen.

GASTHOF NEUMAYR
5162 Obertrum, Dorfplatz 8, +43/6219/6302
www.gasthof-neumayr.at
ÖFFNUNGSZEITEN Di-Sa: 10:00 bis 00:00 Uhr
FASSBIER Trumer Märzen, Trumer Pils, Trumer Weizen
LOKAL Behutsam auf den Stand der Zeit gebrachtes Dorfgasthaus (1920 als Mostschenke in einem alten Bauernhof eingerichtet), sehr gemütliche Bar, bodenständige Küche (empfehlenswert: Kaspressknödelsuppe, Braumeisterschnitzel) und freundliche Bedienung. Der Garten vor dem Haus ist sehr gemütlich, man hat die Brauerei Sigl im Blick. Zudem ist der Gasthof Neumayr weit und breit eines der besten Hotels.

RADSTADT

ROAD HOUSE
5550 Radstadt, Hoheneggstraße 1, +43/676/4564344
www.facebook.com/pages/Pub-Bar-Road-House
ÖFFNUNGSZEITEN Mo-Do: 17:00 bis 1:00 Uhr; Fr-Sa: 17:00 bis 4:00 Uhr
FASSBIER Gösser, Guinness, Puntigamer, Weihenstephan
FLASCHENBIER Fosters, Heineken, Schlossgold
LOKAL Ein Pub mit australischem Einschlag. Nach kurzem Facelift im Dezember 2010 wieder eröffnet.

STEGERBRÄU
5550 Radstadt, Schernbergstraße 14, +43/6452/4313
www.stegerbraeu.at
ÖFFNUNGSZEITEN Mo-So: 10:00 bis 22:00 Uhr

Stegerbräu

FASSBIER Kaiser Premium, Puntigamer, Weihenstephaner Weizen
FLASCHENBIER Schlossgold
LOKAL Eindrucksvoller ehemaliger Braugasthof – der Braubetrieb selbst wurde 1896 eingestellt. Der ehemalige „Brausaal" beherbergt eine modern gestaltete Bar, durch die man in den Biergarten gelangt. Dieser ist einer der

schönsten weit und breit; er wurde über den mittelalterlichen Stadtmauern hinter dem Hotel errichtet und bietet eine tolle Aussicht auf das gewaltige Massiv der Radstädter Tauern. Schade, dass am Abend schon sehr zeitig Schluss ist. 180 Sitzplätze im Lokal, 30 Plätze an der Bar, 70 im Garten.

RAURIS

LANDGASTHAUS WEIXEN

5661 Rauris, Seidl Winkelstraße 114, +43/6544/6437
www.weixen.at
ÖFFNUNGSZEITEN Di-So: 11:30 bis 00:00 Uhr

Landgasthaus Weixen

FASSBIER Weixen Weizen, Weixenbier Dunkel, Weixenbier Hell
FLASCHENBIER Franziskaner Weizenbier Alkoholfrei, Stiegl-Freibier
LOKAL Seit 1976 ein ruhig gelegenes Speise- und Ausflugslokal mit eigenen Fischteichen, großem Kinderspielplatz, Streichelzoo mit verschiedensten Tieren (Lamas!) und seit Sommer 2003 einer eigenen Hausbrauerei. Biersommelier und BierIG-Mitglied Daniel Brandstätter hat den Familienbetrieb 2007 übernommen. Zahlreiche Spezialitäten wie zum Beispiel fangfrische Forellen sowie Gerichte vom heimischen Wild (speziell Gamsbraten, der mit Bier zubereitet wird) und sogar ein eigenes Speiseeis in verschiedenen Sorten wird angeboten. 75 Sitzplätze im Lokal, 3 an der Bar, 80 Sitzplätze im Garten.

SAALFELDEN

GASTHOF HUBERTUS

5760 Saalfelden, Bachwinkl 23, +43/664/2118198
gh-hubertus.at
ÖFFNUNGSZEITEN Do-So: 11:00 bis 23:00 Uhr
FASSBIER Palfen Craftbier – Helles, Palfen Craftbier Rotes, Palfen Craftbier Weizen, Palfen Lassing
FLASCHENBIER Palfen Craftbier
LOKAL Dieser Gasthof ist der Ausschank der Palfen-Brauerei, die sich im Keller des Hauses befindet. Das Bier fließt direkt aus den Lagertanks im Keller in die Zapfsäulen des Lokals. Wirt Reinhard Riedlsperger, der das Haus 2015 übernommen und renoviert hat, ist passionierter Brauer, seine untergärigen Craftbiere werden auch im Rahmen von Verkostungen angeboten. Die Terrasse bietet einen schönen Blick hinüber zur Bergwelt der Hohen Tauern, im Innenbereich dominiert helles Holz, im Winter steht ein Kamin bereit. Riedlsperger ist passionierter Fischer und Jäger und bietet je nach Saison frisch zubereitete Fisch- und Wildspezialitäten an. Das Haus bietet auch vier sehr hell eingerichtete Ferien-Appartments an. 45 Sitzplätze, 20 im Gastgarten.

Gasthof Hubertus

KAP VERDE

5760 Saalfelden, Lofererstraße 44, +43/680/2186224
www.kap-verde.at
ÖFFNUNGSZEITEN Di-Sa: 15:00 bis 4:00 Uhr; So: 17:00 bis 2:00 Uhr
FASSBIER Gösser Märzen, Guinness, Tiger Bräu, Weihenstephan Hefeweizen Hell
FLASCHENBIER Corona, Brau AG Kaiser, Desperados, Edelweiss Alkoholfrei, Franziskaner Alkoholfrei, Franziskaner Hefeweizen Dunkel, Weihenstephaner Hefeweizen Dunkel, Zipfer Hell Alkoholfrei, Zipfer Märzen
LOKAL Erfrischend jugendliche Bierbar mit heller Einrichtung und fröhlichem Personal. Happy Hour Dienstag bis Freitag von 18.00 bis 20.00 Uhr mit speziellen Angeboten. Zur Unterhaltung gibt es Darts und Billard. 45 Sitzplätze im Lokal, 16 an der Bar, 50 auf der Terrasse.

SALZBURG

ACADEMY BAR

5020 Salzburg, Franz-Josef-Straße 4, +43/662/875797
www.academy-salzburg.at
ÖFFNUNGSZEITEN Mo-Fr: 16:00 bis 2:00 Uhr; Sa: 18:00 bis 2:00 Uhr
FASSBIER Radler, Brauton – Back from Space Pale Ale, Schönramer Dunkel, Schönramer Hell, Trumer Hopfenspiel
FLASCHENBIER Erdinger Alhoholfrei, Heinz vom Stein alkoholfreies Bio Bier, Obertrumer Original, Schönramer Altbayrisch Dunkel, Schönramer Dunkel, Schönramer Gold, Schönramer Imperial Stout, Schönramer IPA, Schönramer Leichter Typ, Schönramer Pils, Schönramer Weißbier
LOKAL Eine nach Eigendefinition „nicht ganz unpolitische Bar", in der es öfters Live-Acts gibt. Witzige Sprüche begleiten einen schon vor dem Lokal – etwa das ans Fenster geschriebene Thomas-Bernhard-Zitat, dass er „auf alles gehört und nichts befolgt" habe. Das Brauton-Bier gibt es hier vom Fass, die Werbung dafür kommt aus der im selben Haus untergebrachten Werbeagentur. 30 Plätze, 15 an der Bar.

SALZBURG

ALCHIMISTE BELGE

5020 Salzburg, Bergstraße 10, +43/660/6815725
www.alchimiste-belge.at
ÖFFNUNGSZEITEN Mo-So: 17:00 bis 1:00 Uhr

Alchimiste Belge

FASSBIER 4 abwechselnd bespielte Zapfanlagen, Verhaeghe Pils
FLASCHENBIER Delirium Tremens, Boon Geuze Mariage Parfait, Chimay, Duchesse de Bourgogne, Duvel, Floris, Gulden Draak, Hoegaarden Blanche, Houblon Chouffe, Malheur Bière Brut, Mongozo, Orval, Owa Yuzu Lambic, Rochefort, St. Bernardus, St. Luis, Stets wechselnde belgische (Stark)Biere etwa, Westmalle
LOKAL Unglaublich, wie viel Bier in dieser kleinen Bar fließt – und wie gut jedes einzelne davon gepflegt ist! Der diplomierte Biersommelier Dirk Baert aus Belgien hat sich zu einem echten Salzburger gemausert und mit dem Alchimiste Belge ein viel beachtetes (und in diesem Guide bereits 2012 als Bierlokal des Jahres ausgezeichnetes) Zentrum der Starkbierkultur geschaffen. Von der Vielfalt belgischer Biere – allein die Zahl der jährlich gebrauten Weihnachtsbiere übersteigt 500 – kann man in einem einzigen Lokal allerdings immer nur eine Auswahl bieten. Die Auswahl beim Alchimisten ist besonders gut getroffen – und sie wird ergänzt um Biere der Eigenmarke Nocksteiner, gebraut als Collaboration etwa mit Kaltenhausen, Ried und Van Steenberge. 35 Plätze an der Bar.

ALTER FUCHS

5020 Salzburg, Linzergasse 47–49, +43/662/882022
www.alterfuchs.at
ÖFFNUNGSZEITEN Mo-Sa: 12:00 bis 00:00 Uhr
FASSBIER Wieninger Bräufass Märzen, Wieninger Hefeweizen Hell und Dunkel, Wieninger Zwickl
FLASCHENBIER Festbiere nach Saison, Radler, Wieninger Hefeweißbier Alkoholfrei, Wieninger Helles Alkoholfrei, Wieninger Lagerbier Dunkel (Bügelflasche)
LOKAL Der Alte Fuchs war schon vor mehr als zehn Jahren Salzburger Bierlokal des Jahres – Touristen und Einheimische schätzen den Charakter dieses sensibel modernisierten Stadtwirtshauses. 80 Plätze im Lokal, 10 Plätze an der Bar, 30 Plätze im Gastgarten, im Innenhof ca. 45 Plätze.

BÄRENWIRT

5020 Salzburg, Müllner Hauptstraße 8, +43/662/422404
www.baerenwirt-salzburg.at
ÖFFNUNGSZEITEN Mo-So: 11:00 bis 23:00 Uhr
FASSBIER Augustiner Märzen, Fastenbier, saisonal Festbock
FLASCHENBIER Augustiner Bockbier, Augustiner Fastenbier, Augustiner Weißbier, Clausthaler, Franziskaner
LOKAL Der Augustiner Braumeister Johannes Höplinger ist Stammgast in diesem unscheinbaren, von außen sehr einfach wirkenden Wirtshaus, dessen Reiz sich erst erschließt, wenn man in das wohnliche Stiegenhaus tritt. Hier kann man Bier trinken und schauen, was sich sonst abspielt: Da werden köstliche Speisen vorbeigetragen, Biernachschub ist auch gesichert, und wenn man diesen Verlockungen nicht widerstehen kann, geht man eben in eine der Stuben, um zu speisen. Dies übrigens mit einem wunderschönen Ausblick auf die Salzach. Gelegentlich gibt es hier auch Bierverkostungen. Ca. 100 Sitzplätze, Terrasse: ca. 50 Sitzplätze.

BEER LOUNGE SALZBURG

5020 Salzburg, Schwarzstraße 10, +43/660/2602785, +43/660/2602784
www.beerlounge.at
ÖFFNUNGSZEITEN Mo-So: 17:00 bis 2:00 Uhr
FASSBIER Stiegl Paracelsus Bio Zwickl, Stiegl Pils, saisonale Bierspezialitäten: Stiegl-Herbstgold (Sept.-Okt.), Stiegl Goldbräu, Stiegl Radler Zitrone Naturtrüb, Stiegl Weisse Naturtrüb
FLASCHENBIER Stiegl Freibier, Birra del Borgo My Antonia, Brew Dog Punk IPA, Brewdog Dead Pony, Budweiser Premium, Camba Black Lager, Camba Hop Gun, Camba Summer Ale, Carlsberg, Chimay Bleue, Delirium Nocturnum, Duvel Moortgart, Franziskaner Weißbier Dunkel, Fuller's London Pride, Hacker Pschorr Kellerbier, Hoegaarden Blanche, Hoegaarden Rosée, La Trappe Quadrupel , Leffe Blonde, Lindemans Kriek, Lupulus, Orval, Pilsner Urquell, Rochefort 6, Saison Dupont, Salitos, Samuel Smith Imperial Stout, Stiegl Columbus 1492, Stiegl Hollerweisse, Stiegl Pausenbrot, Stiegl Radler Grapefruit naturtrüb, Stiegl Sonnenkönig, Stiegl Sport-Weisse, Stiegl Wildshuter Gmahde Wiesn, Stiegl Wildshuter Sortenspiel, Theresianer Wit, Westmalle Tripel, Wildshuter Männerschokolade
LOKAL Es gibt Leute, die hier hergehen und einfach „ein Bier" bestellen. Sie wissen nicht, was ihnen dabei entgeht: Die Karte listet 50 bis 60 internationale (Craft-)Biere, Stiegl-Klassiker und -Spezialitäten. Im hinteren Bereich findet man Darts und Billard. Sky Sports Bar. 70 Plätze im Gewölbe, 15 auf der Galerie.

BEFFA BAR

5020 Salzburg, Bergstraße 13, +43/660/6815725
de-de.facebook.com/BeffaBar
ÖFFNUNGSZEITEN Di-Do: 19:00 bis 2:00 Uhr; Fr-Sa: 19:00 bis 4:00 Uhr
FASSBIER Barbe Ruby, Brauton „Back from Space", Brew Dog Punk, Hoegaarden, Leffe Dunkel, Schönramer IPA, Trumer Imperial Bock, Verhaeghe
FLASCHENBIER Barbar, Birrificio del Ducato, Brasserie des

Sources, Cuveé des Trolls, Ename Blond und Dubbel, Keto Reporter, Moinette Bons Voeux, Noir de Dottignies, Pietra, Samuel Smith Brewery, Sierry Nevada Brewing Company, X.O. Beer
LOKAL Der diplomierte Biersommelier Dirk Baert vom gegenüberliegenden Alchimiste Belge hat dieses alteingesessene Bierlokal – früher bekannt als „Pro Bier's" – zu einem weiteren Vorzeigeobjekt internationaler Bierkultur entwickelt. Auch hier gibt es belgische Biere, dazu aber auch britische und amerikanische Spezialitäten. Das Flaschenbierangebot wechselt allerdings häufig. Im Jahr 2014 wurde die Bar verlegt und eine umfassende Renovierung wurde durchgeführt. Nun ist der Raum noch einladender. 48 Sitzplätze und 60 Stehplätze.

BIERHEURIGER

5020 Salzburg, Gaisbergstraße 20, +43/662/641315
www.bierheuriger.at
ÖFFNUNGSZEITEN Mo-So: 11:30 bis 00:00 Uhr

Bierheuriger

BIER Heuriger
Wirtshaus · Bar · Biergarten

FASSBIER Wieselburger Spezial, ein Monatsbier, Erdinger Urweisse, Gösser Zwickl, Hausbier – Stiftungsbräu aus Erding, Kaltenhauser Bernstein, Murauer Märzen
FLASCHENBIER Brauton „Back from Space", Erdinger Weißbier Alkoholfrei, Gösser Naturradler, Gusswerk Zum Wohl (glutenfrei), Kaiser Doppelmalz, Monatsbier (Craftbier), Pinzga' Pale Ale, Pinzga' Phönix
LOKAL Manuel Schwaighofer ist Biersommelier und hat in den vergangenen Jahren sein Bierangebot deutlich verbreitert. Das Lokal hat sich in der Umgebung gut etabliert, das Personal ist freundlich und bierkundig. Vorteilhaft: Die Strukturierung der Räume sorgt dafür, dass es auch dann nicht zu laut wird, wenn es voll ist. Exklusiv gibt es das Hausbier aus der Regensburger Stiftungsbrauerei, serviert im gekühlten Steinkrug, auch das Salzburger Startup Brauton ist gut vertreten. Auf der Speisekarte, u.a.: „Wirtshaus.Tapas" – kleine, aber feine Schmankerl zum Bier sowie täglich ab 12:00 Uhr Bierheuriger-Ripperl. 160 Sitzplätze, 40 Plätze an der Bar, im Garten 210 Plätze.

BOUTIQUE-GASTHOF UEBERFUHR

5026 Salzburg, Ignaz-Rieder-Kai 43, +43/660/8700035
www.ueberfuhr.at
ÖFFNUNGSZEITEN Mi-Do: 17:00 bis 23:00 Uhr; Fr-So: 12:00 bis 23:00 Uhr
FASSBIER Franziskaner Weißbier Hell, Stiegl-Goldbräu, Stiegl-Paracelsus Zwickl, Stiegl-Radler Zitrone
FLASCHENBIER Stiegl Freibier, Die Weisse, Franziskaner Weißbier Dunkel, saisonale Bierspezialitäten, Stiegl Columbus 1492 Pale Ale, Stiegl Wildshuter Sortenspiel, Stiegl-Pils
LOKAL Dieser Boutique-Gasthof hat seit 2018 eine neue Führung, die einen Schwerpunkt auf die gehobene Küche legt. Vom Gastgarten gibt es einen schönen Blick auf die Festung. Die bemühte Küche bietet immer wieder mit Bier zubereitete Speisen. Stube: 40 Sitzplätze, im Stüberl mit Kachelofen: 50, Saal: 85, Garten: 130. ER-20

BRAURESTAURANT IMLAUER

5020 Salzburg, Rainerstraße 14, +43/662/877694
imlauer.com/braurestaurant-imlauer
ÖFFNUNGSZEITEN Mo-So: 11:00 bis 00:00 Uhr

Braurestaurant Imlauer

FASSBIER König Ludwig, Stiegl leicht, Stiegl Spezial, Stiegl Weizengold, Stiegl-Goldbräu, Stiegl-Pils
FLASCHENBIER Clausthaler
LOKAL Gehobenes Brauereirestaurant im Hotel Imlauer Bräu. Die Bar Pilskanzlei ist ein gelungenes Beispiel für eine bierig orientierte Hotelbar – hier gibt es auch Lady Pils und einen Pils-Cocktail. Im Restaurant (gegen Vorbestellung) Salzburger Bierfleisch, Salzburger Bierbretzensuppe, Braumenüs mit Schwarzbiersauce. Sehr schöner Biergarten, 25 Sitzplätze in der Pilskanzlei, 400 Sitzplätze in diversen Sälen des Restaurants, 20 an der Bar, 200 im Garten.

CELTIC SPIRIT IRISH PUB

5020 Salzburg, Priesterhausgasse 22, +43/676/4464493
irishpubsalzburg.com
ÖFFNUNGSZEITEN Mo-So: 17:00 bis 4:00 Uhr
FASSBIER Kilkenny Red Ale, Obertrumer Zwickl, Stiegl-Columbus Pale Ale, Trumer Märzen
FLASCHENBIER Die Weisse Hell und Dunkel, Brew Dog Elvis Juice, Brew Dog Punk IPA, Crabbies Ginger Beer, Erdinger Alkoholfrei, Kozel Hell und Dunkel, Nocksteiner Pils, O'Hara's IPA, Sigls, Trumer Pils, Woif – Oids Troad
LOKAL Sehr authentisch wirkendes Irish Pub, Motto: „There is no such thing as strangers, only friends who haven't met yet."

DAGHOFER'S

5020 Salzburg, Ignaz Harrer Straße 46, +43/662/425403
www.daghofers.at
ÖFFNUNGSZEITEN Mo-So: 11:00 bis 00:00 Uhr
FASSBIER Franziskaner Weißbier Hell, Stiegl Radler, Stiegl-Goldbräu, Velkopopovický Kozel Hell
FLASCHENBIER Stiegl Freibier, Brewdog Dead Pony, Brewdog Punk IPA, Chimay Bleue, Duvel Moortgart, Eggenberg Samichlaus Classic, Franziskaner Alkoholfreies Weißbier, Franziskaner Weißbier Dunkel, Gusswerk Schwarze Kuh, Hoegaarden Rosée, Hoegaarden Wit Blanche, Leffe Blonde, Liefmans Fruitesse, Lindemans Kriek, Samuel Smith Imperial Stout, Stiegl Columbus 1492 Pale Ale, Stiegl Paracelsus Zwickl, Stiegl Sonnenkönig, Stiegl Wildshuter Sortenspiel, Velkopopovický Dunkel, Verhaege Duchesse
LOKAL Im Jahre 1900 hat das renommierte Salzburger Bankhaus Daghofer den bekannten Architekten Ceconi beauftragt, ein großes Gästehaus mit Restaurant zu planen. Bald darauf wurde der Lehenerhof eröffnet. So manchen Salzburger hat es hier hinausgezogen und viele kleine und große Feste wurden gefeiert. Zuletzt wurden „zig tausend" Hühner im Restaurant „Wienerwald" hier verspeist. Doch auch diese Zeit ist Vergangenheit (No more chicken). 2017 übernahmen die beiden Salzburger Unternehmer Andreas Felleis und Patrick Knittelfelder den Hotelbetrieb. Im Frühjahr 2018 eröffneten Sie das neue „alte" Restaurant mit dem historischen Namen Daghofer´s.

DER WEISERHOF BEI JULES

5020 Salzburg, Weiserhofstraße 4, +43/662/872267
www.weiserhof.at
ÖFFNUNGSZEITEN Mo-Fr: 11:00 bis 23:00 Uhr
FASSBIER ein saisonales Bier, Gösser Märzen, Gösser Naturradler, Kaltenhauser Bernstein, Reininghaus Jahrgangspils
FLASCHENBIER Gösser Naturgold, Gösser Naturradler, Gösser Stifts-Zwickl Dunkel, Gösser Stifts-Zwickl Hell, Weihenstephan Alkoholfrei, Weihenstephan Hefetrüb
LOKAL Der Weiserhof war schon 2009 Salzburger Bierlokal des Jahres, also bevor ihn Julian Grössinger übernommen hat. Dieser hat die hohe Bierkultur beibehalten, dabei aber das 1948 erbaute Schmankerlwirtshaus hinter dem Bahnhof zu neuen kulinarischen Höhen geführt. Der italienische Blog „Reporter Gourmet" listet ihn unter den drei besten Restaurants der Stadt. Grössingers Speisekarte bietet „Heimatverbundene und bodenständige Gerichte mit Geschichte aus Salzburg und dem Alpenraum" sowie saisonale Spezialitäten. Sein freundliches Motto lautet: „Kommt hungrig. Geht glücklich." Sehr schöner Biergarten mit flottem Service. Unter den saisonalen Bieren findet sich gelegentlich ein mährisches Starobrno oder ein Oktoberbier. 80 Sitzplätze im Lokal, 10 Plätze an der Bar, im Garten 90 Plätze.

Der Weiserhof bei Jules

DER WEISERHOF bei Jules

DIE WEISSE / SUDWERK BAR

5020 Salzburg, Rupertgasse 10, +43/662/872246
www.dieweisse.at
ÖFFNUNGSZEITEN Mo-Sa: 10:00 bis 2:00 Uhr
FASSBIER Hausgebraut: Die Weisse Dunkel, Die Weisse Original, Die Weisse Hell (Weißbier), Salzburger Hell (Märzen), Trumer Pils
FLASCHENBIER Hausgebraut: Die Bio Weisse (glutenfreies Weißbier), Jubilator (obergäriger Doppelbock), Die Weisse Alkoholfrei, Die Weisse Dunkel, Die Weisse Hell (der Klassiker), saisonal Die Weisse Bock; Corona, Null Komma Josef, Desperados,
LOKAL Die Weisse hat eine gestandene Biertradition, seit 2017 übrigens nicht mehr ausschließlich mit Weizenbier: Brauereichef Felix Gmachl hat sich an ein Salzburger Helles herangewagt und macht damit größeren Brauern erfolgreich Konkurrenz. Man merkt dem Serviceteam an, wie gern es Gastgeber für ganz Salzburg ist – und mehrmals im Jahr neue Bierkreationen anbietet. Aus der Küche des Hauses kommen Weißbiersuppe mit Speck und Schweinskotelett im

Weißbiersaftl. Immer wieder spannend ist das Erlebnis, wie sich die sehr unterschiedlich gestalteten Bereiche dieses Lokals im Lauf eines Abends wandeln und gemütliches Hocken und ausgelassenes Feiern auf relativ engem Raum nebeneinander Platz finden. 300 Sitzplätze in der Ausschank, 100 Plätze in der Sudwerk Bar (ab 18.00 Uhr geöffnet), Gastgarten: 300 Plätze.

FUXN – SALZBURGER VOLKSWIRTSCHAFT

5020 Salzburg, Vogelweiderstraße 28, +43/662/265514
www.fuxn.at
ÖFFNUNGSZEITEN Di-Do: 10:00 bis 00:00 Uhr; Fr-Sa: 10:00 bis 1:00 Uhr

Fuxn – Salzburger Volkswirtschaft

FASSBIER Bier der Saison, Fuxn Volksbier, Original Budweiser, Schönramer Weißbier, Tegernseer Hell, Trumer Pils
FLASCHENBIER Augustiner Edelstoff, Brauton „Back from Space", Brew Dog Punk IPA, Brewdog 5 A.M. Saint, Brewdog Dead Pony Club, Duvel Moortgart, Erdinger alkoholfreies Weißbier, Gusswerk Jakobsgold Alkoholfrei, Gusswerk Schwarze Kuh, Gutmann Hefeweizen, La Chouffe, Liefmans Fruitesse, Sierra Nevada, St. Sylvestre 3 Monts, Tegernseer Dunkel, Tegernseer Spezial
LOKAL Seit fünf Jahren hat diese „Salzburger Volkswirtschaft" die Salzburger Gastrozone entscheidend bereichert. Ein schönes altes Gebäude – das Fuchsengut im Stadtteil Schallmoos – wurde modern ausgestattet. Der Biergarten ist eine Klasse für sich – Wanderhühner & Minischweine gibt's auch – Sympathisch! Ebenso eine Schnellladestation auf den Parkplatz für E-Autos! 250 Plätze im Lokal, 250 im Garten.

GABLERBRÄU

5020 Salzburg, Linzergasse 9, +43/662/88965
www.gablerbrau.at
ÖFFNUNGSZEITEN Mo-Do: 11:30 bis 00:00 Uhr; Fr-Sa: 11:30 bis 1:00 Uhr; So: 11:30 bis 00:00 Uhr

Gablerbräu

FASSBIER Edelweiss Hofbräu, Gösser Märzen, Gösser Naturradler, Hausbier, Kaltenhausener Bernstein
FLASCHENBIER Gösser Naturgold, Die Original Weisse, Edelweiss Alkoholfrei, Edelweiss Dunkel
LOKAL Das Gablerbräu war eine der ältesten Brauereien Salzburgs, 1429 wurde erstmals ein „Pirprew" namens Peter Zeysar erwähnt. Im ehemaligen Stammhaus dieser Brauerei gibt es nun ein Bierangebot vom Kaltenhausener Bernstein bis zum Gösser Zwickl vom Fass – und einen Biercocktail (Gösser mit Crème de Cassis). Österreichische Küche, modern interpretiert. Aus der Speisekarte: Gedünsteter Ochsenschlepp in Rotweinsauce mit Petersilienerdäpfeln, Salzburger Nockerln für eine Person. Markantes Interieur mit Glasmalereien, Wappenstube mit bedeutenden Holzschnitzarbeiten von Carl Mayr (1875-1942). Beliebter Schanigarten in der neuen Flaniermeile Cornelius-Reitsamer-Platz mit aufsehenerregenden architektonischen Akzenten (Wasserspielen). 160 Plätze im Lokal, 100 im Schanigarten.

GLORIOUS BASTARDS SALZBURG

5020 Salzburg, Europastraße 1, +43/662/442151
glorious-bastards.at/salzburg
ÖFFNUNGSZEITEN Mo-Sa: 11:00 bis 00:00 Uhr
FASSBIER 14 Raschhofer Spezialitäten
FLASCHENBIER Corona, Delirium Tremens, Gusswerk Bio Austrian Amber Ale, Stiegl Freibier, Bierol Mountain Pale Ale, Brew Age Affenkönig, Brew Dog Dead Pony Pale Ale, Brew Dog Punk IPA, Duchesse de Bourgogne, Eggenberg Samichlaus Classic, Engelszell Trappistenbier Benno, Hoegaarden Blanche, La Trappe Quadrupel, Leffe Blonde, Liefmans Yell'oh, Lindemans Framboise, O'Hara's Irish Red Ale, Sakiskiu Coconut Milk Stout, Samuel Smith Strawberry, Stiegl Paracelsus Glutenfrei, Stiegl Sport-Weisse, Stiegl Wildshuter Sortenspiel, Trumer Hopfenspiel, Trumer Pils

LOKAL Das 2019 eröffnete Glorious Bastards – am Standort des ehemaligen Raschhofers Rossbräu im Europark – vereinigt die Konzepte von Pizza-Guru Guido Medeot aus Italien, BBQ-Ikone Kasper Stuart aus Amsterdam und den Bierspezialitäten der Innviertler Brauerei Raschhofer. Im Lokal werden die drei selbsternannten Bastarde als „The Baker", „The Butcher" und „The Brewer" genannt. Frisch vom Fass gibt es 14 verschiedene Bierspezialitäten, darunter das Raschhofer Zwickl, das 2019 den European Beer Star Award in Gold gewonnen hat. Sehr gutes Angebot zu sehr fairen Preisen – Spezialitätenwochen mit bierigen Speisen, saisonale Feste zu Halloween, Erntedank, Sommerfest. Hotspot bei Fußballübertragungen auf riesigen Leinwänden in HD. Terrasse mit tollem Blick auf den Gaisberg, Maria Plain und den Untersberg. 150 Sitzplätze im Lokal, 10 Plätze an der Bar, auf der Terrasse 350 Sitzplätze.

Glorious Bastards Salzburg

GOLDENE KUGEL

5020 Salzburg, Judengasse 3, +43/662/2653820
www.goldene-kugel.at
ÖFFNUNGSZEITEN Mo-So: 11:00 bis 23:00 Uhr
FASSBIER Augustiner dunkles Vollbier, Augustiner Edelstoff, Augustiner München Lagerbier Hell
FLASCHENBIER Augustiner Pils, Augustiner Weißbier Hell, Clausthaler, Erdinger Weißbier Alkoholfrei, Erdinger Weißbier Dunkel
LOKAL In dieses detailverliebt restaurierte historische Gasthaus ist im Frühjahr 2017 das Ehepaar Bankhammer als neue Wirtsleut' eingezogen. Mitgebracht haben sie die eigene gastronomische Erfahrung aus dem Bräustüberl in Berchtesgaden, Brezen (ebenfalls aus Bayern) und die Vorliebe des gelernten Fleischhauers Walter Bankhammer für Würste. „Die Wurst ist die Freundin vom Bier", lautet denn auch das neue Motto des Lokals. Biergeschichtlich interessant ist, dass das im Jahr 1327 erstmals urkundlich erwähnte Haus von 1472 bis 1869 das Guglbräu oder Kuglbräu beherbergte, so benannt nach den ersten bekannten Eigentümern Hanns und Dorothea Gugler. Der Tapezierer Franz Pfanzelter errichtete 1905 das heute so einladend wirkende Geschäftsportal in sezessionistischen Formen für das damals bereits nicht mehr als solches betriebene Gasthausgebäude. Diesem Jugendstilportal – das einzige seiner Art in Salzburg – verdankt das Haus seine markante äußere Erscheinung. 280 Plätze in verschiedenen Stuben.

GOOD TIMES AT GOODMAN'S

5020 Salzburg, Schallmoser-Hauptstraße 8
+43/662/870265
www.goodmans.at
ÖFFNUNGSZEITEN , Geschäft: Mo: 17:00 bis 22:00 Uhr; Mi-Do: 11:00 bis 14:00 Uhr, 18:00 bis 22:00 Uhr; Fr-Sa: 13:00 bis 23:00 Uhr; So: 13:00 bis 22:00 Uhr
FASSBIER Starobrno, Hoegaarden Witbier, Pale Ale (Hausbier), Stella Artois Lager
FLASCHENBIER American Bud, Anchor Steam Beer, Anderson Valley IPA, Brooklyn IPA, Dju Dju Mango/Banane, Einstök, Einstök Toasted Porter, Flying Dog Raging Bitch IPA, Guinness, Gulden Draak, Hofbräu Kaltenhausen Pale Ale, Kona Big Wave, Kona Longboard Lager, Lagunitas, O'Hara's Pale Ale, Pinzgau Bräu Pinzga' Weizen Hell, Sam Adams Lager, Sierra Nevada, Tiger Lager
LOKAL Das seit Juli 2015 geöffnete Craftbier Lokal besticht durch den Stil eines American Diner. So werden alle großen amerikanischen Feste wie Halloween, Thanksgiving, Independence Day gefeiert, was auch die Gäste aller Altersgruppen zu schätzen wissen. Typisch amerikanisch ist auch die Speisekarte (NY Club Sandwich, Philly Cheesesteak, Cesar Salad, Surf & Turf sowie alle Burger-Varianten) – und ebenso das stets freundliche Service, das die große Bierauswahl kundig kommentieren kann. 45 Sitzplätze im Lokal, 4 Plätze an der Bar, 25 im Garten.

Good Times at Goodman's

KOHLPETER

5020 Salzburg, Hauptstraße 23, +43/662/433641200
www.kohlpeter.at
ÖFFNUNGSZEITEN Mo-Sa: 10:30 bis 00:00 Uhr; So: 9:00 bis 22:00 Uhr
FASSBIER Franziskaner, Stiegl Zitronenradler, Stiegl Zwickl, Stiegl-Goldbräu
FLASCHENBIER Clausthaler, Franziskaner Dunkel, Stiegl Bock, Stiegl-Pils, Weihenstephaner
LOKAL Traditioneller Landgasthof im westlichen Salzburger Stadtteil Liefering – eine dörfliche Idylle im typischen Salzburger Stil mit allem zeitgemäßem Komfort. 160 Sitzplätze, 10 an der Bar, Garten: 90 Sitzplätze.

KRIMPELSTÄTTER

5020 Salzburg, Müllner Hauptstraße 31, +43/662/432274
www.krimpelstaetter.at
ÖFFNUNGSZEITEN Di-Sa: 11:00 bis 23:00 Uhr

Krimpelstätter

FASSBIER Augustiner (vom benachbarten Müllner Bräu)
FLASCHENBIER Augustiner Weissbier (von Augustiner München)
LOKAL Traditionsreiches Wirtshaus, dessen Gründung bereits 1548 erfolgt ist. Angenehm traditionelle Stimmung, gediegene Einrichtung und bodenständige Küche. Jeden zweiten Donnerstag Musikertreffen. 203 Plätze im Lokal, 210 Plätze im Garten.

KUGLHOF

5020 Salzburg, Kugelhofstraße 13, +43/662/832626
www.kuglhof.at
ÖFFNUNGSZEITEN Di-Sa: 11:00 bis 23:00 Uhr
FASSBIER Stiegl Weisse, Herbstbier, saisonal Bockbier, Stiegl Radler, Stiegl Zwickl, Stiegl-Goldbräu
FLASCHENBIER Monatsbiere der Stiegl Brauwelt
LOKAL Der traditionsreiche Kuglhof steht seit 2013 unter der Führung von Cornelia Stöllinger und Peter Preslmayer – und die Wirtsleute achten darauf, dass die Traditionen hier hochgehalten werden. Sonntags gibt's Bierbrat'l mit mitgebratenen Erdäpfeln, Knödel und Speck-Krautsalat. 120 Sitzplätze, an der Bar 10, 250 im Garten.

KULTURWIRTSHAUS URBANKELLER

5020 Salzburg, Schallmooser Hauptstraße 50
+43/662/870894
www.urbankeller.com
ÖFFNUNGSZEITEN Mo-So: 11:30 bis 00:00 Uhr
FASSBIER Paracelsus Bio Zwickl, Schönramer Helles, Steinbier Brauhaus Gusswerk, Stiegl-Goldbräu
FLASCHENBIER Corona, Franziskaner Weißbier Dunkel, Franziskaner Weißbier Hell Alkoholfrei, Gusswerk Bio-Pils, Gusswerk Jakobsgold, Stiegl Columbus, Stiegl Sport-Weisse Alkoholfrei, Stiegl Weisse
LOKAL Der im Jahr 2017 stilsicher renovierte und neu designte Urbankeller atmet viele Jahrhunderte gelebte Biertradition. Die alten Gewölbe dienten einst den Salzburger Brauereien als Bierlager, seit 2009 wird das vom Brauhaus Gusswerk exklusiv für den Urbankeller gebraute, preisgekrönte Bio-Steinbier serviert. Bierliebhaber schätzen das große Angebot in den verschiedenen Themen-Locations Wirtshaus, Restaurant und Design-Bar im Eisturm: Im Urbankeller steht „grenzenloser" Biergenuss aus Salzburg und Bayern auf dem Programm. Schon 2013 und 2016 wurde der Urbankeller zum Salzburger Bierlokal des Jahres gewählt. Die Küche des ersten biozertifizierten Wirtshauses der Stadt Salzburg spannt den Bogen von der Salzburger Traditionsküche bis hin zu veganen Gerichten und präsentiert sich „frisch, regional, biologisch": Die Speisen und Getränke bestehen zum überwiegenden Teil aus biologischen, regional bezogenen Rohstoffen. Zahlreiche Kulturevents und Veranstaltungen im und rund um den Urbankeller machen das Haus zum Treffpunkt für kulinarische und kulturelle Erlebnisse und Begegnungen.

Kurvenwirt

KURVENWIRT

5020 Salzburg, Bergerbräuhofstraße 41, +43/664/2726412
ÖFFNUNGSZEITEN Di-Fr: 9:00 bis 22:00 Uhr; Sa-So: 9:00 bis 20:00 Uhr
FASSBIER Schönramer Hell, Schönramer Weißbier
FLASCHENBIER Erdinger alkoholfreies Weißbier, Erdinger Weißbier Alkoholfrei, Löwenbräu alkoholfrei, Schönramer Pils
LOKAL Der Kurvenwirt Otto Schörghofer hat dieses Gasthaus seit 2007 zu einem vollwertigen Gasthaus gemausert mit guter Hausmannskost aufgebaut und serviert dazu gut gezapftes Schönramer. Das freundliche Service hat den Kurvenwirt von einem Fernfahrertreff zu einem Neighbourhood-Pub für die Beschäftigten der Umgebung heranwachsen lassen. Schörghofers soziale Ader hat ihn ebenfalls populär gemacht. Sitzplätze im Lokal ca. 30, 70 im Saal und im Garten ca. 50 Sitzplätze.

LEMONCHILLI

5020 Salzburg, Nonntaler Hauptstraße 24, +43/662/842558
www.lemonchilli.at
ÖFFNUNGSZEITEN Mo-So: 11:30 bis 23:00 Uhr
FASSBIER Edelguss-Radler, Gusswerk Edelguss
FLASCHENBIER Austrian Amber Ale, Edelguss, Gusswerk Bio

Steinbier, Gusswerk Zum Wohl, Horny Betty, Nicobar IPA, Weizenguss
LOKAL Diese Bar hat es über die Jahre verstanden, sich immer wieder selbst zu aktualisieren. Aktuell baut sie am Trend der Biobiere mit und hat entsprechend einen Schwerpunkt mit Gusswerk-Bieren gesetzt. 90 Plätze im Lokal, 12 an der Bar. Großer Gastgarten!

MÜLLNER BRÄUSTÜBL – AUGUSTINER BRÄU KLOSTER MÜLLN

5020 Salzburg, Lindhofstraße 7, +43/662/431246
www.augustinerbier.at
ÖFFNUNGSZEITEN Mo-Fr: 15:00 bis 23:00 Uhr; Sa-So: 14:30 bis 23:00 Uhr
FASSBIER Augustiner Märzenbier, Bockbier, saisonal: Fastenbier
FLASCHENBIER Augustiner Märzenbier, Bockbier, Fastenbier
LOKAL Das Müllner Bräu hat Österreichs größte und schönste Bierhalle und gleichzeitig den Biergarten mit den meisten Plätzen. Das Bier kommt aus demselben Haus – seit 1621 treffen sich hier Braukunst und Gemütlichkeit. 2017 kam der nach Abt Nicolaus benannte Marmorsaal, dessen Ausstattung aus dem Hauptbahnhof hierher transferiert worden ist, mit weiteren 150 Plätzen dazu. Der neue Saal wurde unterirdisch original wieder ausgebaut, zu Kosten von 1,8 Millionen Euro. Das Bier holen sich die Gäste im Bräustübl meist selbst an der Schank, wo vom Holzfass direkt in den Steinkrug eingeschenkt wird. Für die 244 (!) verschiedenen Stammtischgesellschaften gibt es jeweils einen Stammtischpass. Das Augustiner Bier wird von Johannes Höplinger nach wie vor handwerklich gebraut, dahinter steckt aber eine 2012 erneuerte Sudhaustechnik. Rund 1.200 Sitzplätze in mehreren Sälen, 1.500 Plätze im Biergarten.

Augustiner Bräu Kloster Mülln

SALZBURG

MURPHY'S LAW IRISH PUB

5020 Salzburg, Gstättengasse 33, +43/662/842882
+43/650/8428824
de-de.facebook.com/pages/category/Pub/Murphys-Law-Salzburg-39490714823
ÖFFNUNGSZEITEN Mo-Fr: 14:00 bis 2:00 Uhr; Sa-So: 11:00 bis 2:00 Uhr

Murphy's Law Irish Pub

FASSBIER Egger Premium, Egger Zwickl, Guinness, Murphy's Irish Stout, Murphy's Irish Red, O'Hara's Pale Ale, Velkopopovický Kozel
FLASCHENBIER Benediktiner Weißbier, Guinness Dublin Porter, Guinness West Indies Porter, O'Hara's Irish Pale Ale, O'Hara's Irish Red Ale, O'Hara's Irish Stout, O'Hara's Leann Follain, Peroni, Porterhouse Hop Head, Porterhouse Oyster Stout, Porterhouse Plain Porter, Porterhouse Red, Raschhofer Lebenskünstler Witbier, Raschhofer Roter Engel Red Ale, San Miguel, Stella Artois
LOKAL Das Murphy's Law bietet als einziges Lokal weit und breit das Irish Red von Murphy's an. Große Auswahl an Irish Whiskeys (mehr als 90). Täglich Happy Hour von 19.00 bis 20.00 Uhr, und mit der Murphy's Beer Card gibt es elf Biere zum Preis von zehn. Selbstverständlich gibt es auch hier Sky Sport. Ca. 50 Sitzplätze im Lokal, 30 Stehplätze an der Bar, 20 im Garten (April bis Oktober).

RASCHHOFER'S ROSSBRÄU HERRNAU

5020 Salzburg, Alpenstraße 48, +43/662/626444
rossbraeu.at
ÖFFNUNGSZEITEN Mo-Sa: 11:30 bis 00:00 Uhr; So: 11:30 bis 22:00 Uhr
FASSBIER Radler, Raschhofer IPA, Raschhofer Weißbier Hell, Rossbräu Kutscher Bier, Rossbräu Spezial Bier, Rossbräu Zwickl Bier
FLASCHENBIER Stiegl Freibier, Raschhofer Bockbier, Raschhofer Lager, Raschhofer Porter, Raschhofer Roter Engel Red Ale, Raschhofer Silber Pfeil Pale Ale, Raschhofer Weißbier Dunkel, Raschhofer Witbier, Stiegl Sport Weisse, Trumer Hopfenspiel
LOKAL Dieses in einem Einkaufszentrum eingerichtete Brauwirtshaus hat sich zu einem der Craft Beer Schwerpunkte der Stadt gemausert – mit IPA vom Fass! Passend zu einer besonderen Auswahl an Craftbieren werden auch kulinarische Leckerbissen von zünftig bis stylisch geboten, die Betreiber rühmen sich, das beste Schnitzel und die besten Burger anzubieten. Und wer sich durchkosten will, bestellt einen Bierkranz mit jeweils sechs Bieren. An Montagen der warmen Jahreszeit ist ab 18 Uhr Grillabend „all you can eat" mit Livemusik. Hotspot bei Fußballübertragungen in HD auf riesigen Leinwänden. Ca. 250 Sitzplätze, 60 an der Bar, Garten mit Schirmbar: 350 Sitzplätze.

S'KLOANE BRAUHAUS IN DER KASTNERS SCHÄNKE

5020 Salzburg, Schallmooser Hauptstraße 27
+43/662/871154
www.kastnersschenke.at
ÖFFNUNGSZEITEN Mo-Fr: 17:00 bis 00:00 Uhr
FASSBIER 's Guate Gerstel, 's Guate Weizenbier
LOKAL Das 1889 erstmals erwähnte Botenwirtshaus „Bruckbacher" hat seit 1998 eine Brauanlage der Firma Fleck, auf der ein außergewöhnliches, etwas säuerlich-erfrischendes Weißbier gebraut wird. Das Interieur entspricht eher dem eines Bier-Heurigen. Schmankerln wie Ochsenlende vom Grill, selbstgemachtes Bier-Trebern-Brot oder Apfelradln in Bierteig. 115 Sitzplätze, 25 Stehplätze in der Brauerei, Gastgarten: 110 Sitzplätze, im Garten mit Laube: 40 Sitzplätze.

s'Kloane Brauhaus in der Kastners Schänke

SCHNAITL BIER + BAR

5020 Salzburg, Bergstraße 5-7, +43/662/276295
www.schnaitl.at/schnaitl-bier-bar.html
ÖFFNUNGSZEITEN Mo-Sa: 17:00 bis 2:00 Uhr
FASSBIER Radler Hell und Dunkel, Schnaitl Dunkel, Schnaitl Naturtrüb, Schnaitl Original
FLASCHENBIER Corona, Desperados, Guinness, sämtliche Flaschenbiere der Brauerei Schnaitl
LOKAL Nach einem Totalumbau im Jahr 2016 präsentiert sich das ehemalige Schnaitl Pub in der Bergstraße jetzt als stilvolles, bodenständiges und im Vergleich zum alten Schnaitl-Pub an derselben Adresse um einiges „helleres" Bierlokal. Gediegene Bar aus dunklem Holz, biertypische Speisekarte.

SALZBURG

SHAMROCK IRISH PUB

5020 Salzburg, Rudolfskai 12, +43/662/841610
www.shamrocksalzburg.com
ÖFFNUNGSZEITEN Mo-Mi: 12:00 bis 3:00 Uhr; Do-Sa: 12:00 bis 4:00 Uhr; So: 12:00 bis 2:00 Uhr
FASSBIER Edelweiss, Guinness, Kilkenny, Zipfer Märzen
FLASCHENBIER Augustiner Helles, Corona, Desperados, Heineken, Schlossgold, Wieselburger, Zipfer Limettenradler
LOKAL Ein lautes, vor allem von jungen Leuten frequentiertes Pub. Seit 1997 gibt es jeden Tag Livemusik im Shamrock Irish Pub. Augenscheinliches Detail: Man sitzt hier nicht, bestenfalls hockt man auf den bereitgestellten Hockern. Man kann hier unter anderem Pool-Billard spielen – wurde auf www.bierpapst.tv vorgestellt! 150 Stehplätze.

Shamrock Irish Pub

STERNBRÄU

5020 Salzburg, Griesgasse 23, +43/662/842140
www.sternbrau.com
ÖFFNUNGSZEITEN Mo-So: 9:00 bis 00:00 Uhr
FASSBIER Edelweiss Hofbräu, Gösser Braufrisch und Gösser Naturradler, Hofbräu Kaltenhausen, Kaltenhauser Bernstein, Sternbier (hauseigenes Naturtrübes)
FLASCHENBIER Edelweiss Alkoholfrei, Edelweiss Dunkel, Gösser Naturgold, Original Weisse (Salzburg), Stiegl Columbus Pale Ale, Stiegl Wildshuter Sortenspiel, Trumer Pils
LOKAL Das Sternbräu gehörte ab 1411 zu den mehr als einem Dutzend Brauereien in der Salzburger Altstadt, 1911 hatte es die zweithöchste Bierproduktion in Salzburg nach Stiegl. 1929 wurde die Brauerei (inzwischen in den Stadtteil Riedenburg verlegt) Teil der BrauAG, der Braubetrieb wurde in den 1950er-Jahren nach Kaltenhausen verlegt. Das 1542 erstmals erwähnte Wirtshaus wuchs gleichzeitig zur größten Gaststätte Österreichs. Am 1. Oktober 2014 wurde es nach zweijähriger Umbauphase in völlig neuem Glanz wiedereröffnet. Es gibt ein eigenes Sternbier, erstmals wieder nach 61Jahren, gebraut in der Spezialitäten-Manufaktur Hofbräu Kaltenhausen, ein dottergelbfarbenes Naturtrübes – und dazu eine durchaus „Klassisch & Bierige Küche" mit Fiakergulasch und Sternbräu-Bratwurst nach eigenem Rezept. In der SternLounge wird exklusiv ein Bieraperitif mit dem hauseigenen Sternbier angeboten (Sternbier, Campari, Zitronenscheibe). Braumeisterstube und Bürgersaal blieben unverändert aus dem Jahr 1926, wurden aber komplett renoviert. Weitere neun Stuben und Säle, darunter die Bierstube mit Selber-Zapf-Möglichkeit. Das Sternbier gibt es auch im 6er-Tragerl zum Mitnehmen.

STIEGL-BRAUWELT

5020 Salzburg, Bräuhausstraße 9, +43/50/1492-1492
www.brauwelt.at
ÖFFNUNGSZEITEN Mo-So: 10:00 bis 00:00 Uhr
FASSBIER Stiegl-Pils, Stiegl-Columbus Pale Ale, Stiegl-Goldbräu, Stiegl-Hausbier aktuell, Stiegl-Paracelsus Zwickl, Stiegl-Radler Grapefruit, Stiegl-Radler Zitrone, Stiegl-Saisonbier, Stiegl-Weisse
FLASCHENBIER Stiegl Sport-Weisse, Stiegl-Freibier, Stiegl-Hausbiere, Stiegl-Paracelsus Glutenfrei, Wildshuter Biere
LOKAL Vielleicht das stimmungsvollste Brauwirtshaus Europas: Im Gemäuer der ehemaligen Mälzerei und Energiezentrale der Stieglbrauerei wurde 2007 die Stiegl-Braugastronomie eröffnet, die direkt an die Brauerei und das Bier-Museum angeschlossen ist. Es gibt auch außerhalb des Museums ansehnliche Belege für die ehemalige Nutzung zu sehen. In der Paracelsusstube ist eine sehenswerte hölzerne Decke integriert, die früher im Direktionszimmer verborgen war. Und die Bierbar „Stieglitz" im ehemaligen Maschinenhaus ist ein Verkostungszentrum, in dem die diplomierten Biersommeliers täglich die Gäste beraten. Zudem gibt es im Braustüberl an jedem dritten Sonntag im Monat einen musikalischen Frühschoppen. Degustationsmenüs, welche das perfekt zur Speise passende Bier beinhalten. Das Menü wird nach saisonalem und regionalem Angebot gestaltet. Mehrmals im Jahr gibt es einen „Tag der offenen Flaschen", an dem im Stieglitz und im Biergarten besondere Biere auch von anderen Brauereien zur Verkostung angeboten werden, 150 Sitzplätze im Bräustüberl, 80 Sitzplätze in der Paracelsusstube, 250 Sitzplätze im Veranstaltungssaal, 200 Plätze im Garten.

Stiegl-Brauwelt

SALZBURG

STIEGL-KELLER

5020 Salzburg, Festungsgasse 10, +43/662/842681
www.restaurant-stieglkeller.at
ÖFFNUNGSZEITEN Mo-Fr: 11:30 bis 23:00 Uhr; Sa-So: 11:00 bis 23:00 Uhr

Stiegl-Keller

Stiegl-Keller
SALZBURG
– Betrieben von Gassner Gastronomie –

FASSBIER Stiegl-Columbus Pale Ale, Stiegl-Goldbräu, Stiegl-Hausbier aktuell, Stiegl-Paracelsus Zwickl, Stiegl-Saisonbier, Stiegl-Spezial, Stiegl-Weisse, Stiegl-Hell, Stiegl-Radler Grapefruit
FLASCHENBIER Stiegl Saison-Hausbiere, Stiegl Sport-Weisse, Stiegl-Freibier, Stiegl-Hausbiere, Stiegl-Paracelsus Glutenfrei, Stiegl-Pils, Stiegl-Radler Zitrone
LOKAL Als die Feste Hohensalzburg im 19. Jahrhundert ihre militärische Bedeutung verloren hat, hat hier die Stieglbrauerei eine touristisch höchst attraktive Nachnutzung geschaffen: Erst zog für einige Zeit der Lagerkeller der Brauerei ein, dann kam die heute ganzjährig geöffnete Gaststätte dazu. Ihre Säle sind auch eine außergewöhnliche Veranstaltungslocation. Auf Bestellung gibt es auch ganze Menüfolgen mit bierigen Speisen und entsprechenden Bierspezialitäten. Der Gastgarten bietet den schönsten Blick auf den Salzburger Dom und die Altstadt. Ca. 650 Sitzplätze, 50 an der Bar, im Gastgarten ca. 1.000 Sitzplätze.

THE COFFEE & BOOZE

5020 Salzburg, Linzer Gasse 48, +43/660/2602785
www.beerlounge.at/coffee-and-booze
ÖFFNUNGSZEITEN Mo-So: 14:30 bis 1:00 Uhr
FASSBIER Starobrno, Puntigamer ‚das Bierige', Schladminger Bio Zwickl
FLASCHENBIER Gösser Naturgold, Zipfer Meisterwerke Pale Ale, Desperados, Edelweiss Alkoholfrei, Edelweiss Hefetrüb, Gösser Naturradler, Gösser Stifts-Zwickl Hell, Guinness Stout (Dose), Heineken Premium Lager, Hofbräu Kaltenhausen Kellerbier, Kaltenhauser Gandolf IPA, Puntigamer „das bierige Bier", Reininghaus Jahrgangspils, Schleppe No. 3 Imperial IPA, Schwechater Wiener Lager, Weihenstefan Hefetrüb, Wieselburger Stammbräu, Zipfer Drei, Zipfer Hops
LOKAL Ungewöhnliche Bier- (und Wein- und Kaffee-) Bar im Hotel Krone. Das Lokal befindet sich in einem Gebäude, das 1361 einem „Chlampfenschmied" als Werkstatt diente. 1512 wurde im Nebenhaus einer der sieben Brunnen der Salzburger Altstadt errichtet. Ein Hotel gibt es am Standort seit 1920. Und die Bar? Die überrascht mit einem Bierangebot, das in einem beleuchteten Kühlschrank präsentiert wird.

THE SALZBURG WHISKEY MUSEUM – IRISH PUB

5020 Salzburg, Lederergasse 6, +43/660/6666261
www.salzburgwhiskeymuseum.com
ÖFFNUNGSZEITEN Mo-Do: 17:30 bis 2:00 Uhr; Fr-Sa: 17:30 bis 3:00 Uhr; So: 17:30 bis 1:00 Uhr
FASSBIER Stiegl Columbus 1492, Guinness, Kilkenny Red Ale, Newcastle Brown Ale, Pilsner Urquell, Trumer Zwickl
FLASCHENBIER Clausthaler
LOKAL Kleine Bar mit einem dahinter anschließenden Verkostungsraum, in dem es tatsächlich etliche Whiskey-Raritäten gibt. 30 Plätze an den Tischen, 10 an der Bar.

The Salzburg Whiskey Museum – Irish Pub

TRUMEREI

5020 Salzburg, Strubergasse 26, +43/662/2654-32
www.trumerei.at
ÖFFNUNGSZEITEN Mo-Fr: 9:30 bis 00:00 Uhr
FASSBIER Erdinger Urweisse, Trumer Hopfenspiel, Trumer Märzen, Trumer Pils
FLASCHENBIER Samichlaus, SIGLs Beer-Bop Collection, Stift Engelszell Gregorius, Theresianer Vienna Lager, BrauSchneider Hanfbier, Brew Age Alphatier, Kiesbye´s Waldbier, Brew Dog Dead Pony, Erdinger Pikantus, Grenzgänger Gipfelmärzen, Gusswerk Green Betty, Huyghe Delirium Tremens, Insel Baltic Stout, Les 3 Fourquets Lupulus, Samuel Smith Imperial Stout und viele andere

LOKAL Frischer Wind weht in Salzburg's Craftbier-Lokal am Stadtwerk, nur 10 Gehminuten von der Salzburger Altstadt entfernt: Die beiden gebürtigen Salzburger Aleksander Joncic und Werner Fünfleitner haben die Trumerei von der Trumer Privatbrauerei gepachtet. Im Vordergrund des kulinarischen Angebots bleiben Regionalität und lokale Erzeuger, jedoch gepaart mit internationalen und asiatischen Einflüssen. Das Bier kommt wie bisher aus dem Hause Trumer und vielen kleinen Craftbier-Brauereien. Man kann das Bier vor Ort verkosten, aber auch im Shop käuflich erwerben. 110 Plätze im Lokal, 140 im begrünten Gastgarten.

ZIPFER BIERHAUS

5020 Salzburg, Sigmund Haffner Gasse 12 (= Universitätsplatz 19), +43/662/840745
www.zipfer-bierhaus.com
ÖFFNUNGSZEITEN Di-Sa: 10:00 bis 00:00 Uhr
FASSBIER Edelweiss Weizenbier – Hofbräu, Gösser Naturradler, Kaltenhausen Original (Jänner – September), Kaltenhausen Ruperti-Märzen (Bayrischer Bierstil) – im September, Oktoberbier (Sept. bis Nov.), Winterbock, Zipfer Kellerbier Naturtrüb, Zipfer Urtyp
FLASCHENBIER Edelweiss Weizenbier Alkoholfrei, Edelweiss Weizenbier Dunkel, Gösser Naturgold Alkoholfrei, Kaiser Doppelmalz, Monatsbier (Craftbier), Zipfer Märzen
LOKAL Das Zipfer Bierhaus wurde um 1300 erbaut und bestand ursprünglich aus zwei Gebäuden, die schon 1407 miteinander verbunden wurden – daher die beiden Adressen. Wolfgang Amadeus Mozarts geliebte Schwester Nannerl wohnte vom 28. Oktober 1801 bis zu ihrem Tode am 29. Oktober 1829 in diesem geschichtsträchtigen Haus, aber damals gab es noch keinen Bierausschank, der kam erst 1875 dazu. 102 Jahre später übernahm es die Familie Schwarz, nun wird das Haus, das seit 1907 den Namen „Zipfer-Bierhaus" trägt, von einem Biersommelier geführt, der auch Verkostungen anbietet. Es ist eines der wirklich unverfälschten Bierlokale im Zentrum – eine klassische „Bierschwemme" im historischen Gewölbe und einem großen Speisesaal mit denkmalgeschützter und kunstgeschnitzter Holzdecke. Der offene Bierausschank mit Sitz- und Stehplätzen befindet sich in der Bierschwemme. Ca. 120 Plätze im Innenbereich, ca. 50 im Gastgarten.

ZUM FIDELEN AFFEN

5020 Salzburg, Priesterhausgasse 8, +43/662/877361
www.fideleraffe.at
ÖFFNUNGSZEITEN Mo-Sa: 17:00 bis 00:00 Uhr
FASSBIER Die Weisse Hell, saisonale Biere wie das Trumer Herbstbier, Weihnachtsbock etc., Trumer Pils
FLASCHENBIER Brew Age Affenkönig, Die Weisse Dunkel, Erdinger Alkoholfrei, Null Komma Josef, Trumer Hopfenernte, Trumer Hopfenspiel, Trumer Imperial
LOKAL Das seit 1978 bestehende, traditionsbewusste Wirtshaus liegt im Herzen der Stadt Salzburg und war zunächst eine reine Pilsbar. In den letzten Jahren ist das Bierangebot allerdings breiter geworden, inzwischen gibt es auch eine kleine Craftbierauswahl. Die Küche bietet regionale und saisonale Schmankerln, die mit ausgesuchten Zutaten traditionell zubereitet werden. Es findet sich auch „Bieriges" auf der Karte, wie das Salzburger Bierhendl in dunklem Bier geschmort. Sehr professionelle und freundliche Bedienung. 65 Sitzplätze und 40 Stehplätze im Lokal, im Garten 60 Sitzplätze.

Zum fidelen Affen

SANKT GILGEN

BATZENHÄUSL

5340 Sankt Gilgen, Schmalnau 1, +43/6227/2356
www.batzenhaeusl.com
ÖFFNUNGSZEITEN Mo-Di: 17:00 bis 21:30 Uhr; Fr-Sa: 17:00 bis 21:30 Uhr; So: 11:30 bis 21:30 Uhr
FASSBIER Augustiner Helles
FLASCHENBIER Augustiner Edelstoff, Augustiner Weißbier, Rieder Weisse Alkoholfrei, Rieder Weisse Dunkel, Stiegl-Freibier
LOKAL Stattlicher Gasthof – 1603 von Rosina Patzerin als „Patzerheisl" gegründet – in grüner Umgebung. Gut gezapftes Augustiner im Gastgarten. Die Küche ist berühmt für die Zubereitung fangfrischer Fische. 80 Sitzplätze im Lokal und 80 im Gastgarten.

SANKT JOHANN IM PONGAU

BLACK SHEEP

5600 Sankt Johann i. Pongau, Hauptstraße 42a
+43/664/2358923
de-de.facebook.com/blacksheepIRISHPUB
ÖFFNUNGSZEITEN Di-Sa: 17:00 bis 2:00 Uhr
FASSBIER Guinness, Stiegl-Goldbräu
FLASCHENBIER Augustiner Lager, Crabbies Ginger Beer, Kilkenny Red Ale, Pinzga' Pale Ale, Tegernseer Hell, Tegernseer Spezial
LOKAL Das Black Sheep wirkt von außen sehr klein, umso erstaunter ist man, wenn man drinnen sieht, wie effizient die Tischchen und Barplätze rund um eine insgesamt sehr große Bar angeordnet sind. Und gelegentlich bleibt sogar Platz für den Auftritt einer Liveband!

PLATZL

5600 Sankt Johann i. Pongau, Hauptstraße 20, +43/6412/41923
www.platzl.cc
ÖFFNUNGSZEITEN Di-Sa: 11:00 bis 00:00 Uhr
FASSBIER Gösser Märzen, Gösser Naturradler, Gösser Zwickl Naturtrüb, Weihenstephaner Hefeweizen Hell

FLASCHENBIER Edelweiss Alkoholfrei, Edelweiss Weizen Hell, Kaiser Doppelmalz, Schlossgold
LOKAL Modern gestaltetes Restaurant mit überglaster Terrasse, schöner Bar und günstigen Tagesgerichten. 90 Plätze im Lokal, 15 an der Bar, 120 auf der Terrasse.

SANKT MICHAEL IM LUNGAU

CAFÉ MANDL

5582 Sankt Michael im Lungau, Marktstraße 10
+43/6477/7134
cafe-mandl.members.cablelink.at
ÖFFNUNGSZEITEN Mo-Sa: 8:30 bis 19:00 Uhr
FASSBIER wechselt wöchentlich, z.B. naturtrübe Biere, dunkle Biere
FLASCHENBIER Mandlbier, Weiblbier
LOKAL Kleines, familiär geführtes Café, das sich seit 2014 mit zwei eigenen Bieren selbst versorgt. Im Lungau ist es damit zu einem Geheimtipp geworden.

WASTLWIRT

5582 Sankt Michael im Lungau, Poststraße 13
+43/6477/7155-0
www.gasthof-wastlwirt.at
ÖFFNUNGSZEITEN Mo-So: 7:30 bis 10:00 Uhr, 18:00 bis 22:00 Uhr
FASSBIER Stiegl Pils, Stiegl Weisse, Stiegl Columbus 1492 Pale Ale, Stiegl Gold Spezial, Stiegl Goldbräu, Stiegl Zwickl, Stiegl-Radler Grapefruit
FLASCHENBIER Edelweiss Alkoholfrei, Schlossgold
LOKAL Rudi und Elfi Baier führen seit dem Herbst 2006 das 1499 gegründete und 1510 zum ersten mal erwähnte imposante Haus mit traditioneller Hausmannskost und eigenem Hausbier – dem Wastlbräu von der BrauUnion. Rauchkuchl, die für Schaukochen genutzt wird. Wahrscheinlich war das Haus bereits seit der Gründung ein Wirtshaus, jedenfalls wurde 1745 für „immerwährende Zeiten die Wirtsgerechte" verliehen. Im 19. Jahrhundert befand sich hier eine Brauerei, die dem Haus (und dem angeschlossenen Lifestyle-Hotel) den Namen gibt. 230 Plätze, 30 an der Bar, Schanigarten: 20 Plätze.

STOFFLERWIRT

5582 Sankt Michael im Lungau, Hutterstraße 11
+43/6477/8293
www.stofflerwirt.at
ÖFFNUNGSZEITEN Mo-So: 7:00 bis 22:00 Uhr
FASSBIER Murauer Hefeweizen, Murauer Märzen
FLASCHENBIER Clausthaler, Aventinus Eisbock, Aventinus Weizendoppelbock, Brewdog Jack Hammer, BRLO Berliner Weisse, Freistädter Austrian Lager, Gaffel Kölsch, Lindemans Geuze, Lindemans Kriek, Murauer 11/11 hopfengestopft, Murauer Bockbier, Murauer Hoamat Weisse, Murauer Kräuterradler, Murauer Pale Ale, Murauer Pils, Murauer Preisel&Bier, Murauer Radler Holunder-Marille, Murauer Rauchweizen, Murauer Stout, Murauer Zitro&Bier, Nice Chouffe, Paulaner Weizen Alkoholfrei, Rieder IPA, Rochefort 10° Trappistenbier, Rodenbach Flanders, saisonal Murauer Weizenbock, Schlenkerla Rauchbier, Silly Saison, Val-Dieu Tripel, Zwettler Saphir Pils
LOKAL Bierlokal des Jahres, siehe Seite 246.

Stofflerwirt

SCHWARZACH IM PONGAU

BRÄUSTÜBERL SCHWARZACH – SEINERZEIT

5620 Schwarzach im Pongau, Brauhausgasse 2
+43/660/7077508
www.bräustüberl-schwarzach.at
ÖFFNUNGSZEITEN Di-Sa: 11:00 bis 21:00 Uhr; So: 10:00 bis 21:00 Uhr
FASSBIER Gemischtes, Schwarzacher Dunkel, Stiegl Goldbräu, Tauerngold
FLASCHENBIER Stiegl Freibier, Franziskaner Weißbier, Murauer Weisse, Radler, Stiegl Sport-Weisse, Stiegl Weisse
LOKAL Die ehemalige Brauerei – seinerzeit bekannt für ihr Tauerngold-Bier – besteht zwar nicht mehr, das Bräustüberl wurde aber 2019 frisch hergerichtet. Die Speisekarte ist mit regionalen Schmankerln, herzhaften Gerichten gespickt und sogar die legendäre „gemischte Halbe" gibt es wieder. Die traditionelle Einrichtung wurde erhalten und somit wird man von einem Ambiente „wie damals" empfangen. Auch der Gastgarten wird im damaligen Stil wieder saniert und lädt im Sommer zum Draußensitzen ein. Eistockbahn in der Wintersaison.

SEEKIRCHEN

GASTHAUS KOTHÄUSL

5201 Seekirchen, Schöngumprechting 29, +43/6212/7198
www.kothaeusl.at
ÖFFNUNGSZEITEN Mo-Di: 10:00 bis 00:00 Uhr; Mi: 10:00 bis 15:00 Uhr; Fr-Sa: 10:00 bis 00:00 Uhr, So 10:00 bis 16:00 Uhr

Gasthaus Kothäusl

FASSBIER Josef Pernetstätter Bock, Trumer Märzen, Trumer Pils
FLASCHENBIER Erdinger dunkles Weizen, Erdinger Urweisse, Null Komma Josef
LOKAL Einfaches Einkehrgasthaus an der Mattseer Landesstraße, dessen Chef sich sehr um das Bier bemüht – das steckt inzwischen auch das Personal an, das sich ebenfalls sehr anstrengt. Eines der wenigen Lokale, das das Märzenbier der Brauerei Sigl aus Obertrum ausschenkt. Aus der Küche ist die Spezialität der „gemischte Knödelteller". 80 Sitzplätze, Schanigarten: 15 Sitzplätze.

LANDGUT GASTHOF FISCHTAGGING

5201 Seekirchen, Fischtagging 8, +43/6212/2328
www.gasthof-fischtagging.at
ÖFFNUNGSZEITEN Mo-Di: 10:00 bis 00:00 Uhr; Fr: 16:00 bis 00:00 Uhr; Sa-So: 10:00 bis 00:00 Uhr
FASSBIER Schönramer Weißbier, Zipfer
FLASCHENBIER Stiegl Weisse, Trumer Pils
LOKAL Schon der Schriftsteller Carl Zuckmayr (Autor des „Hauptmann von Köpenick") wusste diese Adresse zu schätzen. Spezialitäten vom hauseigenen Hochlandrind wie Filet- oder Lady-Steak, Burgunderbraten. Hausgemachte Knödelspezialitäten.

SIEZENHEIM

ALLERBERGER

5072 Siezenheim, Doktorstraße 1, +43/662/850270
www.allerberger.com
ÖFFNUNGSZEITEN Mi-Sa: 16:00 bis 00:00 Uhr; So: 9:00 bis 00:00 Uhr
FASSBIER Allerbergers Hausbier (Märzen), Allerbergers Weisse, Black Ale, Herbstbier, Honigbier, Pale Ale, Stout
FLASCHENBIER Clausthaler, Stiegl Sport Weisse
LOKAL Prächtiger Landgasthof mit einer ins 13. Jahrhundert zurückgehenden Geschichte. Das jetzige Haus wurde 1724 als Jagdschloss erbaut (das Stiegenhaus ist noch so erhalten) – mit mehreren Stüberln, die alle sehr dezent renoviert wurden. Die Hausbiere werden in traditioneller Handwerkskunst im Haus (genauer genommen: in einem Nebengebäude) gebraut, in der Regel drei Biersorten: Helles Märzenbier, Weizenbier und verschiedene Saisonbiere. Letztere gibt es unter anderem als Bauernherbstbier, Pale Ale, Stout und Honigbier. Der Hausherr Michael Allerberger ist nicht nur Bierbrauer, sondern bewirtschaftet auch eine eigene Jagd in den Rauriser Alpen. Daher sind die besonderen Spezialitäten Wildgerichte. Das Wild stammt aus dem eigenen Revier, wird vom Wirt sorgsam ausgewählt und zerlegt, die Küche verarbeitet beste Zutaten von den umliegenden Bauern. 240 Sitzplätze im Lokal, 25 Plätze an der Bar, bis zu 300 Sitzplätze im Garten.

Allerberger

Allerberger's Landgasthof

KAMML

5072 Siezenheim, Brückenstraße 5, +43/662/850267
www.kamml.com
ÖFFNUNGSZEITEN Mo-Sa: 9:00 bis 00:00 Uhr
FASSBIER Stiegl Weisse, Stiegl-Goldbräu
FLASCHENBIER Stiegl Freibier, Corona, Franziskaner Dunkel Alkoholfrei, Franziskaner Hell/Dunkel, Stiegl Columbus 1492 Pale Ale, Stiegl Grapefruitradler, Stiegl Sport-Weisse, Stiegl Weisse
LOKAL Stattlicher Gasthof im Zeichen des Kamels, der heute noch mit Pferdewagen von der Stiegl-Brauerei beliefert wird. Sympathisch: Hier wird der Radler nicht vorgefertigt, sondern frisch mit Sprite gemixt. 150 Plätze, 90 im Garten.

TAMSWEG

GAMBSWIRT & MAIEREI

5580 Tamsweg, Marktplatz 5, +43/6474/2337
www.gambswirt.at
ÖFFNUNGSZEITEN Mo-Sa: 9:00 bis 23:00 Uhr; So: 9:00 bis 22:00 Uhr
FASSBIER Murauer Gold
FLASCHENBIER Biere der Brauerei Murau
LOKAL Der Gambswirt ist ein neu herausgeputztes Traditionshaus, erstmals unter dem Namen Gambs im Jahre 1717 erwähnt, als ein Herr Johann Gambs durch Erlag von 12 Gulden das Bürgerrecht erhalten hat. Familie Maier hat das Haus 1950 erworben und immer weiter ausgebaut. Sie hat viele moderne Stilmittel eingesetzt, dabei aber auch alte Elemente eingebaut – alte Steinsäulen und Tischplatten zeugen von Stilsicherheit. Angeschlossen sind mehrere Gastro-Bereiche und ein Taxiunternehmen. Die Maierei ist dabei die Vertreterin einer modernen Bierbar-Kultur 130 Plätze in verschiedenen Räumen.

Gambswirt & Maierei

GELLNWIRT

5580 Tamsweg, Marktplatz 12, +43/6474/6092
www.gellnwirt.at
ÖFFNUNGSZEITEN Mo-Di: 9:00 bis 23:00 Uhr; Do-Sa: 9:00 bis 23:00 Uhr; So: 9:00 bis 15:00 Uhr
FASSBIER Murauer Märzen, Murauer Radler, Murauer Steirergold
FLASCHENBIER Erdinger Hefeweizen, Murauer Doppelmalz, Murauer Märzen, Murauer Weißbier, Paulaner Hefeweizen Dunkel, Paulaner Hefeweizen Hell, Schneider Weisse
LOKAL Traditionelles Wirtshaus im Stadtzentrum mit zwei einfachen Gaststuben, einem nobleren Restaurantbereich und einem relativ großen Schanigarten rund um einen Kastanienbaum auf dem Marktplatz. Gegründet wurde es schon vor 1430, der Name Gellnwirt stammt von der Besitzerfamilie Gell, die hier 1627 aktiv war. Im Besitz der Familie Gruber ist es seit 1897. Bierpub im Keller. Gaststube: 80 Plätze, Gastgarten: 100.

UTTENDORF IM PINZGAU

GRÖFLER

5723 Uttendorf im Pinzgau, Metzgerbichl 15
+43/664/2112407
www.sbg.at/groefler
ÖFFNUNGSZEITEN Mo-Sa: 14:00 bis 00:00 Uhr; So: 9:00 bis 00:00 Uhr
FASSBIER Franziskaner Weizen, Stiegl, Stiegl Weizen
FLASCHENBIER alkoholfreies Weizenbier, Clausthaler, Corona, Desperados, Franziskaner Weißbier, Gösser Naturradler, Heineken, König Ludwig Dunkel
LOKAL Das Gröfler liegt direkt im Zentrum von Uttendorf, eine gemütliche Lounge mit schöner Terrasse und offener Feuerstelle. Das Café wurde im Dezember 2011 renoviert. 140 Sitzplätze im Lokal (in 2 Räumen), 70 Sitzplätze auf der Terrasse.

ZELL AM SEE

KUPFERKESSEL

5700 Zell am See, Brucker Bundesstraße 18
+43/6542/72768-0
www.kupferkessel.at
ÖFFNUNGSZEITEN Mo-Fr: 10:00 bis 00:00 Uhr; Sa: 10:00 bis 1:00 Uhr; So: 17:00 bis 00:00 Uhr
FASSBIER Hirter Morchl, Löwenbräu, Paracelsus Zwickl, Stiegl
FLASCHENBIER Franziskaner Alkoholfrei, Franziskaner Hell/Dunkel, Kristallweizen, Pinzga' Pale Ale, Pinzga' Weizen Hell, Pinzga' Zwickl, Stiegl Weisse Holunderradler
LOKAL Dieses Lokal war tatsächlich einmal eine Tankstelle im alpinen Stil – aber das ist lange her. Geblieben ist das typische Vordach und jede Menge Dekorationsmaterial aus der Zeit, als hier eine Auto- und Landmaschinen-Werkstätte war. Vor 40 Jahren wurde das heutige Restaurant (das einen Pizza-Schwerpunkt hat, aber auch Steaks bietet) eingerichtet. Das Logo mit dem Schwarzafrikaner mit Kochmütze, Messer und Kochkessel, der einem nackten Weißen nachrennt, dürfte aus jener Zeit stammen. 160 Plätze im Lokal, 200 in der Partyzone.

SPORTSTÜBERL

5700 Zell am See, Dreifaltigkeitsgasse 7, +43/6542/7760
www.hotel-lebzelter.at
ÖFFNUNGSZEITEN Mo-So: 11:00 bis 23:00 Uhr
FASSBIER Zipfer Urtyp
FLASCHENBIER Edelweiss, Wieninger Hefeweißbier Alkoholfrei, Zipfer Hell Alkoholfrei
LOKAL Das Sportstüberl ist eine kleine, mit vielen Skisport-Devotionalien eingerichtete Bar im Zentrum von Zell – ein gelegentlich sehr voller Treffpunkt auch für internationale Gäste. Kein Wunder, das altehrwürdige (erste Erwähnung 1482!) Hotel Lebzelter ist ein beliebtes Quartier gerade auch für Skisportler. 15 Sitzplätze, 30 Plätze an der Bar, 10 im Garten.

VILLA CRAZY DAISY

5700 Zell am See, Salzmannstraße 8, +43/6542/72526
www.crazy-daisy.at
ÖFFNUNGSZEITEN Mo-So: 10:00 bis 00:00 Uhr
FASSBIER Radler, Guinness, Hofbräu Traunstein, Hofbräu Traunstein Weisse
FLASCHENBIER Heineken, Corona, Hofbräu Traunstein
LOKAL Im Zentrum von Zell am See gelegene Bar, die an einer zentralen Theke Biere aus Traunstein ausschenkt. Im ersten Stock ist eine Musicbar und ein Balkon, von dem man bis zum See sieht.

BEER
TASTING
SHOP
DEM BIER ZULIEBE
NEU!
DER ONLINESHOP
FÜR BEERTASTER!
BEER
TASTING
Biervielfalt auf einen Klick
Von Bierflasche bis Bierpaket
Biere von Privatbrauereien
Nachhaltig direkt von den Brauereien
Bewertungen aus der BeerTasting.App
Einfach und schnell bestellt und geliefert
DEM BIER ZULIEBE
BEERTASTING.SHOP

STEIER MARK

STEIERMARKS BIERLOKAL DES JAHRES

GRAZ

THE THIRSTY HEART

8010 Graz, Albrechtgasse 4, +43/660/9109625
www.thethirstyheart.at

ÖFFNUNGSZEITEN Di-So: 12:00 bis 00:00 Uhr

FASSBIER Alefried Klabauter, Andechser Spezial, Bevog Tak Pale Ale, Bierol Mountain Pale Ale, Noom Melon Blanc, Porterhouse Red Ale, Rodenbach Grand Cru, Schneider, Meine Hopfenweisse

FLASCHENBIER breites, wechselndes Craftbierangebot, etwa: 3 Fonteinen Oude Geuze, Alefried Oud Bruin, Bevog Jazzy & Blues, BFM L' Abbaye de Saint Bon-Chien, Bierol Bomboclaat, Bierol Mountain Pale Ale, Bierol Swalty Porter, Birra del Borgo ReAle, Brew Age Affenkönig, Brew Age Alpha Brett, Kuehn&Rosen Aufbruch IPA, Noom Melon Blanc, Tegernseer Hell, Terreux Rueuze American Wild Ale

LOKAL Eine Craftbier-Bar von internationalem Format: Philipp Carstanjen und Kevin Page haben 2018 einen Steinwurf vom Hauptplatz entfernt eine ehemalige Tapas-Bar mit dem nötigsten Mobilar und einer großzügigen Bierkarte ausgestattet. Hatten sie vordem in der Mariahilferstraße mit dem noch viel kleineren „The Hungry Heart" das Essen in den Vordergrund gestellt, so wurde hier der Bierauswahl der Vorzug gegeben. Allerdings kann man auch im Thirsty Heart zu den zehn Fass- und mehr als 50 wechselnden Flaschen- und Dosenbieren gut essen: Es gibt Bagels mit allen denkbaren Toppings oder auch Gulasch und Bagel oder Veganes Curry und Bagel. Und klarerweise kann man auch nur auf ein Bier kommen – aber es bleibt selten bei einem einzigen Bier und Appetit macht das Bier bekanntlich auch. 30 Plätze, 10 im Schanigarten.

ADMONT

GASTHAUS KAMPER

8911 Admont, Hauptstraße 19, +43/3613/3688
www.gh-kamper.at
ÖFFNUNGSZEITEN Mo-So: 9:00 bis 00:00 Uhr
FASSBIER Gösser Gold, Gösser Radler, Gösser Zwickl
FLASCHENBIER Edelweiss Alkoholfrei, Edelweiss Hefetrüb, Gösser Märzen, Gösser Naturgold, Stiftsbräu
LOKAL Seit 120 Jahren liegt dieses Gasthaus am Eingang zum Gesäuse – und in Gehnähe zur größten Stiftsbibliothek der Welt. Sehr urige Gaststube mit vielen Stammgästen und einer Gastgeberfamilie, der man anmerkt, wie gern sie ihre Gastgeberrolle spielt. Für Stammgäste gibt es Bier-Treuepässe. 30 Plätze in der Gaststube, 50 im Stüberl, 100 im schattigen Gastgarten.

AFLENZ KURORT

HOTEL POST KARLON

8623 Aflenz Kurort, Mariazeller Straße 10, +43/3861/2203
www.hotelpostkarlon.at
ÖFFNUNGSZEITEN Mo-Di: 8:30 bis 23:00 Uhr; Do-So: 8:30 bis 23:00 Uhr

Hotel Post Karlon

FASSBIER Starobrno, Gösser Zwickl, Kaltenhauser Bernstein, Stiegl Hefeweizen (im Sommer), Stiegl-Pils
FLASCHENBIER Gösser Naturgold, Stiegl Freibier Alkoholfrei, Stiegl Hefeweizen, Stiegl Hefeweizen Alkoholfrei
LOKAL Diese Hofstatt beherbergte seit dem späten 14. Jahrhundert den Kirchenfleischhauer, seit 1784 gehört das Haus der Familie Karlon – zusammen mit dem Kirchgassenschneiderhaus, das 1883 dazu erworben wurde. Die alten Gewerbe gibt es nicht mehr, aber einen eindrucksvollen Deckenbalken aus dem Jahr 1544, der der Gaststube Charakter verleiht. Weitere Dekorationen weisen auf einen alten Ausschank von Pilsner Kaiserquell und Reininghaus-Bier, auf die Volksmusik, auf die Jagd und erwartungsgemäß auch auf die Post hin. In der mit viel Holz gestalteten Gaststube mit Holzvertäfelung, Kachelofen und Holzdecke wird viel Wild serviert – der Koch ist selber Jäger. Eine Besonderheit sind die 4 Romantikzimmer des Hotels, wovon 3 im ländlichen Stil gehalten sind und eines im Jugendstil aus der Schule von Otto Wagner. 140 Sitzplätze im Lokal, 50 Sitzplätze im Garten.

ALTAUSSEE

SCHNEIDERWIRT

8992 Altaussee, Nr. 19, +43/3622/72117 oder +43/664/1312614
www.schneiderwirt.at
ÖFFNUNGSZEITEN Do-Sa: 10:00 bis 00:00 Uhr; So: 9:00 bis 00:00 Uhr
FASSBIER Gösser Märzen, Gösser Zwickl
FLASCHENBIER Gösser Stiftsbräu, Schlossgold, Weihenstephaner Weißbier
LOKAL Originales und originelles Wirtshaus im Eigentum der örtlichen Feuerwehr, auch Treffpunkt der eigenen, im Jahr 1859 gegründeten Schützengesellschaft – zahlreiche Gedenk-Scheiben. Der Schneiderwirt ist damit ein Traditionsgasthaus, wie es im Buch steht: Schweinsbraten, Geselchtes mit Kraut und Knödel, Kasspatzen, das sind nur einige der Gerichte, mit denen die „Schneiderwirtin" Barbara Seitz ihre Gäste bei bester Laune hält. Einmal in der Woche gibt es Weißwurst mit Bierbrezn. 60 Sitzplätze im Lokal, Sommergarten: ca. 50 Sitzplätze, davon etwa 30 überdacht.

Schneiderwirt

BAD GAMS

WESTSTEIRISCHER HOF

8524 Bad Gams, Müllegg 40, +43/3463/2134
www.weststeirischerhof.at
ÖFFNUNGSZEITEN Di: 17:00 bis 00:00 Uhr; Mi-Sa: 10:00 bis 00:00 Uhr; So: 10:00 bis 16:00 Uhr

FASSBIER Hausbier (Brauerei Löscher in Flamberg), Gösser Gold
FLASCHENBIER Edelweiss Hefeweizen, Puntigamer Märzen, Reininghaus Pils, Schlossgold
LOKAL Seit dem Jahr 1986 ein im Grünen gelegener Weingasthof mit ambitionierter, betont steirischer Küche. Der Wirt kocht selbst. Hat die Bierkultur als Gegengewicht zum Wein entdeckt und mit den Löscher-Bieren Raritäten auf der Karte. Herbst-Bierfest mit Schlachtbuffet und Kommentierung durch den Braumeister. Bierfeste im Gastgarten, Bockbierfest mit Live-Musik und Bierschmankerlbüffet. 120 Sitzplätze im Lokal, 20 Plätze an der Bar, 60 Sitzplätze im Garten.

BAD MITTERNDORF

PETERWIRT
8983 Bad Mitterndorf, Nr. 68, +43/3623/2597
www.peterwirt.com
ÖFFNUNGSZEITEN Mo-So: 15:00 bis 00:00 Uhr
FASSBIER Peterwirtsbräu
LOKAL Gasthof-Pension mit einem mit viel Holz und Ziegeloptik eingerichteten Bräustüberl. Zum Bier gibt es Brotzeiten und, damit man das Bier nicht so trocken runterwürgen muss, auch Schnäpse. Und wer ausgiebig gefeiert hat, kann im Haus übernachten.

BIRKFELD

TRADITIONSWIRTSHAUS GALLBRUNNER
8190 Birkfeld, Waisenegg 78, +43/3174/4410
www.gallbrunner.at
ÖFFNUNGSZEITEN Mi-So: 8:00 bis 00:00 Uhr
FASSBIER Joglland Hoamatbräu Dunkel, Joglland Hoamatbräu Hell, Reininghaus Pils

Traditionswirtshaus Gallbrunner

FLASCHENBIER Gösser Naturgold, Puntigamer
LOKAL Selbstgebrautes Joglland Hoamatbräu und traditionelle Wirtshauskultur mit Schmankerln wie dem Schweinsbraten aus der Rein, der mit z´sammglegte Knödel serviert wird, oder Grubenkraut und Nudeltascherl. Ausgezeichnet mit einer Gault Millau Haube. Übernachtungsmöglichkeit im „Troadkasten“.

BRODINGBERG

STEIRISCH URSPUNG NEUWIRTH
8200 Brodingberg, Brodersdorfstraße 85, +43/3117/5171
www.steirischursprung.at
ÖFFNUNGSZEITEN Mi-Fr: 16:00 bis 00:00 Uhr; Sa: 12:00 bis 21:00 Uhr; So: 11:30 bis 13:30 Uhr
FASSBIER Buchweizen Bier, Dinkelbier, Gerstenbier, Honigbier
FLASCHENBIER Buchweizen Bier, Dinkelbier, Honigbier
LOKAL Stattliches Gebäude, das eine seltsame Mischung aus Gaststätte und Museum darstellt. In der Braustube kommt das selbst gebraute Bier direkt mit Eigendruck vom Lagerkeller zur Schank. Barbereich mit urigem offenem Kamin, eine 200 Jahre alte Holztramdecke und ein Kupferbraukessel schaffen eine heimelige Atmosphäre. Im angeschlossenen Hotel gibt es auch ein Bierbad. Ca. 120 Sitzplätze, 50 im Gastgarten mit dem größten Bienenstock der Welt.

BRUCK AN DER MUR

GASTHOF ZUR POST – RESTAURANT RIEGLER
8600 Bruck an der Mur, Koloman Wallisch-Platz 11
+43/3862/54904
www.restaurant-riegler.at
ÖFFNUNGSZEITEN Mi-Sa: 9:00 bis 23:30 Uhr; So: 10:00 bis 22:00 Uhr

Gasthof zur Post – Restaurant Riegler

FASSBIER Bernstein-Hausbier, Gösser Naturgold, Murauer Steirergold, Weihnachtsbock
FLASCHENBIER Edelweiss Alkoholfrei, Gösser Stiftsbräu, Murauer Weißbier
LOKAL Seit 34 Jahren familiär geführtes Schmankerlwirtshaus am Stadtplatz von Bruck, der nach dem Februarkämpfer Koloman Wallisch benannt ist. Das Haus ist seit dem 16. Jahrhundert Gastwirtschaft, 1552 war hier sogar ein Elefant zu Gast. Ausgezeichnet als „gute steirische Gaststätte“ mit eindeutigem Schwerpunkt auf der lokalen Küche, passend zum Bier. Um dieses kümmert sich der Chef persönlich, er erklärt den Gästen gern, wie man sein Hausbier bewusst genießt. Die Happy Hour ist hier schon am Vormittag (9.00 bis 11.00 Uhr). Zum Oktoberfest gibt es Löwenbräu Wiesenbier aus dem Maßkrug mit Weißwurst, süßem Senf und Brezn. 200 Plätze in verschiedenen Stuben, je 15 an zwei verschiedenen Bars (eine davon mit eindrucksvollem Angebot von 60 Sorten Whisky), 100 im Garten mit Murblick.

LONDON PUB-CAFÉ

8600 Bruck an der Mur, Wiener Straße 51, +43/676/5048023
www.london-pub.at
ÖFFNUNGSZEITEN Mo-Fr: 9:00 bis 23:00 Uhr; Sa: 10:00 bis 23:00 Uhr
FASSBIER Radler, Gösser Gold, Trumer Pils
FLASCHENBIER Gösser Naturgold, Guinness, Puntigamer, Weihenstephaner Weißbier
LOKAL Seit über einem Vierteljahrhundert gibt es dieses gediegene Pub etwas außerhalb des Stadtzentrums. Und den Weg ist es jedenfalls wert: viel dunkles Holz, große Bar und frische Blumen. Erstaunlicherweise kein Angebot an Ales und Stouts – dafür ist das Pils gut gezapft und die Bedienung gibt einem das Gefühl, willkommen zu sein. 30 Plätze im Lokal, 15 an der Bar.

EGGERSDORF

Niederleitners Schöcklandhof

NIEDERLEITNERS SCHÖCKLLANDHOF

8063 Eggersdorf, Rabnitzstraße 25, +43/3117/2279
www.schoecklland hof.at
ÖFFNUNGSZEITEN Mo-So: 8:00 bis 00:00 Uhr
FASSBIER Birra Moretti ‚Blade', Gösser Naturgold, Puntigamer Panther, Puntigamer Saisonbiere, Weihenstephaner Weißbier
FLASCHENBIER Edelweiss Alkoholfrei, Gösser Naturradler, Gösser Stiftsbräu, Gösser Zitronenradler, Puntigamer Märzen, Weihenstephaner Hefeweißbier trüb, Wieselburger Stammbräu, Zipfer Hops
LOKAL Großer, familienfreundlicher Gasthof mit heller Bar, an der das Puntigamer liebevoll gezapft wird. Von der BrauUnion gab es dafür auch mehrere Auszeichnungen. Die Küche bietet traditionelle Wirtshausküche, saisonale Schmankerln und Pizza aus dem Holzofen. Angeschlossen sind eine 4-Platz-Tennishalle, Fitnessstudio sowie Gymnastikraum. Ca. 200 Plätze im Lokal, 70 im Gastgarten.

EISENERZ

BEDARFSWIRTSHAUS ERZBERGBRÄU

8790 Eisenerz, Trofengbachgasse 2, +43/664/3202340
www.erzbergbraeu.at
ÖFFNUNGSZEITEN Fr: 11:00 bis 23:00 Uhr; Sa: 17:00 bis 23:00 Uhr
FASSBIER Eigene Fassbiere: DreiHops hopfengestopfte Ales, Gruamhunt Kellerbier, Gruamhunt Stayrisch Dunkel, Kellerpils Der Keil, Saisonbiere aus der eigenen Brauerei
FLASCHENBIER Große Auswahl an Spezialitäten u.a. von Amarcord, Brewdog, Corsendonk, del Ducato, Guinness, Handbrauerei Forstner, Hoegaarden, Rochefort, Rodenbach, Verhaege, Westmalle, Youngs…
LOKAL 2017 ist Reini Schenkermaier mit seinem bieraffinen Restaurant am Mautbühel – am südlichen Stadtrand von Eisenerz – von den Lesern der „Kleinen Zeitung" zum „Gastgeber des Jahres" gewählt worden. Und das, obwohl er nur an zwei Tagen der Woche (und, wie der Name sagt: bei Bedarf) geöffnet hat. Auf der übersichtlichen, aber wöchentlich wechselnden Speisekarte finden sich nur frisch gekochte Gerichte, getreu dem Motto: regional, saisonal, bio & fair. Und natürlich findet häufig auch Bier den Weg in den Kochtopf. Nach Voranmeldung werden Degustationsmenüs mit Bierbegleitung angeboten, kommentiert durch den Diplom-Biersommelier und Österreichs einzigem zertifizierten Mitglied im „Institute of Masters of Beer". In dem musikantenfreundlichen Wirtshaus dürfen die Gäste auch gerne zu ihren Instrumenten greifen und die Stimmbänder aktivieren. Bis zu 50 Sitzplätze im Lokal, 36 Sitzplätze auf der Terrasse mit Blick auf die Eisenerzer Kirchenburg und die Bergwelt rundum.

BRÄUSTÜBERL

8790 Eisenerz, Flutergasse 5, +43/3848/2335
www.dorfwirt.at/steiermark/dorfwirte/leoben/gasthof-braeustberl.html
ÖFFNUNGSZEITEN Di: 9:00 bis 00:00 Uhr; Do-Sa: 9:00 bis 00:00 Uhr; So: 9:00 bis 15:00 Uhr

Bräustüberl

FASSBIER Gösser Gold, Gösser Naturgold Alkoholfrei, Gösser Naturradler, Gösser Zwickl Naturtrüb, Puntigamer
FLASCHENBIER Gösser Stiftsbräu Dunkel, Weihenstephaner Weizen, Clausthaler, Gösser Schlossgold
LOKAL Schöner Altstadtgasthof am Fuße des Erzbergs, in dem sich die lokale Bevölkerung trifft – allein schon wegen der Einrichtung (Stammtisch der Bergmusik Eisenerz) sehenswert. Gut gezapftes Bier. Dorfwirtaktionen je nach Jahreszeit. 70 Plätze im Lokal, 30 im mit alter Lamperie ausgestatteten Extrazimmer, 30 Sitzplätze im Garten.

FRIESACH BEI PEGGAU

THOMAHAN

8114 Friesach bei Peggau, Grazer Bundesstraße 15, +43/3127/41555
www.thomahan.at
ÖFFNUNGSZEITEN Mo-Fr: 6:30 bis 23:30 Uhr; So: 9:00 bis 16:00 Uhr

Thomahan

FASSBIER Gösser Naturgold, Gösser Radler, Gösser Zwickl, Puntigamer
FLASCHENBIER Puntigamer, Weihenstephaner
LOKAL Seit 1709 Gasthof, seit 1955 im Familienbesitz. Gemischtes Publikum – der Generaldirektor sitzt neben dem Lagerarbeiter, und alle genießen die preiswerten Mittagsmenüs. Saisonal bietet die Küche Bierbratl. 110 Sitzplätze im Lokal, 20 an der Bar, 80 im Gastgarten.

FÜRSTENFELD

DIE AKTE

8280 Fürstenfeld, Stadt-Zug-Platz 3, +43/664/9830940
www.dieakte.at
ÖFFNUNGSZEITEN Mo-Sa: 17:00 bis 5:00 Uhr
FASSBIER Gösser Märzen, Gösser Zwickl, Puntigamer, Starobrno
FLASCHENBIER Erdinger Weizen Alkoholfrei, Erdinger Weizen Hell, Guinness, Trumer
LOKAL Kleines Lokal mit großer, um zwei Ecken führender Bar, die sehr stilvoll mit Tartans dekoriert ist. Wolfgang Niederl führt das Haus mit Einfühlungsvermögen für die Gäste, die Bierberatung verdient besonderes Lob. Erstaunlich, wie es hier auf beschränktem Platz gelingt, immer wieder Kulturveranstaltungen unterzubringen. Wenn sonst nichts los ist, kann man kostenlos Darts spielen – oder einfach der nicht zu lauten, aber sehr guten Musik zuhören. Ca. 40 Plätze im Lokal, 20 im Schanigarten.

FÜRSTENBRÄU

8280 Fürstenfeld, Hauptstraße 31, +43/3382/55255-0
www.fuerstenbraeu.at
ÖFFNUNGSZEITEN Mo: 17:00 bis 00:00 Uhr; Di-Sa: 10:00 bis 00:00 Uhr; So: 10:00 bis 15:00 Uhr
FASSBIER Fürstenbräu Hell und Dunkel, Fürstenbräu Zwickl Hell, Ottakringer Helles, Schneider Weisse, ein Saisonbier
FLASCHENBIER Eders Bio Ale, Fürstenbräu Märzen, Clausthaler
LOKAL Das Fürstenbräu mit seiner zentralen Salm-Brauanlage hinter der Bar und mehreren Nebenräumen, in denen sich nachmittags etwa Bridge-Runden treffen, ist eine Institution in der oststeirischen Bierszene. Im Jahr 2011 wurde Fürstenbräu „das Dunkle" bei den Staatsmeisterschaften der Haus- und Kleinbrauereien auf Platz 1 prämiert, auch das Fastenbier wurde bei den Staatsmeisterschaften mit einer Medaille bedacht. Einige Gäste wissen das allerdings nicht zu schätzen und bestellen das Dunkle verschnitten mit dem Hellen als „Mischbier". Die Küche bedient sowohl den traditionellen als auch den modernen Geschmackssinn mit regionalen Produkten. Tägliches Mittagsbuffet. 130 Plätze in mehreren Stuben, 25 an der Bar, 50 Plätze im Biergarten.

Fürstenbräu

GABERSDORF

SAJACHER SCHLÖSSLBRÄU

8424 Gabersdorf, Sajach 23, +43/3452/74879
+43/664/2610377
sajach.blogspot.com
ÖFFNUNGSZEITEN Mo-Fr: 9:00 bis 20:00 Uhr
FASSBIER Schlößlbräu Lager
LOKAL Der Braumeister Siegfried Neuhold hat seine Lehre im Jahr 1955 bei Peter Reininghaus absolviert und sich 1999 den Lebenstraum einer eigenen Kleinbrauanlage erfüllt. Seine Tochte Annemarie übernahm nun das Brauen und braut nach seinen alten Rezepten. Auf Vorbestellung gibt es einen im Holzofen gebratenen Leberkäse.

GLEISDORF

LAURENZIBRÄU

8200 Gleisdorf, Hauptplatz 3, +43/3112/36795
www.laurenzibraeu.at
ÖFFNUNGSZEITEN Mo: 10:00 bis 14:00 Uhr; Di-Fr: 10:00 bis 21:00 Uhr; Sa: 9:00 bis 21:00 Uhr; So: 10:00 bis 18:00 Uhr
FASSBIER Laurenzi Bräu „das Dunkle", Laurenzi Bräu „das Helle", Laurenzi Bräu „das Mischbier", Laurenzi Bräu „der Radler"
FLASCHENBIER Gösser Naturgold
LOKAL Ursprünglich ein „Kirchenwirt" mit traditionellen Wurzeln, behutsamer Anpassung an die Gegenwart und besonders nettem Service, seit 2013 umgestaltet zu dem, was Besitzer Thomas Hadolt einen „Stadtheurigen mit eige-

STIMMUNG
HOCH ZWEI
RADLER
PILS
MÄRZEN
THALHEIM
THALHEIM
THALHEIM
STIMMUNG HOCH ZWEI
...KEIN WUNDER BEI DEM WASSER.
Ein Hauch von Mystik umgibt das Thalheimer Heilwasser schon seit den Kelten und Römern. Im 16. Jahrhundert wurde über den 7 geheimnisvollen Quellen Schloss Sauerbrunn errichtet. Nun werden aus dem einzigartigen Heilwasser erstmals charaktervolle Biere höchster Qualität gebraut, die mit natürlichem Lithium doppelt beschwingen – Stimmung hoch zwei!
THALHEIM
www.thalheimerheilwasser.at
Steiermarks älteste Heilwasserquelle

ner Brauerei" nennt. Geblieben ist hingegen der historische Linde-Kühlschrank, der für sich genommen schon eine Sehenswürdigkeit ist. Auch die Verbindung zur Kirche bleibt: Die Stadtpfarrkirche von Gleisdorf ist dem Heiligen Laurentius geweiht – der seinerseits wieder ein Schutzpatron der Mälzer ist. Die Küche – Gschmackig Aussakocht – bietet traditionelle österreichische Speisen mit innovativen Ideen. Ebenso innovativ ist der Bierlikör vom Laurenzi Bräu. 25 Sitzplätze in der Gaststube, 60 Plätze im Extrastüberl, 60 im Gastgarten.

Laurenzibräu

RED BARON

8200 Gleisdorf, Franz-Josef-Straße 10, +43/664/1919470
www.facebook.com/Red-Baron-192268444145558/
ÖFFNUNGSZEITEN Mi-Do: 17:00 bis 00:00 Uhr; Fr-Sa: 17:00 bis 2:00 Uhr; So: 17:00 bis 00:00 Uhr
FASSBIER Guinness, Kilkenny, Puntigamer Panther, Starobrno, Radler
FLASCHENBIER Corona, Heineken, Hermax, Weihenstephan, Gösser Naturgold
LOKAL Seit rund zwei Jahrzehnten ist dieses Lokal bekannt für gut gezapftes Guinness. Von außen erinnert es ein wenig an ein China-Lokal – innen wirkt es aber sehr authentisch irisch. „Come in and be Irish", lautet die Einladung – man kommt aber ganz gut mit Steirisch durch – und man kommt gut ins Gespräch. Benannt ist das Pub nach dem „roten Baron", dem WK I-Fliegeras Manfred von Richthofen. 80 Plätze im Lokal, 25 im Garten.

WAHNSINNS BEISL

8200 Gleisdorf, Bürgergasse 9, +43/3112/3538 oder +43/664/46 63 140
www.facebook.com/wahnsinnsbeisl
ÖFFNUNGSZEITEN Mo: 18:00 bis 2:00 Uhr; Mi-Do: 18:00 bis 2:00 Uhr; Fr-Sa: 18:00 bis 3:00 Uhr
FASSBIER Gösser Gold, Gösser Zwickl
FLASCHENBIER Corona, Erdinger, Heineken, Puntigamer, Schlossgold
LOKAL Traude Robausch hat schon im Sappalot – heute heißt das Lokal dort Roadhouse – in Weiz zur steirischen Bierkultur beigetragen und pflegt sie jetzt im Zentrum von Gleisdorf. Schöner Barbereich, in dem die Chefin oft selber Bier zapft. 25 Sitzplätze, 10 Plätze an der Bar.

GRATKORN

DAS BEISL

8101 Gratkorn, Grazer Straße 66, +43/3124/23714
ÖFFNUNGSZEITEN Mo-Fr: 7:45 bis 21:00 Uhr
FASSBIER Reininghaus Pils, Reininghaus Radler, Starobrno Altbrünner Gold, ein Monatsbier
FLASCHENBIER Puntigamer ‚das bierige' Bier, Wieselburger Schwarzbier, Affligem Blonde, Edelweiss Alkoholfrei, Edelweiss Naturtrüb, Schlossgold
LOKAL Hermann Prietl war schon 1998 Landesmeister der damals von Kaiser ausgeschriebenen Zapfkaiser-Meisterschaft. Sein Beisl ist der Treffpunkt für die lokale Bevölkerung, die sich hier zum Plaudern und Kartenspielen trifft. 25 Plätze im Lokal, 5 an der Bar.

VICTORIA PUB

8101 Gratkorn, Brucker Straße 6, +43/3124/29038
www.englishpub.at
ÖFFNUNGSZEITEN Mo-Do: 16:00 bis 1:00 Uhr; Fr-Sa: 16:00 bis 2:00 Uhr
FASSBIER Guinness, Reininghaus Pils
FLASCHENBIER Beck's, Budweiser, Clausthaler, Corona, Foster's, Heineken, Kilkenny, Miller, Warsteiner, Weihenstephaner, Wieselburger
LOKAL Ein Klassiker der steirischen Barszene. Ursprünglich als ein Pub gedacht, wie es in vornehmen Vierteln von London zu finden ist, hat sich das Victoria zu einer internationalen Bar entwickelt. Das Ambiente gleicht einem britischen Wohnzimmer, ausgestattet mit englischem Teppich, Lederbänken, Clubsesseln und vor allem einer anheimelnden Bar. Im Victoria wird jeden zweiten Tag im original schottischen Kilt serviert, das Service ist aber jeden Tag freundlich. 100 Sitzplätze, zwei Terrassen: 40 und 60 Plätze.

Victoria Pub

GRATWEIN-STRASSENGEL

HOTEL-RESTAURANT FISCHERWIRT

8112 Gratwein-Straßengel, Bahnhofstraße 40
+43/3124/51276
www.hotel-fischerwirt.com
ÖFFNUNGSZEITEN Mo: 7:30 bis 23:00 Uhr; Di-Fr: 6:30 bis 23:00 Uhr; Sa: 7:30 bis 23:00 Uhr
FASSBIER Hausbier, Edelweiss Weizenbier, Gösser Zwickl, Puntigamer Panther, Schladminger

FLASCHENBIER Gösser Stiftsbräu Dunkel, Puntigamer Märzen, Edelweiss Weizenbier Alkoholfrei, Gösser Naturgold
LOKAL Der gut 300 Jahre alte Hotel-Gasthof am Rand von Gratwein wurde Anfang 2011 behutsam neu gestaltet, vom Gwölb gibt es nun die Variante „gwölb 2.0“ (geöffnet von Oktober bis Mai ab 17.00 Uhr). Sehr unterschiedliche Stüberln, die 1911 eingerichtete altdeutsche Stube etwa ist Ottokar Kernstock gewidmet. Auch der Garten mit der aus einem Baum gewachsenen Bar ist ein Schmuckstück und lädt zum Grillen ein (jeweils Do/Fr). Engagiert und herzlich betreibt die Familie Reinprecht ihr Haus, das seit fast 70 Jahren in Familienbesitz ist. 400 Sitzplätze, 35 an der Bar, 130 im Garten.

GRAZ

BAR 28

8010 Graz, Gartengasse 28, +43/316/419546
www.bar28.at
ÖFFNUNGSZEITEN Mo-Sa: 10:00 bis 2:00 Uhr; So: 10:00 bis 00:00 Uhr
FASSBIER Budweiser, Kaltenhausen 1475 Pale Ale, Radler, Guinness, Murauer
FLASCHENBIER Corona, Fuller's London Pride, Gösser Naturgold, Heineken, Erdinger Urweisse, Erdinger Weißbier, Gösser Helles, Gösser Naturradler, Newcastle Brown Ale, Puntigamer
LOKAL Dieses Ecklokal gegenüber der Alten Technik hieß jahrelang ‚Pro&St', nach kleiner Renovierung und großer Erweiterung ist es nun ein gut besuchtes Nachbarschaftslokal. Halbrunde Theke im ersten Raum, ruhigeres, gediegenes Hinterzimmer mit dunkler Lamperie. Und ein Partykeller, in dem es auch oft Live-Auftritte gibt. 60 Sitzplätze.

Bar 28

BIERBARON – DAS ORIGINAL

8020 Graz, Heinrichstraße 56, +43/316/321510
www.diebausatzlokale.at
ÖFFNUNGSZEITEN Mo-So: 10:00 bis 2:00 Uhr
FASSBIER Gösser Märzen, Gösser Stiftsbräu, Gösser Zwickl, Starobrno
FLASCHENBIER ca. 15 Biersorten, z.B. Schladminger, Edelweiss, Wieselburger, Kaiser, Heineken, Gösser Stiftsbräu, Bier des Monats
LOKAL Es ist wohl kein Zufall, dass man sich hier amerikanisches Fast-Food (Spezialität: Burger, es gibt aber auch Pizze, Salate, Toasts und Ofenkartoffel) nach eigenem Wunsch zusammenstellen kann. Dieses Bierlokal ist nämlich nicht nur eine Grazer Legende: Der Name ist inzwischen so populär, dass der weltberühmte Brickskeller nahe dem Dupont Circle in Washington DC inzwischen ebenfalls auf Bier-Baron umbenannt wurde. Die Bierqualität in Graz passt wie eh und je, auch wenn die Auswahl in Washington deutlich größer ist – und die Bedienung ist jung und motiviert. Allerdings muss man damit rechnen, dass das zurückhaltend ausgeleuchtete Lokal am Abend ziemlich voll wird – es ist eine der populärsten „Watering Holes“ in der Nähe der Karl Franzens Universität. Überdachter Innenhof, Gastgarten. 180 Plätze, Terrasse: 60.

BRAU 32

8010 Graz, Leonhardstraße 32, +43/664/3220672
www.brau32-graz.at
ÖFFNUNGSZEITEN Mo-So: 17:00 bis 22:00 Uhr

Brau 32

FASSBIER Budweiser, Stiegl Pils, Gösser, Guinness, Hirter Morchl, Kaltenhausen Original, Murauer, Ottakringer Zwickl, Paulaner, Puntigamer, Reininghaus Jahrgangspils, Schladminger Bio Bier, Schladminger Bio Zwickl, Stella Artois, Trumer Pils, Wieselburger
FLASCHENBIER Corona Extra, Gösser Naturgold, Heineken, Augustiner Edelstoff, Augustiner Hell, Bayreuther Hell, Guinness Hop House 13
LOKAL Traditionsreiches Bierlokal, das 2018 mit neuer Biervielfalt neu aufgestellt wurde, wobei viel vom alten Charme auch unter neuem Namen erhalten geblieben ist. Interessant: Hinter der Bar befindet sich eine Schautafel, auf der viele Bierstile genau erklärt werden, auch wenn nicht alle dieser Stile auf der Karte zu finden sind. Die Küche ist halb mexikanisch, halb steirisch aufgestellt. 150 Sitzplätze im Lokal, 10 an der Bar, 60 im Garten.

BRAUHAUS PUNTIGAM

8055 Graz, Triesterstraße 361, +43/316/297100
www.brauhaus-puntigam.co.at
ÖFFNUNGSZEITEN Mo-Sa: 10:00 bis 23:00 Uhr
FASSBIER Edelweiss Hefeweizen Naturtrüb, Gösser Naturgold, Gösser Naturradler, Gösser Stiftsbräu (Dunkel), Gösser Zwickl, Puntigamer Panther, Reininghaus Pils

FLASCHENBIER Edelweiss Alkoholfrei
LOKAL Rustikale Bierstube mit Veranstaltungssälen. Behindertengerechte Einrichtung. Im einladenden Biergarten mit Kastanienbäumen wird ein Mittagsbrunch angeboten. Speisen wie Brauhausgulasch, Braumeistersalat, Kürbiscremesuppe, außerdem vegetarische Menüs und täglich wechselnde bodenständige Speisen. Toller Biergarten im überraschend leisen Innenhof. 268 Sitzplätze im Lokal, 1150 im Veranstaltungsbereich, 10 Plätze an der Bar, Garten: 520 Sitzplätze.

BROT & SPIELE

8020 Graz, Mariahilferstraße 17, +43/316/715081
www.brot-spiele.com
ÖFFNUNGSZEITEN Mo-Fr: 10:00 bis 2:00 Uhr; Sa-So: 13:00 bis 2:00 Uhr

Brot & Spiele

FASSBIER Augustiner Edelstoff, Brewdog Punk IPA, Gösser Naturradler, Gösser Zwickl, Guinness, Hirter 1270, Kilkenny, Leffe Blonde, Puntigamer Panther, Starobrno, Weihenstephaner, ein wechselndes Saisonbier
FLASCHENBIER Mehrere Kühlschränke befüllt unter anderem mit: Delirium Tremens, Kwak, Fuller's London Pride, St. Peter's India Pale Ale, Blanche de Namur, Bloemenbier, Chimay Capsule Rouge, Duchesse de Bourgogne, Freistädter Junghopfenpils, Gregorius Trappistenbier, Guinness Hop House 13, Gulden Draak, Gusswerk Nicobar IPA …
LOKAL Das Bierangebot in den Bierschränken im Eingangsbereich sucht seinesgleichen: Da gibt es Biere aus aller Welt, unter anderem von Brew Dog, Shepherd Neame, Insel Brauerei, einigen der besten belgischen Brauereien sowie etliche österreichische Biere. 2005 gab es schon die Auszeichnung als Steirisches Bierlokal des Jahres in diesem Guide, wobei es sich eigentlich um mehrere Lokalkonzepte in unterschiedlichen Räumen (etwa eine Sportsbar und ein Billard-Raum) handelt. Es gibt hervorragende Steaks sowie eine Vielzahl an Burgern – auch für Vegetarier. Sympathisch: Das Unternehmen unterstützt Sozialprojekte in Nepal und in Togo. Und viermal in der Woche gibt es Aktionen „Trink 3, zahl 2" – an Sonntagen gilt das für Weihenstephaner, an Montagen für Puntigamer, an Dienstagen ist Guinness dran, am Mittwoch Starobrno. Das Brot & Spiele bietet ca. 230 Plätze in den verschiedenen Räumen und Bars sowie während der Sommersaison ca. 50 Sitzplätze im Gastgarten.

CENTRAAL

8020 Graz, Mariahilferstraße 10, +43/664/88468700
www.centraal.at
ÖFFNUNGSZEITEN Mo-Sa: 8:00 bis 2:00 Uhr; So: 8:00 bis 00:00 Uhr
FASSBIER Lasko Pivo, Puntigamer Panther (Tank oder Fass), Radler mit Puntigamer Panther, Starobrno
FLASCHENBIER Augustiner Edelstoff, Augustiner Helles, Gösser Naturradler, Gösser/Puntigamer Märzen, Gratzer Diana, Gratzer Friedrich, Gratzer Hermann, Gratzer Ludwig, Gratzer Naturbier Johann, Gratzer Trude, Heineken, Schladminger Schneeweisse, Schlossgold/Gösser Naturgold
LOKAL Großstädtisch wirkendes, offenbar bei der gemäßigt linken Szene beliebtes Beisl gleich hinter dem Kunsthaus. 50 Plätze im Lokal, 20 an der Bar, 60 im Garten.

CHEERS

8020 Graz, Josefigasse 22, +43/676/4200542
www.cheers-graz.at
ÖFFNUNGSZEITEN Mo-Fr: 15:00 bis 00:00 Uhr; Sa: 9:00 bis 00:00 Uhr; So: 17:00 bis 00:00 Uhr
FASSBIER Lend Ale (selbst gebraut), Camba Bavaria, AleFried, Andechser Spezial, Augustiner Edelstoff, Brew Age, Dom Rep, Flamberger Hausbier, Forstner, Gratzer, Guinness, Hengst, Hofstetten, Kaltenberger Spezial, Karlovacko, König Ludwig Weißbier Hell/Dunkel, Leutschach, Puntigamer, saisonale Bierspezialitäten, Schladmiger Bio Zwickl, Starobrno, Tegernseer Spezial
FLASCHENBIER Breites steirisch-internationales Angebot, etwa: Astra, Flamberger Scott's IPA, Forstner 5 vor 12, Gratzer Diana, Gratzer Friedrich, Gratzer Trude, Grolsch, Hengist Bernstein, Kaltenberg Ritterbock, Kilkenny, Lasko, Leffe, Lendbier, London Pride, Pilsner Urquell, Raschhofer Pils, Reininghaus Pils
LOKAL Dieses modern eingerichtete kleine Ecklokal in der Volksgartenstraße bietet mit 18 Zapfhähnen eine große Auswahl mit steirischem Craftbier-Schwerpunkt – unter anderem das selbst gebraute Lendbier. Zudem gibt es ein großes Spirituosen-Angebot mit 28 Ginsorten. Das Speisen-Angebot ist in letzter Zeit ausgeweitet worden, so gibt es jetzt

Gulasch, Chili con Carne, Gemüsecurry, diverse Würstel. All das immer von einer freundlichen Bedienung angeboten. 20 Plätze im Lokal, 10 an der Bar.

Continuum

CONTINUUM

8010 Graz, Sporgasse 29, +43/316/815778
www.diebausatzlokale.at
ÖFFNUNGSZEITEN Mo-So: 9:00 bis 2:00 Uhr
FASSBIER Gösser Stiftsbräu, Puntigamer, Starobrno, Weihenstephaner Weizen
FLASCHENBIER Desperados, Gösser Märzen, Gösser Naturgold, Gösser Naturradler, Heineken, Murauer Märzen, Wieselburger Stammbräu
LOKAL Zeitgeistiges Lokal mit weichen Diwanen und einer eleganten Bar. Und als „Bausatzlokal" bietet es auch die in Graz beliebten selbst zusammengestellten Speisen (der Schwerpunkt liegt hier bei Burgern, Grill und Waffeln). Freitag und Samstag ist Party-Abend mit lokalen DJs. 70 Sitzplätze im Lokal, 12 Sitzplätze an der Bar, einige elegante Stehtische im Garten.

DIE SCHERBE

8020 Graz, Stockergasse 2, +43/316/760654
www.scherbe.com
ÖFFNUNGSZEITEN Mo-Sa: 9:00 bis 1:00 Uhr; So: 9:00 bis 00:00 Uhr
FASSBIER Gratzer Naturbier Johann, Murauer Pils, Union Pivo
FLASCHENBIER Augustiner Helles, Augustiner Weißbier, Eule Koffeinbier, Gusswerk Jakobsgold Alkoholfrei, Lasko Pivo, Murauer Doppelmalz, Murauer Zitro&Bier, Union Pivo
LOKAL Schöne, große Bar mit freundlicher Bedienung. Im Keller oft Live-Bands zu hören – zu ebener Erde gibt's ein Bücherregal für Bookcrosser.

ECKHAUS

8010 Graz, Rechbauerstraße 15, +43/664/4602934
www.eckhaus.at
ÖFFNUNGSZEITEN Mo-Do: 17:00 bis 2:00 Uhr; Fr-Sa: 18:00 bis 2:00 Uhr
FASSBIER Puntigamer, Starobrno, Weihenstephaner Hefeweizen
FLASCHENBIER Corona, Gösser Naturgold, Gösser Spezial, Heineken, Reininghaus Doppelmalz, Wieselburger Stammbräu
LOKAL Stimmungsvolles Studentenlokal bei der Alten Technik mit interessanten Snacks: Pizza-Puzzle, Toast-Puzzle, Salat-Puzzle. Lange Theke, viele Cocktails – unter anderem Speed-Beer mit Red Bull. Sehr bemühtes Personal, auch die Bierpflege ist einwandfrei. 60 Sitzplätze, 20 an der Bar.

ESCHENLAUBE

8010 Graz, Glacisstraße 63, +43/316/810457
www.eschenlaube.at
ÖFFNUNGSZEITEN Mo-Sa: 11:30 bis 1:00 Uhr
FASSBIER Puntigamer Panther (Tank), Radler, Gösser Zwickl Dunkel, Gösser Zwickl Hell, Guinness, Kilkenny, Starobrno
FLASCHENBIER Edelweiss Alkoholfrei, Gösser Märzen, Gösser Naturgold, Gösser Naturradler, Gösser Stiftsbräu Dunkel, Weihenstephaner Weizen
LOKAL Eigentlich erstaunlich, dass dieses Lokal vielen Graz-Besuchern als „Geheimtipp" gilt – dabei ist es alteingesessen und in Nachbarschaft der Oper sogar ziemlich zentral gelegen. Die Eschenlaube war ursprünglich im Jahr 1795 als Pferdestall erbaut worden. Im Jahr 1858 wurde das kleine Gebäude erstmals ein Gasthaus. Es entwickelte eine große Tradition, die nach einer gründlichen Renovierung zur Einrichtung dieses Lokals im Mai 2005 führte. Nun zelebriert man hier Bier und internationale Küche (z.B. nordafrikanische, italienische und französische Speisen). Immer wieder Veranstaltungen, samstags meist Livemusik – und wechselnde Ausstellungen. Besonders schöner, romantischer Garten. 95 Sitzplätze im Lokal, 30 Plätze an der Bar, 100 Sitzplätze im Garten.

Feinkost Mild

FEINKOST MILD

8010 Graz, Stubenberggasse 7, +43/316/821355
www.feinkostmild.at
ÖFFNUNGSZEITEN Mo-Sa: 17:00 bis 00:00 Uhr
FASSBIER Puntigamer, Reininghaus Jahrgangspils, Schladminger Bio-Zwickl, Starobrno
FLASCHENBIER Astra Rotlicht, Astra Urtyp, Augustiner Edelstoff, Augustiner Hell, Brauerei Gratzer: Johann, Eule Koffeinbier, Gratzer Diana, Gratzer Hermann, Gratzer Trude, Hofbräu Kaltenhausen Pale Ale, steirische Ales diverse Sorten
LOKAL Aus einem ehemaligen Feinkostgeschäft – schon der Großvater des heutigen Besitzers betrieb hier 1956 einen

Feinkostladen, das alte Geschäftsschild ist heute ein vielbestauntes Dekorationsstück – wurde 2015 ein moderner Sandwich-Club gestaltet: Ein Renault Voltigeur (Baujahr 1963) wurde aufgeschnitten und als Sandwich-Bar im rechten Teil des Lokals installiert. Links geht es weiterhin nach hinten an die Feinkost-Bar. 15 Sitzplätze, 15 Stehplätze an zwei Bars.

Flann O'Brien

FLANN O'BRIEN

8020 Graz, Paradeisgasse 1, +43/316/829620
www.flannobrien.at

ÖFFNUNGSZEITEN Mo-Do: 11:00 bis 2:00 Uhr; Fr-Sa: 11:00 bis 3:00 Uhr; So: 15:00 bis 00:00 Uhr

FASSBIER Budweiser Budvar, Flann's Hausbier & Spezial, Goldfassl Pils, Goldfassl Zwickl Dunkel, Goldfassl Zwickl Hell, Guinness, Kilkenny, Paulaner Hell, Paulaner Weisse Hell, 6 wechselnde Craftbiere, Radler

FLASCHENBIER Mehr als zwei Dutzend, etwa: Augustiner Edelstoff, Bevog Rudeen Black, Brauwerk Big Easy IPA, Brew Age Alphatier, Brooklyn Lager, La Chouffe Golden Ale, Sierra Nevada Torpedo Extra IPA, Tennent's Scottish Stout, Null Komma Josef

LOKAL Das Flann O'Brien ist das größte Irish Pub von Graz. Es heißt nach einem irischen Nationaldichter (mit bürgerlichem Namen Brain O'Nolan) – und über der Bar steht die bekannteste Zeile aus O'Briens „The Workmans Friend", dessen Refrain lautet: „A pint of plain is your only man." Schon 2013 war diese typisch irische Bar Bierlokal des Jahres – und sie ist mit einer wechselnden Craftbier-Liste (sechs Craftbiere vom Fass, acht aus der Flasche) inzwischen noch attraktiver geworden. Die Craftbiere werden aus dem Craftmaster-Glas von Rastal angeboten. Angeboten werden auch Pairings von Jameson Whiskey und Craftbieren. All das ist sehr authentisch gemacht, die gesamte Einrichtung stammt aus Irland, sogar der Fisch für Fish'n'Chips kommt aus Galway Bay. Solides Pub-food zu fairen Preisen. Es gibt einen ausgezeichneten Irish Stew als Bierbegleitung. Immer wieder Livemusik. Ca. 300 Plätze.

GLÖCKL BRÄU

8010 Graz, Glockenspielplatz 2-3, +43/316/814781
www.gloecklbraeu.at

ÖFFNUNGSZEITEN Mo-So: 10:30 bis 23:30 Uhr

FASSBIER Glöckl Bräu aus dem Holzfass, Glöckl Zwickl, Reininghaus Pils, Saisonbiere wie Maibock, Gambrinus, Sommer- / Winterbier

FLASCHENBIER Augustiner Edelstoff, Gösser Naturgold, Gösser Stiftsbräu, Gösser Stiftszwickl Dunkel, Schneider Weisse Alkoholfrei, Schneider Weisse Aventinus, Schneider Weisse Eisbock, Wieselburger Schwarzbier

LOKAL Das Glöckl Bräu wird von der Brauerei Puntigam exklusiv für die Familie Grossauer gebraut und aus dem Holzfass gezapft. Apropos anzapfen: Wenn die Glocke läutet, bedeutet das, dass ein neues Fass angeschlagen wird. Die Grossauers sind hervorragende Gastgeber, alle Biere werden mit Expertise auf der Karte erklärt. Sie schauen auch darauf, dass im Glöckl Bräu immer etwas los ist – so wird etwa für den Mai eines der wenigen Maibock-Biere Österreichs gebraut. Vormittags gibt es ein spezielles Weißwurst-Angebot, täglich ab 17 Uhr gibt's Ripperl. 160 Sitzplätze im Lokal, 30 an der Bar im Erdgeschoß. 170 Sitzplätze im Schanigarten.

GÖSSER BRÄU GRAZ

8010 Graz, Neutorgasse 48, +43/316/829909
www.goesserbraeugraz.at

ÖFFNUNGSZEITEN Mo-Mi: 11:00 bis 23:00 Uhr; Do-Sa: 11:00 bis 00:00 Uhr; So: 11:00 bis 23:00 Uhr

FASSBIER Gösser Braufrisch, Gösser Mischbier, Gösser Spezial, Gösser Zwickl Dunkel, Gösser Zwickl Hell, saisonale Spezialitäten wie Oktoberbräu, Winterbock

FLASCHENBIER Gösser Naturgold, Gösser Stiftsbräu, Edelweiss Alkoholfrei, Gösser Gold, Gösser Naturradler, Gösser Naturweizen

LOKAL Diplombiersommelier Robert Grossauer von der Grazer Gastronomen-Familie führt „die Gösser", wie sie liebevoll von den Grazern genannt wird, seit 2005. Beim Betreten der Gösser sieht man gleich die imposante Bar mit der Kupferhaube aus dem ehemaligen Sudhaus von der Brauerei Göss. Traditionell bestellt man ein „Spezial von oben", so nennen die Steirer ihre langsame Halbe. Kulinarisch ist die Gösser bekannt für das Gulasch und Riesenschnitzel. Am Wochenende empfiehlt man das saftige steirische Backhendl mit Erdäpfelsalat. Brauhausbrunch mit Harmonikaspieler. Braufrisch (Gösser Gold) Happy Hour täglich von 16:00 bis 18:00 Uhr und Bierfesttermine unter www.goesserbraeugraz.at 400 Sitzplätze im Lokal, 40 an der Bar, 150 im Biergarten.

HOPS CRAFT BEER PUB

8010 Graz, Prokopigasse 14, +43/650/3502596
www.facebook.com/pg/HopsGraz

ÖFFNUNGSZEITEN Mo-Di: 18:00 bis 00:00 Uhr; Mi-Do: 18:00 bis 1:00 Uhr; Fr-Sa: 18:00 bis 2:00 Uhr

FASSBIER Eigenbiere: All the lights are green, I hear voices, zw. 60 bis 70 ständig wechselnde, nationale und internationale Spezialitäten

FLASCHENBIER ca. 60 ständig wechselnde, nationale und internationale Spezialitäten

LOKAL Ziegelgewölbe, in dem eine kleine, gutsortierte Craftbierbar installiert worden ist. Es ist ratsam, die Karte zu konsultieren, weil das Angebot an den zwölf Zapfhähnen und aus dem wohlsortierten Kühlschrank ständig wechselt – und

auch deshalb, weil die Karte die Biere ausführlich in klar verständlichem Englisch kommentiert. Viele Biere kommen aus Graz und Umgebung, einige aus der mit dem Lokal verbundenen One Eyed Jock Brewery in Graz – das „All the lights are green" ist ein American Pale Ale, das „I hear voices" ist das kräftigere IPA und das Irish Red heißt „Knackarsch". 80 Plätze im Lokal, 10 an der Bar.

Hops Craft Beer Pub

KIRBY'S AMERICAN KITCHEN

8010 Graz, Paulustorgasse 1, +43/316/810927
kirbysburgers.at
ÖFFNUNGSZEITEN Mo-Do: 12:00 bis 23:00 Uhr; Fr-Sa: 12:00 bis 00:00 Uhr
FLASCHENBIER Ca. zwei Dutzend Spezialitäten, etwa: Anchor Steam Beer, Bevog Kramah, Bierol The Padawan, t IJ Zatte Bio Tripel, Gusswerk Nicobar IPA, Hitachino Nest White Ale, Orval, Rogue Dead Guy Ale, Stone IPA, Tiny Rebel Brewing Cwtch
LOKAL Der kurze Weg vom Hauptplatz in die Sporgasse (in der klarerweise viele andere Lokale locken) hinauf lohnt – vor allem, wenn man etwas Hunger mitbringt. Denn im Kirby's wird nicht nur eine beachtliche Craftbier-Auswahl angeboten, es wird auch eine breite Burger-Auswahl geboten. Das ist an sich nicht mehr ungewöhnlich, daher lohnt es, auch die anderen Angebote der Karte zu studieren und sich durchzukosten. Apropos Karte: Es ist der Karte nicht zu entnehmen, welche Biere vom Fass und welche von der Flasche kommen – da hilft nur Nachfragen. Aber das ist ohnehin sinnvoll, denn das Personal berät freundlich und kundig. So kann man auch erfahren, dass der Lokalname nach dem Namen des Hundes der Betreiber gewählt wurde. 30 Sitzplätze im Lokal, acht Plätze an der Bar.

LANDHAUSKELLER

8010 Graz, Schmiedgasse 9, +43/316/830276
www.landhaus-keller.at
ÖFFNUNGSZEITEN Mo-Mi: 12:00 bis 1:00 Uhr; Do-Sa: 12:00 bis 2:00 Uhr
FASSBIER Puntigamer Panther, Reininghaus Jahrgangspils
FLASCHENBIER Heineken, Desperados, Edelweiss Hefeweizen Hell, Gösser Naturgold, Gösser Naturradler
LOKAL Gutbürgerliches Wirtshaus, das einerseits die „gute Stube" von Graz darstellt, andererseits aber auch einlädt, einfach auf ein Bier an die Schank zu kommen. Und das alles seit 1561. Nach einem Pächterwechsel und Umbau offeriert das Team regionale Schmankerln. Der Restaurantbereich wurde durch einen Barbereich ergänzt. Cocktailbar mit internationalem Konzept, Club Katze Katze, Keller, Restaurant: 130 Sitzplätze, ca. 60 an der Bar, ca. 120 Plätze im Garten.

O'CAROLAN'S

8010 Graz, Badgasse 2, +43/316/828791
www.facebook.com/OCarolansIrishPubGraz
ÖFFNUNGSZEITEN Mo-So: 19:00 bis 4:00 Uhr
FASSBIER Guinness, Kilkenny, Murphy's Irish Stout, Starobrno, Trumer Pils, Radler
FLASCHENBIER Augustiner Edelstoff, Beck's Akoholfrei, Corona, Desperados, Gösser Naturradler, Grolsch, Heineken, Karlovacko, Kozel Dark, Kozel Premium, Newcastle Brown Ale, O'Haras Irish Pale Ale, Paulaner Hefe-Weißbier, Stella Artois
LOKAL Obwohl (oder vielleicht weil?) dieses Pub zu den kleinsten Irish Pubs Österreichs zählt, ist dieses unscheinbare Lokal sehr authentisch. Es ist stets gut besucht und beeindruckt seit mehr als 20 Jahren mit einer Auswahl, wie man sie sonst vergeblich sucht, es ist das einzige Irish Pub in Graz, das Murphy's Stout zapft. 2013 war das O'Carolan's das steirische Bierlokal des Jahres in Conrad Seidls Bierguide. Es lohnt übrigens, am Donnerstag zu kommen, da gibt es, was die Iren einen „Boilermaker" nennen: Ein Pint of Guinness und dazu einen Jameson Whisky. Ca. 30 Sitzplätze und 20 an der Bar.

O'Carolan's

O'RIGINAL IRISH PUB

8010 Graz, Schönaugasse 5, +43/316/835919
www.originalirishpub.com
ÖFFNUNGSZEITEN Mo-Fr: 12:00 bis 4:00 Uhr; Sa-So: 16:00 bis 4:00 Uhr
FASSBIER Murphy's Stout, Guinness, Kilkenny, Laurenzi Bräu, Murauer Steirergold, Trumer Pils
FLASCHENBIER Heineken, Astra Urtyp, Augustiner Edelstoff, Corona extra, Desperados, Fuller's Golden Pride, Fuller's London Pride, Gösser Märzen, Gösser Naturgold, Newcastle Brown Ale, Paulaner Weißbier, Puntigamer, Wieselburger Stammbräu
LOKAL Seit 1998 ein Fixstern der steirischen Pub-Szene. Neu-

übernahme im März 2012 durch Wirt Fabian Alexander. Original Beer Garden, komplett überdacht im Innenhof mit Bildschirm für diverse Sport Live Events. Die Pub Music Night, die nach Saison wöchentlich oder alle 14 Tage donnerstags stattfindet, bietet vor allem lokalen Nachwuchsbands die Möglichkeit, sich einem breiteren Publikum zu präsentieren. 100 Plätze, 30 Plätze im Schanigarten.

O'SULLIVANS

8010 Graz, Grazbachgasse 42, +43/650/3406270
www.facebook.com/pg/osullivansgraz
ÖFFNUNGSZEITEN Mo: 18:00 bis 00:00 Uhr; Di-Do: 18:00 bis 1:00 Uhr; Fr-Sa: 18:00 bis 2:00 Uhr; So: 19:00 bis 00:00 Uhr
FASSBIER Radler, Starobrno, Gösser, Guinness, Kilkenny
FLASCHENBIER Corona, Gösser Naturgold, Gösser Stiftsbräu, Edelweiss Alkoholfrei, Erdinger Weißbier, Lasko Pivo, O'Hara's IPA, O'Hara's Irish Red Ale, Puntigamer, Wieselburger, diverse Craftbiere
LOKAL „Sully's" ist ein 2016 gegründetes Irish Pub, in dem jeder jeden zu kennen scheint. Obwohl der Laden recht klein ist, gibt es immer wieder Liveauftritte. Gelegentlich werden auch Biere nach Flann O'Sullivans Rezepten aus der One Eyed Jock Brewery in Graz angeboten – auch die Biere der 2019 gegründeten Noom-Brauerei in Riegersburg finden öfter hierher. 40 Plätze im Lokal, 5 an der Bar.

POSAUNE

8010 Graz, Zinzendorfgasse 34, +43/316/327073
www.diebausatzlokale.at
ÖFFNUNGSZEITEN Mo-So: 10:00 bis 2:00 Uhr
FASSBIER Gösser Stiftsbräu, Puntigamer Panther, Starobrno, Weihenstephaner
FLASCHENBIER Gösser Märzen, Gösser Naturgold, Heineken, Murauer, Wieselburger Stammbräu
LOKAL Studentenkneipe in der Nähe der Karl Franzens Universität, etwas laut, aber das Bier wird auch spätnachts noch sorgsam gezapft. Und man kann hier recht preiswert Jacket Potatoes, Pizza, Toast und Salat essen: Dafür gibt es – wie auch im Bierbaron – einen Bausatzzettel, auf dem man die gewünschten Zutaten ankreuzen kann. 60 Plätze.

PROPELLER IM SCHUBERTHOF

8010 Graz, Zinzendorfgasse 17, +43/316/225053
www.propeller.co.at
ÖFFNUNGSZEITEN Mo-So: 11:00 bis 1:00 Uhr
FASSBIER Starobrno, Weihenstephaner, Puntigamer, Radler (mit Zitrone, Kräutern, Fanta, Cola, Himbeer oder Soda)**FLASCHENBIER** Desperados, Gösser Märzen, Gösser Naturradler, Heineken, Schladminger Bio Zwickl, Wieselburger Stammbräu, Gösser Naturgold
LOKAL Im Schuberthof gab es schon seit urdenklichen Zeiten ein Studentenlokal – zuletzt ist es unter den Mantel der in Graz populären Bausatzlokale geschlüpft. Man kann sich also sein Essen selbst zusammenstellen. Die Stimmung in diesem angenehm hellen Lokal ist weiterhin gut, auf großen Bildschirmen gibt es Sportübertragungen, ohne dass dabei der Ton zu laut aufgedreht wird. Die Bierauswahl ist aber merklich zurückgegangen. 150 Plätze, 50 an den Bars, 200 im Garten.

RESTAURANT & BIERGARTEN SCHLOSSBERG

8010 Graz, Schlossberg 7, +43/316/840000
www.schlossberggraz.at
ÖFFNUNGSZEITEN Mo-Mi: 17:00 bis 00:00 Uhr; Do-Sa: 11:00 bis 00:00 Uhr; So: 11:00 bis 18:00 Uhr

Restaurant & Biergarten Schlossberg

FASSBIER Gösser, Heineken
FLASCHENBIER Gösser Stiftsbräu, Heineken, Schladminger Schneeweisse, Almradler, Gösser Naturgold, Gösser Naturradler
LOKAL Es gibt kaum einen Platz, der einen besseren Ausblick auf die Grazer Altstadt bietet als die Fernberger-Bastei mit ihrer Gastronomie – im Winter von der großzügig verglasten Bar, im Sommer aus dem prächtigen Biergarten. Und leicht zu erreichen ist dieser von der Familie Grossauer (die mit Gösser Bräu und Glöckl-Bräu enorme Bierkompetenz aufgebaut hat) geführte Betrieb ja auch: Er liegt gleich bei der Bergstation der Standseilbahn. 300 Plätze im Lokal, 400 im Biergarten.

RUDOLF ERLEBNISBRAUEREI

8020 Graz, Eggenberger Allee 91, +43/316/581334
www.rudolf-brau.com
ÖFFNUNGSZEITEN Mo-So: 8:00 bis 00:00 Uhr
FASSBIER Rudolf Hausbier, Rudolf Schlossbräu, Rudolf Weizen Dunkel, Rudolf Zwickl, Heineken
FLASCHENBIER Corona, Desperados, Gösser Naturgold
LOKAL Lässt sich das Bier in Salzburg brauen – und ist damit recht erfolgreich. Vor allem wird auf die richtige Zapftemperatur und auf gepflegtes Einschenken geachtet. Das Ambiente fordert direkt auf, sich ein Time-out zu nehmen und einfach den Abend zu genießen. 400 Sitzplätze im Lokal, 150 im Garten, 100 an der Bar.

GRAZ

S'BIERGARTL

8010 Graz, Schönaugasse 41, +43/316/839928
www.sbiergartl.at
ÖFFNUNGSZEITEN Mo-Fr: 10:00 bis 23:00 Uhr
FASSBIER 4 verschiedene offene Biere (vom Puntigamer bis hin zum Schladminger Bio Zwickl), mitunter immer ein Bier des Monats
FLASCHENBIER Edelweiss Hefetrüb, Gösser Märzen, Gösser Naturgold, Gösser Naturradler, Kaiser Doppelmalz, Murauer, Puntigamer, Weihenstephaner Weißbier, Weihenstephaner Weißbier Alkoholfrei
LOKAL Wirtshaus, in dessen Kühlschrank sich immer wieder Spezialitäten außerhalb der Karte finden. Die Küche bietet österreichische Schmankerl und unter der Woche ein Menü auf Buffetbasis. Im Herbst gibt es ein Oktoberfestbier vom Löwenbräu München. Ca. 70 Plätze, ca. 80 im Gastgarten.

SUDHAUS & SCHALANDER

8054 Graz, Weblinger Straße 10, +43/316/2695700
www.sudhaus.at
ÖFFNUNGSZEITEN Mo-Do: 16:00 bis 22:00 Uhr; Fr: 12:00 bis 22:00 Uhr

Sudhaus & Schalander

SUDHAUS

FASSBIER Bier aus eigener Brauerei, Das Altsteirische – Dunkles Vollbier, Das Erste – Helles Kellerbier, Das Weiße Hell, Das Weiße Dunkel
LOKAL Im Frühjahr 2018 eröffneter Vorzeige-Betrieb des Brauereigeräte- und Laborausrüstungs-Herstellers Anton Paar. Von Montag bis Donnerstag ist das Sudhaus tagsüber das Betriebsrestaurant der Firma Anton Paar. Ab 16 Uhr öffnet das Lokal für alle Gäste, die hier die „bestkontrollierten" Craftbiere des Landes kosten und die Sudhaus-Gerichte genießen wollen. Das Sudhaus wurde im Jahr 2019 zur „Mikrobrauerei des Jahres" ausgezeichnet. Das Restaurant & Brauerei bietet 250 Sitzplätze in mehreren Bereichen inklusive einer Terrasse im Erdgeschoß und einer Dachterrasse mit weiteren 80 Sitzplätzen.

The Dublin Road

THE DUBLIN ROAD

8010 Graz, Abraham-a-Santa-Clara-Gasse 2
+43/660/3862140
www.thedublinroad.at
ÖFFNUNGSZEITEN Di-Do: 18:00 bis 2:00 Uhr; Fr-Sa: 18:00 bis 3:00 Uhr
FASSBIER Starobrno, Guinness Hop House 13, Guinness Stout, Kilkenny Red Ale, Reininghaus Jahrgangs Pils, Schladminger Bio Zwickl, Weihenstephan Hefetrüb, Radler
FLASCHENBIER wechselndes Angebot, etwa: Augustiner Edelstoff, Brewdog Punk IPA, Duvel, Flecks, Mc Chouffe, O'Hara's IPA, O'Hara's Irish Red Ale, Samuel Smith's Organic Nut Brown Ale
LOKAL Mark und Martina Farrelly haben dieses Irish Pub, das den üblichen angestaubten Flohmarkt-Schnickschnack weglässt und stattdessen irische Bierkultur pur bietet, im Jänner 2018 eingerichtet. Gelegentlich Live-Auftritte. Die Bierauswahl geht über das übliche Guinness-Kilkenny-Angebot hinaus, es gibt auch österreichische und irische Craftbiere im wechselnden Angebot. 80 Sitzplätze im Lokal, 30 im schönen Hinterhof.

THE HUNGRY HEART

8020 Graz, Mariahilfer Straße 23, +43/676/4117573
www.thehungryheart.at
ÖFFNUNGSZEITEN Di-Do: 11:00 bis 14:30 Uhr, 17:00 bis 22:00 Uhr; Fr: 11:00 bis 14:30 Uhr, 17:00 bis 1:00 Uhr; Sa: 11:00 bis 14:30 Uhr, 16:00 bis 1:00 Uhr
FLASCHENBIER Alle Biere von Bevog, Augustiner Edelstoff, Augustiner Hell, insgesamt immer 5 bis 9 wechselnde Spezialitäten, quartalsweise Spezialitäten von Alefried
LOKAL Streetfood-Grill in einem winzigen Lokal. Das Essen

passt, die Bierauswahl entspricht dem, was der Chef gerade aufgetrieben hat – und das kann manchmal recht spannend sein, weil er ein großer Craftbier-Fan ist. Eigene Sude von Alefried.

THE OFFICE PUB

8010 Graz, Trauttmansdorffgasse 3, +43/699/14133100
www.theofficepubgraz.com
ÖFFNUNGSZEITEN Mo-Sa: 18:00 bis 2:00 Uhr
FASSBIER Guinness, Murauer
FLASCHENBIER Corona, Erdinger, Erdinger Urweisse, Hofbräu Kaltenhausen Pale Ale, Kilkenny, Murauer Doppelmalz, Murauer Pils, Newcastle Brown Ale, Gösser Naturgold
LOKAL Typisches britisch-irisches Pub in der Grazer Innenstadt mit Wuzzler, Pool Billard, Dart und Großbild TV für Sportübertragungen, neue Bar im 1. Stock. Diverse events: Montag Spiele-Nacht, Dienstag Quiz-Nacht, Mittwoch Erasmus-Nacht, Donnerstag Beat the Boss Quiz. 300 Sitzplätze im Lokal, 60 Plätze in der Bar.

The Pub on Mariahilferplatz

THE PUB ON MARIAHILFERPLATZ

8020 Graz, Mariahilferplatz 20, +43/316/773030
www.facebook.com/thepubgraz
ÖFFNUNGSZEITEN Mo-Sa: 17:00 bis 2:00 Uhr; So: 17:00 bis 00:00 Uhr
FASSBIER Edelweiss, Gösser Dunkles Zwickl, Guinness, Heineken, Kilkenny, Murphy's Irish Red and Stout, Newcastle Brown Ale, Pub Beer, Puntigamer, Starobrno
FLASCHENBIER Gösser Naturradler, Schlossgold
LOKAL Im Sommer 2012 neu geschaffenes Lokal im Annenviertel: Jürgen Gläser hat am Mariahilferplatz ein britisches Pub mit langer Theke, Dartboard (gratis an Dienstagen) und einem regelmäßigen Pub-Quiz (jeweils Donnerstag um 19.30 Uhr) eingerichtet. 80 Plätze an der Bar, 70 im Schanigarten.

THE THIRSTY HEART

8010 Graz, Albrechtgasse 4, +43/660/9109625
www.thethirstyheart.at
ÖFFNUNGSZEITEN Di-So: 12:00 bis 00:00 Uhr
FASSBIER Alefried Klabauter, Andechser Spezial, Bevog Tak Pale Ale, Bierol Mountain Pale Ale, Noom Melon Blanc, Porterhouse Red Ale, Rodenbach Grand Cru, Schneider ‚Meine Hopfenweisse'
FLASCHENBIER breites, wechselndes Craftbierangebot, etwa: 3 Fonteinen Oude Geuze, Alefried Oud Bruin, Bevog Jazzy & Blues, BFM L' Abbaye de Saint Bon-Chien, Bierol Bomboclaat, Bierol Mountain Pale Ale, Bierol Swalty Porter, Birra del Borgo ReAle, Brew Age Affenkönig, Brew Age Alpha Brett, Kuehn&Rosen Aufbruch IPA, Noom Melon Blanc, Tegernseer Hell, Terreux Rueuze American Wild Ale
LOKAL Bierlokal des Jahres, siehe Seite 278.

The Thirsty Heart

THOMAWIRT

8010 Graz, Leonhardstraße 40–42, +43/316/328637
www.thomawirt.at
ÖFFNUNGSZEITEN Mo-So: 9:00 bis 1:00 Uhr
FASSBIER Erdinger, Murauer Märzen, Thomabräu (Murauer Pils), Trumer Pils
FLASCHENBIER Murauer Weißbier, Schloss Eggenberg Alkoholfrei
LOKAL Eine echte Bereicherung des Grazer Nachtlebens – wegen der langen Öffnungszeiten sowieso, aber auch wegen des schönen Designs (Ziegelwände, viel Kunst, viel dunkles Holz) und der angenehmen Gesamtstimmung. Das Lokal ist auf drei Geschoße verteilt, im Erdgeschoß befindet sich tagsüber ein Café, das sich zu gegebener Zeit in eine Bar verwandelt, darunter liegen ein Restaurant und eine Music Bar. Jeden Sonntag gibt es ab 20.30 Uhr ein Live-Konzert bei freiem Eintritt. 90 Plätze, 15 an der Bar.

VINTAGE BAR

8010 Graz, Jakoministraße 7, +43/699/81895129
www.vintage-bar.at
ÖFFNUNGSZEITEN Di-Fr: 15:00 bis 00:00 Uhr; Sa: 18:00 bis 00:00 Uhr

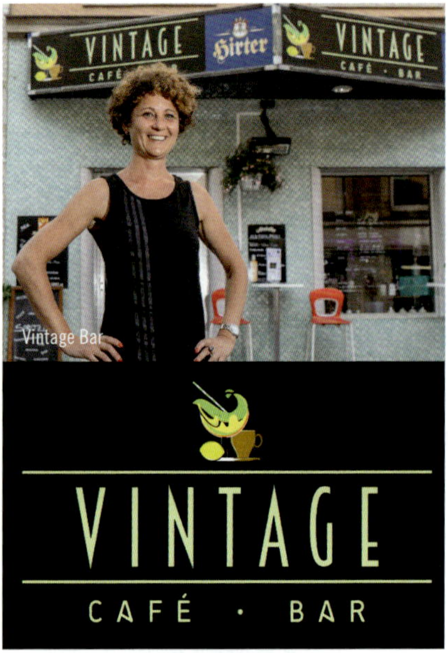

Vintage Bar

FASSBIER Alefried – Schlawiner-American Pale Ale, Hirter Privat Pils
FLASCHENBIER Bevog Kramah India Pale Ale, Bevog Tak Pale Ale, Brew Age Affenkönig, Budweiser Budvar, Gösser Naturgold, Hirter Morchl Dunkel, Kiesbye`s Biere der Wildnis, Next Level Brewing – Five O' Clock, Next Level Jail Break, Next Level Local Hero, Puntigamer ‚das bierige Bier', Rieder Honigbier, Rieder IPA, Rieder Kürbiskernbier, Trumer Hopfenspiel, Weihenstephaner Weißbier
LOKAL Kleines, feines Lokal, das den Wohnzimmer-Charme der 1970er-Jahre mit einem exzellenten Angebot an Craftbieren aus der Flasche und vom Fass verbindet. Vom Fass gibt es Hirter und das Schlawiner-American Pale Ale von Alefried. Weitere Craftbiere und limited Editions auf Anfrage – es ist immer etwas Besonderes im Kühlschrank! 30 Sitzplätze im Lokal, 4 Sitzplätze + etwa 6 Stehplätze an der Bar, 6 Sitzplätze im Garten.

WIRTSHAUS GRAZ

8010 Graz, Bahnhofgürtel 89, +43/316/714300
www.3goldenekugeln.at
ÖFFNUNGSZEITEN Mo-Fr: 8:30 bis 00:00 Uhr; Sa-So: 10:00 bis 00:00 Uhr
FASSBIER Starobrno, Puntigamer, Radler, Saisonbiere
FLASCHENBIER Edelweiss Weizenbier, Murauer Märzen, Schlossgold, Wieselburger Stammbräu, Edelweiss Weizenbier Alkoholfrei, Gösser Naturgold
LOKAL Gegenüber vom Hauptbahnhof und neben dem Hotel Europa liegt einer der 14 Betriebe unter dem Dach der „3 Goldenen Kugeln". Schöne kleine Bar, der Bereich rundherum ist in der Art eines Indoor-Gartens gestaltet. Breites Schnitzelangebot. Witzig die Karte, auf der genau 26 Positionen aufgelistet sind, die im Preis enthalten sind (unter anderem die anteilige Lohn- und Kirchensteuer, die Kammerabgabe und die Sozialversicherung) – daher die Formel „Für Ihren Besuch bedanken sich das Finanzamt, die Gemeinde und der Wirt". 140 Sitzplätze im Lokal, 14 an der Bar, 30 Sitzplätze im Garten.

ZU DEN 3 GOLDENEN KUGELN – DIE ERSTE KUGEL

8010 Graz, Heinrichstraße 18, +43/316/361636
www.3goldenekugeln.at
ÖFFNUNGSZEITEN Mo-Sa: 11:00 bis 23:00 Uhr; So: 10:00 bis 22:00 Uhr
FASSBIER Starobrno, Puntigamer, Weihenstephan Hefeweizen, Radler, Saisonbiere
FLASCHENBIER Edelweiss Weizenbier, Edelweiss Weizenbier Alkoholfrei, Gösser Naturgold, Murauer Märzen, Schlossgold, Wieselburger Stammbräu
LOKAL Die Familie Stangl hat hier 1996 den inzwischen mehrfach erfolgreich weiterentwickelten Leitspruch „Groß – Gut – Günstig' in einem alten Gastbetrieb erstmals neu umgesetzt. Im Jahr 1998 ergänzte man den originalen Standort um einen urigen Bierkeller, in dem bereits zahlreiche Geburtstagsfeiern und Sponsionen gefeiert wurden. Außerdem waren die Kugeln in der Heinrichstraße eines der ersten Lokale in Graz, in dem Sportmeisterschaften live auf einer Leinwand gezeigt wurden. Noch heute gehören Fußball-Übertragungen zu den beliebtesten Veranstaltungen des Jahres. 120 Sitzplätze, 5 Plätze an der Bar.

ZU DEN 3 GOLDENEN KUGELN AM RIESPLATZ

8010 Graz, Riesplatz 1, +43/316/346665
www.3goldenekugeln.at/filiale/graz-riesplatz
ÖFFNUNGSZEITEN Mo-Fr: 7:00 bis 21:30 Uhr; Sa-So: 10:00 bis 20:00 Uhr
FASSBIER Starobrno, Puntigamer, Saisonbier, Weihenstephan Hefeweizen, Radler, Bier des Monats
FLASCHENBIER Edelweiss Weizenbier, Edelweiss Weizenbier Alkoholfrei, Gösser Naturgold, Murauer Märzen, Schlossgold, Wieselburger Stammbräu
LOKAL Die 3 Goldenen Kugeln stellen eine sehr steirisch geprägte Systemgastronomie dar, die klassische Wirtshausatmosphäre – Kachelofen, rustikale Beleuchtung, an diesem Standort sogar ein ziemlich komplettes altes Küferwerkzeug – mit modernen Elementen verbindet. So bekommt man ein breites Schnitzelangebot (das Steirer-Cordon ist eine getestete und für sehr gut befundene Spezialität) und stets schön

WIENER BIERWOCHE

Fein speisen zu Jubelpreisen!

6. bis 12. Juli 2020

gezapftes Bier. Eine Kreidetafel hinter der Schank verspricht, dass stets ein Lächeln dazuserviert wird. Klappt fast immer. Das Konzept hat sich seit 1996 an mehreren Standorten in Graz und Leoben, Wien und Wiener Neustadt durchgesetzt – einige wurden wieder aufgegeben, etwa jener am Griesplatz, der in früheren Ausgaben des Bierguide empfohlen wurde. Aber dieser am ähnlich klingenden Riesplatz in St. Leonhard ist mindestens so schön. 100 Plätze plus Extrazimmer für bis zu 40 Personen.

Zu den 3 goldenen Kugeln am Riesplatz

ZUR ALTEN PRESS

8020 Graz, Griesgasse 8, +43/316/719770
www.zuraltenpress.at
ÖFFNUNGSZEITEN Mo-Fr: 10:00 bis 00:00 Uhr; Sa: 10:00 bis 15:00 Uhr
FASSBIER Budweiser, Puntigamer Panther, Puntigamer Zwickl
FLASCHENBIER Clausthaler, Gösser Märzen/ Stift/Bock Hell, Puntigamer Märzen, Weihenstephaner Hefe Hell
LOKAL Traditionswirtshaus in der Murvorstadt, der Südtirolerplatz ist um´s Eck: urig-deftig das Mobiliar, urig-deftig auch das Speisenangebot (Kernöleierspeis mit Speck & Liebstöckl) – aber es gibt auch Verfeinerungen wie in Bier geschmorte Schweinsbackerl mit Lauchgemüse und geräuchertem Erdäpfelpüree. 100 Plätze, Garten: 50 Plätze.

HARTBERG

JOHN COR

8230 Hartberg, Wiener Straße 3, +43/3332/66522, +43/660/1101914
ÖFFNUNGSZEITEN Mo-So: 9:00 bis 23:00 Uhr
FASSBIER Gösser Zwickl Dunkel, Guinness, Kilkenny, König Ludwig Weizenbier, Puntigamer, Starobrno ‚Altbrünner Gold', verschiedene Saisonbiere, Warsteiner
FLASCHENBIER Corona, Desperados, Edelweiss Hofbräu, Gösser Naturradler, Heineken, Schlossgold, verschiedene Saisonbiere, Wieselburger Stammbräu
LOKAL Der Himmel hängt in diesem netten kleinen Irish Pub nicht voller Geigen, sondern voller Blechblasinstrumente. Mit denen ist das Lokal in der Fußgängerzone sehr stilgerecht dekoriert – und auch wenn die Umgangssprache Deutsch ist, wird durch das freundliche Personal eine durchaus irische Gemütlichkeit vermittelt. 40 Sitzplätze, 85 Whisky-Sorten.

ZUM BRAUHAUS

8230 Hartberg, Wiener Straße 1, +43/3332/62210
www.brauhaus.co.at
ÖFFNUNGSZEITEN Di-Fr: 9:00 bis 00:00 Uhr; Sa: 8:30 bis 00:00 Uhr; So: 8:30 bis 14:00 Uhr
FASSBIER Gösser Stiftsbräu Dunkel, Gösser Zwickl, Hausbier, Mischbier, Reininghaus Pils, Schneeweisse
FLASCHENBIER Gösser Naturgold, Edelweiss Alkoholfrei
LOKAL Dieses unmittelbar am Hauptplatz gelegene Haus kann als Aushängeschild der BrauUnion gelten. Sehr bemühte Bierpflege, bodenständige Küche und ein extrem freundlicher Service. Das Haus wurde bereits 1720 als Gasthof erwähnt, es war im 19. Jahrhundert eine Brauerei. Seit 1979 wird das Hartberger „Brauhaus" in fünfter Generation von Werner und Karoline Großschedl geführt. 180 Plätze im Lokal, 25 an der Bar, 60 im Garten.

HENGSBERG

BACHERLWIRT

8411 Hengsberg, Schrötten 5, +43/699/11887917
www.bacherlwirt.com
ÖFFNUNGSZEITEN Mi-So: 10:00 bis 20:00 Uhr
FASSBIER Kaltenhausener Bernstein, Puntigamer Panther
FLASCHENBIER Desperados, Edelweiss Hofbräu, Gösser Naturgold, Heineken, Schlossgold
LOKAL Eine „Genuss-Tankstelle" der besonderen Art. In der Schlemmerhütte werden sowohl steirische Schmankerln als auch Hausmannkost oder Steaks vom Rost angeboten. Im Café gibt es die angeblich besten hausgemachten Leckereien, und die Eisinsel bietet 30 eigene Eis-Kreationen. Der Gastgarten lädt danach bei einem kühlen Bier zum Entspannen ein. 250 Sitzplätze, ca. 70 im Garten.

Hengistpub

HENGISTPUB

8411 Hengsberg, Schönberg 24, +43/664/4206025
www.hengistbier.at
ÖFFNUNGSZEITEN Mo-Fr: 10:00 bis 22:00 Uhr
FASSBIER Bernstein-Hausbier, Das Starke Hengist, Das Schwarze Hengist
LOKAL Ausschank der kleinen Hengist-Kulturbrauerei. Man kann diese während der Öffnungszeiten nebenbei besichtigen und im mit Clubsesseln ausgestatteten Pub die hauseigenen Biere verkosten. Die Küche bietet Burger (jede Woche eine Spezialität) und anderes Brewpub-Food.

KIRCHENWIRT – GASTHOF SCHUCHLENZ

8411 Hengsberg, Hengsberg 16, +43/3185/2207
ÖFFNUNGSZEITEN Mo-Sa: 11:00 bis 00:00 Uhr; So: 8:00 bis 22:00 Uhr
FASSBIER Gösser Dunkles Zwickl, Gösser Naturgold, Gösser Naturradler, Heineken, Puntigamer Panther, Reininghaus Jahrgangspils
FLASCHENBIER Desperados, Edelweiss Hefetrüb, Gösser Kracherl alkoholfrei, Gösser Stiftsbräu, Puntigamer Märzen
LOKAL Schöner Gasthof im Ortszentrum – Familie Bernhardt bietet bodenständige Küche zum fachmännisch gezapften Bier. Und für den kleinen Hunger gibt es Bierbrezen. Ca. 150 Plätze im Lokal, ca. 40 im Gastgarten.

HOF BEI STRADEN

DORFWIRT PUXAMÜHLE

8345 Hof bei Straden, Nr. 34, +43/3473/8260
www.dorfwirt.at/dorfwirte/puxamuehle.html
ÖFFNUNGSZEITEN Mo-Di: 7:00 bis 23:00 Uhr; Do-So: 7:00 bis 23:00 Uhr
FASSBIER Reininghaus, Gösser Naturradler
FLASCHENBIER Erdinger Naturtrüb, Reininghaus Malz, Schlossgold
LOKAL Das an der B 66 zwischen Bad Gleichenberg und Bad Radkersburg gelegene Dorfwirtshaus von Elisabeth Pock wurde bereits 1999 von der „Kleinen Zeitung" als schönster Biergarten und 2001 als beliebtestes Lokal des Bezirks ausgezeichnet. Deftige Speisen (Backhendl, Kürbisspezialitäten, Heidensterz, Schwammerlsuppe), saisonale Gerichte und Karpfen aus eigener Zucht. 250 Plätze im Lokal, Garten: 50 Plätze.

JUDENBURG

MICHIS PUB

8750 Judenburg, Schlossergasse 8, +43/664/4657215
www.michis-pub.at
ÖFFNUNGSZEITEN Mo: 18:00 bis 2:00 Uhr; Mi-Sa: 18:00 bis 2:00 Uhr
FASSBIER Puntigamer Panther
FLASCHENBIER Edelweiss Hefetrüb, Gösser Märzen, Gösser Naturgold, Gösser Naturradler, Puntigamer Panther, Stiegl Braukunst
LOKAL Seit 2009 etabliertes großes Lokal mit zwei Bars und einer Zirbenstube, etwas versteckt hinter dem Hauptplatz. Immer wieder Parties und Live-Konzerte. Ca. 70 Sitzplätze.

O' BRIEN'S IRISH PUB – HOUSE OF BEER

8750 Judenburg, Hauptplatz 2, +43/676/7260726
de-de.facebook.com/pg/obriens.judenburg
ÖFFNUNGSZEITEN Do: 19:00 bis 00:00 Uhr; Fr-Sa: 19:00 bis 6:00 Uhr
FASSBIER Guinness, Kilkenny, Puntigamer, Puntigamer Almradler
FLASCHENBIER Beck's, Beck's Gold, Beck's Green Lemon, Budweiser Budvar, Carlsberg, Corona, Desperados, Foster's, Franziskaner Weizen Dunkel, Franziskaner Weizen Hell, Heineken, Miller Genuine Draft, Murauer Preisel&Bier, Schlossgold, Warsteiner, Wieselburger Stammbräu
LOKAL Typisches irisches Bierpub an der Ecke von Hauptplatz und Herrengasse – allerdings spricht man hier deutsch. Und ziemlich kundig über Bier, denn Markus Kowatsch ist Biersommelier. Geboten wird Musik aus den 70ern, 80ern, 90ern & heute, dazu regelmäßig Live-Konzerte. Wer mit dem Bierangebot nicht das Auslangen findet, kann auch unter 20 verschiedenen Whiskys wählen. Themenpartys einmal im Monat, sechs mal pro Jahr Feste im Innenhof. 30 Sitzplätze im Lokal, 15 Plätze an der Bar, 25 im Innenhofgarten.

O'Brien's Irish Pub

KALSDORF BEI GRAZ

HOTEL RESTAURANT MEYER

8401 Kalsdorf bei Graz, Bahnhofstraße 45, +43/3135/52410
www.restaurant-meyer.at
ÖFFNUNGSZEITEN Di-Sa: 10:00 bis 22:00 Uhr; So: 10:00 bis 18:00 Uhr
FASSBIER Reininghaus Jahrgangspils, Puntigamer Panther, Zipfer Limettenradler
FLASCHENBIER Gösser Naturgold, Gösser Stiftsbräu, Schlossgold, Edelweiss, Edelweiss Alkoholfrei
LOKAL Modern ausgestaltete Gaststätte gegenüber vom Bahnhof von Kalsdorf, schöner Gastgarten und gepflegtes Reininghaus-Pils – mit diesem Nobel-Bier ist das Hotel Meyer überhaupt der umsatzstärkste Wirt in der Steiermark. 150 Plätze in zwei Räumen, 5 an der Bar, 100 im Garten.

KAPFENBERG

SCHICKER

8605 Kapfenberg, Grazer Straße 9, +43/3862/22612
www.schicker-kapfenberg.at
ÖFFNUNGSZEITEN Mo-Sa: 10:00 bis 14:30 Uhr, 17:00 bis 23:00 Uhr
FASSBIER Gösser Spezial, Schladminger Bio Zwickl, Starobrno
FLASCHENBIER Weihenstephaner Alkoholfrei, Weihenstephaner Hefetrüb, ein kleines wechselndes Craftbier-Sortiment, Gösser Naturgold
LOKAL Je nachdem, durch welche Tür man das Lokal betritt, kommt man entweder zuerst in eine gemütliche Bar oder in eine wohlsortierte Vinothek. Dahinter gibt es ein Kaffeehaus und ein Restaurant – aber der Barbereich ist das eigentli-

che Herzstück des Lokals: Hier kann man auch in größeren Gruppen zu einem gepflegten Pils zusammenfinden. 100 Plätze, 40 an der Bar, 40 im Schanigarten direkt am Fluss.

KOBENZ BEI KNITTELFELD

RAINER'S

8723 Kobenz bei Knittelfeld, Marktplatz 2, +43/3512/83853
www.premoweb.at/rainers-kobenz
ÖFFNUNGSZEITEN Mi-So: 10:00 bis 2:00 Uhr
FASSBIER Hirter 1870, Puntigamer, Schladminger Bio Zwickl, Thalheimer Bier, Weihensphaner, Gösser Naturradler
FLASCHENBIER Edelweiss Weizen, Gösser Naturgold, Gösser Stiftsbräu Dunkel, Gösser Zwickl, Heineken
LOKAL Seit drei Jahrzehnten ein Klassiker in der Ortschaft Kobenz im Murtal an den Ausläufern der Niederen Tauern. Kombiniert Bar, Pizzeria (Mittwoch ist Pizzatag mit speziellen Aktionspreisen, Donnerstag Ripperl-Tag) und lokale Spezialitäten. 55 Sitzplätze, 60 Sitzplätze im hellem Wintergarten, 60 Sitzplätze im schattigen Gastgarten, 140 Sitzplätze im Saal.

KÖFLACH

KUNST & KULTURCAFÉ REINISCH

8580 Köflach, Bahnhofstraße 6, +43/676/3150344
www.reinisch-gasthof.at/das-cafe.html
ÖFFNUNGSZEITEN Mo-So: 8:00 bis 00:00 Uhr
FASSBIER Gösser Gold, Puntigamer Panther, Reininghaus Jahrgangspils, Starobrno
FLASCHENBIER Birra Moretti, Corona, Gösser Stiftsbräu, Heineken, Schlossgold, Weihenstephaner, Weizen
LOKAL Sehr trendig gestalteter Ableger des Restaurant Reinisch – mit angeschlossener Schauküche und Salateria. 60 Sitzplätze im Lokal, 20 an der Bar, 40 Sitzplätze im Garten.

TURM PIZZERIA

8580 Köflach, Rathausplatz 5, +43/3144/2992
www.stubalmbrauerei.at/turm
ÖFFNUNGSZEITEN Mo-Sa: 16:00 bis 00:00 Uhr
FASSBIER Gösser, Stubalm Naturbräu dunkel, Stubalm Naturbräu Hell
FLASCHENBIER Corona extra, Desperados, Edelweiss Hefetrüb, Heineken Lager, Puntigamer, Schlossgold, Edelweiss Alkoholfrei
LOKAL Diese Pizzeria liegt etwas abseits vom Hauptplatz – und der Besuch lohnt vor allem wegen des vom Chef selbst gebrauten Stubalm-Bieres. Sehr große, kommunikative Bar, freundliche Bedienung. 80 Plätze im Lokal, 20 an der Bar.

LANGENWANG

WIRTSHAUS IM WINTERGARTEN – HOTEL KRAINER

8665 Langenwang, Grazer Straße 12, +43/3854/2022
www.hotel-krainer.com
ÖFFNUNGSZEITEN Di-Sa: 11:30 bis 14:00 Uhr, 18:00 bis 21:00 Uhr
FASSBIER Puntigamer Panther, Reininghaus Jahrgangs Pils, Tom & Harry Brewing Maiwipferl Zwickl
FLASCHENBIER Californian Moonshine – Mürztaler CBD Hanfbier, Edelweiss Weizenbier Alkoholfrei, Gösser Stifts-Troad, Gratzer Hermann, Hofbräu Kaltenhausen 1475 Pale Ale, Weihenstephaner Hefetrüb, Gösser Naturgold
LOKAL Dieses Haus bietet eine breite Palette von Gastronomietypen unter einem Dach: Im Wintergarten ist ein modernes Wirtshaus mit ebensolchem Speisenangebot (moderne Wirtshausküche, österreichische Wirtshausklassiker, Pasta), im Restaurantbereich ein Haubenlokal und dazu noch eine große, gut bestückte Konditorei. In den unterschiedlichen Bereichen werden unterschiedliche Biere angeboten, wobei Andreas Kaiser für das Gourmetrestaurant ein eigenes Maiwipfelbier als Aperitiv anbietet – es wird von den Wanderbrauern Tom&Harry bei der Brauerei Gratzer hergestellt. Allein dieses Bier würde einen Besuch hier rechtfertigen, es ist allerdings nur vom Frühsommer bis in den Winter erhältlich, wenn es aus ist, ist es aus, dann muss auf die frischen Wipfel der kommenden Saison gewartet werden. 150 Plätze in unterschiedlichen Bereichen.

Wirtshaus im Wintergarten – Hotel Krainer

LANNACH

ORANGE

8502 Lannach, Radlpaßstraße 10, +43/3136/83244
de-de.facebook.com/pages/Orange-Lannach/103902993004767
ÖFFNUNGSZEITEN Mo-Do: 6:00 bis 00:00 Uhr; Fr: 6:00 bis 2:00 Uhr; Sa: 8:00 bis 2:00 Uhr; So: 15:00 bis 00:00 Uhr
FASSBIER Puntigamer

FLASCHENBIER Gösser Naturgold, Desperados, Heineken, Heineken 0,0, Wieselburger Stammbräu
LOKAL An einer Ausfallstraße gelegene Bar, die offenbar keine Probleme mit den Nachbarn hat – und bei der örtlichen Jugend sehr beliebt ist. Lange, elegante Bar und ein wenig tropisch angehauchter Gastgarten. 50 Plätze im Lokal, 10 an der Bar, 20 im Garten.

LEIBNITZ

BIG BEN & THE SHAMROCK

8430 Leibnitz, Hauptplatz 3, +43/3452/73414
de-de.facebook.com/BigBen.Shamrock.Leibnitz
ÖFFNUNGSZEITEN Do: 18:00 bis 2:00 Uhr; Fr-Sa: 18:00 bis 4:00 Uhr
FASSBIER Guinness, Puntigamer
FLASCHENBIER Budweiser, Corona, Desperados, Gösser Alkoholfrei, Gösser Naturradler, Heineken, Heineken 0,0, Kilkenny, Lasko, Puntigamer Dreh & Drink, Wieselburger Stammbräu
LOKAL Wenn man über die Treppe in den ersten Stock kommt, findet man sich unmittelbar in einem ziemlich authentischen englischen Pub, auch wenn es kein englisches Real Ale vom Fass gibt. Die Bar ist lang und dominiert den Raum, man kann sich aber auch an die Tische zurückziehen. Das angrenzende Irish Pub (mit anderen Öffnungszeiten) hat die Bar am gegenüberliegenden Ende. 70 Sitzplätze im Big Ben, weitere 60 im Shamrock.

CABASSO SPORTS BAR

8430 Leibnitz, Wasserwerkstraße 42a, +43/3452/73002
www.cabasso.cc
ÖFFNUNGSZEITEN Mo-Fr: 17:00 bis 00:00 Uhr; Sa: 19:00 bis 00:00 Uhr
FASSBIER India Pale Ale, Murauer, Murauer Steirergold, Pale Ale, Starobrno, eine Bierspezialität
FLASCHENBIER Heineken
LOKAL Das Cabasso ist eine Institution in Leibnitz – jahrelang war es ein viel besuchtes Cafe und Musik-Pub am Leibnitzer Hauptplatz. Im Februar 2020 wurde alles zusammengepackt und drei Kilometer weiter als Sportsbar wieder eröffnet. Der Stil hat sich kaum verändert, auch wenn nun alles etwas mehr Sportbezug hat. Die Verbindung zur Musikszene ist ebenfalls geblieben und Inhaber Thomas Agrinz ist weiterhin ein guter Gastgeber.

LEOBEN

ARKADENHOF – GASTHOF SCHWARZER ADLER

8700 Leoben, Hauptplatz 11, +43/3842/42074
www.arkadenhof.at, www.facebook.com/arkadenhof
ÖFFNUNGSZEITEN Mo-Sa: 10:00 bis 00:00 Uhr; So: 10:00 bis 23:00 Uhr
FASSBIER Gösser Gold, Gösser Naturgold, Gösser Spezial, Gösser Stiftsbräu, Gösser Zwickl Dunkel, Gösser Zwickl Hell
FLASCHENBIER Weihenstephaner Hefeweißbier Alkoholfrei, Weihenstephaner Hefeweißbier Dunkel, Weihenstephaner Hefeweißbier Hell, Affligem Blond, Gösser Naturgold, Gösser Naturradler
LOKAL Die älteste Brauereigaststätte Leobens, im Jahr 1550 am Hauptplatz erbaut, ist eines der Traditionslokale von Gösser: „Wir erzählen Biergeschichte, denn wir sind Biergeschichte", lautet das Motto des Hausherrn Max Klarmann, der auch immer wieder kommentierte Bierverkostungen veranstaltet. Auf Vorbestellung gibt es das „Bierkulinarium" , ein viergängiges Menü mit entsprechender Bierbegleitung – nicht zu verwechseln mit dem Biermenü! Das „Biermenü" hat hier Kultstatus, es besteht aus einem korrekt gezapften Gösser Gold und einem langsam gezapften Gösser Spezial (vier bis fünf Zentimeter hohe Schaumkrone!). Einige Gäste rufen mit dem Handy schon von der Autobahn aus an, um sich das rituell gezapfte Spezial vorab zu bestellen. An bierigen Speisen werden die Gösser Biersuppe, der Bierrostbraten und manchmal Früchte in Bierteig serviert. Der Arkadenhof wurde bereits zum Österreichischen Bier- und Käselokal gekürt. 150 Sitzplätze, 20 Plätze an der Bar, im Gastgarten ca. 80 Sitzplätze. (Ca. 100 Betten im Hotel Kongress. Nächtigungsmöglichkeit im Gösser-Zimmer, dem ersten Hotelzimmer Österreichs mit einer integrierten Bierzapfanlage. www.hotelkongress.at).

Arkadenhof – Gaststätte Schwarzer Adler

PUB O' CINO

8700 Leoben, Hauptplatz 11, +43/3842/42074
www.pubocino.at, www.facebook.com/pubocino
ÖFFNUNGSZEITEN Mo-Sa: 11:00 bis 2:00 Uhr
FASSBIER Gösser Gold, Gösser Märzen, Gösser Stiftsbräu, Gösser Zwickl, Guinness, Hirter Märzen, Murauer Märzen, Puntigamer Panther, Stiegl, Trumer Pils, Wieselburger Stammbräu, Zipfer Urtyp
FLASCHENBIER Adelscott, Amstel, Anheuser Bush, Augustiner

Weißbier, Beck's, Bitburger, Budweiser, Cobra, Corona extra, Diebels Alt, Efes, Heineken, Jever Pilsner, Kilkenny, Kirin, Lapin Culta, Miller Genuine Draft, Moretti, Mythos, Newcastle Brown Ale, San Miguel, Tiger Beer, u.v.a.

LOKAL Bierspezialitätenlokal als jüngere Alternative zum ehrwürdigen Arkadenhof, ein Aushängeschild der Stadt Leoben in Sachen Bier: jüngeres Publikum und echte Spezialitäten (wöchentlich wechselndes Angebot – etwa belgisches Kriek). Alle Mitarbeiter sind auf die Erklärung der Bierspezialitäten geschult. Immer wieder pfiffige Marketing-Aktionen – so kann man jeweils am Sonntag gegen Vorweis einer aktuellen Bus- oder Bahnkarte ein Freibier bekommen. An den Wänden zeigt ein 9 Meter langes und 90 Zentimeter hohes Bierregal an die 200 Flaschen Bier aus allen Ländern und Kontinenten. Wer eine Bierflasche mit ins Lokal nimmt, die hier noch nicht vorhanden ist, erhält ein Krügerl Gösser Gold, so möchte der Chef Max Klarmann die größte Bierflaschensammlung weltweit zusammenstellen. 40 Sitzplätze, 20 an der Bar, 40 im Garten.

Pub O´Cino

ZU DEN 3 GOLDENEN KUGELN

8700 Leoben, Hauptplatz 19 – LSC, +43/3842/45010
www.3goldenekugeln.at

ÖFFNUNGSZEITEN Mo-Fr: 8:00 bis 19:00 Uhr; Sa: 8:00 bis 18:00 Uhr

FASSBIER Starobrno, Puntigamer, Weihenstephan Hefeweizen, Radler, Saisonbiere

FLASCHENBIER Edelweiss Weizenbier, Edelweiss Weizenbier Alkoholfrei, Gösser Naturgold, Murauer Märzen, Schlossgold, Wieselburger Stammbräu

LOKAL Das Lokal im Einkaufszentrum Leoben wurde von den 3 goldenen Kugeln übernommen und fast zur Gänze neu eingerichtet. 350 Sitzplätze im Lokal. 7 Plätze an der Bar, 200 Sitzplätze im Garten.

ZUM GREIF

8700 Leoben, Waasenstraße 5, +43/3842/21486
www.zum-greif.at

ÖFFNUNGSZEITEN Mo-Fr: 10:00 bis 00:00 Uhr; Sa: 10:00 bis 20:00 Uhr

FASSBIER Gösser Gold, Gösser Radler, Gösser Spezial, Saisonal: Gösser Bock, Zwickl

FLASCHENBIER Edelweiss Hell, Gösser Märzen, Radler, Schlossgold, Stiftsbräu, Zwickl

LOKAL Schon am Eingang dieses 350 Jahre alten Wirtshauses prangt der namensgebende Greif – mitsamt den Brauerutensilien Maischescheit und Schöpfkelle. Wenn man kommt oder geht, wird mit dem ortstypischen „Glück Auf" der Bergleute gegrüßt. Ebenfalls ortstypisch: Hinter der kleinen Bar wird die Sitte gepflegt, ein Gösser Spezial möglichst langsam und mit viel kompaktem Schaum zu zapfen. Das kann ziemlich lang dauern – und ist vom Ergebnis her nicht jedermanns Sache. Der Greif ist nicht zuletzt bei Radfahrern beliebt: Der Radfahrweg R2 führt direkt am Haus vorbei und bei Problemen gibt es Radsport Illmaier gleich in der Nähe. 80 Plätze im Lokal, 100 Plätze im Festsaal „Gösseck", 10 an der Bar, 40 Plätze im Innenhofgarten.

LEOBEN-GÖSS

GÖSSERBRÄU – BRAUHAUS RESTAURANT

8700 Leoben-Göss, Turmgasse 3, +43/3842/28530
www.goesserbraeu-leoben.at

ÖFFNUNGSZEITEN Mo: 9:00 bis 00:00 Uhr; Mi-Sa: 9:00 bis 00:00 Uhr; So: 9:00 bis 22:00 Uhr

FASSBIER Gösser Gold, Gösser Märzen, Gösser Naturgold, Gösser Naturradler, Gösser Stiftsbräu, Gösser Zwickl

FLASCHENBIER Edelweiss Hefeweizen, Gösser Märzen, Edelweiss Alkoholfrei

LOKAL Annemarie und Walter Trippolt, der seit 2013 auch Dipl. Biersommelier ist, führen den Brauereiausschank gegenüber der Gösser Brauerei – er hat im Frühjahr 2008 ein Facelifting erfahren und wurde daraufhin Steirisches Bierlokal des Jahres 2009. Es ist nun eines der schönsten Bierlokale der Steiermark – auch wenn das Äußere immer noch an einen Zweckbau der Nachkriegszeit erinnert. Plätze: Speisesaal 120, Abteistüberl 30, Schank 40, Festsaal 220, Gastgarten 120.

LEUTSCHACH

BRAUEREI LEUTSCHACH

8463 Leutschach, Schillerplatz 3, +43/699/10438749
www.diebrauerei.com

ÖFFNUNGSZEITEN Mo: 10:00 bis 18:00 Uhr; Mi-So: 10:00 bis 18:00 Uhr

FASSBIER Bock n' Roll, Ginsengdrache, Kren Bier, Pale Ale, RossNatur, Weinbier, Weizenwolf

FLASCHENBIER Bock n' Roll, Ginsengdrache, Kren Bier, Pale Ale, RossNatur, Weinbier, Weizenwolf

LOKAL Die Brauerei Leutschach ist Erlebnisbrauerei und Bierlokal bzw. Gasthaus, das mitten im steirischen Hopfenland liegt. Eigentlich sollte es nur eine kleine Produktionsstätte sein, in der auch Brauseminare abgehalten werden, sie hat sich dann aber zu einem Treffpunkt des gesamten Ortes entwickelt – und wenn jemand im Haus ist, dann wird auch mal außerhalb der offiziellen Öffnungszeiten ausgeschenkt. Die Innovation des Jahres war das Weinbier: Als Basis dient das helle „RossNatur" genannte Bier. Für den Weingeschmack hat sich nach monatelangen Tests mit den verschiedensten Weinsorten und Jahrgängen der „Morillon Klassik" 2008 vom Weingut Erwin Sabathi als beste Wahl erwiesen. 40 Plätze im Lokal, 25 im Garten.

TSCHEPPES LANG-GASTHOF

8463 Leutschach, Hauptplatz 6, +43/3454/246
www.langgasthof-tscheppe.at
ÖFFNUNGSZEITEN Mo-Di: 9:00 bis 22:00 Uhr; Fr-So: 9:00 bis 22:00 Uhr
FASSBIER Gösser Gold, Gösser Naturradler, Gösser Zwickl, Reininghaus Jahrgangspils
FLASCHENBIER Edelweiss, Gösser Naturgold, Gösser Stiftsbräu, Puntigamer Märzen
LOKAL Lang-Gasthof heißt dieser Landgasthof, weil er angeblich der längste (auf einem schmalen Grundstück weit nach hinten reichende) Gasthof der Steiermark ist. Hinten ist der Hotelbereich mit einem der Region entsprechenden Hopfenangebot: Die Bierbäder werden hier mit Leutschacher Hopfen in einem Holzbottich bereitet – der Hopfen als Badezusatz unterstützt die Entspannung ebenso wie das dazu gereichte Hausbier. Vorne ist eine gemütliche Gaststube. Im August Aktionsprogramm ‚Weinbauer trifft Bierbrauer": Es wird mit Bier und Wein gekocht!

MARIAZELL

Brauhaus Mariazell / Girrer Bräu

BRAUHAUS MARIAZELL / GIRRER BRÄU

8630 Mariazell, Wiener Straße 5, +43/3882/25230
www.bierundbett.at
ÖFFNUNGSZEITEN Mi-Fr: 10:00 bis 14:00 Uhr, 17:00 bis 22:00 Uhr; Sa: 10:00 bis 22:00 Uhr; So: 10:00 bis 14:00 Uhr
FASSBIER im Oktober ‚Herbst-Kraft', Mariazeller Alt, Mariazeller Bock (ganzjährig erhältlich), Mariazeller Gold
FLASCHENBIER Chimay Grande Réserve, De Ranke XX-Bitter, Kloster Notre Dame de Scourmont, Mc Chouffe Dark Ale, Mikkeller ‚Årh Hvad?!' Pale Ale, Rochefort 10° Trappistenbier
LOKAL Hannes Girrer hat hat schon Craftbier gebraut, als man diesen Begriff in Europa noch gar nicht gekannt hat: Er hat 1996 die ehemalige Mariazeller Brauerei wiederbelebt und rundum eine Bier-Erlebnisgaststätte eingerichtet: In der ältesten Hausbrauerei der Steiermark gibt es seit 2017 das ‚Mariazeller Alt' als Erinnerung an die alte Brauerei, die von der Mitte des 16. Jhds. bis 1888 bestanden hat: stockdunkel – obergärig – herb, serviert im klassischen ‚Brauerstutzen', einer alten Glasform, die etwas an alte Teegläser erinnert. Bei den Pilgern kommt Girrers wie ein Museum eingerichtete Braustube gut an, die Gaststube hat den historischen Charakter seit den 30er-Jahren beibehalten. Die Schank neben den Sudkesseln und dem Gärkellerfenster lässt einen Blick auf das gärende Bier zu. Die Küche bietet regionale Schmankerl, die Käsekultur ist sehr ausgeprägt! 62 Plätze.

MARKT HARTMANNSDORF

Gasthof Gruber

GASTHOF GRUBER

8311 Markt Hartmannsdorf, Hauptstraße 112
+43/3114/2277
www.gasthof-gruber.at
ÖFFNUNGSZEITEN Mo: 7:00 bis 22:00 Uhr; Do-Sa: 7:00 bis 22:00 Uhr; So: 7:00 bis 20:00 Uhr
FASSBIER Hermax Hell, Puntigamer, wechselnde Sondersude
FLASCHENBIER Bevog, Hermax Bio Hanf, Hermax Spezial Dunkel
LOKAL Siegfried Gruber hat in seinem Traditionsgasthaus – Familienbetrieb seit 1896 – einen Schwerpunkt mit steirischer Bierkultur gesetzt. Das Hausbier kommt von der nahen Hermax-Brauerei, eine weitere Leitung ist für das saisonale Hermax-Bier reserviert. Meist ist aber auch eine gute Auswahl anderer Craftbiere zu haben. Von seinen Urlauben bringt Herr Gruber immer Bier-Raritäten mit, die dann – in begrenzter Menge – auf der Tageskarte stehen. Die Küche ist steirisch ausgerichtet, ambitioniert und erfreulich erschwinglich. Das Speiseeis kommt aus eigener Produktion, es wird unter anderem mit Kernöl und gehackten Kürbiskernen angeboten, ideales Pairing zu einem Imperial Stout! 120 Plätze in mehreren Räumen, vier an der Bar, 15 im Schanigarten.

MELLACH

MURBERGSTUB'N

8072 Mellach, Murbergstraße 252, +43/3135/82208
www.murbergstubn.at
ÖFFNUNGSZEITEN Mi-Sa: 11:00 bis 00:00 Uhr; So: 10:00 bis 20:00 Uhr
FASSBIER Gösser Zwickl, Puntigamer, eine Bierspezialität, Gösser Naturradler
FLASCHENBIER Gösser Stiftsbräu, Weihenstephaner Weißbier, Gösser Naturgold
LOKAL Rustikales, urig-gemütliches Lokal, das 2001 an der Abzweigung zum Ortsteil Dillach errichtet wurde. Die Küche bietet traditionelle Hausmannskost, hausgemachte Pizzen und Saisonales, auf Bestellung auch frische Meersfische. Übrigens: Am Samstagvormittag gibt es auf dem Parkplatz vor dem Lokal einen Bauernmarkt. 80 Sitzplätze im Lokal, 20 Plätze an der Theke, 30 Plätze im Garten.

MÜRZZUSCHLAG

HOTEL-RESTAURANT WINKLER

8680 Mürzzuschlag, Stadtplatz 3, +43/3852/42000
www.hotel-winkler.at
ÖFFNUNGSZEITEN Mo-Sa: 8:00 bis 00:00 Uhr
FASSBIER Herzog Hausbier, Herzog Pils
FLASCHENBIER Herzog Dunkel, Herzog Weizen, Puntigamer, Gösser Naturgold
LOKAL 2005 hat die Familie Winkler dieses moderne Hotel mit der langen Bar und dem feinen Restaurantbetrieb neu errichtet und ihm einen bierigen Charakter gegeben. Sehr gute Bierpflege und freundliche Bedienung.

MURAU

BIER APOTHEKE

8850 Murau, Anna-Neumann Straße 34, +43/664/88435887
www.murauerbier.at/bierapotheke
ÖFFNUNGSZEITEN Di-Sa: 16:00 bis 22:00 Uhr
FASSBIER Biere der Brauerei Murau
FLASCHENBIER Biere der Brauerei Murau
LOKAL Aus der ehemaligen Salvator Apotheke ist 2018 eine neue Stätte der Begegnung zum Thema Bier im Zentrum der Bierstadt Murau geworden. Nicht nur im Herzen der Stadt, sondern auch, laut Aufzeichnungen, im ältesten Gebäude der Bierstadt wird Bier aus Apothekergefäßen (aber nicht zu Apothekerpreisen) ausgeschenkt. Die Murauer Bierapotheke beinhaltet auch einen Shop, in dem apothekentypische Produkte gekauft werden können. Von Bierseifen, Biersalzen, Biergeeles, Shampoos, Salben, Lotions bis hin zu Trebernkissen und Tees – alles mit Brauereiprodukten zubereitet.

Bier Apotheke

HOTEL GASTHOF LERCHER

8850 Murau, Schwarzenbergstraße 10, +43/3532/2431
www.hotel-restaurant-lercher.at
ÖFFNUNGSZEITEN Mo-So: 7:00 bis 00:00 Uhr
FASSBIER Murauer Dunkel, Murauer Hefeweizen, Murauer Märzen, Murauer Pils, Null Komma Josef
FLASCHENBIER Erdinger alkoholfreies Weißbier, Murauer Spezialitäten, z.B. Holunder & Marille
LOKAL Die Familie Lercher führt dieses sehr bierorientierte Hotel mit ausgesuchter Gastfreundschaft und auf hohem kulinarischen Niveau. 2019 wurde im Rahmen der „Global Beer"-Initiative vor dem Hotel eine „Lange Tafel" mit einem Biermenü geboten. Im Normalbetrieb gibt es gepflegtes Bier aus der nahen Murauer Brauerei – stets mit einem freundlichen Lächeln serviert. Die große zentrale Bar ist Treffpunkt für Bierfreunde aus der Umgebung, es gibt mehrere Stuben und einen kleinen Schanigarten. 120 Plätze, 22 im Schanigarten

Hotel Gasthof Lercher

HOTEL ZUM BRAUHAUS

8850 Murau, Raffaltplatz 17, +43/3532/2437
www.brauhaus-murau.com
ÖFFNUNGSZEITEN Di-So: 10:00 bis 00:00 Uhr
FASSBIER Murauer Doppelmalz, Murauer Märzen, Murauer Weißbier, Murauer Zwickl (Gelägerbier), Murauer Bockbier (saisonal)
FLASCHENBIER Murauer Black Hill, Murauer Pils, Murauer Preisel&Bier, Radler, Zitro&Bier, Clausthaler
LOKAL Altehrwürdiger Ausschank der Murauer Brauerei – eine „ehemalige Brauerei und Eisenniederlage" im ehemaligen Judenviertel, wo bereits seit dem 16. Jahrhundert gebraut wird – in modern eingerichteten Räumen. Die Küche bemüht sich, mitzuhalten, auf Bestellung gibt es ein Braumeistermenü ab 10 Personen, das mit Bier zubereitet wird. 130 Sitzplätze im Lokal, im Garten: 60 Plätze.

NEUMARKT

ZUM BRÄUER

8820 Neumarkt, Hauptplatz 34, +43/3584/2275
ÖFFNUNGSZEITEN Mo-Di: 9:00 bis 00:00 Uhr; Do-So: 9:00 bis 00:00 Uhr
FASSBIER Murauer
FLASCHENBIER Clausthaler, Murauer

LOKAL Auch Hermine Seidl ist nicht mit dem Autor verwandt. Ihr Gasthof war einmal eine einfache Bauernwirtschaft – und das hiesige Bier war kein bürgerliches, in metallenen Braukesseln gebrautes, sondern ein „unzünftig" gebrautes Steinbier. Das braute man hier bis 1906, das Kontingent wurde damals an den Schafferhof in St. Marein verkauft, da die Hektoliterausstöße zu gering waren. In den Fünfzigerjahren gab es in Neumarkt durchwegs nur Gösser Bier, das Bierkartell zwang dann in den Sechzigerjahren die Neumarkter, geschlossen zu Reininghaus zu wechseln. Die Zutaten für die Küche stammen von bäuerlichen Betrieben aus dem Naturpark Grebenzen, die in naturnaher Weise das Land bewirtschaften. Ca. 110 Plätze, Gastgarten in den Arkaden mit 40 Sitzplätzen.

OBDACH

GROGGERHOF

8742 Obdach, Hauptstraße 23, +43/3578/2201
www.groggerhof.at
ÖFFNUNGSZEITEN Mo: 21:00 bis 4:00 Uhr; Di-Sa: 7:00 bis 14:00 Uhr, 17:30 bis 23:00 Uhr; So: 21:00 bis 4:00 Uhr
FASSBIER Gösser Gold
FLASCHENBIER Gösser Naturgold
LOKAL Schöner Gasthof mit alter Lamperie, in die heimatverbundene Sinnsprüche eingearbeitet sind. In diesem familiär geführten Haus – seit 375 Jahren in Familienbesitz – kümmert sich der Chef mit steirischer Herzlichkeit um das Wohl der Gäste. Die Seniorchefin wurde 2003 zur „Steirischen Wirte Botschafterin" gewählt. 180 Plätze in vier Stuben.

OBERWÖLZ

OBERER BRÄUER

8832 Oberwölz, Stadt 10, +43/3581/8385
www.oberer-braeuer.at
ÖFFNUNGSZEITEN Mo-So: 8:00 bis 23:00 Uhr
FASSBIER Gösser
FLASCHENBIER Gösser
LOKAL Die Gaststätte am Hauptplatz der kleinen Stadt Oberwölz wirkt einladend, wenn man Glück hat, dann trifft man dort auf örtliche Musiker – die haben 2012 sogar einen Jodler „Da Bräuer" komponiert. Die Tradition dieses von Barbara und Sepp Wohleser als musikantenfreundliche Gaststätte geführten Hauses lässt sich bis ins Jahr 1749 zurückverfolgen, als Wolfgang Weegmayr hier tatsächlich eine Brauerei betrieb. Gebraut wurde damals mit Wasser aus dem oberen Platzbrunnen. Ca. 200 Plätze, Kellerbar: 40, Garten: 40 Plätze.

PALDAU

GASTHOF ESCHAU

8923 Paldau, Eschau 102, +43/3638/274
www.gasthof-eschau.at
ÖFFNUNGSZEITEN Mo: 7:30 bis 23:30 Uhr; Do-So: 7:30 bis 23:30 Uhr
FASSBIER Gösser Gold, Gösser Naturradler
FLASCHENBIER Gösser Naturgold, Edelweiss Alkoholfrei, Edelweiss Hefetrüb, Gösser Märzen, Gösser Stifts-Zwickl Hell, Gösser Stiftsbräu Dunkel
LOKAL Der Name Eschau wurde 1391 erstmals urkundlich erwähnt – und im alten Gemäuer findet man unter anderem eine Sammlung historischer Türschlösser. Aus einer Taverne und Pferdewechselstelle entstand im Laufe der Zeit der Gasthof in seiner jetzigen Form mit gemütlichen Stuben – und statt hoch zu Ross kommt man heutzutage bevorzugt per Fahrrad (E-Bike-Ladestation!) oder Motorrad hierher. Seit 1969 ist der Gasthof im Besitz der Familie Rainer, welcher seit 2013 in 3. Generation weitergeführt wird und sich rühmt, „das beste Gösser im Salzatal" zu zapfen.

Gasthof Eschau

PISCHELSDORF

GASTHOF WACHMANN

8212 Pischelsdorf, Romatschachen 55, +43/3113/2387
www.gasthof-wachmann.com
ÖFFNUNGSZEITEN Di-Sa: 9:00 bis 23:00 Uhr; So: 9:00 bis 22:00 Uhr
FASSBIER Starobrno, Hermax Mischbier, Wieselburger Spezial, ein Saisonbier, saisonal Bockbier
FLASCHENBIER Affligem Blond, Bevog Baja, Bevog Kramah, Bevog Ond, Bevog TAK, Bevog Deez, Edelweiss Weizenbier Alkoholfrei, Gösser Naturgold, Hermax Rohna, Puntigamer Märzen, saisonal auch Dangl Bier, Schlossgold
LOKAL In exponierter Lage mitten in den Weinbergen (und ohne Navi für Ortsunkundige schwer zu finden) versucht Mario Wachmann, mit Craftbieren einen Gegenpol zum omnipräsenten Rebensaft zu schaffen. Das Bierangebot wechselt immer wieder, und spezielle Events werden geboten wie Brausilvester, Bierverkostungen – ebenso gibt es Menüs mit Bierbegleitung (auf Vorreservierung) – ebenfalls auf Vorreservierung ein knuspriges Backhendl. Sonst nur kleine Speisekarte. 90 Plätze im Lokal, 8 an der Bar, 50 im Garten.

PÖLLAU

CRAFT BEER PUB – INSELTOWN

8225 Pöllau, Prätis 3, +43/3335/4555
www.inseltown.at/craft-beer-pub
ÖFFNUNGSZEITEN Mi-Sa: 17:00 bis 00:00 Uhr; So: 12:00 bis 00:00 Uhr
FASSBIER Inseltown Hausbier (Zwickl), jeweils eine saisonale Spezialität, Stiegl Columbus 1492 Pale Ale, Stiegl-Christkindl, Stiegl-Goldbräu, Velkopopovicky Kozel Dunkel
FLASCHENBIER vorwiegend heimische Spezialitäten, etwa Bevog

Rudeen, BrauSchneider Hanfbier, Forstner Chili Hot Beer, Aventinus Eisbock, Gratzer Naturbier, Insel Kreide, Kisbye's Waldbier, Stiegl Wildshuter Sortenspiel, Stift Engelszell Gregorius
LOKAL Inseltown ist eine von Thomas und Karin Heschl geschaffene gastronomische Erlebniswelt nördlich von Pöllau – und das Craft Beer Pub deren 2018 vom Lokalausstatter Koll gestaltete neueste Ergänzung. Blickfang ist neben der Bar der große, zentral angeordnete Hochtisch mit einem schwenkbaren Schenkel. Die Biere kommen aus dem Stiegl-Umfeld und aus kleinen steirischen Brauereien. Dass das Thema Bier mit Engagement und Kompetenz gelebt wird, beweist die äußerst informative, originell gestaltete Bierkarte, die immer wieder wechselt. Als kulinarische Begleiter werden hochwertige Burger-Kreationen serviert. 50 Plätze im Lokal, 12 an der Bar.

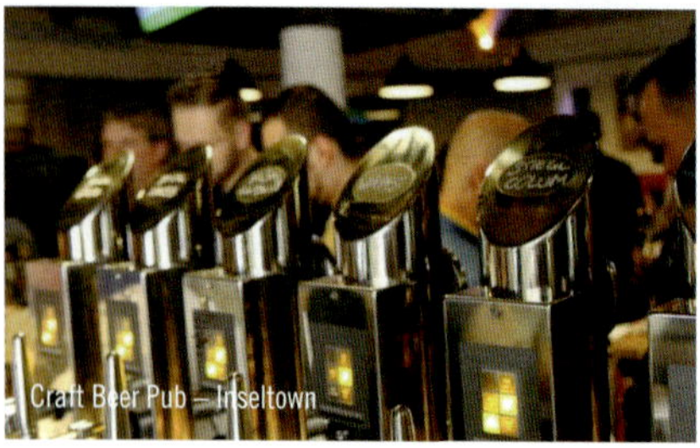
Craft Beer Pub – Inseltown

GASTHOF HUBMANN
8225 Pöllau, Herrengasse 21, +43/3335/2267
www.gasthofhubmann.at
ÖFFNUNGSZEITEN Di-So: 11:00 bis 21:00 Uhr
FASSBIER Gösser Zwickl, Puntigamer Panther, Gösser Radler
FLASCHENBIER Gösser Pils, Puntigamer Märzen, Edelweiss Hefetrüb, Edelweiss Hefeweizen Alkoholfrei, Gösser Kracherl, Gösser Naturgold, Schlossgold
LOKAL Gemütlicher Gasthof, der nach einer Wanderung zur Einkehr einlädt – ob im Dorfstadl, im Gastzimmer oder im Stüberl. 230 Plätze im Dorfstadl, 12 im Stüberl, insgesamt 48 in den beiden Extra-Zimmern, 40 Sitzplätze an der Bar und 36 auf der Terrasse.

PRUGGERN

GASTHOF BIERFRIEDL
8965 Pruggern, Pruggern 30, +43/3685/22206
www.bierfriedl.at
ÖFFNUNGSZEITEN Mo-So: 9:00 bis 00:00 Uhr
FASSBIER Schladminger, Schladminger Schneeweisse
FLASCHENBIER Zwickl Dunkel, Edelweiss Hefeweizen, Gösser Kracherl, Gösser Naturgold, Schladminger Märzen, Weizen Alkoholfrei
LOKAL Familie Perhab betreibt im Ennstal am Fuß des Skigebiets Galsterberg und unweit der Abzweigung der Sölkpass-Straße ein gestandenes Wirtshaus mit guter Bierpflege und steirischer Küche (Auszeichnung als „Gute steirische Gaststätte"). Die Ennstaler Kassuppe gilt als legendär. 120 Plätze, Garten: 30.

PÜRGG-TRAUTENFELS

GASTHAUS KRENN
8951 Pürgg-Trautenfels, Pürgg 11, +43/3682/22274
www.gasthauskrenn-puergg.at
ÖFFNUNGSZEITEN Mi: 16:00 bis 22:00 Uhr; Do-So: 11:00 bis 22:00 Uhr
FASSBIER Gösser Zwickl, Schladminger Märzen, saisonal Schladminger Ennstaler Weißbier, Trumer Herbstbier, Gösser Naturradler
FLASCHENBIER Thalheimer Märzen, Thalheimer Pils, Gösser Stiftsbräu Dunkel, Schlossgold
LOKAL Kleines, traditionelles Gasthaus, erstmals urkundlich im 14. Jahrhundert als Taverne erwähnt – und ein schlecht geheim zu haltender „Geheimtipp" unter Biergartlern. 60 Sitzplätze im Lokal, 8 Plätze am „Stammtisch', 40 Sitzplätze im Garten.

ROTTENMANN

KOFLER BRÄU IM HOTEL KOFLER
8786 Rottenmann, Hauptstraße 4, +43/3614/2225
www.hotelkofler.at
ÖFFNUNGSZEITEN Mo-Do: 11:00 bis 14:00 Uhr, 18:00 bis 22:00 Uhr; Sa-So: 11:00 bis 14:00 Uhr, 18:00 bis 22:00 Uhr
FASSBIER Kofler-Bräu „Schwarzer Graf", Kofler-Bräu „Kellergold", Kofler-Bräu „Starkbier" (nach Saison)
FLASCHENBIER Kofler-Bräu „Kellergold", Kofler-Bräu „Mandarina", Kofler-Bräu „Schwarzer Graf", Kofler-Bräu „Starkbier", Franziskaner Hefeweizen, Gösser Naturgold
LOKAL Bürgerlicher Gasthof, dessen Wirt Harald Kofler in der ehemaligen Fleischhauerei braut. Im Restaurant werden österreichische Spezialitäten regionaler Herkunft angeboten. 50 Sitzplätze im Lokal, im romantischen Gastgarten 20 Sitzplätze eingebettet, in der Altstadt von Rottenmann.

SALLA

GASTHAUS ZUR KATZBACHBRÜCKE
8592 Salla, Gaberlstraße 6, +43/3147/216
ÖFFNUNGSZEITEN Mo-Sa: 7:00 bis 00:00 Uhr
FASSBIER Puntigamer Panther
LOKAL Entzückendes, idyllisch gelegenes Wirtshaus an der Straße zum Gaberl. Kleine Gaststube, in der freundlich bedient wird, ebenso kleiner Garten. 12 Plätze im Lokal, drei an der Bar, 12 im Garten.

SANKT GEORGEN OB MURAU

KREISCHBERG ECK
8861 Sankt Georgen ob Murau, Kreischbergstraße 15 +43/3537/444
www.kreischberg-eck.at
ÖFFNUNGSZEITEN Mo-Di: 11:00 bis 22:00 Uhr; Do-So: 11:00 bis 22:00 Uhr
FASSBIER Murauer Weizenbier Naturtrüb, Murauer Doppelmalz, Murauer Märzen
FLASCHENBIER Clausthaler, Erdinger Hefeweizen Alkoholfrei, Murauer Winter Weisse

LOKAL Gemütliches, mit viel Holz gestaltetes Gasthaus am Fuße des Kreischbergs mit zentraler Theke, an der auch die persönlichen Krüge der Stammgäste befestigt sind. Neben den Spezialitäten der heimischen Brauerei Murau wird österreichische Küche angeboten. Gekocht wird viel mit Bier, und das schmeckt man auch. Im Sommer lockt die sonnige Terrasse zum Verweilen, und das Beste ist: Das Haus ist leicht mit der Lokalbahn zu erreichen. 75 Sitzplätze, 70 auf der Terrasse.

SANKT STEFAN IM ROSENTAL

ANNI'S GASTHAUS

8083 Sankt Stefan im Rosental, Mureckerstraße 18,+43/3116/81322
www.annis.at
ÖFFNUNGSZEITEN Mo: 10:00 bis 00:00 Uhr; Mi-Sa: 10:00 bis 00:00 Uhr; So: 10:00 bis 15:00 Uhr
FASSBIER Gösser Zwickl, Oktoberbräu, Puntigamer, saisonal: Zipfer Urtyp Medium
FLASCHENBIER Gösser Zwickl, Schlossgold
LOKAL Ein für seine Küche (Fischspezialitäten) bekanntes Wirtshaus, Mitgliedsbetrieb der steirischen Dorfwirte. Immer wieder Aktionen mit Bier. 120 Sitzplätze, 25 Plätze an der Bar.

SCHLADMING

KIRCHENWIRT

8970 Schladming, Salzburger Straße 27, +43/3687/22435
www.kirchenwirt-schladming.com
ÖFFNUNGSZEITEN Mo: 11:00 bis 22:00 Uhr; Mi-Fr: 11:00 bis 22:00 Uhr; Sa: 10:00 bis 22:00 Uhr; So: 11:00 bis 22:00 Uhr

Kirchenwirt

FASSBIER Schladminger Märzen, Schnee Weisse
FLASCHENBIER Schladminger Bio Zwickl, Gösser Stiftsbräu Dunkel, Reininghaus Doppelmalz, Schlossgold
LOKAL Familiär geführtes, gemütliches Wirtshaus an der Schmalseite des Hauptplatzes – genau genommen zwischen den beiden Kirchen. Im üppig mit bäuerlicher Kunst dekorierten Restaurant befindet sich eine Reliefdarstellung einer alten Steinbierbrauerei: Tatsächlich war an dieser Stelle wohl bis 1875 eine solche. Bürgerliche Küche, zivile Preise auch für Übernachtungen. Gasthof: 250 Sitzplätze, Garten: 30 Sitzplätze.

Stadtbräu

STADTBRÄU

8970 Schladming, Siedergasse 89, +43/664/5179620 oder +43/3687/24459
ÖFFNUNGSZEITEN Di-So: 10:00 bis 23:00 Uhr
FASSBIER Schladminger Märzen, Schladminger Schneeweisse, Gösser Naturradler, ein Saisonbier
FLASCHENBIER Edelweiss Dunkel, Edelweiss Alkoholfrei
LOKAL Als Schwalbenbräu war dieses Lokal eine der ersten Gasthausbrauereien in der Steiermark. Nachdem der Braubetrieb eingestellt worden ist, wurde das Lokal optisch auf den neuesten Stand gebracht (das winzige Sudwerk dient nun als Dekoration). Das Bier kommt jetzt vor allem aus der Schladminger Brauerei, die Karte ist von steirischer Küche geprägt, das Service sehr locker und freundlich. Ca. 80 Sitzplätze im Lokal, 20 an der Bar, Garten: ca. 40 Sitzplätze.

SZENARIO

8970 Schladming, Parkgasse 69, +43/3687/23748
www.szenario.cc
ÖFFNUNGSZEITEN Mo-Do: 20:00 bis 1:00 Uhr; Fr-Sa: 20:00 bis 6:00 Uhr
FASSBIER Schladminger Märzen
FLASCHENBIER Corona, Desperados, Heineken, Maisel's Hefeweizen, Stiegl-Pils, Clausthaler
LOKAL Am Eingang wird man vor der „worst music in town" gewarnt und vor „expensive drinks" und „no food" – so schlimm kommt es aber dann doch nicht. Es gib Pizzen, Chicken Wings, Schnitzelsemmeln und Toasts die ganze Nacht. Viele alte emaillierte Werbetafeln und Nummernschilder an den Wänden. Einmal jährlich findet die bei den Gästen beliebte Schlagerparade statt. 40 Sitz- und 20 Stehplätze.

SEIERSBERG

MARY ANN

8054 Seiersberg, Feldkirchnerstraße 15, +43/316/289151
www.mary-ann.at
ÖFFNUNGSZEITEN Mo: 10:00 bis 00:00 Uhr; Di-Do: 15:00 bis 00:00 Uhr; Fr: 15:00 bis 20:00 Uhr; Sa: 18:00 bis 1:00 Uhr
FASSBIER Guinness, Murauer, Puntigamer, Radler
FLASCHENBIER Budweiser Budvar, Corona, Erdinger Hefeweizen, Gösser Naturgold, Heineken, Kilkenny, Murauer, Puntigamer, Wieselburger Stammbräu
LOKAL Mary Ann' Annemarie Stampler hat dieses Pub in der Nähe der Shopping City Seiersberg im englischen Stil eingerichtet – aber es gibt auch jährlich ein Oktoberfest, bei dem es richtig boarisch zugeht. Neben Guinness und Kilkenny gibt es auch eine Auswahl an irischen und schottischen Whiskys.

STUBENBERG AM SEE

MOAR BRÄU

8223 Stubenberg am See, Vockenberg 46, +43/3176/8546
www.moarpeter.at
ÖFFNUNGSZEITEN Do-Sa: 15:00 bis 21:00 Uhr; So: 13:00 bis 21:00 Uhr
FASSBIER Lager, Märzen, Stout, Weizen und Bock, fallweise Dreikornbier
LOKAL Wolfgang Steiner hat ein mehr als 400 Jahre altes Stallgebäude in der Nähe der Ruine Altschielleiten im Jahr 2001 umgebaut und mit einer kleinen Brauanlage ausgestattet. Man sieht noch das alte Mauerwerk und den offenen Stiegenaufgang zur Galerie. Auch die Einrichtung ist aus altem Holz. Täglich frische Biersuppe, nach Saison Bierstangerl, Bieraufstrich und Bierlikör, eigener Whisky. 50 Plätze, 20 an der Bar, 50 im Garten.

THÖRL

Hubinger

HUBINGER

8622 Thörl, Etmißl 25, +43/3861/8114
hubinger.com
ÖFFNUNGSZEITEN Mi-Sa: 9:00 bis 23:00 Uhr; So: 9:00 bis 16:00 Uhr
FASSBIER Gösser Spezial, Gösser Zwickl Dunkel, Reininghaus Jahrgangspils
FLASCHENBIER Californian Moonshine – Mürztaler CBD Hanfbier, Edelweiss Hefetrüb, Gösser Märzen, Puntigamer ‚das bierige Bier', Gösser Naturgold
LOKAL Die Anfahrt in dieses etwas abgelegene Seitental lohnt sowohl kulinarisch – die Küche wurde mehrfach ausgezeichnet – als auch vom bierigen Erlebnis her: An der kleinen Bar wird mit besonderer Aufmerksamkeit gezapft und der Wirt ist besonders stolz auf die Bierkultur. Die sei hier mehr gefragt als im weinlastigen Süden der Steiermark. Deshalb gibt er auch immer wieder kleinen Brauern die Chance, mit ihren Flaschen vertreten zu sein. 60 Plätze, Bar:5, Garten: 60.

TRIEBEN

Triebener Hof

TRIEBENER HOF

8784 Trieben, Trieben 5, +43/3615/2234, +43/676/6041834
www.triebenerhof.at
ÖFFNUNGSZEITEN
FASSBIER Gösser Gold, Gösser Zwickl
FLASCHENBIER Gösser Naturgold, Weihenstephaner Hefeweizen
LOKAL Alteingesessener Gasthof, seit fünf Generationen von der Familie Klarmann geführt. Die Gasträume sind mit viel Holz ausgestattet, das Extrazimmer mit Zirbenholz. Gastzimmer 40 Plätze, Extrazimmer 30 Plätze, Gastgarten 50 Plätze.

TURNAU

WIRTSHAUS STEIRERECK AM POGUSCH

8625 Turnau, Pogusch 21, +43/3863/2000 oder 5151
www.steirereck-pogusch.at
ÖFFNUNGSZEITEN Do-So: 10:00 bis 00:00 Uhr
FASSBIER Hausbier ‚Steirisch Irisch', Gösser Spezial, Guinness
FLASCHENBIER mehr als ein Dutzend Spezialitäten, etwa Kiesbyes Waldbier, Affenkönig, St. Bernardus Abt 12, Chimay Bleu, Crew Republic Drunken Sailor (IPA), Eule Koffeinbier, Bayrisch Nizza (Wheat Pale Ale), Lindemans Kriek, Nussknacker Barley Wine
LOKAL Ein Bilderbuch-Wirtshaus, das immer noch eine beachtliche Mischung von Schicki-Micki und Bodenständigkeit anzulocken versteht. Etwa 21 Tage lang abgehangene Steaks aus der Region. Der Kern dieses Gastrobetriebs ist ein Holzhaus von 1616. Bedeutsam ist, dass hier zu fairen Preisen verpflegt und ausgeschenkt wird. Die Bierkreation des Hauses heißt „Steirisch-Irish' – dabei handelt es sich um Gösser Spezial mit einem kleinen Schuss Guinness. Richtungweisend für ein gehobenes Speiselokal ist, dass seit 2015 ein beeindruckendes Craftbier Angebot vorhanden ist. An Nachmittagen wird

im Garten vor dem Haus Bier ausgeschenkt und der Käsewagen hinausgeschoben – mit einer Auswahl von bis zu 60 Käsen. Ca. 120 Plätze, 30 an der Bar, 50 im Garten.

WEISSKIRCHEN

K.U.K. – WIRTSHAUS TAVERNE

8741 Weisskirchen, Judenburger Straße 13, +43/3577/82255
www.kuk-wirtshaus.at
ÖFFNUNGSZEITEN Mi-Fr: 10:30 bis 14:30 Uhr, 17:00 bis 00:00 Uhr; Sa-So: 10:30 bis 00:00 Uhr
FASSBIER König Ludwig Weißbier, Stiegl-Goldbräu
FLASCHENBIER Gösser Märzen, Gösser Naturgold, König Ludwig Dunkel, Stiegl Monatsbiere, Stiegl Naturradler Grapefruit
LOKAL Ein ausgesprochen gastfreundliches Haus mit langer Tradition: Seit der Gastwirt Jako Zänggl 1606 das Gebäude gekauft hat, ist hier ein gastronomischer Betrieb belegt. Heute ist es eine gediegene ländliche Taverne mit großer, zentraler Bar und freundlicher Bedienung, die auch noch spätabends köstliche steirische Brotzeiten zuzubereiten imstande ist. Küchenchef Johann Bauer hat sich auch eine Gault-Millau-Haube erkocht. 75 Sitzplätze, Bar: 10, Garten: 50.

WEIZ

BILLARD – THE PUB

8160 Weiz, Dr.-Karl-Widdmann-Straße 4, +43/3172/3360 oder +43/664/5169752
www.billard-pub.at
ÖFFNUNGSZEITEN Mo-So: 14:00 bis 2:00 Uhr
FASSBIER Starobrno, Altbrünner Gold, Edelweiss Naturtrüb, Gösser Gold, Guinness, Kilkenny, Stiegl
FLASCHENBIER Beck's Lemon, Corona, Foster's, Heineken, Puntigamer, Schlossgold, Wieselburger
LOKAL Großes Irish Pub mit langer Bar, einigen Tischchen und einem Billardtisch im Erdgeschoß. Weitere Billardtische gibt es im ersten Stock. 70 Plätze im Lokal, 40 an der Bar.

ROADHOUSE

8160 Weiz, Kapruner Generator Straße 22, +43/664/6440909
roadhouse-weiz.at
ÖFFNUNGSZEITEN Mi-Sa: 17:00 bis 1:00 Uhr; So: 14:00 bis 1:00 Uhr
FASSBIER Gösser Zwickl, Puntigamer, Radler
FLASCHENBIER American Bud, Corona, Heineken, Puntigamer, Weihenstephaner Weizen
LOKAL Music Bar, die sich recht erfolgreich bemüht, ein amerikanisches Konzept umzusetzen – was sich auch auf der Speisekarte (Burger, Baked Potatoes, Wraps) niederschlägt. Häufig Live Konzerte. 100 Plätze im Lokal.

WUNDSCHUH

BIERBOTSCHAFT HERZOG

8142 Wundschuh, Ponigler Straße 52, +43/676/3530560
www.bierbotschaft.at
ÖFFNUNGSZEITEN Mi-Sa: 10:00 bis 22:00 Uhr; So: 10:00 bis 17:00 Uhr
FASSBIER Hausbier, Ator-Biere (Starkbier), Chili, Damenbier, Dunkles, Helles, Herzlich Herbe, IPA, Kaffeebier, Kastanienbier, Kirsch, Leichter Fall, Pils, Sauvignon Ale, Stout, ein Saisonbier
FLASCHENBIER Neben der Fülle der Biere aus eigener Produktion (etwa Bruder Ator, Damenbier, Enzianbier) auch Gastbiere, etwa von Trappisten aus Belgien
LOKAL Anita Herzog hat ihre Bier-Karriere als Biersommelière begonnen und dann eine Mikrobrauerei auf ihrem Bauernhof eingerichtet. Die ist dann aber zu klein geworden, also hat sie eine größere Brauanlage in diesem prächtig hergerichteten Gebäude eingerichtet und so ihren Traum verwirklicht. Sohn Richard kocht, Sohn Hannes braut auf der neuen Anlage, die prominent in den Bau integriert wurde. Die Bierbotschaft bietet auch Bierverkostungen und Bierreisen. Als ideal erweist sich der Saal für Firmenevents: So kann ein Bierseminar in eine Unternehmenspräsentation integriert werden – mit Biermenü und Bierkostproben. 60 Plätze in der Gaststube, 120 im Saal mit Blick auf die Brauerei, 20 an der Bar, 130 im Garten.

Bierbotschaft Herzog

ZEUTSCHACH

DER SEIDL – IHR BRAUWIRT

8820 Zeutschach, Zeutschach 7, +43/3584/2440
www.brauwirtseidl.at
ÖFFNUNGSZEITEN Mo-Sa: 8:00 bis 00:00 Uhr; So: 8:00 bis 22:45 Uhr
FASSBIER Hausbier Dunkel, Hausbier Halbdunkel, Hefeweizen, Hirter Märzen
FLASCHENBIER Hausbier, Hirter Märzen, Hirter Pils, Schlossgold
LOKAL In idyllischer Lage zwischen St. Lambrecht und Neumarkt in der Steiermark liegt das Dorf Zeutschach, wo ein seit 1385 bestehendes Haus als Dortwirtshaus mit eigener Brauerei dient. Den Klimawandel spürt man hier im Naturpark Grebenzen schon lange, daher hat Robert Seidl (nicht mit dem Autor dieses Guides verwandt) im ehemaligen Skikeller eine einfache Brauanlage eingerichtet. Solide Hausmannskost wird hier serviert, dazu ein bernsteinfarbenes Hausbier. Man kann im Haus oder in einer Ferienwohnung übernachten, ein Teil der Räume ist barrierefrei gestaltet. 120 Sitzplätze, 10 Plätze in der Braustuben-Bar, Terrasse: 50 Plätze.

VON **A** WIE ABSAM BIS **Z** WIE ZELL AM ZILLER

TIROL

PENZINGHOF

6372 Oberndorf in Tirol, Penzingweg 14, +43/5352/62905
www.penzinghof.at

ÖFFNUNGSZEITEN Mo-So: 12:00 bis 21:30 Uhr

FASSBIER Gindu – Gin Style IPA, Huber BräuTiroler Hefeweizen, Stiegl Goldbräu, Stiegl Paracelsus Bio-Zwickl, Stiegl Radler Zitrone Naturtrüb

FLASCHENBIER Huber Tiroler Hefeweizen Dunkel, Hofstettner Granitbier, Stiegl Pils, Stiegl Wildshuter Sortenspiel, Huber Bräu Weißbier „Das Alkoholfreie", Stiegl Freibier, saisonale Gastbiere

LOKAL Modernes Hotel, das sich seit 1969 immer mehr der Bierkultur gewidmet hat. Es ist eines der Aushängeschilder der Brauerei Huber aus dem nahen St. Johann – es werden aber auch immer wieder andere Biere auf die wechselnde Bierkarte genommen. So findet man gelegentlich das Mohrenbräu aus Dornbirn und etliche Biere der Brauerei Wildshut. Und die Karte wird nicht nur jeweils aktuell gut kommentiert, es gibt im Haus auch einen ausgebildeten Biersommelier, der das „Beer & Food-Pairing" perfekt beherrscht und stets interessante Empfehlungen geben kann. Das Hotel zeichnet sich dementsprechend auch durch seine gute Küche und durch ein breites Käseangebot aus – der Bierkäse kommt aus der eigenen Käserei, auch sonst kommen viele Zutaten vom eigenen Hof oder von einem der umliegenden Bauernhöfe. Sehenswert ist nicht nur der Ausblick von der Terrasse (der Wilde Kaiser wirkt zum Greifen nah), auch im Haus gibt es einiges zu sehen, etwa einen imposanten, aus einem riesigen Eichenstamm geschnittenen Tisch, der als der „längste Tiroler" gilt. 120 Sitzplätze im Lokal, 50 in der Lounge, 50 auf der Terrasse.

ABSAM

GASTHOF EBNER

6067 Absam, Karl Zanger Straße 17, +43/5223/57923-5
www.gasthofebner.at

ÖFFNUNGSZEITEN Di-Fr: 16:00 bis 00:00 Uhr; Sa-So: 9:00 bis 22:00 Uhr

FASSBIER Ebner Gold (helles Gerstenmalzbier), Ebner Pils, Ebner Weizen

FLASCHENBIER Franziskaner Weizen Alkoholfrei, Gösser Naturgold

LOKAL Dieser Gasthof ist seit 1930 in Familienbesitz und seit Juni 2012 braut Arno Pauli im ehemaligen Tanzsaal auch Bier – Schnaps gebrannt wird schon seit Beginn. Die Verbindung zum Brauen findet sich auch in der Speisekarte. So gibt es mit speziell auf das selbst gebraute Bier abgestimmte Speisen wie z.B. Bandnudeln mit Pilzen in Biersauce oder auch Besonderes wie Bierbrot, Bieressig etc. Insgesamt gibt es 115 Sitzplätze aufgeteilt auf 3 Stuben im Innenbereich, im Gastgarten mit Kastanienbäumen ca 80 Sitzplätze. Auf Anfrage werden Bier- und Destillat-Führungen und Verkostungen mit und ohne Verpflegung durchgeführt.

ACHENKIRCH

ALPIN – GRÜNDLER'S GENIESSER-WIRTSHAUS

6215 Achenkirch, Achenkirch 35, +43/5246/6800
www.kulinarikhotel-alpin.at

ÖFFNUNGSZEITEN Mo-Di: 8:00 bis 23:00 Uhr; Do-So: 8:00 bis 23:00 Uhr

Alpin – Gründler's Genießer-Wirtshaus

FASSBIER Zillertal Pils

FLASCHENBIER Braufactum: Marzus, Darkon, Roog; Gauder Bock, Gauder Bockbierbrand, Märzenbier Zigarrenbrand, Weißbier Bock, Zillertal 514 Grande Reserve, Zillertal Weißbier Hell/Dunkel, Zwickl, „das Dunkle", „das Schwarze", Paulaner Weißbier Alkoholfrei, Radler Naturtrüb, Stiegl-Freibier

LOKAL In der malerischen Umgebung der Tiroler Berge und des Achensees wird man in Gründler's Geniesser-Wirtshaus in einem sehr familiären Ambiente herzlich willkommen geheißen. Die Küche bietet internationale und Tiroler Spezialitäten und wurde mit dem „Bewusst Tirol"-Award 2017 ausgezeichnet. Die von Armin und seinem Sohn Alexander Gründler, welche mit zwei Gault-Millau-Hauben ausgezeichnet wurden, verwendeten Produkte stammen zum Großteil von örtlichen Produzenten und das Bier kommt aus der nahen Zillertaler Brauerei. 60 Sitzplätze im Lokal und 60 Sitzplätze auf der Terrasse.

AMPASS

RÖMERWIRT

6060 Ampass, Römerstraße 13, +43/512/345449
www.roemerwirt.at

ÖFFNUNGSZEITEN Di-Sa: 11:00 bis 23:00 Uhr; So: 9:00 bis 16:00 Uhr

Römerwirt

FASSBIER Gösser Zwickl, Zillertal Märzen, ein saisonales Bier

FLASCHENBIER Zillertal Weißbier Hell, Zipfer Märzen, Clausthaler, Gösser Naturradler

LOKAL Bürgerliches Gasthaus mit großem Gastgarten, Zirbenstube. Mit Bier gekochte Speisen: Blunzentascherl in Biervinaigrette, Tiroler Bierschaumsuppe, Schweinsbraten in Biersauce, Verhackertes Lamm in Bierteig. (Zum Einsatz kommen nur frische Produkte, die teilweise von den heimischen Bauern stammen.) 100 Sitzplätze im Lokal, 60 Sitzplätze im Gastgarten mit altem Baumbestand und auf der Terrasse, Kinderspielplatz.

AURACH

HALLERWIRT

6371 Aurach, Oberaurach 4, +43/5356/64502
www.hallerwirt.at

ÖFFNUNGSZEITEN Mi-So: 11:30 bis 23:30 Uhr

FASSBIER Augustinus, Huber Bräu Biere – St. Johanner Original,

Huberbräu Meisterpils, Huberbräu Zwickl, Tiroler Hefeweizen
FLASCHENBIER Huber Hefeweizen Hell/Leicht/Alkoholfrei, Huber Meisterpils, Tiroler Hefeweizen Dunkel, Clausthaler
LOKAL Gasthaus seit 1785 in einem der größten und ältesten Holzblockhäuser im Raum Kitzbühel – steht unter Denkmalschutz und kommt auch immer wieder im Fernsehen vor (etwa bei SoKo Kitzbühel). Der Name Hallerwirt geht auf die Hallerischen Ahnen von 1665 zurück. Im Jahr 1720 heiratete Elisabeth Haller den Georg Filzer. Seitdem wurde der Besitz der Familie Filzer von Generation zu Generation weitergegeben, Monika (geborene Filzer) und Jürgen Stelzhammer führen die Familientradition seit 2002 weiter. Österreichische Küche, teilweise gibt es Produkte aus der eigenen Landwirtschaft, hier wird die Rinderrasse Jochberger Hummeln weitergezüchtet und bei Bedarf zu schmackhaften Speisen zubereitet. Je 90 Sitzplätze im Lokal und im Saal, 10 Plätze an der Bar, Terrasse: 50 Sitzplätze.

Hallerwirt

AXAMS

WEISS BAR RESTAURANT

6094 Axams, Sylvester-Jordan-Straße 1, +43/5234/65067 oder +43/650/2403743
www.restaurant-weiss.at
ÖFFNUNGSZEITEN Mo-Do: 11:00 bis 23:00 Uhr; Fr: 11:00 bis 2:00 Uhr; Sa: 16:00 bis 2:00 Uhr
FASSBIER Weihenstephan Weizen Hell, Zipfer Märzen, Gösser Radler
FLASCHENBIER Gösser Zwickl, Trumer Pils, Weihenstephan Alkoholfrei, Weihenstephan Dunkel, Zipfer Hell Alkoholfrei
LOKAL Wenn man in dieses Lokal kommt, empfängt einen zunächst eine moderne Bar, an der Zipfer gut gezapft wird. Und dann muss man sich entscheiden: Es gibt einen modernen Restaurantbereich und eine gemütliche mit hellem Holz getäfelte Stube, die man in einem so modernen Bau gar nicht erwarten wüde. Kulinarisch geboten werden vorwiegend Schmankerln aus heimischer Küche, vom Wirt Roland Riedmüller persönlich zubereitet, definiert als „österreichische Küche mit mediterranem Hauch". Er empfiehlt, den Aufenthalt in seinem Lokal zum „kulinarischen Kurzurlaub" zu nutzen. 30 Plätze an der Bar, je 35 in den beiden Restaurant-Bereichen.

BERWANG

HOTEL THANELLER – STADL BRÄU

6622 Berwang, Rinnen 38, +43/5674/8150
www.hotelthaneller.at
ÖFFNUNGSZEITEN Mo-So: 10:00 bis 00:00 Uhr
FASSBIER Stadl-Bräu Hell/Dunkel/Weizen
FLASCHENBIER Stadl-Bräu Hell/Dunkel/Weizen
LOKAL Urige Gasthausbrauerei, zu der Gäste busweise aus dem benachbarten Bayern anreisen. Die Ansprüche der bayerischen Biertrinker sind eine Garantie dafür, dass das Bier durchwegs okay ist. Man kommt aber nicht nur wegen des Bieres: Hier geht es um die Verbindung von Bier und Volksmusik. Die Wirts-Familie Zobl hat selber viele Musiker hervorgebracht und schafft es seit Jahren, eine bierige Stimmung zu vermitteln. Dazu kommt, dass der angeschlossene Beherbergungsbetrieb sich inzwischen zu einem tollen Wellness-Hotel gemausert hat. 280 Sitzplätze im Stadl, Restaurant: 260 Sitzplätze im Lokal, Bar: 25, Garten: 50 Sitzplätze.

GOING

LANZENHOF

6353 Going, Dorfstraße 16, +43/5358/3534
www.lanzenhof.at
ÖFFNUNGSZEITEN Mo-Sa: 10:00 bis 00:00 Uhr
FASSBIER Huberbräu Dunkelbier, Huberbräu Meisterpils, Huberbräu Weizenbier
FLASCHENBIER Huber Weizen leicht, Huber Weizenbier dunkel, Clausthaler, Franziskaner Alkoholfreies Weißbier
LOKAL Tradition und Gemütlichkeit stehen in den original gestalteten Holzstuben dieses im Jahr 1627 erstmals erwähnten Hauses hoch im Kurs. Es handelt sich um ein Hotelrestaurant mit feiner Küche (Bauernenten stehen jeweils am Wochenende auf der Karte) und Tiroler Brauchtum. Gleichzeitig ist es aber auch ein richtiges Wirtshaus, das auch die Leute aus der Nachbarschaft zu schätzen wissen. Ortsansässige Bauern wie zum Beispiel der Bichlbauer oder der Heisingerbauer garantieren als Lieferanten für einwandfreie Fleischqualität bei Blutwurstgröstl, Kalbshax'n oder Schöpsernem vom Tiroler Steinschaf, die Traditionsbrauerei Huber aus St. Johann liefert den Gerstensaft dazu. Wenn im Sommer dann in Going die traditionellen Handwerkskunstmärkte stattfinden, sind die ofenfrischen Schweinshax'n beim „Lanzen" besonders gefragt. 80 Sitzplätze im Lokal, 7 Plätze an der Bar, 35 Sitzplätze im Garten.

Lanzenhof

HAIMING

Oilers 69

OILERS 69

6425 Haiming, Bundesstraße 9, +43/5266/87410
www.oilers69.com
ÖFFNUNGSZEITEN Di-Do: 9:30 bis 00:30 Uhr; Fr-Sa: 9:30 bis 4:00 Uhr; So: 9:30 bis 00:00 Uhr
FASSBIER Fohrenburger, Maisel's Weisse, Radler
FLASCHENBIER American Bud, Budweiser, Corona, Desperados, Einhorn, Guinness, Heineken, Maisel's Weisse Alkoholfrei, Miller, Stiegl, Fohrenburger Alkoholfrei
LOKAL Originelles, 2008 eröffnetes Lokal, das an eine Service Station aus einem amerikanischen Roadside-Movie erinnert. Ein Rundgang durch dieses Roadhouse ist wegen des stylischen Ambiente lohnend, fast fühlt man sich in ein Auto-Museum versetzt, an jeder Ecke ist etwas zu entdecken. Amerikanische Speisekarte.

HALL IN TIROL

AUGUSTINER BRÄU KELLER

6060 Hall in Tirol, Unterer Stadtplatz 5, +43/5223/54621-0
www.goldener-engl.at
ÖFFNUNGSZEITEN Mo-Do: 10:00 bis 00:00 Uhr; Fr-Sa: 10:00 bis 1:00 Uhr; So: 10:00 bis 22:00 Uhr
FASSBIER Augustiner dunkles Vollbier, Augustiner Edelstoff, Augustiner helles Vollbier
FLASCHENBIER Augustiner Weizen, Erdinger Hefeweizen Alkoholfrei, König Ludwig dunkles Weizen
LOKAL Das Hotel und Restaurant Goldener Engl ist geprägt von einer langen Geschichte, die ihren Beginn um 1300 hat, als die Stadtmauer von Hall errichtet und ausgebaut wurde. Die mehr als 700 Jahre alten Mauern zeugen noch heute davon, dass dieses Hotel ein geschichtsträchtiger Ort ist. Der dazugehörige Augustiner Bräu Gewölbe Keller mit seiner langen Bar, freundlicher Bedienung bietet rund 100 Sitzplätze im Hauptrestaurant und 35 im Bierverlies.

HOLZGAU

STRICKERS DORF-ALM

6654 Holzgau, Nr. 71, +43/5633/5586
www.dorfalm.com
ÖFFNUNGSZEITEN Mi-Mo: 14:00 bis 1:00 Uhr, Dienstag Ruhetag
FASSBIER Eigenbier – Stricker Hell, Stricker Dunkel, Stricker Weizen
FLASCHENBIER Duvel, Franziskaner Weizen Alkoholfrei, Kaiser Fasstyp, Schloßgold
LOKAL Dieser imposante Holzbau beherbergt seit 1996 ein familiär geführtes, rustikales Erlebnislokal mit Getränkeschwerpunkt und der erwartbaren Mischung von Oldies, Volks- und Après-Ski-Musik. Zum Essen gibt's Bierbrezen, Toast, Braujause und manchmal Spareribs. Zudem gibt es seit Herbst 2008 eine eigene Hausbrauerei mit einer Dreher-Anlage, die inzwischen in ein (ebenso rustikales, aber innen technisch gut ausgestattetes) Nebengebäude verlegt wurde. Auf Anfrage gibt es auch Verkostungen und Brauereiführungen in diesem Braustadel. 80 Sitzplätze im Lokal, 12 an der Bar.

Strickers Dorf-Alm

HOPFGARTEN IM BRIXENTAL

OLD ENGLISH PUB SIX PENCE

6361 Hopfgarten im Brixental, Marktgasse 2
+43/5335/221052
www.de-de.facebook.com/sixpencepubhopfgarten
ÖFFNUNGSZEITEN Mo-So: 16:00 bis 2:00 Uhr
FASSBIER Guinness, Zipfer Märzen, Radler
FLASCHENBIER Heineken, Desperados, Franziskaner Alkoholfrei, Franziskaner Hefeweißbier
LOKAL Kleines, gemütliches Pub mit freundlichem Service im Appartmenthaus Brixental. Viel dunkles Holz und Ledersitze. 20 Plätze an Tischen. Immer wieder Live-Auftritte, man kann auch Darts und Wuzzler spielen. 30 Plätze an der Bar.

IGLS

ÄGIDIHOF

6080 Igls, Bilgeristraße 1, +43/512/377108
www.aegidihof.at
ÖFFNUNGSZEITEN Mo-So: 9:00 bis 23:00 Uhr
FASSBIER Zillertal Pils
FLASCHENBIER Paulaner Hefe Dunkel, Paulaner Hefe Hell, Zillertal Das Schwarze, Zillertal Märzen, Clausthaler
LOKAL Renommierter Landgasthof und Hotel aus dem Jahr 1600, sehr gepflegte Stuben mit viel Holz. Serviert wird unter anderem Schweinsbraten in Biersauce. 100 Sitzplätze im Lokal, 40 Sitzplätze im Garten.

INNSBRUCK

11ER HAUS

6020 Innsbruck, Herzog-Friedrich-Straße 11
+43/512/582875
www.innsbruckplus.at/elferhaus
ÖFFNUNGSZEITEN Mo-So: 10:00 bis 2:00 Uhr
FASSBIER Wieselburger Spezial, Diesel (Wieselburger mit Doppelmalz), Franziskaner Weißbier, Gösser Zwickl, Kaiser Doppelmalz, Kaiser Sport Radler, Mohren Bockbier
FLASCHENBIER Corona, Gösser Naturgold, Heineken, Zipfer Urtyp, Beck's Blue Alkoholfrei, Beck's Green Lemon, Budweiser Budvar, Chimay Grande Réserve, Desperados, Eggenberger Urbock, Erdinger Alhoholfrei, Franziskaner Hefeweizen Dunkel, Grieskirchner Pils, Grolsch Premium, Guinness, Hirter Bio Hanfbier, Hirter Morchl, Hirter Privat Pils, Hoegaarden Bière blanche, Leffe Blonde, Liefmans Fruitesse, Lindemans Framboise, Lindemans Kriek, Lindemans Pecheresse, Mohren Pfiff, Murauer Märzen, Samichlaus, San Miguel, Schneider Weisse Aventinus, Stiegl Goldbräu, Tiroler Bier naturtrüb, Wieselburger Stammbräu
LOKAL Hier gibt es viel zu schauen, nicht nur, weil das Lokal direkt beim meistbesuchten Wahrzeichen Innsbrucks, dem Goldenen Dachl, liegt. Drinnen gibt es auch eine beachtliche Sammlung von emaillierten Bierwerbeschildern. Es gibt eine große Bar im Eingangsbereich – und als Sitzgelegenheiten unter anderem nachgebaute Chorstühle vom Kloster Wilten. Populär bei Studenten ebenso wie bei vielen Touristen, denen unter anderem vegane Speisen angeboten werden. In jedem September wird Oktoberfest mit Münchner Bier gefeiert. Sehr hoher Standard im Angebot und im Service, das unsere anonymen Tester bei jedem Besuch mit Freundlichkeit empfangen hat; kein Wunder, dass das 11er Haus schon 2002 als Tiroler Bierlokal des Jahres ausgezeichnet worden ist. 120 Sitzplätze, im Garten 40 Sitzplätze.

11er Haus

ADLERS BAR

6020 Innsbruck, Brunecker Straße 1, +43/512/563100
www.adlers-innsbruck.com
ÖFFNUNGSZEITEN So-Do: 8:00 bis 00:00 Uhr; Fr-Sa: 8:00 bis 1:00 Uhr
FASSBIER Gösser Zwickl Dunkel, Weihenstephaner Weizen Hell, Zipfer Urtyp, Gösser Naturradler
FLASCHENBIER Heineken, Hofbräu Kaltenhausen 1475 Pale Ale, Hofbräu Kaltenhausen Kellerbier, Weihenstephaner Dunkel, Gösser Naturgold
LOKAL Vielleicht der schönste Aussichtspunkt von Innsbruck: Hoch über der Stadt ist diese Hotelbar im obersten Stockwerk eine Sehenswürdigkeit für sich. Bei Tag strahlend hell, abends bunt beleuchtet. Perfektes Service – und eine für eine Hotelbar bemerkenswert gute Bierauswahl. 60 Plätze im Lokal, 20 an der Bar.

Adlers Bar

BIERSTINDL – KULTURGASTHAUS

6020 Innsbruck, Klostergasse 6, +43/512/580000
www.bierstindl.eu
ÖFFNUNGSZEITEN Mo: 10:00 bis 00:00 Uhr; Mi-So: 10:00 bis 00:00 Uhr
FASSBIER Augustiner Edelstoff Hell, Augustiner Vollbier Hell
FLASCHENBIER Augustiner Dunkel, Augustiner Pils, Augustiner Weissbier, Clausthaler, Erdinger Weißbier Alkoholfrei
LOKAL Kulturgasthaus mit großem Biergarten im südlichen Stadtteil Wilten am Fuß des Bergisel. Mit der ersten urkundlichen Erwähnung 1641 einer der ältesten Betriebe in diesem Guide – 2014 frisch renoviert und mit seiner Open-Air-Bühne wieder dem Publikum zugänglich gemacht. Dies ist eine Leistung der Edith-Haberland-Wagner-Stiftung, die als Haupteigentümerin der Augustiner Brauerei in München auch kulturelle Aufgaben übernimmt. Der Name Bierstindl dürfte sich auf einen der ersten Wirte namens Augustin Nocker, vulgo „Stindl“, zurückführen lassen. Die Inneneinrichtung wurde teilweise nach Originalentwürfen des 19. Jahrhunderts wiederhergestellt – besonders sehenswert der Saal mit der Bühne und der Schankbereich. 520 Plätze im Lokal, 200 im Biergarten.

BIERWIRT

6020 Innsbruck, Bichlweg 2, +43/512/342143
www.bierwirt.com
ÖFFNUNGSZEITEN Mo-Fr: 11:30 bis 13:45 Uhr, 17:00 bis 00:00 Uhr; Sa: 17:30 bis 00:00 Uhr
FASSBIER Tiroler Bier (Hausbrauerei Baumgartner), Erdinger Urweisse, Radler, Stiegl-Goldbräu, Clausthaler
FLASCHENBIER Zillertaler Gamsbock, Zipfer Märzen, Erdinger Alhoholfrei

LOKAL Der Bierwirt ist ein originales, aufwendig renoviertes Tiroler Wirtshaus aus dem 16. Jahrhundert mit einer schönen Bar, wo sich im Herrgottswinkel gleich unter dem Kruzifix eine geschnitzte Figur eines Bierwirten befindet. Sehr freundliches Service. Gemütliche Bauernstube, eleganter Speisesaal. Bierige Spezialitäten wie die Alpbachtaler Biersuppe finden sich immer wieder auf der wechselnden Speisekarte oder Schmankerl wie die Bierwirt Tris – Schlutzkrapfen, Kartoffelblattl'n und Zillertaler Kaskrapfen mit Sauerkraut. 250 Sitzplätze im Lokal, 20 Plätze an der Bar, Garten: 120 Plätze.

BRETTERKELLER

6020 Innsbruck, Viller Berg 1, +43/664/4819866
www.gasthaus-bretterkeller.at
ÖFFNUNGSZEITEN Mo-So: 10:00 bis 22:00 Uhr
FASSBIER Zipfer Märzen, Gösser Naturradler, Zipfer Hell Alkoholfrei
FLASCHENBIER Weihenstephan Weißbier Hell und Dunkel, Zipfer Märzen, Weihenstephan Alkoholfrei
LOKAL Kleine, abgelegene, aber überraschend gut besuchte Bierbar am Innsbrucker Stadtrand. Könnte an den preiswerten und schmackhaften Tiroler Gerichten liegen. 25 Plätze im Lokal, 4 an der Bar.

BURENWIRT „ZUM HEURIGEN"

6020 Innsbruck, Dorfgasse 9, +43/650/9830016
www.facebook.com/pages/Burenwirt/356404061112514
ÖFFNUNGSZEITEN Mo: 16:00 bis 00:00 Uhr; Mi-Fr: 16:00 bis 00:00 Uhr; Sa: 12:00 bis 00:00 Uhr; So: 10:00 bis 00:00 Uhr

Burenwirt „Zum Heurigen"

FASSBIER alle 2 Monate eine wechselnde Spezialität, z.B. Starobrno, Edelweiss Hofbräu, Zipfer Urtyp
FLASCHENBIER Bayreuther Hell, Bierol – Stegi Honig-Saison, Bytow Lager, Edelweiss Alkoholfrei, Gösser Kracherl Zitrone, Gösser Naturgold, Gösser Naturradler, Reininghaus Jahrgangspils, Wieselburger Schwarzbier, Zipfer Hell Alkoholfrei, Zipfer Märzen, Zipfer Pale Ale
LOKAL Dieses im nördlichen Stadtteil Hötting gelegene Gasthaus pflegt einen einfachen, unkomplizierten Stil in einem urigen alten Ambiente – und gilt (auch wenn es sich dem Namen nach um einen „Heurigen" handelt) als guter Platz, ein Bier in fast ländlicher Umgebung und doch in der Stadt zu genießen. Was nur Insider wissen, weil es nicht an die große Glocke gehängt wird: Beim Burenwirt gibt es auf Nachfrage auch Craftbiere. Marcus „Stegi" Stegmayr und der aus Belgien stammende Innsbrucker Craftbier-Guru Robby Haesebrouck haben etwa bei Bierol ein „Stegi" Bier entwickelt, das es hier (ziemlich exklusiv) aus der Flasche gibt. Die dazu servierten Speisen sind deftig und wohlschmeckend. 100 Plätze in drei Stuben.

DOLLINGER

6020 Innsbruck, Haller Straße 7, +43/512/267506
www.dollinger.at
ÖFFNUNGSZEITEN Mo-Sa: 7:00 bis 00:00 Uhr; So: 7:00 bis 22:00 Uhr

Dollinger

FASSBIER Edelweiss Hefetrüb, Gösser Naturradler, Gösser Zwickl, Weihenstephan Hefeweizen Hell, Zipfer Märzen, Zipfer Radler
FLASCHENBIER Guinness, Gösser Naturgold, Weihenstephaner Dunkel, Wieselburger Schwarzbier, Zipfer Märzen
LOKAL In diesem aufgrund der auffälligen roten Fassade weithin sichtbaren Dreisternhotel befindet sich eine große Bierbar, an der der Chef selber für die Bierpflege zuständig ist. Alle Biere sind auf der Karte gut beschrieben. 60 Plätze, 15 an der Bar, 25 im Garten.

GASTHAUS ANICH

6020 Innsbruck, Anichstraße 15/ Fallmerayerstraße 8 +43/512/570450
stift-wilten.at/de/index/48-gasthaus-anich
ÖFFNUNGSZEITEN Mo-Sa: 9:00 bis 00:00 Uhr
FASSBIER Tiroler Bier (Privatbrauerei Baumgartner)
FLASCHENBIER
LOKAL Eines der ältesten „echten" Gasthäuser der Innenstadt ist dieses zum Stift Wilten gehörende Lokal, das seit einigen Jahren von Familie Kleewein als Gasthaus Anich geführt wird – mit liebenswürdigen Anklägen an die gute alte Zeit, als etwa die Suppe noch bei Tisch in den Suppenteller geleert wurde. Gelungene Mischung aus traditionellen Bauernstuben

und modernen architektonischen Noten. Bemühtes Service und gute Bierpflege. Mittags gibt es preiswerte Menüs – da ist Reservierung empfohlen! 50 Plätze im Lokal.

GASTHAUS SPITZBUA

6020 Innsbruck, Reut-Nicolussi-Straße 12, +43/512/344488
www.spitzbua.net
ÖFFNUNGSZEITEN Mi-Sa: 11:00 bis 14:30 Uhr, 17:00 bis 22:00 Uhr; So: 11:00 bis 22:00 Uhr

Gasthaus Spitzbua

FASSBIER Tyroler (Zillertaler Bier aus Tiroler Fisser-Gerste), Zillertaler Märzen, Zillertaler Weißbier, Radler süß/sauer
FLASCHENBIER Zipfer Märzen, Clausthaler, Paulaner Alkoholfrei, Zipfer Alkoholfrei
LOKAL Dieses Lokal stellt eine gastronomische Bereicherung für den Stadtteil Reichenau dar: bodenständige Kost gut zubereitet, dazu Bier aus dem Zillertal – dementsprechend ein beliebter Treffpunkt in der sonst eher unwirtlichen Nachbarschaft. 40 Plätze im Lokal, 25 im Schanigarten.

GLORIOUS BASTARDS INNSBRUCK

5020 Innsbruck, Egger-Lienz-Straße 118, +43/512/319192
glorious-bastards.at/innsbruck
ÖFFNUNGSZEITEN Mo-Do: 11:30 bis 00:00 Uhr; Fr-Sa: 11:30 bis 1:00 Uhr; So: 9:00 bis 22:00 Uhr
FASSBIER 14 Raschhofer Spezialitäten
FLASCHENBIER Corona, Gusswerk Bio Austrian Amber Ale, Stiegl Freibier, Bierol Mountain Pale Ale, Brew Age Affenkönig, Brew Dog Punk IPA, Brewdog Dead Pony, Duchesse de Bourgogne, Eggenberg Samichlaus, Engelszell Benno, Hoegaarden Blanche, Huyghe – Delirium Tremens, La Trappe Quadrupel, Leffe Blonde, Liefmans Yell'oh, Lindemans Framboise, O'Hara's Irish Red Ale, Sakiskiu Coconut Milk Stout, Samuel Smith Strawberry, Stiegl Paracelsus Glutenfrei, Stiegl Sport-Weisse, Stiegl Wildshuter Sortenspiel, Trumer Hopfenspiel, Trumer Pils
LOKAL Das neue Glorious Bastards – am Standort der bekannten Soulkitchen – vereinigt die Konzepte von Pizza-Guru Guido Medeot aus Italien, BBQ-Ikone Kasper Stuart aus Amsterdam und den Bierspezialitäten der Innviertler Brauerei Raschhofer. Im Lokal werden die drei selbsternannten Bastarde als „The Baker", „The Butcher" und „The Brewer" gefeiert. Frisch vom Fass gibt es 14 verschiedene Bierspezialitäten, darunter das Raschhofer Zwickl, das 2019 den European Beer Star Award in Gold gewonnen hat. Sonntags-Brunch von 9:00 bis 13:00 Uhr (rechtzeitig reservieren!). 120 Plätze im Lokal, 60 im Garten.

GÖSSER'S

6020 Innsbruck, Adolf-Pichler-Platz 3, +43/512/572629
www.goessers.at
ÖFFNUNGSZEITEN Mo-Do: 9:00 bis 1:00 Uhr; Fr-Sa: 9:00 bis 2:00 Uhr
FASSBIER Gösser Gold, Gösser Naturradler, Gösser Stiftsbräu, Gösser Zwickl Naturtrüb, Weihenstephaner Hefeweizen, saisonal: Oktoberbräu, Weihenstephaner Hefeweizen
FLASCHENBIER Corona, Desperados, Gösser Naturgold, Guinness, Heineken, Weihenstephaner Weizen Alkoholfrei
LOKAL Ein zentraler Treffpunkt für Innsbrucks Bierfreunde: Dieses in den Rathausgalerien gelegene Lokal ist beispielhaft für die moderne Seite der Gösser-Marke. Es verfügt über eine eindrucksvolle 15 Meter lange Bar aus Eichenholz. Kreative, feine Hausmannskost. Und für alle, die kein Bier mögen, gibt es eine lange Cocktailkarte. Freitags und samstags legt ein DJ ab 22.00 Uhr Hits von den 60er-Jahren bis heute sowie Hausmusik auf. 100 Sitzplätze, Garten: 110 Sitzplätze.

Gösser's

HAYMON

6020 Innsbruck, Haymongasse 4, +43/512/566800
riese-haymon.at
ÖFFNUNGSZEITEN Di-Fr: 15:00 bis 23:00 Uhr; Sa: 12:00 bis 23:00 Uhr; So: 12:00 bis 15:00 Uhr
FASSBIER Starkenberger HeimatBier, Zillertal Pils, Zillertal Tyroler Imperial Zwickl, Zillertaler Weißbier, Radler
FLASCHENBIER Starkenberger Bio Perle, Starkenberger SchlossBräu, Tiroler Bier Märzen, Tiroler Hefeweizen, Zillertal „Das Schwarze", Zillertal Weißbier Dunkel, Zillertaler Radler, Starkenberger Alkoholfrei
LOKAL Dieses Traditionshaus verdankt seinen Namen einer lokalen Sage von einem Riesen namens Haymon, der erst die Gegend unsicher gemacht hatte, dann getauft wurde und schließlich Wilten von einem Drachen befreit und das Kloster gebaut haben soll. Seit 2019 ist die Hausbezeichnung „Riese" weggefallen, geblieben ist eine behutsam renovierte Gaststätte, die sich der Pflege der Biere aus Tiroler Mittelstandsbrauereien widmet. 100 Sitzplätze in diversen Stuben, 100 im Kastaniengarten.

INNSIDE PILSPUB IM HOTEL MONDSCHEIN

6020 Innsbruck, Mariahilfstraße 6, +43/512/2278460
www.innside.at, www.facebook.com/innside.pilspub
ÖFFNUNGSZEITEN Mo-So: 18:00 bis 24:00 Uhr
FASSBIER Zillertal Pils
FLASCHENBIER breite Auswahl an Zillertal-Bieren, zudem Spezialitäten wie Franziskaner Weißbier hell, Stiegl Biere und Monatsbiere wie Hirschbräu Holzarbier, Thorbräu Hopfenzauber, Kilkenny oder Biere aus dem Brauhaus Gusswerk
LOKAL Ein paar Schritte vom Altstadtzentrum liegt jenseits der Innbrücke in der traditionellen ältesten Häuserzeile von Innsbruck neben dem Metropol-Kino eine mit gemauertem Ziegelgewölbe und Granitsäulen aus der Höttinger Brekzie bierig ausgerichtete Bar. Gelegentlich live Blues und Jazz, 80 Sitzplätze im Lokal, 20 an der Bar, 40 im Extraraum.

Innside Pilspub im Hotel Mondschein

KAPUZINER

6020 Innsbruck, Kaiserjägerstraße 4a, +43/512/585810
www.facebook.com/kapuziner6020
ÖFFNUNGSZEITEN Mo-Fr: 9:00 bis 1:00 Uhr; Sa: 18:30 bis 1:00 Uhr
FASSBIER Brauwerk Big Easy IPA, Ottakringer Helles, Ottakringer Citrus Radler
FLASCHENBIER Augustiner Edelstoff, Augustiner Helles, Paulaner Weizen Hell und Dunkel, Tegernseer Hell, Null Komma Josef, Paulaner Weizen Alkoholfrei
LOKAL Die beste Quelle für die Brauwerk-Biere aus Ottakring in Innsbruck liegt gegenüber dem Sowi-Gelände. Damit ist das Kapuziner auch ein Fixpunkt im Innsbrucker Studenten- und Künstlerleben. Innen ist die Bar künstlerisch ausgestaltet: warme Farben und damit die richtige Stimmung für Biergenuss. Immer wieder interessante Gastbiere. Ausgezeichnet als Tiroler Bierlokal des Jahres 2006. 50 Plätze, Bar: 15, Garten: 60.

KATER NOSTER

6020 Innsbruck, Leopoldstraße 7, +43/699/17164256
www.facebook.com/katernoster
ÖFFNUNGSZEITEN Mo: 16:00 bis 2:00 Uhr; Di-So: 11:00 bis 2:00 Uhr
FASSBIER Stiftungsbräu
FLASCHENBIER Astra Rotlicht, Bierol Mountain Pale Ale, Erdinger Alkoholfrei, Erdinger Dunkel, Erdinger Urweisse, Gösser Naturgold, Gösser Naturradler, Rothaus Tannenzäpfle Pils
LOKAL Seit 2017 gibt es diese weitläufige Bar mit dem schrägen Namen, der sich vom gestaltenden Architekturkollektiv „Krater Fajan" ableitet, das wiederkehrende Stilelemente (wie eben in einem Paternoster-Aufzug) verwendet hat. Schon im ersten Jahr gab es 88 Punkte im Falstaff Café Guide, weil die Location tagsüber mehr Kaffeehausatmosphäre, nachts aber definitiv mehr Bargefühl vermittelt. Gut gezapftes Bier aus der Stiftungsbrauerei – traditionell wird von der Brauerei pro verkauftem Liter dieses Bieres ein Cent für wohltätige Zwecke gespendet. 100 Plätze, zusätzlicher Keller für Events.

KRAHVOGEL

6020 Innsbruck, Anichstraße 12, +43/512/580149
www.krahvogel.at
ÖFFNUNGSZEITEN Mo-Sa: 10:00 bis 2:00 Uhr
FASSBIER Kaiser Doppelmalz, Franziskaner Weißbier, Gösser Naturradler, Guinness, Hoegaarden, Kaiser Zwickl, König Ludwig Weißbier Dunkel, Leffe Brune, Mohrenbräu, Wieselburger Spezial
FLASCHENBIER Aventinus Schneider Weisse, Beck's Blue Alkoholfrei, Budweiser, Corona, Desperados, Erdinger Weißbier Alkoholfrei, Franziskaner Hefeweizen Dunkel, Heineken, Hirter Privat Pils, Wieselburger Stammbräu
LOKAL Seit Jahrzehnten eine Top-Adresse für gutes und nicht alltägliches Bier im Westen Österreichs – und dazu werden auch passende Speisen angeboten: etwa Muscheln mit Hoegaarden Bier und eine Vielzahl von Wraps. Die lange Bar erleichtert die Kommunikation. Das Krahvogel verdiente sich schon im Jahr 2000 den ersten Platz im Bierguide für das Land Tirol. Am Nachmittag kann man hier sehr entspannt sitzen, abends ist es eher voll und gelegentlich laut – ab und zu gibt es hier Livemusik. 150 Plätze, kleiner Innenhof-Garten und Schanigarten auf der Anichstraße: 40.

RÖSSL BAR

6020 Innsbruck, Kiebachgasse 8, +43/512/583057
www.roessl.at
ÖFFNUNGSZEITEN Mo-Sa: 8:00 bis 00:00 Uhr; So: 10:00 bis 22:00 Uhr
FASSBIER Vilser
LOKAL Für die Rössl-Bar wurden in dem 1410 erstmals erwähnten Hotelbau alte Gewölbe freigelegt, das seit 1600 dem

Gastgewerbe gedient hat. Die Rössl-Bar zeichnet sich durch besondere Gediegenheit und durch ein sehr freundliches Service aus. Die Biervielfalt ist auf das Vilser Bier beschränkt, für das die Rössl-Bar quasi die Botschaft in der Landeshauptstadt darstellt. 50 Plätze, fünf an der Bar.

STAGE 12

6020 Innsbruck, Maria-Theresien-Straße 12
+43/512/312312
www.stage12.at
ÖFFNUNGSZEITEN Mo-Do: 11:00 bis 1:00 Uhr; Fr-Sa: 11:00 bis 2:00 Uhr; So: 11:00 bis 00:00 Uhr
FASSBIER Zillertal Märzen
FLASCHENBIER Bierol Mountain Pale Ale, Zillertal Pils, Zillertal Tyroler Zwickl, Zillertal Weißbier Hell, Schloss Thalheim Pils
LOKAL In diesem Hotel ist alles durchdesignt, nicht nur die Bar – und das nicht nur formal originelle, sondern mit viel Ironie politisch hintergründig aufgeladene Corporate Design hat der gestaltenden Innsbrucker Werbeagentur „Icarus creativ" sogar einen Preis beim international renommierten Joseph Binder Award eingetragen. Bartender Kostas Karvounis gehört zu den Besten seines Fachs und serviert gern auch ein Zillertaler oder Bierol Bier.

STIEGL-BRÄU

6020 Innsbruck, Wilhelm-Greil-Straße 25, +43/512/575310
www.stiegl-braeu-innsbruck.at
ÖFFNUNGSZEITEN Mo-Mi: 10:00 bis 1:00 Uhr; Do-Sa: 10:00 bis 2:00 Uhr

Stiegl-Bräu

FASSBIER Stiegl Pils, Stiegl-Columbus Pale Ale, Stiegl-Goldbräu, Stiegl-Paracelsus Zwickl, Stiegl-Weisse Naturtrüb, Stiegl-Radler Grapefruit, Stiegl-Radler Zitrone, Original Stieglbock (Nov.-Dez.), Stiegl Freibier, Stiegl Sport-Weisse
FLASCHENBIER Stiegl-Hausbiere, Stiegl-Paracelsus Glutenfrei, Franziskaner Weißbier Dunkel
LOKAL Seit den 1930er-Jahren ist dieses Lokal schräg gegenüber vom Landhaus das Aushängeschild der Stieglbrauerei in Innsbruck, seit 2012 untersteht es direkt der Brauerei. Daher gibt es hier eine gut kommentierte Bierkarte und ein einladendes Ambiente sowohl für ein Bier „zwischendurch" als auch als Speiselokal, in dem die bodenständige Küche und das breit gefächerte Bierangebot gut zusammenspielen. Im Bräustüberl wird Hausmannskost serviert, während im Stieglitz, der Bierbar, unter anderem kreative Biercocktails auf der Karte stehen. 170 Plätze, im Garten 60 Plätze.

STIFTSKELLER

6020 Innsbruck, Stiftgasse 1, +43/512/570706
www.stiftskeller.eu
ÖFFNUNGSZEITEN Mo-So: 10:00 bis 00:00 Uhr
FASSBIER Augustiner Edelstoff, Augustiner Vollbier Hell
FLASCHENBIER Augustiner Weißbier, Clausthaler, Erdinger Weisse Alkoholfrei, saisonal: Augustiner Vollbier Hell, Oktoberfest Bier, Maximator, Heller Bock
LOKAL 1765 wurde in diesem Anbau der Hofburg ein adeliges Damenstift zum Gedenken an Franz Stephan von Lothringen eingerichtet. Dessen Stallungen wurden 1930 von Clemens Holzmeister zu einer Gaststätte umgestaltet – nach einer Renovierung ist dieses Lokal nun die Innsbrucker Ausschankstätte des Münchner Augustinerbräu. Holzmöbel und Augustiner Bierkrüge (die man als Souvenir kaufen kann) sorgen für den bierigen Teil des Ambientes, Heiligenfiguren erinnern daran, dass das Stift in den oberen Stockwerken immer noch besteht. Und im Bereich der Bar wurden Teile der alten Stadtmauer freigelegt. Tiroler Bierlokal des Jahres 2009. Herz, was willst Du mehr? Zum Beispiel: Augustiner Pils – dieses fehlt erstaunlicherweise im Angebot. 800 Plätze in verschiedenen Sälen, 200 im Garten.

THE GALWAY BAY

6020 Innsbruck, Kaiserjägerstraße 4, +43/512/251541
de-de.facebook.com/galwaybayinnsbruck
ÖFFNUNGSZEITEN Mo-Do: 17:00 bis 1:00 Uhr; Fr-Sa: 17:00 bis 2:00 Uhr; So: 17:00 bis 00:00 Uhr
FASSBIER Guinness, Kinnegar Devil's Backbone Amber Ale, Kinnegar Scraggy Bay IPA, Paulaner Weisse Hell
FLASCHENBIER Beck's, Beck's Gold, Berry, Birne, Corona, Heineken, Kinnegar Crossroads IPA, Kinnegar Devil's Backbone Amber Ale, Kinnegar Limeburner Pale Ale , Kinnegar Rustbucket Rye Ale, Kinnegar Scraggy Bay IPA, Kinnegar Yannaroddy Porter, Paulaner Weizenbier Alkoholfrei, Stiegl Goldbräu, Tegernseer Hell
LOKAL Ein Klassiker unter den österreichischen Irish Pubs – neuerdings mit einem wechselnden Angebot an irischen Craftbieren. Allzuviel Hektik sollte man hier nicht mitbringen – dass man an der Bar gelegentlich länger auf das Service

warten muss, hängt vielleicht damit zusammen, dass die Stadt Galway weit im Westen der irischen Insel liegt, wo man wesentlich gemütlicher unterwegs ist als hierzulande. Jeden Donnerstag gibt es in der Kellerbar eine Open-Mike-Night. 60 Sitzplätze, 28 Plätze an der Bar.

THE SHAKESPEARE

6020 Innsbruck, Viaduktbogen 80, +43/699/19174953
www.facebook.com/shakespeare.innsbruck
ÖFFNUNGSZEITEN Mo: 19:00 bis 1:00 Uhr; Mi-Do: 19:00 bis 1:00 Uhr; Fr-Sa: 19:00 bis 4:00 Uhr; So: 19:00 bis 00:00 Uhr
FASSBIER Guinness, Zipfer Märzen
FLASCHENBIER Auxburg City Brewery – Santa Muerte, Dorothy Goodbody's Glorious IPA, Edelweiss Alkoholfrei, Heineken, Kilkenny, Mc Mallow, O'Hara's Irish Pale Ale, O'Hara's Irish Red Ale, Paulaner Weizenbier, Schneider Weisse, Thorbräu Celtic, Wieselburger Stammbräu, Zipfer Hell Alkoholfrei
LOKAL In einem der Viaduktbögen gegenüber der Innsbrucker Messe befindet sich dieses kleine, sehr gemütliche Irish Pub, in dem man auch zu später Stunde freundlich bedient wird. Viele Schilder von verschiedenen Biersorten und anderen Getränken zieren die Wände. Im Lokal selbst gibt es einen „Raum im Raum", der über eine Stiege erreichbar ist und etwa 25 Leuten Platz bietet. Neben den zahlreichen Biersorten gibt es auch Kleinigkeiten wie z.B. Toast, Ciabattas, Knoblauchbrot zu essen. Die Musik ist in angenehmer Lautstärke und jeden Montag gibt es live Musik ab 20.00 Uhr. 50-60 Plätze, 8 an der Bar.

TRIBAUN

6020 Innsbruck, Museumstraße 5, +43/660/6027330
www.tribaun.com
ÖFFNUNGSZEITEN Mo-Do: 17:00 bis 2:00 Uhr; Fr-Sa: 17:00 bis 4:00 Uhr
FASSBIER 16 wechselnde Fassbiere, z.B. Bierol: The Padawan, My Name is Wuhan, Upgrade, Mountain Pale Ale, Blechää, Snowballs, Bierol/Hoppebräu: Hammertime 2.0 ...
FLASCHENBIER Lambic Beer, Lindemans Geuze
LOKAL Robby Haesbrouck ist gebürtiger Belgier, hat in Salzburg das Alchimiste Belge mit aufgebaut und ist mit dem Tribaun ein Verfechter der Tiroler Bierkultur geworden, die er mit dem Fest „Tirolischbieroans" in seinem Lokal zu einem Höhepunkt geführt hat. Beim Tribaun handelt es sich um eine 300 Quadratmeter große Craftbier-Bar in einer Seitengasse der Museumstraße. An der 15 Meter langen Schank werden 20 sonst schwer erhältliche Biere gezapft, wobei österreichische kreative Kleinbrauereien im Vordergrund stehen. Die jeweilige Bierauswahl kann man am Bildschirm ablesen, das Angebot wechselt auch im Lauf des Abends. Auf Facebook oder der Website findet man eine App, damit man „in real time" sehen kann, was gerade gezapft wird. Es gibt handwerklich hergestellte Biere aller Richtungen, besonders erwähnenswert ist die Auswahl an Gueuze und Lambics. Zum Bier angeboten werden hausgemachte Pizzen – und Live-Musik an Dienstagabenden. Jeden Sonntag Pubquiz. Angeschlossen ist auch ein Shop-Bereich für Biere zum Mitnehmen (wer die Flaschen im Lokal trinken will, zahlt einen kleinen Aufpreis.) 100 Plätze, Bar: 25, Garten: 40.

ZAPPA – MUSIC BAR

6020 Innsbruck, Rechengasse 5, +43/699/10105180
+43/699/15810570
www.zappa.at
ÖFFNUNGSZEITEN Mo-So: 18:00 bis 2:00 Uhr

Zappa Music Bar

ZAPPA
MUSIC BAR
RECHENGASSE 5 ★ INNSBRUCK
18-02 UHR ★ BEST IN THE WEST

FASSBIER Zappa Goldfassl Pils, Augustiner Helles, monatlich ein neues Hausbier, diverse Saisonbiere, Radler süß & sauer
FLASCHENBIER Augustiner Edelstoff, Corona extra, Desperados, Engel Aloisius, Fohrenburger Jubiläum, Franziskaner Premium Naturtrüb, Guinness Stout (Dose), Hacker Pschorr Bügelverschluss, Heineken Premium Lager, Hirter Privat Pils Mac Mallow, Mohren Pfiff, Mohren Spezial, Null Komma Josef, Paulaner naturtrüb, Schneider Weisse Alkoholfrei, Thorbräu – Augsburger Weisse
LOKAL Das Zappa ist eine Studentenkneipe in einer musikdurchfluteten Kellerbar, erreichbar durch einen Hauseingang beim Internationalen Studentenhaus. Monatlich gibt es ein neues Hausbier, mit dem jeweiligen Austrinken am Monatsletzten – und wer bei der letzten Bestellung des jeweiligen Stiegl-Hausbieres (Jänner = Lagerfeuer) dabei ist, bekommt jeweils 1 x 0,75 l Flasche Hausbier (Lagerfeuer) zum Mitheimnehmen. Die Flaschenbierauswahl kann sich sehen lassen – sie ist weit größer als die gedruckte Bierkarte zeigen kann, daher am Besten nach Craftbier fragen. Hier ist jeden Tag etwas los, z.B. Montag ist Spieleabend, Dienstag ist „cocktail session" und Freitag ist „Friday On my Mind". Diverse Feste wie das Rocktoberfest. Und wer Stammgast ist, bekommt eine Zappa Member Card. 100 Plätze, Bar: 10.

ISCHGL

FEUER & EIS BAR/LOUNGE
6561 Ischgl, Silvrettaplatz 4, +43/5444/5918
www.adler-ischgl.at
ÖFFNUNGSZEITEN Mo-So: 14:00 bis 2:00 Uhr

Feuer & Eis Bar/Lounge

FASSBIER Stiegl Pils, Augustiner Hell, Franziskaner Hefeweizen, Radler
FLASCHENBIER Heineken, Beck's, Corona, Desperados, Franziskaner Hefeweizen Alkoholfrei
LOKAL Après-Ski-Bar auf mehreren Ebenen, freundliche Bedienung an der Bar, gut gezapftes Augustiner Bier aus München. Abends ziemlich voll.

GOLDEN EAGLE PUB
6561 Ischgl, Kirchenweg 19, +43/699/13201112
www.golden-eagle.at
ÖFFNUNGSZEITEN Mo-So: 20:00 bis 2:00 Uhr
FASSBIER Franziskaner, Guinness Stout, Hirter Pils, Kilkenny, Löwenbräu Lager, Starkenberger Gold Lager
FLASCHENBIER Beck's, Brewdog Punk IPA, Corona, Desperados, Duvel Moortgart, Erdinger Alkoholfrei, Erdinger Dunkel, Franziskaner, Gösser Zwickl Naturtrüb, Heineken, Kaiser Fasstyp, Leffe Blonde, Leffe Brune, Orval, Pilsner Urquell, Stella Artois, Stiegl, Westmalle Dubbel, Westmalle Tripel, Wieselburger (Bügelflasche), Wieselburger Schwarzbier (Bügelflasche)
LOKAL Das Golden Eagle Pub liegt im Zentrum von Ischgl unterhalb der Kirche. Seit vier Jahrzehnten „die" Musik- und Bierbar von Ischgl. Kann abends recht laut werden, aber das ist oft das, was die Gäste unter „gemütlich" verstehen. Das Team um Klausi und Christine serviert immer gutes Bier – und das Publikum weiß zu schätzen, dass es hier auch Trappistenbier (zwei Sorten von Westmalle), böhmisches Pilsner, bayerisches Weißbier und natürlich irisches Stout (das Motto „A Guinness A Day Keeps The Doctor Away" hängt an der Wand) gibt.

TROFANA ALM
6561 Ischgl, Nr. 266, +43/5444/601
www.trofana-alm.at
ÖFFNUNGSZEITEN Mo-So: 15:00 bis 1:00 Uhr
FASSBIER Edelweiss Hofbräu, Gösser Naturradler, Kaiser Premium, Veltins Pils
FLASCHENBIER Edelweiss Dunkel, Heineken, Kaiser Doppelmalz, Edelweiss Alkoholfrei
LOKAL Hier herrscht uriger Tiroler Stil der Art „Die erste Pflicht der Musensöhne ist, dass man sich ans Bier gewöhne" oder mit erogenen Fürbitten der Art „Hopfen und Malz erleichtern die Balz, Gott erhalt's". Die Mitarbeiter des Hauses haben eine spezielle Schulung in Sachen Bier. Ca. 300 Sitzplätze im Lokal.

KIRCHDORF IN TIROL

GASTEIGER JAGDSCHLÖSSL
6382 Kirchdorf in Tirol, Gasteiger Straße 57, +43/5352/64532
www.jagdschloessl.at
ÖFFNUNGSZEITEN Mo-So: 7:30 bis 00:00 Uhr
FASSBIER Huber Bräu Original
FLASCHENBIER Huber Bräu, Tiroler Hefeweizen
LOKAL Viersternehotel mit gehobener Küche und dem Anspruch, das Bier aus der regionalen Brauerei Huber in St. Johann in entsprechender Qualität zu kredenzen. Wildspezialitäten aus dem eigenen Revier und der Kaiserjagd. 60 Plätze.

GRIESNERALM
6382 Kirchdorf in Tirol, Kaiserbachtal 6, +43/5352/64443
www.griesneralm.com
ÖFFNUNGSZEITEN Mo-So: 7:00 bis 00:00 Uhr
FASSBIER Huber Bräu Original, Tiroler Hefeweizen
FLASCHENBIER Huber Bräu Dunkel
LOKAL Ausflugslokal auf 1.024 Meter Seehöhe. Gemütliche Gaststuben und eine große Sonnenterrasse mit Blick auf das Bergmassiv des Wilden Kaisers laden zum Verweilen ein. 200 Plätze und Terrasse mit ebenfalls 200 Plätzen.

KITZBÜHEL

Hagstein

HAGSTEIN
6370 Kitzbühel, Hagsteinweg 95, +43/5356/65216
www.gasthof-hagstein.at
ÖFFNUNGSZEITEN Mo-So: 11:00 bis 21:00 Uhr
FASSBIER St. Johanner Original
FLASCHENBIER Huber Weisses Original/Leicht, Erdinger Weißbier, Erdinger Weißbier Alkoholfrei, Clausthaler
LOKAL Ausflugsrestaurant über Kitzbühel gelegen mit Blick auf Hahnenkamm und Hohe Tauern, mit urigen Bauernstu-

ben. Eigene Landwirtschaft und Metzgerei, fallweise gibt's Bierkraut oder Spanferkel in Biersauce. 140 Sitzplätze im Lokal, Terrasse: 140 Sitzplätze.

Huber-Bräustüberl

HUBER-BRÄUSTÜBERL

6370 Kitzbühel, Vorderstadt 18, +43/5356/65677
ÖFFNUNGSZEITEN Mo-Sa: 8:30 bis 00:00 Uhr; So: 10:00 bis 00:00 Uhr
FASSBIER Huber Augustinus, Huber Bräu Hell
FLASCHENBIER Huber Bräu Weizenbiere, saisonal Huber Bock
LOKAL Ein einfaches Tiroler Wirtshaus ohne Schnickschnack (wie man ihn sonst in Kitzbühel häufig findet) – imposante Steinsäule im Gastraum, nette Bedienung an der Schank. 80 Sitzplätze im Lokal, 40 davor im Schanigarten.

STEUERBERG

6370 Kitzbühel, Bichlachweg 78, +43/5356/64887
www.steuerberg.eu
ÖFFNUNGSZEITEN Mo-So: 12:00 bis 16:00 Uhr, 18:00 bis 00:00 Uhr
FASSBIER Stiegl Pils, Egger Märzen, Huberbräu Märzen, König Ludwig Hefeweizen Dunkel
LOKAL Das seit rund 100 Jahren bestehende Lokal liegt, umgeben von saftigen Wiesen und dichten Wäldern, frisch herausgeputzt auf einer Anhöhe über dem Kitzbüheler Schwarzsee in der ursprünglichen Hochmoorlandschaft des Bichlachs und ist zum Treffpunkt für Einheimische und Promis am „Logenplatz von Kitzbühel" geworden. Die Küche bietet regionale und italienische Schmankerl. Bierwochen im Herbst. 70 Sitzplätz im Lokal, 30 im Stüberl, kleine Bar. Terrasse: 130 Sitzplätze.

THE LONDONER

6370 Kitzbühel, Franz Reisch Straße 4, +43/5356/71428
de-de.facebook.com/Londonerkitz
ÖFFNUNGSZEITEN Mo-So: 16:00 bis 4:00 Uhr
FASSBIER Stiegl-Goldbräu
FLASCHENBIER Beck's, Beck's Lemon, Corona extra, Erdinger, Franziskaner Weißbier Alkoholfrei, Guinness, Heineken, Stiegl-Pils, Clausthaler
LOKAL Ein Pub, in dem stets Partystimmung herrscht – und in dem Gäste wie Personal tatsächlich englisch sprechen. Es wurde 1976 vom englischen Musikmanager und Clubbesitzer Rik Gunnell (in seinen Londoner Lokalen verkehrten Louis Armstrong, The Who und die Rolling Stones) und seiner Tiroler Gattin Edith gegründet. Seit Riks Tod im Jahr 2007 wird das Lokal mit demselben Elan weitergeführt – ab und zu machen sich Skistars einen Spaß daraus, hier als Kellner auszuhelfen! 80 Sitzplätze im Lokal, 30 Sitzplätze an der Bar.

KUFSTEIN

BRÄUSTÜBERL KUFSTEIN

6330 Kufstein, Oberer Stadtplatz 5a, +43/664/75049435
www.braeustueberl-kufstein.at
ÖFFNUNGSZEITEN Mo-Fr: 10:00 bis 14:30 Uhr, 17:00 bis 23:00 Uhr; Sa: 10:00 bis 23:00 Uhr

Bräustüberl Kufstein

FASSBIER Alle Biere vom Hofbräu München
FLASCHENBIER Alle Biere vom Hofbräu München
LOKAL Das ehemals zur Egger Brauerei gehörende Bräustüberl ist nunmehr der Ankerpunkt des Hofbräuhaus München in Kufstein. Das Bayern-Thema wird aber nicht exzessiv inszeniert – der lokale Bezug soll erhalten bleiben. Was typisch für die Hofbräuhaus-Lokale ist: der Bierkrug-Safe mit reservierten Krügen für den Bürgermeister und den Pfarrer. 75 Sitzplätze im Lokal, 120 im Gastgarten.

EGGER'S

6330 Kufstein, Oberer Stadtplatz 5a, +43/5372/20327
www.bar-eggers-kufstein.at
ÖFFNUNGSZEITEN Mo-Fr: 11:00 bis 14:00 Uhr, 17:00 bis 23:00 Uhr, Sa: 11:30 bis 14:00 Uhr, 17:00 bis 23:00 Uhr
FASSBIER Erdinger Weizenbier
LOKAL Zentral gelegenes Lokal im Jugendstil-Bau auf dem Hauptplatz von Kufstein, von der Terrasse schöner Blick über Stadt und Festung. 75 Sitzplätze im Lokal, 35 Sitzplätze im Gastgarten.

HEMINGWAY BY FRISCHMANN

6330 Kufstein, Oskar-Pirlo-Straße 7, +43/664/75049435
www.hemingway.at
ÖFFNUNGSZEITEN Mo-Di: 17:00 bis 00:00 Uhr; Mi-Fr: 17:00 bis 1:00 Uhr; Sa: 17:00 bis 2:00 Uhr; So: 17:00 bis 00:00 Uhr

FASSBIER 1 Leitung wechselnde Bierol Biere, 1 Leitung wechselnde Brew Dog Biere, Bosteels Kwak, Guinness, Kilkenny
FLASCHENBIER ca. 30 internationale, wechselnde Spezialitäten, Große Auswahl an Belgischen Bieren
LOKAL Martin Frischmann hat diese stylische Bar und den gemütlichen Klubraum (mit Bibliothek!) 2016 im Kinocenter. Geboten werden Bierkulinarium und Craftbier-Verkostungen mit feinem Finger-Food. Sehr freundliche und bemühte Bedienung, die sich um die korrekte Präsentation der Biere bemüht. Jede Woche ein neues Bier zum Sonderpreis um € 3,00 je 0,3l – und jeden Tag um 17 Uhr Happy Hour. 100 Sitzplätze im Lokal, 30 an der Bar.

JOE'S PUB – IRISH LIFESTYLE

6330 Kufstein, Herzog-Stefan-Straße 3, +4375372/21095
www.joespub.at
ÖFFNUNGSZEITEN Mo-Fr: 17:00 bis 1:00 Uhr; Sa: 18:00 bis 1:00 Uhr
FASSBIER Guinness, Kellerbier – die neue Spezialität, Tegernseer Hell
FLASCHENBIER Beck's Alkoholfrei, Erdinger Weißbier Alkoholfrei, Flötzinger 1543 Hefeweisse, Gösser Naturgold, Kilkenny, Kuchlbauer Alte Liebe, Kuchlbauer Hefeweizen, Maxlreiner Alkoholfrei, Paulaner Weißbier Alkoholfrei, Zipfer
LOKAL Irgendwie „das große Wohnzimmer von Kufstein", dunkle Lamperie, helle Tischplatten – kleine Snacks (verschiedene Toastvariationen). 60 Sitzplätze plus 20 an der mit viel Zigeloptik gestalteten Bar und kleines Stüberl für gemütliche Runden sowie ein zusätzliches separates Lokal, „Die Kellerbar".

Joe's Pub – Irish Lifestyle

PURLEPAUS

6330 Kufstein, Unterer Stadtplatz 18, +43/5372/63633
www.purlepaus.at
ÖFFNUNGSZEITEN Mo-So: 11:00 bis 22:00 Uhr
FASSBIER Gösser Zwickl, Hofbräu München Weizen Hell, Zipfer Märzen, Gösser Naturradler. Saisonal angeboten werden Guiness, Schwarz Bier, IPA, Bockbier
FLASCHENBIER Maxlrainer Weiße, Maxlrainer leichtes Weissbier, Hofbräu München Dunkles Weißbier und alkoholfreies Weißbier, Gösser alkoholfrei
LOKAL Schönes Restaurant am Fuße der mächtigen Festung Kufstein. Der Name Purlepaus leitet sich von der Eroberung Kufsteins durch Kaiser Maximilian (der „der letzte Ritter", aber auch „der erste Kanonier" genannt wird) her: 1504 brachte er die Geschütze Weckauf und Purlepaus in Stellung, die die Festungswälle durchbrachen. Heute geht es friedlicher zu – es gibt zwei Speisesäle, wo man zu vernünftigen Preisen essen kann, und die Bedienung ist auch besonders freundlich. Regionale Spezialitäten, herrlicher Flammkuchen und Steaks im Angebot. Besonders beliebt sind die Grillkugeln für 2 Personen. Schöner kleiner Gastgarten mit Kastanienbäumen auf dem Stadtplatz. Immer wieder belgische Bierspezialitäten als Gastbiere. 80 Plätze im Restaurant, 80 im Garten.

Purlepaus

purlepaus

LANDECK

GREIF

6500 Landeck, Marktplatz 6, +43/5442/62268
www.gasthof-greif.at
ÖFFNUNGSZEITEN Mo-So: 8:00 bis 00:00 Uhr
FASSBIER Starkenberger
FLASCHENBIER Clausthaler
LOKAL Diesen schönen Gasthof ziert ein ebenso schöner schmiedeeiserner Ausleger mit dem namensgebenden Greif – die Stube mit dem Stammtisch ist ebenso schön und die Bedienung freundlich (der neuere Anbau ist nicht ganz so schön, er beherbergt dafür eine schöne, große Gaststube). Der Gasthof ist offenbar bei örtlichen Stammtischrunden ebenso beliebt wie bei Bikern, die hier einen idealen Stütz-

punkt für Ausflüge in die bergige Umgebung finden. 90 Sitzplätze im Lokal, 20 Plätze im Vorgarten.

Greif

MR. JOHN'S

6500 Landeck, Malserstraße 82, +43/5442/61053
www.johns.at
ÖFFNUNGSZEITEN Mi-So: 17:00 bis 4:00 Uhr
FASSBIER Zipfer Märzen, Gösser Radler, wechselnde Craftbiere
FLASCHENBIER Corona, Heineken, Desperados, div. wechselnde Craftbiere, Zipfer Märzen
LOKAL Eine moderne Bar im Erdgeschoß, dahinter ein heimelig-verwinkeltes Lokal mit viel Holz- und Ziegeloptik. Es vermittelt etwas Western-Flair („Colts bitte an der Bar abgeben") und bietet eine amerikanisch inspirierte Küche: Baked-Potato-Variationen, Burger, mexikanische Spezialitäten und natürlich Steaks. Partys am Wochenende.

LANS

GASTHOF WALZL

6072 Lans, Dorfstraße 56, +43/512/370380
www.gasthof-walzl.at
ÖFFNUNGSZEITEN Mo-So: 8:00 bis 00:00 Uhr
FASSBIER Trumer Pils, Zillertal Das Schwarze, Zillertal Märzen, Zillertal Pils
FLASCHENBIER Erdinger Hefe Hell und Dunkel, Zillertal Märzen, Lindemans Kriek, Clausthaler
LOKAL Gasthof der gehobenen Klasse mit einer in hellem Holz gestalteten Bar und entsprechend stimmungsvollen Zirbenholz-Stuben. Unter dem Portrait von Andreas Hofer hängt der gestickte Spruch „Tirol – Glaube, Heimat, Vaterland". In der Jagdsaison sorgen der Wirt Johannes Jennewein und sein Vater Josef dafür, dass immer frisches Wildfleisch von Hirsch, Reh oder Gämse auf den Teller kommt. Bei der Hausmannskost wird überall Bier oder Bierschaum verwendet – etwa beim Spanferkel in Biersauce. 130 Sitzplätze im Lokal, 150 im Festsaal, 15 an der Bar, 60 Sitzplätze im Garten.

LEUTASCH

ZUR BRÜCKE

6105 Leutasch, Burggraben 257, +43/5214/6930 oder 6275
www.zurbruecke-leutasch.com
ÖFFNUNGSZEITEN Mo: 9:00 bis 23:00 Uhr; Do-So: 9:00 bis 23:00 Uhr
FASSBIER Mittenwalder Helles
FLASCHENBIER Erdinger Schwarze Weisse, Erdinger Weißbier, Kaltenhausner Kellerbier, Löwenbräu Alkoholfrei, Mittenwalder Jäger Dunkel, Mittenwalder Weihnachtsbock, Warsteiner, Zipfer
LOKAL 2004 renoviertes, frei stehendes Gasthaus mit langer Theke und zwei Stuben, alles mit viel Holz gestaltet. Aus der Küche kommen mehrere mit Bier zubereitete Speisen, etwa Bierschnitzel oder Eisparfait mit Bockbier. Ausgezeichnet von der Tiroler Wirtshauskultur. 50 Plätze, Bar: 8, Garten: 50.

LIENZ

ADLERSTÜBERL

9900 Lienz, Andrä-Kranz-Gasse 7, +43/4852/62550
ÖFFNUNGSZEITEN Mo-So: 8:30 bis 00:00 Uhr
FASSBIER Edelweiss Hell, Falkensteiner (Gösser Märzen), Gösser Zwickl
FLASCHENBIER Edelweiss Weizenbier Alkoholfrei, Gösser Naturgold, Gösser Naturradler, Gösser Stiftsbräu, Gösser/Falkenstein Märzen
LOKAL Mitten im Zentrum von Lienz liegt das alteingesessene Restaurant. Die gutbürgerliche Küche hat im Adlerstüberl schon seit 1742 Tradition. Bereits damals war es für die Bauern und Händler aus Osttirols Tälern Pflicht, auf ein obligates Gulasch und Bier im Adlerstüberl einzukehren. In gemütlichen Stuben wird vornehmlich traditionelle Tiroler Kost serviert, während des Sommers auch im Biergarten. Regelmäßige kulinarische Wochen mit speziellen Gerichten. 100 Sitzplätze im Lokal, 60 Sitzplätze im Garten.

Adlerstüberl

LIENZ

BIERBISTRO IM ECK

9900 Lienz, Hauptplatz 20, +43/4852/64780
ÖFFNUNGSZEITEN Mo-So: 8:00 bis 00:00 Uhr
FASSBIER Edelweiss Hefeweizen, Edelweiss Hofbräu, Falkenbräu, Gösser Zwickl, Guinness
FLASCHENBIER Beck's, Corona extra, Desperados, Gösser Naturgold, Heineken, Lindemans Kriek
LOKAL Gemütliches Pub in einem historischen Gemäuer, sehr nette Bedienung.

BRAUGASTHOF FALKENSTEIN

9900 Lienz, Pustertaler Straße 40, +43/4852/62270 oder +43/699/10522311
www.brauereiwirt.at
ÖFFNUNGSZEITEN Mo-So: 9:00 bis 00:00 Uhr

Braugasthof Falkenstein

FASSBIER Falkenbräu Gösser Zwickl, Gösser Märzen, Reininghaus Jahrgangs Pils, Gösser Naturradler, Bockbier, ein Spezialbier, Oktoberbier
FLASCHENBIER sämtliches Trappistenbier
LOKAL Das Bräustüberl der hier ansässigen Brauerei Falkenstein (hier wird unter anderem das Gösser Zwickl gebraut) liegt an der Ausfallstraße von Lienz nach Sillian – und wird von lokalen Gästen ebenso wie von durchreisenden Südtirol-Touristen gern besucht. Wirt Artur Wieser ist Diplombiersommelier und hält national und international kommentierte Bierverkostungen ab – daher hat sich das Bierangebot weit über das der BrauUnion hinaus verbreitert. Als Spezialität der Küche wird der hauseigene Zwicklschinken mit Zwicklbier-Senf angeboten, ebenso wie 4-gängige Überraschungsbiermenüs. Das umfangreiche Angebot an internationalen Bierspezialitäten hat dem Braugasthof 2013 den Titel als „Bierlokal des Jahres" eingetragen. 220 Sitzplätze.

GÖSSERBRÄU IM ALTEN RATHAUS

9900 Lienz, Johannesplatz 10, +43/4852/72174
www.goesserbraeu-lienz.at
ÖFFNUNGSZEITEN Mo-Do: 9:00 bis 1:00 Uhr; Fr-Sa: 9:00 bis 2:00 Uhr; So: 9:30 bis 00:00 Uhr

Gösserbräu im alten Rathaus

FASSBIER Gösser Falken Märzen, Gösser Zwickl Naturtrüb/Dunkel, Kräuter Radler, Stiftsbräu, Bier des Monats
FLASCHENBIER Desperados, Edelweiss Hefetrüb Dunkel, Gösser, Gösser Naturgold, Heineken, Zipfer
LOKAL Dieses Haus war schon Kaserne und Verwaltung der Tiwag, Rathaus und Musikschule – aber als modern gestaltetes und mit Gösser gebrandetes Bierlokal hat es seine wahre Bestimmung gefunden. Das Gösser Bräu ist gleichermaßen Bar, Restaurant und Gasthof, In-Treff und Bierlokal. Sehr ambitioniert nach wie vor die Küche von Chefkoch Erwin Ganeider, der mit Bier zubereitete Speisen wie Bierschaumsuppe mit Pofesen, Bierbratl oder Schokolade-Bieramisù bietet. 140 Sitzplätze im Lokal, 30 Plätze an der Bar, 100 Sitzplätze im Garten.

THE CELT'S

9900 Lienz, Oberhuebergasse 6, +43/4852/65791
www.facebook.com/pages/The-Celts/657675500922594
ÖFFNUNGSZEITEN Di-Do: 17:00 bis 2:00 Uhr; Fr-Sa: 18:00 bis 3:00 Uhr
FASSBIER Guinness, Stiegl-Goldbräu, Velkopopovický Kozel Dunkel, Velkopopovický Kozel Hell
FLASCHENBIER Corona Extra, Beck's, Franziskaner Hell/Dunkel, Gösser Märzen, Kilkenny, Stiegl Columbus 1492 Pale Ale
LOKAL Großes Irish Pub mit dunkler Einrichtung. Das Celt´s ist wie seine irischen Vorbilder auch kultureller Veranstaltungsort, in dem neben geplanten Konzerten auch spontane Gigs für überraschende Abende sorgen. Hari Ortners Bar bietet eine umfangreiche Auswahl an Whiskys und selbstverständlich auch „die Muttermilch der Iren", das Guinness Stout. 40 Sitzplätze.

WILDAUERS HAIDENHOF

9900 Lienz, Grafendorferstraße 12, +43/4852/62440
www.haidenhof.at
ÖFFNUNGSZEITEN Mo-So: 7:00 bis 00:00 Uhr

Wildauers Haidenhof

FASSBIER Grantnzipfl Bier, H-Stout (obergäriges Dunkles), Haiden Weisse (obergäriges Weißbier), RabaBier (Rhabarber Bier), Sommerbier, Wildauersbräu Biere
FLASCHENBIER Corona, Duvel TripleHop, Gösser Naturgold, Gösser Falken, Brew Dog Punk IPA, laufend weitere Sorten, Stiegl, Beck's Alkoholfrei, Erdinger Weißbier Alkoholfrei
LOKAL Dieses historische Viersternhotel oberhalb von Lienz hat sich im Lauf der Jahre immer weiter zu einem Kompetenzzentrum für Bier entwickelt. Anfang 2010 hat Michael Wildauer auch noch eine Brauanlage eingebaut. Aus diesem Anlass wurde auch der Bierkeller im 800 Jahre alten Gewölbekeller geschaffen, wo stets mehrere Biere direkt vom Lagertank gezapft werden – täglich abends geöffnet. Es gibt im Bräukeller zusätzlich zur Restaurantkarte noch eine eigene Speisekarte – dort findet man auch bieriges wie die Bierhuhnsuppe à la TomKaGai, Weißbier Bananen Curry Suppe, Bräuwürstln, Pizzen wie die Braumeisterpizza, Wildauers Braumeister Burger, Steaks, die Apfelschlutzer mit Biertreben, Trebernbrot. Bräukeller mit Bar für ca. 40 Personen, Bräustüberl für 10 Personen, Waschkuchl für 18 Personen und 60 Personen im neuen Biergarten mit Bierbrunnen. 130 Sitzplätze in den Restaurants und Stuben, 80 Plätze auf der Terrasse.

MATREI IN OSTTIROL

MÜLLER'S BIERSCHENKE

9971 Matrei in Osttirol, Lienzer Straße 4, +43/4875/6550
ÖFFNUNGSZEITEN Di-So: 16:30 bis 1:00 Uhr
FASSBIER Gösser Falkenbräu, Gösser Zwickl Falkenbräu, Murauer, Stiegl
FLASCHENBIER Desperados, Franziskaner Hefe hell und dunkel, Gösser Falkenbräu, Gösser Stiftsbräu, Heineken, Stiegl, Zipfer, Becks, Becks Alkoholfrei
LOKAL Bierpub mit alpin-bieriger Einrichtung, Treffpunkt jeder Gästeschicht vom Doktor bis zum Arbeiter, natürlich auch vieler Touristen. 50 Sitzplätze im Lokal, 20 Plätze an der Bar, Garten: 20 Plätze.

MAYRHOFEN

SCOTLAND YARD PUB

6290 Mayrhofen, Scheulingstraße 372, +43/5285/62339 oder +43/664/4418265
www.scotlandyard.at
ÖFFNUNGSZEITEN Mo-So: 16:00 bis 2:30 Uhr
FASSBIER Benediktiner Weißbier, Fat Cat Lager (House Beer), Franziskaner Weißbier, Guinness, Kilkenny, Stella Artois, Stiegl
FLASCHENBIER Corona, Desperados, Franziskaner Alkoholfrei, Heineken, Stella Artois, Stiegl, Stiegl Columbus 1492 Pale Ale, Stiegl IPA, Stiegl WIT, Becks Alkoholfrei
LOKAL Gepflegtes Bier und heimelige Atmosphäre, englisch angehaucht (Dartboard ohne Elektronik-Firlefanz). Nette Mädels im Service zapfen hier zügig und „nicht pilsmäßig", das überzeugt selbst die deutschen Bierbanausen aller Altersschichten. Im Winter gibt es Mittwoch und Sonntag Live Musik, Donnerstag und Freitag mit DJ. Am Wochenende wird eher härtere Musik geboten, am frühen Abend wird es dann eher gemütlich. 90 Sitz- und Stehplätze, 30 Sitzplätze im Wintergarten.

Scotland Yard Pub

NEUSTIFT IM STUBAITAL

DORFPUB

6167 Neustift im Stubaital, Dorf 15, +43/660/2171809
www.dorfpub.at
ÖFFNUNGSZEITEN Di-So: 15:30 bis 00:00 Uhr
FASSBIER Erdinger, Löwenbräu Hell
FLASCHENBIER Bierol Going Hazelnuts, Bierol Mountain Pale Ale, Brewdog Dead Pony Club, Stiegl Columbus 1492 Pale Ale, Stiegl IPA, Stiegl Paracelsus Zwickl, Stiegl-Pils
LOKAL Internationale Bar mit deutschem Bier-Schwerpunkt. 280 Sitzplätze im Lokal, 50 Plätze an der Bar, 70 Plätze im Garten.

STERNDERL

6167 Neustift im Stubaital, Dorf 17, +43/676/4718320
ÖFFNUNGSZEITEN Mo-So: 14:00 bis 2:00 Uhr
FASSBIER Hofbräu Traunstein Helles, Hofbräu Traunstein Weizen
FLASCHENBIER Bock hell und dunkel, Tingvalla Born to Ski, Hofbräu Traunstein Pils, Tingvalla Powder Dog

LOKAL Ernst Holzknecht hat diese urige Hütte („dem Land Tirol die Treue") zu einem Treffpunkt der Bierkultur gemacht – schon die Kombination des Hellen mit den angebotenen Speckspezialitäten der Metzgerei Stern lohnt den Weg. Aber es kommt noch besser: Es gibt ausgesuchte Craftbiere aus Schweden und ein Flöff-Glühbier aus Deutschland. 15 Plätze im Lokal, fünf an der Bar.

OBERNDORF IN TIROL

PENZINGHOF

6372 Oberndorf in Tirol, Penzingweg 14, +43/5352/62905
www.penzinghof.at
ÖFFNUNGSZEITEN Mo-So: 12:00 bis 21:30 Uhr

Penzinghof

FASSBIER Gindu – Gin Style IPA, Huber BräuTiroler Hefeweizen, Stiegl Goldbräu, Stiegl Paracelsus Bio-Zwickl, Stiegl Radler Zitrone Naturtrüb
FLASCHENBIER Hofstettner Granitbier, Huber Bräu Weißbier „Das Alkoholfreie", Huber Tiroler Hefeweizen Dunkel, Stiegl Pils, Stiegl Wildshuter Sortenspiel, Stiegl Freibier, saisonale Gastbiere
LOKAL Bierlokal des Jahres, siehe Seite 310.

OBERTILLIACH

GASTHAUS UNTERWÖGER

9942 Obertilliach, Dorf 26, +43/4847/5221
www.hotel-unterwoeger.at
ÖFFNUNGSZEITEN Mo-So: 9:00 bis 21:30 Uhr
FASSBIER Edelweiss Hefetrüb, Gösser Märzen
FLASCHENBIER Gösser Märzen, Gösser Stiftsbräu, Schlossgold
LOKAL Sepp Lugger ist ein Meister am Zapfhahn, sein etwa 300 Jahre altes Lokal ist auf einheimische Gäste ausgerichtet– wer von weiter her kommt, wird herzlich (mit Urlaub am Bauernhof und eigenen Ferienwohnungen) aufgenommen. 150 Plätze im Lokal, 40 im Garten.

PERTISAU

KARLWIRT

6213 Pertisau, Golfplatzstraße 1, +43/5243/5206
www.hotelkarlwirt.at
ÖFFNUNGSZEITEN Mo-So: 8:00 bis 23:00 Uhr
FASSBIER Achensee Bier Hell, Achensee Bier Weizen, Saisonbiere verschiedener Brauereien
FLASCHENBIER Achensee Biere, Edelweiss dunkles Weizen, Edelweiss Weizen Alkoholfrei, Gösser Naturgold, Gösser Stiftsbräu, Reininghaus Pils, Verkauf zum Mitnehmen
LOKAL Behutsam gewachsene Tradition, eine familiäre Atmosphäre und eine mehr als 200 Jahre bewährte Gastlichkeit prägen den Charakter des Hauses. Die Karte reicht von der deftigen Tiroler Hausmannskost bis zu den Leckerbissen der internationalen und vegetarischen Küche, dazu das Achensee Bier, das es exklusiv im Karlwirt (und dem dazugehörigen Langlaufstüberl, wo auch die Brauerei steht) gibt. Was die Sache besonders macht: Weil die Familie Rupprechter auch Beziehungen zur Käserei im Alpbachtal hat, gibt es die Gelegenheit, Bier und Käse fachkundig kombiniert präsentiert zu bekommen. 250 Sitzplätze im Lokal, 50 Sitzplätze auf der Terrasse.

Karlwirt

PINSWANG

SCHLUXERWIRTH

6600 Pinswang, Unterpinswang 24, +43/5677/53217
www.schluxen.at
ÖFFNUNGSZEITEN Mo: 11:30 bis 14:00 Uhr, 17:30 bis 21:30 Uhr; Mi-So: 11:30 bis 14:00 Uhr, 17:30 bis 21:30 Uhr
FASSBIER Schluxer Bier, Engelbräu Weizen Naturtrüb, Engelbräu Weizen Alkoholfrei, ein Monatsbier
FLASCHENBIER Engelbräu Alkoholfrei, Engelbräu Naturradler in der Bügelflasche, Engelbräu Weizen Dunkel, Engelbräu Weizen Leicht, Grünten Pils, König Ludwig Dunkel, Lechwegbier, Mohren Alkoholfrei
LOKAL Über den Fürstenweg kann man vom Schluxerwirth in etwa einer Stunde das Märchenschloss Neuschwanstein jenseits der Grenze zu Bayern erreichen. Ob König Ludwig seinerzeit gewandert oder geritten ist, weiß man nicht sicher, jedenfalls war er öfters hier Gast. Neben der gemütlichen Stube mit Kachelofen steht auch eine Gutshofstube und ein weiterer Raum für Feiern zur Verfügung. Abwechslungsreiche Küche mit klassischen Tiroler Köstlichkeiten und internationalen Gerichten. Ca. 150 Sitzplätze im Lokal, 130 Sitzplätze auf der Sonnenterrasse.

PRÄGRATEN AM GROSSVENEDIGER

GASTHAUS GROSSVENEDIGER

9974 Prägraten am Großvenediger, St Andrä 3
+43/4877/5205
www.gasthaus-grossvenediger.at
ÖFFNUNGSZEITEN Mo-So: 9:00 bis 00:00 Uhr
FASSBIER Gösser Märzen, Gösser Zwickl
FLASCHENBIER Edelweiss Dunkel, Edelweiss Hell, Edelweiss Kristallweizen, Falkensteiner Helles, Gösser Stiftsbräu Dunkel, Reininghaus Jahrgangspils, Weihenstephan Alkoholfrei
LOKAL Gottfried Steiner wurde im A la Carte 2016 ausgezeichnet und ist Genuss Wirt des Jahres 2015/16 in Tirol. Tiroler Bergküche, deftig und mit viel Liebe zum Bier zelebriert – aber auch leichte Küche mit Kärntner Laxn (einer delikaten Seeforelle) und vielen frischen Kräutern.

RATTENBERG

BRAUHAUS RATTENBERG

6240 Rattenberg, Bienerstraße 84, +43/5337/63870
www.brauhaus-rattenberg.at
ÖFFNUNGSZEITEN Mo-So: 10:00 bis 14:00 Uhr, 17:00 bis 22:00 Uhr
FASSBIER Märzen von der Kristallbrauerei Alpbach, Original Rattenberger
FLASCHENBIER Kristallbrauerei Alpbach Dunkles Weißbier, Radler
LOKAL Das Bierbrauen wurde in Rattenberg erstmals im Jahr 1675 erwähnt. Im Jahr 1701 erhielt Dominicus Lederer die „Brau-Gerechtigkeit" verliehen, bis zum Jahr 1924 wurde in diesem sehr zentral gelegenen Haus Bier gebraut. 2005 hat Josef Fürst die Tradition in einer Mini-Brauanlage (600 Liter pro Woche) wieder aufgenommen – inzwischen aber ist die Anlage zu klein geworden und der Großteil des Bieres kommt aus der Kristallbrauerei im nahen Alpbach. Dazu deftige Tiroler Küche und eine beachtliche Käseauswahl (aus der Natursennerei Reith im Alpbachtal), hausgemachter Bierlikör, Bierbrand und Bieressig. Besonders positiv fällt auf, dass seit einigen Jahren auch Gastbiere aus anderen kleinen Tiroler Brauereien angeboten werden. Das hat 2008 die Auszeichnung als Tiroler Bierlokal des Jahres eingebracht. 120 Plätze im Lokal, 20 an der Bar, 150 im Garten.

Brauhaus Rattenberg

DUN AENGUS IRISH PUB

6240 Rattenberg, Hassauerstraße 71, +43/660/8128720
www.irish-pub-rattenberg.at
ÖFFNUNGSZEITEN Di-Sa: 16:00 bis 1:00 Uhr

Dun Aengus Irish Pub

FASSBIER Guinness, Zipfer Märzen
FLASCHENBIER Hofbräu Weißbier Hell, Hofbräu Weißbier Dunkel, Kilkenny, Stiegl Radler, Stiegl Weisse, Edelweiss Alkoholfrei, Gösser Kracherl alkoholfrei, Gösser Naturradler
LOKAL In einem beeindruckenden alten Gewölbe ist dieses populäre Irish Pub entstanden, das in dieser Form wohl auch auf der Grünen Insel stehen könnte. Diverse monatliche Veranstaltungen, z.B. Pub-Quiz oder St.-Patrick's-Day-Party mit Parade, Livemusik, einer Pipes-and-Drums-Band (Dudelsackspieler), Irish Breakfast und vielem mehr oder das Irish Pub Special Dinner mit einem 4-Gänge-Menü und Getränkebegleitung, passend zu einem bestimmten Thema...

REUTTE

SCHWARZER ADLER

6600 Reutte, Obermarkt 75, +43/5672/62504
ÖFFNUNGSZEITEN Mo: 8:00 bis 23:00 Uhr; Mi-So: 8:00 bis 23:00 Uhr
FASSBIER Guinness (Surger), Kaiser Premium, Schwechater Zwickl
FLASCHENBIER Heineken, Kaiser Pils, Zipfer Medium, Gösser Naturradler
LOKAL Alter gutbürgerlicher Gasthof mit gemütlicher Gaststube und langer Tradition: Ab 1471 stand hier schon ein Tanzhaus. Die Fassadenmalerei entstand um 1800 – Joseph Anton Köpfle hat die Auferstehung Christi dargestellt. 2019 wurde der Gasthof von Hans Schweiger neu übernommen und sanft renoviert. 80 Plätze.

ZUM MOHREN

6600 Reutte, Untermarkt 26, +43/5672/62345
www.hotel-mohren.at
ÖFFNUNGSZEITEN Mo-Sa: 17:00 bis 1:00 Uhr
FASSBIER Hacker Pschorr Weisse, Kaiser Premium, Mohrenbräu, Zipfer Medium

FLASCHENBIER Kaiser Doppelmalz, Kaiser Märzen, Schlossgold, Zipfer Pils
LOKAL Die Familie Ruepp beschreitet in ihrem seit dem Jahr 1765 bestehenden Hotel den Weg einer gepflegten Tiroler Gastlichkeit, die sich ihre Ursprünglichkeit bewahrt hat und zugleich offen ist für die Ansprüche unserer Zeit – so finden sich sehr viele einheimische Gäste in den gemütlichen Stuben und an der Bar. Jeweils im Frühjahr gibt es Biermenüs unter dem Motto „Köstliches mit Bier gekocht". 120 Sitzplätze im Lokal, 7 Plätze an der Bar.

SANKT ANTON

Alibi

ALIBI

6580 Sankt Anton, Dorfstraße 78, +43/664/5425417
www.stantonalibi.com
ÖFFNUNGSZEITEN Mo-So: 16:00 bis 2:00 Uhr
FASSBIER Edelweiss Hofbräu, Guinness, Kilkenny, Wieselburger Spezial
FLASCHENBIER Corona, Heineken
LOKAL Gemütliches, am späteren Abend lautes Pub, dekoriert mit einer Bierflaschensammlung. Der Wirt ist sehr bieraffin, das Alibi wegen der Bierauswahl bei internationalen Gästen beliebt. 40 Plätze, 16 im Garten.

MOOSERWIRT

6580 Sankt Anton, Moos 108, +43/5446/3588
www.mooserwirt.at
ÖFFNUNGSZEITEN Mo-So: 11:00 bis 20:00 Uhr
FASSBIER Egger Radler, Erdinger Urweisse, Fohrenburg 1881, Kaiser Sportradler, Stiegl-Goldbräu, Trumer Pils
FLASCHENBIER Beck's Gold, Beck's Pils, Erdinger Dunkel, Löwenbräu alkoholfrei, Tegernseer Hell, wechselnde Craftbiere
LOKAL Im Jahr 2000 völlig erneuert und laut Eigendefinition die „wahrscheinlich schlechteste Skihütte der Alpen". Aber das ist Understatement. In der Bier-Akademie der Brau Union wird gemunkelt, dass das Lokal den größten Bierumsatz pro Quadratmeter in Österreich aufweist. Und nach einem Lokalaugenschein ist man geneigt, diesen Gerüchten Glauben zu schenken. Zwischen Dezember und Ende März ist die Hütte (bzw. bei Schönwetter auch die Terrasse) jedenfalls fast täglich brechend voll. Das hat nichts mit etwaigen Diskontpreisen zu tun: „Billig sind wir sicherlich nicht." Die regionaltypische Küche der Anfangsjahre hat den Geschmack der Holländer und Engländer nicht wirklich getroffen. Heute kann man dafür auch bei Chicken Wings und Hamburgern glücklich werden. 150 Sitzplätze, 1000 Sitzplätze im Schnee.

PUB 37

6580 Sankt Anton am Arlberg, Im Gries 4, +43/5446/30261
www.pub37.at
ÖFFNUNGSZEITEN Di-Sa: 17:00 bis 2:00 Uhr
FASSBIER Die Weisse, Guinness, Kilkenny, Mohren Pale Ale, Mohrenbrau Spezial
FLASCHENBIER Corona, Die Weisse Dunkel, Fuller's India Pale Ale, Fuller's London Pride
LOKAL Ein Klassiker im Nachtleben von Sankt Anton: Klein, aber umso bemühter. Gute Bierpflege. 35 Plätze im Lokal (oder waren es 37?).

SANKT JOHANN IN TIROL

ANGERER ALM

6380 Sankt Johann in Tirol, Almen am Kitzbüheler Horn 5
+43/5352/62746
www.angereralm.com
ÖFFNUNGSZEITEN Mo-So: 10:00 bis 00:00 Uhr

Angerer Alm

FASSBIER Huber Radler, Huber St. Johanner Märzen Spezial, Huber Tiroler Hefeweizen
FLASCHENBIER Chambier von Szigeti, Huber Pils, Huber Tiroler Hefeweizen Dunkel
LOKAL Annemarie Foidl ist Präsidentin des Sommelierverbandes und führt die älteste Hütte in St. Johann auf 1300 Metern unkompliziert, aber auf hohem kulinarischen Niveau. Urige Stube mit Kachelofen und offenem Kamin. Dabei werden die eigenen Produkte und solche von umliegenden Bauern verarbeitet. Neben einem mehrgängigen Menü am Abend gibt es auch die Möglichkeit zu frühstücken mit selbstgebackenem Bauernbrot und Milch von den hauseigenen Kühen. Mitgliedsbetrieb der Qualitätsunion „Tiroler Wirtshaus", tagsüber bodenständiges Wirtshaus, am Abend kreative internationale Küche, etwa Bierparfait, Bierbratl, Biersuppe. 100 Sitzplätze im Lokal und auf der Terrasse 100 Sitzplätze.

EGGER'S

6389 Sankt Johann in Tirol, Hauptplatz 12, +43/5352/62380
www.cafeeggers.at

ÖFFNUNGSZEITEN Mo-Do: 8:00 bis 00:00 Uhr; Fr-Sa: 8:00 bis 2:00 Uhr; So: 9:00 bis 18:00 Uhr

FASSBIER Egger Premium, Egger Radler, Huber Hefeweizen Hell

FLASCHENBIER Egger Grapefruit-Radler, Egger Zisch (alkoholfrei-isotonisch), Huber Hefeweizen Alkoholfrei

LOKAL Das Egger's erinnert daran, dass die gleichnamige Familie nicht nur in der Holzverarbeitung bedeutend ist, sondern auch eine lange Biertradition hat. Auch wenn Egger Bier heute nicht mehr in Tirol, sondern in Unterradlberg gebraut wird, ist die Verbindung stark. Daher wurde 2010 dieses Lokal – tagsüber mehr Café, abends mehr Bar – eigens für Egger Biere eingerichtet. Neben den Egger Bieren auf der Karte und dem Hefeweizen der lokalen Brauerei Huber bekommt man hier auch Sondersude von Egger wie das Hopf 'n Roll. 40 Plätze im Lokal, 20 Plätze an der Bar, 20 im Schanigarten.

Egger's

GASTHOF ZUM DAMPFL

6380 St. Johann in Tirol, Hauptplatz 1, +43/5352/20706
www.dampfl.at

ÖFFNUNGSZEITEN Mo-Sa: 10:00 bis 00:00 Uhr

Gasthof zum Dampfl

FASSBIER Augustiner Edelstoff im Winter und Sommer, Augustiner Hell

FLASCHENBIER Augustiner Edelstoff, Augustiner Pils, Augustiner Weissbier, Egger Zisch (alkoholfrei-isotonisch), Erdinger Hefeweizen Alkoholfrei, Erdinger Hefeweizen Dunkel, König Ludwig dunkles Weizenbier, König Ludwig Weizen Alkoholfrei

LOKAL Das Dampfl ist ein stattliches Wirtshaus im Zentrum der Marktgemeinde. 2019 wurde es neu auf die Linie der Augustiner Biere ausgerichtet und wirkt daher ein wenig als Brücke nach Bayern. Sehr traditionelle Architekturelemente (das Haus stammt aus dem frühen 18. Jahrhundert) wurden mit einer modernen Bar kombiniert. Während man in der Stube gemütlich essen kann, trinkt man an der Bar mit Ausblick auf das Geschehen am Hauptplatz. Im Juli/August gibt es jeden Mittwoch Augustiner Edelstoff aus dem Holzfass.

GASTHOF MAUTH

6380 Sankt Johann in Tirol, Hauptplatz 7, +43/5352/62242
www.gasthof-mauth.at

ÖFFNUNGSZEITEN Mo-So: 7:30 bis 00:00 Uhr

FASSBIER Huber Original

FLASCHENBIER Huber Doppelmalz, Huber Hefeweizen alkoholfrei, Huber Weizen dunkel, Huber Weizen Hell, Clausthaler

LOKAL Der Gasthof Mauth hat eine bis ins Jahr 1693 zurückreichende Geschichte, in der Hauschronik wird betont, dass hier früher nur Bier und Branntwein ausgeschenkt werden durfte: „In St Johann und überhaupt in Tirol ging man früher zum Bierwirt oder Fratschler. Man traf sich, trank zusammen das eine oder andere Bier, man genoss die Unterhaltung und erhielt die neuesten Informationen. Wer als Bierwirt oder Fratschler sein Geld verdienen wollte, der musste auch einen guten Leumund haben und drauf achten, dass ‚kein Gesinde verkehre und Ehr und Zucht nicht vergössen' (sic!) werde." Ein Treffpunkt für Freunde vom lokal gebrauten „Huber Bier"– und den im Haus gemachten Würsten – eine historische Wurstmaschine aus der vorletzten Jahrhundertwende ist im Gastzimmer ausgestellt.

GRANDER SCHUPF

6380 Sankt Johann in Tirol, Winkl-Schattseite 6
+43/5352/63925
www.granderschupf.at

ÖFFNUNGSZEITEN Mi: 9:00 bis 17:00 Uhr; Do-Sa: 9:00 bis 21:00 Uhr; So: 9:00 bis 17:00 Uhr

FASSBIER Egger Premium, Huber Bräu, Huber St. Johanner Original, Radler, Tiroler Hefeweizen Hell & Dunkel

FLASCHENBIER Erdinger Urweisse, Erdinger Weizen Alkoholfrei, Huber Leichtes Weißbier, Tiroler Spezial

LOKAL Rustikal nach alten Bauernhausvorbildern errichtetes Almgasthaus (900 m), vermeidet geschickt den Kitsch – bietet dafür eine moderne Küche, einen selbst gekästen Käse und volkstümliche Musik. 250 Plätze, 30 an der Bar. Terrasse: 200 Sitzplätze.

HUBERBRÄU TURMSTÜBERL

6380 Sankt Johann in Tirol, Brauweg 4, +43/5352/62221
www.huberbraeu.at

ÖFFNUNGSZEITEN Mo-So: 10:30 bis 22:00 Uhr

FASSBIER Augustiner dunkles Vollbier, Huber Bräu, Juchizza (13,8°) saisonal zum Start der Almfestwochen, Tiroler Hefeweizen Hell & Dunkel, Bockbier
FLASCHENBIER Die Leichte Weisse, Grapefruit Radler, Hefeweizen Alkoholfrei, St. Johanner Engerl, Clausthaler
LOKAL Alles echt, alles Tirol – verspricht (und hält) Brauereichef Günther Huber. Das ungewöhnlichste Braugasthaus Österreichs wurde am 8. November 1959 auf einem Turm oberhalb des Sudhauses in 27 Meter Höhe eröffnet – tolle Aussicht. Wer richtigen Durst mitbringen will, nimmt die Treppe, die anderen den Lift. Freundliche Bedienung – und eine Karte, auf der deftige Speisen als „Wellnessgerichte" empfohlen werden. Alles wohlschmeckend – und reichlicher als man es mit normalem Hunger verputzen könnte. Brauhausteller (Schweinsbraten, Schweinshax'n, Semmelknödel, Sauerkraut und feines Biersaftl), Bierkäse vom Lafferhof. 70 Sitzplätze, 8 Stehplätze, Terrasse: 30 Sitzplätze.

Huberbräu Turmstüberl

KOCHBAR
6380 Sankt Johann in Tirol, Wieshoferstraße 11
+43/5352/22231
www.kochbar.tirol
ÖFFNUNGSZEITEN Di-Sa: 9:30 bis 14:00 Uhr, 17:00 bis 23:00 Uhr
FASSBIER Huber BräuTiroler Hefeweizen, Huber Bräu Spezial
FLASCHENBIER Franziskaner Hefeweizen Alkoholfrei, Huber Bräu Radler, Schneider Weisse Dunkel, Clausthaler
LOKAL Lukas Michenthaler und Sarah Scheuringer haben im Dezember 2018 das „Chez Pauline" übernommen und es zu einer Bar mit Schwerpunkt auf Fine Food umgestaltet. Die Biere kommen von der lokalen Brauerei, auch die Zutaten zu den Speisen werden überwiegend regional beschafft. 24 Plätze, 15 Plätze an der Bar, 30 Sitzplätze im Gastgarten.

MICHI´S BAR
6380 Sankt Johann in Tirol, Kaiserstraße 1 – Hotel Fischer
+43/5352/62332
www.hotel-fischer.com
ÖFFNUNGSZEITEN Mo-Sa: 16:00 bis 1:00 Uhr
FASSBIER Huber Bräu Tiroler Hefeweizen, Huber Bräu St. Johanner Original
FLASCHENBIER Franziskaner Weißbier, Huber Bräu Augustiner, Huber Bräu Meisterpils, Huber Bräu Tiroler Hefweweizen Hell, Huber Bräu Tiroler Hefweweizen Dunkel, Huber Bräu alkoholfreies Weißbier, Clausthaler
LOKAL Michi´s Bar im Hotel Fischer ist ein beliebter Treffpunkt für die lokale Szene. Der spezielle Drink: Tiroler Hefeweizen im Sektglas mit einem Schuss Aperol. 40 Sitzplätze im Lokal, 40 Plätze an der Bar, 6 Sitzplätze im Garten, 25 Plätze in der angeschlossenen Lobby und 35 im Tiroler Stüberl.

Rummlerhof

RUMMLERHOF
6380 Sankt Johann in Tirol, Hinterkaiserweg 68
+43/5352/63650
www.rummlerhof.at
ÖFFNUNGSZEITEN Mo-So: 11:00 bis 23:00 Uhr
FASSBIER Huber Bräu
FLASCHENBIER Huber Bräu
LOKAL An einen bäuerlichen Betrieb angeschlossenes Ausflugsgasthaus mit sonniger Terrasse. Im Sommer laden leichte und mittelschwere Wanderungen zum „Schleierwasserfall" oder zur „Gmailkapelle". Berühmt sind die „Ripperlessen" und die Kaspressknödel. 70 Sitzplätze und im Garten 80 bis 90.

SCHWAZ

GOLDENER LÖWE
6130 Schwaz, Hußlstraße 4, +43/5242/623730
www.goldenerloewe.at
ÖFFNUNGSZEITEN Di-So: 9:00 bis 00:00 Uhr
FASSBIER Kaiser, Zipfer Urtyp
FLASCHENBIER Kaiser, Weihenstephan Weizen, Zipfer Urtyp, Clausthaler, Schlossgold
LOKAL Freundlicher Gastbetrieb etwas außerhalb des Zentrums von Schwaz. 90 Plätze im Lokal, 15 auf der Terrasse. Großer Saal für Veranstaltungen.

SCHWENDT

MAIRWIRT
6385 Schwendt, Dorfstraße 17, +43/5375/2777
www.mairwirt.at
ÖFFNUNGSZEITEN Mo-Di: 11:00 bis 14:00 Uhr, 17:30 bis 00:00 Uhr; Do-So: 11:00 bis 14:00 Uhr, 17:30 bis 00:00 Uhr

FASSBIER Selbstgebrautes Moa-Bier Naturtrüb, Moa-Weisse, Stiegl-Goldbräu
FLASCHENBIER König Ludwig Dunkel, König Ludwig Weißbier Dunkel, König Ludwig Weizen Alkoholfrei, Schlossgold
LOKAL Wer diese Gasthausbrauerei betritt, tritt in eine „entschleunigte" Welt – gemütlich, ruhig und mit viel Herz für's Wesentliche. Das Haus liegt im Ortskern von Schwendt, der idyllisch-romantischen Ferienoase im Kaiserwinkel – und gleich hinter dem Haus kann man schöne und aussichtsreiche Wanderungen beginnen. Seit Mai 2011 gibt es eine Schaubrauerei, gebraut wird regelmäßig donnerstags. Ca. 150 Sitzplätze, 40 im Garten.

SCHWENDTERWIRT

6345 Schwendt, Nr. 4, +43/5375/6716
www.schwendterwirt.at
ÖFFNUNGSZEITEN Di-So: 8:00 bis 2:00 Uhr
FASSBIER Huber Bräu Pils Hell, Kiesel Traunstein
FLASCHENBIER Huber Bräu Doppelmalz, Stiegl Märzen, Tiroler Hefeweizen
LOKAL Der Schwendterwirt wurde um 1300 als Jagdgehöft vom Kloster Herrenchiemsee erbaut und ist seit 1554 als Herberge bekannt. 2006 mit viel Holz renoviert. 120 Sitzplätze, Garten: 70 Sitzplätze.

SCHWOICH

BIEROL TAPROOM & RESTAURANT

6334 Schwoich, Sonnendorf 27, +43/660/5490045
www.bierol.at
ÖFFNUNGSZEITEN Do-Fr: 17:00 bis 00:00 Uhr; Sa-So: 11:00 bis 00:00 Uhr

Bierol Taproom & Restaurant

FASSBIER alle Bierol-Biere
LOKAL Dieses Lokal hat eine erstaunliche Karriere hinter sich: 2004 wurde es in einem ehemaligen Kuhstall als Gasthausbrauerei „Stöfflbräu" eingerichtet und war als solche bereits Tiroler Bierlokal des Jahres in diesem Guide. Zehn Jahre später war die Brauanlage unter dem neuen Namen „Bierol" zur Craftbiermarke aufgestiegen. Entsprechend wurde der „Bierol Taproom & Restaurant" zum modernen Bierlokal amerikanischen Stils eingerichtet und das Craftbierangebot um gehobene Küche ergänzt. Frisch gezapftes Craft Beer aus acht Hähnen, feinste, regionale Küche mit dem gewissen Etwas und immer wieder mal mit Musik, die 2019 mit der ersten Gault & Millau Haube ausgezeichnet worden ist: „Die Gerichte sind teilweise so schräg, dass man schon weit fahren müsste, um ähnlich ausgefallene Teller zu bekommen. Schweinsbauch mit Tiroler Kola, Störkaviar zur Kalbszunge, ein sensationelles Beuscherl und als Dessert ein neapolitanisch inspirierter „Baba au rhum", lautet die Begründung der Auszeichnung für Küchenchef Thomas Moser und Chefin Caroline Bichler. Im Haus gibt es auch eine kleine Brennanlage, die Geburtsschmiede der „Stöfflbrände". 50 Plätze innen, 50 Plätze im Garten.

SEEFELD

BRÄUKELLER GRILL IM KLOSTERBRÄU

6100 Seefeld, Klosterstraße 30, +43/5212/2621 168
www.klosterbraeu.com
ÖFFNUNGSZEITEN Mo-So: 12:00 bis 22:00 Uhr

Bräukeller Grill im Klosterbräu

FASSBIER Alpils (Pils), Bubi's Helles (Märzen), Dunkle Bedrohung (Dunkles Lager), Sigi's Weizen (Helles Weizen), wechselnde Saisonbiere
FLASCHENBIER Augustiner Bräu Helles, Augustiner Dunkel, Augustiner Weißbier, Edelweiss Weizen, Franziskaner Weißbier, Erdinger Weizen Alkoholfrei, hauseigenes Schampus-Bier (mit Champagner-Hefe vergoren), Stiegl Paracelsus Bio Zwickl, Zipfer Alkoholfrei
LOKAL Das Klosterbräu war bereits während der Zeit des Augustiner Klosters (gegründet 1516, aufgehoben 1785) weit über die Landesgrenzen hinaus für seine Biere bekannt. Zwischen den zwei Weltkriegen wurde die Brauerei stillgelegt und 2014 nach 80 Jahren wieder belebt: Aus dem historischen Gewölbe hat man einen schönen Blick auf das Sudhaus. Regelmäßig werden zusätzlich saisonale Biere angeboten wie z.B. Schampus-Bier, Bockbiere oder auch das Isar-Quellwasser-Bier. Seit über 200 Jahren im Besitz der Familie Seyrling. Zudem können am Bier-Brunnen im Saunabereich die Gäste den Gerstensaft kostenlos zapfen… Bier-Flatrate ab 4 Personen. 150 Sitzplätze im Lokal, 10 an der Bar, 60 im Garten.

SÖLDEN

JATI – BURGER BAR & CRAFT BEER

6450 Sölden, Dorfstraße 11, +43/660/4811411
www.jati.at
ÖFFNUNGSZEITEN Mo-Fr: 16:00 bis 23:00 Uhr; Sa: 11:30 bis 23:00 Uhr; So: 16:00 bis 23:00 Uhr

Jati – Burger Bar & Craft Beer

FASSBIER Bevog Baja Oatmeal Stout, Bevog Kramah IPA, Crew Republic Drunken Sailor Bavarian IPA, Crew Republic Escalation, Hirter Pils, Sierra Nevada Pale Ale
FLASCHENBIER Fuller's London Pride, Wildwuchs Brauerei Espresso Ale, Anchor Steam Beer, Bevog Rudeen, Flying Dog – Snake Dog IPA, Founders All Day IPA, Fuller's Black Cab Stout, Gusswerk Krinnawible, Loncium Schwarze Gams, O'Hara's Irish Stout, Rodenbach Caractère Rouge, Salitos, Schneider Aventinus, Beck's Alkoholfrei
LOKAL Das JaTi ist Söldens Craftbier-Bar – eingerichtet in einer ehemaligen Schusterwerkstätte, aus der noch etliche Versatzstücke als Dekoration erhalten geblieben sind. Der Name setzt sich aus den jeweils ersten beiden Buchstaben der Vornamen der Söhne des Betreibers, Jack und Tim zusammen – aber das nur nebenbei. Die Hauptsache hier ist natürlich das Bier, entsprechend umfangreich und gut kommentiert ist die Bierkarte, auch vom Personal bekommt man treffende Beschreibungen und Empfehlungen zu den Bieren. Das JaTi ist das einzige Restaurant in Sölden und Umgebung, das Bowl's, Veganes, Glutenfreies und Biobeef-Burger anbietet. 50 Plätze in drei Räumen, 14 an der Bar.

STAMS

ORANGERIE STIFT STAMS

6422 Stams, Stiftshof 7, +43/5263/20208
www.orangeriestams.at
ÖFFNUNGSZEITEN Mo: 10:00 bis 22:00 Uhr; Mi-Sa: 10:00 bis 22:00 Uhr; So: 10:00 bis 18:00 Uhr
FASSBIER Augustiner Bräu
FLASCHENBIER Augustiner Bräu
LOKAL Schönes Gewölbe im alten Stift, gute Bierpflege und gute Küche.

TANNHEIM

S'HÖFBRÄUHAUS

6675 Tannheim, Höf 19, +43/676/9122643
www.hoef-braeuhaus.at
ÖFFNUNGSZEITEN Di-So: 14:00 bis 00:00 Uhr
FASSBIER s´Höfbräu Dunkel, s´Höfbräu Hell, s´Höfbräu Weizen, im Sommer s`Höfbräu Limettenradler
FLASCHENBIER s´Höfbräu Dunkel, s´Höfbräu Hell, s´Höfbräu Weizen, im Sommer s`Höfbräu Limettenradler
LOKAL 2004 gegründete Hausbrauerei im zweitältesten Haus von Tannheim. Ausschank auf zwei Ebenen und einem Gastgarten. Angeboten wird zünftige Tiroler Küche mit Produkten aus der eigenen Landwirtschaft und der Region. Aus den Bieren werden Bieressig, Bierlikör und Bierbrand klar oder im Eichenfaß gelagert erzeugt. Der Treber wird an die eigenen Wollschweine verfüttert – die dann wieder als Speck und Wurst auf dem Brotzeitteller landen.

TARRENZ

STARKENBERGER SCHLOSSSTUBE

6464 Tarrenz, Griesegg 1, +43/5414/66201-23
starkenberger.at/gasthaus.html
ÖFFNUNGSZEITEN Di-So: 10:00 bis 19:00 Uhr

Starkenberger Schlossstube

FASSBIER Starkenberger Gold Lager, Starkenberger Radler (Spezialabfüllung mit Zwicklbier), Starkenberger Zwickl
FLASCHENBIER alle Starkenberger Biere, Starkenberger Bio Perle, Starkenberger Festbock
LOKAL Das Schloss mit der Brauerei, der sehenswerten Biermythos-Ausstellung und den frisch herausgeputzten Schloss Stuben liegt nur eine Minute von der Bundesstraße entfernt, ist aber nicht nur mit dem Auto erreichbar, sondern auch An-

laufstelle etlicher Wanderwege. Schöne Ausflugsmöglichkeiten zum geschichtsträchtigen Schloss (das Gespenst wurde allerdings seit fast 200 Jahren nicht mehr gesehen) und zum Starkenberger See. Unkomplizierter, bemühter Service und ein netter Biergarten. Judith & Klaus Freigassner bieten herzhafte Spezialitäten aus der Tiroler, der steirischen und der Bierbrauer-Küche. 80 Sitzplätze, Rittersaal: 10, Gartenterrasse: 80.

TUX

DORFBAR RATSCHKATHL

6293 Tux, Lanersbach 456b, +43/5287/87783115
www.annodazumal.at
ÖFFNUNGSZEITEN Mo-Sa: 15:00 bis 23:00 Uhr
FASSBIER Stiegl Pils, Stiegl Weisse, Wildshuter Biere, Stiegl Radler Naturtrüb, saisonal: Stiegl Herbstbock
FLASCHENBIER Franziskaner Dunkel, Stiegl Braukunst, Stiegl Columbus 1492 Pale Ale, Stiegl Faux Pas, Stiegl Grapefruitradler, Stiegl Monatsbiere, Stiegl Sonnenkönig , Stiegl Sport-Weisse, verschiedene Sorten Tux 1280, Wildshuter Biere, Zillertal Märzen, Stiegl Freibier
LOKAL Mit der Ratschkathl haben Michaela und Stefan Dengg im Jahr 2010 sowohl für die Ortschaft Lanersbach als auch für die eigene Feriensiedlung „Anno Dazumal“ ein nostalgisch angehauchtes Wirtshaus geschaffen, in dem sowohl Feriengäste als auch Einheimische miteinander ratschen können, „Deine Ohren kommen ganz auf ihre Kosten“, versprechen die Wirtsleute. Im Sommer gibt es Weißwurst & Bier, Bockbieranstich jeden Freitag von Mitte September bis Anfang November, Après-Ski von Dezember bis April. Das Bierangebot geht über das anderer Stiegl-Wirte deutlich hinaus, es gibt auch Biere der regionalen Mittelstandsbrauerei und von der Craftbierbrauerei im selben Ort. Mehrere Mitarbeiter sind für professionelles Zapfen ausgezeichnet worden, es gibt auch immer wieder kombinierte Bier- und Käseverkostungen. 45 Sitzplätze im Lokal, ca. 15-20 an der Innenbar, ca. 10 an der beheizten Aussenbar und 30 Sitzplätze auf der Terrasse.

UMHAUSEN

GASTHAUS KRONE UMHAUSEN

6441 Umhausen, Dorf 30, +43/5255/50048
www.krone-umhausen.at
ÖFFNUNGSZEITEN Mi-Sa: 11:00 bis 21:00 Uhr; So: 9:30 bis 21:00 Uhr
FASSBIER Edelweiss Weizenbier, Gösser Naturradler, Kaltenhausner Kellerbier
FLASCHENBIER Gösser Naturgold, Biere der Brauerei Kaltenhausen, Wieselburger Schwarzbier, Zipfer Hops, Zipfer Märzen, Edelweiss Weizen Alkoholfrei, saisonale Bierspezialitäten
LOKAL Die Krone in Umhausen ist ein ehrwürdiges Gebäude aus dem Jahr 1790, in dessen erstem Stock sogar ein Saal des Standesamtes untergebracht ist. Auch in den Gaststuben sind noch einige Teile der Originaleinrichtung vorhanden – im Baumann-Raum stammt die Decke aus den ersten Jahren des Hauses, die sonstige Ausstattung hat der Archtekt Franz Baumann 1926 im Stil der neuen Sachlichkeit entworfen – auch heute noch wirkt das auf überraschend liebenswürdige Art modern. Die kleine Brauerei, die sich einige Jahre im Haus befunden hat, wurde abgebaut – sie ist in den Ortsteil Niederthai übersiedelt.

ÖTZTALER BRAUHAUS

6441 Umhausen, Niederthai 57a, +43/676/5402485
www.oetztalerbrauhaus.at
ÖFFNUNGSZEITEN Mi-Fr: 9:00 bis 22:00 Uhr; Sa: 9:00 bis 23:00 Uhr; So: 9:00 bis 22:00 Uhr
FLASCHENBIER Das Rote Märzen, Die Dunkle Fee, Die Gnädige Roggen-Weizenbier
LOKAL Yannick Allombert ist gelernter Koch, er kommt aus dem Gourmet-Musterland Elsass und bietet nicht nur kreative Biere, sondern auch passende, saisonale Speisen. So gibt es ein Biermenü inkl. Verkostungsbrettl mit 3 verschiedenen Bieren und passenden Häppchen, Ötztaler Biersuppe, Braumeister Steak und Apfelradln in Bierteig mit Bierempfehlung. Eine kleine Führung durch die Brauerei ist kostenlos. 50 Plätze im Lokal.

Ötztaler Brauhaus

ÖTZTALER BRAUHAUS GMBH
BRAUSTÜBERL POSTSTÜBERL

UNTERPERFUß BEI INNSBRUCK

BRANGER ALM

6175 Unterperfuß bei Innsbruck, Unterperfuß
+43/5232/2209
www.brangeralm.at
ÖFFNUNGSZEITEN Mo-So: 11:00 bis 00:00 Uhr
FASSBIER Branger Bräu Märzen, Weizentrüb
FLASCHENBIER Branger Bräu
LOKAL Das Wirtshaus der Branger Alm (die übrigens im Inntal

liegt und nicht irgendwo oben in den Bergen) war ursprünglich nur Verpflegungsstation für den Campingplatz, ist nun aber selbst ein begehrtes Ausflugsziel geworden. 300 Sitzplätze im Lokal, Garten: 200 Sitzplätze.

VIRGEN

PANZL-BRÄU

9972 Virgen, Virgental Straße 85, +43/7874/5240
de-de.facebook.com/panzlbraeu/ ww.osttirolurlaub
ÖFFNUNGSZEITEN Mo-So: 10:00 bis 00:00 Uhr
FASSBIER Panzl Märzen (Sondersud vom Falkenbräu in Lienz)
FLASCHENBIER Schlossgold, Weihenstephaner
LOKAL Hier war tatsächlich von 1720 bis 1914 eine Brauerei. Die heutigen Wirtsleute brauen aber nicht selbst, sondern kooperieren mit der Brauerei Falkenstein. Gekocht wird mit frischen Produkten aus der Region. 110 Plätze im Lokal, 10 Plätze an der Bar, 40 Sitzplätze im Garten.

VOMP

HURRY CURRY

6134 Vomp, Josef-Heiß-Straße 48, +43/681/81969514
www.hurrycurry.at
ÖFFNUNGSZEITEN Mo-Fr: 11:00 bis 14:00 Uhr, 17:00 bis 21:00 Uhr
FASSBIER Biere von Freundsberg 66, Fiechter Spitz, Kellerjoch
LOKAL Ursprünglich meinten wir: Ein Fast-Food-Lokal hat im Bierguide normalerweise nichts zu suchen. Wir waren ja vor allem wegen der vom bayrischen Chef Robert Holzleitner in der „1. Schwazer Privatbrauerei" gebrauten „Freundsberg 66"-Biere, die hier exklusiv ausgeschenkt werden. Im Lauf der Jahre hat sich das Lokal schön weiterentwickelt, Fast Food gibt es immer noch und mittags wird es ziemlich eng, denn da gehen in einer Stunde 60 Essen über den Tresen, also jede Minute ein Schnitzel oder eine Currywurst mit Pommes Frittes oder ein Riesen-Burger. Mehr Zeit fürs Bier ist dann ab 17 Uhr. Im Indoor-Biergarten kann man sich ein 30 Liter Fass bestellen und mit Freunden ganz gemütlich Seidel für Seidel selber zapfen. Die Bierspezialitäten kann man auch in 0,33-Liter-Flaschen mit nach Hause nehmen. 30 Plätze im Lokal.

WILDSCHÖNAU

KELLERWIRT

6311 Wildschönau, Oberau 72, +43/5339/8116
www.kellerwirt.com
ÖFFNUNGSZEITEN Mo-So: 11:00 bis 23:00 Uhr
FASSBIER Stiegl-Goldbräu
FLASCHENBIER Augustiner Hell, König Ludwig Weißbier Dunkel, Stiegl Weisse Naturtrüb, Stiegl-Freibier
LOKAL Tiroler Traditionswirthaus gegenüber der Kirche von Oberau in der Wildschönau, hoch geschätzt von einer illustren Schar von Stammgästen, darunter der ehemalige Landwirtschaftsminister Andrä Rupprechter. Das erste Mal erwähnt wurde der Kellerwirt im Jahre 1275: Ein „Kellerer" aus dem oberbayerischen Benediktinerkloster Seeon am Chiemsee wachte hier über die pünktliche Ablieferung des Zehnten der ansässigen Bauern. Seine Gäste fanden schon damals Quartier im „Probstenhof", wie er zu der Zeit genannt wurde. Man sieht dem Gebäude sein Alter an, auch wenn die Ausstattung ebenso wie die Küche auf der Höhe der Zeit ist. Auf einem alten Schrank im Obergeschoß gibt es eine exquisite Sammlung von historischen Bierkrügen. Perfekter Bierausschank, freundliche Bedienung und eine gehobene, preiswerte Küche. Normalerweise gehört Schnaps nicht zum Bier, doch hier sollte man die lokale Spezialität „Krautinger" probieren. 100 Plätze im Lokal, 30 auf der Terrasse.

WÖRGL

LONG PIPE

6300 Wörgl, Salzburger Straße 32, +43/660/9666666
ÖFFNUNGSZEITEN Mo-Do: 9:00 bis 1:00 Uhr; Fr-Sa: 9:00 bis 2:00 Uhr; So: 11:00 bis 1:00 Uhr
FASSBIER Hirter Märzen, Weihenstephaner Hell, Zipfer Märzen
FLASCHENBIER American Bud, Corona, Desperados, Heineken, Schlossgold, Weihenstephaner Dunkel, Zipfer Urtyp
LOKAL Im Obergeschoß des M4-Shoppingcenters gelegen. Modern und bierig eingerichtet mit Stehtischen. Sehr nette und flinke Bedienung, leider bescheidene Bierauswahl. 100 Sitzplätze im Lokal, 80 Plätze an der Bar.

ZELL AM ZILLER

HOTEL BRÄU

6280 Zell am Ziller, Dorfplatz 1, +43/5282/2313
www.hotel-braeu.at
ÖFFNUNGSZEITEN Mo-So: 9:00 bis 23:00 Uhr
FASSBIER Zillertal Das Schwarze, Zillertal Edelpils, Zillertal Märzen, Zillertal Pils, Zillertal Weizenbier, Zillertaler Märzen, Zillertaler Schwarzbier
FLASCHENBIER Zillertal Dunkles, Zillertal Gauder Bock (saisonal), Zillertal Gauder Steinbock (saisonal), Zillertal Imperial Tyroler Zwickl, Zillertal Märzen, Zillertal Radler und Radler Naturtrüb, Zillertal Schwarzes, Zillertal Weißbier Dunkel, Zillertal Weißbier Hell, Zillertal Weißbierbock (saisonal)
LOKAL Das erste Haus am Platz – schräg gegenüber dem Stammhaus der 1500 gegründeten Brauerei, deren Produktion inzwischen aus dem dicht verbauten Gebiet hinaus verlegt worden ist. Das Hotel ist ein gepflegter Brauereiausschank, er gehört ja auch derselben Familie. Hervorragende Küche, die mit vielen Gerichten aufwartet, die zu den Bierspezialitäten passen und teilweise mit Bier verfeinert werden. Sehr bemühtes Personal. 110 Plätze in mehreren Stuben, 40 im Garten.

Natürlich in
BIO
QUALITÄT
Unsere frastanzer Bio-Biere
frastanzer
frastanzer
s'honig
frastanzer
s'bio
frastanzer
s'dunkle
Auch schon probiert?
Die frastanzer Bio-Biere.
Auch außerhalb Vorarlbergs zu bekommen.
Getränkefachhandel Wiener
www.bierwiener.at
F. Harpf & Co. (IT)
www.harpf.it
Getränke-Express (FL)
www.getraenkeexpress.li
Vinothek Oldie & Wine
www.oldiewine.at
Egon Wille Getränkehandel
www.getraenke-wille.com
Beerlovers
www.beerlovers.at
Rudolf Ammersin GmbH
www.ammersin.at
frastanzer
/frastanzer
/schwestern3
www.frastanzer.at

VOR ARLBERG

VORARLBERGS BIERLOKAL DES JAHRES

LECH AM ARLBERG

OLD BAKERY – OMES – HOTEL GOTTHARD

6764 Lech am Arlberg, Omesberg 119, +43/5583/3560-0
www.gotthard.at

ÖFFNUNGSZEITEN Mo-So: 7:45 bis 18:00 Uhr

FASSBIER Omes Arlbeer

FLASCHENBIER Omes Arlbeer, Omes Pale Ale

LOKAL Das Hotel Gotthard ist eine eindrucksvolle Touristenherberge auf höchstem Niveau (****S) – ein noch höheres Niveau deutet nur der Name des im Haus gebrauten Omes-2557-Bieres an: Das Omeshorn ist quasi der Hausberg von Lech, 2557 Meter hoch. Das Hotel liegt mitten in Lech, also rund 1100 Meter tiefer. Und noch einmal einen Stock tiefer gelegen ist die Braustätte. Sie liegt in einer ehemaligen Bäckerei – Hotel- und Brauereichef Clemens Walch ist ein gelernter Bäcker. Die Brauerei ist nicht nur darauf eingerichtet, dass man viel durch die Glaswände sehen kann, sie wurde auch gleich mit einem der schönsten Verkostungsräume Österreichs ausgestattet: Hier in der „Old Bakery" kann man an einem riesigen massiven Naturholztisch verkosten, was das Haus zu bieten hat – zusätzlich zum Bier etwa auch Schnäpse, Käse und Schinken. Zu ebener Erd' gibt es eine klassische „Lecher Stube", in der helles Holz dominiert und wo man zu regionaler Küche natürlich ebenfalls alle Omes-Biere bekommen kann – und zwar aus schönen Teku-Verkostungsgläsern. Und wenn Clemens Zeit hat, erklärt er gerne alle seine Aktivitäten. 30 Sitzplätze in der Old Bakery, 100 Sitzplätze im Restaurant, 80 Sitzplätze im Garten.

AU

UR-ALP

6833 Au, Bundesstraße 533, +43/5515/25192
www.ur-alp.at
ÖFFNUNGSZEITEN Di-Do: 9:00 bis 23:00 Uhr; Fr-Sa: 9:00 bis 00:00 Uhr; So: 9:00 bis 21:00 Uhr
FASSBIER Egger Bier, Zötler Bier
FLASCHENBIER Clausthaler, Franziskaner Weizen Alkoholfrei, Franziskaner Weizen Dunkel, Mohren Grapefruitradler, Mohren Spezial, Zötler Weizen Alkoholfrei
LOKAL Natürlich wirkt die Dekoration dieses Lokals ein wenig überladen – überall dominiert altes Holz, die Deko besteht aus altem Bauerngerät und Musikinstrumenten. Kein Wunder, denn dieses sehr rustikal gestaltete Lokal liegt an der Bregenzerwald-Bundesstraße von Au nach Schoppernau – man nennt diese Straße nicht zu Unrecht die ‚Käsestraße'. Und entsprechend ist auch die Speisekarte gestaltet – Käseliebhaber finden hier Käserahmsuppe, Ziegenkäseecken mit Basilikumpesto, gebackenen Bergkäse, Käsefondue und natürlich die Käsknöpfle mit geschmälztem Zwiebel. Immer wieder Musikveranstaltungen – „Thekentanz auf eigene Gefahr", warnt ein Schild. Mit Naturlädele (Hochalpkäse, Speck, Kaminwurzen, Hirschschinken), Käsekeller, einladender Gartenanlage, großem Kinderspielplatz und großem Busparkplaz auch ideal für Feiern jeglicher Art, was 2019 die österreichische Braumeistertagung hierher gelockt hat. 240 Sitzplätze im Lokal, 2 x 20 Plätze an der Bar, 100 Sitzplätze im Garten.

Ur-Alp

BEZAU

GASTHOF HIRSCHEN

6870 Bezau, Platz 40, +43/5514/2382
www.hirschen-bezau.at
ÖFFNUNGSZEITEN Mo-Di: 8:00 bis 00:00 Uhr; Do: 16:00 bis 00:00 Uhr; Fr-So: 8:00 bis 00:00 Uhr
FASSBIER Egger Spezial, Franziskaner Weißbier
FLASCHENBIER Beck's Alkoholfrei, Egger Spezial, Erdinger Weizen Alkoholfrei, Mohrenbier
LOKAL Drei traditionell eingerichtete gemütliche Gaststuben, gutbürgerliche österreichische und internationale Küche. Das Service ist sehr freundlich und hilfsbereit, die Bierpflege sehr gut. Ca. 60 Sitzplätze im Restaurant, 60 Sitzplätze im Gastgarten mit Pavillon.

BLUDENZ

KOHLDAMPF & SUDKESSEL-BAR

6700 Bludenz, Werdenbergerstraße 53, +43/5552/65385
www.fohren-center.at/de/kohldampf/aktuelles.html
ÖFFNUNGSZEITEN Di-So: 10:00 bis 00:00 Uhr
FASSBIER Fohrenburger Dunkles, Fohrenburger Jubiläum, Fohrenburger Kellerbier, Fohrenburger Radler, Fohrenburger Weizen
FLASCHENBIER Corona, Desperados, Fohrenburger Alkoholfrei, Fohrenburger Einhorn, Fohrenburger Oberländer, Fohrenburger Weizen Alkoholfrei, Heineken
LOKAL Ein Bier unmittelbar gegenüber der Fohrenburg-Brauerei genießen – dazu lädt der schöne mit Kastanienbäumen bepflanzte Biergarten ein. Und das früher als Wirtshaus zur Fohrenburg oder Nova Bräu bekannte Lokal erstrahlt als Brauereiwirtshaus Kohldampf seit Juni 2012 in neuem Glanz. Angeschlossen ist die Sudkessel-Bar mit den gleichen Öffnungszeiten. Freundliches Personal. An den letzten beiden Septemberwochenenden gibt es immer ein Oktoberfest – Details unter www.ozapft.at 80 Plätze im Restaurant, 60 im Stüble, 100 in der Sudkesselbar, 250 im Biergarten.

Kohldampf & Sudkessel-Bar

REMISE

6700 Bludenz, Raiffeisenplatz 1, +43/5552/62448
www.cafe-remise.at
ÖFFNUNGSZEITEN Mo-Sa: 10:00 bis 00:00 Uhr
FASSBIER Frastanzer Bio Kellerbier, Frastanzer Helles, Radler süß/sauer
FLASCHENBIER Corona, Franziskaner Alkoholfreies Weizen, Franziskaner Weizen
LOKAL Der schöne Gastgarten und die nostalgische Außenhaut der Remise machen sie zum Fixstarter in diesem Guide. Schüler, Studenten und Künstler beleben die Bar, in der es auch oft Live-Veranstaltungen und Präsentationen bildender Kunst gibt. 45 Plätze im Lokal, 5 an der Bar, 200 im Garten.

BREGENZ

GÖSSER BRÄU BREGENZ

6900 Bregenz, Anton-Schneider-Straße 1, +43/5574/42467
www.goesserbregenz.at
ÖFFNUNGSZEITEN Mo-Sa: 10:00 bis 00:00 Uhr; So: 10:00 bis 22:00 Uhr
FASSBIER Gösser Gold, Gösser Naturradler, Gösser Zwickl Dun-

kel, Gösser Zwickl Hell, Hofbräu Weizenbier, Märzen, Reininghaus Pils, saisonal Gösser Bockbier, Weizenbier
FLASCHENBIER Edelweiss Alkoholfrei, Gösser Kracherl alkoholfrei, Gösser Naturgold, Gösser Stiftsbräu, Heineken, Wieselburger Schwarzbier, Wieselburger Spezial, Wieselburger Stammbräu
LOKAL Das Gebäude des Gösser-Bräu atmet Biergeschichte: 1641 wurde es zum ersten Mal als ‚zum Schwanen' erwähnt. 2013 ist es komplett renoviert worden. Mehr als dreieinhalb Millionen Euro hat der neue Eigentümer Claus Haberkorn in Kauf und Komplettsanierung investiert und damit ein Juwel der Bierkultur geschaffen. Aus dem Jahr 1890 (damals kannte man die Liegenschaft als ‚Deutsches Haus' und den Betrieb als ‚Café Central') stammt die heute noch perfekt erhaltene Zirbenstube, seit 1945 ist hier das Gösser-Bräu. Es bietet einen Mix an bierigen Lokaltypen, darunter ein Restaurant mit Schauküche (und sehr zivilen Preisen!), eine postmoderne Bierschwemme ‚für ein Feierabendbier, für einen Absacker oder am späteren Abend für Fußballfans' und ein großer Veranstaltungssaal. Daher kann es weit über 600 Personen (allein 350 im Gösser-Saal) aufnehmen. Kleiner Schanigarten.

Gösser Bräu Bregenz

KESSELHAUS BAR & RESTAURANT

6900 Bregenz, Mariahilfstraße 29, +43/5574/21507
www.kesselhausbregenz.at
ÖFFNUNGSZEITEN Mo: 10:00 bis 15:00 Uhr; Di: 15:00 bis 15:00 Uhr; Mi-Do: 10:00 bis 23:00 Uhr; Fr: 10:00 bis 14:00 Uhr; Sa: 17:00 bis 1:00 Uhr
FASSBIER Egger Spezial (aus dem Bregenzerwald)
FLASCHENBIER Beck's Blue, Egger Dunkel (aus dem Bregenzerwald), Franziskaner Weizen, Wälderle, Zwickl
LOKAL Mediterranes Restaurant im ehemaligen ‚Kesselhaus' des Schöller-Areals mit einer modernen Messing Bar. Stets gut besucht und Bier-Liebhaber kommen entweder bei einer tollen Bar-Atmosphäre oder auch in romantischer Zweisamkeit während eines Abendessens voll auf ihre Kosten. Restaurant: 60 Sitzplätze, Bar: 35 Sitzplätze, Garten: 55 Sitzplätze.

KORNMESSER

6900 Bregenz, Kornmarktstraße 5, +43/5574/54854
www.kornmesser.at
ÖFFNUNGSZEITEN Di-So: 9:00 bis 00:00 Uhr
FASSBIER Augustiner Lager Hell, Augustiner Maximator (nur in der Fastenzeit vor Ostern)
FLASCHENBIER Augustiner Dunkel, Augustiner Edelstoff, Augustiner Lager Hell, Augustiner Maximator (nur in der Fastenzeit vor Ostern), Augustiner Weißbier, Clausthaler, Erdinger Weißbier Alkoholfrei
LOKAL Der Umbau des um 1720 errichteten Barockbaus hat Bregenz eine außergewöhnliche Gaststätte beschert – Altes wurde hervorgekehrt, Neues hat seinen Platz gefunden. Der ursprüngliche Gastraum wurde wieder in den Originalzustand zurückversetzt und der Nebenraum stilistisch angepasst. Mit dem Gastgarten wird der letzte klassische Biergarten der Stadt wieder zu neuem Leben erweckt und die Kastanien rauschen wie in alten Zeiten. Die Speisekarte bietet ‚g'hörige' Gasthausküche und Klassiker zum Augustiner Bier, aber auch moderne leichte Speisen stimmen den Gaumen fröhlich.

MAURACHBUND

6900 Bregenz, Maurachgasse 11, +43/5574/44446
www.maurachbund.at
ÖFFNUNGSZEITEN Di-Fr: 15:00 bis 00:00 Uhr; Sa: 10:00 bis 00:00 Uhr
FASSBIER Mohren Spezial, Radler süß / sauer
FLASCHENBIER Meckatzer Urweizen, Mekatzer Weiß-Gold Alkoholfrei
LOKAL Unter Leitung der bekannten Bregenzer Gastronomin Birgit Walser wurde der traditionsreiche Maurachbund im Jahr 2019 einem dezenten Facelifting unterzogen – die Orientierung hat allerdings weg vom Bier und mehr hin zum Wein geführt. Immerhin gibt es neben dem Mohren-Bier auch das Meckatzer Kultbier aus dem Allgäu. Zur Geschichte: Das „Maurach" war im 13. Jahrhundert das erste Bregenzer Viertel, das außerhalb der Mauern der Oberstadt besiedelt wurde. Die Maurachgässler fühlten sich als eigene Gemeinde, hatten einen eigenen Bürgermeister und Gemeinderäte. Sie hatten eine eigene Flagge und eine eigene Musikkapelle. Aus dieser Tradition heraus gründet sich der Stolz der Maurachgässler, die mit dem „Maurachbund" auch eine der ältesten Bregenzer Gastwirtschaften in ihrem Viertel haben. Maurach-Stube: 34 Sitzplätze, Gallus-Stube: 30-35 Sitzplätze, auf der Terrasse 40 Plätze.

VIVA CANTINA MEXICANA & BAR

6900 Bregenz, Seestraße 7, +43/5574/42288
www.cantina.at
ÖFFNUNGSZEITEN Mo-So: 17:00 bis 3:00 Uhr
FASSBIER Meckatzer Helles Hefeweizen, Mohren Ländle
FLASCHENBIER Beck's Alkoholfrei, Corona, Desperados, Farny Kristallweizen, Heineken, Meckatzer Urweizen, Meckatzer Weiss-Gold, Meckatzer Weizenbier Alkoholfrei, Mohren Kellerbier, Mohren Pfiff, Negra Modelo, Pacifico, Sol, Trumer Pils
LOKAL Christoph Wellinger hat hier 1995 ein sehr ambitioniertes mexikanisches Restaurant eingerichtet mit Schauküche und einer breiten, gut passenden Bierauswahl. Schöner Palmengarten mit traumhaftem Sonnenuntergang über dem Bodensee. 150 Sitzplätze im Lokal, 180 im Garten.

WIRTSHAUS AM SEE

6900 Bregenz, Seeanlagen 2, +43/5574/42210
www.wirtshausamsee.at
ÖFFNUNGSZEITEN Mo-So: 9:00 bis 00:00 Uhr
FASSBIER Mohren Kellerbier Naturtrüb, Martinus Bier, Meckatzer Hefeweizen, Mohren Spezial, Mohren Wirtshausbier Naturtrüb (Sonderabfüllung)
FLASCHENBIER Meckatzer Weizen Alkoholfrei, Mohren Grapefruitradler, Mohren Pils, Warsteiner Alkoholfrei
LOKAL Das Wirtshaus am See in Bregenz, direkt am Bodensee und mitten in den Bregenzer Seeanlagen, ist einer der Logenplätze am Bodenseeufer. Neben regionalen Spezialitäten bietet das Wirtshaus auch ein tägliches Frühstück ab 9.00 Uhr sowie jeden Sonn- und Feiertag ab 17. Mai einen Frühstücksbrunch mit Livemusik. 70 Sitzplätze im Lokal, 15 Plätze an der Bar, 400 Sitzplätze im Garten.

WUNDERBAR

6900 Bregenz, Bahnhofstraße 4, +43/5574/47758
www.wunderbar.at
ÖFFNUNGSZEITEN Mo-Do: 11:00 bis 3:00 Uhr; Fr-Sa: 10:00 bis 4:00 Uhr; So: 12:00 bis 3:00 Uhr
FASSBIER Mohren Spezial, Weihenstephaner Weizen
FLASCHENBIER Beck's Blue Alkoholfrei, Clausthaler Extraherb
LOKAL Café-Bar mit kleinen Tischchen und angenehmer Bar sowie einem Gastgarten zum Sehen und Gesehenwerden. 45 Plätze im Lokal, 8 an der Bar, 35 im Garten.

DOREN

GASTHOF ADLER

6933 Doren, Kirchdorf 9, +43/5516/2014
www.adler.co.at
ÖFFNUNGSZEITEN Mi-Do: 16:00 bis 00:00 Uhr; Fr: 11:30 bis 13:30 Uhr, 16:00 bis 00:00 Uhr; Sa-So: 10:00 bis 00:00 Uhr
FASSBIER Meckatzer Weiss-Gold, Meckatzer Weizen, saisonal Meckatzer Zwickl
FLASCHENBIER Meckatzer Weiss-Gold Alkoholfrei, Meckatzer Weizen Alkoholfrei, Mohren Spezial
LOKAL Seit 1795 bestehender, gemütlicher Gasthof mit Gästen aus dem Dorf und der Umgebung. Die eigene Bio-Landwirtschaft – eine alte, erhaltene Bregenzerwälder Bauernwirtschaft mit bekannter Braunviehzucht kann auch besichtigt werden. Mitglied der Käsestraße Bregenzerwald. 70 Sitzplätze im Lokal, 40 im Garten.

Gasthof Adler

DORNBIRN

BIERLOKAL

6850 Dornbirn, Marktstraße 12, +43/5572/53850
www.bierlokal.at
ÖFFNUNGSZEITEN Mo-Fr: 11:00 bis 00:00 Uhr; Sa: 10:00 bis 00:00 Uhr
FASSBIER Erdinger Weißbier Hell, Mohren Naturtrübes Kellerbier, Mohren Pale Ale, Mohren Spezial
FLASCHENBIER Clausthaler, Erdinger Weißbier Alkoholfrei, Erdinger Weißbier Dunkel, Grapefruit Radler, Mohren Gambrinus
LOKAL Dieses zentral gelegene Lokal war schon eine Druckerei, einige Jahre lang auch eine Brauerei. Nach rascher Umbauphase im Winter 2009 wurde die Decke ins Obergeschoß geschlossen – dieses bietet mit einem großen Speisebereich nun genügend Platz für Feiern. Im Erdgeschoß wurde der Barbereich großzügig ausgebaut und der neue Sitzbereich ist zum Verweilen oder einem gemütlichen Hock mit Freunden und Bekannten genau das Richtige. Jeden Freitag werden die beliebten Kässpätzle serviert. Zu den Spezialitäten der Speisekarte gibt es immer wieder eine Bierbegleitung mit Spezialbieren wie das Kriek von Lindemann, Russian Imperial Stout, Mohren Eisbock, Mohren Pils, Mohren Bockbier... Das Restaurant im ersten Stock wurde im Jänner 2017 neu renoviert und bietet saisonale Speisen. 160 Plätze im Lokal, 34 an der Bar, 100 im Garten.

CAFÉ 21 ZEITGENUSS

6850 Dornbirn, Marktstraße 21, +43/5572/386159
www.cafe21.at
ÖFFNUNGSZEITEN Mo-Sa: 8:00 bis 1:00 Uhr; So: 15:00 bis 23:00 Uhr
FASSBIER Mohren Bräu, Radler süß / sauer, Trumer Pils
FLASCHENBIER Corona, Erdinger Alkoholfrei, König Ludwig Weizen, Maximus Brutus „American Amber Lager", Maximus Highhops IPA, Maximus Pandora „Dutch Pale Ale", Maximus Stout 6, Warsteiner Alkoholfrei

LOKAL Dieses Lokal schafft es seit mehr als einem Jahrzehnt, sich quasi laufend neu zu erfinden, mal als Café, mal als Sushi-Lokal oder auch als Tapas-Bar – in letzter Zeit wieder mehr mit Bier-Schwerpunkt und sogar einigen raren Craftbieren. 50 Plätze im Lokal, 100 im Schanigarten.

FREI

6850 Dornbirn, Marktstraße 2, +43/664/4003135
www.frei-cafe-bar.at
ÖFFNUNGSZEITEN Mo-Sa: 8:00 bis 00:30 Uhr
FASSBIER Mohren Spezial
FLASCHENBIER Erdinger Alkoholfrei, Erdinger Weißbier
LOKAL Das im Herbst 2015 in unmittelbarer Nachbarschaft zum Roten Haus eröffnete Lokal will Freiraum für ein Ambiente mit einem Gespür für das Detail schaffen. Und das mit einem fein ausgewogenen Sounderlebnis, denn am Abend wird die Bar zum Club – die Vorarlberger Szene hat den Laden jedenfalls gut angenommen. Man futtert gesund (täglich Mittagsmenü) und kommt hierher auch zum Sehen und Gesehenwerden. 80 Plätze im Lokal, 20 davor.

MR. FRENCH

6850 Dornbirn, Marktplatz 10, +43/5572/398222
www.mrfrench.at
ÖFFNUNGSZEITEN Mo-Fr: 10:00 bis 23:00 Uhr; Sa: 9:00 bis 23:00 Uhr; So: 10:00 bis 23:00 Uhr
FASSBIER Craftbiere, Mohren Spezial, Weihenstephaner Hell
FLASCHENBIER Clausthaler, Mohren Kellerbier, saisonale Bierspezialitäten
LOKAL Die ehemalige Kreuzstube ist im Mai 2015 diesem modern gestalteten Bistro gewichen, das mit einer Auswahl an Craftbieren beeindruckt und sich als Kommunikationslokal versteht – gleich im Jahr 2016 schaffte es Mr. French, Vorarlberger Bierlokal in Conrad Seidls Bierguide zu werden. Auf einer großen Tafel werden die jeweiligen erhältlichen Bierspezialitäten mit Herkunftsangabe angeschrieben. Die Speisekarte bietet bis 22 Uhr Speisen zum und mit Bier, wie z.B. Bierschaumsuppe mit Schwarzbrotwürfel und Speckstreifen, Garnelen im Bierteig, Biergulasch. Die Craftbiere werden in 0,2-Liter-Einheiten im Teku-Pokal angeboten. 40 Plätze im Lokal, 18 an der Bar, 18 im Vorgarten.

FELDKIRCH

BRAUGASTSTÄTTE LÖWEN TISIS

6800 Feldkirch, Dorfstraße 28, +43/5522/84242
www.loewen-tisis.at
ÖFFNUNGSZEITEN Mo-Sa: 11:30 bis 00:00 Uhr; So: 11:30 bis 15:00 Uhr
FASSBIER Frastanzer s'Bio, Frastanzer Bio Kellerbier, Frastanzer Ice Kellerbier, Frastanzer Zitrus Radler, Saurer Radler, Schneider Weisse
FLASCHENBIER Schneider Weisse Alkoholfrei, Frastanzer Freibier (alkoholfrei), Frastanzer s'Honig, Grabhers Imperial Lady, Grabhers Oanser Sud, Grabhers Trinity IPA, Hoppebräu Vogelwuid, Hoppebräu Wuida Hund, Hoppebräu Wuide Hehna, Hoppebräu Wuidsau, Lammsbräu BIO-Bier (glutenfrei), Panülerbräu Pale Ale, Panülerbräu Porter, Panülerbräu WIT, Schneider Weisse „Meine Leichte", Schneider Weisse Original
LOKAL Dieses gastliche Lokal war bereits 2019 Bierlokal des Jahres, nur Wochen später wurde es neu übernommen – wird aber mit demselben Elan und großem Bierveständnis (die meisten Mitarbeiter haben Biersommelier-Schulungen absolviert!) weitergeführt. Neben gemütlichen Gaststuben und einem der schönsten Gastgärten in Feldkirch, bietet diese Braugaststätte der Brauerei Frastanz im wunderschönen Löwensaal Platz für rund 130 Personen. Mit traditionell österreichischer Küche und Bierspezialitäten (nicht nur aus der nahen Frastanzer Brauerei, sondern auch von anderen Klein- und Mittelstandsbrauern) werden die Gäste des Löwen Tisis verwöhnt. Der Löwensaal ist als Veranstaltungssaal beliebt, vor allem auch bei Hobbybrauern: Diese haben hier im Herbst ihr jährliches Treffen, bei dem reichlich von Amateuren gebraute Biere mit jenen aus kommerzieller Produktion verglichen werden können. 20 Sitzplätze im „Roten Stüble", 30 in der „Gartenstube" und 90 Sitzplätze im Saal. Im Gastgarten haben ca. 120 Personen Platz.

Braugaststätte Löwen Tisis

BRAUGASTSTÄTTE RÖSSLEPARK

6800 Feldkirch, Rösslepark 1, +43/5522/76543
www.roesslepark.at
ÖFFNUNGSZEITEN Mo-Sa: 9:00 bis 1:00 Uhr
FASSBIER Frastanzer s'Dunkle, Frastanzer Bio Kellerbier,

Frastanzer Gold, Frastanzer Helle Weisse, Frastanzer Ice Kellerbier, Frastanzer Naturtrüber Zitronenradler
FLASCHENBIER Schneider Weisse Alkoholfrei, Anchor Porter, Beck's Blue Alkoholfrei, Bierol Mountain Pale Ale, Boon Kriek, Brewdog Punk IPA, Brooklyn Lager, Delirium Nocturnum, Frastanzer Dark Bio-Starkbier, Frastanzer Freibier (alkoholfrei), Frastanzer Hoppy, Frastanzer Red Stone, Frastanzer s'Dunkle, Frastanzer s'Honig, Huyghe – Delirium Tremens, Lammsbräu Now Holder Bio-Limonade, Schneider Weisse „Meine Leichte", Schneider Weisse Dunkel, Schneider Weisse Hell, Thornbridge Cocoa Wonderland, laufend wechselndes Sortiment
LOKAL Seit 1999 verbinden sich hier Brauhauskultur und moderne Architektur mit viel Harmonie. Neben dem Tagesgeschäft mit schmackhaften Mittagsmenüs und vielen heimischen und internationalen Bierspezialitäten, unterstützt das Team die Kunden professionell bei der Vorbereitung, Organisation und Durchführung diverser Veranstaltungen. Weiters ist der Rössle Park für seine Live-Veranstaltungen bekannt: Bei Live-Konzerten oder beim sportlichen Public Viewing ist die Braugaststätte meist bis auf den letzten Platz gefüllt. Exklusiver Biergenuss unter der Schattenburg wird hier großgeschrieben. Bierhalle: 80 Sitzplätze, Stube: 80 Sitzplätze, Schenke/Bar: 25 Plätze, Biergarten: 120 Plätze.

DOGANA

6800 Feldkirch, Neustadt 20, +43/5522/75126
www.dogana.com
ÖFFNUNGSZEITEN Di-Do: 8:30 bis 1:00 Uhr; Fr-Sa: 8:30 bis 2:00 Uhr
FASSBIER Frastanzer Bio Kellerbier, Frastanzer s'Dunkle, Schneider Weisse TAP1, Guinness Draught, Craftbier des Monats
FLASCHENBIER Frastanzer Freibier (alkoholfrei), Schneider Weisse Alkoholfrei
LOKAL Moderne Kombination aus Café (im vorderen Bereich) und abendlicher Bar im hinteren Bereich des himmelblauen Hauses im Herzen der Feldkircher Altstadt, direkt zu Füßen der Schattenburg. Seit 1979 ist hier die Familie Gallaun und ihre Mitarbeiter um das Wohl der Gäste bemüht. Das Restaurant im 1. Stock des Hauses bietet frische saisonale Gerichte. Ca. 90 Plätze, 12 an der Bar.

Dogana

JAMES COOK

6800 Feldkirch, Alberweg 2a, +43/670/2043011
de-de.facebook.com/jamescooktosters
ÖFFNUNGSZEITEN Mo-Do: 14:00 bis 1:00 Uhr; Fr-Sa: 10:00 bis 1:00 Uhr

James Cook

FASSBIER Fohrenburger Oberländer Urbier, Mohren Kellerbier, Mohren Spezial
FLASCHENBIER Fuller's London Pride, American Bud, Crew Republic Drunken Sailor (IPA), Einstök White Ale, Fohrenburger Braumeister Dunkel, Guinness Draught, König Ludwig Hefeweißbier, Leikeim Steinbier, Trumer – SIGLs Jokerbier, Warsteiner Alkoholfrei
LOKAL Mit seiner Neuübernahme hat Roland Gruber das Bierkonzept im kleinen Dorflokal im Länderdreieck Österreich-Schweiz-Liechtenstein überarbeitet. So wurde die Tradition „Weigh the Anchor, Hoist the Sails" wiederbelebt. Zur Vermittlung des „Seefahrer-Feelings" gehört sowohl das spezielle Ambiente als auch die etwas „knarrige" Einrichtung. Wechselnde internationale Bierspezialitäten. 45 Sitzplätze, Garten: 35 Plätze.

OX MINI / OX DELI

6800 Feldkirch, Marktgasse 7 / Ochsenpassage
+43/5522/23374
www.ox-feldkirch.at
ÖFFNUNGSZEITEN Mo-Mi: 9:00 bis 19:00 Uhr; Do-Sa: 9:00 bis 22:00 Uhr
FASSBIER Frastanzer s'Bio
FLASCHENBIER Anchor Blood Orange Blonde, Anchor Liberty Ale, Anchor Porter, Brewdog Punk IPA, div. wechselnde Craftbiere, Houblon Chouffe, Mc Chouffe, Muttermilch – Bitta Von Tresen, Muttermilch – Wiener Bubi, Sierra Nevada Hop Hunter, Sierra Nevada Sidecar Orange Pale Ale, Sierra Nevada Torpedo
LOKAL „Aber kein Genuss ist vorübergehend, denn der Eindruck, den er zurücklässt, ist bleibend", lautet das Zitat aus Goethes Wilhelm Meisters Lehrjahren, das quasi als Motto über diesem modernen Deli steht – und auch wenn der folgende Satz nicht im Geschäft angeschrieben ist, wahr ist er doch: „Was man mit Fleiß und Anstrengung tut, teilt dem Zuschauer selbst eine verborgene Kraft mit, von der man nicht wissen kann, wie weit sie wirkt." Fleiß und Anstrengung stehen tatsächlich hinter dem Lokal und den hier mit

großer Freundlichkeit servierten Bieren. „Craft beer for the people" lautet das hier durchgehaltene Motto. Und es gibt viel zu schauen: Es ist ein ziemlich buntes Lokal mit innenarchitektonischen Zitaten aus den 1960er-Jahren, das hier in der Ochsenpassage entstanden ist. 40 Plätze in der Lounge, 15 an der Bar.

Shamrock

SHAMROCK

6800 Feldkirch, Zeughausgasse 7a, +43/650/9708265
www.shamrock-feldkirch.at
ÖFFNUNGSZEITEN Mo-Do: 18:00 bis 2:00 Uhr; Fr-Sa: 18:00 bis 4:00 Uhr
FASSBIER Augustiner Lager, Edelweiss Hofbräu, Fohrenburger Jubiläum, Gösser Zwickl, Gösser Zwickl Dunkel, Guinness, Hofbräu Kaltenhausen Bernstein, Kilkenny, O'Hara's Irish Pale Ale, eine wechselnde Bierspezialität
FLASCHENBIER Aventinus Weizendoppelbock, Budweiser, Clemens Special, Corona, Desperados, Foster's, Franziskaner Hefeweizen Dunkel, Franziskaner Hefeweizen Hell, Frastanzer s'Klenne, Gauloise Blonde, Gauloise Brune, Heineken, Hereford Pale Ale, Leffe Brune, New Castle Brown Ale, O'Hara's Double IPA, O'Hara's Irish Pale Ale, O'Hara's Irish Stout, Wieselburger Stammbräu, Schneider Weisse
LOKAL Dieses kleine, aber sehr gemütliche Irish Pub hat schon eine lange Tradition in der Vorarlberger Bierszene – es ist 2007 an die Stelle einer schon länger bestehenden Bierbar gerückt und wurde damals gleich zum Bierlokal des Jahres gewählt. 26 Sitzplätze, 60 Stehplätze, Garten: 12 Sitzplätze.

GARGELLEN

GASTHOF-PENSION WULFENIA

6787 Gargellen, Nr. 55b, +43/5557/6126
www.wulfenia-montafon.com
ÖFFNUNGSZEITEN Mo-So: 8:00 bis 22:00 Uhr
FASSBIER Triple B (Bachmanns Bernstein Bier)
FLASCHENBIER Gösser Stiftsbräu, Affligem Blonde, Bierol Pale Ale, Brewdog Punk IPA, Brooklyn Lager, Chimay Bleu, Delirium Tremens, Edelweiss Alkoholfrei, Edelweiss Dunkel, Edelweiss Gamsbock, Edelweiss Hofbräu, Frastanzer Hoppy, Frastanzer s'Dunkle, Gösser Märzen, Gösser Naturgold, Gusswerk Horny Betty, Hofbräu Kaltenhausen Spezialsude (je nach Verfügbarkeit), Reininghaus Jahrgangspils, Samuel Smith Imperial Stout, Schwechater Zwickl, Stift Engelszell Gregorius, Stift Engelszell Nivard, Tripel Karmeliet, Triple B Zwickl, Zipfer Pale Ale
LOKAL Manfred Bachmann, ein Diplom-Biersommelier mit jahrelanger Erfahrung bei einem großen Brauereiunternehmen, hat dieses kleine, aber feine Gasthaus renoviert und dabei ganz auf Bier gesetzt: Gleich im Eingangsbereich findet man einen Kühlschrank, in dem neben dem ohnehin schon beachtlichen Standardangebot stets ein paar Raritäten zu finden sind – wir verkosteten unter anderem ein viele Jahre gereiftes Tripel Karmeliet und ein Delirium Tremens. Zu jedem Menü gibt es eigene Bierempfehlungen – und oft auch komplette Biermenüs. Die Fassbierauswahl beschränkt sich meist auf das hauseigene Triple B – einen Sondersud aus dem Hofbräu Kaltenhausen. Ab und zu werden aber auch Gastbiere vom Fass angeboten. 30 Plätze im Lokal.

Gasthof-Pension Wulfenia

GÖFIS

CONSUM GÖFIS

6811 Göfis, Kirchstraße 4, +43/664/5453262
www.facebook.com/Consum-160422309200
ÖFFNUNGSZEITEN Di-Do: 16:00 bis 00:00 Uhr; Fr: 16:00 bis 2:00 Uhr; Sa: 10:00 bis 1:00 Uhr; So: 16:00 bis 00:00 Uhr
FASSBIER Frastanzer Gold, Frastanzer Kellerbier, Sternbräu Dunkel
FLASCHENBIER Corona, Craftbiere, Franziskaner Weißbier, König Ludwig Weißbier Hell und Dunkel
LOKAL Am Dorfplatz von Göfis im Zentrum gelegenes Kommunikationszentrum, das neben diversen Veranstaltungen auch Treffpunkt für Vereine ist. Geboten wird Hausmannskost und saisonale Spezialitäten wie Steakwochen, Pilzwochen oder Wildpret. Schöner Gastgarten mit Windschutz und einem 50 m² großen, wasserdichten Schirm.

GÖTZIS

GASTHAUS ENGEL

6840 Götzis, Hauptstraße 31, +43/5523/54637
ÖFFNUNGSZEITEN Mo-Fr: 17:00 bis 00:00 Uhr
FASSBIER Mohrenbräu Keller Bier, Mohrenbrau Spezial, Sternbräu Dunkel

FLASCHENBIER Alkoholfreies Hefeweizen, Clausthaler Classic, Clausthaler extra herb, Clemens ohne Filter, Clemens Spezial, König Ludwig Weißbier Hell, Leikeim Pilsner, Leikeim Steinbier
LOKAL Altes, sehr gemütliches Gasthaus mit dem Charme eines echt originalen Wirtshauses, wie es auch in Vorarlberg inzwischen zur Rarität geworden ist. Hier trifft sich Jung und Alt auf ein Bier am Abend. Die getäfelten Wände machen Lust aufs Verweilen, was bei der guten Bierauswahl und der sehr freundlichen Bedienung mehr als verständlich ist. In dem Gebäude befand sich bis in die Zwanzigerjahre des vorigen Jahrhunderts eine Brauerei, von der heute allerdings nur noch die Keller erhalten sind. 40 Sitzplätze im Raucher- und 60 im Nichtraucherbereich. Leider kein Biergarten.

Gasthaus Engel

GORTIPOHL

DIANA`S SCHNITZELSTÖBLI

6791 Gortipohl, Blendolmaweg 87, +43/5557/20100
ÖFFNUNGSZEITEN Di-So: 12:00 bis 23:00 Uhr
FASSBIER Edelweiss Hofbräu, Gösser Dunkles Zwickl, Zipfer Limettenradler, Zipfer Urtyp
FLASCHENBIER Edelweiss Alkoholfrei, Edelweiss Dunkel (Bügelflasche), Wieselburger Schwarzbier, Zipfer Hell Alkoholfrei, Zipfer Pale Ale
LOKAL Das Lokal ist etwas abgelegen – man muss von der Hauptstraße abbiegen und ein immer schmäler werdendes Sträßchen entlangfahren. Wenn man glaubt, dass man ganz falsch wäre, kommt wieder ein Wegweiser und es geht weiter, hin zu einem urigen, einsam gelegenen Blockhaus. Mit einer Auswahl an 14 verschiedenen Schnitzeln, von gebacken über natur bis gefüllt, dazu 8 bis10 Biere mit Empfehlung zu jeder Schnitzelspezialität, wird das Schnitzelstöbli seinem Namen mehr als gerecht! Frische Fische, Hax'n und Spareribs gibt es auf Vorbestellung, durchgehend warme Küche bis 21:00 Uhr. 70 Sitzplätze im Lokal, 70 im Garten.

HOHENEMS

KOHLDAMPF

6845 Hohenems, Lustenauer Straße 112, +43/664/2100668
www.kohldampf.at
ÖFFNUNGSZEITEN Mo-Fr: 17:30 bis 1:00 Uhr; Sa-So: 13:30 bis 2:00 Uhr
FASSBIER Fohrenburger Dunkles, Fohrenburger Jubiläum, Fohrenburger Kellerbier, Fohrenburger Radler, Fohrenburger Weizen
FLASCHENBIER Corona, Desperados, Fohrenburger Alkoholfrei, Fohrenburger Einhorn, Fohrenburger Oberländer, Fohrenburger Weizen Alkoholfrei, Heineken
LOKAL Zwei große Kupferkessel, verbunden durch Kupferröhren, sind der erste Blickfang, wenn man in das Cineplexx-Kinocenter kommt: Das Kohldampf ist hier die größte Bar, die dem Bierfreund zur Verfügung steht, und auch das Biermotiv wird konsequent durchgehalten. Es gibt auch das Angebot für einen Filmbrunch – man kommt um 11 Uhr zum Brunch und kann um 12:30 Uhr unter drei Filmen wählen. 150 Sitzplätze auf mehreren Ebenen im Lokal, 200 an der Bar.

LECH AM ARLBERG

BODENALPE

6764 Lech am Arlberg, Lech, +43/664/2400389
www.bodenalpe-lech.com
ÖFFNUNGSZEITEN Mo: 11:00 bis 23:00 Uhr; Mi-So: 11:00 bis 23:00 Uhr
FASSBIER Fohrenburger Jubiläum, Fohrenburger Weizen
FLASCHENBIER Erdinger Alkoholfrei, Fohrenburger Ohne
LOKAL Das 400 Jahre alte ehemalige Bauernhaus liegt direkt an der Bundesstraße Richtung Warth, in idyllischer Umgebung ca. 1 km von Lech entfernt. Verwöhnt wird man in urig dekorierten Stuben mit heimischer Küche und Spezialitäten vom Grill. 40 Sitzplätze in der Stube, 40 auf der Terrasse.

Hûs Nr. 8

HÛS NR. 8

6764 Lech am Arlberg, Nr. 8, +43/5583/33220
www.hus8.at
ÖFFNUNGSZEITEN Mo-So: 11:00 bis 1:00 Uhr
FASSBIER Omes Arlbeer , Paulaner, Stiegl, Trumer Pils
FLASCHENBIER Clausthaler
LOKAL Zur Parade der revitalisierten Walserhäuser gehört das „Hûs Nr. 8" am Ortseingang von Lech. Das rustikale Walserhaus, das im Jahr 1760 erstmals urkundlich erwähnt wurde, wurde im Jahr 1997 nach einer 6-monatigen Bauzeit in seiner Ursprünglichkeit erhalten und in ein Restaurant umgebaut. Als In-Treff kristallisierte sich die Bar heraus, die sowohl bei den Einheimischen wie auch bei den Gästen sehr beliebt ist – ausgeschenkt wird auch das Omes-Bier aus der gegenüberliegenden Brauerei im Hotel Gotthard. 50 Plätze an Tischen, 15 an der Bar.

OLD BAKERY – OMES – HOTEL GOTTHARD

6764 Lech am Arlberg, Omesberg 119, +43/5583/3560-0
www.gotthard.at
ÖFFNUNGSZEITEN Mo-So: 7:45 bis 18:00 Uhr
FASSBIER Omes Arlbeer
FLASCHENBIER Omes Arlbeer, Omes Pale Ale
LOKAL Bierlokal des Jahres, siehe Seite 340.

LOCHAU

BRAUEREIGASTHOF REINER

6911 Lochau, Hofriedenstraße 1, +43/5574/44222
www.reiner-lochau.at
ÖFFNUNGSZEITEN Mo: 11:00 bis 14:00 Uhr, 17:00 bis 00:00 Uhr; Mi-So: 11:00 bis 14:00 Uhr, 17:00 bis 00:00 Uhr
FASSBIER Gösser Märzen, Meckatzer Weizen, Meckatzer Weizen Alkoholfrei, Reiner Bier, Urweizen Dunkel oder Leichtweizen
FLASCHENBIER Meckatzer Leichtweizen, Meckatzer Weizen Alkoholfrei, Mekatzer Weiß-Gold Alkoholfrei
LOKAL Renovierter ehemaliger Brauereigasthof im Zentrum von Lochau, der ursprünglich als Gerichtsgebäude Hofrieden errichtet und von 1789 bis zur Aufhebung der Landstände im Jahre 1808 auch als solches verwendet wurde. Mindestens seit der Übernahme durch die Familie Reiner 1860 bis 1978 war hier dann tatsächlich eine Brauerei. Bei der Renovierung 2007 hat die Künstlerin Andrea Neumeister die Gästezimmer ausgestaltet. 100 Sitzplätze im Lokal, 80 im Gastgarten.

Brauereigasthof Reiner

LUSTENAU

AUSTRIA-CAFÉ

6890 Lustenau, Kaiser-Franz-Josef Straße 1, Austria-Center +43/5577/86250-15
www.austria-lustenau.at
ÖFFNUNGSZEITEN Mo-Do: 8:30 bis 13:00 Uhr, 17:00 bis 00:00 Uhr; Fr: 8:30 bis 00:00 Uhr; Sa: 8:30 bis 14:00 Uhr
FASSBIER Mohrenbräu
FLASCHENBIER Clausthaler, Erdinger Hefetrüb, Weihenstephan Weizenbier Hell
LOKAL Stammlokal des bekannten Fußballvereins – und offenbar auch gesellschaftlicher Treffpunkt für die gesamte Marktgemeinde. Fußball-Liveübertragungen bei Spielen des SC Austria Lustenau, 40 Sitzplätze. 20 an der Bar.

FRÄNKIS

6890 Lustenau, Widum 19, +43/664/5915985
www.facebook.com/pg/fraenkislustenau
ÖFFNUNGSZEITEN Di-Sa: 19:00 bis 2:00 Uhr

Fränkis

FASSBIER Guinness, Wieser Bräu
FLASCHENBIER Astra Urtyp, Clausthaler, Corona, Erdinger Weizen Alkoholfrei
LOKAL Das Nobody's Pub ist 2017 von Frank Hämmerle übernommen und behutsam erneuert worden – etwa mit einem großen Wandgemälde im Billardraum. Billard, Darts, Tischfußball, Konzerte und natürlich der Barbetrieb – das Konzept hinter dem Nobody wurde im Wesentlichen weitergeführt.

GASTHOF MEINDL

6980 Lustenau, Hofsteigstraße 15, +43/5577/82586
www.gasthof-meindl.at
ÖFFNUNGSZEITEN Mi-Sa: 16:00 bis 00:00 Uhr; So: 7:30 bis 22:00 Uhr
FASSBIER 2 Leitungen nach Verfügbarkeit: verschiedene Creativbiere der Mohrenbrauerei oder auch internationale Biere, Mohren Spezial
FLASCHENBIER Anchor Porter, Brewdog 5 A.M. Saint, Brewdog Dead Pony, Brewdog Punk IPA, Collabs Domrep Pils, Cultur-Brauer Austrian Lager, Gusswerk Schwarze Kuh, König Ludwig Dunkel, Lindemans Framboise, Mohrenbräu Gambrinus, Mohrenbräu Kellerbier, Mohrenbräu Pale Ale, Mohrenbräu Pilsner, Rochefort 10° Trappistenbier, Stone Brewing – Arrogant Bastard Ale, Trumer Hopfenspiel, Warsteiner Alkoholfrei, Weihenstephaner Hefeweißbier, Westmalle Tripel
LOKAL Dieser 1952 gegründete Gasthof liegt etwas abgelegen etwa einen Kilometer nördlich vom Lustenauer Zentrum entfernt – aber der Weg lohnt definitiv. Zwar gibt es nur ein Bier vom Fass (typischerweise eine der Spezialitäten vom Mohrenbräu), aber der junge Wirt Thomas Bösch bemüht sich umso mehr um die Flaschenbierauswahl, die ihresgleichen sucht. Einige der Biere sind mehr oder weniger exklusiv nur beim Meindl erhältlich – und wer im Haus übernachtet, bekommt sein Wunschbier als Schlummertrunk aufs Zimmer. Immer wieder Spezialitätenwochen mit besonderen Küchenschwerpunkten und entsprechenen Beer-Pairings. 95 Plätze im Lokal, 90 im Gastgarten.

ZWICKERIA

6890 Lustenau, Kirchstraße 1, +43/5577/22575
www.zwickeria.at
ÖFFNUNGSZEITEN Mo-Fr: 8:00 bis 00:00 Uhr; Sa: 8:00 bis 22:00 Uhr
FASSBIER Mohren Bräu, Wieser Bräu
FLASCHENBIER Clausthaler, Erdinger Alhoholfrei
LOKAL Helle Bier- und Café-Bar am Blauen Platz im Lustenauer Zentrum. Frank „Fränki" Hämmerle ist gelernter Koch, der nach seinen Lehr- und Wanderjahren in seine Heimatstadt zurückgekommen ist und viel Leben in dieses schmale (und mit entsprechend langer Bar ausgestattete) Lokal gebracht hat. Er hat mit dem Wieser Bräu auch ein eigenes, ehemals in Lustenau gebrautes Bier wiederbelebt – man kann diese Rarität auch im 6er-Tragerl für daheim mitnehmen.

MELLAU

METZGERSTÜBLE

6881 Mellau, Übermellen 295, +43/664/4118337
metzgerstueble.at
ÖFFNUNGSZEITEN Mo-Di: 10:00 bis 2:00 Uhr; Do-So: 10:00 bis 2:00 Uhr
FASSBIER Radler, Hefeweizen, Mohrenbräu Kellerbier
FLASCHENBIER Beck's Alkoholfrei, Corona, Heineken, Desperados, Mohren Spezial, Weißbier Alkoholfrei
LOKAL Modern gestaltete Bierbar direkt am Mellenbach. Vor dem langgestreckten Gebäude ein kleiner Außenbereich mit schönem Ausblick auf die umliegenden Berge und das Dorf. 30 Plätze im Lokal, 15 auf der Terrasse.

NÜZIDERS

GASTHOF KRONE

6714 Nüziders, Nr. 108, +43/5552/62274
www.krone-nueziders.at
ÖFFNUNGSZEITEN Mo-Di: 11:00 bis 1:00 Uhr; Do-So: 11:00 bis 1:00 Uhr
FASSBIER Frastanzer
FLASCHENBIER Franziskaner
LOKAL Schöner Gastgarten mit Kastanienbaumbestand, bei schönem Wetter ein beliebter Treffpunkt von Radfahrern und Wanderern. Der Seniorchef ist übrigens ein sehr talentierter Maler, im Haus gibt es viel surrealistische Kunst zu sehen. 130 Sitzplätze im Lokal, Garten: 100 Plätze.

RANKWEIL

BRAUGASTSTÄTTE SCHWARZER ADLER

6830 Rankweil, Ringstraße 3, +43/5522/44319
www.adlerrankweil.at
ÖFFNUNGSZEITEN Di-Fr: 15:30 bis 23:00 Uhr; Sa: 10:00 bis 23:00 Uhr; So: 10:00 bis 21:00 Uhr
FASSBIER Mohrenbräu Kellerbier, Mohrenbrau Spezial
FLASCHENBIER Erdinger Weißbier, Mohrenbräu Gambrinus, Prinzregent Ludwig Weizenbock
LOKAL Moderner Brauereiausschank im Herzen von Rankweil, am Fuße der Basilika. 140 Sitzplätze im Lokal, 10 Plätze an der Bar, 70 Sitzplätze auf der Terrasse.

MARKTPLATZ

6830 Rankweil, Bahnhofstraße 11, +43/5522/45063
www.marktplatz-rankweil.at
ÖFFNUNGSZEITEN Mo-Sa: 8:00 bis 00:00 Uhr; So: 9:00 bis 22:30 Uhr
FASSBIER Fohrenburger Jubiläum, Fohrenburger Oberländer Urbier, Fohrenburger Weizen
FLASCHENBIER Corona, Fohrenburger Alkoholfrei, Fohrenburger Dunkel, Fohrenburger Kellerbier, Fohrenburger Weizen Alkoholfrei
LOKAL Modernes Bistro im Zentrum von Rankweil – mit einem Bierangebot vom Frühstück (speziell am Wochenende) bis spät in die Nacht. Sehr angenehmer Terrassenbereich abseits vom Autoverkehr. 90 Sitzplätze im Lokal, 120 im Gastgarten.

RANKWEILER HOF

6830 Rankweil, Ringstraße 25, +43/5522/44113
www.rankweiler-hof.com
ÖFFNUNGSZEITEN Mi: 16:00 bis 00:00 Uhr; Do-So: 11:00 bis 00:00 Uhr
FASSBIER Schneider Weisse, Frastanzer Bio Kellerbier, Frastanzer Edelhopfiges Spezialbier
FLASCHENBIER Schneider Weisse Alkoholfrei, Frastanzer s'Dunkle, Hoppebräu Wuide Hehna, Hoppebräu Wuidsau, Lammsbräu Alkoholfrei
LOKAL Das traditionelle Gasthaus, das seine Anfänge 1890 hat, wird seit über 40 Jahren von der Familie Vith mit sehr viel

persönlichem Einsatz geführt, was ihm den Titel „Wirtshaus des Jahres 2006" eingebracht hat. Erwähnenswert ist die Gaststubendecke, die unter Denkmalschutz steht und über 300 Jahre alt ist. Urig-gemütliches Lokal mit Hausmusik. Sehr großer Gastgarten im Herzen Rankweils, oft mit Bauernbuffet und Musik. Auf der Karte: Biersuppe, Spanferkel in Altbiersauce und Apfelküchle in Bierteig. 70 Sitzplätze, 10 an der Bar, Garten: 150 Plätze.

WERKSTATT EVENT-GASTRO-CENTER

6830 Rankweil, Langgasse 116, +43/5522/84422
www.werkstatt-rankweil.ws
ÖFFNUNGSZEITEN Mo-Do: 8:00 bis 00:00 Uhr; Fr-Sa: 8:00 bis 1:00 Uhr; So: 9:00 bis 00:00 Uhr
FASSBIER Fohrenburger, Maisel's Weisse, ein Spezialbier
FLASCHENBIER Budweiser, Corona, Desperados, Fohrenburger Alkoholfrei, Fohrenburger Weizen Hell und Dunkel, Guinness, Heineken, Wieselburger
LOKAL Direkt bei den Autobahnauf- und -abfahrten von Feldkirch Nord und Rankweil – auf 1.200 m² Café und Restaurant. 250 Sitzplätze, 500 Stehplätze, 150 Plätze auf den Terrassen.

RIEZLERN

WALSER PUB IM RIEZLER HOF

6991 Riezlern, Walserstraße 57, +43/5517/537744
www.walser-pub.at
ÖFFNUNGSZEITEN Mo-Do: 17:00 bis 1:00 Uhr; Fr-Sa: 17:00 bis 2:00 Uhr; So: 17:00 bis 1:00 Uhr
FASSBIER Egger Spezial, Post Hefeweizen, Stiegl-Gold Spezial, Stiegl-Pils, Warsteiner Premium
FLASCHENBIER Augustiner Helles, Beck's, Beck's Lemon, Corona, Desperados, Erdinger Alkoholfrei, Heineken, Köstritzer Schwarzbier, Meckatzer Alkoholfrei, Meckatzer Gold, Schneider Weisse Dunkel
LOKAL Das einzige Bierpub im Kleinwalsertal – daher ein beliebter Treffpunkt, auch zum Dartspielen. Aus der Küche gibt es einfache kleine Snacks, die in die Jahreszeit passen. Immer auch mit Bier zubereitete Speisen auf der Karte. 120 Plätze im Lokal, 60 im Garten, 30 an der Bar.

RÖTHIS

RÖSSLE RÖTHIS

6832 Röthis, Rautenastraße 28, +43/5522/44308
www.roessle.at
ÖFFNUNGSZEITEN Mo-Fr: 11:30 bis 13:30 Uhr, 18:00 bis 23:30 Uhr
FASSBIER Frastanzer s'Bio, Franziskaner Weizen Hell, Frastanzer Zitrus Radler
FLASCHENBIER Collabs Brewery Domrep Pils, Einstök Toasted Porter, Einstök White Ale, Frastanzer limitierte Edition
LOKAL Im Familienbetrieb in 5. Generation werden im Restaurant regionale und tagfrische Produkte der heimischen Landwirtschaft geboten. Festsaal: Platz für bis zu 70 Personen, Gaststube: Platz für 36 Personen, Barbereich: 16 Sitzplätze, Gastgarten: 60 Sitzplätze.

SCHRUNS

ASTORIA (PUB-BAR)

6780 Schruns, Kronengasse 2, +43/5556/75900 oder +43/650/3385882
www.astoria-apartments.at
ÖFFNUNGSZEITEN Di-Sa: 17:00 bis 1:00 Uhr
FASSBIER Zipfer Urtyp
FLASCHENBIER Edelweiss, Zipfer Pils
LOKAL Bar mit sehr langem Tresen direkt am Wasser neben dem Kulturhaus von Schruns mit Tischfußball, Darts, Billard, Airhockey und Computerspielen. Happy Hour zwischen 18:00 und 20:00 Uhr. Ca. 85 Sitzplätze im Lokal.

Astoria (Pub-Bar)

MOBAR

6780 Schruns, Bahnhofstraße 19, +43/664/1506444
de-de.facebook.com/onewaymobar
ÖFFNUNGSZEITEN Mo-Do: 18:00 bis 1:00 Uhr; Fr-Sa: 18:00 bis 2:00 Uhr; So: 18:00 bis 1:00 Uhr
FASSBIER Fohrenburger Jubiläum, Maisel's Weisse, Maisel's Alkoholfrei
FLASCHENBIER Budweiser, Heineken, Mohren Kellerbier
LOKAL Schöne Bar mit guter Stimmung im ehemaligen Bahnhofsgebäude von Schruns. 40 Sitzplätze, Bar: 15, Garten: 30.

ONEWAY PUB

6780 Schruns, Batloggstraße 5, +43/664/1506444
de-de.facebook.com/Oneway-1055576634507242/
ÖFFNUNGSZEITEN Di-Sa: 17:00 bis 2:00 Uhr
FASSBIER Budweiser, Fohrenburger Weizen, Guinness Draught
FLASCHENBIER Fohrenburger Oberländer, Fohrenburger Stiftle, Maisel's Pale Ale, Maisel's Weisse Alkoholfrei, Wieselburger
LOKAL Das One Way ist eine irisch angehauchte Bar, in der der kulinarische Schwerpunkt auf die Burger gelegt wird. Jeden Freitag gibt es Live-Auftritte von den unterschiedlichsten Musikern (Eintritt frei!), sonst wird Musik der 1970er- bis 1990er-Jahre gespielt. 50 Sitzplätze im Lokal.

STUBEN AM ARLBERG

WILLI'S

6762 Stuben am Arlberg, Stuben 13b, +43/5582/717
www.willis-stuben.at
ÖFFNUNGSZEITEN Mo, Mi-So: 15:00 bis 00:00 Uhr

FASSBIER Dinkelacker Pils, Fohrenburg Weizen, Stiegl Märzen, Stiegl Radler
FLASCHENBIER Fohrenburger Weizen Alkoholfrei, Guinness, Maisel's Hefeweizen Dunkel, Maisel's Kristall Hefeweizen, Stiegl Columbus, Stiegl Radler
LOKAL Mitten im Dorf gelegen, bietet das Pilsstüble ab 15:00 Uhr verschiedenste Skifahrer-Leckerbissen mit bekannten Ski-Hits, toller Stimmung und flotter Bedienung. Willis Pilsstüble ist bekannt für Pizze und Spareribs. SkilehrerInnen-Bar. Darts und kostenloses WLAN. 30 Sitzplätze im Lokal, 42 Sitzplätze im Garten, 10 Plätze an der Bar.

SULZ

LÖWEN PUB

6832 Sulz, Müsinenstraße 32, +43/5522/44316
www.loewensulz.at
ÖFFNUNGSZEITEN Di-Sa: 16:30 bis 23:00 Uhr; So: 10:00 bis 14:00 Uhr

Löwen Pub

FASSBIER Budweiser Budvar, Fohrenburger Dunkles, Fohrenburger Jubiläum, Fohrenburger Weizen
FLASCHENBIER Heineken, Anchor California Lager, Anheuser Busch, Blanche de Namur, Brewdog Punk IPA, Brouerij TiJ Columbus, Craftbiere, Crew Republic Drunken Sailor, Crew Republic Munich Easy, Duvel Moortgart, Einstök White Ale, Flying Dog, Fohrenburger Alkoholfrei, Fohrenburger Blutorangen Radler , Fohrenburger Kellerbier, Fohrenburger Weizen Alkoholfrei, Guinness (Dose), Hoegaarden Wit Blanche, Kona Longboard Lager, Leffe Blonde, Liefmans Kriek, Maisel's dunkles Weizen, Newcastle Brown Ale, O'Hara's Irish Stout, Rogue – Dead Guy Ale, Sierra Nevada, Tiny Rebel Fubar, Well's Bombardier, Wychwood Brewery – Hobgoblin
LOKAL Dieses einfache Gasthaus wurde 2016 gekonnt zu einem Craftbierlokal weiterentwickelt – von denselben Betreibern, die schon 2011 mit dem Billy's Pub eine Auszeichnung als Bierlokal des Jahres errungen haben. Gute bierige Stimmung und kundige Beratung im Hinblick auf die Biere. Und wenn man ausführlich gekostet hat: Im Haus gibt es auch eine kostengünstige Übernachtungsmöglichkeit. 120 Sitzplätze im Lokal, 60 an der Bar, 70 im Garten.

SULZBERG

ALPENBLICK

6934 Sulzberg, Dorf Nr. 12, +43/5516/2217
www.alpenblick.co.at
ÖFFNUNGSZEITEN Mo-Di: 11:00 bis 21:00 Uhr; Fr-So: 11:00 bis 21:00 Uhr
FASSBIER Hefeweißbier Postbrauerei Weiler, Mohren Pils
FLASCHENBIER Clausthaler, Erdinger Hefeweizen Alkoholfrei, Leichtes Hefeweizen Postbrauerei Weiler, Mohren Spezial
LOKAL Wir befinden uns hier auf knapp über 1.000 Meter an einem der schönsten Aussichtsplätze Vorarlbergs, wo direkt am Dorfplatz dieses urtümliche und nett renovierte Gasthaus liegt. Traditionsreicher Gasthof mit eigener Brot- und Kuchenbäckerei. In diesem Haus wurde 1860 eine kleine Käserei eingerichtet – und dieser Käse hat den Grundstein für den Erfolg der Käsestraße gelegt. Heute gilt diese als touristische Sensation. Speisekarte mit österreichischen Spezialitäten. 120 Sitzplätze, Garten: 180 Sitzplätze.

THÜRINGEN

BLU-THU

6712 Thüringen, Walgaustraße 68, +43/5550/339940
www.blu-thu-restaurant.at
ÖFFNUNGSZEITEN Mo-So: 10:00 bis 23:00 Uhr
FASSBIER Fohrenburger, Radler süß / sauer
FLASCHENBIER Corona, Fohrenburger, Fohrenburger Weizen
LOKAL An der Gemeindegrenze zwischen BLUdesch und THUeringen liegt eine Tankstelle – und oben drauf dieses schöne, bierorientierte Restaurant mit seiner einladenden Sonnenterrasse (die im Winter einen Wintergarten darstellt).

WARTH

Walserstube – Lieblingsplatz

WALSERSTUBE – LIEBLINGSPLATZ

6767 Warth, Bregenzerwaldstraße 60, +43/5583/3557
www.walserstube.at
ÖFFNUNGSZEITEN Mo-So: 7:00 bis 22:00 Uhr
FASSBIER Fohrenburger Jubiläum, Radler
FLASCHENBIER Hefeweizen Alkoholfrei, Maisel's Hefeweizen, Weizen Dunkel
LOKAL Mit viel hellem Holz gestaltete, moderne Hotelbar in bester Lage mit Blick weit hinein ins Lechtal. Sehr bemühte Bierpflege.

VON **A** WIE ALSERGRUND BIS **W** WIE WIEDEN

WIEN

WIENS BIERLOKAL DES JAHRES

6. BEZIRK

BIER LOKAL DES JAHRES WIEN

HEFENBRÜDER

1060 Wien, Mariahilfer Straße 117, +43/1/9409400
www.hefenbrueder.at

ÖFFNUNGSZEITEN Mo-Sa: 11:30 bis 00:00 Uhr; So: 11:30 bis 22:00 Uhr

FASSBIER Bernard Unfiltered Lager, Bevog Baja Oatmeal Stout, Brasserie de La Senne Brusseleir Black IPA, Brew Age Eierbär, Brewdog Punk IPA, Pöhjala Must Kuld, Riegele Liberis, Rodauner Strizzi und viele andere, darunter auch Cask Biere, etwa Tiny Rebel Sabro IPA

FLASCHENBIER Anchor Steam Beer, Bevog Kramah IPA, Bierschmiede Meisterstück, Boon Geuze Mariage Parfait, Brew Age Eisknacker, Huyghe Delirium Tremens, Stift Engelszell Trappisten Weiße und viele andere

LOKAL Ohne Hefe kein Bier. So weit, so klar. Ohne Vielfalt an Hefen kaum Vierlfalt an Bieren. Auch ziemlich klar. Aber schwer zu merken. Der Name „Hefenbrüder" aber bleibt hängen, auch wenn der Wiener unter dem „Häfen" etwas ganz anderes versteht als das, was hier geboten wird. Hier also: Riesenauswahl an Bier, zeitgemäße und interessant arrangierte Küche und eine in vielen Details (lange Tische, Gitter, Geländer, Installationsrohre, Lampen) tatsächlich an die Unterwelt Wiens erinnernde Dekoration – fehlende Schalldämmung inklusive, weshalb das Lokal insgesamt sehr laut und ungemütlich wirkt. Irgendwie hat es den Charme einer Industriehalle, allenfalls eines Budapester Ruin-Pubs. Aber natürlich hat auch das gewissen Charme – und findet Fans. Die besten Plätze sind am offenen Fenster, da kann man schön auf die Mariahilfer Straße schauen und die Bar ist auch nicht weit, hinter der eine zweireihige Leuchttafel über insgesamt 28 verschiedene Zapfhähne, Nitro-Zapfgarnituren und Casks informiert. Wem das noch nicht reicht, der findet einen breiten Kühlschrank mit weiterer Bierauswahl. Zu Essen gibt es hausgemachte Hefe-Pizza und Hot Dogs. 100 Plätze im Lokal, 15 an der Bar.

1. BEZIRK

1516 BREWING COMPANY

1010 Wien, Schwarzenbergstraße 2, +43/1/9611516
www.1516brewingcompany.com
ÖFFNUNGSZEITEN Mo-So: 10:00 bis 2:00 Uhr
FASSBIER 1516 Hausbiere
FLASCHENBIER Super Bock Alkoholfrei
LOKAL Es muss einen Grund geben, warum der Bierpapst hier seit 21 Jahren Stammgast ist. Eigentlich gibt es mehrere dieser Gründe – denn „Europe's finest brewpub" überrascht immer wieder mit neuen Bierkreationen und mit einem ständig wechselnden kulinarischen Angebot: 2019 gab es etwa „Pork Belly and Kimchi Pancake" – das schmeckte dem Braumeister so gut, dass er Kimchi auch in einem Bier verwendete. Dieses wurde umgehend vom Bierguide als eines der Biere des Jahres augezeichnet. An der Brauanlage mit Blick auf das Haus der Musik haben schon der damalige technische Direktor von Diageo (Guinness), Christian von der Heide, der Präsident des Bundes der Braumeister, Günther Seeleitner (Hofbräu Kaltenhausen) und der amerikanische Microbrewery-Star Bill Covaleski (Victory Brewing Company) gebraut – von Covaleski stammt auch das Rezept für den Hop Devil. Seit einigen Jahren gibt es gelegentlich auch im Holzfass gereifte Biere – zu einem unschlagbaren Preis. Wegen des amerikanischen Ambiente und der entsprechenden Küche ist die 1516 Brewing Company zum sozialen Mittelpunkt der Englisch sprechenden Community in Wien geworden. Großer Gastgarten vor dem Lokal, lange Bar im Erdgeschoß, Restaurant im Obergeschoß. 140 Sitzplätze im Lokal, Garten: 100 Sitzplätze, 35 Plätze an zwei Bars.

1516 Brewing Company

3 HACKEN MAGAZIN

1010 Wien, Riemergasse 14, +43/1/5127787
www.zuden3hacken.at
ÖFFNUNGSZEITEN Mo-Sa: 10:00 bis 00:00 Uhr; So: 10:00 bis 23:00 Uhr
FASSBIER Budweiser Budvar, Zwettler Pils, Zwettler Zwickl
FLASCHENBIER Paulaner Hefeweizen Hell, Grieskirchner Dunkel, Clausthaler Classic, Grieskirchner Radler, Paulaner Hefeweizen Alkoholfrei
LOKAL Nur einen Steinwurf von den „Drei Hacken" ist in der Riemergasse dieses als Vinothek und Feinkostladen (Marmeladen, Öle, eingelegte Früchte) konzipierte Lokal eingerichtet worden. Hier gibt es Wienerische Küche (jeden Samstag und Sonntag ab 12:00 Uhr gefülltes Spanferkel) und eben nicht nur die große Weinauswahl, sondern auch eine beachtliche Bierkultur. 100 Sitzplätze, Schanigarten: 50 Plätze.

AERA – DAS LOKAL

1010 Wien, Gonzagagasse 11, +43/676//844260270
www.aera.at
ÖFFNUNGSZEITEN Mo-Sa: 10:00 bis 1:00 Uhr; So: 10:00 bis 00:00 Uhr
FASSBIER Gösser Gold, Schwechater Zwickl, Starobrno, Gösser Radler mit Almdudler, Saurer Radler
FLASCHENBIER Kaiser Doppelmalz, Stiegl, Weihenstephaner Hefeweißbier, Wieselburger Gold, Schlossgold, Edelweiss Hefetrüb Alkoholfrei, Gösser Naturradler
LOKAL Studentenorientiertes Café-Restaurant mit hohen Räumen und einem Kulturkeller mit Live-Konzerten im Bereich Jazz, Soul, Funk, Blues, Rock, Metal... ebenso Kabarett und Klein-Theaterproduktionen, das sich seit 1989 als Fixpunkt im Textilviertel etabliert hat. Große Frühstückskarte – über 80 Speisen werden bis 23:00 Uhr angeboten. 90 Sitzplätze im Lokal, lange Bar mit 20 Plätzen, 60 im Schanigarten.

Augustinerkeller

AUGUSTINERKELLER

1010 Wien, Augustinerstraße 1, +43/1/5331026
www.bitzinger-wien.at
ÖFFNUNGSZEITEN Mo-So: 11:00 bis 00:00 Uhr
FASSBIER Opernbräu Hell und gemischt, Ottakringer Rotes Zwickl, Ottakringer Dunkel, Paulaner Weizenbier, Radler
FLASCHENBIER Augustiner Edelstoff, Budweiser, Gusswerk Austrian Amber Ale, Gusswerk Nicobar IPA, Gusswerk Wiener Lager, König Ludwig Weißbier Dunkel, Paulaner Weizenbier Alkoholfrei, Null Komma Josef
LOKAL Unter der Albrechtsrampe findet sich ein besonders wienerisches, dennoch modern gestaltetes und mit viel kulinarischem Verständnis geführtes Lokal. Bitzinger's Wiener Kulinarium bietet von der traditionsreichen Wiener Küche im Augustinerkeller (AMA-Gastrosiegel) über auserlesene Weine bis hin zu einem schnellen Happen am Würstelstand bei der Albertina und beim Riesenrad (gelegentlich auch mit Champagnerbegleitung) alles, was man sich von der Wiener Lokalszene erwarten kann. Das Bierangebot zeigt aber, dass Bier-

liebhaber nicht zu kurz kommen – auch die österreichische Craftbier Szene ist gut abgebildet. 450 Plätze, 30 Stehplätze im Barbereich, 80 im Schanigarten.

BEIM CZAAK

1010 Wien, Postgasse 15, +43/1/5137215
www.czaak.com
ÖFFNUNGSZEITEN Mo-Sa: 16:00 bis 23:30 Uhr

Beim Czaak

FASSBIER Kaiser Doppelmalz, Schladminger Märzen, Schwechater Hopfenperle, Starobrno, Wieselburger Spezial, Zwickl Naturtrüb
FLASCHENBIER Edelweiss Hefetrüb, Zipfer Urtyp
LOKAL So viel Gelassenheit, wie dieses kleine Lokal ausstrahlt, auch wenn eine ganze Gruppe durstiger Gäste hereinströmt, ist ziemlich einzigartig: Alle bekommen in guter Zeit ein gut gezapftes Bier. Kein Wunder, man ist gewohnt, dass die Bierliebhaber hierherkommen, um unverfälschte Wiener Beislatmosphäre in der Innenstadt zu finden. Hervorragende Bierkultur (das Lokal ist Mitglied der „Kampagne für Gutes Bier"), ausgezeichnet bereits mit der „Schaumkrone 1996". Zweimal im Jahr Speisekarte rund ums Bier. Küche bis 23:00 Uhr. 68 Sitzplätze, 8 an der Bar, Garten: 55 Sitzplätze.

BERMUDA BRÄU

1010 Wien, Rabensteig 6, +43/1/5322865
www.bermuda-dreieck.at
ÖFFNUNGSZEITEN Mo-Mi: 11:00 bis 2:00 Uhr; Do-Sa: 11:00 bis 4:00 Uhr; So: 11:00 bis 00:00 Uhr
FASSBIER Budweiser helles Lager, Gold Fassl Dunkles, Gold Fassl Zwickl, Ottakringer Citrus Radler, Ottakringer Helles, Paulaner Hefeweisse
FLASCHENBIER Augustiner Edelstoff, Brauwerk Hausmarke 1 – Blond, Corona, Goldfassl Pils, Hausmarke 2 – Session IPA, Hausmarke 3 – Porter, Ottakringer Wiener Original, Paulaner Weizenbier Alkoholfrei, Null Komma Josef
LOKAL Vor Weihnachten geht der gelernte Wiener Punsch trinken, um sich und sozialen Einrichtungen etwas Gutes zu tun. Wenn er ins Bermuda Bräu geht, hat er es noch besser: Er kann Bier trinken und gleichzeitig das Kinderhospiz Sterntalerhof unterstützen. Zwei Bierbars, mehrere Gasträume und ein kleiner Schanigarten. Die Wiener Küche – das Bermuda-Team um Christine Salchenegger will sich mit Fiakergulasch, Spareribs oder Bauerngröstl als kulinarisches Herz des Bermuda-Dreiecks profilieren – ist ganz auf Bier abgestimmt. Zum perfekten Service gehört auch die Ausrichtung von Veranstaltungen. Im 1. Stock: 130 Sitzplätze, Erdgeschoß: 60 Sitz- und viele Stehplätze, im Schanigarten: 100 Plätze.

BIER & BIERLI

1010 Wien, Operngasse 12, +43/1/5850368
www.bierundbierli.at
ÖFFNUNGSZEITEN Mo-So: 12:00 bis 00:00 Uhr
FASSBIER Edelweiss, Gösser Märzen, Hirter Privat Pils, Kaltenhauser Bernstein, Schwechater Wiener Lager, Schwechater Zwickl, Starobrno
FLASCHENBIER Corona extra, Desperados, Fuller's London Pride, Gösser Stiftsbräu, Guinness, Heineken, Stiegl Goldbräu, Wieselburger Gold, Wieselburger Schwarzbier, Wieselburger Stammbräu, Edelweiss Weizen Alkoholfrei, Gösser Naturgold, Gösser Naturradler
LOKAL Bierige Stimmung, wie man sie vor zehn oder 15 Jahren noch mit der Lupe hätte suchen müssen. Damals hätte man so ein Lokal schlichtweg für eine Sensation gehalten: Eine mit Bierdeckeln, Bierwerbung und einer großen Bierdosensammlung dekorierte Bierbar in unmittelbarer Nachbarschaft der Oper war damals schwer vorstellbar. Heute ist man das schon gewohnt. Das schmälert die Leistung aber nicht: Bier & Bierli darf immer noch als ein solides Bierlokal mit einer soliden Speisekarte (Bierbegleiter wie gebackener Emmentaler oder Cheeseburger) gelten. Aber heutzutage würde man sich wohl das eine oder andere Craftbier auf der Karte wünschen. 160 Sitzplätze im Lokal, 50 im Gastgarten.

Bier & Bierli

BIERADIES

1010 Wien, Judenplatz 1, +43/1/5356611
www.bieradies.co.at
ÖFFNUNGSZEITEN Mo-Sa: 11:00 bis 00:00 Uhr; So: 11:00 bis 23:00 Uhr
FASSBIER Franziskaner Weizen, Hausbier, Hirter Privat Pils, Villacher Dunkel, Villacher Märzen, Villacher Pils, Villacher Radler, Villacher Zwickl, Bier der Saison
FLASCHENBIER Villacher Hugo, Gösser Naturgold, Gösser Naturradler, Schleppe No. 1 Pale Ale

LOKAL Bierlokal nach bewährtem Kärntner Rezept unmittelbar gegenüber vom Verwaltungsgerichtshof – lange Bar, kleine Tischchen. Mitten auf dem Judenplatz liegt der Biergarten im Schatten des Lessing-Denkmals – ein schöner Platz für ein schnelles Bier in der Innenstadt. Oder auch für ein, zwei weitere. 70 Sitzplätze, 15 Plätze an der Bar, 60 im Gastgarten.

Biergartl im Stadtpark

BIERGARTL IM STADTPARK

1010 Wien, Johannesgasse 33, +43/699/11176465
www.biergartlimstadtpark.com/de
ÖFFNUNGSZEITEN Mo-So: 9:00 bis 23:00 Uhr
FASSBIER Budweiser, Grieskirchner Dunkel, Ottakringer Wiener Original, Paulaner Weizen Naturtrüb, Trumer Pils, Ottakringer Citrus Radler
FLASCHENBIER Corona, Augustiner Lager Hell, Gusswerk Zum Wohl (glutenfrei), Hacker Pschorr Zwickl (Bügelverschluss), Paulaner Hefeweizen Alkoholfrei, Paulaner Hefeweizen Dunkel, Gösser Naturgold
LOKAL Ein Biergarten in innerstädtischer Lage – am Rand des Stadtparks, in Nachbarschaft des Johann-Strauß-Denkmals, des Wienflusses und des Kursalons: Man würde vermuten, dass hier alles von Touristengruppen überlaufen sein würde. Ist es aber nicht. Stattdessen findet man eine moderne Lounge für Stadtmenschen und zwei Biergärten mit exzellenter Bierpflege (schön gezapftes Trumer Pils) und freundlich-flinkem Service. Das hat dem Lokal mehrfache Auszeichnungen als beliebtester Biergarten der lokalen Bevölkerung eingetragen. Wer es bayerisch mag, kann Münchner Biere aus der Flasche bekommen. Das Speisenangebot und die Bierempfehlung sind dagegen typisch wienerisch. Verständlicherweise hat das Biergartl nur in den Sommermonaten geöffnet.

BIERHOF

1010 Wien, Haarhof 3, +43/1/5334428
www.bierhof.at
ÖFFNUNGSZEITEN Mo-So: 11:30 bis 00:00 Uhr
FASSBIER Budweiser, Ottakringer Helles, Ottakringer Radler, Ottakringer Schnitt, Ottakringer Schwarzes, Ottakringer Zwickl, Paulaner Hefeweizen
FLASCHENBIER Ottakringer Wiener Original, Corona, Guinness Dunkles, Murauer Märzen, Null Komma Josef, Paulaner Weisse Alkoholfrei
LOKAL Ende der 1970er-Jahre ist im Haarhof der erste Baum gepflanzt worden – er beschattet nun den Schanigarten von Wiens schönstem Bierkeller. Er war ursprünglich die alte Backstube der Bäckerei Fritz, die Sepp Fischer dazu inspirierte, mit Unterstützung der Ottakringer Brauerei ein zeitgemäßes Bierlokal einzurichten: viel Kupfer, viel helles und etwas dunkles Holz. Hier gibt es sowohl die originalen Schwarzbrot-Toasts als auch Weißwürste, Wokgemüse und viele Speisen, die mit Bier zubereitet werden. Wochentags gibt es von 15:30 bis 17:30 eine Happy Hour mit Ottakringer-Promotion. 150 Sitzplätze, 60 im Schanigarten im ruhigen Haarhof. Dort ist auch ein komplett getrennter Veranstaltungsraum für bis zu 80 Personen.

Bierhof

BILLABONG

1010 Wien, Parkring 4, +43/1/5121008
www.billabong.at
ÖFFNUNGSZEITEN Mo-Sa: 10:00 bis 2:00 Uhr; So 12:00 bis 00:00 Uhr
FASSBIER Augustiner Edelstoff, Bernard Pilsner, Brew Age Hopfenauflauf Pale Ale, Foster's, Newcastle Brown Ale, Ottakringer Wiener Original
LOKAL Sehr authentische „Watering Hole" (also eine Tränke, in der es vor allem Bier gibt) gleich beim Luegerplatz. Schnelles Service, ausgefallene Biere und sportbegeistertes Publikum. Ca. 70 Sitzplätze im Lokal, 50 im Garten.

BITZINGER'S WÜRSTELSTAND

1010 Wien, Albertinaplatz, +43/664/88622428
www.bitzinger-wien.at
ÖFFNUNGSZEITEN Mo-So: 8:00 bis 4:00 Uhr
FASSBIER Opernbräu
FLASCHENBIER Gösser Märzen, Heineken, Hirter Privat Pils, König Ludwig Dunkel, Murauer Märzen, Ottakringer „Wiener Orginal' (Dose), Pilsner Urquell, Stiegl (Dose), Stiegl Goldbräu, Stiegl Natur Radler (Dose), Stiegl Weisse, Wieselburger Gold, Gösser Naturgold
LOKAL Familie Bitzinger vom benachbarten Augustinerkeller gehört auch der Würstelstand beim Riesenrad und dieser vor der Albertina, der für eine solche Institution ungewöhnliche Bierpflege zeigt. Am Würstelstand sind alle gleich. Nie zeigt sich das besser als in der Nacht des Opernballs, bei der der Kiosk am Albertinaplatz jährlich von Fernsehteams aus aller

Welt belagert wird. Hier kommen Prominenz, Bühnenarbeiter, Einsatzkräfte und Demonstranten des Opernballs friedlich zusammen. An diesem Würstelstand ist samstags der Weißwursttag – mit original Weißwurstsenf, Laugenbrezel und Weißbier wird die bayrische Köstlichkeit (wie es die Tradition will) bis zur Mittagszeit serviert.

BOCKSHORN IRISH PUB

1010 Wien, Naglergasse 7, +43/1/5329438
+43/676/4201342
www.bockshorn.at

Bockshorn Irish Pub

ÖFFNUNGSZEITEN Mo-So: 16:00 bis 2:00 Uhr
FASSBIER Fuller's London Pride, Guinness, Heineken, Hirter Pils, Kilkenny, Murphys Red, Murphys Stout, Newcastle Brown Ale, Starobrno, Stiegl-Goldbräu, Trumer Pils
FLASCHENBIER Edelweiss Hefeweizen, Schlossgold
LOKAL Ziemlich versteckt in einer Seitengasse der Naglergasse findet man das älteste Irish Pub in Wien – klein, sehr viel Stammpublikum, sehr viel Atmosphäre: An der Decke hängt eine Sammlung von Wasserkrügen, auf der Bar steht eine Lampe mit der Figur eines Pfefferfressers, wie er von Guinness zeitweise in der Werbung verwendet worden ist. Liebevolle Pflege der irischen Zapfkultur mit „Shamrock" (Kleeblattzeichnung auf dem Guinness Stout). Grosses Whisk(e)y Sortiment mit wechselnden Angeboten (Malt of the Month). Ca. 35 Plätze, 20 an der Bar.

BOGSIDE INN

1010 Wien, Landesgerichtsstraße 18, +43/1/4096490
www.bogside.at
ÖFFNUNGSZEITEN Mo-Do: 17:00 bis 2:00 Uhr; Fr-Sa: 17:00 bis 4:00 Uhr; So: 18:00 bis 2:00 Uhr
FASSBIER Schremser Premium, Guinness Stout, Murauer, Murphy's Red, O'Hara's Irish Pale Ale, Schremser Zwickl, Stiegl Goldbräu, Trumer Pils, Bogside Lager
FLASCHENBIER Corona, Heineken, Hirter Privat Pils, Murauer Dunkel, Newcastle Brown Ale, Stiegl Radler, Stiegl Weisse, Wieselburger Gold
LOKAL Studentisch anmutendes Kellerlokal gegenüber vom Landesgericht mit bemühter Zapfkultur. Die Bierpreise sind moderat, zudem gibt es jeden Montag das Bier des Monats im Angebot. 60 Sitzplätze im Lokal, 15 Plätze an der Bar.

BÜRGERLICHE BRAUEREI

1010 Wien, Schellinggasse 14, +43/676/7306494
burgerlichebrauerei.at
ÖFFNUNGSZEITEN Di-Sa: 16:00 bis 00:00 Uhr
FASSBIER Bürgerliche Brauerei Dunkel, Bürgerliche Brauerei Lager, Erdinger, Radler
FLASCHENBIER Schlossgold, Birell, Erdinger Alhoholfrei, Paulaner Alkoholfrei
LOKAL Dieses Lokal schließt eine Lücke: Mit seiner vorwiegend dunklen Möblierung hebt es sich von anderen Gasthausbrauereien ab und wirkt wirklich so, wie es heißt: bürgerlich, man möchte sagen: gutbürgerlich. So ist dann auch die Küche: Das Wiener Schnitzel ist, wie es sich gehört, vom Kalb. Es gibt Pressburger Bohnensuppe, einen anständigen Zwiebelrostbraten und das Rindsgulasch ist mit Schwarzbier zubereitet – und wer deftigere Brauhauskost vorzieht, sei auf die Flammkuchen verwiesen. Oder auf Radi – dieser wird hier mit Radieschen gemischt und mit grobem Salz bestreut. Oder auf Stelzen. Vom hauseigenen Bier gibt es nur zwei Sorten: Das Helle hat nach Art eines böhmischen Pilsners viel Diacetyl. Das Dunkle riecht nach Schokolade und Schwefel, wie man es aus tschechischen Brauereien gewohnt ist. Ausflüge in das Craftbiersegment sind nicht vorgesehen, das gibt es in den umliegenden Lokalen ohnehin zur Genüge. Hier bleibt man bürgerlich. Und bietet erfreulicherweise neben dem echt slowakischen Liptauer auch eine Auswahl von Käsen an, jeweils drei, saisonal wechselnd.

Bürgerliche Brauerei

CHAMPIONS SPORTS BAR

1010 Wien, Parkring 12a (Marriott), +43/1/515188901
www.champions.at
ÖFFNUNGSZEITEN Mo-Fr: 12:00 bis 00:00 Uhr; Sa-So: 13:00 bis 00:00 Uhr

Champions Sports Bar

FASSBIER Stiegl Pils, Stiegl Weisse, Gösser Spezial, Guinness, Heineken, Kaltenhauser Kellerbier, Ottakringer Helles, Ottakringer Rotes Zwickl, Ottakringer Zwickl, Pilsner Urquell, Stiegl Columbus 1492 Pale Ale, Zipfer Urtyp, Radler
FLASCHENBIER Corona Extra, Heineken, American Bud, Erdinger Weißbier, Heineken 0.0, König Ludwig Dunkel, Weihenstephan Weißbier, Weihenstephaner Hefeweißbier Alkoholfrei
LOKAL Diese Sportsbar am Eck des Hotel Marriott hat 2019 ein Facelifting erfahren – sie wirkt nun noch eine spur amerikanischer, auf 24 großen Bildschirmen kann man aktuelles Sportgeschehen vom American Football über Fußball und Eishockey bis zum Skisport verfolgen. Pilsner Urquell wird vorbildlich gezapft – vor allem in der Pause zwischen den Sportereignissen lässt es sich gemütlich plaudern sowie herzhaft amerikanisch essen: Burger, Steaks und vieles mehr. 140 Plätze im Lokal, 30 im Schanigarten.

CROSSFIELD'S AUSTRALIAN PUB

1010 Wien, Maysedergasse 5, +43/1/24100-230
www.crossfield.at
ÖFFNUNGSZEITEN Mo-Do: 10:00 bis 1:00 Uhr; Fr-Sa: 10:00 bis 2:00 Uhr; So: 10:00 bis 00:00 Uhr
FASSBIER Ayers Rock Red oder Black, Fosters Lager, Kakadu Ale (rotes Zwickl), Ottakringer Zwickl, X-Field Lager, ein Monatsbier
FLASCHENBIER Coopers Pale Ale, Corona, Brew Dog Dead Pony Pale Ale, Brewdog Punk IPA, Budweiser Premium, Fuller's Black Cab Stout, Fuller's London Pride, Gage Roads Single Fin, Hirter Pils, Leffe Blonde und Bruin, Ottakringer Radler, Paulaner Hefeweizen Alkoholfrei, Schneider Weisse, Tegernseer Hell, Velkopopovický Kozel, Victoria Bitter, Weihenstephaner Hefeweizen
LOKAL Seit bald einem Vierteljahrhundert lockt dieses sehr authentische Aussie-Pub in der Nähe der Oper fernwehkranke Bierfreunde an. Das hängt zum einen mit dem Ambiente zusammen – Australien-Fans trinken hier Bier im Dekor einer australischen Opalmine, für ganz Durstige werden die Fassbiere auch in einem 1,5l-Pitcher serviert. Im zweiten Raum gelangen sie in den noch „rohen" Bergstollen. Alligatoren, Büffel und Kängurus schauen von den Wänden herab. Das zweite Element, das dieses Lokal so sympathisch macht, ist das Bier. Neben dem Erwartbaren – Fosters gilt in Europa immer noch als Inbegriff des australischen Bieres – gibt es hier eine recht gute Auswahl moderner Craftbiere. Als Gastbier gibt es gelegentlich auch Sude von Next Level. Jeden Montagabend ab 20:00 Uhr „Trivia Night" mit einem zum Kult gewordenen Quiz in englischer und deutscher Sprache. 110 Sitzplätze im Lokal inklusive Bar, Schanigarten: 14 Sitzplätze.

Crossfield's Australian Pub

DELIRIUM CAFE

1010 Wien, Marc-Aurel-Straße 7, +43/1/5337700
paddysco.at/delirium-cafe
ÖFFNUNGSZEITEN , Geschäft: Mo-So: 18:00 bis 4:00 Uhr
FASSBIER Delirium Tremens und andere Spezialitäten von Huyghe; weitere belgische Spezialitäten wie: de La Senne Stouterik, Houblon Chouffe, Kriek Boon, La Trappe Blond, Rodenbach Grand Cru, St. Bernardus etc.
LOKAL Es ist schwer zu verstehen, aber eine leider über die Jahrzehnte erwiesene Tatsache: Belgische Bierlokale haben in Wien einen schweren Stand. Umso erfreulicher war die Nachricht, dass 2018 das Brüsseler Delirium Cafe eine Dependance am Judenplatz eröffnen würde. Die hat aber auch nur zwei Jahre durchgehalten – dann ist das Delirium Cafe ein paar hundert Meter weiter in den Keller des Dick Mac's gezogen. Das hat dem Lokal zwar mehr Platz, aber nicht unbedingt mehr belgisches Flair verschafft. Das Ambiente erinnert an einen englischen Studentenclub, die Wände sind bekritzelt und man wünscht sich, dass nicht nur ausgemalt würde, sondern vielleicht auch etwas belgische Bierwerbung die irischen Schilder ersetzen würde. Auch das Publikum scheint das Konzept der belgischen Biervielfalt noch nicht richtig verstanden zu haben – dabei wird diese hier in vorbildlicher Weise angeboten. Rosa Elefanten als Symbol der Huyghe Brauerei und 25 Zapfhähne mit Bieren von teilweise sehr kleinen flandrischen Brauereien hinter der Bar – das ist für Wien doch eigentlich sensationell. Und die getesteten Biere waren gut gezapft. Hoffentlich wird das demnächst besser vermarktet. Und hoffentlich schlägt die belgische Bierkultur dann auch beim Wiener Publikum Wurzeln! 120 Plätze im Lokal, fünf an der Bar.

1. BEZIRK

DICK MACK'S IRISH PUB

1010 Wien, Marc-Aurel-Straße 7, +43/676/7068124
www.paddysco.at
ÖFFNUNGSZEITEN Mo-So: 18:00 bis 4:00 Uhr
FASSBIER Guinness, Heineken
FLASCHENBIER Corona, Desperados, Edelweiss Weizen Hefetrüb, Gösser Radler, Hirter Pils, Karlovacko, Schwechater Zwickl, Stiegl, Tegernseer Hell, Trumer Pils, Velkopopovický Kozel, Wieselburger Stammbräu, Clausthaler
LOKAL Dieses Lokal hieß ursprünglich Doyle's, es wurde 2007 von Billy Reddy übernommen. Hinter dem schmalen Gasseneingang verbirgt sich ein tief gestaffelter, sehr typisch irischer Barbereich, mit 660 m² das größte Irish Pub der Bundeshauptstadt. Zwei Billard-Tische und sechs Wuzzler. Sportübertragungen über neun Flatscreen TVs. Ca. 400 Sitzplätze im Lokal, ca. 20 Plätze an der Bar.

Dick Mack's Irish Pub

EINSTEIN

1010 Wien, Rathausplatz 4, +43/1/4052626
www.einstein.at
ÖFFNUNGSZEITEN Mo-Do: 8:00 bis 00:00 Uhr; Fr-Sa: 8:00 bis 2:00 Uhr; So: 8:00 bis 00:00 Uhr
FASSBIER Kaiser Doppelmalz, Schwechater Zwickl, Starobrno, Weihenstephaner, Wieselburger Gold, Gösser Naturradler
FLASCHENBIER Heineken, Wieselburger Stammbräu, Gösser Naturgold, Gösser Naturradler
LOKAL Das Einstein war bei seiner Gründung ein Vorreiter der Bierkultur und Biervielfalt. Leider ist die Karte im Laufe der Jahre völlig in den Mainstream gewechselt – Craftbier scheint unbekannt zu sein. Aber dem studentischen Publikum gefällt's, das Schwechater Zwickl wird gekonnt gezapft. Und Frühstück gibt es ganztägig, man ist ja schließlich Nachbar der Universität. 250 Sitzplätze, 30 an der Bar, Garten: 120 Plätze.

FALCO'S

1010 Wien, Schwarzenbergplatz 3, +43/1/7107066
www.nigrum-montis.at
ÖFFNUNGSZEITEN Mo-Do: 8:30 bis 00:00 Uhr; Fr-Sa: 8:30 bis 1:00 Uhr; So: 8:30 bis 00:00 Uhr
FASSBIER Hausbier Helles Märzen, Hausbier Zwickl, Paulaner Weisse Hell
FLASCHENBIER Budweiser, Ottakringer Pils, Ottakringer Wiener Original, Ottakringer Zitronen Radler, Null Komma Josef
LOKAL Auf halbem Weg zwischen Konzerthaus und Musikverein hat die Gastronomen-Familie Pollischansky ein Lokal errichtet, das ganz der Erinnerung an den 1998 verstorbenen Musiker Falco (Hans Hölzel 1957-1998) gewidmet ist. Eingefleischte Fans können sich auch Falco-Bier im Lokal in Literflaschen mit Falco-Signatur für daheim abfüllen lassen. 150 Plätze in zwei Räumen mit zwei Bars.

FLADEREI SALZGRIES

1010 Wien, Salzgries 15, +43/1/5325704
www.fladerei.com
ÖFFNUNGSZEITEN Mo-Sa: 11:00 bis 2:00 Uhr; So: 17:00 bis 2:00 Uhr
FASSBIER Hausbier (Pils), Dunkles, Edelweiss Hefetrüb, Starobrno, Schladminger Märzen, Zwickl
FLASCHENBIER Aventinus Weizenbock, Gösser Naturgold, Gösser Naturradler, Gutmann Hefeweizen Hell, Schneider Weisse, Tegernseer Hell, Weihenstephaner Hefeweißbier, Wieselburger Stammbräu (Bügelflasche)
LOKAL Das Kolar-Beisl an dieser Location war immer für seine Fladen bekannt – daher heißt es jetzt Fladerei und bietet nach wie vor die interessanten gefüllten Teigtaschen zum Bier (die Hausbiere kommen von der BrauUnion). Jeden Tag in anderen Varianten und immer preiswert. 130 Plätze.

FLANAGANS IRISH PUB VIENNA

1010 Wien, Schwarzenbergstraße 1–3, +43/1/5137378
www.flanagans.at
ÖFFNUNGSZEITEN Mo-Do: 10:00 bis 2:00 Uhr; Fr-Sa: 10:00 bis 4:00 Uhr; So: 10:00 bis 2:00 Uhr

Flanagans Irish Pub Vienna

FASSBIER Stiegl Paracelsus Bio Zwickl, Bevog Kramah IPA, Erdinger Weißbier, Galway Hooker IPA, Guinness, Kilkenny, Murauer, Ottakringer Helles, Ottakringer Wiener Original, Paulaner, Stella Artois, Stiegl Columbus 1492 Pale Ale, Stiegl Goldbräu, Trumer Pils, Velkopopovický Kozel Premium Lager, Wieselburger
FLASCHENBIER Budweiser, Corona, Crabbies Ginger Beer, Erdinger, Erdinger Alkoholfrei, Heineken

LOKAL Das Flanagans war ein Pionier unter den Irish Pubs in Wien – als es 1996 eröffnet wurde, war diese Ecke der City ziemlich ausgestorben. In dem knappen Vierteljahrhundert, die hier nun Guinness (und etliches anderes Bier) mit gleichbleibendem Bemühen gezapft wird, ist das Viertel richtig trendig geworden. Was auffällt, ist die Authentiziät, die das Lokal ausstrahlt. Eigentümer Alan Field hat die Einrichtung des Lokals in Irland aus dem Pub Flannerys im Dörfchen Churchtown im County Cork zusammengestellt. Die Küche ist vor allem mittags preiswert. Ab und zu gibt es Live-Konzerte und Sportübertragungen auf Großleinwand. Und das vielleicht Beste für Freunde der englischsprachigen Unterhaltung: Hier gibt es auch einen großen Bücherkasten, aus dem man gratis bei Bookcrossing registrierte Bücher entnehmen kann – vorausgesetzt, man registriert die Entnahme dann auf der Website von www.bookcrossing.com 130 Sitzplätze im Lokal, 100 im Schanigarten, 60 an der langen Bar.

GÖSSER BIERKLINIK

1010 Wien, Steindlgasse 4, +43/1/5337598
www.goesser-bierklinik.at
ÖFFNUNGSZEITEN Mo-So: 10:00 bis 23:00 Uhr
FASSBIER Altbrünner Gold, Gösser Radler, Gösser Spezial, Gösser Stiftsbräu Dunkel, Gösser Zwickl, Reininghaus Pils, Saisonal: Gösser Bock, Schladminger Märzen
FLASCHENBIER Edelweiss Weizenbier Dunkel und Hefetrüb, Gösser Kracherl, Gösser Märzen, Gösser Naturgold, Heineken, Wieselburger Stammbräu
LOKAL Wer ein Original-Altwiener Bierhaus sucht, ist in der Steindlgasse, am Rande des „Goldenen Quartiers" goldrichtig: Die Gösser Bierklinik ist mit ziemlicher Sicherheit die älteste noch in Betrieb befindliche Gaststätte Wiens: Das Haus blickt auf eine jahrhundertelange Tradition zurück. 1406 erstmals urkundlich erwähnt, findet es schließlich 1683 mit Johann Steindl seine bis heute währende Bestimmung. Im stimmungsvoll ausgeleuchteten, überdachten Innenhof ist die Speisegastronomie daheim – und im Schankbereich gibt es noch das, was der Wiener als Bierschwemme kennt. Man kommt gern auf ein, zwei Krügel herein, ohne unbedingt zum Essen bleiben zu müssen. 250 Sitzplätze.

GOLSER BIER & WEIN BAR – BEI DER OPER

1010 Wien, Mahlerstraße 13, +43/664/88345156
www.pannonisch.at
ÖFFNUNGSZEITEN Mo-Fr: 16:00 bis 00:00 Uhr
FASSBIER Golser GriaZeich Pale Ale, Golser Premium (helles Märzen), Golser Rotgold (Wiener Lager)
FLASCHENBIER Golser Bullig, Golser Kästensud (Maronibier), Golserl Nullerl (alkoholfrei), Golser Radler Naturtrüb, Golser Weißbier (helles Weizenbier)
LOKAL Kulinarisch ist dieses Lokal quasi eine burgenländische Botschaft in Wien: Das Lokal ist eine 2014 eröffnete Dependance der 2007 gegründeten Brauerei in Gols, die Bedienung ist bierkundig und gastfreundlich. Bierkarten mit Sommelier-Beschreibungen erklären die aktuellen, saisonal wechselnden Spezialitäten. Neben den Golser Bieren werden auch Weine der Burgenländischen Winzerschaft angeboten, und auf der Speisekarte stehen Burgenländische Spezialitäten wie z.B. Blutwurst mit Kren vom „Blunznweltmeister" Julius Meiringer oder Hammerfleisch vom Tschürz (das ist Rohschinken aus den Hammen, dem Schlögel des Schweins). 35 Plätze im Lokal, 6 an der Bar.

Golser Bier & Wein Bar – bei der Oper

GUSTL BAUER

1010 Wien, Drahtgasse 2, +43/1/5335889
www.gustlbauer.com
ÖFFNUNGSZEITEN Di-Sa: 12:00 bis 23:00 Uhr
FASSBIER Grieskirchner, Murauer, Ottakringer Wiener Original
FLASCHENBIER Beck's Akoholfrei, Grieskirchner Dunkel, Murauer Hefeweizen, Murauer Radler
LOKAL Seit Mitte 2017 hat der neue Eigentümer das seit 1937 bestehende Wiener Traditionslokal übernommen und auf Vordermann gebracht. Stammlokal der Wiener Bürgermeister, z.B. Helmut Zilk (1927-2008). Typischer Wiener Schanigarten, urwienerisch auch die Speisen: ausgelöstes Backhenderl, Kalbsrahmgulasch, geröstete Leber. Montag bis Freitag Mittagsmenüs. 90 Plätze im Lokal sowie 40 im Garten.

HOPFERL

1010 Wien, Naglergasse 13, +43/1/5332641
www.bierhof.at
ÖFFNUNGSZEITEN Mo-Sa: 11:00 bis 23:30 Uhr; So: 11:30 bis 21:00 Uhr
FASSBIER Budweiser, Ottakringer Helles, Ottakringer Radler, Ottakringer Schnitt, Ottakringer Schwarzes, Ottakringer Zwickl, Paulaner Hefeweizen
FLASCHENBIER Corona Helles, Guinness Dunkles, Murauer Märzen, Null Komma Josef, Paulaner Alkoholfrei
LOKAL Biergewölbe mit Granitsäulen, viel Holzdekoration und sehr freundlichem Service. Schwesterlokal des darunter liegenden Bierhofs, daher liegt der Schwerpunkt auf Bieren aus Ottakring – jene vom Brauwerk Wien in Ottakring fehlen leider auf der Karte. Ca. 50 Sitzplätze, Schanigarten: ca. 40 Plätze.

1. BEZIRK

HUTH GRILL HOUSE DA MAX

1010 Wien, Schellinggasse 6, +43/1/5128128
www.damax.at
ÖFFNUNGSZEITEN Mo-So: 12:00 bis 00:00 Uhr
FASSBIER Budweiser Lager, Goldfassl rotes Zwickl, Tiger Bräu, Zwettler Pils
FLASCHENBIER Bevog Pale Ale
LOKAL Ein paar Jahre lang wurde dieses Lokal einfach als „Bierbeisl" geführt – seit es sich „Grill House" nennt, ist die Bierauswahl sogar noch größer, die bierige Ausrichtung noch deutlicher geworden. Und zwar mit einem klaren Schwerpunkt auf den neuen Stars der Craft Beer Szene. Und die passen wiederum perfekt zu den ebenso perfekt zubereiteten Steaks. Auffallend schön gemacht ist auch die Bierkarte, in der die Biere attraktiv abgebildet und kundig beschrieben werden. Halbjährlich wechselnde 4 Fassbiere und 20 Craftbiere. 60 Plätze im Lokal, 25 im Garten.

Huth Grill House da Max

ILONA STÜBERL

1010 Wien, Bräunerstraße 2, +43/1/5339029
www.ilonastueberl.at
ÖFFNUNGSZEITEN Di-So: 11:30 bis 22:00 Uhr
FASSBIER Zipfer Urtyp
FLASCHENBIER Edelweiss Hefetrüb, Gösser Naturgold, Kaiser Doppelmalz, Soproni Démon (Schwarzbier), Soproni Vilàgos
LOKAL Wer in Wien ungarisch essen will, findet authentische Küche und Gastfreundschaft nur 30 Schritte von der Pestsäule entfernt. Das Ilona Stüberl ist seit 1957 ein einzigartiger Anlaufpunkt für gute und preiswerte ungarische Küche in Wien – hier hat man den Eindruck, bei Freunden in der Puszta zu sein. Das winzige Lokal ist Anziehungspunkt für Gäste aus der ganzen Welt, die Speisekarte ist in 10 Sprachen übersetzt – und seit ein paar Jahren gibt es auch einen Eigenimport von ungarischem Bier! 30 Sitzplätze im Lokal, 25 Sitzplätze im Schanigarten.

Ilona Stüberl

KOLAR-BEISL

1010 Wien, Kleeblattgasse 5, +43/1/5335225
www.kolar-beisl.at
ÖFFNUNGSZEITEN Mo-Sa: 11:00 bis 1:00 Uhr; So: 15:00 bis 1:00 Uhr
FASSBIER Dunkles, Edelweiss Hefetrüb, Pils (Hausbier), Schladminger Märzen, Starobrno, Zwickl
FLASCHENBIER Aventinus Weizenbock, Edelweiss Alkoholfrei, Gösser Naturgold, Heineken, Murauer Märzen, Paulaner Weisse, Schneider Weisse, Schwechater Zwickl, Velkopopovický Kozel Dunkel, Weihenstephaner Hefeweizen, Wieselburger Stammbräu (Bügelflasche), Zipfer Limetten Radler, Zwettler Original
LOKAL In diesem Haus befand sich einst der bekannte Keller „Zum steinernen Kleeblatt", in dem Mozart verkehrt haben soll – und hier wurde dann auch das Kolar-Stammhaus eingerichtet. Seit den späten 1980er-Jahren berühmt für diverse Fladen, gefüllt mit Tomatensauce, Sauerrahm, Ei, Pute, Knoblauchtopfen – und auch mit Nutella, Topfen und Nüssen. Stets gute Bierpflege – wobei das Hausbier (ein Schwechater Zwickl) aus unerfindlichen Gründen im Weizenbierglas serviert wird. Ca. 120 Plätze, Schanigarten: ca. 80 Plätze.

KRAH-KRAH

1010 Wien, Rabensteig 8, +43/1/5338193
www.krah-krah.at
ÖFFNUNGSZEITEN Mo-So: 11:00 bis 2:00 Uhr

FASSBIER Krah hauseigenes Bier, Ottakringer Rotes Zwickl, Paulaner Weißbier, Puntigamer Panther, Stiegl-Pils, Trumer Pils und weitere Spezialitäten

FLASCHENBIER Mehrere Dutzend Biere meist österreichischer oder deutscher Brauart, etwa Weitra Hadmar Biobier, Andechser Weißbier Hell, Augustiner Edelstoff, Hacker Pschorr Münchner Gold, Schneider Aventinus Eisbock und Paulaner Salvator – aber auch Ales wie Gusswerk Bio Austrian Amber Ale, Brew Age Barley Wine, La Chouffe Golden Ale oder Guinness

LOKAL Seit 40 Jahren der Dreh- und Angelpunkt des Bermuda-Dreiecks. Zu Beginn der 1980er-Jahre war es eine Sensation, als der Informatiker Sepp Fischer dieses Lokal gegründet hat, um den Wienern Biervielfalt nahezubringen. Damals nämlich gab es in den Lokalen stets nur Biere von einer einzigen Brauerei – und hier konnte man plötzlich Biere aus Oberösterreich und Bayern finden. Weizenbier war noch eine Seltenheit, Sepp Fischer brachte es nach Wien. Unter der sensiblen Führung der Familie Salchenegger ist das Krah-Krah noch heute ein Aushängeschild der Wiener Bierkultur, die Patina unterstreicht diesen Anspruch noch – und nach und nach sind auch ein paar Biere eingezogen, die nicht dem Mainstream der 1980er entsprechen. Immer nette Bedienung. Hausmannskost, Bieraufstrichbrote, Happy Hour von Mo-Fr 15:30 bis 17:30 Uhr. 80 Sitzplätze und viele Stehplätze, Schanigarten: 40 Sitzplätze.

Krah-Krah

LEUPOLD UND KUPFERDACHL

1010 Wien, Schottengasse 7, +43/1/533938112
www.leupold.at
ÖFFNUNGSZEITEN Mo-So: 10:00 bis 00:00 Uhr

Leupold und Kupferdachl

FASSBIER Edelweiss, Gösser Märzen, Kaiser Premium Radler, Schwechater Hopfenperle, Schwechater Wiener Lager, Schwechater Zwickl, Starobrno, ein Monatsbier

FLASCHENBIER Gösser Naturgold, Kaiser Doppelmalz

LOKAL Familie Leupold betreibt nur einen Steinwurf von der Uni entfernt ein vielschichtiges Lokal, das im vorderen Bereich eine schön „bierige" Stimmung an der Bar vermittelt, dann in ein Gasthaus und schließlich ins Restaurant Kupferdachl übergeht – im Jahr 2011 gab es die Auszeichnung als Bierlokal des Jahres. Vor dem Lokal gibt es einen breiten Schanigarten unter einer Markise, ein paar Schritte weiter das „Brunnengartl", ein Mini-Biergarten unter einem großen Stadtbaum. Das alles macht das Leupold zu einem Herzeigebetrieb der Schwechater Brauerei. Seit die Familie Leupold 1952 das früher als „Mitzkos Restaurant" bekannte Lokal übernommen hat, ist man hier auf eine klassische, gutbürgerliche Küche spezialisiert – schon Bundeskanzler Julius Raab feierte hier die Unterzeichnung des Staatsvertrags. Der Erfolg ist unter anderem in der Kontinuität beim Personal begründet. Dieses wird in Sachen Bier ständig weitergebildet, ab und zu braut es sogar einen eigenen Sud. Studenten und Geschäftsleute schätzen das schnell servierte Mittagsmenü ebenso wie das Gratis-WLAN. 320 Sitzplätze im Lokal, Bar: 30 Plätze, Schanigarten: 100 Sitzplätze

1. BEZIRK

LUGECK

1010 Wien, Lugeck 4, +43/1/5125060
www.lugeck.com
ÖFFNUNGSZEITEN Mo-So: 11:30 bis 00:00 Uhr
FASSBIER Lugeck Spezial, Ottakringer Goldfassl Pils, Ottakringer Zwickl, Schremser Bio Naturparkbier
FLASCHENBIER Gusswerk Bio Austrian Amber Ale, 100 Blumen Wiener Zwickl, Bevog Ond Smoked Porter, Bierol Mountain Pale Ale, Brauwerk Black & Proud Porter, Brew Age Malzstraße, Mad Scientist - Jam 52 Pale Ale, Golser Weißbier und viele weitere inländische Spezialitäten
LOKAL Kaum ein Lokal der Wiener Innenstadt ist in den vergangenen Jahren so rasch zum Liebling von Lokalkritikern und Gästen geworden, wie dieses von der Familie Figlmüller (bekannt für ihre Schnitzellokale und das Biergasthaus Figls in Grinzing) im geschichtsträchtigen Regensburger Hof frisch herausgeputzte Wirtshaus. Der Falter hat es gleich nach der Eröffnung zum Stadtgasthaus des Jahres 2014 ausgerufen – und das nicht nur wegen der modern interpretierten Wiener Küche, sondern auch wegen der Bierauswahl. Die Figlmüller-Brüder Hans und Thomas wollten das noble City-Publikum auf den Craftbier Geschmack bringen – was gelungen ist. Die Biere der (wechselnden) Craftbier Karte werden stilgerecht im Teku-Pokal serviert.

MAMA & DER BULLE

1010 Wien, Schellinggasse 5, +43/1/5123449
www.mamaundderbulle.at
ÖFFNUNGSZEITEN Mo-So: 12:00 bis 00:00 Uhr

Mama & der Bulle

FASSBIER Abita – Big Easy IPA, From Mama with Love (Tankbier, gebraut in Ottakring), Ottakringer Rotes Zwickl, Tigerbräu Zwickl
FLASCHENBIER Brauwerk Black & Proud Porter, Brauwerk Sun Beam Blonde, saisonale Brauwerk Spezialitäten
LOKAL Hier hat es ein geschickter Innenarchitekt geschafft, ein Lokal im Industrie-Stil einzurichten – teilweise unverputzt wirkende Wände, grob wirkendes Holz an der Bar – und gleichzeitig das Ganze gemütlich wirken zu lassen. Eine alte Juke-Box verstärkt den nostalgischen Charakter, aber die Bildschirme, auf denen abwechselnd die Steak-Angebote angepriesen werden, versichern, dass man im 21. Jahrhundert ist. Dies auch biermäßig: Zur fleischlastigen Kost passt das Big Easy IPA und natürlich auch das Porter aus der Flasche. 70 Plätze im Lokal, 12 an der Bar.

MEL'S CRAFT BEER DINER

1010 Wien, Wipplinger Straße 9, +43/676/7068124
www.paddysco.at
ÖFFNUNGSZEITEN Mo-So: 11:00 bis 2:00 Uhr
FASSBIER Delirium Argentum, Beavertown Gamma Ray, Bevog Lolita, Bevog Rudeen Black IPA, Blanche de Bruxelles, Brew Age Affenkönig, Brewdog Hazy Jane, Muttermilch Wiener Bubi, O'Hara's Irish Red Ale, Omnipollo Leon, Thornbridge Melba, Weihenstephaner Hefeweizen und wechselnde andere Spezialitäten
FLASCHENBIER über 200 wechselnde Craftbiere
LOKAL Gegenüber der böhmischen Hofkanzlei ist dieses Craftbier-Lokal entstanden – es ist nach kurzer Zeit zu einem Eckpfeiler der Bierkultur rund um den Judenplatz geworden. Große Auswahl, kompetentes Service hinter der Bar. Das Speisenangebot ist auf Burger (darunter auch den Pesto Portobello), Pulled Pork Sandwich, Tartines und anderes Barfood spezialisiert. Die Preise entsprechen der Innenstadtlage. 60 Sitzplätze im Lokal. 20 Plätze an der Bar.

MOLLY DARCY'S

1010 Wien, Teinfaltstraße 6, +43/1/5332311
www.mollydarcys.at
ÖFFNUNGSZEITEN Mo-Do: 11:00 bis 2:00 Uhr; Fr-Sa: 11:00 bis 3:00 Uhr; So: 14:00 bis 1:00 Uhr
FASSBIER Guinness, Heineken, Kilkenny, Radler, Schwechater Zwickl, Starobrno, Wieselburger Gold
FLASCHENBIER Corona, Heineken, Bishops Finger Ale, Brewdog Punk IPA, Fuller's London Pride, Grolsch 5% bio, Martha Krieger Bio Pils, Newcastle Brown Ale, O'Hara's IPA, O'Hara's Nitro, O'Hara's Stout, Weihenstephaner Weißbier Hell und Dunkel, Gösser Naturgold
LOKAL Molly Darcy war eine legendäre Lokalgröße in Cork, berühmt für ihr Motto „Yesterday is history, tomorrow is a mystery, so make the most of today". Das in ihrem Namen eingerichtete Original Irish Pub war eines der ersten von Guinness gebrandeten Pubs in Europa und in seiner zurückhaltenden Eleganz das bedeutendste in Wien. Drei miteinander verbundene Barräume, insgesamt stehen 2 Videowalls und 3 Flatscreens für Sportübertragungen zur Verfügung. Studenten der nahen Uni gehen hier ebenso her wie Redak-

teure des Standard. Gelegentlich Live-Musik – portraitiert auf www.bierpapst.tv, montags Pub Quiz. Ca. 150 Plätze, 20 an der Bar.

Molly Darcy's

PADDY'S

1010 Wien, Passauer Platz 2, +43/676/7068124
paddysco.at/paddys
ÖFFNUNGSZEITEN Mo-So: 18:00 bis 4:00 Uhr
FASSBIER Breites Angebot, das man am der Tafel hinter der Bar entnehmen kann. Meist dabei: Stone Arrogant Bastard, Tegernseer Hell, Delirium Argentum, Beavertown Gamma Ray, Bernard Bohemian Czech Lager, Bevog Kramah IPA, Brew Age Affenkönig, Birra del Borgo My Antonia, Brlo Pale Ale, Crew Republic Drunken Sailor, De Molen Romeo & Julia Spiced Ale, Kriek Boon, Lagunitas IPA, Leffe Bruin, Bitta von Tresen
LOKAL Vier Jahre lang war an diesem Standort bei der Kirche Maria Am Gestade die „Beer Street" (Bierlokal des Jahres 2018) untergebracht – dann ist das früher, genauer: seit 1997, an diesem Standort etablierte Konzept „Paddy's" zurückgekehrt. Der Erdgeschoß-Bereich ist nun wieder ein klassisches Irish Pub. Von der Beer Street geblieben ist die „Multi-Tap-Bar" mit einer etwas Heineken-lastigen, insgesamt aber breiten Auswahl im Keller, hier ist das Beer-Street-Branding auch noch vorhanden. Apropos Heineken: Es gibt einen speziellen Meal-Deal mit einem Glas Heineken und einer der zahlreichen Speisen auf der Karte – wobei diese Speisen lustige Namen wie „Die Fette Sau" (für ein Schweinswiener mit Süßkartoffeln), „The Johnny Cash Ring of Fire" oder „The Last Supper" haben. 40 Plätze zu ebener Erde, 140 im Keller.

PFIFF & CO

1010 Wien, Kärntner Straße 10 (Kärntner Durchgang), +43/1/9948855
ÖFFNUNGSZEITEN Mo-Do: 10:00 bis 00:00 Uhr; Fr: 10:00 bis 2:00 Uhr; Sa: 10:00 bis 00:00 Uhr; So: 11:00 bis 21:00 Uhr
FASSBIER Stiegl-Goldbräu, Trumer Pils
FLASCHENBIER Hirter Pils, König Ludwig Dunkel, Stiegl Goldbräu, Stiegl Paracelsus Zwickl, Stiegl Radler, Stiegl Weisse, Stiegl-Freibier
LOKAL In diesem kleinen, aber feinen Bierlokal neben der Loos-Bar scheint die Zeit stehengeblieben zu sein: Musik aus den 1970er-Jahren, perfekt gezapftes Pils und eine freundliche Bedienung. Sehr familiär, viele Stammgäste – und an der Wand der nette Spruch: „Auch Männer haben Gefühle – Durst zum Beispiel". Es werden Feste (Halloween, Gschnas, Krampus, Oktoberfest etc.) sowie Karaoke Abende veranstaltet. 40 Sitzplätze, Bar: 10, im Schanigarten direkt auf der Kärntner Straße 55 Plätze.

PFUDL

1010 Wien, Bäckerstraße 22, +43/1/5126705
www.gasthauspfudl.com
ÖFFNUNGSZEITEN Di-So: 12:00 bis 23:00 Uhr
FASSBIER Grieskirchner, Murauer, ein Saisonbier
FLASCHENBIER Grieskirchner Dunkel, Murauer Hefeweizen, Beck's Alkoholfrei
LOKAL Altwiener Traditionsbetrieb, der seit 1922 besteht – mit bewährt bodenständiger Wiener Küche (Tafelspitz, Beuschel, Kalbswiener und zum Nachtisch Kaiserschmarrn und Apfelstrudel) im gepflegten Ambiente. Die Kellner bringt nichts aus der Ruhe, sie servieren flink und sind imstande, die saisonal wechselnden Biere auch in englischer Sprache treffend zu beschreiben. Der Schanigarten in der Postgasse ist einer der schönsten seiner Art. Montag bis Freitag täglich wechselnde Mittagsmenüs. 45 Sitzplätze im Gastraum, 70 im Kellerstüberl, 70 im Gastgarten.

Pfudl

PHILOSOPH BIER.BAR.BEISL

1010 Wien, Judengasse 11, +43/1/5354532
www.philosophwien.at
ÖFFNUNGSZEITEN Mo-So: 17:00 bis 4:00 Uhr
FASSBIER Brauwerk IPA, Budweiser Budvar, Ottakringer Hell, Ottakringer Rotes Zwickl, Schneider Weisse, Wiener Original
FLASCHENBIER Augustiner Edelstoff, Bevog Kramah, Bevog TAK, Braufaktum Progusta, Brew Age Dunkle Materie, Brew Age Nussknacker, Die Weisse, Gusswerk Dies Irae etc., Hacker Pschorr 1417, Horny Betty, Murauer Märzen, Schneider Hopfenweisse, Stiegl Goldbräu, Weitra Hadmar Bio Bier
LOKAL Kleine, intime Bar im Bermudadreieck mit guter Bierauswahl und einem herzlichen Service. Biere sind auf der Karte gut beschrieben, wer Spirituosen will, findet diese ebenfalls auf der Karte. Lange Bar, netter kleiner Sitzplatz am Fenster für jene, die „sehen und gesehen werden" für wichtig halten. 20 Plätze an der Bar, 15 im hinteren Bereich.

1. BEZIRK

RINDERWAHN

1010 Wien, Weihburggasse 3, +43/1/5120996
www.rinderwahn.at
ÖFFNUNGSZEITEN Mo-So: 12:00 bis 00:00 Uhr
FASSBIER Brauwerk Big Easy IPA, Brauwerk Sun Beam Blonde, Goldfassl Zwickl Rot
FLASCHENBIER Brauwerk Black & Proud Porter, Brauwerk Red Impact Sauerbier, saisonale Brauwerk-Spezialitäten
LOKAL „Der Wahnsinn kennt bei uns keine Grenzen", wirbt dieses Lokal in unmittelbarer Nähe der Kärntner Straße augenzwinkernd für seine „Burger aus bestem Stall". Und dazu lässt die Familie Huth im Rinderwahn (weiterer Standort am Naschmarkt „Burgerkiosk") Biere aus der Ottakringer Brauerei servieren – vor allem die Craftbierschiene passt gut zum Fleisch. Und für Vegetarier steht noch ein Spruch an der Wand: „Rinder fressen Gras: Vegetarisch voll korrekt". 70 Plätze im Lokal.

Rinderwahn

ROO BAR

1010 Wien, Hegelgasse 8, +43/664/2452002
www.roobar.at
ÖFFNUNGSZEITEN Mo-Do: 17:00 bis 2:00 Uhr; Fr-Sa: 17:00 bis 4:00 Uhr; So: 17:00 bis 2:00 Uhr
FASSBIER Wieselburger Spezial, Heineken, Seasonal Beer
FLASCHENBIER Augustiner Edelstoff, Brew Dog Punk IPA, Coopers Pale Ale, Coopers Sparkling, Corona, Grolsch, Hollows & Fentimans Ginger Beer, O'Hara's IPA, O'Hara's Irish Stout, Stiegl Weisse, Tegernseer Helles, Victoria Bitter
LOKAL Der Spruch an der Türe macht nachdenklich: „You can't drink all day if you don't start in the morning." Stimmt, aber hier geht es erst am späten Nachmittag los. Da kommt man in ein typisches Aussie-Pub mit freundlicher Bedienung und fröhlichem Publikum. Jeden Montagabend Pub-Quiz mit Kathie.

Sally's

SALLY'S

1010 Wien, Judengasse 9, +43/1/9584182
paddysco.at/sallys
ÖFFNUNGSZEITEN Mo-So: 16:00 bis 4:00 Uhr
FASSBIER Guinness, Heineken, O'Hara's Irish Red Ale, O'Hara's Leann Follain Irish Extra Stout, O'Hara's Pale Ale
FLASCHENBIER Corona, Desperados, Edelweiss Hefetrüb, Fuller's Black Cab Stout, Fuller's IPA, Gösser Radler, Heineken 0,0, Hirter Privat Pils, Karlovacko, Newcastle Brown Ale, O'Hara's 51st State NEIPA, O'Hara's Irish Red Ale, O'Hara's Stout, O'Haras Irish Pale Ale, Schwechater Zwickl, Stiegl, Tegernseer Hell, Trumer Pils, Velkepopovicky Kozel, Wieselburger Stammbräu
LOKAL Das Sally's, benannt nach einer eher übel beleumundeten Bar in Dublins Grafton Street, hat sich im Wiener Bermuda-Dreieck als eleganter Vertreter der Irish Pubs (mit den nahen Schwesterlokalen Dick Mack's und Mel's Diner) etabliert. Die Leute hier verstehen wirklich was vom Bier – die Mannschaft hat sogar in Kiesbyes Bierkulturhaus in Obertrum an einem Brauseminar teilgenommen. Kleine, Pub-typische Speisekarte. 60 Sitzplätze in Lokal, 20 Plätze an der Bar, 60 Sitzplätze im Schanigarten.

SALZAMT

1010 Wien, Ruprechtsplatz 1, +43/1/5335332
www.salzamt-wien.at
ÖFFNUNGSZEITEN Mo: 17:00 bis 2:00 Uhr; Di-So: 11:30 bis 2:00 Uhr
FASSBIER Ottakringer Goldfassl Pils, Velkopopovický Kozel
FLASCHENBIER Ottakringer Radler, Rothaus Tannenzäpfle Pils, Schneider Weisse, Velkopopovický Kozel Dunkel, Null Komma Josef
LOKAL Gepflegtes böhmisches Bier zu k.u.k.-Speisen und moderner Küche. Ein Mitarbeiter hat die Ausbildung zum Biersommelier absolviert. Sitzplätze: ca. 80, Schanigarten vor der Ruprechtskirche: ca. 50 Sitzplätze.

SPARKY'S

1010 Wien, Goldschmiedgasse 8, +43/1/5336155
www.sparkys.at
ÖFFNUNGSZEITEN Mo-So: 10:00 bis 2:00 Uhr
FASSBIER Gösser Spezial, Guinness, Heineken, Schwechater Zwickl, ein Spezialbier, z.B. Bockbier
FLASCHENBIER Corona, Zipfer Limetten Radler, Desperados, Edelweiss Alkoholfrei, Edelweiss Dunkel, Edelweiss Hefetrüb, Gösser Naturradler Zitrone, Gösser Spezial, Gösser Stifts-Zwickl Dunkel, Gösser Stifts-Zwickl Hell, Heineken 0.0, Kaltenhauser Kellerbier, Schwechater Zwickl, Wieselburger Dunkel, Wieselburger Stammbräu, Zipfer Drei, Gösser Naturgold
LOKAL Ziemlich authentische Tex-Mex-Bar mit auffallend freundlichem Service – und ein angenehmer Platz, auch spätabends noch ein Bier zu genießen. Werner Wehofschitsch ist stolz auf den 0,7-Liter-Bierausschank im Yard-Glas, das extra für ihn angefertigt wurde. 180 Sitzplätze in der Bar, im Gastgarten stehen 80 Sitzplätze zur Verfügung.

STADTBODEN

1010 Wien, Krugerstraße 8, +43/1/5121637
www.stadtboden.at
ÖFFNUNGSZEITEN Mo-Mi: 10:00 bis 1:00 Uhr; Do-Fr: 10:00 bis 2:00 Uhr; Sa: 9:00 bis 2:00 Uhr; So: 9:00 bis 1:00 Uhr

Stadtboden

FASSBIER Budweiser, Goldfassl rotes Zwickl, Ohara's Irish Stout, Ottakringer Wiener Original, Sierra Nevada Pale Ale, 2 Wechselleitungen (alle 1-2 Monate ein neues internationales Craftbier)
FLASCHENBIER Das ziemlich komplette Angebot des Brauwerk Wien, zudem mehrere Dutzend Spezialitäten wie etwa: Orval, Boon Geuze Mariage Parfait, Thornbridge – I Love You Will U Marry Me?, Fuller's London Pride, Anchor Steam Beer, Anderson Valley Holy Gose, Beavertown Gamma Ray, Bevog Kramah, Birra del Borgo Cortigiana, Põhjala Must Kuld, Rodenbach Grand Cru etc.
LOKAL Der Stadtboden hat sich seit mehr als acht Jahren zum Ottakringer Aushängeschild in der Wiener Innenstadt gemausert. Der Name wurde in Anlehnung an den Gerstenboden und den Hefeboden – den Veranstaltungslocations in den historischen Räumen der Ottakringer Brauerei – gewählt: „Cafe – Restaurant – Brasserie – Bierbar" ist der weit gespannte Anspruch dieses Lokals mit seiner zentralen Bierbar, in dem Sportereignisse (Übertragung der Champions League) ebenso gefeiert werden wie Musikevents. Und natürlich die Kulinarik. Der Stadtboden bietet einen Mix aus österreichischen Klassikern sowie internationalen Spezialitäten (Tafelspitz, Original Wiener Kalbsschnitzel, int. Würstelkreationen, Elsässer Flammkuchen, Big Bowl Salate ...). Unter der Woche preiswerte Mittagsmenüs, am Wochenende Brunch. Betreiber Georg Jordan hat aus Ottakring nicht nur die Standardbiere, sondern auch die Craftbiere des Brauwerk Wien in die Innenstadt geholt. Der Service macht einer City-Bar alle Ehre – und wenn sich jemand durchkosten will: Ein Tragerl mit elf – je nach Wunsch gefüllten – Pfiffgläsern wird zum Fixpreis angeboten. Zudem gibt es – vom Spitzensommelier Clemens Kainradl kommentierte – Bierverkostungen. 70 Sitzplätze, 45 im Gastgarten.

THE DOGHAUS VIENNA

1010 Wien, Passauer Platz 2
paddysco.at/doghouse
ÖFFNUNGSZEITEN Mo-So: 11:00 bis 2:00 Uhr

The Doghaus Vienna

FASSBIER Heineken und ein Dutzend Brewdog-Biere, etwa: Dead Pony Club, Elvis Juice, Gooseberry Fool, und natürlich Punk IPA
FLASCHENBIER Mehr als ein Dutzend Spezialitäten von Corona über Edelweiss und Newcastle Brown Ale bis Schwechater Zwickl und Tegernseer Hell
LOKAL Viele Wiener kennen diese Adresse als Echo-Eck – erst war hier die Echo-Bar, dann der Echo-City-Thai. Jetzt ist hier Brewdog mit einer quasi „inoffiziellen" Brewdog-Bar eingezogen. Einige Gläser wurden vom letzten derartigen Lokal, dem Brew 9, mitgenommen, die Stimmung am Passauer Platz ist aber irgendwie freundlicher, es ist ja auch mehr los hier. Im Doghaus erwartet einen jedenfalls ein knappes Dutzend an Brewdog-Bieren vom Fass, zudem auch Heineken. Und weil das Lokal jahrzehntelang als Speiselokal bekannt war, gibt es auch einen Meal-Deal: Ein großes Heineken oder ein kleines Brewdog-Bier und eine Speise zum Sonderpreis. Beim Essen stehen Hot-Dogs und einige Burger-Variationen zur Auswahl. Diese kann man an der langen Bar, an sehr übersichtlichen Hochtischen oder ganz konventionell im Sitzen genießen. 70 Sitzplätze im Lokal, 15 Plätze an der Bar.

1. BEZIRK

WIENER STADTBRÄU

1010 Wien, Graben 29a, +43/1/5335000
www.stadtbraeu.at
ÖFFNUNGSZEITEN Mo-So: 16:00 bis 00:00 Uhr

Wiener Stadtbräu

FASSBIER Kaiser Doppelmalz, Edelweiss Weizenbier, Hausbier (Mischung Dunkles mit Schwechater Zwickl), Ottakringer Wiener Original, Schwechater Zwickl
FLASCHENBIER Budweiser, Franziskaner Kellerbier, Gösser Spezial, Hacker Pschorr Münchner Kellerbier, Heineken, Hirter Märzen, Hirter Privat Pils, La Chouffe Golden Ale, Paulaner Hefeweißbier, Stiegl Columbus 1492 Pale Ale, Stiegl Gaudi Radler, Stiegl Saison-Hausbiere, Wieselburger Stammbräu, Gösser Naturgold
LOKAL Das Wiener Stadtbräu im Keller des Chattanooga, das mit viel Ziegeloptik sehr authentisch wirkt, greift die Stadtbräu-Marke ist jene des ehemaligen Brauhauses der Stadt Wien in Rannersdorf auf. Dementsprechend dominieren die Biere der BrauUnion, die seinerzeit die Stadtbräu-Marke Steffl übernommen hat. Seit einigen Jahren weht unter Isabella und Michael Funk „frischer Wind ins Haus" und Köche aus der Haubengastronomie sorgen für eine gehobene Küche. Das Schwechater Zwickl wird schön gezapft und von freundlichen Kellnerinnen serviert. Craftbiere gibt es inzwischen auch, diese bevorzugt von der Stiegl-Brauerei in Wildshut. Das soll gesund sein, kann man einem lustigen Schild an einer der Wände entnehmen: „Lieber an der Theke steh'n, als in die Apotheke geh'n." Fixtermine sind die Jazzabende, die jeden Dienstag Livemusik in allerbester Qualität (und bei noch dazu freiem Eintritt!) bieten. 2020 stehen etwa Eddie's Swing Cats, das Vienna Hot Dixxies Trio und die Keep-on-Swinging-Band auf der Bühne. 260 Sitzplätze, 70 im gesonderten Bräustüberl.

ZATTL

1010 Wien, Schottengasse 2, +43/1/5337262
www.zattl.at
ÖFFNUNGSZEITEN Mo-So: 11:00 bis 1:00 Uhr
FASSBIER Pilsner Urquell „unpasteurisiert", Franziskaner Weißbier, Stiegl-Paracelsus Zwickl, Stiegl-Radler Grapefruit, Velkopopovicky Kozel Dunkel
FLASCHENBIER Stiegl Columbus Pale Ale, Stiegl Hausbiere, Stiegl Sport Weisse, Stiegl-Freibier
LOKAL Das Aushängeschild von Pilsner Urquell in der Wiener Innenstadt mit dem wahrscheinlich schönsten Innenstadt-Biergarten Österreichs, der schon 2010 vom Bierguide als Österreichs Biergarten des Jahres ausgezeichnet wurde. Das Pilsner Urquell kommt aus einem Tank im Keller, in den es direkt (und durchgehend gekühlt) aus der Brauerei in Pilsen geliefert wird. Gelegentlich gibt es „Pilsner Holzfass-Events", bei denen zu Live-Musik eine unfiltrierte Version des Urquell aus dem Holzfass ausgeschenkt wird. Sehr gute Bierpflege auch beim Pale Ale von Stiegl, eine alle 14 Tage wechselnde Spezialitätenkarte und eine kleine, aber stimmige Mittagskarte zeichnen den Bar- und Restaurantbereich aus. 200 Plätze im Lokal, 20 an der Bar, 200 im Garten.

ZU DEN 3 HACKEN

1010 Wien, Singerstraße 28, +43/1/5125895
www.zuden3hacken.at
ÖFFNUNGSZEITEN Mo-Sa: 11:00 bis 00:00 Uhr
FASSBIER Schladminger, Schwechater Hopfenperle, Starobrno, Zwettler Zwickl
FLASCHENBIER Edelweiss Hefetrüb, Gösser Dunkel, Gösser Märzen, Gösser Naturgold, Gösser Stiftsbräu, Clausthaler, Edelweiss Alkoholfrei
LOKAL Die „Drei Hacken" sind ein Traditionswirtshaus im besten Sinne: In den historischen Gasträumen tafelten einst illustre Gäste wie Franz Schubert, Moritz von Schwind und Johann Nestroy, der die „3 Hacken" sogar in einem seiner Couplets erwähnte. Kollege Herbert Hacker schwärmte im Falstaff: „Im Laufe der Geschichte wurde dieses Juwel so behutsam renoviert, dass selbst kompromisslose Beisl-Puristen damit eine Freude haben." Die Einrichtung ist aus den 20er-Jahren des 20. Jahrhunderts, die Küche aus Wien (aber etwas böhmisch angehaucht), und die Schaumkronen sind der Stolz der Kellner. 100 Sitzplätze, Schanigarten: 60 Plätze.

ZUM BETTELSTUDENT

1010 Wien, Johannesgasse 12, +43/1/5132044
www.bettelstudent.at
ÖFFNUNGSZEITEN Mo-Do: 11:00 bis 00:30 Uhr; Fr-Sa: 11:00 bis 3:00 Uhr; So: 11:00 bis 00:30 Uhr
FASSBIER Budweiser, Budweiser, Haus-Bräu Dunkel, Haus-Bräu Hell, Ottakringer Rotes Zwickl, Ottakringer Zitrus Radler, Paulaner Hefeweißbier, Paulaner Naturtrüb, Studentenbräu

FLASCHENBIER Augustiner Edelstoff, Corona, Erdinger Trüb, Franziskaner Hefeweisse, Heineken, Hirter Privat Pils, Murauer Pils, Null Komma Josef, Paulaner Hefeweißbier Alkoholfrei, Schneider Weisse Tap 7
LOKAL Wiens erste Bier-Edelkneipe zeigt sich auch nach drei Jahrzehnten als Fixpunkt in diesem Teil der Innenstadt – mit sehr bieriger Einrichtung, viel Kupfer und Stammgästen, die irgendwie Teil des Lokals zu sein scheinen. Das Studentenbier kommt vom Rabenbräu im Burgenland und wird zur Happy Hour (Mo-Fr 15:30 bis 17:30 Uhr) verbilligt ausgeschenkt. Die Küche bietet heimische und internationale Spezialitäten, mittags ein 3-gängiges Menü. 250 Sitzplätze, 80 an der Bar, 60 im Garten.

ZUM HOLUNDERSTRAUCH

1010 Wien, Schreyvogelgasse 3, +43/1/5359075
www.holunderstrauch.at
ÖFFNUNGSZEITEN Mo-Fr: 11:00 bis 00:00 Uhr

Zum Holunderstrauch

ZUM
HOLUNDER
STRAUCH

FASSBIER Schwechater Hopfenperle, Schwechater Zwickl, Zipfer Pils, saisonale Bierspezialitäten
FLASCHENBIER Gutman Hefe-Weizenbier mit Flaschengärung, Ottakringer Goldfassl Dunkel, Schwechater Wiener Lager, Stiegl Goldbräu, Edelweiss Naturtrüb Alkoholfrei, Gösser Naturgold, Gösser Naturradler Zitrone
LOKAL Das 1937 mit Weinschwerpunkt gegründete Lokal gegenüber dem Dreimäderlhaus ist inzwischen ein auch durch internationale Publikationen bekannter „Geheimtipp" – dennoch verirren sich nur selten Touristen in den kleinen Schankraum und den nicht viel größeren, urgemütlichen Bierkeller. Das Stammpublikum besteht aus Gewerkschaftern, Journalisten, Studenten und Arbeitern – und diese Stammgäste nennen „ihr" Lokal eher „Hollerbusch" als „Zum Holunderstrauch". Dieses typisch wienerische Beisl hat eine Bierkultur, die als vorbildlich gelten muss. Das beginnt bei der Bierauswahl (Zipfer Pils!), setzt sich über das perfekte Zapfen bis zum kompetenten Service fort. Gerhard Müller holt auch immer wieder rare Biere aus Kleinbrauereien als Gastbiere. Und er hat eine perfekte Versorgung mit frischen Weinviertler Zutaten für seine Wiener Beislküche. 70 Plätze im Lokal, 5 an der Bar, 18 im Schanigarten.

2. BEZIRK

ALTES JÄGERHAUS

1020 Wien, Freudenau 255, +43/1/7289577
www.altes-jaegerhaus.com
ÖFFNUNGSZEITEN Mi-So: 10:00 bis 23:00 Uhr
FASSBIER Budweiser, Trumer Pils
FLASCHENBIER Beck's Alkoholfrei, Paulaner Hefeweizen
LOKAL Eingebettet in den „grünen" Wiener Prater liegt das ehemahlige Gesinde- und Stallungshaus des Kaisers, das für seine zahlreichen und geliebten Jagden verwendet wurde und bereits als Zwickl-Restauration 1899 seine erste geschichtliche Erwähnung fand. Im Jahr 2004 wurde es von Thomas Pilcs neu übernommen und renoviert. Spezialität des Hauses ist der Braten im Ganzen im Schwarzbiersaftl oder das pikante Rahmgulasch vom Schweins-Backerl. Man kann aber auch einfach auf ein Bier vorbeikommen – und staunend erleben, wie ein Trumer Pils rasch, effizient und freundlich serviert wird. 160 Sitzplätze im Lokal, 200 Sitzplätze im Garten.

AM NORDPOL 3

1020 Wien, Nordwestbahnstraße 17, +43/1/3335854
www.amnordpol3.at
ÖFFNUNGSZEITEN Mo-Fr: 17:00 bis 23:30 Uhr; Sa-So: 12:00 bis 23:30 Uhr
FASSBIER Jezek Hell und Dunkel
FLASCHENBIER Augustiner Hell, Budweiser Budvar, Die Weisse Salzburg, Hadmar Bio Bier, Velkepopovicky Kozel
LOKAL Den Namen hat dieses gemütliche Lokal von der Adresse an der Ecke zur Nordpolstraße 3. Prager Kuttelflecksuppe, Knödel aller – aber vor allem: böhmischer – Art und dazu das Jezek-Bier aus Iglau in einem wiedererweckten Wiener Beisl mit altem Parkett und Stutzflügel. 60 Plätze im Lokal, Stüberl für 30 Personen. Schöner Schanigarten für 90 Personen.

BRENDL

1020 Wien, Kleine Sperlgasse 1a, +43/699/19729271
www.facebook.com/BrendlBar
ÖFFNUNGSZEITEN Mo-So: 17:00 bis 2:00 Uhr
FASSBIER Bayern Weisse, Festbock, Freistädter Ratsherrntrunk, Schlägl Abtei-Pils, Schnaitl Naturtrüb, Schnaitl Original, Uttendorfer Pils, Uttendorfer Premium
FLASCHENBIER Wieselburger Stammbräu, Zwettler Radler, Clausthaler

LOKAL Ein oberösterreichisches Eck mitten im Zweiten – zumindest, was die Biere betrifft: Die auffallend gute Bierpflege, das Bemühen um Zapfkultur und eine kundige Beratung machten das Brendl bereits 2012 zum Wiener Bierlokal des Jahres. In dem 200 Jahre alten Gewölbe im Herzen des Karmeliterviertels, Ecke Kleine- und Große Sperlgasse gibt es immer wieder Gastbiere, etwa das Ötscher Pils vom Erzbräu. Auf der Speisekarte steht die legendäre Brendl-Semmel (mit Schweinsbraten und Kren) sowie andere bodenständige Snacks. 50 Plätze im Lokal, 20 im Garten.

DAS CAMPUS

1020 Wien, Welthandelsplatz 1, +43/1/7297420
www.dascampus.at
ÖFFNUNGSZEITEN Mo-Fr: 11:30 bis 00:00 Uhr; Sa: 9:00 bis 00:00 Uhr; So: 10:00 bis 18:00 Uhr

Das Campus

FASSBIER Budweiser, Campus Hausbier (Ottakringer Spezial), Ottakringer helles Zwickl, Ottakringer Rotes Zwickl, Radler mit Almdudler
FLASCHENBIER Augustiner Edelstoff, Schneider Weisse, Stiegl Freibier Alkoholfrei, Tegernseer Hell
LOKAL Der Welthandelsplatz ist der zentrale Platz des Campus der WU – dort hat 2013 als erstes Lokal am Campus „Das Campus" eröffnet. Es ist ein Studentenlokal amerikanischer Prägung – sehr unkompliziertes Design (sogar die Biergläser entsprechen amerikanischen Pub-Bechern) und freundliche Bedienung. Mittags gibt es ein Menü zu studentenfreundlichen Preisen, zudem Burger, Flammkuchen, Ripperln. 150 Plätze auf unterschiedlichen Ebenen, etliche in gemütlichen Logen, aus denen man das Treiben im Lokal überblicken kann.

DAS GEHSTEIG

1020 Wien, Schmelzgasse 14, +43/1/2123000
www.gehsteig.at
ÖFFNUNGSZEITEN Mo-Sa: 17:00 bis 1:00 Uhr; So: 17:00 bis 00:00 Uhr
FASSBIER Stiegl Paracelsus Bio Zwickl, Pilsner Urquell, Stiegl-Columbus Pale Ale, Velkopopovicky Kozel Dunkel, Velkopopovický Kozel Premium Lager, ein wechselndes saisonales Bier
FLASCHENBIER Anchor Porter, Augustiner Edelstoff, Bayreuther Hell, Brew Dog Punk IPA, Gutmann Hefeweizen, Muttermilch – Wiener Bubi, Samuel Smith Chocolate Stout, Sierra Nevada Torpedo, Tegernseer Hell, Stiegl Alkoholfrei
LOKAL Freundliches Kulturbeisl mit sehr kleiner Speisekarte: Weil Lorenz Mang, einer der Inhaber, aus dem Innviertel kommt, gibt es etwa Innviertler Erdäpfelkäse und Omas Gulasch – aber auch Neapoletanischen Melanzani-Auflauf. Der Schwerpunkt des Bierangebots liegt auf dem Fassbier, sagt Laurin Mellem. Pilsner Urquell ist hier immer frisch, das Craftbierangebot dagegen musste eingeschränkt werden, damit die Biere nicht alt werden. Oft Live-Musik. Ca. 60 Sitzplätze, Schanigarten: ca. 20 Plätze, Bar: 10.

EINFAHRT CAFÉ BAR

1020 Wien, Haidgasse 3, +43/1/9426886
www.einfahrt.wien
ÖFFNUNGSZEITEN Mo-Fr: 10:00 bis 1:00 Uhr; Sa: 8:00 bis 1:00 Uhr; So: 8:00 bis 23:00 Uhr
FASSBIER Schremser Premium, Schremser Zwickl
FLASCHENBIER Brew Age Affenkönig, Brew Age Dunkle Materie, Gusswerk Jakobsgold Alkoholfrei, Gusswerk Weizenguss, Nixe (low-carb Bier)
LOKAL Stylisches Café im 2. Bezirk, bietet verschiedene Frühstücksarten, u.a. das Lieblingsfrühstück des Schriftstellers Robert Menasse sowie orientalische Spezialitäten und Tagesgerichte. Einzigartig: Auf der Karte befinden sich „feine Fische aus der Dose". Gastgarten.

EISVOGEL

1020 Wien, Riesenradplatz 5, +43/1/9081187
www.stadtgasthaus-eisvogel.at
ÖFFNUNGSZEITEN Mo-So: 11:00 bis 00:00 Uhr
FASSBIER Ottakringer Rotes Zwickl, Ottakringer Wiener Original, Ottakringer Citrus Radler
FLASCHENBIER Die Weisse Weißbier, Null Komma Josef
LOKAL Schon zu Beginn des 19. Jahrhunderts gab es am Eingang zum Prater ein Gasthaus, über das Joseph Richter in seinen berühmten „Briefen eines Eipeldauers an seinen Vettern in Kagran" zu berichten wusste: „Von allen Nasch- und Fresshütten ist aber seit dem vergangenen Jahr keine schöner herg'stellt worden als der sogenannte Eisvogel. Dort ist jetzt im Gartel sogar ein Springbrunn' drin und da kann der Herr Vetter außern Bier auch mitn Reforsker, und Ruster und Schampanier bedient werden..." Als der Riesenradplatz neu gestaltet wurde, ist dann wieder ein Stadtgasthaus unter dem Namen „Eisvogel' aufgemacht worden. Seine Küche bietet „Wiener Klassik modern interpretiert".

GASTHAUS HANSY

1020 Wien, Heinestraße 42 (direkt am Praterstern)
+43/1/2145363
www.hansy-braeu.at
ÖFFNUNGSZEITEN Mo-So: 11:00 bis 23:00 Uhr
FASSBIER Budweiser, Hansy Helles, Hansy Zwickl
FLASCHENBIER Grieskirchner Dunkles, Ottakringer Radler, Paulaner Weisse, Stiegl Goldbräu, Clausthaler

bordbar VIE
ENJOY LIKE A CAPTAIN
Weltneuheit – der Biertrolley
Der bordbar Biertrolley ist nicht nur mobil, sondern komplett ausgestattet, um sofort kühles Bier wie ein Profi zu zapfen. Neben einem 20 Liter Schmal-KEG Fass und dem Kühlaggregat ist sogar die CO2-Flasche im Trolley integriert. Durch die Isolierung bleibt das Bier auch ohne Stromversorgung für mindestens 3 Stunden kühl. Innerhalb weniger Minuten wird aus dem Zapftrolley wieder ein, für unterschiedliche Zwecke, nutzbarer Flugzeugtrolley.
byThom
kleinMöbel, Leuchten, Accessoires
Haidgasse 5, 1020 Wien
+43 1 909 44 17
www.bythom.at

LOKAL Ein Lokal wie aus einer anderen, besseren Zeit – es ist seit 1930 in Familienbesitz. Hier speisen Familien, trinken biedere Familienväter ihr Bier und träumen von einer Ära, als der Praterstern noch keine Verkehrshölle war. Ca. 80 Plätze in der Gaststube, 60 Plätze im Extrazimmer, 120 Sitzplätze im Gastgarten.

GASTHAUS MÖSLINGER

1020 Wien, Stuwerstraße 14, +43/1/7280195
www.gasthausmoeslinger.at
ÖFFNUNGSZEITEN Di-Sa: 11:00 bis 23:00 Uhr

Gasthaus Möslinger

Waldviertler Spezialitäten
Gasthaus Möslinger
Fam. Taudes

FASSBIER Schremser Bio Naturtrüb, Schremser Bio Roggen, Schremser Doppelmalz, Schremser Pils, Schremser Premium, Trumer Pils, Weitra Hadmar Biobier, Zwettler Original
FLASCHENBIER Die Weisse Hell, Schremser Hanfbier, Schremser IP, Zwettler Luftikus
LOKAL Unweit vom Wiener Prater liegt das Gasthaus Möslinger in einer ruhigen Seitengasse. Seit 1989 dreht sich in dem urigen und gemütlichen Gasthaus in der Stuwerstraße alles um das Wohl des Gastes. Im Gasthaus Möslinger finden sich gelebte, traditionell österreichische Küche mit tiefen Waldviertler Wurzeln. Das kulinarische Erbe Österreichs sowie die Genuss Regionen Österreich spielen dabei eine große Rolle. Im Jänner 2018 wurde das Gasthaus Möslinger an den Sohn, Roman Taudes, übergeben. Unter der neuen Führung werden neue kulinarische Genüsse und Angebote geboten. 130 Sitzplätze im Lokal, 12 Plätze an der Bar, 36 Sitzplätze im Garten.

IGNAZ JAHN

1020 Wien, Obere Augartenstraße 46, +43/1/8907210
www.ignaz-jahn.at
ÖFFNUNGSZEITEN Di-Sa: 12:00 bis 00:00 Uhr
FASSBIER Stiegl Columbus 1492 Pale Ale, Stiegl-Goldbräu, Stiegl-Paracelsus Zwickl, Velkopopovicky Kozel Dunkel, gemischtes Bier
FLASCHENBIER Andechser Weißbier Dunkel, Augustiner Edelstoff, Stiegl Weisse, Stiegl Zitronen Radler, Stiegl Freibier
LOKAL Café & Restaurant in der Nähe des Augartens. In den Räumlichkeiten des ehemaligen „Ü-Lokal" ist das Ignaz Jahn eingezogen. Mit klassisch österreichischer Küche. 70 Plätze im Lokal, 18 an der Bar, 80 im Gastgarten gegenüber vom Augarten.

KOLARIKS LUFTBURG

1020 Wien, Waldsteingartenstraße, Prater 128
+43/1/7294999
www.kolarik.at
ÖFFNUNGSZEITEN Mo-Sa: 11:00 bis 23:00 Uhr; So: 10:00 bis 22:00 Uhr
FASSBIER Grieskirchner Dunkles, Hacker Pschorr Münchner Hell, Original Budweiser, Paulaner Weißbier, Radler, Gemischtes
FLASCHENBIER Chiemseer Hell, Hacker Pschorr 1417, Original Budweiser, Gusswerk Jakobsgold Alkoholfrei, Gusswerk Zum Wohl (glutenfrei), Paulaner Weizen Alkoholfrei
LOKAL Das traditionsreiche Restaurant Luftburg wurde in den vergangenen Jahren weitestgehend auf Bio umgestellt – bei den regionalen Zulieferern für die Küche funktioniert das weitestgehend. Beim Bier gibt es einige Bio-Biere und einige, die konventionell gebraut wurden. In der Luftburg beginnt die Biersaison im März mit Steirischen Wochen – je nach Witterung draussen im Garten oder drinnen im Glaspalast. Es gibt eine überdimensionale Bierschank, an der das Budweiser gezapft wird. Getreu dem Motto „Selbstgezapft schmeckt's doch am Besten", wurden auf mehreren Tischen im Gastgarten Tischzapfanlagen zur Selbstbedienung errichtet. Kulinarische Spezialitäten sind Kolariks Grillstelze und die saftigen Spareribs. Und noch eine typische Praterattraktion ist zu vermelden: Wer zu den Toiletten geht, sieht sich in einem Zerrspiegel wesentlich dicker als in natura – der für den Rückweg installierte Zerrspiegel zeigt den Betrachter dagegen stark verschlankt. 350 Sitzplätze im Lokal, 12 Plätze an der Bar, Garten: 750 Sitzplätze.

LEOPOLD

1020 Wien, Große Pfarrgasse 11, +43/1/2182281
www.restaurant-leopold.at
ÖFFNUNGSZEITEN Mo-Mi: 11:00 bis 00:00 Uhr; Do-Sa: 11:00 bis 1:00 Uhr; So: 10:00 bis 00:00 Uhr
FASSBIER Leopold Hausbier (von Zwettler), Hadmar Bio Bier (Weitra Bräu), Trumer Pils, Zwettler Zwickl, Radler, Gemischtes
FLASCHENBIER Die Weisse, Grieskirchner Dunkel, Paulaner Weißbier Alkoholfrei, Beck's Alkoholfrei
LOKAL Behutsam modern gestaltetes Ecklokal mit langer Bar

DAS
MODERNE
WIRTSHAUS
› Österreichische Küche:
hausgemacht, regional & saisonal
› Für Gruppen geeignet
› Brötchen-Service & Catering
› Vegetarische & vegane Optionen
7,50€
Mittags
menü
Di-Sa 12-24 / So, Mo
& feiertag geschl.
Obere Augartenstr. 46
1020 Wien
01/ 890 72 10
www.ignaz-jahn.at
IJ
IGNAZ JAHN

und kompetentem Service. An speziellen Tagen (Programmaushang) erlebt man zudem Themenabende mit kulinarischem Schwerpunkt, Live-Musik und anderen Künstlern. An Werktagen gibt es ein Mittagsmenü, mit einer vegetarischen Alternative. 100 Plätze im Lokal, 40 an der Bar und 80 im ruhigen Schanigarten vor der Kirche.

NESTROY

1020 Wien, Weintraubengasse 7, +43/1/5811346
www.gasthausnestroy.eu
ÖFFNUNGSZEITEN Mo-Fr: 10:30 bis 23:00 Uhr

Nestroy

Nestroy
GASTHAUS & BIERGARTEN

FASSBIER Augustiner Edelstoff, Hirter 1270er, Hirter Märzen, Kloster Andechs Spezial Hell, Ottakringer Wiener Original, Paulaner Zwickl, Schremser Vienna I.P., Zwettler Zwickl, saisonal: Gold Fassl Zwickl Bock, Paulaner Oktoberfestbier, Paulaner Weißbier, Stiegl Pils
FLASCHENBIER Budweiser Budvar, Die Weisse Hell glutenfrei, Grieskirchner Dunkel, Gusswerk Zum Wohl (glutenfrei), Hirter Morchl, Kloster Andechs Weißbier, Paulaner Weißbier, Salzburg „Die Weisse", Schneider Weisse Tap 7 („Unser Original'), Stiegl Goldbräu, Stiegl Paracelsus glutenfrei, Stiegl Radler, Stiegl-Freibier, „Die Weisse" Alkoholfrei, Beck's Alkoholfrei, Paulaner alkoholfreies Weizenbier
LOKAL Wiener Traditionsgasthaus unmittelbar an der U-Bahnstation Nestroyplatz. Hans Stöckl betreibt seit Jänner 2003 dieses feine Wirtshaus – und schenkt hier exklusiv das Hirter 1270 als Zwicklbier aus. Auf der Speisekarte stehen Wirtshausklassiker wie Gefüllte Paprika, Gulasch, Wiener Backhendl gibt's ebenso wie saisonell abgestimmte Tagesgerichte, etwa ein hervorragendes Eierschwammerl-Risotto. Stöckl hält es mit dem vom Theatermacher Johann Nepomuk Nestroy entlehnten Motto: „Die feinsten Fasan- und Austernesser gehn dann und wann wohin auf Knödl und a G'selcht's!" 80 Sitzplätze im Lokal, 5 Plätze an der Bar, 80 Sitzplätze im Garten.

SCHWEIZERHAUS

1020 Wien, Prater 116, +43/1/7280152-0
www.schweizerhaus.at
ÖFFNUNGSZEITEN Mo-So: 11:00 bis 23:00 Uhr
FASSBIER Budweiser Budvar, Budweiser Budvar Free (alkoholfrei), Budweiser Budvar Schwarzes und G'mischtes, Budweiser Radler, Budweiser-Grieskirchner G'mischtes, Goldfassl rotes Zwickl, Grieskirchner Dunkles, Paulaner Hefeweißbier
FLASCHENBIER Augustiner Helles, Brauwerk Native Tongue, Budweiser Bud Strong, Gusswerk ‚Zum Wohl' (glutenfrei), Gusswerk Bio Nicobar, Hacker Pschorr Zwickl (Bügelverschluss), Murauer Märzen, Ottakringer Wiener Original, Paulaner Hefe-Weißbier Alkoholfrei, Schneider Hefe-Weisse, Trumer Hopfenspiel, Liefmans Fruitesse
LOKAL Seit 1920 wird das Schweizerhaus von der Familie Kolarik geführt, die Geschichte reicht aber viel weiter zurück. Die Vorläuferlokale hießen „Zur Tabakspfeife", „Zum Russischen Zaren" und „Schweizer Meierei". Den ältesten Beleg für die Existenz des Schweizerhauses fand der historisch versierte Journalist Herbert Lackner in einem Bericht der damals berühmten Reiseschriftstellerin Mary Wortley Montagu, die 1716 hier war. Die feine Dame trank in der Hütte der Schweizer Jagdtreiber allerdings kein Bier, sondern Holundersaft. Spätestens seit der Wiener Weltausstellung 1875 ist das Schweizerhaus aber die Anlaufstelle für Bierkultur in Wien – 1926 brachte Karl Kolarik, der Großvater des heutigen Geschäftsführers, das original Budweiser Budvar Bier nach Wien. Dieser Großvater, ein gelernter Fleischer, bescherte den Wienern die ersten Rohscheiben (wie die Kartoffelchips im Prater heißen), einen Wurstomat für heiße Würste und eine Radi-Schneidemaschine – berühmt ist das Lokal mit seinem 1400 Personen fassenden Biergarten allerdings für seine Stelzen. Das übrige Speisenangebot ist zwar ebenso beachtlich (Prager Kuttelflecksuppe!), doch steht es eben im Schatten der Stelze wie das ebenso breite Bierangebot im Schatten des Budweiser steht. Das Schweizerhaus hat vom 15. März bis 31. Oktober 2020 geöffnet. 750 Plätze in den Gasträumen, 1400 im Garten.

SKOPIK & LOHN

1020 Wien, Leopoldsgasse 17, +43/1/2198977
www.skopikundlohn.at
ÖFFNUNGSZEITEN Di-Sa: 18:00 bis 1:00 Uhr
FASSBIER Budweiser, Ottakringer PUR
FLASCHENBIER Innstadt Passauer Weizenbier, Schlossgold
LOKAL Urwüchsiges Beisl in moderner Interpretation – mit einer Dekoration des Künstlers Otto Zitko an der Decke. Sehr gute Küche, dazu passende Bierpflege. Ca. 120 Sitzplätze, 4 an der Bar, im Schanigarten ca. 70 Sitzplätze.

DAS SCHWEIZERHAUS IM PRATER
EINE KULINARISCHE INSTITUTION MIT TRADITION UND INNOVATION

Die unverwechselbare Atmosphäre, gepaart mit Köstlichkeiten aus Küche und Keller, machen den seit 1920 – und damit seit 100 Jahren – von Familie Karl Kolarik geführten „Garten der Wiener" zu einem Treffpunkt für Jung und Alt. Schon immer lag das Augenmerk dabei auf Qualität: So stammen die Rohstoffe für die kulinarischen Schmankerln der traditionellen Altwiener und Südböhmischen Küche – darunter freilich auch die knusprige Original Schweizerhaus Stelze – von österreichischen Lieferanten. Außerdem werden im Schweizerhaus alle Speisen hand- und hausgemacht, mehrmals täglich frisch und selbstverständlich ohne Geschmacksverstärker oder künstliche Zusatzstoffe zubereitet!

Weil das Schweizerhaus sowohl Tradition als auch Innovation gleichermaßen lebt, kommen hier auch Fans von Spezialbieren voll auf ihre Kosten. Vom belgischen „Liefmans Fruitesse" über das glutenfreie „Gusswerk – Zum Wohl" bis hin zum „Native Tongue" vom Brauwerk in Wien reicht das schmackhafte Angebot, das laufend erweitert wird. Das Original Budweiser Budvar gibt es nun auch alkoholfrei. Einen ganz besonderen Stellenwert nimmt aber freilich nach wie vor das herrlich-bekömmliche Original „Budweiser Budvar" vom Fass ein, das im Schweizerhaus seit über 90 Jahren an die Tische der durstigen Gäste serviert wird. Die stets perfekte Schaumkrone entsteht durch die aufwendige, dreistufige Zapf-Methode, die händisch von den geschickten Schweizerhaus-Mitarbeitern an der Schank durchgeführt wird und zwischen drei und sechs Minuten für Vorschank, Hauptschank und Nachschank in Anspruch nimmt. Sie macht das Bier bekömmlicher, da sich ein Teil der Kohlensäure zur wunderschönen Haube verfestigt. Wohl bekomm's!

Saison bis 31. Oktober
Täglich von 11.00 bis 23.00 Uhr geöffnet

Schweizerhaus

SCHWEIZERHAUS
2., Prater 116 | **TEL** +43/1/728 01 52 | **MAIL** info@schweizerhaus.at | **WEB** www.schweizerhaus.at

ZUM FRIEDENSRICHTER

1020 Wien, Obere Donaustraße 57, +43/1/2144875
www.zum-friedensrichter.at
ÖFFNUNGSZEITEN Mo: 15:00 bis 23:00 Uhr; Di-Fr: 11:00 bis 22:00 Uhr
FASSBIER Weitra Bräu „das Helle"
FLASCHENBIER Andechser Hefeweizen Hell, Augustiner Edelstoff, Budweiser, Gusswerk Horny Betty, Gusswerk Jakobsgold Alkoholfrei, Theresianer Wiener Lager
LOKAL Ein Wiener Beisl, wie es im Buche steht: Klassiche Schank mit Eisschrank, Thonet-Sessel und einen einfachen Bereich mit kargen Tischen im ersten Raum. Zwei weitere Restaurant-Räume mit feinerer Einrichtung, wo regionale und saisonal angepasste Küche, Fassbier aus dem Waldviertel sowie ausgewählte Flaschenbiere serviert werden. 70 Sitzplätze im Lokal, 15 im Schanigarten.

Zum Friedensrichter

3. BEZIRK

AMON

1030 Wien, Schlachthausgasse 13, +43/1/7988166
www.amon.at
ÖFFNUNGSZEITEN Mo-Sa: 10:00 bis 00:00 Uhr; So: 10:00 bis 16:00 Uhr
FASSBIER Amon's Hausbier (Brauerei Zwettl), Hadmar Bio-Bier, Zwettler Original
FLASCHENBIER Golser Weißbier, Zwettler Dunkles, Zwettler Radler, Clausthaler extra herb
LOKAL Von außen eine Gaststätte mit modernem Anstrich, von innen eine moderne Weinbar mit guter Küche – aber auf das Bier ist weiterhin Verlass. Hadschi Bankhofer versichert, dass er es hier am liebsten auf dem Heimweg trinkt. Auch die Top-Produkte der Lieferanten vom Amon, besonders der Biobauern, kann der Gast mit nach Hause nehmen. 230 Sitzplätze, davon im Wintergarten 60 Sitzplätze und im Saal 120 Sitzplätze, Gastgarten: 75 Plätze.

BIERTEUFL

1030 Wien, Ungargasse 5, +43/1/7126503
www.bierteufl.at
ÖFFNUNGSZEITEN Mo-Fr: 11:00 bis 1:00 Uhr; Sa: 17:00 bis 1:00 Uhr; So: 12:00 bis 00:00 Uhr
FASSBIER Bierteufl Märzen, Bierteufl Zwickl, Augustiner Edelstoff, Ottakringer Zwickl, Starobrno, Trumer Pils, Weihenstephaner Weißbier, Weitra Bräu Hell, Zwettler Dunkles, Saisonbier, Gemischtes, Gösser Naturradler
FLASCHENBIER Bierol Bomboclaat, Budweiser, Chimay Rouge, Corona, Edge Brewing Padrino, Engelszell Benno, Fucking Hell, Gösser Märzen, Guinness Stout, Hirter Privat Pils, Hofstetter Kübelbier, Insel Baltic Ale, Insel Baltic Dubble, Kilkenny, Kisbye's Waldbier, Mohrenbräu Spezial und weitere teils rare Biere
LOKAL Beethoven schrieb in diesem Haus (es hieß damals „Zur schönen Sklavin") seine neunte Symphonie. Seit drei Jahrzehnten ist das Lokal ein verlässlicher Treffpunkt für Bierfreunde, die sich jenseits des gewöhnlichen Angebots durchkosten wollen. Ein paar zusätzliche belgische oder englische Angebote wären wünschenswert, aber andererseits will man hier nicht allzu weit vom Hüttencharakter des Lokals abgehen – diesem entspricht auch das deftige Essen. 200 Sitzplätze im Lokal, 25 Plätze an der Bar, 60 Sitzplätze im Garten.

BIERWERK

1030 Wien, Ungargasse 67, +43/664/5898254
bierwerk.wien
ÖFFNUNGSZEITEN Mo-Do: 16:00 bis 00:00 Uhr; Fr-Sa: 16:00 bis 2:00 Uhr
FASSBIER Starobrno, Guinness, Puntigamer, Schladminger, Schwechater Zwickl
FLASCHENBIER Große Vielfalt an speziellen Ales und Lagerbieren wie Martha Krieger Spitzenpils, Fuller's London Pride, Anchor Porter, Anchor Steam Beer, Bevog Baja Oatmeal Stout, Brew Age Affenkönig, Crew Republic Roundhouse Kick, Hitachino Nest White Ale, Kona Hanalei Island IPA, La Chouffe Golden Ale, St. Bernardus Abt 12, Stone Brewing Arro.Bas. Bou.Barrel-Aged, To Øl – Gose to Hollywood, Trumer Hopfenspiel etc.
LOKAL Großes Ecklokal nahe der Rudolfsstiftung, dunkles Holz, sehr schön bierig dekoriert. Lange Bar, lange Karte – und kurze Wartezeiten auf freundlich serviertes Bier. 70 Plätze im Lokal, 20 im Schanigarten.

BURGER BROS. @ THE MALL

1030 Wien, Landstraßer Hauptstraße 1b / OG1 – Top G9, +43/1/9195115
www.burgerbros.at/burger-bros/the-mall
ÖFFNUNGSZEITEN Mo-Fr: 9:00 bis 23:00 Uhr; Sa-So: 9:00 bis 22:00 Uhr
FASSBIER Heineken, Schneider Weisse, Schwechater Zwickl, Starobrno
FLASCHENBIER Desperados, Edelweiss Hefeweizen, Gösser Naturgold, Gösser Naturradler, Guinness, Wieselburger
LOKAL Helles, freundliches Burgerlokal im ersten Stock des Einkaufszentrums The Mall (gleich rechts von der Rolltreppe im Bahnhof Wien-Mitte Landstraße): Man holt sich hier das Bier von der Bar, kann dazu auch Burger in verschiedenen Variationen bestellen – eine moderne Version der „Bierschwemme",wo man ein gepflegtes Bier im Vorübergehen konsumieren kann. 80 Plätze an den Tischen.

COOPER'S NO. 1

1030 Wien, Rennweg 68, +43/664/88471240
www.coopersno1.at
ÖFFNUNGSZEITEN Mo-So: 16:00 bis 2:00 Uhr
FASSBIER Augustiner Hell, Budweiser, Goldfassl Spezial, Guinness, Kilkenny, Murauer
FLASCHENBIER Augustiner Edelstoff, Corona, Desperados, Heineken
LOKAL International aufgestelltes Pub mit breitem Bierangebot – gut gepflegt und freundlich serviert. 90 Sitzplätze im Lokal.

DIE SCHWEMME

1030 Wien, Marokkanergasse 3a, +43/1/9544448
www.dieschwemme.at
ÖFFNUNGSZEITEN Mo-Sa: 16:00 bis 00:00 Uhr

Die Schwemme

FASSBIER Brewdog Elvis Juice, Einstök Icelandic White Ale, Riegele Commerzienrat Lager, Sierra Nevada Pale Ale
FLASCHENBIER Astra Rotlicht, Bevog Tak Pale Ale, BrauSchneider Hanf Bier, Brew Age Alphatier, Fuller's Black Cab Stout, Gutmann Hefeweizen, Hoffstettner Granitbier, Kaltenhausner Kellerbier, Muttermilch – Wiener Bubi, Riegele Liberis 2+3 IPA Alkoholfrei, Trumer Pils
LOKAL Winziges Bier-Bistro, mit puristischer, aber gemütlicher Einrichtung und 83 Schritte vom Gmoakeller entfernt, mit dem dieses Bierlokal durch gemeinsame Besitzer verbunden ist. Sehr bemühte Bierpflege. 15 Plätze, Bar: 10.

DREIER

1030 Wien, Juchgasse 23, +43/1/7133259
www.3er.at
ÖFFNUNGSZEITEN Mo-Fr: 7:00 bis 00:00 Uhr; Sa-So: 8:00 bis 00:00 Uhr

Dreier

FASSBIER Erdinger Hefeweißbier, Guinness, Zwettler Original, Zwettler Radler Zitrone, Zwettler Zwickl, ein Saisonbier
FLASCHENBIER Franziskaner Weizenbier Hell, Gösser Märzen, Wieselburger Gold, Zwettler Dunkles, Null Komma Josef
LOKAL Seit Jahrzehnten hat sich das Dreier als klassisches Bierlokal des dritten Bezirks etabliert – es war schon in den 1980er-Jahren eines der ersten Wiener Lokale, die Zwettler Bier angeboten haben, seit die Bierwerkstatt Weitra zur Zwettler Brauerei gehört, gibt es auch das Weitra Hell hier gut gezapft. Preiswerter Mittagstisch. 120 Plätze im Lokal, im Gastgarten 90 Plätze.

GASTWIRTSCHAFT HERLITSCHKA

1030 Wien, Traungasse 1, +43/660/9997007
www.herlitschka.wien
ÖFFNUNGSZEITEN Mo-Fr: 12:00 bis 00:00 Uhr; Sa: 17:00 bis 00:00 Uhr; So: 12:00 bis 00:00 Uhr
FASSBIER Schremser Premium, Budweiser, Ottakringer Rotes Zwickl, Ottakringer Wiener Original
FLASCHENBIER Franziskaner Weißbier, Grieskirchner Dunkel, Murauer Märzen, Murauer Radler, Null Komma Josef
LOKAL Wienerischer geht es kaum mehr. Schon mal Elefantenohren gegessen? Die Gastwirtschaft Herlitschka bietet unter dieser Bezeichnung einen (tatsächlich beinahe elefantenoh-

rengroßen) Zwiebelrostbraten an. Und hat auch sonst alles parat, was eine echte Wiener Gastwirtschaft zu bieten hat, bierige Küche und freundlich Schmäh führende Kellner inklusive. Historischer Flaschenzug-Kühlraum. 140 Sitzplätze im Lokal, an der Bar 8, 40 im Innenhofgarten.

GMOAKELLER

1030 Wien, Am Heumarkt 25, +43/1/7125310
www.gmoakeller.at
ÖFFNUNGSZEITEN Mo-Sa: 11:00 bis 00:00 Uhr

Gmoakeller

FASSBIER Ottakringer Zwickl, Trumer Pils, Velkopopovický Kozel
FLASCHENBIER Bierschmiede Meisterstück, Clausthaler extra herb, Die Weisse Alkoholfrei, Grieskirchner Dunkel, Gutmann Weizen, Hoegaarden Blanche, Hofstettner Granit Amber Ale, Hofstettner Wittbier, Raschhofer Lebenskünstler Witbier, Rieder IPA, Riegele Commerzienrat Lager, Riegele IPA Liberis Alkoholfrei, Rodauner Gigerl, Schleppe No1 Pale Ale, Theresianer Vienna Lager, Trumer Herbstbier, Trumer Hopfenspiel, Velkepopovicky Kozel
LOKAL 1858 im vom k.u.k. Hofbaumeister Anton Ölzelt (1817-1875) geschaffenen frühhistorischen Ensemble eingerichtetes Wirtshaus. Es ist ein typisch wienerisches Lokal mit guter Bierpflege und einer in den letzten Jahren umfangreicher gewordenen Bierkarte. Dem Namen zum Trotz ist es kein Keller im eigentlichen Sinne; das Lokal liegt jedoch tiefer als die viel befahrene Fahrbahn am Heumarkt. Bei der Eröffnung nannte man das Restaurant noch habsburgtreu „Zum Kronprinzen" – Kronprinz Rudolf soll tatsächlich hier seine Mary Vetschera getroffen haben. Ab 1940 wurde der Name „Golser Gmoa Keller" benutzt. Der Parkettboden und die Thonetsessel sind hier ebenso stilbildend wie die Speisekarte, die viele Schmankerl bietet, die sonst schwer zu finden sind. Dieser Guide geizt bekanntlich mit Superlativen, aber das Markscheibenbrot und das dazu gereichte Trumer Pils sind schlicht sensationell! Besonders frequentiert nach Konzerten im Konzerthaus, Profis eilen schon beim Schlussapplaus hinüber. 150 Sitzplätze im Lokal, 5 Plätze an der Bar, 70 Plätze im kleinen Schanigarten und jetzt auch noch 80 Plätze im neu ausgebauten Keller.

LANDSTEIN

1030 Wien, Landstraßer Hauptstraße 132, +43/1/7130108
www.landstein.at
ÖFFNUNGSZEITEN Mo-Fr: 11:00 bis 1:00 Uhr; Sa: 17:00 bis 1:00 Uhr
FLASCHENBIER aus Belgien, Dänemark, Deutschland, Frankreich, Großbritannien, Italien, Mexico, Neuseeland, Niederlande, Norwegen, Schweden, Slowakei, Spanien, Tschechien, Ungarn, USA – z.B. Bosteels Deus
LOKAL An der Ecke der Steingasse befindet sich der Ausschank des Weinhandels Zarbach, der sich bemüht, auch die Biervielfalt auf hohem Niveau zu halten: Auf der Karte finden sich gelegentlich echte Raritäten. Die Küche zeigt hohes Niveau, das Mittagsmenü ist dennoch leistbar. Da darf es dann schon ein edles (und teureres) Importbier dazu sein. 70 Plätze im Lokal, 15 an der Bar, 40 auf der Terrasse.

MARX BIER UND MEHR

1030 Wien, Franzosengraben 3, +43/1/7969944
www.marxgastro.at
ÖFFNUNGSZEITEN Mo-Fr: 9:00 bis 00:00 Uhr

Marx Bier und mehr

FASSBIER Budweiser helles Lager, Ottakringer dunkles Zwickl, Ottakringer Helles – das Hausbier, Ottakringer Schnitt, Ottakringer Zwickl, Ottakringer Zwickl Rot
FLASCHENBIER Schneider Weisse Alkoholfrei, Corona, ein Bier des Monats, Null Komma Josef, Ottakringer Zitronen Radler
LOKAL Für Nichtwiener vorausgeschickt: Der Name hat nichts

mit dem Autor des „Kapital", sondern vielmehr mit dem Heiligen Markus zu tun, der der Gegend seinen Namen gegeben hat. Mitten im Industriegebiet von Sankt Marx im dritten Bezirk ist das Marx ein außergewöhnliches Lokal, in dem sich in gemütlicher Atmosphäre die Konzepte von Lounge und Bar einerseits und Restaurant mit zwei Räumen andererseits bestens vereinen. Für Sportbegeisterte, die bei Großereignissen nichts versäumen möchten, ist mit einen Großbildschirm hinter der Bar vorgesorgt. 180 Sitzplätze im Lokal, 100 Sitzplätze im Garten.

O'CONNOR'S OLD OAK

1030 Wien, Rennweg 95, +43/1/2366721
www.oconnors.at, de-de.facebook.com/oconnorsoldoak
ÖFFNUNGSZEITEN Mo-Fr: 10:30 bis 1:00 Uhr; Sa: 13:00 bis 1:00 Uhr; So: 13:00 bis 22:00 Uhr
FASSBIER Starobrno, Stiegl Paracelsus Bio Zwickl, Guinness Stout, Kozel dark, Murphys Red Ale, Murphys Stout, Pilsner Urquell, Puntigamer Panther, Schremser Vienna IP, Stiegl Columbus 1492 Pale Ale, Stiegl Gipfelstürmer, Stiegl Goldbräu, Bier der Saison
FLASCHENBIER Corona, Fuller's India Pale Ale, Grieskirchner Dunkel, Heineken, Newcastle Ale, O'Hara's IPA, O'Haras Irish Stout, Pilsner Urquell, Schneider Weisse, Stiegl Zitronenradler
LOKAL Auch nach dem Abgang von David O'Connor, der dieses Lokal von 2011 bis 2019 geprägt hat, bleibt das Lokal unter seinem Namen ein guter Vertreter der Gastropub-Kultur: Es bietet außer vorzüglichen Fish ‚n' Chips auch irischen Räucherlachs mit hausgemachtem Soda Bread, Austern und saisonal angepasstes, gehobenes Pub-Food an. Wöchentliche Specials. Und ein gemütlicher Kamin. 40 Plätze. 25 an der Bar.

RED LION

1030 Wien, Löwengasse 6, +43/1/9674345 oder +43/676/5605353
www.redlion-vienna.at
ÖFFNUNGSZEITEN Di-Do: 18:00 bis 1:00 Uhr; Fr: 18:00 bis 2:00 Uhr; Sa: 12:30 bis 2:00 Uhr; So: 14:30 bis 00:00 Uhr
FASSBIER Guinness, Hirter Märzen, Stiegl-Goldbräu, Velkopopovicky Kozel Dunkel, Velkopopovický Kozel Hell, Velkopopovický Kozel hell/dunkel
FLASCHENBIER Fuller's London Pride, Fuller's IPA, Gaffel Kölsch, Hirter Privat Pils, Kilkenny, Murauer Märzen, Newcastle Brown Ale, Stiegl Goldbräu, Stiegl Radler, Stiegl Weisse, Stiegl-Freibier
LOKAL Im Jahr 2013 neu übernommenes, ziemlich britisch wirkendes Neighbourhood-Pub – ohne besonderen Schnickschnack, aber ähnlich wie die Arbeiter-Pubs in England. Da gibt es Toast, Würstel und verschiedenes „Barfood". Zur Pub-Atmosphäre gehören Steel-Dart, Pool-Billard, Tischfußball und Sky-Sportübertragungen. Und sogar eine Bibliothek mit englischsprachigen Titeln. Ein eigener Partyraum soll ein jüngeres Publikum anlocken – hier muss man reservieren. 30 Sitzplätze im Lokal, 20 an der Bar, 32 im Schanigarten.

SALM-BRÄU

1030 Wien, Rennweg 8, +43/1/7995992
www.salmbraeu.com
ÖFFNUNGSZEITEN Mo-So: 11:00 bis 00:00 Uhr

Salm-Bräu

FASSBIER Böhmisches Gemischtes, Märzen, Pils (nach historischem Rezept), Salm Bräu: Helles, Weizen, Bock (Weihnachten + Ostern), ein Spezialbier
LOKAL Das Lokal beim Unteren Belvedere ist das Aushängeschild der Familie Welledits, die seit Jahrzehnten erfolgreich Salm-Brauereianlagen in die ganze Welt exportiert und auf der anderen Seite des Parks im Belvederestöckl ein weiteres Prestigeobjekt eröffnen konnte: Hier im Stammhaus gibt es einen Bierausschank auf zwei Etagen (der Keller war einmal Weinkeller des Wiener Bürgermeisters), Biedermeiergarten. Deshalb sind hier auch viele Stammgäste zu finden. 280 Sitzplätze im Lokal, weitere 100 Sitzplätze im Garten.

SOFIENWIRT

1030 Wien, Kegelgasse 19 (Ecke Seidlgasse)
+43/1/9205824
www.sofienwirt.at
ÖFFNUNGSZEITEN Mo-Fr: 11:00 bis 22:00 Uhr
FASSBIER Hubertus Lager, Hubertusbräu Keltenbier
FLASCHENBIER Grieskirchner Weizenbier, Hubertus Dunkel, Hubertus Herrnpils, Clausthaler
LOKAL Gemütliches Ambiente in einem urigen Wiener Wirtshaus. Hausmannskost und Wiener Küche vom Chef persönlich gekocht, saisonale Spezialitäten und vegetarische Gerichte. 80 Sitzplätze im Lokal, Extrazimmer (für 30 und 15 Personen), 36 Sitzplätze im erweiterten Schanigarten.

STADTWIRT

1030 Wien, Untere Viaduktgasse 45, +43/1/7133828
www.stadtwirt.at
ÖFFNUNGSZEITEN Mo-Fr: 9:00 bis 00:00 Uhr; Sa: 11:00 bis 00:00 Uhr
FASSBIER Ottakringer Spezial, Ottakringer Zwickl, Bier des Monats

FLASCHENBIER Ottakringer Dunkles, Ottakringer Pils, Ottakringer Radler, Schneider Weisse, Null Komma Josef
LOKAL Eine kulinarische Institution im 3. Bezirk – schöne Wirtshauskultur, feine Küche (der Wirt steht selber am Herd), leider beschränkte Bierauswahl. 110 Sitzplätze, Garten: 30 Sitzplätze.

STÖCKL IM PARK

1030 Wien, Prinz Eugen-Straße 25, +43/1/7965050
www.stoecklimpark.at
ÖFFNUNGSZEITEN Mo-So: 11:00 bis 00:00 Uhr
FASSBIER Stöckl Böhmisch Gemischtes, Stöckl Märzen, Stöckl Pils, Stöckl Weizen, Stöckl Wiener Helles
FLASCHENBIER Gösser Naturgold
LOKAL Biergarten des Jahres, siehe Seite 98.

THE GOLDEN HARP

1030 Wien, Erdbergstraße 27, +43/1/7151393
www.goldenharp1030.at
ÖFFNUNGSZEITEN Mo-Do: 9:00 bis 1:00 Uhr; Fr: 9:00 bis 2:00 Uhr; Sa: 15:00 bis 2:00 Uhr; So: 16:00 bis 00:00 Uhr
FASSBIER Guinness, Kilkenny, Starobrno
FLASCHENBIER Heineken, Brewdog Punk IPA, Fuller's London Pride, Gösser Naturradler, Kaiser Doppelmalz, O'Hara's Irish Pale Ale, Schlossgold, Schwechater Zwickl, Weihenstephaner, Wieselburger Stammbräu
LOKAL Pompös gestaltetes Victorian Style Pub in einem ehemaligen Kaffeehaus. Sehr üppige Dekoration, sehr freundliche Bedienung. Und preisgünstige Mittagsangebote. An den Wänden hängen Weltkugeln und alte Geigen sowie viele alte Bücher und Bilder aus vergangenen Zeiten. In der Wintersaison Pub-Quiz. 120 Plätze im Lokal, 10 an der Bar, 20 im Schanigarten.

WEISSGERBER STUBE IM SÜNNHOF

1030 Wien, Landstraßer Hauptstraße 28, +43/1/71671514
www.weissgerberstube.at
ÖFFNUNGSZEITEN Mo-So: 11:00 bis 23:00 Uhr
FASSBIER Gösser Dunkles, Gösser Spezial, Gösser Zitronenradler, Puntigamer Panther, Schwechater Zwickl, Weihenstephaner Weizen Naturtrüb, ein Saisonbier
FLASCHENBIER Weihenstephaner Dunkel, Gösser Naturgold, Weihenstephaner Alkoholfrei
LOKAL Als in den 1980er-Jahren der Sünnhof, ein Baujuwel aus der Biedermeierzeit, stilgerecht renoviert und mit einem Hotel ausgestattet wurde, wurde auch dieser Bierausschank im Altwiener Stil eingerichtet. Sieht aus, als ob er schon immer da gewesen wäre. 80 Plätze im Lokal, 10 an der Bar, 70 im Garten.

4. BEZIRK

AMACORD

1040 Wien, Rechte Wienzeile 15, +43/1/5874709
www.amacord-cafe.at
ÖFFNUNGSZEITEN Mo-Fr: 11:30 bis 14:30 Uhr, 17:00 bis 1:00 Uhr; Sa-So: 11:30 bis 1:00 Uhr
FASSBIER Guinness extra Stout, Puntigamer Panther, Velkopopovický Kozel
FLASCHENBIER Schneider Weisse, Schwechater Zwickl, Gösser Naturgold, Gösser Naturradler
LOKAL Das Amacord ist ein seit dem Jahr 1987 am Naschmarkt etabliertes Szenelokal – intellektuelles, alternatives Publikum, sehr angenehme Musik mit Jazz, Blues und World Music. 45 Sitzplätze im Lokal, 30 Plätze an der Bar, 40 Sitzplätze im Garten.

BISTRO PORTO IM „DAS TRIEST"

1040 Wien, Rilkeplatz 4, +43/1/58918-138
www.dastriest.at/triest/de/kulinarik/bistroporto
ÖFFNUNGSZEITEN Mo-So: 11:00 bis 2:00 Uhr

Bistro Porto im „Das Triest"

FASSBIER Brew Age Alphatier New England IPA, Ottakringer Goldfassl Rotes Zwickl, Ottakringer Helles
FLASCHENBIER Bierol The Padawan Pale Ale, Boon Mariage Parfait, Die Weisse Hell, Nogne Imperial Brown Ale, Ottakringer Citrus Radler, Ottakringer Wiener Original, Schremser Vienna IP, Stiegl Paracelsus Zwickl, Stiegl-Pils, Toccalmatto – Zona Cesarini, Stiegl Freibier
LOKAL Bar und Restaurant mit kleiner, feiner Bierkarte (immer wieder auch Craftbier vom Fass), die Biere werden in zum Stil passendender Temperatur serviert. Sehr kundiges Personal. 60 Plätze im Lokal, 6 an der Bar, 60 Sitzplätze im Schanigarten am neu gestalteten Rilkeplatz.

CAFÉ NEST

1040 Wien, Operngasse 25, +43/676/7707700
www.cafenest.at
ÖFFNUNGSZEITEN Mo-Fr: 17:00 bis 00:00 Uhr
FASSBIER Starobrno
FLASCHENBIER Astra Urtyp, Freistädter Pegasus Dunkel, Gösser Zitronenradler, Gutmann Hefeweizen, Rieder IPA, Schremser Vienna IP, Tegernseer Hell, Edelweiss Alkoholfrei, saisonale Bierspezialitäten
LOKAL Dieses Lokal im Vintage-Look (die Möbel stammen teilweise aus dem Caritas-Laden) wurde 2014 im von Franz Gessner 1936 errichteten Art-Deco-Gebäude an der Ecke zur Margaretenstraße eingerichtet – es hat sich sofort auf Craftbiere spezialisiert.

CRAFTMÜHLE PUB & KITCHEN

1040 Wien, Mühlgasse 20, +43/1/9922277
www.the-tap.bar
ÖFFNUNGSZEITEN Di-Fr: 17:00 bis 1:00 Uhr; Sa: 18:00 bis 1:00 Uhr; So: 18:00 bis 2:00 Uhr

Craftmühle Pub & Kitchen

FASSBIER 2in1 Coffeewit, Angel Pale Ale, Blondy Lager, Brewski Mutant Ninja Pilsner, Hopiverzum IPA, Imperial Stout, Mad about Mad, Mango Feber DIPA, Mosaic Lager, Pango IPA, Pink Stop Cream Ale, Razzberry Saison, Witbier
FLASCHENBIER Alphabet City Brewing Company ‚Alpha Male IPA', Big Rock Brewery Mosaic Lager, Brewski Mangofeber DIPA, Brewski Pangofeber, Brewski Passion, Brown Ale, Columbus Pale Ale, Craftmühle Werewolf IPA, Imperial Stout, Perrin Brewing Co. Razzberry, Smoky Season, Weitra Blondy, Witbier, Zip's Hopiverzum, Zip's Instead of Innocence
LOKAL In der ehemaligen Location des Freiwild hat sich im Sommer 2016 die Craftmühle etabliert, die zunächst mit ungarischen Craftbieren, dann auch mit österreichischen Gastbieren (etwa von Next Level) eine Fangemeinde aufgebaut hat. Die Kampagne für Gutes Bier (KGB) hat das Lokal gleich im ersten Jahr zum Stammtischlokal des Jahres gewählt und hält hier ebenso wie die BierIG immer wieder Veranstaltungen ab. Die Bierkarte ist umfangreich und gut kommentiert. Vom Grill gibt es Steaks und Burger, außerdem verschiedene Ofenflecks. 40 Plätze im Lokal, 30 an der Bar.

Fladerei Mittersteig

FLADEREI MITTERSTEIG

1040 Wien, Mittersteig 2a / Hugo-Wiener Platz
+43/1/5851931
www.fladerei.com
ÖFFNUNGSZEITEN Mo-Fr: 11:00 bis 00:00 Uhr; Sa: 17:00 bis 00:00 Uhr; So: 16:00 bis 00:00 Uhr
FASSBIER Pils (Hausbier), Dunkles, Edelweiss Hefetrüb, Starobrno, Schladminger Märzen, Zwickl, Radler mit Almdudler
FLASCHENBIER Aventinus Weizenbock, Gutmann Hefeweizen Hell, Schneider Weisse, Tegernseer Hell, Weihenstephaner Hefeweißbier, Wieselburger Stammbräu (Bügelflasche), Gösser Naturgold, Gösser Naturradler
LOKAL Fast Food at it's best: In der Fladerei hat man sich – in Nachfolge des Kolar – auf die gefüllten Brotteig-Taschen konzentriert. Passen sehr gut zum Bier (das Zwickl ist ein Schwechater, allerdings in ein Weizenbierglas gezapft), werden jeden Tag in anderen Varianten angeboten und sind preiswert. Dazu kommt, dass hier ein sehr freundliches Team am Werken ist – und es eine kleine Bibliothek gibt, in der etliche alte Bücher auf Leser warten, die sich mit der Frakturschrift nicht allzu schwer tun. 90 Plätze im Lokal, 10 Plätze an der Bar (mit Blick auf den Ofen, in dem die Fladen gebacken werden), 40 Plätze im Schanigarten.

FOUR BELLS – IRISH PUB

1040 Wien, Schleifmühlgasse 2, +43/1/5854785
www.fourbells.at
ÖFFNUNGSZEITEN Mo-Do: 16:00 bis 00:00 Uhr; Fr-Sa: 16:00 bis 2:00 Uhr; So: 16:00 bis 00:00 Uhr
FASSBIER Brewdog Punk IPA, Guinness, Newcastle Brown Ale, Schladminger Märzen, Schwechater Zwickl, Weihenstephan Weizenbier
FLASCHENBIER Mehr als zwei Dutzend, etwa: Heineken, Sierra Nevada Pale Ale, Thornbridge Cocoa Wonderland, Huyghe Delirium Tremens, La Chouffe, Lagunitas IPA, Thornbridge Jaipur IPA, Wieselburger Stammbräu, Bayreuther Hell, Beavertown Gamma Ray, Duvel Tripel Hop etc.
LOKAL Das Four Bells ist in den letzten Jahren etwas heller und freundlicher geworden, die Kompetenz für Burger ist geblieben, die günstigen Preise für Burger und Baskets am Sonntag und die tägliche Happy Hour von 16:00 bis 17:00 Uhr sind ebenso Institutionen wie der Pub Quiz an Montagen. Außerdem überträgt das Four Bells regelmäßig Fußballspiele, Champions League wie auch österreichische Bundesliga, im Nebenraum steht ein Tischfussballtisch und ein Dartautomat. 100 Sitzplätze im Pub, 95 Sitzplätze in der Pub-Lounge. 45 Sitzplätze im Garten, 50 Plätze an der Bar.

GASTWIRTSCHAFT ROHRBÖCK „AM RILKEPLATZ“

1040 Wien, Rilkeplatz 7, +43/1/5866177
ÖFFNUNGSZEITEN Mo-Do: 11:00 bis 23:00 Uhr; Fr: 10:15 bis 15:00 Uhr

Gastwirtschaft Rohrböck „Am Rilkeplatz“

FASSBIER Edelweiss Weizen, Puntigamer Panther, Starobrno
FLASCHENBIER Gösser Stiftsbräu, Schlossgold, Edelweiss Alkoholfrei, Gösser Märzen, Puntigamer Märzen
LOKAL Sehr uriges Wiener Beisl – freundliche, flinke Bedienung und ein von alter Werbung geprägtes Ambiente. 25 Plätze im Lokal, 8 an der Schank.

JOHNNY'S PUB

1040 Wien, Schleifmühlgasse 11, +43/1/5871921
www.johnnys-pub.at
ÖFFNUNGSZEITEN Mo: 17:00 bis 2:00 Uhr; Di-Sa: 17:00 bis 4:00 Uhr; So: 17:00 bis 2:00 Uhr
FASSBIER Guinness, Johnny's Lager (Brauerei Raschhofer), Kilkenny, Starobrno, Stiegl
FLASCHENBIER Brew Dog Punk IPA, Corona, Grolsch, Newcastle Brown Ale, Raschhofer Weizen, Raschhofer Zwickl, Stella Artois, Velkopopovický Kozel
LOKAL Vor allem wegen der langen Öffnungszeiten eine Institution im Freihausviertel. Pub-Quiz (jeden Dienstag 20:30 Uhr), freitags Bingo. Neben diversen „Baskets“ gibt es eine Auswahl an Burgern, 150 Plätze im Lokal, Schanigarten: 16 Sitzplätze.

Johnny's Pub

SCHLUPFWINKEL

1040 Wien, Kleine Neugasse 10, +43/1/5866822
www.schlupfwinkel.at
ÖFFNUNGSZEITEN Mo-Sa: 18:00 bis 2:00 Uhr
FASSBIER Velkopopovický Kozel Hell und Dunkel, Gemischtes, Zwettler Original, Zwettler Zwickl, Radler
FLASCHENBIER Budweiser, Franziskaner Weißbier, Hirter Privat Pils, Zwettler Luftikus (alkoholfrei), Zwettler Stiftsbräu
LOKAL Ein Beisl mit dem Flair der legendären 68er-Jahre (die der Wirt noch miterlebt hat, im Gegensatz zu den Kellnerinnen): Der Journalist und Schriftsteller Bert Steingötter führt hier ein urgemütliches Lokal, wo man bei gepflegten Bieren und Speisen bis spät in die Nacht hinein plaudern kann – wer ein Designer-Lokal sucht, ist hier überhaupt völlig fehl am Platz, sagt er. 85 Sitzplätze im Lokal, Schanigarten: 36 Sitzplätze.

WIEDEN-BRÄU

1040 Wien, Waaggasse 5, +43/1/5860300
www.wieden-braeu.at
ÖFFNUNGSZEITEN Mo-So: 11:30 bis 00:00 Uhr

Wieden-Bräu

FASSBIER Aus eigener Erzeugung: Helles, Dunkles, Gemischtes, Märzen, ein Monatsbier
FLASCHENBIER Gutmann Weizen Hefetrüb, Gösser Naturgold
LOKAL Viele Gäste kommen einfach auf ein Helles her, ein Bier, das Falstaff 2019 mit 90 Punkten bedacht hat. Ebenso hat das Wieden-Bräu 2019 auch für das Dunkle 90 Punkte errungen, eine eigenständige Interpretation des Münchner Bierstils. Die dominierende Bar im Eingangsbereich ist sehr einladend – und seit einem Vierteljahrhundert ein guter Platz, um die Vielfalt zu testen: Es gibt jeweils eine saisonale Spezialität. Im Sommer ist für viele Biertrinker der im Mai 2019 renovierte schöne Gastgarten im Innenhof (schon im Jahr 1992 mit dem „Gartenkaiser" ausgezeichnet) der Grund, ins Wieden-Bräu zu gehen. Das Wieden-Bräu war das erste Brewpub, das 1997 ein Hanfbier gebraut hat, und das erste, das (bereits 1994) ein Ingwerbier versucht hat. 2007 kam ein Dinkelbier, 2008 ein Roggenbier dazu. Für Stammgäste gibt es einen Krügelsammelpass und einen Menüpass. Neben der Speisekarte gibt es eine Wochenkarte mit saisonalen Speisen und Mittagsmenüs sowie eine Karte mit vegetarischen Flammkuchen. Brautage sind Dienstag und Mittwoch. Exklusiv im Wieden-Bräu: handgeschöpfte Edelschokolade gefüllt mit Bierobers-Trüffel. 200 Sitzplätze im Lokal, im Garten ca. 110.

WIENER WIRTSCHAFT

1040 Wien, Wiedner Hauptstraße 27-29, +43/1/22111364
www.schick-hotels.com/restaurant-wiener-wirtschaft
ÖFFNUNGSZEITEN Mo-Sa: 11:30 bis 23:00 Uhr; So: 11:30 bis 15:00 Uhr
FASSBIER Ottakringer Rotes Zwickl, Ottakringer Wiener Original, Ottakringer Zwickl
FLASCHENBIER Die Weisse Hell, Ottakringer Goldfassl Dunkel, Ottakringer Wiener G'mischtes, Ottakringer Citrus-Radler, Paulaner Hefeweißbier Alkoholfrei, Null Komma Josef
LOKAL Die „Wiener Wirtschaft" (gleich um's Eck vom Wirtschaftsbund gelegen) bietet in moderner Wirtshausatmosphäre traditionelle Wiener Küche und Klassiker zum Bier, wie z.B. Salonbeuschel, glacierte Kalsleber oder Kalbsrahmgulasch. 60 Sitzplätze im Lokal, 10 an der Bar, 20 im Schanigarten.

5. BEZIRK

BIEROMETER 2

1050 Wien, Margaretenplatz 9, +43/1/9557933
www.bierometer-2.at
ÖFFNUNGSZEITEN Mo-So: 11:00 bis 00:00 Uhr
FASSBIER Budweiser, Egger Zwickl, Grieskirchner Dunkel, Hirter Pils, Murauer Steirergold
FLASCHENBIER Brew Age Affenkönig, Brooklyn Lager, Corona, Gusswerk Amber Ale, Heineken, Hirter Radler, La Chouffe Golden Ale, Next Level Local Hero, Paulaner Hefeweizen, Paulaner Hefeweizen Alkoholfrei, Tennent's Stout, Zwettler Original, Beck's Alkoholfrei
LOKAL Bierlokal in klassischer Ziegeloptik im Zentrum von Margareten, angelehnt an das Bierometer bei den Gasometern. Angenehmes Ambiente, schöner, fast südländisch wirkender Schanigarten mitten auf dem Platz – und im Winter 2015 ist hier auch Craftbier eingezogen. Jeden Samstag Live-Musik. 100 Sitzplätze, Schanigarten: 50 Plätze.

GERGELY'S

1050 Wien, Schlossgasse 21, +43/1/5440767
www.schlossquadr.at
ÖFFNUNGSZEITEN Di-Sa: 18:00 bis 1:00 Uhr
FASSBIER Margaretner (Eigenmarke aus der Iglauer Brauerei), Zwettler Original, Zwettler Zwickl
FLASCHENBIER Franziskaner Weißbier, Franziskaner Weißbier Alkoholfrei, Null Komma Josef, Zwettler Dunkel
LOKAL Der viereckige „Niedere Hof", in dem sich dieses Lokal befindet, wurde im Volksmund aufgrund seiner imposanten Erscheinung schon seit Jahrhunderten „Schlossquadrat" genannt, obwohl es nie ein Schloss an dieser Stelle gegeben hat. Der Bau, der zwei Türkenbelagerungen überstanden hat, ist ein Zeugnis der Wiener Stadtgeschichte und diente als Ausgangspunkt für die Besiedlung der damaligen Vorstadt. Stefan Gergely hat sein 1990 eingerichtetes „Bierbeisl mit Richtung auf studentisches Publikum" im Jahr 2006 einem sympathischen Face-Lifting unterzogen, ein paar der Biere auf der Karte ausgetauscht, aber den freundlichen Charakter (insbesondere im Biergarten im Innenhof) beibehalten. Interessant ist das markante Gewölbe aus dem 14. Jahrhundert.

Feine Küche mit Zutaten aus ökologischem Anbau und erstklassigen Steaks. 60 Sitzplätze im Lokal, 20 Plätze an der Bar, Garten: 90 Sitzplätze, davon sind 70 Plätze überdacht.

GOLDEN HARP MARGARETEN

1050 Wien, Kettenbrückengasse 7, +43/699/15871251
www.goldenharp1050.at
ÖFFNUNGSZEITEN Mo-Fr: 14:00 bis 2:00 Uhr; Sa-So: 16:00 bis 2:00 Uhr
FASSBIER Guinness, Kilkenny, Schladminger Märzen, Starobrno
FLASCHENBIER Desperados, Edelweiss Hefeweizen, Gösser Naturgold, Gösser Naturradler, Heineken, O'Hara's Irish Red Ale, Puntigamer, Schwechater Zwickl, Stiegl, Wieselburger Stammbräu
LOKAL Dieses mit modernen und traditionellen Elementen gestaltete Irish Pub an der Ecke zur Schönbrunner Straße läuft auch unter dem Namen „Golden Harp II". Lange Bar, angenehme Stimmung, gute Bierpflege – und natürlich ein Dartsboard. 60 Plätze im Lokal, 30 Plätze an der Bar.

L4-LAURENZ AUF DER WIEDEN

1050 Wien, Wiedner Hauptstraße 111, +43/1/8905917
laurenz4.at
ÖFFNUNGSZEITEN Mo-Sa: 11:30 bis 00:00 Uhr

L4-Laurenz auf der Wieden

L4
LAURENZ
AUF DER WIEDEN
BRAUEREI
1850

FASSBIER Laurenz Blondes, Laurenz Dark, Laurenz Red, Laurenz Santa Maria IPA, Laurenz Wiener Lager, Laurenz Radler
FLASCHENBIER Jopen Non IPA Alkoholfrei
LOKAL Wo früher die Steirer Stuben waren, ist im Frühjahr 2019 dieser Taproom entstanden: Am Eck von Wiedner Hauptstraße und Kliebergasse ist das kupferblitzende 10-Hektoliter-Sudwerk zu sehen, wenn man hineinkommt, stößt man an eine gut bestückte Bierbar – nach rechts geht es ins Lager (tatsächlich kann man hier zwischen den duftenden Malzsäcken essen und trinken), nach links in einen Gastraum, von dem aus man sowohl die Brauanlage als auch den Gär- und Lagerkeller gut im Blick hat. Ein näheres Hinsehen zeigt: Dieser Keller ist viel zu groß für den Bedarf eines Lokals – die Biere gehen auch ins Flatschers und in das Stadtkind. Wer im Lokal einen Platz findet, kann hier alle möglichen Burger-Variationen, Flammkuchen und Pulled Duck (!) essen und sich auch mit einer in Kostgläsern servierten Auswahl der Biere des Hauses befassen. 100 Plätze im Lokal, 70 im Keller, 12 an der Bar, 100 im Garten.

RUPP'S

1050 Wien, Arbeitergasse 46, +43/1/5452284
www.rupps.at
ÖFFNUNGSZEITEN Mo-Do: 18:00 bis 2:00 Uhr; Fr-Sa: 19:00 bis 3:00 Uhr
FASSBIER Budweiser Budvar, Guinness, Kilkenny und jeweils ein Bier des Monats, Schladminger Märzen
FLASCHENBIER Erdinger Dunkel, Erdinger Hefe, Gösser Märzen, Grieskirchner Dunkel, Hadmar Bio Bier, Hirter Pils, Raschhofer Zwickl, Schladminger Bio Schnee-Weisse, Wieselburger Schwarzbier, Wieselburger Stammbräu, Beck's Blue Alkoholfrei, Erdinger Weißbier Alkoholfrei, saisonale Craftbiere
LOKAL Rupert Hutter führt seit 1991 etwas abseits von den bierigen Trampelpfaden Wiens ein leicht irisch angehauchtes Pub mit vegetarischer/veganer Küche (etwa Chili sin Carne, veganes Gulasch, veganes Wienerschnitzel, diverse Burger ...) und mehr als 1.000 Sorten Whisk(e)y. Neben den wechselnden Monatsbieren gibt es auch Magners Cider vom Fass. Vor allem aber ist eine Hinwendung zum Craftbier zu erkennen. Zur Pub-Atmosphäre tragen auch ein Steel-Dartboard und ein Wuzzler bei. 45 Sitzplätze, 20 Plätze an der Bar.

SILBERWIRT

1050 Wien, Schlossgasse 21, +43/1/5444907
www.schlossquadr.at
ÖFFNUNGSZEITEN Mo-So: 12:00 bis 00:00 Uhr
FASSBIER Das Margaretner (Eigenmarke), Zwettler Original, Zwettler Zwickl
FLASCHENBIER Franziskaner Weißbier, Franziskaner Weißbier Alkoholfrei, Null Komma Josef, Zwettler Dunkles
LOKAL Der als „Schlossquadrat" bekannte Gebäudekomplex am Margaretenplatz datiert zurück bis in das 14. Jahrhundert, die Gastwirtschaft wurde 1786 gegründet. Stefan Gergely erneuerte die Tradition, ohne sie zu verraten. Backhendl steht im Zentrum des kulinarischen Angebots – aber es gibt auch ein wachsendes Angebot innovativerer Speisen (Cordon bleu alla Toscana) und viele Bio-Angebote, darunter Kranz-

bratwurst vom Waldviertler Schwein. Der Garten, der als einer der schönsten Innenhöfe aus der frühen Neuzeit gilt, ermöglicht einen ruhigen und relativ kühlen Gastronomiebetrieb auch an heißen und hektischen Sommertagen. Jeden Sonntag Mittag wird ofenfrischer Schweinsbraten serviert. 85 Sitzplätze, 6 an der Bar, Garten: 120 Sitzplätze.

THE LITTLE STAGE

1050 Wien, Ramperstorffergasse 66, +43/1/5442690
www.anstalt5.at
ÖFFNUNGSZEITEN Mo-Fr: 17:00 bis 2:00 Uhr; Sa: 18:00 bis 2:00 Uhr; So: 18:00 bis 00:00 Uhr

The Little Stage

FASSBIER Budweiser Budvar, Guinness, Raschhofer Classic, Trumer Pils, Trumer Zwickl
FLASCHENBIER Beck's, Gösser Naturgold, Jever, Paulaner Hefeweizen, Wieselburger Gold
LOKAL Der Name des Lokals stammt von einer acht Quadratmeter kleinen Bühne für Kleinstveranstaltungen. Manfred Szendi hat eine Schiebewand eingebaut, die vom Lokal bei Bedarf einen rund 60 Quadratmeter großen Partyraum abtrennt. Stammgast Jedida lobt: „Die wöchentlich wechselnde Karte am schwarzen Brett mit verschiedenen Schmankerln ist stets sehr empfehlenswert." Gelegentlich findet man hier Bücher zum Bookcrossing, auch wenn es keine offizielle OBCZ (Official Book Crossing Zone) ist. Ca. 100 Sitzplätze, Bar: 15, Schanigarten: 30.

WALDVIERTLERHOF

1050 Wien, Schönbrunner Straße 20, +43/1/5863512
www.waldviertlerhof.at
ÖFFNUNGSZEITEN Mo-Sa: 10:00 bis 00:00 Uhr
FASSBIER Hadmar Bio-Bier aus der Brauerei Weitra, Ottakringer Zwickl, Zwettler Märzen, Zwettler Saphir, eine saisonale Bierspezialität
FLASCHENBIER Augustiner Edelstoff, Clausthaler, Gutmann Hefeweizen, Schneider Weisse Alkoholfrei, Zwettler Dunkel
LOKAL Hier gibt es natürlich urtypische Waldviertler Spezialitäten. Seit Jänner 2015 wird der Waldviertlerhof von Alexander und Sebastian Laskowsky betrieben. Beide konnten sich in den letzten 15 Jahren einen Namen mit Wiener Wirtshauskultur machen. Der eine als Besitzer des legendären Gmoakeller (seit 1842), der andere als Pächter von Gelbmanns Gaststube (seit 1872). Ofenfrisches Jungschweinsbratl mit Waldviertler Knödel oder Waldviertler Fleischkrapfen passend zum Bier. 250 Plätze sowie 250 Sitzplätze im Biergarten.

Waldviertlerhof

WALD
VIERTLER
HOF
SEIT 1842

6. BEZIRK

AMMUTSØN

1060 Wien, Barnabitengasse 10, +43/664/4799130
de-de.facebook.com/pg/Ammutson
ÖFFNUNGSZEITEN Mo-Do: 16:00 bis 2:00 Uhr; Fr: 16:00 bis 4:00 Uhr; Sa: 14:00 bis 4:00 Uhr; So: 14:00 bis 00:00 Uhr
FASSBIER ständig wechselndes Angebot an 12 Zapfhähnen
FLASCHENBIER ca. 70 wechselnde Craftbiere
LOKAL Die Biere von Bierol sind fester Bestandteil der Bierkarte, es gibt aber ein ständig wechselndes Angebot an Spezialitäten. Da lohnt es gar nicht, die Bierkarte zu drucken. Was an den zwölf Zapfhähnen gerade im Ausschank ist, wird auf einem Monitor neben der Bar angezeigt. Und zwar mit allen Informationen, die so dazugehören, von der Herkunft über den Bierstil bis zum Alkoholgehalt. Das ist so ähnlich wie beim Tribaun in Innsbruck – und tatsächlich gibt es da eine enge Kooperation, der Betreiber Misho Omar war früher bei Robby Haesebrouck in Innsbruck Geschäftsführer. Im Logo gibt es hier wie da ein Fabelwesen – in diesem Fall eine Mischung aus Nilpferd, Krokodil und Löwe mit einer Hopfendolde in der Pranke. Fabelhaft ist auch der Name Ammutsøn, der aus dem Namen der ägyptischen Todesgöttin Ammut und dem Namen des Polarforschers Roald Amundsen sowie einem skandinavischen „ø" zusammengestoppelt ist. „Proud to be

independent", ist das Motto – und das Programm, denn es sollen ausdrücklich nur Biere unabhängiger Kleinbrauereien ausgeschenkt werden. Im Flaschenbierbereich gibt es ausschließlich Lambics – in den speziell hierfür aufgestellten Kühlschränken gibt es über 40 verschiedene Sorten dieser Sauerbiere, z.B. mit Trauben, Pfirsich, Himbeeren oder Kirschen. Es gibt aber auch Varianten ohne Frucht.

Ammutsøn

DOWN UNDER AUSSIE PUB

1060 Wien, Magdalenenstraße 32, +43/1/5857330
www.downunder.at
ÖFFNUNGSZEITEN Mo-Do: 18:00 bis 2:00 Uhr; Fr-Sa: 18:00 bis 4:00 Uhr; So: 18:00 bis 1:00 Uhr
FASSBIER Foster's Lager, Guinness, Ottakringer Rotes Zwickl, saisonale Biere von Ottakringer, Trumer Pils
FLASCHENBIER Heineken, Cerná Hora Alkoholfrei, Coopers Pale Ale/Sparkling Ale/Stout, Corona, Desperados, Franziskaner Weißbier, Gösser Märzen, Grieskirchner Dunkel, Newcastle Brown Ale, O'Hara's Irish Pale Ale, Rieder IPA, Victoria Bitter, Wieselburger
LOKAL Australische Atmosphäre in Wiener Kellergewölbe-Wärme ergibt ein trendiges Bierabendlokal mit Livemusik. Immer wieder Events mit Australien-Bezug und täglich von 18:00 bis 19:00 Happy Hour. Ca. 80 Plätze, Kellerraum: ca. 80 Plätze, 20 Plätze an der Bar.

DUBLIN

1060 Wien, Gumpendorfer Straße 93, +43/664/4744989
www.dublin-vienna.at
ÖFFNUNGSZEITEN Mo-Do: 16:00 bis 1:00 Uhr; Fr: 16:00 bis 2:00 Uhr; Sa: 17:00 bis 2:00 Uhr; So: 17:00 bis 1:00 Uhr
FASSBIER Dublin Lager, Guinness, Heineken, Kilkenny, Starobrno, Wiener Original
FLASCHENBIER Desperados, Fuller's London Pride, Gösser Dunkel, Gösser Märzen, Gösser Naturgold, Gösser Radler, Heineken, Newcastle Brown Ale, Paulaner Hefeweizen Hell, Puntigamer, Schwechater Zwickl, Weihenstephaner, Wieselburger
LOKAL Dieses großzügig angelegte Pub im klassischen viktorianischen Stil ist nun seit über fünf Jahren ein Fixpunkt unter den Irish-Pubs der Stadt. Gut gezapftes Guinness und traditionelles Pub-Food vom Ofenkartoffel bis zu recht aufwendig gemachten Burgern. Jeden Sonntag um 19:00 Uhr Pub Quiz. 50 Plätze im Lokal, 10 an der Bar.

FREIRAUM

1060 Wien, Mariahilfer Straße 117, +43/1/5969600
www.freiraum117.at
ÖFFNUNGSZEITEN Mo-Mi: 8:00 bis 2:00 Uhr; Do-Sa: 8:00 bis 4:00 Uhr; So: 8:00 bis 2:00 Uhr
FASSBIER Franziskaner Weißbier, Heineken Lager, Trumer Pils, Weitra Hell, Zwettler Radler, Zwettler Zwickl
FLASCHENBIER Beck's Alkoholfrei, Corona, Franziskaner Royal
LOKAL Der von Sascha Adzic, Christoph Wagner und Wolfgang Jappel konzipierte Freiraum sieht sich als ein kulinarisches „Multiple Choice"-Lokal – aber die lange Bar lädt vor allem zum Biergenuss ein – weil da gut gezapft und freundlich bedient wird. Ein Café auf zwei Ebenen, eine riesige Cocktailbar und eine Pizzeria. Insgesamt sechs verschiedene Restaurant- und Loungebereiche. Ca. 300 Sitzplätze im Lokal, 30 Plätze an der Bar, 24 Sitzplätze im Garten.

HEFENBRÜDER

1060 Wien, Mariahilfer Straße 117, +43/1/9409400
www.hefenbrueder.at
ÖFFNUNGSZEITEN Mo-Sa: 11:30 bis 00:00 Uhr; So: 11:30 bis 22:00 Uhr
FASSBIER Bernard Unfiltered Lager, Bevog Baja Oatmeal Stout, Brasserie de La Senne Brusseleir Black IPA, Brew Age Eierbär Brewdog Punk IPA, Pöhjala Must Kuld, Riegele Liberis, Rodauner Strizzi und viele andere, darunter auch Cask Biere, etwa Tiny Rebel Sabro IPA
FLASCHENBIER Anchor Steam Beer, Bevog Kramah IPA, Bierschmiede Meisterstück, Boon Geuze Mariage Parfait, Brew Age Eisknacker, Huyghe Delirium TremensStift Engelszell Trappisten Weiße und viele andere
LOKAL Bierlokal des Jahres, siehe Seite 354.

Hefenbrüder

K & K BIERKANZLEI

1060 Wien, Windmühlgasse 20, +43/676/4144157
ÖFFNUNGSZEITEN Mo-Do: 12:00 bis 21:00 Uhr; Fr: 12:00 bis 18:00 Uhr
FASSBIER Hirter Pils, Mohrenbräu Kellerbier, Murauer Märzen
FLASCHENBIER Paulaner Hefeweizen, Wieselburger Gold
LOKAL Altwiener Beisl, mit kleiner Schank, einigen Tischen und sehr, sehr viel nostalgischer Dekoration mit Bezug zu

den alten Kronländern – zudem eine kleine Bibliothek mit einschlägigen Titeln. Einfache Beislküche, preiswerte Menüs. 35 Plätze im Lokal, 5 an der Schank.

KÄNGURUH

1060 Wien, Bürgerspitalgasse 20, +43/1/5973824
www.kaenguruh-pub.at
ÖFFNUNGSZEITEN Mo-Sa: 18:00 bis 2:00 Uhr

Känguruh

FASSBIER Brew Age Steckenpferd, Gratzer Hermann, Hofstettner Kübelbier, Känguruh Bernsteintrunk (vom Storchenbräu), Pilsner Urquell, Six Beers Brewing Tropic Ale, Storchenbräu Märzen.
FLASCHENBIER Alefried Mikrozirkus, Alefried Oud Bruin, Beaver Brewing – Holiday IPA, Bevog Baja Oatmeal Stout, Bevog Ond Smoked Porter, Bevog Rudeen Black, Bierkanter – Aurelia Pale Ale, Bierkanter – Zirkusbär Oatmeal Stout, Brauküche 35 Cherry Me, Brauküche 35 Weizentanz, BrauSchneider Brown Ale, BrauSchneider Hanfbier, BrauSchneider IPA, Brew Age Alphatier, Brew Age Brett Affe IPA, Brew Age Dunkle Materie, Brew Age Holzknacker, Collabs Domrep Pils, Collabs Sauerlump, Der Belgier Honey I Love You, Der Belgier Saison, Erzbräu Bio Dirndlbier, Erzbräu Imperial Pale Ale, Erzbräu Marillenbier, Erzbräu Wilde Quitte, Pinzga' Pale Ale, Pinzga' Phönix, Schalken Kolx, Schalken Wit und viele weitere Spezialitäten
LOKAL Das Känguruh überrascht jedes Mal mit neuen und interessanten Bieren, die Fredi Greiner teilweise exklusiv importiert – mit gut 200 verschiedenen Bieren hat das Känguruh das vielfältigste Bierangebot Wiens, auch im Hinblick auf die Bierstile. Ähnlich einer Tages-(Speise)karte werden immer wieder neue Biere angeboten – wenn etwas ausgetrunken ist, ist bald gleichwertiger Erstatz da. Ein besonderer Schwerpunkt sind die belgischen Biere, von denen neben Klassikern wie Boon Mariage Parfait, Rodenbach Grand Cru oder Westmalle Tripel immer auch ein paar ausgefallene Beispiele vorhanden sind. Auch die stark verbesserte Auswahl, die von österreichischen Mikrobrauereien geboten wird, schlägt sich inzwischen in der Bierkarte nieder. Die Speisekarte wurde stark erweitert und bietet u.a. Salate, diverse Hauptgerichte, Pasta und Pizzen. Schanigartenbetrieb von 1. April bis 30. September. 51 Sitzplätze im Lokal, 15 Plätze an der Bar, 22 Sitzplätze im Garten.

LAUREL LEAF IRISH PUB

1060 Wien, Theobaldgasse 15, +43/1/5856865
www.laurel-leaf.at
ÖFFNUNGSZEITEN Mo-Di: 11:00 bis 1:00 Uhr; Mi-Sa: 11:00 bis 3:00 Uhr; So: 17:00 bis 00:00 Uhr
FASSBIER Guinness Hop House 13, Guinness Stout, Heineken, Kilkenny, Starobrno, Wieselburger, Gösser Naturradler
FLASCHENBIER Heineken, Desperados, Desperados Mojito, Edelweiss Weizen, Gösser, Heineken 0.0, Newcastle Brown Ale, Schladminger Bio Zwickl, Schleppe Imperial IPA, Schleppe No 1, Schwechater Wiener Lager, Schwechater Zwickl, St. Peters Cream Stout, Wieselburger Schwarzbier, Wieselburger Stammbräu, Gösser Naturgold
LOKAL Großzügig angelegtes Irish Pub mit langer Bar. Hier gibt es Videowalls, außerdem 5 Pool-Billardtische, 2 Dart-Automaten und Tischfußball. Partys und Veranstaltungen zum St. Patrick's Day. Die Küche ist berühmt für Riesen-Spare-Ribs mit Wedges und Dip! Mo-Fr spezielle Mittagsmenüs. Ca. 85 Sitzplätze, 14 an der Bar, ca. 22 im Schanigarten.

Salzberg

SALZBERG

1060 Wien, Magdalenenstraße 17, +43/1/5816226
www.salzberg.at
ÖFFNUNGSZEITEN Mo-Fr: 16:00 bis 00:00 Uhr; Sa-So: 9:00 bis 00:00 Uhr
FASSBIER Budweiser, Hadmar Bio Bier, Weitra Helles, Zwettler Saphir, Zwettler Zwickl
FLASCHENBIER Die Weisse, Augustiner Edelstoff, Beck's Alkoholfrei, Budweiser Alkoholfrei, Gusswerk ‚Zum Wohl' Bio-Glutenfrei-Bier, Gusswerk Bio Weizenguss, Gusswerk Horny Betty, Hirter Morchl, Paulaner alkoholfreies Weizenbier, Stiegl Goldbräu, Tennents Scottish Stout, Trumer Pils
LOKAL Es lohnt immer, im Salzberg zu schürfen – und das bereits seit 25 Jahren. Neben den Bierkennern kommen auch die Weinkenner auf ihre Kosten – ideal für die Einkehr mit Begleitungen, die nicht so bierorientiert sind. Was das Pech einer solchen Begleitung wäre, denn die Bierpflege ist ausgezeichnet hier. Ein großer Stehbereich lädt die besonders Durstigen ein, dazu gibt es ein gemütliches Restaurant für die Hungrigen und ein „Wohnzimmer" mit Lederbänken für die Entspannungsliebenden. Im Oktober gibt's jeweils zwei Wochen Bauernherbst mit Trumer Herbstbier. Ca. 90 Sitzplätze, Bar: ca. 20 Plätze, Schanigarten: ca. 70 Sitzplätze.

TIMO'S LIVING ROOM

1060 Wien, Bürgerspitalgasse 18, +43/1/5952437
www.timoslivingroom.at
ÖFFNUNGSZEITEN Di-Sa: 19:00 bis 2:00 Uhr
FASSBIER Pilsner Urquell, Velkepopovicky Kozel
FLASCHENBIER Bierschmiede Meisterstück, BrauSchneider Hanfbier, Brew Age Dunkle Materie, Der Belgier Saison, Erzbräu Single Malt Ale, Next Level Brewing Lemon Thyme.
LOKAL Timo's Living Room ist der Vorreiter unter den bierorientierten Cocktailbars: Das Schwesterlokal des benachbarten belgisch orientierten Känguruh bietet eine Vielzahl an Bier-basierten Cocktails. Über 50 davon stehen zur Auswahl – zusätzlich zu klassischen Cocktails ohne Bier. Und wer es pur mag, hält sich an gut gezapftes Pilsner Urquell. Dazu gibt es Antipasti, Salate, Pasta und Pizzen. 34 Sitzplätze im Lokal, 14 an der Bar. 22 Plätze im Schanigarten (April bis September).

WIND & MILL'S

1060 Wien, Gumpendorfer Straße 50, +43/1/9719935
www.windmills.at
ÖFFNUNGSZEITEN Mo-Sa: 17:00 bis 2:00 Uhr
FASSBIER Guinness extra Stout, Hirter Privat Pils, Kilkenny, Stiegl-Goldbräu, Zipfer Helles
FLASCHENBIER Beck's Green Lemon, Budweiser Budvar, Budweiser Dark, Clausthaler, Corona, Desperados, Erdinger Hefetrüb, Foster's, Heineken, Hirter 1270, Newcastle Brown Ale, Stiegl Paracelsus Zwickl, Tsingtao Beer
LOKAL Sehr gut gestyltes Irish Pub – dekoriert mit einer großen Bibliothek, vielen Bierkrügen und natürlich jeder Menge Guinness-Werbung. Der Name leitet sich von der Location ab: Das Lokal liegt an der Einmündung der Windmühlgasse in die Gumpendorfer Straße.

7. BEZIRK

BACKBONE [IRISH PUB]

1070 Wien, Burggasse 100a, +43/1/5229579
www.backbone-irishpub.com
ÖFFNUNGSZEITEN Mo-Do: 17:00 bis 2:00 Uhr; Fr-Sa: 17:00 bis 4:00 Uhr; So: 17:00 bis 2:00 Uhr

Backbone Irish Pub

FASSBIER Guinness, Kilkenny, Stiegl-Goldbräu
FLASCHENBIER Corona Extra, Stiegl Freibier, Augustiner Edelstoff, Augustiner Lager Hell, Augustiner Weisse mit Hefe, Budweiser, Grieskirchner Märzen, Gusswerk ‚Zum Wohl' glutenfrei, Gusswerk Austrian Amber Ale, Gusswerk Green Betty, Gusswerk Horny Betty, Hirter Privat Pils, Murauer Dunkel, Murauer Märzen, Schremser Bio Naturtrüb, Stiegl Radler Zitrone und Grapefruit, Tegernseer Hell, Traunsteiner Helles, Traunsteiner Weißbier
LOKAL Auch wenn in diesem Irish Pub vorwiegend deutsch gesprochen wird: Das Backbone ist schon allein wegen seiner Einrichtung – sehr lange Bar – ein guter Vertreter des Lokaltyps und man kann sich direkt wie in Irland fühlen. Noch besser: Es gibt eine Bierkarte, auf der die Craftbiere auch gut erklärt werden – das wiegt auch das eher bescheidene Angebot an Fassbieren auf. Der Cider, der aus dem „Poor Man's Velvet" mit Guinness hergestellt wird, ist Magners vom Fass. Montags um 20:00 Uhr Pub-Quiz, jeden Tag von 17:00 bis 19:00 Uhr Happy Hour. 100 Sitzplätze im Lokal, 25 im Garten.

BIERGREISSLERS BEISL

1070 Wien, Burggasse 18, +43/1/9714548
www.biergreissler.at
ÖFFNUNGSZEITEN Mo-Mi: 17:00 bis 00:00 Uhr; Do-Sa: 17:00 bis 1:00 Uhr

Biergreisslers Beisl

FASSBIER 100 Blumen Zwickl, 2514 Helles, Augustiner Hell, Bürgerbräu Pils, East Coast IPA, Morgan's IPA, Trasher Harvest
FLASCHENBIER ca. 100 nationale und internat. Spezialitäten
LOKAL Der mit je einem Geschäft in Eggenburg und Wien vertretene Biergreissler Max Gaspar hat 2019 eine kleine Bierbar in Wiens 7. Bezirk eröffnet – „Radfahren und Fußballspielen ist in der Wohnanlage verboten", warnt ein Schild über den Bierkühlschränken, aber dazu wäre hier eh kein Platz. Nur zum Bierverkosten – und zwar ausgiebig. Finanziert wurde der Start des schlicht eingerichteten und mit einer Flaschengalerie, Bierwerbeschildern, einigen alten Uhren und einem ähnlich alten Münzfernsprecher dekorierten Lokals per Crowdfunding. Das Sortiment entspricht, wie auch auf der Karte hingewiesen wird, in hohem Maße dem, das der Biergreissler auch retail anbietet: Neben Fassbier von vier wechselnden Brauereien sind es unzählige Flaschenbiere aus Österreich, Belgien, Island, Schweden und sogar Spanien. Ca. 45 Sitzplätze im Lokal.

BRANDAUER IM GERNGROSS

1070 Wien, Mariahilfer Straße 42-48, 5. Stock
+43/1/5222225
www.bierig.at
ÖFFNUNGSZEITEN Mo-So: 10:00 bis 00:00 Uhr
FASSBIER Brandauers Hausbier (Zwettler), Brandauers Zwickl (Zwettler), Weitra Bräu Das Helle, Weitra Hadmar Bio Bier, Zwettler Dunkles, Zwettler Radler, Zwettler Saphir, Saisonbier der CulturBrauer
FLASCHENBIER Stiegl Goldbräu, Zwettler Kuenringer Bock, Zwettler Lager, Zwettler Luftikus, Schneider Weisse alkoholfreies Hefeweizen
LOKAL Es lohnt, den Lift zu nehmen, um in dieses über der Mariahilferstraße im 5. Stock des Kaufhauses Gerngroß gelegene Bierrestaurant zu gelangen. Auf 500 Quadratmetern werden auch nach dem Ladenschluss in den unteren Etagen Biere in gewohnter Brandauer-Qualität serviert. Das Restaurant ist vollklimatisiert. Besonders empfehlenswert ist ein sommerlicher Besuch auf der Balkonterrasse zur Kirchengasse oder der mit Blickrichtung Gürtel und Aussicht auf die Mariahilfer Kirche. Allerdings ist hier die Bierauswahl nicht ganz so groß wie indoor. Apropos Bierauswahl: Der Brandauer im Gerngroß hat sich der Präsentation der Biere der CulturBrauer verschrieben, alle zwei Monate gibt es ein wechselndes Bier einer heimischen Mittelstandsbrauerei vom Fass. Jeden Sonn- und Feiertag findet von 10.30 Uhr bis 15.00 Uhr ein umfangreicher Brunch mit einem reichhaltigen Buffet mit warmen Gerichten (Rindsgulasch, Braten am Hozbrett) statt. 250 Sitzplätze im Lokal und 150 Outdoor-Sitzplätze.

Cafe Europa

CAFE EUROPA

1070 Wien, Zollergasse 8, +43/1/5263383
www.cafeeuropa.at
ÖFFNUNGSZEITEN Mo-So: 9:00 bis 5:00 Uhr
FASSBIER Budweiser, Ottakringer Goldfassl Spezial, Ottakringer PUR, Ottakringer Zwickl, Schneider Weisse
FLASCHENBIER Corona extra, Goldfassl Dunkel, Heineken, Ottakringer Null Komma Josef, Ottakringer Radler, Stiegl
LOKAL Lange etablierter Szenetreff und für manche ein „verlängertes Wohnzimmer“.

CENTIMETER AM SPITTELBERG

1070 Wien, Stiftgasse 4 / Ecke Siebensterngasse
+43/1/470060642
www.centimeter.at
ÖFFNUNGSZEITEN Mo-Do: 8:30 bis 00:00 Uhr; Fr-Sa: 8:30 bis 1:00 Uhr; So: 8:30 bis 00:00 Uhr
FASSBIER Centimeter Hausbier (von Stiegl), Budweiser Budvar, Hofbräuhaus Traunstein dunkel, Mischbier, Murauer Steirergold, Paulaner Weißbier, Saurer Radler, Starobrno, Herbstbier
FLASCHENBIER Brauwerk Blond, Brew Age Affenkönig IPA, Corona extra, Golser Helles (Bügelflasche), Guinness (Dose), Hadmar Bio Bier, Hirter Märzen, La Chouffe, Ottakringer Helles, Pilsner Urquell, Puntigamer, Schneider Leichte Weisse, Schneider Weisse Hell, Schneider Weisse Original, Stiegl Goldbräu, Stiegl Grapefruitradler, Stiegl-Freibier, Trumer Pils, Wieselburger Gold
LOKAL Das Centimeter-Konzept ist seit Jahren bewährt – aber mit der Einführung eines kleinen, aber sinnvoll zusammengestellten Craftbier Angebots zu fairen Preisen ist es noch besser geworden. Diese Centimeter-Location ist quasi der Eingang zum Spittelberg-Viertel – und mancher bleibt gleich hier hängen. Sehr lange Bar, Steh- und normale Tische. Die Küche entspricht dem bewährten Centimeter-Konzept, groß, schmackhaft und zu günstigen Preisen. Auch für große Gruppen ist gesorgt, die „Scheibtruhe Mist für die große Gruppenmampferei“, „Das Schwert“ oder Spare Ribs in drei Variationen sorgen für die richtige Unterlage beim Bier-Verkosten. 198 Sitzplätze im Lokal + 15 Barplätze, 60 Sitzplätze im Schanigarten.

COSMOPOLITAN

1070 Wien, Schottenfeldgasse 2, +43/699/11413644
www.cafecosmopolitan.at
ÖFFNUNGSZEITEN Mo-Do: 10:00 bis 23:00 Uhr; Fr-Sa: 10:00 bis 00:00 Uhr; So: 11:00 bis 21:00 Uhr

Cosmopolitan

FASSBIER Ottakringer Rotes Zwickl, Ottakringer Wiener Original
FLASCHENBIER Ottakringer Helles, Paulaner Hefeweizen Hell, Null Komma Josef, Ottakringer Citrus-Radler
LOKAL Perfekt für ein schnelles Bier und einen Snack beim

Shoppen auf der Mariahilfer Straße gleich ums Eck. Überbackene Baguettes, Salate, Suppen und Wraps. Freundliches Service.

DER FUCHS UND DIE TRAUBEN

1070 Wien, Kandlgasse 16, +43/1/2313917
www.derfuchsunddietrauben.com
ÖFFNUNGSZEITEN Mo-Mi: 17:00 bis 00:00 Uhr; Do-Sa: 17:00 bis 1:00 Uhr
FASSBIER Bayreuther Hell
FLASCHENBIER Bevog Tak Pale Ale, Brew Age Alphatier IPA, Brewdog Punk IPA, La Chouffe Golden Ale, Rodauner Strizzi Wiener Lager, Schneider Weisse, Schwechater Zwickl, Gösser Naturgold
LOKAL Die Mailadresse weist darauf hin, wenn man sich's beim Lokalnamen nicht ohnehin gedacht hat: Fuchs und Trauben erinnern an die Äsop-Fabel von dem Fuchs, dem die Trauben zu hoch hängen, worauf er beschließt, dass ihm diese ohnehin zu sauer wären. Als Bierfreund kommt man in diese leider viel zu laute Tapas-Bar aber ohnehin nicht wegen der Trauben (bzw. des Rebsaftes), sondern wegen der vernünftigen Auswahl an Flaschenbieren – oder wegen des Hellen der Bayreuther Bierbrauerei, das es hier vom Fass gibt. Und wegen der Tapas, die halt gut zum Bier passen. 40 Plätze im Lokal, 25 im Schanigarten.

DIE BURGERMACHER

1070 Wien, Burggasse 12, +43/699/11589599
www.dieburgermacher.at
ÖFFNUNGSZEITEN Di-Fr: 17:00 bis 23:00 Uhr; Sa: 12:00 bis 23:00 Uhr; So: 12:00 bis 22:00 Uhr

Die Burgermacher

FASSBIER Obertrumer Original, wechselnde Spezialitäten von Brew Age
FLASCHENBIER Aecht Schlenkerla Rauchbier, Freistädter Pegasus, Obertrumer Bio Radler, Pinzga' Weizen Hell, Riedenburger Martha Krieger Spitzenpilsner, 20 wechselnde Bierspezialitäten
LOKAL Die Burgermacher wollen zeigen, „dass ein Burger viel mehr sein kann als ein Stück Fleisch zwischen zwei Brotscheiben. Alles was wir selbst machen können, machen wir auch selbst." Und das machen sie in dem kleinen, stets mehrmals am Abend ausreservierten Lokal auch gut. Sensationell ist aber der Flaschenkühlschrank, in dem sich stets mehr als zwei Dutzend unterschiedlicher Biere finden. Im Lokal 30 Sitzplätze.

FLATSCHERS

1070 Wien, Kaiserstraße 113-115, +43/1/5234268
www.flatschers.at
ÖFFNUNGSZEITEN Mo-So: 17:00 bis 00:00 Uhr

Flatschers

Flatschers
****** RESTAURANT UND BAR ******

FASSBIER Augustiner Edelstoff, Augustiner Hell, Der rote Bruno Roggen, Der siebente Brunnen Red Ale, Gemischtes, L4 Gaudenz Dorfer Hell, Santa Maria IPA, Saurer Radler, Zwettler Saphir Pils, Zwettler Zwickl
FLASCHENBIER Corona, ‚Die Weisse', Andechs Hefeweißbier, Obertrumer Original Zwickl, Zwettler Dunkel, Zwettler Luftikus, Zwettler Radler
LOKAL Das Flatschers hat neuerdings Biere aus der Brauerei Laurenz 4 – sie werden sogar als Beer-Flight mit vier Bieren zur Auswahl angeboten. Weiterhin gibt es aber auch das Augustiner, für das das Lokal schon bisher bekannt war. Angenehm: Wenn man sich an die Bar setzt, wird einem zunächst ein Glas Wasser angeboten, so dass man das Bier nicht schnell gegen den Durst trinken muss. 80 Sitzplätze im Lokal, 30 Plätze an der Bar.

FRENCH

1070 Wien, Kaiserstraße 121, +43/1/5223123
www.french-restaurant.at
ÖFFNUNGSZEITEN Mo-Sa: 17:00 bis 00:00 Uhr

FASSBIER L4 Der siebente Brunnen Red Ale, Die fesche Margarete Lager, Mosers Einhorn Dunkles Spezial, Gemischtes, Zwettler Saphir Pils
FLASCHENBIER Die Weisse, Zwettler Luftikus, Zwettler Radler
LOKAL Das French ist eine schöne, mit viel türkiser Farbe gestaltete Bar, die eine kleine Speisenauswahl bietet – die Moules Frites sind der belgischen Küche entlehnt, die French Rolls („besser als Burger") verleihen einen amerikanischen Touch. Und dazu gibt es vor allem Bier aus Wien, nämlich aus der Brauerei Laurenz 4. Die Bierkarte ist sehr liebevoll gestaltet, die Biere sind gut beschrieben. 50 Plätze im Lokal, 10 an der Bar.

GASTWIRTSCHAFT IM DURCHHAUS

1070 Wien, Neustiftgasse 16, +43/1/5269448
www.durchhaus.at
ÖFFNUNGSZEITEN Di-Sa: 17:00 bis 00:00 Uhr
FASSBIER Bernard Bohemian Czech Lager, Craftbier der Woche (beim Service erfragen), Piestinger Märzen, Piestinger Zwickl
FLASCHENBIER Beck's Alkoholfrei, Gutmann Hefeweizen Dunkel, Gutmann Hefeweizen Hell, Huyghe – Delirium Tremens, Schleppe No. 1 Pale Ale, Schneider Weisse Alkoholfrei, Villacher Naturradler
LOKAL Das Lokal erfüllt genau die Erwartungen, die der Name weckt: Ein Wirtshaus mit bodenständiger Küche in einem Durchhaus, das auch einen Innenhofgarten bietet. Sehr gute Bierpflege, und in einigen Gerichten wird auch Bier eingesetzt, etwa in den Blunzn-Erdäpfelknödeln mit Craftbier-Kraut. 20 Plätze an der Schank, 35 im Saal, 40 im Garten.

GLACIS BEISL

1070 Wien, Breite Gasse 4, +43/1/5265660
www.glacisbeisl.at
ÖFFNUNGSZEITEN Mo-So: 11:00 bis 2:00 Uhr
FASSBIER Glacis Hausbier (von der Mikrobrauerei Lisak aus Mähren), König Ludwig Weizenbier Hell, Schloss Eggenberg Naturtrüb (biologisch), Schloss Eggenberg Premium Lager
FLASCHENBIER Chimay Pères Trappistes Grande Réserve, Grimbergen Blond, La Chouffe Blonde, Oude Geuze Boon Black Label second edition, Schloss Eggenberg Dunkel / Radler / Freibier (alkoholfrei), UPA-Ulrich Pale Ale (Ulrich Leitner / Weingut Judith Beck)
LOKAL Wiener Gastronomieinstitution, die seit der Integration in das Museumsquartier ziemlich stylish wirkt. Unter dem Motto „Viennese with a twist" wird die kulinarische Tradition des Lokals fortgesetzt, mit einem Mix aus Klassikern der Wiener und altösterreichischen Küche. Auch die Einrichtung nimmt die Tradition eines echten Wiener Beisls auf. Dunkles Holz kombiniert mit absinthgrünen Resopaltischplatten und ein Gussterrazzo-Boden prägen den Gesamteindruck. Bemüht sich sehr um die Bierkultur – unter anderem mit kommentierten Verkostungen. Einladende Schank, Wintergarten. Extrastüberl. 165 Plätze im Lokal, 20 an der Bar, 180 im Garten.

GOLDEN HARP IRISH PUB WIEN-NEUBAU

1070 Wien, Schottenfeldgasse 3, +43/676/7161477
www.goldenharp1070.at
ÖFFNUNGSZEITEN Mo-Do: 15:00 bis 2:00 Uhr; Fr-Sa: 12:00 bis 2:00 Uhr; So: 15:00 bis 00:00 Uhr
FASSBIER Starobrno, Guinness, Hausbier, Kilkenny
FLASCHENBIER Fuller's London Pride, Heineken, Schlossgold, Brewdog Punk IPA, Edelweiss Alkoholfrei, Gösser Naturradler, Kaiser Doppelmalz, O'Hara's Irish Pale Ale, Schwechater Zwickl, Weihenstephan Hefeweisse, Wieselburger Stammbräu, Zipfer Limetten Radler
LOKAL Irish Pub „just off Mariahilfer Straße" – also ein idealer Ort, um nach dem Shoppen einzukehren. Die Stimmung ist so irisch wie in den anderen Golden Harp Pubs der Stadt, die Bedienung freundlich, das Bier gut gezapft. 50 Plätze im Lokal, 10 an der Bar.

OBEN

1070 Wien, Urban Loritzplatz 2a, +43/1/5227268
www.oben.at
ÖFFNUNGSZEITEN Mo-Fr: 10:00 bis 23:00 Uhr; Sa: 9:00 bis 23:00 Uhr; So: 10:00 bis 15:00 Uhr
FASSBIER Gratzer Bauernbräu, Weitra Hell

FLASCHENBIER Die Salzburger Weisse, Gösser Naturradler, Gratzer Hermann (Dunkles), Paulaner Hefeweizen, Weitra Hadmar Bio Bier, Beck's Alkoholfrei
LOKAL Bar am „oberen" Ende der Treppe zur Hauptbibliothek, was einen schönen Ausblick über den Gürtel in Richtung Favoriten garantiert. Freundliches Personal serviert Bier sachkundig – mittags gibt es preiswerte Menüs. 70 Sitzplätze, 14 an der Bar.

PLUTZER BRÄU

1070 Wien, Schrankgasse 2, +43/1/5261215
www.plutzerbraeu.at
ÖFFNUNGSZEITEN Mo-Sa: 11:00 bis 00:00 Uhr; So: 11:00 bis 21:00 Uhr

Plutzer Bräu

FASSBIER Velkopopovicky Kozel Premium, Velkopopovicky Kozel Dunkel, Velkopopovicky Kozel Gemischtes, Pilsner Urquell, Stiegl-Paracelsus Bio-Zwickl, Brew Age Eierbär IPA
FLASCHENBIER Franziskaner Weißbier Hell, Stiegl Goldbräu, Hadmar Bio Bier, Hirter Privat Pils, Illegal Brewing Wiener Lager, Franziskaner Weißbier Alkoholfrei, Stiegl Freibier
LOKAL Vor mehr als einem Vierteljahrhundert hat sich im Zentrum des Spittelbergviertels dieses Bierlokal etabliert, es hat etliche Face-Liftings erfahren und ist unter dem Management von Andreas Hoppel nun ein Biertempel auf der Höhe der Zeit: Das Kozel-Bier fließt aus dem Tank – in einer sonst weit und breit nicht zu findenden Qualität. Der Name dieser Szenegastronomie hat seinen Ursprung darin, dass man am Spittelberg im 18. Jahrhundert Bier in Plutzern, also großen, bauchigen Tongefäßen ausgeschenkt hat. Gebraut wurde hier allerdings nie, auch im 18. Jahrhundert kam das Bier von auswärts. Monatliche Events (Infos auf Homepage & FB) und Mietlocation für Veranstaltungen jeder Art. 450 Sitzplätze, Schanigarten: 100 Sitzplätze, 30 an der Bar.

SCHREINERS ESSEN UND WOHNEN

1070 Wien, Westbahnstraße 42, +43/1/9903783
www.schreiners.cc
ÖFFNUNGSZEITEN Di-Fr: 18:00 bis 00:00 Uhr

Schreiners Essen und Wohnen

FASSBIER Freistädter Ratsherrentrunk, Helles Haselbräu Naturtrüb
FLASCHENBIER Beck's Alkoholfrei
LOKAL Schreiners Gastwirtschaft wurde 2002 in einem typischen Biedermeierhaus eröffnet. Das Haus wurde inzwischen Schritt für Schritt renoviert und der Innenhof mit Garten revitalisiert – Kritikerkollege Florian Holzer hält ihn überhaupt für „einen der schönsten Gastgärten der Welt". Das ausgeschenkte helle Haselbräu Naturtrüb kommt aus einer kleinen Wirtshausbrauerei im südlichen Waldviertel. Ausgezeichnet mit einer Haube von Gault Millau und zwei Falstaff-Gabeln. 30 Sitzplätze in der Gaststube, 30 Sitzplätze im Garten.

SHAMROCK & THE DOGSTAR

1070 Wien, Kirchengasse 3, +43/660/2075280
www.facebook.com/shamrockandthedogstar
ÖFFNUNGSZEITEN Mo-Mi: 17:00 bis 00:00 Uhr; Do: 17:00 bis 1:00 Uhr; Fr: 17:00 bis 2:00 Uhr; Sa-So: 15:00 bis 2:00 Uhr
FASSBIER Bierleitungen, die fassweise oder immer wieder wechseln: Mikkeller Kriek7, Brewdog Punk IPA, Collabs & Thornbridge Uhudler Sour Beer, Collabs Domrep Pils, Crew Republic Drunken Sailor, Guinness Stout, Kaltenhauser Kellerbier, Mikkeller Hoppy X-MAS, Murphy's Red, Oharas Stout, Puntigamer Panther, Shamrock House Lager, Starobrno Pils, Thornbridge Cocoa Wonderland, Thornbridge Colorado Red, Thornbridge Vienna, Bevog Rudeen Black IPA
FLASCHENBIER Zwischen 60 und 80 Flaschenbiere, wobei davon 20 bis 40 Biere immer wieder wechseln, unterschiedlichste Bierstile von folgenden Brauereien: Beavertown, Bevog, Bierol, Bierra del Borgo, Brewdog, Brooklyn Brewery, Brusseler, Crew Republic, De Molen, Evil Twin, Fuller's, Hollows, Loncium, MAD, Mikkeller, Napar, Newcastle, Riedenburger, Riegele, Rogue, Sierra Nevada, Thornbridge, Tiny Rebel, ToOl; Ayinger Helles, Augustiner Helles, Gutmann Hefeweizen

Dunkel, Gutmann Hefeweizen Hell, Huyghe Delirium Tremens
LOKAL Im vorderen Bereich ein gemütliches Irish Pub, in den letzten Jahren mehr und mehr eine Craftbier Location mit stets wechselndem Angebot. Die hintere Bar bietet eine attraktive Auswahl an Fassbieren kleiner Brauereien – vom österreichischen Collabs bis zu selten zu findenden Spezialitäten aus den USA. Zudem eine gut sortierte, ebenfalls immer wieder wechselnde Selektion an Flaschenbieren. 5 Flatscreens für Fußballübertragungen, Sky Sportsbar. Sehr freundliche und bierkundige Leute hinter der Bar. Ca. 55 Sitzplätze, 20 weitere an zwei Bars.

SHEBEEN

1070 Wien, Lerchenfelder Straße 45, +43/1/5247900
www.shebeen.at
ÖFFNUNGSZEITEN Mo-Fr: 17:00 bis 4:00 Uhr; Sa: 11:00 bis 4:00 Uhr; So: 12:00 bis 2:00 Uhr
FASSBIER Guinness, Heineken, Raschhofer Zwickl, Reininghaus Jahrgangspils, Stiegl Columbus 1492 Pale Ale, Stiegl Gold Spezial, Stiegl-Weisse, Wieselburger, Kilkenny, Starobrno
FLASCHENBIER Corona, Crew Republic Foundation 11, Fuller's London Pride, Gösser Naturgold, Grolsch, Newcastle Brown Ale, O'Hara's IPA, Tegernseer Helles, Weihenstephan Hefeweisse
LOKAL Dieses Lokal prägt die Wiener Pubszene seit mehreren Jahrzehnten. Sein Name stammt aus Südafrika: Shebeen bezeichnet dort einfache Lokale der einheimischen Bevölkerung. Die Umgangssprache ist hier vorwiegend Englisch. Die Biere sind entsprechend international, ebenso die Küche, die einen stark amerikanischen Einschlag hat (sonntags Brunch). Die Musik (Weltmusik, Ska, Pop) ist etwas laut – dafür gibt es einen zusätzlichen Partykeller. Gratis-WLAN. 90 Plätze, Bar: 20, Garten im Innenhof: 60 Plätze.

SIEBENSTERN-BRÄU

1070 Wien, Siebensterngasse 19, +43/1/5238697
www.7stern.at
ÖFFNUNGSZEITEN Mo-So: 11:00 bis 00:00 Uhr
FASSBIER 7Stern Wiener Helles, Bockbiere & Pale Ale, Chili-Bier, Hanfbier, Märzen, Prager Dunkles, Weizenbier Hell, ein Saisonbier
FLASCHENBIER Die Biere sind auch über die Gasse erhältlich
LOKAL Das erste Brewpub Österreichs, das international Maßstäbe setzen konnte – und daher auch laufend in internationalen Medien (etwa „Il Mondo della Birra") erwähnt. Hier wird Bierkultur zelebriert! Eine beeindruckende Presseschau hängt im Eingangsbereich. Mit dem Pale Ale wurde 1999 die wichtigste Gasthausbrauerei-Innovation geschaffen,

das hat die Bierkultur in Wien auf den amerikanischen Geschmack eingestimmt. 2003 hat das India Pale Ale einen neuen Meilenstein gesetzt, der amerikanische Bierjournalist Horst Dornbusch bezeichnete es als besser als alle IPAs von New England. Seit 2005 mit einem neuen Rezept noch interessanter – dieses Bier wird immer wieder als Monatsbier angeboten und zeigt den Weg zu einer modernen Bierkultur in einem traditionellen Umfeld auf. Der Rauchbock von 2004 war ein weiterer Höhepunkt, der ab und zu wieder auf die Karte gesetzt wird. Für den Verkauf über die Gasse gibt es einen Verkaufsautomaten mit 0,5l pfandfrei. 250 Plätze, Garten: 160 Plätze, 30 an der Bar.

THE DUKE PUB

1070 Wien, Burggasse 17, +43/1/9900232
www.dukepub.at
ÖFFNUNGSZEITEN Mo-Fr: 17:00 bis 2:00 Uhr; Sa-So: 15:00 bis 2:00 Uhr
FASSBIER Duke's Lager (Velkopopovický Kozel), ein Spezialbier, Guinness, Kilkenny, Ottakringer Rotes Zwickl, Pilsner Urquell
FLASCHENBIER Augustiner, Beck's Alkoholfrei, Beck's Green Lemon, Corona, Franziskaner Hefeweizen, Fuller's London Pride, Gösser Naturradler, Grolsch, Heineken, Hirter Pils, Newcastle Brown Ale, Tegernseer, Velkopopovický Kozel Dunkel
LOKAL Die gemütliche Pub-Atmosphäre allein wäre noch kein Grund zum Feiern. In Kombination mit den angebotenen Getränken bietet ein Besuch jedoch Grund zu großer Freude. Dazu Whiskys ohne Zahl, genossen fachsimpelnderweise am besten direkt an der Bar, während in den allgegenwärtigen 4 Flach-TVs Premiere Sport flimmert. Zum Genuss gibt es Chicken Wings, Cheeseburger und Duke-Toast. 100 Sitzplätze im Lokal.

8. BEZIRK

Achtungzwanzig Taproom

ACHTUNDZWANZIG TAPROOM

1080 Wien, Schlösselgasse 28, +43/699/17195813
achtundzwanzig.business.site
ÖFFNUNGSZEITEN Mo-Do: 16:00 bis 1:00 Uhr; Fr: 16:00 bis 2:00 Uhr; Sa: 19:00 bis 2:00 Uhr
FASSBIER BrewAge Alphatier New England IPA, BrewAge Bienenstich Honigbock, BrewAge Chicxulub Nitro Oatmeal Stout, BrewAge Dunkle Materie IPA, BrewAge Helles, BrewAge Hopfenauflauf Pale Ale
FLASCHENBIER BrewAge Vollsortiment
LOKAL Das „8undzwanzig" (wie es auf der Karte geschrieben wird) ist als Bar schon viele Jahre auf Nummer 28 der Schlösslgasse etabliert, seit 2020 fungiert es als Taproom von BrewAge. Gleich hinter der Tür grüßt die überdimensionale Figur des Affenkönig – das gleichnamige Bier war bei unserem Besuch allerdings nicht am Hahn. Gezapft werden regelmäßig saisonale Biere und limitierte Auflagen sowie Gastbiere befreundeter Brauer. Für alle, die es gerne smooth mögen, wurde eine Nitro Leitung installiert. Und weil BrewAge eine so breite Bierpalette hat, wird auf die lange Flaschenbierliste verwiesen – da sind die diversen Holz- und Fassknacker ebenso wie der Affenkönig zu finden. 20 Plätze im Lokal, acht an der Bar.

AVALON KULTUR

1080 Wien, Pfeilgasse 27, +43/1/9425365
www.avalonkultur.at
ÖFFNUNGSZEITEN Mo-Fr: 17:00 bis 2:00 Uhr; Sa: 18:00 bis 2:00 Uhr
FASSBIER Schremser Premium, Schremser Zwickl, Weitra ,das Helle', Radler, Bier der Saison
FLASCHENBIER BrauSchneider IPA, Brauwerk Session IPA, Gutmann Hefeweizen Dunkel, Gutmann Hefeweizen Hell, Hadmar Bio Bier, Polkadot „We can brew it", Schremser Doppelmalz, Tegernseer Hell, Zwettler Dunkles, Zwettler Export Lager, Zwettler Luftikus Alkoholfrei
LOKAL Ein Eckbeisl – viele Jahrzehnte als „Zum Oid-Wiener" und dann als „Waldviertler Eck" bekannt – mit neuem Schwung. Es gibt immer noch Waldviertler Bier und auch Waldviertler Speisen in den schön gestalteten Gasträumen: Die Lamperie zeigt Jugendstil-Muster, alte Schautafeln könnten aus einer Waldviertler Dorfschule stammen. Das nun als „Kunst- und Genusslokal Avalon" firmierende Gasthaus, in dem der Waldviertler Kulturverein Avalon seit 2014 immer wieder kleine Konzerte, Lesungen und Verkostungen veranstaltet, strahlt eine besondere Heimeligkeit aus und bringt immer wieder Biere aus kleinen Brauereien (Schnaitl, Next Level, Brauschneider, 100 Blumen etc.) an den Zapfhahn. Zwei- bis dreimal im Monat gibt es auch ein Pubquiz. Sympathisch: es liegen Zeitungen und Magazine auf, es gibt diverse Spiele und ein Bücherregal zum Büchertausch. 50 Plätze im Lokal, sechs an der Bar, 50 im Schanigarten.

BLAUENSTEINER – ZUR STADT PARIS

1080 Wien, Josefstädter Straße 4, +43/1/4051467
gastwirtschaft-blauensteiner.eatbu.com
ÖFFNUNGSZEITEN Mo-So: 11:00 bis 23:30 Uhr
FASSBIER Hubertus Keltenbier, Hubertus Lager Classic, Hubertus Pils
FLASCHENBIER Beck's Blue, Die Weisse Salzburg, Hubertus Radler
LOKAL In diesem Eckhaus war schon immer ein Wirtshaus, früher sogar mit eigener Fleischerei – die Bezeichnung „Zur Stadt Paris" bekam es von Franz Blauensteiner in den 1950er-Jahren. Der damalige Wirt hatte im Krieg in Frankreich gedient und wollte mit dem Lokal einen Gegenpol zu

den damals verschlafenen Beiseln des Bezirks setzen. Eine kleine Schank und ein paar einfache Tische in zwei Räumen – hier wird hervorragende Wiener Küche serviert (das Wiener Schnitzel ist ebenso empfehlenswert wie das Herz). Leise Hintergrundmusik aus den 70er-Jahren. 40 Plätze.

CENTIMETER BEIM RATHAUS

1080 Wien, Lenaugasse 11, +43/1/470060641
www.centimeter.at
ÖFFNUNGSZEITEN Mo-Do: 8:30 bis 00:00 Uhr; Fr-Sa: 8:30 bis 1:00 Uhr; So: 8:30 bis 00:00 Uhr
FASSBIER Centimeter Hausbier (von Stiegl), Budweiser Budvar, Hofbräuhaus Traunstein dunkel, Mischbier, Murauer Steirergold, Ottakringer Zwickl, Paulaner Weißbier, Saurer Radler, Bockbier, Herbstbier
FLASCHENBIER Brauwerk Blond, Brew Age Affenkönig IPA, Corona extra, Golser Helles (Bügelflasche), Guinness (Dose), Hadmar Bio Bier, Hirter Märzen, La Chouffe, Ottakringer Helles, Puntigamer, Schneider Leichte Weisse, Schneider Weisse Hell, Schneider Weisse Original, Stiegl Goldbräu, Stiegl Grapefruitradler, Stiegl-Freibier, Trumer Pils, Wieselburger Gold
LOKAL Das älteste und erste Centimeter – ein Klassiker des Altwiener Grätzels hinter dem Rathaus und in unmittelbarer Nachbarschaft des Kabarett Niedermair: Große, zentrale Bar. Centimeterbrote, die den Lokalnamen prägen, werden von einem jungen, vorwiegend studentischen Publikum verzehrt. Im Sommer findet man einen gemütlichen Gastgarten. 120 Plätze + 20 Barplätze im Erdgeschoß, 145 im Kellergeschoss, im Gastgarten 35 Plätze, im Juli und August zusätzliche 30 Plätze.

CHELSEA MUSICPLACE

1080 Wien, Lerchenfelder Gürtel / U-Bahnbögen 29-30
+43/1/4079309
www.chelsea.co.at
ÖFFNUNGSZEITEN Mo-Sa: 18:00 bis 4:00 Uhr; So: 16:00 bis 3:00 Uhr

Chelsea Musicplace

FASSBIER Gösser Märzen, Guinness, Zipfer Urtyp
FLASCHENBIER Corona Extra, Gösser Naturgold, Bombardier ES Bitter, Crew Republic Drunken Sailor, Desperados, Fuller's London Porter, Grolsch, Heineken, O'Hara's Irish Red, Tegernseer Hell, Weihenstephan Hefeweisse, Wieselburger Gold
LOKAL Seit Mitte der Neunzigerjahre existiert mitten am Gürtel (Höhe Pfeilgasse) diese Institution der Wiener Rock-Konzertszene, die in letzter Zeit das Craftbier-Angebot deutlich ausgeweitet hat. Das Chelsea besteht aus vier U-Bahnbögen, wobei zwei Bögen als Konzertraum und zwei als Clubraum genützt werden. Im Sommer ist auch ein Schanigarten angegliedert. In den Konzerträumen finden etwa 250 Besucher Platz, bei den Wochenend-Dj-Partys circa 400 Gäste. Bei diesen Events gibt es auch einen Dancefloor. Happy Hour sonntags 16:00 – 17:00 Uhr. 250 Stehplätze im Lokal, 200 Plätze im Schanigarten.

DAS LANGE PUB UND BEISL

1080 Wien, Lange Gasse 29, +43/1/4085141
www.daslange.at
ÖFFNUNGSZEITEN Mo-Sa: 18:00 bis 2:00 Uhr; So: 18:00 bis 00:00 Uhr

Das Lange Pub und Beisl

FASSBIER Mohren Pilsner, Panther Vollbier
FLASCHENBIER Clausthaler, Gösser Märzen, Guinness, Ottakringer Dunkel, Schneider Weisse, Schwechater Zwickl, Zipfer Drei
LOKAL In der Lange Gasse 29 steht ein Haus, das Ödön von Horvath in „Geschichten aus dem Wienerwald" als Kulisse für seine stille Straße im achten Bezirk diente, und seit mehr als 40 Jahren ist das Lange an dieser Adresse als Lokal für Studenten, Künstler und Intellektuelle, Arbeiter, Angestellte jeden Alters offen – soweit sie die mangelnde Lüftung ertragen. Jeden Dienstag ab 18:00 Uhr wird im Lange ein speziełles Fass Bier angeschlagen. Zum Spezialbier gibt es noch Schmankerln aus der Küche.

DAS TORBERG

1080 Wien, Strozzigasse 47, +43/1/9563479
www.dastorberg.at
ÖFFNUNGSZEITEN Mi-Sa: 17:00 bis 3:00 Uhr
FASSBIER Hofbräuhaus Traunstein Helles, Hofbräuhaus Traunstein Pils
FLASCHENBIER Hofbräuhaus Traunstein alkoholfreies Weizen, Hofbräuhaus Traunstein Dunkles, Hofbräuhaus Traunstein Weizen

LOKAL Kleine, gemütliche Bierbar, die sich rühmt, „Europas bestes Bier" auszuschenken – Helles und Pils vom Hofbräu Traunstein haben mehrere DLG-Medaillen und 2009 auch den European Beer Star in ihrer Kategorie gewonnen. Zum Bier gibt es Brezel und Wurzelspeck – leicht durchzogenes, kräftig gewürztes Gustostückerl, sehr mürb und deftig im Biss – kräftig im (Knoblauch-)Geschmack. Ständig werden verschiedene Brettspiele vorrätig gehalten. Über 600 Sorten Gin und verschiedene Tonics. 70 Plätze im Lokal.

Das Torberg

DIE WÄSCHEREI

1080 Wien, Albertgasse 49, +43/1/409237511
www.die-waescherei.wien
ÖFFNUNGSZEITEN Mo-Do: 17:00 bis 1:00 Uhr; Fr: 17:00 bis 2:00 Uhr; Sa: 9:00 bis 2:00 Uhr; So: 9:00 bis 00:00 Uhr
FASSBIER Paulaner Münchner Hell, Schwechater Zwickl, Starobrno, Trumer Pils, Gösser Naturradler
FLASCHENBIER Augustiner Edelstoff, Beck's Blue Alkoholfrei, Corona extra, Die Weisse Hell, Paulaner Hefeweißbier Dunkel, Tegernseer Hell
LOKAL Trendiges, und auch nach vielen Jahren immer noch originell wirkendes Bierlokal mit Ethno-Küche, Brunch am Wochenende und direktem Draht zur Weißbierbrauerei von Hans Georg Gmachl in Salzburg. Happy Hour täglich von 18:00 bis 20:00 Uhr. 130 Plätze, 30 an der Bar, Terrasse: 80 Plätze.

FROMME HELENE

1080 Wien, Josefstädter Straße 15, Ecke Lange Gasse 33 +43/1/4069144
www.frommehelene.at
ÖFFNUNGSZEITEN Mo-So: 11:00 bis 00:00 Uhr
FASSBIER Kaiser Doppelmalz, Radler, Starobrno, Helenenbräu (Ottakringer Rotes Zwickl), Ottakringer Goldfassl Pils, Puntigamer ‚das Bierige', Schladminger Bio Zwickl, Schwechater Orig. Wiener Lager, Weihenstephaner Hefetrüb
FLASCHENBIER Hofbräu Kaltenhausen, Gösser Naturgold, Null Komma Josef, Weihenstephaner Alkoholfreies Weizen
LOKAL Seit fast 50 Jahren besticht das gemütliche Restaurant mit Wiener und internationaler Küche. Vogelkeller (Gewölbekeller aus dem 18. Jahrhundert) und ruhigem Biedermeier-Gastgarten im Innenhof, jeweils für 70 bis 80 Gäste.

GÜRTELBRÄU

1080 Wien, Lerchenfelder Gürtel 24, +43/1/4024195
www.guertelbraeu.at
ÖFFNUNGSZEITEN Mo-Do: 11:30 bis 2:00 Uhr; Fr: 11:30 bis 3:00 Uhr; Sa: 18:00 bis 3:00 Uhr; So: 18:00 bis 00:00 Uhr
FASSBIER Schneider Weisse, Ottakringer Helles, Ottakringer Rotes Zwickl, Tegernseer Hell, Weitraer Hell
FLASCHENBIER Corona Extra, Hadmar Bio Bier, Murauer Märzen, Null Komma Josef
LOKAL Zwei Stadtbahnbögen, eine kleine Bierbar mit viel Holz und Kupfer und nettes Personal mit ausgeprägter Bierkompetenz – das sorgt für eine interessante bierige Stimmung, die ein wenig an vergleichbare Lokale unter den Berliner Stadtbahnbögen erinnert. Die Bierauswahl ist von Ottakringer geprägt, es gibt aber auch Weitraer und Tegernseer. Dazu passende bierige Speisen, die in einer Art „Indoor-Biergarten" unter einem großen Baum serviert werden. Etwas laute Musik (speziell an Freitagen, da gibt's alles von Oldies bis Hüttengaudi), aber an Stimmung und Bier gibt's nichts zu meckern. Und zweimal am Tag gibt's sogar eine Happy Hour – von 15:00 bis 17:00 Uhr gibts Ottakringer zum halben Preis, von 18:00 bis 18:30 Uhr gibts dann ganze Brote zum halben Preis. Ca. 80 Plätze, 50 an der Bar, 80 Plätze im Garten am Außengürtel.

HEIDENKUMMER

1080 Wien, Breitenfelder Gasse 18, +43/1/4059163
heidenkummer.at
ÖFFNUNGSZEITEN Mo-Fr: 10:00 bis 00:00 Uhr; So: 11:00 bis 22:00 Uhr

Heidenkummer

FASSBIER Gösser Märzen, Piestinger Schneeberglandbier, Reininghaus Jahrgangspils, Schleppe Hausbier
FLASCHENBIER Die Weisse Salzburg, Gösser Märzen, Gösser Naturradler, Gösser Stiftsbräu Dunkel, Original Budweiser, Schleppe No. 1, Gösser Naturgold, Die Weisse Alkoholfrei
LOKAL Die seit drei Generationen von derselben Familie geführte Eckkneipe Heidenkummer zeichnet sich durch gemütliche Gestaltung in dunklem Holz und die Dekoration mit viel Kunst aus. Auch gibt es eine kleine Sammlung von Bierkrügen und über der Theke hängen auch ein paar alte Bierwerbe-Tafeln. Neben einem täglich wechselnden Mittagsmenü gibt es eine Karte mit Wirtshausklassikern und eine ausführliche Tageskarte. 85 Plätze im Lokal, 25 im Schanigarten davor.

MILES SMILES JAZZ CAFÉ

1080 Wien, Langegasse 51, +43/1/4059517
www.miles-smiles.at
ÖFFNUNGSZEITEN Mo-Do: 20:00 bis 2:00 Uhr; Fr-Sa: 20:00 bis 4:00 Uhr; So: 20:00 bis 2:00 Uhr
FASSBIER Zwettler Pils
FLASCHENBIER Guinness (Dose), Hadmar Bio Bier, Hirter Morchl, Jever Pilsner, Raschhofer Zwickl, Schneider Aventinus, Schneider Weisse Original, Zwettler Saphir Premium Pils
LOKAL Das Miles Smiles gibt es seit 1981 für ein sehr gemischtes Publikum von Menschen, die Jazzmusik und gepflegtes Bier schätzen. Angenehm schummerige Atmosphäre. 38 Sitzplätze im Lokal, 10 Plätze an der Bar, 16 Plätze im Garten.

NACHBAR

1080 Wien, Laudongasse 8, +43/1/4063303
www.nachbar.co.at
ÖFFNUNGSZEITEN Mo-Do: 18:00 bis 2:00 Uhr; Fr-Sa: 18:00 bis 4:00 Uhr
FASSBIER HB Altbayrisch, HB Helles, HB Traunstein Weißbier Dunkel, Murauer Märzen, Schwechater Zwickl, Starobrno, Gösser Naturradler
FLASCHENBIER Corona, Die Salzburger Weisse, Die Weisse Hell glutenfrei, Franziskaner Alkoholfreies Weißbier, HB Weisse, Murauer Märzen, Weihenstephaner, Wieselburger Stammbräu
LOKAL Jürgen Ritzer von der benachbarten USW-Bar hat das ehemalige Kolar 3 im Jahr 2010 übernommen – und es dementsprechend in NachBar umbenannt. Geboten werden Pizzen und Pitas aus dem Holzofen, diverse Burger, Live Fußball auf zwei Leinwänden und Veranstaltungsräumlichkeiten auf zwei Etagen.

POLKADOT

1080 Wien, Albertgasse 12, +43/1/4074125
www.polkadot.at
ÖFFNUNGSZEITEN Mo-Do: 19:00 bis 2:00 Uhr; Fr-Sa: 20:00 bis 4:00 Uhr
FASSBIER Hirter Pils, Ottakringer Rotes Zwickl, Zipfer Märzen, eine wechselnde Bierspezialität
FLASCHENBIER etwa zwei Dutzend, beispielsweise: Schremser Vienna I.P., Tegernseer Spezial, Alefried Schlawiner Pale Ale, Astra Rotlicht, Brauwerk Session IPA, Brew Age Hopfenauflauf, Crew Republic Drunken Sailor, Duvel, Franziskaner Weisse etc.
LOKAL Polkadots sind die Bezeichnung für ein Muster aus einfarbiger Fläche und darauf (regelmäßig) angeordneten Punkten in einer anderen Farbe. Seit Herbst 2014 wurde dieses populäre Studentenlokal in der Albertgasse zu einer „Alternative Music Bar for Students, Travelers and Awesome People" umgestaltet. Viele Parties – und dem Trend der Zeit entsprechend auch viel Craftbier. Eine der Bierleitungen wird ständig mit aktuellem Bier bespielt – etwa dem eigenen Polkadot-Bier, das im Ottakringer Brauwerk eingebraut wurde und vom Bierguide 2017 zu den Bierinnovationen des Jahres gezählt wurde. Ca. 80 Sitzplätze und 30 Stehplätze im Lokal.

PRINZ FERDINAND

1080 Wien, Bennoplatz 2, +43/1/4029417
www.prinzferdinand.at
ÖFFNUNGSZEITEN Mo-Sa: 11:30 bis 23:30 Uhr; So: 11:30 bis 23:00 Uhr
FASSBIER Schremser Premium, Schremser Zwickl
FLASCHENBIER Die Weisse, Engelszell Benno Trappistenbier, Freistädter Junghopfenpils, Schremser Doppelmalz, Schremser Vienna I.P., Tegernsee Hell, Beck's Alkoholfrei
LOKAL Ein „Edelbeisel" in einem reizenden Biedermeierhaus, mit Wohnzimmeratmosphäre in den drei Bierstüberln und einem stimmungsvollen Gastgarten – von der FAZ unter die besten Beiseln der Welt gereiht. Variationsreiche Speisekarte. 80 Sitzplätze im Lokal und 70 Sitzplätze im Garten.

THE LONG HALL

1080 Wien, Florianigasse 2, +43/1/2951080
thelonghall.at
ÖFFNUNGSZEITEN Mo-Do: 9:00 bis 00:00 Uhr; Fr-Sa: 9:00 bis 2:00 Uhr; So: 9:00 bis 00:00 Uhr

The long Hall

FASSBIER Hoegaarden, Leffe Blonde, Radler, Brew Age Hopfenauflauf Pale Ale, ein Monatsbier, Franziskaner Weißbier, Guinness, Kilkenny, Ottakringer Rotes Zwickl, Pilsner Urquell, Velkopopovicky Kozel (Tank), Velkopopovicky Kozel Dunkel
FLASCHENBIER Corona, Augustiner Edelstoff, Augustiner Hell, Desperados, Franziskaner Alkoholfrei, Tegernseer Hell
LOKAL Im ehemaligen „Adam", das zwischendurch als „Hofbräu beim Rathaus" geführt worden war, ist 2019 mit „The Long Hall" ein „International" Pub eingezogen – wobei es hier nicht nur die irischen Klassiker aus dem Hause Diageo gibt, sondern auch das tschechische Kozel aus Großpopowitz als Tankbier und die belgischen Biere Leffe und Hoegaarden von AB-Inbev. Karl Burke hat das Lokal nach einer seiner Lieblingsbars in Dublin benannt – wegen der langen Bar ist der Name auch quasi aufgelegt. Die Dekoration ist zwar an den internationalen Anspruch angepasst, es finden sich aber liebenswerte Erinnerungsstücke an den Adam und auch noch der Bierkrug-Tresor vom Hofbräuhaus prominent platziert. Das Personal ist freundlich, bierkundig und englischsprachig. 250 Plätze im Lokal, 200 im Gastgarten.

U.S.W. – BEISL UND MEHR

1080 Wien, Laudongasse 10, +43/699/17151384
www.uswbeisl.com
ÖFFNUNGSZEITEN Mo-Do: 18:00 bis 2:00 Uhr; Fr-Sa: 18:00 bis 4:00 Uhr; So: 18:00 bis 2:00 Uhr
FASSBIER Tiger Bräu, Velkepopovicky Kozel Hell, Zwettler Dunkles, Zwettler Original, Zwettler Zwickl
FLASCHENBIER Corona, Die Weisse Hell glutenfrei, Franziskaner Alkoholfrei, Hirter Privat Pils, Stiegl, Weihenstephaner Hefeweißbier, Weitra Bräu, Zwettler Radler, Clausthaler
LOKAL Seit 1980 eine Institution des 8. Bezirks, das Wohnzimmer von Künstlern, Intellektuellen, Originalen. Regelmäßig Veranstaltungen, Konzerte, Kabarett, Lesungen, jeden Mittwoch Quizabend, jeden Sonntagabend eine spezielle Speise gratis, Hausmannskost, Fladen, wechselnde Gerichte, großer Partyraum für geschlossene Gesellschaften, Buffet, Catering, technisches Equipment (2 Sony-Videobeamer, 2 Leinwände, Mikrofon, 16-Kanal-Powermischpult, Boxen, Musikanlage), Couch, Bühne. 100 Sitzplätze, 40 an der Bar, 40 im Garten.

VERDE 1080

1080 Wien, Josefstädter Straße 27, +43/1/4051329
www.verde1080.at
ÖFFNUNGSZEITEN Mo-Fr: 11:00 bis 18:00 Uhr

Verde 1080

VERDE 1080

FASSBIER Leffe Ruby, Blonde, Rituel, Royal, Löwenbräu, Franziskaner Weißbier wechselnd
FLASCHENBIER Eggenberger Hopfenkönig, je nach saisonaler Verfügbarkeit, Mc Chouffe, Nixe Extra Dry, Spezialabfüllungen in Sondergrößen, Trois Fourquets Lupulus... u.a., Gusswerk Triple A
LOKAL Ursprünglich eine Greisslerei, das Bierangebot aber gehört zum Besten, was Wien zu bieten hat – es reicht vom leicht zu trinkenden Nixe Extra Dry bis zu schweren Kalibern aus Belgien. Und weil Stefan Kreidl auch ein kreativer Koch ist, gibt es in dem winzigen Lokal einen hervorragenden Mittagstisch – wobei einige Speisen mit belgischem Bier verfeinert werden. Für den kleinen Hunger werden Burger serviert. Es gibt eine sehr umfangreiche Auswahl an Flaschenbieren aus Österreich, Belgien und Großbritannien und Bierzapfgarnituren für Parties zum Ausleihen. Für die enorme Bierauswahl, die man bei Verkostungen probieren kann, wurde das Lokal 2013 auch als Wiener Bierlokal des Jahres ausgezeichnet.

9. BEZIRK

Beaver Brewing Company

BEAVER BREWING COMPANY

1090 Wien, Liechtensteinstraße 69, +43/677/61012253
www.beaverbrewing.at
ÖFFNUNGSZEITEN Mo-Do: 16:00 bis 00:00 Uhr; Fr-Sa: 12:00 bis 1:00 Uhr; So: 12:00 bis 22:00 Uhr
FASSBIER IPA's, Lager, Pale Ale, Pils, Stouts
FLASCHENBIER Braumanufaktur Schalken, BrauSchneider, Brew Age, Collabs Brewery, Der Belgier, Next Level Brewing
LOKAL Ende 2015 eröffnetes Brewpub, das einem alten Gastronomiebetrieb – erwähnt in Doderers Strudlhofstiege, dann lange Zeit als Chinese geführt – frisches, amerikanisch angehauchtes Leben gegeben hat. Kleine zentrale Bar, an der es auch gute Beratung zu den Bieren gibt. Diese kommen großteils aus der eigenen Brauerei im Keller, einige von anderen Craft Brauern. Man kann auch aus kleinen Tastern kosten, was gerade im Angebot ist. Und: Spektakulär ist der Infusion Tower, der es ermöglicht, den Bieren noch einmal zusätzliches intensiveres Aroma zu verpassen. Zum Beispiel ein Porter mit frisch gerösteten Kaffeebohnen, ein IPA mit frisch geschnittenen Grapefruitscheiben oder ein Lager mit Zitronenmelisse & Zitronenzeste. Das Essen dazu ist herzhaft mit einer Auswahl an typisch amerikanischen Gerichten. Abends kann es hier richtig voll werden, da kommen viele amerikanische Ex-Pats. Wer zum Bierkosten kommen will, ist am Nachmittag sicher besser bedient. Interessantes Gastbierangebot – vom hellen hopfigen Lager bis zum hochprozentigen

fassgereiften Barleywine ist alles dabei. Und am Wochenende ist früher geöffnet für ein amerikanisches Frühstück mit Pancakes, Waffles, Scrambled Eggs und was das Herz sonst noch begehrt. 80 Plätze im Lokal, 15 an der Bar.

BIERHEURIGER ZUM GANGL

1090 Wien, Alser Straße 4, Hof 1, +43/1/4091994
www.gangl.at
ÖFFNUNGSZEITEN Mo-Fr: 9:00 bis 00:00 Uhr; Sa-So: 11:00 bis 00:00 Uhr

Bierheuriger Zum Gangl

FASSBIER Weitra Märzen, Zwettler Dunkles, Zwettler Gemischtes, Zwettler Pils, Zwettler Radler, Zwettler Zwickl
FLASCHENBIER Edelweiss, Gösser Naturgold, Hadmar Bio Bier, Wieselburger Stammbräu
LOKAL Biertreff im Alten AKH, der auch größere Gruppen flink und kompetent bedient – sowohl was die Auswahl gepflegt gezapfter Biere, als auch was die Qualität der Speisen betrifft. 250 Sitzplätze im Lokal, Galerie (für Feiern) 100 Sitzplätze, 500 im Gastgarten.

CAFÉ LASSA

1090 Wien, Thurngasse 19, +43/676/9637795
www.cafelassa.at
ÖFFNUNGSZEITEN Di-Sa: 18:00 bis 1:00 Uhr
FASSBIER 100 Blumen Bier, 3 Wechselleitungen
FLASCHENBIER 100 Blumen, Alefried, Bierol, Brauküche 35, Braumanufaktur Schalken, BrauSchneider Pilsner, Brew Age, Der Belgier, Gallier Bräu (Landegg), Hopfenspinnerei, Next Level Brewing, Rodauner
LOKAL Café Lassa ist ein 2013 eröffnetes kleines Craftbier Pub mit einer großen Bierauswahl vor allem österreichischer Mikro-Brauereien. Es wird eng mit den Brauereien zusammengearbeitet, alles unter dem Motto „think global, drink local". Jeden Donnerstag findet um 20:00 Uhr eine „Think&Drink-Quiznight" statt. Jeweils am ersten Freitag im Monat gibt es einen Belgier-Stammtisch, an dem Raf, der Brauer von „Der Belgier", Belgier und Wiener zusammenbringt. 25 Sitzplätze im Lokal.

CHARLIE P'S PUB & KITCHEN

1090 Wien, Währinger Straße 3, +43/1/4097923
www.charlieps.at
ÖFFNUNGSZEITEN Mo-Do: 15:00 bis 2:00 Uhr; Fr: 15:00 bis 3:00 Uhr; Sa: 12:00 bis 3:00 Uhr; So: 12:00 bis 1:00 Uhr
FASSBIER Hoegaarden, Leffe Blonde, ‚Madra Rua' Nitro Red Ale – exklusiv für Charlie P's von der Brauerei Gusswerk gebraut, Brauwerk ‚Hellberry' Red IPA, Brauwerk Sun Beam Blonde, Budweiser Budvar, Eugen ‚Belgian Ale', Guinness, Ottakringer Helles, Ottakringer Rotes Zwickl, Ottakringer Wiener Original, Ottakringer Zwickl, O'Hara's IPA, Paulaner Hefeweisse
FLASCHENBIER Corona, Augustiner Edelstoff, Augustiner Helles, BrauSchneider IPA, Brauwerk Big Easy IPA, Brauwerk Native Tongue, Duvel Moortgart, Einstök White Ale, Franziskaner Dunkel, Franziskaner Royal, Franziskaner Weißbier, Guinness Hop House 13, Gusswerk Nicobar IPA, Leffe Brune, Leffe Royale, Lindemans Kriek, Ottakringer ‚Kultur-Reparatur-Seidl', Schleppe No. 1 Pale Ale, Spaten Hell, Stella Artois, Tegernseer Hell, Westmalle Dubbel
LOKAL Dieses Pub ist eine Wiener Institution, die einfach nicht sterben durfte. Als der bisherige Betreiber im Sommer 2019 Pleite gegangen ist, ist daher die Ottakringer Brauerei eingesprungen und hat das Charlie P's gerettet. Kurz danach wurde es mit geändertem Angebot wieder eröffnet – es erfreut sich nach wie vor großer Beliebtheit beim studentischen Publikum.

FLADEREI BERGGASSE

1090 Wien, Berggasse 12, +43/1/3100243
www.fladerei.com
ÖFFNUNGSZEITEN Mo-Do: 11:00 bis 00:00 Uhr; Fr: 11:00 bis 1:00 Uhr; Sa: 12:00 bis 1:00 Uhr; So: 17:00 bis 22:00 Uhr
FASSBIER Hausbier, Pils, Dunkles, Edelweiss Weizenbier, Radler mit Almdudler, Schladminger Märzen, Starobrno, Zwickl
FLASCHENBIER Augustiner Hell, Aventinus Weizenbock, Gösser Naturgold, Gösser Naturradler, Hirter Privat Pils, Paulaner Hefeweißbier, Schneider Weisse, Tegernseer Hell, Weihenstephaner Hefeweißbier, Wieselburger Stammbräu (Bügelflasche)
LOKAL Auch in dieser Fladerei-Location gibt es Fast Food at it's best: Hier hat man sich auf die gefüllten Brotteig-Taschen konzentriert. Diese passen sehr gut zum Bier, werden jeden Tag in anderen Varianten angeboten und sind preis-

wert, was den Studenten an den nahe gelegenen Universitätseinrichtungen gerade recht kommt. Das Hausbier-Zwickl erweist sich als Schwechater Zwickl, seltsamerweise wird es im Weizenbierglas kredenzt, was dem Geschmack aber keinen Abbruch tut. 75 Plätze im Lokal, 8 an der Bar.

GRU KLUB

1090 Wien, Rögergasse Ecke / Stroheckgasse, +43/650/7613168
gruklub.at
ÖFFNUNGSZEITEN Mi-Do: 18:00 bis 2:00 Uhr; Fr-Sa: 20:00 bis 4:00 Uhr
FASSBIER Das aktuelle Craftbier vom Fass ist an der Theke angegeben, Weitra Hell
FLASCHENBIER mehrere Dutzend gut gewählter Spezialitäten, etwa: Camba Bavaria Ei Pi Ai, Gallier – Hildegonde, Giesinger Lemondrop Triple, Martha Krieger Pils, Der Belgier Saison, Bierol The Padawan Pale Ale, Brew Age Affenkönig, Kiesbye's Waldbier, F. Boon Oude Geuze & Mariage Parfait etc.
LOKAL Im GRU gibt es eine Vielzahl von Bieren aus kleinen, lokalen und unabhängigen Brauereien wie Bierol oder Alefried sowie auch bekannte Traditionsbiere wie Trumer Pils oder Augustiner. Die Bierkarte ist einem stetigen Wandel unterzogen, so wird auch an den 4 Wechselhähnen nach jedem Fass ein anderes Bier angezapft. Die BierKanter-Biere werden in der eigenen 200-Liter-MikroBrauerei gebraut, aus den insgesamt 13 Sorten stehen je nach Saison immer einige vom Fass und aus der Flasche zur Verfügung. In einem kleinen, versperrten Flaschenkühlschrank stehen echte Raritäten, die sich Stammgäste selber mitgebracht haben. 60 Plätze im Lokal, 6 an der Bar.

HIGHLANDER BREWPUB

1090 Wien, Sobieskiplatz 4, +43/1/3152794
www.the-highlander.at
ÖFFNUNGSZEITEN Mo-Do: 11:00 bis 00:00 Uhr; Fr-Sa: 11:00 bis 1:00 Uhr; So: 11:00 bis 00:00 Uhr
FASSBIER Highlander Lager – Zwickl, Highlander Märzen – Zwickl, Highlander Stout
FLASCHENBIER Wieselburger Stammbräu, Beck's Alkoholfrei
LOKAL Am Rande des neunten Bezirks am Sobieskiplatz liegt das Bierlokal mit eigener Brauerei „The Highlander" – nur wenige Schritte von der Volksoper entfernt. Das ehemalige Irish Pub bedient die auf Guinness eingeschworenen Gäste seit dem Jahr 2000 mit einer eigenen Version eines Bieres im irischen Stil. Der Garten, der praktisch in der Mitte des Sobieskiplatzes unter einer alten Platane liegt, ist besonders sehenswert. 95 Sitzplätze, 10 an der Bar, Partykeller, Schanigarten: 110 Sitzplätze.

HIGHLANDER SCOTTISH PUB

1090 Wien, Garnisongasse 3, +43/1/4021879
www.highlanderpub.at
ÖFFNUNGSZEITEN Mo-Mi: 14:00 bis 2:00 Uhr; Do-Sa: 14:00 bis 4:00 Uhr; So: 14:00 bis 2:00 Uhr
FASSBIER Starobrno, Guinness Stout, Heineken, Highlander Draft (Lager), Kaltenhauser IPA, Kilkenny Red Ale, Schladminger, Schwechater Zwickl
FLASCHENBIER Gösser Märzen, Gösser Radler, Schladminger Weisse, Tegernseer, Wieselburger Stammbräu
LOKAL Seit mehr als einem Vierteljahrhundert gibt es dieses nette Neighbourhood-Pub mit sehr freundlicher Bedienung (zumeist Native Speaker aus Irland). Wie es sich für ein schottisches Pub gehört, gibt es eine reiche Auswahl an Whiskys (eigene saisonale Liste an der Bar) und Cider, obergärigem Bier und verschiedenen britischen Speisen wie „Fish in a Basket". Freitags oft Live-Musik, an Sonntagen immer um 19:30 Uhr Pub-Quiz. 100 Plätze im Lokal, 20 an der Sky Sports Bar.

HOME CAFE

1090 Wien, Spitalgasse 3, +43/1/4024365
www.home-cafe.at
ÖFFNUNGSZEITEN Di-Fr: 12:00 bis 23:00 Uhr; Sa: 17:00 bis 23:00 Uhr

Home Cafe

FASSBIER Brew Age Alphatier New England IPA, Brew Age Chicxulub Nitro Oatmeal Stout, Brew Age Hopfenauflauf Pale Ale, Brew Age Wiener Lager
FLASCHENBIER Brew Age Affenkönig IPA, Brew Age Dunkle Materie, Brew Age Eisknacker, Brew Age Nussknacker, Brew Age Steckenpferd, Einstök – Wee Heavy, Einstök Arctic Pale Ale, Einstök Icelandic White Ale, Einstök Toasted Porter, Gusswerk Jakobsgold Alkoholfrei, saisonale Spezialitäten von Brew Age
LOKAL Als Österreicher hat man wenig Vorstellungen davon, was ein typisch isländisches Bierlokal ausmacht (zumal Bier in Island lange kaum erhältlich war) – aber wenn man annimmt, dass isländisch viel Fisch bedeutet, dann ist man im Home Cafe ziemlich richtig, es wird wöchentlich mit frischem Fisch aus Island versorgt, man bäckt eigenes Brot, auch der Käse ist aus eigener Produktion der Besitzerinnen Steff und Harpa. Auf der Bierkarte wird eine Breite an isländischen (Einstök) und an österreichischen (Brew Age) Craftbieren geboten. 50 Sitzplätze im Lokal, 5 Plätze an der Bar.

ISAAC'S PUB

1090 Wien, Schubertgasse 13, +43/1/8908084
www.isaacs.at
ÖFFNUNGSZEITEN Mo-Do: 17:00 bis 2:00 Uhr; Fr-Sa: 17:00 bis 4:00 Uhr; So: 17:00 bis 00:00 Uhr

Isaac's Pub

ISAAC'S PUB

FASSBIER Isaac's Lager (Hausbier), Stiegl Paracelsus Bio Zwickl, Stiegl Weisse, Almradler, Guinness, Heineken, Kilkenny, Murauer Märzen, Pilsner Urquell, Stiegl Columbus 1492 Pale Ale, Stiegl Goldbräu, Velkopopovický Kozel, Velkopopovicky Kozel Dunkel, Wieselburger, Radler
FLASCHENBIER Fuller's London Pride, Augustiner Edelstoff, Desperados, Gösser Naturgold, König Ludwig Dunkel, Newcastle Brown Ale, Raschhofer Zwickl, Schwechater Wiener Lager, Spaten Hell, Stella Artois, wechselnde Sorten im Programm
LOKAL Recht authentisch gemachtes Schwesterlokal des Irish Pub Johnny's, montags gibt es ein Pubquiz, freitag steht Bingo auf dem Programm und Karaoke auf Anfrage. Und wer nicht nur Bier trinken will, kann hier auch ausgezeichnete Burger vom Lavasteingrill essen. Für Sportfans gibt es ein breites Angebot auf 2 Leinwänden und 5 Fernsehern. Neben Fussball, American Football kann man auch Tennis, Basketball und alle anderen Sportevents schauen. Saisonal bietet eine zusätzliche Bierleitung zusätzliche Bierspezialitäten. Ca. 80 Sitzplätze, 40 im Garten. Und dazu gibt es noch einen Partykeller.

MOTIWIRTIN

1090 Wien, Berggasse 7, +43/680/2476995
www.motiwirtin.at
ÖFFNUNGSZEITEN Mo-Fr: 11:00 bis 23:00 Uhr
FASSBIER Dangl Helles, Radler, Saurer Radler, Schnitt
FLASCHENBIER Goldfassl Dunkles, Schneider Weisse, Null Komma Josef
LOKAL Freundliches, auf das studentische Publikum abgestimmtes Lokal. Einige Leute kommen vor allem wegen des Dangl-Bieres aus dem Waldviertel – andere wegen der verlässlichen ostösterreichischen Küche; ein Pfandlgericht (Basis: Erdäpfel, Zwiebel und Ei) kann man sich mit selbst gewählten Zutaten zusammenstellen. Die Bezirkszeitung hat im Jahr 2018 die Motiwirtin Lisa als einen der 35 Gründe genannt, warum Wien die beste Stadt der Welt ist. 45 Plätze.

PAPPALA PUB

1090 Wien, Währinger Gürtel, U Bahn-Bogen 156 + 157
+43/650/4407278
www.pappalapub.at
ÖFFNUNGSZEITEN Mo-Sa: 19:00 bis 4:00 Uhr
FASSBIER BrewAge Hopfenauflauf Pale Ale, Guinness, Raschhofer Zwickl, Stiegl-Goldbräu
FLASCHENBIER Tegernseer Helles, Corona, Zwettler Export, Stiegl Weizen, Grieskirchner Dunkel, Heineken und wechselnde Craftbiere, etwa: Stone Brewing Ruination, Bevog Kramah IPA, Brew Age Affenkönig, Crew Republic Roundhouse Kick, Martha Krieger Spitzenpils, Raschhofer Lebenskünstler Witbier etc.
LOKAL Dieses am späteren Abend recht laute Lokal in den Stadtbahnbögen der U6 ist quasi das Wohnzimmer der Studenten der Universität für Bodenkultur. Freundliche Stimmung, freundliche Bedienung. SKY/DAZN Sportübertragungen. 70 Plätze im Lokal, 20 an der Bar, 40 im Schanigarten.

Pappala Pub

9. BEZIRK

PUB FRANCAIS

1090 Wien, Liechtenwerderplatz 1, +43/1/3990670
pubfrancais.at
ÖFFNUNGSZEITEN Mo-Sa: 17:00 bis 1:00 Uhr
FASSBIER Starobrno, Heineken
FLASCHENBIER Desperados, Edelweiss Hefetrüb, Gösser Stifts-Zwickl Dunkel, Guinness Surger, Heineken 0.0, Hofbräu Kaltenhausen Original, Hofbräu Kaltenhausen Pale Ale, Schladminger Bio Zwickl, Schwechater Wiener Lager, Wieselburger Gold, Wieselburger Schwarzbier
LOKAL Souterrain-Bierlokal mit französischer Anmutung – es gibt Flammkuchen wie im Elsass. Und ebenso wie im Elsass wird das Bier mit dem Likör Picon angeboten, es gibt auch Panaché, also radlerartige Mixgetränke wahlweise mit Citron oder Grenadine. 60 Plätze.

SÄGEWERK

1090 Wien, Währinger Straße 21, +43/1/9422489
www.diebausatzlokale.at
ÖFFNUNGSZEITEN Mo-So: 11:00 bis 2:00 Uhr

Sägewerk

FASSBIER Gösser, Puntigamer, Starobrno, Weihenstephaner
FLASCHENBIER Augustiner Edelstoff, Gösser Naturgold, Gösser Naturradler, Gösser Stiftsbräu, Schladminger Bio Zwickl, Wieselburger Stammbräu
LOKAL Die bei Grazer Studenten seit zwei Jahrzehnten beliebten Bausatzlokale haben 2017 im Wiener Studentenviertel (Ecke Lackierergasse) einen stylisch gestalteten Ableger bekommen: Kernidee ist, dass man nach Lust und Laune Burger, Pizze, Salate, Toasts und Pfandln zusammenstellen kann, indem man ankreuzt, wonach einem der Appetit steht. Dazu gibt es freundlich servierte Biere aus dem Hause Brau-Union – und eine Dekoration, die dem Namen entsprechend aus Sägen und Emailleschildern besteht. In einem Nebenraum steht ein Dart-Automat. 70 Plätze im Lokal, 15 an der Bar.

SPEAKEASY PUB

1090 Wien, Hebragasse 9, +43/650/7713751
www.pub-speakeasy.at
ÖFFNUNGSZEITEN Mo-Fr: 9:00 bis 1:00 Uhr
FASSBIER Guinness, Kilkenny, Starobrno, Wieselburger, Zipfer Urtyp
FLASCHENBIER Edelweiss Hefetrüb, Gösser, Kaiser Doppelmalz, Clausthaler
LOKAL Ein gemütliches irisch dekoriertes Pub gegenüber vom St. Anna Kinderspital – aber die Küche ist eher wienerisch: Leberknödelsuppe, Schweinsschnitzel und Eiernockerl machen dem traditionellen Irish Stew und den Fish & Chips gehörig Konkurrenz. Zum schlanken Bierangebot kommt eine deutlich größere Whiskykarte. Cool: Vor dem Lokal steht gelegentlich ein alter Transit-Bus, der für sich genommen schon eine Sehenswürdigkeit ist. Und, noch origineller: Jeden Tag wird ein anderes Bier verbilligt abgegeben, Guinness-Fans merken sich den Montag vor. Und wer Stammgast wird, kann mit einer abgestempelten Karte bei einer monatlichen Verlosung ein Fahrrad gewinnen. 50 Plätze im Lokal, 8 an der Bar.

Speakeasy Pub

STATT-BEISL IM WUK

1090 Wien, Währinger Straße 59, +43/1/4087224
www.statt-beisl.at
ÖFFNUNGSZEITEN Mo-Fr: 11:30 bis 2:00 Uhr; Sa: 17:00 bis 2:00 Uhr; So: 17:00 bis 00:00 Uhr
FASSBIER Bernard Bohemian Czech Lager, Bevog Kramah IPA, Domrep Pils, Kaltenhausen Kellerbier, O'Hara's Irish Stout, Piestinger Schneeberglandbier, Schremser Pils, Thornbridge Halcyon, Thornbridge Jai Jai, Zipfer Märzen
FLASCHENBIER Mehr als zwei Dutzend verschiedene Biere, etwa: Tegernseer Hell, Thornbridge – I Love You Will U Marry Me?, Aecht Schlenkerla Rauchbier, Delirium Tremens, Bevog Kramah, Kiesbye Waldbier, Anchor Old Foghorn, Astra Urtyp, Beavertown Gamma Ray, Birra del Borgo My Antonia, Brlo Berliner Weisse, Gutmann Hefeweizen, Hoegaarden Blanche, Rodenbach Grand Cru, Schleppe No. 3, Stone Arrogant Bastard Ale, Clausthaler, Gösser Naturgold
LOKAL Dieses Lokal sollte man besuchen, solange es noch so sein kann, wie es ist – denn beim WUK steht eine Sanierung an, jedenfalls gehört die Elektrik des Hauses erneuert und die FPÖ droht mit Mieterhöhung oder Auszug. Das Statt-Beisl hat sich aus der Alternativkultur- und Besetzerszene der 1980er-Jahre herausentwickelt – das heutige „Werkstätten- und Kulturzentrum" WUK war zunächst eine Lokomotivfabrik, wurde dann 1884 bis 1980 als Schulgebäude des TGM genutzt, anschließend besetzt und schließlich hochoffiziell als Kulturzentrum eingerichtet. Das Statt-Beisl hat noch einen kleinen Hauch dieser alternativen Kulturgeschichte, es hat sich in den letzten Jahren aber vor allem zu einer Hochburg der Craftbier-Szene entwickelt. Elf Zapfhähne mit sehr unterschiedlicher

Biervielfalt und Flaschenbiere, die man auch nicht in jedem Supermarkt finden kann. Immer wieder Speisen mit Bier gekocht auf der Wochenkarte, wie Burger mit IPA-Sauce, Cheesecake mit Sauerbiergelee oder eine Cheddar-Stout-Suppe. 120 Sitzplätze im Lokal, 30 an der Bar, 150 im Gastgarten.

STIEGL-AMBULANZ

1090 Wien, Alser Straße 4, +43/1/4021150
www.stiegl-ambulanz.com
ÖFFNUNGSZEITEN Mo-Do: 8:30 bis 00:00 Uhr; Fr-Sa: 8:30 bis 1:00 Uhr; So: 8:30 bis 00:00 Uhr

Stiegl-Ambulanz

Stiegl
Gasthaus
& Brauerei
am Campus
Ambulanz

FASSBIER Stiegl Goldbräu – Hausbier, Stiegl Pils, König Ludwig Dunkel, Stiegl Weisse Naturtrüb, Stiegl-Paracelsus-Zwickl, Bockbier, Herbstbier usw.
FLASCHENBIER Carlsberg, Guinness, Pilsner Urquell, Stiegl Columbus, Stiegl Freibier (alkoholfrei), Stiegl Monatsbiere (Stiegl-Hausbiere aus der Stiegl-Brauwelt), Stiegl Radler Zitrone/Grapefruit, Stiegl Sport-Weisse Alkoholfrei, Clausthaler, Saisonbiere: Stiegl Herbstgold, Weihnachtsbock, Weihnachtsbier ...
LOKAL Inmitten eines der schönsten Biergärten Wiens – in einer spätbarocken Parkanlage angelegt – bietet die ehemalige Ambulanz des historischen Allgemeinen Krankenhauses mehr als bloß „kulinarische Erstversorgung". Vielmehr kann man hier Salzburger Bierkultur in Reinform erleben – etwa in der gemütlichen Salzburger Stube oder am offenen Kamin der Lounge. Die Stiegl-Ambulanz verfügt über eine kleine Brauanlage für die Stiegl-Hausbiere, die mit Rohstoffen aus biologischer Landwirtschaft gebraut werden und serviert demnach, abgestimmt auf die Saison, ihr eigenes Hausbier. Regelmäßig gibt es neue Bier-Sorten zu entdecken, welche Tradition mit modernem Brauhandwerk kombinieren. Großer Saal 160 Sitzplätze, Salzburger Stube 100 Sitzplätze, Lounge 50 Sitzplätze, Barbereich 24 Sitzplätze und Stehplätze an der Bar, im Garten 700 Sitzplätze.

TAM O'SHANTER'S

1090 Wien, Liechtensteinstraße 104-106, +43/699/17104902
www.tamoshanters.at
ÖFFNUNGSZEITEN Mo-Do: 16:30 bis 2:00 Uhr; Fr-Sa: 16:30 bis 4:00 Uhr; So: 16:00 bis 2:00 Uhr
FASSBIER Guinness, Kilkenny, Ottakringer Wiener Original, Starobrno, Wieselburger Stammbräu
FLASCHENBIER Brew Dog, Fuller's Honey Dew, Fuller's India Pale Ale, Fuller's London Pride, Hollows Ginger Beer, Newcastle Brown Ale, Weihenstephaner
LOKAL Scottish Pub am Eck von Althanstraße und Liechtensteinstraße – benannt nach einem Gedicht von Robert Burns aus dem Jahr 1790, das nicht nur diesem Lokal, sondern auch der traditionellen schottischen Mütze ihren Namen gegeben hat. Landestypisch ist auch das Whiskey-Angebot, die Bierauswahl ist eher Irland-lastig – es gibt auch Beer Mixes wie Black Velvet (Stout & Cider), Black & Tan (Stout & Red Ale) oder Irish Car Bomb (Stout & Whiskylikör). Pub-typisch werden sehr häufig Fußballspiele gezeigt und mehrmals im Monat finden Themen-Parties statt sowie Musik Live- oder DJ-Auftritte. Ca. 70 Sitzplätze.

THE GOLDEN HARP ALSERGRUND

1090 Wien, Alserbachstraße 37, +43/676/7606496
www.goldenharp1090.at
ÖFFNUNGSZEITEN Mo-Fr: 10:00 bis 2:00 Uhr; Sa: 14:00 bis 2:00 Uhr; So: 14:00 bis 00:00 Uhr
FASSBIER Starobrno, Guinness, Hausbier, Kilkenny
FLASCHENBIER Heineken, Schlossgold, Zipfer Urtyp, Desperados, Guinness Hop House 13, Kaiser Doppelmalz, Schwechater Zwickl, Weihenstephaner, Wieselburger Stammbräu, Edelweiss Alkoholfrei, Gösser Naturradler
LOKAL Wahrscheinlich das eleganteste der Golden Harp Pubs befindet sich zwischen Franz-Josefs-Bahnhof und der U-Bahnstation Friedensbrücke. Die Location – das ehemalige Cafe Rundfunk – beeindruckt nicht nur durch die schiere Größe, sondern auch durch eine große Bibliothek: Man hat sich bemüht, mit der großzügig mit Ledersofas möblierten Lounge eine „gute Stube" einzurichten. Die Library kann auch für private Feiern gemietet werden. Serviert werden Burger, Schwarzbrottoasts, Steaks, Fish&Chips. 120 Plätze im Lokal.

UNIVERSITÄTS BRÄUHAUS

1090 Wien, Alser Straße 4, Altes AKH 1. Hof, +43/1/4091815
www.unibrau.at
ÖFFNUNGSZEITEN Mo-So: 11:00 bis 00:00 Uhr
FASSBIER Ottakringer Bier vom Tank, Budweiser, Ottakringer

Pils, Ottakringer Rotes Zwickl, Ottakringer Wiener Original, Radler
FLASCHENBIER Schneider Weisse Alkoholfrei, Null Komma Josef
LOKAL Seit 1998 eine Bierinstitution in der ehemaligen Anstaltsapotheke des AKH, frequentiert von Studenten, Professoren und Mitarbeitern der benachbarten Nationalbank. Die Küche bietet traditionelle Wiener Küche und saisonale Spezialitäten, zudem Gegrilltes vom Holzkohlengrill (April bis Ende September). Die Verwendung regionaler Lebensmittel ist Programm, das Frischgemüse stammt vorwiegend von den Wiener Gärtnern und wird täglich angeliefert. Der Garten im Alten AKH hat den Vorteil, dass immer etwas los ist – ausgezeichnet wurde er schon einmal mit dem „Goldenen Schani" als schönster Biergarten des Bezirks. Auf der Karte mit Bier zubereitete Gerichte: Bräuhausburger mit Bier-BBQ Sauce, Brauhausleber in Bier-Specksauce. 200 Sitzplätze im Lokal, Bar: 15, Garten: 500 Sitzplätze.

ZUM REZNICEK

1090 Wien, Reznicekgasse 10, +43/699/13179140
www.zumreznicek.at
ÖFFNUNGSZEITEN Mo-Fr: 11:30 bis 23:30 Uhr
FASSBIER Schwechater Hopfenperle, Schwechater Zwickl, Starobrno, Gösser Naturradler
FLASCHENBIER Edelweiss, Kaiser Doppelmalz, Gösser Naturgold
LOKAL Herbert Prockl ist einer jener „Leib- und Seel"-Wirte, die sich jeder Beschreibung verweigern und sich der echten und wahren Wiener Küche verschrieben haben. 75 bis 85 Sitzplätze im Lokal, im Schanigarten 50 Sitzplätze.

Zum roten Bären

ZUM ROTEN BÄREN

1090 Wien, Berggasse 39, +43/1/3176150
www.zumrotenbaeren.at
ÖFFNUNGSZEITEN Mo-So: 18:00 bis 00:00 Uhr
FASSBIER Schremser Premium, Cerna Hora Granat (Dunkles), Cerna Hora Lezak (Helles), Zwickl
FLASCHENBIER Augustiner Edelstoff, Cerna Hora Forman (alkoholfrei), Cerna Hora Velen (Weizen), Puntigamer ‚das bierige Bier'
LOKAL Hier kann man zu tschechischem Bier gut und preiswert essen, die Küchentradition des roten Bären umspannt die alte Monarchie: gegrillte Fleischlaberln, Altwiener Backfleisch in Bioqualität, slowenischer Vorspeisenteller mit Sterz, polnische Pierogi und Rinderschmorbraten mit Butternudeln. Das kleine, eng bestuhlte Lokal hat auch aufgrund des freundlichen Service einen heimeligen, fast familiären Charakter, vielleicht auch wegen der Stamnmkundschaft von der benachbarten Kriminalpolizei und dem Verteidigungsministerium. Bis vor einigen Jahren hieß das Lokal noch „Zum Braunen Bären" – was politisch irgendwie gar nicht mehr geht. Der neue Betreiber wechselte die Farbe des Tiers in Rot – das Aushängeschild des Lokals heißt angeblich Leonid. 50 Sitzplätze im Lokal, 15 im Schanigarten.

ZUR GOLDENEN KUGEL

1090 Wien, Lazarettgasse 6, +43/1/4058363
www.zurgoldenenkugel.at
ÖFFNUNGSZEITEN Mo-Fr: 10:00 bis 23:00 Uhr; So: 10:00 bis 15:00 Uhr
FASSBIER Budweiser, Schremser Zwickl, Trumer Pils
FLASCHENBIER Hirter Morchl, Beck's Alkoholfrei, Erdinger Alkoholfrei
LOKAL Zwischen Altem und Neuem AKH liegt dieser Fixpunkt der Wiener Restaurantszene, der lagebedingt viele Ärzte zu seinen Stammgästen zählt. Hervorragende Bierpflege garantiert. 80 Sitzplätze im Lokal, 7 an der Bar, 20 im Gastgarten und 20 im Schanigarten.

10. BEZIRK

BIEROCHS

1100 Wien, Raaber Bahn Gasse 12, +43/1/6031675
www.facebook.com/pages/Bierochs
ÖFFNUNGSZEITEN Mo-Sa: 17:00 bis 1:00 Uhr
FASSBIER Budweiser, Hirter, Stiegl
FLASCHENBIER Wechselnde Auswahl an ca. 50 Flaschenbieren
LOKAL Der Bierochs war schon ein Bierbeisl, als es diesen Begriff noch nicht gegeben hat. Mitten in Favoriten, nur eine Minute Fußweg von der U-Bahnstation Keplerplatz entfernt, geht man durch ein in ein altes Bierfass eingelassenes Türchen in ein Souterrain-Gewölbe. Dort begrüßt einen rechterhand eine kleine Bar, links stehen ein paar Tische – alles dezent beleuchtet und ideal für einen bierigen Abend gestimmt. Die Kellnerinnen sind immer freundlich und bierkundig. Ca. 90 Sitzplätze im Lokal, 8 an der Bar.

BIERSTADL

1100 Wien, Laaer Berg 218a, im Böhmischen Prater +43/1/6892300
www.bier-stadl.at
ÖFFNUNGSZEITEN Mo-So: 10:00 bis 23:00 Uhr
FASSBIER Budweiser, Grieskirchner Dunkel, Hirter
FLASCHENBIER Andechs Hefeweißbier, Budweiser, Paulaner Hefeweißbier, Hirter, Clausthaler, Null Komma Josef

LOKAL Eines der typischen Bierlokale im Böhmischen Prater, einfache Gaststube, sehr netter Biergarten unter Eichen – und die für die Location passenden Speisen vom Grillhenderl über die Cevapcici bis zu den Spareribs, die als Spezialität des Hauses gelten. Viel lokales Publikum, das unter der Woche die preiswerten Mittagsmenüs genießt. An Wochenenden kann der Betrieb manchmal hektisch werden, da muss man auf das (übrigens immer schön gezapfte) Bier leider länger warten.

Bierstadl

CAMPUS BRÄU

1100 Wien, Wiedner Gürtel 1, +43/1/7691589
www.campusbraeu.at
ÖFFNUNGSZEITEN Mo-Fr: 10:00 bis 00:00 Uhr
FASSBIER Stiegl-Goldbräu, Stiegl-Paracelsus Zwickl, Stiegl-Radler Zitrone, Velkepopovicky Kozel Hell, Velkopopovicky Kozel Dunkel, Zwettler 1890
FLASCHENBIER Corona, Franziskaner Dunkel, Hirter Privat Pils, Stiegl Butterblume Böhm. Pils, Stiegl Columbus 1492, Stiegl Grapefruitradler, Stiegl Weisse Hell, Stiegl-Freibier
LOKAL Eines der Aushängeschilder der Stiegl-Brauerei, klug mit Bieren anderer Marken ergänzt: Das Campus-Bräu ist ein amerikanisch angehauchtes Bierlokal auf dem Campus der Erste Bank (das ist dort, wo früher der Südbahnhof war). Zum After Work Beer aus den umliegenden Bürotürmen kann es gelegentlich ziemlich voll werden. 200 Plätze im Lokal, 30 an der Bar.

DAS COLUMBUS

1100 Wien, Columbusplatz 6, +43/1/6042303-20
www.dascolumbus.at
ÖFFNUNGSZEITEN Mo-Sa: 11:00 bis 1:00 Uhr; So: 11:00 bis 00:00 Uhr
FASSBIER Hausbier (Ottakringer Rotes Zwickl), Ottakringer Helles, Ottakringer Wiener Original, Ottakringer Zwickl, Paulaner Weißbier, saisonale Spezialbiere
FLASCHENBIER Aktuell Gutmann Hefe Dunkel (saisonal), Augustiner Edelstoff,Tegernseer Hell, Augustiner Lager, Heineken, Null Komma Josef, Ottakringer Dunkles, Stiegl Columbus, Schneider Weisse Alkoholfrei
LOKAL Über die Jahre hat sich dieses freundlich gestaltete Bierlokal zu einer Favoritner Institution entwickelt und hat sich 2017 durch eine Fusion mit dem Café nebenan nicht nur räumlich vergrößert, sondern auch seinen Namen in „Das Columbus" geändert. Sehr freundliches Service, das sich auch bemüht, die Biere zu erklären. Eine Craftbier-Karte sowie Food Pairing Events sind in Kooperation mit dem Brauwerk in Planung. Dafür gibt es (dem Namen des Lokals gerecht werdend) das Columbus Pale Ale von Stiegl. 121 Plätze im Lokal, 12 an der Bar, bis zu 300 in den Schanigärten vor dem Columbuscenter.

DER RINGSMUTH

1100 Wien, Johannitergasse 1, +43/1/6031835
www.der-ringsmuth.at
ÖFFNUNGSZEITEN Di-Sa: 10:30 bis 23:00 Uhr

Der Ringsmuth

der Ringsmuth
RESTAURANT & CATERING

FASSBIER Hausmarke – der Ringsmuth, Zipfer Pils, eine saisonale Bierspezialiät
FLASCHENBIER Edelweiss Hofbräu, Schlossgold, Zipfer Limetten Radler
LOKAL Direkt hinter dem Hauptbahnhof ist noch lange nicht Endstation – zumindest kulinarisch gesehen. Aus einem unscheinbaren Ecklokal in Favoriten wurde vor mehr als zehn Jahren „Der Ringsmuth", in dem ein ehemaliger Koch vom Steirereck groß aufkocht – aber auch die Arbeiter vom Bahnhof und dem Sonnwendviertel bewirtet. Etwa mit Erdäpfel-Grammelknödeln mit warmem Spitzkrautsalat, die Presse-Chefredakteur Rainer Nowak schon vor Jahren als „die derzeit genialsten der Stadt" bezeichnet hat – und an dieser Einschätzung kann man bis heute festhalten. Gault Millau ist das eine Haube wert. 80 Sitzplätze im Lokal.

LAA – RESTAURANT & BAR

1100 Wien, Laaer Berg Straße 43, +43/1/6007690
www.laarestaurantbar.com
ÖFFNUNGSZEITEN Mo-Fr: 8:30 bis 00:00 Uhr; Sa-So: 10:00 bis 00:00 Uhr

Laa – Restaurant & Bar

FASSBIER Kaiser Doppelmalz, Hausbier (Märzen), Schwechater Zwickl, Starobrno, saisonale Spezialitäten
FLASCHENBIER Desperados Mojito, Edelweiss Hefetrüb, Gösser Naturradler Zitrone, Heineken Premium Lager, Kaltenhauser 1475 Pale Ale, Puntigamer ‚das bierige' Bier, Schleppe No. 3, Wieselburger Stammbräu (Bügelflasche), Gösser Naturgold
LOKAL Man sieht es gleich beim Hineinkommen an der Dekoration: Das ist ein Bierlokal modernen Zuschnitts, von der Bierorientierung zeugt gleich einmal eine beachtliche Sammlung von Fahrzeugmodellen. Rund 200 Bierlastwägen im HO-Maßstab stehen in einer Vitrine, an der Decke hängen Brezel und Bierkrüge. Die Wiener Gastro-Familie Pollischansky hat dem ehemaligen Müller Bräu im Porrturm neues Leben eingehaucht, mehr Schwung in die Bude gebracht und die Bierkompetenz sogar noch gestärkt. Gut gezapftes Schwechater Zwickl, dazu deftige Kost, etwa eine „Ich will mich nicht entscheiden"-Platte in den Größen „groß" und „größer". Vor und nach Fussballmatches im nahen Stadion viele Fans beim Bier. 120 Plätze im Lokal, 10 an der Bar, 130 auf der Terrasse.

MABEL'S NO 90

1100 Wien, Laxenburger Straße 90, +43/664/1616060
www.mabels.at
ÖFFNUNGSZEITEN Mo-Sa: 8:00 bis 2:00 Uhr; So: 14:00 bis 00:00 Uhr
FASSBIER Budweiser Budvar, Guinness Stout, Mabel's Housebeer, Trumer Pils, Zwickl Naturtrüb
FLASCHENBIER, Bevog Rudeen, Bierschmiede Meisterstück Pils, Brew Dog Punk IPA, Corona, Desperados, Erdinger Weißbier Kristallklar, Fuller's IPA, Fuller's London Pride, Gösser Radler, Heineken, Lagunitas IPA, Mongozo Coconut, Schremser Hanfbier, Hofstettner Granit, Longboard Island Lager, Obertrumer Original Zwickl, Einstök Winter Ale, Ottakringer Radler, Schneider Weisse Tap 7, Senne Taras Boulba, Theresianer Wiener Lager, Wieselburger Stammbräu, Beck's Alkoholfrei
LOKAL Dieses gemütlich eingerichtete Pub hat sich bereits 2005 den Titel des Wiener Bierlokals des Jahres erworben. Der Schwerpunkt hat sich – bei weiterhin guter Bierpflege – inzwischen aber mehr auf Cocktails verlagert. Aber es gibt auch eine kleine Auswahl an Craftbieren aus der Flasche. Ca. 80 Plätze im Lokal, 15 an der Bar 30 im Schanigarten.

MEIXNER'S GASTWIRTSCHAFT

1100 Wien, Buchengasse 64, +43/1/6042710
www.meixners-gastwirtschaft.at
ÖFFNUNGSZEITEN Mo-Fr: 11:30 bis 15:00 Uhr, 17:30 bis 22:30 Uhr
FASSBIER Reininghaus Jahrgangspils 2018, Starobrno Altbrünner Gold, Schwechater Zwicklbock, saisonal Schwechater Winterbock
FLASCHENBIER Die Weisse Dunkel, Die Weisse Hell, Die Weisse Alkoholfrei, Gösser Naturgold, Gösser Naturradler Zitrone
LOKAL Wahrscheinlich das beste Restaurant im zehnten Bezirk – wobei nicht nur die Küche, sondern auch die Getränkeauswahl weit über dem in Wien erwartbaren Niveau liegen. Karl Meixner ist ein exzellenter Weinkenner, setzt aber auch immer wieder spannende Biere auf die Karte – dieses Bierangebot brachte ihm 2014 die „Bierkrone" des Gault Millau ein. Auf der Speisekarte unter anderem Frischlingsrücken in Bockbiersauce mit Brezenknödel, im Frühjahr Innereien vom Kitz – und sehr gepflegte, gereifte Käse. 120 Sitzplätze, 5 an der Bar. Innenhofgarten: 40 Sitzplätze.

Oberlaaer Dorf-Wirt

OBERLAAER DORF-WIRT

1100 Wien, Liesingbachstraße 75, +43/1/6887663
www.dorf-wirt.at
ÖFFNUNGSZEITEN Mo-So: 10:00 bis 22:00 Uhr
FASSBIER Gösser Naturradler, Puntigamer Panther, Schwechater Zwickl, Starobrno
FLASCHENBIER Edelweiss Alkoholfrei, Edelweiss Hefetrüb, Gösser Märzen, Gösser Naturgold, Kaiser Doppelmalz
LOKAL Schon vor 1899 trafen sich die Oberlaaer gerne im damaligen Mandel-Gasthaus – heute wird es von den Familien Braunsteiner und Mötzl geführt. Und seit 2017 kommen neben den Stammgästen auch immer mehr Besucher aus der Innenstadt, weil Oberlaa ja nun an die U-Bahn angebunden ist. Veranstaltungen und Themenabende wie „Rund um den Fisch" im Fasching, Lamm in der Osterzeit, Kürbis zum Herbstfest und natürlich das „Ganslessen" um Martini sowie Bier-Stacheln im Jänner. Die meisten Produkte bezieht

die Wirtin Monika Mötzl aus der unmittelbaren Umgebung, so auch das Schwechater Bier. Und wer keine Lust zum Kochen hat, kann sich das Wirtshausessen einfach mit nach Hause nehmen. Gemütlicher Gastgarten mit viel Ziegeloptik unter großen Linden und Ahornbäumen. 90 Plätze, 130 im Garten.

URBAN'S

1100 Wien, Antonie-Alt-Gasse 2/1/10A, +43/1/2087012
urbans.wien
ÖFFNUNGSZEITEN Mo-So: 11:30 bis 23:00 Uhr
FASSBIER Zwettler Original
FLASCHENBIER Budweiser, Gösser, Puntigamer, Stiegl Columbus Pale Ale, Stiegl Paracelsus Zwickl, Stiegl Radler Zitrone und Grapefruit, Stiegl Weisse Naturtrüb, Stiegl-Freibier, Wieselburger
LOKAL Im neuen Sonnwendviertel hinter dem Hauptbahnhof gibt es erstaunlich wenig Gastronomie, mit dem Urban's dafür aber eine sehr empfehlenswerte und mit der D-Wagen-Station unmittelbar vor dem Lokal auch sehr gut erreichbare: Das von einem Syrer geführte Lokal bietet eine mediterran geprägte, aber mit österreichischer Tradition gut kombinierte Küche in kosmopolitischem Flair – wir hatten unter anderem eine eindrucksvolle Eierschwammerl-Pizza und ein Eierschwammerl-Gulasch. Jeden Samstag und Sonntag Brunch von 11:30 bis 15:00 Uhr und an jedem ersten Sonntag im Monat Brunch mit live Jazz-Band. Sehr freundliches Personal, angenehmes Ambiente mit Blick auf den Helmut Zilk Park. 60 Plätze im Lokal, 30 im Schanigarten, 6 an der Bar.

WIRTSHAUS „ZUM NEPOMUK"

1100 Wien, Troststraße 60, +43/1/6077142
www.nepomuk.at, www.facebook.com/zumnepomuk
ÖFFNUNGSZEITEN Mo-Sa: 10:00 bis 22:00 Uhr; So: 10:00 bis 16:00 Uhr
FASSBIER Budweiser, Nepomuk's Hausbier (von Murauer), Zwettler Zwickl, Radler (mit Almdudler)
FLASCHENBIER Gösser, Murauer Doppelmalz, Murauer Weißbier, Wieselburger, Clausthaler
LOKAL Das Wirtshaus „Zum Nepomuk" wurde von Roland Schachinger 2002 übernommen, renoviert und 2003 neu eröffnet. Seit 2013 wird es von Sohn Dominik Schachinger geführt. Im Laufe der Zeit wurde das Lokal modernisiert und die Speisekarte angepasst. So finden sich z.B. Waldviertler Schnitzel und Fiakergulasch neben Tagliolini mit Meeresfrüchten auf der Karte, um die Lücke zwischen traditionellem Wiener Wirtshaus und modernem Restaurant zu schließen. 170 Sitzplätze, an der Schank 30, 40 im Schanigarten.

ZUM WERKELMANN

1100 Wien, Laaerwald 218, +43/1/6887106
www.werkelmann.at
ÖFFNUNGSZEITEN Mo-Fr: 11:00 bis 23:00 Uhr; Sa-So: 10:00 bis 23:00 Uhr
FASSBIER Gösser Stiftsbräu Dunkel, Puntigamer, Puntigamer Radler, Puntigamer Zwickl
FLASCHENBIER Bürgerbräu Weizen
LOKAL Das ehemalige Gasthaus Hutter (so hieß das Lokal bis 1924, als die letzte Hutter-Tochter einen Herrn Staudacher geheiratet hat) hat vielleicht den schönsten Biergarten von Favoriten: Am Eingang sieht man die Henderl auf dem Grill, im Garten ist man in einer eigentümlich schwebenden Stimmung zwischen der Urigkeit des Böhmischen Praters und der relativen Ruhe des Laaer Waldes. Die heutige Gastwirtsfamilie (deren Sammlung an Drehorgeln, mit denen jährlich ein Fest stattfindet, dem Lokal auch den Namen gegeben haben) hat das Lokal 1987 renoviert und pflegt die Tradition: Wolfgang Geissler nimmt gelegentlich eine der Drehorgeln zur Freude der Gäste in Betrieb. Sonntags wird Böhmische Blasmusik aufgespielt, Termine auf Anfrage. 120 Plätze im Lokal, 60 im Garten.

11. BEZIRK

Bier & Bier

BIER & BIER

1110 Wien, Simmeringer Hauptstraße 100, Ekazent Top 401
+43/1/7437949
www.bierundbier.wien
ÖFFNUNGSZEITEN Mo-Fr: 9:00 bis 22:00 Uhr; Sa: 9:00 bis 19:00 Uhr; So: 15:00 bis 20:00 Uhr
FASSBIER Budweiser, Wieselburger Spezial, Radler mit Almdudler, Saurer Radler, ein Gastbier
FLASCHENBIER Aventinus Eisbock, Bosteels Karmeliet Tripel, Brew Age Affenkönig, Brew Age Alphatier, Budweiser Budvar Premium Lager, Chimay Grande Réserve, Duchesse de Bourgogne, Eggenberg Urbock, Einstök White Ale, Freistädter Ratsherrn Premium, Gösser Märzen, Gösser Stiftszwickl Hell, Guinness Extra Stout, Gusswerk Bio Steinbier, Gusswerk Dies Irae, Gusswerk Horny Betty, Gusswerk Krinnawible, Gusswerk Schwarze Kuh, Heineken Lager, Hirter Privat Pils, Huyghe – Delirium Tremens, La Trappe Blonde, Rothaus Tannenzäpfle Pils, Weihenstephan Hefeweisse, Wieselburger Schwarzbier (Bügelflasche), Wieselburger Stammbräu, Zipfer Urtyp
LOKAL Dieses kleine Beisl im Zentrum von Simmering ist ein Beleg dafür, dass das Rauchverbot in der Gastronomie Verbesserungen gebracht hat – nun stehen die Raucher draußen auf der belebten Simmeringer Hauptstraße – und im Lokal selbst kann man sich besser auf das Bier konzentrieren. Und das lohnt – aus dem Zapfhahn fließt neben Wieselburger und Budweiser auch ein Gastbier (etwa das Helle von Wieninger), in einem Flaschenkühlschrank warten einige Spezialitäten,

die auf der gut gemachten Karte auch noch detailliert erklärt werden: Auf mehr als einem Dutzend Zeilen wird einem etwa die Grande Reserve von Chimay nahegebracht, die hier zu einem fairen Preis in der 0,75-Liter-Flasche angeboten wird. In kleineren Gebinden gibt es heimische Craftbiere. Das alles wird von einer sehr freundlichen Kellnerin serviert. Insgesamt eine sehr wienerisch-unprätenziöse Stimmung. 40 Plätze im Lokal.

BIEROMETER – DAS BIERLOKAL IN DER G-TOWN

1110 Wien, Guglgasse 11/E21 (Entertainmentcenter)
+43/1/7437988
www.bierometer.at
ÖFFNUNGSZEITEN Mo-Sa: 9:30 bis 00:00 Uhr; So: 10:00 bis 00:00 Uhr
FASSBIER Budweiser, Grieskirchner Dunkel, Hirter Pils, Murauer Steirergold, Schremser Premium, Zwickl
FLASCHENBIER Corona, Heineken, Murauer Radler, Paulaner Hefeweizen, Beck's Alkoholfrei
LOKAL Vielleicht der beste Grund, den in den Gasometern und rund um sie entstandenen neuen Stadtteil zu besuchen, auch wenn das Lokal selbst „im hintersten Winkel" liegt: Der Weg lohnt sich. Ist nett mit Sitznischen und einer großen Bar. Umfangreiche Speisekarte, auf der nichts fehlt. 140 Sitzplätze, Terrasse: 100 Plätze.

GASTHAUS STERN

1110 Wien, Braunhubergasse 6, +43/1/7493370
www.gasthausstern.at
ÖFFNUNGSZEITEN Mo-So: 9:00 bis 23:00 Uhr

Gasthaus Stern

FASSBIER Hausbier, Ottakringer Helles, Ottakringer Zwickl
FLASCHENBIER Augustiner Edelstoff, Ottakringer Dunkles, Ottakringer Radler, Schneider Weisse
LOKAL Ein bodenständiges Gasthaus, das Kultstatus erreicht hat: Die Kellner ausgesucht höflich, die Küche ausgesucht gut – und die Biere ausgesucht gepflegt. Das Falstaff-Magazin schrieb vom „Wiener Wirtshaus-Wunder", der Kurier empfahl, „auf ein Wildschwein in den elften Hieb" zu fahren – weil nämlich der Chef Christian Werner auch selber jagen geht. Es gibt Ottakringer Bier – und immer wieder auch Fassbier aus der Augustiner Brauerei in München.

HOPFEN & MALZ

1110 Wien, Kaiser Ebersdorfer Straße 277, +43/1/7692473
www.hopfenundmalz.at
ÖFFNUNGSZEITEN Mo-Do: 11:00 bis 23:00 Uhr; Fr-Sa: 11:00 bis 00:00 Uhr; So: 11:00 bis 21:00 Uhr

Hopfen & Malz

FASSBIER Kaiser Doppelmalz, Radler, Puntigamer Helles, Schwechater Zwickl, Starobrno
FLASCHENBIER Heineken, Edelweiss Weizenbier, Gösser Naturgold, Wieselburger Stammbräu
LOKAL Als „Arkadenhof" 1998 hier entstanden, steht das „Hopfen & Malz" seit über 25 Jahren im Herzen von Simmering. Es gibt hier gemütliche „Kachelofenatmosphäre", die auch mit der Neuübernahme im Herbst 2017 gleich geblieben ist. Serviert werden Klassiker aus der Österreichischen Küche wie z. B. die selten gewordene „Fledermaus", Palatschinken mit Powidl-Mohnfülle, Spareribs sowie verschiedene Brote. Draußen großer Garten mit vielen Kastanien, der eher an einen Heurigen als an einen Biergarten erinnert. Ca. 90 Plätze, Großer Wintergarten (auch beheizt) 80, im Garten mit Kastanienbäumen ca. 140 Plätze.

SIMMERINGER BIER- UND KULTURSCHMANKERL

1110 Wien, Simmeringer Hauptstraße 152, +43/1/7677958
www.kulturschmankerl.at
ÖFFNUNGSZEITEN Di-Sa: 10:00 bis 22:00 Uhr; So: 10:00 bis 16:00 Uhr
FASSBIER Gösser Braufrisch (Tank), Gösser Zwickl, Gemischtes
FLASCHENBIER Edelweiss Hefetrüb, Gösser Märzen, Gösser Naturgold, Gösser Naturradler Kräuter, Kaiser Doppelmalz, Wieselburger Gold, Wieselburger Schwarzbier, Zipfer Limetten Radler, Zipfer Orangen Radler, Schlossgold
LOKAL Eines der Lieblingslokale des Verlags – und auch immer wieder vom Bezirksblatt als beliebtestes Lokal des Bezirks ausgezeichnet: Nur 250 Schritte von der Endstation der U3 Simmering ist dieses Vorstadtgasthaus ein Ankerpunkt der Bierkultur. Wochentags gibt es mehrere Menüs, abends oft Musik- und Kabarett-Veranstaltungen im Keller. Das Gösser kommt aus dem 500-Liter-Frischetank – und man ist stolz darauf, dass hier erstmals das Konzept des Gösser Tankbiers etabliert worden ist. Im Hof befindet sich ein ruhiger Innengarten.

SIMMERINGER BIERGARTL

1110 Wien, Geiselbergstraße 41, +43/1/7491700
www.biergartl.at
ÖFFNUNGSZEITEN Mo-So: 9:00 bis 00:00 Uhr
FASSBIER Budweiser, Hirter Privat Pils, Murauer Gold, Stiegl-Goldbräu, Zwettler Original
FLASCHENBIER Heineken, Beck's Alkoholfrei, Hirter Radler, Murauer Doppelmalz, Murauer Märzen, Murauer Weisse, Paulaner Hefeweisse, Pschorr Hefeweisse, Schneider Weisse, Stiegl Radler
LOKAL Das Simmeringer Biergartl war schon Vorreiter der Biervielfalt, als ähnliche Lokale nur die Biere von einer einzigen Brauerei im Angebot hatten. Es ist ein von außen unscheinbares, innen sehr gemütliches Beisl; es bietet viel Lokalkolorit und bierige Dekoration, gute Bierpflege, freundliche Bedienung. Und vier Weizenbiere findet man auch nicht auf jeder Bierkarte. 50 Sitzplätze, 15 an der Bar.

SIMMERINGER LANDBIER

1110 Wien, Simmeringer Hauptstraße 50, +43/1/7494254
www.simmeringer-landbier.at
ÖFFNUNGSZEITEN Mo-Sa: 8:00 bis 00:00 Uhr; So: 9:00 bis 22:00 Uhr

Simmeringer Landbier

FASSBIER Gösser Märzen, Ottakringer Rotes Zwickl, Simmeringer Landbier Helles (Ottakringer), Stiegl-Goldbräu
FLASCHENBIER Corona, Heineken, Ottakringer Dunkel, Paulaner Hefeweizen Hell, Radler, Null Komma Josef, Craftbiere
LOKAL Modern gestaltetes Pub mit großer Bar und typischen Angeboten aus der Wiener Küche wie z.B. knusprig gegrillte Stelze. Sehr nettes Personal. 110 Sitzplätze im Lokal, 40 Sitzplätze im Gastgarten, 30 Plätze an der Bar.

12. BEZIRK

BIERSTÖCKL

1120 Wien, Hetzendorfer Straße 79, Areal Schloss Hetzendorf +43/1/8032134
www.bierstoeckl.at
ÖFFNUNGSZEITEN Mo-Sa: 11:00 bis 22:30 Uhr; So: 11:00 bis 22:00 Uhr
FASSBIER Heineken, Gösser Märzen, Starobrno, Gösser Radler
FLASCHENBIER Reininghaus Jahrgangspils, Gösser Zwickl, Schladminger Märzen, Puntigamer, Gösser Stiftsbräu, Weihenstephaner Weißbier hell und dunkel
LOKAL Ein altes Schlössl mit einem modernen Bierlokal: Die mit hellen Tischen und dunklen Sessel möblierten Stuben frequentieren Prominente aus TV, Medien und Theater, die Schülerinnen und Schüler der Modeschule Hetzendorf und sogar deren Eltern. Das Bierstöckl bietet eine Küche, die der bierigen Tradition durchaus entgegenkommt. Das Boutiquehotel Paccassi ist unmittelbar angeschlossen. 100 Plätze im Lokal, 25 Plätze an der Bar und 200 Sitzplätze im Biergarten. 100 Plätze im Lokal, 25 Plätze an der Bar und 200 Sitzplätze im Biergarten.

Bierstöckl

GASTHAUS STAFLER

1120 Wien, Ehrenfelsgasse 4, +43/1/8156235
www.stafler.at
ÖFFNUNGSZEITEN Di-Sa: 11:30 bis 15:00 Uhr, 17:30 bis 23:00 Uhr
FASSBIER Hadmar Bio Bier, Weitra Helles
FLASCHENBIER Franziskaner Hefeweizen Hell, Murauer Märzen, Zwettler Zitronenradler, Fohrenburger ‚Ohne' Alkoholfrei
LOKAL Das ehemalige Weinhaus Wunsch, nahe an der Schönbrunner Straße gelegen, hat sich seit Ende des vorigen Jahrzehnts zu einem vielbeachteten Ankerpunkt Südtiroler Gastronomie in Wien entwickelt. Das Stafler veranstaltet jeden Samstag ab 17:00 Uhr ein traditionelles Südtiroler Törggelen (Brauch, in geselliger Runde eine Mahlzeit einzunehmen). Dazu gehören Spezialitäten wie Eisacktaler Speckjausn, Schlutzkrapfen und diverse Knödelspezialitäten, Hauswürste mit Kraut, Plattln mit Kraut, Schwarzplentene Torte und Eisacktaler Festtagskrapfen. Und natürlich gebratene „Keschtn' (oder Maroni wie der Wiener sagt).

GIERSTERBRÄU

1120 Wien, Gierstergasse 10, +43/1/8100162 oder +43/664/1433374
www.giersterbraeu.com
ÖFFNUNGSZEITEN Mo-So: 10:00 bis 00:00 Uhr
FASSBIER Budweiser Dunkel, Budweiser Hell, Ottakringer Rotes Zwickl
FLASCHENBIER Paulaner Hefeweizen, Stiegl Goldbräu, Stiegl-Pils, Budweiser Alkoholfrei

LOKAL Das Giersterbräu braut zwar nicht selber, sein Name erinnert aber an den ehemaligen Gaudenzdorfer Bürgermeister und Brauhausbesitzer Josef Leopold Gierster. Dessen im 19. Jahrhundert wegen ihrer günstigen Preise (Lage außerhalb der Wiener Verzehrsteuergrenze) Brauerei befand sich einige Blocks weiter. Das Giersterbräu präsentiert sich nach einer Neuübernahme 2015 als gutbürgerliches Lokal mit freundlichem Personal – der Gastgarten allein ist einen Besuch wert. 62 Sitzplätze im Lokal, 120 Sitzplätze im Garten.

LOKAL IN DER FABRIK

1120 Wien, Gaudenzdorfer Gürtel 73, +43/1/8155450
www.diefabrik.co.at
ÖFFNUNGSZEITEN Mo-Fr: 11:00 bis 00:00 Uhr

Lokal in der Fabrik

FASSBIER Budweiser, Hirter, Schwechater Zwickl, Puntigamer Panther, Puntigamer Radler, Stiegl-Goldbräu, Stiegl-Weisse
FLASCHENBIER Gösser Naturgold, Gösser Märzen, Grieskirchner Dunkles, Schneider Weisse, Weihenstephaner Hefetrüb
LOKAL 1998 eingerichtetes Biergasthaus mit einladender Bar, eingerichtet in einer 1908 gegründeten ehemaligen Textilfabrik am Gürtel. Das alte Gewölbe wurde liebevoll im Industrie-Stil hergerichtet, der Innenhof hat einen besonders schönen, teilweise mit Glas überdachten Garten mit viel Backsteinromantik. Gute Bierpflege und freundliches Serviceteam. Im Hinterhaus befindet sich ein charmantes Hotel. 110 Sitzplätze, Garten: 70 Sitzplätze.

OTTO

1120 Wien, Altmannsdorfer Straße 101, +43/1/8047650
www.biergasthof-otto.at
ÖFFNUNGSZEITEN Mo-Sa: 11:00 bis 00:00 Uhr; So: 11:00 bis 22:00 Uhr
FASSBIER 12er-Radler, Budweiser, Murauer Steirergold, Ottakringer 12er, Ottakringer Dunkles, Ottakringer Rotes Zwickl, Ottakringer Wiener Original, Ottakringer Zwickl, Schneider Weisse, Schneider-Weisse-Radler, Zwickl-Radler
FLASCHENBIER Corona, Erdinger Alkoholfrei, Heineken, Hirter Morchl, Innstadt Neue Weisse, Murauer Märzen, Null Komma Josef, Paulaner Weißbier Hefetrüb, Schneider Weisse Alkoholfrei, Schremser Märzen, Stiegl-Pils, Trumer Pils
LOKAL Einer der schönsten Biergärten Wiens – und ein Bierlokal, das auch nach vielen Jahren immer noch eine moderne, bierige Stimmung mit viel Kupfer und Holz vermittelt. Effizienter, freundlicher Service – selbst wenn das Lokal wieder einmal zum Bersten voll ist. Im Hintergrund: Jazzmusik, Sonntag: live. 200 Sitzplätze im Lokal, Bar: 20 Garten: 250 Sitzplätze.

STRASSER-BRÄU

1120 Wien, Schönbrunner Straße 253, +43/1/8120023
www.strasserbraeu.at
ÖFFNUNGSZEITEN Mo-Fr: 11:00 bis 00:00 Uhr; Sa: 17:00 bis 00:00 Uhr
FASSBIER Strasser Bräu (rotes Zwickl von Ottakringer), Columbus Pale Ale, Hirter Privat Pils, Stiegl-Goldbräu, Stiegl-Paracelsus Zwickl, Stiegl-Weisse, Zwettler Original, saisonale Spezialitäten
FLASCHENBIER König Ludwig Weißbier Hell und Dunkel, Stiegl Freibier Alkoholfrei, Stiegl Grapefruitradler, Stiegl Holunder Weisse, Stiegl Sport Weisse
LOKAL Nach Methoden der traditionellen Chinesischen Medizin gekochte Speisen zum Bier? Was ungewöhnlich klingt, schmeckt höchst interessant und wird hier mit besonderer Freundlichkeit serviert. Zunächst geht man durch einen relativ schmalen Eingang entlang einer freundlichen, hellen Bar ins Innere dieses modern, aber immer noch gemütlich gestalteten Bierlokals, wo man natürlich nicht nur Exotisches wie Insekten-Burger, sondern auch durchaus bodenständige Küche bekommt. Wer speisen will, sollte reservieren. 90 Sitzplätze, 70 Sitzplätze im Garten, 15 an der Bar.

13. BEZIRK

BRANDAUER'S SCHLOSSBRÄU

1130 Wien, Am Platz 5, +43/1/8795970
www.bierig.at
ÖFFNUNGSZEITEN Mo-So: 10:00 bis 00:00 Uhr
FASSBIER Brandauers Hausbier (Zwettler Pils), Brandauers Zwickl (Zwettler Zwickl), Hadmar Bio Bier, Schneider Weisse, Zwettler Dunkles, Zwettler Radler, Zwettler Saphir, Saisonbier der CulturBrauer
FLASCHENBIER Gutmann Hefeweizen Hell, Junghopfenpils, Schremser Vienna I.P. (März/April), Mohren Kellerbier, Murauer, Obertrumer Original Zwickl, Schneider Weisse alkoholfreies Hefeweizen, Schremser Vienna I.P., Stiegl Goldbräu, Zwettler Lager, Zwettler Luftikus

LOKAL In unmittelbarer Nachbarschaft des Schönbrunner Schlossparks befindet sich am unteren Ende der Maxinggasse dieser verlässliche Platz für wienerische Bierkultur. Thomas Brandauer hat den biedermeierlichen Tanzsaal und den davor liegenden Biergarten im Jahr 2000 mit Millionenaufwand stilgerecht renoviert – man spaziert durch eine schönbrunngelbe Toreinfahrt, sitzt unter den Kastanienbäumen oder an der Bar, die allein rund 80 Gästen Platz bietet. Das Schöne am Garten ist der Laubengang, in dem man auch bei Regenwetter trocken sitzen und Biergartenstimmung tanken kann. Sehr sympathisch: Die Speise- und Getränkekarte ist einer viermal jährlich erscheinenden Hauszeitung, „s' bierige Blattl", beigelegt – in dieser schreiben auch die Mitarbeiter über ihre Erfahrungen bei Arbeit und Freizeit. Ca. 400 Sitzplätze im Lokal, Biergarten: ca. 480 Plätze.

Brandauer's Bierstube

BRANDAUER'S BIERSTUBE

1130 Wien, Am Platz 5, +43/1/8770011
www.bierig.at
ÖFFNUNGSZEITEN Mo-So: 17:00 bis 1:00 Uhr
FASSBIER Brandauers Hausbier (Zwettler Pils), 100 Blumen Zwickl, Aurora Craft, Bevog Tak Pale Ale, Pilsner Urquell
FLASCHENBIER Mehrere Dutzend Spezialitäten von Anchor Old Foghorn über My Antonia und Pöhjala Must Kuld Porter bis zur Hopfenweisse von Schneider, Kisbye's Waldbier und zum alkoholfreien Zwettler Luftikus. Viele inländische Craftbiere wie Brew Age Eisknacker, Pinzgau Bräu Weizen Hell, Gusswerk Dies Irae oder Forstner Dry Stout
LOKAL Brandauer's Schlossbräu und Brandauer's Bierstube sind zwei recht ungleiche Geschwister – was sich in den Öffnungszeiten, dem Bierangebot und natürlich auch dem Publikum niederschlägt: Craftbier-Geeks biegen gleich beim Eingang zum Schlossbräu rechts in die neue Bierstube. Hier finden sie eine breite Auswahl an gepflegtem Craftbier aus Kleinbrauereien – die Bierleitungen werden oft mit anderen Bieren belegt, daher sind die hier gelisteten Biere nur als Beispiel zu verstehen. Zum Bier werden Snacks serviert, wer zum Speisen kommt, kann ja gleich weiter ins Schlossbräu gehen.

„DAS ALT" – IRISH PUB

1130 Wien, Altgasse 18, +43/664/99124962
irishpub-hietzing.at
ÖFFNUNGSZEITEN Mo-So: 16:00 bis 2:00 Uhr
FASSBIER Budweiser, Guinness, Ottakringer Rotes Zwickl, Zwettler Original, eine saisonale Bierspezialiät
FLASCHENBIER Hopf Helle Weisse, Murauer Märzen, Null Komma Josef, Pécsi Craftbiere, Tegernseer Hell
LOKAL Wenn man in dieses Lokal kommt, könnte man wirklich meinen, in Irland angekommen zu sein: Man steht vor einer langen Bar, die fast die gesamte Breite des Lokals einnimmt – es gibt aber auch ein paar Tische, an denen man gemütlich sitzen kann. Dahinter: Etliche schön gerahmte historische Zeitungsseiten. Speziell an Wochenenden kann es hier sehr gedrängt wirken – und dann erreicht auch die Bierpflege nicht die gewohnten Standards. Ca. 100 Sitzplätze im Lokal, 20 im Gastgarten.

WALDTZEILE

1130 Wien, Speisinger Straße 2, +43/1/8045394
www.waldtzeile.at
ÖFFNUNGSZEITEN Di-Sa: 11:30 bis 23:00 Uhr; So: 11:30 bis 16:00 Uhr

Waldtzeile

FASSBIER Stiegl Paracelsus Bio Zwickl, Hadmar Bio Bier, Hirter 1270, Stiegl Hefeweizen (im Sommer), Stiegl Spezial, wechselnde Saisonbiere
FLASCHENBIER Stiegl Weisse, Zwettler Dunkles, Stiegl Freibier, Stiegl Sport-Weisse Alkoholfrei
LOKAL Unmittelbar an der Schnellbahnstation Speising befindet sich dieses alte Wiener Gasthaus mit originaler Jahrhundertwende-Einrichtung: Alte Öfen, Jugendstillampen, alte Schank und Kühlung, Gewölbekeller und eine Dachterrasse mit Bar für 2 Fassbiere nach Wunsch. Für eine Bierbrauanlage wurde eigens ein Keller gebaut – installiert ist diese allerdings noch nicht. War im Jahr 2008 der vielbeachtete Ort der Präsentation des Bier Guides und 2009 Biergarten des Jahres. Auch Hochzeiten inklusive Trauung und Holzbierfass werden veranstaltet. 350 Sitzplätze im Lokal, 240 Sitzplätze im Garten.

14. BEZIRK

BREITENSEER BIERGARTL

1140 Wien, Huttengasse 1, +43/1/9854770
www.breitenseer-biergartl.at
ÖFFNUNGSZEITEN Mo-Fr: 11:00 bis 00:00 Uhr
FASSBIER Budweiser Lager, Freistädter Bio Zwickl, Hofbräu Traunstein Dunkles, Hofbräu Traunstein Helles, Schremser Kellerpils, Schremser Pils

FLASCHENBIER Brew Age Affenkönig IPA, Brew Age Hopfenauflauf, Gusswerk Das schwarze Schaf, Gusswerk Jakobsgold Alkoholfrei, Gusswerk Wiener Lager, Gusswerk Zum Wohl (glutenfrei), Hofbräu Traunstein Weißbier Dunkel, Hofbräu Traunstein Weißbier Hell, Schremser Naturpark Radler
LOKAL Seit 1988 ein Klassiker unter den Wiener Bierlokalen – auch wenn es mehrfach den Namen gewechselt hat. Besonders im Sommer ist der namensgebende, mit Bäumen bestandene Biergarten vor dem Lokal an der Kreuzung zur Breitenseer Straße sehr beliebt. Aber auch das Interieur ist ansprechend: Hier gibt es eine nette Sammlung von Bierwerbetafeln zu sehen. Deftige Wiener Küche und immer wieder Monatsbiere. 70 Sitzplätze, 10 an der Bar, 70 Sitzplätze im Gastgarten.

GASTHAUS PESCHTA

1140 Wien, Bahnhofstraße 28, +43/1/9144247
www.gasthaus-peschta.at
ÖFFNUNGSZEITEN Mo-Fr: 8:30 bis 23:00 Uhr
FASSBIER Gösser Märzen, Gösser Zwickl
FLASCHENBIER Hütteldorfer Bräu, Gösser Märzen, Gösser Naturgold, Gösser Naturradler, Weihenstefan Hefetrüb
LOKAL Ecklokal gegenüber vom Bahnhof Hütteldorf mit sehr guter Stimmung, besonders, wenn im nahen Stadion ein Rapid-Match stattfindet. Seit 2016 wird hier wieder das Bier der ehemaligen Hütteldorfer Brauerei ausgeschenkt – es kommt nunmehr aus der Gablitzer Brauerei als saisonales, handgebrautes Bier (Winter: Bernstein Märzen, Sommer: Zwickl Pils), das exklusiv bei Peschta und Prilisauer ausgeschenkt wird. Die Küche bietet herzhafte Spezialitäten der Wiener Küche mit Fokus auf saisonale Schmankerln und hausgemachte Spezialitäten, an den Abenden auch eine moderner gekochte „Abendspezialität". 80 Plätze im Lokal, 60 im Gastgarten.

HADIKSTÜBERL

1140 Wien, Hadikgasse 100, +43/660/4105510
hadikstueberl.at
ÖFFNUNGSZEITEN Di-Sa: 11:00 bis 22:00 Uhr; So: 11:00 bis 16:00 Uhr
FASSBIER Stiegl Goldbräu, Weitra Bräu Das Helle
FLASCHENBIER Paulaner Weizen, Null Komma Josef
LOKAL Ein 2019 wiederbelebtes Beisl mit hochgelobter Wiener Küche – die Gäste sind fast ausschließlich aus dem Grätzel, die Lamperie aus Großvaters Zeiten, die Kochrezepte aus der Zeit der Mutter. Der Service ist flink, die Atmosphäre amikal, und der Garten trotz Nähe zu einer der wichtigsten Ausfallstraßen Wiens ein Ruhepol mit altem Baumbestand.

MEDL-BRÄU

1140 Wien, Linzer Straße 275, +43/1/9144340
www.medl-braeu.at
ÖFFNUNGSZEITEN Di-Sa: 10:00 bis 00:00 Uhr
FASSBIER Dunkles, Helles, Medl-Bräu Märzen, Radler, Weizen (Sommer), Festbock (saisonal)
LOKAL Johann Medls Gasthausbrauerei ist in den 30 Jahren seit der Gründung im Jahr 1989 zu einer Institution geworden – leicht kitschig dekoriert und keine großen Experimente in Küche und im Bierkeller. Das danken die Stammgäste vom Bauarbeiter bis zum Minister. 180 Sitzplätze, im Gastgarten: 150 Sitzplätze.

PRILISAUER RESTAURANT & BIERSCHANK

1140 Wien, Linzer Straße 423, +43/1/9793228
www.prilisauer.at
ÖFFNUNGSZEITEN Di: 16:00 bis 23:00 Uhr; Mi-Sa: 10:00 bis 23:00 Uhr; So: 10:00 bis 00:00 Uhr

Prilisauer Restaurant & Bierschank

Wiener Restaurant & Bierschank
Prilisauer
seit 1882

FASSBIER Budweiser, Gösser, Schwechater Zwickl, saisonal wechselnd: Hütteldorfer Bräu exklusiv bei Peschta, Prilisauer & Rieglerhütte), im Frühling/Sommer: Zwickl Pils (Vizestaatsmeister), Herbst/Winter: Bernstein Märzen
FLASCHENBIER Edelweiss Hefetrüb, Gösser Naturgold, Kaiser Doppelmalz, Schlossgold, Zipfer Urtyp, saisonal Hütteldorfer Bräu der Gablitzer Brauerei (handgebraut)
LOKAL Mehr als 130 Jahre Wirtshaustradition in der fünften Generation. Wienerliederabend einmal im Monat. Saisonale und regionale Spezialitäten (Rettet den Hirtenspieß im Jänner, Fischwochen im Februar, Osterspezialitäten, Steirische Wochen und Bärlauch im März/April, Maibock, Spargel, im Juli/August Steinpilze und Eierschwammerl, Kürbis im September, Wildgerichte im Herbst, Martinigansl im November) stehen unter dem Motto: „Respekt vor den Jahreszeiten" sowie einige Bierschmankerl-Klassiker wie z.B. Fiakergulasch. 114 Sitzplätze im Lokal, Garten (mit schönen Altwiener Kastanien): 60 Sitzplätze.

STAG'S HEAD

1140 Wien, Keisslergasse 1-3, +43/1/9047481
www.stags-head.at
ÖFFNUNGSZEITEN Di-Do: 15:00 bis 00:00 Uhr; Fr: 15:00 bis 1:00 Uhr; Sa: 12:00 bis 1:00 Uhr

Stag's Head

FASSBIER Guinness, Kilkenny, Ottakringer Radler, Ottakringer Rotes Zwickl, Ottakringer Zwickl, Stag's Draft (ein Helles von Ottakringer)
FLASCHENBIER Corona, Astra Rotlicht, Augustiner Edelstoff, Augustiner Helles, Budweiser, Hütteldorfer Weststadion Bier, Innstadt Weisse Naturtrüb, Newcastle Brown Ale, Ottakringer Dunkel, Ottakringer Sechzehn, Stella Artois
LOKAL Diese irisch-amerikanisch gestaltete Sportsbar liegt unmittelbar bei der U-Bahnstation Hütteldorf und gegenüber vom neuen Allianz-Stadion der Rapid – und hat einen gemeinsamen Eingang mit dem Rapid Fanshop. Fußballübertragungen der österreichischen und deutschen Bundesliga, Englischen Premier League, Champions League und Europa League kann man vor einem futuristisch gestalteten Kamin anschauen. Jeden ersten Donnerstag des Monats Bingo, jeden Montag Karaoke, Oktoberfest (mit Gratis-Brezeln) Anfang Oktober und immer wieder Live-Musik. Die Speisekarte ist amerikanisch (mit einer sehr einladenden Auswahl an Burgern) mit ein paar österreichischen Angeboten für die Fussballfans, auf der Getränkekarte finden sich neben den Bieren viele Ciders, Whiskys sowie Cocktails. Schade, dass die Zapfkultur mit der schönen Ausstattung nicht mithalten kann.

THE TWINS PUB

1140 Wien, Hütteldorfer Straße 299, +43/1/4164393
www.facebook.com/pages/Twins-Pub/166632863385519
ÖFFNUNGSZEITEN Mo-So: 16:00 bis 2:00 Uhr
FASSBIER Budweiser Bürgerbräu, Foster's, Gösser Gold, Gösser Stiftsbräu, Guinness Stout, Kilkenny Irish Ale, Wieselburger
FLASCHENBIER Corona, Desperados, Franziskaner Weiße, Grolsch, Heineken, Lapin Kulta, Newcastle Brown Ale, Schlossgold, Wieselburger Stammbräu
LOKAL Originalgetreues Irish Pub mit langer, heimelig düsterer Bar –12 ausgewählte Sorten Whiskey lassen so manches Whiskeyherz höherschlagen! Themenpartys (Halloween, St. Patrick's Day), Karaoke. 89 Plätze im Lokal, 12 im Schanigarten.

VELOBIS

1140 Wien, Johnstraße 1-3/Linzerstraße 2, +43/1/7863980
www.velobis.com
ÖFFNUNGSZEITEN Di-Fr: 16:30 bis 23:00 Uhr; Sa: 9:30 bis 00:00 Uhr; So: 9:30 bis 17:00 Uhr
FASSBIER Brew Age Alphatier New England IPA, Hirter Herbstcult, Hirter Privat Pils
FLASCHENBIER Gut sortiertes Craftbier-Angebot aus dem Inland (etwa: Bierol Going Hazelnuts, BrauSchneider Powidl Porter, Brauwerk Schnittenfahrt Stout und Brew Age Eierbär) und dem Ausland (etwa: Thornbridge Cocoa Wonderland, St. Peter's India Pale Ale, Kasteel Rouge, O'Hara's Irish Red oder Einstök Toasted Porter)
LOKAL Hinter dem Technischen Museum findet man diese schräge Kombination aus einem Fahrradladen und einem Bistro – es gibt eine kleine Bierbar, eine gut sortierte Karte für Mittag- und Abendessen (hausgemachtes Fladenbrot!) und sogar einen netten kleinen Innenhofgarten. Das Bierangebot wechselt 2x im Jahr, mindestens ein Craftbier ist immer am Zapfhahn, und es gibt immer mindestens 30 verschiede Sorten an Flaschenbieren. 50 Plätze im Lokal, ca. 30 im Innenhofgarten.

15. BEZIRK

BIERIGER

1150 Wien, Schweglerstraße 37, +43/1/7896606
www.bieriger.at
ÖFFNUNGSZEITEN Mo-Do: 10:00 bis 00:00 Uhr; Fr-Sa: 10:00 bis 1:00 Uhr; So: 10:00 bis 00:00 Uhr

Bieriger

FASSBIER Bierigers Hausbier, Kaiser Doppelmalz, Wieselburger Spezial, Gösser Märzen, Gösser Naturradler, Schladminger Märzen, Schwechater Zwickl, Starobrono Gold, Weihenstephan Hefetrüb
FLASCHENBIER Puntigamer Panther, Gösser Naturgold
LOKAL Der Heurige unter den Wiener Bierlokalen – dekoriert mit einer riesigen Weinpresse über der Bar – ist längst eine Institution geworden. Die Speisekarte bietet deftige Klassiker, darunter auch eine Käseplatte. Bis zu 300 Sitzplätze im Lokal, Bar: 30, 80 im Saal (für Feiern), im Garten 200 Sitzplätze.

BRAUHOF WIEN FÜNFHAUS – KALTENHAUSER BOTSCHAFT

1150 Wien, Mariahilferstraße 156-158, +43/1/8924000
www.brauhof-hotel.at
ÖFFNUNGSZEITEN Mo-So: 11:00 bis 23:30 Uhr
FASSBIER Kaltenhauser Botschaft India Pale Ale, Kaltenhauser Botschaft Wiener Lager, Kaltenhauser Botschaft Zwickl, Reininghaus Jahrgangs Pils, Schwechater Hopfenperle, Kaiser Doppelmalz, Kaltenhauser 1475 Pale Ale, Starobrno
FLASCHENBIER Wenige Biere aus dem Reich der BrauUnion (Kaltenhauser Gandolf IPA, Gösser Naturgold), mehrere Dutzend von Mittelstands- und Craftbierbrauereien, etwa: Next Level Local Hero, O'Hara's Leann Follain, Orval, Birra del Borgo Equilibrista, Aecht Schlenkerla Rauchbier, Anchor Steam Beer, Aventinus Eisbock, Bayreuther Hell, Põhjala Brenzlauer Berg, Raschhofer Musenkind oder auch Oskar Blues Dale's Pale Ale
LOKAL Brewpub des Jahres, siehe Seite 99.

Brauhof Wien Fünfhaus – Kaltenhauser Botschaft

BRAUHUND

1150 Wien, Schweglerstraße 48,
de-de.facebook.com/brauhundbar
ÖFFNUNGSZEITEN Mo-Sa: 17:00 bis 2:00 Uhr; So: 15:00 bis 21:00 Uhr
FASSBIER Bevog Tak Pale Ale, Brew Age, Crew Republic Drunken Sailor, Schwechater Zwickl, Starobrno, To Ol
FLASCHENBIER Beck's Alkolholfrei, Beer up glutenfrei, Brauwerk Session IPA, Brewdog Punk IPA, Brewdog Sam Saint Red Ale, Collabs Brewery Domrep Pils, Desperados, Erdinger Weizen Alkoholfrei, Gastbiere, Loncium Roggn'Roll, Loncium Royal Dark Stout, Loncium Schwarze Gams, Tegernseer Helles, Weihenstephan Hell & Dunkel, Wieselburger
LOKAL Aus der alten Location in der Märzstraße ist dieses in der Wiener Bierszene ebenso wie in der linken Studentenszene gut verankerte Lokal im Frühjahr 2019 in diese neue, deutlich größere Heimstatt übersiedelt. Im Kern ist gleich geblieben, dass man sich um Craftbiere kümmert – ein großer Kühlschrank zeigt die Vielfalt, eine lange Bar lädt dazu ein, diese auch zu verkosten. Im Barbereich gibt es weiterhin viel Kunst zu sehen und über allem strahlt die stolze Abwandlung des Spruchs „in God we trust" zu „in beer we trust". Nettes, sachkundiges Service (die Leute kennen die Biere gut) und faire Preise zeichnen den Betrieb aus. Das Speisenangebot ist am neuen Standort allerdings deutlich breiter geworden. 20 Plätze an der Bar, 50 an Tischen, 20 im Schanigarten.

GASTHAUS QUELL

1150 Wien, Reindorfgasse 19, +43/1/8932407
www.gasthausquell.at
ÖFFNUNGSZEITEN Mo-Fr: 11:00 bis 00:00 Uhr
FASSBIER Cerná Hora, Hirter Morchl, Hirter Zwickl, Pilsner Urquell
FLASCHENBIER Budweiser, Erdinger Weißbier, Murauer Märzen, Beck's Alkoholfrei
LOKAL Das „Quell" in der Reindorfgasse ist eines der ältesten urwienerischen Wirtshäuser und war einst Stammsitz von Ostbahn-Kurtis „Schmetterlingen". 2004 von Eduard Peregi neu übernommen, wird dort heute gekonnt und mit frischem Wind (vor allem was die Speisekarte betrifft) die Tradition des alten „Quell" fortgeführt: Wirtshausklassiker mit kräftigem Augenzwinkern. 110 Sitzplätze im Lokal, 50 Sitzplätze im Garten.

GOLDEN HARP @ MAISELMARKET

1150 Wien, Johnstraße 69, +43/1/7863961
www.goldenharp1150.at
ÖFFNUNGSZEITEN Mo-So: 6:00 bis 2:00 Uhr
FASSBIER Starobrno, Guinness, Hausbier, Kilkenny
FLASCHENBIER Fuller's London Pride, Heineken, Brew Dog Punk IPA, Desperados, Gösser Radler, Kaiser Doppelmalz, O'Hara's Irish Pale Ale, Schwechater Zwickl, Weihenstephaner, Wieselburger Stammbräu, Zipfer Radler, Schlossgold, Edelweiss Alkoholfrei
LOKAL Schräg gegenüber vom Maiselmarkt liegt diese große Filiale der Golden Harp Pubkette. Besondere Attraktion ist eine Ritterrüstung mitten im Lokal, rundherum gemütliche Lehnsessel. 90 Plätze im Lokal, 12 an der Bar, 18 im Schanigarten.

Golden Harp @ Maiselmarket

HAWIDERE

1150 Wien, Ullmannstraße 31, +43/664/1508429 (ab Mittag)
www.hawidere.at
ÖFFNUNGSZEITEN Mo-So: 16:00 bis 2:00 Uhr
FASSBIER Die Fassbiere wechseln monatlich (14 Zapfhähne)
FLASCHENBIER Rund 50 mehr oder weniger oft wechselnde Spezialitäten, alle auf der Karte gut beschrieben – beispielsweise: Porterhouse Red Ale, The Padawan, Alefried Golden Sour, El Patrón Double IPA, Schneider Hopfenweisse, Bierol Koida Kaffee, Rodauner Gselchter. Oder einfach auch Augustiner Edelstoff.

LOKAL „Ein Bierbeisl, wie es sein soll. Punkt." So lautet die Selbstdarstellung des Wirten „Kowara" Bertl Windisch. Das Ambiente seines Lokals ist über die Jahre höchst originell geblieben, ein Teil der Einrichtung mit 50er-Jahre-Charme wurde aus dem Weinhaus Kraft gerettet. Viele Leuchten, Tische und Sessel wurden vom Kowara selbst designt und harmonieren prächtig mit Einzelstücken wie einer Original Straßenbahnsitzgarnitur oder Kinosesseln aus einem Pornokino. Als Vorreiter in der Wiener Craftbier-Szene wurde das Hawidere im Jahr 2015 als Wiener Bierlokal des Jahres ausgezeichnet. Kostproben aus den 14 Zapfhähnen werden den Gästen als „Acht Schätze angeboten". Der Schwerpunkt der Bierauswahl liegt auf österreichischen Bieren von unabhängigen Brauereien – dazu gibt es einen Kühlschrank mit Craftbieren, beschriftet als „Craftkammer". Regelmäßig finden Bierkulturabende und Verkostungen mit der Diplom Biersommelière des Hauses statt, die auch erste Braufrau der hauseigenen Collabs Brewery mit dem Flaggschiff „Domrep Pils" ist. Auf Food Pairing wird besonders viel wert gelegt. Zu jedem Burger gibt es eine entsprechende Bierempfehlung. 100 Plätze im Lokal, 20 an der Bar, 100 im Garten.

HEIDINGER'S GASTHAUS

1150 Wien, Selzergasse 38, +43/1/9859911
www.heidingers.at
ÖFFNUNGSZEITEN Mo-Fr: 11:00 bis 14:30 Uhr, 17:30 bis 22:00 Uhr
FASSBIER Hainfelder Dunkles, Haselbräu, Schladminger Märzen, Schwechater Zwickl, Weihenstephaner Weizenbier, eine wechselnde Spezialität, Gösser Naturradler
LOKAL Unweit des Meiselmarktes bzw. der U-Bahnstation Johnstraße befindet sich ein Wiener Beisl wie aus dem Bilderbuch, das nach dem Befund von Gastrokritiker-Kollegen Herbert Hacker einer „aussterbenden Gattung" angehört, weil es nicht auf edel tut und nicht aufgemotzt kocht. Holzvertäfelung, altes Mobilar, eine von Robert Heidinger geführte bodenständige Küche mit Wiener Beislgerichten (gebackenes Gulasch auf Erdäpfel-Blattsalat!), freundliche Bedienung und ein gepflegtes Schwechater Zwickl (oder ein Biobier aus Schladming). Berühmt für die Martinigansln, zu denen es dann auch Bockbier gibt. Immer wieder interessante Gastbiere von sehr kleinen Brauereien, etwa vom Haselbräu, das am Ostrong im südlichen Waldviertel gebraut wird! 65 Sitzplätze im Lokal, 30 Sitzplätze im Gastgarten.

MARIAHILFERBRÄU

1150 Wien, Mariahilfer Straße 152, +43/1/8974749
www.mariahilferbrau.com
ÖFFNUNGSZEITEN Mo-So: 11:00 bis 00:00 Uhr
FASSBIER König Ludwig Dunkel, Ottakringer Wiener Original, Ottakringer Zwickl Rot, Pilsner Urquell, Stiegl Paracelsus Naturtrüb, Stiegl-Goldbräu, Stiegl-Weisse, Velkopopovický Kozel, Monatsbier saisonal wechselnd
FLASCHENBIER Hirter Privat Pils, Null Komma Josef, Stiegl Grapefruitradler, Stiegl Sport Weisse
LOKAL Wenn man hereinkommt, sieht man vor der Bar einen großen Amethyst, darüber so etwas wie einen Hausaltar, auf dem die Gottesmutter mit dem Kind steht. Insgesamt handelt es sich um kein echtes „Bräu", dafür gibt es in diesem großen Ecklokal eine untypisch große Bierauswahl – gelegentlich auch Craftbier, etwa von der Tschöams-Brauerei. Auffallend ist die freundliche und kompetente Bedienung, die kundig über das Angebot informiert. Das an dieser Stelle seit 2001 bestehende Bierlokal (Vorläufer waren seit 1870 unter anderem ein Kaffeehaus und ein Tanzlokal) pflegt die schmackhaften Traditionen der hausgemachten Wiener Küche und setzt auf saisonale, frisch zubereitete Spezialitäten, offeriert Mittagsbuffet (wochentags 12:00 bis 14:00 Uhr). Seit 2010 mit dem österreichischen Umweltzeichen ausgezeichnet. Ca. 150 Sitzplätze im Lokal, 12 an der Bar, 70 Sitzplätze im Schanigarten.

Mikes 11 Fünfzig

MIKES 11 FÜNFZIG

1150 Wien, Neubaugürtel 27, +43/1/9569847
www.mikes.at
ÖFFNUNGSZEITEN Mo-Do: 9:00 bis 1:00 Uhr; Fr-Sa: 9:00 bis 2:00 Uhr; So: 9:00 bis 1:00 Uhr
FASSBIER Kaltenhausen Original, Reininghaus Pils, Schladminger Bio Zwickl
FLASCHENBIER Gösser Stiftsbräu, Heineken, Weihenstephaner Weizen, Wieselburger Stammbräu, Corona, Gösser Naturradler, Heineken 0.0,
LOKAL Modern eingerichtete Bar am Urban Loritz Platz, gute Bierpflege, freundliche Leute. Happy Hour gibt es hier nicht beim Bier, sondern bei den Speisen – wochentags zu Mittag auf die ganze Karte und 16:00 bis 18:00 Uhr ist Burger-Time. 80 Plätze im Lokal, 15 an der Bar, 50 im Garten.

MOZART'S

1150 Wien, Haidmannsgasse 8, +43/1/8920878
mozartsvienna.com
ÖFFNUNGSZEITEN Di-Do: 17:00 bis 1:00 Uhr; Fr-Sa: 17:00 bis 2:00 Uhr; So: 17:00 bis 1:00 Uhr
FASSBIER Pilsner Urquell, Schladminger Bio Zwickl, Schwechater Hopfenperle, Velkopopovicky Kozel Dunkel, Monatsbier (etwa Schladminger)
FLASCHENBIER Augustiner Bräu Helles, Brew Age Affenkönig, Maxlrainer Helles, Muttermilch – Wiener Bubi, Gösser Naturradler, Gösser Naturgold
LOKAL Die Tür erinnert noch ein bisserl daran, dass dies einmal ein typisch wienerisches Weinlokal gewesen ist. Wenn

man hineinkommt, landet man in einem aus der Zeit gefallenen Lokal, in das moderne Verpflegung (Schnitzel & Burger) zu gutem Bier anbietet – und das bis spät in die Nacht. In radikalem Kontrast dazu das „The Chapel", ein Speakeasy nebenan – eine schummrige Bar, die vor allem dem gepflegten Alkoholgenuss gewidmet ist. 70 Plätze im Lokal.

REIN WEIN

1150 Wien, Reindorfgasse 10, +43/650/2118193
www.reinwein.wien
ÖFFNUNGSZEITEN Mo-Mi: 16:00 bis 1:00 Uhr; Do-Sa: 16:00 bis 2:00 Uhr; So: 17:00 bis 23:00 Uhr

Rein Wein

FASSBIER Schremser Premium, Radler
FLASCHENBIER Klug getroffene Auswahl heimischer und importierter Craftbiere, darunter Tripel Karmeliet, Riedenburger Martha, Anchor Liberty Ale, Meantime Coffee Porter, Crew Republic Detox, Mikkeller Drink'in the Sun, Founders All Day IPA, Alefried Fladerant, Bevog Kramah IPA, Einstök Icelandic White Ale, Flying Dog Doggie Style Pale Ale und viele andere mehr
LOKAL Anders als der Name vermuten lässt, gibt es hier nicht nur Wein. Vielmehr ist 2015 eine kleine (37 Quadratmeter!), gemütliche Kombination aus Vinothek und Bierbar zwischen Mariahilfer und Sechshauser Straße entstanden – mit vielen Craftbieren aus der Flasche. Charmant sind auch die mit nostalgischen Pin-ups geschmückten Wände der Herrentoilette. 26 Plätze an der Bar, 16 im Schanigarten.

SCHUTZHAUS ZUKUNFT

1150 Wien, Auf der Schmelz, +43/1/9820127
www.schutzhaus-zukunft.at
ÖFFNUNGSZEITEN Mo-So: 9:00 bis 00:00 Uhr
FASSBIER Budweiser Budvar, Ottakringer Helles, Ottakringer Zwickl
FLASCHENBIER Ottakringer Dunkel, Ottakringer Helles Lager, Radler, Schneider Weisse, Null Komma Josef
LOKAL Mitten in der großen Schrebergartenanlage liegt diese typisch Ottakringer Gaststätte, die weit mehr als der kulinarische Nahversorger der Kleingärtner ist. Die Stadtzeitung Falter jubelte: „Hier knirscht der Kies" – und nannte die Zukunft den „Prototyp aller Schutzhäuser". Besuche hier haben bei eingesessenen Wienern Kultstatus – und der Biergarten ist besonders schön, der Service auch bei größerem Andrang noch bemüht und effizient, und die Konzert- und Kabarett-Veranstaltungen sind ein beliebter Fixpunkt für Interessierte. 450 Plätze im Lokal, bis zu 1000 im Garten.

TURNHALLE

1150 Wien, Herklotzgasse 21, +43/660/9399770
www.die-turnhalle.at
ÖFFNUNGSZEITEN Mo-So: 10:00 bis 00:00 Uhr
FASSBIER Brew Age Helles, Pilsner Urquell, Velkopopovicky Kozel Dunkel, Radler
FLASCHENBIER Erdinger Hefeweisse, Obertrumer Original Zwickl, Rothaus Tannenzäpfle Pils, Tegernseer Hell, Velkopopovický Kozel Hell, Beck's Akoholfrei
LOKAL Das Brick-5 Gebäude in der Herklotzgasse war vor dem 2. Weltkrieg ein kulturelles Zentrum der jüdischen Bevölkerung und im Innenhof, den man aus der Fünfhausgasse oder aus der Herklotzgasse erreichen kann, auch den Turnverein Makabi beherbergt. Dessen Halle ist nun ein Bierlokal mit Deli Küche & Bakery. Vegetarischer Brunch am Wochenende und an Feiertagen.

16. BEZIRK

BIERFINK

1160 Wien, Friedrich-Kaiser-Gasse 69, +43/1/4865286
www.bierfink.at
ÖFFNUNGSZEITEN Mo-So: 11:00 bis 00:00 Uhr
FASSBIER Budweiser Budvar, Ottakringer Helles, Ottakringer Schwarzes, Ottakringer Zitrus Radler, Ottakringer Zwickl, Schneider Weisse, Schnitt, Zwickl Schnitt
FLASCHENBIER Ottakringer Helles Lager, Ottakringer Wiener Original, Null Komma Josef
LOKAL Bei diesem Lokal im Schatten der Ottakringer Brauerei kann man beobachten, wie aus einem Eckbeisl ein In-Lokal mit kompetenter Bedienung und einem schönen, zwischen hohen Häuserfronten gezwängten Gastgarten wurde, ohne seinen Charakter zu verlieren. Der Garten wurde vom ORF Wien 1997 unter die fünf besten Biergärten der Stadt gereiht, woran sich wenig geändert hat – außer der leider etwas geschrumpften Bierauswahl. Die Einrichtung des Lokals folgt den Vorstellungen der Ottakringer Brauerei, was als „bierig" erlebt wird. Montag bis Freitag „All you can eat" Mittagsbuffet, die Küche bietet Herzhaftes und Schmackhaftes von Omas Gerichten über Spare Ribs bis Somlauer Nockerl. 100 Sitzplätze im Lokal, 300 Sitzplätze im Garten.

BIEROSOPHIE

1160 Wien, Gablenzgasse 60a, +43/664/5333628
www.bierosophie.at
ÖFFNUNGSZEITEN Mi-Sa: 11:30 bis 23:00 Uhr; So: 11:30 bis 20:00 Uhr
FASSBIER Auer Bräu Rosenheim Bajuwaren Dunkel, Chiemseer Hell, Hacker-Pschorr Kellerbier Zwickl, Hacker-Pschorr Münchner Gold, Hirter Privat Pils, Ottakringer Rotes Zwickl, Paulaner Hefeweißbier Hell naturtrüb, Radler, Schnitt

FLASCHENBIER Brauwerk Avalanche Double IPA, Brauwerk Big Easy IPA , Brauwerk Black & Proud Porter, Brauwerk Red Impact Sauerbier, Ottakringer Pils, Ottakringer Wiener Original, Paulaner Hefe-Weißbier Alkoholfrei, Paulaner Hefeweißbier Dunkel, Paulaner Münchner Hell Alkoholfrei, Paulaner Weißbier-Radler alkoholfrei, Zwettler Stiftsbräu
LOKAL Nostalgisches Ambiente im 2016 eröffneten Lokal. Die Küche bietet österreichische Hausmannskost und Klassiker, Mi-Fr ein Mittagsmenü sowie Schmankerl, die alle 14 Tage wechseln. Die Affinität zum Bier drückt sich nicht nur in der Bierauswahl aus, es werden auch einige Biercocktails und Biermischgetränke geboten. 200 Plätze im Lokal, 200 im Biergarten.

BLUNZENSTRICKER

1160 Wien, Ottakringer Straße 71, +43/1/4857849
www.blunzenstricker.at
ÖFFNUNGSZEITEN Di-Fr: 16:00 bis 00:00 Uhr; Sa: 12:00 bis 00:00 Uhr; So: 12:00 bis 17:00 Uhr
FASSBIER Budweiser, Gold Fassl Pils, Goldfassl Zwickl, Goldfassl Zwickl Dunkel, Goldfassl Zwickl Rot, Ottakringer Citrus Radler, Ottakringer Goldfassl PUR, Ottakringer Helles, Ottakringer Wiener Original
FLASCHENBIER Gösser Märzen, Schneider Weisse, Gösser Naturgold
LOKAL Traditionelles Ambiente und die richtige Mischung aus Bier- und gehobenem Speiselokal. Die Bierkarte, „Blunznpost" genannt, kommentiert die Bier-Klassiker ausführlich, bietet aber nur Traditionelles. Traditionell auch die Küche: Deren Schwerpunkt liegt, wie der Name andeutet, auf der Blunzn, also der Blutwurst. Es gibt Blunzenknödel mit Rotkraut, Blunzenburger, Blunzengröstl und gebackene Blunzen mit Rösti. Aber auch Nicht-Blunzen-Begeisterte finden auf der umfangreichen Speisekarte das eine oder andere Schmankerl: Jeden Donnerstag gibt's Backhendl, Freitag ist Fisch-Tag und in der Spargelsaison gibt es Spargel-Cordon-Bleu. Und dazu immer einen Scherz. Etwa den Hinweis auf der Karte: „In Bierwurst ist übrigens gar kein Bier enthalten. Sie heißt nur so. Bei der Blutwurst verhält es sich ähnlich: Blutwurst enthält auch kein Bier." 130 Plätze im Lokal, 28 im Garten.

BRAUWERK TAPROOM

1160 Wien, Ottakringer Platz 1, +43/1/49100-5480
www.brauwerk.wien
ÖFFNUNGSZEITEN Do-Fr: 17:00 bis 22:00 Uhr
FASSBIER Vier bis fünf Brauwerk-Biere
FLASCHENBIER Diverse Sondersude vom Brauwerk
LOKAL Das Brauwerk ist die Craftbierbrauerei, die gewissermaßen aus dem Schatten der Ottakringer Brauerei herausgetreten ist. Als klassische Tower-Brewery, in der die Arbeitsabläufe von oben nach unten angeordnet sind, hat sie im Erdgeschoß einen Taproom, der an den beiden Tagen vor dem Wochenende als kleiner Treffpunkt für Menschen mit großem Bierinteresse dient. An anderen Tagen ist das Brauwerk nur nach Vereinbarung zu besuchen. 20 Plätze an der Bar.

DAS NEUE LIEBHART

1160 Wien, Thaliastraße 63, +43/664/9747509
www.liebhart.at
ÖFFNUNGSZEITEN Mo: 11:00 bis 00:00 Uhr; Di-Fr: 16:00 bis 23:45 Uhr

Das neue Liebhart

FASSBIER Braumeister Spezial, Gold Fassl Pils, Goldfassl Radler, Goldfassl rotes Zwickl, Goldfassl Zwickl, Ottakringer Helles, Wiener Original
FLASCHENBIER Paulaner Weisse, Null Komma Josef
LOKAL Ein Ottakringer Vorzeigebetrieb: Sigrid Michelitsch und Stefan Svoboda haben dieser Bierbar im Jahr 2017 mehr den Charakter eines Speiselokals gegeben. Die neuen Betreiber haben aber eine Mission, die Standard-Kollege Alex Stranig als „durchaus unterstützenswert" charakterisiert hat: Für ihre Gerichte verwenden sie nachhaltige und regionale Produkte. Aber man ist ja wegen des Bieres hier – und das sind die Ottakringer Standards aus der nahen Großbrauerei. Die Speisenauswahl reicht vom im Standard besonders gelobten Beef Tartare (das handgeschnittene Tartare kommt mit einer kleinen Portion Eierspeis daher, was mutig klingt, geschmacklich aber überraschend gut passt) bis zum Liebhart Schokoladetraum. Warum dazu nicht die passenden Brauwerk-Biere angeboten werden, ist allerdings rätselhaft. Ca. 100 Sitzplätze, Innenhofgarten: ca. 40 Sitzplätze, Schanigarten: ca. 40 Sitzplätze.

DIE VÖLLEREI

1160 Wien, Brunnengasse 69 (Eingang Yppenplatz) +43/1/9426537
www.facebook.com/VoellereiWien
ÖFFNUNGSZEITEN Di-Sa: 17:00 bis 00:00 Uhr
FASSBIER Frastanzer, Schwechater Zwickl, ein Craftbier, das nach jedem Fass wechselt
FLASCHENBIER Freistädter Ratsherrntrunk, Gutmann Hefeweizen, Jever Alkoholfrei, Craftbiere
LOKAL Diana Fritz hat das frühere Café Engelmaier zu einem gerade wegen seiner Urtümlichkeit trendigen Wirtshaus gemacht und feierte im März 2019 das zweijährige Bestehen. Hier wird nicht nur gut gekocht, es gibt auch Frastanzer Bier. Das Lokal kann exklusiv für Veranstaltungen gemietet werden. 32 Plätze im Lokal, 45 im Gastgarten.

GELBMANNS GASTSTUBE

1160 Wien, Wilhelminenstraße 62, +43/1/4861599
www.gelbmanns.at
ÖFFNUNGSZEITEN Di-Sa: 10:00 bis 23:00 Uhr
FASSBIER Ottakringer PUR, Ottakringer Wiener Original, Ottakringer Zwickl (Ottakringer Bock im Dezember), Paulaner Hell, saisonal Ottakringer Braumeister Spezial
FLASCHENBIER Augustiner Edelstoff, Brauwerk Craft Beer Nr. 1 Blonde, Nr. 2 Pale Ale, Nr. 3 Porter, Ottakringer Dunkles, Ottakringer Null Komma Josef, Schneider Weisse, Schneider Weisse Alkoholfrei
LOKAL Ein typisch wienerisches Wirtshaus, für Gastro-Kritiker Florian Holzer überhaupt „die absolut erste Adresse in Ottakring". Es ist der Stammbetrieb der Familie Laskowsky, die auch dem Gmoakeller und dem Waldviertler Hof neues Leben eingehaucht hat. In dem 1873 erbauten, ebenerdigen Gebäude pflegt Alexander Laskowsky die „Wiener Beisl"-Kultur mit gehobener Küche und einem reichhaltigen Bierangebot – die Ottakringer Brauerei ist ja nur einen Steinwurf entfernt, sie liefert auch regelmäßig „Braumeister Spezial", die legendären Sondersude aus dem Team von Braumeister Tobias Frank. 90 Plätze im Lokal, 70 Sitzplätze im Garten.

Gelbmanns Gaststube

GÖSSER BRÄU WIEN

1160 Wien, Thaliastraße 125a, +43/1/4922148
www.goesserbraeu.wien
ÖFFNUNGSZEITEN Mo-Mi: 10:00 bis 00:00 Uhr; Do-Sa: 10:00 bis 1:00 Uhr; So: 10:00 bis 23:00 Uhr
FASSBIER Gösser Braufrisch, Gösser Spezial, Gösser Stiftsbräu, Gösser Zwickl, Gösser dunkles Zwickl (saisonal), Gösser Naturgold, Weihenstephaner Weißbier, Starobrno sowie saisonale Bierspezialitäten
FLASCHENBIER Zipfer Meisterwerke Pale Ale, Bayreuther Hell, Gösser Kracherl, Gösser Märzen, Gösser Naturradler Zitrone, Guinness Hop House 13, Hofbräu Kaltenhausen 1475 Pale Ale, Kilkenny Red Ale, Schleppe No. 3 Imperial IPA
LOKAL Ankerpunkt der steirischen Bierkultur in Ottakring, deftiges Essen: Von Montag bis Freitag stehen jeweils zwei Mittagsmenüs mit und ohne Fleisch zur Auswahl. Ca. 120 Sitzplätze, 30 an der Bar, im Garten ca. 80 Sitzplätze.

PLACHUTTAS GRÜNSPAN

1160 Wien, Ottakringer Straße 266, +43/1/4805730
www.gruenspan.at
ÖFFNUNGSZEITEN Mo-So: 11:00 bis 00:00 Uhr
FASSBIER Grünspan Hausbräu (von Ottakringer, aber das sieht man im Tonkrug nicht), Innstadt Weißbier, Ottakringer Dunkles, Ottakringer Pils, Ottakringer Schnitt, Ottakringer Zwickl, Ottakringer Zwickl Rot
FLASCHENBIER Null Komma Josef
LOKAL Mario Plachutta hat sich mit diesem mit der Straßenbahnlinie 2 leicht erreichbaren, gehobenen Vorstadt-Beisl, in dem man die gewohnte Plachutta-Qualität zu volkstümlichen Preisen bekommt, einen lang gehegten Wunsch erfüllt: Ein ehemaliges Heurigenlokal wurde aufwendig umgebaut und vor allem mit einem der schönsten Biergärten Österreichs ausgestattet – das brachte 2003 die Auszeichnung als Biergarten des Jahres im Bierguide. Der Name Grünspan bezieht sich auf Alan Greenspan, den ehemaligen Präsidenten der Federal Reserve, der es Plachutta besonders angetan hat. Täglich von 9:30 bis 11:00 Uhr Frühstück, wochentags Mittagsmenüs. 290 Sitzplätze, an der Bar 21, im Garten 600 Sitzplätze.

Plachuttas Grünspan

SCHWARZER RABE®

1160 Wien, Ottakringer Straße 180, +43/1/4861177
www.rabenbraeu.at
ÖFFNUNGSZEITEN Mo-So: 16:00 bis 1:00 Uhr
FASSBIER Rabenbräu® (ein bernsteinfarbener Sondersud von Villacher), Guinness extra Stout, Schladminger Bio Zwickl, Schremser Premium, Starobrno
FLASCHENBIER Franziskaner Hefeweizen, Gösser Märzen, Hadmar Bio Bier, Schneider Aventinus Weizenstarkbier, Schremser Roggenbier, Velkopopovický Kozel Dunkel, Wieselburger Stammbräu, Gösser Naturradler, Gösser Naturgold
LOKAL Dieses alte Wiener Vorstadtgasthaus wurde 1905 unter Heinrich Schallmeyer eröffnet und seit zwei Jahrzehnten als „Black Raven" zu einem Zentrum der Pubkultur weiterentwickelt. Die kleine Brauanlage im hintersten Raum ist nur gelegentlich in Betrieb. Umfangreiches Whisky-Angebot, Whiskyverkostungen mit Vortrag jeden dritten Samstag im ungeraden Monat. Jeden dritten Montag im Monat „all you can eat" Ripperlessen, Rabenquiz jeden Freitag ab 19:30 Uhr. 80 Sitzplätze, 15 bis 20 Stehplätze.

STUBENHOCKER

1160 Wien, Wattgasse 23, +43/1/4811446
www.stubenhocker.at
ÖFFNUNGSZEITEN Mo-So: 6:00 bis 21:00 Uhr
FASSBIER Villacher Märzen, Radler
FLASCHENBIER Edelweiss Weizen Hefetrüb, Gösser Dunkel, Gösser Märzen, Heineken, Wieselburger, Schlossgold, Edelweiss Weizen Alkoholfrei
LOKAL Dieses Beisl war bei Redaktionsschluss in einer Umstruktuierungsphase – künftig soll es weniger auf die Verabreichung von Speisen und Bier fokussiert sein, stattdessen wird es mehr kulturelle Veranstaltungen geben.

17. BEZIRK

BIERRAUM

1170 Wien, Wattgasse 52, +43/1/8904280
www.bierraum.at
ÖFFNUNGSZEITEN Mo-So: 8:00 bis 00:00 Uhr
FASSBIER Bernard Bohemian Czech Lager, Hausbier (Zwettler Märzen), Bevog Tak Pale Ale, Zwettler Black Magic (Jän.-April), Tigerbräu (Mai-August), Hadmar Bio Bier (Sept.-Okt.), Zwickl Bockbier (Nov.-Dez.), Sierra Nevada Pale Ale, Weihenstephaner Weißbier, Zwettler Saphir Pils, Zwettler Zwickl,
FLASCHENBIER Bayreuther Hell, Birra del Borgo – Cortigiana, Boon Kriek, Brewdog Punk IPA, Collabs Domrep Pils, Crew Republic Drunken Sailor, De Molen Vuur & Vlaam IPA, Flying Dog Easy Session IPA, Gutmann Hefeweizen Hell, Hofbräu Kaltenhausen 1475 Pale Ale, Hollows Ginger Beer, Muttermilch – Bitta Von Tresen, Muttermilch – Wiener Bubi, O'Hara's Irish Stout, Pöhjala Öö, Tiny Rebel Tropicana IPA, Wild Beer Pogo, Zwettler Dunkles, Zwettler Lager, Zwettler Luftikus Alkoholfrei, Zwettler Zitronen-Radler
LOKAL Dieses Ecklokal war kaum eröffnet und schon ein Fixpunkt der Wiener Craftbierszene, ausgezeichnet als Wiener Bierlokal des Jahres 2019: Der Bierraum ist eine schön gestylte Bar, in der man ganz einfach ein Zwettler trinken kann – oder eben eines der Craftbiere die zum Teil aus sehr kleinen Brauereien kommen. Zum Beispiel aus der Wiener Muttermilch-Brauerei oder der in München Kultstatus genießenden Giesinger Brauerei. Das alles zu sehr fairen Preisen und bei Öffnungszeiten, die auch erlauben, einen frühmorgendlichen Bierdurst zu stillen. Jeden Sonntag 12:00 Uhr Surstelze mit Senf, Kren und Krautsalat – dazu empfohlen Gutmann Hefe Hell.60 Plätze im Lokal, fünf an der Bar.

Bierraum

BRANDSTETTER – WEIN- UND BIERHAUS ZUM ALSEGG

1170 Wien, Hernalser Hauptstraße 134, +43/1/4864625
www.derbrandstetter.at
ÖFFNUNGSZEITEN Mo-Fr: 10:00 bis 23:00 Uhr; Sa: 10:00 bis 23:30 Uhr; So: 10:00 bis 22:00 Uhr
FASSBIER Pilsner Urquell, Velkepopovicky Kozel Hell, Velkopopovicky Kozel Dunkel, Villacher Märzen
FLASCHENBIER Der Belgier Honey I Love You, Der Belgier Saison, Franziskaner Hefetrüb
LOKAL Das „Wein- und Bierhaus zum Alsegg" strahlt noch viel von der Atmosphäre der Mitte des 20. Jahrhunderts aus. Die Einrichtung des heute als Brandstetter bekannten Beisls ist großteils original erhalten. Das Lokal selbst wurde Ende des 19. Jahrhunderts erstmals als Zinterhof gegründet und diente über viele Jahrzehnte nicht nur als Wirtshaus, sondern darüber hinaus als wichtiger Treffpunkt im Bezirk und gleichzeitig wichtigster Nahversorger. Heute überzeugt es durch die zentrale Schank und das Bierangebot, original Wiener Küche – sowie durch sehr günstige Preise für gute Qualität.

DIE SCHWEIGER

1170 Wien, Hernalser Hauptstraße 212, +43/660/2808221
www.dieschweiger.at
ÖFFNUNGSZEITEN Mo-Fr: 17:00 bis 00:00 Uhr
FASSBIER Brew Age Affenkönig, Cerná Hora, Cerná Hora Granat (Dunkles), Cerná Hora Lezak (Helles), Kaltenhausen Original, Schladminger Bio Zwickl
FLASCHENBIER Fuller's London Pride, Augustiner Edelstoff, Brewdog Vagabond Pale Ale, Der Belgier Blonde, Der Belgier Honey I Love You, Der Belgier Saison, Gösser, Gutmann Hefeweizen, Loncium Austrian Amber Lager, Muttermilch – Wiener Bubi, Riegele Alkoholfrei, Rothaus Tannenzäpfle, Schleppe No. 1
LOKAL Herr Schweiger hat hier jahrzehntelang ein international viel beachtetes Bierbeisl geführt – sogar der legendäre Bierautor Michael Jackson hat es in mehreren Büchern erwähnt. 2019 wurde es vom Team des nahen Brandstetter übernommen und dieses führt die Hernalser Institution mit Hingabe weiter. Das Bier kommt aus der mährischen Brauerei Cerná Hora (Schwarzenberg), dazu passt der pikante Leberkäse. 35 Plätze, im Veranstaltungsraum im Keller, der für alle Anlässe von Junggesellenabend bis zur Beerdigung angeboten wird ca. 30 Plätze, 10 an der Bar, Garten: 20 Plätze.

Schutzhaus am Schafberg

SCHUTZHAUS AM SCHAFBERG

1170 Wien, Czartoryskigasse 190-192, +43/1/4792279
www.schutzhaus-schafberg.at
ÖFFNUNGSZEITEN Mi-Sa: 12:00 bis 23:00 Uhr; So: 10:00 bis 22:00 Uhr
FASSBIER Schladminger Bio Zwickl, Schladminger Märzen, Schladminger Radler
FLASCHENBIER Edelweiss Weizen Dunkel, Edelweiss Weizen Hell, Schwechater Wiener Lager, Gösser Naturgold
LOKAL Das 1923 eröffnete Schutzhaus der Kleingartenanlage „Schafbergsiedlung" in der verlängerten Klampfelberggasse hat sich unter anderem als Szenetreff (das allererste Konzert vom Ostbahn-Kurti) einen Namen gemacht. 2009 neu übernommen, bietet es nunmehr eindrucksvolle Küche und gepflegte Biere. 200 Plätze, 12 an der Schank, 120 im Garten.

18. BEZIRK

ANTON FRANK

1180 Wien, Gymnasiumstraße 25, +43/1/4781436
www.facebook.com/Anton-Frank-Das-Lokal-314677535570728/
ÖFFNUNGSZEITEN Mo-So: 17:00 bis 2:00 Uhr
FASSBIER Innstadt Hefe Weizen, Ottakringer Dunkles, Ottakringer Helles, Gemischtes, Ottakringer Rotes Zwickl, Ottakringer Zwickl
FLASCHENBIER Augustiner Edelstoff, Augustiner Hell, Budweiser, Edelweiss Alkoholfrei, Null Komma Josef, Ottakringer Pils, Ottakringer Wiener Original, Schneider Weisse, Schneider Weisse Alkoholfrei
LOKAL Seit mehr als einem Vierteljahrhundert wird das Anton Frank von Thomas Komarek mit viel Einsatz und Liebe als gehobenes studentisches Café geführt. Das Lokal besticht durch eine besonders lange Holzbar (15 Meter lang) und sein nüchternes Ambiente – im Krimi „Quoten Killer" spielt eine der Schlüsselszenen hier. Unter anderem finden Live-Auftritte und regelmäßig Vernissagen verschiedenster Kunstrichtungen statt. Unter der Woche Jazz, sonntags klassische Musik. Mittwoch Klavierabend. 120 Sitzplätze im Lokal.

CENTIMETER BEI DEN STADTBAHNBÖGEN

1180 Wien, Währinger Gürtel 1 / Ecke Jörgerstraße
+43/1/470060647
www.centimeter.at
ÖFFNUNGSZEITEN Mo-Do: 8:30 bis 00:00 Uhr; Fr-Sa: 8:30 bis 1:00 Uhr; So: 8:30 bis 00:00 Uhr
FASSBIER Centimeter Hausbier (von Stiegl), Starobrno, Budweiser Budvar, Hofbräu Traunstein Dunkles, Murauer Steirergold, Ottakringer Zwickl, Paulaner Weißbier, Saisonbiere, Saurer Radler
FLASCHENBIER Brauwerk Blond, Brew Age Affenkönig IPA, Corona extra, Golser Helles (Bügelflasche), Guinness (Dose), Hadmar Bio Bier, Hirter Märzen, La Chouffe, Ottakringer Helles, Puntigamer, Schneider Leichte Weisse, Schneider Weisse Hell, Schneider Weisse Original, Stiegl Goldbräu, Stiegl Grapefruitradler, Stiegl-Freibier, Trumer Pils, Wieselburger Gold
LOKAL Das Centimeter-Lokal am unteren Ende der Jörgerstraße – unmittelbar gegenüber der U-Bahnstation Alserstraße (U6) – setzt die Tradition des österreichischen Familienbetriebes fort. Auch hier findet man, wie in den anderen drei Centimetern in Wien, das typische Angebot: viel Essen um wenig Geld und eine ordentliche Bierauswahl. Das Angebot hat sich um ein original Holzfass zum Selberanstechen (inkl. Urkunde für den Gast) und saftige Beef Ribs erweitert. 278 Plätze im Erdgeschoß und Kellergeschoß, + 12 Barplätze im Erdgeschoß), im Innenhof-Gastgarten 80 Plätze, Partykeller im Kellergeschoß.

CENTIMETER IN GERSTHOF

1180 Wien, Gersthofer Straße 51, +43/1/470060646
www.centimeter.at
ÖFFNUNGSZEITEN Mo-Do: 8:30 bis 00:00 Uhr; Fr-Sa: 8:30 bis 1:00 Uhr; So: 8:30 bis 00:00 Uhr
FASSBIER Budweiser Budvar, Centimeter Hausbier (von Stiegl), ein Saisonbier, Herbstbier, Hofbräu Traunstein Dunkles, Holzfass zum Selberanstechen, Ottakringer Zwickl, Pilsner Urquell, Saurer Radler, Zapfsäule auf dem Tisch, Bockbier
FLASCHENBIER Augustiner Weißbier, Brew Age Affenkönig IPA, Brussel Beer Project, Corona extra, Franziskaner Hefetrüb, Franziskaner Weißbier, Golser Helles (Bügelflasche), Guin-

ness (Dose), Hadmar Bio Bier, Hirter Märzen, La Chouffe, Ottakringer Helles, Paulaner Hefe Dunkel, Paulaner Weißbier, Puntigamer, Stiegl Goldbräu, Stiegl Grapefruitradler, Stiegl Zitronen Radler, Stiegl-Freibier, Trumer Pils, Wieselburger Gold, Zwettler Original

LOKAL Der Gersthofer Zweigbetrieb der Centimeter-Kette liegt quasi gegenüber der S-Bahnstation Gersthof – keine Ausrede für Autofahrer, dass man nicht auch öffentlich hierherfahren könnte! Und es lohnt, auf mehr als ein Bier zu bleiben, das Pilsner Urquell wird ordentlich gezapft und freundlich serviert. Das Lokal ist auf zwei Ebenen aufgeteilt, in beiden Stockwerken findet sich eine Bar. Ein gemütlich eingerichteter Garten unter den Alleebäumen darf natürlich auch nicht fehlen. Zu dem reichlichen Bier- und Speisenangebot sind neue Burger-Variationen hinzugekommen wie Irish Lamm Burger oder Canadian Bison Burger. 117 Plätze + 10 Barplätze im Erdgeschoß, 190 Plätze im Obergeschoß, im Gastgarten 60 Sitzplätze.

EDELMANN

1180 Wien, Gersthofer Straße 21, +43/1/4783052
www.das-edelmann.at

ÖFFNUNGSZEITEN Mo-Sa: 11:00 bis 00:00 Uhr; So: 11:00 bis 23:00 Uhr

FASSBIER Edelweiss Weizen, Gösser Dunkel, Gösser Märzen, Gösser Schnitt, Schladminger Bio Zwickl

FLASCHENBIER Gösser Stiftszwickl Dunkel, Weihenstephan Hefeweisse, Weihenstephaner Naturtrüb, Wieselburger Stammbräu (Bügelverschluss), Gösser Naturgold, Gösser Radler

LOKAL Das Edelmann ist ein besonders schön gemachtes Bierlokal an einer exponierten Ecke des 18. Bezirks. Freundliche Bedienung und gut gezapftes Schladminger Zwickl, aber die Bierauswahl bleibt hinter den Erwartungen. Der Biergarten ist einladend, aber auch drinnen ist es hell und angenehm, an den Wänden Portraits bekannter Musiker – und von Erwin Perzy, dem Erfinder der Schneekugel. Die Küche bietet klassische Speisen, aber auch verschiedene Burger. 130 Plätze im Lokal, 120 im Biergarten.

Edelmann

ZUM GEMÜTLICHEN WEINHAUSER

1180 Wien, Gentzgasse 125, +43/1/4791205
www.zum-weinhauser.at

ÖFFNUNGSZEITEN Mo: 10:30 bis 22:30 Uhr; Do-Fr: 10:30 bis 22:30 Uhr; Sa-So: 10:00 bis 22:30 Uhr

FASSBIER Golser Premium, Golser Rotgold, Golser Weizen, Golser Zwickl, ein wechselndes saisonales Bier, Golser Limetten-Zitronen Radler

FLASCHENBIER Murauer Märzen, Wieselburger Gold, Zipfer Urtyp, Golser Nullerl (alkoholfrei)

LOKAL Schön renovierte urwiener Gaststätte – seit 1917 in der Familie – mit großer Biertradition. Und einer typisch Wiener Speisekarte (Chefin Claudia zeichnet dafür verantwortlich), die Schmankerln zu vernünftigen Preisen anbietet. 90 Sitzplätze, 5 an der Bar und 80 im Schanigarten.

19. BEZIRK

BRANDAUER'S BIERBÖGEN

1190 Wien, Heiligenstädter Straße 31, +43/1/3676869
www.bierig.at

ÖFFNUNGSZEITEN Mo-So: 10:00 bis 00:00 Uhr

Brandauer's Bierbögen

FASSBIER Brandauers Hausbier (Zwettler Pils), Brandauers Zwickl (Zwettler Zwickl), Schneider Weisse, Weitra Hadmar Bio Bier, Zwettler Dunkel, Zwettler Radler, Zwettler Saphir

FLASCHENBIER Anchor Old Foghorn, Barney Flats Oatmeal Stout, Boon Kriek, Brewdog Punk IPA, Collabs Brewery Domrep Pils, De Molen Op & Top Session Ale , Flying Dog Easy Session IPA, Schremser Vienna I.P., Stiegl Columbus 1492, Stiegl Goldbräu, Wildshuter Männerschokolade, Zwettler Kuenringer Bock, Zwettler Lager, Zwettler Luftikus Alkoholfrei, Zwettler Original, Schneider Weisse Alkoholfrei

LOKAL Seit einem Jahrzehnt ein Fixpunkt der Bierkultur in Döbling: Thomas Brandauer hat in vier ehemaligen Stadtbahnbögen der früheren Gürtellinie (gleich gegenüber der U-Bahn-Station Spittelau) dieses großzügig gestaltete Bierlokal eingerichtet. Der Bierguide hat es bereits 2009 zum Wiener Bierlokal des Jahres erkoren. In einem der Bögen befindet sich eine große Bar, in den Obergeschoßen sind loungeartige Bereiche zum gemütlichen Sitzen untergebracht. Die Bierbögen sind und bleiben das „Flagship"-Lokal der Zwettler Brauerei in Wien, es gibt inzwischen aber auch eine Reihe von Craftbieren. Sehr löblich ist, dass diese in der Getränkekarte ausführlich erklärt werden. Noch löblicher: Die Speise- und Getränkekarte ist einer viermal jährlich erscheinenden Hauszeitung, „s' bierige Blattl", beigelegt – in dieser schreiben auch die Mitarbeiter über ihre Erfahrungen bei Arbeit und Freizeit. Sehr sympathisch! 300 Sitzplätze im Lokal, 40 an der Bar, 300 im Garten.

19. BEZIRK

FIGLS

1190 Wien, Grinzinger Straße 55, +43/1/3204257
www.figls.at

ÖFFNUNGSZEITEN Mo-So: 11:30 bis 00:00 Uhr; Küche: 11:30 bis 22:00 Uhr

FASSBIER Figls Hausbier, Budweiser Original, Goldfassl Pils, Ottakringer Dunkles, Ottakringer Radler, Paulaner Weißbier, Null Komma Josef

FLASCHENBIER Bevog Ond Smoked Porter, Bierol Mountain Pale Ale, Brauwerk Hausmarke No.2 IPA, Brauwerk Schnittenfahrt Stout, Brew Age Alphatier IPA, Brew Age Hopfenauflauf, Brew Age Malzstraße, Die Weisse Hell glutenfrei, Eggenberg Samichlaus, Forstner Das Rote, Forstner Illuminatus, Golser Weißbier, Gusswerk Austrian Amber Ale, Gusswerk Black Sheep, Gusswerk Horny Betty, Gusswerk Wiener Lager, Hofstettener Granitbier, Hofstettner Kübelbier, Next Level Brewing High Diver, Schleppe No.1, Ulrich Pale Ale

LOKAL Seit 2004 ist dieses Wirtshaus der Familie Figlmüller ein verlässlicher Platz für Biergenuss im sonst weinseligen Grinzing – die Bierkarte verrät die Handschrift von Sepp Wejwar, der sie vor einigen Jahren kundig um Import- und Craftbiere bereichert hat. Sehr schön dekoriertes Lokal mit langer Bar, hinter der viel Kupfer blitzt und einem Kamin mit offenem Feuer. Die Küche bietet neben dem berühmten Wiener Schnitzel auch Speisen, die mit Bier zubereitet werden – wie etwa Schweinsbraten mit Bierkümmelsaft. 220 Plätze im Lokal, 300 Plätze im Gastgarten.

FISCHER BRÄU

1190 Wien, Billrothstraße 17, +43/1/3695949
www.fischerbraeu.at

ÖFFNUNGSZEITEN Mo-So: 16:00 bis 00:30 Uhr

FASSBIER Fischer Helles, Fischer Weisses, Fastenbier, Grieskirchner Dunkel, Grieskirchner Pils, Osterbock, Radler Halbe, Weisser Radler

FLASCHENBIER Augustiner Edelstoff, Beck's Akoholfrei, Budweiser Budvar, Franziskaner Schwarz-Weisse, Hacker Pschorr Kellerbier, Martha Krieger Spitzenpils, Murauer Märzen, Murauer Pils, Pilsner Urquell

LOKAL Diese älteste, 1985 vom Bier-Pionier Sepp Fischer gegründete Wiener Gasthausbrauerei steht seit über zehn Jahren unter Führung von Walter Hejl. Behutsam erneuert – damit ist dieses Brewpub wieder an die Spitze der österreichischen Bierkultur gekommen. Unter anderem vom Bierguide als Brewpub des Jahres 2002 und von der „Kampagne für Gutes Bier" als Stammtischlokal des Jahres 2005 ausgezeichnet. Sehr bemüht, beim Bier neue Wege zu gehen. Und wem das alles noch nicht reicht: Die Serviererinnen gehören zu den hübschesten und freundlichsten in Österreich. Ca. 180 Sitzplätze, 40 Plätze an der Bar, Garten: ca. 240 Plätze.

LOCAL

1190 Wien, Heiligenstädter Straße 31, Bogen 217
+43/664/3927333
www.local-bar.at

ÖFFNUNGSZEITEN Di-Sa: 19:00 bis 1:00 Uhr

FASSBIER Ottakringer Helles, Ottakringer Rotes Zwickl

FLASCHENBIER Corona, Craftbiere lt. Aushang im Local, Ottakringer Radler, Schneider Weisse, Trumer Pils

LOKAL Interessante Mischung aus Bar und Veranstaltungsort für Live-Music-Acts und improvisiertem Theater. Im Local ist fast jeden Tag etwas los und zu den angebotenen Bier-Spezialitäten gibt es kleine Speisen, Speckstangerl und Bierbrezen.

S'PFIFF

1190 Wien, Rathstraße 4, +43/1/4402720
www.s-pfiff.at

ÖFFNUNGSZEITEN Mi-Sa: 11:00 bis 23:00 Uhr; So: 11:00 bis 22:00 Uhr, Jänner-Mitte April So von 11:00 bis 17:00 Uhr

FASSBIER Hirter Privat Pils, Stiegl-Goldbräu, Stiegl-Paracelsus Zwickl, Weitra Helles, Saisonbier

FLASCHENBIER Franziskaner Weizenbier Hell, König Ludwig Dunkel, Stiegl Freibier Alkoholfrei, Stiegl Gaudi Radler Grapefruit, Saisonbier

LOKAL Dem ehemaligen Heurigen in Neustift wurde im September 2008 von Michaela Huber von der lokalen Weinbauerndynastie Fuhrgassl-Huber mit Bierkultur neues Leben eingehaucht. Das Lokal ist in modern-rustikalem Stil sehr hell gehalten, helles Holz an der Decke und weiße Wände – und dazu kontrastierend die dunklen Sitzmöbel. Die Bar ist einladend, die Steh- und Sitztische ebenso. Die Küche verbindet Schmankerl aus der Wiener Küche und traditionelle Hausmannskost, wie etwa Fiakergulasch, Altwiener Tafelspitz, Rieslingkalbsbeuschl, original Wiener Schnitzel mit saisonalen Spezialitäten wie knusprige Ganseln, Spargel, Eierschwammerl und Pilzgerichte oder Wild. 220 Sitzplätze im Lokal, 12 an der Bar, 150 im Gastgarten.

SHAKES BIERPUB & RESTAURANT

1190 Wien, Muthgasse 56, +43/1/2760160
www.shakes.at
ÖFFNUNGSZEITEN Mo-Fr: 8:00 bis 23:00 Uhr
FASSBIER Starobrno, Gösser, Guinness, Wieselburger, Zipfer Pils
FLASCHENBIER Heineken, Budweiser, Corona, Edelweiss Hefetrüb, Gösser Märzen, Kilkenny, Gösser Naturgold
LOKAL Ziemlich authentisch gestaltetes, allerdings durchgehend deutschsprachig geführtes Irish Pub zwischen der U-Bahnstation Heiligenstadt und dem neuen Bezirkszentrum. Außen eine großflächig verglaste Fassade, innen eingerichtet, als wäre man irgendwo auf dem Land in Irland. Ist man aber nicht. Die Bierkarte wird – neben dem Guinness – von Produkten der BrauUnion geprägt, das Zipfer Pils sticht dabei positiv hervor und wird in guter Qualität gezapft. 40 Plätze rund um die Bar, weitere 30 im Obergeschoß.

Shakes Bierpub & Restaurant

20. BEZIRK

BRIGITTENAUER STADL

1200 Wien, Griegstraße 1–3, +43/1/3749202
www.brigittenauerstadl.at
ÖFFNUNGSZEITEN Mo-Fr: 9:00 bis 23:00 Uhr; Sa-So: 9:00 bis 00:00 Uhr
FASSBIER Budweiser, Grieskirchner Dunkel, Murauer Steirergold, Zwettler
FLASCHENBIER Hirter Privat Pils, Murauer Weisse Naturtrüb Hell, Murauer Zitronenradler, Beck's Alkoholfrei
LOKAL In einer sonst ziemlich trockenen gastronomischen Wüste am äußersten Ende des 20. Bezirks (Endstation der Buslinie 5A) gibt es ein nach wie vor ein für die Gegend typisches Bierwirtshaus, es ist der größte gastronomische Betrieb der Brigittenau. Und lockt vor allem im Sommer mit einem schönen Biergarten. Für die familiäre Atmosphäre sorgt die Familie Piringer. Im Jahr 2001 hat sie das Lokal mit viel hellem Holz fein herausgeputzt, Lavasteingrill im Sommer. 350 Sitzplätze (Saal für 160 Personen), 15 Plätze an der Bar, Garten: 350 Sitzplätze.

ZUM NUSSGART'L

1200 Wien, Vorgartenstraße 80, +43/1/3325125
www.nussgartl.at
ÖFFNUNGSZEITEN Di-Fr: 11:00 bis 14:30 Uhr, 17:00 bis 23:00 Uhr; Sa: 11:00 bis 16:00 Uhr
FASSBIER Budweiser, Ottakringer Rotes Zwickl, Ottakringer Wiener Original, Stiegl-Goldbräu
FLASCHENBIER Ottakringer Dunkles, Ottakringer Schnitt, Schneider Weisse, Stiegl, Wieselburger Stammbräu, Ottakringer Zitronen Radler, Null Komma Josef
LOKAL Das Nussgart'l ist ein klassisches Wiener Beisl, das seit der Neuübernahme 2009 sanft veredelt worden ist. Im kleinen namensgebenden Gartl – hier stehen tatsächlich zwei Nussbäume – und dem Lokal werden zum gut gezapften Bier fast schon in Vergessenheit geratene Wirtshausklassiker angeboten: Die stetig wechselnde Speisekarte sorgt für Abwechslung und zeugt von der Kreativität der Küche. Hier finden sich ein Salonbeuscherl oder Nierndln ebenso auf der Karte wie ein gutes Rahmherz. Weiters bietet dieses liebevoll renovierte, aber noch immer den Charme der „Guten Alten Zeit" versprühende Eckbeisl auch klassische Schmorgerichte wie Lammstelze, Kalbsbackerl oder eine klassische Rindsroulade. Alltagsklassiker wie Kohlwickel, gekochtes Beinfleisch mit eingemachtem Kelch oder Schweinsbrat'l sind ebenso im Angebot wie ein „Knierling" oder eine saftige „Fledermaus". Auf der Dessertkarte finden sich Powidltascherl, Gundelpalatschinken, Buchteln, verschiedene Strudel, Striezlkoch und viele andere Köstlichkeiten.

21. BEZIRK

Bier & Brot

BIER & BROT

1210 Wien, Frauenstiftgasse 4, +43/1/9474645
www.bierundbrot.at
ÖFFNUNGSZEITEN Mo-Mi: 16:00 bis 23:00 Uhr; Do-Sa: 16:00 bis 00:00 Uhr
FASSBIER Hofbräuhaus Traunstein: Fürstenquell, Sechzehnzwölfer (naturtrüb) Dunkles, Hofbräu Radler, Hofbräu Urweizen, ein Monatsbier
FLASCHENBIER HB Fürstenpils, Corona, Desperados, HB Weißbier Alkoholfrei, Heineken, Hirter Pils, Weitra Hell, Wieselburger Stammbräu, Zwettler 1890, Beck's Alkoholfrei
LOKAL Dieses Lokal hat mehrfach die Wahl zum Lieblingswirt in Floridsdorf gewonnen. Es bietet gepflegtes Bier mitten in der Heurigengegend – Happy Hour jeweils an Werktagen von 15:00 bis 17:00 Uhr. Auf der Karte: überbackene Brote (das Brot wird hier selbst gebacken!), Spareribs, Chicken Wings, Schnitzel, Backhendel, diverse Salatvariationen u.v.m. sowie

saisonale Schmankerln. Großer Barbereich, Stüberl für Veranstaltungen bis 80 Personen, 150 Sitzplätze im Lokal, 200 Sitzplätze im Garten, 60 Plätze an der Bar.

BIRNERS STRANDGASTHAUS

1210 Wien, An der oberen Alten Donau 47, +43/1/2715336
www.gasthausbirner.at
ÖFFNUNGSZEITEN Mo-So: 9:00 bis 00:00 Uhr
FASSBIER Kaiser Doppelmalz, Schwechater Hopfenperle, Gösser Naturradler
FLASCHENBIER Edelweiss Hofbräu, Gösser Märzen, Gösser Naturgold, Schwechater Zwickl, Wieselburger Stammbräu, Edelweiss Alkoholfrei
LOKAL Es gehört zu den sehenswerten Kuriositäten Wiens, wie hier die flinken Kellner mit Bier und Speisen auf dem Tablett die Straße queren, um auch die Gäste auf der Strandterrasse am Ufer der Alten Donau zu bedienen. Wirklich attraktiv ist vor allem der Garten. In der kälteren Jahreszeit gibt es im Gasthaus Birner attraktive kulinarische Angebote in Form von Heringsschmaus, Wildbuffet, Ganslessen usw. sowie verschiedenste Kabarets. Ca. 100 Plätze, Strandterrasse: ca. 100 Plätze.

Birners Strandgasthaus

JONAS

1210 Wien, Franz Jonas Platz, +43/1/9222438
www.jonas-lokal.at
ÖFFNUNGSZEITEN Mo-Fr: 8:00 bis 00:00 Uhr; Sa: 9:00 bis 00:00 Uhr; So: 9:00 bis 22:00 Uhr
FASSBIER Reininghaus Pils, Schladminger Bio Zwickl, Schladminger Märzen
FLASCHENBIER Heineken, Kaiser Doppelmalz, Weihenstephan Hefetrüb, Gösser Naturgold, Gösser Naturradler
LOKAL Das vielleicht urbanste Lokal von Floridsdorf, schöne Bar und gute Auswahl an Speisen von Antipasti bis Wok-Gerichte. 120 Plätze im Lokal, 15 an der Bar, 120 auf der Terrasse.

KADLEZ GRILLHAUS IN DER HOPFENGASSE

1210 Wien, Hopfengasse 8-12, +43/1/2783352
www.kadlez.at
ÖFFNUNGSZEITEN Mo-Sa: 16:00 bis 00:00 Uhr
FASSBIER Kadlez Saisonbier, Murauer Steirergold, Radler, Schnitt, Stiegl Zwickl, Trumer Pils
FLASCHENBIER Grieskirchner Dunkel, Gusswerk Jakobsgold Alkoholfrei, Gusswerk Weizenguss, Null Komma Josef
LOKAL Die Kadlez-Bierkutschn in der Floridsdorfer Hauptstraße hat im Sommer 2014 zugesperrt und ist in die Hopfengasse (in die Nähe der ehemaligen St. Georgs Brauerei) gezogen. Es ist ein modern gestaltetes Lokal, in dem Hausherr Christian Schneider die transdanubische Craftbier Szene versorgt. Wie der Name andeutet, gibt es alles vom Grill, was man sich nur vom Grill wünschen kann. Mit der Zeit ist der Garten auch zu einer beliebten Location für Hochzeiten geworden. 90 Sitzplätze im Lokal, 30 Plätze an der Bar, 100 Sitzplätze im Garten.

Kadlez Grillhaus in der Hopfengasse

STIX'S BRÜNNER BRÄU

1210 Wien, Brünner Straße 190, +43/1/2900200
www.stix-gastro.at/stix-gastronomie-bruenner-braeu
ÖFFNUNGSZEITEN Mo-Sa: 10:00 bis 00:00 Uhr; So: 10:00 bis 22:00 Uhr
FASSBIER Budweiser, Weitra Hell, Zwettler Zwickl
FLASCHENBIER ‚Die Weisse' Salzburg, Augustiner, div. wechselnde Craftbiere, Edelweiss Weizenbier Hefetrüb, Grieskirchner Dunkel, Grieskirchner Edelsud, Hirter Privat Pils, Murauer Zitro&Bier, Zwettler Radler, Beck's Alkoholfrei
LOKAL Nettes, mit viel Holz gestaltetes Bierlokal mit kleiner Bar im ersten Gastraum und einem Restaurantbereich dahinter. Neben der bierigen Dekoration mit alter Bierwerbung und Bildern der guten alten Zeit fallen der große Kinderspielbereich – Spielzimmer mit Klettergarten + Rutsche, extra Fernsehzimmer, separater Bereich zum Legobauen – und die originell gestalteten Toiletten (tapeziert mit Illustrierten aus den 1960er-Jahren) auf. Täglich wechselndes Menü, saisonale Wochen, laufend neue Empfehlungskarten. 140 Sitzplätze im Lokal (Rollstuhl gerecht), Garten: 100, Bar: 10.

22. BEZIRK

DONAUBRÄU

1220 Wien, Donauturmstraße 8, +43/1/2633572
www.donauturm.at/de/gastronomie-and-shop/donau-braeu
ÖFFNUNGSZEITEN Mo-Do: 16:00 bis 00:30 Uhr; Fr-Sa: 11:00 bis 00:30 Uhr; So: 11:00 bis 22:00 Uhr
FASSBIER Turmbier, Kaiser Doppelmalz, Mischbier, Saurer Radler, Schwechater Zwickl, Trumer Pils
FLASCHENBIER Die Weisse, Gösser Naturgold, Heineken, Gösser Naturradler, Kaltenhausen Original, Schleppe No. 1 Pale

Ale, Schwechater Wiener Lager, Turmweisse, Wieselburger Stammbräu
LOKAL Am Fuß des Donauturms ist im Frühjahr 2019 dieser große Gastronomiebetrieb eingerichtet worden. Das Interieur ist in dunklen Holztönen gehalten, ein besonderer Blickfang sind die einzigartigen Kunstwerke von Nicola Verlato, einem italienisch-amerikanischen Künstler des Surrealismus. Seine Werke zeigen „gefallene Engel" und man muss nach oben schauen, um sie zu bewundern, denn sie finden sich hinterleuchtet an der Decke des Pavillons. Auch die Bar darf als Kunstwerk gelten: Sie ist ein Designobjekt aus Kupfer und Glas, mit durch Licht in Szene gesetzte Flaschen. Das Schönste ist aber der Biergarten, der unmittelbar unter Wiens höchstem Wahrzeichen, dem Donauturm, liegt. 200 Plätze im Lokal, 430 im Biergarten.

LAHODNY

1220 Wien, Asperner Straße 117a, +43/1/2822219
www.lahodny.at
ÖFFNUNGSZEITEN Mo-Sa: 11:00 bis 23:00 Uhr; So: 11:00 bis 17:00 Uhr

Lahodny

FASSBIER Andechser Spezial Hell (April – Juni), Augustiner Edelstoff, Budweiser Budvar, Gold Fassl Zwickl Rot (Oktober – Dezember, Weitra Bräu Das Helle (Juli – September), Zwettler 1890, Zwettler Zwickl
FLASCHENBIER Die Weisse' Salzburg, Zwettler Dunkles, Zwettler Luftikus Alkoholfrei, Zwettler Radler
LOKAL Markantes Restaurant im aufstrebenden Stadtteil Aspern – an Wochenenden meist sehr gut besucht. Die Großeltern von Wolfgang Lahodny, Ferdinand und Antonia Weiss, nahmen im Jänner 1933 das Einkehrgasthaus in Pacht. Es war ein Dorfwirtshaus, wo auch Gärtner und Bauern mit ihren Pferdefuhrwerken Rast machten, über die Jahrzehnte hat es sich zu seiner neuen Funktion gemausert. Zwar wird hier stolz die Weinkultur gelebt, aber die Bierpflege wird mindestens so ernst genommen. 165 Plätze im Lokal, Bar: 10, 15 im Garten.

LOUNGE 22

1220 Wien, Erzherzog Karl Straße 38, +43/676/5832810
lounge22.at
ÖFFNUNGSZEITEN Di-So: 16:00 bis 1:00 Uhr

Lounge 22

FASSBIER Stiegl, Velkopopovický Kozel
FLASCHENBIER Bockbier, Gösser, Stiegl Radler, Stiegl Weisse, Wieselburger Stammbräu
LOKAL Mit viel Holz eingerichtetes Sport-Pub (große Videoleinwand für Fußballübertragungen). Viele Gäste kommen auch, um nach der Arbeit Karten oder Darts zu spielen.

POZI'S

1220 Wien, Eßlinger Hauptstraße 2, +43/1/7741342
www.pozis.at
ÖFFNUNGSZEITEN Di-Sa: 10:00 bis 23:00 Uhr; So: 10:00 bis 16:00 Uhr
FASSBIER Baumgartner Märzen, Ottakringer Rotes Zwickl, Monatsbier
FLASCHENBIER Baumgartner Baunti, Baumgartner Radler, Baumgartner Weisse, Gösser Naturgold, Stiegl Goldbräu, Wieselburger Gold
LOKAL Kleines Ecklokal mit großer Küche und sehr herzlichem Service. Ein Ankerpunkt des Baumgartner Bieres in Wien und schon allein deshalb einen Besuch wert. Jeden Sonntag „Brat'l-Zeit wie Seinerzeit", jedes Jahr Ende September wird Brausilvester gefeiert und dreimal im Jahr wird ein Bierpong-Turnier veranstaltet! 50 Plätze im Lokal, 15 an der Bar, 45 im Garten.

ROTER HIASL

1220 Wien, Biberhaufenweg 228, +43/1/2807122
www.roterhiasl.at
ÖFFNUNGSZEITEN Mo-So: 10:00 bis 00:00 Uhr
FASSBIER Hiasl Bräu Helles, Ottakringer Citrus Radler, Otta-

kringer Rotes Zwickl, Paulaner Hefeweißbier, Paulaner Hell
FLASCHENBIER Augustiner Lager Hell, Budweiser, Ottakringer Dunkles, Paulaner Hefe-Weißbier Alkoholfrei, Null Komma Josef
LOKAL Die 1862 von Matthias Turnovsky gegründete Traditionsgaststätte in der Lobau hat mit Roland Reisinger seit 2009 einen neuen Chef, der 2012 begonnen hat, ein eigenes, sehr mildes Bier zu brauen. Bemühte Bierpflege in einer urwienerischen Beisl-Atmosphäre. Bier kommt hier auch in den Speisen zum Einsatz wie z.B. bei der Braumeisterpfanne – ein gegrilltes Schweinskarree im Speck-Zwiebel-Biersaftl, beim Brauhausschmaus – Geselchtes, Spanferkel, Würstel, Breznknödel und Bierkraut oder beim Hausbierbraten – Spanferkelrollbraten im Biersaftl mit Breznknödel und Bierkraut. Mehrmals im Jahr finden Veranstaltungen mit Live Musik, Hüttengaudi, Spanferkelessen, Oktoberfest u.s.w. statt. Und sogar für Hunde steht ein eigenes Hundemenü bereit!

SALOON IM DONAUPLEX

1220 Wien, Wagramer Straße 79 (Donauplex) 604a +43/1/2034595
www.saloon.co.at
ÖFFNUNGSZEITEN Mo-Do: 11:00 bis 00:00 Uhr; Fr-Sa: 11:00 bis 1:00 Uhr; So: 11:00 bis 00:00 Uhr

Saloon im Donauplex

FASSBIER Gösser Stiftsbräu Dunkel, Heineken, India Draft, India Unfiltered (Schwechater Zwickl), Muttermilch – Bitta von Tresen, Weihenstephaner, Wiener Lager, Gösser Naturradler, Gösser Radler Naturtrüb
FLASCHENBIER Anchor Steam Beer, Bevog Tak Pale Ale, Brewdog Punk IPA, Corona, Desperados, Früli Premium Strawberry Beer, Gösser Naturgold, Heineken, Sierra Nevada Pale Ale
LOKAL Wiens größter Western-Saloon ist mit viel Holz im Stile eines Goldgräber-Lokals des 19. Jahrhunderts im Land der unbegrenzten Möglichkeiten eingerichtet. Freitags, samstags und jeden ersten Mittwoch im Monat gibt es live Country-Musik ab 20:30 Uhr sowie Line-Dance-Kurse. Die Speisekarte bietet sowohl amerikanische- als auch Tex-Mex-Küche mit einem vielfältigen Angebot von Steaks und Spare Ribs über Burger bis hin zu Fingerfood. Und wie es sich für einen Saloon gehört, gibt es auch einige Whiskys. Highlight ist im Sommer die Gartenterrasse mit 200 Sitzplätzen und Wassernebelsprühanlage, die an heißen Tagen für Abkühlung sorgt.

ZUR ALTEN KAISERMÜHLE

1220 Wien, Fischerstrand 6, +43/1/2633529
www.kaisermuehle.at
ÖFFNUNGSZEITEN Mo-So: 11:30 bis 23:00 Uhr
FASSBIER Starobrno, Gösser Märzen, Gösser Naturradler, Gösser Stiftsbräu Dunkel, Schwechater Zwickl, Weihenstephaner Hefetrüb
FLASCHENBIER Gutmann Hefeweizen Dunkel, Muttermilch – Bitta Von Tresen, Schleppe No. 3, Schwechater Wiener Lager, Gösser Naturgold
LOKAL Dieses im Jahr 1893 im so genannten „Franz-Josephs-Land" eröffnete Lokal mit dem großen Gastgarten an der Alten Donau ist 2018 völlig renoviert worden. Überarbeitet und ausgeweitet wurden dabei auch die Speise- und die Weinkarte. Und die Bierkarte kann mit diesem Angebot durchaus mithalten: In Spiegelau-Gläsern von den BeerLovers werden mehrere Pale Ales und IPAs, Wiener Lager, Weizenbiere und sogar mehrere alkoholfreie Biere angeboten. Sehr bemühtes und bierkundiges Personal. Gezapft wird zügig und dennoch mit stabilem Schaum. 100 Sitzplätze im Lokal, 5 Stehtische im Garten, 350 Sitzplätze im Garten.

23. BEZIRK

DER STASTA

1230 Wien, Lehmanngasse 11, +43/1/8659788
www.stasta.at
ÖFFNUNGSZEITEN Mo-Sa: 11:00 bis 15:00 Uhr, 18:00 bis 23:00 Uhr
FASSBIER Hausbier, Kaiser Premium, Schwechater Zwickl
FLASCHENBIER Sportradler, Edelweiss Hefetrüb, Gösser Spezial, Schlossgold
LOKAL Vor 50 Jahren konnte man im Lokalführer „Preiswert leben in Wien" lesen, was heute noch gilt: „Solange es in Liesing Wirtshäuser wie den Stasta gibt, braucht es einen um diesen Außenbezirk nicht bange zu sein... Wir haben uns vom ersten Besuch an als Stammgäste gefühlt." Natürlich ist das Lokal inzwischen behutsam modernisiert worden, aber Küche und Personal sind immer noch vorbildliche Beispiele dafür, wie man ein Traditionsgasthaus führen kann. Dazu schrieb

Falstaff-Chefredakteur Herbert Hacker 2019: „Ein Bilderbuchwirtshaus, das sich nie von irgendwelchen Moden beeinflussen hat lassen. Mit anderen Worten: eine gastronomische Institution ohne Ablaufdatum." Zum perfekt gezapften Bier wird eine Tageszeitung angeboten. Der Gastgarten mit altem Kastanienbestand, einer kleinen Weinlaube und einem Biotop zeigt, dass wir hier schon ganz am Stadtrand sind. 80 Plätze im Lokal, 100 im Gastgarten.

GASTHAUS KOCI

1230 Wien, Draschestraße 81, +43/1/6155626
www.koci.wien
ÖFFNUNGSZEITEN Mo-So: 9:00 bis 23:00 Uhr
FASSBIER Gösser, Pilsner Urquell
FLASCHENBIER Gösser Märzen, Grieskirchner Export Dunkel, Kozel Dark, Kozel Premium, Murauer Märzen, Paulaner Hefeweizen Hell, Stiegl Goldbräu, Wieselburger Gold, Gösser Naturgold, Gösser Naturradler
LOKAL In Inzersdorf ist das Koci ein Begriff. Anfang 2016 übernahm ein Wachauer Köche-Duo und belebte das Alt-Wiener Lokal mit neuem Charme – hier gibt es auch einen attraktiven Biergarten und das gewohnte preiswerte Angebot österreichischer Hausmannskost.

Gasthaus Koci

GÖSSER SCHLÖSSL

1230 Wien, Geßlgasse 4a, +43/1/8874567
www.goesserschloessl.at
ÖFFNUNGSZEITEN Mo-Do: 8:00 bis 00:00 Uhr; Fr-Sa: 8:00 bis 1:00 Uhr; So: 8:00 bis 23:00 Uhr
FASSBIER Gösser Braufrisch, Gösser Spezial, Gösser Stifts-Zwickl Hell und Dunkel, Gösser Stiftsbräu, Schladminger Bio-Zwickl, Schnitt, Weihenstephaner Hefetrüb, Gösser Kräuter Naturradler, Gösser Naturgold, saisonale Biere
FLASCHENBIER Zipfer Meisterwerke Pale Ale, Bayreuther Hell, Edelweiss Alkoholfrei, Gösser Kracherl Zitrone, Gösser Märzen, Gösser Naturradler, Guinness Hop House 13, Heineken Premium Lager, Hofbräu Kaltenhausen 1475 Pale Ale, Kilkenny Red Ale, saisonale Biere, Schleppe No. 3 Imperial IPA
LOKAL Zwei Biergärten – einer straßenseitig und einer auf den benachbarten Park hin orientiert – und dazwischen eine verglaste Lounge, in der es eine moderne Bierbar gibt, zeichnen dieses bierige Gasthaus aus. Kern des Gebäudes ist allerding das 1883 bis 1885 von Anton Ritter von Oelzelt errichtete Schlössl, das zeitweise als Kaffeehaus und dann als Bierhaus Mauer gedient hat. Deit einigen Jahren wird es als Gösser-Lokal geführt, es gibt braufrisches Bier aus dem Tank. Wer mit dem eigenen Auto anreist, findet in der hauseigenen Tiefgarage immer einen Parkplatz. ca. 200 Sitzplätze, Rittersaal: ca. 80 Sitzplätze, Biergarten: ca. 300 Plätze, Bar: 30.

Gösser Schlössl

LIESINGER BRÄU

1230 Wien, Breitenfurter Straße 372–Riverside/Top 110 +43/676/3090664
www.liesingerbrau.at
ÖFFNUNGSZEITEN Mo-Fr: 9:00 bis 21:00 Uhr; Sa: 9:00 bis 19:00 Uhr
FASSBIER Liesinger Bräu Kellerbier Naturtrüb, Gösser Märzen, Starobrno, Saisonbier z.B. dunkles Zwickl
FLASCHENBIER Heineken, Wieselburger Stammbräu, Edelweiss Naturtrüb, Gösser Dunkel, Gösser Naturradler Zitrone, Gösser Naturgold
LOKAL Wo heute das Riverside-Center steht, war der historische Standort der Liesinger Brauerei. Man kann aber hier immer noch ein gepflegtes Bier genießen – an der Bar oder im Indoor-Biergarten. Es gibt häufig Sportübertragungen – und wer mit dem Auto da ist, kann zwei Stunden gratis parken.

ZU DEN 3 LINDEN

1230 Wien, Atzgersdorfer Straße 161, +43/1/8044115
www.restaurant-zu-den-drei-linden.at
ÖFFNUNGSZEITEN Mo-So: 9:00 bis 23:00 Uhr
FASSBIER Budweiser, Schremser
FLASCHENBIER Zipfer Urtyp, Edelweiss Weizen Hefetrüb, Gösser Märzen, Gösser Naturradler, Kaiser Doppelmalz, Gösser Naturgold
LOKAL Ehemaliger Ausflugsgasthof, jetzt von dichter verbautem Gebiet umgeben. Sehr schöner Biergarten, preiswertes Essen und gut gezapftes Bier. 100 Sitzplätze, 90 im Garten.

100 Blumen Brauerei 92
1050 Wien, Kettenbrückengasse 7, +43/699/15871251 384
11er Haus 314
1516 Brewing Company 88, 355
2514 Bier Privatbräu Leimer 52
2gether 126
3 Hacken Magazin 355
3 Prinzen Bräu – Ischler Bier 58
6Beers Brewing Company 41

A

Academy Bar 259
Achensee Bier 84
Achterbar 153
Achtundzwanzig Taproom 394
Adlerbräu 52
Adlers Bar 314
Adlerstüberl 325
Aera – Das Lokal 355
Ägidihof 313
Alchimiste Belge 260
Alefried 78
Alibi 330
Allander Stierkogl Bräu 41
Allerberger 273
Allerberger Bräu 75
Almgasthof Windlegern 222
Alpenblick 351
Alpengasthof Malle 139
Alpenhotel Hutmannshaus 125
Alpenhotel Plattner 125
Alpin – Gründler's Geniesser-Wirtshaus 311
Alte Post 123
Alte Schmiede 223
Alte Welt 210
Alter Fuchs 260
Altes Brauhaus 108, 139
Altes Depot 165
Altes Jägerhaus 369
Altes Presshaus „Küche-Bar-Cafe" 169
Am Hochfuchs 251
Am Nordpol 3 369
Amacord 380
Ammutsøn 385
Amon 376
Amterl 144
Angerer Alm 330
Anni´s Gasthaus 305
Anno 1920 – Landgasthaus Scheugl 150
Anton Frank 420
Anton Paar Sudhaus 78
Anton Wallner Bräu 71
Anton Wallner Bräustüberl 255
Antonius Bräu 48, 163
Arbachmühle 163
Archiv 145
Arkadenhof – Gasthof Schwarzer Adler 299
Asitz Bräu 256
Astoria (Pub-Bar) 350
Attergauhof 230
Auberg Pub 183
Augustin's 240
Augustiner Bräu Keller 313
Augustiner Bräu Kloster Mülln 72
Augustinerkeller 355
Austria-Café 348
Avalon Kultur 394
Aviva Alm / Brau-Boutique 234

B

b34 – Essen I Trinken I Feiern 229
Bacherlwirt 296
Backbone [Irish Pub] 388
Badhaus & Jam Rock Café 219
Bahnhofsbräu 49, 168
Bar 28 285
Bar im Hotel Ronacher 119
Bar Solaris 210
Bärenbräu 48
Bärenstubn 164
Bärenwirt 169, 260
Barok België 210
Bart 236
Batzenhäusl 271
Bauer's Bierquelle 241
Bauernhofbrauerei Haringer Gold77
Beaver Brewing Company 90, 398
Bedarfswirtshaus Erzbergbräu 281
Beer Lounge Salzburg 260
BeerLovers & Muttermilch Vienna Brewery 104
Beerstarter / BrauHaus Prugg 41
Beffa Bar 260
Beim Böckhiasl – Böcksbar 221
Beim Czaak 356
Berger Bräu 82
Bergergut 193
Berggasthaus zur Gis 209
Bermuda Bräu 356
Bernie „Das Wirtshaus" 107
Bevog Brewery 75
Bier & Bier 407
Bier & Bierli 356
Bier & Brot 423
Bier Apotheke 302
Bier17 178
Bieradies 133, 356
Bierarium 1. Burgenländisches Brauereisouvenir-Museum 37
Bierbaron – Das Original 285
Bierbistro im Eck 326
Bierbotschaft Herzog 307
Bierfink 416
Biergartl an der Donau 210
Biergartl im Stadtpark 357
Biergasthaus Schiffner 193
Biergasthof Riedberg 225
Biergreisslers Beisl 388
Bierhaus Zum Augustin 126
Bierheuriger 261
Bierheuriger zum Gangl 399
Bierhof 357
Bierhof – Bierpub-Restaurant 144
Bierhotel Ranklleiten 192, 224
Bieriger 413
Bierkanter 56
Bierkistl Neudörfl 112
Bierklinik Villach 136
Bierkulturhaus by Axel Kiesbye71
Bierlokal 343
Biermanufaktur Loncium 38
Bierochs 404
Bierol 85
Bierol Taproom & Restaurant 333
Bierometer – Das Bierlokal in der G-Town 408
Bierometer 2 383
Bierosophie 416
Bierraum 419
Bierschmiede 67, 235
Biersiederei 72
Bierstadl 404
Bierstindl – Kulturgasthaus 314
Bierstöckl 409
Bierteufl 376
Biertreff Hausboot 196
Bierwerk 376
Bierwerkstatt 79
Bierwerkstatt Weitra 53
Bierwirt 134, 314
Big Ben & The Shamrock 299
Bigoli 211
Billabong 357
Billard – The Pub 307
Bio-Hofbrauerei Fürst 63
Birners Strandgasthaus 424
Bistro Porto im „Das Triest" 380
Bitzinger's Würstelstand 357
Black Horse Inn 241
Black Raven – Rabenbräu 91
Black Sheep 271
Blauensteiner – Zur Stadt Paris 394
Blu-Thu 351
Blunzenstricker 417
Bockshorn Irish Pub 358
Bodenalpe 347
Bogside Inn 358
Boutique-Gasthof Ueberfuhr 261
Bramsau Bräu 70, 252
Brandauer im Gerngross 389
Brandauer's Bierbögen 421
Brandauer's Bierstube 411
Brandauer's Schlossbräu 410
Brandstetter – Wein- und
Bierhaus zum Alsegg 419
Branger Alm 335
Branger Bräu 86
Brasserie 3 Prinzen 197
Bratl-Bräu 64, 230
Brau 32 285
Bräu am Berg 60
Brau-Boutique 65
Brau.Hand.Werk.Knaller 42
Braucommune in Freistadt 60
Brauerei & Brennerei Ebner 83
Brauerei Aspach 58
Brauerei Attersee 67
Brauerei Bachner 65
Brauerei Braumann 37
Brauerei Egg Simma, Kohler GmbH & Co. KG 87
Brauerei Falkenstein 84
Brauerei Fohrenburg 87
Brauerei Frastanz E.Gen.88
Brauerei Göss 80
Brauerei Gratzer 79
Brauerei Grieskirchen & Pilsnerei 61
Brauerei Gusswerk GmbH 70
Brauerei Hainfeld 43
Brauerei Jos. Baumgartner GmbH 66
Brauerei Kaltenböck 58
Brauerei Kobersdorf 37
Brauerei Leutschach 300
Brauerei Murau / Brauerei der Sinne 81
Brauerei Puntigam 79
Brauerei Raschhofer 57
Brauerei Ried Getränke GmbH 64
Brauerei Schloss Eggenberg 68
Brauerei Schnaitl GmbH & Co KG 59
Brauerei Schrems 50
Brauerei Schwechat 50
Brauerei Vitzthum GmbH & Co 68
Brauerei Wieselburg 54
Brauerei Zipf 68
Brauereigasthof Reiner 348
Braugasthof Diewald 43
Braugasthof Falkenstein 326
Braugasthof Mistelberger 243
Braugasthof Schmidt – Rabenbräu 112
Braugasthof Sigl 258
Braugasthof Träger 226
Braugasthof Vitzthum 237
Braugasthof Wurmhöringer 194
Braugasthof Zum Fiakerwirt 162
Braugasthof-Brauerei-Greisslerei Diewald 148
Braugaststätte Löwen Tisis 344

Braugaststätte Rösslepark 344
Braugaststätte Schwarzer Adler 349
Brauhaus / Z'wiesl 186
Brauhaus Bogner Braunau/ Haselbach 59, 198
Brauhaus Breznik 37, 121
Brauhaus Gmunden 203
Brauhaus Gusswerk – Wirtshaus 254
Brauhaus Marchart 171
Brauhaus Mariazell / Girrer Bräu 80, 01
Brauhaus Puntigam 285
Brauhaus Rattenberg 329
Brauhaus Schwechat 176
Bräuhaus Ten.Fifty 90
Brauhaus Traun 67, 237
Brauhaus Wösendorf 56
Brauhaus zum Gugg 60, 203
Brauhof Franz Josef 139
Brauhof Goldberg 66, 233
Brauhof Wien Fünfhaus – Kaltenhauser Botschaft 99, 414
Brauhof Wien91
Brauhotel Weitra 54, 83
Brauhund 414
Bräukeller Grill im Klosterbräu 333
Brauküche 35 49
Braumanufaktur Schalken 91
Braurestaurant Imlauer 261
Bräurup 71, 257
BrauSchneider 50
Bräustüberl 281
Braustüberl Hainfeld 151
Bräustüberl Kufstein 322
Bräustüberl Schwarzach – Seinerzeit 272
Brauton 72
Brauviertel 41
BrauWerk Taproom 417
BrauWerk wien 92
Brauwerkstatt Thomas Fritsche 51
Brauwirtshaus Neumarkt 222
Brauwirtshaus Z'Ried 226
Breitenseer Biergartl 411
Brendl 369
Bretterkeller 315
Brew Age 89
Brew Town 74
Brigittenauer Stadl 423
Brot & Spiele 286
Brückenwirt Hallein 253
Bruckmühle 224
Bruckners Bierwelt 147
Brunner's Bräu 167
Buchinger – Das Wirtshaus 151
BUG's Bar 211
Burenwirt „Zum Heurigen“ 315
Burger Bros. @ The Mall 376
Burgerei 205
Bürgerliche Brauerei 88, 358
Burgstüberl 151

C

Cabasso sports bar 299
Café 21 Zeitgenuss 343
Cafe Europa 389
Café Lassa 399
Café Mandl 272
Café Nest 381
Cafe Pub Giulia 146
Campus Bräu 405
Carambol – Havanna Club 153
Carrousel 156
Cebu 107
Cello 148
Celtic Spirit Irish Pub 262
Centimeter am Spittelberg 389
Centimeter bei den Stadtbahnbögen 420
Centimeter beim Rathaus 395
Centimeter in Gersthof 420
Centraal 286
Champions Sports Bar 359
Charlie P's Pub & Kitchen 399
Cheers 286
Chelsea Musicplace 395
Chelsea Pub 211
Chilli Lounge 106, 113
Christof's Vespa Cafe Bernstein 135
Clappo's 175
Clocktower 145
Collabs Brewery 91
Colours Café Bar 162
Consum Göfis 346
Continuum 287
Cooper's No. 1 377
Corner Bar 154
Cosmopolitan 389
Craft Beer Pub – Inseltown 303
Craftmühle Pub & Kitchen 381
Craftwerk 61, 204
Crossfield's Australian Pub 359
Cselley-Mühle 114

D

d'Schmöller'n 205
Da Dinghofer – Mei Wiaz'Haus 240
Daghofer's 262
Dangl Hausbrauerei 44
Das Alt – Irish Pub 411
Das Beisl 284
Das Campus 370
Das Columbus 405
Das Fritz 116
Das Gehsteig 370
Das Lange Pub und Beisl 395
Das neue Liebhart 417
Das Torberg 395
Das Wirtshaus am Platz 208
Delirium Cafe 359
Denkenhof 155
Der Belgier 92
Der Fuchs und die Trauben 390
Der Ringsmuth 405
Der Seidl – Ihr Brauwirt 81, 307
Der Stadtwirt 113, 136
Der Stasta 426
Der Weiserhof bei Jules 262
Diana`s Schnitzelstöbli 347
Dick Mack's Irish Pub 360
Die Akte 282
Die Bank 114
Die Brauerei Leutschach 80
Die Burgermacher 390
Die Gartenrast 132
Die Kramerey 146
Die Marktbrauerei 63, 212
Die Scherbe 287
Die Schweiger 420
Die Schwemme 377
Die Solide Alm 251
Die Stube im Maximilianhof 195
Die Völlerei 417
Die Wäscherei 396
Die Weisse / Sudwerk Bar 262
Die Weisse Brauerei GmbH & Co KG 72
Diwoky 104
DJ's American Diner 111
Dogana 345
Döllacher Dorfwirtshaus 124
Dollinger 315
Donaubräu 424
Donauhof – essen.trinken. schlafen 219
Dorfbar Ratschkathl 335
Dorfhaus 220
Dorfpub 327
Dorfschmiede 187
Dorfwirt Puxamühle 297
Dorfwirtshaus Sallingstadt 177
Dörnbacher Florianibräu 68
Down Under Aussie Pub 386
Dreier 377
Drunken Unicorn Beer Factory 44
Dublin 386
Dunkelsteiner Bräu 44

E

Eckhaus 287
Ed. Kaiser's Gasthaus 219
Edelmann 421
Edelsberger Wirtin 144
Eden's Pub 249
Eder Bio Bier 77
Eder-Bräu 61, 206
Egger's 322
Ehrentrautmannsdorfer Biermanufaktur 52
Eidenberger Alm 199
Einfahrt Café Bar 370
Einstein 360
Eisvogel 370
Emmerberg-Bräu – Erste Österreichische Ökobrauerei 56
Englwirt 195
Erlauftaler Bräu 56
Ernstinger Wirts-Bräu 63
Erste Wolfgangseer Braugesellschaft 75
Erzbräu – Bruckners Bierwelt 42
Eschenlaube 287
Eulenspiegel 157
Exxtrablatt 212

F

Fabrik Braugasthof 181
Falco's 360
Fally 156
Familienbrauerei Huber 84
Familiengasthof Weiss 222
Fein Brewery 38
Feinkost Mild 287
Felmayer's Gastwirtschaft 177
Felsenkeller 126
Feuer & Eis Bar/Lounge 321
Fiaker Bräu 46
Figls 422
Finnegan´s 135
Firlefanz 164
Fischer Bräu 92, 422
Fischerwirt Hotel-Restaurant 284
Flachauer Gutshof 252
Fladerei Berggasse 399
Fladerei Mittersteig 381
Fladerei Salzgries 360
Flamberger 82
Flanagans Irish Pub Vienna 360
Flann O'Brien 288
Flatschers 390
Flecks Steirerbier 77
Flieger & Flieger 163
Flieger-Bräu 172
Foggy Mix 181
Four Bells – Irish Pub 382
Foxi's Schlosstaverne 201
Francis 241
Fränkis 348
Franz der Wirt 250
Franz.der Brauer 69
Franzl's Stiftsbräustüberl Reichersberg 225
Frei 344
Freiraum 386
Freistädter Brauhaus 201
French 391
Freundsberg 66 84
Friesacher Einkehr 248
Fritz 186
Fromme Helene 396
Fruhstorfer „Das Wirtshaus am Rande der Stadt“ 238
Fürstenbräu 77
Fuxn – Salzburger Volkswirtschaft 264

G
Gablerbräu 264
Gablitzer Privatbrauerei 42
Gambswirt & Maierei 274
Gaminger Kartausenbräu 42
Gärage / The Satisfactory 39
Gasteiger Jagdschlössl 321
Gasthaus Anich 315
Gasthaus Bräu 232
Gasthaus Dankbarkeit 114
Gasthaus Engel 346
Gasthaus Fuchs 116
Gasthaus Grossvenediger 329
Gasthaus Hansy 370
Gasthaus Hehenberger – Ybbstal Bräu 182
Gasthaus Hinterreitner 239
Gasthaus Hofer 221
Gasthaus Hofwimmer 241
Gasthaus Kamper 279
Gasthaus Koci 427
Gasthaus Kothäusl 273
Gasthaus Krenn 304
Gasthaus Krone Umhausen 335
Gasthaus Leban 110
Gasthaus Lichtl – Backhendlstation 200
Gasthaus Martin Weiler 161
Gasthaus Moser 124
Gasthaus Möslinger 372
Gasthaus Peschta 412
Gasthaus Pirker 127
Gasthaus Quell 414
Gasthaus Schwarz 168
Gasthaus Sittinger 109
Gasthaus Six 238
Gasthaus Spitzbua 316
Gasthaus Stafler 409
Gasthaus Steindl 224
Gasthaus Stern 408
Gasthaus Traube – Poppmeier 133
Gasthaus Unterwöger 328
Gasthaus Weissl-Ober 200
Gasthaus Wulz 124
Gasthaus zur Bauernstubn 125
Gasthaus zur Katzbachbrücke 304
Gasthof „Zum Goldenen Rössl" 132
Gasthof Adler 343
Gasthof am Riedl 255
Gasthof Bierfriedl 304
Gasthof Bräuhaus Marxrieser 218
Gasthof Ebner 311
Gasthof Engelhof 203
Gasthof Eschau 303
Gasthof Fleissner 130
Gasthof Gerlinde Gibiser 109
Gasthof Gruber 301
Gasthof Grüner Baum 157
Gasthof Grünwald 133
Gasthof Hentsch 184
Gasthof Hirschen 341
Gasthof Hubertus 259
Gasthof Hubmann 304
Gasthof Hueber 172
Gasthof Kalteis 156
Gasthof Kaufmann 163
Gasthof Kohlmayr 123
Gasthof König 208
Gasthof Krall 127
Gasthof Kröll 258
Gasthof Krone 349
Gasthof Maria Plain 256
Gasthof Meindl 348
Gasthof Mitter 178
Gasthof Neumayr 258
Gasthof Pillgrab „Zur Linde" 174
Gasthof Plasch „Auf der Huabn" 122
Gasthof Pontiller 130
Gasthof Post 131
Gasthof Prunner 123
Gasthof Rudolf Pummer 109
Gasthof Schlögen 205
Gasthof Schönauer 176
Gasthof Seitner 122
Gasthof Strasser – Wirt in Eschlried 237
Gasthof Stumpfer 176
Gasthof Süss 223
Gasthof Wachmann 303
Gasthof Walzl 325
Gasthof Weissl 196
Gasthof Weitgasser 257
Gasthof Windbichler – „Karnerwirt" 145
Gasthof zum Dampfl 331
Gasthof Zur Grenze 115
Gasthof zur Kirche 158
Gasthof zur Post 223
Gasthof zur Post – Restaurant Riegler 280
Gasthof zur Roten Säge 172
Gasthof zur Schmiede 120
Gasthof zur Stadt Horn – Hotel Blie 154
Gasthof zur Traube 111
Gasthof-Pension Wulfenia 346
Gastwirtschaft Floh 161
Gastwirtschaft Herlitschka 377
Gastwirtschaft im Durchhaus 391
Gastwirtschaft Rohrböck „Am Rilkeplatz" 382
Gebiergsweg Gaming 100
Gegendtalerhof – Familie Kramer 136
Gelbes Krokodil 212
Gelbmanns Gaststube 418
Gellnwirt 274
Gelter Bräu 39
Genusswerkstatt sieben:schläfer 146
Genusszeit 112
Gergely's 383
Gernot 110
Geroldinger Brauhaus 43
Giersterbräu 409
Glacis Beisl 391
Glöckl Bräu 288
Glorious Bastards Innsbruck 316
Glorious Bastards Linz 214
Glorious Bastards Salzburg 264
Gmoakeller 378
Golden Harp @ Maiselmarket 414
Golden Harp Irish Pub Wien-Neubau 391
Golden Harp Margareten 384
Golden Pub 214
Goldene Kugel 265
Goldene Traube 253
Goldener Adler 202
Goldener Löwe 332
Golser Bier & Wein Bar – Bei der Oper 361
Good Times at Goodman's 265
Gösser Bierklinik 361
Gösser Bräu Bregenz 341
Gösser Bräu Wien 418
Gösser Schlössl 427
Gösser's 316
GösserBräu – Brauhaus Restaurant 300
Gösserbräu im Alten Rathaus 326
Gössnitzer 199
Grabhers Sudwerk 87
Grander Schupf 331
Granit Bierstube 214
Greif 324
Griesneralm 321
Gröfler 274
Groggerhof 303
Grossarltaler Wochtabier 70
Gru Klub 400
Grünes Türl 198
Guinness Island 170
GürtelBräu 396
Gustl Bauer 361
Gut Purbach 115
Gwölb 157
Gwörthwirt 154

H
Habe d'Ere 113
Hadikstüberl 412
Hagenthaler Bier – Brauhaus Marchart 49
Haginvelt 151
Hagstein 321
Haidinger Brauhaus 62
Halle Bräu 38
Hallerwirt 311
Handbrauerei Forstner 79
Harlekin 166
Hasel-Bräu – Wirtshausbrauerei Haselböck 48
Hassbacher Braueck 44
Hawidere 414
Haydnbräu 107
Haymon 316
Hefenbrüder 354, 386
Heidenkummer 396
Heidinger's Gasthaus 415
Hemingway by Frischmann 322
Hengist Kulturbrauerei 79
Hengistpub 296
Hermax Bräu 81
Herzog Hofbräu 83
Hiaslbräu - Zum Roten Hiasl 92
Highlander Brewpub 90, 400
Highlander Scottish Pub 400
Hilberger's Beisl 254
Hirter Bierstüberl 133
Hirter Braukeller 125
Hoamat 205
Hofbräu am Steinertor 158
Hofbräu Kaltenhausen Braugasthof 253
Hofbräu zum Lindwurm 127
Hoftaverne Atzmüller 240
Hoftaverne Ziegelböck 239
Hofwirt 136
Hofwirtshaus 231
Hollabrunner Bierbeisl 153
Holzb(r)auer Handwerksbrauerei 53
Holznerwirt 252
Holzpoldl 210
Home Cafe 400
Hopfen & Malz 408
Hopfen & Söhne 107
HopfenErlebnisHof – Gasthaus & Museum 65
Hopfenschwinger37
Hopfenspinnerei 53
Hopfenspinnerei Bierothek 103
Hopferl 361
Hops Craft Beer Pub 288
Hotel „Stadt Wien" 198
Hotel Aviva 234
Hotel Bräu 336
Hotel Gasthof Danzer 195
Hotel Gasthof Langwies 249
Hotel Gasthof Lercher 302
Hotel Mountain Resort Feuerberg 121
Hotel Post Karlon 279
Hotel Prägant 120
Hotel Restaurant Meyer 297
Hotel Restaurant Zollner 123
Hotel Thaneller – Stadl Bräu 312
Hotel Zum Brauhaus 302
Hotel-Restaurant Ohr 108
Hotel-Restaurant Winkler 302
Hotspot Teufner 178
Hubertusbräu 46
Hubertushof Fromwald 143
Hubinger 306
Hurry Curry 336
Hûs Nr. 8 347
Huth Grill House da Max 362

I
I Fratelli 121
Ignaz Jahn 372
Ilona Stüberl 362

Innside Pilspub im Hotel Mondschein 317
Isaac's Pub 401
ISI-Bräu 69, 250

J
James Cook 345
Jati – Burger Bar & Craft Beer 334
Joe's Pub 112
Joe's Pub – Irish Lifestyle 324
Joglland Hoamatbräu 75
John Cor 296
Johnny's Pub 382
Johny's Burger 170
Jonas 424
Josef – Das Stadtbräu 214
Josef & Nicoletta 137
Jupp's Bierstüberl 115

K
K & K Bierkanzlei 386
K.u.K. – Wirtshaus Taverne 307
K.u.K. Hofwirt 197
K&K Hofbeisl 197
Kadlez Grillhaus in der Hopfengasse 424
Kaiserbar 248
Kaisergasthof & Geli's 243
Kalmuck 165
Kamml 273
Känguruh 387
Kanonenbräu 66
Kap Verde 259
Kapuziner 317
Karlwirt 328
Kartause Gaming 147
Kastner Bier 44
Kater Noster 317
Kellerwirt 336
Kemmet-Bräu & Gasthof Goldene Sonne 243
Kemmet-Bräu 68
Kesselhaus Bar & Restaurant 342
Kinski 208
Kirby's American Kitchen 290
Kirchberger Bier 44
Kirchenwirt – Gasthof Schuchlenz 297
Kirchenwirt – Kiwi 187
Kirchenwirt 305
Kitsch & Bitter 255
Klosterbräu 85
Klostergasthof Heiligenkreuz 152
Knapp am Eck 235
KochBar 332
Kochwirt Joainig 131
Kofler Bräu 81, 304
Kohldampf 347
Kohldampf & Sudkessel-Bar 341
Kohlpeter 265
Kohlschnait 251
Kohlschnait Bräu 69
Kolar-Beisl 362
Kolariks Luftburg 372
Kornmesser 342
Krah-Krah 363
Krahvogel 317
Kreischberg Eck 304
Kreuzeralm 169
Krimpelstätter 266
Kristall Brauerei 83
Kronenwirt 124
Krumbacherhof 161
Kuba – Die Bar 187
Kuglhof 266
Kulturwirtshaus Bachler 119
Kulturwirtshaus Pammer 206
KultURWirtshaus Urbankeller 266
Kunst & Kulturcafé Reinisch 298
Kupferkessel 274
Kurv'n Bräu Nestler 41
Kurvenwirt 266

L
L4-Laurenz auf der Wieden 384
Laa – Restaurant & Bar 406
Lahodny 425
Lakeseidel e.U. 37
Landbrauhaus Hofstetten 65
Landerl 203
Landgasthaus Riefenthaler 150
Landgasthaus Weixen 259
Landgasthaus Weixen 72
Landgasthof & Hotel MUHR 147
Landgasthof Dorfner 229
Landgasthof Fürst 256
Landgasthof Steinmühl Hofbauer 187
Landgut Gasthof Fischtagging 273
Landhauskeller 290
Landhotel Grünberg am See 203
Landhotel Metnitztalerhof 122
Landstein 378
Lanzenhof 312
Laterndl 124
Latino 202
Laurel Leaf Irish Pub 387
Laurenz 4 89
Laurenzibräu 78, 282
Lava Bräu 76
Laxenburger Brauhandwerk 48
Lebe & Geniesse – Rohrer Bräu 48
Lehnerwirt 194
Leimer Bräu 62, 209
Leit'n Bräu 79
Lemonchilli 266
Leo's Turmstüberl 137
Leonfeldner Bier – Craftbier aus dem Mühlviertel 58
Leonfeldner Freibrauer Loge 59
Leonfeldner-Hof 198
Leopold 372
Leupold und Kupferdachl 363
Lieserbräu 39
Liesinger Bräu 427
Lindenhof 168
Linko Bräu – Gasthof Linko 52, 179
Liubisa 162
Local 422
Loder Bräu Privatbrauerei 86
Lokal in der Fabrik 410
Loncium Brew Pub 130
London Pub-Café 281
Long Pipe 336
Longhorn Saloon 230
Looshaus am Kreuzberg 168
Lorbaer 181
Los Mayas 215
Lounge 22 425
Löwen Pub 351
Lücke 137
Lugeck 364
Lui – Linzer Uni Inn 215
Lumpazibräu – das Bierlokal 153

M
Mabel's No 90 406
Mahler Artisan Brewery 38
Mahlzig 142, 152
Mairwirt 85, 332
Malle Biermanufaktur 40
Mama & der Bulle 364
Mandlbräu 74
Marchfelder Storchenbräu 52
Mariahilferbräu 415
Markgrafwirtshaus 157
Markt Café in der Nudelfabrik 123
Marktbeisl 143
Markterwirt – Der Alpenbierwirt 247
Marktplatz 349
Marktstube bei Alex 121
MARX Bier und mehr 378
Mary Ann 306
Mary's Scottish Coffeepub 185
Mason's Pub 183
Mattigtalerhof 219
Maurachbund 342
Maurerwirt 207
Mautwirtshaus 166
Max & Malz 63
Mayrwirt 206
McMullens 118, 127, 137
Medl-Bräu 91, 412
Mei Durscht Lang e.U. 46
Meixner's Gastwirtschaft 406
Mel's Craft Beer Diner 364
Melcher 138
Metzgerstüble 349
Metzgerwirt 132
Mezzanin 215
Michaeli-Bräu – Freunde der Leondinger Braukunst 62
Michi's Bar 332
Michis Pub 297
Mikes 11 Fünfzig 415
Miles Smiles Jazz Café 397
Moar Bräu 306
Mobar 350
Mohrenbrauerei – Erlebniswelt 87
Molly Darcy's 364
Molly Malone 128
Moorhof 200
Moorstein 152
Mooserwirt 330
MotiWirtin 401
Mozart's 415
Mr. French 344
Mr. John's 325
Mühlenbräu Oschenitzen 40
Mühltaler Brauerei 71
Mühlviertler Hof – Gasthof Geirhofer 233
Müller's Bierschenke 327
Müllner Bräustübl – Augustiner Bräu Kloster Mülln 267
Murbergstub'n 301
Murphy's Law Irish Pub 268
Museum Historischer Bierkrüge 43
Muttermilch Vienna Brewery 89

N
NachBar 397
Nassauer City Bier 79
Nestroy 374
Neufeldner Biobrauerei 62
Next Level Brewing 90
Nibelungengold Brauerei & Destillerie 77
Niederleitners Schöcklandhof 281
Nikodemus 171
Noom Kreativbrauerei 81
Norischer Forellenwirt Gasthof Bacher 126

O
O' Brien's Irish Pub – House of Beer 297
O'Carolan's 290
O'Connor's Old Oak 379
O'Riginal Irish Pub 290
O'Sullivans 291
Oase Seerestaurant 184
Oben 391
Oberer Bräuer 303
Oberlaaer Dorf-Wirt 406
Obermairs' Wirtshaus 242
Oilers 69 313
Old Bakery – Omes – Hotel Gotthard 340, 348
Old English Pub Six Pence 313
Omes-Bräu 88
Oneway Pub 350
Orange 298
Orangerie Stift Stams 334
Ortners 250
Ottakringer Brauerei 92
Otto 410
Ötztaler Biermanufaktur 86

Ötztaler Brauhaus 335
Outback Roadhouse 154
Ox Mini / Ox Deli 345
Oxerei 137

P

P3 – Perchtoldsdorfer Privatbräu 49
Paddy's 365
Palette 145
Palfen – Gasthof Hubertus 72
Panima 128
Panülerbräu 88
Panzl-Bräu 336
Pappala Pub 401
Papperl à Pub 175
Parzer Wirt 198
Paul's 215
Paularei 252
Pavlvs 128
Peacock-Pub 111
Penzinghof 310, 328
Peterwirt 280
Peterwirtsbräu 75
Petri-Bräu – Bierfisch 51
Pfarrhofbrauerei Schönbach 50
Pfeiffi's Bräu 57
Pfesch OG Privatbrauerei 68
Pfiff 152
Pfiff & Co 365
Pfiff Bierpub 180
Pfudl 365
Philosoph Bier.Bar.Beisl 365
Piano Bierlokal 160
Pilsnerei 204
Pinzgau Bräu 69
Plachuttas Grünspan 418
Platzl 271
Plutzer Bräu 392
Pockbier / Landwerkstatt und Genusslabor 82
Poldi Bier 60
Polkadot 397
Pollak's Wirtshaus 180
Posaune 291
Pöstlingberg Schlössl 216
Pozi's 425
Prechtlhof 119
Prewstone Brewing GesbR 37
Priesterwirt Gasthaus zum Steinbruch 247
Prilisauer Restaurant & Bierschank 412
Prinz Ferdinand 397
Pritz Bräu 84
Privatbrauerei Erzbergbräu 76
Privatbrauerei Fritz Egger GmbH & Co KG 51
Privatbrauerei Gerald Schwarz – Schwarzbräu 46
Privatbrauerei Gols36
Privatbrauerei Hirt GmbH 39
Privatbrauerei Kugler 83
Privatbrauerei ME 41
Privatbrauerei Michael Zeisel 53
Privatbrauerei Schneebergbräu 56
Privatbrauerei Shilling 40
Privatbrauerei Zwettl Karl-Schwarz GmbH 56
Propeller im Schuberthof 291
Pub 37 330
Pub Francais 402
Pub o' Cino 299
Pumpe – Gasthaus zum Grossglockner 129
Purlepaus 324
Putz'n Bräu 81

R

Raaber Bier 64
Rabenbräu 37
Racer's 138
Raggei-Bräu – Hausbrauerei Ragginger 69, 249
Rahofer Bräu 179
Rainer's 298
Rampenverkauf der Brauerei Frastanz 103
Raschhofer's Rossbräu Herrnau 268
Rax Bräu 49
RBB Rolbrettbräu 69
Red Lion 379
Rein Wein 416
Relish Peak Cottage 163
Remise 341
Restaurant Schütz 116
Richards Bieratelier 80
Rinderwahn 366
Ritterbräu 63
Road House 258
Roadhouse 307
Robkins Old Irish Pub 224
Rockcafe Filiale 122
Rodauner Biermanufaktur 92
Römerbräu 63
Römerwirt 311
Roo Bar 366
Rössl Bar 317
Rössle Röthis 350
Roter Hiasl 425
Ruckendorfer 108
Rudolf Erlebnisbrauerei 291
Rummlerhof 332
Rupp's 384

S

s' 4er Bräu 83
s' EDLA Craft Bier 41
S' Höfbräu 85
s' Beisl 188
s' Biergartl 292
s' Gerstl 242
s' Höfbräuhaus 334
s' Kloane Brauhaus 72
s' Kloane Brauhaus in der Kastners Schänke 268
s' Pfandl am Hauptplatz 180
s' Pfiff 422
s' Platzl 148
s' Schmankerlwelt 109
s' Wirtshaus 131
s' Wirtshaus Müllmann 130
Sägewerk 402
Sajacher Schlössl Bräu 78
Sajacher Schlösslbräu 282
Sally's 366
Salm Bräu 88, 379
Saloon im Donauplex 426
Salzamt 366
Salzberg 387
Salzstadl 160
Sandberg Bräu 62
Santa Fé 254
Sappalot 147
Schicker 297
Schiffsmeisterhaus 143
Schladminger Brau GmbH 82
Schlapf'n Wirt 177
Schleppe Brauerei 38
Schloss Traun 237
Schlossberg Restaurant & Biergarten 291
Schlossbräu Mondsee 220
Schlossbrauerei Weinberg 207
Schlossbrauerei Weinberg, Erste o.ö. Gasthausbrauerei 61
Schlosserei 166
Schlosstaverne Wolkersdorf 186
Schlosswirt 129, 182
Schlupfwinkel 382
SchluxerWirth 328
Schmaranzbräu 69, 249
Schmid's Burger & Craft Beer 160
Schnaitl Bier + Bar 268
Schneiderei 110
Schneiderwirt 279
Schönbacher Biergwölb 175
Schreiners Essen und Wohnen 392
Schupf'n 228
Schutzhaus am Schafberg 420
Schutzhaus Zukunft 416
Schwannlbräu 80
Schwarz Alm 188
Schwarzer Adler 329
Schwarzer Peter 161
Schwarzer Rabe® 419
Schweizerhaus 374
Schwendterwirt 333
Schwertberger Bräu 66
Scotland Yard Pub 327
Senninger Bier-Manufaktur 51
Shakes Bierpub & Restaurant 423
Shakespeare Pub 171
Shamrock 346
Shamrock & The Dogstar 392
Shamrock Irish Pub 269
Shebeen 393
Shop 013 103
Siebenstern Bräu 89, 393
Siegl's Pub 185
Sigi's Pub 116
Silberwirt 384
Simmeringer Bier- und Kulturschmankerl 408
Simmeringer Biergartl 409
Simmeringer Landbier 409
Skopik & Lohn 374
Sofienwirt 379
Sparky's 367
Speakeasy Pub 402
Spezialitätenmanufaktur Hofbräu Kaltenhausen & Bindereimuseum 70
Spitzenbier 49
Sportstüberl 274
Stadl Bräu 83
Stadt-Pub Blemenschütz 188
Stadtboden 367
Stadtbräu 305
Stadtbrauhof 143
Stadtliebe 216
Stadtwirt 379
Stadtwirt Schärding 231
Stadtwirtshaus Hopferl 149
Stag's Head 413
Stage 12 318
Stamperl am Katschberg 39
Stamperl Katschberg 132
Starkenberg Biermythos – Brauerei Schloss Starkenberg 85
Starkenberger Schlossstube 334
Statt-Beisl im WUK 402
Steegwirt 196
Stefan Stubm 216
Steffinger Lepus Bräu 66
Stegerbräu 258
Steinbachbräu 52
Steiner's Gasthof 205
Steinschildwirt 232
Steirisch Ursprung 75
Steirisch Urspung Neuwirth 280
Stern – Café-Bar 217
Sternbräu 269
Sternderl 327
Steuerberg 322
Steyrer Bräu 67
Stiegl Ambulanz 90
Stiegl Getränkeshop 102, 103
Stiegl-Ambulanz 403
Stiegl-Bräu 318
Stiegl-Brauwelt 74, 269
Stiegl-Gut Wildshut 65, 231
Stiegl-Keller 270
Stiegl-Klosterhof 217
Stiftsbrauerei Schlägl 57
Stiftskeller 318
Stiftskellnerei 257
Stix's Brünner Bräu 424
Stöckl im Park 98, 380
Stöckl im Park – Restaurant-

brauerei zu Belvedere 88
Stofflerwirt 246, 272
Strasser-Bräu 410
Strickers Dorf-Alm 83, 313
Struwelpeter 247
Stubenhocker 419
Sudhaus & Schalander 292
Syndicate Brewers 61
Szenario 170, 305

Tam o'Shanter's 403
Tamdhu Irish Pub 114
Tartuffel 207
Taverne Burg Lockenhaus 110
Taverne in der Schön 220
Tell 181
Terklbauer 139
Thalheim Brauerei82
The Beer Buddies 67
The Celt's 326
The Claagh 129
The Coffee & Booze 270
The Doghaus Vienna 367
The Dublin Road 292
The Duke Pub 394
The Galway Bay 318
The Golden Harp 380
The Golden Harp Alsergrund 403
The Hungry Heart 292
The Irish Rover – Traditional Irish Pub 111
The Irish Viking Pub 226
The Little Stage 385
The Long Hall 397
the office pub 293
The Old Dubliner 217
The Pub on Mariahilferplatz 293
The Red Rooster 236
The Salzburg Whiskey Museum – Irish Pub 270
The Satisfactory / Restaurant Zellot 135
The Shakespeare 320
The Thirsty Heart 278, 293
The Twins Pub 413
Thomahan 282, 293
Thor-Bräu 63, 223
Thrasher Brewery 90
Timo's Living Room 388
Tiroler Bier – Brauerei Harald Franz Baumgartner 83
Tom & Harry Brewing 80
Toni Bräu I Martin Josef Hofer 76
Toni's Bier- und Weinstube 156
Traditionswirtshaus Gallbrunner 280
Tramway im Stockhof 218
Trappistenbrauerei Engelszell 60
Treibhaus Privatbrauerei 90
Tribaun 320
Trieb-Bräu – Kleinbrauerei 82
Triebener Hof 306
Trofana Alm 321
Trumer Privatbrauerei 71
Trumerei 270
Tscheppes Lang-Gasthof 301
Tschöams Biere 48
Tuba 204
Turm Pizzeria 298
Turmbräu Melcher 40
Turnhalle 416
Tux 1280 84

U.S.W. – Beisl und mehr 398
UNI.WIRT. 130
Universitäts Bräuhaus 403
Ur-Alp 341
Urban's 407

Veggie Bräu 178
Velmer Bierpub 180
Velobis 413
Verde 1080 398
Vereinigte Kärntner Brauereien – Villacher Brauerei 40
Vianko 150
Victoria Pub 284
Villa Crazy Daisy 274
Villacher Brauhof & Biereck 138
Village Hill Irish Pub 238
Vilser Bergbräu 86
Vintage Bar 294
Vinzenz Pauli 174
Vis à Vis – Gasthaus & Mehr 202
Viva Cantina Mexicana & Bar 343
Vonwiller 206

Wagram Bräu 42
Wahnsinns Beisl 284
Waidhofner Bierplatzl 182
Waldgasthaus Bockerl 167
Waldtzeile 411
Waldviertlerhof 385
Walhalla Genusskulisse 76
Walser Pub im Riezler Hof 350
Walserstube – Lieblingsplatz 351
Waniks Gösserbräu 242
Wastlwirt 272
Weber Bräu 228
Weinbeisser 200
Weinstube Sonnenhof 116
Weiss Bar Restaurant 312
Weisses Rössl – Blacha Gaul 135
Weissgerber Stube im Sünnhof 380
Wenzl Privatbräu 68
Werkstatt Event-Gastro-Center 350
Weststeirischer Hof 279
Wia z'haus Lehner 218
Wieden Bräu 89, 383
Wiener Stadtbräu 368
Wiener Wirtschaft 383
WieNeuBräu 54, 185
Wildauers Bräu – Ansitz Haidenhof 84
Wildauers Haidenhof 327
Wildparkwirt 194
Willi's 350
Wimitzbräu 38
Wind & Mill's 388
Winzerstüberl Essl 171
Wirt am Teich 175
Wirt auf da Hoad – Gasthaus Gusenleitner 208
Wirt z' Ernsting 223
Wirt z'Ebersau 233
Wirt z'Furkern 221
Wirt Z'Walding 239
Wirth z'Hareth 201
Wirtshaus „Zum Nepomuk" 407
Wirtshaus „Zum Raxkönig" 167
Wirtshaus am See 343
Wirtshaus Gelter 134
Wirtshaus Graz 294
Wirtshaus Hofer 224
Wirtshaus im Demutsgraben 188
Wirtshaus im Wintergarten – Hotel Krainer 298
Wirtshaus in Freudenthal 240
Wirtshaus Steirereck am Pogusch 306
Wirtshaus Steirerhof 134
Wirtshausbrauerei Haselböck 167
Woif 74
Woigartl-Bräu 66
Wolfsbräu – Privatbrauerei Familie Wagner 52
Wösner Tenne, Gasthof Wösner 221
Wunderbar 343
Wurglits – Gasthof zur Post 109
Wurmhöringer Privatbrauerei 57

Ybbstal Bräu 53

Zacherl Bräu – „Bauer & Wirt" 251
Zappa – Music Bar 320
Zattl 368
Zebedäus Bräu 56
Zecherbräu 41
Zeitlos 170
Zenz'n Stubn 233
Zickentaler Bier – Bierquelle Heugraben 36
Zigeunerwirt Schwanenstadt 233
Zillertal Bier 86
Zipfer Bierhaus 271
Zipfer Brauhaus 243
Zirbenstube 149
Zu den 3 goldenen Kugeln 300
Zu den 3 Goldenen Kugeln – Die erste Kugel 294
Zu den 3 Goldenen Kugeln am Riesplatz 294
Zu den 3 Hacken 368
Zu den 3 Linden 427
Zum Alfons 64, 229
Zum Alten Bräuhaus 167
Zum alten Zollhaus 158
Zum Bettelstudent 368
Zum Bräuer 302
Zum Brauhaus 296
Zum Burgenländer 115
Zum Einhorn 186
Zum Fidelen Affen 271
Zum gemütlichen Weinhauser 421
Zum goldenen Adler 150
Zum Goldenen Kreuz – Gasthof Kreuzmayr 199
Zum Goldenen Löwen 164
Zum Goldenen Schiff 180
Zum Greif 300
Zum Hoangarten 196
Zum Holunderstrauch 369
Zum Mohren 329
Zum Nussgart'l 423
Zum Reichsapfel 144
Zum Reznicek 404
Zum roten Bären 404
Zum Schiefen Apfelbaum 218
zum Schwarzen Elefanten 175
Zum Schwarzen Grafen 220
Zum Thaler 179
Zum Treffner 136
Zum Waldviertler Sepp – Gasthaus Trinkl 176
Zum Werkelmann 407
Zündwerk – Fine Steaks, Burger & Beer 178
Zur Alten Kaisermühle 426
Zur Alten Press 296
Zur Brücke 325
Zur Goldenen Kugel 404
Zur Hohen Linde 239
Zur Mina Tant 176
Zur Rennbahn 143
Zur schönen Wienerin 164
Zur Westbahn 222
Zweimüller 204
Zwickeria 349

BIER GUIDE 2020

HERAUSGEBER Conrad Seidl, Germanos Athanasiadis
AUTOR Conrad Seidl
REDAKTIONELLE KOORDINATION Marion Kaiser
GRAFIK Alexandra Denk
COVERFOTO Günter Menzl
FOTOS Angerer Alm (S. 330), Karin Bergmann (S. 292/Sudhaus), Brandauers (S. 411), Brauhotel Weitra (S. 54), BrauUnion (S. 69), Peter Burgstaller (S. 68/Eggenberg), Alexandra Einiger (S. 10), Eva trifft. Fotografie (S. 199/Schnaitl), Marcel Fischbauer (S. 204/Pilsnerei), Fotoatelier Wolkersdorfer (S. 85/Starkenberg), fulmarketing.at (S. 256/Fürst), Bernd Grega (S. 110/Schneiderei), Kneidinger-Photography (S. 212/Marktbrauerei), Elmar Konrad-Porod (S. 199/Kreuzmayr), Theo Kust /Studio für Fotografie & Werbung (S. 100), Helmut Lackinger (S. 174/Schau.Spiel), Alexander Maria Lohmann (S. 252/Paularei), makeART OG (S. 255/Hillberger), Lorenz Masser (S. 258/Stegerbräu), Günter Menzl (S. 9/Background: Trong Nguyen/shutterstock.com), Claire Morgan (S. 420), Franz Neumayer für Global Beer (S. 302/Bier Apotheke), Rita Newman (S. 164), Simon Rainsborough /Ammersin (S. 89/Muttermilch), Marco Riebler (S. 266/Krimpelstätter), Rudolf Schmied /rudolfografie (S. 51/Brauerei Schwechat), Michael Schrott (S. 62/Leimer Bräu), Jürgen Skarwan (S. 161/Floh), stilschmiede (S. 298), Johannes Tichy (S. 92/Der Belgier), Reinhard Walkoun (S. 273/Kothäusl), www.schlossweitra.at (S. 54), Barbara Ziegelböck (S. 239); Archiv, Conrad Seidl, beigestellt
ASSISTENZ HERAUSGEBER Judith Kaltenbacher
PROJEKTLEITUNG Michael Stein
ANZEIGENLEITUNG Günter Konecny
ANZEIGEN Thomas Parger
MARKETING UND VERTRIEB Alexandra Otto
ONLINEREDAKTION a.otto@medianet.at
MEDIENINHABER MN Anzeigenservice GmbH, 1110 Wien, Brehmstraße 10/4. Stock
Tel.: +43/1/919 20-0, Fax: +43/1/919 20-2231, www.medianet.at
DRUCK & BUCHBINDER Bösmüller Print Management GesmbH & Co. KG, 2000 Stockerau
VERTRIEB Medienlogistik Pichler-ÖBZ GmbH & Co KG, IZ-NÖ Süd, Straße 1, Obj. 34, 2355 Wr. Neudorf
BESTELLUNG www.bier-guide.net
ISBN 978-3-903254-27-5
VERKAUFSPREIS 14,90 Euro

Die genannten Markennamen und die abgebildeten Markenzeichen sind Eigentum der jeweiligen Markeninhaber und werden ausschließlich zu Informations- und Dokumentationszwecken wiedergegeben. Wir sind bei der Auswahl der Bilder mit Umsicht vorgegangen, um die Rechte Dritter nicht zu verletzen. Sollte das dennoch unwissentlich geschehen sein, bitten wir um Kontaktaufnahmen unter guides@medianet.at. Wir sind bemüht, den Bier Guide ständig – online und in print – aktuell zu halten. Die Informationen in diesem Guide wurden nach bestem Wissen und Gewissen erhoben. Wenn Details unkorrekt oder aufgrund inzwischen eingetretener Änderungen – insbesondere infolge der Covid-19-Krise – überholt sein sollten, bedauern das Autor und Verlag. Gleichzeitig danken wir allen, die mit ihren Berichten aus Konsumentensicht den Bier Guide zu aktualisieren helfen. Sollten Sie Anmerkungen oder Fragen zu Daten und Bildern haben, steht Ihnen die Redaktion unter guides@medianet.at gerne zur Verfügung.

Bier Guide Bierpapst